Historia de los heterodoxos españoles

Marcelino Menéndez y Pelayo

HISTORIA

DE LOS HETERODOXOS ESPAÑOLES

TOMO I

HISTORIA

DE LOS

HETERODOXOS

ESPAÑOLES

por el doctor

DON MARCELINO MENENDEZ PELAYO

CATEDRÁTICO DE LITERATURA ESPAÑOLA

EN LA UNIVERSIDAD DE MADRID

Ex nobis prodierunt, sed non erant ex nobis.
(I. JOANN., II, 19)

(Con licencia de la Autoridad eclesiástica)

LIBRERÍA CATÓLICA DE SAN JOSÉ

DIRECTOR	GERENTE EN MADRID
Sr. D. Joaquin Torres Asensio	Sr. D. Vicente Sancho-Tello
Prelado doméstico de Su Santidad	Admon. de la Librería
y Chantre de Granada	Gravina, 20

MADRID: 1880.—Imprenta de F. Maroto é hijos, Pelayo, 34

A MI PADRE

MARCELINO

DISCURSO PRELIMINAR

AL comenzar el presente siglo, era casi general la ignorancia en lo que hace á la historia y vicisitudes de las doctrinas heterodoxas desarrolladas en nuestro suelo. Teníase noticia de las más antiguas por la incomparable *España Sagrada;* el catalan Girves habia recogido en una curiosa disertacion todos los datos concernientes al Priscilianismo: en otra Memoria habia hecho el Padre Maceda la apología de Osio; el aleman Walchio habia escrito la historia del Adopcionismo; pero impresas estas monografías, ya en Italia, ya en Alemania, no circularon bastante en nuestra Península. Algun diligente escritor habia tropezado con ciertas especies relativas á Cláudio de Turin. á Arnaldo de Vilanova, á Pedro de Osma ó á los *alumbrados* de Toledo, Extremadura y Sevilla; pero la generalidad de nuestros doctos se atenia á lo que de tales materias dicen la *Historia literaria de Francia,* la *Biblioteca* de N. Antonio, el *Directorium* de Eymerich, la *Summa Conciliorum* de Carranza, la *Biblioteca de los colegios mayores* de Rezabál, los *Anales de Plasencia* de Fray Alonso Fernandez, y algun otro libro donde brevemente y por incidencia se discurre de ciertos herejes. Duraba aún el rumor del escándalo producido en los siglos XVII y XVIII por la *Guía Espiritual* de Miguel de Molinos. El jansenismo estaba de igual modo harto próximo. para que su his-

toria se olvidase, aunque nadie había pensado en escribirla con relacion á nuestra tierra.

Por lo que toca á los protestantes españoles de la centuria XVI,
conservábanse muy escasas y desparramadas indicaciones. Algo había
trabajado en tal sentido el bibliotecario Pellicer en los artículos *Francisco de Enzinas, Casiodoro de Reina Cyprian de Valera* y algun otro de
su comenzado y no concluido *Ensayo de una biblioteca de traductores* que
apareció en 1778. Mas en general ni los libros de heterodoxos españoles, casi todos de peregrina rareza, habían caido en manos de nuestros eruditos, gracias á las bien motivadas persecuciones y rigores
ejercidos al tiempo de su aparicion por el Santo Oficio ni era muy
conocida la historia *externa* (digámoslo así) de aquellos descaminados
movimientos. Hablábase de Juan de Valdés como por tradicion oscura, y cuando Mayans imprimió el *Diálogo de la lengua* (titulándole de
las lenguas , no supo ó no quiso revelar el nombre del autor Otro erudito, de los más beneméritos y respetables del siglo pasado, Cerdá y
Rico, dábase por satisfecho al tratar de Constantino Ponce de la
Fuente, con repetir el breve artículo, todo de referencias, que le dedicó Nicolás Antonio. Latassa, en la *Biblioteca Aragonesa*, hablaba de
Servet, confesando no haber podido examinar sus libros. Los Índices
expurgatorios habían logrado en buena parte, si no el exterminio, á
lo ménos la desaparicion súbita de nuestro suelo del mayor número
de tales volúmenes que por otra parte, ni en España ni fuera de ella,
despertaban grande interés á fines del siglo XVIII. No porque algunos fervorosos protestantes alemanes y holandeses dejasen de encarecer la conveniencia del estudio de estos libros, y la necesidad de escribir una historia de sus doctrinas en España, sino porque á tales
exhortaciones respondia la general indiferencia, ya entibiado el ardor
con que eran miradas las cuestiones teológicas en el siglo XVI. Así
es, que apenas se sabia en el extranjero de nuestros *luteranos, calvinis-
tas y unitarios*, otra cosa que lo poco que rezan el *Dictionnaire historique*
de Pedro Bayle, la *Bibliotheca Anti-trinitariorum* de Juan Christ Sand,
el *Martyrologio* de Geddes la disertacion *De vestigiis Lutheranismi in
Hispania* de Busching (Gottinga, 1755), y algun otro libro de autores

de allende. Sin embargo, de Servet habian escrito en aleman y en latin Mosheim y Allwoerden, excelentes biografías. De Enzinas (*Dryander*), dijeron algo Strobel y Próspero Marchand. Fuera de esto, y á pesar de tales contrariedades, habíase despertado en muchos, ora con buenas, ora con mal trazadas intenciones (segun que los guiaba el celo de la verdad, la curiosidad erudita, el espíritu de secta ó el anhelo de perversas innovaciones), el deseo de profundizar en sugeto tan peregrino y apartado de la comun noticia, dado que no eran bastantes á satisfacer la curiosidad los datos de Gonzalo de Illescas en la *Historia Pontifical y Católica*, ni ménos los de Luis Cabrera en la de *Felipe II*. De pronto juzgóse que iba á derramar copiosa luz sobre éste y otros puntos no ménos enmarañados y oscuros la publicacion de una historia del Santo Oficio, formada con documentos de sus archivos, por un secretario del célebre tribunal (digno, en verdad, dicho secretario, de un buen capítulo en la futura historia de los heterodoxos españoles). Y en efecto, D. Juan Antonio Llorente, en su *Historia crítica de la Inquisicion*, publicada en lengua francesa en 1818, y por primera vez trasladada al castellano en 1822, dió, aunque en forma árida é indigesta, sin arte alguno de estilo, con crítica escasa, sin citar casi nunca, y esto de un modo parcial é incompleto, las fuentes, y escribiendo de memoria con más frecuencia que lo que generalmente se cree, noticias curiosas de los procesos y prisiones de varios heterodoxos penados por el Tribunal de la Fé. A ellas deben agregarse las pocas que en 1811 habia vulgarizado desde Cádiz el filólogo catalan D. Antonio Puig y Blanch, en su libro *La Inquisicion sin máscara*, impreso con el pseudónimo de Natanael Jomtob, y traducido en 1816 al inglés por William Walton. Pero ni Llorente, ni Puig y Blanch, aparte de sus errores religiosos y de su fanatismo político, que les quitaron la imparcialidad en más de un caso, escribieron con la preparacion conveniente, ni respetaron bastante los fueros de la historia, ni escogieron cual tema principal de sus obras á nuestros heterodoxos, ni tocaron, sino por incidencia, la parte bibliográfica y de crítica literaria, no poco importante en este asunto.

El entusiasmo protestante halló al fin eco en la primera historia de

la Reforma en España no escrita de cierto con la proligidad y el esmero que deseaba Lessing en la centuria antecedente, pero útil y digna de memoria como primer ensayo. Me refiero á la obra del presbi-
teriano escocés M'Crie, publicada en 1829 con el título de *History of
the progress and suppression of the Reformation in Spain in the sixteenth
century*, que hace juego con su *History of the Reformation in Italy*, dos
veces impresa Es la obra de M'Crie una recopilacion en estilo no
inelegante, de las noticias esparcidas en Reinaldo Gonzalez de Montes, Geddes, Pellicer Llorente etc , sin que se trasluzca en el autor
gran cosecha de investigaciones propias, ni sea de alabar otra cosa
que la intencion, *hasta cierto punto*, y la labor de recopilar no escasa
En tal libro impregnado de espíritu de secta (como era de recelar),
aprendieron los ingleses la historia de nuestros reformistas, que antes
casi del todo ignoraban Largos años se pasaron sin que nuevas indagaciones viniesen á allanar tan áspero camino. Al cabo, un erudito
gaditano, que por dicha vive, y por dicha ilustra aún á su pátria con
notable talento y laboriosidad ejemplar, dado desde sus juveniles años
á todo linaje de investigaciones históricas, en especial de lo raro y
peregrino, concibió el proyecto de escribir una historia de nuestros
protestantes, más completa y trabajada que la de M'Crie. D. Adolfo
de Castro, á quien fácilmente se comprenderá que aludo, tenia ya
terminada en 1847 una *Historia del Protestantismo en España*, que refundió y acrecentó más tarde, viniendo á formar nueva obra, que con
el rótulo de *Historia de los protestantes españoles y de su persecucion por
Felipe II*, vió la pública luz en Cádiz el año 1851. De las doctrinas.
si no heterodoxas, sobremanera avanzadas en órden á libertad religiosa; de las apreciaciones históricas, inexactas ó extremadas, sobre
todo en lo relativo á la Inquisicion y á Felipe II, de los lunares, en
fin, de aquel libro escrito en los fuegos de la juventud, no me toca
hablar aquí Pública y solemnemente los ha reconocido su autor en
diversas ocasiones, elevándose y realzándose de esta suerte á los ojos
de su propia conciencia, á los de todos los hombres de corazon é inteligencia sanos, y á los de Dios sin duda, á quien ha ofrecido como
en expiacion sus brillantes producciones posteriores. Yo sólo debo

decir, que en el libro de mi respetable amigo hay erudición grande, crítica en muchas partes atinada, é investigaciones históricas curiosísimas, como lo reconoció hablando de las que versan acerca del príncipe D. Cárlos, el docto archivero belga Mr. Gachard, en la excelente monografía donde historió la vida de aquel malaventurado jóven.

No es de admirar, con todo, que se adviertan en libro tan estimado y estimable, numerosos vacíos, ligerezas frecuentes, escasez y áun falta de noticias en algunos capítulos. Los libros de nuestros heterodoxos siempre han sido raros en España, y natural es que algunos se escondiesen á la diligencia del Sr. Castro. En una obra posterior y escrita con el mismo espíritu que la *Historia de los Protestantes*, en el *Exámen filosófico de las principales causas de la decadencia de España* (Cádiz, 1852), trasladado al inglés por Mr. Thomas Parker (que interpretó asimismo la obra anterior) con el título de *History of the religious intolerance in Spain* (Lóndres, 1853), añadió el erudito andaluz curiosas y apreciables noticias enlazadas con la historia de la herejía en la Península [1].

Pero ya entonces habian comenzado á exhumar los monumentos de las agitaciones religiosas de España en el siglo XVI dos hombres entusiastas é infatigables, cuyos nacimientos parecen haber obedecido á misterioso sincronismo: tal fué la amistad íntima que los ligó siempre, y el mútuo auxilio que se prestaron en sus largas y penosas indagaciones. Vivia en Inglaterra un erudito cuákero, dado al estudio de las literaturas del Mediodía de Europa, en el cual le habia iniciado un su hermano, traductor del Tasso y de Garcilaso de la Vega. Llamábase Benjamin Barron Wiffen, y por dicha suya y de las letras españolas, halló quien le secundase en sus proyectos y tareas. Fué éste (¿por qué no hemos de decir en castellano lo que se ha dicho en inglés tantas veces?) D. Luis Usóz y Rio, que entró en relaciones con Wiffen cuando fué á Inglaterra en 1839. Animados entrambos por el fervor de secta, al cual se mezclaba un elemento más inocente, la

---

[1] Fundada en los trabajos de M·Crie, Castro, Gachard, etc., está la *Histoire des persecutions religieuses en Espagne* de Mr. de La Rigaudière; pero carece de toda originalidad é importancia, y no merece que nos detengamos en ella. Lo mismo sucede con otros muchos libros.

manía bibliográfica, emprendieron la publicacion de los *Reformistas antiguos españoles*. Desde 1837 á 1865 duró la impresion de los veinte volúmenes de esta obra, que como escribió la sobrina de Wiffen contiene «la historia de los antiguos protestantes españoles, de sus iglesias, de sus martirios y de sus destierros». Poco divulgados han sido estos volúmenes, impresos con esmero y en contado número de ejemplares; pero la Europa docta los conoce bien, y á su aparicion se debieron las copiosas noticias que han venido á disipar las tinieblas hasta hoy dominantes en la historia de nuestros pretensos reformadores. Con el *Carrascon* de Fernando de Texeda abrió la série Usóz y Rio, casi al mismo tiempo que Wiffen reimprimia la *Epístola consolatoria* del Dr. Juan Perez. A estos primeros tomos siguieron en breve la *Imágen del Anticristo y Carta á Felipe II*, las obras todas de Juan de Valdés, la mayor parte de las de Cypriano de Valera y Juan Perez. las *Dos Informaciones*, cuya traduccion se atribuye, mejor ó peor, á Francisco de Enzinas, el tratado de la Inquisicion de Reinaldo G. Montano, la autobiografía de Nicolás Sacharles, los opúsculos del Dr. Constantino y la *Historia de la muerte de Juan Diaz*, acompañada de su *Summa christianae religionis*. Con dos solas excepciones, la de la *Epístola consolatoria* y la del *Alfabeto christiano*, todas estas reimpresiones salieron (á lo que parece) de Madrid, *ex aedibus Laetitiae* (imprenta de D. Martin Alegría). Algunas de estas obras fueron traducidas por Usóz del italiano ó del latin, en que primitivamente las escribieron ó publicaron sus autores: de las *Consideraciones divinas* de Valdés se hicieron hasta tres ediciones para acrisolar más y más el texto, y en suma, por lo que respecta á ejecucion material, nada dejaron que apetecer los *Reformistas españoles*. Si de las copiosas notas ilustrativas que preceden ó siguen á la mayor parte de los tomos apartamos las eternas é insípidas declamaciones propias del fanatismo cuákero de los editores, las cuales lindan á veces con lo ridículo, y nos hacen sonreir de compasion hácia aquellos honrados varones, que con semejantes libros (hoy casi inocentes) esperaban de buena fé evangelizar á España, encontraremos en ellas un rico arsenal de noticias y documentos y subirá de punto nuestro aprecio á la inteligencia y laboriosidad de

Wiffen y de Usóz, por más que censuremos los propósitos descabella-
dos más bien que peligrosos, que los indujeron á su empresa. Siempre
merecen respeto la erudicion sana y leal, el entusismo, aunque errado,
sincero. En verdad, que no puede leerse sin alguna simpatía la
narracion que hace Wiffen de los trabajos suyos y de su amigo, de
las dificultades con que tropezaron para haber á las manos ciertos
ejemplares, de la diligencia con que trascribieron manuscritos y raros impresos de públicas y privadas bibliotecas, de todos los incidentes, en fin, anejos á la reimpresion y circulacion de libros de esta
clase

Segun el órden natural de las cosas, y segun el esmero y conciencia con que procedian Usóz y Wiffen, la coleccion de *Reformistas* era
como el precedente de la *Bibliografía protestante española*. De consuno
se habian propuesto entrambos amigos compilarla; pero la muerte
de Usóz, ocurrida en 1865, vino á detener el curso de las tareas, de-
jando-solo al inglés cuando apenas comenzaba la ordenacion y arreglo de sus papeletas. Privado ya de su auxiliar y amigo, el autor de
la *Vida de Juan de Valdés* buscó en sus postreros años la colaboracion
y apoyo de otro erudito jóven y entusiasta, el Dr. Eduardo Bohemer,
hoy catedrático de lenguas romances en la Universidad de Estrasburgo. Muerto Wiffen á Bohemer acudieron sus testamentarios y amigos, suplicándole que se hiciese cargo de los papeles, libros y apun-
tamientos del difunto Aparecieron entre ellos varias listas con los
nombres de autores que se proponia incluir en su *Biblioteca*, considerable número de papeletas bibliográficas, y extendidos sólo los artículos de Tejeda (autor del *Carrascon*), Juan Perez y Nicolás Sacharles,
breves los tres y el segundo incompleto. A ruegos de Mr. John Betts,
traductor de la *Confesion del pecador* del Dr. Constantino, y ejecutor
testamentario de Wiffen, emprendió Bohemer la árdua labor de una
Biblioteca de reformistas españoles, ajustándose con leves modificaciones
al plan del docto cuákero, y haciendo uso de los materiales por su
laboriosidad allegados Pero á ellos agregó inmenso caudal de noticias, fruto de sus detenidas pesquisas en las bibliotecas de Alemania,
Inglaterra, Francia y Países-Bajos, y sobre esta ancha y profunda

base levantó el maravilloso edificio de su *Bibliotheca Wiffeniana-Spanish reformers*, cuyo primer volúmen se dió á la estampa en el año de 1874, sin que hasta la fecha haya visto la pública luz el segundo, ó llegado por lo ménos á nuestras manos.

No era peregrino el catedrático de Estrasburgo en este campo. Ya en 1860 había hecho en Halle de Sajonia esmerada reproduccion del texto italiano de las *Consideraciones* valdesianas, poniendo á su fin una Memoria, modestamente llamada *Cenni biographici sui fratelli Giovanni ed Alphonso di Valdesso*, en 1865 había reimpreso en castellano una parte del *Diálogo de la lengua* y á él se debió asimismo la publicacion del *Lac Spirituale* y de los *Cinco tratadillos evangélicos*, atribuidos al famoso reformista conquense y dogmatizador en Nápoles. Habíanle dado á conocer además como cultivador de esta rama de la Historia literaria, su libro acerca de *Francisca Hernandez*, y diversos artículos y Memorias esparcidos en revistas inglesas y alemanas.

Pero fuerza es confesar que el nuevo libro del catedrático sajon excede en mucho á cuanto de su reconocido saber esperaba la república de las letras. Encabézase (como era de justicia) el volúmen publicado con la biografía de Wiffen, escrita por su sobrina, y con la relacion de los incidentes enlazados con la reimpresion de los *Reformistas*, escrito del mismo Wiffen, que lo estimaba como preliminar á su proyectada biblioteca. Llenan el resto del tomo las noticias bio-bibliográficas de Juan y Alfonso de Valdés, de Francisco y Xaime de Enzinas y del Dr. Juan Diaz. El trabajo relativo á los hermanos Valdés, puede pasar por modelo en lo que hace al registro y descripcion de las ediciones. Pocas veces he visto reunidos tanta riqueza de materiales, tanta exactitud y esmero, tan delicada atencion á los más minuciosos pormenores. El Dr. Bohemer nota y señala las más ligeras diferencias, imperceptibles casi para ojos ménos escudriñadores y ejercitados; cuenta no sólo las páginas, sino sus milímetros y el número de sus líneas, y sabe distinguir, con precision asombrosa, las varias impresiones primitivas de los diálogos valdesianos, tan semejantes algunas entre sí, que parecen ejemplares de una sola. De ciento once artículos consta la bibliografía de los hermanos conquenses, or-

denada por nuestro doctor, comprendiendo en ella detallada noticia
de los documentos diplomáticos extendidos por Alonso, de los escritos de Juan y de sus reproducciones en varias lenguas, llegando á
cincuenta y siete, si no he contado mal, el número de ediciones
descritas ó citadas en este catálogo. Los apuntes biográficos son
tambien apreciables, aunque en esta parte el libro de Bohemer ha
sido superado, como veremos adelante, por el de D. Fermin Caballero.

En cuanto á Francisco de Enzinas, habia dado mucha luz la publicacion de sus *Memorias* por la *Sociedad de Historia de Bélgica* en 1862;
pero aún se ilustra más su biografía con los documentos recogidos
por Bohemer, que ha examinado la voluminosa correspondencia dirigida á Enzinas, cuyo manuscrito se custodia en el archivo del Semi-
nario protestante de Estrasburgo. Tenemos, pues, en claro la azarosa
vida de aquel humanista burgalés, catedrático de griego en las áulas
de Cambridge, amigo de Melanchton, de Crammer y de Calvino. Tampoco es susceptible de grandes adiciones ni enmiendas la seccion bibliográfica. Siento, no obstante, que el profesor aleman haya dejado
de advertir que no fueron traducidas por Enzinas, sino por Diego
Gracian de Alderete dos de las vidas de Plutarco, publicadas en Colonia Argentina en 1551: las de Temístocles y Camilo, cosa para mí
evidente, y que ya sospechó el bibliófilo gallego D. Manuel Acosta
en carta á D. Bartolomé José Gallardo. Sin duda por no haber tenido
ocasion de examinar personalmente los *Diálogos* de Luciano, impresos
en Leon de Francia, 1550; y la *Historia verdadera* del mismo Luciano,
que lo fué en Argentina (Estrasburgo) en 1551, no se ha atrevido á
afirmar que sean de Enzinas tales versiones, ni ha notado que en la
primera se incluye la traduccion, en verso castellano, de un idilio de
Mosco. Pero su sagacidad crítica le hace adivinar lo cierto en cuanto
á la *Historia verdadera;* y lo mismo puede y debe afirmarse de los *Diá-*
logos, como fácilmente demuestra el exámen de las circunstancias ti-
pográficas, y aún más el del estilo de ambos libros. Acerca de la
muerte de Juan Diaz, recoge Bohemer con esméro las relaciones de
los contemporáneos. y si no apura, por lo ménos ilustra en grado

considerable la historia de aquel triste y desastrado acaecimiento. Intercalado en la biografía de Enzinas está lo poco que sabemos de su hermano Jáime y de Francisco de San Roman.

Distingue á la *Bibliotheca Wiffeniana*, aparte de la erudicion copiosa y de buena ley, el casi total alejamiento del fanático espíritu de secta, que tantas veces afea los de Usóz y Wiffen. Con variar pocas palabras y suprimir algun concepto, pudiera ser trasladado del inglés al castellano. El catedrático de Estrasburgo sabe y quiere ser sólo *bibliógrafo* por eso su obra será consultada siempre con provecho, y ni amigos ni enemigos la mirarán como fuente sospechosa Anhelamos, pues, la publicacion del segundo tomo, y la del estudio sobre Miguel Servet, á quien no ha dado cabida Bohemer en la *Biblioteca* por considerar, y con razon, que se destacaba del grupo general de los heterodoxos de aquella era. la individualidad aislada y poderosa del antitrinitario aragonés, víctima de los ódios de Calvino.

Mas, por dicha, los trabajos *servetistas* abundan, y bien pronto satisfarán al más exigente. En 1839 publicó Trechsel el primer libro de la historia de los protestantes unitarios, dedicado todo á Servet. En 1844, la *Sociedad de Historia y Arqueología de Ginebra* insertó en el tomo III de sus *Memorias* un ámplio extracto del proceso. En 1848, Emilio Saisset analizó con brillantez francesa el carácter, las obras y el sistema teológico-filosófico de nuestro heresiarca. En 1855 se publicó en Madrid una biografía anónima, y al año siguiente una série de estudios en la *Revista de Instruccion pública*, firmados por el bibliotecario ovetense D. Aquilino Suarez Bárcena. Por fin, y aparte de estudios de ménos cuenta, el teólogo de Magdeburgo Tollin, ha expuesto, y sigue exponiendo con proligidad *alemana* (aquí laudable), aunque con graves errores dogmáticos, la vida y doctrinas de Servet. La obra capital de Tollin, *Das Lehrsystem Michael Servet*, ocupa no ménos que tres volúmenes Y ya sueltas, ya en revistas, habia estampado antes las siguientes Memorias y alguna más· *Lutero y Servet, Melanchton y Servet, Infancia y juventud de Servet, Servet y la Biblia, Servet y la Dieta de Ausburgo, Servet y Bucero, Miguel Servet como geógrafo, Miguel Servet como médico, Panteismo de Servet,* y anuncia la de *Servet descubridor de la circulacion de la sangre.* No se puede pedir más· tenemos una verdadera biblioteca *servetista.*

Poco ménos puede decirse de las obras referentes á Juan de Valdés. De todos vino á ser corona el tomo IV de la galería de *Conquenses ilustres,* última obra de D. Fermin Caballero, varon digno de otros tiempos, á quien, por mi fortuna, conocí y traté como á maestro y amigo en sus últimos años. Vímosle todos consagrar con noble ardor su robusta y laboriosa ancianidad al enaltecimiento de las glorias de su provincia natal, y una tras otra brotaron de su pluma las biografías de Hervás y Panduro, nuestro primer filólogo, de Melchor Cano, luz de nuestros teólogos, de Alonso Diaz de Montalvo, uno de los padres de nuestra jurisprudencia, y finalmente, de los hermanos Juan y Alfonso de Valdés, que es la que ahora nos interesa. El tomo IV de *Hijos ilustres de Cuenca,* además de reunir y condensar el fruto de los estudios anteriores, encierra muchos datos nuevos, y decide las cuestiones relativas á la pátria, linaje y parentesco de los Valdés, cortando todas las dudas manifestadas por algunos eruditos. La vida de Alonso queda en lo posible dilucidada, su posicion teológica fuera de duda, puestas en claro sus relaciones con Erasmo, punto importante hasta hoy no bien atendido: auméntase el catálogo de los documentos diplomáticos que suscribiera; y por lo que respecta á Juan, las noticias de su doctrina. enseñanzas y discípulos..... exceden en seguridad y exactitud á cuanto habian dicho los biógrafos anteriores, aunque entren en cuenta Usóz, Wiffen, Bohemer y Stern

Esta obra, escrita con la elegante sencillez propia del autor de la *Poblacion rural,* y conveniente en este linaje de estudios, va acompañada de un apéndice de 85 documentos, entre ellos más de treinta cartas inéditas de Alfonso de Valdés, ó á él dirigidas, que se guardan en la curiosa coleccion de *Cartas de Erasmo y otros,* existente en la biblioteca de la Real Academia de la Historia. Enriquecen asimismo esta seccion desconocidos papeles, sacados del archivo de Simancas y del de la ciudad de Cuenca, que naturalmente se ocultaron á la diligencia de los investigadores extranjeros. ¡Fortuna y gloria ha sido para Juan de Valdés encontrar uno tras otro tan no-

tables biógrafos y comentadores, premio bien merecido (aparte de
sus errores) por aquel acrisolado escritor, modelo de prosa castellana, de quien cantó David Rogeis·

Valdessio hispanus scriptore superbiat orbis!

Poco antes de su muerte preparaba D Fermin Caballero las biografías del antiguo heterodoxo Gonzalo de Cuenca, de Juan Diaz y
de Constantino Ponce de la Fuente Quedaron casi terminadas, y en
disposicion de darse á la estampa, lo cual se hará presto, segun
imagino, para resarcir en alguna manera la pérdida irreparable que
con la muerte de su autor experimentó la ciencia española.

Si á los libros y memorias citados añadimos cuatro artículos sobre
la *España protestante*, escritos en lengua francesa por el Sr. Guardia
en las *Revistas de ambos Mundos y Germánica*, con ocasion de las pu-
blicaciones de M'Crie, Castro y Usoz, habremos mencionado casi
todo lo que en estos últimos años se ha impreso acerca de la Reforma en España. La cosecha es grande; pero falta recogerla en los gra-
neros. Están reunidos en buena parte los materiales, y puédese ya
escribir la historia: ¡Ojalá que el primero á quien ocurrió esta idea
hubiese llegado á realizarla! Otra historia leeríamos llena de saber y
de claridad, y no ésta seca y desmedrada crónica mia. D Pedro José
Pidal, á quien cupo la gloria de iniciar entre nosotros este linaje de
tareas, publicando en 1848 (cuando sólo M'Crie habia escrito) su artículo *De Juan de Valdés y si es autor del Diálogo de las lenguas*, tenia
en proyecto una *Historia de la Reforma en España*, y áun dejó entre sus
papeles tres ó cuatro notas á este propósito Distrajéronle otros afanes
y la obra no pasó adelante: desdicha quizá sin remedio.

De manifestaciones heterodoxas, anteriores ó posteriores al protestantismo, se ha escrito poco, á lo ménos en monografías especiales.
Pero como capítulos de nuestra *Historia eclesiástica* [1] ha tratado de algunas de ellas con su habitual maestría de canonista y de investiga-

---

1 Segunda edicion

dor D. Vicente de La Fuente, á quien debemos tambien una *Historia de las Sociedades secretas en España*, y varios opúsculos útiles. Las biografías de cada heterodoxo y otros escritos sueltos, irán indicados en sus lugares respectivos: de igual suerte que los ensayos concernientes á la *Historia de las artes mágicas*, entre los cuales se distingue el de D. José Amador de los Rios.

No sé si con vocacion ó sin ella, pero persuadido de la importancia del asunto, y observando con pena que sólo le explotaban (con leves excepciones) escritores heréticos y extranjeros, tracé, tiempo atrás, el plan de una *Historia de los heterodoxos españoles* con espíritu *español y católico*, en la cual, aparte de lo ya conocido, entrasen mis propias investigaciones y juicios sobre sucesos y personajes poco ó mal estudia-dos. Porque la historia de nuestros protestantes seria acéfala y casi infecunda si la considerásemos aislada y como independiente del cuadro general de la heterodoxia ibérica. No debe constituir una obra aparte sino un capítulo el más extenso (y quizá no el más importante) del libro en que se expongan el orígen, progresos y vicisitudes en España de todas las doctrinas opuestas al Catolicismo, aunque nacidas en su seno. Cuantos extravagaron en cualquier sentido de la ortodoxia, han de encontrar cabida en las páginas de este libro. Prisciliano, Elipando y Félix, Hostegesis, Cláudio, el español Mauricio, Arnaldo de Vilanova, Fray Tomás Scoto, Pedro de Osma..... tienen el mismo derecho á figurar en él que Valdés, Enzinas, Servet, Constantino, Cazalla, Casiodoro de Reina ó Cipriano de Valera. Clamen cuanto quieran los protestantes por verse al lado de *alumbrados y molinosistas*, de *jansenistas y enciclopedistas*. Quéjense los partidarios de la novísima filosofía de verse confundidos con las brujas de Logroño. El mal es inevitable: todos han de aparecer aquí como en tablilla de excomunion; pero á cada cual haremos los honores de la casa segun sus méritos.

El título de *Historia de los heterodoxos* me ha parecido más general y comprensivo que el de *Historia de los herejes*. Todos mis personajes se parecen en haber sido católicos primero, y haberse apartado luego de las enseñanzas de la Iglesia, en todo ó en parte, con plena voluntad ó por error involuntario, con protestas de sumision ó sin ellas, para tomar otra religion ó para no tomar ninguna. Comprende, pues, esta historia:

1.º Lo que propia y más generalmente se llama *herejía,* es decir, el error en algun punto dogmático ó en varios, pero sin negar, á lo ménos, la *revelacion.*

2.º La impiedad con los diversos nombres y matices de deismo, naturalismo, panteismo, ateismo, etc

3.º Las sectas ocultas é iluminadas El culto demoniaco ó brujería. Los restos idolátricos Las supersticiones fatalistas, etc.

4.º La apostasía (*judaizantes moriscos,* etc.), aunque en rigor todo hereje *voluntario* es apóstata.

Por incidencia habremos de tratar cuestiones de otra índole, entrar en la defensa de ciertos personajes calumniados de heterodoxia, poner en su punto las relaciones de ésta con la historia social, política y literaria, etc., todo con la claridad y distincion posibles.

Tiene esta *historia* sus límites de *tiempo* y de *lugar* como todas. Empieza con los orígenes de nuestra Iglesia y acabará con la última doctrina ó propaganda herética que en España se haya divulgado hasta el punto y hora en que yo cierre el último volúmen. Largo tiempo dudé si incluir á los vivos, juzgando cortesía literaria el respetarlos, y más en asunto de suyo delicado y expuesto á complicaciones, como que llega y toca al sagrario de la conciencia Ciertamente, que si en España reinara la unidad católica, en modo alguno los incluiria, para que esta obra no llevase visos de delacion ó libelo: cosa de todo en todo opuesta á mi carácter é intenciones. Pero ya que, por voluntad de los legisladores y contra la voluntad del país, tenemos *libertad de cultos,* ¿á quién perjudico con señalar las tendencias religiosas de cada uno y los elementos que dañosamente influyen en el desconcierto moral del pueblo español? ¿Por ventura descubro algun secreto al tratar de opiniones que sus autores, lejos de ocultar, propalan á voz en grito en libros y *revistas,* en cátedras y discursos? Para alejar toda sospecha prescindiré en esta última parte de mi *Historia* (con rarísimas excepciones) de papeles manuscritos, correspondencias, etc. Todo irá fundado en obras impresas, en actos públicos, en documentos oficiales. Lo más desagradable para algunos, será el ver contadas y anotadas sus *evoluciones* de bien en mal y de mal en peor, sus falsas protestas de Catolicismo, y otros *lapsus* que sin duda tendrán ya olvidados. Pero *littera scripta manet*, y no tengo yo la culpa de que las cosas hayan pasado así y no de otra manera.

Por lo que hace á la categoría de *lugar*, este libro abraza *toda España*, es decir, *toda la Península ibérica*, puesto que la unidad de la historia, y de ésta más que de ninguna, impide atender á artificiales divisiones políticas. En los mismos tiempos y con iguales caractéres se ha desarrollado la heterodoxia en Portugal que en Castilla. Estudiarla en uno de los reinos y no en el otro, equivaldria á dejar incompletas y sin explicacion muchas cosas. Por eso al lado de Francisco de Enzinas figurará Damian de Goes; cerca de Cipriano de Valera colocaré á Juan Ferreira de Almeida; el caballero Oliveira irá á la cabeza de los escasos protestantes del siglo pasado; y el célebre autor de la *Tentativa teológica*, será para nosotros el tipo del *jansenismo* español, juntamente con los canonistas de la córte de Cárlos III.

Ha de mostrar la historia *unidad de pensamiento*, so pena de degenerar en mera recopilacion de hechos más ó ménos curiosos, exóticos y peregrinos. Conviene, pues, fijar y poner en su punto el criterio que ha de presidir en estas páginas.

La historia de la *heterodoxia* española *puede* ser escrita de tres maneras:

1.ª En sentido de indiferencia absoluta, sin apreciar el valor de las doctrinas ó aplicándoles la regla de un juicio vacilante con visos de imparcial y despreocupado.

2.ª Con criterio *heterodoxo*, protestante ó racionalista.

3.ª Con el criterio de la católica ortodoxia.

No *debe* ser escrita con esa indiferencia que presume de imparcialidad, porque este criterio sólo puede aplicarse (y con hartas dificultades) á una narracion de hechos externos, materiales y tangibles, de batallas, de negociaciones diplomáticas ó de conquistas (y áun éstas, en sus efectos, no en sus causas): nunca á una historia de doctrinas y de libros, en que la crítica ha de decidirse necesariamente por el bien ó por el mal, por la luz ó por las tinieblas, por la verdad ó por el error, someterse á un principio, y juzgar con arreglo á él cada uno de los casos particulares. Y desde el momento en que esto hace, pierde el escritor esa imparcialidad estricta de que blasonan muchos y que muy pocos cumplen, y entra forzosamente en uno de los términos del dilema ó juzga con el criterio que llamo *heterodoxo*, y que puede ser protestante ó racionalista (segun que acepte o no la revelacion), ó humilla (¡bendita humillacion!) su cabeza al yugo de la verdad católica, y de ella recibe luz y guía en sus investigaciones y en sus juicios. Y si el historiador se propone únicamente referir hechos y recopilar noticias, valiéndose sólo de la crítica externa, pierde la calidad de tal, hará una excelente bibliografía como la del Dr Bohemer, pero no una historia.

Gracias á Dios no soy fatalista, ni he llegado ni llegaré nunca á dudar de la libertad humana, ni creo como los hegelianos en la identidad de las proposiciones contrarias, verdaderas las dos como *manifestaciones* de la *Idea* ó *evoluciones* diversas de lo *Absoluto*, ni juzgo la historia como simple materia *observable* y *experimentable* al modo de los positivistas. Católico soy, y como católico afirmo la Providencia, la revelacion, el libre albedrío, la ley moral, bases de toda historia. Y si la historia que escribo es de ideas religiosas, y estas ideas pugnan con las mias, y son malas y erradas, ¿qué he de hacer sino condenarlas? En reglas de lógica y en ley de hombre honrado, tengo obligacion de hacerlo

¿Y para cuándo guardas la *imparcialidad* se me dirá? ¿No es esa la primera cualidad del narrador, segun rezan todos los tratados *de conscribenda historia* desde Luciano acá? La respuesta es fácil: mi historia será *parcial* (y perdóneseme lo inexacto de la frase, puesto que la verdad no es *parte* sino *todo*) en los *principios*, *imparcial*, esto es, *veracísima*, en cuanto á los hechos, procurando que el amor á la santa causa no me arrastre á injusticias con sus mayores adversarios, respetando cuanto sea noble y digno de respeto, no buscando motivos ruines á acciones *grandes* (en el concepto humano); en una palabra *con caridad*

Julianillo Hernandez, introduciendo dichos libros en odres y en tone-les por Jaca y el Pirineo de Aragon? ¿Por qué sucumbieron los *refor-mados* españoles sin protesta y sin lucha? ¿Por qué no se reprodujeron entre nosotros las guerras religiosas que ensangrentaron á Alemania y á la vecina Francia? ¿Bastaron unas gotas de sangre derramadas en los autos de Valladolid y de Sevilla para ahogar en su nacimiento aquella secta? Pues de igual suerte hubieran bastado en Francia la tremenda jornada de Saint-Barthelemy y los furores de la Liga: lo mismo hubieran aprovechado en Flandes los cadalsos que levantó el Gran Duque de Alba. ¿No vemos, por otra parte, que casi toda la Península permaneció libre del contagio, y que fuera de dos ó tres ciudades apenas encontramos vestigios de protestantismo?

Desengañémonos: nada más impopular en España que la herejía, y de todas las herejías el protestantismo. Lo mismo aconteció en Ita-lia. Aquí como allí (áun prescindiendo del elemento religioso), el espíritu latino, vivificado por el Renacimiento, protestó con inusitada violencia contra esa fase de la barbárie *germánica* que se llamó la *Re-forma;* el *unitario* génio romano rechazó la desoladora *variedad del libre exámen:* y España, que aún tenia el brazo teñido en sangre mora, y acababa de expulsar á los judíos, mostró en la conservacion de la uni-dad, á tanto precio conquistada, teson increible, dureza, *intolerancia,* si quereis; pero noble y salvadora intolerancia. Nosotros, que había-mos desarraigado de Europa el fatalismo mahometano, ¿podíamos abrir las puertas á la doctrina del *servo arbitrio* y de la fé sin las obras? Y para que todo fuera hostil á la Reforma, hasta el sentimiento ar-tístico clamaba contra la barbárie *iconoclasta.*

No neguemos, sin embargo, que el peligro fué grande, que entre los hombres arrastrados por el torbellino hubo algunos de no poco entendimiento, y otros temibles por su prestigio é influencia. Pero, ¿qué son ni qué valen todos ellos contra el unánime sentimiento na-cional? Hoy es el dia en que, á pesar de tantas rehabilitaciones, nin-guno de esos nombres es popular (ni conocido apenas) en España. ¿No prueban algo esta absoluta indiferencia, este desden de todo un pueblo? ¿No indica bien á las claras que esos hombres no fueron in-

térpretes de la raza, sino de sus propias y solitarias imaginaciones?
Y si otra prueba necesitáramos, nos la daría su propio estilo, generalmente notable, pero muy poco español cuando discurrieron de
materias teológicas. Hay en los mejores (ora escriban en latin, ora en
castellano) cierto aire extranjero, cierta sequedad y precision, una
falta de vida y de abundancia, que contrastan con el general decir de
nuestros prosistas, y con el de los protestantes mismos, cuando tratan de materias indiferentes ú olvidan sus infaustos sistemas. Com-
párese el estilo de Juan de Valdés en los *Comentarios á las Epístolas de
San Pablo* con el de sus *Diálogos*, y se verá la diferencia. La prosa de
Juan Perez y de Cipriano de Valera es mucho más *ginebrina* que castellana. Y es que la lengua de Castilla no se forjó para decir herejías [1]. Medrado quedará el que no conozca más teólogos, ni místicos,
ni literatos españoles que los diez ó doce *reformistas*, cuyos libros imprimió Usóz, ó crea encontrar en ellos el alma de España en el siglo XVI. Y paréceme que á Wiffen y á otros eruditos extranjeros les
ha sucedido mucho de esto

Para mí la *Reforma en España* es sólo un episodio curioso y de no
grande trascendencia. A otros descaríos ha sido y es más propenso
el pensamiento ibérico. Hostil siempre á esos términos medios, cuando se aparta de la verdad católica, hácelo para llevar el error á sus
últimas consecuencias: no se pára en Lutero ni en Calvino, y suele
lanzarse en el antitrinitarismo, en el ateismo, y más generalmente en
el *panteismo* crudo y neto, sin reticencias ni ambajes. De todo se verán
ejemplos en el discurso de esta historia, comenzando por la doctrina
de Prisciliano. En casi todos los heterodoxos españoles de cuenta y
de alguna originalidad, es fácil descubrir el *virus* panteista.

Pero ni áun éste es indígena: el *gnosticismo* viene de Egipto: el *avicebronismo* y el *averroismo*, de los judíos y de los árabes. las teorías de
Miguel Servet son una trasformacion del neoplatonismo. las sectas
alumbradas y *quietistas* han pasado por Italia y Francia antes de venir
á nuestra tierra. El *molinosismo*, que á primera vista pudiera juzgarse

---

(y han juzgado algunos) herejía propia de nuestro carácter y exageracion ó desquiciamiento de la doctrina mística, nada tiene que ver con el sublime misticismo de nuestros clásicos. Sabemos bien sus antecedentes: es el error de los *iluminados* de Italia, que en Italia misma contagió á Molinos, que fué acérrimamente combatido entre nosotros, y que si dió ocasion á algunos procesos de monjas y de beatas hasta fines del pasado siglo, jamás hizo el ruido ni produjo el escándalo que en la Francia de Luis XIV, ni contó sectarios tan venerados como Francisco Le Combe y Juana Guyon, ni halló un Fenelon, que, aunque de buena fé, saliese á su defensa, porque en España fueron valladar incontrastable el misticismo sano y la escasa aficion de nuestros abuelos á novedades sutiles y tenebrosas.

Por igual razon el culto diabólico, la *brujería*, expresion vulgar del *maniqueismo*, residuo de la adoracion pagana á las divinidades infernales, aunque vive y se mantiene oculto en la Península como en el resto de Europa, del modo que lo testifican los herejes de Amboto, las narraciones del autor de *El Crotalón*, el *Auto de Fé* de Logroño, los libros demonológicos de Benito Pereiro y Martin del Rio, la *Reprobacion de hechicerías* de Pedro Ciruelo, el *Discurso* de Pedro de Valencia *acerca de las brujas y cosas tocantes á mágia*, el *Coloquio de los perros* de Cervantes..... y mil autoridades más que pudieran citarse, ni llega á tomar el incremento que en otros países, ni es refrenado con tan horrendos castigos ni tomado tan en sério por sus impugnadores, que muchas veces le consideran más que práctica supersticiosa, capa para ocultar torpezas y maleficios de la gente de mal vivir que concurria á esos conciliábulos. Y es cierto asimismo que el carácter de brujas y hechiceras aparece en nuestros novelistas como inseparable del de *zurcidoras de voluntades ó celestinas*.

Y fuera de estas generales direcciones, ¿qué nos presenta la *heterodoxia* española? Nombres oscuros de antitrinitarios como Alfonso Lincurio, de deistas como Uriel Da Costa y Prado, algun *emanatista* como Martinez Pascual, algun *theofilántropo* como Santa Cruz, algun *protestante liberal* como D. Juan Calderon, un solo cuákero que es Usóz.....es decir, extravagancias y errores particulares. Luego, los

inevitables influjos extranjeros: el *jansenismo* francés apoyado y sostenido por los poderes civiles· el *enciclopedismo*, los sistemas alemanes
modernos, el *positivismo*. Pero ninguna de estas doctrinas ha logrado,
ni las que aún viven y tienen voga y prosélitos lograrán, sustraerse á
la inevitable muerte que en España amenaza á toda doctrina repugnante al principio de nuestra cultura, á la *mica salis* que yace en el
fondo de todas nuestras instituciones y creencias. Convénzanse los
flamantes apóstoles y dogmatizadores de la suerte que en esta *ingrata*
pátria les espera. Caerán sus nombres en el olvido hasta que algun
bibliógrafo los resucite como resucitamos hoy el de Miguel de Mon-
serrate ó el del *caballero Oliveira*. Sus libros pasarán á la honrada
categoría de *rarezas*, donde figuran el *Exemplar humanae vitae*, el *Tratado de la reintegracion de los séres*, el *Culto de la humanidad*, la *Unidad
simbólica* y la *Armonía del mundo racional* ¿No ha ido ya á hacerles
compañía la *Analítica* con su *racionalismo armónico* y su *panentheismo* hipócrita, sus laberínticas definiciones de la *sustancia*, su concepto del hombre, que es *en, bajo, mediante Dios divino*, y su *union de la
naturaleza y del espíritu, que tiene en el schema del sér la figura de una
lenteja?*

Ahora bien, ¿cabe en lo posible que el escritor heterodoxo prescin-
da de todas sus preocupaciones y resabios, y crea y confiese la razon
por qué todas las herejías, supersticiones é impiedades vienen á estrellarse en nuestra tierra, ó viven corta, oscura y trabajosa vida? Paréceme que no pienso que la historia de nuestros heterodoxos sólo
debe ser escrita en sentido católico, y sólo en el Catolicismo puede
encontrar el principio de *unidad* que ha de resplandecer en toda obra
humana. Precisamente porque el dogma católico es el eje de nuestra
cultura, y católicos son nuestra filosofía, nuestro arte y todas las manifestaciones del principio civilizador en suma, no han prevalecido
las corrientes de erradas doctrinas, y ninguna herejía ha nacido en
nuestra tierra, aunque todas han pasado por ella, para que se cumpla
lo que dijo el Apóstol: *Oportet haereses esse.*

Y si conviene que las haya, tambien es conveniente estudiarlas,
para que conocida su filiacion é historia, no deslumbren á los incau-

tos cuando aparezcan remozadas en rico traje y arreo juvenil. Por tres conceptos será útil la historia de los heterodoxos:

1.º Como recopilacion de hechos curiosos y dados al olvido, hechos harto más importantes que los combates y los tratados diplomáticos.

2.º Como recuerdo de glorias literarias perdidas ú olvidadas por nuestra incuria y negligencia.

3.º Porque como toda historia de aberraciones humanas, encierra grandes y provechosísimas enseñanzas. Sirve para abatir el orgullo de los próceres del saber y de la inteligencia, mostrándoles que tambien caen los cedros encumbrados á par de los humildes arbustos, y que si sucumbieron los Arnaldos, los Pedros de Osma, los Valdés, los Enzinas y los Blancos, ¿qué cabeza puede creerse segura de errores y desvanecimientos?

Sinteticemos en concisa fórmula el pensamiento capital de esta obra: «El génio español es eminentemente católico: la heterodoxia es entre nosotros accidente y ráfaga pasajera». .

Al lector atañe juzgar si se deduce ó no esta consecuencia del número grande de hechos que aquí expondré como sincero y leal narrador. Tócame ahora explicar el órden y enlace de las materias contenidas en estos volúmenes, el *plan* como si dijéramos, y en esto seré brevísimo, porque no me gusta detener al lector en el zaguan de la obra, dado que sea uso y costumbre de historiadores encabezar sus libros con pesadísimas introducciones.

Nacida nuestra Iglesia al calor de la santa palabra del *Apóstol de las gentes* y de los varones apostólicos, apurada y acrisolada en el fuego de la persecucion y del martirio, muéstrase, desde sus comienzos, fuerte en el combate, sábia y rigurosa en la disciplina. Sólo turban esta época feliz la apostasía de los *libeláticos* Basílides y Marcial, algunos vestigios de supersticion condenados en el Concilio de Iliberis, y el apoyo dado por la española Lucila á los Donatistas de Cartago. Ámplia materia nos ofrece en el siglo V la herejía Priscilianista con todas las cuestiones pertinentes á sus orígenes, desarrollo en España, *literatura* y sistema teológico-filosófico. Tampoco son para olvidadas la reaccion Ithaciana ni la Origenista, representada por los dos Avitos Bracarenses.

Entre las *herejías de la época visigoda* descuella el *arrianismo*, con el cual (á pesar de no haber contagiado ni á una parte mínima de la poblacion española) tuvo que lidiar reñidas batallas el episcopado hispano-*latino*, defensor de la fé y de la civilizacion contra el elemento germánico. Grato es asistir al vencimiento de éste último, primero en Galicia bajo la dominacion de los suevos despues en el tercer Concilio toledano, imperando Recaredo. Aún cercaron otros peligros á la poblacion española: el *nestorianismo*, denunciado en 431 por los presbíteros Vital y Constancio á S. Capreolo, el *maniqueismo*, predicado en tierras de Leon y Extremadura por Pacencio; el *materialismo* de un Obispo. cuyo nombre calló su enérgico adversario Liciniano, la herejía de los Acéfalos, divulgada en Andalucía por un Obispo sirio, etc.

En el tristísimo siglo VIII (primero de la *España reconquistadora*), no es de admirar que algun resabio empañase en ciertos espíritus inquietos la pureza de la fé, aunque á dicha no faltaron celosos campeones de la ortodoxia. De uno y otro dá testimonio la polémica de Beato y Heterio contra la herejía de Elipando de Toledo y Félix de Urgél, que bastó á poner en conmocion el mundo cristiano, levantando contra sí las valientes plumas de Alcuino. Paulino de Aquileya y Agobardo.

Al exámen de esta herejía. de sus orígenes y consecuencias, seguirá el estudio de la *heterodoxia entre los muzárabes cordobeses*. ya se traduzca en apostasías como la de Eleázaro [1]. briosamente impugnado por Alvaro Cordobés, ya en nuevos errores como el de los Casianos ó Acéfalos condenados por el Concilio de Córdoba en 839. ya en debilidades como la de Recafredo [2], hasta tomar su última y más repugnante forma en el *antropomorfismo* del Obispo malacitano Hostegesis, contra cuya enseñanza materialista y grosera movió el Señor la lengua y la pluma del Abad Sanson en su elocuente *Apologético*.

---

1 Adviértase que Eleázaro era extranjero

2 No quiero decir que Recafredo fuera heterodoxo, sino que su debilidad fue causa de apostasías

Otra tribulacion excitó en el siglo IX, pero no en España, sino en Italia, el español Cláudio, Obispo de Turin y discípulo de Félix, renovando el fanatismo de los Iconoclastas de Bizancio, que intentó defender en su curioso *Apologeticon*, réciamente impugnado por Jonás Aurelianense y Dungalo. ¿Y cómo no recordar á otro sábio español de los que florecieron en las Gálias bajo la dominacion carolingia, á Prudencio Galindo, Obispo de Troyes, que en dos conceptos nos pertenece: como acusado falsamente de herejía, y como refutador brillante de los heréticos pareceres de Juan Scoto Erígena, maestro palatino de Cárlos el Calvo?

En los siglos X y XI, ningun error (fuera del pueril de *los gramáticos*) penetró en España. Pongo por término á este segundo libro de mi historia el año 1085, fecha de la memorable conquista de Toledo.

Grandes novedades trajo á la cultura española aquel hecho de armas. Dos influjos comenzaron á trabajar simultáneamente. El *ultrapirenáico ó galicano*, amparado por nuestros reyes y por el general espíritu de los tiempos, condújonos á la mudanza de rito, hecho triste en sí para toda alma española, pero beneficioso, en último resultado, por cuanto estrechó nuestros vínculos con los demás pueblos cristianos, sacrificando una tradicion gloriosa en aras de la *unidad*. El sentimiento nacional se quejó, y hoy mismo recuerda con cierto pesar aquel trueque; pero cedió, porque nada esencial perdia, y se acercaba más á Roma. ¡Tan poderosa ha sido siempre entre nosotros la adhesion á la Cátedra de San Pedro!

Los modos y caminos por donde otro influjo, el *semítico*, se inoculó en la ciencia española, no son tan conocidos como debieran, aunque para la historia de las ideas en la Europa occidental tienen mucha importancia. El saber de árabes y judíos andaba mezclado con graves errores, cuando en el siglo XII, por medio del colegio de intérpretes que estableció en Toledo el Arzobispo D. Raimundo, y gracias á la asídua labor de hebreos y muzárabes, se tradujeron sucesivamente las obras filosóficas de Avicena, Algazél, Alfarabi, Avicebron, etc. El más ilustre de aquellos traductores, Domingo Gundisalvo, Arcediano de Segovia. enseñó abiertamente el panteismo (quizá sin darse cuenta de ello) en su tratado *De processione mundi,* bebiendo su doctrina en la *Fuente de la Vida,* del gran poeta judío Aben Gabirol Divulgadas estas doctrinas en las áulas de París por los libros y traducciones del mismo Gundisalvo, de Juan Hispalense y de los extranjeros que, anhelosos de poseer la ciencia oriental, acudían á Toledo, nace muy pronto una nueva y formidable herejía, cuyos corifeos, dos veces anatematizados. fueron Amaury de Chartres, David de Dinant y *el español Mauricio.* El panteismo semítico-hispano continuó en el siglo XIII inficionando la escolástica, pero no ya con el carácter de *avicebronismo,* sino con el de *averroismo y teoría del intelecto uno.* Así le combatieron y derrotaron Alberto Magno y Santo Tomás de Aquino; pero no obstante sus derrotas, y convertido en bandera y pretexto de todas las impiedades que ya comenzaban á fermentar tocó los límites del escándalo en el turbulento y oscurísimo siglo XIV, encarnándose, por lo que hace á España, en la singular figura de Fray Tomás Scoto, y en la mítica blasfemia (no libro) *De tribus impostoribus.*

La hipócrita distinción averroista de *la verdad teológica y de la filosófica,* provoca la enérgica reacción *luliana* que por ir más allá de lo justo, borró los límites de las dos esferas, é inclinóse á la teoría de *la fé propedéutica,* de la cual (bien contra la voluntad de sus autores) se encuentran vislumbres en varios libros del maestro y en el prólogo del tratado de *Las criaturas,* de Raimundo Sabunde De aquí la oposición de los dominicos y la ardiente controversia entre *tomistas* y *lulianos,* en la cual rompió Eymerich las primeras lanzas.

Paralelamente á las controversias de la escuela es necesario estudiar las de la plaza pública, porque siempre las ideas han tendido á convertirse en hechos Fuerza es, por tanto, penetrar en el laberinto de las herejías populares de la Edad Media, inquiriendo los escasos vestigios que de su paso en España dejaron, ya los Albigenses, acaudillados por un tal Arnaldo en tierras de Leon, ya los Valdenses, *Insabattatos y pobres de Lugduno,* perseguidos en Cataluña por los edictos de D. Pedro el Católico, defensor luego de los herejes de Provenza, ya los Begardos ó Beguinos, sectarios todos que (con diversos títulos) se parecían en aspirar á cierta manera de renovación social. Poco

más que algunos nombres y fechas pueden registrarse en este período
Durán de Huesca, Pedro Oler, Fray Bonanato, Durán de Baldach,
Jacobo Yusti, Bartolomé Janoessio y otros fanáticos, apenas han de-
jado más que sus nombres en las inestimables páginas de Eymerich

Harto más sabemos de los que soñaban con la proximidad del reino de los Milenarios, y fijaban el dia de la venida del Anticristo, clamando á la vez (sin vocacion é intempestivamente) por reformas en
la Iglesia, diciéndose iluminados y profetas, y mostrando en sus co-
natos marcada propension al *laicismo*. De tales ideas hízose apóstol
el insigne médico Arnaldo de Vilanova, seguido por Juan de Pera-
llada (*Rupescissa*), y por algun otro visionario Con ellos se enlazan
los místicos, partidarios de las profecías del Abad Joaquin, y del
Evangelio eterno. Contribuyeron á aumentar la confusion los errores y
extravagancias individuales de Gonzalo de Cuenca, Nicolás de Cala-
bria, Raimundo de Tárrega, Pedro Riera, etc., y la secta de los
Fratricelli, que con el nombre de *herejes de Durango*, sirve como de
puente entre los antiguos Begardos y los *Alumbrados* del siglo XVI.

Pedro de Osma, el *Wicleff* y el *Juan de Huss* español, verdadero
precursor de la pseudo-reforma, cierra la Edad Media. En adelante la
heterodoxia se caracteriza por *el libre exámen*, y el abandono del principio de autoridad.

Pero antes de historiar la gran crísis, justo parece despedirnos del
averroismo, que en el siglo XVI lanzaba sus últimos destellos en la
escuela de Pádua. Allí enseñó el sevillano Juan Montes de Oca, en
quien (además de haber defendido la supuesta oposicion entre la verdad teológica y la filosófica) es de notar cierta tendencia á las funestas audacias que por entonces divulgaba su comprofesor Pedro Pomponazzi.

El hecho capital del siglo XVI la llamada *Reforma*, alcanzó á España muy desde el principio Allanáronla el camino, produciendo sorda agitacion en los ánimos (preludio y amago de la tempestad) las
reimpresiones y traducciones que aquí se hicieron de los mordaces
escritos de Erasmo, y las controversias excitadas por estos mismos libros. Entre los defensores de Erasmo húbolos de buena fé y muy or-

todoxos. Tampoco sus adversarios carecian de autoridad ni de crédito. Si de una parte estaban el Arzobispo Fonseca, Fray Alonso de Virués, Juan de Vergara (los cuales, sin aprobar cuanto Erasmo decia, tiraban á disculparle, movidos de su amistad y del crédito de sus letras), lidiaban por el otro bando Diego Lopez de Stúñiga, Sancho Carranza de Miranda, y despues Carvajal y Sepúlveda. Las fuerzas eran iguales, pero la cuestion no debia durar mucho, porque los acontecimientos se precipitaron, y tras de Erasmo vino Lutero, con lo cual fué cosa arriesgada el titularse *erasmista*. De los que en España seguian esta voz y parcialidad, muy pocos prevaricaron: quizá Pedro de Lerma y Mateo Pascual: de seguro Alfonso de Valdés y Damian de Goes. Entrambos pueden ser ya calificados de *luteranos*, á pesar de sus timideces y vacilaciones. El secretario de Cárlos V mostró bien á las claras sus opiniones religiosas en el *Diálogo de Lactancio* y en muchos de sus actos políticos. En cuanto al cronista de Portugal, su proceso es testimonio irrecusable.

Pero el primero que resueltamente se lanzó en los torcidos caminos del *libre exámen*, fué Juan de Valdés, la figura más noble y simpática, y el escritor más elegante entre los herejes españoles. Si empezó, como todos, por burlas y *facecias* contra Roma en el *Diálogo de Mercurio y Caron*, pronto hubo de hastiarse de las ideas de los primeros *reformadores*, para caer en un misticismo *sui generis*, y aplicando con todo rigor el principio de la interpretacion individual de las Escrituras, fué vía recta á la concepcion *unitaria*, digan lo que quieran los *protestantes ortodoxos*. En manos de Valdés se trasforma y *latiniza* en lo posible el protestantismo rudo y grosero de los alemanes, haciéndose en la forma dulce, poético y halagador, como acomodado á los oidos de la bella y discretísima Julia Gonzaga, Diótima de este nuevo Sócrates. Y poética fué hasta su manera de enseñar en la ribera de Chiaja, delante de aquel espléndido golfo de Nápoles, donde juntó la naturaleza todas sus armonías.

A esta primera generacion de protestantes españoles pertenecen el helenista Francisco de Enzinas, discípulo de Melanchton y hombre de peregrinas aventuras, que en parte describió él mismo; el Dr. Juan

Diaz y Jáime de Enzinas y Francisco de S. Roman, primeras víctimas de estas alteraciones.

Pero á todos oscurece Miguel Servet, el pensador más profundo y original que salió de aquel torbellino, la verdadera encarnacion del espíritu de rebeldía y aventura que seguian otros con más timidez y ménos lógica. Sacrificóle la intolerancia protestante, el *libre exámen* asustado ya de su propia obra y sin valor para arrostrar las consecuencias.

Ocasion será, cuando de Servet hablemos, para investigar los orígenes de su doctrina teológica, los caractéres que la separan y distinguen del *socinianismo* y demás herejías antitrinitarias; y apreciar á la vez el elemento neo-platónico visible en su teoría del *Logos*, y las semejanzas y diferencias de este panteismo con los demás que presenta la historia de la filosofía, y en especial de la nuestra. En lo que hace al antitrinitarismo, un sólo discípulo tuvo Servet en el siglo XVI: el catalán Alfonso Lincurio.

Todos los protestantes hasta aquí mencionados y que forman el primer grupo (dado que Servet y Lincurio hacen campo aparte) dogmatizaron, escribieron y acabaron su vida fuera de España. Pero la Reforma entró al poco tiempo en la Península, constituyendo dos focos principales: dos *iglesias* (aunque sea profanar el nombre que aquí tomo sólo en su valor etimológico), la de Valladolid y la de Sevilla. La primera, dirigida por el Dr. Cazalla, tuvo ramificaciones é hijuelas en Toro, Zamora y otras partes de Castilla la Vieja, distinguiéndose entre sus corifeos el bachiller Herrezuelo.

En Sevilla fué el primer dogmatizador y heresiarca un fanático, Rodrigo de Valer, con quien anduvo la Inquisicion muy tolerante. Levantóse despues gran llamarada, merced á las ambiciones frustradas del doctor Egidio, á la activa propaganda de Juan Perez y de su emisario Julian Hernandez, y á los sermones del doctor Constantino.

Dos autos de fé en Sevilla, otros dos en Valladolid, deshicieron aquella nube de verano. La ponderada efusion de sangre fué mucho menor que la que en nuestros dias emplea cualquier gobierno *liberal* y tolerante para castigar ó reprimir una conspiracion militar ó un motin de plazuela

Los fugitivos de Sevilla buscaron asilo en Holanda, en Alemania ó en Inglaterra. Desde allí lanzaron Casiodoro de Reina, Antonio del Corro, Cipriano de Valera, Reinaldo Gonzalez de Montes sus versiones bíblicas y sus libelos vengadores. Pero la causa que defendian estaba del todo vencida en España, y sus esfuerzos y protestas fueron inútiles

Al lado de la Reforma, y favorecidas á veces por ella habian levantado la cabeza las misteriosas sectas *alumbradas* con su falso y enervador misticismo y su desprecio de la gerarquía y de las ceremonias externas. Los sucesivos procesos de Toledo, Extremadura, Sevilla y otras partes denuncian la existencia de diversos centros de herejía y de inmoralidad, que apenas destruidos retoñaban como las cabezas de la Hidra No bastaron á extirparlas todos los esfuerzos del Santo Oficio

El siglo XVII es en todo una secuela del anterior. Sólo hay que notar, fuera de algunos protestantes como Nicolás Sacharles Tejeda Juan de Luna, Salgado, Mena .... (voces perdidas y sin consecuencia), un como renacimiento de las *doctrinas iluminadas* reducidas á cuerpo de sistema por Miguel de Molinos El *quietismo* vino á reproducir en medio de la Europa cristiana las desoladoras teorías de la aniquilacion y del *nirvana* oriental. Los protestantes batieron palmas, y vieron un auxiliar en el *molinosismo*. documentos hay que lo acreditan Roma condenó el error y castigó á sus fautores En España tuvo ménos séquito que en otras partes

Judaizantes y moriscos, los plomos del Sacro-Monte y los librepensadores y deistas refugiados en Amsterdam (Prado, Uriel da Costa, etc.), acaban de llenar el cuadro de esta época de decadencia y de *resíduos* [1]. Las artes mágicas, que parecieron llegar á su punto

---

[1] Es muy de advertir la propension de los judaizantes de esta era al panteismo y al deismo Con tales antecedentes se explica bien la aparicion de Benito Espinosa y de David Nieto (aunque escudado con la ortodoxia judaica el segundo) Ni uno ni otro entran, sin embargo, en esta historia no por haber nacido fuera de España puesto que eran españoles de familia y lengua sino por no haber sido nunca cristianos ni por consiguiente herejes Espinosa escribió en castellano la *Apologia de su abdicacion de la sinagoga* refundida despues en el *Tractatus theologico-politicus*

culminante en el *Auto de Logroño*, fueron descendiendo en el trascurso de aquel siglo.

En el XVIII los protestantes son pocos y de ninguna cuenta (Alvarado, Enzina, Sandoval): los *Alumbrados* y *Molinosistas* se hacen cada dias más raros; de tiempo en tiempo viene algun proceso de monjas ó beatas más ó ménos ilusas á renovar estas viejas memorias. Pero el influjo francés traido por el cambio de dinastía nos regala:

1.º El *jansenismo-regalista*, no sin algun precedente en los tiempos de la dinastía austriaca.

2.º El *enciclopedismo*, que se muestra de diversos modos, y más ó ménos embozado, en las letras, en las sociedades económicas y en las esferas administrativas.

3.º Las *sociedades secretas*, poderoso instrumento de la secta anterior.

Pereira, Campomanes, Aranda, Olavide, Cabarrús, Urquijo, Marchena, Llorente..... cifran y compendian estas várias direcciones. Todas ellas se dieron la mano en hechos como el de la *expulsion de los Jesuitas*.

Los treinta y tres primeros años de la centúria presente son mera consecuencia y prolongacion de la anterior. El *jansenismo* y el *enciclopedismo* tornan á campear en las Córtes de Cádiz y en el período constitucional del 20 al 23. El *protestantismo* alcanza sólo dos adeptos, entrambos por despecho, é hijos los dos de la incredulidad: Blanco (White) y D. Juan Calderon. Uno y otro se apartaron luego de la *ortodoxia reformada* para caer en el *socinianismo* y en el *protestantismo liberal* respectivamente.

Del reinado de doña Isabel II, de la era revolucionaria y de los sucesos posteriores nada he de decir hasta que lleguen tiempo y sazon oportunos. El hecho capital es la propagacion del *panteismo germánico*. Pero además de esto, casi todas las opiniones y tendencias, ya graves, ya risibles, que en Europa ha engendrado esta época de intelectual desórden, han llegado (generalmente tarde y mal) á nuestro suelo, con lances y peripecias curiosísimas. Dénos Dios vida y salud para entrar en esta postrera parte de nuestra historia, y serenidad bastante para no convertirla en sátira ni tocar los límites de la caricatura.

Las fuentes de esta historia son muchas y variadas; pero pueden reducirse á las clases siguientes:

1.ª Las obras mismas de los heterodoxos cuando éstas han llegado á nuestros dias, cual acontece con algunas de Elipando, Cláudio de Turin, Gundisalvo, Arnaldo de Vilanova y Pedro de Osma, y en las de casi todos los herejes é impíos posteriores á la invencion de la imprenta.

2.ª Las obras de sus impugnadores, principalmente las de Beato y Heterio para Elipando, el *Apologético* del Abad Sansón para Hostegesis.

3.ª Las obras anteriores sobre el asunto, cuales son las de M'Crie, A. de Castro, Usóz, Wiffen, Bohemer, etc., las biografías de cada uno de los heterodoxos, y los principales diccionarios y catálogos bibliográficos, antiguos y modernos, españoles y extranjeros.

4.ª Los *Índices expurgatorios* del Santo Oficio.

5.ª Casi todas las obras y papeles relativos á la historia de la Inquisicion desde el *Directorium* de Eymerich en adelante.

6.ª Los procesos *ante* y *post-inquisitoriales*, con otros documentos análogos, v. gr.: las actas de la Congregacion que condenó á Pedro de Osma.

7.ª Los tratados generales contra las herejías y acerca del estado de la Iglesia, principalmente el *Collyrium fidei* y el *De planctu Ecclesiae* de Álvaro Pelagio, la obra *De haeresibus* de Fr. Alfonso de Castro, etc.

8.ª Los tratados de demonología y hechicería.

9.ª Las historias eclesiásticas de España y las colecciones de Concilios.

10.ª Las historias generales y ciertas obras en que ni por asomo pudiera esperarse hallar nada relativo á esta materia. Inclúyese virtualmente en esta seccion todo libro ó papel que no lo estuviese en ninguna de las anteriores.

No hay para qué entrar en más pormenores. Cada capítulo lleva en notas una indicacion de las fuentes impresas ó manuscritas, conocidas ó incógnitas, de que me he servido.

En lo demás, ahí está el libro y él responderá por mí. Aunque no he querido convertirle en exhibicion de rarezas, pienso que lleva noticias harto nuevas en muchos parajes, y que excita, ya que no satisface, la curiosidad, sobre puntos oscuros y de curiosa resolucion. Si en otras partes no va tan completo como yo deseara, cúlpese antes á mi poca fortuna que á mi diligencia. Á los buenos católicos, sobre todo; á los buenos españoles (fruta que cada dia escasea más), y á los bibliófilos que no son *bibliótafos* (otra especie rara), les ruego encarecidamente que me ayuden con sus consejos y noticias. Ninguna estará demás para el trabajo de que hoy ofrezco las primicias.

Convencido del interés del asunto y de la bondad de la causa que sustento, no he perdonado ni perdono empeño ni fatiga que al logro de mi deseo conduzca. He recorrido y recorro las principales bibliotecas y archivos de España y de los países que han sido teatro de las escenas que voy á describir. No rehuyo, antes bien busco el parecer y consejo de los que más saben. Dénmele de buena fé, que sinceramente le pido.

¡Déme Dios, sobre todo, luz en el entendimiento y mansa firmeza en la voluntad, y enderece y guie mi pluma, para narrar *sine ira et studio* la triste historia del error entre las gentes peninsulares! ¡Haga Él que esta historia sirva de edificacion y de provecho, y no de escándalo al pueblo cristiano!

Bruselas, 26 de Noviembre de 1877.

M. Menendez Pelayo.

HISTORIA

DE LOS

HETERODOXOS ESPAÑOLES

LIBRO PRIMERO

CAPÍTULO PRIMERO

CUADRO GENERAL DE LA VIDA RELIGIOSA EN LA PENÍNSULA ANTES DE PRISCILIANO

Preliminares.—I. Propagacion del Cristianismo.—II. Primeros heterodoxos: apóstatas libelá- ticos: Basílides y Marcial.—III. Errores respecto á la *Encarnacion del Verbo.*—IV. Concilio de Iliberis.—V. Vindicacion de Osio, Potamio y Florencio.—VI. Cisma de los Donatistas: Lucila.—VII. Cisma de los Luciferianos: Vicencio.

PRELIMINARES

ÁBIA máxima fué siempre, aunque no por todos practicada, sin duda en fuerza de ser trivial, la de *comenzar* por el *principio*. Buena parte del método estriba en no mutilar el hecho que se narra ó el punto que se discute, ni ménos introducir acontecimientos ó materias ajenas á la que de presente llama y soli- cita la atencion del escritor. ¡Cuánto se reducirian en volúmen mu- chos libros, si de ellos se quitase, enmendase y cercenase todo pre- liminar supérfluo! Deseoso yo de no tropezar en tal escollo, tomo las cosas desde su orígen y no antes, y abro la *Historia de los heterodoxos españoles* en el punto y hora en que el Cristianismo penetra en España.

Qué religiones habían imperado antes en el pensamiento y en la conciencia de las razas ibéricas, asunto es cuya final resolucion incumbe á los estudios etnográficos y filológicos, de lenguas y mitologías comparadas, que hoy se prosiguen con notable diligencia. No veo bastante luz en el asunto, sin duda por mi ignorancia. La clasificacion misma de las gentes hispánicas parece llena de dificultades. Lo que se tiene por más cierto y averiguado es.

a) La existencia de una primitiva emigracion, que algunos llaman *turánia*, y otros, con mejor acuerdo y más prudencia, se limitan á apellidar *éuskara* ó *vascona*

La verdadera prueba de que los llamados *Turánios* hicieron morada entre nosotros está en la persistencia del *vascuence*, lengua de aglutinacion (con tendencias á la flexion), no *ibera*, como vislumbró Humboldt [1], sino *turánia*, si hemos de creer á muchos filólogos modernos [2]. Á éstos toca y pertenece resolver las cuestiones siguientes: «¿Ocuparon los Turánios toda la Península ó sólo la parte septentrional? ¿Cómo se entiende la semejanza de caractéres antropológicos entre los vascongados que hablan ese dialecto y las razas céltico-romanas (cántabros, etc.), vecinos suyos? ¿Qué explicacion plausible tiene la indudable existencia de restos y costumbres celtas entre los éuskaros? Si los Celtas impusieron su dominio á la poblacion turánia, que no debia ser inferior en número, ¿cómo adoptaron la lengua del pueblo vencido? Y caso que la admitiesen, ¿por qué se verificó este fenómeno en una region limitadísima, y no en lo demás del territorio?» Confieso no entender esto, é ignoro asimismo cuál pudo ser la religion de esos *Turánios*. Los que habitaron en la Persia, en la Susiana y en la Caldea profesaban el *sabeismo* ó adoracion á los astros, que es una de las más antiguas (si no la primera) formas de la idolatría. Quizás resten vestigios del culto sidérico en

---

[1] Idéntica opinion sostiene en su precioso discurso de entrada en la Academia de la Historia mi sábio amigo el Padre Fita, gloria de la Compañía de Jesús y de España Reconozco su alta competencia en este género de estudios, pero no me decido ni en pro ni en contra de su tésis Especiosas son las analogías que nota entre el vascuence y el *georgiano* de la Iberia Asiática, pero quiza no bastante fundamentales para establecer el parentesco de ambas lenguas Pueden éstas parecerse en el sistema numeral y en otros caractéres, sin que se extienda a más la analogía Confieso que soy profano en tales materias, pero, ó reina gran variedad en cuanto al significado de la palabra *turanio*, ó el Padre Fita viene á darnos indirectamente la razon cuando escribe «Esta lengua pertenece al primer período de flexion, que distingue al grupo turánico del indo-europeo »

[2] Vid Humboldt (W), *Prüfung der Untersuchungen uber die Urbewohner Hispaniens vermittels der Vaskischen Sprache* Berlin, 1821 Sostienen que el vascuence es lengua *ugro-tatara*, Prichard, *Researches into the Physical History of Mankind* (London, 1836-37, 5 ts 8°), y Bunsen en un *Report* a la British Association (London, 1848) Pocos filólogos usan ya el nombre de *turánias* para designar las lenguas *uralo-altaicas*

las tradiciones vascas, sin acudir al problemático *Jaun-goicoa, Dios-luna*, y áun habida consideracion al elemento *aryo* representado por los Celtas.

b) Una primera invasion *indo-europea*, es á saber, la de los *Iberos*. que algunos confunden con los *Turánios*, pero que parecen haber sido posteriores, idénticos á los Ligures Sículos y Aquitanos, y hermanos mayores de los Celtas, puesto que la fraternidad de *Iber* y *Keltos* fué ya apuntada por Dionisio de Halicarnaso. Ocuparon los Iberos toda la Península de Norte á Mediodía [1].

c) Una segunda invasion *arya*, la de los *Celtas*, cuya emigracion por las diversas comarcas de Europa conocemos algo mejor. En España arrojaron del Norte á los Iberos, y adelantándose al otro lado del Ebro, formaron con los Iberos el pueblo mixto de los *Celtíberos*, si es que esta palabra indica verdadera mezcla, que tambien es dudoso [2].

¿Qué culto fué el de los primitivos Iberos? San Agustin, en *La Ciudad de Dios*, cap. IX del libro VIII, les atribuye la noticia de *un solo Dios, autor de lo creado. ... incorpóreo ... incorruptible*, á la cual noticia dice que habian llegado merced á las enseñanzas de sus sábios y filósofos. Que los Turdetanos, una de las tribus ibéricas que poblaron Andalucía, tenian *sábios* y *filósofos*, y hasta poemas de remotísima antiguedad, afírmalo Estrabon. Tampoco es imposible que se hubiesen elevado á la concepcion monoteista, ó á lo ménos *dualista y zoroásirica*, pues otro tanto hicieron en Persia sus hermanos los Iránios. Creo, pues, no despreciable, antes digno de séria meditacion el texto de San Agustin á que me he referido. Tambien se ha de advertir que es escaso el número de divinidades que puedan decirse indígenas de los Iberos, aunque éstos recibieron con sobrada facilidad las fenicias y greco-romanas.

¿Cuál fué el culto de los primitivos Celtas? Un panteismo naturalista, adorador de las fuerzas de la materia, que debió combinarse fácilmente con el presunto sabeismo de los Turánios. De aquí la veneracion á las fuentes y á los rios, á las encinas y bosques sagrados. Este culto druídico admitia la metempsícosis, consecuencia natural

---

1 El lenguaje de los Aquitanos era más semejante, segun dice Estrabon, al de los Iberos, que al de los Celtas San Jeronimo asegura simplemente que la Aquitania se jactaba de origen griego sin especificar nada acerca de su lenguaje

2 Con soberbia crítica se ha negado que en España hubiera Iberos, y si únicamente Celtas ribereños del Ebro Pero Diodoro Siculo (lib IV) dice expresamente lo contrario, y lo confirma Lucano, *Profugique a gente vetusta Gallorum, Celtae miscentes nomen Iberis*, y con el Marcial, *Nos Celtis genitos et ex Iberis*, y así otros muchos, entre ellos Varron, citado por Plinio el Naturalista

de todo sistema panteista, y medio cómodo de explicar el trueque, desarrollo y muerte de las existencias, dependientes de una sola energía vital que trabaja y se manifiesta de diversos modos, en incesante paso del sér al no sér, y de un sér á otro. Eran agoreros y arúspices los Celtas, observaban el vuelo de la corneja sagrada y las entrañas palpitantes de la víctima [1], tenian en grande veneracion á sacerdotes y druidesas, dotados del poder de la adivinacion, y celebraban con hogueras y cantos el novilunio. Cada *gentilidad* ó familia tenia por *dioses láres* á sus fundadores. El sacrificio entre los Celtas recorria toda la escala natural, desde los frutos de la tierra hasta las víctimas humanas. Practicaban asimismo el culto de los muertos, segun consta por várias inscripciones, y se ha sostenido con plausibles conjeturas que tampoco les era desconocido el del fuego

Estrabon dice que *era una la manera de vivir de los Galáicos, Astúres y Cántabros hasta los Vascones y el Pirineo* El celticismo dejó huellas en toda esta zona septentrional. Quedan como reliquias de la lengua *ó de las lenguas* algunos nombres de localidades, especialmente en nuestra montaña de Santander; quedan en várias partes, como memorias del culto externo, *dólmenes y semi-dólmenes, trilitos y menhires, túmulos ó mámoas,* no en gran número pero bastantes á testificar el hecho; queda como reminiscencia más profunda una mitología galáico-asturiana, de que algo habré de decir en otro capítulo. El naturalismo de los Celtas, anatematizado repetidas veces por los Concilios, se mezcló con elementos clásicos, y en una ú otra forma ha llegado á nuestros dias, constituyendo en ciertas épocas un foco de heterodoxia, al paso que hoy se reduce á sencillas tradiciones, inofensivas casi, porque su orígen y alcance se han perdido.

¿Cómo conciliar con este naturalismo el gran número de divinidades gallegas y lusitanas que cada dia nos revelan las inscripciones de aquellas dos comarcas indisputablemente celtas? Ya en el siglo pasado se conocian ocho ó diez, hoy pasan de cincuenta ¿Dónde colocar á Vagodonnaego, Neton y su mujer Neta, Endovélico, Vérora, Tullonio, Togotis, Suttunio, Poemana... y tantos otros enigmáticos númenes adorados por nuestros mayores? La cuestion es compleja, y sólo pudiera resolverse distinguiendo varios períodos en la vida religiosa de los Celtas. El panteismo, tal como le profesaban aquellas razas, tiende á convertirse en politeismo. cuando se pierde la clave ó queda en manos de los sacerdotes tan sólo De la adoracion de los objetos natura-

---

[1] *Fibrarum et pennae, divinarumque sagacem,* dice Silio Italico De la *heroscópia* habla Estrabon

les como partícipes de la esencia divina pasa fácilmente la imaginacion popular á la apoteósis *personal* y distinta de cada objeto ó fuerza. Así de la veneracion á las fuentes nació entre nuestros celtas el culto de la Diosa Fontana. Pero á este natural desarrollo de sus ideas religiosas, debe añadirse la influencia de los cultos extranjeros: la dudosa influencia fenicia, la indudable griega, la más honda y duradera romana. Obsérvense dos cosas: 1.ª que esas inscripciones aparecen en Portugal y en Galicia, regiones visitadas por los mercaderes é invasores extraños, y no en Astúrias ni en Cantábria, donde no pusieron la planta hasta muy tarde. No sé que se conozcan divinidades cántabras ni asturianas. 2.ª que todas esas inscripciones (á lo ménos las que yo he visto impresas) están *en latin*, por lo cual no pueden dar verdadera idea del primitivo culto galáico sino del modificado y mixto que se conservaba en tiempo de los Romanos. Además ese catálogo de divinidades pugna con el texto de Estrabon, que supone *ateos* á los Gallegos, quizá porque no tenian templos ni altares al modo de los Griegos y Romanos. No eran ateos, sino *panteistas*. Celtas y Celtíberos adoraban al *Dios desconocido* (*Dios anónimo* le llama Estrabon) como si dijéramos, *al alma del mundo*. Quizá el *Endovélico* invocado en Portugal y en otras partes no era distinto de este *Deus ignotus*. Los demás nombres parecen ó de númenes semejantes á la *Dea Fontana*, ó de divinidades forasteras, traducidas á lengua céltica, como el de *Bandúa*, á quien llaman *compañero de Marte*. No debia de ser de estirpe muy gallega la divinidad *Neta Civeiferica*, puesto que le hizo votos un tal Sulpicio Severo, nombre romano por cualquier lado que le miremos. Las divinidades clásicas recibian en cada país nuevas denominaciones, y mientras no tengamos otra cosa, es imposible declarar indígenas á esos singulares númenes. ¿No es más natural suponer que los Celtas al tomar los dioses romanos, los bautizaron en su lengua? [1]

d) La que llaman *invasion fenicia*, y fué sólo una expedicion de mercaderes á algunos puertos de la costa bética y lusitana, importó el culto panteista de Baal y de Astarté, que todavía duraba con el nombre de *Salambon* cuando el martirio de las Santas Justa y Rufina. En Gades levantaron los Fenicios un templo á Melkarte. Los Cartagineses ó *Libio-fenices* contribuirian eficazmente á extender la religion de su antigua metrópoli.

---

1 Puede consultarse, no sin utilidad, el opúsculo del Padre Fidel Fita *Restos de la declinacion Céltica y Celtibérica en algunas lápidas españolas* (Madrid, 1878), como tambien los que ha escrito D. Joaquin Costa *Cuestiones celtibéricas, Religion* (Huesca, 1877) y *Organizacion política civil y religiosa de los Celtíberos* (Madrid 1879).

e/ Las colonias griegas, sobre todo las de la costa de Levante (Ampúrias, Rosas, Sagunto, Dénia, etc.), introdujeron el politeismo clásico, allanando el camino á la civilizacion romana. Del culto de Artemis de Efeso y de los templos levantados en su honor del de Hermes Eiduorio, etc., tenemos bastantes recuerdos

f/ Romanizacion absoluta de la Bética, donde impera el politeismo greco-latino y se borra todo rastro de los antiguos cultos: romanizacion imperfecta de Celtiberia y de Lusitania, donde en una ú otra forma sigue reinando el viejo naturalismo. Los Cántabros y Astures van perdiendo la lengua, pero conservan tenazmente las costumbres célticas La poblacion turania ó *ibero-turania*, ni la lengua pierde porque la asimilacion era imposible

Con la religion oficial latina penetraron en España muchos ritos y superticiones de orígen oriental y egipcio, de magos y caldeos etc · pero el que más se extendió fué el de Isis, muy en boga entre las mujeres romanas por los tiempos de Tíbulo Hay buen número de inscripciones á la diosa egipcia, procedentes de Tarragona, de Sevilla de Guadix, de Antequera, y áun de Braga

Cómo se fueron verificando todas estas metamorfosis maravillosas, pero indudables, es lo que no puedo decir con seguridad, ni interesa derechamente al asunto. Basta dejar consignada la situacion religiosa de España, al tiempo que los primeros trabajadores de la miés del Señor llegaron á nuestras costas [1].

I —PROPAGACION DEL CRISTIANISMO EN ESPAÑA

UIÉN fué el primero que evangelizó aquella España romana sábia próspera y rica, madre fecunda de Sénecas y Lucanos de Marciales y Columelas? Antigua y piadosa tradicion supone que el Apóstol Santiago el Mayor esparció la santa palabra por los ámbitos hespéricos edificó el primer templo á orillas del Ebro, donde la Santísima Vírgen se le apareció sobre el Pilar; y extendió sus predicaciones á tierras de Galicia y Lusitania Vuelto á Judea, padeció martirio antes que ningun otro Apóstol, y sus discípulos trasportaron

1 Sobre las Divinidades de la España romana hizo el primer trabajo R Caro en *Deorum antiquorum manes atque reliquiæ* Vid Perez Pastor (D Miguel) *Disertacion sobre el Dios Endovellico y noticia de otras deidades gentílicas de la España antigua* (Madrid 1760) Freret *Recherches sur le Dieu Endovellique* (En el tomo III de las *Memorias de la Academia de Inscripciones y Bellas Letras* Paris, 1723) Etc

el santo cuerpo en una navecilla desde Joppe á las costas gallegas. Realmente, la tradicion de la venida de Santiago se remonta, por lo ménos, al siglo VII, puesto que San Isidoro la consigna en el librillo *De ortu et obitu Patrum*, y aunque algunos dudan que esta obra sea suya, es indudable que pertenece á la época visigoda. Viene en pós el testimonio del Misal, que llaman *Gótico ó Muzárabe*, en estos versos de un himno:

> *Regens Joannes dextram solus Asiam.*
> *Ejusque frater potitus Spaniam (sic).....*
> *Caput refulgens aureum Spaniae.....* [1]

Si á esto agregamos un comentario sobre el Profeta Nahum, que se atribuye á San Julian y anda con las obras de los Padres Toledanos, tendremos juntas casi todas las autoridades que afirman pura y simplemente la venida del Apóstol á nuestra Península. Más antiguas no las hay, porque Dídimo Alejandrino en el libro II, cap. IV *De Trinitate*, y San Jerónimo sobre el cap. XXXIV de Isaías, ni siquiera nombran al hijo del Zebedeo, diciendo solamente que *un apóstol estuvo en España* [2]. Temeridad seria negar la predicacion de Santiago, pero tampoco es muy seguro el afirmarla. Desde el siglo XVI anda en tela de juicio. El Cardenal Baronio, que la habia admitido como tradicion de las iglesias de España en el tomo I de sus *Anales*, la puso en duda en el tomo IX, y logró que Clemente VIII modificase en tal sentido la leccion del Breviario. Impugnaron á Baronio muchos españoles, y sobre todo Juan de Mariana en el tratado *De adventu B. Jacobi Apostoli in Hispaniam*, escrito con elegancia, método y serenidad de juicio [3]. Urbano VIII restableció en el Breviario la leccion antigua, pero las polémicas continuaron, viniendo á complicarse con la antigua y nunca entibiada contienda entre Toledo y Santiago sobre la primacía, y con la relativa al patronato de Santa Teresa. La cuestion principal adelantó poco [4]. En cuanto á las tradiciones que se enlazan con la

---

1 No pongo esta cita antes de la de San Isidoro, por más que escritores doctísimos hagan remontar este himno al siglo IV. El Padre Florez demostró que el himno era anterior á la invasion arábiga, pero no que precediese al cuarto Concilio toledano, en que se uniformó la litúrgia.

2 El Padre Daniel Farlatti publicó á fines del siglo pasado la vida de San Clemente, escrita por Hesichio, Obispo de Salona en el siglo V, el cual dice terminántemente que Santiago fué enviado á España por San Pedro. (Maceda, *Actas de San Saturnino*.)

3 *Joannis Marianae e Societate Jesu Tractatus VII. I. De adventu B. Jacobi Apostoli in Hispaniam..... Coloniae Agrippinae. Sumptibus Antonii Hierati..... Anno 1609*, fól. 1 á 31.

4 El Padre Florez resume la discusion anterior, y esfuerza todos los argumentos en pró de la venida de Santiago (*España Sagrada*, tomo III, 1748), excepto el de Dídimo, cuya obra *De Trinitate* fué publicada la primera vez por el Padre Mingarelli en 1769 (Bolonia). Vid. además el Padre Tolrá, *Venida de Santiago á España* (Madrid, 1797), que pasa por clásico en la materia

venida de Santiago, hay mayor inseguridad todavía. La del Pilar, en
sus monumentos escritos, es relativamente moderna. En 1155, el
Obispo de Zaragoza, D. Pedro Librana, habla de un antiguo templo
de la Vírgen en esta ciudad, pero sin especificar cosa alguna [1]

Si la venida de Santiago á España no es de histórica evidencia, la de
San Pablo descansa en fundamentos firmísimos, y es admitida áun por
los que niegan ó ponen en duda la primera. El Apóstol de las gentes en
el capítulo XV de su *Epístola á los Romanos*, promete visitarlos *cuando
se encamine á España*. El texto está expreso. δι᾽ ὑμῶν εἰς Σπανίαν (*por vosotros*, es decir, *pasando por vuestra tierra á España*). Y adviértase que
dice Σπανίαν y no *Iberia*, por lo que el texto no ha de entenderse en
modo alguno de los Iberos del Cáucaso. Fuera de que para el Apóstol, que escribía en Corinto, no era Roma camino para la Georgia y sí
para España. No cabe por tanto, dudar que San Pablo pensó venir
á España. Como las *Actas de los Apóstoles* no alcanzan más que á la
primera prision del ciudadano de Tarso en Roma, no leemos en ellas
noticia de tal viaje ni de los demás que hizo en los ocho últimos años
de su vida. De su predicacion en España responden, como de cosa
cierta y averiguada, San Clemente (discípulo de San Pablo), quien asegura que su maestro llevó la fé *hasta el término ó confin de Occidente
(Ep. ad Corinthios), el cánon de Muratori*, tenido generalmente por documento del siglo II, San Hipólito, San Epifanio (*De haeresibus* capítulo XXVII), San Juan Crisóstomo (Homilia 27, *in Matthaeum*), San Jerónimo en dos ó tres lugares, San Gregorio Magno, San Isidoro y muchos más, todos en términos expresos y designando la Península por
su nombre ménos anfibológico. No se trata de una tradicion de la Iglesia
española como la de Santiago, sino de una creencia general y an-
tiquísima de la Iglesia griega y de la latina, que á maravilla concuerda con los designios y las palabras mismas del Apóstol y con la cronología del primer siglo cristiano [2].

Triste cosa es el silencio de la historia en lo que más interesa. De
la predicacion de San Pablo entre los españoles nada sabemos, aunque es tradicion que el Apóstol desembarcó en Tarragona. Simeon
Metaphrástes (autor de poca fé) y el *Menologio* griego, le atribuyen la
conversion de Xantipa, mujer del prefecto Probo, y la de su hermana
Polixena.

1   Per Anton Beuter dice que halló escrita la historia del Pilar *en un libro de letra antigua* de
la Biblioteca de la Minerva de Roma ¡Buena manera de citar y buena autoridad la de Béuter!
Se referirá á algun codice del siglo XIII ó XIV, como el documento que publicó Risco en el
tomo XXX de la *España Sagrada*
2   *España Sagrada*, tomo III pags. 5 á 30

Algo y áun mucho debió de fructificar la santa palabra del antiguo Sáulo, y así encontraron abierto el camino los siete varones apostólicos, á quienes San Pedro envió á la Bética por los años de 64 ó 65. Fueron sus nombres Torcuato, Ctesifon, Indalecio, Eufrasio, Cecilio, Hesichio y Secundo. La historia, que con tanta fruicion recuerda insípidas genealogías y lamentables hechos de armas, apenas tiene una página para aquellos héroes que llevaron á término en el suelo español la metamorfosis más prodigiosa y santa. Imaginémonos aquella Bética de los tiempos de Neron, henchida de colonias y de municipios, agricultora é industriosa, ardiente y novelera, arrullada por el canto de sus poetas, amonestada por la severa voz de sus filósofos; paremos mientes en aquella vida brillante y externa que en Corduba y en Hispalis remedaba las escenas de la Roma imperial, donde entonces daban la ley del gusto los hijos de la tierra turdetana, y nos formaremos un concepto algo parecido al de aquella Atenas, donde predicó San Pablo. Podemos restaurar mentalmente el *agora* (aquí *foro)*, donde acudia la multitud ansiosa de oir cosas nuevas, y atenta escuchaba la voz del sofista ó del retórico griego, los embelecos ó trapacerías del hechicero asirio ó caldeo, los deslumbramientos y trampantojos del importador de cultos orientales. Y en medio de este concurso y de estas voces, oiríamos la de alguno de los nueve espíritus generosos, á quienes Simon Bar-jona habia confiado el alto empeño de anunciar la nueva ley al *peritus iber* de Horacio, á los compatriotas de Porcio Latron, de Balbo y de Séneca, preparados quizá á recibirla por la luz que dá la ciencia, duros y obstinados acaso, por el orgullo que la ciencia humana infunde, y por los vicios y flaquezas que nacen de la prosperidad y de la opulencia. ¿Qué lides hubieron de sostener los enviados del Señor? ¿En qué manera constituyeron la primitiva Iglesia? ¿Alcanzaron ó no la palma del martirio? Poco sabemos, fuera de la conversion prestísima y en masa del pueblo de Acci, afirmada por el oficio muzárabe.

Plebs hic continuo pervolat ad fidem.
Et fit catholico dogmate multiplex..... [1]

Á Torquato se atribuye la fundacion de la iglesia *Accitana* (de Guadix), á Indalecio la de *Urci*, á Ctesifon la de *Bergium* (Verja), á Eufrasio la de *Iliturgi* (Andújar), á Cecilio la de *Iliberis*, á Hesichio la de

---

1 *Á la desembarcacion de los varones apostólicos* hizo una bella cancion el Dr. Agustin de Tejada (Vid. *Flores de poetas ilustres,* de P. de Espinosa. Valladolid. 1605.)

Carteya y á Segundo la de *Avila*, única que esta fuera de los límites
de la Bética. En cuanto al resto de España, alto silencio. *Braga* tiene
por su primer Obispo á San Pedro de Rates, supuesto discípulo de
Santiago *Astigis* (Écija), se gloría, con levísimo fundamento, de haber sido visitada por San Pablo. *Itálica* repite el nombre de Geroncio.
su mártir y Prelado. Á *Pamplona* llega la luz del Evangelio del otro
lado de los Pirineos con el presbítero Honesto y el Obispo de Tolosa
Saturnino. Primer Obispo de Toledo llaman á San Eugenio, que padeció en las Galias, durante la persecución de Décio. Así esta tradicion como las de Pamplona, están en el aire y por más de ocho siglos fueron ignoradas en España. De otras iglesias, como las de Zaragoza y Tortosa, puede afirmarse la antiguedad, pero no el tiempo
ni el orígen exactos. No importa ellas darán buena muestra de sí,
cuando arrecie el torbellino de las persecuciones

Una inscripción que se dice hallada cerca del Pisuerga é incluida
por primera vez en la sospechosa coleccion aldina de 1571, ha conservado memoria de los rigores ejercidos en tiempo de Neron contra
los primeros cristianos españoles: *his qui novam generi humano supersti-*
tionem inculcabant; pero parece apócrifa [1] y casi nadie la defiende
Hasta el siglo III no padeció martirio en Tolosa de Aquitania el navarro San Firmino ó Fermin. En tiempo de nuestro español Trajano
ponen la muerte de San Mancio Obispo de Évora segunda ciudad
lusitana que suena en la historia eclesiástica. Á la época de los An-
toninos refiere con duda Ambrosio de Morales el triunfo de los Santos Facundo y Primitivo en Galicia, pero otros lo traen (y con fundamento) mucho más acá, a la era de Helagábalo ó á la de Gordia-
no II. Perez Bayer puso en claro la pátria aragonesa de San Lauren-
cio ó Lorenzo, diácono y tesorero de la Iglesia de Roma, que alcanzó la palma en la octava persecucion, imperando Valeriano. La memoria del espantoso tormento del confesor oscense vive en un valiente himno de Prudencio:

> *Mors illa sancti martyris*
> *Mors vera templorum fuit*   [2]

---

[1] Véase con el num 172 en a coleccion de Masdeu (Tomo V de la *Historia crítica de España*) Ambrosio de Morales la inserto tambien, aunque no tenia de ella toda la certidumbre
que quisiera, por no haberla visto (Lib IX) Tambien Muratori la da por sospechosa

[2] *M Aurelii Clementis Prudentii Carmina* (Romae 1789 ed de Arevalo, tomo II pág 928,
Perez Bayer, *Damasus et Laurentius Hispanis asserti et vindicati*   (Romae, 1756) Todavía a
principios del siglo pasado acerto a poner nobles acentos en boca del diácono oscense el notable historiador y poeta D Gabriel Alvarez de Toledo (Vid *Líricos del siglo XVIII* por D L A
de Cueto)

Los versos de aquel admirable poeta son la mejor crónica del Cristianismo español en sus primeros tiempos. El himno VI del *Peristephanon* describe con vivísimos colores la muerte del Obispo de Tarragona Fructuoso, y de los diáconos Augurio y Eulogio, que dieron testimonio de su fé por los años de 259.

Felix Tarraco, Fructuose, vestris
Attollit caput ignibus coruscum.
Levitis geminis procul relucens.
Hispanos Deus aspicit benignus,
Arcem quandoquidem potens Iberam
Trino martyre Trinitas coronat.

Y torna á recordarlos en aquella brillante enumeracion con que abre el himno de los confesores cesaraugustanos, en versos que hace tiempo traduje así:

Madre de Santos, Tarragona pía.
Triple diadema ofrecerás á Cristo.
Triple diadema que en sutiles lazos
    Liga Fructuoso.
Cual áureo cerco las preciadas piedras.
Ciñe su nombre el de los dos hermanos:
De entrambos arde en esplendor iguales
    Fúlgida llama.

Ya lo dijo Prudencio: *A cada golpe del granizo brotaban nuevos mártires.* Vióse clara esta verdad en la última y más terrible de las persecuciones escitadas contra el Evangelio, la de Diocleciano y Maximiano (año 301). Vino á España con el cargo de gobernador ó presidente *praeses)* un cierto Daciano, de quien en los Martirologios y en los himnos de Prudencio hay larga y triste, aunque para nuestra Iglesia gloriosa memoria. No hubo extremo, ni apartado rincon de la Península, desde Laletania á Celtiberia, desde Celtiberia á Lusitania, donde no llegase la cruenta ejecucion de los edictos imperiales. En *Gerunda* (Gerona), *pequeña* pero *rica por tal tesoro,* segun dice Prudencio, fueron despedazados

Los santos miembros del glorioso Félix.

A los ocho días padeció martirio en Barcelona su hermano Cucufate, muy venerado en Cataluña con el nombre de San Cugát, y poco despues, y en la misma ciudad, la vírgen Eulalia, distinta de la Santa de Mérida, á quien celebró Prudencio Pero ninguna ciudad, ni *Cartago ni Roma* (afirma el poeta), excedieron á Zaragoza en el número y calidad de los trofeos Hay que leer todo el himno *prudenciano* para entender aquella postrera y desesperada lid entre el moribundo paganismo y la nueva ley que se adelantaba radiante y serena, sostenida por el indomable teson y el brío heróico del carácter celtíbero. Aquellos aragoneses de fines del siglo III y comienzos del IV, sucumbían ante los verdugos de Daciano, con un valor tan estóico é impasible como sus nietos del siglo XIX ante las legiones del Corso, rayo de la guerra. Y por eso cantó Prudencio, poeta digno de tales tiempos y de tales hombres:

> La pura sangre que bañó tus puertas
> Por siempre excluye la infernal cohorte
> Purificada la ciudad, disipa
> Densas tinieblas.
> Nunca las sombras su recinto cubren
> Huye la peste del sagrado pueblo
> Y Cristo mora en sus abiertas plazas,
> Cristo dó quiera.
> De aquí ceñido con la nívea estola,
> Emblema noble de togada gente,
> Tendió su vuelo á la region empírea
> Coro triunfante.
> Aquí, Vicente, tu laurel florece
> Aquí, rigiendo al animoso Clero,
> De los Valerios la mitrada estirpe
> Sube á la gloria

Aragonés era, y en Zaragoza fué ungido con el óleo de fé y virtud aquel Vicente, á cuya gloria dedicó Prudencio el quinto de sus himnos, y de quien en el canto triunfal que he citado, vuelve á hablar en estos términos·

> Así del Ebro la ciudad te honora
> Cual si este césped te cubriera amigo
> Cual si guardara tus preciados huesos
> Tumba paterna.

Nuestro es Vicente, aunque en ciudad ignota
Logró vencer y conquistar la palma:
Tal vez el muro de la gran Sagunto
　　Vió su martirio.

El mismo Prudéncio tejió corona de imperecederas flores á la vírgen Encrates ó Engracia en otro pasaje, que, traducido malamente, dice así:

Aquí los huesos de la casta Engracia
Son venerados: la violenta vírgen
Que despreciara del insano mundo
　　Vana hermosura.

Mártir ninguno en nuestro suelo mora
Cuando ha alcanzado su glorioso triunfo:
Sola tú, vírgen, nuestro suelo habitas,
　　Vences la muerte.

Vives, y aún puedes referir tus penas,
Palpando el hueco de arrancada carne:
Los negros surcos de la horrible herida
　　Puedes mostrarnos.

¿Qué atroz sayon te desgarró el costado.
Vertió tu sangre, laceró tus miembros?
Cortado un pecho, el corazon desnudo
　　Vióse patente.

¡Dolor más grande que la muerte misma!
Cura la muerte los dolores graves,
Y al fin otorga á los cansados miembros
　　Sumo reposo.

Mas tú conservas cicatriz horrible.
Hinchó tus venas el dolor ardiente,
Y tus medulas pertinaz gangrena
　　Sorda roia.

Aunque el acero del verdugo impio
El dón te niega de anhelada muerte,
Has obtenido, cual si no vivieras,
　　Mártir, la palma.

De tus entrañas una parte vimos
Arrebatada por agudos gárfios:
Murió una parte de tu propio cuerpo,
　　Siendo tú viva.

> Título nuevo, de perenne gloria
> Nunca otorgado, concediera Cristo
> Á Zaragoza: de una mártir viva
> Ser la morada.

En esta poesía de hierro, á pesar de su corteza horaciana; en estas estrofas, donde parece que se siente el estridor de las cadenas, de los potros y de los ecúleos, hemos de buscar la expresión mas brillante del Catolicismo español armado siempre para la pelea, duro y tenaz, fuerte é incontrastable, ora lidie contra el gentilismo en las plazas de Zaragoza, ora contra la Reforma del siglo XVI en los campos de Flandes y de Alemania. Y en esos himnos quedó también bautizada nuestra poesía, que es grande y cristiana desde sus orígenes. ¡Cómo ha de borrarse la fé católica de esta tierra, que para dar testimonio de ella engendró tales mártires, y para cantarla produjo tales poetas!

Con Santa Engracia vertieron su sangre por Cristo otros diez y ocho fieles, cuyos nombres enumera Prudencio, no sin algunas dificultades y tropiezos rítmicos, en las últimas estrofas de su canto. Y á todos éstos han de añadirse los confesores Cayo y Cremencio,

> Llevando en signo de menor victoria
> Palma incruenta

Y finalmente, los innumerables de cuyos nombres pudiéramos decir con el poeta

> Cristo los sabe, y los conserva escritos
> Libro celeste

Ninguna ciudad de España dejó de dar frutos para el cielo, y víctimas á la saña de Daciano. Muchos nombres ha conservado Prudencio en el himno referido, para que los escépticos modernos, incapaces de comprender la grandeza y sublimidad del sacrificio, no pusieran duda en hechos confirmados por autoridad casi coetánea y de todo punto irrecusable. De Calahorra nombra á *los dos guerreros* Emeterio y Celedonio, á quienes dedicó himno especial, que es el primero del *Peristephanon;* de Mérida á *la noble Eulalia,* que tiene asimismo canto aparte señalado con el número tercero; de Compluto á los niños Justo y Pastor, de Córdoba á Acisclo, á Zóylo y á Victoria *(las tres coronas)* Dejó de hacer memoria de otros mártires y confesores que tienen oficio en el Misal y Breviario de San Isidoro, ó están mencionados en antiguos Martirologios y Santorales, cuales son Leucadia ó Leocadia *(Blanca)*, de Toledo; Justa y Rufina, de Sevilla; Vicente, Sabina y Cristeta, de Ávila; Servando y German, de Mérida; el Centurion Marcelo y sus doce hijos, de Leon. De otros muchos se hallará noticia en los libros de Ambrosio de Morales, del Padre Florez y del doctor La Fuente, que recogieron los datos relativos á esta materia, y trabajaron en distinguir y separar lo cierto é histórico de lo leyendario y dudoso.

Juzgaron los emperadores haber triunfado de la *locura de la cruz (insania crucis)*, y atreviéronse á poner ostentosamente en sus inscripciones «*Nomine Christianorum deleto qui rempublicam evertebant*», «*Superstitione Christianorum ubique deleta et cultu Deorum propagato*» [1], epígrafes que muestran el doble carácter de aquella persecucion tan política como religiosa. Pero calmóse al fin la *borrasca antigua*, y la nave que parecia próxima á zozobrar continuó segura su derrotero, como la barca de San Pedro en el lago de Tiberiades. Constantino dió la paz á la Iglesia, otorgándole el libre ejercicio de su culto y áun cierta manera de proteccion, merced á la cual cerróse, aunque no para siempre, la era de la persecucion y del martirio, y comenzó la de controversias y herejías, en que el Catolicismo, por boca de sus Concilios y de sus Doctores, atendió á definir el dogma, fijar la disciplina y defenderlos de todo linaje de enemigos interiores y exteriores.

La *insania crucis*, la religion del *sofista crucificado*, que decia impíamente Luciano, ó quien quiera que fuese el autor del *Philopatris* y del *Peregrino*, habia triunfado en España, como en todo el mundo romano, de sus primeros adversarios. Lidió contra ella el culto oficial defendido por la espada de los emperadores, y fué vencido en la pelea no sólo porque era absurdo é insuficiente, y habian pasado sus dias, sino porque estaba, hacia tiempo, muerto en el entendimiento de los sábios y menoscabado en el ánimo de los pueblos, que del politeismo conservaban la supersticion más bien que la creencia. Pero lidió Roma en defensa de sus dioses, porque se enlazaban á tradiciones patrióticas, traian á la memoria antiguas hazañas, y parecian tener vinculada la eternidad del imperio. Y de tal suerte resistió, que áun habida consideracion al poder de las ideas y á la gran multitud *(ingens multitudo)* de cristianos, no se entiende ni se explica sin un evidente milagro la difusion prestísima del nuevo culto. Por lo que

---

[1] De la autenticidad de estas inscripciones dudan muchos.

hace á nuestra Península ya en tiempos de Tertuliano se había extendido hasta los últimos confines *(omnes termini)* [1] hasta los montes cántabros y asturianos, inaccesibles casi á las legiones romanas *(loca inaccesa). Innumerables* dice Arnobio que eran los cristianos en España [2]. El antiguo culto (se ha dicho) era caduco: poco debía costar el destruirlo, cuando filósofos y poetas le habían desacreditado con argumentos y con burlas. Y no reparan los que esto dicen, que el Cristianismo no venía sencillamente á levantar altar contra altar, sino a herir en el corazon á la sociedad antigua, predicando nueva doctrina filosófica nunca enseñada en Atenas ni en Alejandría, por lo cual debía levantar, y levantó contra sí, todos los fanatismos de la escuela predicando nueva moral, que debía sublevar, para contrarestarla, todas las malas pasiones, que andaban desencadenadas y sueltas en los tiempos de Neron y Domiciano. Por eso fué larga empeñada y tremenda la lucha, que no era de una religion vieja y decadente contra otra nueva y generosa, sino de todos los perversos instintos de la carne contra la ley del espíritu, de los vicios y calamidades de la organizacion social contra la ley de justicia, de todas las sectas filosóficas contra la unica y verdadera sabiduría. En torno del fuego de Vesta, del templo de Jano Bifronte ó del altar de la Victoria, no velaban solo sacerdotes astutos y visionarios, *flámines* y vestales. De otra suerte, ¿cómo se entiende que el *politeismo* clásico, nunca exclusivo ni intolerante como toda religion débil y vaga persiguiese con acerbidad y sin descanso á los cristianos? Una nueva *secta* que hubiese carecido del sello divino, universal é infalible del Cristianismo, habria acabado por entrar en el fondo comun de las creencias que no se creian. Poco les costaba á los romanos introducir en su Panteon nuevos dioses.

Pero basta de consideraciones generales, puesto que no trato aquí de la caida del paganismo, tema ya muy estudiado, y que nunca lo será bastante. Volvamos á la Iglesia española, que daba en la cuarta centúria larga cosecha de sabiduría y de virtudes no sin que germinasen ya ciertas semillas heréticas, ahogadas al nacer por la vigilancia de los santos y gloriosos varones que en todo el Occidente produjo aquella era. Entramos de lleno en el asunto de estas investigaciones.

1 Lib *Contra Judaeos*, cap VII
2 Libro I, *Contra gentes*

II — HEREJES LIBELÁTICOS: BASÍLIDES Y MARCIAL

URANTE la persecución de Decio (antes de 254), cupo la triste suerte de inaugurar en España el catálogo de los apóstatas á los Obispos Basílides de Astorga y Marcial de Mérida· caída muy ruidosa por las circunstancias que la acompañaron Cristianos pusilánimes y temerosos de la persecución, no dudaron aquellos Obispos en pedir á los magistrados gentiles lo que se llamaba el *libelo*, certificación ó patente que los ponía a cubierto de las persecuciones, como si hubiesen idolatrado Miraban con horror los fieles esta especie de apostasías áun arrancadas por la fuerza, y á los reos de tal pecado llamaban *libelíticos*, á diferencia de los que llegaban á adorar á los ídolos, y recibían por ende el deshonroso nombre de *sacrificados ó sacríficulos.* Aunque la abjuración de los dos Obispos había sido simulada y obtenida con dinero, para no verse en el riesgo de idolatrar ó de padecer el martirio, no se detuvieron aquí Marcial y Basílides El primero hizo actos públicos de paganismo, enterrando á sus hijos en lugares profanos, asistiendo á los convites de los gentiles y manchándose con sus abominaciones, y finalmente, renegó de la fé ante el procurador *ducenario*, ó cobrador de tributos de su provincia Basílides blasfemó de Cristo en una grave enfermedad Confesos uno y otro de sus delitos las Iglesias de Astorga y de Mérida acordaron su deposición, y reunidos los Obispos comarcanos, *cum assensu plebis*, como era uso y costumbre, eligieron por sucesor de Basílides á Sabino, y por Obispo de Mérida á Félix Fingió Basílides someterse, fué admitido á la comunión laical, y mostró grande arrepentimiento de sus pecados y voluntad de ofrecer el resto de su vida á la penitencia pero duróle poco el buen propósito, y determinado á recobrar su Silla fuése á Roma, donde con artificios y falsas relaciones engañó al Papa Stéfano I, que mandó restituirle á su obispado, por ser la deposición anticanónica Esta es la primera apelación á Roma que encontramos en nuestra historia eclesiástica. Animóse Marcial con el buen éxito de las pretensiones de Basílides, y tentó por segunda vez tornar á la Silla emeritana. En tal conflicto las Iglesias españolas consultaron al Obispo de Cartago San Cipriano, lumbrera de la Cristiandad en el siglo tercero. Entre España, y lo que después se llamó Mauritania Tingitana las relaciones eran fáciles y contínuas. Recibidas las cartas de Mérida que trajeron Sabino y Félix, consultó San Cipriano á 36 Obispos de África, y fué decision unánime que la deposicion de los apóstatas era legítima, sin que pudiese hacer fuerza en contrario el rescripto pontificio, dado que estaba en vigor la Constitucion del Papa San Cornelio, que admitia á los *libelíticos* á penitencia pública, pero no al ministerio sacerdotal Y conforme á esta decision, respondió San Cipriano *al presbítero Félix y á los fieles de Leon y Astorga, así como al diácono Lélio y pueblo de Mérida,* en una célebre epístola, que es la 68 de las que leemos en sus obras Allí censura en términos amargos á los Obispos que habian patrocinado la causa de Basílides y de Marcial, nota expresamente que el rescripto habia sido arrancado *por subrepcion* y exhorta á los cristianos á no comunicar con los dos prevaricadores. Esta carta fué escrita en 254, imperando Valeriano, y es el único documento que tenemos sobre el asunto. Es de presumir que el Pontífice, mejor informado anulase el rescripto, y que Félix y Sabino continuasen en sus prelacías.

Alguna relacion tuvo con la causa que se ha referido, y mayor gravedad que ella, la cuestion de los *rebautizantes*, en que San Cipriano apareció en oposicion abierta con el Pontífice. y despues de escribir varias cartas, alguna de ellas con poca reverencia, juntó en Cartago un Concilio de 80 Obispos africanos, en 258, y decidió que debia *rebautizarse* á los apóstatas y herejes Los enemigos de la autoridad pontificia, han convertido en arma aquellas palabras del Obispo de Cartago· «*Neque enim quisquam nostrûm Episcoprum se esse Episcoporum constituit, aut tyrannico terrore ad obsequendam necessitatem collegas suos adigit, quando habeat omnis Episcopus pro licentia libertatis arbitrium proprium judicare*». Mas esta enconada frase ha de achacarse sólo á la vehemencia y acritud que la contienda escita y ni es argumento contra la Santa Sede, pues el mismo San Cipriano, en su tratado *De unitate Ecclesiae*, escribió. «*Qui cathedram Petri super quam fundata est Ecclesia, deserit, in Ecclesia non est, qui vero Ecclesiae unitatem non tenet nec fidem habet*», ni puede acusarse de rebeldía al santo Obispo africano, ya que no mostró verdadera pertinacia en la cuestion de los *rebautizantes*, ni el Pontífice le separó nunca de la comunion de los fieles, como hizo con Firmiliano de Cesarea por el mismo error sostenido con pertinacia despues de condenado.

En cuanto á los *libelíticos* punto que más derechamente nos interesa, tampoco hubo verdadera discordia entre los Obispos de África y España y el Pontífice, puesto que no se trataba de dogma ni decision *ex cathedra*, sino de un punto de *hecho*, en que Estéfano habia sido mala y siniestramente informado, como advirtió San Cipriano. Y nótese que ni él ni los demás Obispos negaban ni ponian en duda la autoridad de Roma, antes se apoyaban en una Constitucion pontificia, la de San Cornelio, que por su carácter *universal* no podia ser anulada en virtud de un rescripto ó de unas letras particulares obtenidas por malas artes [1].

III.—ERRORES RESPECTO Á LA ENCARNACION DEL VERBO

E cierta *falsa decretal* atribuida al Papa San Eutychiano y dirigida *al Obispo Juan* y á otros Prelados andaluces, parece deducirse que algunos herejes habian sembrado en la Bética errores acerca de la Encarnacion del Hijo de Dios. La decretal está datada en el consulado de Aureliano y Tito Annonio Mercelino, que corresponde al 276 de la era cristiana; pero es apócrifa, y por tal reconocida y no hace fé. El hecho de la herejía puede, sin embargo, ser cierto, y adelante veremos retoñar más de una heterodoxia sobre el mismo artículo.

IV.—CONCILIO ILIBERITANO

L Concilio de Elvira, primero de los celebrados en España cuyas actas se hayan conservado, merece por varios títulos veneracion señalada y detenido estudio. Reunióse en los primeros años del siglo IV, comienzos del imperio de Constantino, unos veinticuatro años antes del Sínodo Niceno. Asistieron al de Iliberis 19 Obispos de varias provincias españolas, enumerados así en la suscripcion final: *Accitano, Hispalense, Evagrense, Mentesano, Urcitano, Cesaraugustano, Toledano, Ossonobense, Eliocrocense, Malacitano, Cordubense* (éralo el insigne Osio), *Castulonense, Tuccitano, Iliberitano, Emeritense, Legionense ó Asturicense, Salariense, Elborense y Bastetano.* Fuera de

1 Fuentes para el caso de Basilides y Marcial. *San Caecilii Cypriani Opera omnia illustrata studio ac labore Stephani Baluzii.....* Ep. 68, *Ad clerum et plebes in Hispania consistentes*, col. 281 y siguientes, y en el tomo IV de la *España Sagrada*, pág. 271. Véase nuestro *Apéndice*.

España Sagrada. tomo XIII (Iglesia de Mérida), artículo de *Marcial y Félix* (págs 133 á 139.

Osio sólo uno de estos Obispos tiene nombre conocido: Valerio el de Zaragoza, perteneciente á la casa mitrada, *domus infulata,* de que habló Prudencio.

En 81 Cánones dieron los Padres de Iliberis su primera Constitucion á la sociedad cristiana española, fijándose más que en el dogma, que entonces no padecia contrariedad, en las costumbres y en la disciplina. Condenaron, no obstante, algunas prácticas heréticas ó supersticiosas y tal cual vestigio de paganismo: de todo lo cual importa dar noticia, sin perjuicio de insistir en dos ó tres puntos cuando hablemos de las artes mágicas

Trataron, ante todo, nuestros Obispos de separar claramente el pueblo cristiano del gentil y evitar nuevas apostasías, caidas escandalosas y simuladas conversiones. No estaba bastante apagado el fuego de las persecuciones para que pudiera juzgarse inútil una disciplina severa que fortificase contra el peligro Para condenar á los apóstatas escribióse el Cánon I, que excluye de la comunion, áun en la hora de la muerte, al cristiano adulto que se acerque á los templos paganos é idolatre [1] Igual pena se impone á los *flámines* ó sacerdotes gentiles que despues de haber recibido el bautismo tornen a sacrificar, ó se manchen con homicidio y fornicacion [2]; pero á los que no sacrifiquen con obras de carne ni de sangre, sino que se limiten á ofrecer dones, otórgales el perdon final, *hecha la debida penitencia* [3]. Prueban estos Canones el gran número de sacerdotes gentiles que abrazaban la cristiana fé y lo frecuente de las recaidas, y lo mismo se deduce del IV, que manda admitir al bautismo al *flámen* catecúmeno que por tres años se haya abstenido de profanos sacrificios Solo despues de diez años volverá al seno de la Iglesia el bautizado que haya subido al templo de Jove Capitolino para adorar (Cán LIX) Impónense dos años de penitencia al *flámen* que lleve las coronas del sacrificio (Cán. LV), y uno al jugador, quizá porque el juego trae consigo la invocacion de las divinidades gentílicas grabadas en los dados. (Cán. LXXIX.)

Para evitar todo contacto de paganismo veda el Cánon XL que los fieles reciban cosa alguna de las que hayan sido puestas en ofrenda á los dioses, separando de la comunion al infractor por cinco años, y

---

1 «Placuit ut quicumque post fidem baptismi salutaris adulta aetate ad templum idoli idolatraturus accessit, et fecerit quod est crimen capitale, nec in fine cum in communionem suscipere »

2 «Flamines qui post fidem lavacri et regenerationis sacrificaverint, eo quod geminaverint scelera, accedente homicidio vel triplicarint facinus cohaerente moechia placuit eos nec in fine accipere communionem »

3 Can LV «Sacerdotes qui tantum sacrificantium coronas portent »

amonestando en el XLI á los dueños de esclavos que no consientan adoracion de ídolos en su casa [1].

Prohibe otro artículo [2] los matrimonios de cristianos con gentiles, *«herejes»* ó judíos, *porque no puede haber sociedad alguna entre el fiel y el infiel*, y con más severidad condena aún á quien case sus hijas con sacerdotes paganos, puesto que le excluye de la comunion *in articulo mortis*, al paso que en las demás ocasiones análogas impone sólo una penitencia de cinco años [3]. Para los conversos de *«herejía»* dictóse el Cánon XXII, que admite en el gremio de la Iglesia al que haga penitencia de su error por diez años [4]. El cristiano apóstata que se aleje de la Iglesia por tiempo indefinido, pero que no llegue á idolatrar, será recibido á penitencia con las mismas condiciones. (Cán. XLVI.) El apóstata ó *«hereje»* converso no será promovido al sacerdocio, y si antes fuere clérigo, será depuesto. (Cán. LI.) Con esta decision vino á confirmar el Concilio de Eliberis lo que San Cipriano y los demás Obispos de Africa habian opinado en el Sínodo Cartaginense á propósito de Basílides y de Marcial.

Deseoso de refrenar el celo indiscreto, prohibió el Concilio de Elvira en el Cánon LX que se contase en el número de los mártires al que hubiese derribado los ídolos y sufriese muerte por ello, porque *ni está escrito en el Evangelio ni se lee nunca que los Apóstoles lo hiciesen.*

Sólo una doctrina heterodoxa encontramos condenada por aquellos Padres en términos expresos. Refiérese á la celebracion de Péntecostés, que era entonces manzana de discordia entre las Iglesias orientales y occidentales. *Celebremos todos la Páscua*, dicen, *segun la autoridad de las Sagradas Escrituras, y el que no lo haga será considerado como fautor de una nueva herejía* [5]. Manda tambien ayunar el sábado, condenando el *error* de los que no lo hacian, por juzgarlo quizá costumbre judáica [6].

---

[1] «Admonere placuit fideles, ut quantum possint, prohibeant ne idola in domibus suis habeant. Si vero vim metuunt servorum, vel seipsos puros conservent. Si non fecerint, alieni ab Ecclesia habeantur.»

[2] «Gentilibus minime in matrimonium dandae sunt virgines christianae......» (Cán. XV.)— Haereticis qui errant ab Ecclesia catholica, nec ipsis catholicas dandas puellas, sed neque Judaeis..... eo quod nulla possit esse societas fidelis cum infideli.» (Cán. XVI.)

[3] «Si quis sacerdotibus idolorum filias suas junxerint, placuit nec in fine eis dandum communionem......» (Cán. XVII.)

[4] «Si quis de catholica Ecclesia ad haeresim transitum fecerit..... placuit huic poenitentiam non esse denegandam, eo quod cognoverit peccatum suum, qui etiam decem annis agat poenitentiam.» (Cán. XXII.)

[5] «Pravam institutionem emendari placuit juxta auctoritatem Scripturarum, ut cuncti diem Pentecostes celebremus. Quod qui non fecerit, quasi novam haeresim induxisse notetur.» (Cán. XLIII.)

[6] «Errorem placuit corrigi ut omni sabbati die jejunium super portionem celebremus.» Cán. XXVI.)

Las malas artes y hechicerías aparecen vedadas en el Cánon VI, que aparta de la comunion, áun en la hora de la muerte, al que *con maleficios* cause la muerte de otro, porque tal crímen no puede cometerse sin invocaciones idolátricas [1]. No el *arte augural*, como algunos interpretaron, sino el de los *aurigas* ó cocheros del circo, juntamente con la *pantomima*, incurre asimismo en la reprobacion conciliar, disponiéndose en el Cánon LXII [2] que todo el que ejercite tales artes deberá renunciar á ellas antes de hacerse cristiano, y si torna á usarlas será arrojado de la Iglesia. La prohibicion de las pantomimas se enlaza con la de los juegos escénicos, que entonces eran foco de idolatría y alimento de lascivia, segun se deduce de las invectivas de los Santos Padres contra aquella *comedia libertina*, que para la historia del arte seria curiosa, y de la cual apenas tenemos noticia. *Ninguna cristiana ni catecúmena* (leemos en el Cánon LXVII) *se casará con histriones ó representantes, só pena de ser apartada de la comunion de los fieles* [3].

Las antiguas supersticiones duraban, y el Concilio acudió á extirparlas. El Cánon XXXIV prohibe encender durante el dia cirios en los cementerios *para no perturbar las almas de los Santos*, y el XXXV se opone á que las mujeres velen en los cementerios só pretexto de oraciones, por los inconvenientes y pecados que de aquí resultaban [4]. Las dos costumbres eran paganas, en especial la de la *vela*. Recuérdese en el *Satyricon* de Petronio aquel gracioso y profundamente intencionado cuento de *la Matrona de Efeso*. El demostraria á falta de otras pruebas que no eran soñados los peligros y males de que se queja nuestro Concilio.

Muchos y muy mezclados con la poblacion cristiana debian de andar en esta época los judíos, dado que nuestros Obispos atendieron á evitar el contagio, prohibiendo á los clérigos y á todo fiel comer con los hebreos, bajo pena de excomunion (Cán. II), mandando á los propietarios en el I que en ninguna manera consintiesen á los judíos

---

1 «Si quis vero maleficio interficiat alterum, eo quod sine idololatria perficere scelus non potuit, nec in fine impartiendam ese illi communionem.»

2 «Si Augur aut Pantomimi credere voluerit, placuit ut prius artibus suis renuntient, et tunc demum suscipiantur ut ulterius non revertantur. Quod si facere contra interdictum tentaverint, projiciantur ab Ecclesia.»

3 «Prohibendum ne qua fidelis vel catechumena aut comicos aut viros scenicos habeat: quaecumque hoc fecerit, a communione fidelium arceatur.» Algunos traducen el *habere viros* por *tener en su compañía*; pero creo que yerran.

4 «Caereos per diem placuit in coemeterio non incendi: Inquietandi enim Sanctorum spiritus non sunt. Qui hoc non observaverint, arceantur ab Ecclesiae communione.—Placuit prohiberi ne foeminae in coemeterio pervigilent, eo quod saepe sub obtentu orationis, scelera latenter committant.»

«Prohibendum etiam ne lucernas publice acceendant. Si facere contra interdictum voluerint, abstineant a communione.»

bendecir sus mieses, para que no esterilizasen la bendicion de los
cristianos (en el XXI), y excomulgando de nuevo (en el LXXVIII) al
fiel que pecase con una judía (ó gentil), crímen que sólo podia borrarse con una penitencia de cinco años.

Establecidas así las relaciones de la Iglesia con paganos, judíos y
herejes, atendió el Concilio á la reforma de las costumbres del Clero
y del pueblo, procediendo con inexorable severidad en este punto. En
catorce Cánones relativos al matrimonio conminó con la acostumbrada y espantosa pena de negar la comunion, áun *in hora mortis*, al bí-
gamo (Cán. VIII), al incestuoso (LXVI), al adúltero pertinaz (XLVII
y LXIV), á la infanticida (LXIII), siempre que haya recibido el
bautismo, puesto que la catecúmena era admitida á comunion *in-
fine* (LXVIII), al marido consentidor en el adulterio de su esposa (LXX); é impuso penas rigorosísimas, aunque no tan graves, á la
viuda caida en pecado (LXXII), á la mujer que abandone á su consorte (IX), á los padres que quiebren la fé de los esponsales (LIV),
y áun á las casadas que dirijan en nombre propio á los láicos cartas
amatorias ó indiferentes (LXXXI). Excluye para siempre de la comunion al reo de pecado nefando (LXXI), á las meretrices y *lenas* ó
terceras (XII), al clérigo fornicario (XIX), á la vírgen ofrecida á Dios
que pierda su virginidad y no haga penitencia por toda la vida (XIII):
niega el subdiaconado á quien haya caido en impureza (XXX), manda
á los Obispos, presbíteros, diáconos, etc. *in ministerio positi* abstenerse de sus mujeres (XXXIII), y les prohibe tenerlas propias ó extrañas
en su casa, como no sean hermanas ó hijas *ofrecidas á Dios* (XXVII).
Impone siete años de penitencia á la mujer que con malos tratamien-
tos mate á su sierva (V): muestra notable del modo cómo la Iglesia
atendió desde sus primeros pasos á disminuir y mitigar aquella plaga
de la esclavitud, una de las más lastimosas de la sociedad antigua.
Singulares y característicos de la época son los dos Cánones XVIII
y XX, que prohiben á los clérigos ejercer la usura, aunque les permiten el comercio *ad victum conquirendum*, con tal que no abando-
nen sus iglesias para negociar. Otro linaje de abusos vino á cortar
el XXIV, que veda conferir las órdenes al que se haya bautizado en
tierras extrañas, cuando de su vida cristiana no haya bastante noticia, así como el XXV, que reguló el uso de las cartas *confesorias*,
dadas por los mártires y confesores á los que estaban sujetos á penitencia pública, cartas que debian ser examinadas por el Obispo *primae cathedrae*, conforme dispuso el Cánon LVIII. Los que llevan los
números LXXIII, LXXIV, LXXV y LXXX condenan á los dela-

lores, á los falsos testigos, á quien acuse á un clérigo sin probarlo,
y á quien ponga en la Iglesia libelos infamatorios. Cinco años de
penitencia se impone al diácono de quien se averigue haber cometido un homicidio antes de llegar á las órdenes, y tres á los que pres-
ten sus vestidos para ceremonias profanas [1] y acepten ofrendas del
que esté separado de la comunion de los fieles. (Cán. XXVIII.) El
energúmeno no tendrá ministerio alguno en la Iglesia (Cán XIX.)

Acerca de la excomunion tenemos el Cánon XXXII, que reserva á
los Obispos la facultad de imponerla y absolver de ella, prévia la opor-
tuna penitencia, y el LIII, que impide á un Obispo recibir á comunion al excomulgado por otro

Sobre la administracion de Sacramentos versan el XXXVIII, que
concede á todos los fieles, excepto á los bígamos, el poder de administrar el bautismo en caso de necesidad, con tal que, si sobrevive el
bautizado reciba la imposicion de manos del Obispo· el XLVIII, que
prohibe lavar los piés á los bautizados, como se hacia en otras iglesias, ni recibir sus limosnas el XXXIX, que versa sobre la Confirmacion, y los que directa ó indirectamente se refieren á la Penitencia ó
á la Eucaristía, y quedan ya á otro propósito enumerados

Finalmente, haré mencion del XXXVI, que prohibe las pinturas en
las iglesias, como inductivas á la idolatría, prohibicion natural tratándose de gentes educadas en el paganismo y poco capaces por ende de
comprender el sentido que en la nueva y verdadera Religion tenian las
imágenes [2]

He referido con tanto detenimiento los Cánones de este Concilio,
aunque no todos vengan derechamente al propósito de esta historia,
porque son el más antiguo y completo de los códigos disciplinarios de
nuestra Iglesia y muestran, mejor que lo harian largas disertaciones,
el estado de la sociedad cristiana de la Península antes de la herejía
de Prisciliano. Vemos hasta ahora unidad en el dogma, fuera de algunos restos gentílicos y de ciertos vislumbres más supersticiosos que
heréticos órden y rigor notables en la disciplina. Censurado ha sido
por algunos el rigor diaconiano de los Cánones de Elvira; pero ¿cómo
proceder de otra suerte si habia de mantenerse el vigor y la pureza de
la ley en medio de un pueblo tan mezclado como el de la Península
cristiano ya en su mayor parte, pero no inmune de las relajaciones y
malos hábitos del paganismo, y expuesto á contínuas ocasiones de

---

1   Veanse los Cánones LXXVI y LVII

2   «Placuit picturas in Ecclesia esse non debere, ne quod colitur aut adoratur, in parietibus
depingatur » Este Cánon ha dado lugar á las mas contradictorias interpretaciones

error y de pecado por la convivencia con gentes de culto extraño ó
enemigo? La misma gravedad de las penas con que todo *lapsus* se castiga son prueba indubable, no de una corrupcion tan profunda y general como opinan muchos (dado que delitos de aquel género existen y
han existido siempre y no son patrimonio ni afrenta de una época
sola), sino indicacion manifiesta del vigor y récio temple de los hombres que tales cosas exigian y de tal modo castigaban toda cobarde
flaqueza. Derecho tenian á ser inexorables con los apóstatas y sacrílegos aquellos Osios y Valerios, confesores de Cristo, los cuales mostraban aún en sus miembros las huellas del martirio cuando asistieron al Sínodo Iliberitano. En cuanto á la negacion de la Eucaristía á
los moribundos, no llevaba envuelta la negacion de la penitencia sacramental, por más que el Padre Villanuño y otros hayan defendido
esta opinion, que parece durísima y opuesta á la caridad cristiana, en
que sin duda rebosaban los padres reunidos en Iliberis. Séanos lícito
admirar la sabiduría y prudencia de sus decisiones, á pesar de las dificultades que ofrece la recta interpretacion de aquel precioso y envidiado monumento de nuestra primitiva Iglesia [1].

V.—Osio en sus relaciones con el arrianismo.— Potamio y Florencio

No precisamente para vindicarle, que no lo necesita, pues ya lo
han hecho otros, especialmente Florez y el Padre Miguel José
de Maceda [2], sino por lo enlazada que está su historia con la
del arrianismo, y por ser mi propósito no omitir en esta obra perso-

1 Véanse las actas del Iliberitano en el tomo I de la *Collectio Maxima Conciliorum Hispaniae et Novi Orbis.....* (Roma, 1693), y las disertaciones sobre él en el II.

Albaspineo (Gabriel): *Notae in Concilium Illiberitanum.....* En el tomo II de la *Collectio Maxima Conciliorum Omnium Hispaniae..... Curante Josepho Catalano. Romae 1753.*

Binio: *Notae in Concilium Illiberitanum.* En el tomo II de la misma coleccion.

Loaisa: *Annotationes in Concil. Illiberit.* Id. id.

Mendoza (D. Fernando): *De Concilio Illiberitano confirmando libri tres.* Id. id.

Arjona (D. Manuel M.): *Defensa é ilustracion latina del Concilio Iliberitano.* (Ms.)

Villanuño (P. Matias de): *Summa Conciliorum Hispaniae. notis novisque dissertationibus adornata.* Madrid, 1785. 4 vols.

Masdeu: *Historia crítica de España*, tomo VIII, ilustracion XIII: *Eucaristía negada á los moribundos.*

La Fuente (D. Vicente): *Historia eclesiástica de España*, 2.ª ed., tomo I.

2 En su disertacion *Hosius vere Hosius (Osio verdaderamente santo)*, impresa en Bolonia, 1790, 4.º, XVI-492 págs. Comprende tres disertaciones: la 1.ª *De commentitio..... Hosii lapsu*; la 2.ª *De sanctitate et cultu legitimo Hosii*; en la 3.ª vindica á Potamio.

naje alguno que con fundamento ó sin él haya sido tildado de *heterodoxia*, voy á escribir brevemente del grande Osio, aprovechando tan favorable ocasion para refrescar la memoria de aquel ornamento de nuestra Iglesia, varon el más insigne que España produjo desde Séneca hasta San Isidoro

El nombre de *Osio* (Santo) es griego, pero el que lo llevó pertenecia á la raza hispano-latina, puesto que en el Concilio Niceno tuvo que explicarse por intérpretes, segun resulta de las actas [1]. Nació Osio en Córdoba, si hemos de estar al inrecusable testimonio de San Atanasio [2] y al de Simeon Metaphrástes [3], hácia el año de 256, puesto que murió en 357 á los 101 años de edad con escasa diferencia Fué electo Obispo de Córdoba por los años de 294, puesto que en 355 llevaba 60 de obispado, segun San Atanasio [4] Confesor de la fé durante la persecucion de Diocleciano, padeció tormento, cuyas huellas mostraba aún en Nicea [5] y fué enviado al destierro, conforme testifica el santo Obispo de Alejandría (*Apolog. de fuga sua*) De la confesion habla el mismo Osio en la carta á Constancio *Ego confessionis munus expleri, primum cum persecutio moveretur ab avo tuo Maximiano* Asistió despues al Concilio de Iliberis, entre cuyas firmas viene en undécimo lugar la suya, como que no llevaba más que nueve ó diez años de obispado Salió de España, no sabemos si llamado por Constantino, á quien acompañaba en Milan el año 313 [6]. El emperador tenia en mucha estima sus consejos, sobre todo en cosas eclesiásticas, y parece indudable que Osio le convirtió al Cristianismo ó acabó de decidirle en favor de la verdadera Religion, pues el pagano Zósimo [7] atribuye la conversion del César *á un egipcio de España* debiéndose entender la palabra *egipcio* en el sentido de *mago, sacerdote ó sábio,* como la interpretan casi todos los historiadores, quienes asimismo convienen en identificar á Osio con el *egipcio,* por no saberse de otro catequista español que siguiese la córte de Constantino en aquella fecha

Levantóse por el mismo tiempo en Africa la herejía de los Donatistas, sostenida por la española Lucila, de quien daré noticia en párrafo aparte Depusieron aquellos sectarios al Obispo de Cartago Ceciliano,

1 Lib II *De eo quod oportet tres personas intelligi* etc

2 «Reversus in patriam suam » (*Ep Ad Solitarios*)

3 «Corduba urbs Hispaniae de eo se jactabat » (*Narratio eorum quae gesta sunt Nicaeae a Synodo*)

4 Todas estas fechas fueron concordadas y puestas en claro por Florez (*España Sagrada,* tomo X págs 200 y sig)

5 Niceph, lib VIII, cap XIV

6 Vid Carta de Constantino á Ceciliano Obispo de Cartago en Euseb lib X cap VI

7 Lib II *Hist*

acusándole de *traditor* es decir, de haber entregado á los gentiles en
la última persecucion los libros sagrados y eligieron anticanónica-
mente á Mayorino. Llegó el cisma á oidos del Papa Melquiades, quien,
llamado á Roma Ceciliano con doce de los suyos y otros tantos Donatistas, pronunció sentencia en favor del legítimo Obispo, prévia consulta á tres Prelados de las Gálias y á quince italianos (A 313) Apelaron los Donatistas, fueron condenados de nuevo al año siguiente, y
recurrieron á Constantino, el cual, lejos de oirlos, les amenazó con sus
rigores Vengáronse acusando á Osio, consejero del emperador, y al
Papa Melquiades, de *traditores*, partidarios y cómplices de Ceciliano.
Pero ya dijo San Agustin en el psalmo *Contra Donatistas*.

Sed hoc libenter finxerunt quod se noverunt fecisse
Quia fama jam loquebatur de librorum traditione
Sed qui fecerunt latebant in illa perditione.
Inde alios infamaverunt ut se ipsos possint celare.

De suerte que el crímen estaba de parte de los Donatistas. Decian
de Osio que habia sido convicto de *tradicion* por los Obispos españoles, y absuelto por los de las Gálias, y que él era el instigador de
Constantino contra los de la faccion de Donato San Agustin (lib I,
Contra Parmeniano) declara calumniosas ambas acusaciones, y en verdad que riñen con todo lo que sabemos de la persecucion sufrida por
Osio; siendo además de advertir que sus enemigos los Arrianos nunca repitieron el cargo formulado por los Donatistas En punto á su
proceder con estos sectarios, San Agustin advierte que Osio torció *in
leniorem partem* el ánimo del emperador. enojado con los cabezas y
fautores del cisma

De la sana y enérgica influencia de Osio en el ánimo de Constantino responde la ley *De manumissionibus in Ecclesia* á él dirigida, que se
lee en el código Theodosiano, lib. IV, tít. VII.

Mayor peligro que el del cisma de Donato fué para la Iglesia la
herejía de Arrio, presbítero alejandrino cuya historia y tendencias
expondré cuando lleguemos á la época visigoda Aquí basta recordar
lo que todo el mundo sabe, es decir, que Arrio negaba la divinidad del
Verbo y su consustancialidad con el Padre Enviado Osio á Alejandría para calmar las disensiones entre Arrio y San Atanasio vió imposible reducir al primero, y opinó por la celebracion de un Concilio
Juntose éste en Nicea de Bitinia el año 325, con asistencia de 318
Obispos, presididos por el mismo Osio, que firma el primero despues

de los legados del Papa, en esta forma: «*Hosius episcopus civitatis Cordubensis, provinciae Hispaniae. dixit Ita credo, sicut superius dictum est.
Victor et Vincentius presbyteri urbis Romae pro venerabili viro Papa et Episcopo nostro Sylvestro subscripsimus*» etc Aquel Concilio, el primero de los
Ecuménicos, debe ser tenido por el hecho más importante de los primeros siglos cristianos en que tanto abundaron las maravillas. Vióse
á la Iglesia sacar incólume de la aguda y sofística dialéctica de Arrio
el tesoro de su fé representado por uno de los dogmas capitales, el
de la divinidad del *Logos*, y asentarle sobre fundamentos firmísimos.
formulándole en términos claros y que cerraban la puerta á toda anfi-
bología La Iglesia, que jamás introduce nueva doctrina, no hizo otra
cosa que *definir* el principio de la consustancialidad tal como se lee en
el primer capítulo del *Evangelio de San Juan* La palabra *Omousios*
(consustancial), empleada la primera vez por el Niceno, no es más que
una paráfrasis del *Verbum erat apud Deum et Deus erat Verbum* El Cristianismo no ha variado ni variará nunca de doctrina. ¡Qué gloria
cabe á nuestro Osio por haber dictado la profesion de fé de Nicea
símbolo que el mundo cristiano repite hoy como regla de fé y norma
de creencia' «Creemos en un Dios, Padre Omnipotente, hacedor de
todas las cosas visibles é invisibles y en Jesu-Cristo, hijo de Dios
unigénito del Padre, esto es, de la sustancia del Padre, Dios de Dios.
luz de luz, Dios verdadero de Dios verdadero, nacido no hecho, *ho-
mousios*, esto es *consustancial* al Padre, por quien han sido hechas todas
las cosas del cielo y de la tierra   » Que Osio redactó esta admirable fórmula, modelo de precision de estilo y de vigor teológico afir-
malo expresamente San Atanasio (Ep .Id Solitarios)· «*Hu formulam
fidei in Nicaena Synodo concepit*». La suscribieron 318 Obispos, absteniéndose de hacerlo cinco arrianos tan sólo. En algunos Cánones
disciplinarios del Concilio Niceno, especialmente en el III y en
el XVIII, parece notarse la influencia del Concilio Iliberitano, y por
ende la de Osio.

Asistió éste en 324 al Concilio Gangiense, celebrado en Paphlago-
nia. Firma las actas pero no en primer lugar. Los Cánones se refieren
casi todos á la disciplina

Muerto Constantino en 337, dícese que Osio tornó á España. En los
últimos años de su vida habia parecido inclinarse el emperador al
partido de los Arrianos, y hasta llegó á desterrar á Tréveris á San
Atanasio, el gran campeon de la fé nicena, aunque es fama (y así lo
advierte Sozomeno) que en su testamento revocó la órden, y encargó
el regreso de Atanasio Vuelto á su diócesis de Alejandría el ardiente

é indomable atleta, levantáronse contra él los Arrianos, y en el conciliábulo de Antioquía, en 341, depusieron á Atanasio, eligiendo en su
lugar á *Gregorio*. El nuevo Obispo penetró en Alejandría con gente armada y San Atanasio hubo de retirarse á Roma, donde alcanzó del
Papa San Julio la revocacion de aquellos actos anticanónicos, pero el
emperador Constancio persiguió de tal suerte al santo Obispo, que
éste se vió precisado á mudar contínuamente de asilo, sin dejar de
combatir un punto á los Arrianos de palabra y por escrito Convocóse
al fin un Concilio en Sárdis, ciudad de Iliria, el año 347 Concurrieron
300 Obispos griegos y 76 latinos Presidió nuestro Osio, que firma en
primer lugar, y propuso y redactó la mayor parte de los Cánones, en-
cabezados con esta frase *Osius Episcopus dixit*. El Sínodo respondió á
todo: *Placet*. San Atanasio fué restituido á su Silla, y condenados de
nuevo los Arrianos Otra vez en España Osio, reunió en Córdoba un
Concilio provincial, en el cual hizo admitir las decisiones del Sardicense, y pronunció nuevo anatema contra los secuaces de Arrio [1] No
se conservan las actas de este Sínodo

Por este tiempo habíase puesto resueltamente Constancio del lado
de los Arrianos, y consentia en 355 que desterrasen al Papa Liberio
por no querer firmar la condenacion de Atanasio. No satisfechos con
esto el emperador y sus allegados, empeñáronse en vencer la firmeza
de Osio, de quien decian, segun refiere San Atanasio «Su autoridad
sola puede levantar el mundo contra nosotros es el Príncipe de los
Concilios, cuanto él dice se oye y acata en todas partes: él redactó la
profesion de Fé en el Sínodo Niceno él llama herejes á los Arrianos» [2]. A las porfiadas súplicas y á las amenazas de Constancio, respondió el gran Prelado en aquella su admirable carta, la más digna, valiente y severa que un sacerdote ha dirigido á un monarca [3] «Yo fuí
confesor de la fé (le decia) cuando la persecucion de tu abuelo Maximiano Si tú la reiteras, dispuesto estoy á padecerlo todo, antes que á
derramar sangre inocente ni ser traidor á la verdad Mal haces en escribir tales cosas y en amenazarme .. Acuérdate que eres mortal,
teme el dia del juicio, consérvate puro para aquel dia, no te mezcles
en cosas eclesiásticas ni aspires á enseñarnos, puesto que debes reci-

---

1 «Quapropter Cordubae Episcopus Sanctissimus τυπος, Osius Synodum Divinam et
Sanctam Episcoporum sua in Civitate convocans divinitus expositam illustravit doctrinam,
condemnans eosdem quos Sardicensis abdicaverit Synodus et quos ea absolverat recipiens •
(*Libell Synod in Fabricii Bibliotheca Graeca*, tomo XI, pag 185) Es documento del siglo IX.
pero sobre originales mas antiguos

2 Ep *Ad Solitarios*

3 Vid *Apendice*, num II

bir lecciones de nosotros Confióte Dios el imperio, á nosotros las cosas de la Iglesia. El que usurpa tu potestad, contradice á la ordenacion divina: no te hagas reo de un crímen mayor usurpando los tesoros del templo. Escrito está: *Dad al César lo que es del César y á Dios lo que es de Dios.* Ni á nosotros es lícito tener potestad en la tierra, ni tu, emperador, la tienes en lo sagrado. Escríbote esto por celo de tu salvacion. Ni pienso con los Arrianos ni les ayudo, sino que anatematizo de todo corazon su herejía, ni puedo suscribir la condenacion de Atanasio, á quien nosotros y la Iglesia romana y un Concilio han declarado inocente» Separacion maravillosa de los límites de las dos potestades *como tales* anticipado anatema á los desvaríos de todo príncipe teólogo llámese Constancio ó Leon el Isáurico, Enrique VIII o Jacobo I, firmeza desusada de tono, indicio seguro de una voluntad de hierro hondo sentimiento de la verdad y de la justicia todo se admira en el pasaje transcrito, que con toda la epístola nos conservó San Atanasio. Cien años tenia Osio cuando escribió esta carta, que hizo bramar de cólera al altivo y pedante emperador el cual mandóle comparecer en Syrmio, ciudad de la Pannonia. En el Concilio allí celebrado hiciéronse esfuerzos sobrehumanos para doblegar la constancia del Obispo cordobés, pero se negó tenazmente á firmar contra Atanasio limitándose su condescendencia á comulgar ó *comunicar* con los arrianos Ursacio y Valente, debilidad de que se arrepintió luego, como testifica San Atanasio «*Verum ne ita quidem eam rem pro levi habuit morituras enim qui si in testamento suo vim protestatus est, et Arianam haeresim condemnavit, vetuitque eam a quoquam probari aut recipi*» Y es lo cierto que Osio murió el mismo año 357 á la edad de 101 años, despues de haber sido azotado y atormentado por los verdugos de Constancio, conforme testifica Socrates Escolástico (Lib. II. capítulo XXXI.) [1]

Increible parece que á tal hombre se le haya acusado de heterodoxo. ¡Al que redactó el símbolo de Nicea y absolvió á San Atanasio en el Concilio Sardicense, y á los cien años escribió al hijo de Constancio en los términos que hemos visto! Y, sin embargo, es cosa corriente en muchas historias que Osio claudicó al fin de su vida, y que no contento con firmar una profesion de fé arriana vino á la Bética, donde persiguió y quiso deponer á San Gregorio Iliberitano, que no queria comunicar con él Y cierran toda la fábula con el célebre relato de la muerte repentina de Osio, á quien *se torció la boca con feo visaje* [2]

[1]   En estas noticias biográficas de Osio sigo principalmente á Florez y á Maceda

[2]   Palabras de Mariana

cuando iba á pronunciar sentencia contra el santo Prelado de Iliberis.

Cuento tan mal forjado ha sido deshecho y excluido de la historia
por el mayor número de nuestros críticos, y sobre todo por el Padre
Florez en su *Disertacion Apologética*, y por Maceda, en la suya *Hosius
vere Hosius*, ya citada. No hay para qué detenernos largamente en la
vindicacion Las acusaciones contra Osio se reducen á estos tres capítulos

a) Comunicó con los arrianos Ursacio y Valente Así lo dice un texto
que pasa por de San Atanasio. «*Ut afflictus, attritusque malis, tandem
aegreque cum Ursacio et Valente communicavit, non tamen ut contra Athanasium scriberet* [1]. Dando por auténticas estas palabras, discurrian así
los apologistas de Osio, incluso Florez. en el trato con herejes excomulgados, severamente prohibido por los antiguos Cánones, cedió
Osio á una violencia inevitable, de la cual se arrepintió despues
amargamente; pero ni pecó contra la fé. ni suscribió con los Arrianos. Hizo, en suma lo que San Martin de Tours, que (como veremos
en el capítulo siguiente) consintió en comunicar con los Obispos ithacianos, para salvar de los rigores imperiales á los Priscilianistas
aunque despues tuvo amargos remordimientos de tal flaqueza, y
moestus ingemuit dice Sulpicio Severo El hecho de Osio, en todo
semejante, lo refiere San Atanasio sin escándalo, y no fué óbice para
que él diese repetidas veces el nombre de Santo al Obispo de Córdoba.

El Padre Maceda fué mas adelante. sostuvo que el texto de la
epístola *Ad Solitarios* no podia ménos de estar interpolado (lo cual ya
habian indicado los apologistas del Papa Liberio), porque resultarian
si no, contradicciones cronológicas insolubles, v. gr , la de suponer
vivo en 358 [2] al Obispo de Antioquía Leoncio y porque no enlaza ni
traba bien con lo que precede ni con lo que sigue. Y como son tres los
pasajes de San Atanasio (en las dos *Apologías* y en la epístola *Ad Solitarios*, donde se dice de Osio que *flaqueó un momento (cessit ad horam)*
el Padre Maceda declara apócrifos los tres, ya que la primera *Apología* parece escrita hácia el año 350 y la segunda en 356 Pero ¿no
pudo San Atanasio intercalar despues estas narraciones? La verdad
es que en todos los Códices se hallan, y siempre es aventurado recha-

---

1 Μὴ ὑπογραψαι δὲ κατα Αθανασιου (Ep Ad Solitarios)

2 El argumento de Maceda es éste o la epístola Ad Solitarios fué escrita antes del 357 y en
ese caso no pudo hablar en ella San Atanasio de la caida de Osio, o fue escrita despues y entonces no pudo mencionar á Leoncio como a persona viva Maceda se inclina con buenas razones, a la primera opinion

zar un texto por meras conjeturas, aunque desarrolladas con mucho
ingénio. Ni la defensa de Osio requiere tales extremos Constante el
apologista en su plan, dedica largas páginas á invalidar por apócrifos
los testimonios de San Hilario, cuando bastaba advertir (como advierte al principio) que desterrado aquel Padre en Frigia, y poco sabedor de las cosas de Osio, se dejó engañar por las calumnias que
Ursacio y Valente habian propalado, y tuvo por auténtica la segunda
fórmula de Syrmio.

b) Firmó en Syrmio una profesion de fé arriana En ninguna parte
lo indica San Atanasio, que debia de estar mejor informado que nadie, en asunto que tan de cerca le tocaba. Se alega el testimonio de
San Epifanio *(Adversus haereses, lib. III, haer. LXXIII, núm 14)*, pero
esas palabras no son suyas, sino interpoladas por algun copista que
las tomó del *Hypomnematismo* de Basilio Ancyrano y Jorge de Laodi-
cea [1]. Allí se habla de las cartas que los Arrianos *cazaron* ó arranca-
ron por fraude al venerable Obispo Osio· *«Quo nomine Ecclesiam condemnare se posse putarunt in litteris quas a Venerabili viro Episcopo Hosio
per fraudem abstulerunt»* El silencio de San Atanasio es prueba segura
de que no hubo *carta* firmada por Osio, aunque los Arrianos lo pro-
palaran, y el rumor llegase á los autores del *Hypomnematismo* Además, si la firma fué arrancada *por fraude*, es como si no hubiera existido

Cierto que San Hilario en el libro *De Synodis*, al trascribir la herética fórmula de Syrmio, encabézala con estas palabras *Exemplar blasphemiae apud Syrmium per Hosium et Potamium conscriptae*, pero semejante rótulo riñe con el contexto de la fórmula, donde ésta se atribuye
a Ursacio, Valente y Germinio, nunca á Osio ni á Potamio, Obispo
de Lisboa [2] Parece evidente que San Hilario (ó su interpolador, segun el mal sistema del Padre Maceda) cedió á la opinion vulgar difundida en Oriente por los Arrianos en menoscabo del buen nombre de
Osio y Potamio. Y que no pasó de *rumor* lo confirma Sulpicio Severo.
Opinio fuit ¿Hemos de creer, fiando en el testimonio de Sozomeno [3],

---

1　Vid Maceda, pags 170 y sig , y D Petavio *Animadversiones in Epiphanium*

2　«Quoniam de fide placuerat disceptationem fieri omnia cum sedulitate inquisita et examinata fuere Syrmii, in praesentia Valentis Ursacii Germinii, caeterorumque omnium Cons-
titit ergo unum esse Deum Omnipotentem sicuti in universo orbe praedicatur, et unum ejus
unigenitum filium, Dominum nostrum Jesum Christum, ex eo ante saecula genitum　　Caeterum quae multos conmovet vox, latine quidem dicta *substantia*, graece autem *ousia*, hoc est
(ut diligentius cognoscatur) illud quod *omousion* aut *omoiousion* dicitur, nullam eorum vo-
cum mutationem debere fieri, neque de iis sermocinandum in Ecclesia censemus quod de iis
nihil sit scriptum in sacris litteris, et quod illa hominum intellectum et mentem transcen-
dunt　»etc

3　Lib IV, caps XII y XV

que Osio juzgó prudente prescindir de. las voces *Homousio* y *Homoiousio*, *por amor de paz*, para atraer á los herejes y disipar la tormenta? El Padre Maceda no anda muy distante de este sentir, y defiende á Osio con ejemplos de San Hilario y San Basilio Magno, quienes, en ocasiones semejantes, se inclinaron á una prudente *economía*, sacrificando las *palabras* á las *cosas* Admitido esto, todo se explica. La condescendencia de Osio fué mal interpretada, por ignorancia ó por malicia, y dió origen á las fábulas de Arrianos y Luciferianos.

c) San Isidoro en los capítulos V y XIV *De viris illustribus* refiere, con autoridad de Marcelino, la portentosa muerte del sacrílego Osio, que iba á dar sentencia de deposición contra San Gregorio, despues de haber trabajado con el Vicario imperial para que desterrase á aquel Obispo, que se negaba á la comunion con él teniéndole por arriano. Esta narracion queda desvanecida en cuanto sepamos que Osio no murió en España, como supone San Isidoro, sino desterrado en Syrmio, á lo que se deduce del *Menologio* griego ἐν ἐξορία τον βίον κατέλυσε (acabó la vida en el destierro), y se convence por las fechas. Constancio salió de Roma para Syrmio el dia 4 de las kalendas de Junio de 357. Allí atormentó á Osio para que consintiese en la comunicacion con Ursacio y Valente. Osio murió dentro del mismo año 357. segun San Atanasio, y el dia 27 de Agosto, como afirma el *Menologio* griego. En mes y medio escasos era muy difícil en el siglo IV de nuestra era hacer el viaje de Syrmio á España, aunque prescindamos del tiempo que tardó Constancio en su viaje á la Pannonia, y del que se necesitaba para la celebracion del Concilio Y en mala disposicion debió de estar Osio para viajes tan rápidos con ciento un años de edad, y afligido con azotes y tormentos por órden de Constancio

La autoridad de San Isidoro tampoco hace fuerza, porque su narracion es de referencias al escrito de Marcelino Este Marcelino, presbítero luciferiano, en union con otro de la misma secta, llamado Faustino, presentó á los emperadores Valentiniano y Teodosio un *Libellus precum*, que mejor diríamos *libelo infamatorio*, donde pretendian justificar su error, consistente en no admitir a comunion ni tener trato alguno con el Obispo ó presbítero que hubiese caido en algun error, áun despues de tornado al gremio de la Iglesia. El escrito de los Luciferianos ha sido fuente de muchas imposturas históricas, especialmente del relato de la *tradicion* del Papa San Marcelino. Lo que se refiere á Osio, á Potamio y á Florencio, españoles todos, merece tra-

ducirse, siquiera como curiosidad histórica, muy pertinente al asunto
de este libro [1].

«Potamio, Obispo de Lisboa, defensor de la fé católica al principio,
prevaricó luego por amor de un *fundo fiscal* que deseaba adquirir
Osio, Obispo de Córdoba, descubrió su maldad, é hizo que las Iglesias
de España le declarasen impío y hereje. Pero el mismo Osio, llamado
y amenazado por el emperador Constancio, y temeroso, como viejo

[1] Potamius Odissiponae civitatis episcopus primum quidem fidem Catholicam vindicans
postea vero praemio fundi fiscalis quem habere concupiverat fidem praevaricatus est Hunc
Osius de Corduba apud Ecclesias Hispaniarum et detexit et repulit ut impium haereticum
Sed et ipse Osius Potamii quere a accersitus ad Constantium Regem minisque perterritus et
metuens ne senex et dives exilium proscriptionemve pateretur dat manus impietati et post
tot annos praevaricatur in fidem et regreditur in Hispanias majore cum auctoritate, habens
regis terribilem jussionem ut si quis eidem Episcopo jam facto praevaricatori minime velit
communicare in exilium mitteretur Sed ad Sanctum Gregorium, Eliberitanae Civitatis Episcopum constantissimum fidelis nuntius detulit impiam Osii praevaricationem Inde non
acquievit memor sacrae fidei ac divini judicii in eius nefariam communionem   Erat autem
tunc temporis Clementinus Vicarius qui ex conventione Osii et generali praecepto Regis
Sanctum Gregorium per officium Cordubam jussit exhiberi Interea fama in cognitionem re-
cunctos inquietat et frequens sermo populorum est quinam est ille Gregorius qui audet Osio
resistere? Plurimi eorum et Osii praevaricationem adhuc ignorabant, et quinam esset Sanctus
Gregorius nondum bene compertum habebant Erat etiam apud eos qui illum forte noverant
rudis adhuc Episcopus   Sed ecce ventum est ad Vicarium   et Osius sedet judex   et Sanctus Gregorius   ut reus adsistit   Magna expectatio singulorum ad quam partem victoria
declinaret Et Osius quidem auctoritate nititur suae aetatis   Gregorius vero nititur auctoritate
veritatis   Ille quidem fiducia regis terreni, iste autem fiducia regis sempiterni   Et Osius scripto
imperatoris nititur, sed Gregorius scripta divinae vocis obtinet Et cum per omnia Osius con-
futatur, ita ut suis vocibus quas   scripserat, vindicaretur, commotus ad Clementinum Vicarium «Non, inquit cognitio tibi mandata est, sed executio vides ut resistit praeceptis regali-
bus exequere ergo quod mandatum est, mitte eum in exilium » Sed Clementinus licet non
esset Christianus tamen exhibens reverentiam nomini Episcopatus respondit Osio «Non audeo (inquiens) Episcopum in exilium mittere, quandiu in Episcopi nomine perseverat Sed da
tu prior sententiam, eum de Episcopatus honore dejiciens, et tunc deinde exilium exequar in eum
quasi privatum quod ex praecepto Imperatoris fieri desideras » Ut autem vidit Sanctus Gregorius quod Osius vellet dare sententiam, appellat ad verum et potentem judicem Christum, totis
fidei suae viribus exclamans «Christe Deus qui venturus es judicare vivos et mortuos ne pa-
tiaris hodie humanam proferri sententiam adversum me, minimum servum tuum, qui pro fide
tui nominis ut reus assistens spectaculum praebeo Sed tu ipse quaeso in causa tua hodie judi-
dica ipse sententiam proferre dignaveris per ultionem Non hoc quasi metuens exilium fieri
cupio, cum mihi pro tuo nomine nullum supplicium non suave sit sed ut multi praevarica-
tionis errore liberentur cum praesentem et momentaneam videant ultionem » Et cum multo
invidiosius et sanctius Deum verbis fidelibus interpellat ecce repente Osius cum sententiam
conatur exponere os vertit, distorquens pariter et cervicem defessus in terram eliditur, atque
illic expirat, aut, ut quidam dicunt obmutuit Inde tamen effertur ut mortuus Sed et Potamio
non fuit inulta sacrae fidei praevaricatio Denique eum ad fundum properat, quem pro impia
fidei subscriptione ab Imperatore meruerat impetrare dans novas poenas linguae per quam
blasphemaverat in via moritur, nullos fructus fundi vel visione percipiens Sed et Florentius
qui Osio et Potamio jam praevaricatoribus in loco quodam communicavit, dedit et ipse nova
supplicia Nam cum in conventu plebis sedet in throno repente eliditur et palpitat atque foras sublatus vires resumpsit Et iterum et alia vice cum ingressus sedisset, similiter patitur
Nihilominus postea cum intrare perseverasset ita tertia vice de throno excutitur, ut quasi indignus throno repelli videatur atque elisus in terram, ita palpitans torquebatur ut eum quadam duritie et magnis cruciatibus eidem spiritus extorquerentur Et inde jam tollitur, non e
more resumendus sed sepeliendus » etc *(Libellus Precum,* en Florez, *Esp Sag ,* tomo X, apéndice)

y rico, del destierro y de la pérdida de sus bienes, ríndese a la impiedad, prevarica en la fé al cabo de tantos años, y vuelve á España con terrible autoridad régia, para desterrar á todo Obispo que no admitiese á comunion á los prevaricadores. Llegó á oidos del santo Gregorio, Obispo de Iliberis, la nueva de la impía prevaricacion de Osio, y negóse con fé y constancia á su nefanda comunicacion.. ... El Vicario Clementino, á ruegos de Osio, y obedeciendo al mandamiento imperial, llamó á Gregorio á Córdoba y decian las gentes *¿Quién es ese Gregorio que se atreve á resistir á Osio?* Porque muchos ignoraban la flaqueza de Osio, y no tenian bien conocida la virtud del santo Gregorio, á quien juzgaban Prelado novel y bisoño . Llegan á la presencia del Vicario, Osio como juez, Gregorio como reo Grande inquietud en todos por ver el fin de aquel suceso Osio con la autoridad de sus canas, Gregorio con la autoridad de la virtud Osio puesta su confianza en el rey de la tierra, Gregorio la suya en el Rey sempiterno El uno se fundaba en el rescripto imperial, el otro en la divina palabra..... Y viendo Osio que llevaba lo peor en la disputa porque Gregorio le refutaba con argumentos tomados de sus propios escritos. gritó al Vicario «Ya ves cómo éste resiste á los preceptos legales cumple lo que se te ha mandado, envíale al destierro» El Vicario aunque no era cristiano. tuvo respeto á la dignidad episcopal y respondió á Osio. «No me atrevo á enviar un Obispo al destierro. dá tú antes sentencia de deposicion» Viendo San Gregorio que Osio iba á pronunciar la sentencia apeló al verdadero y poderoso juez, Cristo, con toda la vehemencia de su fé, clamando «Cristo Dios, que has de venir á juzgar a los vivos y á los muertos, no permitas que hoy se dé sentencia contra mí indigno siervo tuyo, que soy perseguido por la confesion de tu nombre No porque yo tema el destierro. pues todo suplicio me es dulce por tu amor, sino para que muchos se libren de la prevaricacion al ver tu súbita y prestísima venganza» Y he aquí que repentinamente á Osio que iba á dar la sentencia, se le torcieron la boca y el cuello, y cayó en tierra, donde espiró, ó *como otros dicen*, quedó sin sentido. Cuentan luego que el Vicario se echó á los piés del santo, suplicándole que le perdonase »

«No quedó impune (prosiguen diciendo) la prevaricacion de Potamio. Murió cuando iba á aquel *fundo* que habia obtenido del emperador en pago de una suscripcion impía, y no vió, ni por asomos, los frutos de su viña Murió de un cáncer en aquella lengua impía con que habia blasfemado.»

«Tambien fué castigado con nuevo género de suplicio Florencio

(Obispo de Mérida), que había comunicado con los prevaricadores Osio y Potamio Cuando quiso ocupar su silla delante del pueblo, fué arrojado de ella por un poder misterioso. y comenzó á temblar Intentólo otra vez y otra. y siempre fué rechazado como indigno, y caído en tierra torcíase y retemblaba como si interiormente y con gran dureza le atormentasen De allí le sacaron para enterrarle.»

¿Qué decir de todas estas escenas melodramáticas, que por otra parte no dejan de acusar fuerza de imaginativa en sus autores? Ese Osio que viene *revestido de terrible autoridad*, ese San Gregorio Bético que pide y alcanza *súbita y terrible venganza*, plegaria tan ajena de la mansedumbre y caridad, y áun de la justicia. tratándose de Osio, columna de la Iglesia, áun dado caso que hubiese incurrido en una debilidad á los cien años, ese Vicario, que es pagano y tiene tanto respeto á la dignidad episcopal, cuando en tiempos de Constancio era cosa frecuentísima el desterrar Obispos, y luego pide á Osio que deponga á Gregorio, como si para él variase la cuestion por una fórmula más ó ménos, esa duda finalmente, en que los autores del libelo se muestran, ignorando si Osio cayó muerto ó desmayado. ¿qué es todo esto sino el sello indudable de una torpe ficcion? Adviértase, además, que la muerte ó castigo de Florencio se parece exactamente á la de Osio, coincidencia natural, puesto que las dos relaciones son de la misma fábrica. Hasta terminan con la misma protesta «Bien sabe toda España que no fingimos esto *(scit melius omnis Hispania, quod ista non fingimus)*, esto lo sabe toda Mérida sus ciudadanos lo vieron por sus propios ojos». Pero no hay que insistir en las contradicciones y anacronismos de una ficcion que por sí misma se descubre.

De Florencio y Potamio poco más sabemos y por eso no hago de ellos capítulo aparte. Probablemente fueron buenos Obispos, libres de la terquedad y bárbara intolerancia de los cismáticos Luciferianos San Febadio habla de una epístola, *De possibilitate Dei*, que los herejes Fotinianos hicieron correr á nombre de Potamio [1]

Contra ese cuento absurdo que llama *avaro* y *tímido* al Osio autor de la carta á Constancio y dos veces confesor de la fé hemos de poner el testimonio brillante de San Atanasio, que con él lidió bizarramente contra los Arrianos. «Murió Osio protestando de la violencia condenando la herejía arriana y prohibiendo que nadie la siguiese ni amparase ¿Para qué he de alabar á este santo viejo, confesor insigne de Jesucristo? No hay en el mundo quien ignore que Osio fué

---

[1] ¿Será este Potamio persona distinta del Lisbonense? El Padre Maceda sostiene la identidad

desterrado y perseguido por la fé. ¿Qué Concilio hubo donde él no presidiese? ¿Cuándo habló delante de los Obispos sin que todos asintiesen á su parecer? ¿Qué Iglesia no fué defendida y amparada por él? ¿Qué pecador se le acercó que no recobrase aliento ó salud? ¿A qué enfermo ó menesteroso no favoreció y ayudó en todo?» [1].

La Iglesia griega venera á Osio como Santo el 27 de Agosto. La latina no le ha canonizado todavía, quizá por estar en medio el *libellus* de los Luciferianos [2].

Los escritos de Osio que á nosotros han llegado son brevísimos y en corto número, pero verdaderas joyas. Redúcense á la *profesion de fé* de Nicea, á la carta á Constantino, y á quince Cánones del Concilio de Sárdis. San Isidoro le atribuye además una carta á su hermana, *De laude virginitatis*, escrita, dice, en hermoso y apacible estilo, y un tratado sobre la interpretacion de *las vestiduras de los sacerdotes* en la Ley Antigua [3] San Atanasio parece aludir á escritos polémicos de Osio contra los Arrianos. Pensó en traducir al latin el *Timeo* de Platon, pero no llegó á realizarlo, y encargó esta tarea á Calcidio, que le dedicó su version, señalada en la historia de la filosofía por haber sido casi el único escrito platónico que llegó á noticia de la Edad Media.

¡Hasta en los estudios filosóficos ha sido benéfica la influencia de Osio, representante entre nosotros del platonismo católico de los primeros Padres! [4]

1 Ποία γὰρ οὐ καθηγήσατο συνόδου, καὶ λέγων ὁρθῶς οὐ πάντας ἔπεισε; ποία τις Ἐκκλησία τῆς τούτου προστασίας οὐκ ἔχει μνημεῖα τὰ κάλλιστα; τίς λυπούμενός ποτε προσῆλθεν αὐτῷ, καὶ οὐ χαίρων ἀπῆλθε παρ᾽ αὐτοῦ; τίς ᾔτησε δεόμενος, καὶ οὐκ ἀνεχώρησε τυχὼν ὧν ἠθέλησε . (Apologia *De fuga sua*)

2 Sobre la santidad y el culto inmemorial de Osio véase la segunda disertacion de Maceda.

3 «Hosius Episcopus Cordubensis Ecclesiae civitatis Hispaniarum, eloquentiae viribus exercitatus, scripsit ad sororem suam *De laude virginitatis*, epistolam pulchro ac disserto comptam eloquio Composuitque aliud opus *De interpretatione vestium sacerdotalium* quae sunt in Veteri Testamento, egregio quidem sensu et ingenio elaboratum.» (*De viris illustribus*)
El Padre Maceda (segun su costumbre) duda que sean de San Isidoro estos capítulos.

4 Al tratar de Osio no he hecho mérito de la carta de Eusebio Vercellense a Gregorio Iliberitano, donde se leen estas palabras *Transgressor te Hosio didici restitisse et pluribus cedentibus Arminio in communicatione Valentis et Ursatii*, porque esta carta es tenida por apócrifa y bastaria á demostrarlo el anacronismo de suponer vivo a Osio en la fecha del Concilio de Rimini cuando dormia en el sepulcro desde 357.
Vindicaron a Osio ademas de Florez y de Maceda, el Cardenal Baronio, el Dr Aldrete D Francisco de Mendoza, el Cardenal Aguirre Gomez Bravo Sanchez de Feria y otros españoles y extranjeros entre estos Josafat Massano.

VI.—Los donatistas Lucila

E hablado incidentalmente de los Donatistas Aquí conviene añadir unos renglones sobre el cisma que promovieron. Vivía en Cartago una española rica, llamada Lucila, mujer altiva y devota, pero no muy escrupulosa en sus devociones Aborrecía de muerte á Ceciliano, Obispo de Cartago, porque éste le había reprendido el culto casi idolátrico que tributaba á las reliquias de un mártir no canonizado Enojada Lucila, *potens et factiosa femma*, como la llama Optato Milevitano, unióse al bando de Donato de las Casas Negras y otros descontentos por la elección de Ceciliano, compró gran número de partidarios prodigando su dinero á manos llenas, y produjo un cisma que por muchos años dividió la Iglesia africana.

Juntos los cismáticos en número de unos setenta, celebraron conciliábulo en Cartago, depusieron á Ceciliano, y nombraron en su lugar á Mayorino, criado de Lucila, acusando á Ceciliano de *traditor*, para cohonestar su atropello Al cisma unieron algunos errores dogmáticos, como el de afirmar que sólo en su partido y secta estaba la verdadera Iglesia, de lo cual deducían que debía ser rebautizado todo el que viniese á ellos, *porque fuera de la Iglesia no es válido el bautismo* En lo de los *rebautizantes* no hacían más que convertir en sustancia la antigua decisión de los Obispos africanos que sostuvieron tenazmente la misma opinión respecto á los apóstatas y herejes La *Iglesia donatista*, levantada contra Roma, fué una de las infinitas formas del espíritu de rebeldía en todos tiempos, pero dogmáticamente influyó poco Ya hemos hecho mérito de los primeros Concilios que la condenaron y de las voces que los cismáticos esparcieron contra Osio. Entre los impugnadores de su temeridad distinguióse Olimpio, Obispo de Barcelona, que en compañía de Eunomio pasó al Africa, comisionado por el emperador para apaciguar aquellos escándalos En los cuarenta días que estuvieron en Cartago, dieron audiencia á entrambas partes y sentenciaron contra los Donatistas. Ni con esto cesó la contienda A Mayorino había sucedido un segundo Donato, hombre de agudo ingenio, que esparció doctrinas arrianas. San Agustín tuvo

1 Veanse acerca de Lucila las epístolas de San Agustín, y especialmente las que llevan los números 43, 47 57 58 60 61 70 108 109 110 111, 112 120 etc, en la ed. maurina

aún no poco que hacer para acabar con los restos de esta herejía Recuérdese su curiosísimo salmo *Contra Donatistas*

Omnes qui gaudetis pace, modo verum judicate:
Homines multum superbi, qui justos se dicunt esse,
Sic fecerunt scissuram et altare contra altare.
Diabolo se tradiderunt, cum pugnant de traditione.
Et crimen quod comisserunt in alios volunt transferre,
Ipsi tradiderunt libros et nos audent accusare,
Ut pejus committant scelus quam commisserunt ante

Esta especie de salmodia, que es muy larga, y debía recitarse en el tono de los cantos de iglesia, hubo de contribuir mucho á arruinar el crédito de los últimos Donatistas entre el pueblo de Hipona de Tagaste y de Cartago

Con varias alternativas duró el Donatismo en Africa cerca de siglo y medio, y es muy curiosa la historia de aquella polémica teológica, que á veces degeneró en lucha sangrienta y á mano armada en los campos y en las plazas. Lidióse con toda la vehemencia del carácter africano; pero no me incumbe proseguir tal historia, contentándome con señalar de pasada el papel de Lucila en tales disturbios Al pié van los pasajes de Optato Milevitano que se refieren á ella [1]

VII.—LUCIFERIANOS: VICENTE

UANDO en el conciliábulo de Rímini, celebrado en 359, suscribieron algunos Prelados una profesion de fé arriana, prodújose notable escándalo en el orbe cristiano, y muchos Obispos excomulgaron á los prevaricadores. *Lucifero* Obispo de Caller en Cer-

---

1 «Hoc apud Carthaginem post ordinationem Caeciliani factum esse, nemo est qui nesciat per *Lucillam* scilicet nescio quam feminam factiosam, quae ante concussam persecutionis turbinibus pacem dum adhuc in tranquillo esset Ecclesia, cum correctionem Archidiaconi Caeciliani ferre non posset, quae ante spiritualem cibum et potum, os nescio cujus Martyris si tamen Martyris, libare dicebatur, et cum praeponeret calici salutari os nescio cujus hominis mortui, etsi Martyris sed necdum vindicati, correpta, cum confusione nata discessit Irascenti et dolenti ne disciplinae succumberet, occurrit subito persecutionis irata tempestas » Sigue contando la eleccion de Ceciliano, y añade «Convocantur supra memorati seniores qui faucibus avaritiae commendatam ebiberant praedam Cum reddere cogerentur, subduxerunt communioni plebem Non minus et ambitores quibus et ordinari non contigit, necnon et *Lucilla* cum omnibus suis potens et factiosa femina, communioni miscere noluit Schisma

deña fué más lejos y se negó á comunicar con los Arrianos ni á reci-
birlos en modo alguno á penitencia Sostenida con pertinacia esta
opinion, realmente opuesta al espíritu evangélico, que no quiere que
el pecador muera, sino que se convierta y viva, nació una secta más
cismática que herética, la cual fué refutada por San Jerónimo en el
diálogo *Adversus Luciferianos*. Han querido suponer algunos que San
Gregorio Bético perteneció á esta secta, apoyados en el libelo de Marcelino, del cual dí noticias al hablar de Osio, en la carta de Eusebio
Vercellense, pieza á todas luces apócrifa, y finalmente (y es el único
testimonio de peso) en estas palabras de San Jerónimo: *Lucifer Ca-
laritanus Episcopus moritur, qui cum Gregorio Episcopo Hispaniarum et
Philone Lybiae, nunquam se Arianae miscuit pravitati* Resulta de aquí,
que Gregorio y Filon no *se mezclaron con los Arrianos* ni cayeron en su
impiedad. pero no que asintiesen con Lucifero en negarles la penitencia De Lucifero sólo, no de los demás, prosigue diciendo San Jeró-
nimo· *Ipse a suorum communione descivit.*

No sé qué pensar del presbítero Vicente cuya historia se cuenta
así en el *libelo* de los Luciferianos: «¡Cuánto sufrió en España Vicente
por no consentir en la maldad de los prevaricadores, ni querer seguir-
les en ella, y por ser de la comunion del Santo Gregorio! Le acusaron primero ante el gobernador consular de la Bética Acudieron luego un domingo, con gran multitud, á la iglesia, y no encontraron á
Vicente que ya sospechaba y habia anunciado al pueblo lo que iba á
acontecer ... Pero ellos, que venian preparados á la venganza, por
no dejar sin empleo su furor. golpearon con estacas á ciertos ministros del Señor. que no tardaron en espirar» [1]. Cuentan luego los autores del libro que aquellos arrianos hicieron prender á algunos de los
principales de la ciudad, y mataron á poder de hambre y frio á uno
de ellos que se mantuvo constante en la fé. Autores de este tumulto
y áun de la profanacion de la iglesia. fueron los dos Obispos Lucioso
é Higino. La plebe se retiró con Vicente y levantó templo aparte en
un campo vecino á la ciudad Con lo cual, irritados de nuevo los malos Obispos, llamaron en su ayuda á los decuriones y á la plebe, y di-
rigiéndose á la capilla recien fundada, quebraron las puertas. robaron
los vasos sagrados, y pusieron el altar cristiano á los piés de un ídolo.

---

igitur illo tempore confusae mulieris iracundia peperit ambitus nutrivit, avaritia roboravit
Sic exitum est foras et altare contra altare erectum est et ordinatio illicite celebrata et Maio-
rinus qui Lector in Diaconio Caeciliani fuerat, domesticus *Lucillae*, ipsa suffragante Episcopus
ordinatus est a traditoribus qui in Concilio Numidiae etc (S Optati Afri , *De Schismate
Donalistaturum*, lib I en el tomo IV pág 344 col 2.ª de la Max Coll Vet Pat Lugd , 1677)
  1 *Libellus Precum* en Florez tomo X apéndices

Todo esto debe de ser historia arreglada por los Luciferianos á medida de su deseo, pues en ninguna otra parte hay noticia de semejantes atropellos, ni se dice en qué ciudad acontecieron. Hubo un Higino, Obispo de Córdoba, que sonará bastante en el capítulo de los Priscilianistas El presbítero Vicente ó Vincencio, es tan oscuro, que no
hay para qué detenernos en su vindicacion, cuando faltan datos suficientes, y ni podemos afirmar ni negar que fuese luciferiano. Poco
importa.

De alguno de los relatos anteriores hemos de inferir que ya por
estos tiempos habia arrianos en España; pero no se conservan más
noticias que las indicadas, y por eso no les dedico capítulo aparte.

En este momento, pues, cuando la discordia crecia entre nuestros
Obispos, y se aflojaba el lazo de union entre las Iglesias; cuando el
grande *Osio* habia muerto, y sus sucesores se hacian encarnizada
guerra, y (si hemos de creer al libelo de Marcelino) Arrianos y Luciferianos convertian en campo de pelea el templo mismo, y de Africa
llegaban vientos donatistas, levantó la cabeza el Priscilianismo, la
primera de las grandes calamidades que ha tenido que superar la Iglesia española en el largo y glorioso curso de su historia. Verémoslo en
el capítulo siguiente [1].

---

[1] Acerca de San Gregorio Bético véanse
Nicolas Antonio *Bibliotheca Hispana Vetus*, tomo I, pág 158
Florez *España Sagrada*, tomo XII, trat XXXVII, cap III

CAPÍTULO II

SIGLOS IV Y V (CONTINUACION DE LA ESPAÑA ROMANA)

I.—ORÍGENES Y DESARROLLO DE LAS ESCUELAS GNÓSTICAS

AS sectas heterodoxas que con los nombres de *Ágapetas* y *Priscilianistas* se extendieron por la España romana, eran los últimos anillos de la gran serpiente *gnóstica* que desde el primer siglo cristiano venia enredándose al robusto tronco de la fé, pretendiendo ahogarle con pérfidos lazos. Y el *gnosticismo* no es herejía particular ó aislada, sino más bien un conjunto ó *pandemonium* de especulaciones teosóficas, que concuerdan en ciertos principios, y se enlazan con dogmas anteriores á la predicacion del Cristianismo. Conviene investigar primero las doctrinas comunes, y luego dar una idea de las particulares de cada escuela, sobre todo de las que en alguna manera inspiraron á Prisciliano.

Todos estos heresiarcas respondian al dictado general, y para ellos honorífico, de *Gnósticos.* Aspiraban á la ciencia *perfecta*, á la *gnosis*, y tenian por rudos é ignorantes á los demás cristianos. *Llámanse Gnósticos*, dice San Juan Crisóstomo, *porque pretenden saber más que los otros.* Esta portentosa sabiduría no se fundaba en el racionalismo ni en ninguna metódica labor intelectual Los Gnósticos no discuten, afirman siempre, y su ciencia *esotérica* ó vedada á los profanos, la han recibido, ó de la tradicion apostólica, ó de influjos y comunicaciones sobrenaturales Apellídense *Gnósticos* ó *Pneumáticos*, se apartan siempre de los *Pysquicos*, sujetos todavía á las tinieblas del error y á los estímulos de la carne. El *gnóstico* posee la sabiduría reservada á los iniciados. ¿Era nueva la pretension á esta ciencia misteriosa? De ninguna suerte los sacerdotes orientales, brachmanes, magos y caldeos, egipcios, etc , tenian siempre, como depósito sagrado, una doctrina no revelada al vulgo En Grecia los misterios eleusinos por lo que hace á la religion, y en filosofía las iniciaciones pitagóricas y la separacion y deslinde que todo maestro, hasta Platon, hasta Aristóteles, hacia de sus discípulos en *exotéricos y esotéricos* (externos é internos), indican en menor grado la misma tendencia, nacida unas veces del orgullo humano, que quiere dar más valor á la doctrina con la oscuridad y el simbolismo, y en otras ocasiones, del deseo ó de la necesidad de no herir de frente las creencias oficiales y el régimen del Estado Lo que en Oriente fué orgullo de casta ó interés político, y en Grecia procedió de alguna de las causas dichas ó quizá de la intencion *estética* de dar mayor atractivo á la enseñanza, bañándola en esa media luz que suele deslumbrar más que la entera, no tenia aplicacion plausible despues del Cristianismo, que por su caráctei universal y eterno habla lo mismo al judío que al gentil, al ignorante que al sábio, y no tiene cultos misteriosos ni enseñanzas arcanas. Si en tiempos de persecucion ocultó sus libros y doctrinas, fué á los paganos, no á los que habian recibido el bautismo, y pasada aquella tormenta los mostró á la faz del orbe, como quien no teme ni recela que ojos escudriñadores los vean y examinen. La *gnosis*, pues, era un retroceso y contradecia de todo punto á la índole *popular* del Cristianismo.

Base de las doctrinas *gnósticas* fué, pues, el orgullo desenfrenado, la aspiracion á la sabiduría oculta, la tendencia á poner iniciaciones y castas en un dogma donde no caben El segundo carácter comun á todas estas sectas es el *misticismo*, misticismo de mala ley y heterodoxo, porque siendo dañado el árbol no podian ser sanos los frutos. Los Gnósticos parten del racionalismo para matar la razon. Es el camino derecho. No prueban ni discuten, antes constituyen sistemas *à priori* como los idealistas alemanes del primer tercio de este siglo. Si encuentran algun axioma de sentido comun, alguno de los elementos esenciales de la conciencia que parece pugnar con el sistema, le dejan aparte ó le tuercen y alteran, ó le tienen por hijo del entendimiento vulgar que no llegó aún á la *gnosis*, como si dijéramos, *á la visión de Dios en vista real.* Admitian en todo ó en parte las Escrituras, pero aplicándoles con entera libertad la *exegesis* que para ellos consistia en rechazar todo libro, párrafo ó capítulo que contradijese sus imaginaciones, ó en interpretar con violencia lo que no rechazaban Marcion fué el tipo de estos exegetas

El gnosticismo, por sus aspiraciones y procedimientos, es una *teosofía* Los problemas que principalmente tira á resolver son tres: el orígen de los séres, el principio del mal en el mundo, la redencion. En cuanto al primero, todos los Gnósticos son *emanatistas*, y sustituyen la creacion con el desarrollo eterno ó temporal de la esencia divina Luego veremos cuántas ingeniosas combinaciones imaginaron para exponerle Por lo que hace á la causa del mal, todos los Gnósticos son *dualistas*, con la diferencia de suponer unos eternos el principio del mal y el del bien, y dar otros una existencia inferior y subordinada, como dependiente de causas temporales, á la *raíz* del desórden y del pecado. En lo que mira á la redencion, casi todos los Gnósticos la extienden al mundo intelectual ó celeste, y en lo demás son *Dóketos,* negando la union hipostática y la humanidad de Jesucristo, cuyo cuerpo consideran como una especie de fantasma Su *Christología* muestra los matices más variados y las más peregrinas extravagancias En la moral difieren mucho los Gnósticos, aunque no especularon acerca de ella de propósito. Varias sectas proclaman el ascetismo y la maceracion de la carne como medios de vencer la parte *hylica* ó material y emanciparse de ella, al paso que otras enseñaron y practicaron el principio de que siendo *todo puro para los puros,* despues de llegar á la perfecta *gnosis,* poco importaban los descarríos de la carne. En este sentido fueron precursores del *molinosismo* y de las sectas *alumbradas.*

En las enseñanzas como en los símbolos, el gnosticismo era doctrina bastante nueva, pero no original, sino *sincrética,* por ser el *sincretismo* la ley del mundo filosófico cuando aparecieron estas herejías. En Grecia (y comprendo bajo este nombre todos los pueblos de lengua griega) estaba agotada la actividad creadora. más que en fundar sistemas se trabajaba en unirlos y concordarlos Era época de erudicion, y como si dijéramos, de senectud filosófica; pero de grande aunque poco fecundo movimiento. Las escuelas antiguas habian ido desapareciendo ó trasformándose. Unas enseñaban sólo moral, como los Estóicos, que habian ido á sentar sus reales á Roma, y los Epicú-

reos, que en el campo de la Ética les hacian guerra, bastante olvidados ya de sus teorías físicas y cosmológicas, á las cuales no mucho
antes habia levantado Lucrecio imperecedero monumento. Fuera de
esto, la tendencia era á mezclarse con el *platonismo*, que se conservaba
vivo y pujante, áun despues de las dos metamorfosis *académicas* Pero
no se detuvo aquí el *sincretismo*, antes se hizo más ámplio y rico (si
la acumulacion de teorías es riqueza) al tropezar en Alejandría con
los dogmas del Egipto, de Judea, de Persia, y áun de la India, aunque éstos de segunda mano Así nacieron el *neo-platonismo* y la *gnosis*, sistemas paralelos y en muchas cosas idénticos, por más que se
hiciesen cruda guerra, amparados los Gnósticos por la bandera del
Cristianismo, que entendian mal y explicaban peor, y convertidos los
últimos neo-platónicos en campeones del paganismo simbólicamente
interpretado La primera escuela *sincrética* de Alejandría, anterior al
gnosticismo, fué la de los judíos helenistas Aristóbulo y Filon, que ena-
morados por igual de la ley mosáica y de la filosofía griega, trataron
de identificarlas, dando sentidos alegóricos á la primera, de la cual
decian ser copia ó reflejo la segunda Aristóbulo intentó esta conciliacion respecto del *peripatetismo*, que cada dia iba perdiendo adeptos. Filon, más afortunado ó más sábio, creó el *neo-platonismo*. Violenta los
textos, dá tormento á la Biblia. y encuentra allí el *logos* platónico, las
ideas arquetipas, el mundo intelectual, κόσμος νοητός, la eterna *Sophia*,
los δαίμονες afirma que en el alma hay un principio irracional αλογον
que no procede de Dios sino de los espíritus inferiores, y enseña la
purificacion por sucesivas transformaciones, una vez libre el espíritu
de la cárcel de la materia Para Filon hay lid entre la luz y las tinieblas, entre el bien y el mal, pero lid que comenzó por el pecado,
hijo de la parte inferior del alma, y que terminará con el restableci-
miento del órden, gracias á los auxilios de la divina *Sophia* y de los
buenos δαίμονες, que él asimila á los ángeles de la Escritura. El sincretismo *judáico-platónico* de Filon encomia la vida ascética, y con él
se enlaza la secta hebráica de los Therapeutas. Filon es progenitor
de la *gnosis*, no sólo por sus vislumbres *emanatistas* y *dualistas*, sino
tambien y principalmente por la *ciencia arcana* que descubre en la Escritura y por las iluminaciones y éxtasis que juzga necesarios para
conocer algo de la divina esencia

Entre los precedentes de la *gnosis* han contado muchos (y el mismo Matter en la primera edicion de su excelente libro) la *Kabala*,
cuyos principios tienen realmente grandísima analogía con los que
vamos á estudiar. El rey de la luz, ó *Ensoph*, de quien todo ha ema-

nado, los *Sephirot*, ó sucesivas emanaciones, el *Adam Kadmon*, tipo y
forma de la existencia universal, creador y conservador del mundo; el
principio maléfico representado por los *Klippoth* y su caudillo Belial,
principio que ha de ser absorbido por el del bien resultando la *palingenesia* universal; la distincion de los cuatro principios (*Nephes* ó
apetitivo, *Ruaj* ó afectivo, *Nesjamah* ó racional y *Jaiah* ó espiritual)
en el alma del hombre; el concepto de la materia como cárcel del espíritu. . todo esto semeja la misma cosa con el πατήρ άγνωστον de los
Gnósticos, con los *eones* y el *pleroma*, con la *Sophia* y el *Demiurgo*,
con las dos *raíces* del maniqueismo, y con la separacion del πνεύμα, de
la ψυχή y de la ὑλη en el principio vital humano Pero hoy que está dé-
mostrado *usque ad evidentiam*, que la Kabala no se sistematizó y ordenó
hasta los tiempos medios y que el más famoso de los libros en que se
contiene, el *Zohar*, fué escrito por Moisés de Leon, judío español del
siglo XIII [1], aunque las doctrinas cabalísticas tuvieran antecedentes
en los tiempos más remotos del judaismo, habremos de confesar que
la Kabala es un residuo y mezcla, no sólo de zoroastrismo y de tradiciones talmúdicas, sino de gnosticismo y neo-platonismo, en cuya
trasmision debió de influir no poco el libro emanatista de nuestro Avicebron, intitulado *Fuente de la Vida*.

En el *gnosticismo sirio* entraron por mucho doctrinas persas, y sobre todo la reforma *mazdeista*, ya modificada por el *parsismo* El *Zerua-
ne Akerene* (eternidad) equivale al πατήρ άγνωστον, el dualismo de sus
emanaciones, Ormud y Ahrimanes, está puntualmente copiado en casi
todas las herejías de los cuatro primeros siglos, los espíritus buenos
Amhaspands, *Izeds* y *Feruers*, y los maléficos ó *devas* figuran, con diversos nombres, en la *Kabala* y en la *gnosis*, y la misma similitud hay
en la parte atribuida á un espíritu ignorante ó malvado, pero siempre
de clase inferior (por los Gnósticos llamado *Demiurgo*), en la creacion
del mundo y en la del hombre. Otro tanto digo de la restauracion del
órden, ó llámese *palingenesia* final, que pondrá término al imperio del
mal en el mundo.

La *gnosis egipcia*, más rica que la siriaca, se arreó tambien con los
despojos de los antiguos cultos de aquella tierra. Tambien allí habia
un *dios oculto* llamado *Ammon* ó *Ammon Ra;* pero la gerarquía celeste
era mucho más complicada que entre los Persas Los Gnósticos imi-
taron punto por punto la distribucion popular de las deidades egipcias en *triadas* y en *tetradas*, para lo que ellos llamaron *syzygias;* con-

---

1 Véase *La Kabbale ou philosophie religieuse des Hebreux*, por Franck, y los *Diálogos sobre
la Cabala y el Zohar* (1852), escritos por el sabio judío Luzzatto

virtieron á *Neith* en *Ennoia*, conservaron á *Horus* variando un poco
sus atributos, adoptaron los símbolos de *Cnouphis* y de *Phta*, y algunas de las leyendas de *Hermes* á quien identificaron con su *Christos*
antes que hubiesen venido los neo-platónicos á apoderarse del mito
hermético para atribuirle libros, ni los alquimistas á suponerle inventor de la piedra filosofal En resúmen, los Gnósticos de Egipto hicieron una tentativa audaz para cristianizar la antigua y confusa religion
de su país, pero el Cristianismo rechazó esa doctrina sincrética, cuyos elementos panteistas y dualistas venian á turbar y empañar la
pureza de su fé

En realidad, los Gnósticos no eran cristianos más que de nombre
No puede darse cosa mas opuesta á la sóbria y severa enseñanza de
las Epístolas de San Pablo, al *non magis sapere quam oportet sapere*,
que esas teosofías y visiones orientales, que pretenden revelar lo
indescribable. Era destino del Cristianismo lidiar en cada una de
las dos grandes regiones del mundo antiguo con enemigos diversos En Occidente tuvo que vencer al paganismo oficial y á la tiranía
cesarista En Oriente, la guerra fué de principios. Y no era la más
temible la de los judíos recalcitrantes. ni la de los sacerdotes persas
ó sirios, ni la de los filósofos alejandrinos, sino la que cautelosa y so-
lapadamente emprendian los Gnósticos mezclados con el pueblo fiel,
y partícipes en apariencia de su lenguaje y enseñanzas

Los primeros vestigios de esta contienda se hallan en el Nuevo
Testamento Ya San Pablo describió con vivísimos colores á los
Gnósticos de su tiempo, y dijo á Timoteo· «*Depositam custodi, de-
vitans prophanas verborum novitates et oppositiones falsi nominis scientiae*»
(Καινοφωνίας dice el texto griego), condenando en otro lugar de la
misma Epístola los *mitos y genealogías interminables,* que deben ser
los *eones-sephirot* de los Gnósticos, conforme sienten los antiguos expositores En la Epístola á los Colossenses refuta más de propósito
opiniones que, si no pertenecen á los Gnósticos, han de atribuirse á
los padres y maestros inmediatos de tales herejes El Evangelio de
San Juan, sobre todo en el primer capítulo, va dirigido contra los
Nicolaitas y los Cerinthianos, dos ramas del primitivo gnosticismo.

No voy á hacer la historia de éste, tratada ya por Matter con método y riqueza de datos, aunque con excesivo entusiasmo por aquellas sectas [1]. Quien desee conocer las fuentes, deberá consultar la

---

1 *Histoire critique du Gnosticisme et de son influence sur les sectes religieuses et philosophiques
des six premiers siecles de l'ère chretienne*   Par Jacques Matter Paris, 1828, tres tomos en 8 °La
segunda edicion esta muy aumentada

Pistis Sophia, atribuida por error al heresiarca Valentino, algunos Evangelios apócrifos, en que han quedado vestigios de los errores de que escribo, los cinco libros de San Ireneo contra las herejías, los *Stromata* de Clemente Alejandrino, las obras de Orígenes contra Celso y Marcion, el *Philosophoumena,* que con escaso fundamento se le atribuye, los himnos antignósticos del sirio San Efrém, el tratado de las *Herejías* de San Epifanio, el de las *Fábulas heréticas* de Teodoreto; y por lo que hace á los latinos (que en esta parte son de poco auxilio), los libros de Tertuliano contra Valentino y Marcion, y los catálogos de *herejías* compilados por Filastro de Brescia y San Agustin. Si á esto se agrega la refutacion de las doctrinas gnósticas hecha por el neo-platónico Plotino, y las colecciones de piedras y amuletos usados por los partidarios de la *gnosis* egipcia [1], tendremos apuntados todos los materiales puestos hasta ahora á contribucion por los historiadores de estas herejías. Yo daré brevísima noticia de las sectas principales, como preliminar indispensable para nuestro estudio.

Considérase generalmente como primer caudillo de los Gnósticos á Simon de Samaria, conocido por Simon el Mago, aquél de quien en las *Actas de los Apóstoles* leemos que pretendió comprar á San Pedro el dón de conferir el *pneuma* mediante la imposicion de manos. Este Simon, tipo de las especulaciones teosóficas y mágicas de su tiempo, fué más que todo un teurgo semejante á Apolonio de Tiana. En Samaria le llamaban el gran poder de Dios (ἡ δύναμις τοῦ θεοῦ ἡ μεγάλη). Él mismo se apellidó, despues de su separacion de los Apóstoles, *Virtud de Dios, Verbo de Dios, Paráclito, Omnipotente,* y áun llegó á decir en alguna ocasion· *Ego omnia Dei,* como pudiera el más cerrado panteista germánico de nuestro siglo. El *Sér inmutable y permanente* tenia, en concepto de Simon el Mago, diversos modos de manifestarse en las cosas perecederas y transitorias. se parecia á la *Idea* hegeliana, en torno de la cual todo es variedad y mudanza. Asemejábase tambien á la *sustancia* de Espinosa, cuyos atributos son la *infinita materia* y el *pensamiento infinito,* puesto que segun el taumaturgo de Samaria, la *raíz del universo se determina* (como ahora dicen) en dos clases de *emanaciones* ó desarrollos, *materiales é intelectuales,* visibles é invisibles. En otros puntos hace Simon una mezcla de cristianismo y platonismo, atribuyendo la creacion á la ἔννοια, *logos* ó pensamiento divino. De esta ἔννοια hizo un mito semejante al de *Sophia,* suponiéndola desterrada á los cuerpos humanos, sujeta á una série de trasmigraciones y de cala-

---

[1] Matter trae buen número en el tercer tomo de su obra

midades hasta que torne á la celeste esfera, y la simbolizó, ó mejor dicho, la supuso encarnada en una esclava llamada *Helena*, que habia comprado en la Tróade y hecho su concubina. Parece indudable que los discípulos de Simon confundian la ἔννοια con el *Pneuma* y con la *Sophia*. Por lo demás, el mago de Samaria era á todas luces de espíritu sutil é invencionero. Hasta adivinó el principio capital de la pseudo-reforma del siglo XVI. Sabemos por Teodoreto que Simon exhortaba á sus discípulos á no temer las amenazas de la ley, sino á que hiciesen libremente cuanto les viniera en talante, porque la *justificacion* (decia) *procede de la gracia*, y no de las *buenas obras* (οὐ διὰ πράξεων αγαθῶν, αλλα διὰ χαριτος). Veremos cuán fielmente siguieron muchos Gnósticos este principio. La secta de los *Simoniacos* se extendió en Siria, en Frigia, en Roma y en otras partes. De ella nacieron, entre otras ramas ménos conocidas, los *Dóketos* ó *Fantásticos*, que negaban que el Verbo hubiese tomado realmente carne humana ni participado de nuestra naturaleza, y los *Menandrinos*, así llamados del nombre de su corifeo, que tomó como Simon aires de *pseudo-Profeta*, y se dijo enviado por el *poder supremo de Dios*, en cuyo nombre bautizaba y prometia inmortalidad y eterna juventud á sus secuaces.

Más gnóstico que todos éstos fué el cristiano judaizante Cerinto, educado en las escuelas egipcias, el cual consideraba como revelaciones imperfectas *el mosaismo* y *el cristianismo*, y tenia entrambos Testamentos por obra é inspiracion de espíritus inferiores. - Para él el Χριστος no era de esencia divina como para los demás Gnósticos, sino un hombre justo, prudente, sábio, y dotado de gran poder taumatúrgico. Cerinto era además Χιλιαστος, es decir, *milenarista*, como casi todos los judíos de aquella edad, y habia escrito un *Apocalipsis* para defender tal opinion.

En el siglo II de nuestra era aparecieron ya constituidas y organizadas las escuelas gnósticas. Puéden considerarse tres focos principales: la *gnosis siria*, la que Matter apellida del *Asia Menor* y de *Italia*, y otros llaman *sporádica* por haberse extendido á diversas regiones, y finalmente la *egipcia*.

Adoctrinados los Gnósticos sirios por Simon, Menandro y Cerinto, muestran en sus teorías ménos variedad y riqueza que los de Egipto, é insisten antes en el principio *dualista*, propio del zoroastrismo, que en la emanacion por parejas ó *syzygias*, más propia de los antiguos adoradores de la triada de Mémfis. El principio del mal no es una negacion ni un límite como en Egipto, sino principio *intelectual* y poderoso, activo y fecundo. Por él fué creado el mundo in-

terior: de él emana cuanto es materia. Llámasele comunmente *Demiurgo* [1]

La escuela siria tiende en todas sus ramas al ascetismo. Saturnino,
el primero de sus maestros, parece haber sido hasta místico. En su
doctrina, el dualismo se acentúa enérgicamente, y es visible la influencia del *Zendavesta* Los siete ángeles creadores y conservadores
del mundo visible, y partícipes sólo de un débil rayo de la divina lumbre, formaron al hombre, digo mal, á un *Homunculus*, especie de gu-
sano, sujeto y ligado á la tierra, é incapaz de levantarse á la contemplacion de lo divino. Dios, compadecido de su triste estado, le envió
un soplo de vida, una alma, llamada en el sistema de Saturnino no
ψυχή sino *pneuma*. El Satanás de esta teoría es diverso del *Demiurgo* y
de los siete ángeles es la fuente de todo mal como espíritu y como
materia. Saturnino enseña la redencion en sentido *doketista*, y la final
palingenesia volviendo todo sér á la fuente de donde ha emanado Su
moral rígida y sacada de quicios veda hasta el matrimonio, porque
contribuye á la conservacion de un mundo imperfecto.

Bardesanes, natural de Edessa, hombre docto en la filosofía griega
y áun en las artes de los Caldeos, empezó combatiendo á los gentiles
y á los Gnósticos, pero más tarde abrazó las doctrinas de los segundos,
y para difundirlas compuso ciento cincuenta himnos, de gran belleza
artística, que se cantaron en Siria hasta el siglo IV, en que San Efrém
los sustituyó con poesías ortodoxas, escritas en iguales ritmos que las
heréticas Modificó Bardesanes la *gnosis* de Saturnino con ideas tomadas de los Valentinianos de Egipto, y, como ellos, supuso á la *materia* madre de Satanás y engendradora de todo mal De las enseñanzas
de Valentino tomó asimismo los *eones* y las *syzygias*, que son *siete* en
su sistema, y con el πατήρ ἄγνωστος completan la *ogdoada* ó el *pleroma*
(plenitud de esencia) Afirmó la influencia decisiva de los espíritus
siderales (resto de *sabeismo)* en los actos humanos, é hizo inútiles esfuerzos para conciliarla con el libre albedrío [2]. En los himnos de Bardesanes, la creacion se atribuia al *Demiurgo*, bajo la direccion de *Sophia
Ivamoth*, emanacion imperfecta, espíritu degenerado del *Pleroma* y
puesto en contacto con la materia. Su redencion primero, y despues
la de los *Pneumáticos*, fue verificada por el Χριστός, que no se hizo carne, en concepto de este hereje, sino que apareció con forma de *cuerpo*

---

1 Matter hace notar las relaciones de la *gnosis* siria con la teologia y la cosmogonia de los
Fenicios, tal como las conocemos por los fragmentos de Sanchoniaton Yo no puedo detenerme
en tantos pormenores

2 Distinguiendo entre el hombre *hylico* y el *pneumático*

celeste (σῶμα οὐρανιον). No había nacido de María, ἐκ Μαρίας, sino διὰ Μαρίας (por María) miserable sofisma que esforzó Marino, discípulo de Bardesanes ¡Como si fuera más fácil comprender un *cuerpo humano* de *orígen celeste,* lo cual es absurdo hasta en los términos, que la unión *hipostática* del Verbo! De la historia de los *Bardesianistas* sabemos poco. Harmonio, hijo del fundador, acrecentó el sistema con nuevos principios, entre ellos el de la metempsícosis, y escribió gran número de himnos Más adelante, los discípulos de Bardesanes y los de Saturnino fueron entrando en el gremio ortodoxo, y la *gnosis siria* murió del todo.

Tampoco duró mucho la *sporádica,* ó digamos *del Asia Menor y de Egipto,* escuela que se distingue por sus tendencias prácticas, espíritu crítico y escasa afición á las nebulosidades teosóficas Su moral era pura y áun ascética, como la de los Sirios. De Siria procedía realmente su fundador Cerdon, que predicó y fué condenado en Roma. Allí conoció á Marcion, natural del Ponto Euxino, hombre piadoso, fanático enemigo de los judíos y de los *Xiliastas* ó *Milenaristas,* que esperaban el reino temporal del Mesías. Poseido de un fervor de catecúmeno sobre toda regla y medida, empeñóse en demostrar que la revelacion cristiana no tenía parentesco alguno con la ley antigua, negó que Cristo fuese el Emmanuel esperado por los judíos, rechazó el Antiguo Testamento como *inspirado por el Demiurgo,* sér ignorante é incapaz de comprender lo mismo que hacia, por lo cual este mundo, que él creara, salió tan malo; confundió á este *Demiurgo* con el Dios de los judíos, sin identificarle, no obstante, con el principio del mal; y escribió, con el título de *Antítesis,* un libro enderezado á señalar las que él suponía profundas y radicales entre el *Jehovah* de los Profetas y el *Padre* revelado por Cristo. Aún llegó más allá su audacia. persuadido de que la nueva fé estaba alterada con reminiscencias de judaismo, anunció el propósito de tornarla á su pureza; y como los libros del Nuevo Testamento eran un obstáculo para sus fines, los rechazó todos, excepto el Evangelio de San Lúcas y diez epístolas de San Pablo, pero mutilándolos á su capricho, en términos que no los hubiesen conocido el Apóstol de las gentes ni su discípulo, si hubieran tornado al mundo Baste decir, para muestra de tales alteraciones, que los dos primeros capítulos de San Lúcas fueron del todo suprimidos por Marcion, que, como todos los Gnósticos, era *dóketos,* y no asentia al dogma de la Encarnacion, ni ménos al del nacimiento de Cristo de una vírgen hebrea. Comienza, pues, su Evangelio por la aparicion de Jesús en la sinagoga de Capharnaum.

Continuaron los discípulos de Marcion el audaz trabajo *exegético* (si tal puede llamarse) de su maestro, y Marco, Luciano, Apeles, introdujeron en el sistema alteraciones de poca monta, exagerando cada vez más las antítesis y el dualismo. Esta doctrina duró hasta el siglo IV, y tuvo secuaces, y hasta Obispos, en todo el orbe cristiano, como que era la reaccion más violenta contra las sectas judaizantes Todavía hubo quien los excediera en este punto.

Tales fueron algunos partidarios de la *gnosis* egipcia, la ménos cristiana, ménos judía y más panteista de todas como nacida y criada al calor de la escuela alejandrina Pero ha de notarse que el fundador de esta secta, como el de la itálica, fué un sirio, porque en Siria está la cuna de toda enseñanza gnóstica. Basílides, compañero de Saturnino, y discípulo tal vez de Simon y de Menandro, llevó á Egipto la tradicion arcana que pretendia haber aprendido de Glaucias, discípulo de San Pedro, enlazóla con las creencias del país, alteradas por el influjo griego, y dió nueva forma al pitagorismo y platonismo de Aristóbulo y de Filon La doctrina amasada con tales elementos y sostenida en las falsas revelaciones proféticas de Cham y de Barchor, fué expuesta en los veinte y cuatro libros de *Exegéticas ó Interpretaciones*, hoy perdidos fuera de algunos retazos. Basílides, como era natural, aparece mucho más *dualista* que los posteriores heresiarcas egipcios supone eternos los dos principios, contradiciendo en esta parte al Zendavesta, establece la *ogdoada*, que con el *padre ignoto* forman sus siete atributos hipostáticos *nous* (entendimiento), *logos* (verbo), *phronesis* (prudencia ó buen juicio), *sophia* (sabiduría), *dynamis* (fuerza), *dikaiosune* (justicia), y añade á esta primera série ó *corona* una segunda, que es su reflejo, y despues otra, y así sucesivamente hasta completar el número de trescientas sesenta y cinco inteligencias, expresado con la palabra *Abracas*, que se convirtió luego en amuleto, y encuéntrase grabada en todas las piedras y talismanes *basilídicos* Las inteligencias van degenerando, segun sus grados en la escala, pero la armonía no se rompió hasta que el imperio del mal y de las tinieblas invadió el de la luz Para restablecer el órden y hacer la separacion ó διακρισις entre los dos poderes, una inteligencia inferior, el ἀρχων, equivalente al *Demiurgo* de otras sectas, creó (inspirado por el Altísimo) el mundo visible, lugar de expiacion y de pelea. Aquí el *Pneuma*, emanacion de la luz divina, va peregrinando por los diversos grados de la existencia *hylica*, dirigido siempre por las celestes inteligencias, hasta purificarse del todo y volver al foco de donde ha procedido. Pero encadenada á la materia y ciega por las tinieblas de los sentidos, no cumpliria sus anhelos si el Padre no se hubiera dignado revelar al mundo su primera emanacion. el *nous*, la cual se unió al hombre Jesus cuando éste fué bautizado por el Precursor (que para Basílides era *el último Profeta del Archon ó Demiurgo)* á orillas del Jordan Su *christologia* es *doketista* y no ofrece particular interés.

Basílides estableció en su escuela el silencio pitagórico; dividia en clases á sus sectarios, segun los grados de iniciacion, y reservaba las doctrinas más sublimes para los ἐχλεχτοι ó elegidos. Pero muy pronto se alteró el sistema, y ya en los dias de Isidoro, hijo del fundador, penetraron en aquella cofradía doctrinas *cerinthianas*, y sobre todo *valentinianas*. Estas últimas, con su lozanía y riqueza, ahogaron las modestas teorías de Basílides y cuantas nacieron á su lado Sólo como sociedad secreta vivió oscuramente el *basilismo* hasta el siglo V por lo ménos

A decir verdad, la escuela de Valentino (año 136) es la expresion más brillante y poética de la *gnosis*. En teorías como en mitos, recogió lo mejor de las *heterodoxias* y sistemas filosóficos anteriores, llevando á sus últimos límites el sincretismo, con lo cual, si perdia en profundidad, ganaba en extension y podia influir en el ánimo de mayor número de secuaces Como buen gnóstico, tenia Valentino enseñanzas esotéricas que hoy conocemos poco La parte simbólica y externa de su doctrina, expuesta fué en la *Pistis Sophia* (sabiduría fiel), libro realmente perdido, por más que dos veces se haya anunciado su descubrimiento, y anden impresos dos libros *gnósticos*. uno de ellos muy importante, con este título [1]. De qué manera entendió Valentino la causa del mal y la generacion de los *eones*, dirálo el siguiente resúmen, que he procurado exponer en términos claros y brevísimos.

En alturas invisibles é inefables, habita desde la eternidad el Padre (βυθὸς ó *abismo)*, acompañado de su fiel consorte, que es cierto poder ó inteligencia de él emanada, y tiene los nombres de *Ennoia*, χαρς (felicidad) ó σιγή (silencio). Estos dos *eones* engendraron en la plenitud de los tiempos á *Nous* y Ἀλήθεια *(entendimiento* y *verdad)*. A estas primeras *syzygias* ó parejas siguen *Logos* y *Zoe* (el verbo y la vida), *Anthropos* y *Ecclesia* (el hombre y la iglesia), constituyéndose así la *ogdoada*, primera y más alta manifestacion de *Bythos*. La segunda generacion del *Pleroma* es la *decada*, y la tercera la *dodecada*. de cuyos indivíduos haré gracia á mis lectores, fatigados sin duda de tanta genealogía mística, bastando advertir que la última emanacion de la *dodecada* fué

---

1 *Dictionnaire des Apocryphes* del abate Migne, tomo II.

Sophia Y aquí comienza el desórden en el Universo, pues devorada esta *Sophia* por el anhelo de conocer á *Bythos,* de cuya vista le apartaban las inteligencias colocadas más altas que ella en la escala, anduvo vagando por el espacio, decaida de su prístina excelencia, hasta que el Padre, compadecido de ella, envió en su auxilio al *eon Horus* que la restituyera al *Pleroma* [1] Mas para restablecer la armonía, fué necesaria la emanacion de dos nuevos *eones·* Χριστος y el *Pneuma,* los cuales procedieron de *Nous* y de *Alitheia.* Gracias á ellos fué restaurado el mundo intelectual, y redimido el pecado de *Sophia.*

La cual, durante su descarriada peregrinacion, habia producido, no se dice cómo, un *eon* de clase inferior, llamado *Sophia Axamoth,* que reflejaba y reproducia, aunque menoscabados, los atributos de su madre Y esta *Axamoth,* excluida del *Pleroma* y devorada siempre por el anhelo de entrar en él vogaba por el espacio exhalando tristes quejas, hasta preguntar á su madre: *¿Por qué me has creado*? Esta hija de adulterio dió el sér á muchos *eones,* todos inferiores á su madre, cuales fueron el *Alma del mundo,* el *Creador* ó *Demiurgo,* etc., y á la postre fué conducida al *Pleroma* por *Horus* y redimida por *Christos,* que la hizo *syzygia* suya celebrando con ella eternos esponsales y místicos convites.

El *Demiurgo* nacido de *Sophia Axamoth,* creó el mundo, separando el principio *psyquico* del *hylico,* confundidos antes en el cáos, y estableció seis esferas ó regiones, gobernadas por sendos espíritus Creó despues al hombre, a quien *Sophia* comunicó un rayo de divina luz, que le hizo superior al *Demiurgo* Celoso éste, le prohibió tocar el árbol de la ciencia, y como el hombre infringiese el precepto, fué arrojado á un mundo inferior, y quedó sujeto al principio *hylico* y á todas las impurezas de la carne Dividió Valentino á los mortales en *pneumáticos, psyquicos* é *hylicos.* La redencion de los primeros se verifica por la union con el *Christos* No hay para qué insistir en el *doketismo* que Valentino aplicó á la narracion evangélica, ni en la manera como explicaba la union de sus tres principios en Jesucristo En lo esencial no difiere de otros *Gnósticos*

Para los *hylicos* no admitia rescate: los *psyquicos* se salvan por los méritos de la crucifixion padecida por el hombre Jesús, despues que se apartó de él el *Pneuma* ó el *Christos* El sistema termina con la acostumbrada *palingenesia* y vuelta de los espíritus al πλεγωμα de donde directa ó indirectamente han emanado

En esta teoría, el principio del mal entra por muy poco. Es pura-

---

[1] ¡Hermosa alegoria de la ciencia humana perdida siempre por investigar mas de lo justo!

mente negativo· redúcese á las *tinieblas*, *al vacío*, á esa materia inerte y confusa de que es artífice el *Demiurgo*. El desprecio de la materia llega á su colmo en las sectas gnósticas, y de ahí esa interminable série de *eones* ó inteligencias secundarias, hasta llegar á una que degenere y participe del elemento *hylico*, y pueda, por tanto, emprender esa desdichada obra de la creacion, indigna de que el *padre ignoto* ni sus primeras emanaciones pongan en ella las manos. La creacion decian con frase poética, aunque absurda, los Valentinianos, es *una mancha* en la *vestidura de Dios* Y no reparaban en la inutilidad de esos *eones*, puesto que siendo atributos de Dios, ó como ellos decian, *Dios mismo*, tan difícil era para *Sophia* ó para el *Pneuma* ponerse en contacto con la materia, como para *Bythos* ó para *Logos*. ¡A tales absurdos y contradicciones arrastra la afirmacion de la eternidad é independencia de la materia, y el rechazar la creacion *ex nihilo*!

El *valentinianismo* tuvo innumerables discípulos en todo el mundo romano, pero muy pronto se dividieron formando sectas parciales, subdivididas hasta lo infinito Cada gnóstico ó *pneumático* se creyó en posesion de la ciencia suprema con el mismo derecho que sus hermanos, y como es carácter de la herejía el variar de dogmas á cada paso, surgieron escuelas nuevas y misteriosas asociaciones. Ni Epifanio, ni Marco, ni Heracleon, siguieron fielmente las huellas de Valentino

Mucho ménos los *Ofitas* [1], así llamados por haber adoptado como símbolo la *serpiente*, que consideraban cual espíritu bueno enviado por la celeste *Sophia* al primer hombre para animarle á quebrantar los tiránicos preceptos de *Jaldabaoth*, ó sea el *Demiurgo*. El dualismo, la antítesis y el ódio á las instituciones judáicas crecen en esta secta, pero no llegan al punto de delirio que en la de los *Caínitas*, cuyos adeptos emprendieron la vindicacion de todos los criminales del Antiguo Testamento (Caín, los habitantes de Sodoma, Coré, Datán y Abirón, etcétera), víctimas, segun ellos, de la saña del vengativo y receloso Demiurgo ó *Jehovah* de los judíos La moral de esta secta (si tal puede llamarse) iba de acuerdo con sus apreciaciones *históricas* Hacian gala de cometer todos los actos prohibidos por el *Decálogo*, ley imperfecta como emanada de un mal espíritu, y seguir lo que ellos llamaban *ley de la naturaleza* Pero todavía les excedieron los *Carpocratianos*, que proclamaron absoluta comunidad de bienes y de mujeres, y dieron rienda

---

1 Los *Ofitas* tenian una representacion gráfica *(schema* que dicen los pedantes krausistas) del mundo intelectual segun su sistema Llamábase *diagramma* la describe Orígenes, lib VI, *Contra Celso*, y la reproduce en una lámina Matter.

suelta á todos los apetitos de la carne. Por lo que hace á dogmas, los *Carpocratianos* reducian toda la *gnosis* á la contemplacion de la *mónada primera*, reminiscencia platónica que no dice muy bien con el resto del sistema

La decadencia y ruina de la *gnosis* llega á su postrer punto en las escuelas de Borborios, Phibionitas, Adamitas y Pródicos, pobrísimas todas en cuanto á doctrina, y brutalmente extraviadas en lo que hace á moral. Los Adamitas celebraban su culto enteramente desnudos Apenas es lícito repetir en lengua vulgar lo que de estas últimas asociaciones dijo San Epifanio. Difícilmente lograron los edictos imperiales acabar con los nocturnos y tenebrosos misterios de Caínitas, Nicolaítas y Carpocracianos.

Así murió la *gnosis* egipcia, mientras que la de Persia y Siria, no manchada por tales abominaciones, legó *su negro manto* [1] á otros herejes, si herejes fueron al principio y no teosofos, educados fuera de la Religion cristiana y del judaismo. Tales fueron los *Maniqueos*, de quienes he de decir poco, porque su sistema no es complicado, y de él tiene noticia todo el que haya recorrido, cuando ménos, las obras de San Agustin.

Pasa por fundador de esta doctrina el esclavo Mánes, educado en el *magismo* si no en las enseñanzas del Zendavesta, cuyos principios alteró con los de la *gnosis* que habia aprendido en los escritos de un cierto Scythiano. Como Simon el Mago y otros pseudo-profetas, apellidóse *Paracluto* y *Enviado de Dios*, y anunció la *depuracion* del Cristianismo, que segun él, habia degenerado en manos de los Apóstoles. Redúcese la teoría maniquea á un *dualismo* resuelto y audaz el bien contradice al mal, las tinieblas á la luz, Satanás, príncipe de la materia al Dios del espíritu Los dos principios son eternos: Satanás no es un ángel caido, sino el génio de la materia, ó más bien la materia misma En el imperio de la luz establece Mánes una série de espíritus ó *eones*, que en último análisis se reducen á Dios y no son más que atributos y modos suyos de existir, infinitos en número. Otro tanto acontece en el imperio de las tinieblas, y los campeones del Ahrimanes maniqueo, lidian con los de Ormuz incesantemente. Entre los espíritus malos estalló en cierta ocasion la discordia algunos de ellos quisieron invadir el reino del bien y asimilarse á los *eones*, porque la tendencia á lo bueno y á la perfeccion es ingénita áun en los príncipes del cáos. Dios, para detenerlos, produjo una nueva emanacion, la

---

1 Frase del célebre poeta Tomas Moore *(Travels of irish gentleman in research of religion)*

madre de la vida, que entrara en contacto con la materia y corrigiera su natural perverso. El hijo de esta madre, *el primer hombre* (πρῶτος ἄνθρωπος), engendra el *alma del mundo*, que anima la materia, la fecunda y produce la creacion. La parte de esta alma que no se mezcla con el mundo visible, torna á las celestes regiones, y es el redentor, el salvador, el *Christos* que tiende siempre á recoger los rayos de su luz esparcidos en lo creado.

El cuerpo del hombre fué creacion de los demonios. Ellos le impusieron tambien el precepto del árbol de la ciencia que Adan quebrantó, aconsejado por un espíritu celeste, como en el sistema de los Ofitas; y crearon á Eva para encadenarle más y más á los estímulos de la carne. En absoluta consecuencia con estos preliminares, condenan los Maniqueos el *judaismo* como religion llena de errores y dictada por los espíritus de las tinieblas, y someten al hombre á un *fatalismo sideral*, en que los dos principios se disputan, desde los astros donde moran, el absoluto dominio de su voluntad y de su entendimiento. No hay para qué decir que la redencion era entendida por los Maniqueos en sentido *doketista*: la luz, decian, *no puede unirse á las tinieblas*, y por eso las tinieblas no la comprendieron. La cruz fué un símbolo, una apariencia externa para los *psyquicos* (usemos el lenguaje gnóstico), pero no para los elegidos, ἐλεκτοί, que en los demás sistemas que hemos apuntado se llaman *pneumáticos*. En punto al destino de las almas en la otra vida, no carece de novedad el *maniqueismo*. Las almas que en este mundo se han ido desatando de todos los lazos terrestres por el ascetismo, entran en la region de la luna, donde son bañadas y purificadas en un lago: de allí pasan al sol, donde reciben el bautismo de fuego. Fáciles son, despues de esto, el tránsito á las esferas superiores, y la union íntima con la divinidad: condenadas están, por el contrario, las almas impuras á la transmigracion, hasta que se santifiquen. Por lo demás, niega Mánes la resurreccion de los cuerpos, y limita mucho la *palingenesia* de los espíritus. Será absolutamente aniquilada la materia.

Ascética en grado sumo es la moral de los Maniqueos, prohibiendo el matrimonio y el uso de las carnes. Constituian la gerarquía eclesiástica doce llamados *Apótoles* y setenta y dos discípulos, que muy pronto se pusieron en discordia, como era de sospechar. Algunos confundieron á Cristo con *Mihra*, cuando no con Zorastro ó con Budda. En Occidente penetró no poco la doctrina maniquea, porque no era pura especulacion teosófica como la *gnosis*, sino que llevaba un carácter muy práctico y queria resolver el eterno y temeroso problema del orígen del mal [1]. A espíritus eminentes como San Agustin sedujo la aparente ilacion y claridad del sistema, libre ya de las nebulosidades en que le envolviera la imaginacion persa ó siria. Pero muy pronto se convencieron de la manidad y escaso valor científico del dogma de Mánes, de su no disimulada tendencia fatalista, y de las consecuencias morales que por lógica rigurosa podian deducirse de él. El santo Obispo de Hipona fué el más terrible de los contradictores de esta herejía, mostrando evidentísimamente en su tratado *De libero arbitrio*, y en cien partes más, que el mal procede de la voluntad humana, y que ella sola es responsable de sus actos. La Providencia, de una parte, la libertad, de otra, nunca han sido defendidas más elocuentemente que en las obras de aquel Padre africano. Todo lo creado es bueno el pecado, fuente de todo mal en el ángel y en el hombre, no basta á romper la universal armonía, porque el mal es perversion y decadencia, no *sustancia* sino *accidente*.

Prévios estos indispensables preliminares, que he procurado abreviar, estudiemos el desarrollo de la *gnosis* y del *maniqueismo* en España.

II.—PRIMEROS GNÓSTICOS ESPAÑOLES —LOS AGAPETAS

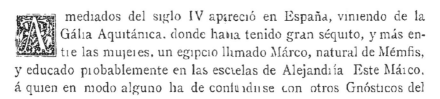 mediados del siglo IV apareció en España, viniendo de la Gália Aquitánica, donde habia tenido gran séquito, y más entre las mujeres, un egipcio llamado Márco, natural de Mémfis, y educado probablemente en las escuelas de Alejandría Este Márco, á quien en modo alguno ha de confundirse con otros Gnósticos del

1   La doctrina maniquea fué expuesta por el maestro mismo en la epístola *Fundamenti*, que nos ha conservado San Agustin en su refutacion, y en otra epístola que copia San Epifanio (*Haeres* 66) De la cual hay un escrito que reproduce San Agustin en el libro contra aquel herejc.

Véanse ademas para la parte histórica Beausobre *Historie critique du Manicheismo*, y Matter, *Histoire critique du Gnosticisme*

Pueden consultarse tambien con fruto

Lewald *Comentatio de doctrina gnostica* Heidelberg 1818

Neander *Desarrollo genetico de los principales sistemas del gnosticismo* (En aleman) Berlin, 1818

Bellerman *Sobre las piedras Ibraxas* (En aleman) Berlin 1820 y sig

Todas estas obras, y áun la primera edicion de Matter son anteriores al descubrimiento de la fuente capital sobre el gnosticismo que es

Origenis Philosophumena sive omnium haeresium refutatio   codice Parisino nunc primum edidit Emmanuel Miller Oxonii e Typographeo Academico MCCCLVII-318 pags

Desde el libro V en adelante comienza a hablar de los Gnósticos Muchos atribuyen esta obra, no a Origenes sino a San Hipolito

mismo nombre entre ellos Márco de Palestina, discípulo de Valentino [1], era maniqueo, y además teúrgo y cultivador de las artes mágicas. En España derramó su doctrina, que ha sido calificada de *mezcla singular de gnosticismo puro y de maniqueismo* [2], pero de la cual ninguna noticia tenemos precisa y exacta (las de San Ireneo se refieren al otro Márco), y sólo podríamos juzgar por inducción sacada del Priscilianismo. Atrajo Márco á su partido á diversos personajes de cuenta, especialmente á un retórico llamado Elpidio, de los que tanto abundaban en las escuelas de España y de la Gália Narbonense, y á una noble y rica matrona, llamada Agape. Es muy señalado el papel de las mujeres en las sectas gnósticas: recuérdense la *Helena* de Simon Mago, la *Philoumena* de Apelles, la *Marcellina* de los Carpocracianos, la *Flora* de Ptolomeo; y áun saliendo del gnosticismo, encontraríamos á la *Lucilla* de los Donatistas y á la *Priscila* de Montano.

Fundaron Márco y Agape la secta llamada de los *Agapetas*, quienes (si hemos de atenernos á los brevísimos y oscuros datos de los escritores eclesiásticos) se entregaban en sus nocturnas zambras á abominables excesos, de que habia dado ejemplo la misma fundadora. Esto induciria á sospechar que los *Agapetas* eran *Carpocracianos* ó *Nicolaitas*, si por otra parte no constara su afinidad con los Priscilianistas. Fuera de estar averiguado que todas las sectas gnósticas degeneraron en sus últimos tiempos hasta convertirse en sociedades secretas, con todos los inconvenientes y peligros anejos á semejantes reuniones, entre ellos el de la murmuracion (á veces harto justificada) de los profanos. *Qui male agit odit lucem.*

Si los discípulos de Márco fueron realmente *Carpocracianos*, como se inclina á creer Matter, nada de extraño tiene que siguiesen *la ley de la naturaleza* y enseñasen que todo era *puro para los puros*. Esto es cuanto sabemos de ellos, y no he de suplir con conjeturas propias el silencio de los antiguos documentos [3].

---

[1] Véase en el apéndice lo que San Ireneo dice de este teósofo Marco, para que se compare su doctrina con la de los Gnosticos españoles

[2] Expresion de Matter (Tomo II pag 311)

[3] «Qui (gnostici) per Marcum Ægyptium Galliarum primum circa Rhodanum, deinde Hispaniarum nobiles feminas deceperunt » *(In Isaiam* cap LXIV) Esto dice San Jerónimo con referencia á San Ireneo (lib I, cap IX) que indudablemente se refiere al otro Marco «Talia autem dicentes 'et operantes   et in iis quoque, quae sunt secundum nos regiones Rhodanenses, multas seduxerunt mulieres »

«Primus eam (gnosticorum haeresim) intra Hispanias Marcus intulit, Ægypto profectus Memphi ortus Hujus auditores fuere Agape quaedam non ignobilis mulier et rhetor Helpidius Ab his Priscillianus est institutus   » (Severo Sulpicio, *Hist Sac* , lib XI)

«In Hispania Agape Elpidium, mulier virum coecum cocca duxit in foveam successoremque sui Priscillianum habuit » (San Jeronimo, *ep Ad Ctesiphontem*, 43 en la ed de San Mauro)

III —HISTORIA DE PRISCILIANO

ASTIMA que la autoridad casi única en este punto sea el extranjero y retórico Sulpicio, y que hayamos de caminar medio á tientas por asperezas y dificultades, sin tener seguridad en nombres ni en hechos! Procuraré apurar la verdad, dado que tan pocas relaciones quedan

En el consulado de Ausonio y de Olybrio (año 379) [1] comenzó á predicar doctrinas heréticas un discípulo de Elpidio y de Agape llamado Prisciliano, natural de Galicia, de raza hispano-romana, si hemos de juzgar por su nombre que es latino de igual suerte que los de *Priscus* y *Priscilla*. El retrato que de él hace Sulpicio Severo nos dá poquísima luz, como obra que es de un pedagogo del siglo V, servilmente calcada, hasta en las palabras, sobre aquella famosa *epopeya* de Catilina, por Salustio Era Prisciliano, segun le describe el retórico de las Gálias, *de familia noble, de grandes riquezas, atrevido, facundo, erudito, muy ejercitado en la declamacion y en la disputa: feliz, ciertamente, si no hubiese echado á perder con malas opiniones sus grandes dotes de alma y de cuerpo*

«Ostendens Marcum quemdam, Memphiticum magicae artis scientissimum discipulum fuisse Manis et Priscilliani magistrum » (San Isidoro, *De viris illustribus*, cap XV) Dice esto el Doctor de las Españas refiriéndose a Ithacio

Pareceme que el mismo San Jerónimo no está libre de confusion en lo que se refiere a los dos Márcos, el primero vivió en el siglo II, al paso que el maestro de Prisciliano debió florecer en los principios del siglo IV Claro es que San Ireneo no podia hablar de él como no fuera en profecia Todo lo que dice de Marco tiene que referirse al discipulo de Valentino Girves los distingue bien, y le sigue Ferreiro

Si San Jerónimo no los confundió, hay que admitir forzosamente que tambien el primitivo Marco estuvo en las Galias y en España Véase, si no, este párrafo de la carta de San Jerónimo á Teodora, viuda de Lucinio (53 de la ed de San Mauro)

«Et quia haeresos semel fecimus mentionem ¿qui Lucinius noster dignae eloquentiae tuba praedicari potest, qui spurcissima per Hispanias Basilidis haeresi saeviente, et instar pestis et mortis totas intra Pyrenaeum et Oceanum vastante provincias, fidei ecclessiasticae tenuit puritatem, nequaquam suscipiens *Armagil, Barbeion, Abraxas, Balsamum*, et ridiculum *Leusiboram*, caeteraque magis portenta quam nomina quae ad imperitorum et muliercularum animos concitandos, et quasi de Hebraicis fontibus hauriunt barbaro simplices quosque torrentes sono, ut quod non intelligunt, plus mirentur? Refert Irenaeus, vir Apostolicorum temporum, et Papiae auditoris Evangelistae Johannis discipulus, Episcopusque Ecclesiae Lugdunensis, quod Marcus quidam de Basilidis Gnostici stirpe descendens, primum ad Gallias venerit, et eas partes per quas Rhodanus et Garumna fluunt sua doctrina maculaverit, maxime nobiles feminas quaedam in occulto mysterio repromittens hoc errore seduxerit, magicis artibus et secreta corporum voluptate amorem sui concilians Inde Pyrenaeum transiens, Hispanias occupavit, et hoc studio habuerit ut divitum domus, et in ipsis feminas maxime appeteret • (Y se refiere a la obra *Adversus omnes haereses*)

1 Consta esta fecha por el *Chronicon* de San Prospero de Aquitania.

Velaba mucho· era sufridor del hambre y de la sed, nada codicioso, suma-
mente parco Pero con estas cualidades mezclaba gran vanidad, hinchado con
su falsa y profana ciencia, puesto que habia ejercido las artes mágicas desde
su juventud [1] De esta série de lugares comunes sólo sacamos en lim-
pio dos cosas· primero, que Priscilliano poseia esa elocuencia, facilidad de ingénio y vária doctrina necesaria á todo corifeo de secta, segundo, que se habia dado á la mágia desde sus primeros años. Difícil
es hoy decidir qué especie de mágia era la que sabia y practicaba Prisciliano. ¿Era la supersticion céltica ó druídica, de que todavía quedaban, y persistieron mucho despues, restos en Galicia? ¿O se trata de
las doctrinas arcanas del Oriente, á las cuales parece aludir San Jerónimo cuando llama á Priscilliano *Zoroastris magi studiosissimum?* [2] Quizá puedan conciliarse entrambas opiniones, suponiendo que Prisciliano ejercitó primero la mágia de su tierra, y aprendió más tarde la de
Persia y Egipto, que en lo esencial no dejaba de tener con la de los
Celtas alguna semejanza. Sea de esto lo que se quiera, consta por Sulpicio Severo, que Priscilliano, empeñado en propagar la *gnosis* y el *ma-*
niqueismo, no como los habia aprendido de Marco, sino con variantes
sustanciales, atrajo á su partido gran número de nobles y plebeyos,
arrastrados por el prestigio de su nombre, por su elocuencia y el bri-
llo de su riqueza. Acudian, sobre todo, las mujeres, ansiosas siempre
de cosas nuevas, víctimas de la curiosidad, y atraidas por la discrecion y cortesanía del heresiarca gallego, blando en palabras, humilde
y modesto en el ademan y en el traje medios propios para cautivar
el amor y veneracion de sus adeptos [3] Y no sólo mujeres, sino Obispos, seguian su parecer, y entre ellos Instancio y Salviano, cuyas diócesis no expresa el historiador de estas alteraciones. Extendióse rápidamente el Priscilianismo de Galaecia á Lusitania, y de allí á la Bética, por lo cual, receloso el Obispo de Córdoba Adygino ó Higino,
sucesor de Osio [4], acudió en queja á *Idacio* ó *Hydacio*, Metropolitano
de Mérida, si hemos de leer en el texto de Sulpicio *Emeritae civitatis*,
ó *sacerdote anciano*, si leemos, como otros quieren, *emeritae aetatis*. Co-

---

1 «Ab his Priscillianus est institutus, familia nobilis praedives opibus, acer, inquiens, facundus, multa lectione eruditus, disserendi ac disputandi promptissimus Felix profecto si
non pravo studio corrupisset optimum ingenium prorsus multa n eo animi et corporis bona
cerneres Vigilare multum, famem ac sitim ferre poterat, habendi minime cupidus, utendi
parcissimus Sed idem vanissimus et plus justo inflatior prophanarum rerum scientia quin et
magicas artes ab adolescentia eum exercuisse creditum est » (Sulp Sev , *Hist Sag* , lib II, en
el tomo VI de la *Bibliotheca Veterum Patrum* , Sigo la edicion lugdunense

2 Ep *Ad Ctesiphontem adversus Pelagium*

3 Dábales Priscilliano nombres simbolicos, v gr , Balsamo, Barbelon Tesoro, Leusibora

4 Véase acerca de este Obispo el tomo X de la *España Sagrada*, págs 208 á 212

menzó Idacio á proceder contra los Prisc[i]lianistas de Lusitania con extremado celo, lo cual, segun el parecer de Sulpicio Severo, que merece en esto escasa fé por ser enemigo capital suyo, fué causa de acre-
centarse el incendio, persistiendo en su error Instancio y los demás
Gnósticos que se habian conjurado para ayudar á Prisciliano. Tras
largas y reñidas contiendas, fué necesario, para atajar los progresos
de la nueva doctrina, reunir (año 380) un Concilio en *Zaragoza* A
él asistieron dos Obispos de Aquitania y diez españoles, entre ellos
Idacio, que firma en último lugar Excomulgados fueron por este Sínodo los Prelados Instancio y Salviano, y los láicos Helpidio y Prisciliano [1]. Los ocho Cánones en Zaragoza promulgados el 4 de Octubre de dicha era, únicos que hoy conocemos, más se refieren á la
parte externa de la herejía, que á sus fundamentos dogmáticos El
primero veda á las mujeres la predicacion y enseñanza, de igual modo
que el asistir á lecciones, prédicas y conventículos *virorum alienorum.*
El segundo prohibe ayunar, *por persuasion ó superstición*, en domingo, ni
faltar de la iglesia en los dias de Cuaresma, *ni celebrar oscuros ritos en
las cavernas y en los montes.* Anatematizóse en el tercero al que reciba
en la iglesia y no consuma el cuerpo Eucarístico. Nadie se ausentará
de la iglesia (dice el cuarto) desde el 16 de las kalendas de Enero (17
de Diciembre) hasta el dia de la Epifanía, ni estará oculto en su casa,
ni irá á la aldea, ni *subirá á los montes,* ni andará descalzo. . só pena
de excomunion Nadie se arrogará el título de doctor, fuera de aquellas
personas á quienes está concedido. Las vírgenes no se velarán antes
de los cuarenta años. Ténganse en cuenta todas estas indicaciones,
que utilizaremos en lugar oportuno Ahora basta fijarse en la existencia de conciliábulos mixtos de hombres y mujeres en el sacrílego fraude con que muchos recibian la comunion, y en la enseñanza confiada á legos y mujeres, como en la secta de los Agapetas. De otro Cánon hizo ya memoria Sulpicio Severo. el que prohibe á un Obispo recibir á comunion al excomulgado por otro copia textual de uno de los
decretos de Iliberis Contra el ascetismo que afectaban los Priscilianistas se endereza el sexto, que aparta de la Iglesia al clérigo que *por
vanidad y presuncion de ser tenido en más que los otros* adoptase las reglas
y austeridades monásticas.

Firman las actas Fitadio, Delfino, Eutiquio, Ampelio, Augencio,
Lucio, Ithacio, Splendonio, Valerio, Symposio, Carterio é Idacio. La
notificacion y cumplimiento del decreto que excomulgaba á los Prisci-

1 Dícelo Sulpicio Severo, pero no está en los Canones que hoy tenemos (Vid *Collectio Canonum Ecclesiae Hispanae,* ed. 1808, pag 303), señal indudable de haberse perdido algunos

lianistas con expresion de sus nombres, como textualmente afirman los Padres del primero Toledano, confióse á Ithacio, Obispo Ossonobense en la Lusitania, á quien hemos de guardarnos de confundir con Idacio el de Mérida, á pesar de la semejanza de sus nombres y doctrinas y vecindad de obispados [1].

No se habia mantenido constante en la fé el Obispo de Córdoba Higino, que fuera el primero en apellidar alarma contra los Priscilianistas, antes prevaricó con ellos, razon para que Ithacio le excomulgase y depusiese, apoyado en el decreto conciliar, sin que sepamos el motivo de la caida del Prelado bético, natural, sin embargo, dentro de las condiciones de la humana flaqueza, y no difícil de explicar, si creemos que Prisciliano era tan elocuente y persuasivo como nos le describen sus propios adversarios.

Si con la deposicion de Higino perdian un Obispo, otro pensaron ganar los Gnósticos Instancio y Salviano, elevando anticanónica y tumultuariamente á la Silla de Avila [2] á su corifeo Prisciliano, persuadidos del no leve apoyo que sus doctrinas alcanzarian, si armasen con la autoridad sacerdotal á aquel heresiarca hábil y mañoso. Redoblaron con esto la persecucion Idacio é Ithacio empeñados en descuajar la mala semilla, y acudieron (*parum sanis consiliis*, dice Severo) á los jueces imperiales. Estos arrojaron de las iglesias á algunos Priscilianistas, y el mismo emperador Graciano, á la sazon reinante, dió un rescripto (en 381) que intimaba el destierro *extra omnes terras* á los herejes españoles. Cedieron algunos, ocultáronse otros, mientras pasaba la tormenta, y pareció dispersarse y deshacerse la comunidad prisciliamista.

Pero no eran Prisciliano, Instancio ni Salviano hombres que se aterrasen por decretos emanados de aquella liviana córte imperial en

---

1 La fecha del Concilio *Cesaraugustano* es en las colecciones de Loaysa y de Labbe la de 380 (era 418), aunque ni el códice Emilianense ni el Vigilano tienen ninguna Binio y Girves la ponen en 381, Mansi en 379 Pagi, Tillemont y Risco *España Sagrada*, tomo XXX siguen la comun opinion, que parece verosimil, puesto que Prisciliano habia comenzado á esparcir su herejia en 379, siendo cónsules Ausonio y Olybrio S *Prosper Aquitani Chronicon*)

Vanamente dudó Ambrosio de Morales (que tambien sabian pecar de exceso de duda nuestros historiadores del gran siglo) que el Concilio cuyas actas tenemos fuese el mismo que se celebró contra los Priscilianistas Cierto que en los Cánones conservados (que de seguro no son todos porque es imposible que los Padres cesaraugustanos dejasen de condenar la parte dogmatica de la herejia) no se nombra a Prisciliano, pero se alude evidentisimamente á sus errores, segun todo lo que de ellos sabemos Vid Morales lib X cap XLIV, Los Obispos de que hace memoria Sulpicio como perseguidores de Prisciliano suscriben las actas de Zaragoza, juntamente con algunos de Aquitania circunstancia conforme tambien con la narracion del historiador eclesiastico (Vid Risco tomo XXX, pag 214)

2 *Abulensi*, no *Labinensi*, ha de leerse en el texto de Sulpicio Severo que está lleno de errores en los nombres españoles *Sossubensi* por *Ossonobensi*, etc)

que era compra y venta la justicia [1]. Esperaban mucho en el poder
de sus artes y de sus riquezas, bien confirmado por el suceso. Obcecá-
balos de otra parte el error para que ni de grado ni por fuerza tornasen al redil católico. Salieron, pues, de España con el firme propósito
de obtener la revocación del edicto, y esparcir de pasada su doctrina
entre las muchedumbres de Aquitania y de la Península itálica Muchos prosélitos hicieron entre la plebe *Elusana* y de Burdeos [2], per-
virtiendo en especial á Eucrocia y á su hija Prócula, en cuyas posesiones dogmatizaron por largos días Entrambas los acompañaron en
el viaje á Roma, y con ellas un escuadrón de mujeres *(turpis pudibun-
dusque comitatus*, dice Sulpicio), con las cuales es fama que mantenían
los Priscilianistas relaciones no del todo platónicas ni edificantes De
Prócula tuvo un hijo el mismo autor y fautor de la secta, entre cuyas
ascéticas virtudes no resplandecía por lo visto la continencia, áun
despues de haber ceñido su cabeza con las sagradas ínfulas por obra
y gracia de sus patronos lusitanos [3]

En la forma sobredicha llegó el nuevo Obispo á Roma, viaje en
verdad escusado, puesto que el gran Pontífice San Dámaso, que, como
español, debia de tener buena noticia de sus intentos, se negó á oir
sus escusas ni á darle audiencia Sólo quien ignore la disciplina de
aquellos siglos podrá extrañar que se limitase á esto y no pronuncia-
se nuevo anatema contra los Priscilianistas ¿A qué habia de interponer su autoridad en causa ya juzgada por la Iglesia española reunida
en Concilio, constándole la verdad y el acierto de esta decision, y
siendo notorios y gravísimos los errores de los Gnósticos que tiraba á
resucitar Prisciliano?

Nuevo desengaño esperaba á nuestros herejes en Milán, donde encontraron firmísima oposicion en San Ambrosio, que les cerró las
puertas del templo como se las habia de cerrar al gran Teodosio. Pero
tenian Prisciliano y los suyos áurea llave para el alcázar de Graciano,
y muy pronto fué sobornado Macedonio, *magister officiorum*, que obtuvo del emperador nuevo rescripto, á tenor del cual debia ser anulado
el primero y restituidos los Priscilianistas á sus iglesias. ¡Tan desd-
dichados eran los tiempos, y, tan funestos resultados han nacido
siempre de la intrusion del poder civil (resistida donde quiera por la
Iglesia) en materias eclesiásticas! Pronto respondió la ejecucion al de-

---

1   *Cuncta venalia erant,* dice Sulpicio

2   El Obispo San Delfino se negó á admitirlos y entonces se dirigeron a las heredades de
Prócula

3   Dicen (y Sulpicio lo apunta) que Prócula acudió al aborto por medio de yerbas para ocultar su deshonra *Fuit in sermone hominum   partum sibi graminibus abegisse »*

creto. El oro de los galáicos amansó á Volvencio, procónsul de Lusitania, antes tan decidido contra Prisciliano; así éste como Instancio,
volvieron á sus iglesias (Salviano había muerto en Roma), y dió comienzo una persecucion anticatólica, en que sobre todo corria peligro
Ithacio, el más ácre y resuelto de los contradictores de la herejía.
Oportuno juzgó huir á las Gálias, donde interpuso apelacion ante el
prefecto Gregorio, el cual, por la autoridad que tenia en España,
llamó á su tribunal á los autores de aquellas tropelías, no sin dar
parte al emperador de lo acontecido y de la mala fé y venalidad con
que procedian sus consejeros en el negocio de los Priscilianistas.

Supieron éstos parar el golpe, porque á todo alcanzaban los tesoros de Prisciliano y la buena voluntad de servirle que tenia Macedonio. Por un nuevo rescripto quitó Graciano el conocimiento de la
causa al prefecto de las Gálias, y remitióla al Vicario de España, en
cuyo foro no era dudosa la sentencia. Y aún fué más allá Macedonio,
sometido dócilmente á los Priscilianistas. Envió gente á Tréveris
para prender a Ithacio, que se habia refugiado en aquella ciudad só
la égida del Obispo Britanio ó Britanio. Allí supo burlarlos hábilmente, mientras acontecian en la Bretaña señaladas novedades, que
habian de influir eficazmente en la cuestion priscilianista

La anarquía militar, eterna plaga del imperio romano, contenida
en Oriente por la fuerte mano de Teodosio, cayó de nuevo sobre el
Occidente en los últimos y tristes dias de Graciano, bien diversos de
sus loables principios. Las legiones de Britania saludaron emperador
al español Clemente Máximo, que tras breve y simulada resistencia
aceptó la púrpura, y pasó á las Gálias al frente de 130,000 hombres.
Huyó Graciano á *Lugdunum* (Lyon) con pocos de sus partidarios, y
fué muerto en una emboscada, dúdase si por órden y alevosía de
Máximo, cegado entonces por la ambicion, aunque le adornaban altas
prendas *El tirano español* entró victorioso en Tréveris, y su compa-
triota Teodosio, que estaba lejos y no podia acudir á la herencia de
Graciano, tuvo que tratar con él y cederle las Gálias, España y Britania para evitar mayores males Corria el año de 384, consulado de
Ricimero y Cleaico

Era Máximo muy celoso de la pureza de la ortodoxia, aunque de
sobra aficionado, como todos los emperadores de la decadencia, á poner su espada en la balanza teológica Sabia aquella virtud y este de-
fecto nuestro Ithacio, que trató de aprovecharlos para sus fines, dignos de loa si no los afeara el medio: y le presentó desde luego un
escrito contra Prisciliano y sus secuaces, lleno *de mala voluntad y de*

recriminaciones, segun dice con su habitual dureza Sulpicio Severo
Bastaba con la enumeracion de los errores gravísimos anticatólicos
y antisociales de aquella secta gnóstica, para que Máximo se deter-
minara al castigo, pero más prudente que Ithacio, remitió la decision
al Sínodo de Burdeos, ante el cual fueron conducidos Instancio y
Prisciliano. Respondió el primero en causa propia y fué condenado
y depuesto por los Padres del Concilio á quienes no parecieron suficientes sus disculpas Hasta aquí se habia procedido canónicamente:
pero temeroso Prisciliano de igual sentencia, prefirió (en hora mala
para él) apelar al emperador, a cuyos ministros esperaba comprar
como á los de Graciano· y los Obispos franceses, *con la inconstancia
propia de su nacion* (dícelo Sulpicio, que era galo), consintieron en que
pasase una causa eclesiástica al tribunal del príncipe á quien sólo
competia en ultimo caso la ejecucion de los decretos conciliares
Fortuna que Máximo era católico, y aquella momentánea servidumbre de la Iglesia no fué para mal, aunque sí para escándalo y discordia. *Debieron los Obispos* (dice Severo) *haber dado sentencia en rebeldía
contra Prisciliano, ó si los recusaba por sospechosos, confiar la decision á
otros Obispos, y no permitir al emperador interponer su autoridad en causa
tan manifiesta* y tan apartada de la legislacion civil, añadiremos
En vano protesto San Martin de Tours contra aquellas novedades, y
exhorto á Ithacio á que desistiese de la acusacion, y rogó á Máximo
que no derramase la sangre de los Priscilianistas. Mientras él estuvo
en Tréveris, pudo impedirlo y áun obtener del emperador formal promesa en contrario, pero apenas habia pasado de las puertas de la ciudad, los Obispos Magno y Rufo redoblaron sus instancias con Máximo y éste nombró juez de la causa al prefecto Evodio, *varon implaca-
b'e y severo*. Prisciliano fué convicto de crímenes comunes, cuales eran
el maleficio, los conciliábulos obscenos y nocturnas reuniones de mujeres, el orar desnudo y otros excesos de la misma laya, semejantes á
los de los Carpocracianos y Adamitas Remitió Evodio las actas del
proceso á Máximo abrió éste nuevo juicio, en que apareció como acusador, en vez de Ithacio, Patricio oficial del fisco, y á la postre fueron
condenados á muerte y decapitados, Prisciliano, los dos clérigos Felicísimo y Armenio neófitos del Priscilianismo Asarino y el diácono
Aurelio, Latroniano y Eucrocia

. De todos estos personajes tenemos escasísimas noticias, y la rápida
narracion de Sulpicio Severo no basta para satisfacer la curiosidad que
despiertan algunos nombres. Áun es más breve el relato del *Chronicon*
atribuido á San Próspero de Aquitania que tiene á lo ménos la ven-

taja de señalar la fecha «*En el año del Señor 385, siendo cónsules Arcadio y Bauton ... fué degollado en Tréveris Prisciliano, juntamente con Eucrocia, mujer del poeta Delfidio, con Latroniano y otros cómplices de su herejía*» [1]

¡Ojalá tuviéramos algunos datos acerca de Latroniano ó Matroniano! San Jerónimo le dedica este breve y honroso artículo en el libro *De viris illustribus* (cap. CXXII): «*Latroniano, de la provincia de España, varón muy erudito y comparable en la poesía con los clásicos antiguos, fué decapitado en Tréveris con Prisciliano, Felicísimo, Juliano, Euchrocia, y otros del mismo partido. Tenemos obras de su ingenio, escritas en variedad de metros*». ¡Lástima grande que se hayan perdido estas poesías, que encantaban á San Jerónimo, juez tan delicado en materias de gusto!

De Eucrocia, madre de aquella Prócula que sirvió de Táis á Prisciliano, y mujer del retórico y poeta de Burdeos Delfidio, hay memoria en otros dos escritores, Ausonio y Latino Pacato. Ausonio, en el quinto de los elegantes elogios que dedicó á los profesores Bordeleses, llama afortunado á Delfidio, porque murió antes de ver el error de su hija y el suplicio de su mujer.

Minus malorum munere expertus Dei
Medio quod aevi raptus es,
Errore quod non deviantis filiae
Poenaque laesus conjugis [2]

En el *Panegírico de Teodosio* aprovechó Pacato la remembranza del suplicio de Eucrocia para ponderar la clemencia teodosiana, en cotejo con la crueldad de Máximo, ya vencido y muerto en Aquilea. *Exprobabatur mulieri viduae*, dice, *nimia religio et diligentius culta divinitas* [3]. Esta afectación de religiosidad y de ascetismo, que podía deslumbrar á un declamador gentil como Pacato, era común en los Priscilianistas.

A la ínsula *Sylina*, una de las Británicas [4], fueron relegados Instancio y Tiberiano Bético. Valióle al primero haber sido condenado por el Sínodo, pues de otra suerte hubiera padecido igual suplicio que Prisciliano. Tértulo. Potamio. Juan y otros Priscilianistas de ningu-

---

1 Reproduzco en el apéndice de documentos relativos al Priscilianismo los textos de Sulpicio, San Jerónimo. San Próspero, etc , evitando así notas y referencias que distraigan la atención al pie de cada página.

2 *Decimi Magni Ausonii Burdigalensis Opera Jacobus Tollius recensuit.* París, 1693

3 *Panegyrici Veteres. París, 1767* (ed. de la Baune), pag. 234. num. 29 del *Panegírico* de Latino Pacato. Léase todo.

4 No se puede adivinar cuál fué, quizá por lo corrompido de los nombres en el texto de Sulpicio. Dice que estaba *ultra Britanniam*.

na cuenta quedaron sometidos á temporal destierro en las Gálias. Urbica, discípula de Prisciliano, fué apedreada en Burdeos por el pueblo [1].

Tiberiano Bético tiene capítulo (que es el CXXIII) en *los varones ilustres* de San Jerónimo. «*Escribió* (dice el Santo) *un apologético en hinchado y retórico estilo para defenderse de la acusacion de herejía; pero vencido por el cansancio del destierro, mudó de propósito, é hizo casar á una hija suya, que habia ofrecido á Dios su virginidad.*» Este pasaje es oscuro, áun dejando aparte la interpretacion de los que han leido absurdamente *matrimonio «sibi» copulavit*. Como los Priscilianistas condenaban el matrimonio, parece que con casar á su hija quiso dar Tiberiano muestras de que habia vuelto la espalda á sus antiguos errores, aunque incurrió en el de no respetar los votos. Por eso dijo de él San Jerónimo, que *habia tornado como perro al vómito (canis reversus ad vomitum)*

No se extinguió con la sangre derramada en Tréveris el incendio priscilianista Pero antes de proseguir la historia de esta herejía, quieren el órden de tiempo y el de razon que demos noticia de sus exagerados adversarios los *Ithacianos*, y de los graves sucesos que siguieron en las Gálias al suplicio de los Gnósticos españoles

IV —LOS ITHACIANOS (REACCION ANTIPRISCILIANISTA).—
SAN MARTIN TURONENSE

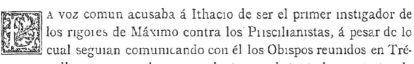A voz comun acusaba á Ithacio de ser el primer instigador de los rigores de Máximo contra los Priscilianistas, á pesar de lo cual seguian comunicando con él los Obispos reunidos en Tréveris, que llegaron a aprobar su conducta, no obstante las protestas de Theognosto [2] Mas apenas llegó á oidos de San Martin Turonense el sangriento castigo de los herejes y la violacion de la fé y palabra imperial, cometida por Máximo, encaminóse á la córte, produciendo en todos espanto y terror con la sola noticia de su venida El dia antes habia firmado el emperador un rescripto para que fuesen á España jueces especiales *(tribunos* los llama Sulpicio) á inquirir y quitar vidas y haciendas á los herejes que aún quedasen. No era dudoso que la confusion y atropellado rigor de estos decretos iban á alcanzar á

---

1 S Prosperi Chronicon
2 Este Obispo Theognosto llegó á excomulgar a Ithacio y a los suyos

muchos inocentes y buenos católicos, cual acontece no rara vez en generales proscripciones. Ni eran aptos tampoco los ministros del emperador para decidir quiénes eran los herejes y qué pena debia imponérseles. Temian Máximo y los Obispos *Ithacianos* (ya se les daba este nombre como á partidarios de Ithacio), que San Martin se apartase de su comunion, y trataban por cualquier medio de convencerle y amansarle Cuando llegó á las puertas de la ciudad, se le presentaron oficiales de palacio *(magisterii officiales)* á intimarle que no entrase sino *en paz* con los demás Obispos Respondió el Santo que entraria *con la paz de Cristo,* y pasó adelante Estuvo en oracion toda aquella noche, y á la mañana presentó al emperador una série de peticiones La principal era que detuviese la salida de los tribunos para España, y levantase ya mano de la persecucion priscilianista Dos dias dilató Máximo la respuesta, y entre tanto acudieron á él los Obispos, acusando á San Martin, no ya de defensor, sino de vengador de los Priscilianistas, y clamando por que la autoridad imperial reprimiese tanta audacia Ruegos, amenazas, súplicas, y hasta llanto empleaon los Ithacianos para decidir á Máximo á la condenacion del Santo Obispo de Tours. Pero no accedió el emperador á tan inícuo ruego, sino que llamando á Martin, procuró persuadirle que la sentencia de los Priscilianistas habia sido por autoridad judicial, sin instigaciones de Ithacio, á quien pocos dias antes el Sínodo habia declarado inocente. Como no se rindiese Martin á tales argumentos, apartóse Máximo de su presencia, y envió á España á los tribunos antedichos. Era muy ferviente la caridad de San Martin hácia sus hermanos, para que perseverase en aquella obstinacion sin fruto. Acudió súbito al palacio, y prometió todo á trueque de la revocacion del sanguinario rescripto Otorgada por Máximo sin dificultad, comulgó San Martin con Ithacio y los suyos, aunque se negó á firmar el acta del Sínodo. Al dia siguiente huyó de la ciudad, avergonzado de su primera flaqueza, é internándose en un espeso bosque, comenzó á llorar amargamente. Allí (cuéntalo Sulpicio) oyó de boca de un ángel estas palabras «Con razon te compunges, ¡oh, Martin! pero no pudistes vencer de otra manera : recobra tu virtud y constancia, y no vuelvas á poner en peligro la salvacion, sino la vida». *(Merito, Martine, compungeris, sed aliter exire nequisti. Repara virtutem, resume constantiam, ne jam non periculum gloriae sed salutis incurreris.)* Y dicen que en los diez y seis años que vivió despues no asistió San Martin á ningun Concilio ni reunion de Obispos [1].

1 Sulpicio Severo, diálogo 3 ° (pág 369 de la *Bibliotheca Veterum Patrum,* tomo VI) y en nuestro apéndice á este capítulo

Y aquí tocamos con una cuestion importante y que más de una vez ha de venirme á la pluma en el curso de esta historia, á saber la *punicion temporal de los herejes* como diria Fray Alfonso de Castro. No es éste todavía lugar oportuno para discutirla, pero importa fijarse en las circunstancias de los hechos hasta aquí narrados, para no aventurar erradas interpretaciones. El suplicio de Prisciliano es el primer ejemplo de sangre derramada por cuestion de herejía que ofrecen los anales eclesiásticos ¿Fué injusto en sí, y dentro de la legislacion de aquella edad? De ninguna manera el crímen de heterodoxia tiene un doble carácter; como crímen político que rompe la unidad y armonía del Estado y ataca las bases sociales, estaba y está en los países católicos penado por leyes civiles, más ó ménos duras segun los tiempos, pero en la penalidad no hay duda. Además, los Priscilianistas eran reos de crímenes comunes, segun lo que de ellos cuentan, y la pena de muerte, que hoy nos parece excesiva para todo, no lo era en el siglo V ni en muchos despues. Como *pecado*, la herejía está sujeta á *punicion* espiritual. Ahora bien, ¿en qué consistió el yerro de Ithacio y de los suyos? Duro era proclamar que *es preciso el exterminio de los herejes por el hierro y el fuego*, pero en esto cabe disculpa. Prisciliano, dice San Jerónimo, *fué condenado por la espada de la ley y por la autoridad de todo el orbe* El castigo era del todo legal y fué aprobado, aunque se aplicaba entonces por vez primera ¿En qué estuvo, pues, la ilegalidad censurada y desaprobada por San Martin de Tours y su apasionado biógrafo Sulpicio Severo? En haber solicitado Idacio é Ithacio la intervencion del príncipe en el Santuario En haber consentido los Obispos congregados en Burdeos y en Tréveris que el emperador avocase á su foro la causa no sentenciada aún, con manifiesta violacion de los derechos de la Iglesia, única que puede definir en cuestiones dogmáticas y separar al hereje de la comunion de los fieles Por lo demás, era deber del emperador castigar, como lo hizo, á los secuaces de una doctrina que, segun dice San Leon el Magno, *condenaba toda honestidad, rompia el sagrado vínculo del matrimonio, y hollaba toda ley divina y humana* con el principio fatalista. La Iglesia no invoca el apoyo de las potestades temporales, pero le acepta cuando se le ofrecen para castigar crímenes *mixtos.* (*Etsi sacerdotali contenta judicio cruentas refugit ultiones, severis tamen constitutionibus adjuvatur,* dice San Leon)

La porfiada intervencion de San Martin de Tours en favor de los desdichados Priscilianistas, es un rasgo honrosísimo para su caridad evangélica, pero nada prueba contra los castigos temporales impuestos á los herejes. De igual suerte hubiera podido solicitar aquel Santo el indulto de un facineroso, homicida, adúltero etc, sin que por esto debiéramos inferir que condenaba el rigor de las leyes contra los delincuentes comunes ¡Ojalá no se derramase ni se hubiese derramado nunca en el mundo una gota de sangre por causa de religion ni por otra alguna! Pero esto no implica que la pena de muerte deje de ser legítima, y haya sido y aún sea necesaria. La sociedad, lo mismo que el indivíduo, tiene el derecho de propia defensa ¿Y no es enemigo de su seguridad y reposo el que en nombre del libre exámen ó del propio fanatismo, divide á sus hijos, y desgarra sus entrañas con el hierro de la herejía? Si lo hacian ó no los Priscilianistas, verémoslo pocas páginas adelante, en la exposicion de sus errores

Esto aparte, no cabe dudar que Ithacio (por sobrenombre *Claro*, procedió con encarnizamiento, pasion y animosidades personales indignas de un Obispo en la persecucion contra los Priscilianistas, por todo lo cual fué excomulgado en 389 (segun el *Cronicon* de San Próspero), depuesto de su Silla no sabemos por qué Concilio, y desterrado durante el imperio de Teodosio el Grande y Valentiniano II, conforme testifican Sulpicio Severo y San Isidoro [1]. Cronológicamente hemos de poner su destierro y muerte entre 388, término del imperio y de la vida para su protector Máximo, y 392, en que murió Valentiniano No sabemos de nuestro Obispo otra cosa San Isidoro le atribuye un libro, *in quo detestanda Priscilliani dogmata et maleficiorum ejus artes libidinumque ejus probra demonstrat:* pero se ha perdido por desgracia. Hoy nos seria de grande auxilio Su diócesis fué la *Ossonobense* en Lusitania, convento jurídico de Beja, no la *Sossubense* ni la *Oxomense*, como dicen por errata las ediciones de Sulpicio Severo [2], que llaman asimismo *Labinense* al obispado Abulense, en que fué intruso Prisciliano

El segundo de los implacables perseguidores del Priscilianismo fué Idacio, á quien el *Chronicon* de San Próspero y la traduccion latina del libro *De viris illustribus* de San Jerónimo, llaman *Ursacio*, aunque en el texto griego del mismo tratado y en las actas del primer Concilio Toledano y en Sulpicio Severo se lee constantemente *Idacio*. No podemos determinar con exactitud cuál fuese su obispado porque el *emeritae* del texto de Sulpicio parece concertar con *aetatis*, y no con *urbis* ó *civitatis* como han leido algunos. No fué depuesto como Itha-

---

1 «Oo necem Priscilliani Ecclesiae communione privatus, exilio condemnatur ibique die ultima fungitur, Theodosio Majore et Valentiniano regnantibus» (San Isidoro *De viris illu- tribus*, cap XV)

2 Véase acerca de Idacio y la iglesia ossonobense el tomo XIV de la *España Sagrada*

cio, cuyo nombre oscurece al suyo en los postreros esfuerzos contra Prisciliano, sino que renunció voluntariamente el obispado. *Nam Idacius, licet minus nocens sponte se Episcopatu abdicaverat.* Muchas ediciones dicen *Nardtius*, pero debe ser errata, como el *Trachio* de otro pasaje relativo también á Idacio No duró mucho la penitencia de éste antes intentó recuperar el obispado segun afirma, sin más aclaracion Sulpicio Severo [1]

Tercero de los Obispos *Ithacianos* de quienes queda alguna noticia, es Rufo, el que juntamente con Magno, acabó de vencer los escrúpulos del emperador y le hizo faltar á la palabra empeñada con San Martin Turonense Este Rufo debia de ser hombre de escaso entendimiento, puesto que se dejó engañar por un impostor que fingia ser el Profeta Elías, y que embaucó á mucha gente con falsos milagros En pago de su nécia credulidad, perdió nuestro Obispo la mitra [2] Grande debia de ser el estado de confusión religiosa en que el Priscilianismo habia puesto la Península, cuando nacian y se propagaban tales imposturas

No creo muy propio el nombre de secta *Ithaciana* con que generalmente se designa al grupo de adversarios extremados é intolerantes del Priscilianismo. La Iglesia los excomulgó despues por sus excesos particulares, pero no se sabe que profesasen ningun error dogmático ni de disciplina que baste para calificarlos de herejes ni de cismáticos, al modo de los Luciferianos Lejos de mí poner la conducta de Ithacio y los suyos por modelo; pero entre el yerro de voluntad y la herejía de entendimiento hay mucha distancia. Obraron en parte *mal*, pero no *dogmatizaron*

Triste pintura del carácter de Ithacio nos dejó Sulpicio Severo. Descríbele como *hombre audaz, hablador, imprudente, suntuoso, esclavo del vientre y de la gula Era tan nécio*, añade, *que acusaba de priscilianista á todo el que veia ayunar ó leer las Sagradas Escrituras. Hasta se atrevió á llamar hereje á San Martin, varon comparable á los Apóstoles* Esto último era lo que más dolia á Sulpicio, pero ¿hemos de dar entero crédito al sañudo borron que ha trazado? ¿Seria éste el Ithacio *Claro por su doctrina y elocuencia* de que nos habla San Isidoro? ¡Quién lo sabe! Si Sulpicio dijo toda la verdad, admiremos los juicios de Dios, que se valió de tan mezquino instrumento para abatir la soberbia priscilianista.

---

1 Véase acerca de Idacio el tomo XIII de la *España Sagrada*

2 Sulpicio Severo, *De vita B Martini*, núm 25

V —El priscilianismo despues de Prisciliano —Concilios y abjuraciones —Cisma luciferiano.—Carta del Papa Inocencio.—
Cartas de Toribio y San Leon.—Concilio Bracarense.—Fin de
esta herejía.

A deposicion de Ithacio fué mirada por los Priscilianistas como
un triunfo. Galicia, Lusitania y alguna otra region de la Península estaban llenas de partidarios de su doctrina. Ellos trajeron á España los restos de Prisciliano y demás heresiarcas degollados en Tréveris, y comenzaron á darles culto como á mártires
y santos No se interrumpieron los nocturnos conciliábulos, pero hízose inviolable juramento de no revelar nunca lo que en ellos pasaba,
áun á trueque de la mentira y del perjurio que muchos doctores de la
secta, entre ellos Dictinio, declaraban lícitos. *Jura, perjura, secretum
prodere noli*, era su máxima. Unidos así por los lazos de toda sociedad
secreta, llegaron á ejercer absoluto dominio en la Iglesia gallega,
cuya litúrgia alteraron, hicieron anticanónicas elecciones de Obispos
en gentes de su bandería, y produjeron, en suma, un verdadero cisma Los demás Obispos de España excomulgaron á los prevaricadores, y siguióse un breve período de anarquía, en que á la Iglesia sustituyeron las *iglesias*, dándose el caso de haber dos y áun más Prelados para una sola diócesis, y hasta de crearse Obispos para Sedes que
no existian. El principal fautor de estas alteraciones era *Simphosio* (á
quien se supone Obispo de Orense), acérrimo en la herejía, aunque
habia firmado las actas del Concilio de *Zaragoza*. Seguia y amparaba
los mismos errores su hijo *Dictinio*, escritor de cuenta entre los suyos,
á quien su padre habia hecho Obispo de Astorga con asentimiento de
los demás Priscilianistas. A la Silla de Braga habia sido levantado
otro hereje: *Paterno*. La confusion crecia, y temerosos los mismos
sectarios de las resultas, ó arrepentidos, en parte, del incendio que
por su causa abrasaba á Galicia, determinaron buscar un término de
avenencia, y proponérselo al grande Obispo de Milan, San Ambrosio,
para que con palabras conciliadoras persuadiese á nuestros Prelados
católicos á la concordia, prévias por parte de los Galáicos ciertas condiciones de sumision siendo la primera el abjurar todos sus errores.
San Ambrosio habia presenciado las dolorosas escenas de Tréveris,

donde se negó á comulgar con los Ithacianos, y él mismo escribe haber visto con honda pena de qué suerte llevaban al destierro al anciano Obispo de Córdoba Higino [1] Hallábase, pues, su ánimo dispuesto á la clemencia, y juzgando sinceras las palabras de los Priscilianistas y aceptables sus condiciones, sin mengua del dogma ni de la disciplina, escribió á los Obispos de España (aunque la carta no se conserva), aconsejándoles que recibiesen en su comunion á los conversos *Gnósticos* y *Maniqueos*. Uno de los capítulos de concordia que San Ambrosio proponia era la deposicion de *Dictinio* y (sin duda) de los demás Obispos tumultuariamente elegidos, que debian quedar en el órden de presbíteros [2]. Conforme á las cartas del Obispo de Milan y á los consejos del Papa Syricio, reunieron nuestros Prelados en 396 un Concilio en Toledo Simphosio, con los suyos, se negó á asistir, y con visible cautela dijo que ya habia dejado los errores de Prisciliano y de los *mártires* (así llamaban á los degollados en Tréveris), pero sin hacer abjuracion formal ni dar otra muestra de su arrepentimiento ni cumplir condicion alguna de las propuestas por San Ambrosio Y supieron los Padres del Concilio que la conversion era simulada puesto que Simphosio y los restantes seguian haciendo uso de libros apócrifos, y aferrábanse tenazmente á sus antiguas opiniones, por lo cual nada se adelantó en este Sínodo, si ya la falta de sus actas y el silencio de los demás testimonios no nos hacen andar á oscuras en lo que le concierne

A pesar de haberse frustrado la avenencia, el Priscilianismo debia ir perdiendo por dias favor y adeptos, sin duda por la tendencia unitaria y católica de nuestra generosa raza Sólo así se comprende que cuatro años más tarde, en 400, abjurasen en masa y con evidentes indicios de sinceridad los que poco antes se mostraban reacios, y no eran constreñidos ni obligados por fuerza alguna superior á tal acto. Verificóse este memorable acaecimiento en el Concilio primero Toledano, con tal número designado por no conservarse más que el recuerdo del que debió precederle. Este Sínodo es tanto ó más importante que el tercero de los Toledanos, por más que (¡inexplicable casualidad!) no haya obtenido la misma fama. Si en el Concilio de 589

1 «Dolore percitus quod Hyginum Episcopum senem in exilium duci comperi cui nihil jam nisi extremus superesset spiritus Cum de eo convenirem comites ejus ne sine veste, sine plumatis paterentur extradi, extrusus ipse sum » S Ambrosii Opera, ep XXVI)

2 Circunstancias que constan, lo mismo que las siguientes en la sentencia definitiva del primer Concilio toledano (Vid apéndice de este capítulo) En ellas se habla vagamente de un Concilio de Zaragoza al cual asistió solo un dia Sinfosio, siendo excomulgados él y sus compañeros por el Sínodo Ferreiro le supone celebrado en 396

vemos á una raza bárbara é invasora doblar la frente ante los vencidos, y proclamar su triunfo, y adorar su Dios y rendirse al predominio civilizador de la raza hispano-romana de la verdadera y única
raza *española;* no hemos de olvidar que, ciento ochenta y ocho años
antes otro Concilio Toledano había atado con vínculo indisoluble las
voluntades de esa potente raza. le había dado la *unidad* en el dogma,
que le aseguró el triunfo contra el Arrianismo visigótico y todas las
herejías posteriores, la *unidad* en la disciplina que hizo cesar la anarquía, y á *las iglesias* sustituyó *la Iglesia,* modelo de todas las occidentales en sabiduría y en virtudes

Que era obra de *unidad* la suya, bien lo sabían los Padres Toledanos, y por eso *Patruino* Obispo de Mérida, que los presidía, abrió el
Concilio con estas memorables palabras· «Como cada uno de nosotros ha comenzado á *hacer en su iglesia cosas diversas,* y de aquí han
procedido tantos escándalos que llegan hasta el cisma, decretemos,
si os place, la norma que han de seguir los Obispos en la ordenación
de los clérigos. Yo opino que deberíamos guardar perpétuamente las
Constituciones del Concilio Niceno, y no apartarnos de ellas jamás».
Y respondieron los Obispos: «Así nos place; y sea excomulgado todo
el que obre contra lo prevenido en los Cánones de Nicea» [1]. Nótese
bien en los *Cánones de Nicea,* en la disciplina universal *(católica)* de
Oriente y de Occidente, porque la Iglesia española, fiel á las tradiciones del grande Osio, nunca aspiró á esa independencia semicismá-
tica que algunos sueñan.

Cuatro partes, claramente distintas, encierra el primer Concilio
Toledano tal como ha llegado á nosotros los *Cánones disciplinares,* la
Assertio fidei contra Priscillianistas, las fórmulas de abjuración pronunciadas por Simphosio, Dictinio, etc , y la *sentencia definitiva,* que los
admite al gremio de la Iglesia. La autenticidad y enlace de todos estos documentos fué invenciblemente demostrada por el doctísimo
Padre Florez. (Tomo VI de la *Esp Sag)*

Los Cánones son veinte. y en ellos me detendré poco El XIV se
dirige contra los Priscilianistas que recibían la comunión sacrílegamente, sin consumir la sagrada forma. El XX manda que sólo el

---

1 «Quoniam singuli coepimus in Ecclesiis nostris facere diversa, et inde tanta scandala sunt
quae usque ad schisma perveniunt, si placet, communi consilio decernamus quid ab omnibus
Episcopis in ordinandis clericis sit sequendum Mihi autem placet constituta primitus Nicaeni
Concilii perpetuo esse servanda, nec ab his esse recedendum Universi Episcopi dixerunt Hoc
nobis placet, ita ut si quis, cognitis gestis Nicaeni Concilii aliud quam statutum est, facere
praesumpserit h c excommunicatus habeatur » *(Collectio Canonum Ecclesiae Hispanae*
edicion de la Biblioteca Real, 1808 pag 221)

Obispo, y no los presbíteros (como se hacía en algunas provincias), consagren el Crisma De los restantes, unos tienden á evitar irregularidades en las ordenaciones (I, II, III, IV, VIII y X), vedando el II que los penitentes públicos pasen de *ostiarios* ó de *lectores* (y esto en caso de necesidad absoluta), á no ser que sean subdiáconos antes de haber caido en el pecado: otros intiman á los clérigos la asistencia á sus iglesias y al sacrificio cuotidiano; les prohiben pasar de un obispado á otro, á no ser que de la herejía tornen á la fé, y separan del gremio de la Iglesia al que comunique con los excomulgados (Cáns. V, XII, y XV). Relacion, aunque indirecta, parece tener con las costumbres introducidas por los Priscilianistas el Cánon VI, á tenor del cual las vírgenes consagradas á Dios no deben asistir á convites ni reuniones, ni tener familiaridad excesiva con su confesor ni con lego ó sacerdote alguno Una prohibicion semejante vimos en el Concilio de *Zaragoza.*

A continuacion de los *Cánones* viene la *Regula fidei contra omnes haereses, maxime contra Priscillianistas,* documento precioso, que tiene para nuestra Iglesia la misma ó parecida importancia que el símbolo Niceno para la Iglesia universal Testimonio brillante de la pureza de la fé española en aquel revuelto siglo, prenda de gloria y de inmortalidad para los Obispos que la suscribieron, es la *Regula fidei* obra de tal naturaleza é interés para nuestro trabajo, que conviene traducirla íntegra, y *de verbo ad verbum* [1], sin perjuicio de comentar, más adelante, algunas de sus cláusulas:

«Creemos en un solo y verdadero Dios Omnipotente, Padre, Hijo y Espíritu Santo, Hacedor de todas las cosas visibles é invisibles, del cielo y de la tierra Creemos que hay un solo Dios, y una Trinidad de la sustancia divina· que el Padre no es el Hijo; que el Hijo no es el Padre, pero el Hijo de Dios es de la naturaleza del Padre: que el Espíritu Santo, el Paráclito, no es el Hijo ni el Padre, pero procede del Padre y del Hijo Es, pues, no engendrado el Padre, engendrado el Hijo, no engendrado el Espíritu Santo, pero procedente del Padre y del Hijo El Padre es aquel cuya voz se oyó en los cielos: «Éste es »mi Hijo amado, en quien tengo todas mis complacencias: oidle á Él». El Hijo es aquel que decia: «Yo procedí del Padre y vine de Dios á »este mundo». El Paráclito es el Espíritu Santo, de quien habló el Hijo: «Si yo no tornare al Padre, no vendrá el Espíritu». Afirmamos esta Trinidad distinta en personas, una en sustancia, invisible y sin diferencia en virtud, poder y majestad.

---

[1] Pongo su texto latino en el apendice

»Fuera de ésta, no admitimos otra naturaleza *divina*, ni de ángel ni de espíritu, ni de ninguna virtud ó fuerza que digan ser *Dios* [1]. Creemos que el Hijo de Dios, Dios nacido del Padre antes de todo principio, santificó las entrañas de la Vírgen María, y de ella tomó, sin obra de varon, verdadero cuerpo, no imaginario ni fantástico, sino *sólido* y verdadero [2] Creemos que dos naturalezas, es á saber, la divina y la humana, concurrieron en una sola persona, que fué Nuestro Señor Jesucristo, el cual tuvo hambre y sed, y dolor y llanto, y sufrió todas las molestias corporales, hasta que fué crucificado por los judíos y sepultado, y resucitó al tercero dia Y conversó despues con sus discípulos, y cuarenta dias despues de la Resurreccion súbió á los cielos A este Hijo del Hombre le llamamos tambien Hijo de Dios, é Hijo de Dios y del Hombre juntamente. Creemos en la futura resurreccion de la carne, y decimos que el alma del hombre no es de la sustancia divina ni emanada de Dios Padre, sino hechura de Dios creada por su libre voluntad [3] Si alguno dijere ó creyere que el mundo no fué creado por Dios Omnipotente, sea anatema. Si alguno dijere ó creyere que el Padre es el Hijo ó el Espíritu Santo, sea anatema Si alguno dijere ó creyere que el Hijo es el Padre ó el Espíritu Santo, sea anatema Si alguno dijere ó creyere que el Espíritu Santo es el Padre ó el Hijo, sea anatema. Si alguno dijere ó creyere que el Hijo de Dios tomó solamente carne y no alma humana, sea anatema Si alguno dijere ó creyere que Cristo no pudo nacer, sea anatema Si alguno dijere ó creyere que la Divinidad de Cristo fué *convertible* y *pasible*, sea anatema Si alguno dijere ó creyere que es uno el Dios de la Ley Antigua y otro el del Evangelio, sea anatema [4] Si alguno dijere ó creyere que este mundo fué hecho por otro Dios que aquél de quien está escrito· «En el principio creó Dios el cielo »y la tierra», sea anatema. Si alguno dijere ó creyere que los cuerpos humanos no resucitarán despues de la muerte, sea anatema. Si alguno dijere ó creyere que el alma humana es una parte de Dios ó de la sustancia de Dios, sea anatema. Si alguno dijere ó creyere que han de recibirse y venerarse otras Escrituras fuera de las que tiene y venera la Iglesia católica, sea anatema. Si alguno dijere que la Divinidad y la humanidad forman una sola naturaleza en Cristo, sea anatema. Si alguno dijere ó creyere que fuera de la Trinidad puede

---

1 Los *eones* gnosticos
2 Condenacion del *Doketismo*
3 Condenacion del panteismo y del sistema de la emanacion
4 *Las antitesis* de Marcion

extenderse la esencia divina, sea anatema. Si alguno dá crédito a la
astrología ó á la ciencia de los Caldeos, sea anatema Si alguno dijere ó creyere que es execrable el matrimonio celebrado conforme á la ley
divina, sea anatema. Si alguno dijere ó creyere que las carnes de las
aves y de los pescados que nos han sido concedidos para alimento son
execrables, sea anatema Si alguno sigue en estos errores á Prisciliano, y despues de haber sido bautizado cree algo contra la Sede de
San Pedro, sea anatema.»

Así resonó en el año postrero del siglo IV, bajo las bóvedas de la
primitiva basílica toledana, la condenacion valiente del *panteismo*, del
antitrinitarismo, del *doketismo* y de las *antítesis* de Marcion. Propuestos
estos Cánones por Patruino, y aprobados por los demás Obispos, se
trasmitieron á todas las iglesias de España, que desde entonces conservan esta fé con inviolable pureza Obsérvese haber sido éste el
primer Concilio que definió la procedencia del Espíritu Santo del
Padre y del Hijo, sin que haga fuerza en contrario la opinion de
Pagi, Quesnel y otros críticos que suponen intercalada posteriormente la partícula *Filioque* [1].

Faltaba la sumision de los Obispos gallegos asistentes al Sínodo.
Moviólos Dios á penitencia y buen entendimiento, y en la tercera sesion levantóse Dictinio y dijo de esta manera, segun refieren las actas «Oidme, excelentes sacerdotes, corregidlo todo, pues á vosotros
es dada la correccion. Escrito está *Vobis datae sunt claves regni coelorum* Yo os pido que se me abran las puertas del cielo y no las del infierno. Si os dignais perdonarme, lo pondré todo á vuestros ojos Me
arrepiento de haber dicho que es una misma la naturaleza de Dios y
la del hombre. No sólo me someto á vuestra correccion, sino que ab-
juro y depongo todo error de mis escritos. Dios es testigo de que así
lo siento. Si erré, corregidme. Poco antes lo dije, y ahora lo repito.
cuanto escribí en mi primer entendimiento y opinion lo rechazo y
condeno con toda mi alma. Exceptuando el nombre de Dios, lo anatematizo todo. Cuanto haya dicho contra la fé, lo condeno todo, juntamente con su autor».

Despues de Dictinio dijo Sinfosio. «Condeno la doctrina de los dos
principios, ó la que afirma que el Hijo *no pudo nacer,* segun se contiene
en una cédula que leimos hace poco. Anatematizo esa secta y á su
autor. Si quereis, la condenaré por escrito». Y escribió estas palabras
«Rechazo todos los libros heréticos; y en especial la doctrina de Prisciliano, donde dice que el Hijo no pudo nacer *(innascibilem esse)»*

---

1   Véanse las atinadas observaciones de Florez *España Sagrada* tomo VI

Siguióle el presbítero *Comasio*, pronunciando estas palabras. «Nadie dudará que yo pienso como mi Prelado, y condeno todo lo que él condena, y nada tengo por superior á su sabiduría sino sólo Dios. Estad ciertos todos de que no haré ni pensaré otra cosa que lo que él ha dicho, y por tanto, como dijo mi Obispo, á quien sigo, cuanto él condenó yo lo condeno»

En otra sesion confirmaron todos sus abjuraciones, añadiendo Comasio. «No temo repetir lo que otra vez dije, para gozo mio Acato la autoridad y sabiduría de mi Obispo el anciano Sinfosio Pienso lo mismo que ayer: si quereis, lo pondré por escrito Sigan este ejemplo todos los que quieran participar de vuestra comunion» Y leyó una cédula que decia así «Como todos seguimos la católica fé de Nicea, y aquí hemos oido leer una escritura que trajo el presbítero Donato, en la cual Prisciliano afirmaba que el Hijo no pudo nacer, lo cual consta ser contra el símbolo Niceno anatematizo á Prisciliano, autor de ese perverso dicho, y condeno todos los libros que compuso». Y añadió Sinfosio «Si algunos libros malos compuso, yo los condeno» Y terminó Dictinio «Sigo el parecer de mi señor Padre, engendrador y maestro Sinfosio Cuanto él ha hablado yo lo repito Escrito está: *Si alguno os evangeliza de otra manera que como habeis sido evangelizados, sea anatema* Y por eso, todo lo que Prisciliano enseñó ó escribió mal, lo condenamos».

En cuanto á la irregular eleccion de Dictinio y demás Obispos priscilianistas, confesó Sinfosio haber cedido á la voluntad casi unánime del pueblo de Galicia *(totius Galiciae plebium multitudo)* Paterno, Prelado bracarense, dijo que de tiempo atrás habia abandonado los errores de Prisciliano, gracias á la lectura de las obras de San Ambrosio. Otros dos Obispos, *Isonio* recientemente consagrado, y *Vegetino*, que lo habia sido antes del Concilio de *Zaragoza*, suscribieron la abjuracion de Sinfosio [1] En cambio Herenas, Donato, Acurio, Emilio y varios presbíteros, rehusaron someterse, y repitieron en alta voz que Prisciliano habia sido católico y mártir, perseguido por los Obispos ithacianos El Concilio excomulgó y depuso á los rebeldes, convictos de herejía y de perjurio por el testimonio de tres Obispos y muchos presbíteros y diáconos [2].

La *sentencia definitiva* admite desde luego á la comunion á *Vegetino*

---

[1] A Isonio, cuando aun era catecumeno, le habia hecho Obispo Sin osio

[2] Las firmas de este Concilio aparecen por el orden siguiente Patruino, Marcelo, Aphrodisio Liciniano, Iucundo, Severo Leonas, Hilario, Olympio, Orticio, Asturio, Lampio, Sereno, Floro, Leporio Eustoquio, Aureliano, Lampadio, Exuperancio

y á Pateino, que no eran *relapsos* Sinfosio, Dictinio y los demás, conservarian sus Sillas, pero sin entrar en el gremio de la Iglesia hasta que viniesen el parecer del Pontífice y el de San Simpliciano, Obispo de Milan y sucesor de San Ambrosio, á quienes los Padres habian consultado su sentencia Mientras no recibieran esta absolucion final, se abstendrian de conferir órdenes, y de igual suerte los demás Obispos gallegos que adoptasen la *regla de fé*, condicion indispensable para la concordia Vedáronse, finalmente, los libros apócrifos y las reuniones en casa de mujeres, y se mandó restituir á Ortigio la Sede de que habia sido arrojado por los Priscilianistas.

No se atajaron al pronto con este Concilio los males y discordias de nuestra Iglesia Muchos Obispos desaprobaron la absolucion de los Priscilianistas, y más que todo el que continuasen en sus diócesis Sinfosio, Dictinio y los restantes Así retoñó el cisma de los Luciferianos. Galicia volvió á quedar aislada, y en lo demás de la Península Tirios y Troyanos procedieron á consagraciones y deposiciones anticanónicas de Prelados Los de la Bética y Cartaginense fueron tenacísimos en no comunicar con los Gallegos. En medio de la general confusion, un cierto Rufino, hombre turbulento, y que ya en el Concilio Toledano habia logrado perdon de sus excesos, ordenaba Obispos para pueblos de corto vecindario, y *llenaba las iglesias de escándalos* Otro tanto hacia en Cataluña Minicio, Obispo de Gerona, mientras en Lusitania era depuesto de su Sede emeritana Gregorio, sucesor de Patruino Forzoso era atajar el desórden, y para ello los Obispos de la Tarraconense de una parte, y de otra Hilario, uno de los Padres del Concilio Toledano, y con él el presbítero Helpidio, acudieron (por los años de 404) al Papa Inocencio. El cual dirigió á los Obispos de España una Decretal famosa [1], encareciendo las ventajas de la union y de la concordia, afirmando que *en el mismo seno de la Fé habia sido violada la Paz, confundida la disciplina, hollados los Cánones, puestos en olvido el órden y las reglas, rota la unidad con usurpacion de muchas iglesias* [2]. Duras palabras tiene el Pontífice para la terquedad e intolerancia de los Luciferianos «¿Por qué se duelen de que hayan sido recibidos en el gremio de la Iglesia *Simphosio, Dictinio* y los demás que abjuraron la herejía? ¿Sienten, acaso, que no hayan perdido algo de sus primeros honores? Si esto les punza y mortifica, lean que San Pedro Após-

1 Jacobo Sirmond la publicó integra por primera vez Puede leerse en el apéndice III, tomo VI de la *España Sagrada*, págs 325 á 30

2 «*Et in ipso sinu Fidei violatam intra provinciam pacem, disciplinae rationem esse confusam, et multa contra Canones Patrum, contempto ordine, regulisque neglectis in usurpatione Ecclesiarum fuisse commissa* »

tol tornó, despues de las lágrimas, á ser lo que habia sido Conside-
ren que Tomás, pasada su duda, no perdió nada de sus antiguos méritos. Vean que el Profeta David, despues de aquella confesion de su
pecado, no fué destituido del dón de profecía   Congregáos cuanto
antes en la unidad de la fé católica los que andais dispersos formad
un solo cuerpo, porque si se divide en partes, estará expuesto á todo
linaje de calamidades» [1]. Manda luego deponer á los Obispos elegidos, contra los Cánones de Nicea, por Rufino y Minicio, y separar de
la comunion de los fieles á todo luciferiano que se niegue á admitir
la concordia establecida por el Concilio de Toledo. Resulta, finalmente, de esta carta, que algunos de los Obispos intrusos habian sido
militares, curiales y hasta directores de juegos públicos.

El emperador Honorio incluyó á los Priscilianistas en el rescripto
que dió contra los Maniqueos, Donatistas y Paganos en 15 de Noviembre de 408 [2]. En 22 de Febrero de 409 (consulado de Honorio
y Teodosio) hizo aún más severa la penalidad, persuadido de que
«este género de hombres, ni por las costumbres ni por las leyes debe
tener nada de comun con los demás», y de que «la herejía ha de considerarse como un crímen público contra la seguridad de todos».
Todo priscilianista convicto era condenado á perdimiento de bienes
(que debian pasar á sus herederos, siempre que no hubiesen incurrido
en el mismo crímen), é inhabilitado para recibir herencias y donaciones, así como para celebrar contratos ó testar. El siervo que delatase
á su señor quedaba libre· el que le siguiese en sus errores seria aplicado al fisco. El administrador que lo consintiese era condenado á
trabajos perpétuos en las minas Los prefectos y demás oficiales públicos que anduviesen remisos en la persecucion de la herejía, pagarian multas de 20 ó de 10 libras de oro

En 409, los bárbaros invadieron la Península, y el Priscilianismo
continuó viviendo en Galicia, sometida á los Suevos, gracias á lo separada que por este hecho se mantuvo aquella comarca del resto de
las tierras ibéricas En obsequio al órden lógico quebrantaré un tanto
el cronológico, para conducir á sus fines la historia de esta herejía.

---

1 «Quaero enim, quare doluerint Symphosium atque Dictinium, aliosque qui detestabilem
haeresim damnaverunt, receptos in fidem Catholicam tunc fuisse? Num quod non aliquid de
honoribus amiserint quos habebant? Quod si quos hoc pungit aut stimulat, legant Petrum
Apostolum post lacrymas hoc fuisse quod fuerat, considerent Thomam post dubitationem
illam nihil de prioribus meritis omisisse, denique David Prophetam egregium post manifestam confessionem suam, prophetiae suae meritis non fuisse privatum Quare   in unitate
Catholicae Fidei omnes qui dispersi sunt congregentur, et esse inexpugnabile unum corpus
incipiat, quod si separetur in partes ad omnes patebit lacerationis injurias »
  2 *Cod Theod*, lib XLIII

Cerca de la mitad del siglo V Santo Toribio, llamado comunmente *de Liébana*, que habia peregrinado por diversas partes, segun él mismo refiere, llegando, á lo que parece, hasta Tierra Santa, tornó á Galicia, donde fué elegido Obispo de Astorga, y se aplicó á destruir todo resto de Priscilianismo, quitando de manos de los fieles los libros apócrifos. Con tal fin escribió á los Obispos Idacio y Ceponio una epístola, *De non recipiendis in auctoritatem Fidei apocryphis scripturis, et de secta Priscillianistarum*, que trascribo en el apéndice [1]. Mas no le pareció suficiente el remedio, y acudió á la Silla apostólica, remitiendo á San Leon el Magno dos escritos hoy perdidos, el *Commonitorium* y el *Libellus*, catálogo el primero de los errores que habia notado en los libros apócrifos, y refutacion el segundo de las principales herejías de los Priscilianistas En entrambos libros, dice Montano, Obispo de Toledo, *Hanc sordidam haeresim explanavit* (Thoribius), *operuit el occultam tenebris suis perfidiaeque nube velatam, in propatulo misit* El diácono *Pervinco* entregó á San Leon las epístolas de Toribio, á las cuales respondió el Papa en 21 de Julio del año 447, consulado de Alipio y Ardabuio Su carta es una larga exposicion y refutacion de los desvaríos *gnósticos*, dividida en diez y seis capítulos La inserto como documento precioso en el apéndice, y tendrémosla en cuenta al hacer la exposicion dogmática del Priscilianismo. Ordena San Leon, como último remedio, un Concilio nacional, si puede celebrarse, ó á lo ménos un Sínodo de los Obispos de Galicia, presididos por Idacio y Ceponio Que se llevó á término esta providencia, no cabe duda. Imposible era la celebracion del Concilio General, por las guerras de suevos y visigodos, pero se reunieron los Obispos de la Bética, Cartaginense, Tarraconense y Lusitania para confirmar la regla de fé, y añadirle quizá alguna cláusula Las actas de este Sínodo han perecido, aunque sabemos que la *Assertio fidei* fué trasmitida á Balconio Metropolitano de Braga y a los demás Obispos gallegos, quizá reunidos en Sínodo provincial á su vez Todos la admitieron, así como la Decretal de San Leon, pero algunos de mala fé *(subdolo arbitrio*, dice el *Cronicon* de Idacio). Este Sínodo es el que llaman *De Aquis-Celenis* [2]

Durante todo un siglo, la Iglesia gallega lidió heróica pero oscuramente contra el arrianismo de los Suevos, ménos temible como herejía extranjera, y contra el Priscilianismo, que duraba y se sostenia con

---

[1] Tambien la inserta traducida al castellano el Sr Lopez Ferreiro *(Estudios histórico-críticos sobre el Priscilianismo* Santiago, 1878) Obra excelente que ha llegado a mis manos en el momento de revisar este capítulo Es mas exacta y completa que la de Girves

[2] El Padre Florez duda de su existencia El Sr Ferreiro muy inclinado á multiplicar Concilios la admite

satánica perseverancia, apoyado por algunos Obispos. Parece que debieran quedar monumentos de esta lucha; pero, desgraciadamente, las tormentas del pensamiento y de la conciencia humana son lo que ménos lugar ocupa en las historias ¡Cuántas relaciones de conquistas y de batallas, cuántos catálogos de dinastías y de linajes pudieran darse por saber á punto fijo cuándo y de qué manera murió en el pueblo de Galicia la herejía de Prisciliano! Pero quiere la suerte que sólo conozcamos el himno de triunfo, el anatema final que en 567, más de cien años despues de la carta de San Leon, pronunciaron los Padres del primer Concilio Bracarense, vencedores ya de sus dos enemigos, y no por fuerza de armas ni por intolerancia de suplicios, sino por la incontrastable fortaleza de la verdad y el imperio de la fé cristiana, que mueve de su lugar las montañas ¡Con qué íntimo gozo hablan del Priscilianismo como de cosa pasada, y no satisfechos con la *regla de fé*, añaden los diez y siete Cánones siguientes contra otros tantos errores de nuestros Gnósticos

«Si alguno niega que el Padre, el Hijo y el Espíritu Santo son tres personas, de una sola sustancia, virtud y potestad, y sólo reconoce una persona, como dijeron Sabelio y Prisciliano, sea anatema.

»Si alguno introduce otras personas divinas fuera de las de la Santísima Trinidad, como dijeron los Gnósticos y Prisciliano, sea anatema.

»Si alguno dice que el Hijo de Dios y Señor Nuestro no existia antes de nacer de la Vírgen, conforme aseveraron Paulo de Samosata, Fotino y Prisciliano, sea anatema.

»Si alguien deja de celebrar el nacimiento de Cristo segun la carne, ó lo hace simuladamente ayunando en aquel dia y en domingo, por no creer que Cristo tuvo verdadera naturaleza humana, como dijeron Cerdon, Marcion, Maniqueo y Prisciliano, sea anatema.

»Si alguien cree que las almas humanas ó los ángeles son de la sustancia divina, como dijeron Maniqueo y Prisciliano, sea anatema.

»Si alguien dice con Prisciliano que las almas humanas pecaron en la morada celeste, y que por esto fueron encerradas en los cuerpos, sea anatema.

»Si alguien dice que el diablo no fué primero ángel bueno creado por Dios, y que su naturaleza no es obra de Dios, sino que ha salido de las tinieblas y es eterno principio del mal, segun afirman los Maniqueos y Prisciliano, sea anatema.

»Si alguien cree que el diablo hizo algunas criaturas inmundas, y que él produce el trueno, el rayo, las tempestades y la sequedad. como dijo Prisciliano, sea anatema.

»Si alguno cree, con los Paganos y Prisciliano, que las almas humanas están sujetas fatalmente á las estrellas, sea anatema

»Si alguno afirma, al modo de Prisciliano, que los doce signos del Zodiaco influyen en las diversas partes del cuerpo, y están señalados con los nombres de los Patriarcas, sea anatema.

»Si alguien condena el matrimonio y la procreacion [1], sea anatema

»Si alguno dice que el cuerpo humano es fábrica del demonio, y que la concepcion en el útero materno es símbolo de las obras diabólicas, por lo cual no cree en la resurreccion de la carne, sea anatema.

»Si alguien dice que la creacion de toda carne no es obra de Dios, sino de los ángeles malos, sea anatema

»Si alguno, por juzgar inmundas las carnes que Dios concedió para alimento del hombre, y no por mortificarse, se abstiene de ellas, sea anatema.

»Si algun clérigo ó monje vive en compañía de mujeres que no sean su madre, hermana ó próxima parienta, como hacen los Priscilianistas, sea anatema

»Si alguno en la féria quinta de Páscua, que se llama *Cena del Señor*, á la hora legítima despues de la nona no celebra en ayunas la Misa en la Iglesia, sino que (segun la secta de Prisciliano) celebra esta festividad despues de la hora de tercia con Misa de difuntos y quebrando el ayuno, sea anatema

»Si alguno lee, sigue ó defiende los libros que Prisciliano alteró segun su error, ó los tratados que Dictinio compuso antes de convertirse, bajo los nombres de Patriarcas. Profetas y Apóstoles, sea anatema.»

El Cánon XXX de los disciplinares de este Concilio prohibe que en la iglesia se canten otros himnos que los psalmos del Antiguo Testamento.

Puede afirmarse que el Concilio de Braga enterró definitivamente al Priscilianismo. Matter afirma, que *como secta secreta duró esta herejía hasta la invasion de los Arabes*, pero no aduce pruebas de tal opinion Por oculta que estuviese la secta, ¿se comprende que los Concilios Toledanos no la anatematizasen alguna vez? Todo induce á sospechar que en los siglos VII y VIII el Priscilianismo pertenecia á la

---

1 Suprimo la acostumbrada formula, *como los Maniqueos y Prisciliano dijeron*, porque de aqui adelante no varia

historia, por más que durasen algunas supersticiones, últimos efectos de la epidemia [1].

Esto es cuanto sé del Priscilianismo históricamente considerado. Veamos su literatura y sus dogmas en los párrafos siguientes [2].

VI —LITERATURA PRISCILIANISTA

AJO este título comprendemos, no sólo las obras compuestas por los sectarios de esta herejía, sino también los libros apócrifos de que hacían uso y las impugnaciones.

Justo es comenzar por los escritos del padre y dogmatizador de la secta. Se han perdido hasta sus títulos, aunque consta la existencia de varios opúsculos por el testimonio de San Jerónimo *(De viris illustribus)* y por las actas del primer Concilio Toledano. Pero en el *Commonitorium* de Orosio se conserva un curiosísimo fragmento de cierta epístola de Prisciliano. Dice así: «Esta es la primera sabiduría: reconocer en los *tipos* de las almas divinas las virtudes de la naturaleza y la disposición de los cuerpos. En lo cual parecen ligarse el cielo y la tierra, y todos los principados del siglo trabajan por vencer las disposiciones de los Santos. Ocupan los Patriarcas el primer círculo, y tienen el sello *(chirographum)* divino, fabricado por el consentimiento de Dios, de los ángeles y de todos los espíritus, el cual se imprime en

---

1 Por ejemplo, el Concilio IV de Toledo condena á los *Lectores* que en Galicia no se tonsuraban y llevaban el pelo largo, con una coronilla en medio de la cabeza, *segun costumbre de los herejes*

El Concilio Bracarense III (era 713) habla de los que consagraban con leche ó uvas, y no con vino, y de los que llevaban la profanacion hasta servirse la comida en vasos sagrados todo lo cual se califica expresamente de *resabio de Priscilianismo*

El Toledano IV habla de la costumbre que *en algunas iglesias de Galicia* se observaba de cerrar las puertas de las Basilicas el Viernes Santo, y no celebrar los Oficios ni guardar el ayuno, antes comer opiparamente á la hora de nona. En otras iglesias no se bendecían los cirios ni las lámparas el dia de Páscua (Cánones VII, VIII y IX) San Bráulio escribía á San Fructuoso, que estaba en Galicia «*Cavete autem illius pabitiae venenatum Priscilliani dogma*» *(España Sagrada*, tomo XXX, apénd III, ep XLIV)

2 Fuentes que he consultado para la historia del Priscilianismo

Sulpicii Severi Historia Sacra —Dialogi (En el tomo VI de la *Collectio Maxima Veterum Patrum*, Lugduni, 1677)

S Prosperi Aquitani Chronicon en el tomo VIII de las obras de San Jerónimo, ed de Vallart (Verona, 1738)

S Hieronymi Opera, ed citada, tomo I, *Epistolae* clas 3.ª, carta 75 *De viris illustribus*, capitulos CXXI, CXXII y CXXIII (tomo II) y en el tomo II, *Dialogus adversus Pelagianos* etc

Idalii Chronicon en el tomo IV de la *España Sagrada*

Concilios de Zaragoza, Toledo y Braga, en el tomo II de la *Collectio Maxima* de Aguirre, ó en el III de la de Catalani (Roma, 1753)

S Isidori· De viris illustribus, cap XV (Ithacio) En la ed de Arévalo

las almas que han de bajar á la tierra, y les sirve como de escudo en la milicia.» *(Haec prima sapientia est, in animarum typis divinarum* [1] *virtutules intelligere naturae et corporis dispositionem. In qua obligatum videtur coelum et terra, omnesque principatus saeculi videntur astricti sanctorum dispositiones superare. Nam primum Dei circulum et mittendarum in carne animarum divinum chirographum, angelorum et Dei et omnium animorum consensibus fabricatum patriarchae tenent, quae contra formalis militiae opus possident)* [2] Adelante procuraré utilizar este breve pero notable resto de las obras del heresiarca gallego

La segunda producción priscilianista de que haya memoria es el *Apologético* de Tiberiano Bético, mencionado asimismo por San Jerónimo *(De viris illustribus)*, é igualmente perdido El estilo era hinchado y lleno de afectación, al decir del Santo.

No se conservan tampoco las poesías de Latroniano, elogiadas por el solitario de Belen como iguales á las de los clásicos antiguos.

Mayor noticia hay de las obras de Dictinio, Obispo de Astorga, que arrepentido, despues de sus errores, llegó á morir en olor de santidad. Cuando seguia la doctrina de Prisciliano compuso un tratado, que tituló *Libra,* por ir repartido en doce cuestiones, á la manera que la *libra* romana se dividia en doce onzas. Sosteníase en aquel libro, entre otros absurdos, la licitud de la mentira por causa de religion, segun nos refiere San Agustin en el libro *Contra mendacium,* que escribió para refutar esta parte del de Dictinio [3] Sus tratados heréticos se leian aún con veneracion de los de la secta por los tiempos de San Leon el Magno, que dice de los Priscilianistas «No leen á Dic-

---

La Decretal del Papa Inocencio (Ep XXIII *Ad Toletanos* en el tomo III de la *Coleccion de Concilios* de Mansi, y en el VI de la *España Sagrada*

Girves *De secta Priscillianistarum dissertatio (Romae 1750)* Es el mejor trabajo sobre la materia

Florez *España Sagrada,* tomos VI *(Iglesia de Toledo Concilios* , XIII *(Iglesia de Merida* XIV *(Iglesias de Avila, Ossonoba, etc)*, XV *(Iglesia Bracarense,* XVI *(Iglesia de Astorga),* y por incidencia en las de Orense, Lugo y otras

Risco *España Sagrada* tomo XXX *(Iglesia de Zaragoza)*

La Fuente (D Vicente) *Historia eclesiástica de España* tomo I, 2 ª ed. Obra excelente

Murguia *Historia de Galicia* tomo II (Por apéndice lleva el rescripto de Honorio) Etc

Mattei *Histoire critique du Gnosticisme,* tomo II, 2 ª ed

Omito a Tillemont, Baronio y demas historiadores generales

Añadase la reciente obra del Sr D Antonio Lopez Ferreiro, intitulada *Estudios histórico-críticos sobre el Priscilianismo,* por D   canónigo de la S I C de Santiago Santiago, 1878 4 °, 254 págs Esta preciosa monografia se publicó primero como folletin en *El Porvenir,* diario catolico de aquella ciudad

1   Algunos leen *divinarum in tutum intelligere naturas,* lo cual altera en buena parte el sentido

2   Este final es oscuro, y la leccion varia en las diversas ediciones Paréceme la mas acertada la que va en el texto

3   *Occultandae religionis causa esse mentiendum* ·

tinio, sino á Prisciliano; aprueban lo que escribió errado, no lo que enmendó arrepentido, síguenle en la caída, no en la reparación».

En apoyo de su error capital aducía Dictinio el texto de San Pablo *(Ad Ephes*, IV, 25), *Loquimini veritatem unusquisque cum proximo suo,* infiriendo de aquí que la verdad sólo debía decirse á los *prójimos* y correligionarios También le servían de argumentos las ficciones y simulaciones de Rebeca, Thamár, las parteras de Egipto, Rahab la de Jericó y Jehú, y hasta el *finxit se longius ire* de San Lúcas hablando del Salvador San Agustín contesta que algunos de estos casos se cuentan como *hechos,* pero no se recomiendan para la imitación, que en otros se calla la verdad, pero no se dice cosa falsa. y que otros finalmente, son modos de decir alegóricos y figurados.

El Obispo gallego Consencio envió á San Agustín (hácia el año 420) por medio del clérigo Leonas, la *Libra* y otros escritos priscilianistas así como algunas refutaciones católicas, y una carta suya, en que le daba cuenta de las revelaciones que sobre los Priscilianistas le había hecho Fronton, *siervo de Dios* Esta carta. que sería importantísima,- se ha perdido Allí preguntaba al Santo, entre otras cosas, si era lícito fingirse priscilianista para descubrir las maldades de aquellos sectarios. A él le parecía bien, pero otros católicos lo desaprobaban

San Agustín (en el citado libro *Contra mendacium, ad Consentium,* dividido en veintiun capítulos) [1] reprueba enérgicamente semejante inmoralidad aunque alaba el celo de Consencio, su elocuente estilo y su conocimiento de las Sagradas Escrituras· «*¡Cómo!* exclama; *¿ha de ser lícito combatir la mentira con la mentira? ¿Hemos de ser cómplices de los Priscilianistas en aquello mismo en que son peores que los demás herejes? Más tolerable es la mentira en los Priscilianistas que en los católicos ellos blasfeman sin saberlo, nosotros á sabiendas; ellos contra la ciencia nosotros contra la conciencia No olvidemos aquellas palabras* «*Quicumque me negaverit coram hominibus, negabo eum coram Patre meo.. » ¿Cuándo dijo Jesucristo: «Vestíos con piel de lobos, para descubrir á los lobos, aunque sigais siendo ovejas»? Si no hay otro modo de descubrirlos vale más que sigan ocultos»* Añade que en materias de Religión, sobre todo, no es lícita la más leve mentira, y que otras redes hay para coger á los herejes, en especial la predicacion evangélica y la refutacion de los errores de la secta. Aconseja, sobre todo, que combata la *Libra* de Dictinio.

Mas adelante Consencio volvió á consultar á San Agustín sobre cinco puntos, que tenian relación remota con los dogmas de Prisci-

[1] Tomo VI de la ed Maurina

liano 1.° si el cuerpo del Señor conserva ahora los huesos, sangre y
demás formas de la carne; 2.° cómo ha de interpretarse aquel lugar
del Apóstol. *Caro et sanguis regnum Dei non possidebunt.* 3.° si cada una
de las partes del cuerpo humano ha sido formada por Dios, 4.° si
basta la fé, en los bautizados, para lograr la eterna bienaventuranza,
5.° si el hálito de Dios sobre el rostro de Adan creó el alma de éste,
ó era la misma alma

A la primera pregunta contesta el Obispo hiponense que es dogma
de fé el que Cristo conserva en el cielo el mismo cuerpo que tuvo en
la tierra, á la segunda, que las obras de la carne son los vicios, á la
tercera, que la naturaleza obra y produce dirigida por el Creador, a
la cuarta, que la fé sin las obras es muerta, á la quinta, que basta
afirmar que el alma no es partícula de la sustancia divina, y que todo
lo demás es cuestion ociosa.

Todavía hay otra carta de Consencio preguntando algunas dudas
sobre el misterio de la Trinidad [1].

Los Prisciliaristas se distinguian de los demás Gnósticos en admitir por entero las Sagradas Escrituras, así del Antiguo como del
Nuevo Testamento. Pero introducian en los textos osadas variantes,
segun advierte San Leon. «*Multos* CORRUPTISSIMOS *eorum codices.... invenimus Curandum ergo est et sacerdotali diligentia maxime providendum
ut falsati codices, et a sincera veritate discordes, in nullo usu lectionis habeantur*». Todavía en el siglo VII vió San Bráulio algunos de estos
libros Qué alteraciones tenian, no hallamos dato alguno para deter-
minarlo. Pero sabida cosa es que cada secta *gnóstica* alteró la Biblia
conforme á sus particulares enseñanzas, puesto que la tenian por coleccion de libros *exotéricos*, inferior en mucho á los *apócrifos* que ellos
usaban.

El rótulo de *libros apócrifos* se ha aplicado á producciones de muy
diverso linaje Como la cizaña en medio del trigo, aparecieron desde
el primer siglo de la Iglesia, mezclados con los Evangelios, Actas y
Epístolas canónicas, innumerables escritos, dirigidos unas veces á dar
sano alimento á la devocion de los fieles, y otras á esparcir cautelosamente diversos errores. Prescindiendo de las obras compuestas por
judíos á nombre de Patriarcas y Profetas de la Ley Antigua, como el
Libro de Enoch, la *Vida de Adam*, el *Testamento de los doce Patriarcas*, etc , los libros apócrifos de orígen cristiano pueden reducirse á
cuatro clases: 1.ª Libros canónicos, completamente alterados, por
ejemplo, el *Evangelio de San Lúcas* y las *Epístolas de San Pablo*, tales

1 Cartas CCV y CCX de San Agustin

como las refundió Marcion Todas estas falsificaciones fueron obra
de sectas heterodoxas. 2.ª Libros apócrifos del todo heréticos, y
con marcada intencion de propaganda. Han perecido casi todos, verbi gracia, el *Evangelio de Júdas Iscariote,* compuesto por los Cainitas,
el *Evangelio de perfeccion,* el *Grande y Pequeño interrogatorio de María,* etc. 3.ª Libros que, sin contener una exposicion dogmática ni
mucho ménos de las doctrinas de ninguna secta, encierran algunos
errores. A este género pertenecen casi todos los que conocemos, ad-
virtiendo que algunos de ellos han sufrido varias refundiciones al
pasar de unas sectas á otras, y áun de los heterodoxos al pueblo católico, hasta el punto de contener hoy muy pocas herejías. Una de
las obras más conocidas de este grupo son las *Actas de San Pablo
y Tecla,* escritas para confirmar la doctrina de los que atribuian á
las mujeres la facultad de predicar y áun de conferir el bautismo
Pero el fruto más sazonado de esta parte de la literatura apócrifa
es el libro de las *Clementinas ó Recognitiones,* compuesto ó alterado por
los Ebionitas, el cual pudiera calificarse de verdadera joya literaria
4.ª Apócrifos ortodoxos y fabricados con el fin de satisfacer la curiosidad de los fieles en los puntos que toca de pasada la narracion
evangélica ó la de las *Actas de los Apóstoles* Son generalmente posteriores á los libros heréticos con cuyos despojos se arrearon más de
una vez. El más conocido y el que ménos vale de estos apócrifos cristianos, es la compilacion del falso Abdías, formada quizá en el siglo VI.

El interés histórico y literario de todos estos libros, áun de los me-
dianos, es grandísimo. Allí están en gérmen cuantas leyendas y piadosas tradiciones encantaron la fantasía de la Edad Media: allí se
derramó por primera vez en el arte el sentimiento cristiano, y á las
veces con una esplendidez y un brío que asombran.

Los Priscilianistas de España se valieron de los *apócrifos* de muchas
sectas anteriores, aumentados con nuevas falsificaciones. Para formar en lo posible el catálogo, servirán la epístola de Santo Toribio á
Idacio y Ceponio, y la de Orosio á San Agustin

I.—*Actas de San Andrés* —Citadas por Toribio. Eran las atribuidas
á Leucio. Hoy conocemos un texto griego de las *Actas,* que puede
leerse en la coleccion de Tischendorf (págs. 105 á 131) [1], pero es distinto del de Leucio, ó á lo ménos refundido por algun católico que le

---

[1] *Acta Apostolorum Apocrypha ex triginta antiquis codicibus graecis* (Leipzig, 1851) Sigo
constantemente esta edicion, que parece la más completa en lo relativo á apócrifos griegos
Pueden verse además J Alberti Fabricii, *Codex Pseudepigraphus Novi Testamenti* (Hamburgo,
1703) y la *Nova Collectio,* de Thilo (Leipzig, 1832)

quitó los resábios de maniqueismo, aprovechando la parte narrativa.
Pruébase la diversidad de los textos, por faltar en el que poseemos el
singular pasaje que cita San Agustin *(Contra Manicheos*, cap. XXXVIII)
relativo á aquella Maximilla que, por no pagar á su marido el débito
conyugal, que juzgaba pecado, incurrió nada ménos que en el de *le-
nocinio* ó tercería. Sábese que los Maniqueos y Priscilianistas condenaban el matrimonio y la propagacion de la especie. La refundicion,
hoy conocida, de las *Actas* debe de ser antigua, puesto que San Beato
de Liébana y Eterio de Osma citan con elogio un pasaje en su impugnacion de la herejía de Elipando.

II.—*Actas de San Juan.*—En la misma coleccion de Tischendorf,
desde la pág. 266 á la 276, se lee el texto griego de estas *Actas*, que
deben de ser las atribuidas por Toribio á Leucio, y convienen poco ó
nada con el relato de Abdías San Agustin, en el tratado CXXIV *In
Joannem*, cita y censura un pasaje de nuestras Actas, en que se afirma que el Apóstol no murió como los demás hombres, sino que
duerme en el sepulcro aguardando la venida del Salvador, y á las
veces remueve con su aliento el polvo que le cubre. Gran riqueza de
fantasía mostró el autor de estas *Actas*. Allí aparecieron por vez primera la historia del capitan de foragidos convertido por San Juan, y
otra que literariamente tiene más valor é importancia, la de aquel
Calímaco de Efeso, furiosamente enamorado de la cristiana Drusila,
hasta el punto de desenterrar con intentos sacrílegos su cadáver. De
allí tomó la célebre Hrostwita, monja de Gandersheim, el argumento
de uno de sus dramas, el *Calímaco*, verdadera maravilla literaria del
siglo X, si fuera auténtico, que muchos lo dudan.

III.—*Actas de Santo Tomás*—Conocemos dos textos, uno griego y
otro siriaco. El segundo tiene muchas más huellas de *gnosticismo* que
el primero, y no fué estampado hasta 1871, en que le dió cabida
W. Wright en sus *Actas apócrifas de los Apóstoles, publicadas segun los
manuscritos sirios del Museo británico* [1]. Estas Actas parecen traducidas
del griego, pero no del texto que hoy poseemos, sino de otro más antiguo y mucho más *gnóstico*. En el griego faltan dos himnos curiosísimos, especialmente el de la *perla de Egipto*, hermosa fábula, de las
que tanto empleaban aquellos sectarios, y no desemejante de la de
Sophia. Tampoco hay huella de este himno en la bárbara redaccion
latina que lleva el nombre de Abdías

---

1   *Apocryphal Acts of the Apostles, edited from Syriac manuscripts in the British Museum and
other libraries by W. Wright 1871, London* Tomo I textos siriacos Tomo II, traduccion inglesa, págs 146 á 298, están las *Actas de Judas Thomas.*

Las *Actas de Santo Tomás* refieren la predicacion del Apóstol en la
India, y parecen haber sido escritas para recomendar la más absoluta continencia. Cristo se aparece á dos esposos y les exhorta á perseverar en la castidad La secta ascética de los *Apotactistas* ó *Cátaros* (puros), una de las ramas de los *Encratistas*, ó discípulos de Ta-
ciano, hizo grande uso de estas Actas, que por la comunidad de
principios adoptaron los Maniqueos, Priscilianistas y otras muchas
disgregaciones del *Gnosticismo*

Pero como cada cual habia puesto mano en aquel texto, resultó
sembrado de doctrinas que admitian unos y rechazaban otros *«En
las Actas que llaman de Santo Tomás* (escribe Toribio) *es digna de nota
y de execracion el decir que el Apóstol no bautizaba con agua sino con aceite,
lo cual siguen los Maniqueos, aunque no los Priscilianistas.»* (*Specialiter in
illis actibus, quae Sancti Thomae dicuntur, prae caeteris notandum atque
execrandum est quod dicit eum non baptizare per aquam, sicut habet dominica praedicatio, sed per oleum solum· quod quidem isti nostri non recipiunt,
sed Manichaei sequuntur.*

El pasaje que parece haber dado ocasion á Santo Toribio para esta
censura, dice así en el texto griego de la coleccion de Tischendorf [1],
despues de referir la conversion de un rey de la India y de su hermano·
Καὶ καταμιξον αυτους εἰς την σην ποιμνην, καθαρισας αυτους τῷ σω λουτρῷ καὶ αλειψας
αὐτους τῷ σῳ ἐλαιῳ. (Recíbelos en tu redil despues de haberlos purificado
con tu bautismo y ungido con tu óleo) Thilo, ateniéndose á la autoridad del santo Obispo de Astorga, cree que aquí se trata del *bautismo*. Otros lo entienden de la *confirmacion*, y á la verdad. el texto les
favorece. puesto que distingue claramente entre el *bautismo* que lava
y el *óleo* que unge. Aún es más claro lo que sigue. Piden los neófitos
al Apóstol que les imprima el *sello divino* despues del bautismo, y entonces él εκελεσε προσενεγκειν αυτους ελαιον, ινα δια του ελαιον δεξωνται την σφραγιδα
ηνεγκαν ουν τὸ ἐλαιον. (*Mandóles que trajesen aceite para que por el aceite recibiesen el signo divino. Trajeron, pues. óleo.*) En lo cual parece evidente que
se alude á la confirmacion, segun el rito griego. Guardémonos, sin
embargo de afirmar ligeramente que Santo Toribio erró tratándose
de un texto que tenia á mano y debia conocer muy bien. Quizá el que
á nosotros ha llegado es refundicion posterior, en que se modificó con
arreglo á la ortodoxia este pasaje [2]. como desaparecieron el himno

1 Tambien está en la de Thilo, y en el *Dictionnaire des Apocryphes* del abate Migne, compilacion extensa, pero incompleta y que por desgracia no incluye los textos originales, sino la traduccion francesa

2 En otra publicacion de Tischendorf, *Apocalypses Apocryphae Mosis, Esdrae, Pauli, Joannis* etc. (Lipsiae Mendelssohn, 1866 págs 156 á 161) se insertan fragmentos de otro texto grie-

de *la perla* y la plegaria de Santo Tomás en la prision, con tener esta última bastante sabor católico

No eran estas solas las *Actas apócrifas* conocidas por los Prisciliacianistas Santo Toribio añade· *Et his similia*, en cuyo número entraban, sin duda, las de *San Pedro y San Pablo*, que con las tres antes citadas componian el libro que Focio en su *Miriobiblion* llamaba περίοδος τῶν ἁγίων Ἀποστόλων, y atribuye á *Leucio*. Este *Leucio ó Lucio Charino*, á quien el Papa Gelasio, en el decreto contra los libros apócrifos llama *discípulo del diablo*, fué un maniqueo del siglo IV, que (á mi entender) no compuso, sino que recopiló, corrigió y añadió varios apócrifos que corrian antes entre la familia *gnóstica* Fué, digámoslo así, el *Homero* de aquellos *rapsodas*

De la misma fuente leuciana parecen haberse derivado las *Actas de San Andrés y San Mateo en la ciudad de los Antropófagos*, que pueden verse en la coleccion de Fabricio Tienen mucho carácter gnóstico y maniqueo, pero no sé si las leerian los Priscilianistas.

IV.—*Memoria Apostolorum.*—Este libro, que seria curiosísimo, ha perecido Santo Toribio dice de él· *In quo ad magnam perversitatis suae auctoritatem, doctrinam Domini mentiuntur qui totam destruit Legem Veteris Testamenti, et omnia quae S Moysi de diversis creaturae factorisque divinitus revelata sunt, praeter reliquas ejusdem libri blasphemias quas referre pertaesum est.* (En el cual, para autorizar más su perversa doctrina, fingen una enseñanza del Salvador, que destruye toda la ley del Antiguo Testamento, y cuanto fué revelado á Moisés sobre la criatura y el Hacedor, fuera de las demás blasfemias del mismo libro que seria largo referir.) Algo más explícito anduvo Orosio en la carta á San Agustin «Y esto lo confirman con cierto libro que se intitula *Memoria Apostolorum*, donde rogado el Salvador por sus discípulos para que les muestre al Padre Ignoto, les contesta, que segun la parábola evangélica *Exiit seminans seminare semen suum* (salió el sembrador á sembrar su semilla) no fué sembrador bueno (el creador ó *Demiurgo)*, porque si lo fuese, no se hubiera mostrado tan negligente, echando la semilla junto al camino ó entre piedras ó en terrenos incultos. Queria dar á entender con esto que el verdadero sembrador es el que esparce almas castas en los cuerpos que él quiere.» Curioso es este pasaje, como todos los del *Commonitorium* de Orosio, riquísimo en noticias. Vése claro que los Priscilianistas reproducian la antítesis establecida por Marcion entre la ley antigua y la nueva, entre Jehová y el Dios

go de las *Actas de Santo Tomás*, conservados en un códice de la Biblioteca de Munich y en otro de la Bodleiana

del Evangelio, doctrina que vimos condenada en la *Regula Fidei* del Concilio Toledano.

V —*De principe humidorum et de principe ignis.* (Del principio del agua y del principio del fuego.)—Tampoco de éste hay otra noticia que la que dá Orosio. Según él, Dios, queriendo comunicar la lluvia á los hombres mostró la vírgen *luz* al *príncipe de lo húmedo,* que encendido en amores comenzó á perseguirla, sin poder alcanzarla, hasta que con el sudor copioso produjo la *lluvia,* y con un horrendo mugido engendró el *trueno.* El libro en que tan rudas y groseras teorías meteorológicas se encerraban, debió de ser parto de los Priscilianistas, de igual suerte que la *Memoria Apostolorum.*

Vimos además que el Concilio de Braga prohibe los tratados compuestos por Dictinio á nombre de Patriarcas y Profetas, de todo lo cual no queda otra memoria. Tampoco puede afirmarse con seguridad si las *Actas de San Andrés, Santo Tomás y San Juan* circularon en griego ó en latin entre los herejes de Galicia. Más probable parece lo segundo.

Observacion es de Santo Toribio que sólo una pequeña parte de las teorías priscilianistas se deducia de los apócrifos, y añade: «*Quare unde prolata sint nescio, nisi forte ubi scriptum est per cavillationes illas per quas loqui Sanctos Apostolos mentiuntur, aliquid interius indicatur, quod disputandum sit potius quam legendum,* AUT FORSITAN SINT LIBRI ALII QUI OCCULTIUS SECRETIUSQUE SERVENTUR, *solis, ut ipsi aiunt,* PERFECTIS *paterentur*». Hemos de inferir, pues, que tenian enseñanza *esotérica* y libros ocultos, como todas las demás sectas derivadas de la *gnosis.*

Alteraron estos herejes la litúrgia de la Iglesia gallega, introduciendo multitud de himnos, hasta el extremo de haber de prohibir el Concilio de Braga que se cantase en las iglesias otra cosa que los *Salmos.* ¡Lástima que se hayan perdido los himnos priscilianistas! Si los compusieron Latroniano y otros poetas de valía, de fijo eran curiosos é interesantes para la historia de nuestra literatura. ¿Se asemejarian á los hermosos himnos de Prudencio, ó á los posteriores del *Himnario* visigodo? Aunque tengo para mí que las canciones de nuestros Gnósticos debian de mostrar gran parecido con las de Bardesanes y Harmonio, y quién sabe si con las odas del neo-platónico Sinesio. Panteistas eran unos y otros, aunque por diversos caminos, y quizá los nuestros exclamaron más de una vez con el sublime discípulo de Hipatía:

> De terrena existencia
> Rotos los férreos lazos.

Has de volver, humana inteligencia
Con místicos abrazos
Á confundirte en la divina esencia [1].

Lo que San Jerónimo refiere de las nocturnas reuniones de estos sectarios, esto es, que al abrazar á las hembras repetían aquellos versos de las *Geórgicas* (lib. II)

Tum Pater omnipotens foecundis imbribus Æter
Conjugis in gremium laetae descendit, et omnes
Magnus alit, magno commixtus corpore, foetus,

debe tenerse por reminiscencia erudita, muy natural en boca del Santo, pero no si la aplicamos á los Priscilianistas. Lo que éstos cantaban debía de ser algo ménos clásico y más característico [2].

Uno de los restos más notables de la litúrgia prisciliana, y la única muestra de sus cantos, es el *Himno de dígiro*, del cual nos ha conservado algunos retazos San Agustín en su carta á Ceretio [3] Á la letra dicen así

«Himno que el Señor dijo en secreto á sus Apóstoles, segun lo que »está escrito en el Evangelio *S Mat* XXVI 30)· *Dicho el himno, subió* »*al monte.* Este himno no está puesto en el Cánon á causa de aquellos »que sienten segun su capricho, y no segun el espíritu y verdad de »Dios, porque está escrito *Job* XII, 7) Bueno es ocultar el *Sacra-* »*mento* (misterio) del rey, pero tambien es honorífico revelar las obras »del Señor

»I.—Quiero desatar, y quiero ser desatado»

1 Sinesio, himno 1 Traduccion del que esto escribe

2 En una reciente Memoria sobre la poesía religiosa, leida en ese Ateneo de Madrid donde tantos buenos ingenios naufragan y se pierden, he visto que se censura a la Iglesia por haber acabado con los himnos de nuestros heterodoxos, y especialmente con los de los Gnosticos, en sus ramas *montanista, maniquea y prisciliana* Con haberme dedicado un poco a estas investigaciones, ignoraba, hasta que leí esto, que en España hubiese habido *Montanistas*, y y que los *Montanistas* fuesen *Gnosticos,* cuando precisamente Tertuliano, el más célebre de ellos, fué el mayor enemigo del Gnosticismo Ignoraba asimismo que en España hubiese habido otros *Maniqueos* que los Priscilianistas, puesto que Pacencio fue extranjero y no tuvo secuaces. Cada día averigua uno cosas nuevas y estupendas ¿Qué *Montanistas* españoles serían esos que tenían *himnos?* Muchas veces he dicho, y lo repito, que el Ateneo es la mayor rémora para nuestra cultura por lo que distrae los ánimos de nuestra juventud, habituandola á hablar y discurrir de todo sin preparacion suficiente y con lugares comunes Y esto sea dicho en general, no por lo que hace relacion al autor de la Memoria, amigo mío, a quien hago aquí el mayor favor que puedo en no nombrarle ¡El, que ha hecho la historia de santuarios y de imagenes, convertido ahora en eco de la impiedad y del volterianismo trasañejo! ¡Dios nos tenga de su mano! Y repito que la advertencia es amistosa

3 Epístola CCXXXVII de la ed de San Mauro tomo II

»II.—Quiero salvar, y quiero ser salvado

»III.—Quiero ser engendrado

»IV —Quiero cantar· saltad todos

»V —Quiero llorar golpead todos vuestro pecho

»VI —Quiero adornar, y quiero ser adornado.

»VII —Soy lámpara para tí que me ves

»VIII —Soy puerta para tí que me golpeas.

»IX.—Tú que ves lo que hago, calla mis obras.

»X.—Con la palabra engañé á todos, y no fuí engañado del todo» [1].

Segun el comentario que de esta enigmática composicion hacian los Priscilianistas, su sentido no podia ser más inocente. El *solvere* aludia al desligarse de los lazos carnales; el *generar* á la generacion espiritual, en el sentido en que dice San Pablo· *Donec Christus formetur in nobis.* El *ornare* venia á ser aquello del mismo Apóstol: *Vos estis templum Dei.* Finalmente, á todas las palabras del himno hallaban concordancia en las Sagradas Escrituras.

Pero el sentido arcano era muy diverso de éste. La que quiere desatar es la sustancia única, como *divinidad,* la que quiere ser desatada, es la misma sustancia en cuanto *humanidad,* y así sucesivamente la que quiere salvar y ser salvada, adornar y ser adornada, etc., etc. El *Verbo illusi cuncta* envuelve quizá una profesion de *doketismo.*

En dos libros expuso Argirio la interpretacion de este himno y de otros apócrifos priscilianistas El Obispo Cerecio remitió un ejemplar á San Agustin para que le examinase y refutase Así lo hizo el Santo en una larga epístola [2]. Si todo lo contenido en el himno era santo y bueno, ¿por qué hacerlo materia de enseñanza arcana? Las exposiciones de Argirio (conforme siente San Agustin) no servian para aclarar, sino para ocultar el verdadero sentido y deslumbrar á los profa-

---

1 «Hymnus Domini, quem dixit secrete Sanctis Apostolis discipulis suis, quia scriptum est in Evangelio (S Mat , XXVI, 30) *Hymno dicto ascendit in montem,* et qui in Canone non positus est propter eos qui secundum se sentiunt et non secundum spiritum et veritatem Dei, eo quod scriptum est *Sacramentum Regis bonum est abscondere opera autem Dei revelare honorificum est*

I —Solvere volo et solvi volo

II —Salvare volo et salvari volo

III —Generari volo

IV —Cantare volo, saltate cuncti

V —Plangere volo, tundite vos omnes

VI —Ornare volo et ornari volo

VII —Lucerna sum tibi, ille qui me vides

VIII —Janua sum tibi, quicumque me pulsas

IX —Qui vides quod ago, tace opera mea

X —Verbo illusi cuncta, et non sum illusus in totum »

2 Epistola CCXXXVII de la ed Maurina tomo II

nos. Sólo de uno de los dos volúmenes de Argirio se hace cargo el Obispo de Hipona, porque el otro se le habia extraviado sin saber cómo.

Para traer á la memoria de los adeptos su doctrina. empleaban las sectas gnósticas otro medio fuera de los libros y de los cantos, es á saber, los *abracas* ó amuletos, de que largamente han discurrido muchos eruditos En la copiosa coleccion de Mattei hallo muy pocos que puedan referirse á los Priscilianistas. El más notable, y que sin género de duda nos pertenece, representa á un guerrero celtíbero bajo la proteccion de los doce signos del Zodiaco Conocida es la supersticion sideral de los discípulos de Prisciliano [1] La ejecucion de esas figuras es esmerada. Otros talismanes astrológicos pueden aplicarse con ménos probabilidad á España [2]

¿Censuraremos á la Iglesia por haber destruido los monumentos literarios y artísticos, los libros ó las piedras de los Priscilianistas? En primer lugar, no sabemos, ni consta en parte alguna, que los destruyese. En segundo, si se perdieron las obras de Prisciliano, igual suerte tuvieron las de Ithacio y otros contradictores suyos. En tercero, si lo hizo, bien hecho estuvo, porque sobre todo está y debe estar la *unidad*, y nuestras aficiones y curiosidades literarias de hoy nada significan ni podian significar para los antiguos Obispos, si es que las adivinaron, puestas en cotejo con el peligro constante que para las costumbres y la fé del pueblo cristiano envolvian aquellos repertorios de errores

Poco diré de las obras de los impugnadores del Priscilianismo. porque casi todas han perecido. El libro de Ithacio no se halla en parte alguna. El Obispo *Peregrino* citado por algunos escritores como autor de *muchos Cánones contra Prisciliano*, ha de ser el *Patruino*, Obispo de Mérida, que presidió el Concilio de Toledo y propuso todos los *Cánones* que allí se aprobaron, ó más bien el *Bachiarius peregrinus*, de que hablaré más adelante El *Commonitorium* y el *Libelo* de Santo Toribio de Liébana se han perdido, y sólo queda su breve carta á Idacio y á Ceponio, que versa especialmente sobre los libros apócrifos. Los dos más curiosos documentos relativos á esta herejía son el *Commonitorium* ó carta de Orosio á San Agustin, y la epístola de San Leon el Magno á Toribio Entrambos van en el apéndice. El libro de San Agustin *Contra Priscillianistas et Origenistas*, de los prime-

---

[1] *Histoire critique du Gnosticisme Planches, Planche, VIII fig VIII*

[2] La llamada *Cruz de los Angeles* de Oviedo tiene dos de estos amuletos o piedras *basilídicas* ó priscilianistas segun la opinion mas probable (Vid *Monumentos arquitectónicos de España*

ros habla poco ó nada y mucho de los segundos, como veremos adelante [1].

Orosio y San Leon, la *Regula Fidei* y los Cánones del Bracarense,
junto con otros indicios, serán nuestras fuentes en el paragrafo que
sigue, enderezado á exponer los dogmas é influencia del Gnosticismo
en España

VII.—EXPOSICION Y CRITICA DEL PRISCILIANISMO

No son oscuros ni ignorados los orígenes de la doctrina de Prisciliano Tuvieron cuidado de advertirlos sus impugnadores.
Los Priscilianistas mezclan los dogmas de Gnósticos y Maniqueos.
dice San Agustin (*De haeresibus*, cap. LXX) Y el mismo Santo añade
que á esta herejía refluyeron, *como á una sentina*, los desvaríos de todas
las anteriores «*Quamvis et ex aliis haeresibus in eas sordes, tanquam in
sentinam quandam, horribili confusione confluxerint*» Lo cual repite y explana San Leon el Magno en su célebre epístola. «*Nihil est enim sordium in quorumcumque sensibus impiorum, quod in hoc dogma non confluxerit: quoniam de omni terrenarum opinionum luto, multiplicem sibi foeculentiam miscuerunt: ut soli totum biberent, quidquid alii ex parte gustassent*».
Afirma una y otra vez aquel Pontífice el carácter *sincrético* de las enseñanzas priscilianistas: «*Si recordamos, dice, cuantas herejías aparecieron en el mundo antes de Prisciliano, apenas hallaremos un error de que él
no haya sido contagiado*». *Denique si universae haereses, quae ante Priscil-*

---

[1] Lucinio Betico, que debe de ser el marido de Teodora, gran perseguidor de los Priscilianistas, consultó á San Jeronimo por los años de 396 1° si era obligatorio ayunar todos los dias
2° si debia recibirse diariamente la Eucaristia, como se practicaba en algunas Iglesias El doctor stridonense respondio que se siguiera la tradicion de cada provincia, y que «la Eucaristia
debe tomarse siempre que la conciencia no nos remuerda» *(a)* Opina el Sr Ferreiro que las
preguntas de Lucinio tenian que ver con las cuestiones priscilianescas

En lo que no estoy conforme con el moderno historiador de esta herejía es en suponer que
fuesen españoles Casulano, Januario y Maximo, que dirigieron a San Agustin consultas sobre
el ayuno del sábado *(b)*, la comunion frecuente, los oficios de Jueves Santo, el dia de la celebracion de la Pascua, las *suertes evangelicas* o adivinacion por medio de las paginas del Evangelio,
y el dogma de la Encarnacion Ni hay en las respuestas de San Agustin alusion positiva a España, ni se nombra mas que una vez, y de pasada, a los Priscilianistas, ni las cuestiones de que
se trata eran debatidas unicamente por éstos Por lo que hace a Casulano sabemos que su consulta nacio de un opusculo del maniqueo Romano Maniqueos y Priscilianistas profesaban en
esto de los ayunos los mismos principios

(a) Vid epistola LII, tomo V
(b) Vid epistola XXXVI (tomo II de la ed Maurina). LIV y LV *(Ad inquisitionis Januarii* y
epistola CCLXIV

liam tempus exortae sunt, diligentius retractuntur, nullus pene invenitur error, de quo non traxerit impietas ista contagium) Sulpicio Severo limítase á decir que Prisciliano resucitó la herejía de los Gnósticos y no advierte de cuáles. San Jerónimo (diálogo *Adversus Pelagianos*, prólogo) coloca á nuestro heresiarca al lado de los *Maniqueos* y de los *Massalianos*, y en el tratado *De viris illustribus* le supone discípulo de Basílides y de Marco, no sin advertir que algunos lo niegan. De todo lo cual podemos deducir que el fondo del Priscilianismo fué la doctrina de los Maniqueos modificada por la *gnosis* egipcia. Curioso *sincretismo*, especie de conciliacion entre las doctrinas de Mémfis y las de Siria, tiene bastante interés en la historia de las lucubraciones teosóficas para que tratemos de fijar con la posible distincion sus dogmas

Por dicha, los testimonios que nos quedan, aunque no en gran número, merecen entera fé. Orosio por español y contemporáneo, los Padres que formularon la *Regula Fidei* por idénticas razones, y San Leon porque reproduce con exactitud las noticias que le comunicó Toribio, á quien hemos de suponer bien informado. á lo ménos de la doctrina *externa* de los Priscilianistas, puesto que él mismo nos dice que habia amaestramientos y ritos arcanos San Agustin, en el capítulo LXX *De haeresibus*, se atiene por la mayor parte á los datos de Orosio Filastrio de Brescia no hace memoria de los discípulos de Prisciliano, aunque alude claramente á Gnósticos de España El Concilio Bracarense se atiene á la carta de San Leon hasta en el número y órden de los anatemas.

Comenzando por el tratado *De Deo*, no cabe dudar que los Priscilianistas eran antitrinitarios, y segun advierte San Leon (y con él los Padres bracarenses) *Sabelianos*. No admitian distincion de personas, sino de atributos ó modos de manifestarse en la esencia divina· «*Tanquam idem Deus nunc Pater, nunc Filius, nunc Spiritus Sanctus nominetur*». Por eso la *Regula Fidei* insiste tanto en el dogma de la Trinidad. ¿Pero hemos de dar un orígen *sabeliano* á la herejía de los Priscilianistas en este punto? No lo creo necesario en toda gnosis desaparecia el misterio de la Trinidad, irreconciliable siempre con el panteismo y el dualismo que más ó ménos profesaban aquellas sectas. y con la indeterminada sucesion de sus *eones*. ¿Cómo ha de avenirse la concepcion del Dios uno y trino, y por esto mismo personal, activo y creador, con esos sistemas que colocan allá en regiones inaccesibles y lejanas al *padre ignoto*, sin comunicarse con el mundo, que él no crea, sino por una série de emanaciones que son y no son su propia

esencia ó el reflejo de ella, enfrente de las cuales están los principios
maléficos, emanados asimismo de un poder, á veces independiente, á
veces subordinado, y no pocas confundido con la materia? Por eso los
Priscilianistas, al negar la Trinidad. no se distinguían de los demás
herejes del mismo tronco, como no fuera en ser *patri-passianos* (como
San Leon afirma), es decir, en enseñar que el Padre había padecido
muerte de cruz. Parece esto contrario al *doketismo* que todas las ramas
gnósticas adoptaron, teniendo por figurativa y simbólica, no por real
la crucifixión ¿Pero quién pide consecuencia á los delirios humanos? [1]

Enseñaban los Priscilianistas la procesión de los *eones*, emanados
todos de la esencia divina, é inferiores á ella en dignidad y en tiempo
*(De processionibus quarumdam virtutum ex Deo, quas habere coeperit, et quas
essentia sua ipse praecesserit)* Uno de estos *eones* era el Hijo, por lo cual
San Leon los apellida *Arrianos. (Dicentium quod Pater Filio prior sit,
quia fuerit aliquando sine Filio, et tunc Pater coeperit, quando Filium genuerit) ¡Como si á la esencia divina pudiese faltarle desde la eternidad algo!*
dice profundamente el mismo Papa

No tenemos datos para exponer la generación de las *virtudes* ó *potestades* según Prisciliano. Dos de ellas serían el *príncipe de lo húmedo*
y el *príncipe del fuego*, que vimos figurar en uno de los libros apócrifos

Aseguraban los Priscilianistas que era el demonio esencial é intrín-
secamente malo, principio y sustancia de todo mal, y no creado por
Dios, sino nacido del cáos y de las tinieblas. La misma generación le
daban los Valentinianos, y sobre todo los Maniqueos de Persia, como
en su lugar vimos San Leon refuta con su acostumbrada sobriedad
el sistema de los dos principios y del mal eterno. *Repugna y es contradictorio á la esencia divina el crear nada malo, y no puede haber nada que
no sea creado por Dios*

La *cosmología* de los secuaces de nuestro heresiarca era sencilla,
más sencilla que la de los Maniqueos, porque no les aterraba el rigor
lógico, ni temían las consecuencias. El mundo, según ellos, había
sido creado, no por un *Demiurgo* ó agente secundario de la Divinidad
sino por el demonio, que le mantenía bajo su imperio y era causa de
todos los fenómenos físicos y meteorológicos *(A quo istum mundum
factum volunt, dice San Agustin.)* Muy pocos Gnósticos, fuera de los
Ofitas, Cainitas y otros *pensadores* de la misma laya, se atrevían á aceptar este principio, aunque el sistema llevase á él irremediablemente.

---

[1] Orosio confirma el antitrinitarismo de los Priscilianistas «Trinitatem autem solo verbo
loquebatur, nam unionem absque ulla existentia aut proprietate asserens, sublato et Patre et
Filio et Spiritu Sancto hunc esse unum Christum dicebat » *(Commonitorium)*

Ningun *pesimista* moderno ha ido tan lejos, ni puede llevarse más allá el olvido ó desconocimiento de la universal armonía.

La doctrina *antropológica* de Prisciliano era consecuencia ineludible de estos fundamentos. El alma del hombre, como todo espíritu, es una parte de la sustancia divina, de la cual procede por emanacion. *(Animas ejusdem naturae atque substantiae cujus est Deus.* San Agustin) Pero no es *una*, como debiera y debe serlo en toda concepcion panteista, sino *múltiple*. nueva contradiccion de las que el error trae consigo. Dios imprime á estas almas su sello *(chirographum)* al educirlas ó sacarlas de su propia esencia que Prisciliano comparaba con un almacen *(promptuario)* de *ideas* ó de *formas* [1]. Promete el espíritu, así *sellado*, lidiar briosamente en la arena de la vida, y comienza á descender por los círculos y regiones celestes, que son siete, habitados cada cual por una inteligencia, hasta que traspasa los lindes del mundo inferior, y cae en poder del príncipe de las tinieblas y de sus ministros, los cuales encarcelan las almas en diversos cuerpos, porque el cuerpo, como todo lo que es materia, fué creacion demoniaca.

Esta peregrinacion del alma era generalmente admitida por las escuelas gnósticas. Lo que dá alguna originalidad á la de Prisciliano es el *fatalismo* sideral, cuyos gérmenes encontró en la teoría de Bardesanes y en el Maniqueismo. Pero no se satisfizo con decir que los cuerpos obedecian al influjo de las estrellas como afirmaron sus predecesores, sino que empeñóse en señalar á cada parte ó miembro humano un poder celeste del cual dependiera Así distribuyó los doce signos del Zodiaco el *Aries* para la cabeza, el *Toro* para la cerviz, *Géminis* para los brazos, *Cáncer* para el pecho, etc. Ni se detuvo en esta especie de *fisiología astrológica* Esclavizó asimismo el alma á las potencias celestes, Ángeles Patriarcas, Profetas. .. suponiendo que á cada facultad, ó (como él decia) *miembro* del alma, corresponde un personaje de la Ley antigua: Ruben, Judá, Leví, Benjamin, etc.

¿Dónde quedaba la libertad humana en esta teoría? Esclavizado el cuerpo por los espíritus malos y las estrellas, sierva el alma de celestes influjos, ni se resolvia el dualismo, ni el sello ó *chirographo* divino podia vencer al *chirographo* del diablo. Pues aunque el alma fuera inducida al bien por sus patronos, no sólo estaba enlazada y sujeta al cuerpo, sino que cada una de sus facultades era súbdita del miembro en que residia, y por eso la cabeza sufria el contradictorio influjo de Ruben y del *Aries*. El hombre prisciliánista era á la vez esclavo de

---

[1] Toda esta exposicion se funda en los textos de Orosio, San Agustin, San Leon, etc , que van en el apéndice, y que no cito a cada paso para evitar prolijidad

los doce hijos de Jacob y de los doce signos del Zodiaco, y no podia mover pié ni mano sino dirigido y gobernado por unas y otras potestades. Al llevar el dualismo á extremo tan risible, ¿entendieron los Priscilianistas salvar una sombra de libre albedrío y de responsabilidad, dando al hombre una menguada libertad de eleccion entre dos términos fatalmente impuestos? No es seguro afirmarlo.

¿Y de dónde procedia esta intolerable esclavitud? Del pecado original, pero no cometido en la tierra, sino en las regiones donde moran las inteligencias. Las almas que pecaron, despues de haber sido emanadas, son las únicas que como en castigo descienden á los cuerpos. doctrina de sabor platónico, corriente entre los Gnósticos. En la tierra están condenadas á *metempsícosis*, hasta que se laven y purifiquen de su pecado, y tornen á la sustancia de donde procedieron

La *cristología* de los Priscilianistas no se distingue en cosa esencial del *doketismo*. Para ellos Cristo era una personalidad fantástica, un *eon* ó atributo de Dios, que se mostró á los hombres *per quandam illusionem* para destruir ó clavar en la cruz el *chirographum* ó signo de servidumbre. Pero al mismo tiempo se les acusa de afirmar que Cristo no existia hasta que nació de la Vírgen. Esta que parece contradiccion se explica, si recordamos que los Gnósticos distinguian entre el *eon* Christos, poder y virtud de Dios, y el hombre Jesús, á quien se comunicó el *Pneuma* Al primero llamaban los Priscilianistas *ingénito* (ἀγέννητος), y al segundo *unigénito*. no por serlo del Padre. sino por ser el único nacido de vírgen.

En ódio á la materia negaban los Priscilianistas la resurreccion de los cuerpos En ódio al judaismo, contradecian toda la doctrina del Antiguo Testamento. admitiéndole. no obstante, con interpretaciones alegóricas.

Grande incertidumbre reina en cuanto á la moral de estos herejes Cierto que en lo externo afectaron grande ascetismo, condenando, de igual suerte que los Maniqueos. el matrimonio y la comida de carnes Cierto que profesaban un principio, en apariencia elevado y generoso, pero que ha extraviado á muchos y nobles entendimientos creian que la virtud y ciencia humana pueden llegar á la perfeccion, y no sólo á la similitud, sino á la igualdad con Dios [1]. Pero esta máxima contenia los gérmenes de todo extravío moral, puesto que los Priscilianistas afirmaron que en llegando á esa perfeccion soberana eran imposibles. ni por pensamiento, ni por ignorancia. la caida y el pe-

---

1 San Jerónimo Diálogo *Aaversus Pelagianos*

cado. Agréguese á esto la envenenada teoría *fatalista*, y se entenderá bien por qué en la práctica anduvieron tan lejanos nuestros Gnósticos de la severidad que en las doctrinas afectaban. Matter sospecha que *la secreta licencia de costumbres atribuida á los Priscilianistas es una de esas acusaciones que el ódio profiere siempre contra los partidos que se jactan de un purismo especial;* pero Matter es demasiado optimista y propende en toda ocasion á defender las sectas gnósticas, como encariñado con su asunto. No es acusacion vulgar la que repiten en coro Sulpicio Severo, enemigo de los Ithacianos, San Jerónimo, Santo Toribio, San Leon el Magno, la que dos veces, por lo ménos, fué jurídicamente comprobada, una en Tréveris por Evodio, otra en Roma por San Leon, que narra el caso de esta suerte: *«Sollicitissimis inquisitionibus indagatam* (OBSCOENITAS ET TURPITUDO) *et Manichaeorum qui comprehensi fuerant confessione detectam, ad publicam fecimus pervenire notitiam ne ullo modo posset dubium videri quod in judicio nostro, cui non solum frequentissima praesentia sacerdotum, sed etiam illustrium virorum dignitas et pars quaedam senatus ac plebis interfuit, ipsorum qui omne facinus perpetrarent, ore reseratum est .... Gesta demonstrant»* (Habiendo indagado con solicitud y descubierto por confesion de muchos Maniqueos que habian sido presos, sus obscenidades y torpezas, hicímoslo llegar á pública noticia para que en ningun caso pareciera dudoso lo que en nuestro tribunal, delante de muchos sacerdotes y varones ilustres, y de gran parte del Senado y del pueblo, fué descubierto por boca de los mismos que habian perpetrado toda maldad..... Las actas del proceso lo demuestran.) Algo más que hablillas vulgares hubo, pues, sobre la depravacion de Maniqueos y Priscilianistas.

El secreto de sus reuniones, la máxima de *jura, perjura, secretum prodere noli,* la importancia que en la secta tenian las mujeres, mil circunstancias, en fin, debian hacer sospechar de lo que San Leon llama *execrables misterios é incestissima consuetudo* de los discípulos de Prisciliano, semejante en esto á los de Carpocrates, á los Cainitas y á todos los vástagos degenerados del tronco *gnóstico*

De sus ritos poco ó nada sabemos. Ayunaban fuera de tiempo y sazon, sobre todo en los dias de júbilo para el pueblo cristiano Juraban por el nombre de Prisciliano, hacian simulada y sacrílegamente las comuniones, reservando la hostia para supersticiones que ignoramos. En punto á la gerarquía eclesiástica, llevaron hasta el extremo el principio de *igualdad* revolucionaria. Ni legos ni mujeres estaban excluidos del ministerio del altar, segun Prisciliano. La consagracion se hacia, no con vino, sino con uva y hasta con leche: superstición que duraba en 675, fecha del tercer Concilio Bracarense, que en su Cánon I lo condena.

No hay que encarecer la importancia de la astrología, de la mágia y de los procedimientos teúrgicos en este sistema. Todos los testimonios están conformes en atribuir á Prisciliano gran pericia en las artes goéticas, pero no determinan cuáles. En el único fragmento suyo que conocemos vése claro lo mucho que estimaba la observacion astrológica, que para él debia de sustituir á cualquier otra ciencia, puesto que daba la clave de todo fenómeno antropológico.

Tal es la ligera noticia que podemos dar de las opiniones priscilianistas, reuniendo y cotejando los datos que á ellas se refieren Si no bastan á satisfacer la curiosidad, dan á lo ménos cumplida idea del carácter y fundamentos de tal especulacion herética. Réstanos apreciar su influjo en los posteriores extravíos del pensamiento ibérico.

Pero antes conviniera averiguar por qué arraigó tan hondamente en tierra gallega y se sostuvo, más ó ménos paladina y descubiertamente, por cerca de tres siglos, el Priscilianismo [1] Una opinion reciente, defendida por D. Manuel Murguía en su *Historia de Galicia* parece dar alguna solucion á este problema El panteismo céltico no estaba borrado de las regiones occidentales de la Península, áun despues de la conversion de los Galáicos Por eso la *gnosis* egipcia, sistema panteista tambien, halló ánimos dispuestos á recibirlas. Pero se me ocurre una dificultad el panteismo de los Celtas era *materialista*, inspirado por un vivo y enérgico sentimiento de la naturaleza; en cuanto al espíritu humano, no sabemos ni es creible que lo identificasen con Dios. Al contrario, el panteismo que enseñó Prisciliano es *idealista*, desprecia ú odia la materia, que supone creada y gobernada por los espíritus infernales.

Más semejanza hay en otras circunstancias. Los Celtas admitian la transmigracion, y de igual modo los Priscilianistas Unos y otros cultivaban la *necromancia* ó evocacion de las almas de los muertos. La supersticion astrológica, más desarrollada en el Priscilianismo que en ninguna de las sectas hermanas, debió de ser favorecida por los restos del culto sidérico, hondamente encarnado en los ritos célticos. El sacerdocio de la mujer no pareceria novedad á los que habian venerado á las druidesas. ¿Y esos ritos nocturnos, celebrados *in latebris*, en bosques y en montañas, á que parece aludir el Concilio de Zara-

---

[1] Algunos atribuyen la difusion del Priscilianismo á lo muy extendido que se hallaba en la Península el culto Mithriaco De esta opinion, que parece verosimil es el sapientisimo Padre Fita

goza, y que eran ignorados de los demás Gnósticos? Claro se ve su orígen, si la interpretacion del Cánon no es errada [1].

Dejadas aparte estas coincidencias, siempre parece singular que en un rincon del mundo latino naciese y se desarrollase tanto una de las formas de la teosofía greco-oriental. Sabido es que los occidentales rechazaron como por instinto todas las herejías de carácter especulativo y abstracto, abriendo tan sólo la puerta á sutilezas dialécticas como las de Arrio; y no es ménos cierto que si alguna concepcion herética engendraron, fué del todo *práctica* y enderezada á resolver los problemas de la gracia y del libre albedrío, la de Pelagio, por ejemplo.

Si de alguna manera ha de explicarse el fenómeno del Priscilianismo, forzoso será recurrir á una de las leyes de la heterodoxia ibérica, que leyes providenciales tiene como todo hecho, aunque parezca aberracion y accidente. La raza ibérica es *unitaria*, y por eso (áun hablando humanamente) ha encontrado su natural reposo y asiento en el Catolicismo. Pero los raros indivíduos que en ciertas épocas han tenido la desgracia de apartarse de él, ó los que nacieron en otra religion y creencia, buscan siempre la *unidad* ontológica, siquiera sea vácua y ficticia. Por eso en todo español no católico, si ha seguido las tendencias de la raza y no se ha limitado á importar forasteras enseñanzas, hay siempre un gérmen *panteista* más ó ménos desarrollado y enérgico. En el siglo V Prisciliano, en el VIII Hostegesis, en el XI Avicebron, en el XII Aben-Tofail, Averroes, Maimonides. ¿Y quiénes dieron á conocer en las escuelas cristianas las erradas doctrinas de Avicebron y de Averroes sino el arcediano Domingo Gundisalvo, y más tarde el *español Mauricio?* Esta levadura panteista nótase desde luego en el más audaz y resuelto de los pensadores que en el siglo XVI siguieron las corrientes reformistas, en Miguel Servet, al paso que la centuria siguiente contempla renacer en diversas formas el mismo espíritu á impulso de David Nieto, de Benito Espinosa (español de orígen y *de lengua)* y de Miguel de Molinos. Profundas y radicales son las diferencias entre los escritores nombrados, y rara vez supieron unos de otros; pero, ¿quién dudará que un invisible lazo traba libros al parecer tan discordes, como *La Fuente de la Vida*, el *Guía de los extraviados*, el *Filósofo autodidacto*, el tratado *De la unidad del entendimiento*, el *De processione mundi*, el *Zohar*, el *Christianismi Restitutio*, la *Naturaleza Naturante*, la *Ética*, y hasta la *Guía espiritual?* Y en el siglo pasado, tan poco favorable á este linaje de especulaciones, ¿no

---

1 «Nec habitent *in latibulis cubiculorum aut montium qui in suspicionibus* (quizá *superstitionibus)* perseverant.» (Cán. II.)

se vió una restauracion de la cábala y del principio emanatista en el *Tratado de la reintegracion de los séres*, de nuestro teosofo Martinez Pascual? A mayor abundamiento pudiera citarse el hecho de la gran difusion que en nuestra tierra han tenido ciertos panteismos idealistas, como los de Hegel y Krause. mientras el positivismo, que hoy asuela á Europa, logra entre nosotros escaso crédito. á pesar del entusiasmo de sus secuaces. Porque la gente ibérica, áun cuando tropieza y dá lejos del blanco. tiene alteza suficiente para rechazar un empirismo rastrero y mezquino, que ve efectos y no causas, fenómenos y no leyes. Al cabo, el *idealismo* en cualquiera de sus fases, el *naturalismo* cuando se funda en una concepcion ámplia y poderosa de la naturaleza como entidad. tienen cierta grandeza. aunque falsa, y no carecen de rigor científico. que puede deslumbrar á entendimientos apartados de la verdadera luz

¿Qué valor tiene el Priscilianismo á los ojos de la ciencia? Escaso ó ninguno, porque carece de originalidad Es el resíduo, el *substratum* de los delirios gnósticos. Si por alguna cualidad se distingue, es por el rigor lógico que le lleva á aceptar todas las consecuencias, hasta las más absurdas. el *fatalismo*. v. gr , enseñado con la crudeza mayor con que puede enseñarlo ninguna secta; el *pesimismo*, más acre y desconsolador que el de ningun discípulo de Schopenhauer

¿Qué significa á los ojos de la historia? La última transformacion de la *gnósis* y del *Maniqueismo* decadentes en dogmas y en moral. Bajo este aspecto, el Priscilianismo es importante, como única herejía *gnóstica* que dominó un tanto en las regiones de Occidente Y áun pudiera decirse que los miasmas que ella dejó en la atmósfera contribuyeron á engendrar en los siglos XII y XIII la peste de los Cátaros y Albigenses. Lo cual á nadie parecerá increible (sin que por eso lo afirmemos), puesto que Prisciliano tuvo discípulos en Italia y en la *Gália Aquitánica*, y sólo Dios sabe por qué invisible trama se perpetuaron y unieron en las nieblas de la Edad Media los restos buenos y malos de la civilizacion antigua. No bastaban los Maniqueos venidos de Trácia y de Bulgaria para producir aquel fuego que amenazó devorar el Mediodía de Europa

Y si nos limitamos á las *heterodoxias* españolas, hallaremos estrecha analogía entre la tenebrosa secta que hemos historiado y la de los *Alumbrados* del siglo XVI. puesto que unos y otros afirmaban que el hombre podia llegar á tal perfeccion, que no cometiese ó no fuera responsable del pecado. doctrina que vemos reproducida por Miguel de Molinos en la centuria XVII. Ni es necesario advertir que la mágia y la astrología que el Priscilianismo usaba no fueron enterradas con sus dogmas, sino que permanecieron como tentacion constante á la flaqueza y curiosidad humanas, ora en forma vulgar de supersticiones demonológicas, ora reducidas á *ciencia* en libros como los de Raimundo de Tárrega ó del falso Virgilio Cordobés, segun veremos en otros capítulos. Cumple, sí, notar que tambien Prisciliano, á lo que se deduce de su fragmento conservado por Orosio, daba, como ahora dicen, *sentido científico* á la astrología, no de otro modo que á la *teurgia* los neo-platónicos alejandrinos y sus discípulos italianos del Renacimiento En cuanto al *chirographum*, ó signo de servidumbre que impone el diablo á los cuerpos, fácil es comprender su analogía con los caractéres y señales que la Edad Media supuso inseparables del pacto *demoniaco*.

Además, y buscando todas las analogías en el curso de nuestra historia, el Priscilianismo, como secta antitrinitaria, precede al *Arrianismo*, al *Adopcionismo* y á las opiniones de Valdés, Servet y Alfonso Lincurio, ahogadas todas, apenas nacieron, por el salvador espíritu católico que informa nuestra civilizacion desde el Concilio de Elvira.

A todo lo cual ha de añadirse que el Priscilianismo abre la historia de las asociaciones secretas en la Península [1], y que por las doctrinas de la transmigracion y del viaje sidérico debe contarse entre los antecedentes del espiritismo.

Finalmente, algo representan en la historia de nuestra filosofía las reminiscencias neo-platónicas que entraña la teoría de los *cones*, idéntica en último caso á la de las *ideas*. Y aquí vuelve á enlazarse el Priscilianismo con Miguel Servet, que en el siglo XVI resucitó la concepcion alejandrina, poniéndola tambien al servicio de un sistema panteista y antitrinitario.

Todas estas analogías y otras más son casi siempre fortuitas, y puede sostenerse, sin peligro de errar, que el Priscilianismo, *como tal*, murió á los fines del siglo VI, y ha estado desde aquella fecha en completo olvido. Como toda heterodoxia entre nosotros, era aberracion y accidente, nube pasajera, condenada á desvanecerse sin que la disipase nadie. Y así sucedió. Si alguna prueba necesitáramos de que la herejía repugna al carácter español, nos la daria el Priscilianismo, que ni fué engendrado en España, ni la invadió toda, puesto que se vió reducido muy luego á una parte cortísima del territorio, y

---

1 Así lo ha estimado el eruditísimo Dr D Vicente de la Fuente en su *Historia de las sociedades secretas*, tomo I.

allí murió ahogado por la conciencia universal, y no por la *intolerancia*, que mal podía ejercerse en medio de la división y anarquía del
siglo V. Ni prueba nada el suplicio de Prisciliano y cuatro ó cinco
de sus secuaces en Tréveris, dado que precisamente despues de aquel
suceso retoñó con más vigor la herejía, y duró cerca de doscientos
años, sin que en este largo período hubiese un solo suplicio de Priscilianistas. Ellos, sin que nadie les obligase con amenazas ni hogueras, fueron volviendo al gremio de la Iglesia, y los últimos vástagos
de la secta se secaron y murieron por su propia virtud allá en los
montes y en las playas de Galicia, en cuyo suelo no ha tornado á
caer la semilla del error desde aquellos desventurados dias ¡Y todo
esto, á pesar de ser panteista la doctrina de Prisciliano, y enlazarse
con ritos célticos, y tener algunas condiciones de vida por lo ordenado y consecuente de sus afirmaciones! ¿Qué resultados tuvo el Priscilianismo? Directamente malos, como toda herejía indirectamente
buenos, como los producen siempre las tempestades, que purifican el
mundo moral de igual suerte que el físico. Dios no es autor del mal,
pero·lo permite, porque del mal saca el bien, y del veneno la triaca
Por eso dijo el Apóstol: *Oportet haereses esse ut qui probati sunt manifesti
fiant in vobis.* Y los bienes que de rechazo produjo el Priscilianismo
son de tal cuantía, que nos obligan á tener por bien empleado aquel
pasajero trastorno. Nuestra Iglesia, que se había mostrado tan grande
desde sus comienzos, ornada con la triple aureola de sus mártires, de
sus sábios y de sus Concilios, estaba hondamente dividida cuando
apareció Prisciliano. Acrecentó éste la confusion y la discordia, separando en el dogma á las muchedumbres ibéricas, antes apartadas
sólo por cuestiones de disciplina, pero á la vista de tal peligro comenzó una reaccion saludable, aquellos Obispos, que hacian cada
cual en su diócesis *cosas diversas*, se aliaron contra el enemigo comun,
entendieron lo necesario de la *unidad* en todo y sobre todo, y dieron
esa unidad al pueblo cristiano de *la última Hesperia* con la *Regula Fidei* y con la sumision incondicional á los Cánones de Nicea. Y entonces quedó constituida por modo definitivo la Iglesia española, la de
los Leandros, Isidros, Bráulios. Tajones, Julianos y Eugenios, para
no separarse ni dividirse nunca, áun en tiempos de bárbaras invasiones, de disgregacion territorial, de mudanza de rito ó de general incendio religioso, como fué el de la Reforma. La Iglesia es el eje de
oro de nuestra cultura: cuando todas las instituciones caen, ella permanece en pié; cuando la *unidad* se rompe por guerra ó conquista,
ella la restablece, y en medio de los siglos más oscuros y tormento-

sos de la vida nacional, se levanta como la columna de fuego que
guiaba á los israelitas en su peregrinacion por el desierto Con nuestra Iglesia se explica todo, sin ella la historia de España se reduciria
á fragmentos.

Aparte de esta preciosa *unidad*, alcanzada en el primer Concilio de
Toledo, contribuyó el Priscilianismo al extraordinario movimiento
intelectual que en el último siglo del imperio romano y durante todo
el visigótico floreció en España En el capítulo anterior se hizo mérito de las obras del mismo Prisciliano, de Latroniano, Dictinio, Tiberiano y algunos más, notables por lo literario, al decir de San Jerónimo. Los libros apócrifos y los himnos, todo lo que llamo *literatura
priscilianista*, promovió contestaciones y réplicas, perdidas hoy en su
mayor parte, pero que enaltecieron los nombres de Ithacio, Patruino
Toribio, los dos Avitos, y el mismo Orosio, el autor esclarecido de
las *Tristezas del Mundo (Moesta Mundi)*, el que puso su nombre al lado
de los de San Agustin y Salviano de Marsella, entre los creadores de
la *filosofía de la historia*. Quizá el primer ensayo del presbítero bracarense fué su *Commonitorium* ó carta sobre los errores de Prisciliano y
de los Origenistas En esta contienda ejercitó su poderoso entendimiento, y aquel estilo duro, incorrecto y melancólico con que explicó
más tarde la ley providencial de los acaecimientos humanos

¿Y quién sabe si los heréticos cantos de Latroniano y sus discípulos no estimularon al aragonés Prudencio á escribir los suyos inmortales? Algo tendríamos que agradecer en esta parte al Priscilianismo
si fué causa, aunque indirecta, de que el más grande de los poetas
cristianos ilustrase á España Aún parece más creible, por la vecindad á Galicia, que el intento de desterrar aquellas canciones inspirase
sus *melodías* al palentino Conancio ¿Pero á dónde iríamos á parar por
el ancho campo de las conjeturas? [1]

_____

1   *a)*—Fuentes para la exposicion de la doctrina priscilianista

S *Aurelii Augustini Episcopi operam, tomus VI, continens τα πολεμικα .. Coloniae Agrippi-
nae, sumptibus I Hierati 1616* En el tratado *De haeresibus* dedicado al diácono *Quod-vul-
Deus*, en la *Consultatio o Commonitorium* de Orosio (pag 233, col I), y en el tratado de San
Agustin *Contra Priscilianistas et Origenistas* que le sirve de respuesta

S *Leonis Magni Papae Primi opera omnia   auctora Lugduni, 1700* (ed de Quesnel) páginas 226 á 232 (Epist á Toribio seguida por la de éste á Idacio y á Ceponio)

b)—Aqui cumple notar dos increibles errores de distinguidos escritores franceses Rousselot
en su libro de *Les Mystiques Espagnols*, que fuera muy digno de aprecio si pudiéramos arran-
carle las 73 páginas de introduccion llenas de gravisimos yerros sobre nuestra historia científica, dice textualmente (¡asombrense los lectores!) «Seria inutil recordar los antiguos errores
de *Felix de Urgel* y de Prisciliano, *anteriores á la conversion de la España arriana al Catolicismo*» Ni cuando, Prisciliano dogmatizó habian traido los barbaros el Arrianismo, ni España ha
sido nunca arriana, porque los Visigodos no eran españoles, y la raza hispano-romana no adoptó

VIII.—EL ORIGENISMO.—LOS DOS AVITOS

UANDO infestaba á Galicia el Priscilianismo, dos presbíteros bracaienses, llamados los dos *Avitos*, salieron de España, el uno para Jerusalen, el otro para Roma. Adoptó el segundo las opiniones de Mario Victorino (filósofo platónico y orador, convertido en tiempo de Juliano, y autor de una impugnacion de los Maniqueos y de un libro *De Trinitate)*, que abandonó muy luego para seguir las de Orígenes, cuyos libros [1] y doctrina trajo de Oriente el otro Avito. Vueltos á España, impugnaron vigorosamente el Priscilianismo, enseñando sana doctrina sobre la Trinidad, el orígen del mal y la creacion *ex nihilo*. Con esto, y el buen uso que hacian de las Escrituras, convirtieron á muchos Gnósticos, que sólo se mostraron reácios en cuanto á la creacion de la nada.

Por desgracia, los libros del grande Orígenes, que eran el principal texto de los Avitos, contenian algunos yerros ó (si creemos á los apologistas de aquel presbítero alejandrino) opiniones que fácilmente pudieran torcerse en mal sentido. No es éste lugar oportuno para entrar de nuevo en cuestion tan debatida. Adviértase sólo que los errores de Orígenes (dado que los cometiera) nunca nacieron de un propósito dogmático, sino de la oscuridad que en los primeros siglos de la Iglesia reinaba sobre puntos no definidos todavía.

Los dos Origenistas españoles profesaron la teoría platónica de las

---

jamás su religion, ni Felix de Urgel es *anterior* (III) á la conversion de Recaredo, puesto que vivió en el siglo VIII, despues de la conquista árabe.

Matter, en la *Histoire du Gnosticisme* (tomo II), pondera el Priscilianismo, que aparecio cuando la *Teología se petrificaba en España y los teólogos caian en la más deplorable ignorancia*. Lejos de *petrificarse* tenia entonces la ciencia teologica exceso de vida, y la tendencia no era á la inmovilidad sino a la anarquia y al desorden. I o de la *deplorable ignorancia de los teólogos españoles*, como si dijéramos de Osio de San Gregorio Bético, de Olimpio, de Patruino, de San Damaso, de Paciano, de Carterio, de Audencio... es uno de tantos favores como cada dia nos hacen los sabios extranjeros. Esos *deplorables teólogos* firmaban los primeros en los Concilios Ecuménicos, uno de ellos redactó el Símbolo de Nicea, otro fué encargado de resolver la cuestion donatista, el de mas allá *infundia temor* á San Jeronimo cuando tenia que responder á sus cartas *et sic de caeteris*. No hay noticia de que viniese ningun frances ni aleman a sacarnos de esa ignorancia. ¡Dios perdone á esos señores tan doctos y tan graves la buena voluntad que nos tienen, y que les hace infringir a la continua el octavo mandamiento de la ley de Dios!

c)—No he querido hacer memoria de las fabulas que acerca de Prisciliano y sus discípulos contienen los falsos *Cronicones*, especialmente el de Dextro. Nicolas Antonio las redujo a polvo en el cap. V, lib. II de su *Bibliotheca Vetus*.

1   Principalmente el *Peri-archon* y los comentarios a la *Escritura*.

ideas, pero en sentido ménos ortodoxo que Orígenes, afirmando que *en la mente de Dios estaban realmente (factae)* todas las cosas antes de aparecer en el mundo externo. A este *realismo* extremado unieron concepciones panteistas, como la de afirmar que era uno el principio y la sustancia de los ángeles, príncipes potestades, almas y demonios, á pesar de lo cual suponian una larga gerarquía angélica, fundada en la diferencia de méritos. Del todo platónica era su doctrina acerca del mundo, que consideraban como lugar de expiacion para las almas que habian pecado en existencias anteriores. Combatieron asimismo la eternidad de las penas, llegando á afirmar que no habia otro infierno que el de la propia conciencia y que el mismo demonio podria finalmente salvarse *quoad sustantiam*, porque la sustancia era buena, una vez consumida por el fuego la parte *accidental* y maléfica. Admitian una série de redenciones para los ángeles, arcángeles y demás espíritus superiores, antes de la redencion humana, no sin advertir que Cristo habia tomado la *forma* de cada una de las gerarquías que iba á rescatar. Tenian por incorruptibles, animados y racionales los cuerpos celestes.

Extendióse rápidamente la nueva herejía en las comarcas dominadas por el Priscilianismo, pero de sus progresos no tenemos noticia sino en una carta de Orosio, *bracarense* [1] lo mismo que los Avitos (segun la opinion más plausible). El cual salió de España, llevado, como él dice, por invisible fuerza *(occulta quadam vi actus)*, para visitar á San Agustin en Hipona, y le presentó su *Commonitorium ó consulta* sobre los errores de Priscilianistas y Origenistas, en el cual refiere todo lo dicho y protesta de la verdad *(Est veritas Christi in me.)* Corria el año de 415 cuando Orosio ordenó este escrito, que fué contestado por San Agustin en el tratado que impropiamente llaman *Contra Priscillianistas et Origenistas*. De la doctrina de Priscilano apenas dice nada, refiriéndose á lo que habia escrito en sus obras contra los Maniqueos. Hácese cargo de los que negaban la creacion *ex nihilo*, fundado en que la voluntad de Dios era *aliquid* sofisma fácil de disolver, como San Agustin lo hizo, mediante la distincion entre el *fiat creator* y la *materia subjecta*, entre el poder *activo* y la nada *pasiva*. Con argumentos de autoridad y de razon defiende luego la eternidad de las penas, clara y manifiesta en la Escritura *(ignis aeternus)*, y correspondiente á la intrínseca malicia del pecado como ofensa al bien sumo y trastorno de la universal armonía. Ni puede tenerse por única pena,

---

[1] Su patria gallega esta comprobada por una epístola de San Braulio a San Fructuoso de braga

como aseveraban nuestros Origenistas y repiten algunos modernos, el tormento de la conciencia, que tanto llega á oscurecerse y debilitarse en muchos hombres

En cuanto á la teoría de las *ideas*, San Agustin está felicísimo. Tambien él era platónico, pero niega que en Dios estén las cosas ya *hechas (res factae)*, sino los *tipos, formas ó razones* de todas las cosas *(rationes rerum omnium)*, á la manera que en la mente del artífice está la *idea* de la casa que va á edificar, sin que esté la casa misma. Quizá seria ésta en el fondo la doctrina de los Avitos, pero como no acertaban á expresarla con la lucidez y rigor científico que el Prelado hiponense, podia inducir á graves yerros, y hasta á negar la creacion y la individualidad de los séres, que fuera de la mente divina tendrian sólo una existencia *aparente*.

Del África pasó Orosio á Tierra Santa para consultar á San Jerónimo sobre el orígen del alma racional. Devorábale el anhelo de saber, y no le arredraban largos y trabajosos viajes para satisfacerle. Allí habitó en la gruta de Belen *á los piés de San Jerónimo*, como dice él mismo, creciendo en sabiduría y *en temor de Dios*; y aunque *ignorado, extranjero y pobre*, tuvo parte en el Concilio reunido en la Santa Hierosolyma contra los errores de Pelagio Por este tiempo fueron encontrados los restos del protomártir San Estéban, de cuya invencion escribió en griego un breve relato el presbítero Luciano. Tradújolo al latin un Avito bracarense que entonces moraba en Jerusalen, distinto de los dos Avitos herejes, como demostraron claramente Dalmases y el Padre Florez. El Avito traductor del opúsculo de las reliquias de San Estéban no conocia aún en 409 el libro *De principiis*, de Orígenes, puesto que en dicho año se lo envió San Jerónimo con una carta, en que mostraba los errores introducidos en dicho tratado, contra la voluntad y parecer de Orígenes, por los que se llamaban discípulos suyos

Desde los tiempos de Orosio no se vuelve á hablar de *origenismo* en nuestra Península Ni sabemos que en la época romana se desarrollasen más herejías que las antedichas, dado que Vigilancio, á quien refutó San Jerónimo, no nació en Calahorra, sino en la Gália Aquitánica, como es notorio [1], aunque tambien lo es que predicó sin fruto. sus errores en tierra de Barcelona [2]

1 Vid el *Commonitorium* de Orosio y la carta de San Agustin, ya citados

Dalmases y Ros *Disertacion histórica por la patria de Paulo Orosio* Barcelona, 1702, fol páginas 157 a 179

Florez. *España Sagrada*, tomo XV *Iglesia de Braga* pags 306 a 328

Morner *De Orosii vita* (1844)

2 Vid el parágrafo siguiente

IX.—POLÉMICA TEOLÓGICA EN LA ESPAÑA ROMANA.—IMPUGNACIONES
DE DIVERSAS HEREJÍAS

INCOMPLETO sería el cuadro religioso que de esta época (en la cual incluyo el laborioso período de transicion á la monarquía visigoda) he presentado, si no diese alguna noticia de las refutaciones de varias herejías por teólogos ibéricos: nueva y fehaciente demostracion del esplendor literario de aquella edad, olvidada ó desconocida. Servíranos además de consuelo, mostrando que nunca enfrente del error, propagado dentro ó fuera de casa, dejó la Iglesia española de armar invictos campeones y lanzarlos al combate.

El primero de esta gloriosa série de controversistas fué San Gregorio Bético, Obispo de Iliberis, que escribió un elegante tratado *De Fide seu De Trinitate* contra los Arrianos y Macedonianos, segun refiere San Jerónimo (*De viris illustribus*, cap. CV.) Más que dudosa es la identidad de esta obra con los siete libros *De Trinitate*, que á nombre de Gregorio publicó en 1575 el docto humanista portugués Aquiles Estazo, y que más bien parecen obra de Faustino, presbítero luciferiano, dedicada por él á la reina Flaccila, mujer de Teodosio, y no á Gala Placidia, como se lee en el texto impreso por Estazo [1].

El Idacio emeritense, perseguidor de los Prisilianistas, es diverso del autor de un tratadito, *Adversus Warimadum Arianum*, que se lee en el tomo IV de la *Bibliotheca Veterum Patrum* [2]. Redúcese á una exposicion de los lugares difíciles de la Escritura acerca de la Trinidad, y el autor advierte que compuso esta obrilla *en Nápoles, ciudad de Campania.*

En Gennadio, *De scriptoribus ecclesiasticis* (cap. XIV), hallamos esta noticia: «Audencio, Obispo español, dirigió contra los Maniqueos, Sabelianos y Arrianos, pero especialmente contra los Fotinianos, que ahora llaman Bonosiacos, un libro *De Fide adversus omnes haereticos*, en el cual demostró ser el Hijo de Dios coeterno al Padre, y no haber comenzado su divinidad cuando el Hombre-Jesús fué concebido por obra y gracia de Dios, y nació de María Vírgen».

Contra los Arrianos lidió asimismo Potamio, Obispo ulissiponen-

---

1 Nicolás Antonio (*Biblioth. Vetus*, lib. II, cap. II) insiste en atribuir este libro á Gregorio. Niégalo con fortísimas razones el Padre Florez en el tomo XII de la *España Sagrada*, tratado XXXVII.

2 Ed. de Paris.

se, amigo y secuaz de Osio, y acusado como él de prevaricacion por los que amparaban el cisma de Lucifero Queda una *Epistola Potamii ad Athanasium, ab Arianis impetitum, postquam in Concilio Ariminensi suscripserunt,* publicada la primera vez por el benedictino D'Achery [1]. La suscripcion determina su fecha, posterior al 359. El estilo es retumbante, oscuro y de mal gusto; pero el autor se muestra razonable teólogo y docto en los Sagrados libros. El Padre Maceda le ilustró ámpliamente.

Carterio, uno de los Prelados asistentes al Concilio de *Zaragoza,* escribió, al decir de San Jerónimo [2], un tratado contra Helvidio y Joviniano, que negaban la perpétua virginidad de nuestra Señora. Sabemos de Carterio (por testimonio de San Bráulio en carta á San Fructuoso) que era gallego, y que alcanzó larga vida con fama de santidad y erudicion: *Laudatae senectutis et sanctae eruditionis Pontificem* Por una carta de San Jerónimo [3], escrita hácia el año 400 y dirigida al patricio Oceano, consta que por entonces estaba Carterio en Roma, y que los Priscilianistas le tenian por indigno del sacerdocio, porque antes de su ordenacion habia sido casado dos veces, contraviniendo al texto de San Pablo. *Unius uxoris virum.* A lo cual contesta San Jerónimo, que el primer matrimonio de Carterio habia sido antes de recibir el bautismo, y, por lo tanto, no debia contarse [4].

Mucho más esclarecido en la historia del Cristianismo y en la de las letras es el nombre del Papa San Dámaso, gloria de España, como lo demostró Perez Bayer. Reunió este Pontífice contra diversos hereges cinco Concilios. El primero rechazó la fórmula de Rímini y las doctrinas de Auxencio, Obispo de Milán, que habia caido en el Arrianismo; el segundo las de Sabelio, Eunomio, Audeo, Fotino y Apolinar, que volvió á ser anatematizado en el tercero: el cuarto confirmó la decision del Sínodo de Antioquía respecto á los Apolinaristas, y el último, y segundo de los Ecuménicos, llamado *Constantinopolitano* (famosísimo á par del de Nicea), túvose en 381 contra la herejía de Macedonia, que negaba la divinidad del Espíritu Santo [5]. Si un espa-

---

1 *Spicilegium* etc , tomo III, Paris, 1723, pag 299 —Florez, *España Sagrada,* tomo XIV, paginas 386 a 389 —Maceda, *Hosius,* pags 383 y sig

2 *Contra Helvidium*

3 Epist LXXXII *Ad Oceanum*

4 «Nunquam, fili Oceane, fore putabam ut indulgentia Principis calumniam sustineret reorum, et de carceribus exeuntes post sordes ac vestigia catenarum dolerent alios relaxatos Carterius Hispaniae Episcopus, homo aetate vetus et sacerdotio, unam antequam baptizaretur, alteram post lavacrum, priore mortua, duxit uxorem, et arbitraris eum contra Apostoli fecisse sententiam» etc , etc

5 Masdeu *Historia critica* tomo VIII

ñol había redactado el símbolo Niceno, que afirmó la consustancialidad del Hijo, á otro español se debió la celebración del Sínodo que
definiera la consustancialidad del Espíritu Santo. Osio y Dámaso son
las dos grandes figuras de nuestra primitiva historia eclesiástica

No muy lejano de ellos brilla San Paciano, Obispo de Barcelona,
entre cuyas obras, por dicha conservadas, hay tres epístolas contra
Novaciano y Semproniano [1], su discípulo Novaciano, antipapa del
siglo III, había sostenido el error de los rebautizantes, condenaba las
segundas nupcias y el admitir á penitencia á quien pecara despues
del bautismo, si no volvía á recibir este Sacramento Con su *Paraenesis* ó *exhortacion á la penitencia*, y con el *Sermon á los fieles y catecúme-
nos acerca del bautismo* (obras en verdad ingeniosas y elegantes), se
opuso San Paciano á los progresos de tal herejía, pero la atacó más
de propósito en las cartas citadas, contestacion á dos tratados de
Semproniano, uno *De Catholico nomine*, esto es, *Cur Catholici ita voca-
rentur*, y otro *De vera poenitentiae sive de reparatione post lapsum*.

Se ha perdido la obra que Olimpio, á quien dicen sucesor de Paciano en la Sede barcinonense, escribió *contra los negadores del libre albedrío y los que suponian el mal eterno* [2]. San Agustín *(Contra Julianum)*
cita con grande encomio esta refutacion del fatalismo maniqueo, llamando a Olimpio *varon gloriosísimo en la Iglesia y en Cristo* Es seguro
que el tratado del Obispo barcelonés se dirigía en modo especial contra los Priscilianistas, única rama maniquea que llegó á extenderse
en España

Dulce es ahora traer á la memoria el nombre de Prudencio, *poeta
lírico el más inspirado que vió el mundo latino despues de Horacio y antes
de Dante* [3] Pero no he de recordar aquí los maravillosos himnos en
que celebró los triunfos de confesores y de mártires á la manera que
Píndaro había ensalzado á los triunfadores en el estadio y en la cua-
driga, ni he de hacer memoria de su poema contra Simmaco, rico de
altas y soberanas bellezas de pensamiento y de expresion, que admira
encontrar en autor tan olvidado, ni de la *Psychomaquia* que, aparte
de su interés filosófico, coloca á Prudencio entre los padres del arte
alegórico, sino de otros dos poemas teológicos, la *Apoteósis* y la *Hamartigenia*, que son formales refutaciones de sistemas heréticos

En cuatro partes puede considerarse dividida la *Apoteósis* Enderé-

1 *Paciani quae extant opera, nimirum Paraenesis, Epistolae ac de Baptismo* Valencia, 1780,
con traduccion castellana y un erudito discurso preliminar de D Vicente Noguera y Ramon
2 Vid Gennadio, *De Scrip eccles* cap XXIII
3 Villemain

zase la primera (v 1 á 178) contra los *Patripassianos*, que no admitiendo distincion entre las personas de la Trinidad, atribuian la Crucifixion al Padre. Del vigor con que está escrita esta parte del poema,
sin que la argumentacion teológica dañe ni empezca al valiente nú-
men de Prudencio, dé muestra este pasaje, en que expone la union
de las dos naturalezas en Cristo:

> *Pura (divinitas) serena, micans, liquido praelibera motu*
> *Subdita nec cuiquam, dominatrix utpote rerum,*
> *Cui non principium de tempore, sed super omne*
> *Tempus, et ante diem majestas cum Patre summo.*
> *Immo animus Patris, et ratio, et via consiliorum*
> *Quae non facta manu, nec voce creata jubentis,*
> *Protulit imperium, patrio ructata profundo*
> *His affecta caro est hominis, quem foemina praegnans*
> *Enixa est sub lege uteri, sine lege mariti.*
> *Ille famem patitur, fel potat, et haurit acetum,*
> *Ille pavet mortis faciem, tremit ille dolorem.*
> *Dicite, sacrilegi Doctores, qui Patre summo*
> *Desertum jacuisse thronum contenditis illo*
> *Tempore, quo fragiles Deus est illapsus in artus.*
> *Ergo Pater passus? Quid non malus audeat error?*
> *Ille puellari conceptus sanguine crevit?*
> *Ipse verecundae distendit virginis alvum?* [1]

La segunda division del poema defiende el dogma de la Trinidad
contra los *Sabelianos* ó *Unionitas*, y comienza en el verso:

> *Cede prophanator Christi, jam cede, Sabelli.....*

Pocas páginas adelante se tropieza con esta feliz expresion, aplica-
da á la dialéctica de Aristóteles.

> *Texit Aristoteles torta vertigine nervos*

Contra los judíos se dirige la tercera parte (v. 321 á 552), y es la
que tiene más color poético, aunque no nos interesa derechamente
ahora. Pero séame lícito recordar los breves y enérgicos rasgos en

---

1 *M Aurelii Prudentii Clementii Opera omnia* tomo l ed de Arevalo. pags 410 y 411

que describe el poeta celtíbero la propagacion del Cristianismo y la ruina de las antiguas supersticiones

> *Audiit adventum Domini, quem solis iberi*
> *Vesper habet roseus. et quem novus excipit ortus*
> *Laxavit Scythicas verbo penetrante pruinas*
> *Vox evangelica, hyrcanas quoque fervida brumas*
> *Solvit, ut exitus glacie, jam mollior amnis*
> *Caucassea de cote fluat Rhodopejus Hebrus*
> *Mansuevere getae feritasque cruenta Geloni.*
> *Libatura sacros Christi de sanguine potus..*
> *Delphica damnatis tacuerunt sortibus antra*
> *Non tripodas cortina regit, non spumat anhelus*
> *Fata sibyllinis fanaticus edita libris.*
> *Perdidit insanos mendax Dodona vapores,*
> *Mortua jam mutae lugent oracula Cumae*
> *Nec responsa refert Lybicis in syrtibus Ammon*
> *Ipsa suis Christum capitolia Romula*
> *Principibus lucere Deum, destructaque*
> *Imperio cecidisse ducum jam purpura supp*
> *Sternitur Æneadae rectoris ad atria Chris.*
> *Vexillumque crucis summus dominator adorat*

El que en medio de una árida discusion teológica encontrab accntos, no era *poeta de escuela*, como ha osado decir Comparetti, sino el primero de los poetas cristianos de Occidente, como afirma Villemain; el que *á veces emula á Lucrecio*, en concepto de Ozanam; el *Horacio cristiano*, como decian los sábios del Renacimiento; aquel de quien Vives afirmó que *tenia cosas iguales á los antiguos y algunas tambien en que los vencia*

Tiene por objeto la cuarta parte de la *Apoteósis* combatir el error de los Ebionitas. Marcionitas, Arrianos y de todo hereje que niega la divinidad del Verbo. ¡Y quién creyera que ni áun en estas árduas y dogmáticas materias pierde el poeta sus condiciones de tal, y no sólo muestra grandeza, sino hasta amenidad y gracia, como en estos versos'

> *¿Estne Deus cujus cunas veneratus Eous*
> *Lancibus auratis regalia fercula supplex,*
> *Virginis ad gremium primis puerilibus offert'*

Quis tam pennatus, rapidoque simillimus Austro
Nuncius Aurorae populos, atque ultima Bactra
Attigit, illuxisse diem, lactantibus horis,
Qua tener innupto penderet ab ubere Christus?

Mientras ilustres doctores griegos, como Sinesio, tropezaban en el Panteismo y tenian el alma por partícula de la divina esencia; mientras otros la juzgaban corpórea, aunque de materia sutilísima, Prudencio evita diestramente ambos escollos en poco más de un verso

... . Speculum Deitatis homo est In corpore discas
Rem non corpoream.. .

Así argumenta contra el Panteismo.

Absurde fertur (anima) Deus, aut pars esse Dei, quae
Di num summumque bonum de fonte perenni
N i bibit   ...uq, nunc culpa aut crimine perdit.
* me   criles   suscepit, modo libera calcat.*

Sobre el orígen de las almas, objeto de duda para San Agustin, no duda Prudencio, sino que desde luego combate la idea de los que las suponian derivadas de Adam por generacion, de igual suerte que ina *emanatista*. Su explicacion de la manera cómo el pecado original se trasmite, confórmase estrictamente á la ortodoxia.

Quae quamvis infusa (anima) novum penetret nova semper
Figmentum, vetus illa tamen de crimine avorum
Ducitur: illuto quoniam concreta veterno est.

En la última seccion de la *Apoteósis* se impugna al *doketismo* de los Maniqueos.

Aerium Manichaeus ait sine corpore vero
Pervolitasse Deum, mendax phantasma, cavamque
Corporis effigiem, nil contrectabile habentem.

Contra el *dualismo* de Marcion y de la mayor parte de los Gnósticos escribió Prudencio el poema de la *Hamartigenia ó Del orígen del pecado*. Enfrente del error que separa y distingue el Dios de Moisés del del Evangelio, afirma nuestra poeta que el Hijo es la *forma* del Padre, entendiendo por *forma* el *logos* ó *verbo* á la manera de algunos peripatéticos. Para Prudencio la forma es inseparable de la esencia·

> *Forma Patris veri verus stat Filius, ac se*
> *Unum rite probat, dum formam servat eamdem*

La *forma* no implica sólo similitud, sino identidad de existencia Desarrolla Prudencio esta gallarda concepcion, y pasa luego al orígen del mal por el pecado del ángel y del hombre, haciendo una hermosa pintura del trastorno introducido en el mundo de la naturaleza y en el del espíritu. Acaba esta larga descripcion con versos que parecen imitados de un célebre pasaje de las *Geórgicas:*

> *Felix qui indultis potuit mediocriter uti*
> *Muneribus, parcumque modum servare fruendi!*
> *Quem locuples mundi species et amoena venustas.*
> *Et nitidis fallens circumflua copia rebus*
> *Non capit, ut puerum, nec inepto addicit amori*

Con expresivas imágenes muestra el absurdo de suponer un principio malo, sustancial y eterno·

> *Nil luteum de fonte fluit, nec turbidus humor*
> *Nascitur, aut primae violatur origine venae,*
> *Sed dum liventes liquor incorruptus arenas*
> *Praelambit, putrefacta inter contagia sordet.*

El libre albedrío queda enérgicamente defendido en este poema. que cierra el teólogo aragonés con una ferviente plegaria á Cristo, en que con humildad pide, no los goces de la gloria, de que se considera indigno, sino las llamas del purgatorio·

> *Oh Dee cunctiparens, animae dator, oh Dee Christe,*
> *Cujus ab ore Deus subsistit spiritus unus:*
> *Te moderante regor, te vitam principe duco.. .*
>   *. .   quum flebilis hora*
> *Clauserit hos orbes, et conclamata jacebit*
> *Materies, oculisque suis mens nuda fruetur.   .*
>   *. .   .   .   . non posco beata*

In regione domum: sint illic casta virorum
Agmina, pulvereum quae dedignantia censum
Divitias petiere tuas. sit flore perenni
Candida virginitas...
At mihi tartarei satis est. si nulla ministri
Occurrat facies.. .
Lux immensa alios, et tempora vincta coronis
Glorificent: me poena levis clementer adurat.

Literariamente la *Hamartigenia* vale aún más que la *Apoteósis;* pero el estudio de entrambos libros bajo tal aspecto, así como en la relacion filosófica. quédese para el dia en que pueda yo publicarlos traducidos é ilustrados, juntamente con las demás inspiraciones de Prudencio.

Aquí conviene hacerse cargo de las acusaciones de heterodoxia que alguna vez se han dirigido al poeta cesaraugustano. Han supuesto Pedro Bayle y otros que Prudencio, al calificar el alma de *líquida* y llamarla *elemento* (en el himno X del *Cathemerinon*, en el libro II *Contra Símmaco* y en otras partes), la tenia por material y perecedera. Fúndase interpretacion tan fuera de camino en estos versos·

Humus excipit arida corpus,
Animae rapit aura liquorem.

¿Pero quién no ve que el *alma líquida* y el *aura* que la lleva son expresiones figuradas en boca del poeta, que en el mismo himno dice

Sed dum resolubile corpus
Revocas, Deus, atque reformas.
Quanam regione jubebis
Animam requiescere puram,

y que en la *Apoteósis* distinguia, como vimos, *in corpore rem non corpoream?* ¿Cómo pudo decir Bayle, sino arrastrado por su amor á la paradoja, que la doctrina de nuestro poeta en este lugar diferia poco de la de Lucrecio, cuando afirma·

Nec sic interimit mors res, ut materiai
Corpora conficiat, sed coetum dissipat ollis,
Inde alius aliud conjungit, et efficit omnes
Res ut convertant formas, mutentque colores?

En cuanto á la palabra *elemento,* ¿cómo dudar que Prudencio la aplica á todo *principio*, no sólo á los *materiales*, de la misma suerte que Lactancio en el libro III, cap. VI de sus *Instituciones divinas:* «*Ex his duobus constamus elementis quorum alterum luce praeditum est, alterum tenebris*», donde claramente se ve que alude á la union del principio racional y de la materia? ¿No dijo Ciceron en las *Cuestiones académicas* que la voz *elementa* era sinónima de *initia*, y traducciones las dos del ἀρχα griego?

Tampoco puede creerse con Juan Le Clerc que Prudencio se incline al error de los Maniqueos en cuanto á la absoluta prohibicion de las carnes, pues aunque diga en el himno III del *Cathemerinon*,

> *Absit enim procul illa fames*
> *Caedibus ut pecudum libeat*
> *Sanguineas lacerare dapes.*
> *Sint fera de gentibus indomitis*
> *Prandia de nece quadrupedum...*

deduciremos que recomienda como mayor perfeccion la abstinencia practicada por innumerables cristianos de aquellos siglos, pero no otra cosa.

De impía han tachado algunos la oracion final de la *Hamartigenia* que trascribí antes. Creyeron que allí solicitaba nuestro poeta el fuego del infierno, y no el del purgatorio, lo cual no fuera peticion humilde, como dijo Bayle, sino impía y desesperada, semejante á la de Felipe Strozzi, que antes de matarse pedia al Señor que pusiese su alma con la de Caton de Útica y otros antiguos suicidas Entre esto y el *Moriatur anima mea morte philosophorum*, atribuido en las escuelas á Averroes, hay poca diferencia. Pero como Prudencio no habla del *Tártaro*, sino del purgatorio, desaparece toda dificultad, y sólo hemos de ver en sus palabras la expresion modesta del espíritu que no se juzga digno de entrar en la celeste morada, sin pasar antes por las llamas que le purifiquen. Si algun exceso hay en esto, será exceso de devocion ó *de libertad poética*.

Así calificó el Cardenal Belarmino la singular doctrina de Prudencio en el himno V del *Cathemerinon*, donde dice que en la noche del sábado de Páscua los condenados mismos se regocijan y sienten algun alivio en sus tormentos

> *Marcent supplicus Tartara nutibus,*
> *Exultatque sui carceris otio*
> *Umbrarum populus, liber ab ignibus.*

Esta opinion, hoy insostenible, no era rara en tiempos de Prudencio: y San Agustin *(De civitate Dei*, lib XXI, cap XXIV) no se atreve á rechazarla, pues aunque las penas sean eternas (dice) puede consentir Dios que en algunos momentos se hagan ménos agudas, y llegue cierta especie de misericordia y consuelo á las legiones infernales El *Índice expurgatorio* de Roma del año 1607 ordena que al márgen de esos versos prudencianos se ponga la nota *Caute legendi*

Si algunos han tenido por sospechosos conceptos y frases de Prudencio, otros han tomado el partido de los herejes que él atacaba, y Pedro Bayle le acusa de contestar á los Maniqueos con una peticion de principio. ¿Por qué no impide Dios el mal? preguntaban aquellos quien no impide el mal, es causa dél Y Prudencio no contesta, como Bayle supone, *porque el hombre peca libremente*, sino *porque el hombre fué creado libre para que mereciese premio* Y como es más digno de la Providencia crear séres libres que fatales, la contestacion de Prudencio ni es *petitio principii*, ni tan fácil de resolver como el escéptico de Amsterdam imagina [1]

Al combatir á los Maniqueos, Marcionistas, Patripassianos, etc , no es dudoso que Prudencio tenia en mientes á los Priscilianistas, que *comulgaban* (como diria un discípulo de Krause) en las mismas opiniones que estos herejes Sin embargo, en la *Hamartigenia* sólo nombra á Marcion, y en la *Apoteósis* á Sabelio, por lo cual no le he colocado entre los adversarios *directos* del Priscilianismo.

Contra el francés Vigilancio, que negaba la intercesion de los Santos, la veneracion á las reliquias de los mártires, etc., y predicó estas doctrinas en el país de los Vectones (ó como otros leen *Vascones)* Arevacos, Celtíberos y Laletanos, levantóse Ripario, presbítero de Barcelona. que dió á San Jerónimo noticias de los errores de aquel heresiarca, á las cuales contestó el Santo en una Epístola. rogándole que le enviase, á mayor abundamiento, los escritos de Vigilancio. Así lo hizo *Ripario* y con él otro presbítero. *Desiderio.* y de tales datos se valió San Jerónimo en su duro y sangriento *Apologeticon adversus Vigilantium* No se conservan las cartas de Ripario y Desiderio. ni sabemos que esta herejía tuviese muchos prosélitos en España [2].

---

1 Veanse en vindicacion de Prudencio los caps XV á XX de la excelente *Prudentiana* del Padre Arevalo, que antecede a la ed de Roma, 1788, que es la que siempre sigo

2 Vid acerca de Vigilancio y sus impugnadores la preciosa disertacion del cancelario de Cervera D Ramon Lazaro de Dou, *De tribuendo cultu SS martyrum reliquiis, in Vigilantium et recentiores haereticos Accessit praevia de Vigilantii patria vita et haeresibus dissertatio —Cervariae 1767, typ Acad*

Y la *España Sagrada*, tomo XXIX núm 200

No me atrevo á incluir entre los controversistas españoles á Filastrio, Obispo de Brescia, autor de un conocido *Catálogo de herejías*, por más que Ughelli en la *Italia Sacra*, y con él otros extranjeros, le den por conterráneo nuestro

Contra los Pelagianos esgrimió Orosio su valiente pluma en la apología *De arbitrii libertate*, aunque algunos, entre ellos Jansenio, han dudado que esta obra le pertenezca.

Evidente parece que el monje Bacchiario, autor de dos opúsculos muy notables, uno *De reparatione lapsi*, y otro que pudiéramos titular *Confessio Fidei*, no era inglés ni irlandés, sino español y gallego, como demostraron Francisco Flori, canónigo de Aquilea, y el Padre Florez [1]. Salió Bacchiario de su pátria en peregrinación á Roma, y como allí le tuviesen por sospechoso de Priscilianismo, escribió la referida *Confesion de fé* en que tras de quejarse de los que le infaman por su pátria *Suspectos nos facit non sermo, sed regio· qui de fide non erubescimus, de provincia confundimur*, manifiesta su sentir católico en punto á la Trinidad Encarnacion, resurreccion de la carne, alma racional, orígen del pecado, matrimonio, uso de las carnes, ayuno, etcétera, oponiendo siempre sus doctrinas á las de los Priscilianistas, aunque sin nombrarlos, y copiando á veces hasta en las palabras la *Regula Fidei* del Concilio Toledano, como fácilmente observará el curioso que los coteje. Tambien rechaza los errores de Helvidio y Joviniano El Sr. Ferreiro opina que Bacchiario es el *Peregrino* citado por Zaccaría, pues en alguna parte dice nuestro monje: *Peregrinus ego sum.*

---

[1] La primera edicion de la *Confessio Fidei* fué hecha en Milan por Muratori, 1698 La segunda por Flori en Roma 1748 La tercera por el Padre Florez en el tomo XV de la *España Sagrada* (Apendices), juntamente con el *De reparatione lapsi* que anda en la *Bibliotheca Veterum Patrum*

CAPÍTULO III

HEREJÍAS DE LA ÉPOCA VISIGODA

I.—EL ARRIANISMO ENTRE LOS VÁNDALOS.—PERSECUCIONES

CUANDO la mano del Señor, para castigar las abominaciones del mundo romano, lanzó sobre él un enjambre de bárbaros venidos de los bosques de Germania, de las orillas del Volga, del Tánais y del Borístenes, era grande la confusion religiosa de los pueblos invadidos. Las fantasías *gnósticas* habian cedido el puesto á otras enseñanzas de carácter más dialéctico que teosófico, fundadas casi todas en una base antitrinitaria. Descollaba entre los demás el *Arrianismo*, doctrina que por parecer fácil y clara encontró cierta acogida en Occidente, y contagió antes ó despues á la mayor parte de las tríbus bárbaras.

El misterio de la Trinidad y el de la Encarnacion, áun mirados de lejos y con los ojos de la pobre razon humana, son concepciones tan altas y sublimes, que sin ellas se perderia la clave del mundo de las ideas, cortándose toda relacion entre Dios y el mundo, entre el hombre y Dios. El Dios *unitario* de la *gnôsis* ó del socinianismo, ha de estar, ó identificado con la creacion, panteismo absurdo al cual resiste la conciencia y el sentido íntimo, proclamando enérgicamente la personalidad humana ó independiente y apartado del espíritu y de la materia.

Lejos del mundo nuestro y sus dolores

como los dioses de Epicuro y de Lucrecio. La creacion no se explica en estos sistemas. la esencia de Dios permanece inactiva. esa *unidad*, sin distincion de personas. sin *variedad y unidad* á la vez, ni crea, ni se pone en contacto con lo creado. Por eso los Gnósticos establecen una série de emanaciones entre el Creador y la criatura, y lo mismo hacen los Kabalistas. Al contrario, ¡cuánta luz derrama sobre las oscuridades del pensamiento el concepto del Dios *uno y trino* en el cual, sin menoscabo de la infinita unidad de esencia, el Padre crea por medio de su *Logos* ó Verbo, é infunde el *Pneuma* ó Espíritu Santo á lo creado! En vez de la unidad fria y muerta tenemos la *unidad* palpitante y viva. ese *espíritu de Dios* que corre sobre las aguas, el *Verbo* de Dios que se hace carne y luce en las tinieblas. aunque las tinieblas no le comprendieron. ¡Hermoso dogma, resplandeciente de verdad y de vida! Dios, que desciende al hombre por un acto de entrañable amor y une el cielo y la tierra en firme é indisoluble lazo. elevando á Dios la humanidad redimida, y convirtiéndose en tipo y modelo de la misma humanidad, cuya carne vistió y de cuyos dolores participara.

Estos misterios no se explican, porque son misterios: y si se explicasen dejarian de serlo. Tiene límites la razon humana. que ella misma reconoce á cada paso. pero la luz del misterio es tal. que ilumina hasta las últimas consecuencias, y por ellas subyuga el entendimiento. Mas con frecuencia el hombre, perdida la fé, y cegada la mente por el demonio de la soberbia, aspira á dar explicaciones de lo infinito, y con loca temeridad niega lo que su razon no alcanza. cual si fuese su razon la ley y medida de lo absoluto.

Arrio cuidó de distinguir su negacion antitrinitaria de las de Valentino, Mánes. Hierax y Sabelio. á pesar de lo cual copia más de una vez á los Gnósticos, y sobre todo á los neo-platónicos alejandrinos. La generacion eterna del Verbo pareció contradictoria al mezquino *sentido comun* de Arrio, sin reparar que en la esencia divina forzosamente hubo desde la eternidad plenitud de ser y de existir, por-

que suponerla en algun momento incompleta, seria negar el sér
infinito. Arrio, hábil disputador, erudito teólogo, no mostraba gran
fuerza de raciocinio en sus argumentos. Cuentan que preguntaba á
las mujeres: *¿Habeis tenido hijos antes de parir? Pues tampoco Dios.*

Hiciéronle los ortodoxos el argumento antedicho, y para esquivar-
le negó Arrio la divinidad del Verbo, á quien llamaba, sin embargo,
Hijo de Dios. Objetáronle que el Hijo es de la sustancia del Padre, y
por tanto, Dios, y replicó Arrio, con un distingo bastante pobre, que
el Verbo era no *omousios* ó consustancial al Padre, sino *omoiousios* ó
semejante. Y sin embargo, expreso estaba en las Escrituras: *Ego et
Pater unum sumus,* y Arrio, que lo explicaba por la semejanza, nunca
pudo decir qué semejanza era ésta, ni en qué se distinguia de la completa identidad. El *Verbo* arriano no es Dios, pero tampoco hombre
es un sér intermedio, una especie de *Demiurgo,* que Dios formó para
que realizara en el mundo sus *ideas* de creacion y redencion

Encerrado el Arrianismo en este círculo vicioso [1], tenia, no obstante, condiciones para dominar las multitudes, porque rebajaba el
dogma al nivel de la inteligencia comun y por eso resistió terca y
vigorosamente á los esfuerzos de Osio y San Atanasio, á los anatemas de Nicea y de Sárdis, y á los primeros edictos de Constantino [2].
Y para desdicha mayor los emperadores teólogos de la decadencia se
pusieron del lado de Arrio, Aecio, Acacio y Eunomio, y de los Arrianos nacieron los Macedonianos, que admitian la divinidad del Hijo
pero negaban la del Espíritu Santo

El más triste resultado de la intrusion de los emperadores en la
Iglesia, fué el imperfecto Cristianismo enseñado á las razas bárbaras
Sus misioneros fueron Arrianos por la mayor parte Ignórase el tiempo en que penetró el Cristianismo entre los Vándalos. Los Godos
fueron catequizados por Ulfilas, que hizo una version de la Biblia
en su lengua. Así se encontraron los bárbaros, gracias á Valente y
otros emperadores de escuela, convertidos en herejes sin saberlo
Haeretici sunt sed non scientes, dice Salviano de Marsella *(De guberna-
tione Dei)* errant, sed bono animo errant.* Y áun llega á dudar el mismo
doctor si aquellos inocentes serán castigados por tal yerro en el dia
del juicio *Nullus potest scire nisi judex.* Almas nuevas dispuestas á recibir cualquiera enseñanza que les levantase un poco de su antigua
idolatría, debieron de rendirse fácilmente a un sistema que evitaba a

---

1 Vease sobre el Arrianismo la obra de Moehler *Atanasio el Magno y la Iglesia de su tiempo
en lid con el Arrianismo* (Maguncia 1827

_ Vid el cap I

su rudo entendimiento las espinas teológicas de la *consustancialidad*, y en Cristo les hacía ver nada más que un Profeta.

Los primeros hijos del Norte que descendieron á España, los Vándalos, Suevos, Alanos y Silingos, que en el año de 409, acaudillados por Gunderico, Atace y Hermerico, hicieron en nuestra Península aquella espantosa devastación y matanza, seguida de hambre y general peste, de que habla el *Cronicon* de Idacio, estaban lejos de profesar la misma religión. Los Vándalos y Alanos seguían en parte el Cristianismo, en parte la antigua idolatría: al paso que los Suevos eran todos idólatras. Ocuparon éstos la *Galecia*, infestada por los Priscilianistas· extendiéronse los Alanos por el territorio de Lusitania y de la Cartaginense, y los Vándalos por el de la Bética, que desolaron con ferocidad increíble. La raza hispano-romana, el pueblo católico fué víctima de aquellas hordas, que habiendo abrazado á poco el Arrianismo, unieron á su natural sanguinario el fanatismo de secta, tremendo en ánimos incultos. La historia de esta persecución, que comenzó en España y siguió en Mauritania, escrita fué por Víctor Vitense, Obispo africano [1].

Genserico ó Giserico, uno de los caudillos bárbaros más famosos, fué, según nota San Isidoro, el primer rey vándalo que abrazó el Arrianismo [2]. Según refiere Víctor, suscitó persecución contra los católicos españoles y degolló á una hermosa y nobilísima doncella que no quería ser rebautizada conforme al rito arriano. En 427 Genserico pasó el Estrecho, y conquistada el África por traición del conde Bonifacio, exacerbó sus rigores contra la Iglesia, obteniendo entonces la palma del martirio, junto con muchos africanos, los españoles Arcadio, Probo, Eutiquio, Pascasio y Paulo. Honorato Antonino, Obispo de Constantina, escribió, para alentarlos en la persecución, una admirable y elocuentísima carta [3]. «Aliéntate, alma fiel (decía á Arcadio): regocíjate, confesor de la Divinidad, en los agravios que padeces por Cristo, como se regocijaban los Apóstoles en los azotes y cadenas. Mira postrado el dragón bajo tu planta vencedora..... Levanta los ojos al cielo: mira el ejército de los mártires, que tejen de sus mismos laureles la corona de tu victoria... Mira cuán breve es tu dolor, y cuán larga la eternidad del premio... Mujer era la madre de los Macabeos, mas por verse con la fuerte ayuda de Dios, tuvo valor para

[1] *Historia persecutionis Vandalicae in África cum notis Theodorici Ruinart* (París 1694. Vid. además San Isidoro, *Vandalorum historia*, y por incidencia otros

[2] «Qui ex Catholico effectus Apostata in Arianam haeresim primus effertur transiisse·

[3] Traducción de Masdeu (Ilustración XI del tomo XI de su *Historia crítica de España*.

asistir, inmóvil columna, al martirio de sus siete hijos y animarlos
ella misma á la muerte. De ellos se privó con fortaleza y ahora los
ve radiantes, á su lado, con coronas, que no les caerán de las sienes
eternamente... Dios es quien te formó en las entrañas de tu madre;
Dios quien creó tu espíritu como todas las demás cosas de este mundo; Dios quien te adornó con la razon y el entendimiento. ¿Podrás
negarle el martirio que te pide? ¿Te atreverás á resistir con daño propio al ánsia que tiene de glorificarte? La tierra, el sol, la luna, las
estrellas, las hechuras más hermosas de este mundo, todas han de
acabar tú sólo puedes vivir eternamente. ... ¡Qué delicia cuando
veas con tu alma á Jesucristo y sepas que lo has de ver algun dia
con tu misma carne!» Si hemos de estar á la carta de Antonino, más
era persecucion *patri-passiana* que arriana la de Genserico. En lo que
más exhorta á perseverar á Acacio, es en la confesion del Verbo encarnado, y por eso dice «El Padre, el Hijo y el Espíritu Santo son
un Dios solo; pero el Hijo encarnó, y no el Espíritu Santo ni el Padre.
Así en nosotros, aunque el alma sea una, y el entendimiento esté en
ella, y sea ella misma, una cosa obra el alma y otra el entendimiento; y la vida es propia del alma y el conocer propio del entendimiento,
á la manera que en un mismo rayo del sol hay calor y luz, y aunque
no pueden separarse, el calor es el que calienta y la luz la que ilumina, y el calentar es propio del calor y no de la luz, y el alumbrar
propio de la luz y no del calor. Cuando uno tañe la cítara, tres
cosas concurren á formar el sonido: el arte, la mano y la cuerda El
arte dicta, la mano tañe y la cuerda suena, y con ser tres cosas que
concurren á un mismo efecto, la cuerda sola es la que dá el sonido
Así el Padre, el Hijo y el Espíritu Santo cooperaron en la Encarnacion, pero sólo encarnó el Hijo.» ¡Así discurria un Obispo africano
del siglo V! Mientras los cronistas del poder y de la fuerza vayan registrando invasiones y conquistas, recojamos nosotros esos olvidados
testimonios del saber y constancia de la vencida raza latina

La persecucion vandálica fué violenta, pero en España poco duradera. Aquellos bárbaros abandonaron la Bética por invadir el África,
y sólo conservaron en nuestro mar las islas Baleares El rey Hune-
rico desterró en 484 á todos los Obispos católicos, entre ellos los de
Mallorca, Menorca é Ibiza, que eran Elías, Macario y Opilio. Otro
de los perseguidos fué Maracino, que firma como *desterrado por la fé
católica* en las actas del segundo Concilio Toledano. Los vecinos de
Táves, ciudad de África, por no admitir un Obispo hereje se embar-
caron con sus hijos y mujeres para España No sabemos que esta

primera tempestad arriana produjese una sola apostasía. Tampoco es seguro afirmar que fuese perseguido por causa religiosa nuestro poeta Draconcio, autor del *Hexaemeron* ú *Obra de los seis días*. Sólo consta que estuvo encarcelado por órden del rey Guntherico antecesor de Genserico, y no arriano todavía.

II.—ATISBOS DE NESTORIANISMO.—CARTA DE VITAL Y CONSTANCIO

No estaba sólo en la persecución vandálica el peligro para los cristianos de la Bética y Cartaginense. Por los años de 439, dos presbíteros españoles, Vital y Constancio (otros leen *Tonancio*), decían en una carta á San Capreolo Obispo de Cartago: «Algunos hay aquí que sostienen *Deum innascibilem esse*. En su opinion, nació de María Vírgen el Hombre y luego Dios habitó en él Nosotros, humildes siervos tuyos, resistimos tal afirmacion, por parecernos contraria á las Sagradas Escrituras Rogámoste que ilustres nuestra pequeñez, enseñándonos lo que en este punto tiene por verdad la Iglesia católica» [1]. Modesta era la súplica de Vital y Constancio, y acompañábanla oportunos textos de la Biblia, indicio seguro de la buena instruccion dogmática de los autores. Así es que San Capreolo, recibida la carta por medio de Numiniano apresuróse á responderles en la epístola *De una vera Dei et hominis persona contra recens damnatam hæresim Nestorii* [2].

El error de las dos personas en Cristo era resabio de las sectas gnósticas, que distinguian el *eon*, *logos* ó *verbo*, del hombre *Jesús* En España podia haber nacido del Priscilianismo, pero quien diera nombre y nueva forma á aquella herejía en las regiones orientales, habia sido el Patriarca de Constantinopla Nestorio. La diferencia de naturalezas le indujo á suponer diferencia de personas, y para él Cristo, nacido de María, fué sólo un hombre, al cual se unió la *divinidad* como el vestido al cuerpo. Por eso llamaba á la Vírgen no *teotocos* es decir, *Madre de Dios*, sino *antropotocos*, madre del hombre. Funda-

---

1 «Quia sunt hic quidam qui dicunt non debere dici Deum natum nam et haec est fides eorum hominum purum natum fuisse de Maria Virgine, et post haec Deum habitasse in eo Quorum nos, humiles servi tui resistimus affirmationem Exoramus ut informetis parvitaem nostram in his, quod rectum habet fides catholica », *Bibliotheca Vet Pat.* tomo VII folio 5, ed lugdunense)

2 Véase en el tomo VII de la *Bibliotheca Vet Pat*

base el error de Nestorio en una confusion manifiesta de los términos *persona y naturaleza*. En las mismas cosas creadas (dice nuestro Fray Alfonso de Castro [1]) puede verse la diferencia. Es el hombre una sola persona, y recibe con todo eso denominaciones várias segun la diversidad de naturalezas, y es *mortal* respecto al cuerpo, *inmortal* por lo que hace al alma. De la misma suerte *(si licet parvis componere magna,* Cristo, en unidad de persona, reune las dos naturalezas divina y humana.

Contra la herejía de Nestorio se levantaron San Cirilo de Alejandría en el libro *De recta fide ad Theodosium*, y más tarde el Papa Gelasio en el *De duabus naturis in una persona*. En cambio se dejó seducir el gran Teodoreto. El Concilio Efesino, reunido en 431, anatematizó á los que llamaban a Cristo *teoforo, el que lleva á Dios*, y fijó en términos precisos la acepcion del católico vocablo *teotocos*. «No porque la naturaleza divina tomase principio de la Vírgen, ni porque fuese necesario que el Verbo naciera segunda vez, lo cual sería vana y ridícula creencia, puesto que el *logos* es anterior á todos los siglos y coeterno con el Padre, sino porque para nuestra salvacion unió á sí la naturaleza humana y procedió de mujer. No nació primero de María el Cristo-Hombre, y luego habitó en él el Verbo, sino que en las mismas virginales entrañas se hizo carne» [2]

Condenado Nestorio y depuesto, no murió la doctrina de aquel heresiarca. Refugiáronse sus sectarios en Persia y Mesopotamia, extendiéndose luego hasta la India, en cuyas regiones existen hoy mismo, ó han existido, aunque en pequeño numero, hasta tiempos muy recientes, con el nombre de *cristianos de Santo Tomás*. En 1599 se reunieron muchos de ellos a la Iglesia latina, conservando la comunion bajo las dos especies y el matrimonio de los sacerdotes. Los del Asia otomana permanecen separados de latinos y griegos, aunque unidos á los Jacobitas y otras sectas, con dos Patriarcas propios. No hay herejía de más larga duracion en los anales de la Iglesia.

Tornemos á España. Carecian Vital y Constancio de toda noticia del Concilio Efesino y de la herejía de Nestorio, cuando dirigieron su

[1] *De haeresibus* lib IV, ut *Christus* pag 190 del tomo I, ed de 1773 (*Opera Alphonsi a Castro Zamorensis*)

[2] «Non quia divina ipsius natura de Sacra Virgine sumpsit exordium, nec propter seipsam opus habuit secundo nasci post illam nativitatem quam habebat ex patre (est enim ineptum et stultum hoc dicere quod is qui ante omnia saecula est et cumsempiternus patri, secundae generationis eguerit) sed quia propter nostram salutem naturam sibi copulavit humanam, et processit ex muliere. Nec enim primum natus est homo communis de Sancta Virgine et tunc demum inhabitavit in eo Verbum, sed in ipsa vulva atque utero virginali secum carnem coniunxit. *Summa Conciliorum* de Carranza ed 1570 fol 134 v

consulta á San Capreolo, por lo cual merecen doble alabanza su celo y clara inteligencia de las cuestiones teológicas. El Obispo de Cartago, en la respuesta, les informa de lo acaecido en Oriente, les exhorta á perseverar en la fé y combatir toda prevaricacion, y reune los pasajes del Testamento Nuevo que confirman la unidad de persona en Cristo.

En el siglo VIII veremos retoñar la doctrina nestoriana con el nombre de *adopcionismo*, y amparada por Félix de Urgel y Elipando de Toledo, poner en grave conflicto la Iglesia española.

III.—EL MANIQUEISMO EN GALICIA Y EXTREMADURA.—PACENCIO

Poco despues del suceso referido apareció en Galicia, sujeta entonces á la doble calamidad de Suevos y Priscilianistas, un maniqueo llamado *Pacencio ó Pascencio*, romano de nacion, que hizo algunos prosélitos, lo cual no era ciertamente difícil, habiendo tantos partidarios del *dualismo* en las regiones occidentales de la Península. Llegó la nueva de tal predicacion á oidos de Santo Toribio de Astorga y de Idacio, quienes en 448 hicieron formar proceso á los nuevos herejes. Pacencio se refugió en Lusitania, pero Antonino, Obispo de Mérida, le desterró de aquella provincia, informado de la condenacion anterior por las actas que le remitieron Idacio y Toribio. Al *Cronicon* de Idacio debemos la noticia de este suceso [1]. Pacencio debia de ser de los Maniqueos que en Roma juzgó San Leon, y de quienes habla en la carta á Toribio.

IV.—RELIQUIAS DE PRISCILIANISMO.—CARTAS DE MONTANO Y VIGILIO

A este incidente de escasa importancia enlazábase un como retoñar de Priscilianismo. Queda hecha memoria en el anterior capítulo de los esfuerzos de Santo Toribio, que dieron por resultado la celebracion de dos Concilios provinciales. Engañosa fué,

---

1 In Asturicensi urbe Gallaeciae quidam ante aliquot annos latentes Manichaei gestis Episcopalibus deteguntur, quae ab Idatio et Toribio Episcopis, qui eos audierant, ad Antoninum Emeritensem Episcopum directa sunt.... Pascentium quemdam urbis Romae, qui de Asturica diffugerat. Manichaeum. Antoninus Episcopus Emeritae comprehendit. auditumque etiam de provincia Lusitaniae facit expelli.» (Tomo IV de la *España Sagrada*.

segun advierte Idacio, la sumision de muchos Obispos gallegos en el
Sinodo que llaman de *Aquis-Caelenis*. Todavía, por los años de 525
o 30, enderezó Montano, Obispo de Toledo, sendas cartas al monje
Toribio y á los fieles del territorio de Palencia, previniéndoles contra
la detestable y torpe secta de Prisciliano, y repitiendo los anatemas de
San Leon. Dedúcese de las palabras del Metropolitano, que el *gnosticismo* habia echado grandes raíces en tierra palentina· «*Praeterea per-
ditissimam Priscillianistarum sectam tam actis quam nomine a vobis praecipue, novimus honorari*». Pero mucho trabajaba en desarraigarla Toribio
(distinto del de Astorga), y por eso Montano no dudó en darle el glorioso título de *restaurador del culto divino en aquella provincia*. «*Jure etenim auctorem te divini cultus in hac praesertim provincia nominabo. Putas-
ne quanta tibi apud Deum maneat merces cujus sollertia vel instinctu, et ido-
latriae error abscessit, et Priscillianistarum detestabilis ac pudibunda secta
contabuit*» [1].

En 538, consulado de Volusiano y Juan, dirigió el Papa Vigilio
una epístola á Profuturo, Obispo de Braga, que le habia consultado
sobre diversos puntos de dogma y disciplina, cuales eran el uso de la
partícula *filioque*, que algunos suprimian en el *Gloria Patri*, la abstinencia de carnes enseñada por los Priscilianistas [2], el bautismo de los
Arrianos y el tiempo de celebracion de la Páscua [3].

Los últimos decretos contra el Priscilianismo, los del Concilio Bracarense, quedan registrados en lugar oportuno, y sólo apuntamos
aquí estas noticias para no romper el hilo cronológico, ni suprimir
ninguno de los elementos de heterodoxia en este período.

---

1 Vid estas cartas en el tomo I de los Padres Toledanos en el V de Florez, o en *Ambrosii
Morales Opuscula Historica*   tomo III, Madrid, 1793 Las cartas de Montano estan desde la
pag 82 a la 89, entre los *Excerpta* del codice Vigilano y del Emilianense

2 «Ac primum de his quos Priscillianae haeresis indicasti vitiis inquinari sancta et conve-
nienti religione catholicae detestatione judicas arguendos qui ita se sub abstinentiae simulatae praetextu, ab escis videntur carnium submovere ut hoc execrationis potius animo quam
devotionis, probantur efficere » *(Collectio Canonum*, ed de la Biblioteca Real pag 154)

3 En el tomo III de la *Coleccion de Concilios* de Catalani está la carta de Vigilio mas completa que en la edicion de Aguirre En éste falta el pasaje relativo a la *trina mersion* en el bautismo Algunos no la practicaban en Galicia

V.—EL ARRIANISMO ENTRE LOS SUEVOS.—SU CONVERSION
POR SAN MARTIN DUMIENSE (560)

SINGULAR espectaculo vamos á presenciar en este capítulo. Una nacion idólatra que pasa al Cristianismo, y de aquí á la herejía y vuelve a la ortodoxia, en términos de extinguirse totalmente el error antiguo, y todo esto en ménos de ciento cincuenta años. ¡Lástima que tengamos tan pocas noticias de este prodigioso acaecimiento! Pero la monarquía sueva ha sido casi olvidada por nuestros historiadores. atentos sólo al esplendor de la visigoda.

Cuando los Suevos posaron su planta en Galicia [1] eran gentiles. Así permanecieron hasta la época de Rechiano que reinó desde 448 a 456, y que antes de casarse con una hija del godo Teodoredo, recibió el bautismo, *catholicus factus*. dice San Isidoro [2] Siguióle en la conversion su pueblo, pero no les duró mucho el Catolicismo, que debian de tener mal aprendido, dado que en tiempo de Remismundo vino a Galicia, como enviado del rey godo Teodorico, un cierto Ayax. de nacion gálata y de religion arriano, con lo cual bastó para que todos los Suevos, comenzando por el rey aceptasen, con la misma facilidad que el antiguo el nuevo dogma impuesto quizá por Teodorico como condicion para el matrimonio de su hija con Remismundo [3]. Aconteció esta apostasía en la era 502, de Cristo 464.

Duró el Arrianismo entre los Suevos noventa y seis años, con escasa diferencia hasta el reinado de Chariarico, segun refiere San Gregorio Turonense, ó hasta el de Teodomiro, conforme á la crónica de San Isidoro. De esta manera narra el Turonense aquella conversion prodigiosa [4] (tiene su relato cierto sabor de piadosa leyenda, que perderia traducido en el árido estilo de nuestra historia)

1   *Suevorum Historia* (Tomo VI de la *España Sagrada*, pag. 504

2   El reino suevo abrazaba, ademas de Galicia, Asturias, las actuales provincias portuguesas de Tras os Montes y Entre Douro e Minho, buena parte del reino de Leon y de Castilla la Vieja

3   «Hujus tempore Ajax natione Galata effectus Apostata Arianus inter Suevos Regis sui auxilio, hostis catholicae fidei et divinae Trinitatis emergit De Gallicana Gothorum regione hoc pestiferum virus afferens et totam gentem Suevorum lethalis perfidiae tabe inficiens 'S Isidori Chronicon

4   *De miraculis Sancti Martini Turonensis* cap XI lib 1 en la ed del Turonense hecha por Ruinart París 1699 Vease en el apendice el capitulo que trata de la conversion de los Suevos

«No alcanza mi lengua á decir tan extrañas virtudes Estaba gravemente enfermo el hijo de Charrarico, rey de Galicia ... y en aquella region habia gran peste de leprosos. El rey, con todos sus vasallos [1], seguia la fétida secta arriana. Pero viendo á su hijo en el último peligro, habló á los suyos de esta suerte «Aquel Martin de las »Gálias que dicen que resplandeció en virtudes, ¿de qué religion era? »¿Sabéislo?» Y fuéle respondido «Gobernó en la fé católica á su grey »afirmando y creyendo la igualdad de sustancia y omnipotencia entre »Padre, Hijo y Espíritu Santo, y por eso hoy está en los cielos y vela »sin cesar por su pueblo» Repuso el monarca «Si verdad es lo que »decís, vayan hasta su templo mis fieles amigos, llevando muchos do- »nes, y si alcanzan la curacion de mi hijo, aprenderé la fé católica y »seguiréla» Envió, pues, al sepulcro del Santo tanta cantidad de oro y de plata como pesaba el cuerpo de su hijo... Pero quedaba en el pecho del rey el amor á la antigua secta, y por eso no logró la merced que pedia. Y volviendo los enviados, le contaron las maravillas que presenciaran en la tumba del Beato Martin, y dijeron «No sabe- »mos por qué no ha sanado tu hijo». Pero él, entendiendo que no sanaria hasta que confesase la divinidad del Verbo, labró un templo en honor de San Martin, y exclamó *«Si merezco recibir las reliquias de »este santo varon, creeré cuanto predican los sacerdotes»*. Y tornó á enviar á sus criados con grandes ofrendas. para que pidiesen las reliquias Ofreciéronselas, segun costumbre, pero ellos replicaron «Dadnos li- »cencia para ponerlas aquí y tomarlas mañana» Y tendiendo sobre el sepulcro un manto de seda, en él colocaron las reliquias, despues de besarlas, diciendo: «Si hallamos gracia cerca del Santo Patrono, pe- »sarán mañana doble, y serán puestas para bendicion, buscadas por »fé».Velaron toda aquella noche. y á la mañana volvieron á pesarlas, y fué tanta la gracia del Santo, que subieron cuanto pudo demostrar la balanza. Levantadas con gran triunfo las reliquias, llegaron las voces de los que cantaban á oidos de los encarcelados de la ciudad y admirando lo suave de aquellos sones, preguntaban á los guardas cuál fuese la ocasion de tanto júbilo. Ellos dijeron «Llevan á Galicia »las reliquias de San Martin, y por eso son los himnos». Lloraban los presos invocando á San Martin para que los librase de la cárcel. Ater- ráronse y huyeron. impelidos por fuerza sobrenatural, los guardas, rompiéronse las cadenas, y aquella multitud salió libre de las prisio- nes para besar las santas reliquias y dar gracias á San Martin que se

---

[1] Entiéndase sólo de los Suevos Los hispano-romanos eran o *católicos* ó *priscilianistas*.

dignó salvarlos . . Y viendo este prodigio los que llevaban las reliquias, alegráronse mucho en su corazon, y dijeron: «Ahora conocemos
»que se digna el Santo Obispo mostrarse benévolo con nosotros peca-
»dores». Y entre acciones de gracias, navegando con viento próspero
só el amparo celeste, mansas las ondas. reposados los vientos, pendientes las velas, tranquilo el mar, aportaron felizmente á Galicia. El
hijo del rey, milagrosamente y del todo sano, salió á recibir aquel tesoro ... Entonces llegó tambien de lejanas regiones, movido por divina inspiracion, un sacerdote llamado Martin . El rey, con todos
los de su casa, confesó la unidad de Padre, Hijo y Espíritu Santo, y
recibió el Crisma. El pueblo quedó libre de la lepra hasta el dia de
hoy, y todos los enfermos fueron salvos..... Y aquel pueblo arde ahora
tanto en el amor de Cristo, que todos irian gozosos al martirio si lle-
gasen tiempos de persecucion.»

Tal es la hermosa tradicion que en el siglo VI explicaba el súbito
tornar de los Suevos al Catolicismo. La historia, por boca de San Isidoro, nos dice mucho ménos. El rey converso no fué Charrarico, sino
Teodomiro, y el catequista San Martin Dumiense ó Bracarense, gloria de nuestra Iglesia, aunque nacido en Pannonia y educado en
Oriente. El mismo escribió.

Pannonius genitus, transcendens aequora vasta
Galliciae in gremium divinis nutibus actus

El Padre Florez procuró resolver la contradiccion, admitiendo dos
conversiones· una del rey y su córte en tiempo de Charrarico, y otra
de todo el pueblo en el reinado de Teudemiro, merced á las exhortaciones de San Martin, el húngaro [1]. Sin embargo, expreso está el
texto de San Isidoro, que alude á una sola conversion· «*Multis deinde
Suevorum regibus in Ariana haeresi permanentibus, tandem regni potestatem Theudemirus suscepit. Qui confestim, Arianae impietatis errore destruc-
to, Suevos catholicae fidei reddidit, innitente Martino Monasterii Dumiensis
Episcopo, fide et scientia claro: cujus studio et pax Ecclesiae ampliata est,
et multa in Ecclesiasticis disciplinis Gallaeciae regionibus instituta*».

San Martin Dumiense fué el apóstol de Galicia No sólo convirtió
á los Arrianos, y es de suponer que lidiase con los Priscilianistas
sino que atajó las supersticiones del vulgo en el curiosísimo tratado
De correctione rusticorum [2] Era docto en letras griegas y en humana

1 *España Sagrada*, tomo XV fols 111 y sig
2 Vid cap siguiente

filosofía. tradujo y ordenó las sentencias de los Padres Egipcios, y compuso buen número de tratados morales *Formula vitae honestae, De moribus, Pro repellenda jactantia, Exhortatio humilitatis, De ira*, etc.), tejidos en su mayor parte de conceptos y sentencias de Séneca [1] Es el más antiguo de los *Senequistas* de la Península ibérica .

En honra de su apostólico celo cantó el trevisano Venancio Fortunato:

> *Martino servata novo, Gallicia plaude,*
> *Sortis apostolicae vir tuus iste fuit*
> *Qui virtute Petrum, praebet tibi dogmate Paulum;*
> *Hinc Jacobi tribuens, inde Joannis opem*
> *Pannoniae ut perhibent veniens e parte Quirinis,*
> *Est magis effectus Galli-Sueva salus.*

Fundó San Martín cerca de Braga el monasterio Dumiense, y tanto adelantó la conversion de los Suevos, que en el Concilio Bracarense, ya citado, no fué necesario pronunciar nuevo anatema contra el Arrianismo, limitándose los Padres á leer la Decretal de Vigilio, y extractar de ella su Cánon V, en que mandan administrar el bautismo *en el nombre del Padre, del Hijo y del Espíritu Santo.*

¡Tan completa habia sido la abjuracion de los bárbaros establecidos en Galicia! Triunfo natural de la cultura de los hispano-romanos. que al cabo constituian la parte mayor y más ilustrada de la poblacion, sobre todo en aquella comarca, donde habian nacido el Priscilianismo y sus impugnadores (indicios todos de gran movimiento intelectual), donde habian escrito los Orosios, Bacchiarios, Avitos, Idacios y Toribios, dignos predecesores de San Martin. Tambien los Suevos, con el candoroso anhelo del neófito, quisieron acercarse á aquella luz, y vióse al rey Miro, *con insaciable sed de sabiduría, correr á los manantiales de la ciencia moral,* y pedir al Obispo bracarense las enseñanzas y consuelos del antiguo saber [2].

Cuando la usurpacion de Andeca y las armas de Leovigildo dieron al traste con el pequeño reino galáico. la *fusion* romano-sueva estaba casi terminada. El Catolicismo, la ciencia clásico-eclesiástica y el jigante espíritu latino iban á alcanzar muy pronto nueva y más disputada victoria. Conviene fijarnos en el Arrianismo visigodo

---

1 La mejor edicion de las obras de San Martin Bracarense es la que forma parte del tomo XV de la *España Sagrada*

2 «Non ignoro, Clementissime Rex, flagrantissimam inimi tui sitim sapientiae insatiabiliter poculis inhiare, eaque te ardenter quibus moralis scientiae rivuli manant fluenta requirere » (Prólogo de la *Formula Vitae Honestae* de San Martin)

VI —El arrianismo entre los visigodos hasta Leovigildo

UANDO Ataulfo llegó en 416 á Barcelona, los Visigodos que le seguían profesaban unánimemente el *Arrianismo* aprendido de Ulphilas. Pero ménos bárbaros que los restantes invasores ó distraídos en conquistas y alianzas que los apartaban de la persecución religiosa ni trataron de imponer sus dogmas al pueblo vencido ni siguieron el cruento ejemplar de los Vándalos. Mientras en Andalucía derramábase la sangre á torrentes y los Obispos, *firmes en los mayores trabajos á la guarda y defensa de su grey* (como escribió San Agustin), *sólo abandonaban sus iglesias cuando los fieles habían desaparecido, unos alejándose de la pátria, otros muertos en la persecucion, quién consumido en los sitios de las ciudades, quién prisionero y cautivo,* los de Cataluña y la Gália Narbonense disfrutaron de relativa libertad en los reinados del mismo Ataulfo, de Sigerico Walia, Teodoredo. Turismundo y Teodorico, todos los cuales trabajaron activamente en la constitucion del nuevo imperio. Al fin Eurico vió reunida bajo su cetro, además de la Gália Aquitánica, toda nuestra Península, excepto la *Gallecia* y tierras confinantes, donde se mantuvieron por cien años más los Suevos. Eurico, el primero de los legisladores de su raza, no se acordó de los vencidos sino para perseguirlos. En Aquitania mató, encarceló y desterró á muchos clérigos y sacerdotes.

Moderó estos rigores su sucesor Alarico, que llegó á honrar con altos cargos á muchos de la gente romana, é hizo compilar para su uso el código llamado *Breviario de Aniano.* Leyes hubo desde entonces para los dos pueblos, pero leyes diversas: una para el bárbaro vencedor, otra para el siervo latino. Algun alivio traia, sin embargo tal estado de cosas, en cotejo con la absoluta anarquía que siguió a las primeras invasiones.

La moderacion de Alarico no fué parte á impedir que otro caudillo bárbaro, el franco Clovis ó Clodoveo, convertido poco antes al Cristianismo, emprendiese, só pretesto de religion despojarle de lo que poseian los Godos en las Gálias. Alarico desterró a dos Obispos, Volusiano de Tours y Quintiano de Rodez, por sospechosos de inteligencia con los Francos. Clodoveo juró arrojar de la Aquitania á los herejes, y á pesar de los esfuerzos conciliatorios del rey de Italia Teo-

dorico la guerra fué declarada. y vencido y muerto Alarico en Vou-
glé, cerca de Poitiers

Tras el breve reinado de Gesaláico y la regencia de Teodorico,
ocupó el trono Amalarico, cuyo matrimonio con Clotilde, hija de
Clodoveo, fué nueva semilla de discordia y de males para el reino visigodo. La esposa era católica, y Amalarico se obstinó en contrariar-
la, prohibiéndola el culto, y hasta maltratándola de obra y de palabra Según tradicion de los Franceses, la ofendida reina envió á sus
cuatro hermanos, Childeberto, Clotario, Clodomiro y Thierry, un
lienzo teñido en su propia sangre, como indicio de los golpes. heridas
y afrentas que habia recibido de su consorte Childeberto, rey de
París, y Clotario de Soissons, se movieron para ayudarla ó dejarla
vengada, y derrotaron, no se sabe dónde, á Amalarico, que fué muerto
en la batalla, segun refiere Procopio, ó traspasado de una lanzada
cuando iba á refugiarse en cierta iglesia, si creemos al Turonense, ó
degollado en Narbona por sus propios soldados, conforme narra San
Isidoro Childeberto volvió á París con su hermana y un rico botin,
en que entraba por mucho la plata de las iglesias.

Dos guerras desdichadas habian puesto la potencia visigoda muy
cerca del abismo Las ciudades de la Narbonense abrian las puertas
á los Francos como á católicos y libertadores. La fuerte mano de
Theudis contuvo aquella disgregacion, y ni él, ni Teudiselo, ni Agi-
la, ni Atanagildo, el que llamó á España los Griegos imperiales, y de
quien San Isidoro dice: *Fidem Catholicam occulte tenuit, et Christianis
valde benevolus fuit* [1]. cometieron acto alguno de hostilidad contra la fé
española.

Hasta el año 570. en que entró á reinar Leovigildo, no hubo. pues,
otro conato de persecucion arriana que la de Eurico, limitada á
Aquitania, segun todas las noticias que de ella tenemos. Ni impidie-
ron aquellos monarcas la celebracion de numerosos Concilios provinciales, cuales fueron el Agathense (de Agde), el Tarraconense, el
Ilerdense, el Valentino, el Gerundense y el Toledano II. Nunca se
distinguieron los Visigodos por el fanatismo, y eran además en pequeño número para contrastar las creencias unánimes de la poblacion
sometida, que poco á poco les iba imponiendo sus costumbres y hasta
su lengua.

1 Algunos suponen intercaladas en el *Chronicon* estas palabras que faltan en muchos manuscritos

VII.—EL ARRIANISMO EN TIEMPOS DE LEOVIGILDO.—POSTRERA LUCHA

EOVIGILDO era hombre de altos pensamientos y de voluntad firme, pero se encontró en las peores condiciones que podian ofrecerse á monarca ó caudillo alguno de su raza Por una parte aspiraba á la *unidad*, y logróla en lo territorial con la conquista del reino suevo y la sumision de los Vascones Pero bien entendió que la unidad política no podia nacer del pueblo conquistador, que como todo pueblo bárbaro significaba desunion, individualismo llevado al extremo Por eso la organizacion que Leovigildo dió á su poderoso Estado era calcada en la organizacion romana, y á la larga debia traer la asimilacion de las dos razas El *imperio* á la manera de Diocleciano ó de Constantino, fué el ideal que tiró á reproducir Leovigildo en las pompas de su córte, en la gerarquía palaciega, en el manto de púrpura y la corona, en ese título de *Flávio* con que fué su hijo Recaredo el primero en adornarse, y que con tanta diligencia conservaron sus sucesores. Título á la verdad bien extraño, por la reminiscencia clásica, y suficiente á indicar que los bárbaros, lejos de destruir la civilizacion antigua, como suponen los que quisieran abrir una zanja entre el mundo romano y el nuestro, fueron vencidos, subyugados y modificados por aquella civilizacion que los deslumbraba áun en su lamentable decadencia. El imperio, última expresion del mundo clásico, era institucion arbitraria y hasta absurda, pero habia cumplido un decreto providencial extendiendo la unidad de civilizacion á los fines del mundo entonces conocido, y dando por boca del tirano y fratricida Caracalla, la unidad de derechos y deberes, el derecho universal de ciudadanía. Otra unidad más íntima iba labrando al mismo tiempo el Cristianismo. Las dos tendencias se encontraron en tiempo de Constantino: el imperio abrazó al Cristianismo como natural aliado Juliano quiso separarlos, y fué vencido Teodosio puso su espada al servicio de la Iglesia, y acabó con el paganismo Poco despues murió el imperio, porque su idea era más grande que él; pero el espíritu clásico, ya regenerado por el influjo cristiano, ese espíritu de ley, de unidad, de civilizacion, continúa viviendo en la oscuridad de los tiempos medios, é informa en los pueblos del Mediodía toda civilizacion, que en lo grande y esencial es civilizacion romana por el derecho

como por la ciencia y el arte, no germánica, ni bárbara, ni caballeresca, como un tiempo fué moda imaginársela. Por eso los dos Re-
nacimientos, el del siglo XIII y el del XV, fueron hechos naturalísi-
mos. y que no vinieron á torcer, sino á ayudar el curso de las ideas.
Y en realidad á la idea del Renacimiento sirvieron, cada cual á su
modo, todos los grandes hombres de la Edad Media, desde el ostro-
godo Teodorico hasta Carlo-Magno, desde San Isidoro, que recopiló
la ciencia antigua, hasta Santo Tomás, que trató de cristianizar á
Aristóteles, desde Gregorio VII hasta Alfonso el Sábio. Nunca ha
habido *soluciones de continuidad* en la historia.

Leovigildo, puesta su mira en la unidad política, ¿y quién sabe si
en la social y de razas? tropezó con un obstáculo invencible. la diversidad religiosa. Trató de vencerla desde el punto de vista arriano.
tuvo que erigirse en campeon del menor número, del elemento bárbaro é inculto, de la idea de retroceso, y no sólo se vió derrotado, lo
cual era de suponer, sino que contempló penetrar en su propio palacio, entre su familia, el gérmen de duda y discordia, que muy pronto
engendró la rebelion abierta. Y en tal extremo, Leovigildo, que no
era tirano, ni opresor, ni fanático. antes tenia más grandeza de alma
que todos los príncipes de su gente, vióse impelido á sanguinarios
atropellos, que andando los siglos y olvidadas las condiciones sociales de cada época, han hecho execrable su memoria, respetada siempre por San Isidoro y demás escritores cercanos á aquella angustiosa
lucha, que indirectamente y de rechazo produjo la abjuracion de Recaredo y la unidad religiosa de la Península. La historia de este postrer conflicto ha sido escrita muchas veces, y sólo brevemente vamos
á repetirla.

Hermenegildo, primogénito de Leovigildo y asociado por él á la
corona, casó con Ingunda, princesa católica, hija de nuestra Brune-
childa y del rey Sigeberto. Los matrimonios franceses eran siempre
ocasionados á divisiones y calamidades. Ingunda padeció los mismos
ultrajes que Clotilde, aunque no del marido, sino de la reina Gosuinda, su madrastra, arriana fervorosa, que ponia grande empeño en rebautizar á su nuera, y llegó á golpearla y pisotearla, segun escribe,
quizá con exageracion, el Turonense. Tales atropellos tuvieron resultado en todo diverso del que Gosuinda imaginaba, dado que no sólo
persistió Ingunda en la fé, sino que movió á abrazarla á su marido,
dócil asimismo á las exhortaciones y enseñanzas del gran Prelado
de Sevilla, San Leandro, hijo de Severiano, de la provincia Cartaginense.

Supo con dolor Leovigildo la conversion de su hijo, que en el bautismo habia tomado el nombre de Juan, para no conservar, ni áun en esto, el sello de su bárbaro linaje. Mandóle á llamar, y no compareció, antes levantóse en armas contra su padre, ayudado por los Griegos bizantinos que moraban en la Cartaginense, y por los Suevos de Galicia Á tal acto de *rebelion* y *tiranía* (así lo llama el Biclarense [1]), contestó en 583 Leovigildo reuniendo sus gentes y cercando á Sevilla, córte de su hijo. Duró el sitio hasta el año siguiente en él murió el rey de los Suevos Miro, que habia venido en ayuda de Hermenegildo [2]; desertaron de su campo los imperiales, y al cabo Leovigildo, molestando á los cercados desde Itálica, cuyos muros habia vuelto á levantar, rindió la ciudad parte por hambre, parte por hierro, parte torciendo el curso del Bétis [3]. Entregáronsele las demás ciudades y presidios que seguian la voz de Hermenegildo, y finalmente la misma Córdoba, donde aquel príncipe se habia refugiado. Allí mismo (como dice el abad de Valclara, á quien con preferencia sigo por español y coetáneo), ó en Osset (como quiere San Gregorio de S. Tours), y fiado en la palabra de su hermano Recaredo, púsose Hermenegildo en manos de su padre, que le envió desterrado á Valencia. Ni allí se aquietó su ánimo: antes indújole á levantarse de nuevo en sediciosa guerra, amparado por los hispano-romanos y bizantinos, hasta que vencido por su padre en Mérida y encerrado en Tarragona, lavó en 585 todas sus culpas, recibiendo de manos de Sisberto la palma del martirio, por negarse á comulgar con un Obispo arriano *Hermenegildus in urbe Tarraconensi a Sisberto interficitur*, nota secamente el Biclarense, que narró con imparcialidad digna de un verdadero católico esta guerra, por ambas partes escandalosa. Pero en lo que hace á Hermenegildo, el martirio sufrido por la confesion de la fé borró su primitivo desacato, y el pueblo hispano-romano comenzó á venerar de muy antiguo la memoria de aquel príncipe godo, que habia abrazado generosamente la causa de los oprimidos contra los opresores, siquiera fuesen éstos de su raza y familia Esta vene-

---

1 «Leovigildus Rex exercitum ad expugnandum tyrannum filium colligit   Leovigildus Rex civitatem Hispalensem congregato exercitu obsidet, et rebellem filium gravi obsidione concludit » *(Chronicon del Biclarense*, tomo VI de la *España Sagrada*, pág 382)

2 «Anno primo Mauricii Imperatoris, qui est Leovigildi regis XV an Leovigildus Rex civitatem Hispalensem congregato exercitu obsidet, et rebellem filium gravi obsidione concludit in cujus solatio Miro Suevorum Rex ad expugnandam Hispalim advenit, ibique diem clausit extremum » (Biclarense)

3 «Interea Leovigildus Rex supradictam civitatem nunc fame, nunc ferro, nunc Baetis conclusione, omnino conturbat   Leovigildus muros Ithalicae antiquae civitatis restaurat quae res maximum impedimentum Hispalensi populo exhibuit » (Biclarense, *ut supra*)

racion fué confirmada por los Pontífices. Sixto V extendió á todas las iglesias de España la fiesta de San Hermenegildo, que se celebra el 14 de Abril [1]. Es singular que San Isidoro sólo se acuerde del rey de Sevilla para decir en son de elogio que Leovigildo sometió á su hijo, que *tiranizaba* el imperio. *(Filium imperiis suis tyrannizantem, obsessum superavit.)* ¡Tan poco *preocupados* y *fanáticos* eran los Doctores de aquella Iglesia nuestra, que ni áun en provecho de la verdad consentian el más leve apartamiento de las leyes morales!

Ingunda pasó fugitiva á la costa africana, donde murió, y su hijo Amalarico fué conducido por los servidores del padre á Constantinopla, donde imperaba Mauricio, aliado que fuera de Hermenegildo. La rebelion de éste dió ocasion á Leovigildo para dos guerras felices: la de los Suevos, cuya dominacion destruyó del todo, y la de los Francos, cuyo rey Gontrán padeció por tierra y mar sendas derrotas.

Dura fué la persecucion de Leovigildo contra los católicos. Hemos de reconocer, sin embargo, que habia buscado, aunque erradamente, una conciliacion semejante al *Interim* que en el siglo XVI promulgó el César Cárlos V para sus Estados de Alemania. Siempre han sido inútiles, cuando no de funestos resultados, estas tentativas de concordia teológica de parte de príncipes seculares. El año 580 reunió Leovigildo en Toledo un conciliábulo de Obispos arrianos, que introdujeron algunas modificaciones en la secta, para que pareciese aceptable á los ojos de los católicos, ordenando que no se rebautizase á los que viniesen á su secta, sino que se les *purificase* (así decian) por la imposicion de manos y la comunion A la antigua fórmula de glorificacion que ellos usaban sin copulativas «*Gloria Patri, Filio, Spiritui Sancto*» [2], para excluir la igualdad entre las personas divinas, sustituyeron otra, tambien errónea, que se les antojó no tan mal sonante: *Gloria Patri per Filium in Spiritu Sancto*. Redactóse una profesion de fé en consonancia con esta fórmula arriana y macedoniana, y obstinóse Leovigildo en imponerla á todos sus vasallos, de grado ó por fuerza. Resistieron heróicamente los hispano-romanos: arrojados fueron de sus Sillas los más egrégios Obispos de aquella edad. San Leandro, de Sevilla, que buscó asilo en Constantinopla, San Fulgencio, de Écija, Liciniano, de Cartagena; Fronimio, de Agde, en el Languedoc;

---

[1] Además del Biclarense, veanse sobre el martirio de Hermenegildo, San Gregorio el Magno en el lib III de sus *Dialogos*, cap XXXI, el Turonense, en los libros V y VI de su *Historia eclesiastica* y en los *Milagros*, etc lib III, cap XII, y por incidencia otros Todos estos sucesos, asi como los referidos en el paragrafo anterior, son de los mas conocidos de nuestra historia, y por eso no hago hincapié en ellos
[2] Vid carta de Vigilio á Profuturo

Mausona, finalmente, el más célebre de los Prelados emeritenses Su biógrafo, el diácono Paulo [1], refiere por extenso lo acaecido á aquel varon santísimo Negóse á suscribir la *Formula fidei* del conciliábulo Toledano no se intimidó por terrores y amenazas, y cuando Leovigildo envió á Mérida un Obispo herético é intruso, llamado Sunna, no dudó en aceptar con él una controversia pública en la iglesia de Santa Eulalia Era Sunna, segun lo describe Paulo Emeritense, *homo funestus, vultu teterrimus, cujus erat frons torva, truces oculi, aspectus odibilis, motus horrendus, eratque mente sinister, moribus pravus, lingua mendax, verbis obscoenus, forinsecus turgidus, intrinsecus vacuus, extrorsus elatus, introrsus inanis, foris inflatus, interius cunctis virtutibus evacuatus, utrobique deformis, de bonis indignus, de pessimis opulentus, delictis obnoxius, perpetuae morti nimis ultroneus:* en suma, un verdadero retrato de Lucifer Antes de entrar en la pelea, oró Mausona por tres dias y tres noches ante el altar de la Vírgen Emeritense y fortificado con celestiales consuelos, descendió al átrio, donde estaba congregado el pueblo católico de una parte, y de otra Sunna con los Arrianos Comenzó la disputa *(discusion* que diríamos ahora) *ingens verborum certamen,* que dice Paulo, y Mausona, portento de elocuencia y de doctrina redujo fácilmente al silencio á su adversario Corría de los lábios del Obispo de Mérida una oracion más dulce que la miel «*Nam tantam gratiam in ejus labiis eo die Dominus conferre dignatus est, ut numquam cum quisquam viderit prius tam claro eloquio facundum, licet semper docuerit ore eloquentissimo*». Entonces como dice la Escritura y repite Paulo *viéronlo los justos y alegráronse, y toda iniquidad selló su boca, porque el Señor habia cerrado la boca de los que hablaban iniquidades.* Y mientras los Arrianos enmudecian, postráronse los católicos y alzaron al Señor sus voces de júbilo, cantando: *¿Quis similis in Diis, Domine? ¿Quis similis tibi, et non est secundum opera tua?* Tras de cuyo triunfo entraron en la basílica bendiciendo á la vírgen Eulalia, que habia ensalzado á sus *servidores y reducido á la nada á sus enemigos. (Quae ad sublime erexerat famulos, et ad nihilum suos redegerat inimicos.)*

El espíritu malo (dice Paulo) movió á Leovigildo á llamar á Mausona á Toledo y pedirle la túnica de Santa Eulalia. A lo cual contestó enérgicamente el Obispo: «*Compertum tibi sit quia cor meum sordibus Arianae superstitionis nunquam maculabo tam perverso dogmate mentem meam nunquam inquinabo. tunicam Dominae meae Eulaliae sacrilegis haereticorum manibus polluendam, vel etiam summis digitis pertractandam,*

---

[1] *Vitae Patrum Emeritensium* en el tomo XIII de la España Sagrada, pags 335 y sigs , capitulos X, XI, XII, XIII, XIV y XV

nunquam tradam». En vano mandó Leovigildo gente á Mérida para
buscar la túnica en el tesoro de la Iglesia. la túnica no pareció, porque Mausona la llevaba oculta sobre su propio cuerpo. Amenazóle
el rey con el destierro, y él replicó. «Si sabes algun lugar donde no
esté Dios, envíame allá». *(Et ideo obsecro te ut si nostri regionem aliquam,
ubi Deus non est, illic me exilio tradi jubeas)* Montáronle en un corcel
indómito para que le hiciese pedazos, y el bruto se amansó al sentir
su peso. Leovigildo espantado por tal prodigio, le permitió retirarse
á un monasterio, y áun es fama que tres años despues consintió que
volviese á su Sede, amonestado el rey en sueños por una voz que le
decia: *Redde servum meum.* Todas estas y otras hermosas tradiciones
están consignadas en el Leyendario de Paulo Emeritense, y aunque
no sea forzoso tenerlas por artículos de fé, proceden al cabo de un
autor del siglo VIII [1], y nos dan idea viva y fiel de aquella lid postrera y desesperada entre las dos religiones y los dos pueblos. Gran
consuelo es poder asistir en espíritu á esa especie de desafío teológico
en el atrio de la romana Mérida

Leovigildo apenas derramó más sangre cristiana que la de su hijo
Acúsale el Turonense de haber atormentado á un sacerdote, cuyo
nombre no expresa. Enriqueció el Erario con la confiscacion de las
rentas de las iglesias, y pareciéndole bien tal sistema de Hacienda,
le aplicó no sólo á los católicos, sino tambien á sus vasallos arrianos.

La Iglesia española se mantuvo inmoble en medio de tal borrasca.
Sólo un Obispo apostató Vincencio de Zaragoza [2]. Pero no lo llevaron en calma sus correligionarios, puesto que Severo, Obispo de Málaga, á quien en el párrafo siguiente veremos combatir, unido con
Liciniano, las opiniones materialistas de otro Obispo, escribió contra
el cesaraugustano un libro hoy perdido, en que gravemente le reprendia por haber prevaricado en la hora de la tribulacion [3].

La grandeza misma de la resistencia, el remordimiento quizá de la
muerte de Hermenegildo, trajeron al rey visigodo á mejor entendimiento en los últimos dias de su vida. Murió en 587, católico ya y
arrepentido de sus errores, como afirma el Turonense y parece confirmarlo la prestísima abjuracion pública de su hijo y sucesor Recaredo. De la conversion del padre nada dicen nuestros historiadores.
Riego fecundo fué de todas suertes para nuestra Iglesia el de la sangre de Hermenegildo.

[1]   Sin embargo, acaba su historia en Renovato Prelado del siglo VII
[2]   «Vincentium Caesaraugustanum de Episcopo Apostatam factum et tanquam e coelo in
infernum projectum » *(S Isidori Chronicon,* era 606)
[3]   «Edidit libellum unum adversus Vincentium   » (S Isidoro *De viris illustribus*

VIII —Escritos apócrifos.—Materialismo de un obispo

A fé se acrisolaba con la persecución, pero el pueblo cristiano veíase expuesto á otro peligro mayor por la ligereza ó credulidad de algunos de sus Prelados Los errores de dos ellos aunque el nombre de uno solo, han llegado á nuestra noticia en las áureas cartas de Liciniano, que son de los mas curiosos monumentos de la ciencia española de aquellos dias. Liciniano, Obispo de *Carthago Spartaria*, ó sea Cartagena, y no de la Cartago de África, como algunos han supuesto [1], fué uno de los desterrados por Leovigildo, y es fama que murió trágicamente en Constantinopla envenenado por sus émulos [2]. De las obras de este ilustre varon sólo tenemos tres epístolas: la segunda y tercera interesan á nuestro propósito

Enderezada fué la segunda á Vincencio, Obispo de Ibiza, que habia admitido por auténtica una carta *á nombre de Cristo*, que se suponía caida del cielo. Esta ficcion no es única en la historia de la Iglesia, pertenece al mismo género de apócrifos que la carta del Redentor á Abgaro de Edessa, ó la de la Vírgen á los ciudadanos de Messina Sectas gnósticas hubo que fundaban sus imaginaciones en documentos emanados de tan alto orígen y caidos á la tierra por especial providencia. El autor de la carta que se esparció en Ibiza no debia de ser gnóstico, sino judío ó cristiano algo judaizante y farisaico, puesto que exageraba el precepto de descanso en el domingo, extendiéndole áun á las cosas necesarias para la preparacion del alimento, y vedando el ponerse en camino ni hacer obra alguna liberal en tales dias Con razon exclama el Obispo de Cartagena «¡Ojalá que el pueblo cristiano, ya que no frecuentara la iglesia en ese dia, hiciera algo de provecho y no danzase!» La tal carta, que se decia caida en Roma sobre el altar de San Pedro, fué recitada desde el púlpito por el Obispo para que llegara á conocimiento de todos los fieles Liciniano reprende la nécia facilidad de Vincencio en recibir aquel escrito, *donde ni se encontraba locucion elegante, ni doctrina sana* [3].

---

[1] «Licinianus Cartaginis Spartariae Episcopus » dice expresamente San Isidoro unico escritor antiguo que habla de él

[2] «Veneno, ut ferunt, extinctus ab aemulis » (S Isidoro, *De scriptoribus ecclesiasticis*)

[3] Véase la carta de Liciniano en el tomo V, append IV pag 122 de la *España Sagrada* y lo esencial de ella en el apéndice de este capítulo

De trascendencia mucho mayor es la epístola tercera, *in qua ostenditur Angelos et animas rationales esse spiritus sive totius corporis expertes* [1],
dirigida al diácono Epifanio, y suscrita por Liciniano y Severo, Obispo
malacitano. Otro Obispo, cuyo nombre tuvieron la cortesía ó *reverencia* de omitir los impugnadores, negaba la espiritualidad del alma racional y de los ángeles, aseverando que todo, fuera de Dios, era corpóreo. La afirmacion materialista apenas podia ir más allá, y los que
la consideran como el término de la ciencia novísima, pueden contar
en el triste catálogo de sus predecesores á un *anónimo* Obispo español del siglo VI. La cuestion no era entonces tan clara como hoy
aunque todos los Padres de la Iglesia griega y latina convinieron en
la espiritualidad é inmortalidad del alma, no ha de dudarse que algunos se habian explicado con cierta oscuridad y falta de precision
científica, que para el error podian ofrecer, no sólo pretextos, sino armas. Tertuliano y Arnobio se extraviaron en esta cuestion [2], pero
cuando otros hablan de la *materia* del alma, ha de entenderse siempre de una materia sutilísima y diversa de la corpórea. Fuera de que
el alma no es para ellos el principio racional que llaman *pneuma*, sino
el principio vital apellidado *psyche*.

Al error del ignorado Obispo oponen el de Cartagena y el de Málaga dos especies de argumentos, unos de autoridad y otros de razon.
Me fijaré especialmente en los segundos. *«Todo cuerpo vivo*, dice Liciniano, *consta de tres elementos es absurdo decir que la sustancia del alma
esté compuesta de ninguno de ellos. Si el alma es imágen de Dios, no
puede ser cuerpo.»* *«El alma* (decian los materialistas de entonces) *es
corpórea, porque está contenida en algun lugar.»* Y Liciniano y Severo
dan esta admirable respuesta. *«Rogámoste que nos digas en qué lugar puede estar contenida el alma. Si la contiene el cuerpo, de mejor
calidad es el cuerpo continente que el alma contenida. Es absurdo
decir que el cuerpo supera en excelencia al alma, luego el alma es la
que contiene y el cuerpo lo contenido. Si el alma rige y vivifica el
cuerpo, tiene que contenerle. Y no está limitada por el cuerpo que
contiene, á la manera del odre lleno de agua. . . Está toda interior,
toda exteriormente, tanto en la parte mayor del cuerpo como en la
menor. Si tocas con el dedo una extremidad del cuerpo, toda el alma
siente. Y siendo cinco los sentidos corporales, ella no está dividida
en los sentidos, toda oye, toda ve, toda huele, toda toca, toda gusta. Y
cuando mueve el cuerpo de su lugar, ella no es movida. Y por eso*

---

[1] Véase en Florez tomo V apend. IV, pag. 421, y en nuestro apendice
[2] Tertuliano afirma resueltamente la corporeidad del alma. *De anima.*

distinguimos bien tres naturalezas: la de Dios, que ni está en tiempo ni en lugar; la del espíritu racional, que está en tiempo mas no en lugar; la de la materia, que está en lugar y en tiempo. Pero acaso se replicará «El alma no puede existir fuera del cuerpo su *cantidad* »está limitada por la de éste». Según eso (prosigue Liciniano), será cada cual más sábio, segun fuere más alto y desarrollado de miembros; y vemos que sucede lo contrario, porque la cantidad del alma no se mide por la del cuerpo Si el alma es de la magnitud del cuerpo, ¿cómo siendo tan pequeña, encierra tan grandes ideas? ¿Cómo podemos contener en la mente las imágenes de ciudades, de montes, de rios, de todas las cosas creadas del cielo y de la tierra? ¿Qué espacio hay bastante grande para el alma, cuando ella abarca y compendia tantos espacios? Pero como no es cuerpo, contiene *de un modo no local (inlocaliter)* todos los lugares Si un vaso está contenido en otro vaso, el menor será el de dentro, el mayor el de fuera. ¿Cómo, pues? el alma, que tantas grandezas encierra, ha de ser menor que el cuerpo? Por eso afirmamos que el alma tiene *alguna* cualidad, pero no cantidad, y Dios, ni cantidad ni cualidad. Como el alma no es igual á Dios, tiene cualidad, como no es cuerpo, carece de cantidad Y creemos con la santa fé católica, que Dios, sér incorpóreo, hizo unas cosas incorpóreas y otras materiales, y sujetó lo irracional á lo racional, lo no inteligente á lo inteligible, lo injusto á lo justo, lo malo á lo bueno, lo mortal á lo inmortal »   •

¿Puede presentarse en el siglo VI una página de psicología, comparable á la que acabo de traducir fidelísimamente y á la letra? Tal era la doctrina antropológica profesada por los Padres que antonomásticamente llamamos *toledanos* y de la escuela de Sevilla ¿Dónde estaban las fuentes de esas doctrinas? Liciniano y Severo las declaran: primero en San Agustin, que habia definido el alma *sustancia dotada de razon y dispuesta para gobernar el cuerpo;* segundo, y con más claridad, en el Obispo Mamerto Claudiano, varon docto, que en su libro *De incorporalitate animae,* asentó que *el alma es la vida del cuerpo, y que su sér sustancial es el raciocinio* Pero éstos no eran más que gérmenes la constitucion de la doctrina se debe á Liciniano y á Severo, como se les debe esa demostracion clara y perentoria de la unidad y subjetividad de las sensaciones, y esa division admirable de los séres segun las categorías de lugar y tiempo, de cualidad y cantidad, como se les debe, finalmente, la gran concepcion espiritualista del *alma continente y no contenida del cuerpo,* especie de atmósfera racional en que el cuerpo vive y que dirige al cuerpo. Esa idea, conservada por los doctores españoles, pasa á los escolásticos de la Edad Media, y Santo Tomás vuelve á formularla, si bien con sujecion al criterio peripatético, segun el cual *el alma es la* ENTELECHIA *primera de un cuerpo físico, que tiene la vida en potencia*, ó como dijo el Doctor de Aquino, es el *acto* ó la *forma sustancial* del cuerpo, idea en el fondo exacta, pero más expuesta á desacertadas interpretaciones que la de Liciniano, conforme casi á la de Platon en el *Primer Alcibíades* [1] Pero conste que para Santo Tomás es un axioma la no localizacion del alma, como lo era para Liciniano, y que uno y otro consideran el espíritu como causa de todos los fenómenos y principio de la vida. El Cartesianismo vino á romper esta armonía, dividiendo en dos el sér humano, y extremando la oposicion de materia y espíritu, que forma-ron ya dos reinos opuestos. Necesario fué escogitar sistemas para explicar sus relaciones, y surgieron las teorías que localizan el alma en el cerebro ó en alguna de sus partes, con absoluto olvido y desco-nocimiento de las propiedades del espíritu. Como lógica consecuen-cia vino el materialismo suprimiendo ese incómodo huésped, que con ser inmaterial estaba sometido á las condiciones de la materia, y vino la que llaman *filosofía positiva* afirmando la existencia de dos órde-nes de fenómenos paralelos, pero sin reconocer ni negar la existen-cia de sustancias á qué referirlos. Y hoy es el dia en que para evitar las lógicas consecuencias de la denominada ciencia *modesta*, con ser la más orgullosa á la vez que pobre y rastrera que ha engendrado el pensamiento humano, hay que desandar el camino y retroceder á nuestro buen Liciniano, y ver con él en la sustancia anímica *conti-nente y no contenida, forma sustancial del cuerpo*, el principio y base de todas nuestras modificaciones. ¡Cuándo nos convenceremos de que hay algo, y áun mucho que estudiar en la ciencia española, hasta de las épocas más oscuras!

Mostróse Liciniano en su réplica profundo escriturario, juntando y exponiendo los textos de los Sagrados libros relativos al alma racio-nal, y obtuvo en éste como en los demás puntos señalada victoria so-bre el ignoto Patriarca de los materialistas españoles.

[1] Αυτο γε τὸ τοῦ σωματος ἔργον ὡμολογήσαμεν τοῦ τ ἄνθρωπον εἶναι.

IX.—ABJURAN LOS VISIGODOS EL ARRIANISMO —TERCER CONCILIO TO-
LEDANO —TENTATIVAS HETERODOXAS Y REACCION DE WITERICO

CLARAMENTE se vió desde los primeros dias del gobierno de Recaredo la mutacion radical que iba á hacerse en las condiciones religiosas del pueblo visigodo. El Catolicismo contaba ya
innumerables prosélitos entre las gentes de palacio, como lo fue
aquel embajador Agilan, convertido en Francia por el Turonense. El
mismo Recaredo debia de estar ya muy inclinado á la verdadera fe en
vida de su padre, y si éste murió católico, como parece creible, y de
seguro con el amargo torcedor del suplicio de Hermenegildo, natural es que estas circunstancias viniesen en ayuda de las exhortaciones
del catequista San Leandro para decidir el ánimo de Recaredo, iluminado al fin por los resplandores de la gracia. Antes de recibir el
bautismo (que fué á los diez meses de reinado), habia asistido á largas controversias de Obispos católicos con arrianos, para que en ningun caso pudiera tacharse su conversion de violenta y precipitada.
La abjuracion del rey llevaba consigo la de todo su pueblo, y para
darla mayor solemnidad convocóse el tercer Concilio Toledano
en 589 (era 627). A este Sínodo nacional asistieron sesenta y tres
Obispos y seis Vicarios de las cinco provincias españolas (Tarraconense, Cartaginense, Bética, Lusitania y Galicia), y de la Narbonense. Presidió el venerable Mausona, emeritense, uno de los Prelados
que más habian influido en la resolucion del monarca. Abrióse el
Concilio el dia 4 de Mayo, y Recaredo habló á los Padres de esta
manera. «No creo que ignorareis, reverendísimos sacerdotes, que os
he convocado para restablecer la disciplina eclesiástica, y ya que en
los últimos tiempos la herejía que amenazaba á la Iglesia católica no
permitió celebrar Sínodos Dios, á quien plugo que apartásemos este
tropiezo, nos avisa y amonesta para que reparemos los Cánones y
costumbres eclesiásticas. Sírvaos de júbilo y alegría ver que por favor de Dios vuelve, con gloria nuestra, la disciplina á sus antiguos
términos. Pero antes os aconsejo y exhorto á que os prepareis con
ayunos, vigilias y oraciones, para que el orden canonico, perdido por

el trascurso de los tiempos y puesto en olvido por nuestra edad, torne á manifestarse por merced divina á vuestros ojos» [1]

Al oir hablar de tal suerte á un rey antes hereje, prorumpieron los Padres en acciones de gracias á Dios y aclamaciones á Recaredo. Y observado un ayuno de tres dias tornaron á juntarse el 7 de Mayo Recaredo, despues de hacer oracion con los Obispos, dirigióles nuevo razonamiento, de este tenor· «No creemos que se oculta á vuestra santidad por cuánto tiempo ha dominado el error de los Arrianos en España, y que no muchos dias despues de la muerte de nuestro padre nos hemos unido en la fé catolica, de lo cual habreis recibido gran gozo. Y por esto, venerandos Padres, os hemos congregado en Sínodo, para que deis gracias á Dios por las nuevas ovejas que entran en el redil de Cristo. Cuanto teníamos que deciros de la fé y esperanza que abrazamos, escrito está en el volúmen que os presento. Sea leido delante de vosotros y examinado en juicio conciliar, para que brille en todo tiempo nuestra gloria, iluminada por el testimonio de la fé» [2].

Leyó en alta voz un notario la profesion de fé en que Recaredo declaraba seguir la doctrina de los cuatro Concilios generales, Niceno, Constantinopolitano, Efesino y Calcedonense, y reprobar los errores de Arrio, Macedonio, Nestorio, Eutiques y demás heresiarcas condenados hasta entonces por la Iglesia. Aprobáronla los Padres con fervientes acciones de gracias *á Dios Padre, Hijo y Espíritu Santo, que se había dignado conceder á su Iglesia paz y union, haciendo de todos un solo rebaño y un Pastor solo por medio del apostólico Recaredo, que maravillosamente glorificó á Dios en la tierra*, y en pós del rey abjuró la reina Badda, y declararon los Obispos y clérigos arrianos allí presentes

---

1 «Non incognitum reor esse vobis, reverendissimi Sacerdotes, quod propter instaurandam disciplinae ecclesiasticae formam, ad nostrae vos serenitatis praesentiam evocaverim, et quia decursis retro temporibus haeresis imminens in tota Ecclesia catholica agere synodica negotia denegabat, Deus cui placuit per nos ejusdem haeresis obicem depellere, admonuit instituta de more ecclesiastico reparare Ergo sit vobis jucunditatis, sit gaudii quod mos canonicus prospectu Dei per nostram gloriam ad paternos reducitur terminos Prius tamen admoneo pariter et exhortor, jejuniis vos et vigiliis atque orationibus operam dare ut ordo canonicus, quem á sacerdotibus sensibus detraxerat longa ac diuturna oblivio quam aetas nostra se nescire fatetur, divino dono vobis rursum patefiat » (Aguirre, *Collectio* etc , tomo II)

2 «Non credimus vestram latere sanctitatem, quanto tempore in errore Arrianorum laborasset Hispania et non multos post decessum genitoris nostri dies, quibus nos nostra beatitudo fidei catholicae cognovit esse sociatos, credimus generaliter magnum et aeternum gaudium habuisse, et ideo venerandi Patres, ad hanc vos peragendam congregari decrevimus Synodum, ut de omnibus nuper advenientibus ad Christum, ipsi aeternas Deo gratias referatis Quidquid vero verbis apud sacerdotium vestrum nobis agendum erat de fide atque spe vestra, quam gessimus, in hoc tomo conscripta atque allegata, nota facimus Relegatur ergo in medio vestri, et in judicio synodali examinata per omne successum tempus gloria nostra ejusdem fidei testimonio declarata clarescat »

que *siguiendo á su gloriosísimo monarca, anatematizaban de todo corazon la antigua herejía.* El Concilio pronunció las condenaciones siguientes·

«Todo el que persista en conservar la fé y comunion arriana, ó no la rechace de todo corazon, sea anatema.

»Todo el que negare que el Hijo de Dios y Señor nuestro Jesucristo es eterno y consustancial al Padre, y engendrado de la paterna sustancia sin principio, sea anatema.

»Todo el que no creyere en el Espíritu Santo, ó negare que procede del Padre y del Hijo, y es coeterno y consustancial al Hijo y al Padre, sea anatema.

»Todo el que no hace distincion de personas entre Padre, Hijo y Espíritu Santo, ó por el contrario, no reconoce unidad de sustancia en Dios, sea anatema.

»Quien aseverare que el Hijo y el Espíritu Santo son inferiores en grados de divinidad al Padre, ó que son criaturas, sea anatema.

»Quien diga que el Hijo de Dios ignora lo que sabe el Padre sea anatema.

»Quien suponga principio en el Hijo ó en el Espíritu Santo, sea anatema.

»Quien se atreva á proferir que el Hijo de Dios. segun la divinidad. es visible ó pasible, sea anatema.

»Quien no creyere que el Espíritu Santo es Dios verdadero y omnipotente como el Padre y el Hijo, sea anatema.

»Todo el que siguiere otra fé y comunion que la que tiene la *Iglesia Universal* y definieron los Concilios Niceno. Constantinopolitano. Efesino y Calcedonense, sea anatema

»Todo el que separa y disgrega en honor, gloria ó divinidad al Padre, al Hijo y al Espíritu Santo, sea anatema

»Todo el que no dijere· «Gloria al Padre y al Hijo y al Espíritu »Santo», sea anatema.

»Quien juzgue buena la sacrílega obra de rebautizar ó la practique sea anatema.

»El que no rechazare y condenare de todo corazon el conciliábulo de Rímini, sea anatema.

»Sean, pues, condenadas en el cielo y en la tierra todas las cosas que la Iglesia romana condena, y sean admitidas en la tierra y en el cielo todas las que ella admite; reinando nuestro Señor Jesucristo á quien con el Padre y el Espíritu Santo sea dada honra y gloria por todos los siglos de los siglos. *Amen.*»

Suscrita por todos la profesion de fé, los Obispos conversos fueron admitidos á las posteriores deliberaciones del Concilio, que versaron casi todas sobre cuestiones de disciplina. Aquí sólo conviene hacer mérito del Cánon II, que manda recitar el Símbolo en la Misa; del V, que prohibe á los clérigos arrianos convertidos la cohabitacion con sus mujeres; del IX, á tenor del cual las iglesias arrianas y sus bienes debian aplicarse al Obispo de cuya Silla eran parroquias, y del XVI, que encarga á sacerdotes, jueces y señores la total extirpacion del culto idolátrico que habia retoñado en gran parte de España, y sobre todo en Galicia, ó como otros leen, en la Gália (Narbonense). En el capítulo siguiente veremos lo que significaba este retorno á la idolatría, y haré mérito de otros dos Cánones, que se enlazan con éste y le explican.

Ocho fueron los Obispos arrianos que firmaron la abjuracion con Recaredo. Todos tienen nombres godos: ni un solo hispano-romano entre ellos. Llamábanse Ugno, Murila, Ubiligisculo, Sumila, Gardingo, Becilla, Argiovito y Froisclo, y ocupaban las Sedes de Barcelona, Palencia, Valencia, Viseo, Tuy, Lugo, Oporto y Tortosa. Cinco de ellos eran intrusos, puesto que habia Obispos católicos de aquellas diócesis, y firman tambien en el Concilio El cual respetó los honores de todos, conservando, por bien de paz, su título á los arrianos, hasta que vacasen nuevas iglesias.

Confirmó Recaredo los decretos del Concilio, y cerróse éste con una homilía de San Leandro, trozo de elocuencia digno de San Juan Crisóstomo, y correspondiente á la magnitud y gravedad del acontecimiento que celebraba [1]. «La novedad misma de la presente fiesta (decia el Metropolitano de Sevilla), indica que es la más solemne de todas. . Nueva es la conversion de tantas gentes, y si en las demás festividades que la Iglesia celebra nos regocijamos por los bienes ya adquiridos, aquí por el tesoro inestimable que acabamos de recojer. Nuevos pueblos han nacido de repente para la Iglesia; los que antes nos atribulaban con su dureza, ahora nos consuelan con su fé. Oca-

---

1 *Collectio Canonum Ecclessiae Hispanae*, ed de la Biblioteca Real, pag 359 Alguno ha manifestado dudas sobre la autenticidad de este precioso documento, pero por afan de negar y sin ninguna sospecha plausible

1 1 Cardenal Baronio escribe a propósito de esta homilía «*Stylo inculto, veluti rudi rastro vertit auri fodinam simplici enim et impolito stylo, ut saeculi hujus barbarie silvescentis conditio ferebat) sed divina scientia valde referto et sapientia mirifice exornato, instar arboris, licet cortice durioris, tamen pomorum pendulorum foecunditate pulcherrimae* » Pero (con paz de Baronio) lo inculto en la oracion de San Leandro no es el estilo sino el *lenguaje*, ni puede llamarse bárbaro al siglo VII, y menos está en España

Mariana refundió esta homilía, conservando los pensamientos, pero haciendo más clásica y elegante la frase Puede verse en su *Historia* latina, y tambien en la castellana

sion de nuestro gozo actual fué la calamidad pasada. Gemíamos cuando nos oprimían y afrentaban; pero aquellos gemidos lograron que
los que antes eran peso para nuestros hombros, se hayan trocado por
su conversion en corona nuestra Extiéndese la Iglesia católica por
todo el mundo; constitúyese por la sociedad de todas las gentes ....
Á ella pueden aplicarse las palabras divinas: «*Multae filiae congregave-*
»*runt divitias, tu vero supergressa es universas* ..» Alégrate y regocíjate,
Iglesia de Dios; alégrate y levántate, formando un solo cuerpo con
Cristo, vístete de fortaleza, llénate de júbilo, porque tus tristezas se
han convertido en gozo, y en paños de alegría tus hábitos de dolor.
Con tus peligros medras, con la persecucion creces· y es tu Esposo
tan clemente, que nunca permite que seas depredada sin que te resti-
tuya con creces la presa y conquiste para tí tus propios enemigos..
No llores, no te aflijas porque temporalmente se apartaron de tí algunos, que hoy recobras con grande aumento. Ten esperanza y fé robusta, y verás cumplido lo que fué promesa Puesto que dice la verdad Evangélica· «*Oportebat Christum mori pro gente et non tantum pro*
»*gente, sed ut filios Dei qui erant dispersi, congregaret in unum* » Sabiendo la Iglesia por los vaticinios de los Profetas, por los oráculos
evangélicos, por los documentos apostólicos, cuán dulce sea la caridad, cuán deleitable la union nada predica sino la concordia de las
gentes, por nada suspira sino por la unidad de los pueblos, nada siembra sino bienes de paz y caridad. Regocíjate, pues, en el Señor, porque has logrado tu deseo y produces los frutos que por tanto tiempo,
entre gemido y oracion concebiste y despues de hielos, de lluvias, de
nieves, contemplas en dulce primavera los campos cubiertos de flores y
pendientes de la vid los racimos .. Lo que dijo el Señor. «*Otras ovejas*
»*tengo que no son de este redil, y conviene que entren en él para que haya una*
»*grey sola y un solo Pastor*», ya lo veis cumplido ¿Cómo dudar que todo
el mundo habrá de convertirse á Cristo y entrar en una sola Iglesia?
«*Praedicabitur hoc Evangelium· regni in universo orbe, in testimonium om-*
»*nibus gentibus.....*» La caridad juntará á los que separó la discordia de
lenguas ... No habrá parte alguna del orbe ni gente bárbara á donde
no llegue la luz de Cristo.. .. ¡Un solo corazon, un alma sola!
De un hombre procedió todo el linaje humano para que pensase lo
mismo y amase y siguiese la *unidad.* .. De esta Iglesia vaticinaba el
Profeta diciendo· «*Mi casa se llamará casa de oracion para todas las gen-*
»*tes* » y «*Será edificada en los postreros dias la casa del Señor en la cumbre*
»*de los montes, y se levantará sobre los collados, y vendrán á ella muchos pue-*
»*blos, y dirán· Venid, subamos al monte del Señor y á la casa del Dios de Ja-*

»cob » El monte es Cristo, la casa del Dios de Jacob es su Iglesia· allí
se congregarán todos los pueblos Y por eso torna á decir Isaías. «*Le-*
»*vántate, ilumina á Jerusalem, porque viene tu luz, y la gloria del Señor ha*
»*brillado para ti; y acudirán las gentes á tu lumbre, y los pueblos al resplan-*
»*dor de tu Oriente Dirige la vista en derredor y mira. todos esos están con-*
»*gregados y vinieron á ti, y los hijos de los peregrinos edificarán tus muros,*
»*y sus reyes te servirán de ministros .   »*

Fuerza me es acortar esta sublime efusion, este canto de triunfo
de la Iglesia española Y más triste es aún para mí tener que agregar,
en desaliñado estilo crítico algunas reflexiones de esas que llaman de
filosofía de la historia, sobre el maravilloso suceso de la conversion de
los Visigodos ¿Qué palabras, y más las mias no han de parecer débiles y pálidas despues de las palabras de San Leandro, que por tan
alta manera supo interpretar el espíritu universal, *humano* y civilizador del Cristianismo?

Bajo el aspecto religioso no hay para qué encarecer la importancia
de la abjuracion de Recaredo. Cierto que los Visigodos no eran españoles, que su herejía habia penetrado poco ó nada en la poblacion
indígena, pero al cabo establecidos se hallaban en la Península, eran
un peligro para la fé católica, á lo ménos como perseguidores, y una
rémora para la *unidad.* esa *unidad* de creencias tan profundamente
encomiada por San Leandro Logróse esta unidad en el tercer Concilio Toledano, al tiempo que la gente hispano-romana estaba del
todo concorde y extinguido ya casi el Priscilianismo gallego Sólo
faltaba la sumision de aquellos invasores que por rudeza é impericia
habian abrazado una doctrina destructora del principio fundamental
del Catolicismo la accion inmediata y contínua de Dios en el mundo,
la divinidad personal y viva, el Padre creador el Verbo encarnado.
Con rebajar al nivel humano la figura de Cristo, rompíase esta union
y enlace, y el mundo y Dios volvian á quedar aislados, y la creacion
y la redencion eran obra de una criatura, de un demiurgo. Tan pobre
doctrina debió vacilar en el ánimo de los mismos Visigodos al encontrarse frente á frente con la hermosa *Regula fidei* de la Iglesia española. Y ésta triunfó porque Dios y la verdad estaban con ella; y
victoria fué que nos aseguró por largos siglos, hasta el desdichado en
que vivimos, el inestimable tesoro de la *unidad religiosa,* no quebran-
tada por Elipando ni por Hostegesis, ni por los secuaces del Panteismo oriental en el siglo XII ni por los Albigenses y Valdenses, ni por
Pedro de Osma, ni por el protestantismo del siglo XVI, que puso en
conmocion á Europa, ni por los Alumbrados y Molinosistas, ni por

el Jansenismo, ni por la impiedad de la centuria pasada, porque todas
estas sectas y manifestaciones heréticas vinieron á estrellarse en el
diamantino muro levantado por los Concilios Toledanos Algunos,
muy pocos, españoles pudieron extraviarse: la raza española no apostató nunca Quiso Dios que por nuestro suelo apareciesen tarde ó temprano todas las herejías, para que en ninguna manera pudiera atribuirse á aislamiento o intolerancia esa unidad preciosa sostenida
con titánicos esfuerzos en todas edades contra el espíritu del error
Y hoy, por misericordia divina, puede escribirse esta historia, mostrando que todas las heterodoxias pasaron, pero que la verdad permanece, y á su lado está el mayor número de españoles, como los
mismos adversarios confiesan Y si pasaron los errores antiguos, así
acontecerá con los que hoy deslumbran, y volveremos á tener un solo
corazon y una alma sola, y la unidad, que hoy no está muerta, sino
oprimida, tornará á imponerse, traida por la unánime voluntad de un
gran pueblo, ante el cual nada significa la escasa grey de impíos é
indiferentes No era esa oposicion *negativa* é impotente incapaz de
nada grande ni fecundo, propia de tiempos y caractéres degenerados,
la que encontraron Liciniano, Fulgencio Mausona y Leandro. era
la *positiva* contradiccion de una raza jóven y fanática, fuerte de voluntad, no maleada en cuerpo ni en espíritu, y esa raza tenia el poder exclusivo, el mando de los ejércitos, la administracion de justicia,
podia aplicar, y aplicaba, la ley del conquistador á los vencidos, y
sin embargo, triunfaron de ella, la convirtieron, la civilizaron, la
españolizaron, en una palabra. ¿Y cómo se verificaron estos milagros?
No por coaccion ni fuerza de armas puesto que la intentona de Hermenegildo fué aislada, y quizá tan política como religiosa, sino con
la caridad, con la persuasion, con la ciencia.

¿Cuáles fueron las consecuencias políticas y sociales del grande acto
de Recaredo? Antes habia en la Península dos pueblos rivales, recelo-
sos siempre el uno del otro, separados en religion, en costumbres,
en lengua, condenados á ser el uno víctima y el otro verdugo, regidos
por leyes especiales y contradictorias. Semejante estado de cosas se
oponia de todo en todo al progreso de la cultura una de las razas
debia ceder á la otra, y Recaredo tuvo valor para sacrificar, si sacrificio fué, y no bautismo y regeneracion la suya y él, monarca godo,
cabeza de un imperio militar, vástago de Alarico, el que vertió sobre
Roma la copa de las iras del Señor, vino á doblar la frente, para le-
vantarla con inmensa gloria, ante aquellos Obispos, nietos de los
vencidos por las hordas visigodas, esclavos suyos, pero grandes por

la luz del entendimiento y por el brío incontrastable de la fe Apenas estuvieron unidos Godos y Españoles por el culto, comenzó rápidamente la fusion, y paso tras paso olvidaron los primeros su habla teutónica, para adoptar las dulces y sonoras modulaciones del habla latina, y tras de Recaredo vino Recesvinto para abolir la ley de razas que prohibia los matrimonios mixtos, y hubo reyes bárbaros casados con Romanas, y reyes bárbaros que escribieron en la lengua de Virgilio.

La organizacion del Estado, hasta entonces ruda, selvática y grosera, como de gente nacida y criada en los bosques, modificóse puesta en contacto con la admirable ordenacion de los Concilios Así, insensiblemente, por el natural predominio de la ilustracion sobre la rudeza, comenzaron éstos á entender en negocios civiles con uno ú otro carácter, con una ú otra forma Los males del sistema electivo se aminoraron en lo posible; disminuyóse la prepotencia militar, fué cercado de presidios y defensas, al par que de cortapisas que alejasen toda arbitrariedad, el trono· moderóse (porque extinguirlo fuera imposible) todo elemento de opresion y de desórden, y hasta se suavizó el rigor de las leyes penales Por tal influjo, el *Fuero Juzgo* vino á exceder á todos los códigos bárbaros, y no fué bárbaro más que en parte en lo que nuestros Obispos no podian destruir só pena de aniquilar la raza visigoda.

Dicen que los Concilios usurparon atribuciones que no les concernian. ¿Quién sostendría semejante absurdo? ¿De qué parte estaba el saber, y de qué parte la ignorancia? ¿A quién habia de ceder la Iglesia el cargo de educar y dirigir á sus nuevos hijos? ¿Acaso á los Witericos, Chindasvintos ó Ervigios, que escalaban el trono con el asesinato de su antecesor ó con algun torpe ardid para privarle de la corona? ¡Mucho hubiera adelantado la humanidad bajo tales príncipes! La tutela de los Concilios vino, no impuesta ni amañada, sino traida por ley providencial y solicitada por los mismos reyes visigodos

No todo el pueblo arriano consintió en la abjuracion, por desgracia suya y de aquella monarquía Hubo, aparte de algunos Obispos intrusos, un elemento guerrero, hostil é intratable, que ni se ajustó á la civilizacion hispano-romana, por él no comprendida, ni oyó las enseñanzas de la Iglesia antes la persiguio, siempre que pudo, en conjuras ó levantamientos contra los monarcas que ella amparaba Esta oposicion *militar* y herética representada primero por Witerico, aparece más ó ménos embozada en la usurpacion de Chindasvinto, en la guerra de Hilderico y Paulo contra Wamba, y sobre todo en Witiza y en sus hijos ó quienes quiera que fuesen los traidores que abrieron á los Árabes las puertas del Estrecho Lograron. por cierto, su inícua venganza, mas para quedar anulados como nacion en justo castigo de tanta perfidia La raza que se levantó para recobrar palmo á palmo el suelo nativo era hispano-romana. los buenos visigodos se habian mezclado del todo con ella En cuanto á la estirpe de los *nobles* que vendieran su pátria. Dios la hizo desaparecer en el oceano de la historia.

Tornemos á Recaredo, el cual habia participado su conversion á San Gregorio el Magno que ocupaba entonces la Silla de San Pedro A la carta del rey visigodo, acompañada como en ofrenda, de un cáliz de oro y piedras preciosas, contestó el Papa en 591 remitiendole varias reliquias y una discreta epístola, para Recaredo honrosísima· «Apenas puedo explicar con palabras (decia) cuánto me consuelan tu vida y acciones. Nuevo milagro ha acontecido en nuestros dias por obra tuya, todo el pueblo de los Godos ha pasado de la herejía arriana á la verdad de la fé Bien puedo exclamar con el Profeta *«Esta mudanza procede de la diestra del Excelso »* ¿Qué podré decir yo en el dia del Juicio cuando me presente con las manos vacías y tú conduciendo una legion de fieles, que por tí han entrado en la gracia de Jesucristo?» Previénele despues contra la vanagloria, le recomienda la pureza de alma y de cuerpo, y la clemencia y buen gobierno con los súbditos [1]. Recaredo siguió en buena correspondencia con el Pontífice y envió más tarde trescientas vestiduras de limosna para los pobres de San Pedro

Hizo quemar en Toledo los libros arrianos, acto que censuran mucho los *libre-pensadores* modernos. Por mi parte, no me siento muy tentado á llorar pérdidas, quizá imaginarias. ¿Qué libros habian de tener los bárbaros visigodos? Algunos ejemplares de la *Biblia ulfilana*, monumento filológico de importancia, mas no para la civilizacion española ¿No es más sensible para nosotros la falta de tantas obras de Justo, de Apringio, de Liciniano y otros Doctores *católicos* y *españoles* de aquella fecha? Nadie los quemó, y sin embargo, se perdieron Pocos debian de ser los libros arrianos. cuando tan de raíz desapareció

1 S Gregorii Magni opera omnia ad manuscriptos codices emendata et illustrata studio et labore Monachorum ordinis S Benedicti, e Congregatione S Mauri Lutetiae Parisiorum 1705 lib I, cp XLIII y lib VII cp CXXVI

La carta de Recaredo á San Gregorio fue publicada la primera vez en 1700 por Baluzio (Miscellaneorum libri tomo V)

Así estas epístolas, como otra mas breve y un fragmento pueden leerse en los apendices al tomo X de Masdeu (Ilustraciones VI y VII)

hasta su memoria. Es más ni un sólo nombre de escritor visigodo conocemos anterior á Bulgarano ó á Sisebuto. ¿Quién escribiría toda esa inmensa biblioteca *devorada por las hogueras del fanatismo?* De las obras de los Priscilianistas y de otros herejes tenemos, por el contrario, largas noticias. ¿Hemos de medir el criterio de Recaredo, que tendia á dar *unidad social* á su pueblo, por el de un arqueólogo ó paleógrafo descontentadizo de nuestros dias?

Fáltanos dar noticia de las tentativas arrianas durante el reinado del hijo de Leovigildo En 587, Sunna, Obispo intruso de Mérida, como referimos en el capítulo anterior, conjuróse con Segga, Witerico y otros nobles y gobernadores de ciudades de los que decíamos haber llevado á mal la conversion del rey y de su pueblo [1] Era el principal intento de los conjurados asesinar á Mausona y al duque Cláudio, que tenia la gobernacion de Mérida, y era hispano-romano. *Romanis parentibus progenitus,* dice Paulo Witerico fué el encargado de dar el golpe á Mausona y á Cláudio en el átrio de la iglesia de Mérida; pero por más esfuerzos que hizo no logró sacar de la vaina el acero, *como si estuviese sujeto con férreos clavos,* y arrepentido de su crímen echóse á los piés de Mausona y le descubrió toda la trama Merced á esta revelacion, pudo evitarse un nuevo peligro Sunna y sus parciales determinaron acabar con Mausona, Cláudio y demás católicos emeritenses acometiéndolos al volver de una procesion que hacian, en tiempo de Páscua, desde la ciudad á la basílica de Santa Eulalia, extramuros. Escondieron las espadas en carros de trigo, y determinaron no dejar con vida hombres ni mujeres, viejos ni niños. Frustróse el ardid, y Cláudio, avisado por Witerico, cayó sobre los asesinos, prendiendo á muchos y pasando á cuchillo á los que resistieron. A Sunna se le ofreció el perdon si se hacia católico, pero él, con tenacidad digna de mejor causa, juró morir en defensa de la religion aprendida desde sus primeros años. Los jueces de Recaredo no quisieron darle la aureola del martirio, y le desterraron á Mauritania. Segga fué enviado á Galicia despues de cortarle las manos Witerico quedó libre, y Vacrila, que se habia refugiado con su mujer é hijos en la basílica de Santa Eulalia, fué adscrito como siervo á la misma

---

[1] «Anno VI Mauricii qui est Recaredi secundus annus, quidam ex Arianis, Sunna Episcopus et Segga cum quibusdam, tyrannidem assumere cupientes deteguntur » *Chronicon del Biclarense*

«Sunna namque Gothicus Episcopus irritatus a Diabolo, quibusdam Gothis nobilibus genere opibusque perquam ditissimis, e quibus etiam nonnulli in quibusdam civitatibus comites a Rege fuerant constituti, consilio diabolico persuasit eosque de Catholicorum agmine separavit (Pauli, *De vita Patrum Emeritensium,* caps XVII y XVIII) Paulo cuenta largamente esta conjuracion y en su narracion está fundada la del texto

iglesia, sentencia que revocó Mausona, poniéndole en libertad y restituyéndole sus bienes, sin otra condicion prévia que la de correr un corto trecho, en señal de obediencia y vasallaje, delante del caballo del diácono Redempto [1] Otros cómplices de Sunna padecieron destierro y confiscacion de haciendas.

Por el mismo tiempo se levantaron en la Gália Narbonense un Obispo arriano llamado Athaloco y dos *comites* Granista y Wildigerno El ejército de Recaredo sofocó la rebelion, y Athaloco, que odiaba de muerte á los católicos, murió en un arrebato de cólera

Nueva conjuracion formaron en 588 contra Recaredo su madrastra Gosuinda, verdugo de Ingunda, y el Obispo Uldila. Entrambos fingíanse conversos, y profanaban en secreto la hostia consagrada. Descubriólo el rey y desterró á Uldila. Gosuinda murió al poco tiempo [2].

Triunfaba Recaredo de todos sus enemigos interiores y exteriores. Su brazo en la guerra, el duque Cláudio, destrozó en Carcasona á los Francos, acaudillados por el rey Gontrán, infundiéndoles terror para largos dias El mismo éxito que las conspiraciones pasadas tuvo la del duque y *cubiculario* Argimundo, que fué mutilado de una mano, decalvado y paseado en un asno por las calles de Toledo el año 589

La debilidad de Liuva, hijo y sucesor de Recaredo, estuvo á punto de comprometer la obra de su padre A los dos años del nuevo reinado, Witerico, el sicario de Mérida, esta vez afortunado, le cortó la cabeza y la mano derecha. Vinieron en pós seis años de reaccion arriana, en que aquel príncipe acabó por hacerse odioso á sus súbditos godos y españoles que le dieron de puñaladas en un convite No tenemos noticia más particular de estos sucesos En el año de Cristo 610 subió al trono Gundemaro.

---

1 Vid *Paulo Emeritense*, cap XIX

2 Anno VII Mauricii qui est Recaredi tertius annus Uldila Episcopus cum Gosuinta regina insidiantes, Recaredo manifestantur, et Fidei catholicae communionem quam sub specie christiana quasi sumentes projiciunt, publicantur Quod malum in cognitionem hominum deductum Uldila exilio condemnatur, Gosuinta vero vitae tunc terminum dedit » *(Chronicon del Biclarense*

X.—Herejía de los acéfalos

N el Concilio Hispalense II, presidido por San Isidoro en 619, año noveno del reinado de Sisebuto, presentóse un Obispo de nacion siria, que negaba la distincion de las dos naturalezas en Cristo, y afirmaba que la Divinidad habia realmente padecido. En un error semejante habian caido los Monofisitas y Eutiquianos por huir del Nestorianismo, pero los *Acéfalos*, así llamados, segun San Isidoro, por no saberse quién fué su *cabeza* o corifeo, ó por negar la *impasibilidad* del Padre (como otros suponen), se distinguieron de ellos en creer pasible á la Divinidad. Los Padres del Concilio de Sevilla refutaron esta herejía en los términos siguientes (Cán XIII) «Contra estas blasfemias conviene que mostremos la doble naturaleza de Cristo, y que sólo padeció en cuanto hombre, para que ninguno torne á caer en este error, ni se aparte de la verdad católica. Confesamos que nuestro Señor Jesucristo, nacido eternamente del Padre, temporalmente de las entrañas de la gloriosa Vírgen María, tuvo en una sola persona dos naturalezas. la divina engendrada antes de todos los siglos, la humana producida en tiempo Esta distincion de las dos naturalezas se deduce primero, de las palabras de la Ley, despues, de los Profetas, de los Evangelios y de los escritos apostólicos Primero· por aquellas palabras del *Exodo* (XXIII) «Hé aquí que envio á mi »ángel que irá delante de tí, porque mi nombre está en él» Aquí se demuestra la naturaleza divina Y aquello del *Génesis* (XXII). «En tu »generacion serán benditas todas las gentes», esto es, en la carne de Cristo que desciende de la estirpe de Abraham. Aquí se demuestra la naturaleza humana Segundo. en los *Salmos* muestra David las dos naturalezas en la persona de Cristo· la divina en el psalmo CIX· «*Ex »utero ante Luciferum genui te*», la humana en el LXXX. «*Homo natus »est in ea*». La divina en el XLIV. «*Eructavit cor meum verbum bonum*»; la humana en el mismo. «*Speciosus forma prae filiis hominum*». Tercero. Isaías afirma en la sola y misma persona de Cristo las dos naturalezas: la divina, cuando escribe. «*Nunquid qui alios parere facio ipse »non pariam?*» la humana: «*Ecce virgo in utero concipiet et pariet filium*». La divina «*Rorate coeli desuper, et nubes pluant justum*», la humana: «*Aperiatur terra et germinet Salvatorem*». «*Parvulus natus est nobis*» En el Evangelio se afirma tambien la naturaleza divina de Cristo: «*Ego

»*et pater unum summus*» y «*Ego sum via, veritas et vita*», y la humana
«*Pater major me est*», «*Tristis est anima mea usque ad mortem*». Que
la humanidad y no la Divinidad padeció muéstranlo aquellas palabras de Jacob «*Lavabit in vino stolam suam et in sanguine uvae pallium
»suum*». ¿Qué quieren decir este manto y estola sino la carne de Cristo
decorada con la sangre de su pasión?»

Convencido el Obispo sirio por estos argumentos irrefragables
para quien admita la autoridad de la Escritura (y los que la niegan
nunca entran en estas cuestiones), abjuró su error con gran regocijo
de los Prelados béticos. Pero no murió con él aquella herejía, ni mucho ménos el nombre, puesto que doscientos años después reaparecen
en la Andalucía mozárabe unos sectarios llamados Acéfalos y Casianos, que fueron condenados, como á su tiempo narraremos, en el
Concilio Cordobés de 839.

XI.—LOS CONCILIOS DE TOLEDO EN SUS RELACIONES
CON LA SANTA SEDE

BREVE será este párrafo enderezado tan sólo á poner en su
punto la honra de la Iglesia española de aquel período, contra los que la acusan de levantisca y mal avenida con la supremacía del Pontífice. Argumento fué éste favorito de los Jansenistas, y que hoy mismo sirve á críticos desalumbrados ó ignorantes para
juzgar poco ménos que cismáticos y precursores de la Reforma á nuestros venerables Prelados del siglo VII

Pocas fueron las herejías condenadas por los Sínodos Toledanos á
partir del cuarto Celebróse éste en 633, *imperante Sisenando*, y sus
setenta y cinco Cánones ordenaron y redujeron á unidad la disciplina, no sin excomulgar en el XVII á quien no admita como sagrado el *Apocalipsis* [1], y decidir en el LIX y siguientes la conducta que
había de seguirse con los *judaizantes*. Las atropelladas conversiones
impuestas por decreto de Sisebuto, altamente reprobado en este Con-

---

1 «Apocalypsim librum multorum Conciliorum auctoritas et synodica sanctorum praesulum Romanorum decreta Joannis Evangelistae esse praescribunt et inter divinos libros recipiendum constituerunt Et quia plurimi sunt qui ejus auctoritatem non recipiunt, eumque
in Ecclesia Dei praedicare contemnunt, si quis eum deinceps aut non receperit, aut a Pascha
usque ad Pentecostem Missarum tempore in Ecclesia non praedicaverit excommunicationis
sententiam habebit » (Can XVI

cilio *Sicut enim homo propria arbitrii voluntate serpenti obediens periit, sic, vocante se gratia Dei, propriae mentis conversione quisque credendo salvatur)*, habian dado ocasion á muchas reincidencias y apostasías, que procuraron evitar los Padres toledanos ordenando, de una parte, que *á nadie se obligase por fuerza á creer (Nemini ad credendum vim inferre)*, y por otra que los conversos, aun por violencia y necesidad, no blasfemasen de la fé que habian recibido en el bautismo [1] Del Cánon LIX se deduce que muchos de esos falsos cristianos conservaban la circuncision y otras ceremonias judáicas, y manda el Concilio que si reinciden, sus siervos sean puestos en libertad y sus hijos separados de los padres [2], sin que pueda pararles perjuicio en honra ni haciendas (Cán. LXI) la prevaricacion de sus engendradores, porque escrito está. *Filius non portabit iniquitatem patris.* El LXII prohibe el trato y comunicacion del judío converso con el infiel, para quitar ocasiones de recaida. El LXIV priva al judaizante de ser testigo en causa alguna, y el LXVI de tener siervos cristianos. Tales providencias eran las únicas que podian atajar, á lo ménos en parte, los desastrosos efectos de la intolerancia de Sisebuto Escándalo era la conversion simulada, pero escándalo mayor la apostasía pública

En la era 676, año 638 y segundo del reinado de Chintila, congregose en Toledo el Concilio VI, y leyó con dolor una carta del Papa Honorio, remitida por el diácono Turnino, en la cual se exhortaba á nuestros Obispos á ser más fuertes y animosos en la defensa de la fé, y áun se les llamaba, con grave ofensa, *canes muti non valentes latrare* En respuesta á las injustas acusaciones que hacia mal informado el Pontífice, redactaron los Padres nueva profesion de fé, en que condenaban todas las herejías, y con especialidad las de Nestorio y los Patripassianos [3]. San Bráulio, en nombre de los Padres allí congregados, dirigió además á Honorio una grave y bien escrita carta, que muestra á la par el profundo respeto de nuestra Iglesia á la romana, y la energía, mezclada de cristiana humildad, con que rechazaba toda calificacion injusta.

---

[1] «Ne nomen Domini blasphemetur et fides quam susceperunt contemptibilis habeatur

[2] Judaei qui ad fidem christianam promoti abominando circumcisionis et alios Judaicus usus exercuerint, pontificali auctoritate corrigantur Eos autem quos circumciderunt si filii eorum sint, a parentum consortio separentur si servi, libertati tradantur »

[3] «Quod ex tribus personis divinis solum filium fatemur ad redemptionem humani generis propter culparum debita quae per inobedientiam Adae originaliter et nostro libero arbitrio contraximus, resolvenda a secreto Patris arcanoque prodesse et humanitatem sine peccato de Sancta Virgine assumpsisse, ut idem filius Dei Patris esset filius Dominus, Deus perfectus et homo perfectus in duabus naturis una persona, ne quaternitas Trinitati accederet, si in Christo gemina persona esset » (Aguirre, tomo II)

«Cumple bien Vuestra Santidad (decia el Obispo de Zaragoza) el deber de mirar con vigilante solicitud por todas las Iglesias, y confundir con la divina palabra á los que profanan la túnica del Señor, á los nefandos prevaricadores y desertores execrables..... Esto mismo pensaba nuestro rey Chintila, y por eso nos congregamos en Concilio, donde recibimos vuestras Letras..... Divino consejo fué sin duda que en tan apartadas tierras el celo de la casa de Dios inflamase á la vez al Pontífice y al rey. .. Por lo cual damos gracias al Rey de los cielos y bendecimos su nombre con todo linaje de alabanzas ¿Qué cosa puede haber mayor ni más conveniente á la salvacion humana que obedecer á los preceptos divinos y tornar á la vía de salvacion á los extraviados? Ni á vuestra corona ha de ser infructuosa la exhortacion que nos dirigís de ser más fuertes en la defensa de la fé, y encendernos más en el fuego del Espíritu Santo. No estábamos tan dormidos ni olvidados de la divina gracia. . Si alguna tolerancia tuvimos con los que no podíamos someter á disciplina rígida, fué para amansarlos con cristiana dulzura y vencerlos con largas y asíduas predicaciones. No creemos que sea daño dilatar la victoria para asegurarla más. Y aunque nada de lo que Vuestra Santidad dice en reprension nuestra nos concierne, mucho ménos aquel texto de Ezequiel ó de Isaías: «Canes muti non valentes latrare», porque atentos nosotros á la custodia de la grey del Señor, vigilamos dia y noche, mordiendo á los lobos y aterrando á los ladrones, porque no duerme ni dormita en nosotros el Espíritu que vela por Israel En tiempo oportuno hemos dado decretos contra los prevaricadores: nunca interrumpimos el oficio de la predicacion, y para que Vuestra Santidad se convenza de ello, remitimos las actas de este Sínodo y de los pasados. Por tanto, beatísimo señor y venerable Papa, *con la veneracion que debemos á la Silla apostólica*, protestamos de nuestra buena conciencia y fé no simulada. No creemos que la funesta mentira de algun falsario encuentre por más tiempo cabida en vuestro ánimo, ni que la serpiente marque su huella en la piedra de San Pedro, *sobre la cual Cristo estableció su Iglesia...* Rogámoste, finalmente, *¡oh, tú, el primero y más excelente de los Obispos*, que cuando dirijas al Señor tus preces *por toda la Iglesia*, te dignes interceder por nosotros, para que con el aroma del incienso y de la mirra sean purificadas nuestras almas de pecado, pues harto sabemos que ningun hombre pasa este mar sin peligro» [1].

---

[1] He compendiado un poco esta carta El original latino con las demas epístolas de San Braulio, fué publicado por el Padre Risco en los apendices al tomo XXX de la *España Sagrada* págs 18 a 366

¿Hay nada de cismático ni de rebelde en esta carta? ¿No reconocen San Bráulio y los demás Obispos la supremacía de Roma? ¿No someten á su exámen las actas de los Concilios? ¿No repiten que el Obispo de Roma es el *primero de los Obispos*, y que á la Cátedra de San Pedro está confiada la vigilancia de *todas las iglesias? (Cathedrae vestrae à Deo vobis collatae... cum sancta sollicitudine omnium Ecclessiarum)*. Pero la Sede romana había sido mal informada, y á los nuestros pertenecía disipar el error y defenderse, como lo hicieron con no menor brío que modestia. Las condescendencias y tolerancias á que aluden se refieren exclusivamente á los judíos relapsos, cuya retractacion en el mismo Concilio ha sido publicada por el Padre Fita [1] con excelentes comentarios.

Los siguientes no ofrecen (á Dios gracias) directo interés para nuestra historia, y Recesvinto pudo decir en 653 á los Padres del Sínodo octavo que toda herejía había sido extirpada, fuera de la *perfidia judáica*, es decir, la apostasía de los judaizantes, contra la cual se renovaron los Cánones del tiempo de Sisenando. Fuerza nos es, por consiguiente, acudir á la época de Ervigio, y hacer mérito de una gravísima controversia, al parecer con Roma de cuya noticia sacó lastimoso partido el espíritu cismático y jansenista, hoy relegado á la historia, aunque sus efectos quedan.

El caso, tal como anda en muchos libros, pudiera reducirse á estos términos. Los Padres del décimo cuarto Concilio Toledano redactaron contra la herejía de los Apolinaristas una fórmula, en que el Papa tachó varias expresiones de sabor no muy católico. La Iglesia española, en vez de someterse, juntó Concilio nacional, que tornó á aprobar aquella fórmula y la defensa que de ella había escrito San Julian Metropolitano de Toledo con expresiones injuriosas á la Cabeza de la Iglesia, acusada por él de *vergonzosa ignorancia*. Es más, los Obispos españoles se declararon abiertamente en cisma, anunciando que persistirian en su opinion, aunque el Papa se apartase de la que tenian por sana doctrina. Y por una contradiccion palmaria, Roma aceptó la profesion de fé de los toledanos, y se satisfizo con sus explicaciones. De donde lógicamente se deduce, ó que el Papa Benedicto había errado gravemente en una cuestion de dogma, ó que San Julian y toda la Iglesia española que aprobó sus escritos cayeron en herejía, nada ménos que sobre el Misterio de la Santísima Trinidad

1 *Honorio y San Bráulio de Zaragoza* coleccion de artículos en la revista madrileña *La Ciudad de Dios*, años 1870 y 1871.

Entrambas son consecuencias inadmisibles· la primera por injuriosa
á la Santa Sede, la segunda por comprometer gravemente el buen
nombre de la Iglesia española en su edad de oro Pero como la verdad histórica jamás está en pugna con el Catolicismo, esta historia,
que quiere serlo de veras, puede y debe quitar esa piedra de escándalo, y poner la verdad en su punto. Los sucesos pasaron de la manera que voy á referir

Siendo Papa Agatón, y Constantino Pogonato emperador, celebróse el Concilio Constantinopolitano, sexto de los Ecuménicos, contra
la herejía de los Monotelitas ó Apolinaristas, que negaban la distincion de dos voluntades, correspondientes á las dos naturalezas, en
Cristo. Leon II, sucesor de Agatón, envió á los Obispos de España
las actas de este Sínodo, para que las viesen y aceptasen Y con las
actas venian sendas epístolas para Quírico, Metropolitano de Toledo,
para el conde Simplicio, y para los Prelados españoles en general [1].
Llegaron las Letras pontificias á España en el invierno de 683, cuando acababa de disolverse el Concilio XIII Toledano, y era muy difícil,
á causa de las nieves que interceptaban los caminos, reunir á los Padres Pero San Julian, sucesor de Quírico, no juzgó conveniente dilatar la respuesta, y sin perjuicio de lo que el Sínodo acordara, dirigió
por su parte al Pontífice un escrito apologético, conformándose á las
decisiones constantinopolitanas [2] En Noviembre del año 684 San
Julian reunió Concilio de los Prelados de la Cartaginense, con asistencia de Vicarios de las otras cinco metropolitanas. Anatematizóse
la herejía de Apolinar, y fué confirmado en todas sus partes el *Apologético* de San Julian, mandando que tuviese la misma fuerza que las
Epístolas decretales (Cán. XI).

Entre tanto, el *Apologético* habia llegado á Roma, y el Papa, que á
la sazon era Benedicto II, no lo condenó como suponen, ni de tal
condenacion se encuentra rastro, sino que *de palabra* advirtió al mensajero de Julian, que eran duras y podian tomarse en mal sentido varias expresiones del *Apologético*, sobre todo éstas dos *La Voluntad engendró á la Voluntad, como la Sabiduría á la Sabiduría (De voluntate a
voluntate genita, sicut sapientia de sapientia), en Cristo hay tres sustancias,*
y juzgó conveniente que el Metropolitano de Toledo las explicara y

1 El Cardenal Baronio (tomo VIII) negó la autenticidad de estas epístolas, pero sus argumentos hacen poca fuerza, y de todas suertes nada influyen en la cuestion principal, pues
consta por las actas conciliares que Leon II consultó en una u otra forma a nuestras Iglesias
2 Este *Apologético* se ha perdido, pero hace referencia a el el Concilio XIV de Toledo. Canon IV «Placuit proinde illo tunc tempore apologeticae responsionis nostrae » etc , y lo
confirma Felix en la *Vida de San Julian*

defendiese, como pudiera, con testimonios de la Escritura y Santos Padres. *(Quibus munirentur et solida fierent)* Todo lo cual consta expresamente por las actas del Concilio XV [1] El Papa no definió ni condenó nada; pidió solamente explicaciones, y éstas no en un documento público ó privado, sino *de palabra*. San Julian las dió en un nuevo *Apologético*, contra el cual se levantaron sus *émulos*, que son los que él tacha de *ignorancia*. Para reducirlos al silencio y dar mayor autoridad á su respuesta, cuidó de que se reuniera en 688 un Concilio *nacional* de sesenta y un Obispos, que tiene el número XV entre los de Toledo Los Padres allí congregados decidieron ser proposicion católica la de afirmar que *la voluntad engendró la voluntad, y la sabiduría la sabiduría*, puesto que San Agustin la usaba, y en nada difería de éstas otras *la esencia engendró á la esencia, la mónada á la mónada, la sustancia á la sustancia la luz á la luz*, dado que con ninguna de estas frases se quiere decir que en Dios haya dos sustancias, dos esencias, dos voluntades, ni dos sabidurías, sino que la sustancia, la esencia, la voluntad y la sabiduría residen por igual en las tres personas, que proceden entre sí por generacion espiritual De esta suerte el Padre (voluntad) engendró al Hijo (voluntad), sin distinguirse por eso la voluntad del Padre de la del Hijo. En cuanto á las tres *sustancias* de Cristo, dicen que son *el cuerpo, el alma y la divinidad*, pues aunque en la naturaleza humana vayan comprendidos el cuerpo y el alma, conviene expresarlo con claridad para alejarse del error de los Apolinaristas, que niegan á Cristo el alma, ó de los Gnósticos y Maniqueos, que suponen *fantástico* su cuerpo. Citan los toledanos en apoyo de su opinion textos de la Escritura y de San Cirilo, San Agustin, San Ambrosio, San Fulgencio y San Isidoro Y terminan diciendo: *Iam vero si post haec, et ab ipsis dogmatibus Patrum, quibus haec prolata sunt, in quocumque dissentiant· non jam cum illis est amplius contendendum, sed per majorum directo calle inhaerentes vestigis erit per divinum judicium amatoribus veritatis responsio nostra sublimis: etiamsi ab ignorantibus aemulis censeatur indocilis.* (Si despues de esto, y de las sentencias de los Padres, en que la nuestra se funda, siguen disintiendo algunos, no discutiremos más con ellos, sino que seguiremos el camino de nuestros mayores, seguros de merecer el aplauso de los amantes de la verdad, aunque los ignorantes nos llamen indóciles.) Claro es que los *émulos ignorantes* no eran el Papa ni sus consejeros, pues éstos no *discutieron*

---

1 «Pio quibus muniendis   Benedictus Papa monuerat   quae tamen non in scriptis suis annotare curavit, sed homini nostro verbo renotanda injunxit.» (Can IX)

nada ni se habian opuesto al parecer de los toledanos, sino que *pe-dian explicaciones* Y es lo cierto que no sólo se contentaron con ellas, sino que recibieron con entusiasmo el *Apologético* y mandó el Papa que le leyesen *todos* (cosa inverosímil tratándose de un escrito en que le llamasen *ignorante*), y se lo envió al emperador de Oriente, que exclamó *Laus tua, Deus, in fines terrae* [1]. Es más, Benedicto II *dió* las *gracias* á Julian y á los Padres toledanos por aquel escrito *docto* y *pio* ¿Cabe en lo posible que las alusiones injuriosas se refieran al Papa? [2].

En el Concilio XVI de Toledo, celebrado en 693, despues de la muerte de San Julian, tornó á ratificarse la doctrina de éste incluyéndola en la profesion de fé

XII.—DE LA POLÉMICA TEOLÓGICA EN LA ESPAÑA VISIGODA

ANTES de llegar al menoscabo y total ruina de este imperio, conviene detenernos algo más en la contemplacion de su gloria literaria, aunque sea bajo un aspecto parcial y reducido, pues sólo hemos de tratar de la controversia teológica. No es vasta la materia aquel saber maravilloso de la Iglesia española en los siglos VI y VII tuvo ocasion de ejercitarse en largas impugnaciones de doctrinas y tendencias heterodoxas, pero las obras de polémica desaparecieron casi siempre con las circunstancias que las motivaron. Por eso, con ser grande el número de monumentos que restan de nuestra ciencia de aquella edad el de libros antiheréticos es relativamente pequeño.

Ya hemos hablado de la carta de Vital y Constancio contra el Nestorianismo de las dos de Montano que dicen algo del Priscilianismo, del libro de Severo contra Vincencio de Zaragoza y de los dos opúsculos de Liciniano. Tampoco olvidamos el *De correctione rusticorum* de San Martin Dumiense, que ha de ser ámpliamente estudiado en el capítulo que sigue. El mismo Prelado bracarense dirigió al

---

1 «Quod Roma digne et pie recipiens, cunctis legendum indixit atque Imperator acclamando «*Laus tua, Deus, in fines terrae*» lectum saepius notum fecit Qui et rescriptum Domino Juliano cum gratiarum actione et cum honore remisit » (El Arzobispo D Rodrigo, lib III, capitulo XIV) Confirma lo mismo el Pacense, autoridad casi contemporánea

2 Mariana atribuye la dureza de las frases de San Julian al ardor de la polémica Perez Bayer (Notas a N Antonio, *Bibliotheca Vetus*) le defiende, como yo lo he hecho Los Jansenistas embrollaron ésta y otras cuestiones, como veremos en su dia (Véase el *Apologético* en el tomo II de los Padres Toledanos, pags 76 á 87)

Obispo Bonifacio una epístola defendiendo el rito de la *trina mersion* en el bautismo, contra los que le juzgaban supersticion arriana. Esta apología está escrita con gran calor: llega á acusar de *Sabelianos* y *Antitrinitarios* á los que practicaban la simple mersion [1]. Apoya San Martin su sentencia en la Decretal del Papa Vigilio á Profuturo, en su lugar recordada

Eutropio, abad del monasterio Servitano y Obispo de Valencia, una de las lumbreras del tercer Concilio Toledano, merece recuerdo por su libro contra los impugnadores de la vida monástica (*De districtione monachorum*), enderezado á Pedro, Obispo ercavicense, y por su carta á Liciniano acerca de la Confirmacion y los puntos á ella relativos que andaban en controversia. Estos dos opúsculos se han perdido, pero los cita San Isidoro [2] Por el mismo autor consta que Liciniano sostuvo larga correspondencia con Eutropio

Tambien San Isidoro, en los capítulos XXXIII y XXXIV de su curioso libro *De viris illustribus*, ha conservado memoria de Justiniano, Prelado valentino, hermano de Elpidio, Justo y Nebridio, todos Obispos y escritores. familia semejante á la de Severiano. Escribió nuestro Obispo un libro de *respuestas* á cinco cuestiones que le habia dirigido un tal Rústico: la primera, acerca del Espíritu Santo, la segunda, contra los Bonosiacos, que llaman á Cristo hijo adoptivo del Padre; la tercera, que *no es lícito reiterar el bautismo*, como pretendian los Donatistas; la cuarta, sobre la distincion entre el bautismo de Juan y el de Jesús; la quinta, acerca *de la invisibilidad del Padre y del Hijo*. Floreció Justiniano en tiempo de Theudis.

A todos éstos oscureció San Leandro de Sevilla [3], el catequista de Hermenegildo y Recaredo, el alma de la conversion de los Godos en 589. Escribió San Leandro, durante su destierro en Constantinopla, dos libros contra los Arrianos: uno más extenso, otro breve y en que comenzaba por exponer las palabras de los adversarios para refutarlas luego Entrambos eran riquísimos de erudicion escrituraria y compuestos en vehemente estilo, segun nos informa San Isidoro, porque hoy no se conservan, como no se conserva *ninguna* de las refuta-

1   Véase esta epístola en la *España Sagrada* tomo XV, págs 422 á 425

2   *De viris illustribus*, cap XLV de la ed de los Padres Toledanos

3   No digo ni he querido decir nada de la ridícula genealogia que entronca á los *españoles* Leandro, Fulgencio, Isidoro y Florentino con la familia real de los Godos Escusado es advertir que de tal especie no hay rastro en escritores contemporaneos de aquellos Santos, antes pugna con todos los datos conocidos ¡Como si su gloria no resplandeciera bastante sin genealogias ni entronques nobiliarios, hechos para adular á nuestros reyes! *Vanitas vanitatum* N Antonio se burló ya de esto

ciones del Arrianismo, á pesar de no haber sido quemadas como los
famosos libros toledanos ¿Por qué se llora tanto la pérdida de los
unos y nadie se acuerda de los otros? Y cuenta que los de San Leandro debian de tener mérito grande á juzgar por su homilía Tampoco
parece la epístola *De baptismo*, en que consultó á San Gregorio Magno
sobre el rito de una ó trina mersion El Papa, conformándose al sentir
de Leandro, contestó que podia practicarse uno ú otro rito, segun la
tradicion de cada provincia, puesto que los dos eran católicos, aunque
la Iglesia Occidental habia elegido el de la inmersion trina Pero como
éste era el practicado por los Arrianos, que con él querian indicar distincion de grados entre las personas divinas aconséjale que prefiera el
de la simple inmersion Así vino á confirmarlo el cuarto Concilio de
Toledo En defensa del rito de la Iglesia griega, que era tambien el de
la española en este punto, escribió Juan, Patriarca de Constantinopla,
un tratado, *De sacramento baptismatis*, dedicado á San Leandro Se ha
perdido, pero le cita San Isidoro La carta de San Gregorio, escrita
con alto espíritu de tolerancia, distinto del de San Martin Dumiense,
es la XLIII en las ediciones de sus obras, donde pueden leerse otras
varias dirigidas á Leandro

Su hermano San Isidoro, *el gran doctor de las Españas*, de quien
basta el nombre, entendimiento el más *sintético*, universal y prodigioso de su siglo, dió cabida en el enciclopédico tratado de las *etimologías* á la historia de las manifestaciones heréticas, discurriendo en los
capítulos III, IV y V del libro VIII *de la herejía y del cisma, de las herejías de los judíos y de las de los cristianos*. Su catálogo está fundado en
los de Filastio de Brescia y San Agustin, con pocas adiciones Pero
consta por testimonio de San Bráulio, que Isidoro escribió un libro
especial, *De haeresibus,* en que recogió brevemente cuantas noticias
andaban esparcidas. Falta en las ediciones y códices hasta hoy examinados Los dos libros *De fide catholica,* no van dirigidos contra los herejes, sino contra los *judíos*

Ni las cuarenta y cuatro epístolas de San Bráulio ni las *Sentencias*
de Tajon, á quien pudiéramos llamar *maestro* de ellas y padre de este
género de enseñanza teológica, mejor que á Pedro Lombardo, pertenecen propiamente á este catálogo [1] Más relacion tiene con él la carta de Aurasio, presbítero, contra el judaizante Froya ó Froga, que
habia levantado una sinagoga en Toledo, y favorecia abiertamente á

1 Eminente servicio presto a nuestras letras el Padre Risco publicando las obras de San
Bráulio y Tajon en los tomos XXX y XXXI de la *España Sagrada* *Iglesia de Zaragoza)*

los de su parcialidad, valido de su poder y riquezas La invectiva de
Aurasio se conserva en un códice de la biblioteca toledana Tambien
hay noticia de Froya en la carta de Tajon á Quirico

Ha perecido el libro *De Trinitate* que San Eugenio de Toledo escribió para que circulara en las *partes de Libia y de Oriente*, segun testifica San Ildefonso Probablemente era libro de polémica, y abrazaria
la refutacion de todos los errores hasta entonces nacidos sobre el dogma de la Trinidad.

Conservamos por fortuna el tratado de San Ildefonso, *De virginitate S. Mariae contra tres infideles*, premiado de excelente y singular manera por la divina Señora segun una hermosa, antigua y bien ci-
mentada tradicion toledana, que refiere el biógrafo de Ildefonso, Cixila [1]. Los tres infieles por San Ildefonso refutados no eran españoles
ni contemporáneos suyos, noticia equivocada que procede del Arzobispo D Rodrigo [2] y repitió D Alonso en la *Estoria d'Espanna*. Helvidio y Joviniano fueron herejes muy conocidos del tiempo de San Jerónimo, que escribió contra ellos más de un tratado El tercer infiel
es un *judío*, que aparece allí como en representacion de su secta. No
hemos de creer, sin embargo, que mera devocion ó anhelo de decla-
mar pusiese la pluma en la mano á San Ildefonso para defender un
dogma que no tenia contradictores en la España visigoda El calor
mismo con que el libro está compuesto, acusa no un ejercicio retórico, sino una controversia actual y viva. Bastaba que hubiese judíos y
judaizantes en España, para que éstos prorumpiesen, como siempre,
en blasfemias contra la virginidad de nuestra Señora. Y es más que
probable que Helvidio y Joviniano tuviesen asimismo algunos partidarios, y á esto aludirá, aunque equivocando los nombres, el texto de
D. Rodrigo Joviniano negaba la virginidad en el parto, Helvidio despues del parto, y la negacion del judío era rotunda Contra cada uno
de estos sacrilegios enderezó una série de capítulos San Ildefonso. La
impugnacion del error del judío es la más extensa y animada, porque
en él se incluian virtualmente las negaciones de Helvidio y Joviniano.
Probada la divinidad de Cristo contra el hebreo, deduce lógica y naturalmente el dogma de la virginidad de María, puesto que en la Madre del Verbo encarnado no pudo caber antes ni despues del parto
impureza, segun aquello de Isaías *Ecce virgo in utero concipiet et pariet filium* Explica en su recto sentido los dos únicos textos del Evan-

1 Vid en el tomo V de Flórez, *España Sagrada* desde la pág 504
2 ‹Hujus tempore cum Helvidius et Pelagius e Gallis venientes plerasque partes Hispaniae intecissent › *De rebus Hispaniae*, lib XI ›

gelio en que hacian hincapié Helvidio y Joviniano, y han hecho despues los impíos modernos. el *Ecce mater tua et fratres tui*, y el *Non cognovit eam Joseph, donec peperit filium suum*, mostrando ser hebraismo comun y notorio el llamar *hermanos* á los parientes de consanguinidad, y añadiendo que el *donec* no significa propia ni forzosamente *término* El libro está escrito con fervor y hasta con elocuencia [1], aunque afeado por rasgos de mal gusto y por el abuso de la sinonimia Quírico, Obispo de Barcelona, escribió dos cartas felicitando á San Ildefonso por tal obra, y encareciendo su mérito Consérvanse juntamente con las respuestas del Santo También debe tenerse por opúsculo polémico el *De proprietate personarum Patris et Filii et Spiritus Sancti* atribuido á San Ildefonso, y hoy perdido [2] Pasan generalmente por apócrifos, y Juan Bautista Poza lo confirma, trece sermones acerca de la Virgen, que corren á nombre del santo Prelado de Toledo [3].

San Julian, además de sus dos *Apologéticos* (en el paragrafo anterior recordados), formó *extractos* de los seis libros de San Agustin contra el pelagiano Julian.

Finalmente, alguna memoria se debe al rey Sisebuto, católico fervoroso, que para convertir á los monarcas longobardos Adualicaldo y Teodelinda les dirigió una carta, en que refuta el Arrianismo y prueba la igualdad de las personas divinas con textos de la Sagrada Escritura y teológicas razones [4].

XIII.—POLÍTICA HETERODOXA DE WITIZA.—
FIN DEL IMPERIO VISIGODO

AS calamidades, de igual suerte que las grandezas históricas. se condensan siempre en uno ó en pocos personajes. tipos de maldad ó de heroismo Tal acontece con Witiza, penúltimo rey de los Godos, cifra y compendio de las miserias y aberraciones mo-

---

1 Puede verse con las demas obras de San Ildefonso en el tomo I de la *Coleccion de Padres Toledanos* del Cardenal Lorenzana También estan allí las cartas de Quírico y San Ildefonso

2 El falso *Cronicon* de Julian Perez (obra de Roman de la Higuera) llama *Teudio* y *Hellado* á los herejes que atacaron en tiempo de San Ildefonso la virginidad de nuestra Señora Escuso advertir que esos dos personajes son dos *entes de razon* inventados para explicar el texto del Arzobispo D Rodrigo

3 Vid *N Antonio*

4 Florez, *España Sagrada* tomo VII. pags 318 y sig

rales de una edad tristísima. Y quizá no mereciera del todo esta execracion y ódio, pero la voz unánime de los siglos le acusa de tirano y opresor de su pueblo, de lujurioso y cismático, y es lo cierto que en su reinado, mejor que en el breve de su sucesor Roderico, se consumó la decadencia y ruina de un florentísimo imperio.

Aparécenos Witiza envuelto en oscura penumbra, correspondiente á esa especie de mito de la impiedad y del desenfreno Hay un Witiza histórico, del que casi nada podemos afirmar, porque los documentos faltan La autoridad más cercana á su tiempo, la de Isidoro Pacense, nos le muestra como príncipe justo, benigno y liberal, que repara los agravios é injusticias de su padre Egica, y echa al fuego los documentos falsificados en pró del Erario Pero no ha de olvidarse que estas buenas noticias se refieren á los primeros años del rey, y nadie extrañará, por tanto, que á partir del *Chronicon Moissiacense*, escrito en el siglo IX, la figura de Witiza comience á alterarse. Segun el extranjero autor de esa crónica, Witiza (y esto es creible) mantuvo un verdadero serrallo de concubinas, y pasando de la *práctica* á la *teoría*, sancionó en una ley la poligamia, extendiéndola á todos sus vasallos legos y eclesiásticos. Y si del *Moissiacense* pasamos al *Cronicon* (interpolado, aunque esta interpolacion no sea de Pelayo) de Sebastian de Salamanca, Witiza se convierte en *homo probrosus et moribus flagitiosus semejante al caballo y al mulo*, y no sólo incide en pública y escandalosa poligamia, sino que llega á disolver los Concilios é impedir la ejecucion de los Cánones, *cayendo así rey y sacerdotes en olvido y menosprecio de la ley del Señor* [1]. Algo más dice el Silense, pero la leyenda de Witiza no aparece del todo formada hasta el siglo XIII en las obras del Tudense y del Arzobispo D. Rodrigo, fundamento en esta parte de la *Crónica general* Witiza no es sólo abominable tirano, sino rey cismático y rebelde, que ampara y favorece á los judíos, reune un conciliábulo en Toledo, promulga escandalosos decretos de disciplina, y á las represiones del Papa contesta separando su reino de la comunion romana, y prohibiendo, por edicto, que nadie reconociese la autoridad del Pontífice Witiza ultraja á la Iglesia con la escandalosa intrusion de su pariente Oppas en la Silla toledana, que tenia Sinderedo; asesina á Favila, duque de Cantábria, y hace sacar los ojos á Theodofredo; derriba los muros de las ciudades y convierte las armas en arados, no por amor á las artes de la paz, como ha querido de-

---

1 «Cum uxoribus et concubinis plurimis se inquinavit et ne adversus eum censura ecclesiastica consurgeret, Concilia dissolvit, Canones obscuravit, Episcopis, Presbyteris et Diaconibus uxores habere praecepit » *España Sagrada*, tomo XIII pág 477, *Chronicon Sebastiani)*

en algun amante de la paradoja, sino para impedir ó provocar sublevaciones contra su tiránico dominio [1]

De todas estas circunstancias puede y debe dudarse mucho Pase
lo del amparo á los judíos quizá por tolerancia y generosidad del monarca, pero tolerancia fatal, como veremos luego Tampoco es increible el allanamiento de las fortalezas por la razon dicha Que se en-
tregara Witiza á bárbaros rigores con sus súbditos probablemente
rebeldes, nada tiene de extraño, pues otro tanto hacian todos los reyes
godos, áun los que pasan por mejores. El nepotismo manifiesto en la
sacrílega eleccion de Oppas, tampoco sorprende en aquellos tiempos
desdichados. Pero el conciliábulo toledano y el cisma son hechos de
tal gravedad y naturaleza, que es imposible admitirlos si no se presentan testimonios anteriores al siglo XIII Sabemos que Witiza celebró un Concilio (el XVIII de los Toledanos), cuyas actas no parecen, pero, ¿quién afirmará que en él se establecieron Cánones contra
el buen órden y disciplina de la Iglesia? El Arzobispo D Rodrigo,
con ser de los acusadores de Witiza, dice expresamente lo contrario
Y la separacion de Roma, aunque afirmada por el Tudense, no es
suceso que hubieran dejado en olvido los cronistas anteriores por espacio de cuatro siglos. Son por tanto, más que dudosas estas narraciones y Mayans pudo hacer con sólidos fundamentos *la defensa del
rey Witiza*

Pero todas las generaciones pecadoras necesitan descargar sus crímenes en la frente de alguien, y Witiza, que fué, sin género de duda,
licencioso y cruel, aunque no autorizara por decreto el concubinato y
la poligamia, es para los historiadores de la reconquista, más que un
nombre, el tipo de la degradacion moral de la gente visigoda Rodrigo
fué sólo la víctima expiatoria.

¿Cómo vino á tierra aquella poderosa monarquía? Cuestion es ésta
que hemos de tocar, siquiera por incidencia. Para quien ve en el *«justitia elevat gentes. miseros autem facit populos peccatum»*, la fórmula de la
ley moral de la historia, y con San Agustin, Orosio, Salviano, Fray
José de Sigüenza. Bossuet y todos los *providencialistas*, partidarios de
la única verdadera *filosofía de la historia*, considera el *pecado original*
cual fuente del desórden en el universo, el *pecado individual* como causa de toda desdicha humana, el *pecado social* como explicacion del
menoscabo y ruina de los Estados, no puede ménos de señalar la *he-*

---

[1] Pueden verse casi todos estos hechos (porque algunos se añadieron en el siglo XVI) en
Lucas de Tuy, *Chronicon era 733* y en D Rodrigo *Rerum in Hispania gestarum*, lib III, capítulos XV y XVI

heterodoxia y el olvido de la ley moral como causas primeras y decisivas de la caída del imperio visigodo. Veamos cómo influyeron estas causas.

Error sería creer que las dos razas, goda é hispano-romana, estaban fundidas al tiempo de la catástrofe del Guadalete. La union habia adelantado mucho con Recaredo, no poco con Recesvinto, pero distaba de ser completa. Cierto que hablaban ya todos la misma lengua, y los matrimonios mixtos eran cada dia más frecuentes; mas otras diferencias íntimas y radicales los separaban aún. Y no dudo colocar entre ellas la diferencia religiosa. No importa que hubiesen desaparecido, á lo ménos de nombre, los Arrianos, y que Recesvinto diera por extinguida toda doctrina herética. La conversion de los Visigodos fué demasiado súbita, demasiado *oficial*, digámoslo así, para que en todos fuese sincera. No porque conservasen mucho apego al culto antiguo: antes creo que, pasados los momentos de conspiracion y lucha, más ó menos abierta, en el reinado de Recaredo, todos ó casi todos abandonaron *de derecho* y *de hecho* el Arrianismo, pero muchos (duele decirlo), no para hacerse católicos, sino *indiferentes*, ó á lo ménos malos católicos *prácticos*, odiadores de la Iglesia y de todas sus instituciones. Lo que entre los Visigodos podemos llamar *pueblo*, el clero mismo, abrazaron en su mayor número, con fé no fingida, la nueva y salvadora doctrina, pero esa aristocracia militar, que quitaba y ponia reyes, era muy poco católica, lo repito. Desde Witerico hasta Witiza, los ejemplos sobran. En vano trataron los Concilios de reprimir á esa faccion orgullosa, irritada por el encumbramiento rápido de la poblacion indígena. Sólo hubieran podido lograrlo elevando al trono un hispanolatino, pero no se atrevieron á tanto, quizá por evitar mayores males. De hecho, los mismos reyes visigodos entendieron serles preciso el apoyo de la Iglesia contra aquellos osados magnates, que los alzaban y podian derribarlos, y vemos á Sisenando, á Chindasvinto, á Ervigio, apoyarse en las decisiones conciliares, para dar alguna estabilidad á su poder, muchas veces usurpado, y asegurar á sus hijos ó parientes la sucesion de la corona. Los Concilios, en interés del órden, pasaron por algunos *hechos consumados*, cuyas resultas era imposible atajar [1]; pero las rebeliones no cesaban, y lo que llamaríamos el *militarismo* ó *pretorianismo* encontró su último y adecuado representante en Witiza. Witiza es para nosotros el símbolo de la *aristocracia* visigoda, no arriana ni católica, sino escéptica, enemiga de la Iglesia, porque ésta

[1]   Véanse, en prueba los Cánones XI y XII del sexto Concilio.

modelaba la potestad real y se oponía á sus desmanes [1]. La nobleza goda era relajadísima en costumbres. la crueldad y la lascivia manchan á cada paso las hojas de su historia El adulterio y el repudio eran frecuentísimos, y el contagio se comunicó á la clerecía por haber entrado en ella indivíduos de estirpe gótica Los Prelados de Galicia esquilmaban sus iglesias, según resulta del Cánon IV del Concilio VII. El VIII, en sus Cánones IV, V y VI, tuvo que refrenar la incontinencia de Obispos, presbíteros y diáconos. Ni áun así se atajó el mal, y fué preciso declarar *siervos* [2] á los hijos de uniones sacrílegas.

Potamio, Metropolitano de Braga, vino ante el Concilio X á confesarse reo de una impureza. La simonía rayaba en escándalo: vendíanse las cosas sagradas por vil precio. (Cán. VIII del Conc. XI.) Los reyes ponían Obispos donde no había diócesis: Wamba eligió uno para *Aquis*, y el Concilio XII le depuso. Witiza colocó dos mitras en la cabeza de su hijo ó hermano Oppas, y Toledo obedeció simultáneamente á dos Obispos. A punto lastimoso llegaron las discordias entre los ministros del Santuario. clérigo hubo que por satisfacer rencores personales apagó las lámparas, desnudó los altares é hizo suspender los oficios [3]. ¡Hasta el pecado nefando, la sodomía, tuvo que ser anatematizada en clérigos y láicos por el Cánon III del Concilio XVI!

Tristeza causa la lectura de las últimas actas Y no porque aquellos Padres se permitiesen ninguna laxitud ni dejasen de velar por la disciplina, antes observamos en contraposicion á esos desórdenes, prodigios de virtud y de austeridad en Obispos, monjes y abades. frutos de caridad y de doctrina en copia grande y bendita por Dios. Pero averigüemos los nombres de los santos y de los malvados, de los sábios y de los prevaricadores. Los unos se llaman Isidoro, Bráulio, Tajon, Eugenio, Ildefonso [4], Julian..... todos españoles, todos latinos, ménos el último, descendiente de judíos. Entre los Visigodos ¿qué encontramos? Un Sisberto, que conspira alevosamente contra su rey Ervigio, un Sinderedo, un Oppas. Obsérvese bien· ninguno de esos nombres es romano.

Error infantil y que mueve á risa es el de la pretendida *virginidad*

1 Otro elemento de desorden fueron los Griegos bizantinos que Atanagildo trajo, y que se mantuvieron en la Cartaginense hasta tiempos de Suintila Los pocos que despues quedaron aparecen siempre como tumultuosos y rebeldes Griego era Ervigio el que llego a destronar a Wamba

2 Vid Canon X del Concilio IX

3 Canon VII del Concilio XIII

4 El nombre de *Ildephonso* pudiera parecer godo, pero los de sus padres, *Esteban* y *Lucia* no permiten dudar de su abolengo latino

de los bárbaros. Quizá en sus nativos bosques fueran inocentes; pero así que cayeron sobre el Mediodía y vieron y palparon la decadente civilizacion imperial, entróles desmedido y áun infernal anhelo de tesoros y de placeres Gozaron de todo con la imprevision y abandono del salvaje, y sus liviandades fueron crueles y feroces, como las del soldado que entra en una ciudad tomada por asalto. La depravacion bárbara siempre fué peor que la culta y artística. Ese mismo *individualismo* ó exceso de *personalismo* que las razas del Norte traian, les indujo á frecuentes y escandalosas rebeliones, á discordias intestinas, y lo que es peor, á traiciones, á perjurios contra su pueblo y raza, porque no abrigaban esas grandes ideas de *pátria* y de *ciudad*, propias de Helenos y Latinos Por eso la nobleza visigoda, acaudillada por los hijos de Witiza y por el Arzobispo D. Oppas, vende la tierra á los musulmanes, deserta en el Guadalete y Theudomiro tras breve resistencia, se rinde á deshonroso pacto con Abdalassis.

Grandes culpas tenia que purgar la raza visigoda. No era la menor su absoluta incapacidad para constituir un régimen estable ni una civilizacion. Y sin embargo, ¡cuánta grandeza en ese período! Pero la ciencia y el arte, los cánones y las leyes, son gloria de la Iglesia, gloria española Los Visigodos nada han dejado, ni una piedra, ni un libro, ni un recuerdo, si quitamos las cartas de Sisebuto y Bulgoranos, escritas quizás por Obispos españoles y puestas á nombre de aquellos altos personajes Desengañémonos: la civilizacion peninsular es romana de piés á cabeza, con algo de semitismo· nada tenemos de teutónicos, á Dios gracias. Lo que los Godos nos trajeron se redujo á algunas leyes bárbaras, y que pugnan con el resto de nuestros Códigos, y á esa indisciplina y desórden que dió al traste con el imperio que ellos establecieron

Bien sé que no estaban exentos del contagio los hispano-romanos, puesto que Dios nunca envia las grandes calamidades sino cuando toda carne ha errado su camino. Pero los que hasta el último momento habian lidiado contra la corrupcion en los Concilios, levantáronse de su caida con aliento nuevo Eulogio, Alvaro, Sanson, *Speram-in-Deo*, dieron inmarcesible gloria á la *escuela cordobesa*: mártires y confesores probaron su fé y el récio temple de su alma bajo la tiranía musulmana, y entre tanto, los Astures, los Cántabros, los Vascones y los de la Marca Hispánica, comenzaron por diversos puntos una resistencia heróica é *insensata*, que amparada por Dios, de quien vienen todas las grandes inspiraciones, nos limpió de la escoria goda, borró la diferencia de razas, y trájonos á reconquistar el suelo y á constituir

una sola gente. El *Pelagio*, que acometió tal empresa, lleva nombre
romano; entre sus sucesores los hay godos· *Fafilla, Froyla;* prueba
de la unión que trajo el peligro. Muy pronto el goticismo desaparece
perdido del todo en el pueblo asturiano, en el navarro, en el catalan ó
en el mozárabe. La ley de Recesvinto estaba cumplida. Lo que no se
había hecho en tiempos de bonanza, obligó á hacerlo la tempestad
desatada. Ya no hubo godos y latinos, sino cristianos y musulmanes,
y entre éstos no pocos apóstatas. Averiguado está que la invasión de
los Árabes fué inicuamente patrocinada por los judíos que habitaban
en España. Ellos les abrieron las puertas de las principales ciudades.
Porque eran numerosos y ricos, y ya en tiempo de Egica habían
conspirado, poniendo en grave peligro la seguridad del reino. El
Concilio XVII los castigó con harta dureza, reduciéndolos á esclavitud (Cán. VIII), pero Witiza los favoreció otra vez, y á tal patrocinio respondieron conjurándose con todos los descontentos. La población indígena hubiera podido resistir al puñado de árabes que pasó
el Estrecho, pero Witiza les había desarmado· las torres estaban por
tierra, y las lanzas convertidas en rastrillos. No recuerda la historia
conquista más rápida que aquella. Ayudábanla á porfía godos y judíos, descontentos políticos, venganzas personales y ódios religiosos.

   ¿*Quid leges sine moribus vanae proficiunt?* ¿Cómo había de vivir una
sociedad herida de muerte por la irreligión y el escándalo, aunque
fuesen buenas sus leyes, y la administrasen varones prudentes? ¿Qué
esperar de un pueblo en que *era común la infidelidad en los contratos y
en las palabras,* como declara con dolor el Concilio XVII en su Cánon VI? Agréguese á todo esto el veneno de las *artes mágicas,* señoras
de toda conciencia real ó plebeya. Y no se olvide aquel último signo
de desesperación y abatimiento: el *suicidio,* anatematizado en el Cánon IV del Concilio XVI [1].

   No alcanzan los vicios de la monarquía electiva, ni áun la falta de
unidad en las razas, á explicar la conquista arábiga. Forzoso es buscar una raíz más honda, y repetir con el sagrado autor de los Proverbios. «*Justitia elevat gentem· miseros autem facit populos peccatum»* [2]

---

   1 El Padre Tailhan, a pesar de su amor a los Visigodos, confiesa que el *suicidio* era desconocido entre nosotros, hasta que los barbaros vinieron.
   2 Seame licito protestar con toda la energia de mi alma contra los siguientes absurdos de
Rousselot en su libro de *Les Mystiques Espagnols*
   No parece que los Visigodos tenian inclinacion seria al estudio la proteccion concedida
por algunos de sus reyes a los trabajos de Braulio Obispo de Zaragoza, y de Isidoro de Sevilla
es un hecho aislado y sin consecuencia España al tiempo de su caida, no estaba al nivel de
Francia en vano se buscaria alli, no digamos un Scoto Erigena sino un Alcuino La ignorancia reinaba donde quiera. En Francia la inmensa personalidad de Carlo-Magno concedio

gran libertad á los hombres, y por consiguiente á la razon De aqui resulto un impulso favorable al desarrollo de la inteligencia de que España no ofrece el mas leve indicio en tiempo de los Godos •

¡Que lindamente se dice aqui *todo lo contrario de la verdad!* Ni Francia, ni nacion alguna de Occidente, estaban á la altura de España en la epoca visigoda No porque los Visigodos fueran ilustrados, sino porque lo eran los Españoles El Sr Rousselot parece ignorar del todo nuestra historia y olvida que la raza mas numerosa é ilustrada era la hispano-romana la raza de Liciniano, de quien aprendieron los escolásticos franceses la doctrina del *alma continente y no contenida*, la raza de San Leandro, de San Isidoro de San Bráulio, de Tajon, el *maestro de las sentencias*, y maestro y predecesor de los Pedros Lombardos y demas organizadores de la teología escolástica, la raza de San Eugenio de San Ildefonso, de San Julian.   ¿Y hay valor para decir que *en tiempo de estos hombres* reinaba en España la barbarie? ¿Qué se sabia en Francia entonces? ¿Donde estan los grandes escritores franceses del siglo VII? Busquelos Rousselot que yo no los veo Cite una serie de nombres, como los que podemos presentar nosotros, todos de ese siglo y veremos Pero, ¿como los ha de presentar si no los hay? Pues no digamos nada del Renacimiento de Carlo-Magno ¿Querra hacernos creer Rousselot que Alcuino vale mas que San Isidoro, á quien copia y extracta malamente? ¿Querra persuadirnos que fue frances Scoto Erigena? ¿No sabe que este fue refutado por un *español*, Prudencio Galindo? ¿Ignora la parte que en ese *Renacimiento* cupo al *español* Claudio de Turin al *español* Teodulfo, al *español* Felix? Pero, ¿como ha de saberlo, si cree que Felix fué *inferior á la conversion de Recaredo?*

Con escritores tan ligeros inutil es discutir ¿Cuando cesará en los franceses ese odio ciego á las cosas de España, y ese sistematico anhelo de denigrarnos, hasta con mala fé y menoscabo de los fueros de la verdad? Excepciones honrosas hay sin embargo A las aberraciones de Rousselot me place oponer esta frase de Haureau el docto historiador de la escolástica en su monografía acerca de nuestro Teodulfo «La España cristiana era, á mediados del siglo VIII, una de las regiones mas civilizadas del mundo antiguo Como Italia como las Galias, habia tenido barbaros, pero en circunstancias menos funestas » *Singularites historiques et litteraires*

¿No ha recorrido siquiera el Sr Rousselot la Memoria de su paisano, el abate Bouret, sobre *La escuela de Sevilla en tiempo de los Visigodos?* Pero inutil es insistir con esto, cuando podemos convencer al autor de *Los Misticos* con un argumento *ad hominem* Despues de haber dicho que *la ignorancia reinaba donde quiera*, añade «Sin embargo, los Godos habian conseguido un ultimo grado de civilizacion» ¿En que quedamos?

Acerca de los asuntos tratados en este capitulo derraman bastante luz las obras de Dahm y la de Helfferich *sobre el arrianismo visigodo y la heterodoxia española*

CAPÍTULO IV

ARTES MÁGICAS Y DE ADIVINACION, ASTROLOGÍA, PRÁCTICAS
SUPERSTICIOSAS EN LOS PERÍODOS ROMANO Y VISIGÓTICO

I. Preliminares. La mágia entre los antiguos y especialmente en Grecia y Roma.—II. Prácticas
supersticiosas de los aborígenas y alienígenas peninsulares. Vestigios conservados hasta
nuestros tiempos.—III. Viaje de Apolonio de Tiana á la Bética. Pasajes de escritores his-
pano-latinos concernientes á las artes mágicas.—IV. Actas de los Santos Luciano y Marciano. Supersticiones anatematizadas en el Concilio Iliberitano. Esfuerzos de Teodosio contra
la mágia.—V. Las supersticiones en Galicia bajo la dominacion de los Suevos. Tratado *De
correctione rusticorum* de San Martín Dumiense.—VI. Artes mágicas y de adivinacion entre
los Visigodos.

I.—PRELIMINARES.—LA MÁGIA ENTRE LOS ANTIGUOS Y ESPECIALMENTE
EN GRECIA Y ROMA

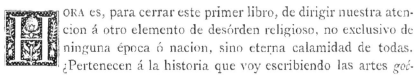ORA es, para cerrar este primer libro, de dirigir nuestra aten-
cion á otro elemento de desórden religioso, no exclusivo de
ninguna época ó nacion, sino eterna calamidad de todas.
¿Pertenecen á la historia que voy escribiendo las artes *goéticas*, las *divinatorias* y todo su cortejo de supersticiones y terrores?
¿Tienen alguna importancia ó realidad intrínseca tales prácticas para
que puedan convertirse en objeto de séria indagacion?

Que las artes demoniacas existen como perpétuo tentador de la voluntad humana, es indudable. En cuanto á lo real y positivo de sus
efectos, la cuestion varía. *Teóricamente* no podemos negarla. *Históricamente* no en todos casos, puesto que leemos en los Sagrados libros
los prodigios verificados por los Magos de Faraon, y la evocacion del
alma de Samuel por la pitonisa de Endor. Pero fuera de estos hechos

indiscutibles, y de algun otro que aparece comprobado en téiminos que no dejan lugar á duda, hay que guardarse mucho de la nímia credulidad en esta parte. Dios puede (por altos fines) consentir á las potencias del abismo algun trastorno, más aparente que real, de las leyes naturales, como aconteció en Egipto; puede en circunstancias solemnísimas, como las que antecedieron á la pérdida de Saul, hacer que los muertos respondan á la interrogacion de los vivos. Todo cabe en la suma omnipotencia. Pero seria nécio y pueril suponer en el príncipe del infierno una como obligacion de satisfacer á las vanas preguntas de cualquier iluso ú ocioso, á quien se le antoje llamarle con palabras de conjuro ó ridículos procedimientos de *mediums* y encantadores. El demonio nunca ha tenido fama de mentecato. Hartos medios posee, y de funesto resultado, para extraviar la flaqueza humana, sin que le sea necesario valerse de todo ese aparato de comedia fantástica. Aparte de que fuera hasta sacrílego é inductivo al Maniqueismo suponer esa accion constante del espíritu malo que esclaviza al hombre por prestigios y maravillas, consintiendo Dios semejante tiranía.

A Dios gracias, en la historia que voy á referir de las artes mágicas y supersticiosas en España, muy pocas veces ó ninguna encontraremos esos graves casos de que algunos se dan por testigos presenciales. Meras preocupaciones de una parte, y mala fé de otra, será lo que hallemos.

Pero que tales artes son heréticas y prohibidas por toda ley divina y humana, resulta de su simple enumeracion. Invocar al demonio con uno ú otro fin, en una ú otra manera, constituye un verdadero acto de apostasía, aunque el demonio no conteste, como suele suceder. El error astrológico, por lo que ata el libre albedrío á los influjos planetarios, es *fatalismo* puro, y del mismo ó semejante yerro adolecen todos los medios divinatorios. Finalmente, las supersticiones de cualquier linaje se oponen tanto á la verdadera creencia como las tinieblas á la luz. Por eso cuantos autores han tratado de magos y nigromantes, los consideran *ipso facto* herejes, y Fray Alfonso de Castro, en el tratado *De justa haereticorum punitione* (lib. I, caps. XIII, XIV, XV y XVI), decláralos sujetos á las mismas penas espirituales y temporales, haciendo sólo alguna excepcion en favor de los sortilegios y augures que no mezclan en sus prácticas invocaciones al diablo. Realmente la supersticion no es herejía formal, pero *sapit haeresim*, y entra, por tanto, en los lindes de la heterodoxia.

Nada hay á primera vista más extenso ni embrollado que el estudio de la mágia y de la astrología en su relacion histórica. Pero si ad-

vertimos que esas artes son casi las mismas en todas razas y épocas,
fácil será reducirlas á tres principios capitales, fuentes de toda aberracion humana. Tales son, á mi entender, el *panteismo naturalista*, el
maniqueismo ó dualismo y el *fatalismo* Nace del primero esa legion de
espíritus y emanaciones que vive y palpita en la creacion entera engendrando risueñas imágenes ó nocturnos terrores Hijos son del en-
diosamiento del principio del mal los procedimientos teúrgicos, los
cultos demoniacos, las sanguinarias ó lúbricas artes goéticas, los pactos, la brujería, el *sábado* Proceden de la negacion ó desconocimiento
de la libertad humana la astrología, los augurios, los sortilegios y maleficios cuantos medios ha pretendido poseer el hombre para conocer
lo futuro y las leyes que, segun él, esclavizaban el libre ejercicio de
su actividad. De una de las tres raíces dichas arranca toda supersticion ilícita. Añádase á esto la ignorancia (no disipada aun del todo)
sobre el modo de ser y obrar de ciertos agentes ó fuerzas naturales
Por de contado, aquí tratamos sólo de la mágia negra ó goética, no
de la blanca ó natural, que era una especie de *física recreativa*, semejante sólo á la nigromancia por el misterio en que solia envolver sus
operaciones. La famosa estátua de Memnon pasa por una de las más
señaladas obras de esta mágia entre los antiguos

Dejado aparte todo esto nada seria más fácil que ostentar erudicion prestada, discurriendo acerca de la mágia de Egipcios y Caldeos,
donde la adivinacion, la astrología y la teurgia constituian verdaderas *ciencias* agregadas al culto, y en manos siempre de colegios ó castas sacerdotales. A mí, que no soy egiptólogo, bástame ir al capítulo VII del *Exodo*, donde todos hemos leido «*Llamó el Faraon á sus sábios y hechiceros, los cuales, por medio de encantamientos y palabras arcanas,
hicieron algunas cosas semejantes á las que Moisés habia hecho*». (*Vocavit
autem Pharao sapientes et maleficos et fecerunt etiam ipsi per incantationes
Ægyptiacas et arcana, quaedam similiter.*) La mágia entre los Egipcios
llegó á tomar un carácter *zoolátrico* y semifetiquista La astrología
dió en absurdos que se tocan con los de nuestros Priscilianistas Cada
uno de los astros tenia influjo sobre diversas partes del cuerpo, las
cuales no bajaban de treinta [1] En los tiempos alejandrinos se modifi-
cron estas doctrinas por el contacto de las griegas, y el libro *De mysteriis Ægyptiorum,* atribuido á Jamblico, nos dá cumplida idea de aquella teurgia, en que el principal conjuro eran las palabras arcanas

Astrología y ciencia caldea ó asiria son palabras casi sinónimas, á lo

1 Vid *Orígenes contra Celso* lib VIII y de los modernos *Lepsius Todtenbuch der Ægypter*
citado por Maury en *La Magie et l'Astrologie dans l'Intiquité et au Moyen Age

ménos para los Griegos. Al saber no del todo vano, de los Caldeos, debió la astronomía positivos adelantos; pero creció só el amparo de tales estudios la desoladora concepcion fatalista. «Al decir de los Caldeos (escribe Diodoro de Sicilia) los astros imperan soberanamente en el bueno ó mal destino de los hombres Los fenómenos celestes son señales de felicidad ó desdicha para las naciones.» «Los Caldeos (dice en otra parte) se dedican á la ciencia adivinatoria, anuncian lo futuro, hacen purificaciones, sacrificios y encantos. Interpretan el vuelo de los pájaros, los sueños y los prodigios· examinan las entrañas de las víctimas   Su ciencia se trasmite de padres á hijos » En *el libro de Daniel* aparecen asimismo los Caldeos como *adivinos, magos, arúspices é intérpretes de sueños·* modos de adivinacion idénticos á los usados en Roma Pero en lo que más descollaba la ciencia asiria era en la formacion del *horóscopo* ó *tema genethliaco* de cada indivíduo, segun la posicion de los astros en el punto de su nacimiento.

La mágia, que entre los Caldeos habia nacido del sabeismo, fué entre los Persas hija del dualismo *mazdeista*, y se desarrolló tanto, que el nombre de *magos* ó sacerdotes vino á equivaler al de hechicero. Los medios de adivinacion en Persia practicados, eran más numerosos que los de Babilonia El libro atribuido á Osthanes mencionaba la *hydromancia*, las esferas mágicas, la *aeromancia*, la *astrología*, la *necromancia* y el uso de linternas y segures, de superficies tersas y lucientes. *(Ut narravit Osthanes*, dice Plinio, *species ejus plures sunt namique et aqua et sphaeres, et aere, et stellis, et lucernis ac pelvibus, securibusque et multis aliis modis divina promittit· praeterea umbrarum, inferorumque colloquia)* La catoptromancia, ciencia de los *specularios*, adivinacion por medio de *espejos mágicos*, procedia tambien de Persia, segun Varron, citado por San Agustin *(De Civitate Dei*, lib VII), y era una variedad de la *lecanomancia* ó arte de evocar las imágenes en una copa, en un escudo, en la hoja de una espada ó en una vasija llena de agua.

En cambio la adivinacion por varas de sáuce era propia y característica de los Escitas, segun leemos en el libro IV de Herodoto: «No faltan á los Escitas adivinos en gran número, cuya manera de presagiar por medio de varas de sáuces explicaré aquí. Traen al lugar donde quieren hacer la ceremonia grandes haces de mimbres, y dejándolos en tierra los desatan· van despues tomando una á una, y dejando sucesivamente, las varillas, y al mismo tiempo están vaticinando; y sin cesar de murmurar, vuelven á juntarlas y á componer sus haces: este género de adivinacion es heredado de sus abuelos. Los que llaman *Enarees*, pretenden que la diosa Vénus los hace adivinos, y vaticinan con la corteza interior del tilo haciendo tres varas de cada membranilla, arrollándolas á sus dedos y adivinando mientras las van desenvolviendo» [1]. Los Escitas daban gran crédito á sus augures, pero cuando erraban las predicciones solian quemarlos vivos

De los Celtas de Gália y Germania trata Julio César en los capítulos V y VI de su libro VIII, pero sin advertir nada que concierna á las artes mágicas, como no sea la existencia del colegio sacerdotal de *druidas* [2] entre los Galos y no entre los Germanos. Algo más expreso anda Tácito en el opúsculo *De situ, moribus, populisque Germaniae*, y lo que dice conviene del todo con la noticia que de los Escitas dá Herodoto «Consagran los Germanos (escribe el historiador latino) muchas selvas y bosques, y con los nombres de los dioses apellidan aquellos lugares secretos que miran con veneracion. Observan, como los que más, los agueros y suertes, pero las suertes son sin artificio Cortan de algun árbol frutal una varilla, la cual, partida en pedazos y puesta en cada uno cierta señal, echan, sin mirar, sobre una vestidura blanca, y luego el sacerdote de la ciudad, si es que se trata de negocio público, ó el padre de familias, si es de cosa particular, despues de hacer oracion á los dioses, alzando los ojos del cielo, toma tres palillos, de cada vez uno, y hace la interpretacion segun las señas que antes les habian puesto Y si las suertes son contrarias, no tratan más aquel dia del negocio, y si son favorables, procuran aún certificarse por agueros, y tambien saben adivinar por el vuelo y canto de las aves Mas es particular de esta nacion observar las señales de adivinanza que para resolverse toman de los caballos. Estos se sustentan á costa del pueblo en las mismas selvas y bosques sagrados son blancos, y que no han servido en ninguna obra humana, y cuando llevan el carro sagrado, los acompañan el sacerdote y el rey ó príncipe de la ciudad, y consideran atentamente sus relinchos y bufidos. Y á ningun aguero dan tanto crédito como á éste, no solamente el pueblo, pero tambien los nobles y grandes, y los sacerdotes, los cuales se tienen por ministros de los dioses, y á los caballos por sabedores de la voluntad de ellos» [3] Poco más que esto es lo que de las supersticiones de los Galos, Germanos y Britanos escriben los antiguos Pero siendo el culto de los Celtas *naturalista*, y enseñando los druidas astronomía, como Julio César afirma, no podia faltarles la superticion astrológica: y como creian en la *metempsícosis* (segun auto-

---

[1] Traduccion del Padre Bartolomé Pou Madrid 1846 tomo I pag 337

[2] Atribúyeles pericia en las artes adivinatorias Ciceron *(De divinatione)*,

[3] Traduccion de Alamos Barrientos

ridad del mismo), debían de ser más que medianamente inclinados á la nigromancia y á las evocaciones Las costumbres que aún subsisten nos dan razon de otras prácticas no mencionadas por los clásicos. Así como se conservó, áun despues de predicado el Cristianismo, la veneracion céltica á las fuentes sagradas, duró con ella la *hidromancia*. En várias puntos de las dos Bretañas, sobre todo en la fuente de Saint-Ellian, condado de Denbigh, se practicó hasta tiempos, relativamente modernos, la adivinacion por agujas ó alfileres lanzados al agua. En Escocia se conservaron largo tiempo hechizos y conjuros para facilitar el parto [1]. La cueva llamada en Irlanda *Purgatorio de San Patricio*, era, á no dudarlo, un *necyomanteion* antiguamente destinado á la evocacion de las almas de los muertos [2].

Había en las Gálias hechiceros llamados *tempestarii*, porque provocaban el trueno y el granizo, arúspices é intérpretes de sueños A las divinidades célticas destronadas por la fé, sucedió en tierras del Norte un tropel de *Gnomos, Silfos, Kobolds, Trolls, Ondinas, Niks* encantadores, duendes, trasgos, génios del mar, de los rios, de las fuentes y de las montañas. Estos restos de antiguas mitologías han resistido tenazmente, como las dos festividades solsticiales, y la verbena, y el trébol de cuatro hojas. reminiscencias del sagrado muérdago

Pero dejemos pueblos bárbaros, de que sólo por referencia puedo hablar, y vengamos á los Griegos y Latinos, de quienes procede nuestra civilizacion. La mágia, así en Grecia como en Roma, fué de dos especies: una *oficial*, pública y asociada al culto; otra popular, *heterodoxa* y hasta penada por las leyes. Expresion brillante de la primera, y centro de la vida política de los Helenos, fueron los *oráculos*, cuya historia no nos incumbe, porque han tenido poca ó ninguna parte en las supersticiones de los pueblos cristianos, y ménos de los de la Península ibérica. El arte augural, ménos importante y respetado que entre los Latinos, dominó en tiempos anteriores á la consolidacion y política influencia de los *oráculos*. Recordemos en la *Ilíada* aquel adivino Calcas que revela las causas de la peste enviada por Febo á los Aqueos· Calcas, el que en Aulide habia anunciado la voluntad de los dioses respecto al sacrificio de Ifigenia. La observacion de los sueños aparece en el libro II del mismo poema, si el trozo no es uno de los intercalados. Y ya en tiempo del Padre Homero debia de reinar el escepticismo en cuanto á adivinaciones, conforme lo indica aquella sublime respuesta de Héctor: *El mejor agüero es pelear por su tierra*. Pero

1 I Graham Dalyell, *The darker superstitions of Scotland*
2 Wright, *S Patrick s Purgatory* (Londres, 1844)

la ley del *fatum* es para los héroes homéricos inflexible en el libro XIX, Xanto, uno de los *divinos caballos* de Aquiles, habla inspirado por Juno, y predice al hijo de Peleo su temprana y próxima muerte «Entonces Aquiles el de los piés ligeros, replicó á Xanto: ¿Por
qué me vaticinas la muerte? Nada te importa· bien sé que es hado
mío perecer lejos de mi dulce padre y de mi madre. pero no cesaré
hasta que los Troyanos se hayan saciado de pelea.»

En la *Odisea*, poema de tiempo y civilizacion muy distintos. las
artes divinatorias y mágicas son más respetadas Telémaco ve en el
libro II dos águilas enviadas por Zeus y toma de su vuelo auspicios
favorables El tipo de la *farmaceutria*, de la hechicera, no conocido
por el autor de la *Ilíada*, es en la *Odisea* Circe, cuya vara mágica tiene
el poder trasmutatorio, y convierte en puercos á los compañeros de
Ulises, atraidos por su canto,

Carminibus Circe socios mutavit Ulyssi,

y por el dulce sabor del vino Pramnio y de los manjares amasados
con queso, harina y miel. pero no al mañoso itacense, que resistió
los hechizos con la yerba *moly* que le habia dado Mercurio Circe es
una encantadora risueña y apacible, como la fantasía de los Griegos
podia imaginarla, no una bruja hórrida y repugnante, como las de
Macbeth Ulises parece un bárbaro cuando acomete, espada en mano,
á aquella diosa *euplocama*, que acaba por enamorarse perdidamente de
él y regalarle en su maravilloso palacio Todo es de suave color en la
Odisea, ménos la *necromancia* ó evocacion de los muertos en el canto XI. que tiene el carácter de una verdadera *goetia* Ulises va á la
tierra de los Cimmerios, abre un hoyo, le llena con la sangre de las
víctimas, hace tres libaciones, y empiezan á acudir las almas del Ere-
bo. sedientas de aquella negra sangre Ulises les prohibe acercarse
hasta que se levanta la sombra del ciego Thésias, adivino tebano,
que le predice su vuelta á Itaca y otros sucesos En el libro XX, los
amantes de Penélope son aterrados por un funesto agüero, y Teocli-
meno les anuncia la muerte.

Los ritos órficos, los misterios de Eleusis y Samotracia entraron
por parte no pequeña en la difusion de los procedimientos teúrgicos,
unidos á las expiaciones y purificaciones. Una noble y hermosa poesía *hierática*, de la cual ni vestigios auténticos quedan, debia de enlazarse con las ceremonias á que Epiménides el cretense y otros justos
del paganismo debieron su fama. La leyenda de Epiménides, el que

hácia la olimpiada LVI purificó á Atenas, profanada por el crímen de Cylon, es de suyo singularísima. Aquel taumaturgo era alimentado por las ninfas, y podia dejar el cuerpo y volver á él cuando le viniera en talante. Lo mismo se refiere de Hermótimo de Clazomene

Los presagios astrológicos en relacion con la agricultura, los dias fastos y nefastos, y otras supersticiones, ocupan buen lugar en *Las Obras y los Dias* de Hesiodo, que llega á señalar las lunas propicias al matrimonio, y aquellas otras en que las Fúrias desencadenadas recorren la tierra No olvida la adivinacion por el vuelo de los pájaros, pero concede poca ó ninguna atencion á las artes trasmutatorias y goéticas

Nuevos y hermosos tipos de vates, profetisas y taumaturgos lanzó á la escena el ingénio de los trágicos atenienses. Esquilo encarnó la *manteía, doble vista* ó espíritu profético, en la troyana Casandra, hermosa figura levantada entre el cielo y la tierra para anunciar los males que van á caer sobre Agamenon y la casa real de Micenas. Inspiracion sacerdotal palpita en la terrible poesía de las *Euménides,* inmortales vengadoras del crímen, y ejemplar de tantas otras representaciones fantásticas de todo país y tiempo Ni falta en *los Persas* una *necromancia* la sombra de Darío, que se presenta al conjuro de los ancianos de Susa para oir de lábios de Atossa el desastre de Jerjes, y pronunciar graves y tristes sentencias sobre la fortuna y la instabilidad de las cosas humanas

El ciego Tirésias, *sabedor de todas las cosas del cielo y de la tierra,* reaparece en el *Edipo tirano* de Sófocles, y ve menospreciada su ciencia por el obcecado rey de Tebas, que herido á su vez por inaudita desgracia, conviértese (en el *Edipo en Colona* en *vate,* en profeta, en *objeto sagrado,* que anuncia futuras victorias y prosperidades á la tierra donde descansen sus cenizas. ¡Alta y peregrina idea de los Griegos suponer inseparables el poder divinatorio y esas grandes calamidades con que los dioses oprimen al que por desvanecimiento ó soberbia se alejó de la serenidad de la templanza, de la *sophrosyne!* El que es ejemplo vivo de la cólera celeste, debe anunciar sus decretos á los mortales

Dulces son de recordar estas cosas clásicas Indefinible horror produce en la *Electra* el sueño de Clitemnestra, presagio de la venganza de Orestes, simbolizado en aquella serpiente que devora el seno de la homicida mujer de Agamenon Y elemento mágico y sobrenatural de otra índole es en las *Traquinias* la túnica del centáuro Neso.

Eurípides usa y abusa de todos los prestigios. Su tipo de encantadoña es Medea, distinta de Circe en lo vengativa y celosa. La pasion vence en ella á la hechicería, al revés de lo que acontece en la imitacion de nuestro Séneca, inspirada en esta parte por los *Metamorfóseos* ovidianos.

Un sábio español del siglo XVII, Pedro de Valencia, en su *Discurso* (inédito) *sobre las brujas y cosas tocantes á mágia*, encontraba analogía grande entre el *sábado* y las nocturnas fiestas de *las Bacantes*, tal como se describen en la singular y terrorífica tragedia de Eurípides, que lleva ese título La narracion que de cierta *bacanal* hace el *Nuncio*, parece que nos trasporta al aquelaire de Zugarramurdi Sólo falta el macho cabrío, pero ni áun éste se echaba de ménos en las *sabasias ó fiestas de Baco Sabasio*, degenerada secuela de las bacanales, y verdadero orígen del *sábado*, hasta en el nombre

El culto *orgiástico* y hondamente *naturalista* de Dionisio, las abominaciones y nocturnos terrores del Citheron, tardaron, de igual suerte que el rito fenicio de Adonis y otras supersticiones orientales, en aclimatarse en Grecia, y nunca perdieron su carácter misterioso, arcano y sólo á medias tolerado por los legisladores. De esta suerte venian á enlazarse con otra supersticion oculta y sombría, practicada especialmente por las mujeres de Tesália, el culto de *Hécate* triforme, invocada de noche en los *trivios* con ceremonias extrañas y capaces de poner espanto en el corazon más arrojado Orígenes, ó quien quiera que sea el autor del *Philosophoumena*, nos ha conservado la fórmula de conjuro «Ven, infernal, terrestre y celeste (triforme) Bombon, diosa de los trivios, guiadora de la luz, reina de la noche, enemiga del sol amiga y compañera de las tinieblas; tú que te alegras con el ladrido de los perros y con la sangre derramada, y andas errante en la oscuridad cerca de los sepulcros, sedienta de sangre, terror de los mortales, Gorgon, Mormon, luna de mil formas, ampara mi sacrificio». De una manera semejante invocaban al demonio las brujas castellanas del siglo XV, si hemos de estar al testimonio de la incomparable *Celestina*

En un maravilloso idilio de Teócrito, el segundo en órden, intitulado *Pharmaceutria*, contémplase una escena de encantamientos á la moderna. Simeta, jóven siracusana, *quiere hechizar á Délfis, que se aleja;* prepara un filtro, *ciñe la copa con vellon de oveja*, invoca á la

> reina de la noche y las estrellas.
> Hécate, que en los trivios escondidos
> Dó resuenan del perro los ladridos,
> Negra sanguaza en los sepulcros huellas.

> Dá á mis hechizos fuerza poderosa,
> Cual díste á los de Circe ó de Medea,
> Como á los de la rubia Perimea.
> ¡Brille pura tu faz, nocturna diosa!

Tras esta plegaria, echa harina y sal en el fuego, quema una rama de laurel, hace derretir una figura de cera, dá vueltas al rombo mágico, y llama al ave *jingx* para que torne á Délfis á sus brazos

> Como el laurel se abrasará mi amante,
> Derretiráse como blanda cera·
> Cual gira sin cesar la ráuda esfera
> Vueltas dará á mi casa el inconstante.
> Conduce, ¡oh, Jingx! aquel varon á casa.....

La composicion de los filtros amorosos con el *hippomanes* de Arcádia, y el pelo arrancado de la frente del potro, era una de las principales ocupaciones de las hechiceras tésalas, que poseian además la virtud de atraer las *Empusas*, mónstruos de piés de asno, á que más de una vez se refiere Filóstrato en la *Vida de Apolonio de Tiana*.

Otro poder más singular aún, el de las *trasformaciones*, poseian las brujas de Tesália Tal nos lo muestra la célebre novela de Luciano, *Lucio ó el Asno*, especie de parodia de las *Metamorfosis* de Lucio de Patrás La huéspeda del héroe de Luciano, despues de desnudarse y echar en una linterna dos granos de incienso, coge una redoma, se unta de piés á cabeza, conviértese en cuervo y echa á volar: lo mismo que las brujas alavesas castigadas en el auto de Logroño Lucio quiere imitarla, pero equivoca el unguento y se trasforma en asno, de cuyo estado sale, tras muchas aventuras, comiendo unas rosas

En tiempo de Luciano las artes mágicas estaban en su período de mayor delirio y tristes efectos. Conforme se iban debilitando las creencias antiguas, crecia el amor á las prácticas supersticiosas y extranjeras. Poco ó nada se creia en el poder de los oráculos, que callaban de tiempo atrás, segun advirtió Plutarco; pero se consultaba con veneracion el *necyomanteion* ó antro de Trofonio, cuyos misterios eran pura *goetia*. Los antiguos adivinos, los Calcas y Tirésias, habian cedido el campo á los *matemáticos* caldeos, á los que decian la buenaventura y formaban el horóscopo, á los *hechiceros de Asiria peregrinos* como aquel que suministraba á la Simeta de Teócrito *jugos letales* con que enviar al Orco el ánima de cualquier persona aborrecida; á los *magos*, discípulos de Osthanes, que veían lo futuro en el agua ó en un espejo y trazaban en la pared horríficas figuras encendidas de súbito con la llama siniestra del betun y del asfalto (Vid *Philosoph*), á los *orpheotelestes*, doctos en purificaciones y exorcismos; á los *psychagogos* ó evocadores de espíritus, á los *pitones* ó ventrílocuos, á los *goetas*, que invocaban á los dioses infernales con penetrantes aullidos, á los *ophiogenas*, que encantaban las serpientes,

Frigidus in pratis cantando rumpitur anguis,

á los *pseudo-profetas*, semejantes á aquel Alejandro, cuyas trapacerías narró Luciano; á todo lo sobrenatural, inaudito y fuera de razon, que puede trastornar el cerebro de una sociedad enferma y perdida. Los encantadores conseguíanlo todo mover de su lugar las mieses, atraer ó conjurar la lluvia y el granizo, hacerse invisibles ¿qué más? traer la luna del cielo á la tierra,

Carmina de coelo possunt deducere lunam...

que á tales extremos habia llegado el culto de Hécate. El que quiera encontrar noticias de estas y otras estupendas prácticas, recorra las amenísimas obras del satírico de Samosata, que de fijo le colmará las medidas No hay supersticion moderna á que no corresponda otra antigua. Si en España ha habido zahoríes que bajo siete estados de tierra descubran el tesoro, lo mismo hacia Alejandro, el *pseudomantis*. Y entre los cuentos del *Philopseudes*, ¿cómo olvidar el de aquel egipcio. Pancrates, que tenia á su mandar una legion de espíritus, y convertia, con palabras de conjuro, las piedras y los leños en criados que dócilmente le servian en todos los menesteres de su casa? ¿Qué es esto sino los *espíritus familiares*, con que más de una vez hemos de tropezar en el curso de esta puntual historia?

Sobre este conjunto de supersticiones populares se alzó una mágia filosófica y erudita, que rechazaba el nombre de *goetia*, y se decia *teurgia*, y fueron sus *hierophantes* los *neo-platónicos* alejandrinos, succesores de los *neo-pitagóricos* al modo de Apolonio Tionense Fundamento del sistema teúrgico de Plotino, Porfirio, Proclo y Marino fué la creencia en una série de *demonios*, buenos unos y otros malos, intermedios entre Dios y el hombre, los cuales podian ser atraidos ó aplacados con purificaciones, conjuros y ritos mágicos La demonologia platónica se asimiló lo que quedaba de los misterios egipcios y órficos. mezclados con reminiscencias de cultos orientales Entonces brotaron esas portentosas biografías de Pitágoras, que convirtieron al antiguo filósofo italiota en taumaturgo, dotado de *ubicuidad*, intérprete de sueños, que llega á presentarse *con un muslo de oro* en los juegos olímpicos. Aquellos ilusos de Alejandría no comprendían al pensador sino entre los oropeles de la teurgia. Plotino se jactaba de tener un dios en figura de dragon por familiar suyo [1], al paso que los sacerdotes egipcios tenian sólo un demonio. Porfirio evocaba á Eros y á Anteros, y las estátuas de estos diosecillos bajaban de su pedestal á abrazarle. Un tal Anthuso inventó la adivinacion por las nubes. Ammonio tenia un asno muy erudito y amante de la poesía, tanto que dejaba el pienso por oir exámetros. Otro teurgo alejandrino habia logrado por artes diabólicas tener una voz tan fuerte como la de *mil hombres*.. ¡Y estas cosas las escriben Proclo, Marino, Damascio, hombres en lo demás, de seso, y personajes importantes en la historia de la filosofía! ¡Pobre entendimiento humano!

Las artes *sobrenaturales* siguieron en Roma los mismos pasos que en Grecia. Hubo una *adivinacion*, parte esencial del culto, religiosa y política á la vez, en la cual pueden distinguirse dos partes: una indígena, el arte *augural,* otra aprendida de los Etruscos, la *haruspicina*. Recuérdese la leyenda de Accio Nevio, que hiende la piedra con la navaja· la compra de los libros sibilinos hecha por Tarquino el Soberbio. La prepotente influencia etrusca, representada en estos mitos, explica el rápido desarrollo y la importancia que lograron las artes de adivinacion en el pueblo latino. Ni un momento se apartan ya de su historia. lo que en Grecia fueron los oráculos, serán en Roma los augures, organizados en colegio sacerdotal, no se emprenderá ninguna guerra sin tomar los *auspicios,* el mal éxito de toda empresa será atribuido á algun olvido ó sacrilegio como el del cónsul Cláudio Pulcher, vencido por los Cartagineses, la supersticion producirá espantosas hazañas, como la consagracion de los tres Decios á los dioses infernalles, el arrojarse de Curcio á la sima abierta en medio del Foro. Además de estos sacrificios expiatorios, donde quiera vemos en la historia de Tito Livio prodigios singulares, lluvias de sangre mutaciones de sexo, estátuas que sudan ó que blanden la lanza. Infundian terror grande los eclipses y los cometas. La adivinacion por el sueño es hoy mismo frecuentísima en Roma. A todo acto de la vida se enlazaban prácticas y terrores fatalistas.

El contacto con extrañas civilizaciones trajo á Roma nuevos y perniciosos ritos. Muéstralo bien el *Senatus-consulto* contra las bacanales

---

[1] Nada he dicho del *demonio socrático* porque no era á mi modo de ver creencia supersticiosa de Socrates sino modo de hablar figurativo y simbolico

venidas de Etruria y Campánia con un carácter de sociedad secreta, lúbrica y feroz, que no habian tenido en Grecia, á lo ménos en igual grado El culto de Hécate se propagó tambien, sin duda por sus analogías con el de la antigua diosa itálica *Mana-Geneta* Pronto aparecieron los astrólogos ó matemáticos caldeos, unas veces tolerados, otras prohibidos, y vistos siempre con terror mezclado de curiosidad por grandes y pequeños. Y en pos de los astrólogos aparecieron los *chirománticos* ó adivinadores por las rayas de las manos, supersticion de orígen egipcio La antigua creencia de los Romanos en *lemures* y *larvas*, les hizo aceptar de buen grado la *necromancia*, y las hechiceras tésalas fueron identificadas con las *lámias*, semejantes en todo á las modernas *brujas*

En la literatura romana puede seguirse la historia de todas estas aberraciones. El augur Marco Tulio en su discretísimo diálogo *De divinatione*, muéstrase del todo escéptico, cual si quisiera parafrasear la célebre sentencia de Caton el Antiguo *No sé que dos augures puedan mirarse sin reirse*. Y esta incredulidad debia de ser general, pero al mismo paso que las creencias nacionales en otro tiempo vida y salvacion de Roma, amenguaban, crecia la ponzoñosa y extranjera planta de las artes mágicas, de cuyos progresos son fieles cronistas los poetas de la era de Augusto.

La *pharmaceutria* ó hechicera de Virgilio (égloga VIII) manda á su criada ceñir el altar de vendas y traer incienso y *verbenas:* ofrece á la diosa cintas de tres colores pasea tres veces en torno al altar la efigie de su amado, esparce la salsa mola, quema la rama de laurel, entierra en el umbral las prendas de Dafnis y confecciona un filtro con yerbas venenosas del Ponto No ha de verse en todo esto una mera imitacion de Teócrito, puesto que los ritos son casi diversos en el poeta mantuano y en el de Siracusa

El tipo de la hechicera romana, de la *lámia* atormentadora de niños, es la *Canidia* del Venusino. (Epodos V y XVII.) Para sus maleficios usa el mismo arsenal que las *farmaceutrias* y *veníficas* hasta aquí conocidos ramas de ciprés, plumas de buho, sangre de rana, yerbas de Jolcos y de Iberia, dientes de perro. Ella misma se jacta de su pericia mágica·

> ¿De alguna planta la virtud ignoro?
> ¿No conozco las yerbas más extrañas
> Que en sus quiebras esconden las montañas?

> (Trad. de Búrgos.)

El objeto de todo este aparato, y del infanticidio descrito por Horacio, era el de siempre· atraer á un amante perjuro.

> A mi seno traeránte
> Nuevas y desusadas confecciones
> Ni de mí libraránte
> De los Marsos las mágicas canciones

Canidia es personaje histórico. Segun los antiguos escoliastas, se llamaba Gratidia. era perfumista en Nápoles y hacia filtros amorosos. Horacio, por particulares resentimientos, repitió en el *Epodon* los cuentos que acerca de ella corrian, y en la donosísima sátira VIII del libro I. *Olim truncus erat,* presentóla, en compañía de Sagana, buscando por la noche huesos en el cementerio Esquilino, y abriendo con las uñas un hoyo para llenarlo con sangre de una cordera negra y hacer la *necromancia* ó evocacion de los mánes. Pero las invocaciones á Tesífone y á Hécate no surtieron efecto. y un Príapo, que estaba colocado en aquellos jardines, castigó á las brujas de la manera que recordará todo el que haya leido aquella sátira.

De todas estas invectivas hizo Horacio retractacion burlesca en el Epodo XVII, confesando el saber de Canidia, la fuerza de sus encantos (*Libros carminum valentium*), de su mágico *rombo* é imágenes de cera, y quejándose del estado en que sus hechizos le habian puesto. El tono de burlas de todas estas composiciones induce á sospechar que Canidia, más que de infanticida, tenia de medianera de amorosos tratos. Entre ella y la heroína de Fernando de Rojas hay parentesco indudable.

A otro género de supersticiones ménos infames y repugnantes era inclinada la hermosa *Delia* de Tíbulo. Cuando las matronas rendíanse dóciles á la voluntad de cualquier agorero ó *venéfica*, no es de extrañar que una pobre liberta pecase algo de supersticiosa. Y Tíbulo debia de serlo tambien ó fingirlo para darla gusto, dado que en la elegía II del primer libro, dícele del cantar mágico que ha aprendido de la sábia hechicera que tuerce el curso del torrente y hasta el de las estrellas, evoca las sombras y torna á hundirlas con libaciones de leche:

> Habla, y el Sirio estivo arroja nieve;
> Habla, y el cielo airado se serena:
> Sola robó á Medea el arte aleve,
> De Proserpina el cán sola encadena

> (Trad. de Perez del Camino.)

Tíbulo practicaba ritos mágicos. En la elegía V leemos:

> Cuando de acerbo mal presa te viste
> Mi ruego te salvó. De azufre puro
> Tres veces por mi afan lustrada fuiste.
> Mientras canto la maga su conjuro.
> Tres ofrecí á los dioses pan sagrado..

Y en la III

> Tres veces en las suertes mi destino
> Consultó, tres feliz le halló el infante..

El número ternario era sagrado entre los antiguos

> Número *Deus impari gaudet*,

dijo el poeta

En la cuestion de artes mágicas, todos los eróticos, pintores fieles de las costumbres de su tiempo, están conformes Propercio escribe en la elegía XXI del segundo libro.

> *Deficiunt magico torti sub carmine rhombi*
> *Et jacet extincto laurus adusta foco,*
> *Et jam Luna negat toties descendere coelo.*
> *Nigraque funestum concinit omen avis.*

Ovidio, áun dejados aparte los extensos relatos de las *Metamorfosis* [1], abunda en alusiones del mismo género. La vieja *Dipsas* de la elegía VIII de los *Amores* hacia los siguientes portentos

> *Cum voluit, toto glomerantur nubila coelo,*
> *Cum voluit, purò fulget in orbe dies*
> *Sanguine, si qua fides, stillantia sidera vidi,*
> *Purpureus est lunae sanguine vultus erat*
> *Hanc ego nocturnas versam volitare per umbras*
> *Suspicor, et plura corpus anile tegi*
> *Suspicor, et fama est Oculis quoque pupula duplex*
> *Fulminat, et gemino lumen ab orbe venit*
> *Evocat antiquis proavos atavosque sepulchris,*
> *Et solidam longo carmine findit humum.*

---

[1] Vease sobre todo el episodio de Medea

Cualquier autor latino que abriésemos nos daría el mismo resultado. No hay para qué apurar la materia, cuando ya lo hicieron otros, y especialmente Leopardi [1], que asimismo discurrió en capítulos separados de la adivinacion por el estornudo, de los sueños. de los terrores nocturnos, y de las supersticiones enlazadas con la hora del medio dia.

Creian los Romanos en apariciones y fantasmas. Plinio el jóven (epístola XXVII, lib. VII) y Tácito (lib. XI, cap. XX de los *Anales*) hablan, con pasmosa seguridad, de aquella mujer de *sobrehumana estatura (ultra modum humanum)*, que se apareció bajo los pórticos de Adrumeto á Curcio Rufo, pobre y oscuro á la sazon, y le dijo. «*Tu es Rufe, qui in hanc provinciam pro consule venies*» Lo cual, al pié de la letra, se cumplió como advierten ambos escritores.

Ninguna de estas supersticiones dejó de tener incrédulos y contradictores. Petronio, en unos versos célebres, explicó por modo natural los sueños, negando que fuesen enviados por Júpiter ·

> *Somnia quae mentes ludunt volitantibus umbris*
> *Non delubra Deum, nec ab aethere Numina mittunt*
> *Sed sibi quisque facit ...*

Plinio llamó á la mágia *intestabilem, irritam, inanem, habentem tamen quasdam veritatis umbras, sed in his veneficas artes pollere, non magicas.* (Lib. XXX de la *Historia Natural.)*

La historia de la astrología y de la ciencia de los Caldeos está íntimamente enlazada con la del imperio romano Livia interroga á Scribonio sobre el destino del hijo que llevaba en cinta Theógenes formó el horóscopo de Octavio Á pesar de esto, en 721, durante el triunvirato, fueron desterrados los astrólogos, y más tarde Augusto, por consejo de Mecenas, hizo quemar sobre dos mil libros divinatorios *(fatidici libri)* griegos y latinos Nadie ignora los terrores que en Caprea asediaron el espíritu de Tiberio, y la manera como probó la ciencia de su astrólogo Trasilo, al par que hizo despeñar á otros de aquellas rocas. Tiberio habia aprendido en Rodas el arte de los Caldeos, propio amaestramiento de tiranos. Un estrellero predijo á Agripina el parricidio de Neron, y ella contestó *Reine él, y muera yo.* La casa de Sabina Popea estaba llena de astrólogos y adivinos Didio Juliano se valia de la *asteroscopia* y de los espejos mágicos Muchos se daban á ·

1 *Saggio sopra gli errori popolari degli antichi*   Quinta impressione (Firenze 1820)

la adivinacion para saber cuándo morirían aquellos emperadores, que ordinariamente eran uno peor que otro.

Fácilmente pudiéramos alargar esta reseña histórica de las artes mágicas, sin más que acudir á nuestras lecturas y reminiscencias clásicas. Los satíricos, especialmente Juvenal, nos dirían el poder de los astrólogos y más en ánimos femeniles. Consultando á Petronio, tropezaríamos con la universal creencia en el poder de las *ligaduras* y de los encantos. Y finalmente Apuleyo, ya en su propia *Apología*, ya en *El Asno de Oro*, seria para nosotros el último y más completo y fehaciente testimonio de las aberraciones del mundo antiguo en punto á hechicería y trasformaciones [1]. La deleitosa novela del retórico africano es un cúmulo de prodigios. Véase, sobre todo, en el libro tercero la descripcion de las mágicas operaciones de Pánfila, mujer de Milón.

Apuleyo, como filósofo neo-platónico, era dado á la teurgia, y de él habla San Agustin en *La Ciudad de Dios*, donde largamente discurre de las artes mágicas (lib. XVIII). atribuyéndolas en parte á influjo demoniaco, aunque otros Padres, entre ellos Tertuliano *(De anima)*, Arnobio *(Adversus gentes,* lib. I), San Cipriano *(De idolorum vanitate)* Orígenes y el mismo Lactancio no dudan en calificar la mágia de Griegos y Latinos de *fallacia, ludus, fraus,* y negar que tenga algo de sólido y verdadero. «*Ars Magica* dice Orígenes *non mihi videtur alicujus rei subsistentis vocabulum»* [2]

Las artes vedadas se convirtieron en ultima arma defensiva del moribundo politeismo. El vulgo de los campos *(pagani)* se aferró á sus oscuros ritos, y la filosofía representada por los Alejandrinos, apoyóse en la teurgia, que distinguia cuidadosamente de la *goetia*. Los cristianos negaban, y con razon, tales distinciones. Vinieron los edictos imperiales en ayuda de nuestros controversistas, y más adelante veremos la parte que nuestro Teodosio tomó en esta cruzada [3]

---

1 Vid. mi tésis *La Novela entre los Latinos* (Santander 1875)

2 *Apud Theophilum Alexandrinum* (Traduccion latina de San Jeronimo)

3 Sobre *la lucha entre el Cristianismo y la mágia*, vease (aunque escrito en sentido *heterodoxo* y racionalista) el cap. VI del erudito y desordenado libro de Alfredo Maury (del Instituto de Francia) *La Magie et l'Astrologie dans l'Antiquité et au Moyen-Âge ou Étude sur les superstitions paiennes qui se sont perpetuees jusqu'a nos jours.* (Paris, 4.ª ed., 1877)

II.—PRÁCTICAS SUPERSTICIOSAS DE LOS ABORÍGENAS Y ALIENÍGENAS
PENINSULARES.—VESTIGIOS CONSERVADOS HASTA NUESTROS TIEMPOS

ON ser España el país ménos supersticioso de la tierra, pagó
su tributo á la humanidad desde los días más remotos de su
historia. Por desgracia, las noticias son tan escasas, controvertibles y oscuras, que poco puede afirmarse con seguridad entera
El estudio de las supersticiones populares está casi vírgen entre nosotros, y sólo él, unido á los escasos testimonios de autores y Concilios que iremos citando, y al cotejo con los ritos y costumbres de otros
pueblos, puede dar alguna luz sobre la materia.

Las zonas septentrional y occidental de España son, á no dudarlo,
las que más restos de costumbres antiguas mantienen, siquiera no sea
fácil distinguir lo que pertenece á cada una de las primitivas poblaciones *turania*, *ibera* y *celta*. Pero Strabon salva en parte la dificultad,
aseverándonos ser una la manera de vivir de Lusitanos, Galáicos, Astures y Cántabros, hasta los Vascones y el Pirineo *(Talis ergo est vita
montanorum eorum qui septentrionale Hispaniae latus terminant, Gallaico-
rum, et Asturum, et Cantabrorum usque ad Vascones et Pyrenem.—omnes
enim eodem vivunt modo)* Y la misma similitud se observa entre sus artes mágicas y de adivinacion

Comencemos por los Vascones, cual lo requiere su mayor antiguedad y diferencia de raza Ellos, y no los Cántabros, tuvieron en la
antiguedad fama grande de agoreros Lampridio, en la vida de Alejandro Severo, atribuye á este emperador suma pericia en la *ormcoscó-
pia* ó adivinacion por el vuelo de las aves, tanto que se aventajaba *á
los Vascones de España y á los Pannonios*

Tardaron los montañeses del Pirineo en ser convertidos al Cristianismo, y áun despues de evangelizados retuvieron el error de los augurios, puesto que en el siglo VI San Amando trabajó mucho para
extirparle, y áun derribó en algunas partes *ídolos*, dicho sea con perdon de los que suponen á los Vascongados *monoteístas* desde la más
remota antigüedad. *(Audivitque ab eis gentem quandam quam Vacceiam
appellavit antiquitas, quae nunc vulgo nuncupatur VASCONIA, nimio errore
deceptam, ita ut augurus, vel omni errore deceptam. IDOLA etiam pro Deo
coleret.)* Consta la predicacion del Santo por el testimonio de su bió-

grafo Baudemando. Hácia el mismo tiempo los Vascones de la parte francesa estaban entregados al culto de los demonios, es decir, á la *mágia*, conforme refiere el biógrafo de Santa Rictrudis [1].

Quedan al presente en la Vasconia francesa buen número de antiguas prácticas, que pueden verse registradas en la obra de Michel sobre *Las razas malditas* [2], y en otras partes; pero en nuestras Vascongadas hay muy pocas. Créese en las *sorguiñas* ó brujas, que hacen pacto con el diablo, y malefician hombres y animales, así como en las adivinas, en los *saludadores*, en los hechizos y en el *mal de ojo* *(begui yecó miñá)*, contra el cual se previenen con exorcismos, ó haciendo cruces en una taza de agua llena de estaño derretido. Como estas supersticiones son comunes y corrientes en media Europa, apenas se puede determinar su filiacion exacta. Más curiosas y características parecen las de la Navarra francesa, y ¡cosa singular! tienen semejanza grande con las de Galicia. Del otro lado del Pirineo créese en la aparicion de almas en pena, en los *lamiñac*, especie de séres fatídicos, y en cierto mónstruo que habita en lo más oscuro de las selvas, y llaman *Bassa-Yaon*, ó *señor salvaje*. La víspera de San Juan en unas partes, la mañana en otras se celebraba con abluciones en ciertas fuentes. Otros se lavaban en el mar de Biarritz el domingo siguiente á la Asuncion. Hago mérito de todas estas prácticas porque de nuestra Vasconia se comunicaron á Francia, aunque más tarde los Vascos españoles las olvidasen, gracias á la perseverante y gloriosa lucha de la Iglesia española contra todo género de hechicerías y supersticiones [3]. A los *vascófilos* pertenece averiguar su orígen, para lo cual servíranles mucho las radicales de la lengua, cotejadas con las de los demás dialectos turanios. La *paleontología lingüística* debe ser la historia de los pueblos antiquísimos y que no tienen otra.

Adelante veremos convertidas las provincias vascas y sus aledañas en principal asiento de la brujería española por los siglos XV y XVI. Pasando ahora de la *escualherria* á los pueblos de raza céltica, hallamos en gradacion descendente las supersticiones: pocas en Cantábria, más en Astúrias, muchas en Galicia y Portugal. Pero conviene advertir que algunas tienden á desaparecer, y otras pertenecen ya á la

---

1   «Cuius incolae licet illo tempore pene omnes demoniacis essent dediti cultibus, a Deo tamen praelecta Rictrudis, sic ex eidem impiis, et sine Deo, prodiit hominibus velut solet rosa de spinosis efflorere sentibus quae ab ipsis incunabulis cum aetatis tenerae provectibus honestis est alta et instituta moribus. (Vid. *La Vasconia* del Padre Risco.)

2   *Histoire des races maudites de la France et de l'Espagne*, par *Francisque Michel*.

3   Tomo estos datos de *Los Vascongados*, del Sr. D. Miguel Rodriguez Ferrer. Madrid 1873.)

historia, no por *el progreso de las luces*, que diria algun inocente, sino por la accion viva y enérgica de la fé cristiana, que es la verdadera luz.

Existe en nuestra Montaña la creencia en brujas, pero cada dia es ménos. La bruja montañesa en nada difiere de las de otros tiempos y países, sobre todo de las vascongadas y riojanas del siglo XVII. Pero aquí conviene dejar la palabra al peregrino ingénio que en dos libros de oro ha descrito las costumbres de la region cantábrica. «La bruja montañesa (dice mi buen amigo, D. José María de Pereda), no es la *hechicera*, ni la *encantadora*, ni la *adivina*: se cree tambien en estos tres fenómenos, pero no se les ódia; al contrario, se les respeta y se les consulta, porque aunque tambien son *familiares* del demonio, con frecuencia son benéficas sus artes: dan la salud á un enfermo [1], descubren tesoros ocultos [2], y dicen dónde ha ido á parar una rés extraviada ó un bolsillo robado. La bruja no dá más que disgustos: chupa la sangre á las jóvenes, muerde á sus aborrecidos por las noches, hace mal de ojo á los niños, dá *maldao* á las embarazadas, atiza los incendios, provoca las tronadas, agosta las mieses y enciende la guerra en las familias. Que montada en una escoba va por los aires al aquelarre los sábados á media noche, es la leyenda aceptada para todas las brujas. Las de la Montaña tienen su punto de reunion en Cernécula, pueblo de la provincia de Búrgos. Allí se juntan todas las congregadas, alrededor de un espino, bajo la presidencia del diablo en figura de macho cabrío. El vehículo de que se sirve para el viaje es tambien una escoba; la fuerza misteriosa que la empuja se compone de dos elementos: una untura negra como la pez, que guarda bajo las losas del *llar* de la cocina, y se dá sobre las carnes, y unas palabras que dice despues de darse la untura. La receta de ésta es el secreto infernal de la bruja: las palabras que pronuncia son las siguientes·

> *Sin* Dios y *sin* Santa María.
> ¡Por la chimenea arriba!

Redúcese el congreso de Cernécula á mucho bailoteo alrededor del espino, á algunos excesos amorosos del presidente, que por cierto no le acreditan de persona de gusto, y sobre todo, á la exposicion de necesidades, cuenta y razon de los hechos, y consultas del cónclave al cornudo dueño y señor. . Si á un labrador se le suelta una noche el ganado en el establo y se acornea, es porque la bruja se ha meti-

---

[1] *Saludadores*
[2] *Zahories o cosa semejante*

do entre las reses, por lo cual al dia siguiente llena de cruces pintadas los pesebres; si un perro aulla junto al cementerio, es la bruja
que llama á la sepultura á cierta persona del barrio, si vuela una le-
chuza alrededor del campanario, es la bruja que va á sorber el aceite de la lámpara, ó á fulminar sobre el pueblo alguna maldicion [1].

Á esta descripcion, trazada por un sagacísimo observador, conviene añadir estas otras noticias dadas por el excelente escritor montañés que se oculta con el nombre de *Juan García* «Más á menudo dá
asilo (la suposicion cántabra) al misterioso y maléfico sér en el tronco carcomido de un ciprés secular. Como todas las criaturas de su
ralea, la bruja escoge para sus maleficios las horas sombrías y calla-
das de la noche Su agresion más marcada, su venganza favorita,
consisten en sacar del lecho á la mujer de quien está sentida ó de
quien tomó inquina, y exponerla desnuda á la intemperie en uno de
los egidos del lugar Para evitar contingencias semejantes, la montañesa precavida, si tiene razon ó sospecha de temer asalto nocturno, no se acuesta sin poner bajo su cama una buena ristra de ajos» [2].

Fuera de esto, se cree en la montaña en los *mengues* ó espíritus familiares, en el poder de los *saludadores* y en el *mal de ojo*, contra el
cual son preservativo los azabaches pendientes del cuello, como en
Roma (donde esta superticion está más arraigada que en parte alguna) los cuernecillos de marfil. Y en verdad que si se me preguntara
por el orígen probable de todas estas creencias, no dudaria en aseverar que era *latino*. De celticismo hay aquí pocos rastros, como no sea
el de *la verbena*, que se coge ó cogia la mañana de San Juan cual antídoto contra la mordedura de la culebra ó cualquier dañino reptil.
La Cantábria se *romanizó* mucho, y aún hay indicios para sospechar
que la primitiva poblacion fué casi exterminada

No tanto en Astúrias, donde las supersticiones son más exóticas y
lejanas del molde clásico, aunque bellas y características Subsiste
por de contado la creencia en *brujas* y en el *mal de ojo*, pero se conocen
además los siguientes personajes, casi todos de orígen céltico. los *nuberos*, rectores y agentes de las tronadas, que corresponden á los *tem-
pestaru* de las Gálias, citados por San Agobardo y por las Capitulares
de Carlo-Magno, la *hueste ó buena xente*, procesion nocturna de *almas
en pena*, comun á todos los pueblos del Norte, los *moros encantados*

1 *Tipos y paisajes* Segunda série de *Escenas montañesas*.
2 *La Montañesa* (Vid *La Tertulia*, de Santander, núm 3 1876)
La bruja montañesa usa la *figura de cera* lo mismo que Canidia ó cualquiera otra hechicera
clásica

que guardan tesoros, tradicion asimismo germánica; el *cuélebre ó serpiente voladora*, encargada de la misma custodia (este mito puede ser clásico y se asemeja al del dragon de Jolcos ó al del huerto de las Hespérides); las *xanas*, ninfas de las fuentes, malignas y traidoras, que roban y encantan niños. Si yo fuera tan sistemático por la derivacion clásica, como los *celtistas* por la suya, asentaria de buen grado el parentesco de estas *xanas* con las ninfas que robaron al niño Hylas, *Hylas puer*, como se lee en la *Argonáutica* de Valerio Flaco y en otros poemas antiguos; pero no quiero abusar de las similitudes, y doy de barato á los partidarios de orígenes *septentrionales* la filiacion de nuestras *xanas*, de las ondinas de Germánia y de cualquiera otra concepcion fantástica que bien les pareciere.

Los que en el resto de España se conocen con el nombre de *saludadores*, llámanse en Astúrias *ensalmadores*, y su ocupacion es curar con palabras de conjuro y raras ceremonias ciertas dolencias de hombres y bestias. En un entremés compuesto á mediados del siglo XVII por el donoso poeta bable D. Antonio Gonzalez Reguera *(Anton de la Mari-Reguera)*, el ensalmador aparece con otro carácter y pretensiones más subidas, y llega á conjurar el alma de una difunta que anda en figura de estornino:

> Isi estornin fatal que tanto grita,
> Ie l'alma de to madre Malgarita,
> Que ñon terná descanso nin folgura
> En Purgatorio ni ena sepoltura
> Si el sábanu en que fora sepultada
> Non s'apodrez hasta que quede en nada.

Sigue una larguísima receta burlesca, en que entran *el unto de oso, los pelos del zorro, dos hojas del breviario del cura*, etc., y añade:

> Y direis: «Estornin de la estorneya
> Los figos deixa ó dexa la pelleya;
> Si yes l'alma quiciás d'algun difunto,
> Marcháte de aquí al punto.....
> Vete pal' Pulgatorio, y si non quieres,
> De mim rezos y mises non esperes.
> ¿Serás acasu en estornin tornado
> L'alma d'un aforcado,
> O la güestia que vien del otro mundo

Y sal de los llumales del profundo?»..
Al decir esto fáite cuatro cruces;
Y encendiendo dos lluces
Pondránsete los pelos respingados,
Ahullidos orás, verás ñublados,
Un sudor frio moyará to frente
Pero aquisi estornin impertinente
Non tornará á gridar nin comer figos
Y dexaránte en paz los enemigos [1].

Como se ve. estamos en plena evocacion nigromántica no para atraer, sino para ahuyentar espíritus, y esa alma trasmigrada al estornino, es uno de los pocos rastros de la metempsícosis céltica en nuestras comarcas septentrionales

La bruja asturiana no difiere en sus maleficios de la montañesa. En una preciosa composicion bable, *El Niño enfermo* anónima. pero generalmente atribuida al docto arqueólogo Sr Caveda leemos

¿Si lu agueyará
La vieya Rosenda
Del otru llugar?
Desque alla na cuerra
Lu diera en besar,
Pequeñín y apocu
Morriéndose va.
Dalgun maleficiu
La maldita i fau,
Que diz q'á Sevilla
Los sábados va,
Y q'anda de noche
Por todu el llugar,
Chupando los ñeños
Que gordos están [2]

En Galicia se atribuye á las brujas allí llamadas *meigas chuchonas* la tísis, y á los espíritus malignos (que en la montaña decimos *mengues*) las enfermedades nerviosas Tiénese por remedio contra los ma-

---

1 *Coleccion de poesias en dialecto asturiano* (Oviedo imp de D Benito Gonzalez, 1837 en 4°) Coordino los materiales de este curioso volumen escribio su excelente prologo, el señor Caveda

Coleccion de poesias en dialecto asturiano, pag 254

leficios el aspirar á media noche el olor de la ruda, ó recibir á la misma hora las seis olas en el mar de la Lanzada, como los vascos franceses en el mar de Biarritz. A esta costumbre aludia en el siglo XV Juan Rodriguez del Padron.

Los *nuberos* ó *tempestarii* asturianos reciben en Galicia el nombre de *nubeiros*: la *hueste* apellídase *estadía* en unas partes, *compañía* en otras, y dícese que anuncia la muerte de aquellos en cuyas heredades aparece. Las supersticiones enlazadas con el final tránsito del hombre, son en Galicia extrañas y numerosas. Tiénese por funesto recibir la última mirada de los moribundos; no se cierran de golpe las *portelas* para no lastimar á las almas que allí purgan sus pecados, ni yendo de romería á San Andrés de Teixido se mata ningun reptil que se halle en el camino, por creerse que las almas de los muertos van en aquella forma á cumplir su *romaxe*, que no cumplieron de vivos. Cuéntase, por último, que queda maleficiado quien ve á un amigo cuando lo llevan al cementerio, pues el difunto le *echa el aire* para atraerlo. Líbrase de este pernicioso influjo la persona que *ten ó aire*, especialmente si es mujer, yendo al cementerio á media noche en compañía de tres Marías. Colócanse éstas en torno al sepulcro, y conjuran á la difunta para que vuelva á la maleficiada el aire que le quitó, mientras ella, echada de bruces sobre la tierra, aspira con fuerza para trocar en vital el aliento maléfico.

Si necesitara probanza nueva el orígen céltico de todos estos ritos, anticristianos y anticlásicos, encontraríamosla en su analogía con las supersticiones bretonas descritas por Brizeux en sus poemas. Así lo ha notado antes que yo, y con buen acuerdo, el historiador de Galicia Sr. Murguía, á quien en esta parte sigo, teniéndole por fidedigno y conocedor de los usos de su país [1]. La *romaxe* de los muertos gallegos equivale al *Pardon* de los Bretones.

No sabemos, ni en parte alguna consta (antes puede sospecharse lo contrario), que entre nuestros Celtas hubiese sacerdotes análogos á los druidas de las Gálias. Pero el culto que llaman *druídico* arraigó profundamente en Galicia, y de él son monumentos los *altares naturales, dólmenes, túmulos* (en gallego *mámoas* ó *medorras), menhires* y *piedras vacilantes.* Estas últimas servian para la adivinacion, en la cual fueron insignes los Gallegos y sus vecinos los Lusitanos, á lo que se deduce del texto de Strabon, que citaré luego.

---

[1] *Historia de Galicia* (tomos I y II, Lugo), por Soto Freire. Esta obra permanece desdichadamente incompleta.

Entre los antiguos Galáicos, calificados de *ateistas* por el mismo geógrafo, los bosques sirvieron de templos, las rocas de altares: el panteismo céltico divinizó las aguas y los montes. Justino refiere que nunca tocaba el arado el *Pico Sacro (Mons sacer)*, situado no lejos de Compostela. Los únicos santuarios que Galicia conoció fuera del druidismo, debieron de ser templos de *Cabyres*, situados en ásperas cumbres, como aquel de Lemnos, al cual se refiere este fragmento del trágico latino Accio, que lo tradujo (segun podemos conjeturar) de Esquilo:

> *Lemnia praesto*
> *Littora rara et celsa* CABYRUM
> *Delubra tenes, mysteria queis*
> *Pristina castis concepta sacris*
> *Nocturno aditu occulta coluntur*
> *Silvestribus sepibus densa.*

Murguía admite y defiende la existencia en Galicia de un *cabirismo* semejante al de Samotracia y al de los antiguos Islandeses [1]. Aquel misterioso culto del fuego, enlazado con la adoracion sidérica, y una trinidad naturalista, culto antiquísimo entre los Pelasgos, hubo de ser la primitiva religion de nuestros *Iberos*, absorbida luego por el avasallador dominio del panteismo celta.

Gracias á la tormenta priscilianista, tenemos algunos Cánones de Concilios, y un tratado de San Martin Dumiense, que nos dan cierta luz sobre las supersticiones gallegas. Más adelante utilizaré estos documentos. Pasemos ahora de Galicia á Lusitania, cuyos moradores. segun Strabon, eran *muy dados á los sacrificios, y predecian lo futuro* por la observacion de las *entrañas de las víctimas, ó palpando las venas de los costados* [2]. Reminiscencias del culto druídico á las encinas y robles sagrados quedan en algunas partes de Portugal. Cerca de la villa de Alcarrede, en un sitio llamado *Entre Cabezas*, hay un *carvalho* (roble). y al pié de él una cisterna ó depósito de aguas pluviales, que los vecinos del pueblo recogen para diversos usos, naturales unos, y otros supersticiosos, entre ellos *para preservarse de las brujerías*, y para matar *el piojo de las habas (o piolho das favas)* el sábado santo. «En este hecho,

1 Vid. Pictet, *Du culte des Cabyres chez les anciens Islandais.* (Ginebra, 1856.)
Toubin: *Essai sur les sanctuaires primitives et sur le fetichisme en Europe.* (Paris.)
Villamil y Castro: *Antigüedades prehistóricas y célticas de Galicia.* Parte I. (Lugo. 1873.) Y várias monografías del mismo autor en el *Museo Español de Antigüedades.*
2 Strabon, lib. III. 3. párrs. 6 y 7.

dice Teófilo Braga [1], tenemos una muestra de la supersticion germánica del roble *Igdrassill* y de la fuente de *Urda*.» No cabe dudar que
muchas de las aguas minerales de la Península fueron ya veneradas
como *santas* por los Celtas y Celtiberos. La tradicion de las *Móuras
encantadas* es en Portugal idéntica á las de Galicia y Astúrias. Gil Vicente alude á la misma creencia:

> *Eu tenho muitos thesouros*
> *Que lhe poderao ser dados,*
> *Mas ficaram* ENTERRADOS
> *D'elles do tempo dos mouros,*
> *D'elles do tempo pasado.....* [2]

Esta leyenda, que no hemos de creer de orígen arábigo, á pesar
del nombre de *moros* (nacido quizá de un equívoco con la palabra
celta *mahra* ó *mahr*, que designa ciertos *espíritus*, y á veces el demonio
íncubo), es de las más generalizadas en España. Encontróla en Extremadura Quintana, y con ser el poeta ménos romántico que puede
imaginarse, tomóla por asunto de un romance muy lindo, *La fuente
de la mora encantada,* preferida por muchos á algunas de sus valientes
y espléndidas odas [3]. La *mora* quintanesca se parece no poco á la
maligna *xana* de Astúrias.

La *erva fadada* de que se habla en el romance portugués de doña
Ausenda:

> *A porta de dona Azenda*
> *Está uma erva fadada,*
> *Mulher que ponha a mao n'ella*
> *Logo se sente pejada* [4].

y en el asturiano de la *Princesa Alexendra:*

> Hay una yerba en el campo
> Que se llama la borraja, etc., [5]

puede contarse con ménos seguridad entre las primitivas supersticiones. Quizá entró en la Edad Media con los poemas del ciclo breton,

---

1   *Epopéas da raça mosarabe,* pág. 56.
2   *Obras de Gil Vicente,* ed. de Hamburgo, tomo II, pág. 489.
3   *Obras inéditas de Quintana* (Madrid, 1872), pág. 24.
4   *Romanceiro,* de Almeida Garret, tomo II, pág. 181.
5   *Romances tradicionales de Astúrias,* recogidos por Amador de los Rios.

en que se atribuye la desdicha de la reina Isea á haber comido una azucena. Tambien se atribuian virtudes eróticas á ciertas fuentes. En el romance portugués de *Dona Areria* [1], recogido en Coimbra por Teófilo Braga, aparece esta creencia:

> *A cidade de Coimbra*
> *Tem uma fonte de agua clara:*
> *As mozas que beben n'ella*
> *Logo se reem pejadas.*

En cambio, la *fadada camisa*, que volveremos á encontrar en el *Poema de Alexandre*, es supersticion lusitana y prohibida por las Constituciones del obispado de Évora, aunque tambien se encuentra en los poemas franceses, y de allí la tomó el nuestro.

En la isla de San Miguel, una de las Azores, subsiste la creencia en la *lycantropía* [2], ó transformacion de hombres en lobos, encanto que se deshace por la efusion de sangre. Esta supersticion es conocidísima en el Norte de Europa, y allí la colocó Cervantes en su *Persiles* [3]. Ni la bruja ni la hechicera de Portugal difieren mucho de las del resto de España; pero en las Azores hay variantes curiosas. Supónese que las brujas van á la India en una cáscara de huevo, y métense bajo del mar cuando canta el gallo. Teófilo Braga cita un documento de visita del Vicario Simon da Costa Rebello en San Pedro de Ponta Delgada, el 30 de Marzo de 1696: «Hay en esta isla (dice el visitador) unas mujeres, que llaman *entre-abiertas*, las cuales, por arte diabólica, afirman que vienen las almas de la otra vida á ésta para atormentar á los enfermos.....» ¿Quién no ve el enlace de estas supersticiones con la del *aire* de Galicia? [4]

---

1 *Romanceiro geral*, de Theóphilo Bragá, núm. 33, pag. 87.

2 «El último hijo de una série no interrumpida de siete varones del mismo vientre es *lobis-homen*. No hay modo de eludir esta fatalidad que espera al recien nacido sino poniéndole en el bautismo el nombre de *Bento* y dándole por padrino su hermano mayor, el primero de los siete sucesivos..... En noches y horas fatales un poder mágico obliga á divagar al lycántropo,» etc. (Vid. Th. Braga, *Epopéas* etc., pág. 63.)

En las Gálias llamaban á estos lycántropos *Gerulfos (loup-garou* en francés moderno), en Inglaterra *Wer-wolf*, en Germania *Wargus*.

3 Utilizo para todo lo que se refiere á hechicerías portuguesas el libro de Th. Braga *Epopeas da raça mosárabe*, que comete, sin embargo, un error fundamental suponiendo *de origen godo* estas supersticiones, cuando los Godos vinieron en pequeño número, y su influencia puede decirse nula. Ni consta que los Godos tuviesen esas creencias, más propias de Galos y Bretones.

4 ¿Habia *Godos* en España en tiempo de Strabon? Y sin embargo, Theóphilo Braga atribuye á los *Godos* el orígen de esta costumbre. Es hasta donde puede llegar el entusiasmo germánico, que en un latino no tiene perdon de Dios.

Fácilmente podríamos alargar esta reseña de las creencias y prácticas supersticiosas que en España *parecen* anteriores á la predicacion del Cristianismo. Pero en realidad no encontraríamos sino repeticiones. En Andalucía, donde la raza ibera no se mezcló con los Celtas, ha sido tal el paso y trasiego sucesivo de civilizaciones, que parece difícil separar lo que á cada una pertenece; y por de contado, apenas hay tradiciones *indígenas* ni antiguas en el cúmulo de decires y cuentos á que es tan propensa la fantasía de aquel pueblo. Al elemento *clásico*, que parece allí el dominante, se sobrepuso más ó ménos el *semítico*, y á éste el de los pueblos cristianos de la Edad Media. De las creencias turdetanas ni memoria queda.

En las comarcas celtibéricas los ritos debieron de ser análogos á los de los Celtas; pero las pocas supersticiones que hoy duran entre aragoneses y castellanos viejos tienen escaso color de antigüedad, y no dan motivo á particulares observaciones. El culto celtibérico por excelencia, las *hogueras de la noche de San Juan*, cristiana transformacion de la fiesta del solsticio de verano, siguen encendiéndose de un extremo á otro de la Península, como en tiempo de Strabon. A la misma fiesta se enlazaban otros usos raros, hoy casi perdidos. Todavía en el siglo XVI las muchachas casaderas, con el cabello suelto y el pié en una vasija de agua *clara y fria*, esperaban atentas la primera voz que sonase, y que debia traerles el nombre de su futuro esposo. En la linda comedia de Cervantes *Pedro de Urdemalas*, dice Benita:

> Tus alas, ¡oh noche! extiende
> Sobre cuantos te requiebran,
> Y á su gusto justo atiende,
> Pues dicen que te celebran
> Hasta los moros de allende.
> Yo, por conseguir mi intento,
> Los cabellos doy al viento,
> Y el pié izquierdo á una vacía,
> Llena de agua clara y fria,
> Y el oido al aire atento.
> Eres, noche, tan sagrada
> Que hasta la voz que en tí suena
> Dicen que viene preñada
> De alguna ventura buena.
>
> (1.ª jornada.)

En Cataluña se conserva, ó conservaba aunque en términos más cristianos, una costumbre parecida á juzgar por un romance de mi maestro Rubió y Ors

> Enceneu, ninetas,
> De Sans Joan los fochs,
> *Perque Deu vos done*
> *Gentils amadors* [1].

¡Y cuántas cosas raras y singulares no acontecen en nuestros romances *la mañana de San Juan!*

> Captiváronla los moros
> La mañana de Sant Juane　　.
> La mañana de San Juan
> Salen á cojer guirnaldas
> ¡Quién hubiese tal ventura
> Sobre las aguas del mar.
> Como tuvo el conde Arnaldos
> La mañana de San Juan
> La mañana de San Juan
> Cuando se cogen las yerbas　　　[2]

Y lo mismo en los cantos populares de Cataluña y Portugal.

> Por manhan de Sam Joao
> Manhan de doce alvorada

Algunos rastros de antigua superstición pueden hallarse en los cuentos y consejas que repite nuestro pueblo; mas siempre habría que separar un gran número de importaciones orientales y occidentales de la Edad Media. El poder de las encantadoras y de los hechizos vése manifiesto en el popularísimo relato de *La reina convertida en paloma*, que aprovechó el erudito Duran para su cuento de *Las tres toronjas* [3]. En otras narraciones se descubre influencia clásica En An-

§

1　*La nit de San Joan* (Vid *Lo Gayter del Llobregat*, pag 82

2　En nota á este romance advierte D Agustín Duran (*Romancero general* etc tomo I, pagina 58) que «todavía en algunos pueblos las doncellas echan en un vaso de agua cristalina la clara de un huevo, para obtener á media noche la figura de un navío que juzgan ha de formarse milagrosamente bajo la protección del Santo»

3　Las *rondallas* de Cataluña, que son sin duda las más ricas y variadas de la Península han sido coleccionadas en parte por D F Maspons y Labros *Lo Rondallarie* etc El Sr Valera ha

dalucía, en Cantábria y en otras partes se cuenta, aunque reducida y menoscabada. una fábula semejante á la *Psíquis* de Apuleyo. El cíclope de la mitología griega se ha convertido para nuestros Montañeses en *ojáncano*, y los casos que se le atribuyen tienen harta semejanza con los del *Polifemo* de la *Odisea*.

El nombre de *fada* en Castilla (escribe el eminente Milá y Fontanals), como en los demás pueblos célticos romanizados, proviene de *fatum* (pl. *fata*), tomado como singular femenino. Hay los refranes: *Quien malas fadas tiene en la cuna, las pierde tarde ó nunca* [1]. *Acá y allá malas fadas hay*. El arcipreste de Hita (coplas 713 y 798) escribe:

> El dia que vos nacistes,
> *albas fadas vos fadaron*.....
> Que las *malas fadas negras*
> non se parten de mi.....

Y Rodrigo Yañez. en el poema de Alfonso XI (copla 879):

> A vos fadó malas fadas
> en tiempo que naciemos.....

En este mismo sentido de *Parcas* ó *hados* lo vemos en cuentos de otras naciones..... [2].

El mismo Sr. Milá, en sus *Observaciones sobre la poesía popular* [3], nos dá estas noticias de supersticiones catalanas: «Dominaba há poco..... la supersticiosa y grosera creencia en las brujas, no del todo desarraigada en nuestros dias; y áun hemos visto un cuadro de reciente fecha, que se pintó para celebrar la salvacion de un niño, á quien. segun costumbre, intentaban aquéllas llevarse por una ventana la noche de San Silvestre..... Hubo tambien los *hechiceros*, que sólo se distinguian de los curanderos ó empíricos ordinarios en que adivinaban las enfermedades; los llamados *saludadores*, ó personas que habiendo nacido la noche de Navidad tenian, además de un signo impreso en el paladar,

parafraseado con maravilloso ingénio *El pájaro verde* y otros, procedentes tambien de las comarcas béticas. Á Trueba se deben imitaciones y refundiciones, generalmente felices, de algunos de Castilla y Vizcaya. Théophilo Braga promete una coleccion de los portugueses. ¿Por qué algun escritor de nuestra Montaña no se anima á igual empresa?

1 Vid. *Memorias de la Academia Española*. tomo I. Rubió y Ors tiene un lindo romance catalán sobre el mismo asunto.

2 *De la poesía heróico-popular castellana* (pág. 380). Milá considera, y con buen fundamento. de origen extranjero las *fadas* del poema de Alejandro.

3 *Observaciones sobre la poesía popular, con muestras de romances catalanes inéditos.* (Barcelona, 1853, pág. 175.) Obra agotada. y que es de esperar que se reimprima pronto con grandes aumentos.

el privilegio de curar la hidrofóbia; los que practicaban la mágia blanca ó negra, hombres de gran poderío, pero que acababan por empobrecerse; los *fantasmas*, que entre la niebla de la montaña se distinguian con los dos piés sobre sendos pinos; y finalmente, los *follets* (duendes ó trasgos)..... Mas las *hadas*, propiamente dichas, entes de sospechosa procedencia..... no se mientan absolutamente ni en los relatos sérios, ni siquiera en las *rondallas de la vora del foch.* »

En estas *rondallas*, de que el mismo Sr. Milá publica algunas muestras, y que luego ha reunido en coleccion riquísima el Sr. Maspons y Labrós, no faltan metamorfosis y encantamentos.

Háblase además en Cataluña (segun testimonio del Sr. Milá) de castillos y ruinas habitados por espíritus, de lagos misteriosos como el de Canigó, y del cazador errante, cuyos perros aullan entre el mugir del viento, llamado por los payeses *viento del cazador*. Esta leyenda, que tambien se halla en Alemania y en Francia (y es explicada por algunos como símbolo astronómico), dió asunto á Burger para una leyenda.

Las *xanas* de Astúrias aparecen en Cataluña con los diversos nombres de *donas d'aigua*, *alojas* (por suponerse que su bebida es *agua aloja*), *gojas* (esto es *jovenetas*), y alguna vez *bruixas ó encantadas*. Viven en perpétuos festines, disfrutan de juventud eterna, atraen y hechizan á los viandantes, y cantan y danzan en las noches de luna llena. Ocúltalas de la vista de los mortales un tejido de espesas mallas.

El Sr. Maspons [1], que ha recogido curiosísimos pormenores sobre estas creencias (cada dia ménos vivas), se inclina á la derivacion germánica. Yo creo que la clásica es muy sostenible, y que todo puede explicarse por un fondo de tradiciones ibero-céltico-romanas, sin acudir á Godos ni á Francos.

En los cantos populares de Cataluña, como en los de Portugal, vive la supersticion greco-romana de las sirenas:

> Desperteu, vos, vida mia.
> Si voléu sentir cantar,
> Sentiréu cant de *sirena*.....

dice un romance recogido por Milá [2].

---

[1] *Tradicions del Vallés, ab notas comparativas*..... Barcelona, 1876, págs. 77 y sig., donde apunta todo lo relativo á *las encantadas de Vallderros, las alojas del estany de Banyolas, las gojas de S. Jordi Desvalls, las encantadas de la singlera de Parets*, etc.

[2] *Romancerillo catalán*, pág. 108.

Chegae aquella janella,
Ouvi un doce cantar:
Ouvi cantar as *sereias*,
No meio d'aquelle mar.....

leemos en un canto de las islas Azores [1].

Entre las creencias antiguas, casi olvidadas en España, debe contarse la de los *duendes ó trasgos*, quienes, segun el autor del *Ente dilucidado* (obra que en su lugar analizaremos), «no son ángeles buenos, ni ángeles malos, ni almas separadas de los cuerpos», sino *unos espíritus familiares, semejantes á los lemures de los gentiles*, conforme á la opinion del Padre Feijóo. A todo el que haya seguido con paciencia el anterior relato, no se le ocultará el orígen céltico-romano de esta nueva aberracion. Y más se convencerá de ello, si sabe que en la Montaña es supersticion añeja coger estos espíritus en forma de *ujanos* (gusanos), á las doce de la noche, bajo los helechos. El que posea uno de estos *ujanos* puede hacer todo linaje de hechicerías, y *vendar los ojos* á cualquiera, ménos al que tenga *réspede* (lengua) *de culebra* [2], antídoto semejante á la yerba *moly* de Ulises.

Tampoco ha de ser muy moderna la creencia en *zahoríes*, aunque el nombre parezca arábigo; pues más fácil es que se truequen los nombres que las cosas. Lo cierto es que entre los Griegos habia *zahoríes*, esto es, adivinos descubridores de tesoros, como Alejandro *el Pseudomantis*, personaje *lucianesco*. El *zahorí* español tenia la virtud de conocer el tesoro oculto bajo siete estados de tierra, y debia esta maravillosa propiedad á haber nacido en Viernes Santo. Antes del Cristianismo seria otra cosa. Esta supersticion duraba por los tiempos de Feijóo, que escribió un largo discurso para combatirla.

Hasta aquí lo que pudiéramos llamar *historia conjetural* (si estas dos palabras no riñen) de las creencias, prácticas y ritos españoles, que por algun concepto pueden creerse anteriores á la predicacion del Evangelio, y que permanecieron despues más ó ménos modificados. De *historia positiva* apenas hay otra cosa que las indicaciones de Strabon sobre los Lusitanos, y de Lampridio acerca de los Vascones, y el llamar Silio Itálico á los Gallegos *fibrarum et pennae divinorumque sagaces*.

Fenicios, Griegos, Cartagineses y Romanos introdujeron en nuestro

1 Theóphilo Braga, *Cantos do Archipelago Açorano*, pág. 273.
2 *Tipos y paisajes*, por D. José María de Pereda, pág. 113.

suelo sus respectivas artes mágicas y divinatorias Muchas inscripciones nos hablan de *augures* y *arúspices*. Sin acudir á la coleccion de
Hubner, en la antigua de Masdeu encontramos memoria de Marco
Valerio, Pio Reburro, augur de la provincia Tarraconense, de Lucio
Flaviano, arúspice [1], y de Lucio Minucio, augur A la sombra del
culto romano entraron los Egipcios y Orientales. Las recientes exca-
vaciones del cerro de los Santos parece que han revelado la existencia
de un templo de Magos y Caldeos en aquel sitio [2], y de un *hemerosco-
pio* u observatorio divino,

III.—VIAJE DE APOLONIO DE TIANA A LA BÉTICA.—PASAJES DE ESCRI-
TORES HISPANO-LATINOS CONCERNIENTES A LAS ARTES MAGICAS

BAJO el imperio de Neron, cuando el Cristianismo comenzaba á
extenderse en España, llegó á la Bética un singular personaje
que directa ó indirectamente debió de influir en el desarrollo
de las artes mágicas Era éste el famoso pitagórico Apolonio de Tiana, señalado tipo de las aspiraciones y dolencias morales de su época Hános trasmitido su biografía el retórico Filóstrato, si de biografía hemos de calificar una manera de novela, tejida de casos maravillosos y largas declamaciones. Fúndase en las memorias, quizá supuestas, de un asirio llamado Damis, compañero de Apolonio, especie de Sancho Panza de aquel caballero andante de la filosofía. Apolonio, segun el relato de Filóstrato, era el dios Proteo encarnado, tenia el poder de los exorcismos, resucitaba muertos, evocaba sombras,
poseia la doble vista y la virtud de la adivinacion Emprendió largos
viajes á la India, al Egipto, á Etiopía, para consultar á los *bracma-
nes* y á los *gymnosofistas*, cuyo poder taumatúrgico no iba en zaga al
suyo. Allí veríais moverse las trípodes, llenarse por sí mismas las
copas, hincharse la tierra como las olas del mar, etc El libro de Fi-

---

1 *Historia crítica de España* tomo VI *Coleccion epigráfica* págs 152 y 153, tomo XIX, página 192

2 Vid Fernandez-Guerra (D Aureliano), *Discurso leido ante la Academia de la Historia en
la recepcion de D J de la Rada y Delgado* El trabajo de mi dulce amigo el Sr Fernández-
Guerra es tan admirable, que fuera en mí vano atrevimiento y digno de censura el extractarle
ó compendiarle Léalo íntegro mi lector, y verá una de las mejores obras que en castellano se
han escrito en lo que va de siglo Sólo añadiré que, segun opinion de D Aureliano, en las
antigüedades de Yecla hay *elementos caldeos fenicios griegos y egipcios pero sobrepujando á
todos el último, cual lo evidencian la estatua de Isis el Canopo, el Fenix* etc

lóstrato está lleno de monstruosidades: *sátyros, pigmeos, empusas.*
Apolonio era, por lo demás, un santo varon, casto y sóbrio, que
practicaba rigurosamente la abstinencia pitagórica; pero tenia sus
puntas de revolucionario, por lo cual le persiguieron Neron y Domiciano, aunque esquivó la muerte con sus artes. En uno de sus contínuos viajes llegó á Cádiz, pero el relato de Filóstrato es tan breve
como lleno de absurdas patrañas. Dice que los habitantes de Gades
eran Griegos, y que adoraban á la Vejez, á la Muerte, al Arte y á la
Pobreza. Del clima afirma con verdad *que es tan agradable como el del
Ática en tiempo de los misterios.* Pero ¿cómo hemos de darle crédito
cuando refiere que los moradores de Hispola (sin duda *Hispalis*) nunca habian presenciado juegos escénicos, y tuvieron por demonio á un
representante? Y esto en la Bética, en una region del todo *romaniza-
da.* No sabemos á punto fijo que Apolonio hiciese en España prosélitos de su ciencia teúrgica. Tuvo, sí, largos coloquios con el gobernador de la Bética, pero con intentos políticos, segun parece inferirse
de Filóstrato. Pronto estalló la sublevacion de Vindex [1].

De los escritores hispano-romanos puede sacarse bastante luz para
la historia de las ciencias ocultas, aunque no con relacion á nuestra
Península. Fijémonos ante todo en la familia Annea. Séneca el filósofo trató de los agüeros en el libro II de las *Cuestiones naturales,* mostrándose partidario del fatalismo estóico. Como poeta describió en la
Medea, una de sus trajedias auténticas, los prestigios de la hechicería. Véase en el acto cuarto la invocacion que principia:

> *Vos precor, vulgus silentum, vosque ferales deos*
> *Et chaos coecum atque opacam Ditis umbrosi domum.*

Pero á quien llama principalmente la hechicera es á Hécate, *sidus
noctium:*

> *Pessimos induta vultus: fronte non una minax.*

La maga de Séneca *recorre los bosques ocultos con desnudo pié,* congrega las lluvias, detiene la marea, hace que las *medrosas* Ursas se
bañen en el Oceano, que la tierra dé mieses en invierno y flores en
estío, que las ondas del Fásis tornen á su fuente, y el Istro detenga

---

[1] Vid. lib. V de la *Vida de Apolonio,* ed. Westerman. (Paris, 1849. *Coleccion greco-latina de
Didot.*) Pueden verse asimismo las notas que acompañan á la traduccion francesa de Chassang
(Paris, 1862).

sus aguas. Al imperio de la voz de Medea huyen las nubes, se embravecen los vientos, pára el sol su carrera, y descienden las estrellas
dóciles al conjuro. Suena el precioso metal de Corinto: la hechicera
hiere su brazo para acostumbrarse á la sangre, mueve Hécate su carro, y Medea la suplica que dé fuerza á sus venenosas confecciones
para que la túnica nupcial abrase hasta las entrañas de Creusa [1].

Séneca hace uso excesivo de los recursos augurales, aruspicinos y
mágicos en todas las trajedias que corren á su nombre. En el acto
tercero del *Edipo*, Creon describe prolijamente una *necromancia* verificada por el adivino Tirésias para conocer los hados de Edipo: ciento
cincuenta versos tiene esta descripcion, indigesta y recargadísima de
circunstancias y ornatos.

Algo, aunque ménos, adolece de este vicio Lucano en la terrorífica
escena que cierra el libro VI de la *Farsalia*, desde el verso cuatrocientos veinte:

Sextus erat, Magno proles indigna parente....

Sexto Pompeyo, la víspera de la batalla, va á consultar á una maga
tésala, llamada *Erictho*, que anima los cadáveres y les hace responder
á las preguntas de los vivos. En una hórrida gruta, consagrada á los
funéreos ritos, coloca la hechicera un muerto en lid reciente, inocula
nueva sangre en sus venas, hace un formidable hechizo, en que entran la espuma del perro, las vísceras del lince, la médula del ciervo
mordido por la serpiente, los ojos del dragon, la serpiente voladora
de Arabia, el echino que detiene las naves, la piel de la cerasta de
Libia, la víbora guarda de las conchas en el Mar Rojo. Y despues,
con una voz más potente que todos los conjuros, voz que tenia algo
del ladrido del perro y del aullar del lobo, del silbido de la serpiente
y del lamento del buho nocturno, del doliente ruido *(planctus)* de la
ola sacudida en los peñascos y del fragor del trueno, dirige tremenda
plegaria á las Euménides, al Cáos, á la Stigia, á Persefone y al infernal barquero. «No os pido (dice) una alma que esté oculta en el
Tártaro y avezada ya á las sombras, sino un recien muerto, que aún
duda y se detiene en los umbrales del Orco.»

Parete precanti
Non in Tartareo latitantem poscimus antro,

---

[1] Vid. *Medea*, acto 4.º, pág. 29, ed. de Martin del Rio. *Syntagma tragediae latinae..... Lutetiae Parisiorum, 1620.*

Adsuetumque diu tenebris, modo luce fugata
Descendentem animam primo pallentis hiatu
Haeret adhuc Orci. . . . .

Aparece de súbito una ligera sombra: es el alma del difunto, que resiste y no quiere volver á la vida porque

extremum..... mortis munus inique
Eripitur, non posse mori.

Erictho se enoja de la tardanza, azota el cadáver, amenaza á Tesífone, á Megera, á Pluton, con hacer entrar la luz en las regiones infernales. Entonces la sangre del muerto comienza á hervir; lidia por algunos momentos la vida con la muerte; al fin palpitan los miembros, váse levantando el cadáver, ábrense desmesuradamente sus ojos, y á la interrogacion de la hechicera contesta prediciendo el desastre de Pompeyo, causa de dolor en el Elíseo para los Decios, Camilos, Curios y Escipiones, ocasion de alegría en los infiernos para Catilina, Mario, los Cetegos, Druso y aquellos tribunos tan enérgicamente caracterizados por el poeta.

Legibus inmodicos, ausosque ingentia Gracchos.

Dada la respuesta, el muerto quiere volver al reino de las sombras, y Erictho le quema vivo, condescendiendo á sus deseos: «*Jam passa mori*»[1]. De esta especie es *lo maravilloso* en la *Farsalia*, y no ha de negarse que infunde terror verdadero ese tránsito de la vida á la muerte descrito con vivísimo colorido y sombría expresion por el vate cordobés. ¡Esa era la religion del mundo imperial: augurios y terrores!

El gaditano Columela, que (como dice Leopardi) escribia de agricultura sin ser agricultor, y estaba por ende libre de las preocupaciones de la gente del campo, exhorta (en el lib. I, cap. VIII de su elegantísima obra *De re rustica)* al labrador *á no dar crédito á arúspices. brujas (sagas) y demás gentes que con vanas supersticiones los embaucan y hacen caer en inútiles gastos y quizás en delitos*[2].

1 *M. Annei Lucani Pharsalia.....* Lipsiae (Tauchnitz), 1834, págs. 128 y sigs.
2 «Haruspices, sagasque, quae utraque genera, vana superstitione rudes animos ad impensas et deinceps ad flagitia compellunt, ne admiserit.» (Ed. de 1595, *ex H. Commelini Typographia.)*

Merece, finalmente, citarse, aparte de algun epigrama de Marcial la declamacion que con el título de *Sepulchrum incantatum* anda entre las atribuidas á Quintiliano.

IV.—ACTAS DE LOS SANTOS LUCIANO Y MARCIANO —SUPERSTICIONES ANATEMATIZADAS EN EL CONCILIO ILIBERITANO - ESFUERZOS DE TEODOSIO CONTRA LA MÁGIA.

URIOSAS son y poco conocidas las actas del martirio de los Santos Luciano y Marciano, que se supone padecieron en Vich durante la persecucion de Decio Habian sido cuando gentiles, magos y encantadores, valiéndose de sus reprobadas artes y venenosos filtros para vencer la castidad de doncellas y casadas [1], y satisfacer personales venganzas. Encendiéronse en amores por una vírgen cristiana, honesta, temerosa de Dios, y en quien no cabia impureza, ni áun de pensamiento En vano agotaron los recursos de su diabólica ciencia. La doncella se defendia con ayunos, vigilias y oraciones. Ellos, con execrables conjuros, invocaban á sus dioses ó demonios, pero éstos les respondieron: «Cuando quisísteis derribar almas infieles y que no sabian del Dios que está en el cielo, fácil nos fué ayudaros, pero contra esta alma castísima, que guarda su virginidad para Jesucristo

---

[1] «Nam et magicis artibus maleficiis omnes coinquinabant adulteriis Erant primi in subversione auctores, in magicis veneficiis subversores ita ut omnes quaerentes voluptates suas perficere, vel quosdam nocere, ad eos concurrerent Famula quaedam erat Dei casta et fidelis, nuptias contemnens, virginitatem custodiens forma speciosa, et anima tamen pulchrior non aliud nisi Deum diligebat Lucianus et Martianus hanc concupierunt, et cum non haberent quo genere cupiditatis suae impudicitiam obtinerent conversi nori aliter se nisi magicis daemonicis artibus suis ostendissent, nihilque sibi prodesse viderent, conversi in furias, fremebant quod in nullo poterant praevalere Illa vero serviens Deo, pernoctabat in vigiliis et oratione At illi quandam magicam facientes, affligebant suos ut eis responderent Et daemones eis responderunt «Quascumque animas non cognoscentes Deum qui est in coelo voluistis «subvertere, invocantes nos, facillimum nobis fuit praestare Sed quia ad hanc castissimam ani-»mam certamen nobis est multa quidem fecimus sed nihil potuimus perficere adversus eam »Haec vero virginitatem illibatam servat Jesu Christo Domino suo et Deo omnium, qui cruci-»fixus est pro salute omnium ipse eam custodit, et nos affligit Ideo nihil contra eam facere »possumus nec in aliquo superare Cum haec publice gererentur stupore et timore percussi ceciderunt in faciem veluti mortui Post paululum reversi ad se, facientes alia magica, a se daemones dimiserunt Conquerebantur vero ad invicem dicentes quoniam multum hic potest Jesus Christus crucifixus, qui omnium dominatur, et daemones et omnes artes nostras magicas et veneficia superat Sic statim codices suos publice in media deferentes civitate igni tradiderunt *España Sagrada* tomo XXVIII

nada podemos. El que murió en la cruz por la salvacion de todos, la defiende y nos aflige. Nunca lograremos vencerla.» Aterráronse de tales palabras Luciano y Marciano, y cayeron en tierra como muertos. Luego que volvieron en sí decidieron abandonar á los demonios, que tan mal les habian servido: encendieron una hoguera en medio de la plaza, y arrojaron á ella sus libros de nigromancia, haciendo despues en la iglesia pública confesion de sus pecados. Su vida fué desde entonces una cadena de austeridades y penitencias. El procónsul Sabino los condenó á las llamas.

Nadie habrá dejado de advertir la semejanza de esta leyenda con la de San Cipriano de Antioquía y Justina, eternizada por Calderon en *El Mágico Prodigioso* [1].

El Padre Florez y el doctor La Fuente admiten la tradicion de Vich, que hace hijos de aquella ciudad á Luciano y Marciano; pero el Padre Villanueva (*Viaje literario*, tomo VI, pág. 113) la rechaza (y á mi ver con fundamento), apoyándose en el unánime testimonio de los antiguos martirologios, que ponen el tránsito de esos Santos en Nicomedia ó en África. Los de Vich sólo alegan un *Flos Sanctorum* en lemosin, obra del siglo XIV, y una pastoral del Obispo Berenger Zaguardia en 1326, documentos uno y otro modernísimos. Lo cierto es que en la capilla de San Saturnino de Vich se conservan las reliquias de esos mártires, pero no que allí padeciesen.

Vimos en el capítulo I, que el Concilio de Elvira, por su Cánon VI. apartaba de la Comunion, áun en la hora de la muerte, al que con maleficios é invocaciones idolátricas causase la muerte de otro. Supersticion pagana se nos antoja asimismo la de encender durante el dia cirios en los cementerios, que aparece vedada en el Cánon XXXIV, *para que no sean perturbadas las almas de los santos.*

De los Priscilianistas, de sus creencias astrológicas, de sus amuletos y de los anatemas del Concilio de Zaragoza, hemos dado larga razon en el capítulo II.

Tristes efectos producia en aquella era la universal creencia en el poder de astrólogos y magos. Imperando Valente, formaron los Caldeos horóscopo sobre quién debia sucederle en el imperio. El nombre

---

1 Calderon se inspiró principalmente en el texto de Simeon Metaphrastes, traducido al latin por Lipomano. Véase un estudio curioso sobre las fuentes del *Mágico*, publicado por mi amigo el Sr. Morel Fatio al frente de su esmerada edicion *crítica* de aquella comedia. (Bonn, 1877.) Escuso advertir que repruebo enérgicamente las ideas antireligiosas y antiespañolas que en aquel prólogo abundan, y hasta sus apreciaciones de crítica literaria.

por ellos adivinado comenzaba con estas letras· *Theo*, y Valente, para frustrar la prediccion, dió cruda muerte á su secretario Theodoro, y al español Honorio Theodosio, gobernador de África. Y sin embargo, quiso la suerte que un hijo de Honorio, llamado Theodosio, y por la historia el *Grande*, fuese asociado al imperio por Graciano, sobrino de Valente

Y el César español, cristiano fervoroso y enemigo de aquellas vanas artes, que habian ocasionado la ruina de su padre, mostróse inexorable con los saberes y ritos ocultos En 20 de Diciembre de 381 prohibió los sacrificios secretos y nocturnos [1] En 25 de Mayo de 385 conminó con el último suplicio á los sacrificadores y á los arúspices que predijeran por inspeccion de las entrañas ó del hígado de las víctimas [2]. Enlazábanse estas prescripciones con un enérgico y consecuente plan de guerra contra el politeismo, reducido ya á un conjunto de prácticas teúrgicas En vano protestó el célebre y honrado sofista Libanio en su *Oratio pro templis* Vinieron sucesivamente los rescriptos de 27 de Febrero y 17 de Junio de 391, y á la postre el de 8 de Noviembre de 392 (ley XII tít X, lib XVI del Cód Theodosiano), que veda hacer sacrificios, inmolar víctimas, ofrecer dónes, encender fuego ante los Lares, libar vino al Génio, ni quemar incienso á los Penates ó coronar sus aras de flores, y declara reo *laesae majestatis* al *arúspice*, al que pretende descubrir por medios ilícitos lo futuro, ó con maleficios atente contra la vida salud ó bienestar de otro [3].

Por estas leyes vino á colocarse Theodosio entre los grandes bienhechores de la humanidad El anhelo de destruir el culto pagano era como hereditario en su familia Bien lo muestra su sobrina Serena, la que arrancó el collar de la estátua de Vesta, y á quien tumultuaria é inícuamente asesinaron los Romanos cuando las hordas de Alarico se acercaban á la ciudad eterna. Tambien á aquella hermosa é insigne española, mujer de Stilicon, acusa el pagano Zósimo de haber administrado un filtro maléfico á su yerno Honorio [4]

Los primitivos escritores cristianos españoles hablan más de una vez de la mágia. Prudencio (lib I, *Contra Simaco*, v CXXXVIII y siguientes), atribuye su orígen á Mercurio

---

1 *Cód Theodosiano*, lib XVI, tit X, ley VII
2 *Cód Theodosiano*, lib. XVI, tit X, ley IX
3 Vid A Maury, *Lid del Cristianismo con la Magia*, en su libro *I 1 Magie et l'Astrologie*, etc
4 Vid el curioso libro *Serena* por D Adolfo de Castro (Cadiz 1869)

Necnon thesalicae doctissimus ille Magiae
Traditur extinctas sumptae moderamine virgae
In lucem revocasse animas, cocythia lethi
Iura resignasse, sursum revocantibus umbris:
Ast alias damnasse neci, penitusque latenti
Inmersisse Chao. . . . .
Murmure nam magico tenues excire figuras,
Atque sepulchrales scite incantare favillas.
Vita itidem spoliare alios, ars noxia novit.

El hijo de Maya era, para Prudencio, no un mito ni un demonio, sino un taumaturgo, una especie de Apolonio. En el himno que el poeta celtíbero dedicó al martirio de San Cipriano de Cartago, distinto del Cipriano de Antioquía, inmortalizado, siglos despues, por otro vate español en *El Mágico Prodigioso*, figura el Santo, antes de su conversion, como dado á las artes ilícitas:

Unus erat juvenum doctissimus artibus sinistris,
Fraude pudicitiam perfringere, nil sacrum putare,
Saepe etiam magicum cantamen inire per sepulchra,
Quo geniale thori jus solveret, aestuante nupta [1].

Orosio, siguiendo las huellas de San Agustin, anatematizó en más de un pasaje la mágia y las supersticiones astrológicas.

V.—Las supersticiones en Galicia bajo la dominacion de los suevos.—Tratado «De correctione rusticorum» de San Martin Dumiense.

ABIDA es la persistencia de los antiguos y profanos ritos entre la gente de los campos y de las aldeas, por esto llamados *paganos*. A esta primera causa de idolatría y vanas observancias, unióse en Galicia la dolencia priscilianista con sus resábios má. gicos y astrológicos. Para atajar en aquel pueblo tan graves males,

---

1   Ed. de Arévalo. pág. 1205.

compuso San Martin Dumiense el libro *De correctione rusticorum* [1]
Consta este breve tratado de dos partes: una en que se recuerdan los
principales dogmas cristianos, y otra en que gravemente reprende el
Santo los ritos idolátricos de los campesinos gallegos «Muchos demonios (escribe) de los expulsados del cielo presiden en el mar, en
los ríos, en las fuentes ó en las selvas, y se hacen adorar de los ignorantes como dioses. A ellos hacen sacrificios: en el mar invocan á
Neptuno, en los ríos á las Lámias, en las fuentes á las Ninfas, en las
selvas á Diana..... Dan sus nombres á los días de la semana día de
Marte, de Mercurio, de Jove, de Vénus, de Saturno . pésimos hombres todos entre la gente griega . » «¿Y qué diré de la superstición
de aquellos *que veneran á las polillas y á los ratones*? Estas vanas idola-
trías y sacrificios de la langosta. del ratón y de otras mil tribulaciones que Dios envía, hacéis pública ú ocultamente, y nunca cesáis en
ellas. ..» «No acabáis de entender cuánto os engañan los demonios
en esas observaciones y agüeros que esperáis Como dice el sábio Salomon, *Divinationes et auguria vana sunt*   ¿Qué esperan esos infelices
atentos siempre al vuelo de las aves?.... ¿Qué es sino adoración diabólica el encender cirios á las piedras, á los árboles, á las fuentes ó
por los trivios, y el observar las Kalendas, y echar en el fuego la
ofrenda sobre el tronco, ó poner vino y pan en las fuentes?.... ¿Qué
es sino culto diabólico invocar las mujeres á Minerva cuando tejen su
tela.... ó encantar las yerbas con maleficios, y conjurar á los demonios con encantos?» «Dejásteis el signo de la Cruz recibido en el Bautismo, y esperáis otras señales del diablo por *adivinaciones y estornudos*» [2]

---

1 Vid tomo XV de la *España Sagrada*, pag 425

2 «Praeter haec autem multi daemones ex illis qui de coelo expulsi sunt aut in mari aut
in fluminibus, aut in fontibus aut in sylvis praesident, quod similiter homines ignorantes
Dominum quasi Deos colunt et sacrificant illis et in mari quidem Neptunum appellant, in
fluminibus Lamias in fontibus Nymphas in sylvis Dianam   Nomina ipsa daemon orum
in singulos dies nominant, et appellant diem Martis et Mercurii et Jovis et Veneris et Saturni
qui   fuerunt homines pessimi in gente Graecorum   Jam quid de illo stultissimo errore
cum dolore dicendum fas est, ut homo Christianus pro Deo mures et tineas veneratur   Ecce
istas superstitiones varias aut occulte aut palam facitis, nunquam cessatis ab istis, sacrificia
vana de locusta de mure et de multis aliis tribulationibus quas Deus iratus inmittit Non in-
telligitis aperte quia qui mentiuntur vobis daemones in istis observationibus vestris quae
vane tenetis et in auguriis quae attenditis   Nam sicut dicit Sapientissimus Salomon «Divinationes et auguria vana sunt Quia tamdiu infelices per avium daemonia suadant   etc Nam
ad petras, ad arbores, ad fontes et per trivia cereolum incendere, quid est aliud nisi cultura
vulcanelia, et kalendarum observare mensas ornare, et fundere in foco super truncum frugem, et vinum et panem in fontem mittere? Quid est aliud nisi cultura diaboli mulieres in
tela sua Minervam nominare?   Quid est aliud nisi cultura diaboli incantare herbas a maleficis et invocare nomina daemoniorum incantando?   Dimississtis signum crucis quod in baptismo accepistis et alia diaboli signa per abicellos et stornutos et per multa alia attenditis »

Duraban. pues, entre los Gallegos del siglo VI las invocaciones á los númenes paganos en todos los actos de la vida, los sacrificios y ofrendas á las fuentes sagradas, el rito romano de las Kalendas, el maleficio por yerbas, el culto céltico de las piedras y de los árboles, la veneracion á los trivios, lugar predilecto para encantos y hechicerías por los adoradores de Hécate, el arte augural, y dos nuevas supersticiones (entre otras *muchas* que San Martin no expresa) la adivinacion por el *estornudo*, y la ridícula observancia de los ratones y de las polillas, cuyos hartazgos á principios de año eran tenidos por de buen agüero, y presagiaban abundancia en la casa visitada por tan incómodos huéspedes: «*Ut quasi sicut in introitu anni satuetur laetus ex omnibus, ita et illi in toto anno contigit*» Tambien censura San Martin que el año empiece por las Kalendas de Enero y no por las de Abril, sin duda porque á las primeras se enlazaba la fiesta céltica del solsticio de invierno, apellidada en otras tierras *Fiesta de Joel* Entonces se echaba al fuego con diversas ceremonias un tronco lo cual asimismo veda San Martin á sus diocesanos Los nombres gentílicos de los dias de la semana se conservan en toda España, ménos en Portugal, donde se les designa á la manera eclesiástica· *prima feira*, *terza feira*, etc., lo cual no seria aventurado atribuir á influjo del Obispo dumiense y de otros Metropolitanos de Braga que siguieron sus huellas.

VI —ARTES MÁGICAS Y DE ADIVINACION ENTRE LOS VISIGODOS

L Concilio Narbonense celebrado en 589, reinado de Recaredo, separa de la Iglesia y condena á una multa de seis onzas de oro al godo, romano, sirio, griego ó judío que consulte á adivinos, *caragios et sorticularios*. Los siervos y criadas *(servi et ancillae)* debian ser además azotados en público. Las multas quedarian en favor de los pobres. En el Cánon siguiente (XV) reprueba el mismo Sínodo la pagana costumbre de celebrar el *jueves (diem jovis)* y no trabajar en él, de lo cual todavía quedan vestigios. El que incurriese en tal pecado debia hacer penitencia por un año, y si era siervo ó criada incurria además en pena de azotes. Lo que acontecia en la Narbonense debia de suceder, con escasa diferencia, en el resto de los dominios visigodos

Las *Etimologías* isidorianas, en su libro VIII y capítulo IX, contienen larga enumeracion y noticia de las artes mágicas, aunque sin expresa relacion á España. Para San Isidoro, Zoroastro fué el primer mago, y Demócrito perfeccionó el arte. Entre los Asirios y Caldeos floreció mucho, segun testimonio de Lucano. Inventáronse despues la aruspicina, los agueros, los oráculos y la necromantia, vanidades nacidas todas de la tradicion ó enseñanza de los ángeles malos *ex traditione angelorum malorum)*. Cita San Isidoro el caso de los magos de Faraon, el de la pitonisa de Endor (aunque no admite que hubiera verdadera evocacion del alma de Samuel, sino cierto fantasma, *phantasticam illusionem*, hecho por arte del demonio), habla de la Circe homérica, cita el verso de Virgilio

Haec se carminibus promittit solvere mentes

y el trozo de Prudencio contra Simmaco, en que se atribuye á Mercurio la invencion de la *goetia*. Hace despues San Isidoro la siguiente clasificacion de las ciencias ocultas, puesta sin duda, la mira en las aberraciones de su tiempo, sin olvidar las enseñanzas clásicas:

«*Magos ó maléficos*. conturban los elementos trastornan las mentes humanas, y sin veneno, por la sola fuerza de los conjuros causan la muerte. Usan tambien de sangre y de víctimas.

»*Nigromantes* aparentan resucitar los muertos é interrogarlos. Animan los cadáveres con la trasfusion de sangre. mezclada de agua porque los demonios aman mucho la sangre.

»*Hydromantes* evocan en el agua las sombras, imágenes ó fantasmas de los demonios y de los muertos. Varron dice que este género de adivinanza procede de los Persas. A la misma clase se refieren la adivinacion por la tierra (Geomantia), por el aire (Aeromantia) por el fuego (Pyromantia).

»*Adivinos divini* llamados así porque se fingen poseidos de la divinidad *(pleni a Deo*

»*Encantadores* los que se valen de palabras y conjuros

»*Ariolos*. los que pronuncian nefandas preces ante las aras de los ídolos, ó hacen funestos sacrificios y aguardan la respuesta de los demonios.

»*Arúspices* así llamados, *quasi horarum inspectores*, porque señalan los dias y horas en que ha de hacerse cada cosa. Tambien examinan las entrañas de las víctimas.

»*Augures*, y tambien *auspices*. los que entienden el canto y el vuelo de las aves. Apellídanse estas observaciones *auspicia quasi avium aus-picia* y *auguria quasi avium garria*

»*Pythones*. llamados así del Pitio Apolo, inventor de la adivinacion

»*Astrólogos* los que presagian por los astros *in astris auguiantur*

»*Genethlacos*· porque consideran el *dia* natal, y someten á los doce signos el destino del hombre. El vulgo los llama matemáticos, antiguamente *magos* Esta ciencia fué permitida antes del Evangelio. (Dijo esto San Isidoro, acordándose de los Reyes Magos.)

»*Horóscopos* (sic): los que especulan la *hora* del nacimiento del hombre.

»*Sortílegos* los que con falsa apariencia de religion echan suertes, invocando á los Santos ó abriendo cualquier libro de la Escritura. (Restos de las *sortes homericae* y *virgilianae,* tan comunes en la antiguedad)

»*Salisatores* los que anuncian sucesos prósperos o tristes por la observacion de cualquier miembro *saliente* ó del movimiento de las arterias ›

A todo lo cual deben agregarse las ligaduras mágicas empleadas para ciertas enfermedades, las invocaciones, los caractéres, etc.

Atribuye el sábio Prelado hispalense la invencion de los agüeros á los Frigios, el arte de los *praestigiatores* á Mercurio, la *aruspicina* á los Etruscos, que la aprendieron de un cierto Tages [1]. Todas estas artes son para San Isidoro vitandas y dignas de la execracion de todo cristiano.

La tendencia didáctica de este pasaje, la falta de referencias contemporáneas, y el estar fundado casi todo en reminiscencias griegas y romanas, sobre todo de nuestro Lucano, tan leido siempre en España, no permiten darle el nombre de documento histórico, sino de estudio erudito Pero que muchas de aquellas supersticiones vivian más ó ménos oscuramente en el pueblo español y en el visigodo, muéstranlo con repetidas prohibiciones los Concilios Toledanos y el *Fuero-Juzgo.*

El cuarto Concilio (año 633), cuya alma fué el mismo San Isidoro, escribe en su Cánon XXIX: «Si algun Obispo, presbítero ó clérigo consulta á magos, arúspices, ariolos, augures, sortílegos, ó á cual-

---

1 *Praeclarissimum opus divi Isidori Hispalensis Episcopi quod ethimologiarum intitulatur* (París, 1599) Fols 12 vuelto y 13 He consultado ademas la ed de Arevalo y un hermoso codice de la Ambrosiana de Milan, comprensivo solo de los diez primeros libros, y procedente de la abadia de San Columbano de Bovio ˜

quiera que profese artes ilícitas, sea depuesto de su dignidad y condenado á perpétua penitencia en un monasterio».

El Concilio V, reunido en tiempo de Chintila (año 636), anatematiza en su Cánon IV al que pretenda adivinar por medios ilícitos cuándo
morirá el rey, para sucederle en el trono

Crecia, á par con la decadencia del imperio visigodo, el contagio de
las artes mágicas; y Chindasvinto y su hijo Recesvinto trataron de
cortarlo con severas prohibiciones. Las leyes I, III y IV del título II,
libro VI del *Fuero-Juzgo*, hablan de los *ariolos, arúspices y vaticinadores*
que predecian la muerte de los reyes, de los *magos é incantatores*, agentes de las tronadas *(tempestarii ó nuberos)*, asoladores de las mieses,
invocadores y ministros del demonio, de los *pulsadores ó ligadores*, cuyas *ataduras* se extendian á hombres y animales Mataban, quitaban
el habla *(obmutescere)*, y podian esterilizar los frutos de la tierra. El
hombre *ingénuo* que en tales prevaricaciones incurriese quedaba sujeto
á pérdida de bienes y servidumbre perpétua: el esclavo podia ser azotado, decalvado, vendido en tierras ultramarinas (probablemente en
Mauritania), atormentado de diversos modos *(diverso genere tormento-
rum)*, puesto á la verguenza *(ut alii corrigantur)* y encarcelado perpétuamente, de modo que no pudiera hacer daño á los vivos *(ne viventi-
bus nocendi aditum habeant)* Imponíaseles además la pena del Talion,
en vidas ó haciendas, si habian conspirado contra el bienestar del
prójimo con malas artes [1]

¡Y sin embargo, Recesvinto, de quien algunas de estas leyes emanaron, *sacrificaba á los demonios*, es decir, *se daba á las artes mágicas*, si
hemos de creer á Rodrigo Sanchez de Arévalo en su *Historia Hispanica: Fuit autem pessimus, nam sacrificabat daemonibus!* Ignoro de dónde
tomó esta noticia el castellano de Santángelo

Este culto de los demonios, estas *artes mágicas* eran *el sacrilegio de
la idolatría*, muy extendido en *España* y en las *Gálias*, de que se habia
quejado el tercer Concilio Toledano. En los tristes dias de Ervigio
llegó á su colmo el desórden, y hubo de condenar el Concilio XII de
Toledo (681) á los adoradores de ídolos, encargando á sacerdotes y
jueces que extirpasen tal escándalo. Excomunion y destierro para los
ingénuos, azotes para los esclavos, son las penas que el Cánon
impone.

---

1 Toda esta parte de las superstiiones visigodas fue tratada de un modo, que apenas deja
lugar á emulacion, por mi docto maestro D José A de los Rios, en el tomo I de su *Historia
crítica de la literatura española*, y en los artículos sobre *Artes mágicas en el suelo ibérico* insertos
en la *Revista de España* de 19 de Noviembre de 1870

La ley III, título II, libro VI del *Fuero-Juzgo*, dada por Ervigio, muestranos bien toda la profundidad de aquella llaga. Jueces había que para investigar la verdad de los crímenes acudían á vaticinadores y arúspices. El legislador les impuso la pública pena de cincuenta azotes *(quinquagenis verberibus)* [1] ¡Cómo andaría la justicia, confiada á la decisión de adivinos y hechiceros!

Aún cabía mayor descenso: el Concilio XVI renueva en su Cánon I la condenación de los adoradores de ídolos, veneradores de piedras, fuentes ó árboles, de los que encendiesen antorchas, y de los augures y encantadores *(Cultores idolorum, veneratores lapidum, accensores facularum, excolentes sacra fontium vel arborum, auguratores quoque seu praecantatores.)* El XVII, en su Cánon V, manda deponer al sacerdote que *para causar la muerte de otro diga misa de difuntos:* superstición execrable y último delirio á que puede llegar el entendimiento torcido por voluntades perversas Y en el Cánon XXI de los supletorios arroja de la Iglesia al clérigo que sea mago ó encantador, ó haga los amuletos llamados *phylacteria quae sunt magna obligamenta animarum.*

Como costumbres más ó ménos paganas, quedaban entre los Godos, fuera de las artes mágicas, los *epitalamios,* que San Isidoro define «Cantares de bodas entonados por los estudiantes en loor del novio y de la novia» *(carmina nubentium quae cantantur a scholasticis in honorem sponsi et sponsae),* los *trenos,* que eran obligado acompañamiento de los funerales *(similiter ut nunc,* dice el mismo Santo); los *juegos escénicos* del teatro y del anfiteatro, con su antiguo carácter de superstición gentílica. San Isidoro, en el libro XVIII, capítulos XLI y LIX, exhorta á los cristianos á abstenerse de ellos. Sisebuto, conforme se infiere de sus cartas, reprendió á Eusebio, Obispo de Barcelona, por consentir representaciones profanas en su diócesis

Pero de todos estos elementos letales, ninguno tan funesto como el de las *artes mágicas,* propias para enturbiar la conciencia, enervar la voluntad, henchir la mente de prestigios y terrores, alimentar codicias, ambiciones y concupiscencias, y borrar, finalmente, hasta la noción del propio albedrío. No sin razon se ha contado á estas supersticiosas prácticas entre los hechos que aceleraron la ruina de la gente visigoda. Pueblo en que la voluntad flaquea, aunque el entendimiento y la mano esten firmes, es pueblo muerto. Y entre los Visigodos nadie se libró de la dolencia. ni rey, ni clero, ni jueces, ni pueblo [2].

---

1 *Cien azotes* dice la traduccion castellana

2 El Sr Navarro Villoslada en la linda novela que con el titulo de *Amaya o los Vascos en*

Otras supersticiones y abusos gentílicos duraban además de la magía entre los cristianos españoles ¡Lástima grande que se haya perdido el libro intitulado *Cervus ó Kerbos,* que escribió San Paciano de Barcelona contra la costumbre que tenían sus diocesanos de disfrazarse en las Kalendas de Enero con pieles de animales, y especialmente de ciervo, para correr de tal suerte las calles pidiendo *estrenas* ó aguinaldos, y cometer mil excesos y abominaciones! Parte de estas costumbres quedan, ya en las fiestas de principio de año, ya en las Carnestolendas [1]. En cuanto á las *estrenas,* ¿quién desconoce su orígen romano, aunque no sea más que por la elegía de Tíbulo:

Martis romani festae venere Kalendae?

Hace notar San Paciano, que á despecho de sus pastorales exhortaciones, los barceloneses no dejaron de celebrar la *Hennula Cervula,* o fiesta del ciervo, al año siguiente y con el mismo ruido y escándalo que de costumbre.

Dícese que este mal uso, tal como él lo describe, duró hasta fines del siglo pasado en algunos puntos del Mediodía de Francia.

el siglo VIII publico en *La Ciencia Cristiana* habla de una sociedad secreta de astrologos vascos, enemigos jurados del Cristianismo, al paso que muy tolerantes con las demas religiones Tengo este hecho por ficcion del novelista a lo menos, en las fuentes por mi consultadas no hay memoria de tales asociaciones Ni creo que la astrologia llegara a organizarse entre nosotros como colegio sacerdotal o sociedad secreta, si prescindimos de los Priscilianistas que no penetraron en tierra euskara

1 De este escrito habla San Jeronimo en el cap CVI *De viris illustribus* y alude a él el mismo San Paciano al frente de su *Paraenesis*

LIBRO II

(SIGLO VIII)

CAPÍTULO PRIMERO

HEREJÍAS DEL PRIMER SIGLO DE LA RECONQUISTA.—
ELIPANDO Y FÉLIX.—ADOPCIONISMO

I. Preliminares.—II. Atisbos heréticos antes de Elipando. El judío Sereno. Conversión de un
sabeliano de Toledo. Egila. Cartas del Papa Adriano.—III. Migecio. Es refutado por Elipando.—IV. El *Adopcionismo* en España. Impugnaciones de Beato y Heterio.—V. El *Adopcionismo*
fuera de España. Concilios Refutaciones de Alcuino, Paulino de Aquileya, Agobardo, etc.

I.—PRELIMINARES

TRISTE era el estado de la Península al mediar el siglo VIII.
En las más fértiles y ricas comarcas imperaban extraños
invasores, diversos en raza, lengua y rito, y no inclinados
á la tolerancia, aunque tolerantes en un principio por la manera como se hizo la conquista. Había dado sus naturales frutos la
venganza de los magnates visigodos, que quizá no pensaron llegar tan
lejos. Coronada con rápido y maravilloso triunfo la extraña intentona de Tarik y de Muza, merced á los elementos hostiles que en España hervían; abiertas ciudades y fortalezas por alevosías ó pactos;
rendida en Orihuela la débil resistencia de Teudemiro, único *godo* que
entre la universal ruina levantaba la frente; custodiadas por guarni-
ciones árabes y judías Sevilla y Córdoba, Toledo y Pax Julia, hubie-

ion de pensar los califas de Damasco en la importancia de tan lejana conquista y en la necesidad de conservarla. Creado, pues, el Emirato, comenzó á pesar sobre el pueblo cristiano de la Península una dominacion, tiránica de hecho, aunque en la forma bastante ordenada. Indudable parece que los primeros invasores, casi todos bereberes, habian destruido iglesias y santuarios *(Sanctuaria destruuntur, Ecclessiae diripiuntur*, dice el Arzobispo D. Rodrigo); pero los emires respetaron, si bien con onerosas condiciones, el culto, y tampoco despojaron de sus propiedades á los vencidos, contentándose con imponerles pesadas gabelas. No es para maravillar, ni digna de muchos encomios, esta celebrada moderacion y tolerancia. Eran los Árabes en número muy corto, para que de otra suerte pudieran asentar su imperio en las tierras occidentales. Ni duró mucho esta virtud primera, puesto que llegados los gloriosos dias del califato cordobés, en que la potencia muslímica se consideró segura, empezaron, más ó ménos embozados, actos de hostilidad contra las creencias de la gente muzárabe, y á la postre una persecucion abierta y tenaz, que no acaba sino con el exterminio ó destierro de una parte de esa raza, y la libertad y salvacion de otra por los *reconquistadores*. La triste, aunque por más de un concepto, gloriosa historia de ese pueblo cristiano mezclado con los Árabes, ha de ser estudiada bajo el aspecto religioso en el capítulo que sigue.

Otro fin tiene el presente, en el cual se tocan y andan en accion y liza sucesos y personajes de las diversas regiones libres ó esclavas de la tierra ibérica. Veremos brotar simultáneamente la herejía adopcionista entre la poblacion muzárabe de Andalucía y Toledo, y en los dominios de la Marca Hispánica ya reconquistados por los reyes francos. Veremos levantarse contra esa herejía en los montes cántabros un controversista ardiente é infatigable, y así en él como en sus contradictores, advertiremos con gozo que no estaba muerta ni dormida la ciencia española é *isidoriana*, y que sus rayos bastaban para iluminar y dar calor á extrañas gentes. Esa controversia, nacida en nuestras escuelas, dilucidada aquí mismo, pasa luego los Pirineos, levanta contra sí Papas, emperadores y Concilios, y aviva el movimiento intelectual, haciendo que á la generosa voz del montañés Beato y del uxamense Heterio, respondan, no con mayor brío, en las Gálias, Alcuino, Paulino de Aquileya y Agobardo. Este duelo interesantísimo de la verdad y el error, en tiempo que algunos suponen de oscuridad completa, es el que voy á describir. Pronto conoceremos á los héroes del drama. La escena varía con rapidez grande de Córdoba á Toledo, de Toledo á las guájaras y riscos de Liébana, de allí á Urgel, de Urgel á Ratisbona, á Francfort y á Aquisgram. Movimiento y vida no faltan· ¡ojalá acierte yo á reproducirlos!

La condicion política y social de las regiones en que esta contienda se desarrolla es bien conocida, y no requiere larga noticia. En Córdoba y Toledo imperan los muslimes, aunque disfruta de relativa libertad el pueblo vencido. En Astúrias y Cantábria, donde el romano Pelagio, al frente de sus heróicos montañeses, habia deshecho las huestes de Alkamán, no guiaban ya sus háces á la pelea y á la devastacion Alfonso el Católico ni Froyla La reconquista (si idea de reconquista hubo en el primer siglo) se habia detenido en los reinados de Aurelio (ocupado en sofocar la misteriosa rebelion de los *siervos*) y del rey Silo. La espada de Carlo-Magno acababa de arrancar á los Árabes buena parte de Cataluña. En los vastos dominios de aquel emperador, y á su sombra, apuntaba cierta manera de renacimiento literario, á que por partes iguales contribuyeron, como adelante veremos, los hijos de las islas británicas y los españoles

El relato de las discordias religiosas que siguieron á la conquista musulmana, mostrará á nueva luz: de una parte el desórden, legítima consecuencia de tanto desastre, de otra, la vital energía que conservaba nuestra raza el dia despues de aquella calamidad, que en tan enérgicas frases describe el rey Sábio, siguiendo al Arzobispo don Rodrigo, como éste al Pacense. «E fincara toda la tierra vacía de pueblo, bañada de lágrimas, complida de apellido, huéspeda de los extraños, engañada de los vecinos, desamparada de los moradores, viuda é asolada de los sus fijos, confondida de los bárbaros, desmedrada por llanto ó por llaga, fallescida de fortaleza, flaca de fuerza, menguada de conorte, asolada de los suyos . . toda la tierra astragaron los enemigos, é las casas hermaron, los omes mataron, las cibdades robaron é tomaron. Los árboles é las viñas é cuanto fallaron verde, cortaron; pujó tanto esta pestilencia é esta cuita, que non fincó en toda España buena villa nin ciudad dó obispo oviesse, que non fuesse quemada é derribada é retenida de los moros »

Tales dias alcanzaron Egila y Migecio, Félix y Elipando.

II —ATISBOS HERÉTICOS ANTES DE ELIPANDO.—EL JUDIO SERENO.
—CONVERSION DE UN SABELIANO DE TOLEDO.—EGILA.—CARTAS
DEL PAPA ADRIANO.

POR los años de 722, un judío, llamado Sereno, dijo ser el
Mesías, y seguido por algunos ilusos, probablemente de su
misma secta, emprendió desde Andalucía un viaje á la tierra
de promisión. Refiérelo el Pacense [1] con harta brevedad. Sereno había impuesto a los suyos renuncia absoluta de todos sus bienes que
luego confiscó en provecho propio el emir Ambiza

Cuando los Árabes conquistaron á Toledo, concedieron al pueblo
vencido seis parroquias para su culto. Gobernando aquella Iglesia el
biógrafo de San Ildefonso, Cixila, inmediato antecesor de Elipando,
apareció un *sabeliano* energúmeno, á quien el venerable Prelado sanó
de la posesion demoníaca y del yerro antitrinitario. Así lo dicen algunas copias del *Chronicon* de Isidoro Pacense, aunque en otras falta
este lugar [2]. Cixila rigió la Iglesia toledana nueve años. desde 774 á
783, poco más ó ménos

En la Bética habíanse esparcido graves errores, y no eran raras las
apostasías, sin que hubiese bastante número de sacerdotes para resistir al contagio Movido de tales razones, el Papa Adriano I envió por
este tiempo á España, con la dignidad de Obispo de Eliberis, á un

---

1 «Hujus et tempore Judaei tentati, sicuti jam in Theodosii minoris [a] fuerant a quodam
Judaeo sunt seducti qui et per antiphrasim nomen accipiens Serenus, nubilo circore eos invasit, Messiamque se praedicans, illos ad terram repromissionis volari enunciat atque omnia
quae possidebant ut amitterent imperat quo facto inanes et vacui remanserunt Sed ubi hoc
ad Ambizam pervenit, omnia quae amiserant fisco associat Serenum convocans ad se virum
si Messias esse quae Dei facere cogitaret » Parr 53 del *Chronicon*, ediciones de Florez (*Esp Sag*
y Migne (*Patr* fol 96)

2 «Quodam die homo haeresi Sabelliana seductus voluit accedere core [b], perquisitus est
ab eo ut cum tali reatu esset concio, illeque abnegans tali scelere qui statim ita a daemone
est arreptus ut omnis conventus Ecclesiae in stupore reverteretur, sicque Sanctus ut orationi
se dedit, et Sanctae Ecclesiae sanum reddidit et illaesum (*Chron* num 69)

Grande es, como se ve la barbarie de este pasaje, casi ininteligible Algo había influido en
ello el descuido de los copistas

a' Falta *temporibus* o algun ablativo equivalente El pasaje esta muy corrompido en los dos
textos que tengo a la vista Falta este trozo en muchas copias del Pacense, y quiza sea inter-
calacion hallase en el codice de Alcalá y en el de Paris, utilizado por el Arzobispo Pedro de
Marca

b' Acaso con *iui*

cierto Egila ó Egilán, que en las Gálias habia sido ordenado y consagrado por el Obispo senonense Wulchario. Llegó Egila acompañado del presbítero Juan, y comenzó á estirpar las herejías que asomaban en tierra andaluza no sin que encontrara récia oposicion en tal
empresa. Animóle Adriano á continuar su buen propósito; y tenemos
del Pontífice dos epístolas que dan alguna idea del número y calidad
de esos errores «Decias en tus letras (escribe Adriano á Egila), que
entre vosotros hay contienda, negándose algunos á ayunar el sábado
No sigas tú la impía y perversa locura, las vanas y mentirosas fábulas de esos herejes, sino los pareceres de San Silvestre y del Papa
Inocencio, de San Jerónimo y San Isidoro; y conforme á la antigua
regla apostólica, no dejes de ayunar el sábado   Lee tambien los
opúsculos de San Agustin» [1].

La segunda decretal de Adriano es larguísima y mucho más importante Recibidas por el Papa las cartas de Egila y de Juan, que le
entregaron el diácono Sereno y el clérigo Victorino, alabó mucho á
Egila por su constancia en la fé, de la cual habia logrado copioso fruto, desarraigando várias errores y volviendo al redil á más de una oveja descarriada Dedúcese de la epístola de Adriano, que muchos en la
Bética se resistian á cumplir el Cánon del Concilio Niceno sobre el
dia de celebracion de la Páscua: «*Quod, si plenilunium, quartodecimo
scilicet die Lunae, Sanctum Pascha minime sit celebratum, sed praetermisso
eodem quintodecimo die in alio sequentis septimanae Dominico, quod est vi-
cesimo secundo Lunae die, Paschali festi gaudia pronuntiantur celebranda*»
El Concilio Antioqueno habia excomulgado á los que se apartasen de
la decision de Nicea en este punto Trasladando la Páscua, como hacian los Andaluces del dia 14 de Luna al 22, y no al 21, en vez de
una semana se dilataba la fiesta una *ogdoada*, cosa en todo contraria
al rito de la Iglesia [2].

———

1 «Porro in ipsis referebatur apicibus tuis qualiter vobis nimis contentio est de sexta feria
et sabbato, quod istos duos dies dicimus jejunio mancipandos. Nequaquam haereticorum hominum ignaviam atque impiam perversamque amentiam, inanesque ac mendaces sequere ta-
bulas, sed magis doctorum nostrorum Sanctorum Patrum   videlicet Beati Sylvestri atque
Innocentii Papae pariterque almi Hieronymi seu Isidori divinos sermones annecte, et ex nostra Apostolica olitana regula sabbato jejunare, firmiter atque procul dubio tenens, tua non
desinat Sanctitas   Et B Augustini opuscula legere non praetermittas » (Epístola I del Papa
Adriano, tomo V de la *España Sagrada*, pág 529)

2 «His nempe septem diebus a quarto decimo Lunae die, quod est plenilunium, si Dominica tamen occurrerit, quae est prima et sancta dies, pro eo quod non oportet in ea jejunare,
intermissis in alia Dominica quae est sancta et prima dies vicesima prima Luna, rationis
ordo exigit a Christianis Sanctum Pascha celebrandum Nam in sabbato quarta decima Luna
advenerit, non est intermittenda subsequens Dominica, quinta decima videlicet Lunae dies,
venerantes eamdem Dominicam quae est prima saboatorum dies in qua lux, jubente Deo in

Fuera de este punto disciplinario y de la sentencia de los que condenaban la abstencion *a sanguine et suffocato* (lo cual el Papa califica
no de herejía, sino de falta de sentido comun *ipsius quoque intelligen-
tiae communis prorsus extraneum)*, habia en la Bética reñidas controversias sobre la predestinacion, exajerando unos el libre albedrío á la
manera pelagiana, y yéndose otros al extremo opuesto por esforzar el
decreto y potestad divinos [1]. El Papa refuta las dos opiniones extre-
mas con las palabras de San Fulgencio en el opúsculo al presbítero
Eugippo «No han sido predestinados al pecado, sino al juicio; no
á la impiedad, sino al castigo De ellos es el obrar mal; de Dios el
castigarlos con justicia » *(Praedestinatos impios non ad pecatum sed ad
judicium, non ad impietatem sed ad punitionem.   . Ipsorum enim opus est
quod impie faciunt. Dei autem opus est quod juste recipiunt.)* Además de
todo esto, y por la convivencia con judíos y musulmanes, introdu-
cíanse muchos desórdenes; eran frecuentes los matrimonios mixtos,
el divorcio, las ordenaciones anticanónicas y el concubinato de los clérigos [2].

A combatir tales prevaricaciones habia ido Egila; pero como la locura tiene algo de contagiosa, tambien él cayó de la manera que testifica una tercera carta del Papa Adriano á todos los Obispos de España *(omnibus episcopis per universam Spaniam commorantibus)* «Reco-
mendónos Wulchario, Arzobispo en las Gálias, á un cierto Egilán,
para que le enviásemos á predicar á vuestras tierras Accediendo á su
peticion, dímosle la acostumbrada licencia para que examinase á Egilán canónicamente, y si le encontraba recto y católico, le consagrase
Obispo y le mandase á España, no para invadir ó usurpar ajenas Sedes, sino para procurar el bien de las almas   . [3] Y ahora ha llegado
á nuestros oidos la fama de que el dicho Egilán no predica doctrina

ipso mundi exordio, prodiit, in qua et vera lux, Salvator noster, ab inferis carne resurrexit »
(Epist II del Papa Adriano, tomo V de la *España Sagrada*

1   «Illi d autem quod alii ex ipsis dicunt quod praedestinatio ad vitam, sive ad mortem, in
Dei sit potestate Alii iterum dicunt ut quid rogamus Deum ne vincamur tentatione quod
in nostra est potestate quasi libertate arbitrii »

2   «Multi dicentes catholicos se communem vitam gerentes cum Judaeis et non baptizatis
paganis Ipsi filias suas cum alio benedicant et sic populo gentili tradentur   Etiam vivente viro mulieres connubio sibi sortiantur ipsi pseudo-sacerdotes » (Tomo V *España Sagrada*, pag 536)

3   «Dudum vero quod Wulcharius Archiepiscopus Galliarum suggesit nobis pro quodam
Egila, ut eum Episcopum consecraret, valde nimisque eum in fide catholica et in moribus
atque actibus laudans, ut consecratum vestris partibus emitteret ad praedicandum Nos vero
praedicti Wulcharii Archiepiscopi petitioni credentes, consuetam illi licentiam tribuimus, ut
canonice eum examinaret, quatenus si post discussionem et veram examinationem rectum et
catholicum eum invenisset, Episcopum ordinaret, et nullam quamlibet alienam sedem ambi-
ret vel usurparet, sed solummodo animarum lucra Deo offerret   »

sana, sino que defiende y quiere introducir los errores de un tal Migecio, maestro suyo. Lo cual os ruego que no consintáis en manera alguna» [1].

Veamos quién era Migecio y qué enseñaba, y con eso conoceremos á su adversario Elipando.

III.—MIGECIO.—ES REFUTADO POR ELIPANDO

IGNORO la pátria de Migecio, que tal vez fué hispalense ó *hispalitano*, como Elipando dice; pero no creo que nuestras ciudades vayan á disputarse la gloria de ese Homero. Era *Migecio* ignorante é idiota hasta el último punto, y parece inverosímil que sus risibles errores pudieran seducir á nadie, y ménos al Obispo Egilán. Afirmaba que la primera persona de la Trinidad era *David*, por aquello de: *Eructavit cor meum verbum bonum*, y por este otro pasaje: *Non derelinques animam meam in inferno, neque dabis Sanctum tuum videre corruptionem*. La segunda persona era Jesucristo en cuanto hombre, porque descendia de David; esto es, del Padre Eterno: *Qui factus est de semine David secundum carnem*. El Espíritu Santo, en la Trinidad de Migecio, era el Apóstol San Pablo, porque Cristo dijo: *Spiritus qui a Patre meo procedit, ille vos docebit omnem veritatem*.

Preguntaba Migecio: «¿Por qué los sacerdotes se llaman pecadores siendo santos? Y si son pecadores, ¿por qué se atreven á acercarse al altar?» Para él la Iglesia católica estaba reducida á la ciudad de Roma, porque allí todos eran santos, y de ella estaba escrito: *Tu es Petrus et super hanc petram aedificabo Ecclessiam meam;* y por ser Roma la nueva Jerusalen que San Juan vió descender del cielo. Reprobaba, finalmente, Migecio, que el fiel comiera con el infiel: *Quod cibus infidelium polluat mentes fidelium*.

Era á la sazon Metropolitano de Toledo el famoso Elipando, nacido de estirpe goda [2] en 25 de Julio de 717 [3]; el cual, inflamado por

---

1 «Ejus fama in auribus nostris sonuit: non recte ille Egila praedicat, sed errores quosdam Mingentii magistri sui sequens, extra catholicam disciplinam, ut fertur, conatur docere» etc.

2 «*Elipandus ex antiqua gothorum gente prognatus erat*», dice Mariana en su *Historia* latina. «*Elipando, como el nombre lo muestra, venia de la antigua sangre de los Godos*», repite en la castellana. (Lib. VII, cap. VIII.)

3 En igual dia de 799 tenia ochenta y dos años, segun consta en su carta á Félix.

el celo de la fé, contestó al libro de Migecio *epistolam tuam modulo libellari aptatam,* en una larga carta enderezada al mismo hereje. No escasea, por cierto, las invectivas ni los sarcasmos: *«Vimos, y nos burlamos de tu fátua y ridícula locura.» «Antes que llegase á nosotros el fetilísimo olor de tus palabras.» «Tu desvarío no debe ser curado con vino y aceite, sino con el hierro.»* No encontró dificultad Elipando para dar buena cuenta de las aberraciones de Migecio ¿Cómo David había de ser el Padre Eterno, cuando dice de sí mismo *«In iniquitatibus conceptus sum et in peccatis peperit me mater mea.» «Ego sum qui peccavi, ego qui inique egi»?* ¿Cómo el Espíritu Santo había de ser San Pablo, trocado de perseguidor en Apóstol despues de haber custodiado las vestiduras de los que lapidaban á Estéban, y oido en el camino de Damasco aquella voz *«Saule Saule, quid me persequeris?»*

Enfrente de la Trinidad *corpórea* de Migecio coloca Elipando el dogma ortodoxo de las tres personas, *espirituales, incorpóreas, indivisas, inconfusas, coesenciales, consustanciales, coeternas, en una divinidad, poder y majestad, sin principio ni fin, de las cuales el Profeta tres veces dijo.* *«Santo, Santo, Señor Dios Sabaoth llenos están los cielos y la tierra de tu gloria.»*

En lo relativo á los sacerdotes, asienta cuerdamente el Metropolitano de Toledo que siendo pecadores, *non naturae viribus sed propositi adjumento per gratiam adquirimus sanctitatem.* Por lo que hace á la comida con los infieles, bastóle recordar que Cristo había comido con publicanos y pecadores. Ni toleró Elipando el absurdo de hacer á Roma único asiento de la Iglesia católica, cuando está expreso *«Dominabitur a mari usque ad mare et a fluminibus usque ad terminos orbis terrae.»* No de sola Roma dijo el Salvador *Super hanc petram,* etc., sino de la Iglesia católica extendida por todo el orbe, de la cual, el mismo Señor, dijo: «Vendrán de Oriente y Poniente, y se recostarán con Abraham, Isaac y Jacob en el reino de los cielos» [1].

Todos estos buenos razonamientos de Elipando están afeados con alguna expresion de sabor *adopcionista* y muchos ultrajes á Migecio, al cual apellida *boca cancerosa, saco de todas las inmundicias,* y otros improperios de la misma laya.

De otra carta de Elipando que citaré luego, infiérese que Migecio

<hr />

1 Increible parecería, si no supiéramos cuánto ciega el espíritu de secta á los hombres mas eminentes, que el protestante Walchio, autor de la mejor y mas docta monografía que tenemos sobre el *Adopcionismo,* se empeñe apoyado en estas frases de sabor y doctrina tan católicos, en tener á Elipando por precursor de la Reforma, faltándole poco para incluir al Metropolitano de Toledo en el *Catalogus testium veritatis.*

juntaba á sus demás yerros el concerniente á la celebracion de la Páscua. En algunos códices del *Chronicon* de Isidoro de Beja, especialmente en el Complutense y en el de la Biblioteca Mazarina [1], se lee que el chantre toledano Pedro compuso contra ese error un libro, tejido de sentencias de los Padres [2].

IV —EL ADOPCIONISMO EN ESPAÑA —IMPUGNACIONES DE BEATO Y HETERIO

GRANDE es la flaqueza del entendimiento humano, y muy expuesto está á caidas el que más seguro y encumbrado se juzgaba. Tal aconteció á nuestro Elipando, que, con haberse mostrado adversario valiente de la impiedad de Migecio, cayó en el error adopcionista, defendido por Félix, Obispo de Urgel, y de su nombre llamado herejía *Feliciana*.

Por testimonio de Eginhardo consta que Félix era español, aunque algunos modernos (como el falsario Tamayo de Salazar) le supusieron francés. No son conocidos ni el año de su nacimiento ni el de su ascension á la prelacía. Convienen sus propios adversarios en que era hombre docto y de vida religiosa é irreprensible, muy celoso de la pureza de la fé, y que se afanaba por convertir á los Sarracenos con uno de los cuales tuvo por escrito controversia, mencionada por Alcuino en su carta XV, como existente en poder de Leidrado, Obispo de Lyon [3] San Agobardo llama á Félix *Vir alioquin circumspectus et hispanicae subtilitatis non indigus* [4]. Sobre el orígen de la herejía adopcionista discuerdan los autores. Lo general es suponer que Félix fué el corifeo de la secta y maestro de Elipando. El poeta sajon del

---

1 «in Hispalim, propter Paschas erroneas quae ab eis sunt celebratae libellum Patrum atque a diversis auctoribus pulchre *(a)* compositum conscripsit »

2 Vid la epístola de Elipando contra Migecio en el tomo V de la *España Sagrada*, págs 543 á 554 Allí se publicó por primera vez, tomada de un códice de la Biblioteca Toledana, descubierto por los benedictinos Fr Martin Sarmiento y Fr Diego de Mecolaeta, autor este último del célebre folleto *Ferreras contra Ferreras y cuña del mismo palo*

3 Villanueva, *Viaje literario á las iglesias de España* (Valencia 1821), tomo X *Viaje a Urgel*, pags 20 á 31

4 *S Agobardi adversus dogma Felicis* (Pag 238, col I del tomo XIV de la *Maxima Bibliotheca Veterum Patrum*, Lyon, *apud Anissonios*, 1677)

(a) Entendiendo mal el *pulchre*, han creido algunos que el chantre se llamaba Pedro *Pulchro*

siglo IX, autor de los anales *De gestis Caroli Magni*, lo expone así.

> *Celsa Pyrenaei supra juga condita montis*
> *Urbs est Orgellis, Praesul cui nomine Felix*
> *Praefuit. Hic haeresim molitus condere pravam*
> *Dogmata tradebat Fidei contraria sanctae,*
> *Affirmans, Christus Dominus quia corpore sumpto*
> *Est homo dignatus fieri, non proprius ex hoc,*
> *Sed quod adoptivus sit Filius Omnipotentis,*
> *Responsumque Toletano dedit hoc Helipando*
> *Pontifici, de re tanta consultus ab illo* [1].

Segun esta narracion, Félix, consultado por Elipando acerca de la humanidad de Cristo, respondió que el Salvador, en cuanto hombre, era hijo *adoptivo* y nominal de Dios. Jonás Aurelianense sólo escribe que esparció tal error un cierto *Félix de nombre, de hecho infeliz, unido con Elipando, Metropolitano de Toledo, inficionando uno y otro gran parte de España* [2] Quizá Elipando rechazó al principio la herejía y acabó por rendirse á ella, como el Obispo Higino á la de Prisciliano. Otros, entre ellos Alcuino, supusieron nacido en Córdoba el *Adopcionismo: Maxime origo hujus perfidiae de Corduba civitate processit* [3], pero quizá se equivocaron, porque Álvaro Cordobés habla de la herejía de Elipando como importada de fuera [4].

Hemos visto en capítulos precedentes, que hácia el año 439 habia asomado en España el Nestorianismo de que trata la epístola de San Capreolo á Vital y Constancio. Quizá de aquel rescoldo encendieron su llama Elipando y Félix, aunque la doctrina de éstos no debe confundirse con la nestoriana pura, como ya advirtió el gran teólogo jesuita Gabriel Vazquez [5] El Patriarca de Constantinopla establecia distincion *real* de personas en Cristo, correspondiente á la distincion de naturalezas, al paso que los dos Obispos españoles, confesando la unidad de personas, llamaban á Cristo hijo *natural* de Dios, segun la divinidad, *adoptivo*, segun la humanidad [6].

---

1 Vid en Florez *(España Sagrada* tomo V pags 582 y 583)

2 *Jonae Aurelianensis De cultu imaginum, libri III* (Pag 166 del tomo citado de la *Bibliotheca Veterum Patrum)*

3 *Ep ad Elipandum* (Pag 994 de sus *Obras*, ed de Paris, 1617)

4 «Eo tempore quo Elipandi lues vesano furore nostram vastabat provinciam » (Alvari Cordubensis. ep IV, tomo XI de la *España Sagrada)*

5 *In tertiam partem S Thomae*, tomo I disp LXXXIX, cap VIII

6 «Disputant theologi an Elipandus fuerit vere Nestorianus, duas personas in Christo cum

Parece lo más creíble, en vista de todo lo expuesto y del testimonio de Eginhardo, fuente en que el poeta sajón bebió sus noticias, que Félix, consultado por Elipando, quizá sobre el Nestorianismo, resolvió la duda con el sistema de la adopción, y le defendió tenazmente en libros hoy perdidos, y que en manera alguna pueden confundirse con las epístolas que hemos citando [1].

Tan grave novedad, admitida ya por Elipando, que puso empeño grande en propagarla, valido de su prestigio como Metropolitano, turbó no poco la Iglesia española, contagiando á algunos Obispos, y siendo por otros censurada ásperamente. De los primeros fué Ascario ó Ascárico, á quien Pagi y algunos más suponen Metropolitano de Braga. Ascario expuso sus dudas á Elipando, y redújose, finalmente, á su parecer, conforme se deduce de la carta del toledano al abad Fidel, y de la del Papa Adriano I á los Obispos españoles.

Entre los impugnadores se distinguió Theudula, Metropolitano de Sevilla, de quien hay memoria en una carta de Álvaro Cordobés á Juan Hispalense· «En el tiempo en que la peste de Elipando asolaba nuestra provincia, matando las almas más cruelmente que el hierro de los bárbaros, vuestro Metropolitano Theudula escribió un *Epítome*, en que, despues de muchos y gravísimos razonamientos, acaba por decir. «Si alguno afirmare que Cristo, en cuanto á la carne, es hijo adopti- »vo del Padre, sea anatema» [2].

Quiso Elipando dilatar su herejía hasta los montes de Astúrias y Cantábria, y aquí se estrellaron sus esfuerzos ante la formidable oposición de dos preclarísimos varones, Heterio, Obispo de Osma, que andaba refugiado en estas montañas huyendo de los sarracenos, y el presbítero *Beato ó Vieco*, de Liébana, á quien dicen abad de Valcavado [3]. Era Beato, segun afirma el grande Alcuino, *varon docto, y tan santo de nombre como de vida (doctus vir tam vita quam nomine sanctus).*

<hr>

Nestorio statuens, an vero tantum docuerit Christum in una persona esse filium Dei naturalem et adoptivum naturalem secundum divinitatem adoptivum secundum humanitatem Et quidem Nestorianum non fuisse nec propter Nestorianismum, sed propter adoptionem Christi in una persona damnatum esse probare conatur Gabriel Vazquez.» (Prefacio de Pedro Stevart al libro de S Beato y Heterio contra Elipando)

1 «Episcopus nomine Felix, natione Hispanus, ab Elipando Toleti Episcopo per litteras consultus doctrinam adoptivam non solum pronuntiavit sed etiam scriptis ad memoratum Episcopum libris pertinacissime pravitatem opinionis suae defendere curavit »

2 «Eo tempore quo Elipandi lues nostram vastabat provinciam, et crudeliter barbarico gladio letali pectora dissipabat vester nunc requisitus Episcopus Theudula post multa et varia de proprietate Christi veneranda eloquia tali fine totius suae dispositionis conclusit Epitoma, ut diceret «Si quis carnem Christi adoptivam dixerit Patri, anathema sit Amen »(Ep IV)

3 De las cosas de S Beato (que aquí trato solo de pasada) hablaré muy por extenso en la monografia á él dedicada en mis *Estudios criticos sobre escritores montañeses*

Heterio, más jóven que él, le seguia y veneraba en todo, como escribió Elipando el cual reconoce siempre á Beato por el más duro y terrible de sus contradictores, y le apellida *maestro de Alcuino* y de todos los restantes Habia hecho la herejía algunos prosélitos asturianos, que Jonás Aurelianense dice haber conocido [1] Resistian Beato y Heterio á la mala doctrina, y sabedor de ello el obcecado Arzobispo, dirigió en Octubre de la era 823, año 785 [2], una carta á cierto abad de las Astúrias, llamado Fidel Dice así la parte de este documento conservada por Beato en su *Apologético* «Quien no confesare que Jesu-Christo es Hijo adoptivo en cuanto á la humanidad, es hereje, y debe ser exterminado. Arrancad el mal de vuestra tierra. No me consultan (Beato y Heterio), sino que quieren enseñar, porque son siervos del Anticristo. Envíote, carísimo Fidel esta carta del Obispo Ascárico, para que conozcas cuán grande es en los siervos de Cristo la humildad, cuán grande la soberbia en los discípulos del Anticristo. Mira cómo Ascárico, aconsejado por verdadera modestia, no quiso enseñarme, sino preguntarme. Pero esos, llevándome la contraria, como si yo fuese un ignorante, no han querido preguntarme, sino instruirme Y sabe Dios que aunque hubiesen escrito con insolencia, rendiríame yo á su parecer si dijesen la verdad, recordando que está escrito *Si juniori revelatum fuerit, senior taceat*..... ¿Cuándo se ha oido que los de Liébana vinieran á enseñar á los toledanos? Bien sabe todo el pueblo que esta Sede ha florecido en santidad de doctrina desde la predicacion de la fé, y que nunca ha emanado de aquí cisma alguno. ¿Y ahora tu solo, oveja roñosa (esto lo decia por San Beato), pretendes sernos maestro? No he querido que este mal llegue á oidos de nuestros hermanos, hasta que sea arrancado de raíz en la tierra donde brotó Ignominia seria para mí que se supiese esta afrenta en la diócesis de Toledo, y que despues de haber juzgado nosotros, y corregido, con el favor de Dios, la herejía de Migecio en cuanto á la celebracion de la Páscua y otros errores, haya quien nos tache y arguya de herejes Pero si obras con tibieza y no enmiendas presto este daño harélo saber á los demás Obispos, y su reprension será para tí ig-

---

1 Cujus discipulos apud Astures me aliquando vidisse memini, quos et Catholicorum virorum regionis illius, qui eorum vesanae doctrinae secundum sanam doctrinam rationabiliter retinebantur etc

2 Esta es la fecha del codice Toledano y la admitida por Florez en las ediciones de la *Bibliotheca Veterum Patrum* no hay era ninguna Morales y Baronio ponen la 821, año 783

Esta carta fué incorporada por Beato y Heterio en el libro *De adoptione* Puede verse ademas (aunque con graves erratas) en el tomo VI de la *España Sagrada* Pongola asimismo en el apendice

nominiosa Endereza tú la juventud de nuestro hermano Heterio, que está con la leche en los lábios, y no se deja guiar por buenos maestros, sino por impíos y cismáticos, como Félix y Beato, llamado así por antífrasis Bonoso y Beato están condenados por el mismo yerro. Aquél creyó á Jesús hijo *adoptivo* de la Madre no engendrado del Padre antes de todos los siglos, y encarnado. Éste le cree engendrado del Padre, y no temporalmente *adoptivo*. ¿Con quién le compararé, sino con Fausto el Maniqueo? Fausto condenaba á los Patriarcas y Profetas: éste condena á todos los doctores antiguos y modernos. Ruégote, que encendido en el celo de la fé, arranques de en medio de vosotros tal error, para que desaparezca de los fines de Astúrias la herejía Beatiana, de igual suerte que la herejía Migeciana fué erradicada de la tierra bética. Pero como he oido que apareció entre vosotros un precursor del Anticristo, anunciando su venida, ruégote que le preguntes dónde, cuándo, ó de qué manera ha nacido el mentiroso espíritu de profecía que le hace hablar y nos trae solícitos y desasosegados »

Bien se mostraban en esta carta el desvanecimiento y soberbia de quien la escribia, su desmedida confianza en el propio saber y en el prestigio de su dignidad y nombre, y á la par el recelo que Beato le infundia, y el ódio y mala voluntad que ya profesaba al santo presbítero de Liébana. Esparcióse muy pronto en Astúrias la noticia del escrito de Elipando, pero Beato y Heterio no lo leyeron hasta el 26 de Noviembre, en que la reina viuda Adosinda, mujer varonil y de gran consejo, como que casi habia gobernado el reino en los dias de Silo, entró en un monasterio, que (segun quiere Ambrosio de Morales) fué el de San Juan de Pravia [1].

Concurrieron á la profesion ó *devocion (Deo vota)* de Adosinda, Heterio y Beato, que allí recibieron, de manos de Fidel, las letras de Elipando. Ocasion era de responder á tan ágrias y punzantes recriminaciones, y Beato, que aunque tartamudo ó trabado de lengua [2], para escribir no tenia dificultades, redactó en breve plazo, ayudado por Heterio, la célebre apología que hoy tenemos y que se ha convenido en apellidar *Liber Etherii adversus Elipandum, sive de adoptione Christi filii Dei* Pero su encabezamiento en el original es como sigue

«Al eminentísimo para nosotros, y amable para Dios, Elipando, *Arzobispo* (sic) de Toledo, Heterio y Beato, salud en el Señor. Lei-

---

1 Lib XIII, cap XXVI de su *Cronica*

2 Dícelo Ambrosio de Morales con referencia á Alvaro Cordobes pero yo no he encontrado en sus *Cartas* este pasaje

mos la carta de tu prudencia, enderezada ocultamente *(clam)* y bajo
sello, no á nosotros, sino al abad Fidel, de cuya carta tuvimos noticia por pública voz, aunque no llegamos á verla hasta el día 6 antes
de las Kalendas de Diciembre, cuando nos trajo á la presencia del
abad Fidel, no la curiosidad de tu carta, sino la *devocion* de la religiosa señora Adosinda. Entonces vimos el impío libelo divulgado
contra nosotros y nuestra fé por toda Asturias. Comenzó á fluctuar
entre escollos nuestra barquilla, y mútuamente nos dijimos *Duerme
Jesús en la nave*, por una y otra parte nos sacuden las olas, la tempestad nos amenaza, porque se ha levantado un importuno viento. Ninguna esperanza de salvacion tenemos si Jesús no despierta. Con el corazon y con la voz hemos de clamar: *Señor, sálvanos, que perecemos*
Entonces se levantó Jesús, que dormia en la nave de los que estaban
con Pedro, y calmó el viento y la mar, trocándose la tempestad en
reposo. No zozobrará nuestra barquilla, la de Pedro, sino la vuestra,
la de Júdas» [1].

En este tono de respetuosa serenidad y santa confianza, dan comienzo el presbítero montañés y su amigo á lo que ellos llaman *apologético, no oscurecido con el humo vano de la elocuencia ni de la lisonja*,
sino expresion fiel de la verdad, *aprendida de los discípulos de la Verdad misma. (Scripsimus hunc apologeticum non panegyrico more, nullis
mendaciis, nec obscurantibus fumosorum eloquentiae sermonum, sed fidem
veram, quam ab ipsis Veritatis discipulis hausimus)* [2].

«¿Acaso no son lobos los que os dicen *Creed en Jesucristo adoptivo,
el que no crea sea exterminado?* ¡Ojalá que el Obispo Metropolitano y el
príncipe de la tierra, uno con el hierro de la palabra, otro con la vara
de la ley, arranquen de raíz la herejía y el cisma! Ya corre el rumor
y la fama, no sólo en Astúrias, sino en toda España, y hasta Francia
se ha divulgado, que en la Iglesia asturiana han surgido dos bandos, y con ellos dos pueblos y dos Iglesias. Una parte lidia con la
otra en defensa de la unidad de Cristo. Grande es la discordia, no

---

1   «Eminentissimo nobis, et Deo amabili Llipando Toletanae Sedis Archiepiscopo, Fterius
et Beatus in Domino salutem Legimus litteras prudentiae tuae anno praesenti, et non nobis
sed Fideli Abbati mense Octobris, in Era DCCCXXIII clam sub sigillo directas quas ex relatu
advenisse audivimus, sed eas usque sexto kalendas Decembris minime vidimus Cumque nos
ad fratrem Fidelem, non litterarum illarum compulsio sed recens religiosae Dominae Ado-
sindae perduceret devotio audivimus impium libellum adversum nos et fidem nostram per
cuncta Asturia publice devulgatum Et cum fides nostra una sit et indisoluta, coepit inter sco-
pulos nimis fluctuare navicula   Tunc colloquentes ad invicem diximus Dormit Jesus in
navi et hinc inde fluctibus quatimur, et tempestate tum molestias sustinemus, quia importa-
bilis excitatus est ventus Nulla salus nobis esse videtur nisi Jesus excitetur et corde et voce
clamandum est ut sic dicamus Domine salva nos, perimus» etc

2   Lib II al principio

sólo en la plebe, sino entre los Obispos Dicen unos que Jesucristo es *adoptivo* segun la humanidad, y no segun la divinidad. Contestan otros que Jesucristo en ambas naturalezas es Hijo propio, no *adoptivo*, y que el Hijo verdadero de Dios, el que debe ser adorado, es el mismo que fué crucificado bajo el poder de Poncio Pilato *Este partido somos nosotros*, es decir, Heterio y Beato, con todos los demás que creen esto» [1].

A continuacion ponen el símbolo de su fé, el de la fé ortodoxa, en cotejo con la doctrina de Elipando, tal como de su epístola á Fidel se deducia· «Ésta es tu carta, éstas *tus palabras*, ésta *tu fé*, ésta *tu doctrina*», y proceden á impugnarla. Seria locura pretender que hicieran grande uso de argumentos de razon. Tampoco los empleaba Elipando. La cuestion *adopcionista*, como toda cuestion *cristológica*, cae fuera de los lindes de la *teología racional*, se discute entre cristianos, que admiten el criterio de la fé y la infalible verdad de las Escrituras. Por eso dice Beato: «*La plenitud de la fé comprende lo que la razon humana en sus especulaciones no puede alcanzar*» [2]. Puesta la cuestion en esta esfera, que Elipando no podia ménos de aceptar, ¿cabia torcer en ningun sentido textos tan claros y precisos como éstos. *Tu es Christus Filius Dei vivi, —Non revelavit tibi istud caro et sanguis sed Pater meus qui in coelis est, —Hic est Filius meus dilectus in quo mihi bene complacui?* ¿Dónde introducir esa fantástica *adopcion*? Y añaden con elocuencia los apologistas lebaniegos: *Dios lo afirma, lo comprueba su Hijo, la tierra temblando lo manifiesta, el infierno suelta su presa, los mares le obedecen, los elementos le sirven, las piedras se quebrantan, el sol oscurece su lumbre· sólo el hereje, con ser racional, niega que el Hijo de la Vírgen sea Hijo de Dios* [3].

1 ·¿Nonne lupi sunt, qui vobis dicunt adoptivum credite Jesum Christum, et qui ita non crediderit, exterminetur? Et Episcopus metropolitanus et princeps terrae pari certamine haereseorum schismata, unus verbi gladio alter virga regiminis ulciscens, haereticorum schismata de terra vestra funditus auferat Certe jam rumor est, jam fama est, et non solum per Asturiam, sed per totam Hispaniam et usque ad Franciam divulgatum est, quod duae quaestiones in Asturicensi Ecclesia ortae sunt Et sicut duae quaestiones, ita duo populi, et duae Ecclesiae Una pars cum altera pro uno Christo contendunt Cujus fides vera an falsa sit grandis intentio est Et hoc non in minuta plebe, sed inter Episcopos est Una pars Episcoporum dicit quod Jesus Christus adoptivus est humanitate et nequaquam adoptivus divinitate Altera pars dicit· nisi ex utraque natura unius est Dei Patris filius proprius, ut ipse sit Dei filius Deus verus et ipse adoretur et colatur, qui sub Pontio Pilato est crucifixus Haec pars nos sumus, id est, Etherius et Beatus cum caeteris ita credentibus » (Lib I)

2 ·Quia licet humana mens non possit plene rationis investigatione comprehendere, fidei tamen plenitudo complectitur » (Lib I)

3 ·Deus asserit probat Filius, tremens terra testatur, inferna captivos absolvunt, maria obediunt, elementa serviunt, petrae scinduntur, sol obscuratur, et haereticus, cum esset rationalis, filium Virginis non esse Dei filium causatur » (Lib I)

Muéstrase Beato hábil y profundo escriturario (principal estudio suyo, como de quien no mucho antes habia penetrado en los misterios y tinieblas del Apocalipsis) reune y concuerda los Sagrados textos contrarios al error de Elipando, y sobre ellos discurre con la claridad y fuerza polémica que mostrará este pasaje·

«Cuando el Señor dice: *Qui me misit, mecum est nec me dereliquit;* y en otra parte: *Deus, Deus meus, quare me dereliquisti.* es uno mismo el que habla: en ambas naturalezas dice *yo (me et me).* Cuando dice *Nec me dereliquit,* se refiere á la naturaleza divina. Cuando exclama. *Me dereliquisti,* á la humana Porque Dios se habia hecho hombre, y el hombre debia morir, y la Divinidad, que es la Vida, estaba exenta de muerte, y en cierto sentido debia dejar el cuerpo hasta su resurreccion. No porque la Divinidad abandonase la carne, sino, porque no podia morir con la carne. Unida permaneció á ella en el sepulcro. como en las entrañas de la Vírgen. Y por eso dentro de nuestra fe dice el Hijo del Hombre *¿Por qué me has abandonado?* Y el Hijo de Dios, que es igual al Padre. dice: *El que me envió está conmigo, y no me dejará.* Y siendo uno el Hijo, hemos de guardarnos de que alguno afirme *El Hombre murió, y Dios le resucitó* Dicen esto los que llaman á Cristo *adoptivo* segun la carne, pero el mismo Jesús los convence de mentira cuando dijo á los judíos· *Derribad el templo y yo le levantaré en tres dias.* No dice: *Derribad el templo, que el Padre le levantará;* sino: *Yo le levantaré (ego suscitabo illud)* [1]

El poder dialéctico y la conviccion ardiente de Beato y Heterio resplandecen en este trozo y en muchos más que pudiéramos citar Profundidad teológica no falta: los dos adversarios de Elipando vieron claras las consecuencias *nestorianas* de su doctrina, y hasta la negacion de la divinidad de Cristo, oculta en el sistema *adopcionista* [2].

---

[1] «Cum dicit Qui me misit, mecum est, nec me dereliquit Et alio loco Deus, Deus meus quare me dereliquisti ipse unus est, in ambas naturas me et me dicit Nam cum dicit Nec me dereliquit, divina est Cum autem dicit Me dereliquisti, humana est Quia Deus hominem susceperat, et ipse homo mori habebat et divinitas, quae vita erat exul erat a morte, ideo per mortem crucis relinquendus erat usque ad resurrectionem ipsius Non quod divinitas reliquerit carnem suam, sed quod non moritura erat cum carne sua Quia sic in sepulchro carnem suam conmanendo non deseruit sicut in utero Virginis connascendo formavit Fidei ergo nostrae convenit ut Homo Filius dicat Quare me dereliquisti Et Deus Filius qui cum Patre aequalis est, dicat Qui me misit, mecum est nec me dereliquit Et cum ex utroque unus sit Filius, cavendum est ne aliquis dicat Homo est mortuus et Deus eum excitavit etc

[2] «Quod si discutere volueris, et rationem de Deo et homine facere praesumpseris, continuo in laqueum perditionis inmergeris Non ergo debemus dicere illum Deum et istum hominem unum habemus et adoramus cum Patre et Spiritu Sancto Deum non hominem quartam introducentes personam, sed cum ipsa carne propria unum adoremus Christum illum Dei Deum juxta Ephesini Concilii verae Fidei documentum quod ait Cavemus au-

«Si disputar quieres (dicen á Elipando) y distinguir la persona de
»Cristo, caes pronto en lazos de perdicion No debemos llamar á *aquél*
»Dios, y á *éste* Hombre, sino que tenemos y adoramos un solo Dios
»con el Padre y el Espíritu Santo. No adoramos al Hombre, introdu-
»ciendo una cuarta persona, sino á Cristo, Hijo de Dios y Dios verda-
»dero, segun la sentencia del Concilio Ephesino: «Guardémonos de
»decir. *Por Dios, que tomó carne mortal (adsumentem), adoro la carne, y
»por causa de lo invisible lo visible.* Horrible cosa es no llamar Dios al
»Verbo encarnado. Quien esto dice, torna á dividir el Cristo que es
»uno, poniendo de una parte á Dios y de otra al hombre. Eviden-
»temente niega su unidad. por la cual no se entiende un sér adora-
»do juntamente con otro, sino el mismo Jesucristo, Hijo unigénito
»de Dios, venerando con su propia carne, en un solo acto de ado-
»racion »

Éste era el punto cardinal de la disputa y aquí debian haber con-
centrado sus fuerzas Beato y Heterio, pero no sin alguna razon se les
puede acusar de falta de método y de haberse entretenido en cuestiones incidentales y ajenas al asunto Dos libros abarca su refutacion,
y aun no está completa, pero sólo una tercia parte de ella se refiere
al *Adopcionismo* En el libro primero, tras de los indicados preliminares, y mezcladas con el principal sugeto, que es la comparacion entre
el símbolo ortodoxo y el de Elipando, vienen largas explicaciones sobre la causa, naturaleza y caractéres de la *herejía*, sobre la *unidad de
la Iglesia* y el nombre de *cristianos*, acerca del *sacrificio de la Misa* y
el *Símbolo Niceno*, etc. No olvida Beato sus especulaciones bíblicas
cuando distingue los tres sentidos, *literal trópico y anagógico*, que, segun él, corresponden al *cuerpo*, al *alma* y al *espíritu* del hombre En
estos términos compendia su doctrina psicológica: «El hombre consta
de dos sustancias cuerpo y alma. El cuerpo pertenece á la tierra, de
donde trae su orígen El alma no tiene orígen, porque es espíritu,
hecho á imágen de Dios... . Cuando contempla á Dios y le conoce,
se llama propiamente *espíritu* .. El *espíritu* es el entendimiento superior y angélico del alma..... Cuando tiende á las cosas celestiales, se
hace con Dios y con los ángeles un solo *espíritu* ... El *espíritu*, que
es *luz*, tiene participacion con Cristo, que es el *sol*, y de entrambos
resulta una sola luz, es decir, un mismo *espíritu, pero no una misma*

tem de Christo dicere Propter adsumentem adoro adsumptum, et propter invisibilem visibilem Horrendum vero super hoc etiam illud dicere Is qui susceptus est cum eo qui suscepit
non nuncupatur Deus Qui enim haec dicit, dividit iterum in duos Christos, eum qui unus
est, hominem seorsum in partem et Deum similiter in partem constituens» etc

naturaleza . El uno es luz que ilumina, el otro luz iluminada» [1].

Los que suponen que nuestra Mística nació en el siglo XVI, ¿conocen éste y otros libros? ¿Han parado mientes en éste y en otros pasajes?

Prosigue el *psicólogo* montañés del siglo VIII negando la distinción entre el alma y sus potencias. «Tiene el alma muchos nombres, según sus operaciones, pero en *sustancia* es una. Cuando contempla á Dios, es *espíritu*. Cuando siente, es *sentido* Cuando sabe, es *ánimo*. Cuando conoce, es *entendimiento*. Cuando discierne, es *razón*. Cuando consiente, es *voluntad*. Cuando recuerda, es *memoria*. Cuando preside á la parte vegetativa, se llama propiamente *alma* . .. Pero el alma es siempre *una*» [2]. No siempre se expresaron con tanta claridad los escolásticos que vinieron después.

El libro segundo anuncia desde su título que va á tratar *de Cristo y su cuerpo que es la Iglesia, y del diablo y su cuerpo que es el Anticristo*, para mostrar á Elipando que Beato y Heterio, *indoctos Lebaniegos (indocti Libanenses)*, estaban dentro de la católica enseñanza, de la cual aberraba el orgulloso Prelado toledano. Pero aunque *los signos del Anticristo* [3] ocupen buena parte del tratado, no dejan de tocarse en él otros puntos, entre ellos el de la *naturaleza y orígen del mal*, siempre con sana y copiosa doctrina y modo de decir bastante preciso. Hácia la mitad del libro reaparece la cuestión *adopcionista*

Los textos alegados bastan para dar idea de la polémica de Beato. Erudición bíblica bien sazonada; algunos rasgos de ciencia profana, tal como los tiempos la consentían y la había enseñado el grande Isidoro; argumentación fácil y vigorosa esmaltan este peregrino documento. *Non confingamus de nostro, sed illa explanemus quae in Lege et Evangelio scripta sunt:* tal es la regla que se proponen y fielmente cumplen sus autores.

Si bajo el aspecto científico, y para la historia de la teología española, el libro es importante, ¡cuánto valor adquiere en la relación literaria, cotejado con los demás que en España y fuera de ella produjo

---

[1] «Tantum ex duabus substentiis constat, id est, corpore et anima Corpus habet partem mundi unde ducit originem Anima vero non habet originem, quia spiritus est, et ad imaginem Dei factus » «Spiritus superior intellectus intellectus angelicus cum supra tendit ut cum Deo et angelis unus spiritus sed non una natura Aliud lumen illuminans aliud lumen illuminatum » (Párrafos 100 y 101 del lib I, ed de Migne, pags 956 y 957)

[2] «Et habet ipsa anima multa nomina per actiones cum sit substantia una, quae dum contemplatur Deum, spiritus est Dum sensit, sensus est Dum sapit, animus est» Etc

[3] Con frase enérgica aunque disonante a oidos melindrosos, llama a los herejes *testiculi Antichristi*

el siglo VIII[1] En vez de compilaciones secas y faltas de vida, tenemos una obra en que circula el calor, en que la fuerte impresion del momento ha animado páginas destinadas, no á solitaria lectura, sino á agitar ó calmar muchedumbres seducidas por el error. Libro bárbaro, singular y atractivo, donde las frases son de hierro, como forjadas en los montes que dieron asilo y trono á Pelayo Libro que es una verdadera *algarada* teológica, propia de un cántabro del siglo VIII. Construcciones plúmbeas, embarazosas y oscuras se mezclan con antítesis, palabras rimadas y copia de sinónimos, en medio de cuyo fárrago, signo aquí de las candideces de la infancia y no de la debilidad senil, asoman rasgos de elocuencia nervuda, varonil y no afectada, que si en ocasiones estuviera templada por un poco de dulzura, retraería á la memoria el libro *De virginitate* de San Ildefonso. En el fondo, Beato y Heterio son muy fieles á la tradicion isidoriana; pero conócese luego que su *Apologético* no ha nacido entre las pompas de Sevilla ó de Toledo, sino en tierra áspera, agreste y bravía, entre erizados riscos y mares tempestuosos, para ser escuchada por hombres no tranquilos ni dados á las letras, sino avezados á contínua devastacion y pelea. Pasma el que se supiese tanto y se pudiese escribir de aquella manera, ruda, pero valiente y levantada, en el pobre reino asturiano de Mauregato y de Bermudo el Diácono. Por eso el libro de Beato es una reliquia preciosa, no sólo para los Montañeses, que vemos en él la más antigua de nuestras preseas literarias, sino para la Península toda, que puede admirar conservadas allí sus tradiciones de ciencia durante el período más oscuro y proceloso de los siglos medios [1].

¡Con cuánta valentía habian expresado Beato y Heterio su confianza en el poder de la fé! «Con nosotros está David, el de la mano fuerte, que con una piedra hirió y postró al blasfemo Goliat. Con nosotros Moisés, el que sumergió las cuadrigas de Faraon en el Mar Rojo é hizo pasar el pueblo á pié enjuto. Con nosotros Josué, el que venció á los Amalecitas y encerró á los cinco reyes en una cueva Con nosotros el Padre Abraham, que con trescientos criados venció

---

1 Del tratado de S Beato hay dos codices en la Biblioteca Toledana el mas antiguo parece de fines del siglo X ó principios del XI El célebre jesuita Andrés Scotto, á quien Mariana dio a conocer el manuscrito, envio copia á Gretser De esta copia se valió Pedro Stevart para la primera edicion, que es de Ingolstad 1596, en la *Collectio insignium auctorum tam graecorum quam latinorum, de rebus ecclesiasticis* Despues se insertó en las colecciones patrísticas La que uso es la de Migne (tomo XCVI, Paris, 1862, cols 894 á 1,030), cotejándola a veces con la incluida en el tomo XIII de la *Maxima Bibliotheca Veterum Patrum* (Lugduni, apud Anissonios, 1677, fols 353 y sigs) Preparo una nueva edicion, acompañada de version castellana, para la *Sociedad de Bibliófilos Cántabros*

y arrancó los despojos á los cuatro reyes ' Con nosotros el fortísimo
Gedeon y sus trescientos armados que *hirieron á Madian como á un
solo hombre*. Con nosotros Sanson, más fuerte que los leones, más duro
que las piedras, el que solo y sin armas postró á mil armados Con
nosotros los doce Patriarcas, los diez y seis Profetas, los Apostoles
y Evangelistas, todos los Mártires y Doctores. Con nosotros Jesús,
Hijo de la Vírgen, con toda su Iglesia, redimida á precio de su sangre y dilatada por todo el orbe» ². Y esta confianza no se vió fallida,
porque Dios lidiaba con ellos La obra de los contradictores de Elipando, difundida de un extremo á otro de España, hizo menguar rápidamente las fuerzas del *Adopcionismo* En Córdoba fué enseñanza y
delicia de los muzárabes los adoctrinó en la paz y los alentó en el
peligro. Alvaro Cordobés la cita tres veces, siempre con nuevo respe-
peto, y en autoridad de cosa juzgada.

A los generosos esfuerzos de Beato y Heterio unió los suyos un
cierto *Basilisco*, mencionado por Alvaro Cordobés, que de su impugnacion trascribe este lugar·

«Dice Elipando *Dios Padre no engendró la carne*. Confieso que no la
engendió, pero sí al Hijo, de quien es la carne; á la manera que ningun hombre engendra el alma de su hijo, sino la carne, á la que se une
el alma. Dios Padre, que es Espíritu, engendra el espíritu, no la carne. El Padre divino engendra la naturaleza y la persona el padre
humano la naturaleza, no la persona. En el Hijo de Dios subsistía la
naturaleza divina antes que tomara la naturaleza humana. El hijo de
cualquier hombre recibe de su padre la naturaleza carnal, no la persona Ó hay que dividir al hijo del hombre, ó confesar la unidad de
persona en Cristo Todo hombre creado á imágen de Dios, y á quien
la imágen de Dios desciende, ha tenido asimismo dos generaciones.
Primero nace del padre, y permanece temporalmente oculto, nace
luego de la madre, y es visible. El padre engendra la naturaleza, y
no la persona; la madre dá á luz, con la persona, la naturaleza. En
una sola persona hay dos sustancias: una producida por generacion,
otra no engendrada La carne nace de la carne. el alma es *propagada*
por Dios. Si á alguno le place dividir á Cristo en hijo propio y adoptivo, divida de una manera semejante á todo hombre. Pero como
repugna á la razon suponer ni en el Hijo de Dios ni en el hijo del

---

1 *Cinco* dice el texto impreso, pero evidentemente es yerro Fueron *cuatro* segun la Escritura (Vid *Genesis*, cap XIV)

2 «Nobiscum est David, ille manu fortis qui parvo lapide Goliat blasphemum   in fronte
percussi» etc (Lib I, pag 50)

hombre dos padres, reconozcamos en uno y otro unidad de persona» [1].

Á pesar del bárbaro estilo y sobradas repeticiones de este trozo, no dejará de notarse lo bien esforzado que está el argumento *à simili* y mostrada la contradiccion de Elipando, que sólo podia salvarla echándose en brazos del Nestorianismo crudo, es decir, cayendo en otro absurdo, porque *abyssus abyssum invocat*, y del Cristo adoptivo era fácil el paso á la dualidad de Cristo.

El Papa Adriano I, en la carta, ya citada, á los Obispos de España, quéjase de Elipando y de Ascario, renovadores del error de Nestorio, y refútalos con los textos de la Escritura, que claramente afirman la filiacion divina de Cristo: *Tu es Christus, filius Dei vivi..... Proprio Filio suo non pepercit Deus, sed pro nobis omnibus tradidit illum.*

V.—El adopcionismo fuera de España.—Concilios.—
Refutaciones de Alcuino, Paulino de Aquileya, Agobardo, etc.

OMO la diócesis de Félix de Urgel (que hasta ahora ha sonado poco en estos disturbios) caia en los dominios francos, esparcióse rápidamente la doctrina *adopcionista* del lado allá del Pirineo. Escribe el Arzobispo Pedro de Marca que en 788 (otros autores dicen 791) juntáronse en el Concilio Narbonense los Obispos de Arlés, Aix, Embrum, Viena del Delfinado, Bourges, Auch y Burdeos,

---

1 «Adicit quis: Deus Pater carnem non genuit. Fateor ipse quia carnem non genuit; sed Filium cujus caro est, genuit. Nec quis homo in Filium animam generat, sed carnem cujus est anima generat. Ibi enim Deus Pater, Spiritus Spiritus, non carnem generat..... Et ibi Deus Pater et naturam et personam, hic homo pater tantum naturam, non personam. Ibi antequam naturam hominis susciperet, subsistens divina persona amplius augmenti ut Dei filius fateatur divina generatio obtinuit. Hic ut quis filius hominis fateatur, multo minus habuit, qui sine persona tantum a patre naturam carnis suscepit. Unde omnino quis aut dividat omnem hominis filium, aut Christum ex utroque praedicet unum. Omnis enim ad Dei imaginem conditus, per quem imago Dei descendit, non nisi dissimiliter genitus ex utroque parente existit. Primo natus a Patre, incognitus manet pro tempore. Demum nascitur a matre, et videtur in homine. Pater tantum sine persona naturam, mater vero ut naturam, generat et personam. Sed in una persona utramque substantiam: unam e visceribus propriis, gignendo in fratrum (sic) transmissit, aliam non e visceribus proditam cum genita parturivit. Unde in gignentibus caro tantum de carne nata, anima vero a Deo nascitur propagata. Quapropter si uterque parens e proprio in filio animam non genuit: ergo adoptivus illi in anima extitit. Quamobrem si cui placet naturarum distinctionem in proprio et adoptivo filio dividere Christum, dividet hominem, omnino hominis filium. Sed quia ratio veritatis repugnat, ex utroque Deo Patri, ex utroque in utroque parenti proprius Filius agnoscatur: quia in utroque non nisi unus personaliter, aut Dei, aut hominis filium demonstratur.» *(Alvari Cordubensis, ep. IV, Alvari ad Joannem.)*

para condenar á Félix, quien abjuró allí. Realmente Guillermo *Catellus* [1] publicó por primera vez, y Baluze y Labbé reprodujeron, las actas de cierto Concilio celebrado en el año de la Encarnacion del Señor 788, indiccion XII, año vigésimo tercero del reinado de Carlo-Magno, en la basílica de Santos Justo y Pastor de Narbona. Entre los motivos de su convocatoria figura *el pestífero dogma de Félix* [2]. Este suscribe en décimo tercero lugar: *Felix Urgellitanae sedis episcopus subscripsi*; pero en lo demás no se dice palabra de él ni de su herejía. Muchos dudan (pienso que con razon) de la autenticidad de estas actas, y otros creen que la fecha está errada.

En tanto la herejía de Félix habia penetrado hasta Germánia, y para reprimirla fué preciso convocar en el año 792 un Concilio en *Ragnsburgo* ó *Reganesburgo*, hoy *Ratisbona*, donde se hallaba Carlo-Magno. No quedan actas de este Sínodo, pero dan noticia de él (además de varios cronistas franceses coetáneos ó no muy posteriores) [3] Paulino de Aquileya y Alcuino. El primero tomó parte en la controversia de Ratisbona *(gymnasticae disputationis conflictus)*, y afirma que Félix, convencido por los argumentos que contra su error se alegaron, abjuró, con la mano puesta sobre los Santos Evangelios [4]. Alcuino refiere lo mismo, aunque de oidas [5]. Todos convienen en que el mismo año Félix fué conducido á Roma por el abad Angilberto, y allí reiteró su abjuracion. Aún tenemos otra autoridad, la del Papa Leon III en el Concilio Romano de 794. Segun él, Félix escribió en las cárceles un libro ortodoxo, en que retractaba sus primeras sentencias, é hizo dos veces juramento de no recaer en el *Adopcionismo*: la primera sobre los Evangelios, la segunda en la *Confesion de San Pedro* ó *in confessione super corpus Beati Petri Apostoli*.

Elipando y los de su sentir llevaron á mal estas condenaciones y abjuraciones, y el aprecio que entre los franceses alcanzaba el libro

---

1 *Memoires de l'histoire de Languedoc*

2 «Anno incarnationis dominicae DCCLXXXVIII, indictione XII, gloriosissimo quoque Karolo regnante anno XXIII, V Kal Jul Dum pro multis et variis ecclesiasticis negotiis, praesertim pro Felicis Urgellitanae sedis Episcopi pestifero dogmate, monente per suae auctoritatis litteras domno apostolico Adriano, ac domno imperatore per missum suum, nomine Desiderium, convenissemus, urbem Narbonam, infra Basilicam SS Justi et Pastoris »

3 «Anno 792 Haeresis Feliciana primitus audita et in Reganesburg primo condemnata est Quem Angilbertus ad praesentiam Adriani Apostolici adduxit, et confessione facta suam haeresim iterum abdicavit » ¸ *Annales rerum Francicarum*, desde 741 a 814, antes Florez, *España Sagrada*, tomo V)

Véanse otros testimonios, en lo esencial conformes, en la monografía de Walchio *(Historia Adoptionorum)*, quien los tomo de la coleccion de Bouquet ¸*Rerum Gallicarum et Francicarum scriptores)*, tomos V y VI

4 Lib I, *Contra Felicem*, cap V

5 *Adversus Elipandum*, lib I

de Beato, y dirigieron sendas cartas *á los Obispos de Gália, Aquitánia y Austria,* y á Carlo-Magno. Decian en la primera, que nunca se ha impreso íntegra: «Nosotros, indignos Prelados de España, solicitamos de vuestra prudencia, que siguiendo todos la bandera de Cristo, conservemos sin menoscabo la paz que él dejó encomendada á sus discípulos. Si pensais de otro modo que nosotros, mostradnos la razon, y ojalá que la luz de la verdad, con los rayos del dogma, ilumine nuestras almas, para que la caridad de Cristo permanezca en nosotros, y no estén divididos por la lejanía de las tierras los campos que Cristo fecunda» [1].

La epístola á Carlo-Magno es testimonio manifiesto de la difusion y benéfica influencia del libro de nuestro Beato en las Gálias: «Llegó á noticia de tus siervos (escribe Elipando en nombre de los demás) que el fétido escrito de Beato ha contagiado con su veneno á algunos sacerdotes. Ese nefando presbítero y pseudo-profeta asevera que Cristo, en cuanto hombre nacido de las entrañas de la Vírgen, no es hijo adoptivo del Padre. Contra esa locura dirigimos una carta á los sacerdotes de vuestro reino, y te pedimos por Aquél que en la Cruz derramó su sangre por tí, y por tí padeció muerte y pasion, que te hagas árbitro entre el Obispo Félix, que en servicio de Dios defiende nuestra causa desde sus juveniles años, y ese Beato, llamado así por antifrasis, hombre sacrílego y manchado con las impurezas de la carne. Rogámoste que des justa sentencia: ojalá Dios humille á tus plantas la cerviz de las gentes bárbaras y soberbias, y quiebre sus dientes, y convierta en polvo y en humo la gloria de tus enemigos. Restaura á Félix en su dignidad, restituye su pastor á la grey dispersa por los rapaces lobos..... Cosa de espanto seria que en las tierras donde por gracia de Dios y mérito vuestro no reina visiblemente la impiedad de los gentiles, dominara la oculta calamidad del enemigo antiguo, por medio de ese Beato Antifrasio, dado á las torpezas de la carne, y adquiriera nuevos prosélitos y los llevase consigo al infierno.»

Con igual insolencia está escrito lo restante de la carta, tanto que algunas injurias no sonarian bien traducidas: *Idem foetidus Beatus post conversionem iterum atque iterum ad thorum scorti reversus.* Pero, ¿quién dudará entre las imputaciones atroces de Elipando, hijas de la vani-

[1] «Indigni et exigui Spaniae praesules. et caeteri fideles, poscentes almitudinem vestram, ut sicut unius Christi vexillo praesignati sumus, ita pacem illam quam ipse commendavit discipulis suis, intemerato jure servemus. Si quid vero aliter vestra prudentia senserit, reciprocatus vestri sermo socordiam nostram enubilet, et lux veritatis, radio veri dogmatis, abdita pectoris nostri perlustret, ut quos ubertas Christi foecundat, terrae spatium nullo modo dividat.» *(España Sagrada, tomo V.)*

dad castigada, y el retrato que Alcuino hace del presbítero montañés, *santo en la vida como en el nombre*? En lo que sí conviene parar mientes es en que afirme Elipando que Beato escribía á todas partes, gloriándose de haber convertido con sus escritos á Carlo-Magno [1].

En vista de la carta de los españoles, Carlo-Magno, que había ido á pasar la Páscua del año 794 á Francfort, congregó allí un Síndo de trescientos Obispos galos, germanos é italianos, con asistencia de los Legados del Papa, *Teofilacto* y *Estéban*, mas no de Heterio ni de Beato ni de ningun otro español, por más que lo diga Mariana, y se lea en la *Vida* (apócrifa) *de S Beato* [2] y en el *Cronicon* del falso *Hauberto*, y lo repitiera el severísimo crítico Masdeu, olvidado aquí de su diligencia ordinaria.

Walchio recogió curiosamente los testimonios de los *Anales Loiselianos*, *Lambecianos* y *Moissiacenses*, del poeta sajon, de Eginhardo, del anónimo adicionador de Paulo Diácono, del *Chronicon Amanense*, de Adon Viennense, de los *Anales de San Dionisio* y del *Chronicon Fuldense* [3]. En ninguno de ellos se menciona la asistencia de Beato ni de Heterio. El *Amanense* supone que concurrieron al Concilio Obispos de Italia, Gotia, Aquitania y *Galicia* (parece errata por Gália) entre ellos menciona á Benedicto, abad del Monasterio en que la *Crónica* se escribía, y á sus monjes Beda, Aido ó Smaragdo, Lugila, Anno, Rabano y Jorge. Realmente el Concilio era *particular*, y sólo debieron de asistir vasallos de Carlo-Magno Este rogó á los Padres que admitiesen á Alcuino en sus deliberaciones. Acto contínuo hizo leer la carta de Elipando, y les preguntó· *Quid vobis videtur?* [4]

Examinada la cuestion por algunos dias, todos *á una voz* decidieron que el *Adopcionismo* era enseñanza herética y debia ser erradicada de la Iglesia, y así lo escribieron en su primer Cánon. Si el Concilio obró justamente en repudiar la que llama *impia et nefanda haeresis Eli-*

---

1 En el apéndice puede verse la carta de Elipando a Carlo-Magno Publicóla por primera vez el Padre Florez en el tomo V de la *España Sagrada* págs 528 y sigs , tomada de un codice de la Biblioteca Toledana, donde está tambien, aunque incompleta, la dirigida a los Obispos de las Galias, que publico por primera vez en el apendice de este tomo

2 Publicada por Tamayo de Salazar en el *Martirologio Hispano* Mabillon la admite como autentica En otra parte expondré las razones que tengo para suponerla obra del mismo Tamayo

3 El Padre Florez habia reproducido ya los textos del anónimo continuador de Paulo Diácono, y del *Chronicon Moissiacense*, tomandolos de la coleccion de Duchesne, *Scriptores Hist Franc* tomo II, pág 206 y tomo III pág 141

4 «Quid vobis videtur? Ab anno prorsus praeterito et ex quo coepit hujus pestis insania tumescente perfidiae ulcus diffusius ebullire, non parvus in his regionibus licet in extremis finibus regni nostri, error inolevit quem censura fidei necesse est omnibus modis resecare (Vid *Libellus Sacrosyllabus* en Labbé, tomo VII)

pauli Toletanae Sedis Episcopi et Felicis orgellitanae eorumque sequacium, qui male sentientes in Dei filio asserebant adoptionem, parece que pecó de ligereza y atrevimiento, y áun abrió la puerta á la *iconomaquia*, condenando en su segundo Cánon los vocablos *adoracion y servidumbre*, aplicados al culto de las imágenes: quizá por haber entendido mal la letra de Niceno [1].

Unidos á las actas de este Concilio andan los siguientes monumentos:

I.—Epístola del Papa Adriano á los Obispos de España. Carlo-Magno habia trasmitido al Pontífice la epístola de Elipando, y Adriano juzgó conveniente refutarla, en un escrito que no carece de doctrina y elocuencia, dado aquel siglo. Invoca textos de Isaías, de los Salmos, de los Evangelistas, de las Epístolas de San Pablo, y de las obras de San Atanasio, San Agustin y San Gregorio, no sin mezclar tal cual argumento de razon, y acaba: «Elijan, pues, lo que quisieren: la vida ó la muerte, la bendicion ó la maldicion. Esperamos en la infinita clemencia del Buen Pastor, que tornó al redil en sus propios hombros la oveja descarriada, que lavarán con la penitencia sus pecados, y tornarán á su pristina dignidad y buena fama, sin que padezca su honor naufragio, ni sean apartados de nuestra comunion» [2]. Si persisten los anatematiza y separa del gremio de la Iglesia.

II.—*Libellus episcoporum Italiae*, llamado tambien *Libellus sacro-sylla-bus*. Redactóle Paulino de Aquileya y le aprobaron los demás Obispos italianos. Va dirigido *ad provincias Galliciae et Spaniarum*. Hay dos redacciones: una en que el autor habla en plural, otra en singular: *Quapropter ego Paullinus, licet indignus Peccator, omniumque servorum*

---

1 La importancia de ambos Cánones me mueve á reproducirlos textualmente:

«Conjungentibus, Deo favente, apostolica auctoritate, atque piisimi domini nostri Caroli regis jussione, anno XXVI principatus sui, cunctis regni Francorum, seu Italiae, Aquitaniaeque provinciae episcopis ac sacerdotibus synodali Concilio, inter quos ipse mitissimus sancto interfuit conventui. Ubi in primordio capitulorum exortum est de impia etc. *(Ut supra.)* ..... Quam omnes qui supra sanctissimi Patres, et respuentes una cum voce contradixerunt, atque hanc haeresim funditus a Sancta Ecclesia eradicandam statuerunt.....

«Cánon II.—Allata est in medium quaestio de nova Graecorum synodo, quam de adorandis imaginibus Constantinopoli fecerunt, in qua scriptum habebatur ut qui imaginibus Sanctorum, ita ut Deificae Trinitati servitium aut adorationem non impenderent, anathema judicarentur. Qui supra SS. Patres nostri omnimodis adorationem et servitutem renuentes contempserunt, atque consentientes condemnaverunt.»

2 «Eligant namque quae volunt, vitam aut mortem, benedictionem aut maledictionem. Optamus namque et infinitam boni pastori Domini precamur benignitatis clementiam, ut qui ovem perditam ad ovile propriis humeris reportavit ut relictis erroris anfractibus, in quibus malae bestiae, id est, maligni spiritus conmorantur..... per lamentum poenitentiae sordes abluant peccatorum, et infamata eorum modestia, bonae famae recipiant pristinam dignitatem. Nec honoris periclitentur naufragio et a nostro non disjungantur consortio.....» (Labbé, tomo VII.)

Dei ultimus servus, Aquileiensis Sedis Hesperiis oris accinctae..... una cum Petro Mediolanensis Sedis Archiepiscopo, cunctisque collegis, fratribus et consacerdotibus nostris Liguriae, Aquitaniae et Æmiliae [1].

III.—Epístola *sinódica* enderezada por los Prelados de Germánia, Gália y Aquitánia á los de España. Ni ésta ni la anterior, como refutaciones del yerro de Elipando, tienen particularidad notable. Con leve diferencia repiten los argumentos que ya hemos leido en el libro de Beato y Heterio, y en la epístola del Papa Adriano. El autor de la *sinódica* es ignorado.

IV.—Epístola de Carlo-Magno á Elipando y á los demás Obispos españoles. Está mejor escrita que las dos anteriores, y puede atribuirse con fundamento á Alcuino. El principio es notable por su elegancia y armonía: «*Gaudet pietas christiana divinae scilicet atque fraternae per lata terrarum spatia duplices charitatis alas extendere, ut mater foveat affectu quos sacro genuerat baptismate.....*» Á la vez que carta de remision de los demás documentos, es un nuevo escrito apologético. Termina con exhortaciones á la concordia, lastimándose de que los españoles, con ser tan pocos, pretendan oponerse á la santa y universal Iglesia [2]. Mucho habia ofendido á Carlo-Magno el tono de autoridad y magisterio en la de carta Elipando, *in quarum serie non satis elucebat an quasi ex auctoritate magisterii, nos vestra docere disposuistis, an ex humilitate discipulatus nostra discere desideratis.* Como aquel hereje habia traido en pró de su errado sentir textos alterados de los Padres Toledanos (segun veremos luego), así Carlo-Magno como los Prelados francofordienses, dijeron por ignorancia que «no era extraño que los hijos se pareciesen á los padres».

Dos años despues, en el de 796, y no en el 791, fecha que tiene en la coleccion de Labbé, convocó Paulino de Aquileya el Concilio *Forojuliense* ó del Frioul. Aunque expresamente no se nombre en sus Cánones á Félix, contra él se dirige la condenacion de los que dividen al hijo de Dios en *natural* y *adoptivo* [3]. En el *Simbolum Fidei* se repite:

---

1 Este documento, que viene á ser (lo mismo que el siguiente) una respuesta al *Quid vobis videtur?* de Carlo-Magno, se llama *Sacro-syllabo* por estas palabras del prefacio: «*Quumque imprecata et concessa esset morosa dilatio per dies aliquot, placuit ejus mansuetudini, ut unusquisque quidquid ingenii captu rectius sentire potuisset, per sacras syllabas die..... statuto deferret.*» (Labbé, tomo VII, París, 1671.)

2 «*Vos igitur quia pauci estis, ¿unde putatis vos aliquid verius invenire potuisse, quam quod sancta universalis toto orbe diffusa tenet Ecclesia? Sub tegmine alarum illarum requiescite, ne vos avida diaboli rapacitas, si foris inveniat, nefando gutture devoret. Redite ad pium Matris Ecclesiae gremium. Illa vos foveat et nutriat, donec occurratis in virum perfectum et plenitudinem corporis.*» (Labbé, tomo VII, *Synodus Francofordiana.*)

3 «*Similiter et illis non credimus qui in duos videntem filios unum Christum Dei filium*

«Non putativus Dei filius sed verus: non adoptivus sed proprius, quia nunquam fuit propter hominem quem assumpsit a patre alienus» [1].

Ni se satisfizo con esto el celo de Paulino. Tres libros compuso, *Contra Felicem Urgellitanum Episcopum*, precedidos de una larga dedicatoria á Carlo-Magno, obra en que la buena intencion supera de mucho al valor literario, por ser Paulino *escritor de gusto pueril y estragado*, como nuestro Masdeu le califica. Basta leer estas palabras del proemio: *«Reverendorum siquidem apicum vestrorum sacris veneranter inspectis syllabis, saepiusque dulcedinis exigente recensitis sapore, factum est pabulum suavitatis ejus in ore meo quasi mel dulce, et tanquam ibifluuí distillantis favi, mellitae suffuscae guttulae faucibus meis, totum me procul dubio ex eo quod commodius contigit, dulcedinis sapor possedit.....»* A este tenor prosigue lo más de la obra. Apenas se concibe mayor afectacion en la barbárie.

Lo peor es que el Patriarca de Aquileya dió en su refutacion lejos del blanco, acusando á sus adversarios de *arrianos* y *macedonianos*, empeñado en demostrarles la divinidad del Hijo y del Espíritu Santo, que ellos no negaban. Al fin de la obra pone la *Regula fidei promulgata styli mucrone*, en versos algo mejores que su prosa:

> *Te Pater omnipotens, mundum qui luce gubernas*
> *Et te, Nate Dei, coeli qui sidera torques.....* [2].

Pero no estaba solo el Metropolitano aquileyense en esta contienda: á su lado lidiaba el grande Alcuino, maestro de Carlo-Magno, quien por la fama de su saber y doctrina le habia hecho venir de las islas Británicas. Comenzó escribiendo á Félix una carta en tono de exhortacion cariñosa y no de polémica, y Félix le replicó en un extenso libro, hoy perdido, fuera de algunos trozos que en su refutacion conservó Alcuino. Llamaba Félix á Cristo *nuncupativum Deum*, pero exponia *óptimamente* (al decir de su adversario) la doctrina de la unidad de la Iglesia. Siete libros empleó Alcuino para argüir contra el

dividere, dum illum naturalem et adoptivum afirmare moliuntur, dum unus idemque sit Dei hominisque filius.»

1 Vid. en el tomo VII de Labbé *Concilium Forojuliense a Paulino Aquileiensi in causa Sacrosanctae Trinitatis et incarnationis verbi Divini congregatum sub Hadriano Papa I anno DCCXCI.* Los Cánones son catorce, precedidos de una larga arenga de Paulino. Pagi, Madrisio y Muratori señalan al Concilio la indicada fecha de 796.

2 Así este opúsculo, como el *Libellus sacrosyllabus*, figuran como apéndices (col. 1,766 y siguientes) en las *Obras de Alcuino*, ed. de Andrés *Quercetano* (Duchesne), París, 1617, que es la que he tenido presente. Walchio cita una ed. más correcta de todas las obras de Paulino de Aquileya, hecha por Madrisio.

yerro nestoriano con la autoridad de la Escritura y de los Padres, sin olvidar entre ellos á los españoles Juvenco y San Isidoro [1].

Pero antes de poner mano en su respuesta, habia declarado con loable modestia Alcuino que *él solo no bastaba (Ego solus non sufficio ad responsionem)* [2], y suplicó á Carlo-Magno que enviase copias de la obra de Félix á Paulino, Richbodo y el español Teodulfo, Obispo de Orleans [3]. Ya hemos visto la del primero: las de los otros dos (si se escribieron) no han llegado á nuestros dias.

Escribió además Alcuino una *Epístola cohortatoria* á Elipando, convidándole á desistir de su error, y á que persuadiera á Félix á lo mismo [4]. Mas de poco le sirvió el tono manso y reposado de la tal carta. Irritado el altanero Metropolitano por la condenacion de Francfort y los nuevos ataques á su doctrina, revolvióse como leon herido, y en un acceso de verdadero delirio ordenó aquella invectiva larga, erudita, punzante, mordaz, que lleva el rótulo de *Epistola Elipandi ad Alcuinum*. Así empieza: «Al reverendísimo diácono Alcuino, no sacerdote de Cristo, sino discípulo del infame Beato, así llamado por antifrasis; al nuevo Arrio que ha aparecido en tierras de Austrasia, contrario á las doctrinas de los Santos Padres Ambrosio, Agustin, Isidoro y Jerónimo: eterna salud en el Señor, si se convirtiere de su yerro: si no, eterna condenacion. Recibimos tu carta apartada de la verdadera fé, llena de supersticion, horrible como la llama del azufre. Al negar la adopcion de Cristo no sigues la verdad, antes estás lleno del espíritu de mentira, como tu maestro el antifrasio Beato, manchado con las inmundicias de la carne, arrojado del altar de Dios, pseudo-Cristo y pseudo-profeta» [5].

---

1 *Magistri Albini Flacci Alchuini contra Felicem Urgellitanum Episcopum, libri septem.* Véase este tratado en *F. Alcuini opera quae hactenus reperiri potuerunt, studio et diligentia Andreae Quercetani Turonensis, Lutetiae Parisiorum, 1617.* (Col. 782 y sigs.) «*Scripsi Epistolam pridem Felici Episcopo, charitatis calamo, non contentionis stimulo*», dice al principio.

2 Ep. VIII.

3 «De libello vero infelicis non Magistri sed subversoris placet mihi valde quod vestra sanctissima voluntas et devotio habet curam respondendi ad defensionem fidei catholicae. Sed obsecro si vestrae placeat pietati, ut exemplarium illius libelli domno dirigatur Apostolico, aliud quoque Paulino Patriarchae, similiter Richbodo et Theodulpho Episcopis, Doctoribus et Magistris, ut singulis pro se respondeant..... Et tempore praefinito a vobis ferantur vestrae auctoritati singulorum responsa. Et quidquid in illo libello vel sententiarum vel sensuum contra Catholicam fidem inveniantur, omnia Catholicis exemplis destruantur.» (Ep. IV *Ad Carolum Magnum.)*

4 *Epistola cohortatoria in Catholica fide.* Empieza: «*Perfectio fraternae charitatis.....*» Véase *Obras de Alcuino,* col. 902.

5 «Reverendissimo fratri Albino Diacono, non Christi ministro sed Antiphrasii Beati, foetidissimi discipuli, tempore gloriosi Principis in finibus Austriae exorto, novo Arrio, Sanctorum Venerabilium Patrum Ambrosii, Augustini, Isidori, Hieronymi, doctrinis contrario, si converterit ab errore viae suae, a Domino aeternam salutem. et si noluerit, aeternam damna-

Por semejante estilo prosigue desatándose contra Beato y Alcuino, acusándolos *de perseguir al santo confesor Félix, en los montes y hasta en las entrañas de la tierra*. Confiesa que les quedaban pocos partidarios en España, porque *el camino de la vida es estrecho y el de la perdicion ancho;* repite á Alcuino que *no se hinche con su sabiduría, la cual no es bajada de lo alto, sino terrena, animal, diabólica,* aunque merced á ella *haya infestado á Francia, como su maestro la Liébana.* Con todas estas invectivas sazona Elipando un largo catálogo de autoridades de Santos Padres, arrancadas de su lugar, entendidas mal ó á medias, para que vinieran en apoyo de su tésis.

Apenas se comprende que haya sido invocado como texto adopcionista éste de San Isidoro: «Cuando vino la plenitud de los tiempos, el Hijo de Dios, para salvacion nuestra, tomó forma de siervo y *se hizo hombre*» [1]. Otros textos estaban falsificados con plena advertencia y deliberacion, v. g., éste del Misal Gótico ó Muzárabe: *Hodie Salvator noster post assumptionem carnis* [2], donde Elipando escribe *adoptionem.* Otros son de propia invencion, v. g., éste que supone del referido Misal en la fiesta de Jueves Santo: *Qui per adoptivi hominis passionem, dum suo non indulget corpori,* de lo cual no hay rastro en nuestra litúrgia, ni tampoco del *adoptivi hominis vestimentum carnis* que cita Elipando como de la misa de San Esperato. Y todo esto lo atribuia á San Isidoro, á San Ildefonso, que dijo en términos expresos que Cristo no era *adoptivo,* sino *adoptador,* á San Eugenio y San Julian, que en Concilios Toledanos anatematizaron el Nestorianismo.

Muy bien y con harta elocuencia, aunque fuera de propósito, demuestra Elipando la *humanidad* de Cristo, que imagina negada por sus adversarios; pero pronto cae en su error, al extremar con sutileza alejandrina la distincion de las dos formas en Cristo: la forma de Dios y la del *siervo adoptado.* Y una y otra vez llama á Alcuino *discípulo de Beato,* no sin añadir: «*tus palabras por fuera son melifluas, por dentro más amargas que la hiel y el ajenjo..... Nunca tu aceite manchará mi cabeza..... ¡Ay de tí, Austrasia, ay de tí, Alejandría, que has engendrado un nuevo Arrio para oscurecer y destruir la fé católica!*»

---

tionem. Epistolam tuam a rectae fidei tramite deviam, nitore sulforeo horrificam, superstitioso sermone exaratam, accepimus..... Quod vero asseris nullam carnis adoptionem in Filio Dei secundum formam servi de gloriosa Dei Virgine suscepisse, non vera persequeris, sed mendacio plenus, esse ostenderis, sicut et magister tuus Antiphrasius Beatus Antichristi discipulus, carnis inmundicia foetidus, ab altare Dei extraneus, pseudo-Christus et pseudo-propheta.» (En las *Obras de Alcuino* y en el tomo V de la *España Sagrada.)*

1   .«Postquam venit plenitudo temporis, propter salutem nostram, formam servi accepit, et factus est hominis filius.»

2   *In festo Ascensionis.*

No puede presentarse más brillante prueba del ingénio y ardorosa elocuencia de Elipando que esta descaminada carta Cuando no se empeña en su herejía, cuando defiende lo que nadie negaba está enérgico, vehemente, hasta inspirado. «No podian ser rotos los vínculos del cautiverio (dice en alguna parte) [1] si un hombre de nuestro linaje y naturaleza, exento del original pecado, no borraba con su propia sangre el signo de muerte y servidumbre. Así estaba ordenado en la plenitud de los tiempos de muchos modos, por continuos testimonios, habia sido repetida la promesa, hasta que llegó el anhelado efecto. Grande es el sacrilegio de los que fingiendo honrar á la Divinidad, niegan la verdad de la carne en Cristo, la verdad que nos salva. Si el Verbo no se hubiera hecho carne, ni la carne hubiera podido salvarse, ni el mundo ser reconciliado con Dios. Ningun cristiano se avergüence de confesar lo real del cuerpo de Cristo, puesto que todos los Apóstoles, y discípulos de los Apóstoles, y preclaros Doctores de la Iglesia, y cuantos merecieron llegar á la gloria de la confesion y del martirio, resplandecieron tanto por la lumbre de esta fé, pronunciando todos en concordes sentencias la union personal de la Divinidad y la carne en Cristo ¿Con qué razones, con qué testimonios de la Escritura se ampararán los que la niegan, cuando ni la ley dejó de testificarla, ni los Profetas de anunciarla, ni los Evangelistas de enseñarla, ni el mismo Cristo de mostrarla clarísimamente? Recorran las Escrituras para huir de las tinieblas, no para oscurecer la verdadera luz, y verán esperado y creido desde el principio lo que en el fin vemos cumplido »

¿Es posible que Elipando, que de esta manera comprendia y expre-

<hr/>

1 «Nam quia captivitatis nostrae resolvi originalia vincula non poterant nisi existeret homo nostri generis, nostraeque naturae, qui peccati praejudicio non teneretur et qui immaculato sanguine suo Chirographum letale dilueret, sicut ab initio erat divinitus praeordinatum ita est in plenitudine praefiniti temporis factum, ut multis modis significata promissio in diu expectatum veniret effectum In magno autem sacrilegio se versari haereticorum manifestat impietas, cum sub specie Deitatis honorandae, humanae carnis in Christo negant veritatem Cum ita secundum promissionem omnia saecula percurrentem, mundus sit reconciliatus in Christo, ut si non Verbum dignaretur caro fieri, nulla posset et caro salvari Non ergo quisquam sibi erubescendum existimet Christianus de nostri in Christo corporis veritate, quia omnes Apostoli Apostolorumque discipuli et praeclari Ecclesiarum quique doctores qui ad martyrii coronam vel confessionis meruerunt gloriam pervenire, in hujus fidei lumine splenduerunt, consonis ubique sententiis intonantes quod in Domino Jesu Christo Deitatis et carnis una sit confitenda persona ¿Quia autem rationis similitudine, qua divinorum voluminum portione haeretica impietas se existimet adjuvari, quae veritatem negat corporis Christi? Cum hanc non lex testificari, non Propheta praeemere, non Evangelia docere, non ipse destiterit Christus ostendere quaerant per omnem seriem Scripturarum, quo tenebras suas fugiant, non quo verum lumen obscurent, et per omnia saecula ita veritatem invenient coruscantem, ut magnum hoc et mirabile Sacramentum ab initio videant creditum quod est in fine completum » *España Sagrada* tomo V, pags 572 y 574 o en las *Obras de Alcuino* ed citada col 910

saba el dogma de la personalidad de Cristo, no parase mientes en que
él mismo tiraba á destruirla con su fantástica *adopcion?* Grande ejemplo de humana flaqueza es este Obispo toledano, tan ardiente y convencido, pero descaminado por un yerro de inteligencia y un instinto
soberbio, que le llevaron á morales caidas y aberraciones, á falsificar
textos y á calumniar impudentemente á sus adversarios.

Por este tiempo Félix, que (como vimos por su réplica á Alcuino)
habia vuelto á caer en la herejía, andaba errante y perseguido, por lo
cual Elipando ruega á su contradictor que mitigue la indignacion de
Carlo-Magno con el Obispo de Urgel, para que Dios no pida al rey la
sangre de su siervo.

Aumentaba cada dia el número de sectarios de Félix, y para repri-
mirlos juntó el Papa Leon III un Concilio de 57 Obispos, en el
año 799. Hablan de este Sínodo el mismo Félix en su *Confessio Fidei* [1] y el adicionador de Paulo Diácono. De las actas sólo quedan
fragmentos, que publicó por primera vez Sirmond, y pueden verse en
todas las colecciones.

Harto confusa anda la cronología de estos acontecimientos. El Arzobispo Pedro de Marca [2] habla de otro Concilio celebrado en Urgel
el referido año de 779, al cual asistieron, por comision del Papa, los
Obispos Leidrado, de Lyon, y Nefridio, de Narbona, con el abàd
Benedicto y otros Prelados de la Gália Aquitánica. Pero Walchio tiene semejante Concilio por invencion de Pedro de Marca, y el Padre
Villanueva se acuesta á su opinion [3], dando por probable que ese Leidrado no sea otro que el *Leideredus praesul almae genitricis Dei Mariae
in Urgello gratia Dei Sede praesidente*, que firma una donacion en 806,
y que pudo ser sucesor de Félix, ya depuesto.

Admitido que el Concilio sea una ficcion, porque ni quedan actas
ni testimonios antiguos que acrediten su existencia, lo único que podemos afirmar es el viaje de tres enviados de Carlo-Magno, Leidrado, Nefridio y Benedicto Anianense, á Urgel, para reducir á Félix y
estirpar los restos de su herejía. A ellos y á los demás Prelados de
la Gália Gótica enderezó Alcuino una epístola, que se lee al frente
de sus libros contra Elipando [4]. De aquí nació la fábula del Sínodo.

---

1 «In qua Synodo, praesente Leone Apostolico, et cum eo caeteri Episcopi numero LVII residentes et plerique presbyteri ac diaconi cum eis in domo beatissimi Petri Apostoli, per quorum omnium auctoritatem sententias nostras excluserunt.»

2 Vid. *Marca Hispanica*, cols. 260, 270 y 315.

3 *Viaje literario*, tomo X, pág. 25.

4 Vid. *Obras de Alcuino*, col. 920 y sigs. (Ed. citada.)

Llegados los dos Obispos y el abad á Urgel, Leidrado puso en manos de Félix un salvoconducto para presentarse á Carlo-Magno [1].

Y Félix compareció, no ante un Concilio, sino en una conferencia teológica habida en Aquisgram, donde estaba Carlo-Magno, muy aficionado á aquellas deleitosas termas, conforme refiere Eginhardo *Delectabatur... vaporibus aquarum naturaliter calentium* Por eso canto Manzoni.

> *¡Oh Mosa errante! ¡oh tepidi*
> *Lavacri d'Aquisgrano!*
> *Ove, deposta l'orrida*
> *Maglia, il guerrier sovrano,*
> *Scendea del campo a tergere*
> *Il nobile sudor* [2].

Lo que en Aquisgram pasó sabémoslo por relacion del mismo Félix y de Alcuino. Expuso Félix su sentencia de la *adopcion*, replicáronle varios Obispos con autoridades de San Cirilo, de San Gregorio el Magno, de San Leon, y con las decisiones del Sínodo romano de 799. Y entonces Félix, *no por violencia, sino por la fuerza de la verdad non qualibet violentia, sed ratione veritatis)*, abjuró por tercera vez, *ex toto corde* (segun él afirma), en presencia de muchos sacerdotes y monjes, prometiendo hacer penitencia de su pasado error y perjurios Lo mismo hicieron, á ejemplo suyo, muchos de sus discípulos.

A los que en Cataluña quedaban les dirigió una *profesion de fe*, del todo católica, en que abiertamente rechaza y condena, *absque ulla simulatione*, el dogma de Nestorio con todas sus consecuencias. Este documento, que en el apéndice pueden ver los lectores, está dirigido á los presbíteros Elmano, Ildesindo, Exuperio, Gundefredo, Sidonio, Ermegildo, á los diáconos Vittildo y Witirico, y á los demás fieles de la Iglesia de Urgel [3]

Alcuino inserta una carta de Elipando á Félix, escrita poco despues de la conversion de éste, que el de Toledo ignoraba La tal epístola

---

1 Dícelo el mismo Félix en la *Confessio Fidei*. *Postquam ad praesentiam domini nostri Caroli regis perductus sum... licentiam ab eo secundum quod et venerabilis dominus Laidradus, Episcopus nobis in Urgello pollicitus est, accepimus.*

2 *Adelchi*, coro del acto 3.°

3 La *Confessio Fidei* se halla en las colecciones de l'abbé Mansi y Aguirre, en el tomo XCVI de la *Patrologia* de Migne y en otras partes. Todos la tomaron de las *Obras de Alcuino*, donde tambien hay una breve epístola de Félix, *Filiae in Christo charissimae*, previniéndola contra el Adopcionismo Son los únicos escritos que de él conocemos

está en un latin sumamente bárbaro y lleno de solecismos, como redactada en estilo familiar, y es útil, por tanto, para la historia de los orígenes de nuestra lengua. Júzguese por el comienzo: *Sciente vos reddo, quia exeunte Iulio vestro scripto accepi, et exeunte Augusto vobis item conscripsi.* Nótase en toda la carta un absoluto olvido de los casos de la declinacion, y abundan frases construidas de un modo tan extraño, como la de *Sciente vos reddo* (te hago sabedor). Comparada esta carta con las demás de Elipando, *gramaticalmente* escritas, se reconocerá, sin duda, la existencia de un dialecto familiar al lado del latin culto y erudito de la época. De ese dialecto fueron naciendo las lenguas romances [1].

Refiere Elipando en su carta que un cierto *Militen*, hereje de su bando, *qui recta de Deo sentit*, le habia enviado unos cuadernos contra Beato. Alude luego á su propia contestacion *al hijo del Averno, al nuevo Arrio, Alcuino, discípulo, no de Cristo, sino de aquél que dijo: Pondré mi trono en el Aquilon, y seré semejante al Altísimo.* Recomienda á un tal Ermedeo, para que Félix le instruya en la verdadera fé, y dice haber remitido á los *hermanos* de Córdoba (es decir, á los *Adopcionistas)* la carta de Félix.

Cuando Elipando escribió esta carta tenia ochenta y dos años, y no mostraba grandes deseos de convertirse. Pagi, Tamayo de Salazar y algun otro, aseguran que lo hizo, pero sin alegar fundamento plausible. Doloroso es decirlo, pero el rumor de la abjuracion de Elipando es sólo una piadosa creencia, acogida de buen grado por escritores á quienes repugnaba que un Arzobispo de Toledo hubiese muerto en la herejía. Los falsos cronicones, que con tantas y tan peregrinas circunstancias, que ni recordar he querido por respeto á la dignidad de la Historia, exornaron la narracion de los errores de Elipando, fingiendo hasta cartas de Ascárico ó Ascário á él, y de él á Ascário, no dejaron de llenar con la mejor intencion ese vacío, y salvar tropiezo tan grave. El falsario é invencionero Roman de la Higuera forjó una carta del diácono Eutrando, en que se hablaba de la *gran penitencia de Elipando.* Gabriel Vazquez, que era teólogo y no investigador, aceptó como legítimo ese documento en su libro sobre el Adopcionismo [2].

---

1 Ducange *Glossarium mediae et infimae latinitatis,* pretacio, núms. 29 á 31) pone por ejemplo esta carta. Tambien la inserta el Padre Florez. Yo la reproduzco en el apéndice, tomada de las *Obras de Alcuino.*

2 *Disputationes duae contra errores Felicis et Elipandi, de servitute et adoptione Christi in Concilio Francofurdiensi damnatos. Auctore P. Gabriele Vazquez..... Compluti, 1594.* Libro muy curioso, aunque de interés más científico que histórico. En escusa de Elipando escribió tam-

Lo único que sabemos ya de Elipando, es que Alcuino compuso contra él la obra rotulada *Libelli quatuor Alcuini contra epistolam sibi ab Elipando directam, quibus evacuat pravas illas assertiones*, refutando su error y amonestándole á la conversion con el ejemplo de Félix. Lo que de este libro nos interesa es la confesion que Alcuino hace de no encontrarse en los Padres españoles las frases *adopcionistas* que Elipando citaba: «San Isidoro nunca llamó *adoptivo* al Hijo de Dios: Juvenco le llama expresamente hijo propio: San Julian nada dice que favorezca tu opinion, ni en los Sínodos Toledanos puedes apoyarte..... Bien sabido tenemos que has alterado perversamente y con inaudita temeridad sus sentencias, lo cual he podido comprobar despues de la conversion de Félix, ahora compañero nuestro» [1]. De esta manera reparó Alcuino el agravio inferido á nuestra Iglesia por los Padres de Francfort, que admitieron cual legítimos los textos de doctores alegados por Elipando, despues de haberle convencido de falsario en citas de San Agustin y San Jerónimo [2].

Si oscuro es el fin de Elipando, no ménos el de Félix. Han supuesto algunos que tornó á su Silla y á sus honores, fundados en estos versos del poeta sajon, analista de Carlo-Magno:

> *Quo praesente, Petri correctus in aede Beati*
> *Pontificum coram Sancto, celebrique Senatu*
> *Damnavit prius infeliciter a se*
> *Ortam perfidiae sectam, meruitque reverti*
> *Ad propriae rursus retinendum sedis honorem.*

Pero ¿quién no ve, por los versos que á éstos preceden, que el autor se refiere á la primera abjuracion de Félix en Roma, despues del Concilio Ratisbonense, y no á la de Aquisgram? ¿No lo dice bien claro

bien el Padre Nieremberg una carta á Ramirez de Prado. Publicóla éste en su edicion del *Falso Luitprando*.

La vida de S. Beato, que Tamayo de Salazar publicó en su *Martirologio* como tomada del *Leyendario asturicense*, es, en mi sentir, no sólo interpolada, sino apócrifa, y obra del mismo Tamayo. Contiénense en ella hechos evidentemente falsos, como el afirmar que Félix fué *francés* y discípulo de Elipando, la asistencia de Beato y Heterio al Concilio de Francfort, un supuesto Concilio de Toledo (por confusion con la Junta de Aquisgram), en que Elipando abjuró con lágrimas y sollozos su doctrina, etc. El falsario manifestó tanta ignorancia como atrevimiento. Lo extraño es que autores de seso le hayan seguido.

[1] «Sententias vel perverso interpretari sensu, vel perfida vos inmutare temeritate agnovimus, veluti in aliquibus probavimus locis, dum ad nos per Felicem, olim vestrum, nunc autem nostrum commilitonem, plures vestri erroris pervenerunt litterulae.» (Lib. II *Contra Elipandum*.)

[2] «Sanctorum Patrum per loca, testimonia invenimus posita, sed male perfidiae veneno corrupta.»

Hinc ad catholici deductus Principis aulam
(Idem Regino nam tum hyemavit in urbe)
A multis ibi Praesulibus Synodoque frequenti
Est auditus, et errorem docuisse nefandum
Convictus, post haec Adriano mittitur almo.

Si el Papa era Adriano, ¿cómo hemos de suponerle vivo en 799? Es extraña la alucinacion de Masdeu en esta parte.

Fuera de controversia parece que Félix murió en Lyon *Lugdunum),* segun unos en 800, segun otros en 804, y no falta quien retrase la fecha hasta 818. Durante sus últimos años habia dado muestras de tornar al antiguo error. Refiérelo San Agobardo, Obispo lugdunense: «Enseñó Félix á algunos que nuestro Señor Jesucristo, segun la carne, habia ignorado dónde estaba el sepulcro de Lázaro, puesto que preguntó á las hermanas: *¿ubi posuistis eum?* y que habia ignorado verdaderamente el dia del juicio, y lo que hablaban en el camino los dos discípulos de las cosas que habian pasado en Jerusalen, y que tampoco habia sabido quién de sus discípulos le amaba más, dado que preguntó: *¿Simon Petre, amas me plus his?* De todo esto deducia Félix que el hijo *adoptivo* podia ignorar estas cosas, pero no el propio. Agobardo, sabedor de las predicaciones del antiguo Obispo de Urgel, procuró convencerle con razones y autoridades de los Santos Padres, que los modos de hablar *humanos* que el Evangelio usa, no han de entenderse á la letra ni en material sentido. Prometió Félix enmendarse, pero despues de su muerte se supo que habia explicado á muchos la crucifixion con el símil del sacrificio de Isaac. El cordero era para él símbolo del *hombre adoptado* que *habia de padecer* en la cruz, en vez del Isaac celeste, que como tal era *impasible.* De aquí á la distincion *gnóstica ó nestoriana* entre el *Eon Christos* y el hombre *Jesús,* no habia gran distancia. Para colmo de males, encontró Agobardo entre los papeles de Félix una cédula [1], donde en forma de preguntas parecia volver á su antiguo error, añadiendo frases de marcado sabor *nestoriano.* Refutólas San Agobardo discreta y templadamente en su *Liber adversus dogma Felicis Episcopi Urgellensis: Ad Ludovicum Pium Imperatorem.* Más que dudoso es, por tanto, el final arrepentimiento de

___

1 «Post obitum Felicis..... inventa est a nobis quaedam cedula ab eo edita sub specie interrogationis et responsionis: quam cum legentes consideraremus, inspeximus hominem diligenter et fraudulenter instaurasse, quantum in se fuit, omnem pravitatem dogmatis..... qui licet aliqua verba, quae prius imprudenter efferebat, postea suppresserit, aliqua tamen nunc addidit quae tunc reticuit.»

Félix. Aunque el escrito hallado por San Agobardo fuese anterior á la *profesion de fé*, los demás indicios pasan de vehementes. Sin embargo, el Padre Villanueva le defiende, y se proponia hacer una *apología* extensa, ponderando las virtudes de Félix, haciendo notar los anacronismos, contradicciones y oscuridades de su historia, etc. Es lástima que no llegase á hacerlo, porque su monografía me hubiera servido mucho para este capítulo.

Tantas abjuraciones y recaidas, tanto variar de opinion á cada paso, dieron á Félix reputacion de hombre liviano y tornadizo. Pero si bien se mira, su carácter lo explica todo. En costumbres era un santo: la Iglesia de Urgel le ha venerado como tal, y el mismo Agobardo confiesa que muchos admiraban y seguian la doctrina de Félix, movidos sólo por la rectitud de su vida [1]. Pero á sus buenas cualidades mezclaba una debilidad grande de génio, una desdichada tendencia á dejarse arrastrar de cualquier viento. *Por huir del error de Eutiques cayó en el de Nestorio*, dice San Agobardo. Convencíanle á veces los argumentos de los católicos, y no tenia reparo en abjurar y retractarse. Pero quedábale el torcedor de la duda, y le hacia recaer muy pronto. La monomanía de la *adopcion*, el empeño de explicar á su modo y por extraños caminos la personalidad de Cristo, sin la union hipostática y sustancial de las naturalezas, trajéronle toda su vida inquieto y desasosegado.

No así á Elipando, hombre de otro temple, altanero y tenaz, de los que se casan con una opinion y no la dejan, máxime si es perseguida. De Elipando no sabemos ninguna abjuracion total ni parcial, y su carácter y todos sus actos, y hasta el tono de sus polémicas, llevan á suponer que no dudó ni vaciló nunca. Félix, en su dulzura y en las agitaciones de su conciencia, se parece á Melancton. Elipando, por lo fanático y agresivo, recuerda á Lutero. No sentarian mal en la pluma del fraile sajon aquellas epístolas, llenas de dicterios y de afrentas.

El último documento [2] relativo á los personajes que en esta herejía intervienen, es la citada donacion del Obispo Leideredo al

---

[1] «Qui incaute admirantes vitam praedicti Felicis, probanda putant omnia quae dixit.» (Vease el tratado de Agobardo en la *Bibliotheca Veterum Patrum*, pág. 238 del tomo XIV.)

[2] Para apurar cuanto acerca de esta herejia conozco, no dejaré de advertir que Benedicto Anianense, Prelado de Septimania, escribió una *Disputatio adversus Felicianam impietatem*, que publicó Baluze en el libro IV de sus *Misceláneas*.

Algunas de las epístolas de Alcuino se refieren asimismo á esta cuestion. Nótese sobre todo la LXIX, *ad fratres lugdunenses*, exhortándolos á huir del *error de los españoles*. Acaso hubo otras refutaciones, hoy perdidas.

abad Calordo y á los presbíteros Ucanno, Eldesindo, Exuperio, Gonthefredo, Sidonio, Ermegildo y otros, de San Saturnino de Tabernols, que son precisamente los mismos á quienes enderezó Félix su *Confessio Fidei*. Hay en esta escritura una frase que parece puesta de intento para condenar el Adopcionismo: *per gloriosissimo homine. quem pro nos et pro nostra salute suscepit*. Tiene este instrumento la fecha del año V de Carlo-Magno, 806 de la era cristiana [1].

Con Félix y Elipando murió el *Adopcionismo*, y no podia tener otra suerte una herejía nacida de particulares cavilaciones. Lo extraño es que durase tanto y pusiera en conmocion á media Europa, y tuviera buen número de secuaces, aunque pocos nombres se han conservado. Investigando sus causas, hallámoslas, hasta cierto punto, en las reliquias de la doctrina nestoriana, censurada por Vital y Constancio, y en las opiniones bonosiacas, acerca de las cuales un tal Rústico consultó al Obispo de Valencia, Justiniano, en tiempo de Théudis [2]. Pero nada de esto hubiera bastado á producir aquella tormenta, sin las sutilezas y espíritu movedizo de Félix, y la terquedad y fanatismo de Elipando. En el siglo anterior poco hubieran influido estas circunstancias: Concilios y doctores habrian ahogado en su nacer aquella secta. Pero los desdichados tiempos que atravesaba la Península ibérica, conquistada en su mayor parte por Árabes y Francos, eran propicios á cualquiera revuelta teológica, cuando no á todo linaje de prevaricaciones. En aciagos momentos se levantó la voz del Metropolitano de Toledo, para secundar la del Obispo de Urgel, y dividir, más que lo estaba, al pueblo cristiano, introduciendo la confusion en las almas, y llenando de tinieblas los entendimientos. Una sutileza vana, que en otros tiempos hubiera sido materia de disputa para teólogos ociosos, levantó inmensa hoguera, porque toda controversia y division entre cristianos, cuando el enemigo llamaba á las puertas, era echar leña al fuego. Triste cosa fué que principiase el desórden y la rebelion por la cabeza, y que el Obispo de Toledo, sucesor de Ildefonso, de Julian y de Eugenio, en vez de animar á los fieles al martirio ó á la guerra santa, esparciese entre los suyos la cizaña, trayendo nueva tribulacion sobre la Iglesia española.

---

1 Véase en Villanueva, *Viaje literario*, tomo X, apéndice, documento IV, págs. 225 y siguientes.

2 Lo mismo opina Walchio en su *Historia Adoptionorum:*

«Nec lubet diffiteri mihi probabile videri, doctrinam de adoptione Christi a Bonosiacis in Hispaniam esse illatam atque ab eo tempore, clandestinis conciliis conservatam: a Felice denique emendatam magis eaque quae illi de Christo Deo dixerant, ad Christum hominem revelata fuisse.»

Pero no lo dudemos: esta tribulacion, como todas, á la vez que providencial castigo de anteriores flaquezas, fué despertador para nuevas y generosas hazañas. Ella aguzó el ingénio y guió la mano de Beato y Heterio, para que defendiesen la pureza de la ortodoxia con el mismo brío con que habia defendido Pelayo de extraños invasores los restos de la civilizacion hispano-romana, amparados en los montes cántabros. Allí se guardaba intacta la tradicion isidoriana, allí vivia el salvador espíritu de Osio y de los Padres Iliberitanos, de Liciniano, de Maussona y de Leandro. Y la herejía fué vencida y humillada por Beato: ni restos de ella quedaron: España la rechazó como al Priscilianismo y al Arrianismo, que antes la habian amenazado. No hubo Inquisicion ni tormentos que sofocasen aquellas doctrinas. ¿Quién habia de encender las hogueras? El impulso venia de arriba. Los adversarios eran un pobre monje de Liébana y un Obispo sin diócesis. ¿Qué podia temer de ellos Elipando, que vivia entre los musulmanes? Cierto que el Adopcionismo fué condenado en Francia y Germánia, y que escribieron contra él Alcuino y Agobardo; mas ¿por ventura se cometió algun acto de violencia con Félix ó sus parciales, siquiera abjurasen y reincidiesen, y tornasen á levantarse? No hay duda: el error murió, porque ningun error arraiga en España. ¿No hubiera sido muy de temer la fundacion de una Iglesia nestoriana, es decir, el cisma acompañado de la herejía? ¿Cuándo hubo circunstancias más propicias á ello? ¿Quién privaba á Elipando de hacerse Patriarca y cabeza de la Iglesia de España? ¿No tendria alguna vez este mal pensamiento, él, tan independiente y altivo, tan despreciador de toda autoridad que contradijera sus aberraciones?

No creo necesario insistir en su doctrina. Virtualmente queda ya expuesta por boca de amigos y enemigos: documentos hartos para juzgarla tiene el lector así en el texto como en los apéndices. Ya habrá visto que Félix no fué *arriano*, ni *iconoclasta*, ni *macedoniano*, por más que con todas estas culpas le hayan cargado historiadores mal informados [1]. Walchio redujo con buena crítica los capítulos de condenacion del *Adopcionismo* á cinco:

I.—La distincion ἄλλος καὶ ἄλλος *(non similiter sed dissimiliter)* en Cristo, hijo *propio* de Dios segun la Divinidad, *adoptivo* segun la humanidad [2].

---

1 De distinto modo yerra el Padre Tailhan S. J., en su reciente y hermosa monografia *Les bibliothèques espagnoles du Haut-Moyen-Age*, contando á Cláudio de Turin (cuyo yerro fué únicamente la *iconomáquia)* entre los prosélitos del *Adopcionismo*.

2 Dicelo Agobardo:—Utrum Christus Dominus in utraque natura similiter sit filius Dei an

II.—La *regeneracion* de Cristo, que *como hombre* tuvo necesidad del bautismo, y en él fué *adoptado* [1].

III.—La frase *Dios nuncupativo*, fórmula inepta y errónea, la cual parece indicar que Félix no entendió la union hipostática ni la *communicatio idiomatum*.

IV.—La *forma del siervo*, entendiendo mal la frase *servum Dei*, usada en las Escrituras.

V.—El suponer *ignorancia* en Cristo, por mala inteligencia de varios lugares del Nuevo Testamento.

Comparaba Félix la *adopcion* de Cristo con la de los Santos, con la diferencia de estar el primero exento de todo pecado: «*Adoptionem Christi adoptioni piorum esse similem: hac tamen lege, ut ille caruerit omni peccato.*» El nombre de Dios sólo podia aplicarse á Cristo, en cuanto hombre, como *extensivo* y comun á entrambas naturalezas, *non de essentia sed de nomine, quod commune sit utrique naturae* [2].

El *Adopcionismo*, sin ser un juego de palabras como Basnage, Mosheim y otros teólogos protestantes afirman, es una herejía de carácter *bizantino*, una sutileza dialéctica, sin trascendencia en la historia del pensamiento. Pero en la naturaleza misma de la cuestion, en la manera como fué expuesta y combatida por los ortodoxos, tenemos un brillante ejemplo del estado intelectual de España en aquel siglo. En otra nacion hubiera brotado una herejía grosera, propia de entendimientos oscurecidos por la ignorancia y abatidos por la servidumbre. Aquí no: se disputaba acerca del punto más alto de la *Christologia*, la consustancialidad del Verbo; los argumentos, sobre todo en los impugnadores, eran unas veces sutiles, otras profundos, como de gente amaestrada en las lides de la razon. De una y otra parte menudeaba la erudicion bíblica, y Beato y Heterio merecen y obtienen el láuro de muy entendidos expositores. Cuánto habian estudiado los Sagrados libros, cuán presentes tenian las obras de los Padres Latinos y de algunos Griegos, muéstralo el comentario de nuestro doctor montañés al *Apocalypsis*. En esta *exposicion*, verdadera *Catena Patrum*,

---

dissimiliter. Ille respondit: non similiter sed dissimiliter..... quia sicut in se continet duas naturas..... ita duobus modis creditur Dei filius..... Secundum divinitatis essentiam natura, veritate, proprietate, genere..... atque substantia: juxta humanitatem vero non natura, sed gratia, electione, voluntate, placito, praedestinatione, adsumtione et caetera.»

1 Compruébalo Alcuino: «Refert quoque (Félix) eum (Christum) baptismo indiguisse volens, ut videtur, eum in baptismo adoptari, sicut et nos.

2 Para aclarar más y más el verdadero espíritu de la doctrina, reproduzco este trozo de Elipando: «Non per illum qui natus est de Virgine visibilia et invisibilia condidit, sed per illum qui non est filius adoptione sed genere: neque gratia sed natura. Et per istum Dei filium, adoptivum humanitate, et nequaquam adoptivum Divinitate, mundum redemit.»

agotó S. Beato su erudicion peregrina [1], y merced á él han llegado á nosotros considerables fragmentos de obras hoy perdidas. Félix era en Francia respetado por su saber, y tuvo discípulos tan notables como el español Cláudio, Obispo de Turin. El hombre más señalado que en letras poseia la córte de Carlo-Magno, el breton Alcuino, pagaba justo tributo á la ciencia de Beato, quedando inferior á él en su réplica, y solicitaba el auxilio de otro español, Teodulfo, Obispo de Orleans, porque no se atrevia á lidiar él solo *contra adversarios tan temibles como Félix y Elipando*, dice Haureau [2]. Parece, en efecto, segun una nota publicada por el Padre Montfaucon, que Theodulfo escribió contra Elipando, aunque el libro no se conserva.

En realidad, la herejía misma (y se puede hablar de ella con toda libertad, porque hace siglos que no tiene sectarios ni apologistas, como no sea alguno de esos impíos modernos, que tienen la peregrina ocurrencia de aprobar toda heterodoxia, por lo que tiene de *negativa*, sin reparar que aplauden cosas contradictorias), la herejía, digo, no deja de mostrar alguna perspicacia y lucidez en sus autores. No es el *nestorianismo* puro, error fácil de ocurrirse á cualquiera que se ponga á desbarrar acerca de la Encarnacion, sino un término medio, algo original ó ingenioso. Escusado es advertir que no tenia condicion de vida, y estaba además en el aire. Por ser nestorianismo vergonzante, no se apartaba ménos que el error de Nestorio de la verdad católica. Era como el *panentheismo* de los krausistas con relacion al panteismo espinosista ó al de Schelling.

Pasó, pues, el sistema de la *adopcion* al sepulcro del olvido, como tantas otras extravagancias y caprichos teológicos, que sólo han servido para dividir la Iglesia, y embrollar la más santa y pura de las doctrinas. Pero indirectamente fué ocasion de un desarrollo de apologética cristiana no despreciable [3].

---

1 Esta *Exposicion* fué impresa por primera y única vez en 1770, gracias á la diligencia del Padre Florez. Fué de las obras más estimadas en la Edad Media, y ha llegado á nosotros en códices de grande importancia paleográfica, como los de Urgel, Gerona, Valladolid, San Millan (hoy de la Academia de la Historia), y San Isidoro de Leon (hoy de la Biblioteca Nacional). Se divide en doce capítulos, y está dedicada á Heterio.

2 *Singularités historiques et littéraires.—Theodulphe.*

3 Fuentes de este capítulo. Aunque ya quedan indicadas, conviene reunirlas:

Chronicon del Pacense (sigo la ed. de Migne, tomo XCVI de la *Patrologia*): Epístolas del Papa Adriano (dos á Egila y Juan, otra á los Obispos españoles). En el tomo V de la *España Sagrada.*

Elipando: *Epístolas.* Son siete. Las dirigidas á Migecio, á los Obispos de las Gálias y á Carlo-Magno, fueron impresas por el Padre Florez en el citado tomo V. La que se endereza al abad Fidel, está en el libro de Beato y Heterio. Las encabezadas á Alcuino y á Félix, en el de Alcuino.

Heterio y Beato: *Liber de adoptione Christi.* (En el tomo XCVI de la *Patrología* de Migne. ó en el XIII de la *Maxima Bibliotheca Veterum Patrum.* Lyon, 1677.)

Alvaro Cordobés: *Epistolas* I y IV en el tomo XI de la *España Sagrada,* que contiene las obras de los santos varones cordobeses.

Félix: *Confessio Fidei.* En las obras de Alcuino.

Paulino de Aquileya: *Contra Felicem episcopum, Libri tres,* etc. En las obras de Alcuino ó en las del mismo Paulino. (Ed. de Madrisio.)

Alcuino: *Contra Felicem, libri septem.—Epistola ad Elipandum.—Libelli contra Elipandum.* En sus obras. (Ed. de Andrés Quercetano ó Du Chesne. Paris, 1617.)

Synodus Francofurdiana.—Libellus sacrosyllabus.—Synodus Leonis Papae tertii. (En las colecciones de Concilios.)

Chronicon Moissiacense.—Annales Francorum Fuldenses ab anno 714 ad annum 900.—Annales rerum Francicarum ab anno 741 ad annum 814.—Caroli Magni vita ab incerto auctore.—Eginhardi, Vita Caroli Magni.—Poeta sajou: De gestis Caroli Magni, libri quinque, etc. En los tomos I y II de la coleccion de Du Chesne: *Historiae Francorum scriptores coaetanei ab ipsius gentis origine ad nostra usque tempora.* Paris, 1636.

S. Agobardo: *Adversus dogma Felicis.* En el tomo XIV de la *Max. Bibl. Vet. Pat.* Ed. lugdunense.

Gabriel Vazquez: *Disputationes duae.* (Vid. supra.) Despues fueron incorporadas en sus comentarios á la *Summa,* tratado *De Incarnatione.*

Nieremberg: Carta á Ramirez de Prado en *Luitprandi opera quae extant..... notis illustrata. Antuerpiae,* 1640. Libro apócrifo y de poca cuenta.

Pedro de Marca y Estéban Baluze: *Marca Hispanica, sive Limes Hispanicus.* Paris, 1688, libro III, cap. XII.

Florez: *España Sagrada,* tomo V. Es rico en noticias y documentos.

Christiani Guill. Franc. Walchii: *Historia Adoptionorum. Goettinguae, sumptibus Dan. Frid. Kuebleri,* 1755. XII-288 págs. Es el mejor trabajo sobre la materia, aunque no inmune de resábios de secta (el autor era luterano). Cita algun otro trabajo anterior y breve de Jacobo Basnage, Mosheim, etc., y sobre todo la disertacion de Madrisio (Madru de Udina), *De Felicis et Elipandi haeresi,* incluida en el *Thesaurus theologicus* del Padre Zaccaria, tomo IX, pág. 353.

Villanueva: *Viaje literario,* tomo X. Suple en algun modo la falta del tomo de Urgel en la *Esp. Sag.*

Véanse además las *Historias generales* de Ambrosio de Morales, Mariana (que dedicó un buen capítulo á este asunto), Ferreras, Masdeu (que incurre en graves errores, como el de convertir al antiguo hereje Bonoso, padre de la secta Bonosiaca, en monje de Liébana, compañero de S. Beato y escritor, etc.), los *Anales* de Baronio, las notas de Pagi, el *Martirológio* de Tamayo (lleno en esto, como en lo demás, de fábulas), la *Historia eclesiástica de España* del doctor La Fuente, etc.

No he querido hacer mérito de las supuestas cartas de Ascárico ó Ascário, invencion de Roman de la Higuera.

(SIGLO IX)

CAPÍTULO II

LA HEREJÍA ENTRE LOS MUZÁRABES CORDOBESES.— EL ANTROPOMORFISMO.—HOSTEGESIS

I.—ESTADO RELIGIOSO Y SOCIAL DEL PUEBLO MUZÁRABE

NTERESANTE, aunque doloroso espectáculo, es el de una raza condenada á la servidumbre y al martirio. Só el amparo de pactos y capitulaciones habia quedado entre los musulmanes la mayor parte de la poblacion cristiana, que no era posible ni conveniente exterminar, dado que en tan pequeño número habian venido los invasores. La escasa resistencia que los Árabes encontraron, el patrocinio y favor de los magnates visigodos conjurados para derribar el trono de Ruderico, causas fueron para impedir y mitigar en los primeros dias de la conquista los rigores contra una gente vencida sin combate, y en ocasiones aliada. Ocupados los emires en intentonas allende el Pirineo, ó en atajar sublevaciones de los diversos pueblos que seguian las banderas del Islám, y consolidar la prepotencia muslímica en nuestro suelo, hubieron de seguir forzosamente una política de tolerancia con los españoles sometidos, que ya

entonces se denominaban *motasárab* ó muzárabes *(mixti-arabes* de nuestros latinistas). Indicamos en el capítulo anterior que el culto cristiano habia sido, por lo general, respetado. En Córdoba, cuyos sucesos van á ocuparnos principalmente, conservaban los nuestros, segun testimonio de San Eulogio, seis iglesias. (San Acisclo, San Zóyl, Los tres Santos, San Cipriano, San Ginés Mártir y Santa Eulalia). Dos monasterios cerca de la ciudad y seis en la sierra, contribuian á mantener el fervor cristiano. Unidas á las iglesias duraban las escuelas que mandó establecer el cuarto Concilio Toledano. En algunas basílicas, como la de San Acisclo, habia pequeñas bibliotecas. Por tales medios vivia la tradicion isidoriana, asíduamente cultivada por graves doctores, en quienes corria parejas la santidad de la vida con lo variado de la enseñanza. La escuela del abad *Spera-in-Deo*, apellidado por San Eulogio *«varon elocuentísimo, lumbrera grande de la Iglesia en nuestros tiempos»* [1], educó invencibles campeones de la fé, señalados á la par como ardientes cultivadores de las humanas y divinas letras. Del gimnasio de *Spera-in-Deo* pudiéramos decir como los antiguos del de Isócrates: *«Veluti ex equo Trojano innumeri duces prodiere»*. Estudio principal de estos claros varones era, además de la ciencia religiosa, la erudicion profana registrada y compendiada en el libro de las *Etimologías*. Pero no se desdeñaban de buscarla en sus fuentes, y es muy de notar la frecuencia y el cariño con que Álvaro Cordobés invoca nombres y frases de clásicos paganos; la diligencia con que San Eulogio buscó en su viaje á Navarra códices antiguos, llevando á Córdoba, como triunfales despojos, la *Eneida* de Virgilio, las *Sátiras* de Horacio, las de Juvenal, los opúsculos de Porfirio, las fábulas de Avieno y *La Ciudad de Dios* de San Agustin. *«¿Qué libros de católicos, de filósofos, de herejes ó de gentiles se ocultaron á su aplicacion?»* [2] escribe Álvaro en la vida de su amigo. Uno y otro daban culto á las musas profanas, deleitándose en metrificar y hacer ejercicios de estilo. Su ciencia era resíduo de la del grande Isidoro, *Beatus et lumen, noster Isidorus*, de cuya tradicion se habian mostrado poco antes seguidores, en Toledo Elipando, en Astúrias Beato y Heterio, en Francia Alcuino. Para nada influye en las obras de los primeros muzárabes la cultura musulmana, fuese grande ó pequeña la que entonces poseian los conquistadores. Bajo el aspecto literario son

---

1 «Vir dissertissimus, magnum temporibus nostris Ecclesiae lumen.» (*Memoriale Sanctorum*, lib. I, núm. VII.)

2 «Quae potuerunt eum latere ingenia catholicorum, philosophorum, haereticorum, necnon Gentilium?» (*Vita B. M. Eulogii*, núm. VIII.)

los muzárabes el último eco de una civilizacion ahogada por la esclavitud, mientras que en otras regiones florecia y cobraba nueva vida
al benéfico aliento de la independencia religiosa y civil

Alguna, aunque pequeña, disfrutaron los muzárabes. Gobernába-
los un *conde* de su nacion *(comes christianorum)* como en los tiempos
visigodos De la grey cristiana eran elegidos tambien el *censor* ó juez,
el *publicano* ó arrendador de tributos, y el *exceptor* ó tesorero

En las ceremonias y prácticas externas del culto tampoco hubo,
por de pronto, grande opresion Podian los fieles ser convocados á
los divinos oficios á toque de campana y conducir á los muertos á la
sepultura, con cirios encendidos, piadosos cantos y cruz levantada.
Sólo estaba penada con azotes la blasfemia pública contra Mahoma [1]

La necesidad en que los gobernantes mahometanos se veian á las
veces de traducir documentos latinos y entenderse con reyes cristianos, les hizo valerse de algunos muzárabes doctos en la lengua de
Arábia. De ellos fué el abad Sanson, como adelante veremos.

La division de razas, que en las monarquías restauradoras iba bor-
rándose por influjo de la comun empresa, se conservaba con harto
vigor entre los muzárabes, latinos unos, otros visigodos A éste que
podemos calificar de elemento de rencilla y discordia, uníase otro más
lamentable y profundo El contínuo trato de cristianos con infieles
daba orígen, cada dia más, á enlaces matrimoniales ó ilícitos concubinatos, de donde resultó una poblacion mixta, designada por los
musulmanes con el afrentoso título de *muladíes* ó mestizos Aunque
obligados á seguir la ley alcoránica, eran tenidos en poca cuenta por
los Árabes de raza, de cuyo desprecio se vengaron, prevalidos de su
gran número, encendiendo más tarde feroz y sanguinosa guerra [2]

Poco duró la tolerancia de los Árabes en el califato cordobés. Ya
Hixem, primer sucesor de Abderrahman, prohibió el uso de la lengua
latina, y mandó que asistieran á las escuelas arábigas los hijos de los
cristianos. El primer paso para la fusion estaba bien calculado, y los
efectos correspondieron al propósito. Buena parte de la poblacion
cristiana llegó, si no á olvidar del todo, á entender mal el latin, de
lo cual mucho se lamenta Álvaro Páulo Al contagio del habla debia
seguir el de las costumbres, y á éste el de la religion, engendrando
dudas y supersticiones, cuando no lamentables apostasías. Algo hubo
de todo, como adelante veremos, pero ni tanto como pudiera recelar-

1 «Lex publica pendet et legalis jussa per omne regnum eorum discurrit, ut qui blasfema-
verit, flagelletur.» (Alvaro *Indiculo luminoso*, num 6)
2 Véase en el tomo II de la *Historia* de Dozy la interesante narracion de estas turbulencias

se, ni bastante para oscurecer la gloria inmensa de los que resistieron, lidiando á un tiempo por la pureza de la fé y por la ciencia y
tradicion latinas.

Antes de entrar en la lucha interior, en la batalla contra la herejía
y el materialismo, que es la que me toca describir, conviene recordar de pasada el heróico esfuerzo de los confesores y mártires que en
los reinados de Abderrahman II y de Mahomad fueron víctimas de la
ya desatada intolerancia de los muslimes. Los pactos, á que en el
principio de este capítulo me referia, habian sido ya rotos más de
una vez en el siglo VIII, como testifica el Pacense; pero aparte de
estas infracciones pasajeras y de las tiránicas leyes de Hixem, man-
túvose el *statu quo*, á despecho del fanatismo de los Alfaquíes, hasta 850. Livianos pretextos sirvieron para quebrantar las leyes. Los
dos primeros mártires fueron los hermanos hispalenses Adulfo y
Juan, cuya vida escribió el abad *Spera-in-Deo*, aunque se ha perdido.
Poco despues fué degollado Perfecto, presbítero de San Acisclo, por
haber maldecido de Mahoma, aunque no en público. Delatáronle varios infieles, faltando á la palabra empeñada. Al año siguiente fué
azotado públicamente y murió en las cárceles el confesor Juan. La
sangre de las primeras víctimas encendió, en vez de extinguirle, el
fervor de los muzárabes y su íntima aversion á la ley del Profeta.
Del monasterio Tabanense descendió el antiguo *exactor* Isaac para
conquistar la palma inmarcesible. Pedro, Walabonso, Sabiniano,
Wistremundo, Habencio y Jeremías se presentaron, de comun y es-
pontáneo acuerdo, ante los jueces, pidiendo el martirio, como abor-
recedores de la ley islamita. Y tras ellos se ofrecieron al suplicio el
mancebo portugués Sisenando, el diácono Páulo, que cursaba humanas letras en la iglesia de San Zóyl, y las vírgenes Flora y María.
Para alentarlas habia compuesto San Eulogio el *Documentum Martyriale*. Flora pertenecia á la casta de los muladíes, como hija de moro
y de cristiana. En 852 padecieron el último suplicio Gumersindo, el
monje *Servus-Dei* y el diácono Georgio. Aurelio y Sabigoto, Félix y
Liliosa rescataron con la final confesion la flaqueza de haber ocultado
por algun tiempo su fé. Abrasados en santo celo, que escritores sin
alma apellidan *fanatismo*, dieron público testimonio de su creencia
los cuatro monjes Cristóbal, Leovigildo, Emila y Jeremías. Rogelio
y *Servo-Deo* llevaron más adelante su audacia prorumpiendo en sediciosos gritos dentro de la mezquita: crímen penado con el horrible
tormento de cortarles los piés y las manos. La sangre corria á torrentes: haciase cada dia más imposible la reconciliacion y conviven-

cia de moros y cristianos. A la persecucion oficial se añadian los insultos y atropellos de la plebe. Poco á poco se iba despojando á los
cristianos de sus iglesias los muslimes se juzgaban contaminados en
tocar las vestiduras de nuestros fieles, no les consentian penetrar en
sus barrios, denostábanlos con nombres de ignominia y torpes cantares, cuando no les arrojaban piedras ó inmundicias. Al llamar la
campana á las horas canónicas movian la cabeza, maldiciendo á los
cristianos y pidiendo á Dios que no tuviese misericordia de ellos [1].
En cambio toda abjuracion era bien recibida y largamente premiada
Algunos (los ménos) renegaron de la fé por librarse de tan humillan-
te servidumbre. Otros, de sobra tibios, pero no apóstatas, comenzaban á murmurar del entusiasmo de los mártires, teniendo por manifiesta locura ir á buscar la muerte, provocando á los verdugos, aunque fuera constancia y heroismo el aguardarlos. De tal disposicion
de los ánimos trataron de aprovecharse los consejeros de Abderrahman II para poner término á aquellas lamentables escenas. El califa
obligó á nuestros Obispos á reunir un Concilio para que atajasen el
desmedido fervor de su grey Presidió Recafredo, Metropolitano de la
Bética (a. 852), y los Padres, temerosos por una parte de incurrir en
la saña del príncipe musulman, y no queriendo por otra condenar un
arrojo santo y plausible que respondia á anteriores provocaciones,
dieron un decreto ambíguo, *allegorice edita*, dice San Eulogio, que sonaba una cosa y queria decir otra *(aliud gustans et aliud sonans)*, pero
que parecia condenar la espontaneidad del martirio. La Iglesia muzárabe se partió en dos bandos unos justificaron con la decision conciliar su cobardía y descaecimiento de ánimo; otros, y á su frente
San Eulogio, ornamento de la raza hispano-latina, y Álvaro Páulo
el cordobés, descendiente de familia judáica y condiscípulo de Eulogio
en las áulas de *Spera-in-Deo*, levantaron su voz en defensa de las víctimas y de los oprimidos. Si algunos infames hicieron granjería de su
culto, trocándole *pro vendibilibus muneribus*, una potente reaccion católica levantóse contra tales prevaricaciones en tiempos del bárbaro
califa Mahomad, sucesor de Abderrahman II, príncipe ilustre á pesar
de sus violencias Mahomad hizo derribar toda iglesia levantada desde la época de los Godos En esta segunda persecucion buscaron y
obtuvieron el láuro de la mejor victoria, Fandila, presbítero, Anastasio, diácono, el monje Félix, la religiosa Digna, Benildis, matrona
de muchos dias, y la contemplativa vírgen Santa Columba En los

---

[1] Vid Alvaro Cordobes, *Indiculo luminoso* num 6 y S Eulogio, *Memoriale Sanctorum* passim

tres libros del *Memoriale Sanctorum* [1] de San Eulogio pueden leerse los pormenores de todos estos triunfos, y de los de Pomposa, Aurea, Elías, Argimiro y algunos más. El encendido y vehemente estilo del Santo, y la impresion enérgica y cercana bajo la cual escribia, dan á aquellas páginas un santo calor que nunca tendria mi seca y desmayada prosa. Y en el *Documentum Martyriale*, ya citado, así como en el *Apologeticum SS. Martyrum* [2], veránse descritos en rasgos enérgicos ó patéticas frases el abandono de los templos, donde teje sus hilos la araña, el silencio de los cantores y salmistas, las cárceles henchidas, los contínuos suplicios y la desolacion universal. Lo extraño y verdaderamente maravilloso es que ni en la narracion de aquellos horrores, ni en las exhortaciones al martirio, se olvida el escritor de sus aficiones clásicas, y mientras él tiende á imitar á los historiógrafos y oradores antiguos, su amigo Álvaro le felicita con serenidad rara por acercarse *al lácteo estilo de Tito Livio, al ingénio de Demóstenes, á la facundia de Ciceron y á la elegancia de Quintiliano.* ¡Singular temple de alma el de aquellos hombres, que en vísperas del martirio gustaban todavía de sacrificar á las Gracias, y coronar su cabeza con las perpétuas flores de la antigua sabiduría! En la cárcel se entretuvo San Eulogio en componer *nuevos géneros y maneras de versos que en España no se habian visto*, dice su amigo y biógrafo.

Ya durante la persecucion de Abderrahman habia estado el Santo en prisiones, por oponerse tenazmente á los decretos de Recafredo y demás asistentes al Concilio ó conciliábulo de 852, y apartarse de su comunion. Él robustecia y alentaba hasta el último momento la firmeza de los confesores, y recogia y guardaba con veneracion los restos de los que morian. Pasada esta persecucion, fué electo Obispo de Toledo, aunque no llegó á ocupar la Silla metropolitana, prevenido por adversos sucesos. En Córdoba, su pátria, vino á morir degollado el año 859, juntamente con la vírgen Leocricia [3].

Tal andaba la raza muzárabe en los tristes dias que ha de describir esta historia. La persecucion no debió limitarse á Córdoba, aunque ésta sola tuvo historiadores. El martirio de las Santas Nunilo y

---

1   Alcalá, 1574, ed. de Ambrosio de Morales, ó en el tomo II de los *Padres Toledanos*.

2   Nárrase en este libro el martirio de Ruderico y Salomon, no incluido en el *Memoriale*.

3   *S Eulogii Cordubensis opera, studio ac diligentia Petri Poncii Leonis a Corduba Episcopi Placentini. Compluti*, 1574. Edicion dirigida por Ambrosio de Morales. El mismo cronista tradujo al castellano la *Vida de San Eulogio*, escrita por Álvaro Cordobés, y la inserta en el libro XIV de su *Crónica*, donde en su sencillo y apacible estilo narra la historia de los mártires cordobeses. Véase además el tomo X de la *Esp. Sag.* y el cap. XII. part. I (tomo II), de la *Historia crítica de la literatura española* del Sr. Amador de los Rios, capitulo que es uno de los más excelentes de aquella obra monumental.

Alodia en la Rioja, y algun otro caso semejante de que por incidencia habla San Eulogio, bastan á demostrar lo universal de la intolerancia alcoránica. Pero justo es advertir, en obsequio á los fueros
históricos, que si el mayor número de los muzárabes resistió generosamente, no fué pequeño el de los que se dejaron vencer por el halago de aquella civilizacion y costumbres. Álvaro Cordobés se queja,
al fin del *Indiculo*, de los que olvidaban las Sagradas Escrituras y
hasta la lengua latina, distinguiéndose al contrario en erudicion arábiga, hasta el punto de vencer en filológicos primores á los mismos
mahometanos.

En hora aciaga juntóse á todas estas causas de desórden la vene-
nosa planta de la herejía, lozana y florida siempre en la decadencia
de los pueblos. Pero no triunfó ni llegó á ahogar la buena semilla,
como veremos pronto.

II.—HEREJIA DE LOS ACÉFALOS

E N 839 celebróse en Córdoba un Concilio, no inserto en nuestras antiguas colecciones y del todo desconocido, hasta que
le dió á luz el Padre Florez, tomándole de un códice Legionense.

A este Sínodo asistieron tres Metropolitanos Wistremiro, de Toledo Juan Hispalense y Adulfo, de Mérida y cinco Obispos, enumerados por este órden Quírico, de Acci, Leovigildo, de Astigis; Recafredo, de Córdoba, Amalsuindo, de Málaga, y Nifridio, de Eliberis.
El asunto fué condenar á ciertos herejes extranjeros llamados Acéfalos ó *Casianos*, que diciéndose enviados de Roma, habian esparcido
graves errores en el territorio Egabrense. Tenian por inmunda toda
comida de los gentiles, renovando en esto el error *Migeciano*. Ayunaban, como los Maniqueos y Priscilianistas, en el dia de Natividad, si
caia en viernes *(sexta feria)* Seguian á Vigilancio en lo de negar adoracion á las reliquias de los Santos. Daban la Eucaristía *in manu* á
hombres y mujeres Jactábanse de santidad especial, negándose á
toda comunicacion con los demás cristianos, y prohibiendo á los suyos
recibir de sacerdotes católicos la penitencia, áun *in hora mortis* Llegaron á constituir una Iglesia cismática *supra arenam constructam*, que
dice el Concilio, en el territorio de Egabro (Cabra). Con ellos anda-

ban mezclados otros herejes, llamados *Simoniacos* y *Jovinianos*, que autorizaban la bigamia, el incesto y los matrimonios de cristianas con infieles, permitiendo además á los sacerdotes el ejercicio de la cirujía *(flebotomía)* y el comercio. Para la bigamia se escudaban con el ejemplo de Lamec. El patriarca de estos *Acéfalos*, que tienen poca ó ninguna relacion, fuera del nombre, con los herejes condenados por San Isidoro en el Concilio Hispalense, parece haber sido un cierto Qunierico [1]. No tuvo más importancia ni ulteriores consecuencias esta descaminada predicacion, de la cual ni noticia lográramos, á no poseer, aunque mutiladas, las actas del referido Concilio. Por cierto que está atiborrado de solecismos, y tiene interés para la historia de la baja latinidad. La ejecucion de los decretos confióse al famoso Recafredo, entonces Obispo de Córdoba, y luego Metropolitano de Sevilla.

III.—Espárcense doctrinas antitrinitarias.—Álvaro Cordobés
Y el abad «Spera-in-Deo» las refutan

A LVARO Páulo, que veneraba á *Spera-in-Deo* como á padre espiritual suyo, dirigióle, no sabemos en qué fecha, una carta, que es la sétima en su *Epistolario*, invitándole á escribir contra ciertos herejes *nebulosos é infandos*, de quienes dice que sentian mal de la Trinidad, rechazaban la autoridad de los Profetas y Doctores, y ponian en duda la divinidad de Cristo, escudados en aquel texto: «*De die autem illa et hora nemo scit; neque Angeli coelorum, neque filius, nisi pater solus*» [2]. A esta recrudescencia de Arrianismo se opuso *Spera-in-Deo* en un escrito, que debia ir unido á su respuesta á Álvaro, la cual tenemos, aunque dá poca luz para la historia. La refutacion, por él sometida á la censura de su antiguo discípulo, ponia á continuacion de las aserciones heréticas los textos de la Escritura y de los Padres.

1 «Condemnamus atque anathematizamus damnabilem illam doctrinam cum suorum Auctores vel Antiphrasium illum Qunierioum cum socios suos qui non vincunt malum, sed seducentes corda sua stimulant populum, qui quiescendo favorem in Religione prophanantium vitam ducunt fanaticam. Propterea tam illos quam omnes qui reperti fuerint in quibuscumque regionibus vel locis, villulis ac vicis conmorantes admonemus eos, et in praedictam catholicam fidem ut redeant exhortamus, sicut ad unionem Ecclesiae in charitatis connexione copulari mereantur.» (Tomo XV de la *Esp. Sag.*)

2 «Caput autem ipsorum nequissimorum quod tale sit veritatis resecandam, illud est: quod Trinum in unitate et Unum in Trinitate non credunt: Prophetarum dicta renuunt: Doctorum dogma rejiciunt: Evangelium se suscipere dicunt..... Christum Deum ac Dominum nostrum hominem tantum asserunt.....» (Alvari, ep. VII. pág. 148 de la *España Sagrada.*)

opoitunos para combatirlas [1]. Ni esta obra de *Spera-in-Deo*, ni su *Apologético contra Mahoma*, del cual trascribe un breve fragmento San Eulogio en el *Memoriale Sanctorum* (lib I), han llegado á nuestros dias. En la difusion del Antitrinitarismo debemos reconocer influencia musulmana.

IV —APOSTASIA DE BODO ELEAZARO —SU CONTROVERSIA CON ALVARO CORDOBÉS.

SUCEDIO en 839 (escribe el autor de los *Anales Bertinianos*) un caso lastimoso para todos los buenos católicos. El diácono *aleman* Bodo, educado desde sus primeros años en la Religion cristiana y en todo género de humanas y divinas letras, que aprendiera en el palacio de los emperadores, habiendo obtenido el año anterior licencia para ir en peregrinacion á Roma, se pasó de la Religion cristiana al judaismo, circuncidándose, dejándose crecer barba y cabellos y tomando el nombre de Eleázaro. Aún llevó más adelante su maldad, vendiendo como esclavos á los que le acompañaban, fuera de un sobrino suyo que renegó asimismo de la fé Casóse Eleázaro con una judía, y á mediados de Agosto se presentó en *Zaragoza* (sujeta entonces al dominio de los musulmanes). Apenas podia creer el emperador semejante apostasía» [2].

No es fácil sospechar las causas de tan singular prevaricacion. El autor de los *Anales Bertinianos* la atribuye á codicia *magna cupiditate devictus*, Álvaro Cordobés á lujuria y femenil amor. Es lo cierto que Eleázaro se arreó con el cíngulo militar, *accinctus etiam cingulo militari*, y en 840 apareció en Córdoba para ser nuevo tormento de los

---

1 «Ego vero humiliter ea proferam quae credo atque simpliciter enarrem in quaestionibus sciscitantis quae sentio Sed oppositiones illae, quae sunt in Epistola vestra taxatae, eas sub nomine assertoris exarando inducam, et textu vestio Sanctarum Scripturarum testimonia producam et cum Doctorum dicta » (Pag 131, *ibid*, ep VIII)

2 «Interea lacrymabile, nimiumque cunctis Catholicae Ecclesiae filiis ingemiscendum fama perferente innotuit Bodo Diaconus Alemanica gente progenitus, et ab ipsis pene cunabulis in christiana religione Palatinis eruditionibus divinis humanisque litteris aliquatenus imbutus, qui anno praecedente Romam orationis gratia poposcerat humani generis hoste pellectus, relicta Christianitate ad Judaismum sese convertit et primum quos secum adduxerat paganis vendendos callide machinari non timuit Quibus distractis, uno tantummodo secum, qui nepos eius ferebatur, retento, abnegata (quod lacrymabiliter dicimus) Christi fide, sese judaeum professus est Sicque circumcisus, capillisque ac barba crescentibus, et mutato, potiusque usurpato Eleazari nomine cujusdam Judaei filiam matrimonio sibi copulavit Tandemque Caesaraugustam urbem Hispaniae, mediante Augusto mense, ingressus est» etc *Annales Bertiniani* tomo III de la *Coleccion Du Chesne* '

muzárabes. Instaba á los sarracenos á que no tolerasen el culto cristiano, sino que por fuerza hiciesen á todos sus súbditos moros ó judíos. La contínua persecucion atizada por aquel apóstata obligó á los fieles á dirigir en 847 una epístola á Cárlos el Calvo, suplicándole que reclamase la persona de aquel tránsfuga, verdadera calamidad para el pueblo cordobés.

Ya antes de esta embajada, referida por los *Anales Bertinianos*, aunque sin indicar el resultado, tuvo Eleázaro áspera controversia con el insigne cordobés Álvaro Páulo, columna de la gente muzárabe en aquellos dias. Daré alguna noticia de la correspondencia que medió entre Álvaro y el judío.

Con el número XIV se lee en la curiosa coleccion epistolar de Álvaro [1] una carta *al transgresor*, á quien llama, sin embargo, *dilecto mihi*, sin emplear para él más que frases de benevolencia. Guiado Álvaro por la idea de que «quien convierte al pecador, gana su alma, y cubre la multitud de sus propios pecados» *(Qui convertere fecerit peccatorem, lucravit animam ejus, et suorum cooperit multitudinem peccatorum)*, atento á la verdad y no á las galas del estilo, ataca al adversario en un punto concreto, las *setenta semanas* de Daniel, no sin advertir antes la diferencia entre el cómputo hebreo y el de los Setenta, por lo que hace á los años de la creacion del mundo. Pero si en este punto la opinion es libre, no quiso Dios (advierte Álvaro) que quedase indecisa la fecha del nacimiento de su Hijo: «*Non deficiet Princeps de Juda neque Dux de femoribus ejus, donec veniat qui mittendus est, et ipse erit spectatio gentium*». Y en efecto, prosigue Álvaro, no se interrumpe la línea antes ni despues de la cautividad, hasta la usurpacion de Herodes, hijo de Antípatro, confirmado en el reino por un *senatus-consulto* de Roma. Entonces nació el Salvador del mundo, y cumplióse la profecía de Daniel: «*Et post hebdomadas sexaginta duas occidetur Christus: et Civitatem et Sanctuarium dissipabit populus cum duce venturo, et finis ejus vastitas, et post finem belli statuta desolatio*». «Si esperais todavía al Mesías (dice Álvaro), debeis temer nuevas calamidades, porque el Profeta no os anuncia la redencion, sino la desolacion desde la venida de Cristo hasta el fin del mundo [2]. Ya no os queda ni templo, ni altar, ni príncipe. Ya se cumplió la profecía de Oséas: «*Et sedebunt dies multos filii Israel sine Rege, sine Principe, sine sacrificio, sine altari, sine*

---

1 Tomo XI de la *España Sagrada*, primera y única edicion que conozco de los escritos de Álvaro.

2 «Et si adhuc Christum, id est, Messiam, expectatis, profecto adhuc desolationem majorem timere debetis: quia non vobis redemptionem, ut vanam opinatis pollicit, sed vastationem ab ejus adventu usque ad finem saeculi.» (Pág. 175.)

Sacerdotibus, sine manifestationibus» ¿Dónde estará la hija de Sion cuando venga vuestro Mesías? ¿Dónde el Templo, ya destruido y hecho cenizas, segun la profecía de Daniel? Vuelvan los judíos á su antiguo estado· reedifiquen el templo, para que descienda á él el Ángel del Testamento. Ya han cesado vuestros sacrificios ...» Muestra despues evidentísimamente el cumplimiento de la profecía de las *semanas*, y cierra su carta, provocando á controversia á Eleázaro.

No dejó de contestar éste, aunque en el códice de las obras de Álvaro no hay más que el principio de su respuesta, habiendo sido arrancadas las hojas subsiguientes. Pero de la segunda epístola (XVI) de Álvaro *al transgresor*, podemos deducir los argumentos de Eleázaro. Aparte de las blasfemias que largamente usaba, hacia cotejo de la moderna dispersion de los judíos con el cautiverio de Babilonia, alegando que tambien entonces faltaron reyes y jueces en Israel A lo cual responde Álvaro que un interregno de setenta años es cortísimo período, y no puede decirse que durante él fuera cortada la línea de los caudillos israelitas, pues Jeconías, que fué cautivo á Babilonia, engendró á Salatiel, y éste á Zorobabel, que volvió á los judíos á su pátria, sin que en medio de la cautividad se dispersara el pueblo ni perdiera la tríbu de Judá su primacía Búrlase Álvaro de la supuesta pericia de Eleázaro en las letras hebreas como si un latino hubiese venido á ilustrar á los príncipes de la Sinagoga. Se escudaba el apóstata con la diversidad de interpretaciones del texto bíblico, y Álvaro demuestra sin gran trabajo, que lo mismo en la verdad hebráica que en los Setenta ó en San Jerónimo, están expresas las profecías mesiánicas, y las que anuncian la futura desolacion del pueblo de Israel. En esta segunda carta muéstrase el doctor muzárabe conocedor, no solo de las Escrituras y de las obras de San Jerónimo, sino de las historias de Josefo

Torno á replicar el *transgresor* en una misiva tan pobre de razones como empedrada de textos bíblicos y de dicterios Quedan sólo fragmentos por la razon antes indicada, pero podemos formarnos cumplida idea de ese escrito por la refutacion de Álvaro, que tiene las formas y extension de un verdadero tratado. El animoso polemista cordobés estrecha sin reposo al tránsfuga. Decia éste *haber abandonado la ley falsa por la verdadera,* como si Cristo hubiese venido á destruir la ley y no á cumplirla como si la ley de Moisés, carnalmente observada, no se destruyese. Jactábase de las maravillas obradas por Dios en favor del pueblo de Israel, como si en sus libros Sagrados no constasen á la par los crímenes y prevaricaciones de aquella gente de dura cerviz. «Tu ley, dice nuestro controversista, anuncia á Cristo, aún más que la mia. Millares de judíos esperaron en él: por millares de años se estuvo disponiendo el sacro convite. No somos gentiles, sino israelitas, porque de la estirpe de Israel procedieron nuestros padres. Pero cuando llegó el deseado de las gentes, el anunciado por los Profetas, confesamos su venida, y vinieron á nosotros los gentiles desde las más remotas playas de los mares. Nosotros somos el verdadero pueblo de Israel que esperaba al Mesías. Pero cuando se cumplió la plenitud de los tiempos, creció el número de los pueblos, y (segun el vaticinio de los Profetas) *la gloria del Señor llenó toda la tierra.....* Si nos reprendeis porque no observamos las ceremonias de la ley antigua, oye á Isaías: «*Ne memineritis priora, et antiquiora ne intueamini. Ecce ego facio nova*». Hebreo soy por fé y linaje, pero no me llamo *Judío,* porque he recibido otro nombre: *Quod os Domini nominavit.* El gentil que cree en Jesucristo entra desde luego en el pueblo de Israel.» Con igual elocuencia y brío refuta, valiéndose de un argumento *á simili,* las blasfemias del judaizante contra la Encarnacion. «¿Preguntas de qué manera la carne engendró á la carne sin menoscabo de la virginidad? Díme: ¿de qué manera fructificó la vara de Aaron, sin ser plantada? ¿Por qué se detuvo el sol á la voz de Josué? ¿Cómo habló la burra de Balaam? ¿Por qué retrocedió quince grados el reló de Ezequías? ¿No confiesas tú que todas estas cosas se hicieron, no natural, sino maravillosamente?» [1]

El estilo de Álvaro en todas estas contiendas es duro, valiente y agresivo. La copia de erudicion escrituraria grande; el vigor y nérvio del razonamiento no menores. Eleázaro juzgó conveniente suspender la polémica, aferrándose á su opinion, y diciendo que *no contestaba á los ladridos de perros rabiosos. (Superstitiosum duxi canum rabidosorum respondere latratibus.)* ¡Qué antigua es en el mundo esta manera de cortar discusiones enfadosas! Álvaro felicitó al judío por la sábia cautela con que evitaba el peligro *(te vitantem periculum sapienter miravi),* y aquí hizo punto la cuestion.

Como sólo de herejías trato, no juzgo necesario decir de las irregularidades disciplinarias cometidas en los primeros dias de su ponti-

---

[1] «Dicis mihi quòmodo caro carnem genuit, et violata non extitit? Dico tibi, qualiter virga Aaron nuces produxit, et plantata non fuit? Qualiter sol naturalem motum relinquens, longiuscule diem lucendo produxit? Quomodo maris unda, fluentia naturae suae oblita, erectis marginibus glaciali rigore solidatis gurgitibus, ut murus firmus stetit? Qualiter asina, animal pecuale, humanas rite loquelas produxit? Quibus modis Sol per orelegium gradibus quindecim retro se vertit? Et dum ista omnia non rationabiliter sed potentialiter facta cognoveris, velis nolis invitus silencio linguam constringes.» (Alvari, ep. XVIII, pág. 202.)

ficado por el Obispo de Córdoba Sáulo, escudo más tarde de los cristianos en la era de persecución, ni de la debilidad del Metropolitano de Sevilla Recafiedo, que por complacer á los musulmanes persiguió al mismo Sáulo, á San Eulogio y á los demás cristianos que favorecían y alentaban el martirio voluntario. Álvaro Cordobés *(Indículo luminoso*, pág. 244) llama á Recafiedo *perro rabioso contra la Iglesia de Dios*, y acúsale de haber puesto en manos de los infieles la espada para aniquilar al pueblo de Cristo. La resistencia de Sáulo contra Recafiedo produjo un verdadero cisma. Para defender la causa de los mártires compuso Álvaro Cordobés, en vehemente y arrebatado estilo, su *Indículo luminoso*. Y en la *Vida de San Eulogio* achaca á Recafredo más que á Abderrahman la primera persecución. Del perverso Obispo Samuel, digno amigo y pariente de Hostegesis, daré razón en el parágrafo siguiente. Sáulo se negó por algún tiempo á comunicar con el Metropolitano y los que seguían su opinión. Éstos le acusaron de donatista, luciferiano y discípulo de Migecio, persiguiéndole de tal suerte, que anduvo oculto y sin jurisdicción sobre su grey algunos años. Reconcilióse al fin con los demás Obispos en un Concilio, anterior al de 862, aunque la fecha exacta se ignora. Consta todo esto por una epístola de Sáulo á otro Prelado, la cual anda con el número X entre las de Álvaro.

Pero todas estas tribulaciones de la Iglesia cordobesa fueron leves en cotejo con la tempestad levantada por el malacitano Hostegesis.

V.—HOSTEGESIS.—EL ANTROPOMORFISMO

E la vida y costumbres de este mal Prelado nos dejó larga noticia el abad Sanson en el prefacio al segundo libro de su *Apologético*. Pero son de tal naturaleza' algunos pormenores, que honestamente no pueden trascribirse aquí, por temor de herir castos oídos y virginales mentes. Aprovecharé lo que buenamente pueda del relato de Sanson.

«Fué el primer autor de esta maldad y renovador de esta herejía (escribe el abad de San Zóyl) *Hostegesis*, malacitano, á quien mejor pudiéramos apellidar *Hostis-Jesu*. El cual, arrebatado por pésima codicia y torpe fraude, compró á los veinte años la mitra, contra lo prevenido en los Sagrados Cánones. Adquirida simoníacamente la dignidad, usóla cada vez peor, elevando al sacerdocio (si sacerdocio es lícito llamarle) á los que antes le habian comprado con dones. Ni se descuidó en amontonar tesoros, asemejándose á los mercaderes que el Señor arrojó del templo, porque convertian la casa de oracion en espelunca de ladrones. Arrastróle luego el demonio de la avaricia á azotar cruelmente á un siervo de Dios, hasta dejarle á punto de muerte (la cual en pocos dias sobrevino): todo por quitarle ciertos dineros. Las tercias oblaciones de las iglesias, que los Obispos reciben legalmente y suelen emplear en la restauracion de las basílicas ó en el socorro de los pobres, este tirano y sacrílego las exigia por fuerza, como si cobrase un tributo. Con tales artes se enriqueció, y pudo hacer regalos al rey (moro) y á los príncipes de palacio, y servirles en suntuosos convites delicados manjares y selectos vinos. En estas reuniones se entregaban Hostegesis y los infieles á desenfrenadas liviandades, segun contaba un cierto *Aben-Jalamauc*, hombre impurísimo .....[1] Tenia Hostegesis un escuadron de gente armada á la puerta de su casa, y le empleaba contra sus propias ovejas. A unos clérigos que no le pagaron las rentas, hízoles azotar por mano de soldados en el foro, decalvar y pasear desnudos por las calles á voz de pregonero. Dicen que habia comprado la dignidad episcopal con el solo fin de enriquecerse, más que Creso, con los tesoros de la Iglesia, y poder oprimir impunemente al pueblo de Málaga. Recorriendo despues las iglesias só pretexto de visita, fué tomando nota de los nombres de los cristianos de todas edades y condiciones. Despues, como toda la provincia testifica, dirigióse á Córdoba con el registro, y no cesó de asediar las casas de ministros y eunucos para que cargasen nueva contribucion á sus diocesanos. En un dia de la Vírgen, vióse le abandonar los Divinos Oficios y la pastoral obligacion para acudir á casa de un magnate llamado *Hexim*. Sucedió este hecho notable en la era 901.

«Ahora conviene (prosigue Sanson) declarar la infame progénie de este enemigo de Cristo. Fué su Padre *Auvarno*, grande usurero y verdugo de los pobres, el cual, para librarse en una ocasion de la pena merecida, fingió hacerse musulman, y fué circuncidado por mano de su hijo. Por parte de madre era Hostegesis sobrino de *Samuel*, que con nombre de Obispo tiranizó muchos años la Iglesia de Iliberis.

***

[1] «Non parcit usque ad nauseam crapulis inservire, quos constat ipsas inter epulas effraenata libidine in alterutrum insurgere et inmunditias perpetrare. Et quia impiorum est, in malis actibus gloriari, quidam impurissimus *Ibincalamauc* dictus a nomine, jactari dicitur, se eo numerosis vicibus prostitisse.....» *(Apologético* del abad Sanson, pág. 378, tomo XI de la *España Sagrada.)*

Esclavo de todos los vicios, como quien dudaba hasta de la inmortalidad del alma y de la futura resurreccion de los muertos, no sólo vivió mal, sino que trasladó la iniquidad á sus descendientes. Su fin fué semejante á sus comienzos. En un dia de Páscua, habiendo sido depuesto de su Silla pontifical, partió á Córdoba, renegó de Cristo, se hizo *muzlemita* y circunciso, y comenzó á perseguir la Iglesia en sus miembros, encarcelando á sacerdotes y ministros, y cargándolos de pesadas alcabalas.

»El auxiliador y colega de Hostegesis fué (como es notorio) *Servando*, hombre estólido y procaz, hinchado y arrogante, avaro y rapaz, cruel y terco, soberbio y atrevido. Por los pecados del pueblo fué elegido *conde (gobernador)* de la ciudad de Córdoba, sin ser de ilustre orígen ni de linaje noble, sino hijo de siervos de la Iglesia. Casóse con una prima hermana de Hostegesis, porque, como dijo Salomon, *toda ave busca su pareja* [1] *(omnis avis quaerit similem sui)*. Unidos, prestáronse mútuo auxilio en sus fechorías, infestando Hostegesis la Iglesia de Málaga y Servando la de Córdoba. Con un encabezamiento general obligó á muchos infelices á la apostasía. Á los que alentados por misericordia divina resistieron los males presentes con la esperanza de la vida futura, hízoles pagar largo tributo á los reyes ismalitas. Y no satisfecho con la persecucion de los vivos, mandó desenterrar los cadáveres de los mártires, secretamente inhumados por los cristianos, para irritar con tal vista los ánimos de los infieles contra los que así habian contradicho sus prohibiciones. Impuso largo tributo á todas las basílicas de la ciudad, y osó acrecentar los tesoros del fisco con las oblaciones del templo de Dios y de la mesa de Cristo, arrancando de esta manera el agua á los sedientos para verterla en el profundo mar. Los sacerdotes eran casi siempre hechuras de Servando, y veíanse forzados (¡miserable gente!) á ocultar la verdad y celebrar sus alabanzas. Del pastoral oficio pasaron á la adulacion: hiciéronse como perros mudos para el lobo, y que sólo ladraban á los pastores. Envanecido con tan prósperos sucesos, juntóse con *Romano* y *Sebastian*, herejes de la secta *antropomorfita*, contaminados con todo linaje de vicios. El primero, casi octogenario, tenia aún un serrallo de concubinas, el segundo, viviendo aún su mujer, tuvo un hijo de adulterio, que, con desprecio del temor de Dios, afrentó las canas de su padre»

Tales eran los caudillos del *Antropomorfismo* en Córdoba. Nunca

---

[1] Equivale á los refranes nuestros *Dios los cria y ellos se juntan, Cada oveja con su pareja*, etc

habia caido tribulacion igual sobre la Iglesia española. Dolor causa, y no pequeño, el haber de trascribir esas noticias que hoy por vez primera suenan en lengua vulgar. Repugna á la razon y al sentimiento que en época alguna, por calamitosa que la supongamos, hayan existido en España Obispos como Samuel y Hostegesis, traidores á su ley y á su gente como el gobernador Servando. Pero las leyes de la Historia son inflexibles es preciso decir la verdad entera, puesto que la gloria de nuestra Iglesia está demasiado alta para que ni áun en parte mínima se enturbie ó menoscabe por la prevaricacion é iniquidad de algunos ministros indignos y simoniacos, mucho más cuando al lado del veneno hallamos el antídoto en los esfuerzos del abad Sanson y de Leovigildo Lo que en verdad angustia y causa pena, es la situacion de ese pueblo muzárabe, el más infeliz de la tierra, conducido al degolladero y puesto bajo el cuchillo por sus pastores, esquilmado por malos sacerdotes, vendido por los que debian protegerle, víctima de jueces inicuos de su propia raza, cien veces peores que los sarracenos, y, sin embargo, constante y firme, con raras excepciones en la confesion de la fé. Esta última circunstancia vale para templar la amargura, y convida á seguir la narracion de estas iniquidades, siquiera para ofrecer á los herejes é impíos modernos un fiel y verídico retrato de algunos antecesores suyos.

Hostegesis agregó pronto á sus demás crímenes el de la herejía, *comulgando* (como diria algun filósofo moderno) en la doctrina *antropomorfita* de Romano y Sebastian Cuáles eran sus errores, decláralo el *Apologético* del abad Sanson, y lo repetiremos luego. Ahora baste decir que, como los antiguos Vadianos, suponia en Dios figura material y humana, afirmando que estaba el Hacedor en todas las cosas, no por esencia, sino *por sutileza (per subtilitatem quandam).* Á lo cual añadia el dislate de creer que el Verbo se habia hecho carne en el corazon de la Vírgen, y no en su purísimo vientre.

Opusiéronse á tales novedades algunos sábios y piadosos varones, especialmente Sanson, abad de Peña Mellaria En la era 900, año 862, redactó y presentó á los Obispos reunidos en Córdoba para la consagracion del Prelado Valencio, una clara, precisa y elocuente profesion de fé, enderezada visiblemente contra el yerro de Hostegesis [1]. «Creo y confieso (decia entre otras cosas) que la Trinidad, autora de todas las cosas visibles é invisibles, llena y contiene *(implet et continet)* todo lo que creó. Está toda en cada una de las cosas, y ella

[1] Insértala en el primer capitulo de su *Apologético* y la reproduzco en el apéndice

sola en todo. Toda en cada una. porque no es divisible; ella sola en todas, por ser incircunscrita y no limitada. Penetra todo lo que hizo, sabiendo y conociendo cuanto existe. Vivifica la criatura visible y la invisible. Pero cuando decimos que está en todas las cosas, no ha de juzgarse que el Creador se mezcla ó confunde con las criaturas, ni menoscaba en algun modo lo puro de su esencia. Decimos que está en todo, porque todas las cosas viven por él él las escudriña y conoce todas por sí mismo y no por intermedios; él crea sin molestia ni fatiga, y de ninguna criatura está ausente, sino presente todo en todas » Esta profunda doctrina, indicio seguro de la ciencia teológica y metafísica de Sanson, á quien se ha apellidado, no sin fundamento, *el pensador más notable entre los muzárabes cordobeses*, va comprobada con textos de la Escritura y de los Padres (San Agustin, San Gregorio el Magno, San Isidoro), sobre todo con éste del gran doctor de las Españas en el libro de las *Sentencias·*

«No llena Dios el cielo y la tierra de modo que le contengan, sino de modo que sean contenidos por Él. Ni Dios llena *particularmente* todas las cosas, sino que siendo uno y el mismo, está todo en todas partes Inmensidad es de la divina grandeza el que creamos que está dentro de todas las cosas, pero no incluido· fuera de todas las cosas, pero no excluido. Interior para contenerlo todo, exterior para cerrarlo y limitarlo con la inmensidad de su esencia incircunscrita. Por lo interior se muestra *creador*, por lo exterior monarca y conservador de todo Para que las cosas creadas no estuviesen sin Dios, Dios está en ellas. Para que su esencia fuese limitada, Dios está fuera de ellas y lo limita todo » Así razonaba el grande Isidoro, y así se prolonga su voz á través de los tiempos para encender el espíritu de Sanson, y darnos hoy mismo armas contra la negacion y absorcion panteista del Creador en lo creado.

Los Padres del Concilio dieron por buena la fórmula de Sanson, y áun alabaron su celo '; pero el impío Hostegesis, escudado con la autoridad de Servando, les obligó á retractar su primera decision y suscribir una sentencia que él mismo redactó contra el abad Melariense. La cual á la letra decia así· «En el nombre de la Santa y venerable Trinidad· Nosotros, humildes siervos de Cristo, y mínimos sacerdotes, nos hallábamos juntos en Concilio tratando de los nego-

---

1   «Hanc meae confessionis fidem compendio brevitatis paucissimis verbis comprehensam, et non multis sed certissimis admodum testimoniis munitam, dum per triduum ante Concilii diem omnibus Episcopis qui adfuerant, traderem relegendam, et mature cum omni scrupulositate tractandam, atque ab eis non solum irreprehensibilis, verum etiam approbaretur laudabilis » *(Apologético, pag 392)*

cios eclesiásticos, cuando se levantó un hombre pestífero, llamado Sanson, prorumpiendo en muchas impiedades contra Dios y la Iglesia, en términos que más parecia idólatra que cristiano. Atrevióse primero á defender los matrimonios entre primos hermanos, para granjearse de esta suerte en sus demás impiedades el aplauso y favor de los hombres carnales, cuyos instintos halagaba. Censuró luego algunos opúsculos de los Padres é himnos que se cantan en la Iglesia, y llegó á la impiedad y perfidia de aseverar que la divinidad Omnipotente está difundida en todas partes como la tierra, el agua, el aire ó la luz, y que se halla de igual manera en el Profeta que vaticina, en el diablo que vuela por los aires, en el ídolo que es venerado por los infieles, y hasta en los pequeñísimos gusanos. Nosotros creemos que está en todas las cosas, no por sustancia, sino por sutileza. De aquí pasó á afirmar que fuera de la tres personas de la Trinidad hay otras sustancias, no criaturas, sino creadores: con lo cual, siguiendo la vanidad de los gentiles, introduce pluralidad de dioses. Y de una en otra aserción vana ha ido cayendo hasta pasar y romper toda regla. Deseosos de oponernos á tales errores, condenamos á su autor, le desterramos y privamos para siempre del honor sacerdotal, y le apartamos del cuerpo de la Iglesia, para que un solo miembro corrompido no pervierta á los demás ... Pues como dijo el Apóstol *Haereticum hominem post unam et aliam commonitionem devita.* Si alguno, despues de esta saludable amonestacion, se asociare á él ú oyere sus vanas é inútiles imaginaciones, sea anatema.»

Hostegesis, con el brazo en alto y el puño cerrado, mandó á los Obispos firmar esta sentencia, y ellos, por flaqueza indigna y miedo de la muerte, lo hicieron. El mismo Valencio, amigo de Sanson, que le honra con los dictados de «*varon lleno de fé, ornado de virginidad, modelo de abstinencia, ferviente en la caridad, encendido en cristiano celo, docto en las Escrituras, amante de la rectitud y de la justicia*», no juzgó conveniente *resistir á los soberbios*, y contemporizó hasta que se presentara ocasion de enmendar el yerro. El decreto arrancado por la violencia fué trasmitido á todas las Iglesias andaluzas y lusitanas, entre ellas á la de *Tucci*, donde Sanson encontró luego un ejemplar é hizo sacar copia, que es la inserta en su libro. Los Prelados que no habian asistido al conciliábulo, y algunos de los que por fuerza habian asentido al anatema contra Sanson, no tardaron desde sus diócesis en revocarlo, y declarar al abad inocente y restituido á sus honores eclesiásticos. Sanson enumera los Obispos que se declararon en su favor: Ariulfo, Metropolitano de Mérida; Saro, Obis-

po de Baeza, Reculfo, de Egabro, Beato, de Astigis, Juan, bastetano; Ginés, de Urci, Theudeguto, de Illici, Miro, asidonense, Valencio, de Córdoba [1]. Éste último nombró á Sanson abad de San
Zóilo á ruegos del clero y pueblo de aquella Iglesia. Inflamóse con
esto la saña de sus enemigos, que apoyados en un decreto del califa,
juntaron nefando conciliábulo, llevando á Córdoba al Metropolitano de Sevilla y á los Obispos Reculfo y Beato, é hiciéronles firmar á viva fuerza en la iglesia de San Acisclo la deposicion de Valencio, á quien sustituyó uno de los fautores del cisma, *Stéfano Flac-
co, no elegido ni solicitado por nadie* (dice Sanson), pero ayudado por
una tropa de musulmanes. Para mayor irrision asistieron á la sacrílega consagracion de Stéfano judíos y mahometanos, porque los muzárabes cordobeses se apartaron con horror de tales profanaciones.

Servando se vengó de ellos imponiéndoles un tributo de cien mil
sueldos, y deseoso de acabar con Sanson, le acusó dos veces ante el
califa: la primera de haber divulgado el contenido de unas cartas al
rey de los Francos cartas que Sanson, en su calidad de intérprete
oficial, había trasladado del árabe al latin. No tuvo efecto este primer
amaño, y el gobernador para saciar su ódio y el de Hostegesis, cul-
pó á Valencio y á Sanson de haber incitado á blasfemar de Mahoma
á un cristiano que dias antes había padecido el martirio. De esta delacion infame tampoco obtuvieron fruto los apóstatas, y el abad se
salvó casi milagrosamente, aunque en su libro no expresa el modo [2].

Mientras Sanson andaba errante y perseguido, Hostegesis tuvo
en 864 una controversia con el presbítero Leovigildo, hijo de Anse-
fredo [3], reprendiéndole éste con dureza su peregrina opinion *antropomorfita*. Dióse por convencido el Obispo de Málaga, y modificó su
sentir en cuanto á la *sutileza*, confesando que Dios estaba por esencia
en las cosas, *ménos* en algunas que tenia por indignas de recibir su
presencia. Lo más extraño fué que en público documento enderezado
á la Iglesia tuccitana, se diese aires de vencedor en la polémica con
Sanson, y no aludiese para nada á su error primero. La epístola en
que tales cosas se hallan fué conservada por Sanson en el capítulo V
de su *Apologético*. Hostegesis se atreve á decir: «Con sumo cuidado y
vigilancia grande, mirando por la Iglesia que Dios nos ha confiado,

---

1 De estos, Beato puso su voto en manos del Obispo de Córdoba Theudeguto, Genesio y
Miro declararon de viva voz el suyo Los demas, todos por escrito

2 Veanse punto por punto todos los sucesos referidos, en el prefacio del libro II del *Apologético* del abad Sanson (*España Sagrada*, tomo XI)

3 Parece ser el autor de un tratado, *De habitu Clericorum*, cuyo prefacio dio a conocer el Padre Florez en el tomo XI de la *España Sagrada*

procuramos apartar todo escándalo y cuestion inutil, para que nuestra Iglesia, tan combatida por los enemigos exteriores, se consuele á lo ménos con la doméstica concordia.... Hay algunos que quieren decidirlo todo con la medida de su juicio y olvidan las reglas de los Padres divinamente inspirados Ahora poco se suscitó una controversia, que apagamos prestamente condenando á los que perseveraron en su obstinacion Pero á los que arrepentidos de vanas novedades han vuelto á la paz eclesiástica, á la concordia de la fé y á la doctrina de los Padres, recibímoslos con los brazos abiertos, y abrazándolos en la caridad los volvemos al gremio de la Iglesia Ni nos vanagloriamos de esta victoria, pues es de Dios y no nuestra » Con esta increible frescura, digna de cualquier polemista moderno, trocó Hostegesis los papeles. A renglon seguido dice. «Creemos, creemos que el Verbo encarnó en el útero de la Vírgen, y no hemos de olvidar el texto de aquella antífona *Oh quam magnum miraculum inauditum, »virtus de coelo prospexit obumbravit uterum Virginis, potens est majestas »includi intra cubiculum* CORDIS, *janius clausis»* Condena luego la doctrina que supone de Sanson acerca de los casamientos entre primos hermanos. De la presencia de Dios escribe· «Creemos que Dios, séi incorpóreo y sin lugar *(inlocalem)*, que lo dispuso, rige y llena todo con justa armonía, está todo en todas las cosas, pero no difundido como la tierra, el agua, el aire ó la luz, que en cada una de sus partes son menores que en el todo». Esto, como se ve, era torcer hábilmente los términos de la sentencia contra el abad, atribuyéndole proposiciones materialistas de que él estaba muy lejano Corrobora Hostegesis su parecer con textos de la Escritura y de algunos Padres, como San Jerónimo y San Gregorio, pero los rastros y reliquias que de su antiguo error quedaban á nuestro Obispo apuntan pocas líneas más abajo. «Los Santos Padres, cuando hablaron de la plenitud y presencia de Dios, omitieron cáutamente el hacer mérito de los ídolos, gusanos, moscas, etc confesando en términos generales la omnipotencia de la Suma Trinidad, interior á todas las cosas, pero no incluida; exterior á todas las cosas, pero no excluida. Al que confesamos ser incomprensible y que no ocupa lugar, de ninguna suerte hemos de suponerle habitador de los ídolos ni de lugares inmundos Contentos con esta confesion, bástenos saber que la incomprensible y divina Trinidad está sobre todo, bajo todo, ante todo y despues de todo. Si alguno despues de esto hace inútiles y ridículas preguntas sobre los puercos, cínifes, gusanos, ídolos, demonios, etc., ó se atreve á afirmar que en tales cosas está Dios, separámosle perpétuamente del

gremio de los fieles Creamos fiel y sinceramente que Dios está todo
en todas las cosas, y que es el Creador de todas.» Como vemos, Hostegesis se pone en abierta contradiccion á cada paso, y sólo acierta á
salvarla con estas frases, prudentes, á la verdad, pero sospechosas en
su boca: «Bástennos las palabras de los Profetas y del Evangelio:
sigamos con humildad las huellas de los Doctores Callemos acerca
de aquellas cosas que ni han sido declaradas ni importan nada para
la fé » Y terminaba su carta con estas exclamaciones, que no sentarian mal en boca de Osio ó de Leandro «Con júbilo bendecimos la
paz ya afirmada en la Iglesia y cantamos con el Salmista «*Confirma*
»*hoc, Deus, quod operaris in nobis*» ... «*Firmetur manus tua, Deus, et*
»*exaltetur dextera tua.*» Creemos que ha sido exaltada tu diestra en fortaleza, porque estamos unánimes y del mismo sentir, porque abun-
damos en riquezas de caridad y bendecimos tu santo é inefable nombre, repitiendo con el Profeta. «*Benedictus Dominus de die in diem, Pros-*
»*perum iter faciat nobis Dominus Deus noster*». Haga Dios que prospere-
mos en la fé, y caminando con justicia por las asperezas de la vida,
lleguemos á la tierra de eterna promision, y allí disfrutemos la herencia perpétua con Jesús, que vive en una ó igual sustancia con el
Padre y el Espíritu Santo por los siglos de los siglos Amen» [1].

Esta epístola hipócrita y cautelosa no engañó al abad de San Zóyl
Él sabía los móviles de la *conversion* de Hostegesis, y los revela en el
capítulo X de la *Apología*. Leovigildo y otros buenos católicos se habian negado á comunicar con el impío y malvado Obispo de Málaga.
Pero temerosos de las persecuciones y violencias de Servando, acabaron por consentir en la reconciliacion, siempre que Hostegesis y
Sebastian abjurasen públicamente su yerro. Hiciéronlo así, por no
concitarse la pública animadversion, y debió costarles poco semejante paso, siendo, como eran, hombres de mala vida y de pocas ó débiles creencias.

Corria el referido año 864, cuando Sanson lanzó desde Tucci
su *Apología* contra el escrito de Hostegesis Pero esto párrafo aparte
merece.

---

i Véase esta carta en el apéndice

VI.—EL «APOLOGÉTICO» DEL ABAD SANSON.—ANALISIS
DE ESTE LIBRO

UERA de algunas epístolas de Álvaro Cordobés, el *Apologético* de Sanson es la única obra de teología dogmática y de filosofía que de los muzárabes cordobeses nos queda. La ligera noticia que de ella voy á dar, mostrará que el libro no tiene simple interés bibliográfico, sino que merece figurar honradamente en los anales de nuestra ciencia.

Las relaciones entre el mundo y su Creador, han sido en todos tiempos uno de los problemas capitales, si no el primero de la filosofía. Como erradas concepciones para resolverle, surgen el *panteismo* (identificacion de Dios con el mundo), el *ateismo* (mundo sin Dios), el *acosmismo* (Dios sin mundo), el *dualismo*, que no sólo separa y distingue, sino que supone al mundo independiente de Dios. Rechazados estos absurdos, queda sólo el dogma ortodoxo de la creacion, *ex nihilo* y *en tiempo*, de la accion viva, conservadora, personal y presente de Dios en su obra. Si tal idea hubiese nacido en el entendimiento de algun hombre, habríamos de calificarla de *divina*, pues sólo con ella se explica todo, y á la separacion *dualista*, y á la absorcion *panteista*, sucede la *armonía*, que enlaza al artífice con su obra. Pero no satisfecho el inquieto espíritu humano con vislumbrar *invisibilia Dei per ea quae facta sunt*, ha querido penetrar los misterios de la divina alteza, y explicar á su modo, es decir, no explicar en manera alguna, la accion de Dios en cada uno de los séres, sustancias y partes. Y aquí han materializado algunos y otros idealizado de sobra. De los primeros fué Hostegesis.

Para el Obispo de Málaga, como para los antiguos antropomorfitas [1], Dios era un sér material y corpóreo, aunque ellos no se diesen clara cuenta de la especie de materia que atribuian á Dios. Imaginábanle colocado en altísimas esferas, desde donde contemplaba los objetos visibles. Pero arguidos los partidarios de tal doctrina con lugares de la Escritura que claramente enseñan la presencia real de Dios en el mundo, dió Hostegesis la respuesta que sabemos: «No por esencia, sino por sutileza». Y parecíale imposible que ni por *sutileza* estu-

---

[1] Véase contra ellos el tratado de San Cirilo

viese en cosas bajas é inmundas de donde nacia tambien su error
respecto á la encarnacion del Verbo en el corazon y no en el vientre
de la Santísima Vírgen.

No podia ocultarse á Sanson el carácter materialista y grosero de
todas estas enseñanzas, restos quizá de las que combatió Liciniano
en la época visigoda, ó nacidas del trato con los doctores musulmanes Aprestóse, pues, á refutarlas con todas las armas de la erudicion
y de la lógica.

Su tratado se divide en dos libros, y debio tener otro más, pero no
llegó á escribirse ó se ha perdido En una introduccion, escrita con
loable modestia *(Ego nec ingenii fretus audacia, nec meriti succinctus fiducia alicujus, altitudinis tento profunda petere et impenetrabilia multis adire)*,
calificando á los partidarios de Hostegesis de *hombres llenos de ela-
cion y soberbia, privados de razon y ciencia de las Escrituras, ignorantes de
la latinidad, desnudos de todo bien, llenos de estolidez y presuncion* anuncia
firme y elocuentemente sus propósitos de defender la verdad: «Con el
favor de Dios levantaré un muro no pequeño delante de la casa de Israel, y volveré contra los enemigos sus propias armas No he de consentir que la pequeña grey sea devorada por los lobos Ni cederé á
amenazas ó terrores, porque confio en Dios y no temo á los hombres.
Y si algo padezco por la justicia, seré feliz en ello. No ha de tenerse
por afrenta mia el resistir á los perseguidores, ni por gloria suya el
perseguir á un inocente. Pues como dice San Cipriano· *el sacerdote
que defiende la ley del Evangelio puede ser muerto, pero no vencido* Con sincero corazon y mente serena estoy dispuesto á contradecir á la iniquidad»[1]. Viene en pos una encendida y elocuente *Oratio Sansonis Peccato-
ris atque Pauperrimi,* solicitando el amparo y favor divino para su obra.
Este primer libro no es propiamente de controversia. En diez capítulos trata de las excelencias de la fé, de los testimonios que prueban
la omnipotencia y divinidad del Padre, de la consustancialidad del
Hijo, del Espíritu Santo, de la union esencial de las divinas personas, de la humanidad de Jesucristo, de la union de las dos naturalezas en la persona del Salvador, de la Encarnacion, de la presencia de
Dios en todas las cosas. Fíjase con especial ahinco en los puntos ne-
gados o puestos en controversia por Hostegesis, retrae á la memoria
del pueblo muzárabe las enseñanzas de los antiguos doctores, y expone siempre la doctrina con lucidez y vigor, y hasta con grandeza y
galas literarias. De saber escriturario hace gallarda muestra, y con-

1 *Apologetico,* pág 328 Publicole por primera vez el Padre Florez (tomo XI de la *España
Sagrada*), tomandole de un codice de la Biblioteca Toledana

veniente, por cierto, al asunto. Por lo demás, ni su estilo ni su lenguaje pueden calificarse de bárbaros, antes se levantan muy por cima de todos los escritos del siglo IX. Los defectos de Álvaro Cordobés: retumbancia, oscuridad, copia de sinónimos, abuso de retórica, no existen ó son ménos visibles en Sanson, á quien despues de San Eulogio corresponde la palma entre los cordobeses

El prefacio del segundo libro es, como ya advertimos, una relacion de las vidas y costumbres de Hostegesis, Servando Romano Sebastian y demás *antropomorfitas*, escrita quizá con alguna saña y apasionamiento. Síguenla, á modo de documentos justificativos, la profesion de fé de Sanson, y las dos cartas de Hostegesis Preparado el apologista con otra oracion, entra en pelea, encarnizándose primero, como varon docto y sabedor de gramática, en los solecismos y descuidos garrafales del estilo de Hostegesis, quien, como el vulgo de su tiempo, confundia los casos de la declinacion y construia bárbaramente, diciendo, por ejemplo: «*Contempti simplicitas Christiana*», y otras frases de la misma laya. «Admiráos, admiráos, varones sábios (exclama Sanson lleno de entusiasmo clásico). ¿Dónde aprendió estas cosas? ¿Bebiólas en la fuente ciceroniana ó tuliana? ¿Siguió los ejemplos de Cipriano, de Jerónimo ó de Agustin? Esos barbarismos los rechaza la lengua latina la facundia romana: no los pueden pronunciar lábios urbanos Dia vendrá en que las tinieblas de la ignorancia se disipen, y torne á España la noticia del arte gramatical, y entonces se verá cuántos errores cometes tú, que pasas por maestro» [1].

Tras estas observaciones, utiles para desagraviar el buen gusto literario, ofendido, no ménos que la pureza del dogma, por los desacatos de Hostegesis, y curiosas porque manifiestan el loable empeño de los muzárabes en conservar la tradicion latina, examina Sanson punto por punto las proposiciones de su adversario. No le seguiremos en todo el razonamiento, fijándonos sólo en dos ó tres puntos capitales. De esta manera muestra el abad la falsedad de Hostegesis en atribuirle la afirmacion de *estar la Divinidad difundida como el aire, la luz, el agua ó la tierra.* «Nadie ignora que estos elementos son corpóreos; y ¿cómo yo habia de juzgar corpórea a la Divinidad, cuando siempre he afirmado y afirmo que por su propia incomprensible naturaleza está presente *(adesse)* igualmente á los ángeles y á los demonios, á los justos y á los impios? El cuerpo está sometido á cantidad, y se alarga ó

1 *Apologetico*, pag 408

estrecha según su masa Si llamé á Dios corpóreo, mal pude decir que
estaba por igual esencia en las cosas corpóreas y en las incorpóreas,
puesto que todos los cuerpos no están terminados por la misma cantidad. Si yo hubiera pensado que la esencia divina estaba *difundida*,
no hubiera dicho. *Está toda en cada una de las cosas y ella sola en todas*,
dado que un elemento material *difundido* no puede hallarse *todo* en un
solo cuerpo De Dios afirmo que lo llena, contiene y rodea todo, no á
la manera de los cuerpos sino como ser incorpóreo é indivisible· todo
en cada criatura, y todo en cada parte de ella [1]. Dios, ni está contenido en un lugar, ni se mueve de él á otro, ni tiene partes, ni longitud,
ni latitud, ni altura. ni superior é inferior, ni anterior y posterior, en
lugar ó tiempo Todo lo sostiene, preside, circunda y penetra Toda
la luz ó todo el aire no pueden estar contenidos á la vez dentro y fuera, encima y debajo. La luz no llega en el mismo punto á todas
partes.»

Al efugio de Hostegesis «*Dios penetra todas las cosas por sutileza*», responde Sanson «Ó la *sutileza* es un atributo de la Divinidad ó no. Si
lo es, los atributos de la Divinidad no se distinguen de su esencia
Toda la Trinidad y no una parte de ella, se llama *oído*, porque *toda*
oye. Toda *ojo*, porque *toda* ve Toda *mano*, porque *toda* obra *(operatur)*.
Toda *sutileza*, porque *toda* sin menoscabo penetra lo grande y lo pequeño, lo corpóreo y lo incorpóreo. *Toda* fortaleza y sabiduría, por
más que con relativo vocablo apliquemos la sabiduría al Hijo Los
atributos de Dios son *esenciales*, no *accidentales*, porque á la esencia de
Dios, siempre perfecto é inmutable, repugna la mutación y el accidente. Si la sutileza no es atributo esencial de Dios, resta que sea, ó
parte suya, ó criatura. No puede ser parte, porque en la idea de Dios
está virtualmente incluida la indivisibilidad. No es criatura, porque
sería imperfección en el Creador valerse de instrumentos para las cosas propias de su esencia» [2].

Allanado con esta hábil y poderosa dialéctica el principal baluarte
de la herejía, prueba sin dificultad nuestro teólogo la Encarnación

---

1 «Et quomodo Divinitatem ego, ut corpoream quamlibet rem, in incorporeis et corporeis
rebus putandus sum divisse, quam saepe praedicavi et praedico per propriam incomprehensibilem naturam aequaliter Angelis et Daemonibus, justis et impiis semper adesse? Corpus
enim quantitati subjacet, et molis porrigitur magnitudine aut contrahitur brevitate Si Deum
ut rem corpoream dixi, aequali inesse eum essentia corporeis et incorporeis rebus dicere non
potui Nam si diffusum ut ipse mendax fingit ego dixissem Deum non utique ut dixi, dice-
rem *Et totus est in singulis et unus in totis* Nam in multis res corporea diffussa, non potest in
uno comperiri tota   Omnia eum implere, continere ac circumdare asseram Sed quia est incorporeus, idcirco indesecabiliter in omnem creaturem idem est unus, et in qualibet parte
creaturae ipse est totus   » etc *(Apologetico*, lib II, cap VIII)

2 Abrevio y condenso la argumentación del abad de San Zoyl en el cap IX de su *Apologia*

in utero Virginis, y no en el *corazon*, con el texto de Isaías. «*Ecce virgo in utero concipiet et pariet Filium*», con las palabras del ángel: «*Ecce concipies in utero et paries Filium, et vocabis nomen ejus Jesum*», y con las de Santa Isabel: «*Benedictus fructus ventris tui*» [1].

¡Con qué valentía y lucidez declara Sanson en capítulos diversos las *teofanías* ó apariciones de Dios en el Antiguo Testamento; la morada del Espíritu Santo en algunas almas *por gracia*, en todas partes por naturaleza; el sentido místico en que debe tomarse la expresion *Deus habitat in coelis*, entendida á la letra por Hostegesis! ¿No es como un preludio del lenguaje vehemente de nuestros místicos este sublime final del capítulo XX del *Apologético*. «Si quieres subir, como Páulo, al tercer cielo, trasciende con alas rapidísimas lo corpóreo creado y mudable, descansa en la contemplacion beatísima de lo inmutable é incorpóreo, reconoce la inmaterialidad del alma humana, á quien por lo excelente de su naturaleza, medio entre la superior y la inferior, ha sido concedido mirar en la baja tierra el cuerpo ínfimo, contemplar en el cielo al Dios sumo. Tienes un alma, que no sólo se llama cielo, sino cielo del cielo[2]» [2].

Hemos visto que áun abandonando Hostegesis su yerro primero, negábase á reconocer que Dios estuviera en las cosas malas é inmundas Contra esta opinion, en el fondo maniquea, demuestra Sanson la bondad de todas las cosas creadas por Dios *(Vidit Deus cuncta quae fecerat et erant valde bona)*, el concurso de cada parte á la universal armonía, la absorcion de los que parecen males y dolores particulares en el bien general. «*El veneno* (dice nuestro Abad) *es muerte para el hombre, vida para la serpiente.*»

Un capítulo dedica Sanson á exponer la idea de *universalidad (quid sit omnia)* y mostrar la contradiccion en que Hostegesis incurria al excluir de algunos objetos la presencia de Dios, despues de haber afirmado que *llenaba y contenia lo supremo y lo ínfimo, lo celeste y lo terrestre, lo viviente y lo privado de vida. (¿Quid debueras dicere quod non dixisti?)* Ni

---

1 En el cap XV y por incidencia, expone Sanson una teoria de los sentidos, que no carece de interes, si era, como parece creible, la de las escuelas de su tiempo «E quibus ostiis primo loco ponuntur oculi qui colorum species discernentes, ea quae longe posita cernunt, ad notitiam tradunt memoriae • etc

2 «Nunc igitur ut possis per duos coelos usque in tertium coelum, Paulo praeunte, raptari incorporeum creatum idemque mutabile alacriori nisu et volatu perniciori transcende, atque abhinc in tertium coelum, in ipsius inmutabilis incorporei beatissima contemplatione requiesce teque, humana anima, incorpoream nosce cui pro naturae excellentia promptum est simul et congruum inter imam vel summam sui tanquam mediante substantia, vel infra despicere corpus imum, vel supra conspicere Deum summum Habes humanam mentem, non tantum coelum, sed coelum coeli vocatam •

paraban aquí sus *antinomias* por una parte decia groseramente, que *si Dios estaba en el insecto, con él moriria, si estaba en el leño seria partido con él; si en el adúltero ó en el ladron, con él pecaria;* y pocas líneas más abajo confesaba que *Dios no se dividia con las cosas divisibles, ni se alteraba con las mudables y sujetas á accidente. (Neque in his quae dividuntur ipse dividitur, nec in his quae mutantur, ulla mutatione variatur)*

Con autoridad de San Isidoro, en el *Liber differentiarum* divide Sanson las criaturas en cinco grados *(non viventia, viventia, sentientia, rationalia, immortalia),* y muestra la accion contínua de Dios en ellas, modificando los cuerpos inanimados, dando vida á las plantas, etc., sin que se mueva una hoja del árbol contra la voluntad del Altísimo. Los objetos que decimos feos, malos é inmundos, ¿por qué han de serlo para Dios y dentro del plan de la creacion? En el mundo no hay otro mal que el pecado, hijo de la soberbia y depravada voluntad de las criaturas racionales.

La última y grave dificultad que podia ofrecerse, era la presencia de Dios en el lugar donde se comete el pecado, ó en la persona que prevarica, á lo cual responde Sanson «Asiste Dios como creador y conservador, no para incitar al mal Asiste como testigo de la culpa, no como auxiliar en el crímen. Consiente la maldad, pero no participa de ella. *Está presente por naturaleza, y ausente por gracia »* (*Adest ibi Deus, ut creet, non ut ad malum incitet. Adest testis culpae, non adjutor in crimine. Adest sinendo male conceptum libitum explere, non particeps ipse in scelere Adest per naturam, sed deest per gratiam)* Es doctrina de San Gregorio el Magno.

Los *Morales* de este Santo Doctor, las obras de San Isidoro, muchas de San Agustin, las de San Fulgencio de Ruspa, y el libro *De statu animae* de Claudiano, son las fuentes predilectas del abad cordobes, que á cada paso exorna y ameniza su libro con flores de ajenos vergeles, entremezclándolas diestramente con propios conceptos, para que no parezcan exóticas y como pegadizas Del tratado de Claudiano, á quien llama siempre *noster,* habia hecho ya grande aprecio y uso Liciniano en su preciosa carta al diácono Epifanio

El efecto de la *Apología,* áun sin el tercer libro, que hoy no conocemos, debió de ser rápido y decisivo En parte alguna vuelve á hallarse mencionada la herejía de Hostegesis

¡Así se salvó nuestra Iglesia de este nuevo peligro, y volvió á triunfar la unidad católica, en el tiempo más calamitoso, entre una raza vencida y humillada, en un cautiverio más duro y tenaz que el de Babilonia! La nave que tales tormentas y las que en adelante referi-

remos, excitadas á veces por malos pilotos, pasó sin zozobrar, llegará al puerto: no hay que dudarlo. Dios está con ella.

Despues de Sanson, la historia de los muzárabes empieza á oscurecerse, porque sus escritores faltan.

Grande debió de ser la influencia de aquella raza en la cultura muslímica que era en el siglo VIII inferior á la nuestra, y brilló despues
con tan inusitados explendores. La ciencia arábiga fué siempre de segunda mano en Oriente, como Munck confiesa [1], nació del trato con
los cristianos, sirios y caldeos. El más celebrado entre los primeros
traductores árabes de Aristóteles, fué el médico nestoriano Honein-
ben-Is'hak muerto en 873. Algo semejante, en cuanto á la trasmision de la ciencia cristiana, debió de acontecer en nuestra Península.
Pero este punto importantísimo, y que directamente no hace relacion
á mi historia, será cumplidamente ilustrado por el Sr. Simonet en la
suya *De los Muzárabes*, cuya publicacion de todas veras anhelamos.

Hizo la Providencia que los muzárabes sirviesen, en otro concepto, de mediadores entre la civilizacion musulmana y la nuestra, cola-
borando con los judíos, en la traslacion y difusion de libros orientales, durante la era memorable que empieza con la conquista de Toledo por Alfonso VI, y se corona con las maravillas científicas de Alfonso el Sábio.

Pero los infelices cordobeses, cuyas vicisitudes religiosas he narra-
do, no gustaron los frutos de la libertad dada á sus hermanos de
Toledo, Zaragoza y Portugal por la espada de los reconquistadores.
Cada vez más oprimidos, y anhelosos de venganza, se levantaron en
la era 1161 contra la tiranía de los almoravides, y llamaron en su
auxilio á Alfonso el Batallador, ofreciéndole diez mil combatientes.
En una expedicion atrevidísima, por no decir temeraria, penetró el
rey de Aragon hasta las costas de Andalucía, y llevó de retorno unas
doce mil familias muzárabes. Pero los que no pudieron seguir á las
gentes libertadoras, sufrieron todo el peso de la crueldad almoravide,
y fueron llevados cautivos á Marruecos en la era 1162 (año 1124). Si
alguna vez tornaron á España, fué militando en ejércitos sarracenos.
Los demás se perdieron entre la poblacion árabe y berberisca, y cuando San Fernando rescató de manos de infieles á Córdoba, Jaen y Sevilla, apenas encontró muzárabes [2]

1 *Melanges de philosophie arabe et juive*, pág. 314
2 Vid. Amador de los Rios, *Historia crítica de la literatura española*, tomo II, cap. XII, y el
primer tomo de las *Recherches* de Dozy.

CAPÍTULO III

UN ICONOCLASTA ESPAÑOL EN ITALIA.—VINDICACION DE UN ADVERSARIO DE SCOTO ERÍGENA

I. Antecedentes de la herejía iconoclasta.—II. Cláudio de Turin. Su herejía. Su *Apologético*. Impugnaciones de Jonás Aurelianense y Dungalo.—III. Otros escritos de Cláudio.—IV. Vindicacion de Prudencio Galindo. Su controversia con Scoto Erigena.

I.—ANTECEDENTES DE LA HEREJÍA ICONOCLASTA

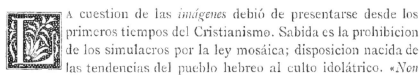 A cuestion de las *imágenes* debió de presentarse desde los primeros tiempos del Cristianismo. Sabida es la prohibicion de los simulacros por la ley mosáica; disposicion nacida de las tendencias del pueblo hebreo al culto idolátrico. «*Non facies tibi sculptile neque omnem similitudinem, quae est in coelo desuper, et quae in terra deorsum, neque eorum quae sunt in aquis super terram*», leemos en el capítulo XX del *Exodo*. Pero esta prohibicion no era absoluta. En el capítulo XXV del mismo libro ordena Dios á Moisés que haga el *propiciatorio* de oro purísimo, y añade: *Duos quoque cherubim aureos et productiles facies ex utraque parte oraculi*. En los primeros tiempos de la ley de gracia, y por un peligro semejante, el de las reminiscencias paganas, vedaron algunos Padres y Concilios, entre ellos el nuestro de Iliberis, las imágenes: *Ne quod colitur aut adoratur in parietibus depingatur*. Á pesar de todo, la devocion iba multiplicando las representaciones esculturales y pictóricas de Cristo, de su Madre

y de los Apóstoles El arte cristiano, todavía en la cuna, se ensaya-
ba en reproducir las historias del Antiguo y Nuevo Testamento. La
Iglesia, que no recelaba ya el contagio del gentilismo, amparó las
artes plásticas bajo su manto, considerándolas como excelente medio
de educacion para las razas bárbaras. Cierto que en la veneracion de
las imágenes podian caber abusos, cayendo algunos por ignorancia
en la adoracion del traslado en vez del original, pero contra este peligro obstaba, no sólo la palabra escrita, sino la contínua enseñanza
del sacerdote católico. Todo bien considerado, los inconvenientes
eran menores que las ventajas, puesto que nunca un pueblo, y más
aquellos pueblos rudos y neófitos, han podido acomodarse á un culto
frio, abstracto y vago, sin imágenes ni símbolos, culto antiestético,
que si se dirige á la razon, deja en cambio seca y ayuna la fantasía,
y priva á una de las más nobles facultades del alma de su necesario
alimento La religion que se dirige á *todos los hombres*, así al ignorante como al sábio, al que comprende la idea pura y al que sólo la
ve encarnada en un símbolo, é impera y domina á *todo el hombre* así
en el entendimiento como en la imaginacion y en la voluntad, no podia desdeñar, para el cumplimiento de su mision, el auxilio de las
artes, hijas al fin de Dios y reflejos de la suma é increada belleza.
Estaba reservado á un emperador bizantino de la decadencia, y más
tarde á un Carlostádio, reformista *aleman* (que sangre germánica y no
latina debia tener en las venas el contradictor de las imágenes), romper el feliz concierto y armonía en que el Catolicismo educaba todas
las potencias espirituales de nuestro sér.

En el siglo VII, un Obispo de Marsella, Sereno, quemó y destruyó
diversas imágenes que juzgaba peligrosas para la ortodoxia. Pero San
Gregorio el Magno, aprobando su celo por la extirpacion de la idolatría, no fué de parecer que las imágenes se rompieran, porque gracias
á ellas, *el que no sabe leer ve en las paredes de las iglesias lo que no puede
aprender en los libros.* (Ep. X del libro VIII)

En Oriente, una poderosa reaccion contra la herejía de Nestorio
habia multiplicado las representaciones de la divina *Teótocos* con el
niño en brazos y un emperador de Oriente se propuso extirparlas
en los primeros años del siglo VIII. Leon el Isáurico, que por el trato con judíos y musulmanes, fanáticos enemigos unos y otros de las
imágenes, habia concebido ódio grande á lo que él llamaba *iconola-
tría*, vedó por su propia autoridad ciertas prácticas, en concepto suyo
supersticiosas, excitando con tal muestra de arbitrariedad grandes
tumultos en la Iglesia griega El Patriarca de Constantinopla Germa-

no se opuso á los edictos imperiales, y Leon contestó haciendo derribar las imágenes. Levantado en armas el pueblo. y ahogada la sublevacion en sangre, llevó el Isáurico su fanatismo teológico hasta el extremo de pegar fuego á una especie de universidad anexa á su palacio, pereciendo entre las llamas doce profesores que no opinaban como él, y toda una preciosa biblioteca En varios puntos del imperio estallaron sublevaciones. las islas del archipiélago proclamaron emperador á Cosme Leon. cada vez más irritado, proseguia en su tarea de destruir imágenes, sordo á los consejos del Papa Gregorio II que en dos cartas le repetia «*No adoramos piedras, ni paredes, ni cuadros, sino que por medio de ellos conmemoramos á aquellos Santos cuyos nombres y semejanza llevan, levantando así nuestro espíritu torpe y rudo. Delante de una imágen del Salvador, decimos· «Jesucristo, socórrenos y sál-»vanos » Delante de una de la Vírgen «Santa María, ruega á tu Hijo por »la salvacion de nuestras almas.» Delante de la efigie de un mártir «San »Estéban. que derramaste tu sangre por Cristo, y alcanzas tanta gracia con »él, ruega por nosotros.*» Amenazó el iconoclasta con ir á Roma á derribar las imágenes y traer en cadenas al Papa, pero Gregorio III, sucesor del II, anatematizó en 731 al emperador, y los pueblos italianos del Exarcado y de la Pentápolis. sujetos á la dominacion bizantina. aprovecharon aquella ocasion para sacudir el yugo de un poder lejano y herético Opusiéronse los Papas á los desmanes de ravenates y napolitanos, pero el movimiento popular siguió su camino, y sustrajo la Italia y el mundo occidental de la vergonzosa tutela de pedantes coronados A la sabiduría de los Pontífices y á la espada de los Francos quedaba reservado el libertar la Península transalpina de otra dominacion más dura la de los reyes longobardos

Pero no narro la historia externa, sino la de las ideas. En 781, imperando Constantino Porfirogeneto bajo la tutela de su madre Irene, y siendo Papa Adriano I, juntóse en Nicea de Bitinia un Concilio. con asistencia del Patriarca de Constantinopla Tarásio y de dos Legados del Papa. En él abjuraron de su error tres Obispos, de los que en un conciliábulo efesino habian condenado las imágenes. En la segunda sesion *(acto secunda)* leyóse una carta del Papa, con citas y testimonios de San Gregorio Niceno, San Basilio el Magno, San Juan Crisóstomo. San Cirilo, San Atanasio, San Ambrosio y San Jeronimo, relativos á las efigies y simulacros. Tarásio y los demás asistentes al Sínodo manifestaron conformarse con aquella doctrina. En las sesiones sucesivas se discutieron ámpliamente los argumentos iconoclastas. y el Concilio dió en estos términos su sentencia «Unánimemen-

te confesamos querer conservar las tradiciones eclesiásticas, una de
las cuales es la veneracion de las imágenes. Definimos, pues, que se
deben hacer las venerandas y sagradas imágenes (al modo y forma
de la veneranda y vivificadora Cruz) de colores y madera, ó de cualquiera otra materia, y que deben ser dedicadas y colocadas en los
templos de Dios, así en vasos y vestiduras sagradas como en paredes y tablas, tanto en edificios públicos como en las calles. especialmente las imagenes de nuestro Salvador Jesucristo, de su bendita
Madre, de los venerandos ángeles y de todos los Santos. Para que
los que contemplan estas pinturas vengan por ellas en memoria, recordacion y deseo de los prototipos ú originales, y les tributen salu-
tacion y culto de *honor*, no de *latría*, que compete sólo á la Naturaleza divina, sino semejante al que tributamos á la santa Cruz, á los
Evangelios. á las reliquias de los mártires.... Porque el honor de la
imágen recae en el original, y el que adora la efigie adora el prototi-
po..... Si alguno pensare en contrario..... ó fuere osado á arrancar
de las iglesias los códices *historiados (depicti)* de los Evangelios, ó la
figura de la Cruz, ó las imágenes y pinturas, ó las reliquias genuinas
y verdaderas de los mártires, sea depuesto, si fuere Obispo ó clérigo,
y separado de la comunion, si monje ó láico» [1]. El Concilio anatematizó al que llamase ídolos á las imágenes, ó les aplicase las palabras de la Sagrada Escritura relativas á los simulacros gentiles; á
quien dijese que los cristianos adoraban las imágenes como á dioses,
al que comunicase con los Iconoclastas; al que no saludase á las imágenes en el nombre de Dios y de sus Santos: al que no aceptase las
narraciones evangélicas representadas en las pinturas, etc.

En Occidente, donde la ignorancia de la lengua helena era gran-

---

[1] «Fatemur autem unanimiter nos ecclesiasticas traditiones retinere velle quarum de
numero est imaginum effiguratio Definimus cum omni diligentia et cura, venerandas et
sanctas imagines ad modum et formam venerandae et vivificantis crucis, e coloribus et tes-
selis aut alia quavis materia commode paratas dedicandas, et in templis sanctis Dei collocan-
das habendasque tum in sacris vasis et vestibus, tum in parietibus et tabulis, in aedibus pri-
vatis, in viis publicis maxime autem imaginem Domini et Dei servatoris nostri Jesu Christi
deinde intemeratae Dominae nostrae Deiparae, venerandorum Angelorum et omnium deinde
Sanctorum virorum Quoscilicet per hanc imaginum pictarum inspectionem omnes qui con-
templantur, ad prototyporum memoriam et recordationem et desiderium veniant, illisque sa-
lutationem et honorariam adorationem exhibeant non tamen veram latriam, quae solum
divinae naturae competit, sed quemadmodum typo venerandae et vivificantis crucis, et Sanctis
Evangeliis et reliquis sacris oblationibus reverenter accedimus Imaginis enim honor
in prototypum resultat et qui adorat imaginem, in ea adorat quoque descriptum argumen-
tum Igitur qui ausi fuerint aliud sentire aut docere aut quidquam de consecratis in Ecclesia abjicere. Evangelii, inquam, depictum codicem, aut figuram crucis, aut imaginis alicujus
picturam, aut reliquias martyrum, quas scierit esse germanas et veras si fuerint episcopi
aut clerici, deponuntur, si monachi aut laici communione privantur.» *(Actio septima Concil II
Nicaeni*

de, y el culto de las imágenes se hallaba ménos extendido que en Oriente, encontraron alguna oposicion las definiciones de este Sínodo. Traducido mal el texto griego relativo al culto de *honor* προσκύνησις y de *latría* que debe tributarse á las imágenes, el Concilio de Francfort (ya mencionado al hablar de la herejía adopcionista), entendió que el culto de *postracion* se debia á sólo Dios, y que las imágenes habian de tenerse en los templos únicamente para histórica recordacion y para deleite de los ojos. En tal sentir persistieron casi todos los Prelados franceses, entre ellos Agobardo, Jonás Aurelianense, Warnefrido Strabon é Hincmaro de Reims, á pesar de las observaciones del Papa Adriano II. Sólo en tiempo de Juan VIII se disipó el error, traduciendo con exactitud el bibliotecario Anastasio la definicion de Nicea.

No llegaron á España estas alteraciones, pero en ellas tomó parte muy señalada, siendo el único *iconoclasta* decidido de la Iglesia latina, un célebre español, de cuya vida y escritos vamos á dar noticia.

.

II.—CLÁUDIO DE TURIN.—SU HEREJÍA.—SU «APOLOGÉTICO».— IMPUGNACIONES DE JONÁS AURELIANENSE Y DUNGALO

ÁBESE que Cláudio era español, pero ninguno de los que han tratado de él fijan el pueblo ó comarca de su nacimiento. Parece creible que hubiese nacido en la *Marca Hispánica*, puesto que fué discípulo de Félix de Urgel, aunque no le siguió en el yerro adopcionista, ni con fundamento puede decirse que aprendiera de aquel Obispo la doctrina de las imágenes, por Félix no combatidas. Ordenado de presbítero Cláudio, y famoso ya por su mérito y doctrina, estuvo algun tiempo en la córte de Ludovico Pio, con el cargo de maestro del palacio imperial, segun afirman graves escritores [1]. La pericia del *español* en las Sagradas Escrituras, y la ignorancia que de este saber se advertia en Italia, movió á Ludovico á hacer Obispo de Turin á Cláudio. Consta todo esto por el testimonio de Jonás *Aurelianense* (de Orleans) en su refutacion del libro de Cláudio acerca de las imágenes «*Quo feliciter imperante* (Ludovico Pio) *idem*

---

[1] Amador de los Rios, *Historia crítica de la literatura española*, tomo II, pag. 265.
Tiraboschi *(Storia della letteratura ital.*, tomo III, lib. III, pág. 210) escribe «*visselo qualche tempo a la corte di Lodovico, ove dicesi ancora ch'egli tenesse scuola*»

Felix in quodam discipulo suo nomine Claudio, utpote (ut verbis B. Hieronymi utar) Euphorbus in Pythagora renascitur qui etsi non fidei catholicae regulam, Ecclesiasticas tamen traditiones quam venenatis telis..... jaculari nisus est». Y en otra parte añade. *«Quemdam presbyterum, natione Hispanum, nomine Claudium qui aliquid-temporis in palatio suo, in presbyteratus militaverat honore, cui in explicandis Sanctorum Evangeliorum lectionibus quantulacunque notitia inesse videbatur, ut Italicae plebis (quae magna ex parte a Sanctorum Evangelistarum sensibus procul aberat) Sacrae doctrinae consultum foret, Taurinensi praesulem subrogari fecit Ecclesiae»* [1].

Observó Cláudio en su diócesis buen numero de supersticiones paganas en lo relativo al culto de las imágenes, y deseoso de atajarlas, y arrebatado de un indiscreto celo, comenzó á destruir, romper y quemar cuantas efigies y cruces hallaba en las basílicas; y para aumentar el escándalo de sus diocesanos, resucitó el error de Vigilancio, impugnando públicamente la veneracion de las reliquias de los mártires [2].

Divulgada la herejía de Cláudio, amonestóle por cartas á que desistiese de ella el abad Teudemiro, cuyo monasterio ignoramos, aunque Mabillon se inclina á creer que fué la abadía *Psalmodiense* en Septimánia. Pero el Obispo de Turin lejos de enmendarse, sostuvo su mala doctrina en un tratado larguísimo, *tan largo como el Salterio de David, si le añadiéramos cincuenta salmos*, dice Jonás *(Fertur interea in sigillationem ejusdem abbatis totiusque gallicanae Ecclesiae tantae prolixitatis evomuisse libellum ut magnitudine sua quinquaginta Psalmis Davidicum superaret Psalterium.)* Este escrito no ha llegado á nuestras manos. Sólo tenemos un breve extracto, conservado por Jonás en su refutacion. Titúlase *Apologeticum atque Rescriptum Claudii Episcopi adversus Theudemirum abbatem. (Apología y respuesta del Obispo Cláudio contra el abad Teudemiro.)* Empieza en destemplado tono, semejante al de

---

[1] En otro pasaje repite Jonás «Is exortus ex eadem Hispania, ejusdem Felicis discipulatus ab ineunte aetate, inherens per aliquod tempus in Palatio memorati gloriosissimi, ac Serenissimi Deoque amabilis Augusti, in officio presbyteratus militavit »

[2] «Qui dum gregem sibi conditam pro viribus super intenderet, vidit eum inter caetera quae emendatione digna gerebat, superstitiosae imo perniciosae imaginum adorationi, qua plurimum nonnulli illarum partium laborant ex insolita consuetudine deditum esse Unde inmoderato et indiscreto zelo succensus non solum picturas sanctarum rerum gestarum, quae non ad adorandum sed solummodo ad instruendas nescientium mentes in Ecclesiis suis antiquitus fieri permissae sunt (a) verum etiam cruces materiales quibus ob honorem et recordationem redemptionis suae sanctae consuevit uti Ecclesia a cunctis Parochiae suae Basilicis dicitur delevisse, evertisse et penitus abdicasse Dicitur etiam Claudium eumdem adversus reliquias Sanctorum quaedam nefanda dogmatizasse » (Jonas Aurelianense, *De cultu imaginum*)

(a) Nótese que Jonás seguia la opinion de la Iglesia galicana en punto a las imágenes

las epístolas de Elipando· «Recibí, por un rústico mensajero, tu
carta, con los capítulos adjuntos, obra llena de garrulería y necedad
Allí me anuncias que desde Italia se ha propagado hasta las Gálias y
fines de España el rumor de haber yo fundado una nueva y anticatólica secta, lo cual es falsísimo ... Yo no fundo secta, antes defiendo
la unidad y proclamo la verdad, y he atajado, destruido y desarraigado, y no ceso de destruir, en cuanto alcanzo todo género de sectas,
cismas, herejías y supersticiones .... Vine á Italia, á esta ciudad de
Turín, y encontré todas las basílicas llenas de imágenes y de abominaciones Yo solo comenzé á destruir lo que todos los hombres adoraban. Por esto abrieron todos sus bocas para blasfemar de mí, y á
no haberme defendido el Señor, quizá me hubieran devorado vivo.»

El grande argumento de Cláudio, como de todos los Iconoclastas,
eran las palabras del *Exodo* «No harás representacion ó semejanza
de ninguna de las cosas que están en el cielo ó en la tierra», lo cual
(decia nuestro heterodoxo) *no se ha de entender sólo de los ídolos extranjeros, sino de las mismas criaturas celestes.* En esto olvidaba Cláudio (olvido extraño dada su erudicion bíblica) los dos querubines del *propi-
ciatorio.* Y proseguia el descaminado Obispo taurinense «Si no adoramos ni reverenciamos las obras de la mano de Dios, ¿por qué hemos de venerar las obras de humanos artífices?»

A estos lugares comunes, nacidos de una inexplicable confusion
entre el culto de *latría* y el de *honor,* siguen peregrinos argumentos
para impugnar la adoracion de la santa Cruz: «Nada les agrada en
nuestro Salvador (dice Cláudio) sino lo que agradaba á los judíos. el
oprobio de la pasion y la afrenta de la muerte; no aciertan á creer de
él sino lo que creian los impíos, hebreos y paganos, que niegan su
resurreccion y le ven sólo muerto y crucificado. Si adoramos la
Cruz, porque Cristo padeció en ella, adoremos á las doncellas, porque de una Vírgen nació Cristo. Adoremos los pesebres, porque despues de muerto fué reclinado en un pesebre. Adoremos los paños
viejos, porque en un paño viejo fué envuelto Adoremos las naves
porque navegó con frecuencia en ellas, y desde una nave enseñó á las
turbas, y en una nave durmió Adoremos los asnos, porque en un
asno entró en Jerusalen Adoremos los corderos, porque de él está escrito: «*Ecce agnus Dei* ...» Adoremos los leones, porque de él está escrito: «*Vicit Leo de tribu Juda.* ...» *Risum teneatis*

¡De tan pobre y rastrero modo razonaba uno de los escritores de la
Edad Media, á quien los protestantes califican de *precursores* suyos!
¡Ni siquiera comprendia la grandeza inefable del misterio de nuestra

Redencion, y con ojos groseros sólo miraba en el sagrado leño *la afrenta de la Cruz*, lo mismo que los paganos!

Pero aún no hemos acabado con las raras ilaciones que de la adoracion de la Cruz saca el iconoclasta de Turin· «Dios mandó que llevásemos la Cruz, no que la adorásemos. Y precisamente la adoran los que ni espiritual ni corporalmente quieren llevarla.... Adoremos las piedras. porque Cristo, despues del Descendimiento, fué enterrado en un sepulcro de piedra. Adoremos las espinas y las zarzas, porque el Salvador llevó corona de espinas. Adoremos las cañas, porque en la mano de Jesús pusieron los soldados un cetro de caña. Adoremos las lanzas, porque una lanza hirió el costado del Señor, manando de allí sangre y agua.   »

Acusado Cláudio de condenar las peregrinaciones á Roma, defiéndese en estos términos «Ni apruebo ni condeno ese viaje, porque ni aprovecha á todos ni á todos daña... Bien sé que muchos, entendiendo mal aquellas palabras: *Tu es Petrus,* etc , pospuesta toda espiritual diligencia, creen ganar la vida eterna con ir á Roma..... Volved, ¡oh ciegos! á aquella luz verdadera que ilumina á todo hombre que viene á este mundo .. Por no ver esta luz, andais en tinieblas y no sabeis á dónde dirigiros, porque la oscuridad ciega vuestros ojos .... No se ha de llamar *apostólico* al que ocupa la cátedra de los Apóstoles, sino á quien cumple el apostólico oficio. Del que obrare en contrario, dice el Señor. «*En la cátedra de Moisés se sentaron los Scribas »y los Fariseos. guardad y cumplid todo lo que os digan, pero no imiteis sus »obras».*

El ódio contra Roma, mal contenido en estas líneas, nacia en Cláudio de la pública desaprobacion dada por el Pontífice á su doctrina, pero no llegaba á abierta hostilidad ó cisma. La cita del *servate et facite quaecumque dixerint,* verdadera contradiccion en boca de Cláudio, lo demuestra. Él mismo confiesa que Pascual I se habia irritado gravemente por aquella herejía: «*Dicis quod Dominus Apostolicus indignatus sit mihi. Hoc dixisti de Paschali Ecclesiae Romanae Episcopo qui praesenti jam cariut vita »* Escribióse, pues, el *Apologético* despues del año 824, en que aquel Pontífice pasó á mejor vida [1]

No hay duda que en el error iconoclasta, y hasta en la manera de defenderle, inició Cláudio la pseudo-reforma luterana. Al decir que «no se habian trocado los ídolos sino los nombres, y que las imágenes de San Pedro y San Pablo eran tan vanas y poco dignas de re-

___

[1] Insertamos en el apéndice todo lo esencial de la Ipologia de Claudio que nos conservó en parte Jonas Aurelianense en el tratado que citaré luego

verencia como las de Jove ó Saturno», anticipábase el disidente Prelado á las audaces y poco embozadas proposiciones que leeremos en el *Diálogo de Mercurio y Caron*, de Juan de Valdés. ¡Triste gloria en verdad, llevar la piqueta demoledora y el sacrílego martillo á los monumentos del arte cristiano, romper el lazo eterno que Dios puso entre la verdad y la belleza, la idea y la forma, la razon y la fantasía; matar el gérmen artístico en el corazon de pueblos enteros, como hizo la Reforma[1]

Cláudio fué extremando por momentos su rebelion, y se negó á asistir al Sínodo de Aquisgram, llamándole *congregacion de asnos*[1]. Impugnó los errores del desatentado Obispo un diácono llamado Dungalo, á quien Mabillon no cree francés, sino *escocés* probablemente[2]. Papirio Masson, que sacó del olvido su libro, valiéndose de un manuscrito que poseia Pedro Petau y de una copia de Nicolás Faber, inclínase á creer que el ignoto Dungalo escribió su refutacion en la abadía de San Dionisio, cerca del Sena. Ha sido impresa la obra en cuestion con este rótulo *Liber responsionum adversus Claudii Taurinensis Episcopi Sententias ad Ludovicum imperatorem, ejusque filium Lotharium Augustum*[3], y fué calificada por su propio autor de *ramillete ó florilegio de sentencias de los Santos Padres*. (*Libellum responsiones ex auctoritate ac doctrina sanctorum patrum defloratas et excerptas continentem.)* Redúcese á una compilacion bien hecha de trozos de la Sagrada Escritura, y de San Paulino de Nola, San Gregorio Niceno, San Jerónimo, San Agustin, San Ambrosio, Venancio Fortunato, Prudencio, Sedulio, San Juan Crisóstomo, San Gregorio el Magno, etc. Dungalo expone la doctrina de las imágenes con más firmeza y claridad que Jonás Aurelianense y otros franceses. «De esta cuestion, dice, se trató há dos años, en presencia de nuestros gloriosos y religiosísimos príncipes, comprobándose y definiéndose con autoridad de las Escrituras, y doctrina y ejemplo de varones sabios y piadosos, con cuánta cautela y discrecion han de ser veneradas las imágenes, de suerte que nadie, aunque de rudo y grosero entendimiento, pueda pensar que es lícito tributar honor *divino* sino al sólo Dios, Padre, Hijo y Espíritu Santo. Pero nadie, por el contrario, presuma destruir, despre-

---

1 Vid. Dungalo en la obra que cito en seguida.

2 *Annales Ordinis S. Benedicti Occidentalium Monachorum Patriarchae auctore Domno Iohanne Mabillon. Tomus secundus, Lutetiae Parisiorum, Sumptibus Caroli Robustae 1704* (Páginas 508 y sigs.

3 *Maxima Bibliotheca Veterum Patrum et Antiquorum Scriptorum Ecclesiasticorum primo quidem a Margarino de la Bigne, in Academia Parisiensi Doctore Sorbonico, in lucem edita etc. Tomus decimus quartus, continens Scriptores ab anno Christi 800 ad ann. 840 (Lugduni, apud Anissonios, 1687.* En las *Disertaciones* de Labbe hay una brevísima noticia de Dungalo.

ciar ó abominar á los ángeles, á los Santos, á sus imágenes, ó á cualquier objeto consagrado á honra y gloria del sólo verdadero Dios» [1]

Divide Dungalo su *Apología* (en que sólo se echa de ménos alguna precision de lenguaje cuando el autor habla por cuenta propia) en tres partes, enderezada la primera á rebatir las proposiciones de Cláudio acerca de las imágenes; la segunda á defender la veneracion de la santa Cruz, y la tercera, las peregrinaciones á Roma y las reliquias de los Santos, que Cláudio despreciaba, siguiendo á Eunomio y á Vigilancio [2].

De una carta de Loup de Ferrièces á Eginhardo parece deducirse que este cronista escribió un libro, *De adoranda cruce*, que Nicolás Antonio supone dirigido contra Cláudio. No ha llegado tal lucubracion á nuestros dias, como tampoco la respuesta de Teudemiro al *Apologético* del iconoclasta, que conocemos sólo por los fragmentos insertos en la obra de Jonás.

Este Obispo de Orleans fué el más señalado de los contradictores de Cláudio Emprendió su tarea de órden de Ludovico Pio, pero no la puso cima hasta el reinado de Cárlos el Calvo, cuando ya el sedicioso pastor de Turin habia pasado de esta vida Tentado estuvo Jonás á dar de mano á su libro, pareciéndole fuera de propósito y áun contra caridad lidiar con muertos; pero adviitiéronle algunos que el error revivia en los discípulos de Cláudio, contagiados á la vez de *arrianismo*, doctrina enseñada en ciertos libros clandestinos que habia dejado el maestro en lo más recóndito de su cámara episcopal [3]. De la acusacion de arriano aquí fulminada contra Cláudio no se encuentra vestigio en otra parte, ni sus escritos inducen á tal sospecha.

Pero Jonás queria justificar á todo trance la divulgacion de sus tres tan elaborados libros *De cultu imaginum,* como si no fuera bastante

---

1 «De hac, igitur, imaginum pictarum ratione, de qua iste in exordio suo proponit Epistolae, inquisitio, diligentius ante, ut reor, biennium apud gloriosissimos et religiosissimos principes habita est in palatio ubi divinae scripturae, sanctorum librorum et probatissimorum qui eos scripserunt virorum exemplis atque auctoritate, cum quanta et quali moderatione ac discretione sint habendae imagines, inventum, confirmatum satisque evidenter definitum est, ut nemo post haec quamvis stolido et obtuso desipiens sit corde nec Angelis nec hominibus liceat sanctis nec eorum imaginibus nec cuiplam penitus in mundo creaturae excusabiliter divinum possit honorem deferre, nisi soli omnium Creatori uni Deo Patri et Filio et Spiritui Sancto » (Dungalo, *Liber responsorum* etc)

2 «Adfirmat, enim, reliquias id est ossa hominum, quamlibet sanctorum ossibus pecorum, vel verius lignis et lapidibus aliave quaquam terra non esse reverentiora Cuius haereseos Eunomius primus extitit auctor Deinde Vigilantius » (Dungalo, *Liber responsorum*)

3 «Sed quia ut relatione veridica didici, non modo error de quo agitur in discipulorum suorum mentibus reviviscitur, quin potius (eo dicente) haeresis Ariana pullulare deprehenditur, de qua fertur quaedam monumenta librorum congessisse, et ad simplicitatem et puritatem fidei Catholicae oppugnandam in Armario Episcopii sui clandestina calliditate reliquisse » (Jonas Aurelianense *De cultu imaginum*)

motivo para la defensa de la verdad el persistir de una aberracion y la necesidad de precaverla en adelante. Dióles comienzo en limado y retórico estilo, afirmando una y otra vez, cual cosa manifiesta, que *España habia producido sábios elocuentísimos é invictísimos propugnadores de la fé católica;* pero tambien, y á la par de ellos, señalados heresiarcas, que con perversos dogmas y várias supersticiones intentaron aunque en vano, mancillar la pureza de la doctrina [1]. Reciente y no olvidado ejemplo era el de Félix y el Arzobispo Elipando; y Jonás, que habia viajado por España y llegado á Astúrias, no dejó de recordarle, tributando de pasada honorífico testimonio á la ciencia y virtudes de nuestro S Beato, aunque expresamente no le nombra. La digresion relativa á los *Adopcionistas* llévale como por la mano á tratar del discípulo de Félix, Cláudio, de quien dá las noticias en su lugar trascritas, no sin hacer notar que con sus atropelladas y escandalosas providencias se granjeó aquel Obispo la saña de sus diocesanos. Ni se oculta á Jonás la semejanza de Cláudio con Vigilancio y Eustacio, de quienes cantó Sedulio

Ambo errore pares, quamquam diversa secuti,

pues aunque Cláudio en su *Apologético* no parece contradecir la veneracion de las reliquias, era cosa sabida que de palabra las impugnaba [2], y lo confirma Dungalo. Sobre Cláudio debian caer, pues, las razones y anatemas de San Jerónimo contra Vigilancio, y del Concilio Gangiense contra los despreciadores de las antiguas tradiciones

Ni eran sólo censuras teológicas las que Cláudio merecia. Su falta de probidad literaria en aprovecharse á manos llenas (y sin advertirlo) de frases y conceptos de los antiguos Padres, es uno de los argumentos de la grave acusacion que Jonás le dirige [3].

1 «Dissertissimos viros et eloquentissimos atque Catholicae et Apostolicae fidei invictissimos defensores Hispaniam protulisse manifestum est Sed quoniam saepissime et Haeresiarchas simplicitatem Catholicae fidei perversis dogmatibus commaculare conantes et multifariis superstitionibus auctoritati Sanctae Dei Ecclesiae contra euntes creavit, et hactenus creare non cessat, valde fidelibus dolendum est • (Jonas Aureliánense en el citado tomo XIV de la *Bibliotheca Veterum Patrum*)

2 «Quae licet series litterarum suarum manifeste non indicet, ex his tamen quae innuit, et ex veridica quorumdam fidelium relatione ita se rem habere liquido claret Quapropter verisimile videtur hujus noviti sanctae Ecclesiae hostis animam ex duorum animabus priscorum compactam atque uno corpori indeptam, Vigilantii videlicet et Eustatii qui (ut verbis Sedulii utamur) ambo errore pares etc Licet enim in plurimis ab alterutro descicerit, in contemnendis tamen sanctorum Martyrum reliquis eorumque sepulchris deshonorandis et nonnullis ecclesiasticis traditionibus reprehendendis unum perversissime senserunt• etc

3 «Quoniam ab his qui litteraria arte imbuti sunt vel tenuiter discuciantur (scripta ejus) pene nihil in eis reperitur quo ars recte loquendi et scribendi non offendatur exceptis his quae de aliorum opusculis furtim subripuit, et quibusdam subtractis atque mutatis, compilatoris usus officio •

Le acrimina asimismo de mal gramático y escritor descuidado en estilo y construcciones; pero en esta parte (hablando en puridad) no le lleva su impugnador grandes ventajas. Muéstrase, sí, afecto á extrañas pedanterías, citando muy fuera de lugar el *Arte amatoria* de Ovidio: y a los nécios argumentos de Cláudio contesta no rara vez con observaciones de esta guisa· «Dices que debemos adorar á los asnos, pero es necesario que los elijas bien, porque los de Italia y Germánia tienen malas orejas, y por la deformidad y pequeñez de sus cuerpos no son dignos de ser adorados: en cambio los de tu tierra, por lo gallardo de sus cuerpos y lo desarrollado de sus orejas, atraen á sí los ojos de los espectadores» [1]. Esto nos trae á la memoria lo que escribia D. Diego de Mendoza en el siglo XVI. «No sé por qué aquel doctorcillo de Aristóteles dijo en sus libros *De animalibus* que no había asnos en Francia, cuando vemos tantos bachilleres como se hacen en París cada año» [2]

No es frecuente este tono de burlas en la apología de Jonás. Por lo general, discurre bien y con seso, aunque desde un punto de vista incompleto. En concepto de Jonás, las imágenes de los Santos en las pinturas que retrataban sus acciones debian conservarse sólo para ornato é histórica memoria. conforme el Obispo de Orleans con la mayor parte de los franceses, rechazaba el segundo Concilio de Nicea por haber definido el punto de la adoracion, pero era de parecer que el culto de la Cruz debia conservarse. De las imágenes, dice en el primer libro: «*Picturas sanctarum rerum gestarum, quae non ad adorandum, sed solummodo (teste B. Gregorio) ad instruendas nescientium mentes in Ecclesiis sunt antiquitus fieri permissae... non ut adorentur, sed ut quandam pulchritudinem reddant et quarumdam praeteritarum rerum memoriam sensibus imperitorum ingerant, in Ecclesiis depingi. Creaturam vero adorari... nefas dicimus*»

Opiniones muy semejantes sostuvo Agobardo en su tratado *De imaginibus*, donde, entre otras proposiciones, leemos. «Ley es de la adoracion que ninguna criatura, ningun fantasma, ninguna obra humana, ni el sol naciente, ni el poniente, ni las nubes, ni el fuego, ni los árboles, ni las imágenes sean adorados.... Y no repliques que adoras el sér representado en la imágen, y no la imágen misma, por-

1 ¿Quia ergo asinos adorandos proponis necesse est ut tales nobis quaeras quales adorari deceat, scis enim quia Italici et Germanici male sunt auriti et ob deformitatem et exiguitatem corporis non merentur adorari Manifestum est autem quia regionis tuae asini magnorum sunt corporum magnarum aurium, magna pulchritudine in se oculos intuentium spectabiliter convertunt ›

2 Segunda carta del bachiller de Arcadia

que el objeto determina la adoracion, y con la falacia del honor de los Santos nos lleva Satanás á la idolatría.... Las imágenes deben ser conservadas por religion y memoria, sin culto ni honor de latría, ni de dulía, ni de otro alguno, porque no nos pueden hacer bien ni mal» Y concluye aconsejando que para evitar la idolatría no se pinten imágenes ni se erijan simulacros, *porque nada es santo sino el templo de Dios* [1]

Toda esta argumentacion de Agobardo descansa, como se ve, en el falso supuesto de que el *objeto material* ó digamoslo así, próximo, y no el *formal ó final*, determina la adoracion, cuando es evidente que el culto de honor tributado por el cristiano á las efigies, no termina ni puede terminar en las efigies, consideradas como tales, sino con relacion á la persona que representan, en lo cual no corren los fieles el peligro de caer en supersticion, como suponia Agobardo.

Aunque pueda en algun modo disculparse la mala inteligencia dada por la Iglesia galicana á la definicion de Nicea, no cabe dudar de la exactitud del hecho El Concilio de Francfort habia establecido estas proposiciones, realmente censurables. «Ha de ser adorado un solo Dios sin imágen ni en la Escritura ni en los Padres está expresa la adoracion de las imágenes deben conservarse para ornamento y deleite de los ojos, no para instruir á los pueblos». El mismo Mabillon confiesa que la palabra *adoracion* fué rechazada en Francia hasta fines del siglo IX, pero niega que Alcuino y Walafrido Strabon prevaricasen en este punto.

La parte más de estimar en la obra del Prelado aurelianense es el libro tercero, en que refuta las blasfemias de Cláudio contra la santa Cruz, y reune y comenta los testimonios de Santos Padres que recomiendan su culto. «Adoremos (dice con San Juan Damasceno) la figura de la preciosa y vivífica Cruz, de cualquiera materia que esté hecha, no venerando (¡lejos de nosotros tal error!) la materia, sino la forma, el signo de Cristo Donde esté su signo, allí estará él. Si la materia de la Cruz se disuelve ó pierde la forma, no debe ser adorada».

Con solidez demuestra asimismo Jonás, apoyado en San Jerónimo, que las reliquias y sepulcros de los martires deben ser venerados, *porque su muerte es preciosa delante del Señor*. El tercer libro del *Apologetico* de Jonás versa sobre las peregrinaciones á Roma *De peregrinationibus in urbem conceptis.*

1 *Bibliotheca Veterum Patrum*, tomo XIV El tratado de Agobardo lleva un prefacio de Papirio Masson, que dió a luz la obra por vez primera

2 *Vetera Analecta sive collectio veterum aliquot operum Parisiis, apud Montalant 1723* En las Anotaciones al prefacio de la exposicion de Claudio sobre la epistola *ad Ephesios*,

Parece que Walafrido Strabon escribió tambien contra Cláudio. La fecha de la muerte de éste no puede determinarse con exactitud; pero de un documento citado por Ughelli en la *Italia Sacra*, resulta que aún vivia en 839.

III.—OTROS ESCRITOS DE CLÁUDIO

A PARTE de la triste, si ruidosa, fama que le dieron sus errores, fué Cláudio (para lo que en su tiempo se acostumbraba) escritor bastante docto y prolífico, y digno de buena memoria entre los nuestros. Comencemos por apartar hasta la menor sospecha de que estas obras puedan pertenecer á un Cláudio Clemente, escocés, amigo y compañero de Alcuino. Los libros mismos manifiestan lo contrario. El primero y más conocido de todos puede leerse en la *Bibliotheca Veterum Patrum* [1] con el título de *Claudii Taurinensis Episcopi in Epistolam D. Pauli ad Galatas doctissima enarratio*, y está dedicado al abad Druntherano, que en concepto de Mabillon pudo ser el mismo que Dortrann *(abbas Calmeliacensis in pago Aniciensi)* ó Dructerann *(abbas Sollemniacensis in pago Lemovicensi)* [2]. Pedro Pesseliero descubrió en la abadía Altissidoriense el manuscrito de esta *exposicion*, y la dió á conocer en 1542 [3].

El prefacio dirigido por *el pecador* Cláudio *(Claudius peccator)* al abad Dructerano, indica los propósitos del Obispo taurinense, y dá alguna idea del método seguido en sus exposiciones: «Ya hace más de tres años que hallándome en el palacio del entonces rey Ludovico, hoy emperador, me exhortaste más de una vez á que mostrara algun fruto de mi labor en las epístolas del maestro de las gentes, el Apóstol San Pablo. Pero envuelto yo en los trabajos y torbellinos del mundo, no pude acceder á tu ruego, hasta que en la presente Cuaresma compilé de los tratados de San Agustin y San Jerónimo un comentario á la epístola *Ad Galatas;* y notando que faltaban muchas cosas, suplí en parte la omision con sentencias tomadas de otros libros de San Agustin, y áun me atreví á intercalar algunas frases mias para enlazar ambas exposiciones, y ejercitar el entendimiento y evitar el fastidio de los leyentes». Promete comentarios á las demás epístolas,

---

1 Tomo XIV, pág. 139 de la ed. lugdunense.
2 *Annales Ordinis S. Benedicti..... Tomus secundus, 1704.* (Págs. 418 y sigs.)
3 Vid. la epístola dedicatoria á Luis de Lorena: abad de dicho monasterio.

trabajados por el mismo método [1] A esta dedicatoria siguen dos *argumentos*, y luego la *exegesis* ó explicacion de cada capítulo, párrafo por párrafo.

Basta la lectura del pasaje trascrito para entender que el Cláudio *residente en la córte de Ludovico Pio* fué el español, y no el escocés Felipe Labbé duda hasta de la existencia de Cláudio Clemente [2].

El prefacio de Cláudio á su exposicion *In epistolam ad Ephesios*, fué publicado íntegro por Mabillon en sus *Vetera Analecta* [3]. Son muy de notar estos lugares: «Como en nuestro tiempo han decaido tanto los estudios, y apenas se halla nadie dispuesto, no ya á escribir de materias nuevas, sino á leer lo que escribieron nuestros mayores, obra grande me pide vuestra imperial potestad (la de Ludovico Pio, á quien el libro va dedicado) al decirme que de los tratados de los Padres forme una exposicion á las epístolas del Apóstol San Pablo.. ... Semejante al mendigo que no tiene cosecha propia, y yendo detrás de los segadores recoge las espigas, he comentado con sentencias de otros las epístolas á los Efésios y á los Filipenses.. ... El año pasado trabajé mucho en la epístola *Ad Galatas* . Sobre las demás tengo extractos, pero falta mucho todavía Pues *el año presente, por mal de mis pecados, vivo en contínua angustia y no puedo escudriñar las Sagradas Escrituras»* [4]. ¿Aludirá con esto Cláudio á los disgustos que le ocasionaba su herejía?

---

1 «Domino piissimo et in Christo summo mihi honore singulariter excolendo Druetherano abbati Claudius peccator Tres, ni fallor, et eo amplius jam pertranscunt anni quod me adhuc in Alvenni cespitis arvo, in palatio Pii principis D Ludovici, tunc regis, modo imperatoris detentum socordia sensus mei, tua fervida dilectione adorsus excitare ut aliquem fructuosum laborem in epistolis Magistri Gentium adsumerem, Apostoli Pauli Sed quia laboribus et turbinibus mundi depressus hactenus parere jussioni tuae requivi, modo largiente Deo in isto quadragesimae tempore epistolam beati jam dicti Pauli ad Galatas ex tractatibus beatorum Augustini et Hyeronimi Patrum permixtis procuravi ordinare sententiis,» etc etc

2 *Philippi Labbe, Societatis Jesu, Dissertationes in Bellarminum* tomo I Niega que Claudio fuera benedictino ni tuviese parte en la fundacion de la Universidad de Paris como algunos afirmaron

3 *Vetera Analecta sive collectio veterum aliquot operum et opusculorum omnis generis, Carminum, Epistolarum, Diplomatum, Epitaphiorum* etc *cum aliquot disquisitionibus R P D Joannes Mabillon Parisiis 172*5

4 «Cum nostris temporibus tepescentibus studiis rarus quisque inveniatur quotidiana intertione promptissimus non solum ad disserendum quae indiscussa sunt sed etiam ad legendum quae jam a majoribus disserta sunt mirum a me opus tanta ac tam sublimis vestra exigit imperialis potestas, cum epistolas magistri gentium Apostoli Pauli ex tractatibus majorum nostrorum disserere jubet Circa socordiam sensus mei epistolas beati jam dicti Apostoli Pauli ad Ephesios atque ad Philippenses, non tam ex majorum tractatibus quam ex diversorum tractatuum sententiis veluti mendicus non habens propriam segetem sed post terga metentium, ex aliorum segete congregat sibi victum ita et ego ex aliorum dictis has brevi stylo comprehendi epistolas Epistolam Apostoli ad Galatas in qua anno praeterito studiosissime laboravi De caeteris vero epistolis, licet plurima penes me teneantur excerpta, multa tamen adhuc super sunt perquirenda Sed quia me anno praesenti praepedientibus peccatis meis graviter obligastis et nimiis anxietatibus deditus mihi vivere non libet neque Scripturas perscrutari licet »

El Cardenal Angelo Mai, en el tomo IX del *Spicilegium Romanum* [1], dió á conocer la exposicion de Cláudio á la epístola *Ad Philemonem*. No tiene prólogo ni dedicatoria, y en sustancia está tomada de San Jerónimo, como advierte Mai, el cual pensó publicar los demás comentarios de Cláudio; pero desistió de tal idea, notando su escasa originalidad, en que ya repararon Ricardo Simon [2] y Trombellio.

En la Biblioteca Vaticana (códice 5,775 del antiguo fondo) se conserva un manuscrito del siglo IX, que contiene el tratado de Cláudio sobre las dos epístolas *Ad Corinthios*, precedido de una dedicatoria al abad Teudemiro *(Venerabili in Christo sinceraque charitate diligendo Theudemiro abbati)* Procede este manuscrito de la abadía de San Columbano de Bovio, y fué mandado escribir en el año 862 por el Obispo Teodulfo, distinto del de Orleans [3], segun resulta de una epístola del mismo, que va en el códice.

Así de éstas como de las restantes exposiciones de Cláudio á las epístolas de San Pablo, he visto numerosos códices en diferentes bibliotecas La Nacional de París posee tres, señalados con los números 2,392, 93 y 94 del catálogo latino

Ni fueron sólo éstos los trabajos escriturarios de Cláudio. Trithemio *(De scriptoribus ecclesiasticis)* le atribuye exposiciones al *Pentatéuco*, al libro de *Josué*, al de los *Jueces* y al de *Ruth*. Labbé manifestó [4] tener copia del prefacio y epílogo del comentario al *Levítico*. Mabillon publicó ambas piezas íntegras en su *Analecta Vetera* [5]. El *Praefatio in libros informationum litterae et spiritus super Leviticum ad Theudemirum abbatem* comienza así [6] «Hace *dos años* te envié cuatro libros de *exposicion de la letra y espíritu* del *Exodo*, continuando el trabajo que empecé por el *Génesis* há más de ocho años. Si hasta ahora no he cumplido tu voluntad, ha sido por el triste estado de la república y la perversion de los hombres malos Ambas cosas me atormentan tanto, que me pesa el vivir; y como las alas de la virtud se me han

---

1 *Spicilegium Romanum*, tomo IX (1843), págs 109 y sigs
2 *Historia critica Novi Testamenti*
3 «Actum est anno ab incarnatione Domini Jesu Christi septingentesimo sexagesimo secundo, indictione decima » Este codice fué ya examinado por Nicolas Antonio
4 *De scriptoribus Ecclesiasticis*, tomo I, pag 208 *Novae Biblioth Specimen*, parte I, pag 24
5 Pag 90
6 «Biennium est quod tibi direxi informationum et expositionum litterae et spiritus in *Exodo* libros quatuor, quorum principium est *post expositionem libri Geneseos*, unde ante hos octo annos ex dictis Sanctorum Patrum *de littera et spiritus* tres edidi libros   Quod vero jussioni tuae hactenus parere nequivi, non fuit pigritia   sed Reipublicae infestatio dira et malorum hominum nimia perversitas Quae duae res me in tantum cruciant ut mihi jam sit taedium vivere, debilitatusque pennis virtutum non valeo in solitudinem fugere, ubi aliquando, requiescam, et dicam Deo «Dimitte me ut plangam paululum dolorem meum   »

debilitado. no puedo huir á la soledad, donde al fin descanse y diga al Señor *Dimitte me, ut plangam paululum dolorem meum*». Se disculpa de no haber seguido el ejemplo de Beda en poner separadas las sentencias de cada doctor, entretejidas en su exposicion, y acaba con esta fecha: «Comiéncese bajo los auspicios de la divina piedad esta obra el dia séptimo antes de las Idus de Marzo del año de nuestra salvacion 823» [1]. El comentario al *Génesis* se escribió por consiguiente en 815, y el del *Exodo* en 821.

Si alguno dudare que el iconoclasta Cláudio es el verdadero autor de ésta y las demás exposiciones mencionadas. páre la atencion en este pasaje del epílogo «No debemos imitar á las criaturas, sino al Creador. para hacernos santos... Nadie se hace santo con la beatitud de otro hombre . Debemos honrar á los muertos con la imitacion, no con el culto..... Pór defender esta verdad me he hecho oprobio de mis vecinos y escándalo de mis allegados ... Cuantos me ven se rien entre sí y me muestran con el dedo» [2]. Mabillon, en las *Anotaciones* á estos dos rasgos, dice haber visto en la abadía de Reims la exposicion de Cláudio al *Levítico*.

No se conservan (que yo sepa) los demás comentarios á libros del *Pentatéuco;* pero en la Biblioteca Nacional de París. cód 2.391. están las explanaciones á *Josué* y al libro de los *Jueces*.

Formó además Cláudio una verdadera *Cathena Patrum* sobre *San Mateo* El prefacio, que es curioso, fué estampado por Mabillon en el apéndice núm 41 de sus *Annales Ordinis S Benedicti* (tomo II), con presencia de un códice de la catedral de Laudun. Dedúcese de este documento que Cláudio emprendió su tarea el año 815, reuniendo y compilando pasajes de Orígenes, San Hilario, San Ambrosio, San Jerónimo, San Rufino, San Juan Crisóstomo, San Leon el Magno. San Gregorio y Beda, pero sobre todo de San Agustin, no sin añadir algunas cosas de su propio ingénio. Pide indulgencia para sus defectos, habida consideracion á estar casi ciego y muy aquejado de dolencias [3]

---

1 «Agrediamur igitur hoc opus innuente pietate divina, quadragesimae tempore, sub die septimo Idus Martii anno Incarnationis DCCCXXIII »

2 «Non jubemur ad creaturam tendere, ut efficiamur beati, sed ad ipsum Creatorem Beatitudine autem alterius hominis non fit alter beatus Et ideo non sit nobis religio cultus hominum mortuorum Hanc adstruendo et defendendo veritatem, opprobrium factus sum vicinis meis et timor notis meis, in tantum ut qui videbant nos non solum deridebant, sed etiam digito unus alteri ostendebant »

3 «Anno DCCCXV incarnationis, postquam pius ac mitissimus princeps Sanctae Dei Ecclesiae Catholicae filius Ludovicus anno secundo imperii sui, coelesti fultus auxilio adversus barbaras nationes movisset exercitum teque abeunte et discedente ex palatio jam dicti principis ad tuum dilectumque, ubi semper, tui monasterii portum injunxisti mihi ut ali-

Angelo Mai, en el tomo IV del *Spicilegium*, dió como inédita la prefacion antedicha, sin mencionar á Mabillon, pero citando los fragmentos publicados por Baronio en los *Anales* y por Usher en las *Hibernicae Epistolae*.

Tomás Dempsteio [1] atribuye á Cláudio (á quien él supone escocés) otras obras, entre ellas catorce libros *De Concordia Evangelistarum* (de cuya existencia dudo mucho), un *Memoriale Historiarum* (quizá no distinto del *Chronicon* que cito en seguida) y unas *Homilías*, que serán sin género de duda las que se guardan en el códice 740 de la Biblioteca Nacional de París [2]

Finalmente, Labbé, en su *Nova Bibliotheca Manuscriptorum*, estampó una *Brevis Chronica*, escrita en 814 por *Cláudio el Cronólogo*, no distinto (en sentir del editor) de Cláudio de Turin. Esta cronología, que tiene poco ó ningun interés, como no sea el de ajustarse *á la verdad hebráica (juxta Hebraicam Sacrorum Codicum veritatem)*, está incompleta, y tiene además una laguna hácia la mitad del texto [3]

De apetecer seria que algun docto español coleccionase las obras inéditas y dispersas del Obispo taurinense, pues aunque no luzcan

quod dignum memoria opusculum in expositione Evangelii ad legendum dirigerem fratribus monasterii vestri. Scias me continuo studii mei dirigere voluntatem, et Evangelium secundum Mathaeum ex opusculis SS Patrum, licet nonnullorum quam difficile sit nancisci opera ut valuit, inquirere et explanare conatus sum exercitationibus doctrinae et virorum qui nos in studio adjuvarunt, qui ut scientia, ita tempore praecesserunt, scilicet Origenis, Hilarii, Ambrosii, Hieronymi, Augustini, Rufini, Joannis Chrisostomi, Leonis Maximi, Gregorii et Bedae. Sed sicut nostri capitis super omnia membra, lingua plus membribus omnibus sonat etiam ad sacrosanctum Evangelium in hos omnes excellentius tonat beatissimus Augustinus. Multis etiam in locis ubi defuit sensus vel verba, hoc, utcumque valuit, explere studuit mea paupertas. Quod vero quaedam minus ordinata quam decet in hoc codice multa reperiuntur, non omnia tribuas imperitiae, sed quaedam propter paupertatem, quaedam ignosce propter corporis imbecillitatem et meorum oculorum infirmitatem.

1 *Historia Ecclessiastica Scotorum*, cap CCCIV

2 En este tomo de *Homilías varias* hay las siguientes de Claudio

Fol 95 *Dicta Beati Claudii episcopi* (Sobre la adoracion de los Magos, texto de San Mateo)
Fol 100 *Dicta Sancti Claudii* (Sobre la huida á Egipto, texto de San Mateo)
Fol 102 *Dicta Claudii* (Sobre la vuelta a Israel segun San Mateo)
Fól 111 vuelto *Dicta Claudii* (Sobre la curacion del leproso, segun San Mateo)
Fol 113 vuelto Sobre el texto *Ascendente Jesu in navicula*
Fol 115 vuelto Sobre el texto *In illo tempore respondens Jesus dixit*
Fol 130 Sobre el texto *Simile regnum coelorum homini patri-familias*
Fol 132 vuelto Sobre el texto *Exiit seminans seminare*
Fol 138 vuelto Sobre la tentacion en el desierto
Fol 142 Sobre el texto *Secessit in partes Tyri et Sydonis.*
Fól 143 vuelto Sobre el demonio mudo
Fol 154 Sobre el texto *Sciatis quia post biduum Pascha fiet*
Esta homilía de la Pasion es larguisima. Llega hasta el fol 175 vuelto
Es extraño que se llame *beatus* y *sanctus* a Claudio en este códice

3 *Novae Bibliothecae Manuscriptorum librorum Tomus primus Historias, Chronicas Sanctorum, Sanctarumque vitas, etc Opera et studio Philippi Labbe Bituricei Soc Jesu Presbyteri., Parisiis, apud Sebastianum Cramoisy* 1657 (Pags 300 y sigs)

por la originalidad, cosa imposible en un siglo de ciencia compilatoria como fué el IX, pesan y significan mucho en la relacion histórica y contribuyeron á iluminar con los rayos de la ciencia cristiana aquellas tinieblas. El pensamiento de reunir y concordar sistemáticamente las sentencias de los Padres pone á Cláudio en honroso lugar entre los sucesores de Tajon. entre los que dieron y prepararon materiales para el futuro movimiento teológico. Cláudio compila, como Alcuino y Beda; vulgariza el conocimiento de las Escrituras y su más fácil inteligencia; no es artífice, pero sí diligente obrero y colector de materiales. No merece gloria, sino profundo agradecimiento, como todos los que conservaron viva la llama del saber latino en medio de aquella barbárie germánica

Por lo que hace á su herejía, fundamento principal del renombre que alcanza ni en España, donde jamás penetró esa doctrina, ni en Italia, logró hacer prosélitos ¡Desdichados de nosotros si tal hubiese acontecido! Ni Frà Angélico ni Rafael hubieran dado celestial expresion á sus Madonas, ni nos postraríamos hoy ante las Vírgenes de Murillo ¡Ay del arte donde la Religion se hace iconoclasta!

¿Puede contarse á Cláudio de Turin entre los precursores del Protestantismo? Unos escritores lo afirman otros lo niegan [1]. En realidad, los yerros de nuestro doctor se circunscribieron á un punto solo, y mal hubieran podido entenderse con él los corifeos de la Reforma en la materia de la *justificacion sin las obras* y en otras semejantes. Mas si *protestante* llamamos á todo el que en poco ó en mucho ha disentido de la doctrina ortodoxa, no hay duda que Cláudio lo hacia. aunque no negaba el principio de autoridad, ni era partidario *teórico* del *individual* exámen

---

1 De los primeros es Ampére en su *Histoire litteraire de la France sous Charlemagne*, donde elogia mucho á Claudio De los segundos, Cesar Cantu que le dedica un breve párrafo en sus *Heretici d'Italia*, tomo I discurso IV, pag 76

Véanse ademas de los autores hasta aqui citados Nicolás Antonio, *Bibliotheca Vetus* la *Histoire litteraire de la France* de los Maurinos y el *Ensayo apologetico* de Lampillas

IV.—VINDICACION DE PRUDENCIO GALINDO.—SU CONTROVERSIA
CON SCOTO ERÍGENA

A nuestro siglo estaba reservado el sacar del olvido, y poner quizá en predicamento superior al que merece, la memoria del audaz panteista irlandés que en el siglo IX y en la córte carolingia resucitó la doctrina de Proclo y de los últimos alejandrinos. La curiosidad y áun la aficion que despierta aquel ingénio singular y extraviado, sin discípulos ni secuaces, no debe hacernos olvidar la gloria que, refutándole, lograron algunos valientes propugnadores de la ortodoxia, entre todos los cuales descuella el español Prudencio Galindo ó Galindon, venerado como santo en la diócesis de Troyes, de donde fué Obispo. Como alguien ha acusado de heterodoxia á este exímio doctor, conviene que yo tome aquí su defensa, escribiendo acerca de él breves líneas, aunque es personaje de tal importancia, que su vida y escritos están reclamando una especial y no corta monografía.

Prudencio Galindo era uno de esos sábios españoles atraidos á las Gálias por la munificencia carolingia. Su pátria dícela él mismo:

Hesperia genitus: Celtas deductus et altus.

Su nombre era Galindo (lo cual pudiera inducir á suponerle aragonés), pero lo trocó por el de Prudencio, quizá en memoria del gran poeta cristiano, celtíbero como él. Sábese que nuestro Galindo tenia un hermano Obispo en España.

De la virtud y la ciencia del personaje de quien escribo dan testimonio todos sus contemporáneos. El autor de los *Anales Bertinianos* [1] llámale *apprime litteris eruditum virum*. Loup de Ferrières le elogia en varios lugares. El biógrafo del abad Frodoberto [2] apellida al Obispo de Troyes *pontificalis vitae institutione clarissimus, in divinis rebus undecumque non mediocriter eruditus*. Todavía en el siglo XVII, un erudito humanista, amante hasta el entusiasmo de todas las cosas de España, Gaspar Barthio, declaróle *príncipe de todos los literatos de su tiempo*

[1] En *Historiae Francorum Scriptores* de Duchesne, tomo III.
[2] Citado por Gaspar Barthio en *Adversariorum*, lib. XVIII, cap. XI.

sin saeculi litteratorum facile principem,) varon de sumo juicio y muy sabedor de la antigüedad (cordatum et scientem antiquitatis) [1]

Sucedió Prudencio, en la Silla episcopal de Troyes, á Adalberto, antes del año 847, en que suena ya su nombre en un privilegio otorgado por el Concilio de París En 849 asistió á un Sínodo celebrado en la misma ciudad, y no en Tours, como algunos han supuesto [2]. En 853 concurrió al de Soissons (II), en que los clérigos de la diócesis de Reims le escogieron por árbitro de sus disidencias Cárlos el Calvo le comisionó, así como á Loup, abad de Ferrieres, para restablecer el órden en varios monasterios [3].

Fuera de estos hechos, y de los importantes que narraré luego, no consta otro dato biográfico de Prudencio Sólo sabemos que gobernó con prudencia y santidad su diócesis hasta el 6 de Abril de 861, en que pasó á mejor vida [4] En la diócesis de Troyes se le tributa culto desde el siglo XIII por lo ménos

El grande y capital suceso de la vida de Prudencio es la controversia sobre la predestinacion, en que tomó parte muy activa. Los hechos, fielmente narrados, acontecieron como sigue.

Defendia por estos tiempos la doctrina de San Agustin, acerca de las relaciones entre el libre albedrío y la gracia, un monje de Orbais, en la diócesis de Soissons, llamado Godescalco *(Gothescalk)* [5] Quizá por extremado en sus opiniones, ó por falta de precision en sus frases, encendió grave disputa entre los teólogos, levantando contra él á Rabano Máuro, Arzobispo de Maguncia, y al Obispo de Reims, Hincmaro. El Concilio Moguntino II, presidido por Rabano, condenó la opinion de Godescalco en 848. Lo mismo hicieron los Obispos de la Gália Bélgica en 849, en el Concilio de Kiersy *(apud Carisiacum Palatium),* á orillas del Oise donde Godescalco fué depuesto de la dignidad sacerdotal y azotado con varas. Hincmaro persiguió y tuvo recluso por siete años á Godescalco, que en la prision compuso versos bastante malos, aunque sentidos [6].

---

1 Vid *Adversariorum*, lib XLIV y lib XVIII, cap XI

2 Tomo VIII de la *Coleccion de Concilios* de Labbe, cols 58 y 61 (París, 1671)

3 Vid ep LXIII de las de Loup

4 Véase la *Vida de Prudencio Galindo* escrita por el abate Breyer (Paris 1625, por Franzois Rabutin), y su *Defense de l'Eglise de Troyes sur le culte qu'elle rend a S Prudence* (Paris, 1726 por Charles Osmont)

5 *Gothescalcus, ex metropolis Ecclesiae Rhemorum monasterio quod Orlacis dicitur habitu monachus mente férinus, quietis impatiens et inter suos mobilitate noxia singularis* dice Hincmaro
Vid ademas en Labbé (tomo VIII, pág 52) la epistola sinodal con que Rabano envió á Hincmaro la persona de Godescalco

6 Véase sobre estos hechos la epistola de Rabano Mauro a Hincmaro, y la de este al Papa Nicolas I

Sostenía Hincmaro que Godescalco había caído en la herejía por él llamada de los *Predestinacionistas*, cuyos capítulos de condenacion eran éstos: «I Dios ha predestinado á unos á la vida. y á otros á la muerte eterna.—II. Dios no quiere que todos los hombres se salven, sino aquellos que Él predestinó para la vida eterna —III Dios no murió por todos los hombres, sino por aquéllos que han de salvarse —IV La Divinidad es triple.»

Contra estas herejías, por él libremente fantaseadas y puestas en cabeza de sus adversarios, escribió Hincmaro su libro *De praedestinatione Dei et libero arbitrio*, enderezado á Cárlos el Calvo [1] Y allí sonó por primera vez la acusacion de herejía contra Prudencio

Consultado éste por Hincmaro en 849, no sólo le había exhortado á la clemencia con Godescalco, sino que tomando abiertamente su defensa, formó una coleccion de pasajes de los Santos Padres, concernientes á la doble predestinacion, y presentó este escrito al Concilio de París de 849, dirigiéndole luego á Hincmaro de Reims y á Pardulo de Laon enemigos de Godescalco Divídese este escrito en trece capítulos, y comienza con un elogio de la doctrina de San Agustin, que es pura y sencillamente la que Prudencio sigue. Trata, no sólo de la predestinacion, sino del beneficio de Cristo y de la vocacion de las gentes, puntos enlazados con el primero y comprueba los tres con autoridades de la Escritura y extractos de várias obras de San Agustin contra los Pelagianos, del libro *De praedestinatione* de San Fulgencio de Ruspa. de los *Morales* de San Gregorio, de las respuestas de San Próspero (el autor del poema *Contra los ingratos) Ad capitula Gallorum*. de la exposicion de Casiodoro á los Salmos y de diferentes tratados del venerable Beda. Jacobo Sirmond sacó de la oscuridad este opúsculo de Prudencio. que se conservaba en la abadía de San Arnoul en Metz. Maguino, en las *Vindiciae de Praedestinatione* (1650) imprimió el prefácio. El Padre Cellot dió á conocer toda la obra en su *Historia de Godescalco* [2].

Hincmaro remitió á Rabano Máuro el libro de Prudencio, y el Arzobispo de Maguncia contestó en una ácre censura, donde parece confundir la *predestinacion* con la *presciencia*, y acusa al Obispo de Troyes de suponer á Dios autor del pecado [3]. Para probar la inanidad de esta aseveracion basta recordar estas palabras, en que Prudencio, siguiendo á San Agustin y á San Fulgencio, condensa su doctrina;

1   Véase entre las *Obras de Hincmaro* publicadas por Jacobo Sirmond

2   Puede leerse el libro de Prudencio en el tomo XIV de la *Bibliotheca Veterum Patrum* (edicion lugdunense), que es la que siempre sigo

3   *Epístola ad Hincmarum*

«*Predestinó Dios*, esto es, *preordenó á los hombres, no para que pecasen, sino para que padeciesen eternas penas por el pecado. predestinólos, digo, no á la culpa, sino á la pena*». Con lo cual deja á salvo la libertad humana, de cuya eleccion procede el mal. Quizá insistió Prudencio en esta parte por no caer, al modo de Scoto Erígena, en el error de los Origenistas, y negar la pena como distinta del pecado.

La cuestion iba creciendo y comenzaba á dividir la Iglesia francesa. Nuevos campeones saltaron á la liza. Enfrente de Rabano, Hincmaro y Pardulo aparecieron como defensores de Prudencio los dos Lupos *(Servato* y el de *Ferrières)*, el monje Ratramno, San Amolo y su sucesor San Remigio. Arzobispos de Lyon, y con ellos el diácono Floro y toda la Iglesia lugdunense. El Concilio de Valencia. del Ródano y el de Toul *(Lingonense)*. celebrados en 855, declararon inocente á Godescalco y proclamaron la doble predestinacion

Mientras estas cosas sucedian. Cárlos el Calvo invitó á tomar parte en la cuestion al maestro palatino Juan Scoto Erígena, lo cual fué echar leña al fuego, y levantar tremenda llamarada de herejía.

Scoto *Erígena* [1] procedia de aquellas famosas escuelas de Irlanda, donde se conservaba algo de la tradicion antigua. de la misma suerte que en nuestras escuelas isidorianas. De allí habia salido San Columbano para fundar abadías y derribar los ídolos de Germánia; de allí vino numerosa falanje de gramáticos y teólogos al llamamiento de Carlo-Magno [2]; de allí, el último de todos en el tiempo y el de historia más ruidosa, nuestro Erígena, trajo la filosofía alejandrina á la sombra de un comentario sobre *Los nombres divinos* del pseudo-Areopagita. Porque Scoto sabia hasta griego, como lo manifestó en la traduccion de dicho libro, y estaba amamantado en Plotino, y sobre todo, en Proclo, por donde vino á ser el filósofo más notable de su siglo, y la primera de las grandes personalidades que hallamos en la historia del Escolasticismo.

El sistema del arrojado pensador irlandés es un panteismo puro como el de Espinosa. Antes de llegar á él proclama la absoluta libertad del pensamiento; ¡del pensamiento, que él ha de matar luego mediante la absorcion en la esencia divina! En el tratado *De divisione naturae* [3] sostiene que *la autoridad procede de la razon y no la razon de la autoridad*, por donde *toda autoridad no fundada en razon es autoridad sin valor* todo esto sin hacer distincion entre la autoridad divina y la hu-

---

1 Esto es, oriundo ó natural de Irlanda *(Erin* en la antigua lengua de aquella tierra)

2 Vease la curiosa disertacion de B Haureau sobre las escuelas de Irlanda en sus *Singularites historiques et litteraires*

3 Lib 1 cap LXXI

mana. En el *De divina praedestinatione* confunde los límites y las esferas de la razon y de la fé, identificando (en el hombre) la filosofía, el estudio de la ciencia y la religion, es decir, el fin, los medios, el término superior. *(Non aliam esse philosophiam, aliudve sapientiae studium, aliamve religionem.)*

Persuadido, pues, de que no hay más ciencia ni religion que la filosofía, ni más filosofia que el panteismo de los últimos alejandrinos, levanta el edificio de su singular *Teodicea*, fundada en la unidad de *naturaleza*, que se determina en cuatro *formas ó diferencias*: una increada y creadora, otra creada y creadora, la tercera creada y que no crea, la cuarta ni creadora ni creada.

La sustancia, *ousía*, el ente absoluto, la primera categoría se desarrolla en la primera *forma, accidente ó diferencia*, y es Dios, *principio* de las cosas porque las engendra, *medio* porque las sustenta, *fin* porque todas tienden hácia Él. El sér en la forma segunda es el Verbo, las ideas arquetipas, los universales. En la tercera categoría está el mundo sensible, creado, y perecedero por absorcion ó *palingenesia* en los universales, como éstos á su vez han de tornar á la *unidad*, resultando la cuarta y definitiva *forma*, que ni crea ni es creada.

Todo esto trasciende á *Gnosticismo*; en cambio la doctrina de Juan Scoto sobre el mal y la pena, la predestinacion y el pecado, es casi del todo *origenista*. Admitido con los ortodoxos que el mal es *privacion* y *accidente*, niega que Dios pueda predestinar á la muerte eterna. Pero como es esencialmente bueno, predestina á la final bienaventuranza. Niega por de contado el hereje irlandés la eternidad de las penas [1].

Tal era, en breves términos cifrada, la doctrina que el *Erígena* explanaba en el libro *De divina praedestinatione*. Hízose cargo Prudencio de la magnitud del peligro, y procuró neutralizar aquella máquina de guerra, movida, quizá contra voluntad propia, por un ingénio sutil y paradógico. Tales intentos muestra el libro que Mauguin *(Maguinus)* sacó de la abadía Corbeiense, y dió á pública luz en el siglo XVII con el título de *S. Prudentii Episcopi Tricassini de praedestinatione contra Joannem Scotum seu Liber Joannis Scoti correctus a Prudentio* [2], el cual va dirigido á Wenilon, Arzobispo de Sens.

Al refutar los diez y nueve capítulos del libro de Scoto, cuidó con

---

1 En esta exposicion he seguido (compendiandola, cual cumple á mi intento) la de Haureau, *De la philosophie scholastique.*

2 *Vindiciae Praedestinationis et gratiae continentes historiam et chronicam synopsim, cum genuina dissertatione et pacifica operis coronide* (Paris, 1650, dos tomos). El autor era consejero del rey de Francia. Su obra es una compilacion de todos los escritos del siglo IX relativos a esta controversia.

diligencia Prudencio de arrancar las raíces del mal, demostrando en el primer capítulo la legitimidad de la fé, lo limitado de nuestra razon y la absoluta imposibilidad de resolver sólo por la ciencia del *Quadrivio* una cuestion teológica.

Sostenía Erígena que la predestinacion en Dios es sólo una, como una es su esencia Y Prudencio responde «Aunque la esencia de Dios sea indudablemente simple y no susceptible de ninguna multiplicacion, las cosas que de ella como esenciales se predican, pueden sin contradiccion decirse como múltiples, y así se hallan en las Sagradas Escrituras Unas veces se dice *la voluntad de Dios* en singular, otras veces *las voluntades*, sin que por esto se entienda tratar de muchas esencias, sino de los varios efectos de la voluntad, que segun su congruencia y diversidad son múltiples. Podemos, pues, decir, que Dios predestinó para la gloria y predestinó para la pena, mostrando en lo uno su misericordia, y en lo otro su justicia »

Conforme Prudencio con algo de lo que del libre albedrío escribió Scoto, no lo está en cuanto á identificar la naturaleza humana con la libertad, pues «á consecuencia del pecado original, el libre albedrío quedó tan menoscabado, débil y enfermo, que necesita del auxilio de la divina gracia para determinarse al bien y ejecutarlo, aunque el hombre no haya perdido por eso su esencia ó *sustancia*» «¿Quién no sabe que el ánima racional *es*, y que en ella residen el *saber* y el *querer*? Pero el *sér* es su naturaleza y sustancia: el *querer* y el *saber* no no son más que atributos de la sustancia.. . De la misma suerte, el *querer* es de la naturaleza, pero el *querer el bien ó el mal* no es de la naturaleza, sino movimiento y oficio de la naturaleza, pues de otra manera no hubiera vicio ni virtud en nosotros. Caido el hombre en pecado, no perdió su sér natural, no perdió el *querer*, pero sí perdió el *bien querer* é incurrió en el *querer mal* Torcióse su naturaleza, pero no se perdió Resintióse la salud del alma y el vigor de la buena voluntad. Si el acto de la voluntad fuese sustancia, nunca sería malo, porque todas las obras de Dios son buenas» [1]

«La presciencia y predestinacion de Dios no es causa del pecado de la pena ó de la muerte, porque no compele ni obliga á nadie á

1   Prudencio exagera algo esta doctrina, ó la expone en términos demasiado crudos en algunas partes «Si igitur perdidit post peccatum vigorem et potestatem, procul dubio perdidit et libertatem, quoniam qui ex se ruere potuit, nequaquam per se surgere valuit ¿Quomodo est libera si infirma? ¿Quomodo libera dicitur quae recte videre non vult? ¿Quomodo liberi praedicatur quae si recte videre velit, non possit? ¿Quis caecus lumen videre posset si velit Quis claudus aut debilis vel agere vel ambulare posset si velit potest et inesse voluntas numquid libertas?

pecar, para que pecando sufra el castigo ni la muerte. Dios es el juez
y el vengador del pecado. Él dispuso y juzgó que los que con certeza
sabía que habían de pecar y perseverar en el pecado, fuesen luego
castigados con merecidas penas ... » «Se dice que Dios *pre-supo* los
pecados, la muerte ó la pena, pero nunca he leído, ni lo ha dicho
ningun católico, que Dios predestinase ó preordenase el pecado »

Y aquí estaba el error de Scoto Erígena· en confundir los términos
presciencia y *predestinacion*, sin considerar que ni una ni otra «obran
con violencia de necesidad sobre los futuros contingentes, pues aunque todo lo que Dios ha *pre-sabido* ó predestinado tiene que suceder,
no sucede porque haya sido predestinado sino que ha sido predestinado porque había de suceder. Predestina Dios al suplicio eterno
porque sabe que el pecador ha de vivir mal y perseverar obstinada-
mente en sus malas obras ... Y como la justicia de Dios es innegable, síguese que tambien lo son la predestinacion y preparacion.»

Al negar Scoto la eternidad de las penas [1], y que éstas fueran distintas del pecado, fundábase en el principio de que *la naturaleza no
castiga á la naturaleza*, como si la naturaleza de Dios y la del hombre
fuesen idénticas. Tambien se opuso Prudencio en los ultimos capítulos de su libro á esta doctrina, mostrando su fundamento panteista
En el mismo grosero sistema se apoyaba el maestro palatino para
suponer única la predestinacion, como única es la *sustancia* de Dios,
á lo cual brillantemente contesta Prudencio que «la disposicion, la
ordenacion y los efectos pueden ser múltiples, aunque la esencia sea
única, porque la sabiduría, la verdad, la bondad se dicen de Dios
esencialmente, la predestinacion y la presciencia, *relative*».

La obra del Obispo de Troyes es, en lo demás, un tejido de sentencias de los Padres, especialmente de San Gregorio, San Jerónimo,
San Agustin y San Fulgencio [2]. De ella juzgaron así los benedictinos,
autores de la *Histoire littéraire de la France* [3]: «Hay pocas obras de
controversia de este tiempo, en que se hallen más riqueza teológica,
mejor eleccion en las pruebas, mayor fuerza y solidez en los argumentos, más exactitud y precision en la frase Supera bastante á la
de Floro de Lyon.»

No sabemos si contestó Erígena, cuya huella se pierde muy luego,

1   Para Scoto, como para Orígenes, la pena no es cosa distinta del pecado, sino el pecado
mismo, o mas bien la ausencia de felicidad El fuego eterno esta (segun el Erígena) predestinado lo mismo para los buenos que para los malos, pero los unos tendrán allí beatitud, los
otros suplicio

2   Vease en el tomo XIV de la *Bibliotheca Veterum Patrum*

3   Tomo V (1740) pags 210 a 251 se hallan las noticias de Prudencio

ignorándose toda circunstancia de los últimos años de su vida. En 853 tornó Prudencio á sostener sus opiniones en una epístola *Tractoria*, que trasmitida por su Vicario Arnaldo á Wenilon y otros Obispos de la provincia de Sens, fué aprobada por Enéas, Obispo electo de París, en cuya eleccion habia consentido Prudencio En cuatro proposiciones formula allí la doctrina de San Agustin contra los Pelagianos, Mauguin publicó esta carta [1] por primera vez.

Ninguno de estos escritos agradó á Hincmaro, quien por despecho hizo correr la voz de que Prudencio era hereje, y que habia consentido en los errores de Scoto. En el citado libro *De praedestinatione Dei* reprende estas proposiciones de Prudencio, todas las cuales tienen sentido católico, aunque alguna parezca dura en la expresion Primera· «*Dios predestinó á unos gratuitamente á la vida á otros (por su inexcrutable justicia) á la pena*». *(Quosdam a Deo fuisse gratuito praedestinatos ad vitam, quosdam imperscrutabili justitia praedestinatos ad poenam.)* Pero lo explica luego en estos términos «*Pero no predestinó sino lo que por su presciencia sabia que iba á acontecer, segun aquello del Profeta. «Qui »fecit quae futura sunt.»* *(Ut id videlicet sive in damnandis, sive in salvandis praedestinaverit quod se praescierat esse judicando facturum.)* La segunda proposicion es «*La sangre de Cristo fué derramada por todos los creyentes, pero no por los que nunca creyeron, ni hoy creen, ni han de creer jamás*» *(Sanguinem Christi pro omnibus fusum credentibus non vero pro his qui nunquam crediderunt, nec hodie credunt, nec unquam credituri sunt.)* La tercera: «*Dios puede salvar á todos los que quiera nadie se puede salvar sin su auxilio, y los que no se salvan, no es voluntad de Dios que se salven*» *(Deum omnipotentem omnes quoscumque vult salvare, nec aliquem possit salvari nisi quem ipse salvaverit; et qui non salvantur, non esse Dei voluntas ut salventur)* Téngase presente aquí, como ya advirtió N. Antonio, la distincion establecida por Santo Tomás entre la voluntad *antecedente* y la *subsiguiente*

El rumor esparcido por Hincmaro fué acogido despues de la muerte de Prudencio por el autor de los *Anales Bertinianos*, escritos en la diócesis de Reims Allí se lee que «*Prudencio, despues de haber combatido á Godescalco* (lo cual no consta en parte alguna). *se hizo acérrimo defensor de la herejía por ódio á algunos Obispos, y prosiguió escribiendo contra la fe mientras le duró la vida*» [2] La falsedad de estas acusacio-

---

1 Pág 176 de sus *Vindicias*, tomo II

2 «Qui ante aliquot annos Gotescalcho Praedestinatiano restiterat post telle commotus contra quosdam Episcopos ipsius haeresis defensor acerrimus indeque non modica inter se diversa et fidei adversa scriptitans moritur

nes salta á la vista, y más si consideramos que el anónimo redactor de esos *Anales*, partidario fanático de Hincmaro, llamaba herejía á la doctrina de San Agustin, sostenida por Godescalco y Prudencio, y trata con igual injusticia á Rothado, Obispo de Soissons y al Papa Nicolás I.

Cuando en el siglo XVII los Jansenistas renovaron la cuestion de la gracia y de la predestinacion, salió á plaza el nombre de Prudencio, y fueron puestos en luz sus escritos por Gilberto Mauguin. En cambio Jacobo Sirmond [1] y algun otro jesuita se inclinaban á tener por *predestinacionista* á Prudencio. La lectura de sus obras disipó este error, nacido de cavilaciones y mala voluntad de Hincmaro.

Escribió Prudencio, además de sus tratados dogmáticos y de controversia, unos *Anales de Francia*, citados por Hincmaro en la epístola XXIV á Egilon, Obispo de Sens. El pasaje que allí copia se refiere á la aprobacion dada en 859 por el Papa Nicolás I á la doctrina de la doble predestinacion que nuestro Obispo defendia Segun parece, estos *Anales*, presentados por Prudencio á Cárlos el Calvo, no se conservaron, ni en modo alguno han de confundirse con los *Bertinianos*, obra de algun enemigo de Godescalco.

Mabillon dió á luz en el tomo IV de sus *Analecta* [2] una breve carta de Prudencio á su hermano, Obispo en España

Tambien cultivó Galindo el panegírico y la piadosa leyenda, como es de ver en la *Vida de Santa Máura, vírgen de Troyes*, citada por G. Barthio *(Adversariorum*, libro XVIII, cap. II) Puede leerse al fin de la biografía de Prudencio, compuesta por el abate Breyer, y en otras partes.

No se desdeñó el venerable Obispo de unir á sus demás lauros el de la poesía Nicolás Camusat [3] y Gaspar Barthio [4] insertan unos versos elegiacos puestos por Prudencio al frente de un libro de Evangelios que regaló á la iglesia de Troyes. Al final de la carta á su hermano hay un dístico, en que el autor declara su pátria.

Inéditos se conservan varios opúsculos, formados en general de

---

1 Vid J Sirmondi *Praedestinatum, sive Praedestinatorum naeresis et libri S Augustino temere adscripti refutatio* (1643) —*Historia Praedestinatiana (1647)* —Sirmond era congruista Refutáronle varios, entre ellos Mauguin en las *Vindiciae*, donde esta incluida la disertacion que se rotula *Gotescalchanae controversiae historia et chronica*

Véanse acerca de Prudencio (además de las obras citadas y del cap XI, lib VI de N Antonio, que recogió con diligencia los datos anteriores), las monografías de Peder Hyort, Holler etcetera, sobre Juan Scoto Erigena

2 Pags 324 y 325

3 *Promptuarium antiquitatum Tricassinae Dioecesis* Habla de Prudencio desde el fol 164 en adelante, y vindica su ortodoxia

4 *Adversariorum*, lib XVIII, cap II

pasajes de la Sagrada Escritura, diestramente engarzados en el hilo del razonamiento. Tales son *Praecepta ex veteri et novo Testamento, Collectanea ex quinquaginta Psalmis*, etc. Véanse los códices 3,761 y 4,598 de la Biblioteca Nacional de París (antiguo fondo latino), donde tambien se conserva en un códice del siglo X (núm. 2,443) la refutacion á Scoto Erígena. Parece que se han perdido otros opúsculos prudencianos, entre ellos la *Instructio pro iis qui ad sacros Ordines promovendi sunt* y el *Canon de poenitentia*. El aclarar éste y otros puntos semejantes, así como el análisis más detenido de las controversias con Hincmaro y Erígena, queden reservados para el futuro biógrafo é ilustrador de las obras de Prudencio, de quien sólo he tratado en el modo y límites que consiente este libro, atento á disipar la acusacion de heterodoxia fulminada por escritores ligeros ó prevenidos contra el español ilustre, á quien llamó Andrés Du Saussay, *honra y delicia de los Obispos de su tiempo, defensor de la fé y único oráculo de la ciencia sagrada*

De esta suerte brillaba en las Gálias la ciencia española ó *isidoriana, l'ardente spiro d'Isidoro*, que diria Dante, á la vez que lanzaba en Córdoba sus últimos resplandores durante el largo martirio de la gente muzárabe. Aún no ha sido bien apreciada la parte que á España cabe en el memorable renacimiento de las letras intentado por Carlo-Magno y alguno de sus sucesores. Apenas ha habido ojos más que para las escuelas irlandesas y bretonas, para los Alcuinos, Clementes, Dungalos y Erígenas No han olvidado Francia ni Germánia á Agobardo, Jonás, Hincmaro, Rabano Máuro, ni Italia á Páulo el Diácono, ni á Paulino de Aquileya Pero conviene recordar asimismo que España dió á la córte carolingia su primer poeta en Teodulfo, el Obispo de Orleans [1], autor del himno de las palmas (*Gloria, laus et honos*, etc.); su primer expositor de la Escritura en Cláudio, su primer controversista en Prudencio Galindo. Las tres grandes, por no decir únicas cuestiones teológicas de la época, el *Adopcionismo*, el *culto de las imágenes* y la *predestinacion*, fueron promovidas y agitadas por españoles: Félix, Cláudio de Turin, Prudencio. En el que podemos llamar primer período de la escolástica, desde Alcuino á Berengario, la ciencia española está dignamente representada, hasta por infelices audacias, que vino a superar Scoto Erigena, figura aparte, y que por la originalidad no admite parangon, justo es decirlo.

Si alguno objetare que esa ciencia era compilatoria y de segunda

---

1 La patria de Teodulfo ha sido puesta en claro por Lampillas Masdeu y Haureau

mano (lo cual no todas veces es exacto), podrá responderse que otro
tanto acontece con la de Alcuino y la de Beda, y en el siglo VII con
la de Casiodoro, y que en tiempos de universal decadencia y feroz ignorancia, harto es conservar viva la tradicion eclesiástica y algunos
restos de la cultura clásica, aunque poco ó nada se acreciente la herencia. Pero ¿cómo no mirar con veneracion y cariño á aquel San Eulogio, que para recibir el martirio tornaba á Córdoba cargado con los libros de Virgilio, de Horacio y de Juvenal, leidos con intenso y vivísimo placer, quizá mayor que el nuestro, pues era más vírgen y puro,
por Alvaro y los demás muzárabes andaluces, siempre bajo el amago
de la cuchilla sarracena? Y si oimos las proféticas palabras con que
el abad Sanson, al censurar la barbárie de Hostegesis, anuncia que la
luz del Renacimiento disipará algun dia tales nieblas; y vemos á
Teodulfo desde la cátedra episcopal de Orleans fundar escuelas en todas las aldeas (art. XX de sus *Capitulares ó Constituciones)*, y exhortar
á sus discípulos al cultivo de la poesía y corregir sus versos; si para-
mos mientes en que Cláudio fué enviado a las comarcas subalpinas
para combatir la ignorancia, que era allí espantosa, ¿cómo no pronunciar con respeto y conservar en buena memoria estos nombres de sábios del siglo IX? ¿Cómo negar que España llevó honrosamente su
parte á la restauracion intelectual?

El principal asiento de ese saber, que llamamos *isidoriano* por tener
su fuente primera en el libro de las *Etimologías*, era, á no dudarlo, la
parte oriental de España, sobre todo Cataluña. Allí se educaron los
extranjeros Usuardo y Gualtero; allí acudió el insigne Gerberto, elevado en 999 á la Silla de San Pedro con el nombre de Silvestre II.
Cosa es hoy plenamente demostrada [1], que no frecuentó escuelas arábigas, y que debió toda su ciencia al Obispo de Ausona (Vich), Atto
ó Atton, famoso matemático, como lo fueron sus discípulos *José Hispano* llamado el *sábio*, autor del tratado *De la multiplicacion y division
de los números* [2], y Bonfilo y Lupito, Obispos más tarde de Gerona y
Barcelona. En la compañía de éstos, y bajo el magisterio del primero, puso á Gerberto (enviado á España por el abad Gualdo) el
conde de Barcelona, Borrel II. Acontecia esto en el más oscuro,
bárbaro y caliginoso de los siglos· en el X.

No encontramos en él ninguna heterodoxia. A los principios del si-

1 Vease este punto, ampliamente dilucidado en el cap. XV, part. I de la *Historia de la literatura española* del Sr. Amador de los Rios, y en el estudio acerca de *Gerberto II y la tradicion
isidoriana,* publicado por el mismo escritor en la *Revista de España.*

2 *De multiplicatione et divisione numerorum Josephus Hispanus sapiens sententias quasdam edidit* (Ep. XXV de Gerberto.)

glo XI penetraron en España algunos italianos, partidarios de la llamada *herejía gramatical*. Habia llegado á tal extremo en los países latinos la barbárie, el desprecio del sentido comun y el abuso del principio de autoridad, que algunos creian como artículo de fé cuanto hallaban en cualquier libro. Tal aconteció á un gramático de Ravena, Vilgardo, el cual, si nos atenemos al testimonio del monje cluniacense *Glaber,* preferia á las doctrinas del Evangelio las fábulas de los poetas gentiles, señaladamente de Virgilio, Horacio y Juvenal, quienes (segun la leyenda del mismo cronista) se le aparecieron una noche en sueños ofreciéndole participacion en su gloria Animado con esto, enseñó que todos los dichos de los poetas debian ser creidos al pié de la letra Pedro, Arzobispo de Ravena, le condenó como hereje Sus discípulos italianos pasaron de la isla de Cerdeña á España. No sabemos que tuvieran secuaces, porque aquí termina la historia [1]

Hemos llegado á una de las grandes divisiones de este trabajo, y áun de nuestra historia general. En el año del Señor 1085 cumplióse el más grande de los esfuerzos de la Reconquista. El 25 de Mayo, dia de San Urbano, Toledo abrió sus puertas á Alfonso VI Los hechos que á éste inmediatamente siguieron, truecan en buena parte el buen aspecto de nuestra civilizacion Dos contradictorios influjos, el *ultrapirenáico,* que nos conduce á la triste abolicion del rito muzárabe, el *oriental,* que nos inocula su ciencia, de la cual (en bien y en mal) somos intérpretes y propagadores en Europa. Con este carácter aparecerán en el libro siguiente Domínico Gundisalvo, Juan Hispalense y el *español* Mauricio. Merced á ellos, el *panteismo* arábigo-judáico, el de Avicebron primero, el de Aben-Rochd despues, penetra en las escuelas de Francia, y engendra, primero, la herejía de Amaury de Chartres y David de Dinant, luego ese *averroismo,* símbolo de toda negacion é incredulidad para los espíritus de la Edad Media, especie de pesadilla que, no ahuyentada por los enérgicos conjuros del Renacimiento, se prolonga hasta muy entrado el siglo XVII en la escuela de Pádua, y no sucumbe sino con Cremonini.

A tan peregrina trasformacion de la ciencia escolástica hemos de asistir en el capítulo que sigue.

---

[1] Glaber, *Historiarum temporis sui* en Bouquet, *Recueil des Historiens des Gaules* (Paris 1739), tomo X, pag 23

LIBRO III

PREÁMBULO

ECHA por todas razones memorable es la de la conquista de Toledo (a. 1085) en la historia de la civilizacion española. Desde entonces pudo juzgarse asegurada la empresa reconquistadora, y creciendo Castilla en poder y en importancia, entró más de lleno en el general concierto de la Edad Media. Elementos en parte útiles, en parte dañosos para la cultura nacional, trajeron los auxiliares ultrapirenáicos de Alfonso VI: tentativas feudales, unas abortadas, otras que en mal hora llegaron á granazon, produciendo el triste desmembramiento del condado portugués; fueros y pobladores francos, exenciones y privilegios, donde quiera odiosos, y aquí más que en parte alguna por la tendencia unitaria y niveladora del genio español. Al mismo paso, y por consecuencia del influjo francés, alteróse nuestra litúrgia, sacrificándola en aras de la unidad, pero no sin que á nuestro pueblo doliese, no sin tenaz y noble resistencia; y apretamos más y más los lazos de nuestra Iglesia con las otras occidentales y con la de Roma, cabeza de todas. El historiador español, al recordar la ruina de aquellas venerandas tradiciones, no puede ménos de escribirla con pesar y enojo, y calificar con dureza alguno de los medios empleados para lograrla; pero, ¿cómo negar que el resultado fué beneficioso? Para que se cumpla el *fiet unum ovile et unus pastor*, necesaria cosa es la unidad, así en lo máximo como en lo mínimo. Y por otra parte, ¿no seria absurdo pensar que la gloria y la santidad de nuestra Iglesia estaban vinculadas en algunas variantes litúrgicas, no tantas ni de tanto bulto como se pretende? [1] Por ventura, despues de la mudanza de rito, ¿se apagó la luz de los

---

1 La Misa muzárabe sólo se diferencia de la romana en ser más larga y ceremoniosa.

Isidoros, Bráulios y Julianes, ó dejó nuestra Iglesia de producir santos y sábios? Respondan, sobre todo, el siglo XV y el XVI.

Como quiera, y antes de entrar en el estudio de las herejías del segundo período de la Edad Media, conviene dar alguna razon de este notable cambio, procurando sin ira ni aficion (ya que las causas están tan lejos) poner en su punto la parte que á propios y á extraños cupo en esas novedades eclesiásticas.

Sabido es que el rito malamente llamado *gótico* ó *muzárabe* no es ni *muzárabe* ni *gótico* de orígen, sino tan antiguo como el Cristianismo en España, é introducido probablemente por los siete varones apostólicos. Claro que no nació en un dia adulto y perfecto ni se libró tampoco de sacrílegas alteraciones en tiempo de los Priscilianistas, aunque ni duraron mucho ni se extendieron fuera del territorio de Galicia, donde se enmendó luego la anarquía, gracias á la Decretal del Papa Vigilio (538) y al Concilio Bracarense (561). El Toledano III (de 589) añadió al Oficio de la Misa el símbolo constantinopolitano, y el Toledano IV (633) uniformó la litúrgia en todas las Iglesias de España y de la Gália Narbonense. Los más esclarecidos varones de aquella Edad pusieron mano en el Misal y en el Breviario góticos: Pedro Ilerdense, Juan Cesaraugustano, Conancio de Palencia, San Leandro, San Isidoro, San Bráulio (que compuso el Oficio de San Millan), San Eugenio (de quien es la Misa de San Hipólito), San Ildefonso, San Julian y otros acrecentaron el rito con oraciones himnos, lecciones... sin que sea fácil, ni áun posible, determinar lo que á cada uno de ellos pertenece. Al Doctor de las Españas se atribuye la mayor tarea en este arreglo de la litúrgia, que por tal razon ha conservado entre sus nombres el de *isidoriana* [1].

Ni esta litúrgia especial quebrantaba en nada la ortodoxia, ni la Iglesia española era cismática, ni estaba incomunicada con Roma. Todos éstos son *aegri somnia*. Con sólo pasar la vista por el primer libro de esta historia, se verá el uso de las apelaciones en el caso de Basílides y Marcial, la intervencion directa de San Leon y de Vigilio en el caso de los Priscilianistas, y la supremacía pontificia, altamente reconocida por San Bráulio áun despues de la reprension inmotivada

1 Vid. *Missale Mozarabe et Officium itidem Gothicum, diligenter ac dilucide explanata.* Angelopoli (Puebla de los Angeles), 1770. (Con explanaciones de Lorenzana entonces Arzobispo de Méjico y de Fabian y Fuero, Obispo de Puebla.)

Breviarium Gothicum secundum regulam Beati Isidori Archiepiscopi (sic) Hispalensis, jussu Cardinalis Francisci Ximenii de Cisneros primo editum, nunc opera Excmi. Francisci Antonii Lorenzana, Sanctae Ecclesiae Toletanae, Hispaniarum primatis Archiepiscopi recognitum. Matriti, anno MDCCLXXV (Apud Joachim Ibarra, etc.)

del Papa Honorio, mal informado, á los Obispos españoles. Agréguen-
se á esto la Decretal de Siricio las dos de Inocencio I, la de San Hilario á los Obispos de la Tarraconense, las epístolas de San Hormis-
das, las de San Gregorio el Magno, la de Leon II, ... y se tendrá
idea de las contínuas relaciones entre España y la Santa Sede en los
períodos romano y visigótico. Más escasas despues de la conquista
árabe, por la miserable condicion de los tiempos, aún vemos al Papa
Adriano atajar los descarríos de Egila, Migecio y Elipando, y dirigir
sus epístolas *omnibus Episcopis per universam Spaniam conmorantibus*; y
á Benedicto VII fijar los límites del obispado de Vich en 978.

En cuanto á la pureza del rito, ¿cómo ponerla en duda cuando en
él habian intervenido tan santos varones? Cierto que Elipando invocó
en apoyo de su errado sentir textos del Misal y del Breviario góticos
dando motivo á que Alcuino y los Padres Francofurdienses hablasen
con poco respeto de los Toledanos, pero el mismo Alcuino reconoció
muy luego el fráude del herético Prelado, que se empeñaba en leer
adopcion y *adoptivo*, donde decia y dice *assumpcion* y *assumpto* Más adelante, en el siglo X, el rito muzárabe obtuvo plena aprobacion pontificia En 918 (reinando en Leon Ordoño II) el Legado Zanelo, que
vino de parte de Juan X á examinar los Misales, Breviarios y Sacramentales informó favorablemente al Pontífice, y éste alabó y confirmó en el Sínodo Romano de 924 la litúrgia española, mandando sólo
que las *secretas* de la Misa se dijesen segun la tradicion *apostólica* [1].

Pasa un siglo más, y cuando las tradiciones de la Iglesia española
parecian firmes y aseguradas, viene á arrojar nuevas semillas de discordia la reforma cluniacense, entablando á poco los galicanos declarada guerra contra el rito español, la cual sólo termina con la abolicion de éste en 1071 y 1090.

La abadía de Cluny, célebre por la santidad y letras de sus monjes, y por la influencia que tuvieron en la Iglesia romana, llegando
muchos de ellos á la tiara, fué en el siglo X eficacísimo dique contra
las barbáries, corrupciones y simonías de aquella edad de hierro.

---

1 Así consta en una nota del *Códice Emilianense*, publicada por Aguirre tomo III, pág. 174.
Florez tomo II apénd núm 5, Villanuño tomo I pág 401, y Lafuente *(Historia eclesiástica)*
tomo III pág 517, apend 55 «Regnante Carolo Francorum rege ac Patricio Romae, et Ordonio Rege in Legione civitate, Joannes Papa Romanam et Apostolicam sedem tenebat Sisnan-
dus vero Iriensi Sedi retinenti corpus B Jacobi Apostoli praesidebat, quo tempore Zanellus
presbyter a praefato Papa Joanne ad Hispanias est missus ut statum Ecclesiae hujus regionis perquireret et quo ritu ministeria Missarum celebrarent   Quae cuncta catholica fide
munita inveniens exultavit, et Domino Papae Joanni et omni conventui Romanae Ecclesiae
retulit Officium Hispanae Ecclesiae laudaverunt et roboraverunt Et hoc solum placuit addere
ut more Apostolicae Ecclesiae celebrarent secreta Missae »

Aumentado prodigiosamente el número de monasterios que obedecian
su regla (en el siglo XII llegaban, segun parece, á dos mil), ricos de
privilegios y de exenciones, fueron extendiendo los cluniacenses su
accion civilizadora, aunque tropezando á las veces con los demás benedictinos, no sujetos á aquella reforma (sin que por eso pudiera ta-
chárselos de relajados). Por lo tocante á España, en modo alguno
puede admitirse esa decadencia del monacato, y los documentos en
que de ella se habla, dado que pasen por auténticos, son á todas luces
de pluma parcial y extranjera. Pero ni áun de su autenticidad estamos seguros. Dicen los cronistas de la Órden de San Benito, que á
principios del siglo XI llegó á oidos de D. Sancho el Mayor de Navarra la fama del monasterio de Cluny, y que envió á él al monje español Paterno, para que estudiara la reforma y la introdujese en San
Juan de la Peña. El mismo Paterno y otros monjes pinnatenses *reformaron* el monasterio de Oña (fundado como *dúplice*, en 1011, por
el conde D Sancho), arrojando de allí á las religiosas, que vivian *con
poca reverencia*, segun dice el privilegio Paterno dejó de abad á García
Conforme á otra version, la reforma fué hecha por el ermitaño Iñigo,
á quien trajo D Sancho de las montañas de Jaca. Dícese tambien que
era cluniacense el abad Ferrucio de San Millan de Siero, monasterio
fundado por D. Sancho el Mayor en 1033.

Hasta aquí las crónicas benedictinas. Los documentos que se alegan son un diploma del rey D. Sancho [1], fechado en 1033, y una
Vida del abad San Iñigo, conservada en latin en el archivo de San Juan
de la Peña y en castellano en Oña. El primero es por muchas razones
sospechoso la elegancia relativa de su latinidad: el decir D. Sancho
que habia acabado con los herejes de su reino, como si entonces los
hubiera, el faltar del todo las firmas de los Obispos de Navarra: el
órden extraño y desusado de las suscriciones, junto con otros reparos más menudos, han quebrantado mucho, desde los tiempos de
Masdeu, el crédito de este documento, que nadie defiende sino de
soslayo, y por ser tan grande la autoridad del Padre Yepes, que le
alega Realmente pone grima el pensar que de una pluma española
salieran aquellas invectivas contra la religiosidad de nuestra Iglesia y
contra la virtud de las monjas de Oña, compañeras de Santa Tigridia.
La *Vida de San Iñigo* (aunque no está en contradiccion con el privile-

---

1 Vid en Yepes, tomo V escritura 45 Masdeu le dá por falso, asi como todos los demás
documentos relativos á la reforma del tiempo de D Sancho Contestóle el Padre Casaus de
San Juan de la Peña *(Carta de un aragones aficionado a las antiguedades de su reino*   Zaragoza, 1800) Le replicó Masdeu en el tomo XX de la *Historia critica*, dando ocasion á nuevo escrito de Casaus *(Respuesta del aragones aficionado   *. Madrid, 1806)

gio de D. Sancho, puesto que éste habla de una reforma anterior, y con ella serían dos en poco más de diez y nueve años, cosa inverosímil) es realmente moderna, como reconocieron los Bolandos.

Pero aunque padezca contradicción la legitimidad de esos documentos, fuera excesivo pirronismo negar del todo las reformas cluniacenses en tiempo de D Sancho La mentira es siempre hija de algo; y quizá esos privilegios no son apócrifos, sino refundidos ó interpolados cuando ,tantos otros, es decir, á fines del siglo XI, época del grande apogeo de los monjes galicanos Por lo demás la Iglesia española no necesitaba que vinieran los extraños á reformarla la enmienda que había de ponerse en los abusos y vicios (aquí menores que en otras partes) hízola ella por sí, y buena prueba es el Concilio de Coyanza

Á fines del mismo siglo XI, en 1062, vino á Castilla de Legado pontificio el célebre y revoltoso Cardenal Hugo Cándido, empeñado en destruir el rito muzárabe. Los Obispos españoles reclamaron de aquel atropello, y enviaron á Roma cuatro códices litúrgicos el libro de *Ordenes* (códice de Albelda), el *Misal* (códice de Santa Gemma, cerca de Estella), el *Oracional* y el *Antifonario* (códices de Hirache). Fueron comisionados para entregarlos á Alejandro II, D. Munio, Obispo de Calahorra, D. Jimeno, de Auca, y D Fortun, de Álava El Papa reconoció y aprobó en el Concilio de Mántua (1063) la litúrgia española, despues de diez y nueve dias de exámen [1]

Hugo Cándido había seguido el bando del Antipapa Cadolo; pero reconciliado con Alejandro II, viósele volver á España en 1068 con el firme propósito de abolir en Aragon el rito muzárabe Era el rey D. Sancho Ramirez aficionado por demás á las novedades francesas, y gran patrocinador de los cluniacenses de San Juan de la Peña, que lograron en su tiempo desusados privilegios, entre ellos el de quedar exentos de la jurisdiccion episcopal En vano se opusieron los Obispos de Jaca y Roda á tal exencion, desusada en España. El abad Aquilino fué á Roma, puso su monasterio bajo el patronato de la Santa Sede y alcanzó el deseado privilegio.

---

[1] Consta todo en la referida nota del Emilianense

«Alexandro Papa Sedem Apostolicam obtinente et Domino Ferdinando Rege Hispaniae regione imperante, quidam Cardinalis, Hugo Candidus vocatus, a praefato Papa Alexandro missus, Hispaniam venit officium subvertere voluit . Pro qua re Hispaniarum Episcopi vehementer irati, consilio inito, tres Episcopos Romam miserunt, scilicet Munionem Calagurritanum, et Eximinum Aucensem, et Fortunium Alavensem Hi ergo cum libris officiorum se Domino Papae Alexandro in generali Concilio praesentaverunt, obtulerunt id est, librum Ordinum, et librum Missarum, et librum Orationum, et librum Antiphonarum, etc etc Decem et novem diebus tenuerunt, et cuncti laudaverunt »

Así preparado el terreno, y dominando en el ánimo del rey los pinnatenses, logró sin dificultad Hugo Cándido la abolicion del Oficio
gótico en Aragon, y poco despues en Navarra El 22 de Mayo de 1071,
á la hora de Nona, se cantó en San Juan de la Peña la primera Misa
romana. No hablo de los falsos Concilios de Leyre y San Juan de la
Peña

Mayores obstáculos hubo que vencer en Castilla. Ya Fernando I
el Magno, muy devoto del monasterio de Cluny, le habia otorgado
un censo, que duplicó en 1077 su hijo Alfonso VI [1], casado en segundas nupcias con la francesa doña Constanza. Por muerte de Alejandro II habia llegado á la Silla de San Pedro el ilustre Hildebrando
(San Gregorio VII), terror de concubinarios y sacrílegos, brazo de
Dios y de la gente latina contra la barbárie de los emperadores germanos. El admirable propósito de *unidad*, acariciado por todos los
grandes hombres de la Edad Media, y reducido á fórmula clara y
precisa en las epístolas de Gregorio VII, empeñóle en la destruccion
de nuestro rito, mostrándose en tal empeño duro, tenaz y á las veces mal informado En repetidas cartas solicitó de Alfonso de Castilla y de D Sancho de Navarra la mudanza litúrgica, alegando que
«por la calamidad de los Priscilianistas y de los Arrianos habia sido
contaminada España y separada del rito romano, disminuyéndose no
sólo la religion y la piedad, sino tambien las grandezas temporales» [2]
En otra parte llama *supersticion toledana* al rito venerando de los Leandros. Eugenios y Julianes Palabras dignas, por cierto, de ser ásperamente calificadas, si no atendiéramos á la santidad de su autor y al
noble pensamiento que le guiaba, por más que fuera en esta ocasion
eco de las calumnias cluniacenses Él mismo parece que lo reconoció
más tarde

En pos de Hugo Cándido, lanzado por estos tiempos en abierto cisma y rebeldía contra Gregorio VII, y de Gualdo, enemigo tambien del
rito español. vino el Cardenal Ricardo, abad de San Víctor de Marsella, quien, segun narra el Arzobispo D. Rodrigo, *coepit irregularius se
habere* [3] y tuvo acres disputas con otro cluniacense Roberto, abad de

1 «Ego Adephonsus Hugoni abbati censum quem pater meus sanctissimo loco
Cluniacensi solitus erat dare, in diebus vitae meae duplicatum dabo » (Yepes, *Crónica de la
Órden de San Benito*, tomo IV, fól 452)

2 «Postquam vesania Priscillianistarum diu pollutum et perfida Arianorum depravatum
et a romano ritu separatum, irruentibus prius gothis ac demum invadentibus sarracenis, regnum Hispaniae fuit non solum religio est diminuta, verum etiam mundanae sunt opes labe-
factae »

3 *De commutatione officii toletani* (cap XXV del libro VI *De rebus Hispaniae*) Padres Toledanos, pág 138 del tomo III

Sahagun, que, á pesar de su orígen, pasaba por defensor de los muzárabes. A punto llegaron las cosas que el Arzobispo de Toledo don
Bernardo, tambien francés y de la reforma de Cluny, encaminóse á
Roma, y logró de Urbano II, sucesor de Gregorio VII, que retirase
al Legado. Pero el objeto de su legacion estaba ya cumplido. Oigamos al Arzobispo D. Rodrigo. «Turbóse el Clero y pueblo de toda
España, al verse obligados por el príncipe y por el Cardenal á recibir
el Oficio galicano: señalóse dia, y congregados el rey, el Arzobispo,
el Legado y multitud grande del Clero y del pueblo, se disputó largamente, resistiendo con firmeza el Clero, la milicia y el pueblo la mudanza del Oficio. El rey, empeñado en lo contrario, y persuadido por
su mujer, amenazóles con venganzas y terrores. Llegaron las cosas
á punto de concertarse un duelo, para que la cuestion se decidiera.
Y elegidos dos campeones, el uno por el rey, en defensa del rito galicano, y el otro por la milicia y el pueblo, en pro del Oficio de Toledo, el campeon del rey fué vencido, con grande aplauso y alegría del
pueblo. Pero el rey, estimulado por doña Constanza, no cejó de su
propósito, y declaró que el duelo no era bastante.

»El defensor del Oficio toledano fué de la casa de los Matanzas,
cerca de Pisuerga.

»Levantóse gran sedicion en la milicia y el pueblo: acordaron poner
en el fuego el Misal toledano y el muzárabe. Y observado por todos
escrupuloso ayuno y hecha devota oracion, alabaron y bendijeron al
Señor al ver abrasado el Oficio galicano, mientras saltaba sobre todas
las llamas del incendio el toledano, enteramente ileso. Mas el rey
como era pertinacísimo en sus voluntades, ni se aterró por el milagro, ni se rindió á las súplicas, sino que amenazando con muertes y
confiscaciones á los que resistian, mandó observar en todos sus reinos el Oficio romano. Y así, llorando y doliéndose todos, nació aquel
proverbio. *Allá van leyes do quieren reyes* [1]

---

1   «Verum ante revocationem clerus et populus totius Hispaniae turbatur, eo quod Gallicanum officium suscipere a legato et Principe cogebantur, et statuto die Rege, Primate, legato, cleri et populi maxima multitudine congregatis, fuit diutius altercatum, clero, militia
et populo firmiter resistentibus ne officium mutaretur, Rege a Regina suaso, contrarium minis et terroribus intonante. Ad hoc ultimo res pervenit, militari pertinacia decernente, ut
haec dissensio duelli certamine sedaretur. Cumque duo milites fuissent electi, unus a Rege,
qui pro officio Gallicano, alter a militia et populis, qui pro Toletano pariter decertarent, miles
Regis illico victus fuit, populis exultantibus, quod victor erat miles officii Toletani. Sed Rex
adeo fuit a Regina Constantia stimulatus, quod a proposito non discessit, duellum judicans
jus non esse. Miles autem qui pugnaverat pro officio Toletano fuit de domo Matantiae prope
Pisoricam, cujus hodie genus extat. Cumque super hoc magna seditio in militia et populo
oriretur, demum placuit ut liber officii Toletani et liber officii Gallicani in magna ignis congerie ponerentur. Et indicto omnibus jejunio, a primate, legato et clero, et oratione ab omni-

En esta magnífica leyenda compendió el pueblo castellano todas las angustias y conflictos de aquella lucha, en que el sentimiento católico, irresistible en la raza, se sobrepuso á todo instinto de orgullo nacional, por grande y legítimo que fuese. Doliéronse y *lloraron* los toledanos, pero ni una voz se alzó contra Roma, ni dió cabida nadie á pensamientos cismáticos, ni pensaron en resistir, aunque tenían las armas en la mano

Para completar la *reforma*, el Concilio de Leon de 1091 confirmó la abolicion del rito, y mandó asimismo que se desterrase la letra isidoriana.

Desde entonces nadie puso trabas al poderío de los cluniacenses Declarados libres y exentos de toda potestad secular ó eclesiástica. *ab omni jugo saecularis seu ecclesiasticae potestatis*, cosa jamás oida en Castilla, fueron acrecentando dia tras dia sus rentas y privilegios Ellos introdujeron en el fuero de Sahagun las costumbres feudales, fecundísimo semillero de pleitos y tumultos para los abades sucesivos. Levantáronse á las mejores cátedras episcopales de España monjes franceses, traidos ó llamados de su pátria por D. Bernardo Giraldo, Arzobispo de Braga; San Pedro, Obispo de Osma, Bernardo, Obispo de Siguenza, y despues Arzobispo de Compostela; otros dos Pedros, Obispo el uno de Segovia, y el otro de Palencia; Raimundo, que sucedió á D. Bernardo en la Silla de Toledo; D. Jerónimo, Obispo de Valencia despues de la conquista del Cid, y de Zamora cuando Valencia se perdió..... á todos éstos cita D Rodrigo como *juvenes dociles et litteratos* traidos de las Gálias por D. Bernardo No ha de negarse que alguno de ellos, como San Pedro de Osma, fué glorioso ornamento de nuestra Iglesia, pero tantos y tantos monjes del otro lado del Pirineo que cayeron sobre Castilla como sobre tierra conquistada, repartiéndose mitras y abadías, ¿eran por ventura mejores ni más sábios que los castellanos? Responda el cisterciense San Bernardo *Nisi auro Hispaniae salus populi viluisset*. Y al abad de Sahagun, Roberto, ¿no tuvo que apellidarle el mismo Gregorio VII, *demonio*, al paso que su compañero de hábito y de nacion, Ricardo, le acusaba de lu-

bus devote peracta, igne consumitur liber officii Gallicani, et prosiliit super omnes flammas incendii, cunctis videntibus et Dominum laudantibus, liber officii Toletani, illaesus omnino et a combustione incendii alienus Sed cum Rex esset magnanimus et suae voluntatis pertinax executor, nec miraculo territus, nec supplicatione suavis, voluit inclinari, sed mortis supplicia et direptionem minitans resistentibus, praecepit ut Gallicanum officium in omnibus regni sui finibus servaretur Et tunc, cunctis flentibus et dolentibus, inolevit proverbium *Quo volunt Reges vadunt leges* • (En esta narracion de D Rodrigo esta fundada la de Mariana) El *Chronicon Malleacense* dice que el campeon franco fue vencido con alevosia •Fuit factum bellum inter duos milites, et falsitatis fuit victus miles ex parte francorum •

jurioso y simoniaco? De los atropellos é irregularidades del mismo
Ricardo quedó larga memoria en Cataluña. Ni es tampoco para olvidado el Antipapa Burdino.

De la tacha de ambiciosos y aseglarados nadie podrá salvar á muchos cluniacenses. Tantas falsificaciones de documentos en provecho
propio, como vinieron á oscurecer nuestra historia en el siglo XII,
tampoco acreditan su escrupulosa conciencia. Lo peor es que el contagio se comunicó á los nuestros, y ni Pelayo de Oviedo ni Gelmirez
repararon en medios cuando del acrecentamiento de sus diócesis se
trataba. En Gelmirez, protegido de D. Raimundo de Borgoña, vino
á encarnarse el *galicanismo.* Ostentoso, magnífico, amante de grandezas y honores temporales, envuelto en perpétuos litigios, revolvedor
y cizañero, quizá hubiera sido notable príncipe secular; pero en la Iglesia española parece un personaje algo extraño, si se piensa en los
Mausonas y en los Leandros. Y eso que manos amigas, y más que
amigas, trazaron la *Historia Compostelana.*

No es mi ánimo maltratar á los cluniacenses, que están harto lejos,
para que no parezca algo estemporánea la indignacion de Masdeu y
otros críticos del siglo pasado. Mas (aparte de la mudanza del rito, hecho en sí doloroso, pero conveniente y áun necesario) poco ó ningun
provecho trajeron á la civilizacion española. en la Iglesia, el funesto
privilegio de las *exenciones* y un sinnúmero de pleitos y controversias
de jurisdiccion, en el Estado, fueros como el de Sahagun, duros,
opresores, antiespañoles y anticristianos; en literatura, la ampulosa
y vacía retórica de los compostelanos. ¿Qué trajeron los cluniacenses
para sustituir á la tradicion isidoriana?

Cierto que el influjo francés, por ellos (en parte) difundido, extendió en alguna manera el horizonte intelectual, sobre todo en lo que
hace á la amena literatura. Divulgáronse los *cantares de gesta* franceses, y algo tomaron de ellos nuestros poetas, hasta en las obras donde con más energía protesta el sentimiento nacional contra forasteras
intrusiones. Fueron más conocidas ciertas obras didácticas y poéticas
de la baja latinidad, como la *Alexandreis* de Gualtero de Chatillon,
por ejemplo, y en ellas se inspiraron los seguidores del *mester de clere-
zía,* durante el siglo XIII. Hallaron más libre entrada en España las
narraciones religiosas y épicas, que constituyen el principal fondo
poético de la Edad Media. Por eso nuestra literatura, cuando empieza á formularse en lengua vulgar, aparece ya *influida,* si no en el espíritu, en los pormenores, en las formas y en los asuntos. Lejos de
perder *nacionalidad* con el trascurso de los siglos, ha ido depurándola

y arrojando de su seno los elementos extraños. Pero ésta no es materia para tratada de paso ni en este lugar.

A cambio de lo que pudimos recibir de los franceses y demás occidentales en los siglos XI, XII y XIII, dímosles como intermediarios, la ciencia arábiga y judáica y algun género oriental v. g., el apólogo Y hénos conducidos, como por la mano, á la apreciacion de otro linaje de novedades que siguieron, no en muchos años, á la conquista de Toledo, y en las cuales sólo hemos de tener en cuenta el aspecto de la *heterodoxia*, representada aquí por el panteismo semítico tal como fué interpretado en las escuelas cristianas

Sin las relaciones frecuentísimas entre España y Francia, consecuencia de la abolicion del rito y de la reforma cluniacense, no hubiera sido tan rápida la propagacion de la filosofía oriental desde Toledo á París. Además, un cluniacense, D. Raimundo, figura en primera línea entre los Mecenas y protectores de esos trabajos

Tres reinados duró la omnipotente influencia de los monjes de Cluny, mezclados en todas las tormentas políticas de Castilla, en las luchas más que civiles de doña Urraca, el Batallador y Alfonso VII. Desde 1120 su poderío va declinando, y se menoscaba más y más con la reforma cisterciense

Mientras esto pasaba, la reconquista habia adelantado no poco, á pesar de la espada de los Almoravides y de los desastres de Uclés y de Zalaca La conquista de Zaragoza y la osada expedicion del Batallador en demanda de los muzárabes andaluces, los repetidos triunfos de Alonso VII, coronados con la brillante, más que duradera ni fructífera, empresa de Almería, habian mostrado cuán incontrastable era la vitalidad y energía de aquellos Estados cristianos. ¡Cómo no, si un simple *condottiero* habia clavado su pendon en Valencia!

Entre tanto germinaba en todos los espíritus la idea de unidad peninsular, y el Batallador, lo mismo que su entenado, traron á realizarla, llegando el segundo á la constitucion de un simulacro de imperio, nuevo y manifiesto síntoma de influencias romanas y francesas Mucho pesaba en la Edad Media el recuerdo de Carlo-Magno, y aun el de la Roma imperial, con ser vana sombra aquel imperio

CAPÍTULO PRIMERO

ENTRADA DEL PANTEISMO SEMÍTICO EN LAS ESCUELAS CRISTIANAS.—DOMINGO GUNDISALVO.—JUAN HISPALENSE.—EL ESPAÑOL MAURICIO

I.—INDICACIONES SOBRE EL DESARROLLO DE LA FILOSOFÍA ARÁBIGA Y JUDÁICA, PRINCIPALMENTE EN ESPAÑA

IN asentir en manera alguna á la teoría fatalista de las razas, puede afirmarse que los Árabes (no por ser *semitas*, sino por su atrasada cultura y vida nómada antes del Islam, y por el círculo estrecho en que éste vino á encerrar el pensamiento y la fantasía de aquella gente) han sido y son muy poco dados á la filosofía, ciencia entre ellos exótica y peregrina, ya que no mirada con aversion por los buenos creyentes. La *filosofía* (se ha dicho con razon) *es un mero episodio en la vida de los musulmanes*. Y aún se puede añadir que apenas se contó un árabe entre esos filósofos. Casi todos fueron sirios, persas y españoles.

El papel que corresponde á la cultura muslímica en la historia de la metafísica, no es otro que el de trasmisora de la ciencia griega, generalmente mal entendida. No dejaron los Árabes de tener algunos rastros y vislumbres de filosofía propia, porque no hay pueblo ni raza que carezca de ellos. La filosofía posible entre los sarracenos se mostró en sus sectas heterodoxas. Así, el conflicto de la predestinación y el libre albedrío, hizo brotar las sectas de *Kadaritas* y *Djabaritas* La negación de todo atributo positivo en la Divinidad, hecha por los partidarios del *Djabar*, fué ásperamente combatida por los *Sifatitas* ó *Antropomorfitas*. De estos débiles principios fué naciendo la secta de los *Motazales* ó disidentes, impugnadores asimismo de los *atributos* y del *fatalismo*. Sirvieron los Motazales como de cadena entre la ortodoxia y la filosofía. La ciencia del *calam* (palabra), especie de *teología escolástica*, enseñada por los *Motecallemin*, vástago de los Motazales, es ya una doctrina filosófica, nacida de la lucha entre el peripatetismo y el dogma muslímico, y acrecentada con doctrinas griegas, como que tiene una base atomística. Pero antes conviene hablar de los Peripatéticos.

Cuando los Árabes se apoderaron de Siria, Caldea y Pérsia, duraba allí el movimiento intelectual excitado por los últimos alejandrinos, á quienes arrojó de su pátria el edicto de Justiniano, y por los herejes nestorianos, que expulsó Heráclio. Algunos monarcas persas, como Nuschirvan, habían protegido estos estudios y hecho traducir á su lengua algunos libros Los Árabes no se percataron al principio de nada de esto; pero cuando a los Omeyas sucedieron los Abasidas, ya aplacados los primeros furores de la conquista, vióse á los médicos nestorianos, á los astrólogos y matemáticos penetrar en el palacio de los califas, tan solícitos en honrarlos como lo habían sido algunos monarcas del Irán. En el califato de Almansur se tradujeron ya los *Elementos* de Euclides En tiempo de Harum-al-Raschid, y sobre todo de Almamum, apenas se interrumpe la labor de las traducciones de filósofos, médicos y matemáticos griegos, puesto que la *amena literatura clásica* fué del todo desconocida para los Árabes, harto incapaces, por carácter y costumbres, de entender la pureza helénica. Debiéronse la mayor parte de esas versiones (que á veces eran refundiciones y extractos) á Isaac, á Honain-ben-Isaac, á Costa-ben-Luca, y á otros nestorianos persas y siros Unos traducían del siríaco al árabe, otros directamente del griego. Entonces conocieron los Árabes á Aristóteles y á algunos neo-platónicos

La importancia y celebridad de Aristóteles había subido de punto en los últimos tiempos de la escuela de Alejandría suplantando casi á la fama de Platon, merced á los comentarios de Temistio, Simplicio y Juan el Gramático ó Filopono Con los libros auténticos del Estagirita llegaron á manos de los Árabes otros apócrifos y de doc-

trina enteramente opuesta, como la llamada *Teología* de Aristóteles,
obra de algún pseudo-místico alejandrino, é inspiradora (como veremos)
de la *Fuente de la Vida* de Avicebron. Aparte esto, de los neo-
platónicos alcanzó á los Árabes el rechazo más que la doctrina
Avempace y Tofáil se parecen á Plotino, pero no le conocían ni le
nombran De Proclo manejaban, según parece, un libro apócrifo· el
que los cristianos llamaron *De causis* La filosofía pre-aristotélica (in-
clusa la de Platon) conocíanla sólo por las referencias de Aristóteles,
y de allí tomaron los *Motecallemin* su atomismo Corrían, sin embargo, libros con nombre de Empedocles, Pitágoras y algún otro pensador antiguo, pero todos de fábrica reciente, y saturados de neo-
platonismo.

El neo-platonismo, pues, en sus últimas evoluciones (no el de las
las *Enéadas)*, y el peripatetismo en toda su extension y comentado
por los alejandrinos, constituyen el caudal científico de los Árabes y
la base de sus especulaciones Pero el nombre de Aristóteles es siempre el que ellos invocan hasta con fervor supersticioso, siquiera en
los pormenores, en el cariño especial con que tratan algunas cuestiones, y áun en la solucion que á veces les dan, se muestren un tanto
originales

Hasta el siglo IX, cuando buena parte de esos libros eran conocidos y divulgados, los Árabes no dieron muestra de sí El primero de
sus filósofos, de nombre conocido, es Al-Kendi, que floreció en Bagdad en tiempo de los califas Almamum y Almotacin, y compuso, segun dicen, más de 200 obras, aunque hoy apenas se conserva ninguna. Especuló *sobre la naturaleza de lo infinito, sobre el entendimiento,
sobre el órden de los libros de Aristóteles, sobre el plan y propósito de éste en
las Categorías,* y principalmente *sobre la unidad de Dios,* cuyos atributos positivos negaba [1].

Eclipsóle Alfarábi, filósofo del siglo X, discípulo de un cristiano
llamado Juan, hijo de Geblad [2] Comentó el *Organon* de Aristóteles
y en nada esencial se aparta del peripatetismo Tuvo mucha boga
entre los escolásticos un tratadillo suyo, *De scientiis,* especie de me-
todología, citado con elogio por nuestro Fernando de Córdoba en el
De artificio omnis subtilis. No parece que encerraba proposito alguno
de concordia otro escrito de Alfarábi *sobre las doctrinas de Platon y de*

1 Lakemacher *De Alkendi arabum philosophorum celeberrimo* (Helmstad, 1719)—Casiri (*Bibliotheca Arabico-Hispana Escurialensis,* pag 353 del tomo I) trae el catalogo de sus obras tomandole de Al-Kifti (Vid para todo Munck)

2 Casiri, tomo I pags 190 y 191, trae su vida y el catalogo de sus escritos, segun el *Diccionario de Al-Kifti*

Aristóteles En cambio es importante su tratado *De los principios de los séres,* conservado en la versión hebrea de Rabí-Samuel-ben-Tibbon, y calificado por Maimónides de *pura flor de harina* Reconoce Alfarábi seis principios, es á saber la causa primera, las causas segundas ó inteligencias de las esferas celestes, el entendimiento agente, el alma, la forma y la materia; independientes del cuerpo los tres primeros, unidos á él los tres segundos. Pone la ciencia y la felicidad humanas, como los demás filósofos árabes que le siguieron, en la unión con *el entendimiento agente,* pasando por los grados intermedios del *entendimiento en efecto* y del *entendimiento adquirido.* Es el entendimiento agente y separado una luz que irradia en todo lo inteligible y produce la intelección, como los colores la luz. Sólo las almas que alcancen su unión con el *intelecto* agente serán inmortales. Pero Alfarábi no llega al panteismo, porque ni ese *intelecto* es Dios, ni la personalidad humana queda absorbida en la esencia divina, pues (segun él) las almas separadas *gozan* en su unión, y el goce supone conciencia Averroes le atribuye, sin embargo, el haber dicho *que la inmortalidad del alma era un cuento de viejas* [1]

En verdad que Aristóteles no hubiera conocido su teoría del *intelecto παθητικός* y del *ποιητικός,* tal como los Árabes la disfrazaron Del texto del libro III *De anima,* por más interpretaciones que se le den. y diga lo que quiera Renan, no resulta ni la *unidad del entendimiento agente* ni *su separación* del hombre. No existe para Aristóteles esa *razon objetiva é impersonal* [2]. La impasibilidad é incorruptibilidad del *intelecto agente,* y no del posible, no significa más que la inmortalidad del alma *en sus facultades superiores,* tal como Aristóteles la entiende Que los dos principios sean distintos y *separados,* Aristóteles lo dice expresamente, pero que el uno de ellos esté fuera del alma y sea *único,* á la manera de una luz *exterior* que ilumine todas las inteligencias, ni lo dice, ni puede deducirse de su libro. á pesar de algunas expresiones que riñen con el resto de la doctrina del νους, y que parecen tomadas de Anaxágoras No es ésta la primera vez que en cosas más graves ha puesto Renan sus propias imaginaciones en cabeza de los autores, cuyos textos *solicitaba blandamente,* para que respondiesen á su intento.

Esta mala inteligencia de dos ó tres frases del capítulo V, libro III

---

1 Pocas obras de Alfarábi se han traducido al latín Vid *Alpharabii vetustissimi Aristotelis interpretis, opera omnia quae latina lingua conscripti reperiri potuerunt* (París, 1638) Contiene los tratados *De scientiis* y *De intellectu* —Schmoelders *Documenta philosophiae arabum* (Bonn 1836) Contiene otros dos opúsculos de Alfarábi con texto y traducción latina

2 Renan *Averroes et l'Averroisme* pag 123

De anima, es una de las mayores novedades y de los fundamentos del peripatetismo arábigo, aunque ya estuviera en gérmen en los comentos de Temistio y Filopono. La reduccion de esta filosofía á cuerpo de doctrina, débese principalmente al persa Avicena (Ben-Sina) [1], tan famoso como médico. En su gran compilacion *Al-Schefah*, y en el compendio que tituló *Al-Nadjah* [2], desarrolla todo el círculo de las ciencias filosóficas al modo de Aristóteles, aunque por órden más breve y sencillo Admite Avicena, contra la ortodoxia musulmana, la eternidad del mundo, y toma de los neo-platónicos el sistema de la *emanacion*, para explicar cómo de lo *uno* (Dios), resulta lo *múltiple* (el mundo) De Dios emana la *inteligencia*, que mueve la primera esfera celeste; de ésta la que mueve la segunda, y así sucesivamente hasta el *intelecto agente* y el alma humana, etc Dios tiene el conocimiento de las cosas universales á las inteligencias separadas compete el de las particulares y accidentales. Á diferencia de otros filósofos árabes, en la vida práctica, antes que en la especulativa, pone Avicena el fin del hombre, admite el *profetismo* como estado sobrenatural, y cuando habla de la union del alma con el intelecto agente tiene rasgos místicos á su manera Parece que en la *Filosofía Oriental*, libro *esotérico* suyo, hoy no conocido más que por las citas de Tofáil y Averroes, defendia sin ambajes el panteismo

Por lo que Avicena se aparta del peripatetismo, atrájose las iras de Averroes y otros *aristotélicos puros*, ó que creian serlo Por lo que riñe con la ortodoxia muslímica, dió márgen á las impugnaciones de Al-Gazél y de los *Motecallemin*. Al-Gazél (nacido en Tus, del Korasan, el año 1058), es un pensador singular, que llamó el escepticismo en apoyo de su religion, como otros modernos en defensa de mejor y más santa causa. Si yo creyera que Al-Gazél obraba de buena fé, le llamaria el Pascal, el Huet ó el Donoso Cortés del Islamismo Como ellos, emprendió el errado camino de combatir la razon, para asegurar la fé. Al-Gazél habia pasado por las escuelas filosóficas y sectas de su tiempo, y en todas encontró dudas, refugiándose al cabo en el misticismo de los Sofis. Entonces compuso su *Tehafot* ó *Destruccion* de los filósofos, precedido de otro libro, que llamó *Makacid*, especie de resúmen de las doctrinas que se proponia impugnar Verdadera *destruccion* es el *Tehafot*, puesto que nada funda, reservando Al-Gazél la exposicion de sus doctrinas para otro libro, que llamaba

1 Uno de los maestros de Avicena fue el médico cristiano Isa-ben-Jahya

2 Fragmentos de estas dos obras son los tratados filosóficos que se tradujeron al latin y de los cuales hay varias ediciones Munck cita la de Venecia 1495

Fundamentos de la creencia Las ideas impugnadas son las de Aristóteles, interpretado por Alfárabi y Avicena. En veinte puntos se fija principalmente Al-Gazél, impugnando la eternidad de la materia y del mundo, la negación de los atributos y de la providencia particular y de detalle, la teoría acerca de las inteligencias de las esferas, el principio de la *causalidad* que sustituye con el *hábito* (no de otra manera que David Hume), y defendiendo la resurrección de los muertos, etc [1].

Ni Averroes ni Tofail creen que Al-Gazél procediera de buena fé en estas refutaciones Es más, existe un tratado, que compuso despues de la *Destruccion, para descubrir su pensamiento á los sábios* en que contradice lo mismo que habia afirmado, y (si bien en forma oscura é indecisa) razona como cualquier otro peripatético árabe. Dice Tofail que ni éste ni los demás libros *esotéricos* de Al-Gazél habian venido á España. Averroes combatió el *Tehafot* en su *Destruccion de la Destruccion*.

El deseo de concertar en una síntesis el Islamismo y la filosofía griega, produjo en el siglo X la frustrada tentativa de los *Hermanos de la pureza ó sinceridad,* sociedad que se juntó en Bassora y compuso una especie de enciclopedia en cincuenta tratados [2].

Á defender la creacion, la Providencia y las penas y castigos de la otra vida se levantaron con más éxito los *Motecallemin* [3], tomando de la filosofía sus propias armas para combatirla Pero ¡cosa rara! no se apoyaron en Aristóteles, sino en Demócrito, y resucitaron el sistema atomístico Dios creó los átomos, que por el movimiento se unieron en el *vacío* El tiempo es para los *Motecallemin* una série de instantes separados por intervalos de quietud Ningun accidente dura dos instantes, y Dios crea sin cesar accidentes nuevos por su libre y espontánea voluntad Todos los accidentes son positivos, hasta la muerte, la privacion y la ignorancia Á la *causalidad* sustituye, como en Al-Gazél, el *hábito*. En suma la ciencia de los *Motecallemin* es ciencia *fluxorum*, de fenómenos y apariencias, y parece increible que un sistema teológico la haya tomado por base.

Despues de Avicena y de Al-Gazél, la filosofía decae rápidamente en Asia, y cada vez más acosada por los alfaquíes muslimes y por el dogmatismo oficial, escoge nuevo teatro, presentándose con singula-

---

1 Vid Gosche, *Vida y obras de Al-Gazel* (Berlin 1858)
2 Tradújola al hebreo Kalonymos-ben-Kalonymos en el siglo XIV (Vid Munck)
3 Las mejores, casi las únicas noticias que tenemos de los *Motecallemin,* estan en el *Guia de los que dudan,* de Maimonides Véanse ademas los sabios comentarios de Munck, tomo I, capitulos LXIX y LXX Hay mucha semejanza entre el *ocasionalismo* de los Motecallemin y el de Malebranche

res caractéres en España, donde bajo el cetro de los Omeyas de Córdoba se había desarrollado una cultura no inferior á la de Bagdad.

Á principios del siglo X un cordobés llamado Mohamed-ben-Abdalah-ben-Messaira, que había viajado por Oriente, trajo a España los libros del pseudo-Empedocles, explicó la doctrina en ellos contenida, y tuvo muchos discípulos [1]. El sistema de *Empedocles* tenía bastantes analogías con el de Avicebron, que luego expondremos: una *materia* universal, una *forma* universal creada por Dios· de la union de estos dos elementos, resultaban primero las cosas simples y luego las compuestas Vagas reminiscencias de la doctrina del verdadero Empedocles sobre el *amor* y el *ódio*, servían para anudar esta cadena neo-platónica de emanaciones, en que las almas individuales eran partículas del alma universal (cuyo atributo es el *amor)*, al paso que la naturaleza, con ser *efecto*, y áun emanacion del alma, tiene por carácter la *discordia*. Lo que en esta teoría habia de *dualismo* gnostico (que en las consecuencias llegaba á ser *maniqueismo)*, rechazólo Avicebron, como diremos luego

Un siglo despues de Ben-Messaira, en el XI, floreció el zaragozano Avempace (Ben-Padja ó Badja), inclinado al misticismo, como todos nuestros pensadores árabes y judíos (excepto Maimónides), y filósofo de los más notables en la secta de los *contempladores* En su tratado *De la union del alma con el entendimiento agente* enseñó ya el *monopsichismo* ó panteismo intelectual de Averroes. Pero la obra más notable de este moro aragonés es su libro *Régimen del solitario*, conocido hoy por el extenso análisis que hizo el judío Moisés de Narbona, y que ha reproducido Munck. El misticismo de Avempace es del todo opuesto al de Al-Gazél éste desprecia la razon, Avempace la ensalza, y sólo en su union con el intelecto agente pone la felicidad humana. Hay en su libro una especie de utopia política enlazada con el sistema metafísico El *solitario* está en la ciudad, pero forma ciudad y Estado aparte, la ciudad de los sábios, y es como la planta que nació en un desierto Pero ya que el *solitario* vive en un *Estado* imperfecto, debe tratar de mejorarle, despues que se haya mejorado á sí propio y llegue al ápice de lo perfecto, mediante la percepcion de las *formas*

---

[1] Dícelo Munck con referencia al *Diccionario de Al-Kifti* El mismo Munck expone la doctrina del falso Empedocles tomandola de Scharestani Es vergüenza que ningun español haya escrito aun la historia de la filosofia arabiga en nuestro suelo Pueden verse, además de las historias generales de la filosofia de Ritter y otros, las obras siguientes

Schmoelders *Essai sur les ecoles philosophiques chez les Arabes* (Paris, 1842)

Munck *Mélanges de philosophie juive et arabe* (Paris, 1859)

Renan *Averroes et l Averroïsme* (Paris, 1861)

universales, y sobre todo, del *intelecto agente*, venciendo y domando la parte *hylica*, material ó pasiva de nuestra naturaleza Cuando se llega á la posesion de esas *formas especulativas* (que Avempace llama tambien *ideas de las ideas*), del *intelecto agente* emana el *intelecto adquirido*, y el solitario ve las *formas puras* con abstraccion de la materia, porque el intelecto adquirido es el *substratum* de estas mismas formas, las cuales se reducen á una sola y simplicísima en el *intelecto agente*, fundándose así la *unidad de la ciencia*. Para encontrar una concepcion tan *una* y vigorosa hay que retroceder á Plotino Los Árabes orientales quedan harto inferiores á Avempace

Buena parte de la gloria de éste ha recaido en su discípulo Abubeker-ben-Abdel-Melek-ben-Tofáil, filósofo y médico guadijeño de principios del siglo XII Lo singular en el libro de Tofáil es la forma Con el título de *Hai-ben-Jokdan* escribió una especie de novela filosófica *(Robinson metafísico*, que han dicho algunos), algo semejante al *Criticon* de Baltasar Gracian, y áun al *Emilio* de Rousseau y á otras invenciones pedagógicas. Al traducirla Pococke al latin cambió el título en el de *Philosophus autodidactus* [1], y en efecto Hai, á diferencia de Andrenio y de Emilio, no tiene maestros, se *educa á sí propio* Nacido en una isla desierta. y criado por una cabra, va desarrollando sus ideas como si él solo estuviese en el mundo Del conocimiento de lo sensible. de lo múltiple, del accidente, de la especie se levanta al de lo espiritual, lo simple, la sustancia, el género, comprende la armonía de la naturaleza. adquiere las ideas de *materia y forma*, y la del motor inmóvil y supremo *demiurgo*. Desciende á la propia conciencia, para reconocer la distincion de espíritu y cuerpo: y como la sustancia del hombre consiste en el espíritu, infiere que es preciso separarse de la materia, *aniquilarse* (al modo de los Sofis ó de los Joguis), é identificarse con Dios, en quien lo múltiple se reduce á unidad, y cuya luz se extiende y difunde en todo lo creado. El solitario Hai tiene éxtasis y revelaciones estamos de lleno en el *panteismo místico* de Jámblico y de Proclo Para que semejantes doctrinas no se tuvieran por heterodoxas y mal sonantes entre los muslimes, ocurriósele á Tofáil una idea, que no carece de belleza Hai, el hombre de la naturaleza y del pensamiento libre, se encuentra, á los cincuenta años de soledad y de meditaciones. con un asceta musulman que habia parado en las mismas consecuencias que él, por el solo camino de la religion La forma literaria del *Autodidacto* no dejó de ejercer in-

---

1 *Philosophus autodidactus, sive Epistola Abi Yaatai , ben-Tofail de Hai-ben-Jokdan* (Oxford 1671) Hay traducciones inglesas alemanas y holandesas (1700)

fluencia en ciertas ficciones alegóricas de Ramon Lull, como veremos
á su tiempo [1]

Á todos los filósofos arábigo-hispanos excedió en fama, fecundidad
y método, ya que no en originalidad é ingénio, el cordobés Averroes
(Ben-Rochd), llamado en la Edad Media el *comentador* por exce-
lencia·

Averrois che'l gran commento feo

Es error vulgar, y que no necesita refutacion, aunque anda en
muchos libros, el de atribuir á Averroes traducciones de Aristóteles.
Averroes no sabia griego, y se valió de las traducciones anteriores
Lo que hizo fué explanar todos los libros de Aristóteles (excepto la
Política, que segun él mismo dice no era conocida en España, y los
libros de la *Historia de los animales)* con tres maneras de interpretaciones, llamadas *comento mayor, comento medio y paráfrasis,* aunque ni
poseemos hoy todos estos trabajos, ni los que existen se han impreso
todos [2] De la mayor parte no queda el texto árabe, sino traducciones
hebreas, y latinas hechas generalmente del hebreo. Lo mismo acontece con la mayor parte de las obras filosóficas de los Árabes, por el
motivo que luego expondré.

Mayor novedad que en estos comentarios y paráfrasis hay en algunos opúsculos de Averroes, v. gr , en el *Tehafot el Tehafot (Destruccion de la Destruccion),* en que refuta á Al-Gazél, en el *De substantia
orbis,* en la *Epístola sobre la conexion del intelecto agente ó abstracto con el
hombre,* y en el *Del consenso de la filosofía y de la teología,* cuyo texto
árabe existe en el Escorial, y fué publicado en 1859 por Müller

La filosofía de Averroes es panteista, más resuelta y decididamente
que la de Avicena Sus dos grandes errores, los que fueron piedra de
escándalo en las escuelas cristianas, son la *eternidad de la materia* y la
teoría del *intelecto uno.* Averroes niega la creacion *ex nihilo,* y anula
la personalidad racional. La generacion es el movimiento de la materia prima, que por sí no tiene cualidades positivas, y viene á ser
(digámoslo con palabras de Isaac Cardoso), *tanquam vagina et am-
phora formarum,* una mera potencia de sér, que para convertirse en
acto necesita recibir la forma. Esta *recepcion,* movimiento ó paso del

---

[1] Los cuákeros ingleses estiman el *Autodidacto* como libro místico

[2] Falta un trabajo completo sobre las innumerables ediciones latinas de Averroes y sobre
los códices de sus obras. Véase, con todo, el libro de Renan, que cita ediciones de Pádua
(1472, 73 y 74), y de Venecia (1483, 84, 89, 95, 96, 97, 1500 etc) La más célebre es la de los
Juntas (1553)

séi en potencia al séi en acto, es eterno y contínuo, y por tanto. eterna y contínua, sin principio ni téimino, la séiie de las geneiaciones Negada la creacion, habia que negai la Providencia, y Averroes lo hizo, ieduciendo á Dios á la categoiía de *razon universal de las cosas* y principio del movimiento

A la concepcion peripatética de la *materia* y de la *forma* añadió Averioes la acostumbrada cadena de emanaciones neo-platónicas, con todo el cortejo de inteligencias sideiales é *intelecto agente*, ese *entendimiento objetivo ó razon impeisonal* de que Renan hablaba. Averioes es padie del famoso argumento escolástico *Omne recipiens debet esse denudatum a substantia recepti* . . el entendimiento posible es una meia capacidad de recibii las formas Paia que el conocimiento se verifique es piecisa la intervencion del *intelecto agente* El piimei grado en la union del entendimiento *posible* con el *agente*, es el entendimiento *adquirido*, el ultimo, la identificacion con los *inteligibles* mismos En Averioes la nota mística es ménos aguda que en Avempace y Tofáil. En cambio se muestia mucho más dialéctico en sus piocedeies, lo cual contribuyó no poco á su desastiosa hegemonía entie los ciistianos Como quiera, y aunque no iecomiende el ascetismo de Ben-Padja, ni hable de los *éxtasis* como Tofáil, su doctiina no deja de ser un *misticismo iacionalista*, que por la ciencia aspira á la union con Dios, una especie de *gnósis* alejandrina

Del segundo de los dos yerros capitales del averioismo síguese lógicamente otro la negacion de la inmoitalidad del alma, por lo ménos, de la inmortalidad individual, unica que meiece este nombre. Y en efecto: Averioes supone corruptible y peiecedeio el entendimiento posible, afirmando sólo la inmoitalidad del *agente*, como si dijéramos, de la *razon universal*, de la *especie* ó de la *idea* inmortalidad parecida á la que nos piometen muchos hegelianos, ó á la que entendia ieferirse nuestio Sanz del Rio cuando decia que *todos nos salvamos en la Humanidad* ¡Consoladora inmoitalidad y salvacion, poi cieto!

La teoría del *intelecto uno* con todas sus consecuencias es lo que dá color y vida piopia al *averroismo*. Averioes la inculca á cada momento, y en su réplica al *Tehafot* de Al-Gazél, escribe «El alma es *una* en Sócrates, en Platon y en todo hombie la individuacion no piocede del *entendimiento*, sino de la *sensibilidad*». Este panteismo audaz, sin creacion, sin Providencia sin peisonalidad humana ni alma inmortal, fué la giande heiejía de la Edad Media, desde el siglo XIII al XVI. y áun se airastió penosa y oscuiamente en la escuela de Pádua hasta los fines del XVII. A la sombra del *averroismo* científico y filosófico floreció otro *averroísmo* vulgar y grosero, despreciador de toda creencia y compendiado en la frase, que no libro, *De tribus impostoribus*.

A decir verdad, Averroes, como casi todos los filósofos de su raza, había sido muy mal creyente, que profesaba absoluta indiferencia, aunque no ódio, respecto del Islamismo. En su opinion, el filósofo podia aventurarse cuanto quisiera, siempre que en lo externo respetara el culto establecido. Pero esta hipocresía no engañó á los teólogos muslimes. Ya en tiempo de los Almoravides fueron quemados y destruidos muchos libros. Los Almohades trajeron mucho más vivo el fervor de proselitismo, y aunque Averroes disfrutase algun tiempo del favor de Abdelmumen y de Jusuf, sufrió en tiempo de Jacob-Almanzor destierros y persecuciones, prohibiéndose además por edictos el estudio de la filosofía, y mandándose entregar á las llamas cuantos libros de tan pernicioso saber se encontrasen.

Con la muerte de Averroes, ya muy anciano, en 1198, parece extinguirse toda filosofía entre los árabes andaluces. En cambio proseguia su estudio con teson, y recogió la herencia de los musulmanes, traduciendo y comentando sus escritos, otra raza semítica, establecida de tiempo antiguo en nuestro suelo. Entiéndase, sin embargo, que el desarrollo filosófico de los judíos españoles (conforme á los datos que hoy tenemos) empieza cerca de un siglo antes que el de los sarracenos (excepcion hecha de Messarra), y que tres de sus pensadores vencen en originalidad y brío á cuanto presentan los muslimes.

Nuestros judíos comienzan á dar señales de vida literaria á mediados del siglo X (a 948), en que Rabí-Moseh y Rabí-Hanoc trasladaron á Córdoba las famosas Academias de Pombeditah y Sura, haciendo á nuestra pátria centro de toda cultura rabínica. Los judíos de Oriente (fuera de Filon y de su escuela), habian permanecido casi extraños á la filosofía; como que cifraban su saber en la tradicion y en el talmudismo. Si alguna especulacion racional tuvieron, redújose á la *Cábala*, aunque en mantillas, y tal como la encontramos en el *Sepher Jatzirah* ó *Libro de la Creacion*, mencionado (á lo que parece) en ambos *Talmudes*, y traducido al árabe por Rabí-Saadía á principios del mismo siglo X. «*Enseña este libro* (diremos con Jehudá-Leví) *la deidad y la unidad por cosas que son várias y multiplicadas por una parte pero por otra son unidas y concordantes, y su union procede del uno que los ordena*» [1]. La teoría de los números y de los *Sephirot* ó emanaciones, idén-

1 *Cuzary*, trad. de Jacob de Avendaña (Amsterdam).

tica á la de los *eones* gnósticos (que en otra parte expusimos), está ya
formulada en el *Sepher*, aunque muy distante de los desarrollos que logró en el *Zohar* [1] El paralelismo perpétuo entre el signo y la idea, en
que á veces el primero ahoga á la segunda, la superstición judáica de
las letras, los *treinta y dos caminos de Adonái*, las *tres madres*, las *siete
dobles*, las *doce sencillas* hé aquí lo que pusieron de su cosecha los judíos en ese emanatismo de orígen persa ó caldeo (segun la opinion
más admitida), que comenzó á influir en ellos durante la cautividad
de Babilonia. Pero mirada la cuestion con ojos imparciales, todavía
parece difícil admitir que el *Sepher Jatzirah*, tal como hoy le conocemos, se remonte á los tiempos talmúdicos, ni ménos al siglo I ni
al II de la era cristiana. Para admitirlo seria preciso borrar de ese
libro innegables huellas neoplatónicas y gnósticas El *Sepher* puede
ser anterior en tres siglos, pero no más, á Rabí-Saadía A fines del
siglo I existia, á no dudarlo, entre los judíos una ciencia arcana,
análoga al Cabalismo, pero el *Libro de la Creacion*, que el *Talmud
Babilónico* y el *Ierosolimitano* citan, y por medio del cual hacian Rabí-
Janina y Rabí-Josué-ben-Canania maravillas tales como *producir una
novilla de tres años, que les servia en seguida de alimento*, es distinto del
Sepher Jatzirah que hoy tenemos, y por cuyas hojas pasó, no hay que
negarlo, el hálito de la escuela alejandrina. Ni el aislamiento de los
judíos y su ignorancia del griego fueron tan grandes como se pondera, ni se explican todas las semejanzas, aunque sí algunas, por un
fondo comun de tradiciones orientales. La dominacion de los reyes
de Egipto, la de los de Siria, la de los romanos, los judíos helenistas,
Aristóbulo y Filon, la secta de los terapéutas.. ¡cuántos motivos
para que la filosofía griega penetrase entre los judíos!

La proteccion dada por los califas Abasidas á los traductores nestorianos y sirios, el nacimiento de la filosofía arábiga con Al-Kendi y
Alfarábi, hizo salir á los judíos de la eterna rutina del *Talmud* y de la
Misnáh y de las interpretaciones alegóricas de la *Mercaba* ó *carro* de
Ezequiel En tiempo de Almansur, Anan-ben-David rompe el yugo
del talmudismo, y funda la secta de los *Caraitas*, atenida extricta-
mente al texto de la Biblia. Del *caraismo* nació una especie de escolástica, semejante á la de los *Motecallemin* árabes, y que tomaba de
ella hasta los argumentos (como expresamente dice Maimónides) para
defender la creacion *ex nihilo*, la Providencia y la libertad divinas [2].

---

1 Vid *La Kabbale ou la philosophie religieuse des Hebreux*, por Ad Franck (Paris, 1843)
2 Munck, en sus *Melanges* da noticias de algunas obras semifilosoficas de doctores caraitas
de los siglos IX y X

En cambio Saadía, autor del *Libro de las creencias y opiniones*, y otros rabinos, invocaron ya la razón en apoyo del dogma

Débiles son, por cierto, los comienzos de la especulación filosófica entre los judíos, pero trasplantada á España, creció de súbito, como los demás estudios de aquella raza, no sin que alguna parte tuviese en tal florecimiento el célebre médico de Abderrahman III, Hasdai-ben-Isaac, traductor de Dioscórides.

Las glorias de la filosofía judáico-hispana se compendian en tres nombres Avicebron, Jehudá-Leví, Maimónides

Bajo el extraño disfraz de Avicebron fué conocido en las escuelas cristianas Salomon-ben-Gabirol, natural de Málaga, ó (como otros quieren) de Zaragoza, eminentísimo poeta del siglo XI, autor del *Keter Malkut* ó *Corona Real*, y de muchos himnos, oraciones y plegarias, que se cantan todavía en las sinagogas [1]. Como filósofo, sólo podemos juzgarle por su *Fuente de la Vida (Makor Hayim)*, puesto que, según todas las trazas, ha perecido otro libro que completaba su sistema, y que los escolásticos citan con el rótulo de *Liber de Verbo Dei agente omnia*. El descubrimiento de la *Fuente de la Vida* se debe al orientalista judío Munck, tan benemérito de nuestras letras Avicebron escribió su libro en árabe, pero sólo quedan un extracto hebreo de Sem-Tob-Falaquera (que es el impreso, traducido y comentado por Munk) y una versión latina completa, que todavía aguarda editor [2].

Avicebron, con ser fervoroso creyente y poeta sagrado, puede pasar por el Espinosa del siglo XI Es el más metódico y profundo de los panteístas de la Edad Media: así es que apenas tuvo discípulos entre los judíos El fondo de su doctrina es, á no dudarlo, neoplatónico, y Munck ha mostrado las analogías que tiene la *Fuente de la Vida* con el libro apócrifo de la *Teología de Aristóteles*, donde no sólo hay platonismo y emanatismo, sino *gnosticismo* puro, en la mala y herética teoría del Verbo. De la *gnósis*, de Proclo, y quizá del libro *De causis* (si el libro *De causis* no es posterior al *Fons vitae*), desciende Avicebron, pero semejante analogía no empece á la novedad y encadenamiento de sus ideas. No ha habido pensador alguno absolutamente *solitario*.

1 Vid sobre Avicebron, considerado como poeta
Sachs *Die religiose poesie der Iuden in Spanien* (Berlin 1845)
Geiger *Salomo Gebirol u s Dichtungen* (Leipzig, 1867)
2 Munck *Extraits methodiques de la Source de vie de Salomon-ibn-Gebirol dit Avicebron), traduits en français sur la version hebraique de Schem-Tob-ibn-Falaquera, et accompagnes de notes critiques et explicatives —Memoire sur la vie, les ecrits et la philosophie d Ibn-Gebirol* (En las *Melanges de philosophie juive et arabe* En el mismo volúmen va el texto hebreo)

Pártese la *Fuente de la Vida* en cinco libros ó tratados El 1.º contiene observaciones generales sobre lo que se ha de entender por *materia y forma*. El 2.º trata de la forma corporal El 3.º de las sustancias simples intermedias entre el *agente primero* (Dios) y el mundo corpóreo. El 4.º demuestra que también las sustancias simples tienen materia y forma. El 5.º trata de la *materia universal*, de la *forma universal* y de la *voluntad divina*, que debe de ser el *Verbum Dei agens omnia*. Está el libro en forma de diálogo entre *maestro y discípulo*

Munck ha analizado prolijamente y con grande esmero la *Fuente de la Vida*, y casi fuera temeridad rehacer su trabajo, áun cuando el plan de esta obra lo consintiera. Baste decir que, en el sistema de Avicebron, todos los séres, excepto Dios, ó sea la *sustancia primera*, están compuestos de *materia y forma*. La emanacion fué producida libremente por la voluntad divina, que se mostró en várias *hipostases*, como decian los alejandrinos. El primer resultado de la emanacion es la *materia universal* con la *forma universal*. la primera, considerada abstractamente y sin la *forma*, es sólo una *potencia* de sér la forma le dá existencia, unidad y sustancialidad La *forma universal* es idéntica al *entendimiento universal, unidad segunda*, especie de las especies, razon de todas las formas parciales La segunda emanacion es el *alma universal*, que tiene dos modos de manifestarse en el *macrocosmos*, como alma del mundo ó *naturaleza naturante*, en el *microcosmos* como alma racional De la *naturaleza naturante* emana el mundo corpóreo en sus diferentes grados mundo celeste é incorruptible, mundo *de la generacion y de la destruccion*. etc. A su vez la materia tiene varios grados: 1.º Materia *universal absoluta*. 2.º Materia *universal corpórea*. 3.º Materia *de las esferas celestes* 4.º Materia *general natural ó del mundo inferior* Cada una de éstas ciñe y abraza á la inferior, y á cada materia corresponde una forma, haciéndose más y más corpóreas *formas* y *materias* conforme van descendiendo y alejándose de la *voluntad divina*. El mundo superior es arquetipo del inferior; las formas visibles reflejo de las invisibles. La *forma universal* se asemeja á la luz del sol, difundida en todo lo creado La materia, lo mismo que la forma, es *una* en su esencia, y como la materia y la forma son emanaciones de la voluntad divina, y la una no puede existir sin la otra, ¿quién dejará de inferir que en la voluntad se confunden y unimisman? ¿Quién podrá librar á Ben-Gabirol de la nota de *panteismo*, por más que haya procurado salvar el dogma de la creacion?

Realmente, la *unidad de materia*, como si dijéramos, la *sustancia única*, es lo que llamó la atencion de los escolásticos en el sistema de

Avicebron. «*Omnes illos qui corporalium et incorporalium dicunt esse materiam unam, super quam positionem videtur esse fundatus liber qui dicitur «Fons vitae»*, escribe Alberto el Magno [1] En cambio Giordano Bruno, que en pleno Renacimiento cita muchas veces á Gabirol suponiéndole árabe, extrema de todo punto las consecuencias de su doctrina, atribuyéndole lo que no dijo. «Algunos afirman que la materia es un principio necesario, eterno y divino· de ellos es aquel moro Avicebron, que la llama *dios* y dice que está en todas las cosas» [2].

En su poema *Keter Malkuth* desarrolla Gabirol las mismas ideas que en la *Fuente de la Vida*. Es la *Corona Real* un himno de soberana belleza al Dios *de quien brota la fuente de la vida*, de quien emanó la *voluntad*, para difundirse, como el sol difunde sus rayos, en infinitas emanaciones Hasta en sus libros de filosofía es poeta Gabirol y sabe exornarlos con bellas imágenes y comparaciones «Las formas sensibles (dice en el libro II del *Fons vitae)* son para el alma lo que las letras de un libro para el lector. Cuando la vista *ve* los caractéres y los signos, el alma *recuerda* el verdadero sentido oculto bajo estos caractéres.» Este pensamiento es favorito de los místicos «¿Qué serán, luego, todas las criaturas de este mundo, tan hermosas y tan acabadas, sino unas como letras quebradas é iluminadas *que declaran bien el primor y sabiduria de su autor?*» exclama Fray Luis de Granada. «Y porque vuestras perfecciones, Señor, eran infinitas, y no podia haber una sola criatura que las representase todas, fué necesario criarse muchas, para que así, á pedazos, *cada una por su parte nos declarase algo dellas*» [3]. Pero, ¡qué diferencia entre el espiritualismo cristiano de Luis de Granada y el panteismo místico de Avicebron!

Resumamos el *Fons vitae* contiene en sustancia la doctrina de Plotino (expuesta con método aristotélico), aunque Avicebron, con más talento y buen deseo que resultado, quiere concertarla con la personalidad divina y con el dogma de la creacion. Imposible era unir cosas contradictorias, y los judíos obraron con prudencia dejando á un lado las teorías emanatistas de Gabirol mientras ponian sobre su cabeza los himnos y oraciones del mismo, porque allí la vaguedad é indecision de las formas poéticas velaba lo heterodoxo del pensamiento [4]. Sólo los cabalistas, los compiladores del *Zohar*, explotaron grandemente el libro de Avicebron.

1 *De causis et processu Universitatis*, lib 1, trat I, cap V (Citado por Munck)
2 *De la causa, principio et uno (Opere*, tomo II, pág 251, ed de Wagner)
3 *Introduccion al Simbolo de la fe.*
4 Ademas del excelente trabajo de Munck, debe leerse acerca de la *Fuente de la Vida* un artículo de Franck en sus *Études orientales* (Paris, 1861)

Sin detenernos en los Ben-Ezras ni en el moralista Ba-hya-ben-Jo-
seph, reparemos un momento en la hermosa figura del *castellano* Jehudá-Leví (mediados del siglo XII), uno de los grandes poetas de la
Península ibérica, superior al mismo Ben-Gabirol, y comparado por
Enrique Heine con el padre Homero Jehudá-Leví no era un espíritu
aventurero, ni salió nunca de los límites de la creencia mosáica. Así
en sus himnos, como en el libro de teología y filosofía que llamó *Kuzari*, la inspiracion religiosa domina sobre todo Combate
fiente á fiente las audacias de la filosofía peripatética, rinde su tributo á la tradicion, y se inclina al misticismo y á la *Cábala* Pero no
es un escéptico como Al-Gazél, ni niega las fuerzas de la razon, sino
que le dá un puesto inferior y subordinado á la fé La fe no está *contra* la razon, sino *sobre* ella, y la filosofía griega, que sólo en la razon
se apoya, dá *flores* y no *fruto* El libro del *Kuzari* está en diálogo y es
de muy discreto artificio literario y amena lectura [1]. Compúsole en
árabe Jehudá-Leví, tradújole al hebreo Jehudá-ben-Tibon, y al castellano, en el siglo XVII, Jacob de Avendaña.

El movimiento filosófico de los Árabes arrastraba á los judíos hácia
el Peripato, no obstante los esfuerzos de Jehudá-Leví y sus discípulos. Para buscar algun modo de concordia entre el dogma y la teología, compuso Abraham-ben-David, de Toledo, su libro de la *Fé ex-
celsa*, y más adelante el cordobés Moisés-ben-Maimon *(Maimónides)* su
Guía de los que dudan. Maimónides, la gloria mayor del hebraismo
desde que faltaron los Profetas, sentia el mismo entusiasmo y fervor
por la Biblia que por Aristóteles; pero la nota racionalista predomi-
naba en él, como en Jehudá-Leví la mística Abraham-ben-David
habia combatido la doctrina de Gabirol Maimónides no le nombra y
se ensaña principalmente con los *Motecallemin*, malos defensores de
la religion y malos filósofos En el *Guía* hay que distinguir dos partes (aunque suelen andar mezcladas) una de filosofía, otra de exegesis racional Esta última es sobremanera audaz puede decirse que
preludia el *Tratado teológico-político* de Espinosa Maimónides dá de
la profecía una explicacion puramente psicológica, expone por el método alegórico multitud de antropomorfismos y *teofanías*, y dá tormento á la Biblia para encontrar donde quiera las ideas de Aristóteles, de quien sólo se separa en un punto: el relativo á la eternidad

---

1 Vid *Cuzary*, *libro de grande sciencia y mucha doctrina Discursos que pasaron entre el rey
Cuzar y un singular sabio de Israel   Igora nuevamente traducido del Ebrayco en Español y co-
mentado por el Hacham R Jacob Ircntana   En Amsterdam, año 1523*
   Geiger *Divan d Castilers Abul-Hassan Juda ha Levi*   (Breslau 1851 12 °)
   ¡Todavia falta traduccion castellana de las poesías de Jehudá-Leví!

del mundo En *Teodicea* rechaza Maimónides los atributos positivos, abriendo así puerta al panteismo y áun al ateismo, y dándose la mano con Avicebron y con Plotino, pero los restablece luego, por una feliz inconsecuencia, con el nombre de *atributos de accion*, y los mismos atributos *negativos*, tomados á la inversa, se convierten en *positivos* en sus manos, v gr · Dios no es ignorante, luego es sábio, no es injusto, luego es justo, etc Lo que Maimónides quiere dar á entender es que no hay paralelo ni semejanza posible entre la naturaleza divina y la humana, y que la justicia la sabiduría, el poder, la bondad etcétera, son de una manera muy distinta de las que vemos en los hombres.

No está exento Maimónides de frases de sabor emanatista, ni falta en su sistema la acostumbrada jerarquía de *inteligencias separadas*, que desde Avicena ó antes de Avicena, presidia á la concepcion cosmológica de árabes y judíos Pero el autor de la *Guía* procura identificar esas inteligencias con los ángeles de la Escritura. ¡Cuanto camino habian andado los *daimones* alejandrinos!

Como quiera, en la doctrina de Maimónides quedan á salvo la personalidad divina y la creacion. ¿Sucede así con la inmortalidad del alma? En este punto anda oscuro. A las veces como que indica que sólo las almas absortas en la contemplacion y en el saber, las que lleguen á la union con el intelecto agente, serán inmortales. Mas esta inmortalidad ¿supone conciencia y distincion, ó es semejante á la de Averroes? Maimónides no responde categóricamente; pero se inclina al *monopsichismo*, y rechaza la idea de número y de pluralidad en el mundo de los espíritus.

Maimónides ha pasado entre los profanos por antecesor de Espinosa· lo es realmente como *teólogo* y exegeta y áun casi como adversario de lo sobrenatural segun comprueban sus teorías del profetismo y de los milagros, pero como filósofo, aunque se dé la mano con él en dos ó tres puntos, relativamente secundarios, tiene Espinosa antecedentes más directos en Avicebron y en la *Cábala*. Sin embargo, habia leido mucho á Maimónides, y le cita en el *Tratado teológico* [1], aunque suele tratarle con dureza

El libro de Maimónides era demasiado racionalista para que con-

---

[1] «Et quamvis Maimonides et alii hanc historiam   Abrahami, in somniis contigisse volunt   illi sane garriunt nam nihil aliud curaverunt, quam nugas Aristotelicas et sua propria figmenta ex Scriptura extorquere » *(Tract theol pol*, parr XIX, pag 20. tomo III, edicion de Bruder *Benedicti de Spinosa opera quae supersunt* Leipzig, 1846) En la pág 120 combate la opinion de Maimónides acerca de la eternidad del mundo, y su manera de interpretar las Escrituras Hay muchas más citas, que expondré al tratar de Espinosa

tentase á los judíos. Pero la autoridad grande de que gozaba (y aún hoy goza) su autor como talmudista y comentador de la *Misnáh*, hizo que los pareceres se dividiesen. Cuando el *Guía*, escrito originalmente en árabe, fué trasladado al hebreo por Samuel-ben-Tibon, produjo una verdadera tempestad en las sinagogas de Provenza Cruzáronse de una parte á otra condenaciones y anatemas, y en 1305 un Sínodo de Barcelona, presidido por Salomon-ben-Adrath, prohibió, só pena de excomunion, el estudio de la filosofía antes de los veinticinco años [1]. Pero esta providencia, como todas las que al mismo intento se tomaron, salió infructuosa. El *demonio de la filosofía* se habia apoderado de los judíos, y á ellos se debió la traduccion y conservacion de la mayor parte de los libros árabes ya mencionados De las vicisitudes de esa filosofía durante los siglos XIV y XV, no me toca hablar ahora.

Para completar esta reseña, conviene decir algo del *Zohar*, principal monumento cabalístico, escrito ó compilado en España y durante el siglo XIII, segun la opinion más probable, por un judío llamado Moisés de Leon. En su texto se han notado palabras castellanas como *esnoga* (sinagoga) y *guardian*.

La *Cábala*, en sus principios fundamentales y en su simbolismo, es una de tantas formas de la doctrina de la emanacion, y se parece mucho á las invenciones gnósticas de Basílides y Valentino. Munck ha mostrado además las relaciones que tiene con el *Makor* de Avicebron.

Dios, en el sistema de los cabalistas, es una especie de *pater agnostos, el oculto de los ocultos, la unidad indivisible,* se le llama *Ensoph* La luz llenaba el espacio, ó más bien, el espacio era él. Para crear, concentró su luz, produjo el *vacío* y le fué llenando con sucesivas emanaciones de su lumbre. La primera es el arquetipo de todo lo creado, el *Adam Kadmon*. De él emanaron cuatro mundos En el primero y más excelso, en el *Acilah*, ó mundo de la *emanacion*, se distinguen las diez cualidades activas, inteligencias ó *sephirot* del *Adam Kadmon* Sus nombres son· 1.º Corona, 2.º Prudencia; 3.º Intelecto; 4.º Grandeza; 5.º Fuerza; 6.º Hermosura; 7.º Victoria; 8.º Majestad, 9.º Fundamen-

1 Vid *Le Guide des Egares, traite de theologie et de philosophie par Moise-ben-Maimoun, dit Maimonide* (texto árabe, con caracteres hebreos y traduccion francesa), por S Munck (Paris 1856 a 1866 Tres tomos ʬ) Munck dejo preparada, y se ha impreso despues de su muerte, una edicion del texto hebreo del *Guia* de Samuel-ben-Tibon Sobre la traduccion francesa ha hecho otra italiana un judio de L'orna Vid ademas

Moise Maimonide Sa vie et sa doctrine (En los *Etudes orientales* de Franck)

Le Rationalisme religieux au XII siecle (En *Philosophie et Religion* del mismo)

Sobre las controversias que excitó el *Guia* debe leerse, sobre todo, lo que dice el Dr Neubauer, de Oxford, en el ultimo tomo publicado de la *Histoire litteraire de la France*

to, y 10.º Reino. De este mundo emanaron los otros tres el último es el mundo de la materia y del mal, las heces de la creacion. El hombre, ó *microcosmos*, es imágen del *Adam Kadmon*, y participa de los tres mundos inferiores puesto que en él se distinguen tres principios· *nephes* (aliento vital), *ruaj* (espíritu), *nesjamah* (alma racional) Hay bastante dualismo y áun tendencias maniqueas en la *Cábala*, pero estan absorbidas por el panteismo que la informa Parece increible que dentro del judaismo, y como ciencia sagrada y arcana, haya podido vivir tantos siglos una doctrina contraria en todo al espíritu y letra de las Sagradas Escrituras [1].

Ha convenido adelantar un poco las ideas y los hechos, y traer la filosofía semítica hasta fines del siglo XIII, para escusar enfadosos preliminares en otros capítulos de nuestra obra.

II.—INTRODUCCION DE LA CIENCIA SEMITICA ENTRE LOS CRISTIANOS —COLEGIO DE TRADUCTORES PROTEGIDO POR EL ARZOBISPO D RAIMUNDO —DOMINGO GUNDISALVO Y JUAN HISPALENSE

CON harto dolor hemos de confesar que debemos á un erudito extranjero las primeras noticias sobre los escritores que son asunto de este capítulo, sin que hasta ahora haya ocurrido á ningun español, no ya ampliarlas, sino reproducirlas y hacerse cargo de ellas El eruditísimo libro en que Jourdain reveló la existencia de lo que él llama *Colegio de traductores toledanos*, apenas es conocido en España, con haberse impreso en 1843. Y sin embargo, pocos momentos hay tan curiosos en la historia de nuestra cultura *medio-eval*, como aquél en que la ciencia de árabes y judíos comienza á extender sus rayos desde Toledo, y penetrando en Francia, produce honda perturbacion y larga lucha entre los escolásticos, para engendrar á la postre el averroismo Pero antes de Averroes aparecieron en lengua latina, merced á nuestros traductores, Al-Kendi, Alfarábi, Avicena, y sobre todo Avicebron La *Fuente de la Vida* hizo escuela, y de ella desciende, segun toda probabilidad, el panteismo del Maestro Amalrico, que en manera alguna puede confundirse con el de Averroes.

---

1 *La Kabbale ou de la philosophie religieuse des Hebreux*, por Ad Franck (Paris, 1843)
Jellinek *Moises-ben-Sem-Too de Leon* (Leipzig 1851)
Falta una historia de la filosofia de los judios españoles Puede verse, ademas de las obras citadas, la monografía que sobre Abraham-ben-David escribió Gugenheimer *Die religious philosophie des R Abraham-ben-David* (Ausburgo, 1850)

Como intérprete de lo bueno y sano que hubiera en la ciencia arábiga, cabe á España la primera gloria, así como la primera responsabilidad, en cuanto á la difusion del panteismo No trato de encarecer la una ni de disimular la otra, aunque bien puede decirse que
Domingo Gundisalvo y Juan Hispalense fueron heterodoxos *inconscientes*. á diferencia del *español Mauricio*, que suena como dogmatizante

Ni la importancia, ni la curiosidad de estos sucesos han sido parte
á que nuestros escritores nacionales los tomen en cuenta El que
más, se contenta con referir á los tiempos de Alonso el Sábio lo que
llaman *infiltracion de la cultura semítica en el pueblo castellano*, asentando que ésta se redujo á las ciencias matemáticas y naturales y á los
libros de apólogos y de ejemplos Hasta se ha atribuido al rey Sábio
la traslacion de las academias hebreas á Toledo, no sin permitirse
donosas invectivas á propósito del *fanatismo de la clerecía*, que habia
impedido antes tales progresos

La verdad histórica contradice todas estas imaginaciones El influjo semítico debió de comenzar á poco de la conquista de Toledo, y
llegó á su colmo en el reinado de Alfonso VII el Emperador (muerto en 1157), que dió franca acogida y generosa proteccion á los más
ilustres rabinos arrojados de Andalucía por el edicto de Abdelmumen,
última expresion del *fanatismo* almohade. Desde entonces tuvieron
asiento en Toledo las antiguas escuelas y academias de Córdoba y
Lucena [1]

En cuanto al *fanatismo* de la clerecía, baste decir que un Arzobispo
fué (con la mejor intencion del mundo) el principal Mecenas de la
série de trabajos científicos que voy á enumerar. «La introduccion de
los textos árabes en los estudios occidentales (ha dicho Renan, autoridad nada sospechosa) divide la historia científica y filosófica de la
Edad Media en dos épocas enteramente distintas..... El honor de
esta tentativa, que habia de tener tan decisivo influjo en la suerte de
Europa, corresponde á Raimundo, Arzobispo de Toledo y gran canciller de Castilla. desde 1130 á 1150» [2].

La erudicion profana de los escolásticos anteriores á esta época
estaba reducida al *Timeo* de Platon traducido por Calcidio. á los tratados lógicos de Aristóteles interpretados por Boecio, á las compilaciones de Casiodoro, Beda, San Isidoro y Alcuino, y á algunos libros

---

1 *Historia social, política y religiosa de los judíos de España*, por D José Amador de los Rios
(Madrid, 1875), tomo I, cap VII
2 *Averroes et l'Averroïsme* pág 201

de Séneca y Apuleyo, sin olvidar la *Iságoge* de Porfirio, en torno de
la cual rodaba la disputa de *nominalistas y realistas* [1] Con tan escasos
materiales se había levantado el maravilloso edificio de la ciencia de
Lanfranco, Roscelino, San Anselmo, Guillermo de Champeaux. Hugo
y Ricardo de San Víctor y Pedro Abelardo, dogmáticos y místicos,
apologistas y heterodoxos Es error grave, aunque, á Dios gracias,
ya casi extirpado, el considerar la filosofía escolástica como un puro
peripatetismo. De Aristóteles sólo se conocían antes del siglo XII los
tratados lógicos, y sólo podía imitarse, por lo tanto, el procedimiento dialéctico.

No conoció otra cosa Gerberto, á quien malamente se ha supuesto
discípulo de los Árabes. A mediados del siglo XI, Constantino el
Africano, que había viajado mucho por Oriente, tradujo al latín de
la traducción árabe algunos libros de Galeno Del inglés Adelardo de
Bath dicen que recorrió *España*, Grecia, Egipto y Arábia, para traducir y compendiar várias obras de matemáticas y astronomía, entre
ellas los *Elementos de Euclides*, siempre sobre versiones orientales
Contemporáneo suyo fué un cierto Platón de Tívoli *(Plato Tiburti-*
nus), traductor de los *Cánones Astronómicos* de Albategni, hácia el
año 1116 [2].

Pero hasta la época de D. Raimundo nadie había pensado en traducir obras de filosofía Hemos nombrado antes á los dos intérpretes
de que se valió: Domingo Gundisalvo y Juan de Sevilla.

Las noticias de Gundisalvo eran oscuras y confusas antes de la
publicación de Jourdain. Nicolás Antonio [3] hace de él tres personajes distintos Menciona primero á un cierto *Gonzalo* español, que escribió en el siglo XII *De ortu scientiarum, De divisione philosophiae, De*
anima, y tradujo del árabe los libros *De coelo et mundo*, según refieren
Juan Wallense, franciscano, en su *Florilegium de vita et dictis illus-*
trium philosophorum, y Lúcas Wading, de la misma Órden, que
en 1665 publicó ese libro. Cita en otra parte á Domingo, arcediano
de Segovia, intérprete de un libro de filosofía de Al-Gazél Y finalmente (con autoridad de Bartholoccio en la *Biblioteca Rabínica)*, atribuye á
Juan Gundisalvo y á un tal Salomon el haber puesto en lengua latina la *Física* de Avicena, de la cual había (y hay) un códice en la Biblioteca Vaticana, entre los libros que fueron de la Urbinate.

---

1 Sobre todo lo relativo al conocimiento de Aristóteles en la Edad Media nunca será bastante recomendado el riquísimo libro de Jourdain *Recherches sur les anciennes traductions lati-*
nes d Aristóteles (París. 1843)

2 De todos hay noticias en Jourdain, obra citada

3 *Bibliotheca Vetus*, tomo II págs 108 364 y 370, con las notas de Bayer

Perez Báyer puso á Gundisalvo entre los autores de época desconocida; pero sospechó ya que el traductor de los libros *De coelo et mundo*, y el de la *Física*, debían de ser una misma persona.

Jourdain resolvió este embrollado punto bibliográfico, comparando las suscriciones finales de los códices parisienses, que en bastante número contienen obras de Gundisalvo Es evidente que el *magister Dominicus, archidiaconus Segoviensis*, que tradujo la *Metafísica* de Al-Gazél, es la misma persona que el *Dominicus Gundisalvi archidiaconus*, intérprete de la *Metafísica* de Avicena, y que el *Dominicus archidiaconus*, traductor del libro *De anima* del mismo filósofo El nombre de *Joannes Gundisalvi* resulta de un error de Bartholoccio, que confundió al arcediano con su colaborador *Juan* Hispalense, haciendo de dos personajes uno. En cuanto á *Salomon*, no atino quién sea.

Todavía tiene más nombres *Gundisalvo* En el códice que encierra el tratado *De processione mundi* se le llama *Gundisalinus*, y Vicente de Beauvais cita como de *Gundisalino* la traducción del *De coelo et mundo* [1]. Nueva prueba de la identidad del personaje.

El colaborador de Gundisalvo era un judío converso, llamado *Juan*, natural, según parece, de Sevilla. Dictaba éste la traducción en *lengua vulgar*, y Gundisalvo la escribía en latín. Así resulta del prólogo del tratado *De anima* de Avicena, enderezado al Arzobispo D. Raimundo: «*Hunc igitur librum vobis praecipientibus, et me singula verba vulgariter proferente et Dominico Archidiacono singula in latinum convertente, ex arabico translatum*». El *cognomen* de Juan es en algunos códices *Avendehut*, añadiéndosele las calificaciones de *israelita* y *philosophus*, y en Alberto el Magno, *Avendár* En muchos manuscritos se le llama Juan *Hispalense, Hispanense* y *Lunense* (Juan de Sevilla, Juan el Español, Juan de Luna), pero es evidente que se trata de una sola persona, comprobándose la identidad por las fechas y por las dedicatorias al Arzobispo D Raimundo [2]

Las obras en que trabajaron de consuno Gundisalvo y Juan son numerosas, y están en parte inéditas Hablaré primero de las traducciones, y luego de los originales. Me he valido principalmente de los códices de la Biblioteca Nacional de París, rica como ninguna en manuscritos escolásticos

Entre ellos merece especial estudio el 6,443 del antiguo fondo la-

---

1 Biblioteca Nacional de París, 6 443 del antiguo fondo latino

2 «*Joannes Hispanensis   reverendo Toletano archiepiscopo transtulit* » «*Joannes Hispanensis   Ramirano Toletano archiepiscopo transtulit* » «*Ioannes Hispalensis   Ramundo Toletanae sedis archiepiscopo* » «*I Joanne Hispanensi atque Lunensi, XI die mensis Martii, 1070*» etc

tino, códice del siglo XIII, que perteneció en el XVI á De Thou Contiene:

Metaphysica Avicennae ... sive de prima philosophia Terminados los diez libros, se lee: «*Completus est liber quem transtulit Dominicus Gondisalvus archidiaconus Tholeti, de arabico in latinum*». (Fól. 43, col 1 ª)

Physicorum Avicennae liber primus. Siguen los otros cuatro, y acaba sin suscricion en el fól 68, col. 2.ª Parece traduccion de Gundisalvo y su compañero, por el asunto, por el estilo y por el lugar que ocupa en el códice. Además, en un manuscrito de la Urbinate están expresos sus nombres

Liber de anima Avicennae Antecédele una curiosa dedicatoria de Juan Avendehut, israelita, *ad archiepiscopum Toletanum Remundonem* [1]. El tratado se divide en cinco *partículas*, y acaba al fól. 89 vuelto con esta suscricion· *Explicit liber Avicennae de anima Liber Avicennae, de coelo et mundo* (Atribuida por Wading á Gundisalvo Fól 142) *Metaphysica Algazel* (en cinco libros). No consta el nombre del traductor en este códice, pero en el 6.552 se dice expresaménte que lo fué el *maestro Domingo, arcediano de Segovia.*

Fól 156 vuelto· *Incipit Physica Algazelis.*

Acabados los cinco libros (fól. 164 vuelto) dice: «*Explicit Algazel totus*»

Fól. 185· *Liber Avicennae de ortu scientiarum.* Le cita como de Gundisalvo Juan Guallense.

Fól 201 *Incipit Logica Algazel.*

Fól 208· *Logica Avicennae* La cita como traduccion de Juan Avendái, Alberto el Magno.

---

1 «Reverendissimo Toletanae sedis archiepiscopo et Hispaniarum primati, Joannes Avendehut israelita, philosophus. gratum debitae servitudinis obsequium Cum omnes constent ex anima et corpore, non omnes sic certi sunt de anima sicut de corpore Quippe cum illud sensu subjaceat ad hanc vero non nisi intellectus attingat, unde homines sensibus dediti aut animam nihil credunt aut si forte ex motu corporis eam esse conjiciunt, quid est vel qualis est plerique fide tenent, sed pauci ratione convincuntur Indignum siquidem ut illam partem sui quae est sciens homo, nesciat et id per quod intellectualis est, ratione ipse non comprehendat Quo modo enim jam se vel Deum poterit diligere cum id quod in se melius est convincitur ignorare Omni etenim creaturae pene homo corpore inferior est, sed sola anima aliis antecellit, in qua sui creatoris simulacrum expressius quam caetera gerit Quapropter jussum vestrum, Domine, de transferendo Avicennae philosophi libro de anima effectui mancipare curas quatenus vestro munere et nostro labore latinus fieret certum quod hactenus extitit incognitum scilicet an sit anima et quid, et qualis sit, secundum essentiam et effectum, rationibus verissimis comprobatur Hunc igitur librum vobis praecipientibus, et me singula verba vulgariter proferente, et Dominico Archidiacono singula in latinum convertente, ex arabico translatum in quo quidquid Aristoteles dixit libro suo *De anima et de sensu et sensato, et de intellectu et intellecto, ab auctore libri scias esse collectum Unde postquam, Deo volente, hunc habueritis, in hoc illos tres plenissime vos habere non dubitetis* » (Prologo ya publicado por Jourdain, pag 450 de sus *Recherches)*

Las demás traducciones de Al-Kendi. Alfarábi, Alejandro (de Afro-disia), Isaac (ben-Honaim), contenidas en el tomo, son de Gerardo de Cremona La de Averroes *De substantia orbis*, y el *De animalibus* de Avicena, pertenecen á Miguel Scoto.

No ménos interesante que este códice es el 6,552 de la misma Bi-blioteca, que al fól 43 contiene la *Metafísica* de Al-Gazél, así encabe-zada *Incipit liber Philosophiae Algazel, translatus a magistro Dominico archidiacono Segobiensi, apud Toletum, ex arabico in latinum*. En el fó-lio 62· *Incipit liber fontis vitae*. Esta *Fuente de la Vida* no es otra que la de Avicebron Munck publicó largos extractos de ella, dándola por anónima. Jourdain ya había sospechado quiénes pudieron ser los tra-ductores Su conjetura resulta plenamente confirmada por otra copia del *Fons vitae*, descubierta en la Biblioteca Mazarina por el doctor Seyerlen [1]. Tiene el núm. 510 entre los códices latinos, y acaba así: «*Finitus est tractatus quintus qui est de materia universali et forma univer-sali, et ex ejus consummatione consummatus est totus liber cum auxilio Dei et ejus misericordia Avencebrol*»

> *Libro perscripto, sit laus et gloria Christe,*
> *Per quem finitur quod ad ejus nomen initui .*
> *Transtulit Hispanis* (sic) *interpres lingua Joannis*
> *Tunc ex arabico, non absque juvante Domingo*

Domingo, pues, y *Juan el Español*, trasladaron de lengua arábiga este notabilísimo monumento de la filosofía judáica.

Yo he hallado otro códice del *Fons vitae* en la Biblioteca Colombi-na de Sevilla. Tiene en el catálogo de Galvez la marca *Z-136-44*, y hoy el 5-25 en la série formada con los libros que pertenecieron á D. Fernando Colon Es del siglo XIII, como los dos de París, y se encabeza así· «*Incipit liber «fontis vitae» Avicebronis philosophi. Scinditur autem in quinque tractatus*» Ocupa 55 fólios, y acaba· «*Consummatus totus liber cum auxilio Dei et ejus misericordia*». Va precedido de algunos tratados de Alejandro de Afrodisia, del *De animalibus* de Avicena, y del *Libellus Moysi Egipti* (Maimónides) *de plantis tactis a calore*, etc.

En un códice de la Biblioteca Nacional de París (suplemento lat. 49) se atribuye á Gerardo de Cremona la version del tratadito *De scientiis* de Alfarábi, que en otras copias está como de Gundisalvo

El *De anima* de Avicena hállase reproducido desde el fól 79 en adelante del códice 8,802 de la misma Biblioteca, con el prólogo de Avendehut antes citado.

Finalmente, en dos manuscritos de la misma Biblioteca (6 506 del antiguo fondo latino, 1 545 del fondo de la Sorbona) se encuentra el tratadito de *Costa-ben-Luca* sobre *La diferencia entre el espíritu y el alma*, traducido por Juan Hispalense· «*Explicit textus de differentia spiritus et animae Costa-ben-Luca cuidam amico, scriptori cujusdam regis, edidit, et Joannes Hispalensis ex arabico in latinum Ramundo Toletanae sedis archiepiscopo transtulit*»

Doce son, pues, las traducciones hasta ahora conocidas de libros filosóficos árabes, hechas por Gundisalvo y su intérprete. Las de Avicena constituían el *Al-Nadjah*, las de Al-Gazél el *Ma-Kácid* unas y otras encerraban en breve resúmen la doctrina peripatética, y suplían en parte la falta de las obras de Aristóteles, cuyos libros físicos y metafísicos no habían penetrado aún en las escuelas cristianas Unas y otras fueron muy leidas por los escolásticos, y llegaron á ser impresas en los siglos XV y XVI, aunque anónimas y con variantes La primera edicion de Avicena es de 1495; la primera de Al-Gazél de 1506 [1]. En cambio la *Fuente de la Vida* quedó inédita, aunque influye portentosamente en la Edad Media, y la citan Alberto Magno y Santo Tomás.

De Juan Hispalense se conservan además muchas versiones y extractos de libros astronómicos. Apenas hay historiador de las ciencias matemáticas que no le mencione; pero nadie ha formado aún el católogo de sus escritos, ni yo me empeñaré en ello, por no ser materia de este lugar El hecho de mezclarse en esos libros supersticiones astrológicas me induce á reservar su noticia para el capítulo de las *artes mágicas*. Baste decir que Juan Hispalense tradujo, entre otras obras, el libro de Alfergán *De scientia astrorum et radicibus motuum coelestium*, la *Isagoge astrologica* de Abdelaziz, *qui dicitur Alchabitius*, el *Thebit De imaginibus*, un tratado *De quiromancia*, el *Liber Mesallach De receptione*, y de ninguna manera los libros de Mercurio Trismegistro, por más que lo afirme Miguel de Medina [2]

---

1 *Avicennae peripatetici philosophi Opera (Venetiis, 1495)* Contiene los tratados siguientes *Logica, De coelo et mundo, De anima, De animalibus, Philosophia prima*, etc Difiere bastante de la traduccion de Gundisalvo

Logica et Philosophia Algazelis arabis (Venetiis, 1506), por Pedro Lichtenstein de Colonia

2 Véase sobre los libros de astrologia judiciaria interpretados por Juan Hispalense el ultimo capítulo de este volúmen

III.—TRATADOS ORIGINALES DE GUNDISALVO.—
«DE PROCESSIONE MUNDI»

No se limitó Gundisalvo á la tarea de interpretar libros filosóficos de extrañas literaturas. Creciendo su aficion á las especulaciones racionales, quiso pensar y escribir por su cuenta, aunque siguiendo, no muy de lejos, las huellas de sus modelos, especialmente de Avicebron, en cuya doctrina estaba empapado El vírus panteista se le habia inoculado, sin él pensarlo ni saberlo, dado que era privilegio de los varones de aquella remota edad el ignorar cierta clase de peligros El *emanatismo* oriental y neoplatónico vino á reflejarse por desusado camino en los escritos originales de nuestro arcediano

Dos son los que han llegado á nuestros dias, y de entrambos dió Jourdain la primera noticia Uno de ellos, el más inocente, se rotula *De immortalitate animae,* y está contenido en un códice de la Biblioteca Nacional de París (fondo de la Sorbona 1,793) Convencido Gundisalvo de que el error materialista *destruye el fundamento de toda honestidad y religion,* se propone recopilar en su tratado las pruebas que convencen de la inmortalidad del alma, como son las leyes y costumbres de todos los pueblos, la razon, la revelacion *el sentido íntimo* y hasta el testimonio de la experiencia, por lo que hace á aparecidos y resucitados. En este tratado luchan constantemente el instinto sano y ortodoxo de Gundisalvo y sus reminiscencias de Avicena y Avicebron. Cuando dice, por ejemplo, *que las almas conocen su procedencia y continuidad de la fuente de la vida, y que nada puede interponerse entre ellas y la fuente de la vida, ni apartar las aguas que de ésta emanan,* ¿cómo no recordar el *emanatismo* del *Makor Hayim* que él habia tan fielmente traducido? [1]

---

1   Reproduzco el prólogo de este tratado, aunque ya lo publicó Jourdain

«Nosse debes ex aliis quidem quatuor modis humanis consulitur moribus, et 1 ° quidem sensu per experientia, 2 ° poena per legem, 3 ° philosophia per probationem, 4 ° divinitus per prophetiam et revelationem, in quo apparet quantum noxium et quantum perniciosum divina bonitas reputaverit errorem animarum humanarum circa se ipsas et maxime illum qui est de inmortalitate naturali illorum, quoniam destituit fundamentum honestatis et religionis totius Quid enim restat de inmortalitate sua animabus, cum nulla sit spes vitae alterius et ideo nulla obtinendae verae felicitatis? Ubi prostitutio vitiorum et ipsa honestas quid aliud eis quam dementia reputabitur, dum se vident fraudari praesentibus et aliam non expectant, nullo modo eis suaderi poterit quid aliud sit honestatis persuasio quam imperatorum deceptio et ipsa laudabilium morum professio deceptorum deliramentum ex quo rerum humana-

El segundo tratado se intitula *De processione mundi*, está en el códice 6,443 de la Nacional de París, y ha sido calificado por Jourdain de *«uno de los más antiguos é importantes monumentos de la filosofía española influida por la musulmana»* Tan importante y tan curioso es, que no he dudado en hacerlo copiar con exactitud paleográfica, y ofrecéiselo á los lectores por apéndice de este capítulo, seguro de que me lo han de agradecer los amantes de la ciencia española y de la filosofía de los tiempos medios. Hasta ahora no ha merecido ni un extracto, ni un análisis, ni más indicacion que la ligerísima de Jourdain, antes citada.

Propónese el autor del *Liber Gundissalvi* llegar al conocimiento de Dios por el espectáculo de las cosas visibles, fundado en el texto *Invisibilia Dei per ea quae facta sunt, intellecta conspicuntur* Vestigios son del Creador las criaturas visibles. forman sus obras una como escala para llegar á Él. En las cosas hemos de distinguir su composicion y division, y la causa que produce entrambas La composicion es *principiorum conjunctio,* la disposicion *conjunctorum ordinata habitudo.* La causa *motora* puede ser primera, segunda, tercera, etcétera. Para la especulacion son necesarias tres cosas. *razon, demostracion, inteligencia* A la razon bástale la *posibilidad,* á la demostracion la *necesidad,* la inteligencia sólo se aquieta con la concepcion pura y simple. A la inteligencia se asciende por el intelecto, ó sea por la demostracion, al intelecto por la razon, á la razon por la imagicion, á la imaginacion por los sentidos! Los sentidos *aprehenden* las formas sensibles presentes, la imaginacion las formas sensibles *in materia absenti,* la razon las formas sensibles abstractas de la materia, el entendimiento las formas inteligibles, la inteligencia *una sola y sencilla forma·* Dios. La razon procede *componiendo y resolviendo: resolviendo* asciende, *componiendo* desciende. Al *resolver* empieza por los últimos grados, al *componer* por los primeros (síntesis y análisis).

rum perturbatio, vitae omnimodo confessio, et extremum malorum omnium creatoris exhonoratio, consequuntur Merito igitur causa noxio errori tot medicamenta apposuit divina miseratio ut lex per poenas medeatur contumacibus, et philosophia per probationes ignorantibus et prophetia per revelationem divinam auctoritatem venerari volentibus, sensu quo experiri cupientibus, non solum testimonio accepto a resurgentibus et ab altera vita redeuntibus *sed ab ipsis animabus suis se ipsas et a corpore et ab aliis abstrahi volentibus, et a semet ipsas se colligentibus* haec enim indubitanter sentiunt se nihil habere cum morte et seorsum se esse a regione mortis agnoscunt, et continuitatem suam ad fontem vitae, et nihil est interponibile sibi et fonti vitae quod fluxit super illas, impediat et avertat Sed ista experientia animabus in ista sensibilia effusis atque dispersis et in corporibus propriis incarceratis est impossibile, qualiter autem huic errori philosophia probationibus occurrat docere in praesenti tentabimus Et jam nosti ex doctrina logices

Como se ve, Gundisalvo tiene cierta perspicuidad y hasta elegancia en su latin Bajo todos conceptos es el escritor español mas notable del siglo XII

Todo cuerpo consta de materia y forma. la forma y la materia son
de opuestas propiedades, pues la una sostiene y la otra es sostenida,
la una recibe y la otra es recibida, la una informa y la otra es informada *ergo non conveniunt per se*, y necesitan una causa que las haga
unirse y entrar en composicion Todo lo que empieza á ser pasa de
la potencia al efecto, de la posibilidad al acto; ahora bien: el pasar
de la potencia al acto, es un movimiento, todo lo que empieza á ser
se mueve hácia el sér; todo lo que se mueve, por otro es movido.
Ninguna cosa pudo darse el sér á sí misma· de aquí la necesidad del
primer motor y de la primera causa, puesto que el proceso hasta lo
infinito es absurdo.

Demostrada la existencia de la causa primera ó del sér necesario,
fundamento del sér y de la nada, y última razon de todo, demostrada
tambien su unidad é inmovilidad, porque el movimiento supondria
imperfeccion y ajeno impulso, pasa á tratar de las causas segundas, y
de la *creacion*, *composicion* y *generacion*, entrando *ipso facto* en la cuestion *de principiis* Estos son dos la *materia* y la *forma*, diversos entre
sí, porque sin diversidad no habia composicion. Ni la materia ni la
forma tienen existencia *real,* fuera de la composicion, *quia non perficitur «esse» nisi ex conjunctione utriusque.* Lo que tienen por sí la materia
y la forma es el *sér en potencia*, y de su union resulta el *sér en acto*.
Podemos definir al sér *existencia de la forma en la materia*. Ni la materia precedió en tiempo á la forma, ni la forma á la materia: la *posibilidad* de entrambas comenzó al mismo tiempo. Fuera del Creador,
todos los séres están compuestos de materia y forma. El Creador
mismo no antecede en tiempo, sino en *causa* y *eternidad*, á los dos
principios La materia es una é inmutable, *semper permanet:* la forma,
aunque no toda forma, *advenit et recedit*, siendo causa de toda generacion y destruccion La materia apetece naturalmente la forma, puesto que por ella pasa de la potencia al acto, del *no sér* al *sér*, de lo no
perfecto á la perfeccion. Las formas se dividen en sensibles é inteligibles. La inteligencia sólo conoce el sér por sus formas. El término
materia es idéntico al de *sustancia·* *nec est aliud materia quam substantia.* La *materia primera*, abstractamente considerada, puede llamarse
sustancia, porque contiene en potencia el sér de todas las cosas, como
el huevo contiene en potencia al animal. La materia no tuvo principio, porque es *posibilidad* de sér *esse materiae est igitur sine initio.* La
materia contiene en sí todas las cosas (in se omnia est). es eterna é increada,
si la consideramos *en potencia*, porque existió siempre en la mente del
Creador, y lo mismo la forma. *En acto* comenzaron á existir cuando

Dios las unió para constituir todos los séres sacándolas de la nada, no de su propia esencia Sólo la materia y la forma tienen sér por *creacion,* las demás cosas proceden de ellas por composicion y generacion

Niega Gundisalvo el *cáos* (cita la descripcion de Ovidio) y rechaza las interpretaciones que los teólogos hacian del primer capítulo del *Génesis,* procurando él, de grado ó por fuerza, ajustarle á su doctrina peripatético-avicebronista. Sostiene que el alma de los ángeles y la del hombre se componen de materia y forma. La forma y la materia son el principio masculino y el femenino del mundo. La primera union de la materia con la forma es semejante á la de la luz con el aire, á la del calor con la cuantidad á la de la cuantidad con la sustancia, á la del entendimiento con lo inteligible á la del sentido con lo sensible Así como la luz ilumina las cosas visibles, así la forma hace cognoscible la materia «Y como el *Verbo* es luz inteligible, que imprime su forma en la materia, todo lo creado refleja la pura y sencilla forma de lo divino, como el espejo reproduce las imágenes. Porque la creacion no es más que el brotar la *forma* de la sabiduría y voluntad del Creador, y el imprimirse en las imágenes materiales, á semejanza del agua que mana de una fuente inagotable Y la impresion *(sigillatio)* de la forma en la materia, es como la impresion de la forma en el espejo.» Es imposible que la materia sea sustancia, sin ser *una*. la unidad es inseparable de la sustancialidad La forma puede ser *espiritual, corporal ó media, intrínseca ó extrínseca, esencial ó accidental.* Toda sustancia, así corpórea como espiritual, es incorruptible, sólo se mudan y desaparecen los accidentes. Siguen algunas consideraciones sobre la teoría de los números y sobre el movimiento que reciben unas de otras las esferas celestes [1].

Tal es en compendio el libro hasta hoy desconocido, donde el arcediano Gundisalvo trató de exponer, aunque atenuadas, las doctrinas de Avicebron sobre la materia y la forma Aunque salva, como su maestro la personalidad de Dios y el dogma de la creacion, todavía pueden notarse en su sistema los errores siguientes:

I.—Unidad de materia, es decir, *unidad de sustancia,* puesto que el mismo Gundisalvo confiesa que las frases son sinónimas.

II.—Suponer compuestos de materia y forma el espíritu angélico y el humano, lo cual nota y censura en Avicebron Santo Tomás.

III.—Negar la creacion *in loco et in tempore.*

IV.—Eternidad é incorruptibilidad de la materia y de la forma.

---

1 Cita Gundisalvo el libro de Apuleyo, *De daemone Socratis* Tambien menciona á Platon, pero de segunda mano

IIETERODOXOS

IV —VIAJES CIENTÍFICOS DE GERARDO DE CREMONA, HERMAN EL
ALEMAN Y OTROS EXTRANJEROS Á TOLEDO

NO de los fenómenos más singulares de la historia de la Edad
Media es la rapidez con que los libros se esparcian de un
cabo á otro de Europa » Ejemplo notable de esta verdad tenemos en la propagacion de los textos árabes de filosofía y ciencias naturales. Dada la señal por el Arzobispo D. Raimundo, divulgadas las versiones de Gundisalvo y Juan Hispalense, creció la
fama de Toledo como ciudad literaria y foco de todo saber, áun de
los vedados, y acudieron á ella numerosos extranjeros, sedientos de
aquella doctrina greco-oriental que iba descubriendo ante la Cristiandad absorta todas sus riquezas. Aún está por escribir la historia literaria de esta época memorable, en que cupo á España el papel de
iniciadora.

Venian por lo comun estos forasteros con poca ó ninguna noticia
de la lengua arábiga, buscaban algun judío ó muzárabe toledano, que
literalmente y en lengua vulgar ó en latin bárbaro les interpretase los
textos de Avicena ó Averroes, traducíanlo ellos en latin escolástico,
y la version, hecha por tal manera, se multiplicaba luego en innumerables copias por todas las escuelas de Francia y Alemania, donde
era ávidamente recibida, y engendraba á las veces herejías y revuel-
tas. París y Toledo compendian el movimiento de las ideas en el siglo XII.

Recordaremos los nombres de algunos de estos traductores, puesto
que en España aprendieron, y sirven como de eslabones entre Gundisalvo y las audacias de Amaury, de Mauricio y de los Averroistas.

A mediados del siglo XII, Pedro el Venerable, abad de Cluny,
mandó hacer una version del *Korán*, para que, siendo conocida su
doctrina, pudiese ser mejor refutada. Siguióse el procedimiento ya conocido. Un judío toledano, llamado Maestre Pedro, interpretó verbal-
mente y en mal latin el libro sagrado de los Sarracenos: un arcediano inglés, Roberto de Rétines, ayudado por Herman el Dálmata y
por el monje Pedro, lo puso en forma más literaria [1] No se descu-

---

1 «Feci autem eam transferri a perito utriusque linguae viro, magistro Petro Toletano, sed
quia linguae latinae non ei ideo familiaris, vel nota erat ut arabica, dedi ei coadjutorem
Fr Petrum, notorium nostrum   Interpretantibus scilicet Alcoranum viris utriusque lin-

daron los traductores de añadir una breve *Summa contra haereses et sectas sarracenorum*. Roberto de Rétines fué despues arcediano de Pamplona Pero ni su vocacion ni la de su compañero era por los estudios apologéticos. Uno y otro habian venido á aprender en España astrología y matemáticas Herman el Dálmata trasladó del árabe el *Planisferio* de Tolomeo [1]

Inglés como Roberto de Rétines, y contemporáneo de Ricardo Corazon de Leon, fué Daniel de Morlay, que ardiendo en deseos de poseer las ciencias matemáticas, hizo larga residencia en Toledo, y escribió *De principiis mathematicis*, *De superiori mundo*, *De inferiore mundo*, etc. [2]

Mucho más conocido es el italiano Gerardo Cremonense, á quien algunos han querido hacer español llamándole *Gerardo de Carmona*. Aprendió el árabe en Toledo, é hizo solo, ó con ayuda de judíos, prodigioso número de traducciones de astronomía, medicina y ciencias filosóficas. Gracias á él conocieron los latinos el *Almagesto* de Tolomeo, el *Cánon* de Avicena, la *Práctica*, el *Antidotario* y el libro *De las divisiones* de Abubeker (Rasís), el *Breviario Médico* de Juan Serapion, el *Methodus medendi* de Albucassem, la *Terapéutica* de Juan Damasceno, la *Astronomía* de Geber, el libro de Alfragán *De aggregationibus stellarum*, el de Abubeker *De mensuratione terrarum*, los tres primeros libros *De los Metheoros* de Aristóteles, etc, y por lo que hace á la filosofía, dos tratados de Al-kindi *(De somno et visione* y *De ratione)*, el de Alfarábi *De intellectu*, y algo de Alejandro de Afrodisia *(De sensu, De motu et tempore)*, etc [3]. A setenta y seis llegaron sus obras, segun el cronista Pipini, contándose entre ellas algunas originales, v. gr., la *Theorica planetarum*, la *Geometría*, etc Apenas hay Biblioteca de Europa que no posea numerosos códices de estas versiones, sobre todo del *Almagesto* y de algunos tratados de medicina. En filosofía influyó poco ó nada, mucho en astrología judiciaria

En pos de Gerardo de Cremona, y ya en los primeros años del siglo XIII, apareció en Toledo Miguel Scoto, personaje de primera talla como intérprete de Averroes é introductor del Averroismo en Italia y Francia. «En tiempo de Miguel Scoto, que se presentó en

guae peritis Roberto Retenensi de Anglia qui nunc pampilonensis Ecclesiae archidiaconus est Hermanno quoque Dalmata, acutissimi et litterati ingenii scholastico quos in Hispania circa Iberum astrologicae arti studentes inveni, eosque ad haec faciendum multo pretio condui ⋅ (Pedro el Venerable, en el tomo XXII de la *Biblioth Max Vet Pat* , pag 1,030 y sigs)

1 Citale Jourdain como existente en la Biblioteca Nacional de Paris, 7,377 *B*, con varios tratados de Juan Hispalense

2 Vid Pits, *De rebus anglicis*, apud Jourdain

3 Vid Jourdain, en el capítulo que dedica a Gerardo de Cremona (pag 120 y sigs)

1230, trayendo algunas partes de los libros filosóficos y matemáticos de Aristóteles con exposiciones nuevas, fué magnificada la filosofía aristotélica entre los latinos» [1], escribe Rogerio Bacon, quien además acusa á Miguel Scoto de haberse apropiado los trabajos de su intérprete, que era un judío converso de Toledo llamado Andrés [2]. Tradujo—ó dió su nombre Miguel Scoto á las traducciones de—los comentarios de Averroes *De coelo et mundo* y *De anima*, atribuyéndosele además, y con buenos fundamentos, la de los comentarios *De generatione et corruptione* y de los *Meteoros*, de las paráfrasis de los *Parva Naturalia*, y del libro *De svbstantia orbis*, que se encuentran á continuacion de los primeros en códices de París, no sin que alguno incluya tambien la *Física* y la *Metafísica* A todo lo cual ha de agregarse el Aristóteles *De animalibus*, y el tratado de la *Esfera* del célebre renegado hispalense Alpetrongi ó Alpetrangio, llamado Avenalpetrardo (de su antiguo nombre *Petrus)* en algunos códices [3] Ni se contentó Miguel Scoto con el papel de *traductor* (si es que realmente lo fué). Impregnadas están de averroismo sus *Quaestiones Nicolai peripatetici,* tan severamente juzgadas por Alberto el Magno, que llama á su autor *hombre ignorante en la filosofía natural,* y mal entendedor del texto de Aristóteles [4]. Acogido Miguel Scoto en la córte siciliana de los Hohenstaufen, galardonado con franca mano por el impío Federico II, alcanzó grande y misteriosa reputacion de nigromante é incrédulo. en cuyos conceptos habremos de hacer memoria de él más adelante.

Siguió las huellas de Miguel Scoto *Herman el aleman,* patrocinado por el rey de Sicilia Manfredo, hijo de Federico Las obras de Herman son más inocentes que las de su predecesor, dado que se limitó á trasladar las glosas de Alfarábi sobre la *Retórica* de Aristóteles, el compendio de la *Poética* de Averroes, y su *Comentario medio* sobre la *Ética* á Nicomaco, traduccion acabada *en la capilla de la Santa Trinidad de Toledo* en Junio de 1240. Queda tambien un compendio de la *Ética* con su nombre [5].

1 «Tempore Michaelis Scoti, qui annis 1230 transactis apparuit, deferens librorum Aristotelis partes aliquas de naturalibus et mathematicis, cum expositoribus sapientibus magnificata est Aristotelis philosophia apud Latinos » *(Opus Majus)*

2 «Michael Scotus, ignarus quidem et verborum et rerum fere omnia quae sub nomine ejus prodierunt, ab Andrea quodam Judaeo mutuatus est »

3 Munck, en su nota sobre *Alpetragius (Melanges* etc) niega que este astronomo fuese renegado, aunque Casiri y Jourdain lo afirmen

4 «Michael Scotus, qui in rei veritate nescivit naturas, nec bene intellexit libros Aristotelis »

5 La traduccion del *Comentario medio* esta incluida en todas las ediciones de Averroes El *Compendio* esta en el cod 1771 (fondo de la Sorbona) en la Biblioteca Imperial de Paris Jour-

Segun Rogerio Bacon, Herman, lo mismo que Miguel Scoto, fué poco más que *testaferro* en estas versiones, puesto que se valió de algunos mudejáres, *«qui fuerunt in suis translationibus principales»* [1]. La barbárie de estas traducciones excede á cuanto puede imaginarse. Casi llegan á ser ininteligibles, á diferencia de las de Gundisalvo y Juan, que siempre ofrecen un sentido claro, y á las veces cierta elegancia y aliño literario, notables sobre todo en la *Fuente de la vida*.

La empresa de trasmitir al mundo latino la ciencia oriental, fué continuada con mayores bríos y espíritu más sano por nuestro rey Alfonso el Sábio, á quien se debe la primera aplicacion de las lenguas vulgares á asuntos científicos. Pero las versiones hechas por su mandato fueron principalmente de libros astronómicos, no sin que entre ellos se deslizase á veces la supersticion astrológica, como veremos á su tiempo.

V.—El panteismo en las escuelas de París.— Herejía de Amaury de Chartres.—«El español Mauricio»

principios del siglo XIII, casi todos los filósofos árabes y judíos, si exceptuamos á Avempace y Tofáil, conocidos sólo de oidas por los escolásticos, y á Averroes, cuya influencia directa principia más tarde, estaban en lengua latina. Al-Kendi, Alfarábi, Avicena, Al-Gazél, Avicebron y los libros originales de Gundisalvo, corrian de mano en mano, traidos de Toledo como joyas preciosas. Una nube preñada de tempestades se cernia sobre los cláustros de París.

La nube estalló al fin, y abortó un panteismo brutal, que dejando á un lado los trampantojos de la *materia* y de la *forma*, condensó en fórmulas crudas y precisas la doctrina de unidad de sustancia: herejía tremenda, pero de historia oscura, y en la cual anda envuelto el nombre de un español, que no es la menor de las oscuridades. Breves son los datos que tenemos.

Cuenta Rigore *(Rigordus)* en sus *Anales* [2], que hubo en la facultad de Teología de París un clérigo llamado Amalrico ó Amaury, natural

---

dain los confundió, incurriendo en otras equivocaciones, que ha rectificado Renan en su *Averroes*, pág. 211 y sigs.

1 *Opus tertium. praef.*
2 Citado por Labbé, *Concilios*, tomo XI, part. I, pág. 5o.

de Bene, en el territorio de Chartres, el cual fué muy docto en lógica y disciplinas liberales, pero cometió graves errores teológicos, entre ellos el de afirmar que *todo cristiano es «sustancialmente» miembro de Cristo* [1]. El Papa Inocencio III condenó esta sentencia, y Amaury se vió obligado á abjurar, aunque de mala gana. Al poco tiempo enfermó, murió y fué sepultado en el monasterio de San Martín *des Champs*. Pero la propaganda fué continuada por sus discípulos, quienes entre otras cosas sostenían que la ley antigua había sido anulada por la nueva, que los Sacramentos eran inútiles, y que cada cual se salvaba por la gracia interior del Espíritu Santo, sin acto alguno exterior. Proclamaban además la licitud de los actos malos ejecutados *in charitatis nomine*. Sabedores de esta predicación Pedro, Obispo de París, y Fray Guerino, consejero del rey Felipe Augusto, por las revelaciones del clérigo Radulfo de Nemours, que se fingió hereje para sorprender sus secretos, los condenaron en el Concilio de París (año 1209), los degradaron de las sagradas Órdenes y los entregaron al brazo secular, que hizo quemarlos en el *Campellus extra portam*, perdonando á las mujeres y á los fanáticos ó ilusos. El cuerpo de Amaury fué desenterrado y reducido á cenizas, que se esparcieron por los estercoleros.

Hasta aquí la relación de Rigore (monje de Saint-Denis y médico del rey), ó más bien la de su continuador Guillermo el Breton. Pero aún hay un párrafo que nos dá más luz y que interesa mucho.

«En aquellos días se leían en París ciertos libros de *Metafísica*, compuestos (según se decía) por Aristóteles, traidos nuevamente de Constantinopla y trasladados del griego al latín, cuyas sutilezas no sólo daban asidero á la herejía de Amalrico, sino que podian engendrar otras nuevas. Por cuya razón fueron mandados quemar, y se vedó, só pena de excomunion, que nadie los copiase, leyese ó retuviese» [2].

César de Heisterbach, autor de un libro *De cosas peregrinas é historias memorables*, escribe, despues de hablar de la herejía de los Amalricianos: «Entonces se prohibió en París que nadie leyese durante

---

1 «Quod quilibet Christianus teneatur credere se esse membrum Christi.»

2 «In diebus illis (anno 1209) legebantur Parisiis libelli quidam ab Aristotele ut dicebantur, compositi qui docebant Metaphysicam, delati de novo a Constantinopoli et a graeco in latinum translati qui quoniam non solum praedictae haeresi Almarici sententiis subtilibus occassionem praebebant, imo et aliis nondum inventis praebere poterant, jussi sunt omnes comburi, et sub poena excommunicationis cautum est in eodem Concilio, ne quis eos de caetero scribere aut legere praesumeret vel quocumque modo habere.» (*Recueil des Historiens des Gaules et de la France*, tomo XVII, pag. 83.)

Copian el texto Jourdain y otros muchos.

tres años los libros de filosofía natural Los del maestro David de Dinant y los libros franceses de *Teología* fueron destruidos y quemados »

Confirma la primera noticia Hugo, continuador de la *Crónica* de Roberto de Auxerre. Según él, se prohibió por tres años la lección de los libros aristotélicos de filosofía natural, que se habían comenzado á explicar en París *pocos años antes* [1].

Conviene insertar el texto mismo de la sentencia conciliar.

«Decretos del maestro Pedro de Corbolio, Arzobispo de Sens, Obispo de París, y de los demás Obispos en París congregados sobre quemar á los herejes y destruir los libros no católicos.

»El cuerpo del maestro Amalrico sea extraído del cementerio y arrojado en tierra no bendita. Su nombre sea excomulgado en todas las iglesias de esta provincia

»Bernardo; Guillermo de Arria, orífice; Estéban, presbítero de Cella, Juan, presbítero de Occines; el maestro Guillermo de Poitou; Dudon, sacerdote; Domingo del Triángulo, Odon y Elinans, clérigos de San Clodoardo, sean degradados y entregados al brazo secular. Ulrico, presbítero de Lauriaco, y Pedro de San Clodoardo, antes monje de San Dionisio; Guerino, presbítero de Corbolio, y el clérigo Estéban, sean degradados y sometidos á cárcel perpétua

»Los cuadernos del maestro David de Dinant sean presentados, antes de Navidad, al Obispo de París, y quemados

»Nadie lea en París pública ni secretamente los libros de Aristóteles de filosofía natural ni sus comentos, bajo pena de excomunion.

»Desde Navidad en adelante será tenido por hereje todo el que retenga los cuadernos del maestro David.

»Mandamos que los libros teológicos escritos en romance, y el *Credo* y el *Padre Nuestro* en romance, pero no las vidas de los Santos, sean presentados á los Obispos diocesanos antes del dia de la Purificacion, só pena de ser tenido por hereje el que los retenga» [2].

---

1 «Eodem tempore praeceptum est Parisiis ne quis infra triennium legeret libros naturales, libri magistri David de Dinant, et libri gallici de theologia perpetuo damnati sunt et exusti.» *(Illustr Miracul et Hist memor* lib V, cap XXII, citado por Jourdain)

«Librorum quoque Aristotelis, qui de naturali philosophia inscripti sunt, et ante paucos annos Parisiis coeperant lectitari, interdicta est lectio tribus annis, quia ex ipsis errorum semina viderentur exorta » (Citado por Launoy, *De varia Aristotelis in Academia Parisiensi fortuna* Paris, 1622)

2 «Decreta magistri Petri de Corbolio, Senonensis archiepiscopi, Parisiensis episcopi, et aliorum Episcoporum Parisiis congregatorum, super haereticis comburendis et libris non catholicis penitus destruendis

»Corpus magistri Amaurici extrahatur a cimiterio et projiciatur in terram non benedictam et idem excommunicetur per omnes Ecclesias totius provinciae Bernardus Guillelmus de Arria, aurifaber, Stephanus, presbyter de Cella, Joannes, presbyter de Occines, Magister Willelmus Pictaviensis, Dudo sacerdos Dominicus de Triangulo, Odo et Elinans, clerici de

Este *Credo* y este *Padre Nuestro*, si el texto no está errado, debían de ser heréticos y obra de los Amalricianos

En lo que toca á los libros de Aristóteles y David de Dinant, la prohibicion surtió poco efecto, puesto que hubo de renovarse en los estatutos que el Legado Roberto de Courzon dió en 1215 á la Universidad de París Autoriza en ellos la leccion de los libros dialécticos y éticos de Aristóteles, pero prohibe los de metafísica y filosofía natural, la *Suma* ó compendio de ellos, y los tratados que encerraban doctrinas de Amaury de Chartres, David de Dinant y *Mauricio el Español*. «*Non legantur libri Aristotelis de Metaphysica et naturali Philosophia, nec summa de eisdem aut de doctrina Mag. David de Dinant, aut Amalrici haeretici, aut Mauritii Hispani*» [1]

Gregorio IX, por Bula dirigida en Abril de 1231 á los maestros y estudiantes de París, prohibió asimismo el uso de los libros de filosofía natural, hasta que fuesen examinados y corregidos, así como el tratar de materias teológicas entre los indoctos y en lengua vulgar [2].

Como se deduce de todo lo expuesto, ni la *Física*, ni la *Metafísica* de Aristóteles fueron condenadas nunca en absoluto y como obras dañosas, sino *recogidas* temporalmente, porque presentaban á los incáutos ocasion de errar, y porque los herejes comprobaban con ellas sus vanas imaginaciones. Lejano es, sin embargo, el parentesco entre Aristóteles y Amaury de Chartres, y á primera vista nada más absurdo que hacer al Estagirita responsable de la herejía de los Amalricianos. ¿Pero qué Aristóteles era el que explicaban aquellos maestros? Veremos si se descubre alguna luz recurriendo á otras fuentes.

Segun Gerson, la doctrina de Amaury se reducia á estas proposiciones [3]: «Todo es Dios· Dios es todo. El Creador y la criatura son

S. Clodoardo, isti degradentur, penitus saeculari curiae relinquendi Urricus presbyter de Lauriaco, et Petrus de S Clodoardo modo monachus S Dyonisii, Guarinus, presbyter de Corbolio, Stephanus, clericus, degradentur, perpetuo carcere mancipandi Quaternulli magistri David de Dinant, infra natale, episcopo Parisiensi afferantur et comburantur, nec libri Aristotelis de naturali philosophia, nec comenta legantur Parisiis publice vel secreto Et hoc sub poena excommunicationis inhibemus Apud quem inveniuntur quaternulli magistri David, a natali Domini in antea pro haeretico habebitur De libris theologicis scriptis in romano, praecipimus quod Episcopis dioecesanis tradantur, et *Credo in Deum* et *Pater Noster in romano, praeter vitas Sanctorum* Et hoc intra Purificationem quia apud quem inveniuntur, pro haeretico habebitur » (D Martenne, *Novus Thesaurus Anecdotorum*, tomo IV pag 166)

1 Duboulay *Historia Universitatis Parisiensis*, tomo III, pág 82 Launoy Jourdain, etc

2 «Et libris illis naturalibus, qui in Concilio provinciali ex certa causa prohibiti fuere Parisiis non utantur quosque examinati fuerint, et ab omni errorum suspicione purgati Nec loquantur in lingua populi» etc (Vid Duboulay, Launoy, Jourdain, etc)

3 «Omnia sunt Deus Deus est omnia Creator et creatura idem Ideae creant et creantur Deus ideo dicitur finis omnium, quod omnia reversura sunt in ipsum, ut in Deo immutabiliter conquiescant et unum individuum atque incommutabile permanebunt Dixit enim Deum esse essentiam omnium creaturarum » *(De concordia Metaphysicae cum Logica*, tomo IV de sus obras, ed 1706, pag 826 de la part II)

idénticos. Las ideas crean y son creadas: Dios es el fin de todo, porque todas las cosas han de volver á él, para reposarse en él inmuta-
blemente y formar un todo sustancial..... Dios es la esencia de todas
las criaturas.»

Es evidente que semejantes principios nada tienen que ver con la
Metafísica del Hijo de Nicómaco; pero pueden ser una consecuencia
lógica, una forma *popular* (como ahora se dice) del misticismo de
Proclo, traducido por los Árabes, y de la *Fuente de la Vida* de Avicebron En realidad, Amaury no quería que su doctrina muriese solitaria en las escuelas, sino que agitase á las muchedumbres, y tras de
emplear la lengua vulgar, él ó sus sectarios formularon, segun el
analista Rigore, las siguientes consecuencias «Decían que el cuerpo
de Cristo no está en el Sacramento del altar más que en cualquiera otra parte..... Negaban la resurreccion de los cuerpos, el Paraíso
y el infierno, diciendo que el que tuviese el conocimiento de Dios que
ellos tenian, tendria dentro de sí el Paraíso, mientras el que cayese
en pecado mortal llevaria en su alma el infierno. Llamaban idolatría
á las imágenes y altares de los Santos, y al ofrecer incienso. Repren-
dian á los que veneraban las reliquias de los mártires . .. Nadie puede
pecar (decian) mientras el Espíritu de Dios esté en nosotros. Y áun
llegaban á creer que cada uno de ellos era Cristo y el Espíritu
Santo» [1].

Fuera de los teólogos, el corifeo más notable de la secta era un tal
Guillermo, orífice, que se decia Profeta, y anunciaba cuatro plagas:
una de hambre sobre el pueblo, otra de hierro contra los príncipes, la
tercera en que se abriria la tierra y sepultaria á los *burgenses*, y la
cuarta de fuego que bajaria del cielo para devorar á los miembros del
Anticristo, que eran los Prelados. Llamaba á Roma Babilonia y al
Papa Anticristo.

Hénos ya bien lejos de Avicebron, pero muy cerca de los Cátaros,
Albigenses, Valdenses y Pobres de Leon, y hasta de los *Begardos* y
Alumbrados en suma, de todos los predecesores y aliados de la Re-

---

[1] «Dicebant non aliter esse corpus Christi in pane altaris quam in alio pane et in qualibet
re sicque Deum tantum fuisse in Ovidio, sicut in Augustino Negabant resurrectionem corporum, dicentes nihil esse paradisum, neque infernum sed qui haberet cognitionem Dei in
se, quam ipsi habebant, habere in se paradisum qui vero mortale peccatum, habere infernum
in se Altaria sanctis statui et sacras imagines idololatriam esse dicebant Eos qui
ossa martyrum deosculabantur, subsannabant Si aliquis est in Spiritu Sancto (aiebant)
et faciat fornicationem, non est ei peccatum, quia ille Spiritus qui est Deus, omnino sepa-
ratus a carne, non potest peccare quamdiu ille Spiritus qui est Deus, est in eo ille operatur
omnia in omnibus Unde concedebant quod unusquisque eorum esset Christus et Spiritus
Sanctus »

forma. Las pasiones populares no saben filosofía, pero tienen una lógica brutal, y escrito está que quien siembra vientos recogerá tempestades. Los Amalricianos dieron forma vulgar y sin ambajes al *panteismo*, sin descuidarse de sacar todas sus consecuencias religiosas. éticas y sociales, sobre todo la *irresponsabilidad individual* y la negacion de los premios y castigos de la otra vida, mezclándose á todo ello cierto espíritu *profético* y revolucionario ¡Qué ajenos estarian el piadoso Gundisalvo y su cofrade de que tales aguas habian de manar de la *Fuente de la Vida!*

Negaba Amaury la Trinidad, considerando las tres personas como tres sucesivas manifestaciones de la esencia divina [1]. El reinado del Hijo habia terminado, y comenzaba entonces el del Espíritu Santo. ¿Quién no ve ya en gérmen el *Evangelio eterno?*

Entre la herejía de los Amalricianos, y la de David de Dinant, habia alguna diferencia, como Santo Tomás advierte Los primeros aseveraban que Dios era el *principio formal* de todas las cosas, el segundo identificaba á Dios con la materia prima [2]. El sistema de David de Dinant es el de Ben-Gabirol, *ménos* la personalidad de Dios.

«Dividió David de Dinanto (dice en otra parte Santo Tomás) todas las cosas en cuerpos, almas y sustancias separadas. Al principio indivisible que entra en la composicion de los cuerpos llamó *yle,* al constitutivo de las almas *noym* ó *mente* Al principio indivisible de las sustancias eternas llamó *Dios* Y dijo que estos tres principios eran uno y el mismo, porque todas las cosas tienen la misma esencia» [3]. Estos sectarios de la Edad Media tenian á lo ménos el mérito de la claridad y de la franqueza, en lo cual no les han imitado gran cosa los *panteistas* y *panenteistas* que han venido despues.

Las pocas noticias que hemos dado (y no quedan muchas más) bastan para formar cumplida idea del carácter y tendencias de esta herejía. Ahora seria oportuno investigar quién fué *el español Mauricio,* pero desgraciadamente sólo nos queda su nombre, y con tan poco

---

1 «Almaricus dicebat Trinitatis personas singulas sua tempora habuisse
«Filius usque nunc operatus est, sed Spiritus Sanctus ex hoc nunc usque ad mundi consummationem inchoat operari » etc

2 «Quidam enim posuerunt quod Deus esset anima mundi Alii autem dixerunt Deum esse principium formale omnium rerum, et haec dicitur fuisse opinio Almarianorum sed tertius error fuit David de Dinando, qui stultissime posuit, Deum esse materiam primam » (III quaest , art VIII Utrum Deus in compositionem veniat Summa Theolog)

3 «Divisit (David de Dinanto) res in partes tres, in corporeas, animas et substantias aeternas separatas Et primum indivisibile ex quo constituuntur corpora, dixit *yle* Primum autem indivisibile ex quo constituuntur animae, dixit *noym* vel mentem Primum autem indivisibile in substantiis aeternis dixit Deum Et haec tria esse unum et idem, ex quo iterum consequitur esse omnia per essentiam unum » *Comm in Mag Sent II, dist 17, q 1*

hemos de contentarnos, puesto que los archivos de la Sorbona callan. Ni Duboulay, ni Launoy, ni Jourdain, ni Hauréau [1], averiguaron nada. Renan [2] ha aventurado una conjetura poco verosímil. Según él, *Mauritius* pudo ser una de tantas corruptelas del nombre de Averroes, extrañamente desfigurado por los copistas de la Edad Media. Pero el mismo Renan ha demostrado (y parece confirmarlo un texto de Rogerio Bacon) que hasta el tiempo de Miguel Scoto (hácia 1217) el comentario de Averroes no fué conocido entre los cristianos, lo cual se opone á que fuera condenado en 1215 ¿El nombre de *Mauritius* será algun diminutivo de *Maurus*?

Ni áun es fácil indicar con precision las fuentes en que bebieron su panteismo Amaury, David y Mauricio. Tenian á mano, no el texto de Aristóteles, sino los compendios de Avicena y de Al-Gazél, con algunos tratados de Alfarábi, y quizá de Alejandro de Afrodisia, pero sobre todo el *Fons vitae* y el *liber De causis*. De este último han tratado largamente Alberto Magno y Santo Tomás. Segun el *Angel de las Escuelas*, era un extracto de la *Elevacion teológica* de Proclo, hecho por algun árabe [3]. En opinion de Alberto, el judío David habia compaginado dicho libro con trozos de la epístola de Aristóteles *De principio universi* (que es tenida por apócrifa) y de los libros de Alfarábi, Avicena y Al-Gazél, ordenándolos por órden geométrico. Se encuentra citado con los títulos de *liber De essentia purae bonitatis, De lumine luminum, De floribus divinorum, De bonitate pura*, etc [4]. El mismo David habia compuesto un tratado de *Física* que cita Alberto Magno· *Pervenit ad nos per eumdem modum Physica perfecta*. Gundisalvo parece haber tenido á la vista el libro *De causis* para el suyo *De processione*.

La noticia que Rigore dá de una version directa de la *Metafísica* traida de Constantinopla, parece contradecir esta influencia arábigo-hispana, confesada por todos los historiadores de la escolástica, pero quizá el buen analista padeció en esto alguna confusion. Si la *Metafísica* de Aristóteles estaba directa y fielmente traducida del griego, ¿qué tenia que ver con las herejías de Amaury de Chartres? ¿Cómo podian escudarse con ella sus parciales?

1 *De la philosophie scholastique* tomo I, págs 402 á 409
2 *Averroes*, pág 222
3 «In graeco invenitur traditus liber Procli Platonis continens ducentas et novem propositiones, qui intitulatur *elevatio theologica* in arabico vero invenitur hic liber, qui apud latinos *de causis* dicitur quem constat de arabico esse translatum et in graeco penitus non haberi. Unde videtur ab aliquo philosophorum arabum ex praedicto lib Procli excerptus» etc
4 Jourdain cita cuatro codices parisienses del libro *De causis* (6,506, 6 296, 6,318, 8,802) En este ultimo se rotula *Canones Aristotelis de essentia purae bonitatis expositae ab Alfarabio*

Como precedentes de Amaury y Mauricio, dentro de la escolástica, se han citado además el libro *De divisione naturae* de Scoto Erígena, y áun el realismo de Guillermo de Champeaux Todo pudo influir, porque ¿quién contará todos los hilos de una trama? Pero la genealogía más natural y directa no parece ser otra que la que hemos expuesto El libro *De causis* está ya citado por Alano de l'Isle

Por lo que hace á su parte práctica, hay en el *Amalricianismo* un como rechazo de las herejías populares, de que hablaré en el capítulo siguiente; al paso que éstas acrecieron sus bríos con las disputas de la escuela Y repetiré, áun á riesgo de ser enojoso, que la novedad del panteismo de Amaury consistia en ser popular. 1.° por lo preciso y brutal de las fórmulas ontológicas, 2.° por el empleo de la lengua vulgar; 3.° por el *laicismo* y el *pseudo-profetismo* [1]

---

1   En el *Indice* de D Fernando Colon se lee

«4,282 —*Tracta to de filosofia* que compuso un moro dicho Abnali Hamete Benamescoya Divídese en tres tratados, y cada tratado en diez capitulos   Item se sigue otro *Tractado de filosofia* sacado de arábigo y hebraico en español dividese en dos libros y los libros por fundamentos   Item se sigue una glosa, que se saco de lo arábigo del libro *De anima* de Aristoteles La glosa sobre ello de Aben-Ruiz   Item *se sigue un libro* intitulado *El More* (no *Moro*, como esta impreso en el *Ensayo* de Gallardo) *compuesto por Moisen de Egipto* divídese en partes y las partes por capitulos, y es traducido por Pedro de Toledo, el prohemio *En el nombre de Dios* Item otro prohemio *Dios te de su gracia* Y la primera parte «En el nom-»bre de Dios fuerte del mundo» La tercera acaba «luzca claro sobre ellos» Es en fol de marca, á dos cols y todo de mano »

Este preciosísimo códice, muestra evidente del influjo de la filosofía semítica en España, y que contenia, entre otras cosas, *El More Nebuchim* de Maimonides *(Moisés de Egipto)*, traducido al castellano, quiza en el siglo XV, falta de la Colombina desde tiempo inmemorial Cuando Galvez hizo su *Catalogo*, ya no estaba

Don Alfonso el Sabio (si hemos de creer á su sobrino D Juan Manuel) hizo traducir el *Talmud* y la *Kabala* en lengua vulgar *(Libro de la Caza*

CAPÍTULO II

ALBIGENSES, CÁTAROS.—VALDENSES, POBRES DE LEON, "INSABATTATOS"

I. Preliminares.—II. Constitucion de D. Pedro el Católico contra los Valdenses. Durán de Huesca.—III. Don Pedro II y los Albigenses de Provenza. Batalla de Murel.—IV. Los Albigenses y Valdenses en tiempo de D. Jáime el Conquistador. Constituciones de Tarragona. Concilio de la misma ciudad. La Inquisicion en Cataluña. Procesos de herejía en la diócesis de Urgél.—V. Los Albigenses en tierra de Leon.

I.—PRELIMINARES

NTE todo conviene separar y distinguir estas herejías. Los Albigenses, Cátaros ó Patarinos eran una rama del Maniqueismo, al paso que los *Valdenses, Insabattaios y Pobres de Leon* constituyeron una secta láica y comunista, que tendia á la revolucion social, tanto ó más que á la religiosa. Pero los hechos de ambas sectas andan tan mezclados, y son tan leves las huellas que una y otra dejaron de su paso por nuestro suelo, que no hay inconveniente en estudiarlas en un mismo capítulo. De sus orígenes diré poco, porque son hartas las obras donde puede instruirse el lector sobre esta materia.

Dije en el primer libro de esta *Historia*, que el *gnosticismo*, propiamente dicho, habia muerto cuando la secta de Prisciliano; pero el *Maniqueismo* continuó viviendo, con más ó ménos publicidad, en Oriente. Dícese que el emperador Anastasio, y la mujer de Justiniano, Teodora, eran favorables á esta secta. En Armenia fueron sus corifeos, en tiempo de Heráclio, un tal Páulo (de aquí el nombre de *Paulicianos)*, Constantino y Sergio. Dió tantas alas á los Paulicianos la protección del emperador Nicéforo, que llegaron á edificar ciudades y á levantarse en armas cuando la emperatriz Teodora. regente en la menor edad de su hijo Miguel III, quiso someterlos y destruir la herejía. Al cabo se refugiaron entre los musulmanes, y de allí volvieron en tiempo de Basilio el Macedónico (fines del siglo IX) á hacer guerra contra el imperio. Su historia fué escrita por Pedro de Sicilia, y de él la tomó Cedreno.

Los Paulicianos enviaron predicadores de sus dogmas á Trácia y Bulgária, y desde allí, por ignorados caminos, se comunicó la herejía á las naciones latinas, donde tarda un siglo más en salir á la superficie. Precisamente al cumplirse el apocalíptico plazo, el año 1000, cuando arreciaba la barbárie en la sociedad, y crecia la relajacion de la disciplina en la Iglesia, y los pueblos amedrentados veian acercarse la profetizada fin del mundo, comenzaron á aparecer los Maniqueos en Orleans, Aquitánia y Tolosa. Venian de Italia, donde los llamaban *cátaros* (puros) por su afectada severidad de costumbres. Negaban (como los *dóketas)* la realidad del cuerpo humano en Jesucristo, la transustanciacion y el poder del bautismo para perdonar los pecados, *pensaban mal del Señor del universo* es decir, del Jehová del Antiguo Testamento, creador y conservador del mundo, y condenaban el matrimonio y el uso de las carnes. Dos canónigos de Orleans, Heriberto y Lissoio, y una italiana, eran los dogmatizadores. El rey Roberto procedió con severidad contra ellos, é hizo quemar á algunos.

Relaciones aisladas, pero maravillosamente conformes, nos muestran un foco de herejía en Tolosa, donde hubo de celebrarse Concilio en tiempo de Calixto II para condenar á los que rechazaban la Eucaristía, el bautismo de los párvulos, la jerarquía eclesiástica y el matrimonio. anatema reproducido en el Concilio de Letrán por Inocencio II. A mediados del siglo XI, el emperador Enrique IV castigó á los *Cátaros* de Goslar, ciudad de Suávia. En el siglo XII los habia en tierra de Colonia, y acerca de ellos consultó Enervin á San Bernardo. Por entonces, Pedro de Bruys y Enrique habian comenzado su propaganda en el Delfinado y Tolosa, no sin que saliesen á la defensa de la fé amenazada Pedro el Venerable y San Bernardo. Las doctrinas de los Petrobusianos se hicieron públicas en el interrogatorio de Lombez (1176). Extendióse la secta á Soissons, segun Guido de Nogent; á Agenois, segun Radulfo de Ardens. Hácia 1160 aparecieron en Inglaterra los Cátaros con el nombre de Publicanos.

· En Lombardía se dividieron en tres sectas Concorezzos, Cátaros y Bagnoleses, pero el nombre más usado fué el de *Patarinos*, derivado de *pati*, segun unos, de *pater*, como quieren otros. En tiempo de Fray Ranerio Saccone, el mal habia tomado proporciones imponentes Divididos los Cátaros en *electi ó perfecti* y *credentes*, tenian en Occidente diez y siete iglesias, descollando entre ellas las de Bulgária, Drungária (que parece ser *Tragurium* ó Trau, en Dalmácia), Esclavonia, la Marca (italiana), Tolosa, Cahors y Alby Esta y la de Tolosa acabaron por dar nombre á la secta, dicha desde entonces *tolosana* y *albigense*.

Los herejes toscanos, lombardos y de la Marca dependian de un *Obispo* llamado Márcos, y éste del antipapa búlgaro Nicolás El cual vino en 1167 á Tolosa, y celebró una especie de conciliábulo con Roberto de Spernone. *Obispo* de Francia *(episcopus ecclesiæ francigenarum)*, Sicardo Cellarerio, *Obispo* de Alby; Bernardo Catalani, representante de la Iglesia de Carcasona, y otros heresiarcas hizo nuevo arreglo de *diócesis*, y puso paz y concordia entre los suyos. que al parecer andaban desavenidos

Alcanzó, pues, la secta una organizacion regular, pero no conocemos con bastante precision sus doctrinas. Pedro el Venerable reduce á cinco los errores de Pedro de Bruys. negar el bautismo de los párvulos. la eficacia de la Eucaristía. ser iconoclastas y enemigos de la Cruz, condenar los sufragios por los difuntos San Bernardo añade que rechazaban la comida de carnes y el matrimonio: indicio grave de Maniqueismo. Alano de l'Isle les atribuye formalmente la creencia en dos principios· el *doketismo* y el desprecio á la ley de Moisés. Segun Ermengardo, los herejes de Provenza sostenian que el demonio, y no Dios, ha criado el mundo y todas las cosas viables Mis lectores saben ya de dónde precedian estas opiniones. Ha de advertirse que los Albigenses, como los antiguos *gnósticos*, reconocian grados en la iniciacion, y *esoterismo* y *exoterismo*, y eran secta misteriosa y que ocultaba mucho sus dogmas. sobre todo en cuanto al orígen del mal: Por eso los interrogatorios que hoy tenemos de Albigenses y Patarinos franceses é italianos, gente por lo comun humilde é ignorante. varian hasta lo infinito, y no penetran en la médula de la herejía, sino en las consecuencias y accesorios Se les acusó de infandas liviandades. lo mismo que á los Priscilianistas y á toda secta secreta.

Al desarrollo de la herejía albigense en Provenza concurrieron el universal desórden de costumbres, harto manifiesto en las audacias

de la poesía de los trovadores; la ligereza y menosprecio con que allí
se trataban las cosas más santas, las tribulaciones de la Iglesia y
desórdenes del Clero, abultados por el ódio de los sectarios, y finalmente, la rivalidad eterna entre la Francia del Norte, semigermáni-
ca, y la del Mediodía. Entre los que tomaron las armas para resistir
á la cruzada de Simon de Montfort, no eran muchos los verdaderos
Albigenses: á unos les movia el instinto de nacionalidad, otros lidiaban por intereses y venganzas particulares, los más por ódio á Francia, que era el brazo de Roma en aquella guerra. Generalmente eran
malos católicos, pero les interesaba poco el oscuro maniqueismo enseñado en Tolosa y en Alby. Los occidentales suelen hacer poco caso
de la parte dogmática de las herejías, y prefieren hacer hincapié en
lo negativo y en las consecuencias prácticas, mucho más si se enlazan
con intereses del momento. Por eso prosperó la Reforma luterana.

Buena prueba del espíritu dominante entre los provenzales nos
ofrece la conducta de los trovadores durante la cruzada antialbigen-
se. Casi todos se pusieron de parte de los herejes y del conde de Tolosa, pero ni áun en sus invectivas más feroces y apasionadas se tras-
luce entusiasmo por la nueva doctrina. Guillem Figuera, en su célebre *Sirventesio*, lanza mil enconadas maldiciones contra Roma, *engaña-
dora*, *codiciosa*, *falsa*, *malvada*, *loba rabiosa*, *sierpe coronada*, le atribuye
todos los desastres de las cruzadas, la pérdida de Damieta, la muerte
de Luis VIII, etc., pero su ardor rabioso nada tiene de ardor de neófito. Si el poeta era maniqueo, bien lo disimula.

Resumamos: la herejía fué lo de ménos en la guerra de Provenza.
Dominaba allí un indiferentismo de mala ley mezclado con cierta
animosidad contra los vicios, reales ó supuestos, de la clerecía. Habia además poderosa tendencia á constituir una nacionalidad meridional (que quizá hubiera sido provenzal-catalana), tendencia resistida siempre por los Francos. Bastaba una chispa para producir el incendio, y la chispa fueron los *Cátaros*.

Á su lado crecian los Valdenses, mucho más modernos. Es tenido
por padre y dogmatizador de la secta Pedro Valdo, mercader de
Leon, que hácia 1160 comenzó á predicar la pobreza, convirtiendo
en *precepto* el *consejo* evangélico, y reunió muchos discípulos, que se
señalaron por raras austeridades, comenzando por despojarse de sus
bienes. Llamóseles *Pobres de Leon*, y tambien *Insabattatos*, de la palabra latina bárbara *sabatum*, orígen de la francesa *sabot* y la castellana
zapato, porque llevaban los zapatos cortados por arriba, en signo de
pobreza. Vivian de limosnas, y gustaban de censurar la riqueza y

vicios de los eclesiásticos. Su primer error fué el *laicismo* Arrogáronse todos, inclusas las mujeres, el derecho de predicar, y áun de administrar los Sacramentos; y el Papa Lúcio III se vió obligado á condenarlos por los años de 1181. El Arzobispo de Narbona, Bernardo, los llamó á una conferencia pública, y, oidos, los declaró herejes. Además del celo amargo y sin misión que les hacía clamar por reforma, rechazaban la oracion por los difuntos y huian de los templos, prefiriendo orar en sus casas, negaban obediencia á sus legítimos Pastores, y tenian por ilícitos (al modo de los cuákeros) el juramento y la pena de muerte. Segun ellos, un sacerdote indigno no podia consagrar, ni atar ni desatar, mientras que cualquier lego podia hacerlo, siempre que se sometiese á las penitencias y austeridades de la secta Tan ciegos estaban, que en 1212 solicitaron de Inocencio III la aprobacion de lo que llamaban su *órden*. Tres años despues, en el Concilio de Letran, el mismo Pontífice los condenó, así como á los demás predicantes sin mision.

Negaban los Valdenses todo linaje de propiedad. Entre ellos no habia *mio* ni *tuyo* El *comunismo* y el *laicismo* eran las bases de la secta. Decian las palabras de la Consagracion en lengua vulgar, y comulgaban en mesa comun, queriendo remedar sacrílegamente los antiguos *Agapes*. Aunque fanáticos extraviados, eran hombres de buena vida y de nímia austeridad, diferenciándose en esto de los Albigenses. Si á alguna secta moderna se asemejan los Valdenses es al Cuakerismo. No tenian vocacion de mártires ni tomaron las armas nunca, como los Cátaros Asistian á las reuniones de los católicos y recibian los Sacramentos, aunque sin confesar que eran Valdenses.

Nunca logró esta secta tanta popularidad y arraigo como la de los Maniqueos. Despues del siglo XIV quedó confinada en algunos valles subalpinos, en la Saboya y en el Delfinado. Sus *bárbas* ó sacerdotes eran pastores y hombres sin letras Los misioneros católicos, entre ellos nuestro San Vicente Ferrer, hicieron inauditos esfuerzos por desarraigarla Llegaron así los tiempos de la Reforma, y como oyeran aquellos montañeses algo de lo que en Suiza y en Alemania pasaba, enviaron mensajeros á Bucero y Ecolampádio para tratar de la union de su Iglesia con las reformadas. Como habia bastante diferencia entre los errores de la una y de las otras, no se llegó, por entonces, á ningun acuerdo; pero más adelante Farel y otros ministros ginebrinos evangelizaron á los pobres Valdenses, que en 1541 dieron una *confesion de fé* en sentido calvinista. Y así han continuado hasta nuestros dias, convertidos en protestantes, aunque conservan el nombre antiguo. Su historia es muy curiosa y llena de peripecias. Conservan libros y manuscritos, de antigüedad disputable, que han dado motivo á curiosas indagaciones filológicas.

Para atajar los pasos de Albigenses y Valdenses surgieron en el glorioso siglo XIII dos grandes instituciones: los frailes mendicantes y la Inquisición. El estandarte comunista levantado por los *Pobres de León* indicaba un malestar social, casi un conflicto. Y el conflicto fué resuelto por los franciscanos, que inculcaron la caridad y la pobreza evangélica, no el ódio á los ricos, ni el *precepto* de la pobreza, de que hacían ostentosa gala los *Insabattatos*. Con el amor, y no con el ódio, podía atenuarse la desigualdad social.

Para contener á los dogmatizadores de la plaza pública y á los de la escuela, necesitaba la Iglesia (á la vez que monjes solitarios y contemplativos) hombres de acción y de pelea, que llevasen de frente la ciencia de aquella edad y estuviesen unidos por rigurosa disciplina. Y entonces nació la Orden de *Predicadores*, que es gloria de España por su fundador Santo Domingo.

El mismo Santo Domingo había predicado, con admirable fruto, en el Languedoc y Provenza. Aquel fué el primer campo de batalla para la religión que él fundó. Y como los dominicos, por especialidad de su Instituto, debían predicar contra las heréticas doctrinas, y enterarse de ellas y calificarlas, de aquí que muy á los principios aparezcan enlazados con la historia de la *Inquisición*.

Ni traía ésta tampoco novedad alguna. Al hablar de los Priscilianistas, noté el doble carácter del delito de herejía, tal como le entendemos los católicos y le entendió la Edad Media, y la doble *punición* á que por tanto estaba sujeto. El derecho romano lo reconoció ya, imponiendo grandísimas penas corporales á los herejes, como es de ver en leyes de Valentiniano, Graciano, Teodosio, Valentiniano II, Honorio, Valentiniano III, etc. La pena de muerte aplicóla por vez primera Clemente Máximo á Prisciliano y sus secuaces.

Los príncipes de la Edad Media tuvieron por cosa natural y legítima el castigar con hierro y fuego á los vanos doctores. Recuérdense las crudísimas leyes que contra los mismos Cátaros y Patarinos fulminaron los emperadores Oton III y ¿quién lo diría? Federico II, sin que se quedasen en zaga las ciudades libres de Italia.

Admitido en la potestad secular el derecho de exterminar á un maniqueo ó á un valdense, por el mismo instinto de conservación que ordena castigar á un facineroso, era necesario distinguir al hereje de los fieles, y esto sólo podían hacerlo los teólogos, ó de lo contrario,

la ignorancia, el falso celo y las venganzas particulares usurparían
el lugar de la justicia. Al principio, los Obispos, por sí ó en delegacion, juzgaban las causas de herejía, como todas las demás pertene-
cientes al foro eclesiástico; ellos separaban al hereje de la comunion
de los fieles, y le entregaban al brazo secular. Pero en tiempo de la
guerra de Provenza, comenzaron los Pontífices á nombrar delegados
especiales, que desde Gregorio IX fueron por la mayor parte dominicos. El Concilio de Beziers regularizó los procedimientos, mucho
más discretos y equitativos que en ningun otro tribunal de la Edad
Media [1].

II.—Constitucion de D. Pedro el Católico contra los Valdenses.—Durán de Huesca

OMO su padre Alfonso, fué D. Pedro (II de Aragon) el príncipe más encumbrado y poderoso de las tierras en que se hablaba la lengua de Oc: cuñado de los dos condes de Tolosa (Ramon VI y VII), hermano de Alfonso de Provenza, pródigo y muje-
riego, pero activo y bizarro, por sus parentescos, por sus cualidades
y por sus defectos debió ser el ídolo de las gentes cortesanas del Mediodía de Francia.»

Con tan sóbrias frases describe el doctor Milá y Fontanals, en su
excelente libro de *Los trovadores en España*, el carácter y costumbres
de D. Pedro, llamado el *Católico* por haber puesto á su reino bajo el
patronato de la Santa Sede. D. Pedro fué el héroe entre los héroes
de las Navas, y tanto pesa la gloria por él adquirida en aquel dia de

[1] Vid. acerca de los Cátaros, Petrobusianos y Maniqueos:
San Bernardo, en los *Sermones sobre los Cánticos*, especialmente el LXV y LXVI; la epístola
de Enervin al mismo Santo; la de Pedro el Venerable (en el tomo XXII de la *Bib. Vet. Pat.*); las
actas del Sínodo de Lombez (en el tomo X de la *Coleccion de Labbé*); el libro de Ermengardo (en
el tomo X, part. I de la *Bib. Vet. Pat.*); el de Alano de l'Isle; la *Historia Albigensium* de Pedro
de Vaucernay; el *Antihaereses* de Ebrardo de Bethune; el *De haereticis* de Fr. Ranerio Saccone
(que es la fuente más copiosa); los *Sermones* de Ecberto; el poema que dicen de Guillermo de
Tudela, etc.: y como trabajo moderno, la *Historia de los Cátaros ó Albigenses* de M. C. Schmidt.
De los Valdenses se ha escrito casi tanto. á partir de la *Summa de Catharis et Leonistis* de
Fr. Ranerio (inserta en el *Thesaurus* de Martene, tomo V).
Vid. además el libro de Pedro Plycdorf *Contra Valdenses*, el *Directorium* de Eymerich, los
cinco libros del Padre Moneta Cremonense *Adversus Catharos*, etc. El más curioso es el de Sac-
cone, que habia sido cátaro diez y siete años. Entre los modernos, el opúsculo de Dieckhoff
De los Valdenses en la Edad Media. Bossuet compendió admirablemente la historia de estas
dos sectas en el lib. XI de la *Historia de las Variaciones*. César Cantú. en *Gli heretici d'Italia*, dá
curiosas noticias y extracta algunos procesos de Patarinos.

júbilo para la Cristiandad, que basta á borrar de la memoria la muerte harto ménos gloriosa que recibió en Murel, lidiando, no por la herejía, sino en defensa de herejes, siquiera fuesen sus deudos.

Tan lejano estaba de la herejía D Pedro, que en 1197 habia fulminado severísimas penas contra los Valdenses, Insabattatos y Pobres de Leon, quienes venidos sin duda del Languedoc y Provenza, comenzaban á difundir sus errores en tierra de Cataluña Dirige el rey sus letras á «todos los Arzobispos, Obispos, Prelados, rectores, condes, vizcondes, veguéres, merinos, báiles, hombres de armas, burgueses, etcétera, de su reino, para anunciarles que, fiel al ejemplo de los reyes sus antepasados, y obediente á los Cánones de la Iglesia, que separan al hereje del gremio de la Iglesia y consorcio de los fieles, manda salir de su reino á todos los Valdenses, vulgarmente llamados *Sabattatos* y *Pobres de Leon*, y á todos los demás de cualquiera secta ó nombre, como enemigos de la Cruz de Cristo, violadores de la fé católica, y *públicos enemigos del rey y del reino*. Intima á los veguéres, merinos y demás justicias, que expulsen á los herejes antes del Domingo de Pasion Si alguno fuere hallado despues de este término, será quemado vivo, y de su hacienda se harán tres partes. una para el denunciador, dos para el fisco Los castellanos y señores de lugares arrojarán de igual modo á los herejes que haya en sus tierras, concediéndoles tres dias para salir, pero sin ningun subsidio. Y si no quisieren obedecer, los hombres de las villas, iglesias, etc , dirigidos por los veguéres, báiles y merinos, podrán entrar en persecucion del reo en los castillos y tierras de los señores, sin obligacion de pechar el daño que hicieren al castellano ó á los demás fautores de los dichos nefandos herejes. Todo el que se negare á perseguirlos incurrirá en la indignacion del rey, y pagará 20 monedas de oro Si alguno, desde la fecha de la publicacion de este edicto, fuere osado de recibir en su casa á los Valdenses, Insabattatos, etc , ú oir sus funestas predicaciones, ó darles alimento ó algun otro beneficio, ó defenderlos ó prestarles asenso en algo, caiga sobre él la ira de Dios omnipotente y la del señor rey, y sin apelacion sea condenado como reo de lesa majestad, y confiscados sus bienes.» Esta Constitucion [1] debia ser leida en todas las iglesias parroquiales del reino cada domingo, y observada inviolablemente por todos. D. Pedro añade estas palabras, realmente salvajes: «Sépase que si alguna persona noble ó plebeya descubre en

___

1 Vease íntegra en los apéndices La publicó por primera vez Pedro de Marca , *Marca Hispanica, appendix CCCCLXXXVII* Luego se ha reproducido en algunas colecciones de Concilios

nuestros reinos algun hereje, y le mata ó mutila, ó despoja de sus bienes, ó le causa cualquier otro daño, no por eso ha de temer ningun castigo: antes bien merecerá nuestra gracia».

Los vicarios, bayulos y merinos negligentes serian castigados con confiscacion de bienes y penas corporales. Los que en el término de ocho dias, despues de comunicado este edicto, no jurasen sobre los Evangelios cumplirle fielmente, pagarian 200 monedas de oro.

¿Quién no dirá que la Inquisicion era un evidente progreso al lado de semejante legislacion (entonces comun en Europa), que dejaba al arbitrio particular la vida del hereje, y declaraba impune al asesino?

Fué dada esta Constitucion en Gerona, en presencia de Raimundo, Arzobispo Tarraconense; Jofre ó Gofredo, Obispo de Gerona; Raymundo, de Barcelona; Guillermo, de Vich, y Guillermo, de Elna, por mano de Juan Beaxnense, notario del rey; siendo testigos, Pons Hugo, conde de Ampúrias, Guillen de Cardona, Jofre de Rocaberti, Raymundo *de Villa Mulorum*, Ramon Garcerán, Bernardo de Portella, Jimén de Luziá, Miguel de Luziá, Guillem de Cervera, Pedro de Torricella, Arnaldo de Salis, Pedro, *Sacristá* de Vich, Bereguer de Palaciolo, *Sacristá* de Barcelona, y Guillem Durfortis.

Merced sin duda á estas severas prohibiciones, secundadas por el espíritu católico del país, apenas hubo en el reino de Aragon Valdenses. Como caso rarísimo y aislado tenemos el de Durán de Huesca.

Refiere Guillermo de Puy-Laurens en su *Crónica* [1], que los Valdenses de Provenza tuvieron una conferencia teológica con los católicos, siendo árbitro elegido por las dos partes el maestro Arnaldo de Camprano, clérigo secular, el cual sentenció contra los Valdenses, siendo causa de que muchos se redujesen al gremio de la fé é hiciesen penitencia, fundando cierta manera de instituto religioso en Cataluña. El principal de ellos fué Durando, de Huesca, autor de algunos escritos contra los herejes: «*In quibus Durandus de Osca fuit prior, et composuit contra haereticos quaedam scripta*».

Tenemos dos cartas de Inocencio III sobre este asunto [2]: una dirigida á los conversos, y otra al Arzobispo de Tarragona y á sus sufragáneos. Infiérese de ellas, que Durán de Huesca, D. de Najaco, Guillermo de San Antonino *y otros pobres católicos (et alii pauperes catho-*

---

1 Publicada por Guillermo *Catellus* al fin de su *Historia de los Condes de Tolosa* (cap. VIII). Citada por N. Antonio.

2 Vid. las cartas de Inocencio III en el tomo III de la coleccion de Aguirre, pág. 458 y sigs. En el apéndice reproduzco la más curiosa. Las publicó Baluze por vez primera.

lici), habían acudido al Papa y deseaban hacer penitencia de sus excesos, restituyendo lo mal adquirido, observando castidad, absteniéndose de la mentira y del juramento *ilícito*, no teniendo nada propio, sino todo en común, etc. Su hábito serían túnicas blancas ó grises, no dormirían en cama si á ello no les obligase grave enfermedad; ayunarían desde la fiesta de Todos Santos hasta la Natividad; se abstendrían de pescado todas las sextas férias, excepto si caía en ellas alguna vigilia; no comerían carnes en la segunda y cuarta féria, ni en el sábado ni en Cuaresma, exceptuando los domingos; ayunarían los ocho días antes de Pentecostés, y observarían los demás ayunos y abstinencias prescritas por la santa Iglesia romana. Todos los domingos oirían la sagrada palabra, y harían oracion siete veces por dia, repitiendo quince veces el *Padre nuestro*, el *Credo* y el *Miserere*. Su principal instituto había de ser el servicio de los pobres, edificando en heredad propia un hospital *(xenodochium)* para ambos sexos. Allí habían de ser recogidos los pobres, curados los enfermos, lactados los niños expósitos, auxiliadas las parturientes, etc. Habría paños para cincuenta camas. Al lado del hospital levantaríase, bajo la advocacion de nuestra Señora, una iglesia, que, en muestra de sujecion á la Sede apostólica, pagaría un *bisante* (¿bezante?) anual.

Inocencio III gustó de la fundacion, pero tuvo algunos recelos acerca de la sinceridad de Durán de Huesca, y encargó al Arzobispo una prudente cautela, hasta ver si aquello procedia *de fonte catholicae puritatis*. Sobre todo, debia vigilarse que las exhortaciones dominicales fuesen ortodoxas, y que no naciese alguna sospecha del trato de hombres y mujeres.

Fueron dadas estas epístolas el año 1212, décimoquinto del pontificado de Inocencio III. Es de creer que Durán de Huesca y los suyos continuasen en su arrepentimiento y buena vida. Guillem de Puy-Laurens solo dice que *in quadam parte Cathaloniae annis pluribus sic vixerunt, sed paulatim postea defecerunt*. La voz *defecerunt* es muy ambígua ¿quería decir que *volvieron á la herejía*, ó más bien, que *fué faltando* la Órden por muerte de los fundadores? Más probable es lo segundo.

III.—Don pedro ii y los albigenses de provenza.—Batalla de murel

L A herejía de los Cátaros, favorecida por las circunstancias que en su lugar expusimos, hacia estragos en Provenza. Las iglesias eran saqueadas, ultrajados los sacerdotes, y no bastaban las armas espirituales para contener á los barones del Languedoc. En vano los inquisidores Reniero y Guido, y el Legado Pedro de Castelnau, excomulgaban á los sectarios, é imploraban el auxilio del brazo secular. A tales exhortaciones respondia el conde de Tolosa, Raimundo, lanzando sus hordas de *Ruteros* contra las iglesias y monasterios, y se negaba á ayudar á los inquisidores en la persecucion de la herejía. El Legado le excomulgó, y un vasallo de Raimundo mató al Legado. Simon de Montfort y Fulco, despues Obispo de Tolosa, acusaron del asesinato á Raimundo, é Inocencio III tornó á excomulgarle, levantó á sus súbditos el juramento de fidelidad, y mandó predicar la Cruzada contra los Albigenses. Cincuenta mil guerreros tomaron la Cruz; la Francia del Norte, enemiga inveterada de los meridionales, vió llegada la hora de vengar sus ofensas y redondear su territorio. Raimundo, juzgando imposible la resistencia, imploró perdon del Legado, se sometió á penitencia, en camisa y con una cuerda al cuello, y fué absuelto, con obligacion de unirse á los cruzados. Prosiguieron éstos su camino, haciendo en Beziers horrorosa matanza, y sangrientas ejecuciones en Carcasona. Por los Albigenses lidiaba el conde de Foix, mientras que Raimundo de Tolosa acudia á Roma en demanda de justicia; y pareciéndole duras las condiciones impuestas á su penitencia, se lanzabà en rebelion abierta con el apoyo de sus deudos, y era de nuevo excomulgado y desposeido de sus Estados por sentencia pontificia. Simon de Montfort, que se habia propuesto heredarle, mostró á las claras sus ambiciosas miras, disimuladas antes con capa de piedad, y aterrados los señores de Provenza, se pusieron del lado de Raimundo en aquella contienda, ya más política que religiosa. Inútilmente se opuso Inocencio III á los atropellos de Montfort, y le exhortó á restituir lo mal adquirido, puesto que la condenacion de Raimundo no implicaba la de sus herederos. La guerra continuó con desusada y feroz crudeza, y Simon tuvo que levantar el cerco de Tolosa.

Don Pedro de Aragon, que hubiera quemado vivo á cualquier albigense ó valdense que osara presentarse en sus Estados, no era sospechoso, por cierto, en cuanto á la fé, pero emparentado con los condes de Tolosa y de Foix, viendo invadidos por las gentes cruzadas territorios suyos y de sus cuñados, juzgó oportuno interponerse en la contienda, aunque al principio con carácter de mediador Suplicó al Papa en favor de Raimundo, y el Papa oyó benignamente sus ruegos. En el Concilio de Lavaur (1213) presentóse el rey de Aragon á defender de palabra á sus vasallos y amigos provenzales pero viendo la obstinacion de Montfort en no devolver sus tierras al de Tolosa, creyó llegado el trance de las armas, al cual le incitaban en belicosos serventesios los trovadores occitanos.

> *Al franc rey Aragonés*
> *Canta 'l noel sirventés,*
> *E di 'l trop fai gran sufrensa,*
> *Si q'om lo ten i falhensa.*
> *Quar sai dizon que Francés*
> *Han sa terra en tenensa*
>
> . . . .
>
> *Elms et ausbercs me plairia*
> *Et astas ab bels penós,*
> *Vissem huei mais pels cambós,*
> *E senhals de manta guia;*
> *E qu'ens visson ad un dia*
> *Essems li Francés e nos,*
> *Per vezer quals miels poiria*
> *Aver de cavallairia*
> *E quar es nostra razó*
> *Cre qu'el dans ab els n'iria* [1].

¡Cuánto se engañaba el anónimo trovador! Poco valieron con don Pedro las amonestaciones del Pontífice, ni las de Santo Domingo, ni el descontento de sus vasallos Pero, entiéndase bien: sólo por

---

1 Emp *Vai, Huponet*   Vid *Los trovadores en España*, admirable libro de D Manuel Mila y Fontanals, pag 142.

motivos de parentesco y de amistad ayudaba nuestro príncipe al de Tolosa. Bien claro lo dice el poema de Guillermo de Tudela, en boca del mismo D. Pedro:

> *E car es mos cunhat c'a ma soror espozea*
> *E ieu ai a so filh l'autra sor maridea*
> *Irai lor ajudar d'esta gent malaurea*
> *Qu'el vol deseretar* [1].

Y todavía más claro, cuando narra la infructuosa mediacion del rey en Carcasona: «Vizconde, dijo el rey, pésame mucho de vos, porque os habeis puesto en tal trabajo *por una loca gente y por su vana creencia.* Ahora busquemos algun acuerdo con los barones de Francia.»

> *Vescomte, ditz lo reis, de vos ai gran pezansa*
> *Car est en tal trebal ni en aital balansa*
> *Per unas folas gens e per lor fola erransa.....*
> *Aras non sai ieu als mas cant de l'acordansa*
> *Si o podem trobar ab los barons de Fransa.*

Desoidos sus ruegos, se volvió á Aragon *corrosós e iratz,* armó poderoso ejército de catalanes y aragoneses,

> *De cels de Catalonha i amenet la flor,*
> *E de lai d'Aragó trop ric combatedor,*

mandó al de Tolosa que se le uniese con los suyos, y juró *no dejar cruzado vivo en castillo ni en torre.*

Simon de Montfort habia fortificado el castillo de Murel. Púsole cerco D. Pedro, y allí se le unieron los tolosanos.

> *Tot dret ent a Murel qu'el rei d'Aragó i es:*
> *E éison per los pons cavaer é borzés.....*

Con máquinas de guerra comenzaron á combatir la fortaleza por todos lados; pero D. Pedro se opuso á que entonces la tomasen, diciendo á los cónsules de Tolosa: «Tengo aviso de que Simon de Mont-

[1] El conde de Tolosa estaba casado con doña Leonor, y su hijo Ramon con doña Sancha, hermanas ambas de D. Pedro.

fort vendrá con su gente mañana, y cuando estén encerrados en el castillo, asediaremos la villa por todas partes y exterminaremos a los cruzados.... Dejémoslos entrar á todos».

> *Qu'en ai agudas letras e sagels sagelatz*
> *Qu'en Simós de Montfort vindrá demá armatz,*
> *E can será laintz vengutz ni enserrats .*
> *E asetiarem la vila per totz latz,*
> *E prendrem los Francés e traitz los crozatz,*
> *Que jamais lor dampnatges no sia restaurat......*
> *Per que valdrá be mais siam tuit acordatz*
> *Qu'els laissem totz intrar ....*

Retirada de Murel la hueste *comunal* de Tolosa, y retirados los barones en sus tiendas, esperaron la llegada de Simon de Montfort. «Y cuando hubieron comido (prosigue el cronista-poeta), vieron al conde de Montfort venir con su enseña y muchas de otros franceses, todos de á caballo. La ribera resplandecía, como si fuese cristal, al fulgor de los yelmos y de las corazas. Entraron en Murel por medio del mercado, y fuéronse á sus alojamientos, donde encontraron pan, vino y carne. A la mañana, el rey de Aragon y todos sus caudillos tuvieron Consejo en un prado. Allí estaban el conde de Tolosa, el de Foix, el de Cumenge, de corazon bueno y leal, el senescal D. Hugo y los burgueses de Tolosa. El rey habló el primero, porque sabia hablar gentilmente: «Señores. Simon ha venido, y no se nos puede es-»capar: sabed que la batalla será antes de la tarde. estad prontos para »acaudillar y herir y dar grandes golpes» El conde de Tolosa le replicó· «Señor rey de Aragon: si me quereis escuchar os diré mi pare-»cer..... hagamos levantar barreras en torno de las tiendas, para que »ningun hombre á caballo pueda pasar, y si vienen los franceses, re-»cibirémoslos á ballestazos, y fácilmente los podremos desbaratar». Opúsose á tal parecer Miguel de Luziá, tachando de cobardía á los condes. «Señores, dijo el de Tolosa, sea como querais, y veremos »antes de anochecer quién es el último en abandonar el campo.»

«En tanto Simon de Monfort mandaba por pregones en Murel que saliesen todos de los alojamientos, y ensillasen y encubertasen los caballos. Cuando estuvieron fuera de la puerta de Salas, les habló así. «Barones de Francia· en toda esta noche no se cerraron mis »ojos, ni pude reposar no os puedo dar otro consejo sino que vaya-»mos todos, por este sendero, derechos á las tiendas, como para dar

»batalla; y si salen al campo, lidiemos con ellos, y si no los podemos
»alejar de las tiendas retirémonos á Autvilar» Dijo el conde Bal-
duino. «Probemos fortuna, que más vale muerte honrada que vil
»mendigar» Exhortóles luego el Obispo Fulco, y divididos *en tres
partidas* fuéronse derechos á las tiendas, desplegadas las banderas,
tendidos los pendones, lanzando extraño fulgor los escudos, yelmos,
espadas y lanzas »

Los aragoneses se resistieron bizarramente D Pedro lidiaba entre
los primeros, gritando *Eu so'l reis.* «Y fué tan malamente herido, que
por medio de la tierra quedó esparcida su sangre, y á la hora cayó
tendido y muerto (dice el cronista) Los otros, al verle caer, tuviéronse
por vencidos y comenzaron á huir sin resistencia..... Muy grande
fué el daño el duelo y la pérdida cuando el rey de Aragon quedó cadáver ensangrentado, y con él muchos barones· duelo grande para la
Cristiandad fué el de aquel dia.»

> *E cant ágron manjat, viron per un costal*
> *Lo comte de Montfort venir ab so senhal*
> *E motz d'autres francés que tuit son á caval.*
> *La ribeira resplan com si fosso cristalh*
> *Dels elmes e dels brans... .*
> *E intran á Murel per mei lo mercadal.*
> *E van á las albergas com baron natural.*
> *E an pro atrobat pa e vi e carnal.*
> *E puis á lendemá can viro lo jornal,*
> *Lo bos rei d'Aragó e tuit li seu capdal*
> *Eisson á parlement defora en un pradal*
> *E lo coms de Tholosa, e de Foix atretal,*
> *E lo coms de Cumenge ab bon cor e leial,*
> *E mot d'autre baró e N'Ugs lo senescal,*
> *E'ls borzés de Tholosa e tuit lo menestral.*
>   *E'l reis parlet primers:*
> *Lo reis parlet primers, car el sap gent parlar:*
> *«Senhor, so lor á dit, auiatz qu'o-us vult mostrar.*
> *Simós es lai vengutz e no pot escapar,*
>
> . . . .
>
> *E vos autres siats adreit per capdelar,*
> *Sapiatz los grans colps e ferir e donar.... »*
> *E lo coms de Tholosa se pres á razonar:*
> *«Sénher reis d'Aragó si-m voleiz escoutar*

Eu vo'n direi mo sen . .
Fassam entorn las tendas las barreiras dressar,
Que nulhs om á caval dins nos puesca intrar
E si veno ilh Francés que-us vulhan asautar
E nos ab las balestas los farem totz nafrar

. . . .

E poirem los trastotz aissí desbaratar »
So dit Miguel de Luzia· «Ies aisó bo no-m par,

. . . .

Per vostra volpilha us laichatz deseretar.»
«Senhors, so ditz lo coms, als non puesc acabar·
Er sia co-us vulhatz c'abans del anoitar
Veirem be cals s'irá darriers al cap levar.»
Ab tans cridan ad armas e van se tuit armar ....

. . . .

Mas Simós de Montfort fai per Miuel cridai
Per trastotz los osdals que fássan enselar
E fássan las cubertas sobr'els cavals gitar

. . . .

E cant fóron defora pres se á sermonar:
«Senhors baró de Fransa, no-us sai nulh consell dar...
Anc de tota esta noit no fi mas perpessar
Ni mei olh no dormíron ni pógron repauzar
.... Anem dreit á las tendas, com per batalha dar,
E si éison deforas que-us vulhan asaltar,
E si nos de las tendas no'ls podem alunhar
No i á mes que fugam iot dreit ad Autvilar.»
Ditz lo coms Baudois «Anem o essaiar... .
Que mais val mort ondrada que vius mendiguejar »

. . . .

Tuit s'en van á las tendas per meias las palutz
Senheiras desplegadas e'ls penós destendutz,
Dels escutz e dels elmes on es li or batutz
E d'ausbercs e d'espazas tota la pressa'n lutz.
E'l bos reis d'Aragó cant los ag perceubutz
Ab petits companhós es vas lor atendutz

. . . .

E'ls crida «Eu so'l reis» .
E fo si malament e nafratz e feiutz
Que per meia la terra es lo sancs espandutz

E l'ora-s cazec mortz aqui totz estendutz.
E l'autre cant o víron teno's per decenbutz
Qui fuig sa, qui fuig la us no i es defendutz.
Molt fo grans lo dampnatges e'l dols e'l perdemens
Cant lo reis d'Aragó remás mort e sagnens,
E mot d'autres barós don fo grans l'aunimens
A tot crestianisme e á trastotas gens [1].

Fué el rey D. Pedro más caballero que rey; pero buen caballero, y digno de más honrada muerte. Lleváronle á enterrar los de la Orden de San Juan al monasterio de Sixena. Con él habian perecido D. Aznar Pardo, D. Pedro Pardo, Miguel de Luziá, D. Miguel de Rada, D. Gomez de Luna, D. Blasco de Alagon y D. Rodrigo de Lizana, sin otros personajes de ménos cuenta. El conde de Tolosa y los suyos se salvaron con la fuga.

Entre todas las narraciones del desastre de 'Murel, he preferido la de Guillermo de Tudela (sea quien fuere), por ser quizá la más antigua, estensa y verídica, y por la viveza y animacion con que lo describe todo.

Fecha de esta sangrienta rota, el 16 de Setiembre de 1213.

IV.—LOS ALBIGENSES Y VALDENSES EN TIEMPO DE D. JÁIME EL CONQUISTADOR.—CONSTITUCIONES DE TARRAGONA.—CONCILIO DE LA MISMA CIUDAD.—LA INQUISICION EN CATALUÑA.—PROCESOS DE HEREJÍA EN LA DIÓCESIS DE URGÉL.

UANDO murió D. Pedro, su hijo D. Jáime estaba bajo la tutela del mismo Simon de Montfort, matador del rey católico, y aunque el infante fué entregado á los catalanes, merced á los mandatos y exhortaciones de Inocencio III; las turbulencias civiles que agitaron los primeros años de su reinado, y más adelante las gloriosas empresas contra moros en que anduvo envuelto el *Conquistador*, le retrajeron, con buen acuerdo, de seguir el ejemplo de su padre, ni tomar parte demasiado activa en los disturbios del Languedoc. Con-

---

1 *Histoire de la croisade contre les Albigeois, écrite en vers provençaux par un poete contemporain, traduite et publiée par M. Fauriel.* (París, 1837.) Se conoce este poema por el de *Guillermo de Tudela*; pero sobre su autor ó autores vid. la excelente disertacion de Paul Meyer.

sintió que en 1218 acompañasen algunos caballeros catalanes á Raimundo y á los condes de Cumenge y Pallars en la defensa de Tolosa
pero él no le apoyó abiertamente. Muerto el conde en 1222, su hijo,
llamado tambien Ramon (sétimo del nombre), prosiguió la guerra contra los franceses. hasta que en 1229 se sometió, é hizo pública penitencia en el átrio de Nuestra Señora de París, para que le fuese levantada la excomunion. Siguióse una larga lucha de pura ambicion entre el de Tolosa y Ramon Berenguér de Provenza, cuyos pormenores
son ajenos de este lugar. La liga de Montpellier (a 1241) entre don
Jáime, Ramon de Tolosa y el de Provenza, á la cual se unió el rey
de Inglaterra. Enrique III, tuvo un fin exclusivamente político, aunque sin resultado: la reconstitucion de la nacionalidad meridional
D. Jáime no dió más que buenas palabras á sus aliados, y éstos
fueron vencidos. Los trovadores, partidarios acérrimos de la causa
provenzal, excitaban al rey de Aragon á vengar la rota de su padre.

> E'l flacs rei cui es Aragós
> Ja tot l'an plach a man gasós,
> E fora il plus bel, so-m'es vis
> Que demandés ab sos barós
> Son paire qu'era pros e fis
> Que fou mortz entre sos vezís [1]

Beltran de Rovenhac exclamaba

> Rei d'Aragó, ses contenda
> Deu ben nom aver
> Jacme, quar trop vol jazer.
> E qui que sa terra-s prenda.
> El es tan flax e chauzitz
> Que sol res no i contraditz,
> E car ven lay als Sarazis fellós
> L'auta e'l don que pren sai vas Limós

¡Cuánto más alto era el sentido político de D. Jáime! ¡Cómo acer-
taba en *vengar en los Sarracenos la afrenta y el daño que recibia en Limo-
ges!* D. Jáime era rey español, y sabia á qué campos de batalla le llamaba la ley de la civilizacion peninsular. Inútil era que el mismo

1 Serventesio de Bonifacio de Castellana (Vid. Milá, Trovadores)

trovador le echase en cara que los burgueses de Montpellier le negagan la *leuda tornesa* [1]

Sucumbió el Mediodía en aquella tentativa postrera, y Bernardo Sicart levantó sobre las ruinas un canto de dolor, y no de guerra

> *Ai! Tholosa e Proensa*
> *E la terra d'Agensa,*
> *Bezers e Carcassey,*
> *Quo vos vi e quo us vey!*

> *Si quo'l saltatges*
> *Per lag temps mov son chan,*
> *Es mos coratges*
> *Que reu chante derenan.....*

«Por el tratado de Corbeil, celebrado en 1258 entre D. Jáime y San Luis (escribe el doctísimo Milá), al cual habían precedido los casamientos de las herederas de Tolosa y de Provenza con dos príncipes de la casa de Francia, y la cesion á la misma por Aimerico de Montfort de las conquistas de su padre, la mayor parte de los países traspirenáicos de lengua de Oc, quedaron sujetos á Francia »

Dentro de su casa, poco dieron que hacer á D. Jáime las cuestiones de herejía. Las Constituciones de paz y trégua que dió en Barcelona (1225) dicen en el cap. XXII· «*De esta paz excluimos á todos los herejes, fautores y receptores.. .*» [2]. Las Constituciones de 1228, dadas en la misma ciudad, repiten en el cap XIX la exclusion de los herejes *manifestos, creyentes, fautores y defensores*, mandando á sus vasallos que los delaten y huyan de su trato [3].

En Febrero de 1233 promulgó el rey D. Jáime las Constituciones siguientes en Tarragona, con asistencia y consejo de los Obispos de Gerona, Vich, Lérida, Zaragoza, Tortosa, del electo Tarraconense, de los Maestres del Temple y del Hospital, y de muchos abades y otros Prelados

1.ª Que ningun lego disputase, pública ó privadamente, de la fé

---

1 Vid en la misma excelente obra, los dos *Serventesios* en que Rovenhac habla de D Jáime, así como el de Bernardo Sicart

2 «Ab hac pace excludimus omnes haereticos et fautores et receptatores eorum et reptatos » (Documento núm 502 de la *Marca Hispanica*)

3 «Ab hac autem pace excludimus haereticos manifestos et eorum credentes, fautores atque defensores etc statuentes insuper, firmiterque mandamus ut nullus eos defendat, immo manifestet eos et omnibus modis devitet »

católica, só pena de excomunion y de ser tenido por sospechoso de herejía.

2.ª Que nadie tuviera en romance los libros del Antiguo ó del Nuevo Testamento, sino que en el término de ocho dias los entregase al Obispo de su diócesis, para que fuesen quemados.

3.ª Que ningun hereje, convicto ó sospechoso, pudiese ejercer los cargos de báile, vicario (veguér), ú otra jurisdiccion temporal.

4.ª Que las casas de los fautores de herejes, siendo alodiales, fuesen destruidas, siendo feudales ó *censuales*, se aplicasen á su señor *(suo dominio applicentur)*.

5.ª Para que no pagasen inocentes por pecadores (consecuencia del edicto de D. Pedro), nadie podria decidir en causas de herejía sino el Obispo diocesano, *ú otra persona eclesiástica que tenga potestad para ello* (es decir, un inquisidor).

6.ª El que en sus tierras ó dominios, por interés de dinero ó por cualquiera otra razon, consintiese habitar herejes, pierda *ipso facto*, y para siempre, sus posesiones, aplicándose á su señor si fueren feudos, confiscándose para el real Erario si fueren alódios. El báile ó veguér que pecase de consentimiento ó negligencia, seria privado *in perpetuum* de su oficio.

7.ª En los lugares sospechosos de herejía, un sacerdote ó clérigo nombrado por el Obispo, y dos ó tres láicos elegidos por el rey ó por sus veguéres y báiles, harian inquisicion de los herejes y fautores, con privilegio para entrar en toda casa y escudriñarlo todo, por secreto que fuese. Estos *inquisidores* deberian poner inmediatamente sus averiguaciones en noticia del Arzobispo u Obispo y del vicario ó báile del lugar, entregándoles los presos. El clérigo que en esta inquisicion fuere negligente, seria castigado con privacion de beneficios, el lego con una pena pecuniaria [1]

De este importantísimo documento arranca la historia de la Inquisicion en España, y basta leerle para convencerse del carácter mixto que desde los principios tuvo aquel Tribunal. El clérigo declaraba el caso de herejía; los dos legos entregaban la persona del hereje al veguér ó al báile. El Obispo daba la sentencia canónica; el brazo secular aplicaba al sectario la legislacion corriente. Ni más ni ménos.

La prohibicion de los libros sagrados en lengua vulgar era repeti-

---

[1] Vid. integras estas Constituciones en el apéndice. Se publicaron en la *Marca Hispanica* (apénd. 511), siguiendo dos codices de la Biblioteca Colbertina. Están ademas en Martenne, *Vet. Scrip. et monum. ampliss. Collec. Parisiis 1733* (tomo VII) en Mansi, etc.

cion de la formulada por el Concilio de Tolosa en 1229, aunque en él se exceptuaron el *Psalterio* y las *Horas de la Vírgen* [1] Estos libros se permitian á los legos pero no en lengua vulgar.

Ni tuvieron otro objeto estas providencias que contener los daños del espíritu privado el *laicismo* de los Valdenses, y las falsificaciones que (como narra D Lúcas de Tuy) introducian los Albigenses en los textos de la Sagrada Escritura y de los Padres

Las traducciones de la Biblia (hechas muchas de ellas por católicos) eran numerosas en Francia, y de la prohibicion de D Jáime se infiere que no faltaban en Cataluña· pero este edicto debió contribuir á que desapareciesen De las que hoy tenemos, totales ó parciales ninguna puede juzgarse anterior al siglo XV, como no sean unos *Salmos Penitenciales* de la Vaticana [2], abundantes en provenzalismos, el *Gamaliel* de San Pedro Pascual tomado casi todo de los Evangelistas, y algun otro fragmento Las dos Biblias de la Biblioteca Nacional de París, la de Fr Bonifacio Ferrer que parece distinta de entrambas el *Psalterio* impreso de la Mazarina, los tres ó cuatro *Psalterios* que se conservan manuscritos con variantes de no escasa monta..... éstas y otras versiones son del siglo XV, y alguna del XVI No he acertado á distinguir en la Biblia catalana completa de París el *sabor extraño y albigense* que advirtió en ella D. José María Guardia [3].

Pero este punto de las traducciones y prohibiciones de la Biblia, tendiá natural cabida en el tomo II de esta obra, cuando estudiemos el índice expurgatorio En Castilla nunca hubo tal prohibicion hasta los tiempos de la Reforma, porque los peligros de la herejía eran menores.

En 1242 se celebró en Tarragona Concilio contra los Valdenses, siendo Arzobispo D Pedro de Albalat Tratóse de regularizar las penitencias y fórmulas de abjuracion de los herejes consultando el punto con San Raimundo de Peñafort y otros varones prudentes El Concilio empieza por establecer distincion entre *herejes*, *fautores* y *relapsos*· «Hereje es el que persiste en el error, como los Insabattatos, que declaran ilícito el juramento, y dicen que no se ha de obedecer á

---

1 «Prohibemus etiam ne libros Veteris et Novi Testamenti laicis permittantur habere, nisi forte Psalterium, aut Breviarium pro divinis officiis, aut Horas B Virginis aliquis ex devotione habere velit, sed ne praemissos Libros habeant in vulgari translatos » (D'Achery, *Spicilegium*, tomo II, pág 624)

2 Debo esmerada copia de ellos a mi docto amigo Ernesto Monaci, profesor de Filología en la Universidad Romana

3 Sobre las traducciones y fragmentos de traduccion catalanes de la Biblia, vid mi *Bibliografía crítica de traductores* todavia no terminada

las potestades eclesiásticas ni seculares, ni imponerse pena alguna corporal á los reos» «Sospechoso de herejía es el que oye la predicacion de los Insabattatos ó reza con ellos.... Si repite estos actos será *vehementer* y *vehementissime suspectus*. *Ocultadores* son los que hacen pacto de no descubrir á los herejes..... Si falta el pacto, serán *celatores*. *Receptatores* se apellidan los que más de una vez reciben á los sectarios en su casa *Fautores* y *defensores* los que les dan ayuda ó defensa. *Relapsos*, los que despues de abjurar reinciden en la herejía ó *fautoría*. Todos ellos quedan sujetos á excomunion mayor »

Si los dispuestos á abjurar son muchos, el juez podrá mitigar la pena, segun las circunstancias pero nunca librar de la de cárcel perpétua á los heresiarcas y dogmatizadores, levantándoles antes la excomunion El que haya dicho á su confesor la herejía antes de ser llamado por la Inquisicion, quedará libre de la pena temporal mediante una declaracion del confesor mismo Si éste le ha impuesto alguna penitencia pública deberá justificar el haberla cumplido, con deposicion de dos testigos.

El hereje impenitente será entregado al brazo secular. El heresiarca ó dogmatizante convertido será condenado á cárcel perpétua. Los *credentes haereticorum erroribus* (es decir, simples afiliados) harán penitencia solemne, asistiendo el dia de Todos Santos, la primera Dominica de Adviento, el dia de Navidad, el de Circuncision, la Epifanía, *Santa María de Febrero,* Santa Eulalia, *Santa María de Marzo* y todos los Domingos de Cuaresma, en procesion á la catedral, y allí, descalzos, *in braccis et camisia*, serán reconciliados y disciplinados por el Obispo ó por el párroco de la iglesia. Los jueves, en la misma forma, vendrán á la iglesia, de donde serán espelidos por toda la Cuaresma, asistiendo sólo desde la puerta á los Oficios El dia *cenae Domini*, descalzos y en camisa, serán públicamente reconciliados con la Iglesia Harán esta penitencia todos los años de su vida, llevando siempre en el pecho dos cruces, de distinto color que los vestidos. Los *relapsos* en *fautoría* quedan sujetos por diez años á las mismas penas, pero sin llevar cruces. Los *fautores y vehementísimamente sospechosos*, por siete años. Los *vehementer suspecti*, por cinco años, pero sólo en estos dias Todos Santos, Natividad. Candelária, Domingo de Ramos y Jueves de Cuaresma. Los simples fautores y sospechosos, por tres años, en la Candelária y Domingo de Ramos. Todos con la obligacion de permanecer fuera de la iglesia durante la Cuaresma, y reconciliarse el Jueves Santo Las mujeres han de ir vestidas.

El Concilio trascribe luego las fórmulas de abjuracion y absolucion que debian emplearse [1].

Dura lex, sed lex. Por fortuna no sobraron ocasiones en que aplicarla

En el vizcondado de Castellbó, sujeto al conde de Foix, habia penetrado el error albigense, protegido por el mismo conde Para atajar el daño celebróse en Lérida un Concilio, y fueron delegados varios inquisidores (dominicos y franciscanos) que procediesen contra la herejía De resultas de sus indagaciones, el Obispo de Urgél, Ponce ó Pons de Vilamur, excomulgó al conde de Foix, como á fautor de herejías, en 1237 El conde apeló al Arzobispo electo de Tarragona, Guillermo de Mongri, quejándose de su Prelado, el cual se allanó al fin á absolverle en 4 de Junio de 1240 [2]

La enemistad continuó, sin embargo, no poco encarnizada entre el Obispo y el conde, y áun entre el Obispo y sus capitulares, que habian llevado muy á mal la eleccion de Vilamur En 12 de Julio de 1243, el conde de Foix apeló á la Santa Sede, poniendo bajo el patrocinio y defensa de la Iglesia su persona, tierra, amigos y consejeros, alegando que el Obispo era enemigo suyo manifiesto y notorio, que le habia despojado de sus feudos y consentido que sus gentes le acometiesen, en son de guerra, en Urgél, matándole dos servidores Por tanto, no esperaba justicia de su tribunal, y le recusaba como sospechoso [3].

Casi al mismo tiempo tres canónigos, Ricardo de Cervera, arcediano de Urgél, Guillermo Bernardo de Fluviá, arcediano de Gerb, y Arnaldo de Querol, acusaron en Perusa (donde se hallaba el Pontífice) á su Prelado de homicida, estuprador *(deflorator virginum)*, mo-

---

1 *«Forma sententiae contra haereticum absolutum —*Pateat omnibus quod per ea quae in Inquisitione inventa, prodita et acta sunt, liquido nobis constat quod talis fuit deprehensus in haeresi et postmodum reversus ad Ecclesiae unitatem, agentes misericorditer cum eodem, ipsum ad perpetuam carcerem condemnamus secundum canonica instituta

*»Forma sententiae contra haereticum pertinacem —*Pateat omnibus quod per ea quae inventa, probata et acta sunt, liquido nobis constat quod talis est deprehensus in haeresi, per Ecclesiam condemnatum, et ipsum tanquam haereticum condemnamus »

La de los *fautores* difiere muy poco

«Suspectus de haeresi purgabit se publice in hunc modum Ego   juro per Deum Omnipotentem et per haec Sancta Evangelia quae in manibus meis teneo, coram vobis Domino Archiepiscopo vel Episcopo et coram aliis vobis assistentibus quod non sum vel fui Inzabattatus Waldensis vel Pauper de Lugduno nec haereticus in aliqua secta haeresis per Ecclesiam damnata nec credo nec credidi eorum erroribus, nec credam aliquo tempore vitae meae, immo profiteor et protestor me credere   » etc

La de los *compurgatores* es por el estilo (Aguirre, tomo III)

2 *Historia de Languedoc*, tomo III, pruebas y documentos pags 223 y 229

3 Villanueva *(Viaje literario*, tomo XI) publicó por primera vez este documento y los siguientes Véase nuestro apéndice

nedeio falso, incestuoso, etc., y de enriquecer á sus hijos con los tesoros de la Iglesia. Dos dias despues llegó á la misma ciudad Bernardo de Lirii, procurador del Obispo, y consiguió parar el golpe. El Papa no quiso oir á los acusadores, y los arrojó con ignominia de palacio, segun dice el agente. «*E sapiatz que enquara no an feit res, ni foram daqui enant si Deus o vol*». Añade el procurador que el Maestre del Temple se habia unido á los acusadores, por lo cual aconseja al Obispo que, valiéndose de sus parientes ó sobrinos, le haga algun daño en sus tierras. Las hostilidades entre Pons de Vilamur y el de Foix seguian á mano armada, conforme se infiere de esta epístola[1], cuyos pormenores son escandalosos.

Tanto porfiaron los canónigos, que al cabo se les señaló por auditor al Cardenal *P. de Capoixo* (¿Capucci?). Y el Papa Inocencio IV, por Breve dado en Perusa el 15 de Marzo de 1257, comisionó á San Raimundo de Peñafort y al ministro (ó provincial) de los frailes Menores en Aragon, para inquirir en los delitos del de Urgél, tachado de simonía, incesto, adulterio, y de dilapidar de mil maneras las rentas eclesiásticas[2].

Á los canónigos enemigos suyos se habian unido otros dos: Raimundo de Angulária y Arnaldo de Muro.

En 19 de Abril del mismo año, llegó á manos del Papa Inocencio en Perusa una carta del conde de Foix, quejándose de la guerra injusta que le hacia *con ambas espadas* el Obispo de Urgél, y rogando al Papa que nombrase árbitros en su querella. «*me injuste utroque gladio persequitur... non absque multorum strage meorum hominum*». El procurador de Vilamur le envió inmediatamente copias de este documento y del Breve, exhortándole de paso á la concordia, y pidiéndole plenos poderes para tratar de ella en su nombre.

Parece muy dudoso que el Breve llegará á ponerse en ejecucion. Entre los documentos publicados por Villanueva figura una carta (sin año) de nuestro Obispo á cierto Legado pontificio que andaba en tierras de Tolosa. Allí le dice que, sabedor por informes de frailes dominicos y Menores, de que en la villa de Castellbó habia gran número de herejes, amonestó repetidas veces al conde para que los presentara en su tribunal, y tuvo que excomulgarle por la resistencia, y aunque más adelante permitió el conde que penetrasen en sus Estados el Arzobispo electo de Tarragona (quizá D. Benito Rocaberti) y los Obispos de Lérida y Vich, con otros varones religiosos, los cuales

1 Villanueva, tomo XI, pag. 221 y sigs.
2 Hallase este Breve en el *Bulario de Predicadores* tomo I pag. 201.

condenaron en juicio á más de sesenta herejes, con todo eso, la excomunion no estaba levantada, y era muy de notar que comunicasen con el excomulgado el Arzobispo de Narbona, los Obispos de Carcasona y Tolosa, y dos inquisidores dominicos

Hasta aquí las letras de Pons de Vilamur, que el Padre Villanueva cree posteriores á 1251

Quizá antes de esta fecha (dado que no puede afirmarse con seguridad, porque la cronología anda confusa y sólo hay documentos sueltos, los más sin año), escribió San Raimundo de Peñafort una carta al Obispo, aconsejándole que no se precipitase, sino que procediese con mucha cautela en el negocio de R de Vernigol, preso por cuestion de herejía, y se atuviese á los novísimos *Estatutos* del Papa, tomando consejo de varones piadosos y celadores de la fé. En la causa de los que habian ayudado en su fuga á Xatberto de Barbarano (otro hereje), y en otras semejantes, habia de procederse (en concepto del Santo) de manera que ni la iniquidad quedase impune, ni cayese el penitente en desesperacion. Podian imponérseles, entre otras penitencias, la de ir á la cruzada de Ultramar ó á la frontera contra los Sarracenos [1].

Despues de 1255 verificóse la anunciada inquisicion sobre la conducta del Obispo, quedando desde entonces suspenso en la administracion de su diócesis: lo cual trajo nuevas complicaciones y disturbios. Fr Pedro de Thenes, de la Orden de Predicadores, habia perseguido á ciertos herejes valdenses hasta las villas de Puigcerdá y Berga y las baronías de Josá y de Pinos, por comision de Pons de Vilamur. Suspenso éste, las diligencias no continuaron, porque el provincial inhibió á aquel religioso de entender en la causa de herejía. Ni el Arzobispo de Tarragona (Rocaberti), ni el Capítulo de Urgél, se creyeron facultados para nombrar nuevo inquisidor, y proceder adelante En tal duda, el Metropolitano consultó á San Raimundo de Peñafort, y á Fr. Pedro de Santpons, prior del convento de Predicadores de Barcelona [2]

Estos contestaron disipando los escrúpulos del Metropolitano, quien, como tal, era juez ordinario, y podia proceder por sí ó con el Capítulo de Urgél, sin atentar á la jurisdiccion de nadie, mucho más cuando el Obispo habia sido ya depuesto por sentencia del Papa en 1.° de Octubre (no se dice el año) y la Iglesia de Urgél era Sede vacante.

En conformidad con el texto de esta carta escribieron San Rai-

---

1 Villanueva, tomo XI, pag 230, y en el apéndice de este capítulo
2 Con fecha 1.° de Diciembre no sabemos de que año

mundo y su compañero á Fr Pedro de Thenes y Fr Ferrer de Villa-
royza, dejando á su arbitrio y prudencia el ir, ó nó, á Berga, donde
(segun parece) algunas personas nobles favorecian á los sectarios y
miraban de reojo á los inquisidores y á su Órden.

Aún hay sobre el mismo asunto otra carta de San Raimundo al
Arzobispo de Tarragona, exhortándole á proceder, como Metropolitano que era y juez ordinario, en la persecucion de la herejía, repa-
rando así los daños que habia causado la negligencia del Obispo de
Urgél. «*quam negligentiam probant duo testes omni exceptione majores, scilicet fama publica et operis evidentia*».

De Pons de Vilamur nada vuelve á saberse, y como estamos tan
distantes de aquellos hechos, y las noticias son tan oscuras, difícil
parece decidir hasta dónde llegaba su culpabilidad. La sentencia de
deposicion parece confirmarla, pero quizá no era reo de los horribles
crímenes de que le acusaban sus canónigos, sino de otros no poco
graves y bien confirmados en lo que de él sabemos. Era aseglarado,
revoltoso, dado á las armas y *negligente* en su ministerio pastoral,
como San Raimundo afirma [1].

Poco más sabemos de Albigenses ni Valdenses en Cataluña. Hay
una donacion de D. Spárago, Arzobispo de Tarragona, al prior Ra-
dulpho y á la Cartuja de *Scala Dei*, por lo que habian trabajado contra la pravedad herética y en pró de las buenas costumbres «*a nostra
dioecesi pravitatem haereticam viriliter cum multa industria expellendo, et
clerum et populum ab illicitis multiformiter corrigendo*» [2]

Al mismo Spárago y á San Raimundo de Peñafort se debió principalmente el establecimiento de la Inquisicion en Cataluña, por la célebre Bula *Declinante* de Gregorio IX, en 1232.

V.—LOS ALBIGENSES EN TIERRA DE LEON

AUNQUE la secta de los Albigenses duró poco é influyo ménos
en España, no ha de negarse que penetró muy adentro del
país, puesto que de sus vicisitudes en Leon tenemos fiel y
autorizado cronista. El cual no fué otro que D. Lúcas de Tuy, así

[1] Los documentos hasta aqui citados, fueron añadidos por Villanueva (que los copió de los
archivos capitular de Urgel y arzobispal de Tarragona) al tomo XI de su *Viaje literario*, paginas 220 á 236

[2] Vid en Villanueva, tomo XIX, pag 210 Cede el Arzobispo al monasterio los sarracenos
y sarracenas de Benifalet La fecha de la escritura es 1220

llamado por la Sede episcopal á que le subieron sus méritos, y no por la pátria, que parece haber sido la misma ciudad de Leon. Habia ido D. Lúcas en peregrinacion á Roma y Jerusalen, tratando en Italia familiarmente con *Frate Elía*, el discípulo querido del Seráfico Patriarca, y viendo y notando los artificios de los herejes, y las penas que se les imponian. La noticia del estrago que comenzaban á hacer en su ciudad natal le movió á volver á España, donde atajó los pasos de la herejía del modo que refiere en su libro histórico-apologético *De altera vita fideique controversiis adversus Albigensum errores, libri III.* Publicó por vez primera esta obra, ilustrada con algunas notas y con prefácio, el Padre Juan de Mariana, enviando el manuscrito á su compañero de hábito Andrés Scoto, y éste á Jacobo Gretsero, en 1.° de Marzo de 1609. La primera edicion es de Amberes. Reprodujéronla luego los tórculos de Munich é Ingolstad en 1612. Incorporóse en la *Biblioteca de los Padres*, tomo XIII de la edicion de Colonia, y en el XXV de la *Lugdunense* [1] de Anisson, que es la que tengo á la vista.

Mariana dice haberse valido del códice complutense y de una copia del de Leon.

El interés dogmático del libro de D. Lúcas de Tuy no es grande, porque el autor tejió su libro de sentencias y ejemplos de los *Diálogos* de San Gregorio Magno, con algo de sus *Morales* y del tratado *De summo bono* de San Isidoro, sin poner casi nada de su cosecha. «*Ad hunc ergo praecipuum Patrem Gregorium..... devote et humiliter acce-*»*dimus, et quidquid nobis protulerit super his de quibus inter nos oritur alter-*»*catio, in cordis armario recondamus.....» Accedat alius gloriossissimus scilicet Hispaniarum Doctor Isidorus.*»

Sirven, no obstante, los dos primeros libros como catálogo de los errores que los Albigenses de Leon profesaban. Decian

1.° Que Jesucristo y sus Santos, en la hora de la muerte, no asistian á consolar las almas de los justos, y que ninguna alma salia del cuerpo sin grande dolor.

2.° Que las almas de los Santos, antes del dia del Juicio, no iban al cielo, ni las de los iníquos al infierno.

3.° Que el fuego del infierno no era material ni corpóreo [2].

4.° Que el infierno estaba en la parte superior del aire, y que allí

---

[1] Pag. 188 y sigs.

[2] A esto responde el Tudense con palabras de San Gregorio: «Si viventis hominis incorporeus spiritus tenetur in corpore, cur non post mortem, cum incorporeus sit spiritus, etiam corporeo igne teneatur? Si spiritus incorporeus in hoc teneri potest quod vivificat, quare non poenaliter et ibi teneatur ubi mortificatur?»

eran atormentadas las almas y los demonios, por estar allí la esfera y dominio del fuego

5.º Que las almas de todos los pecadores eran atormentadas *por igual* en el infierno, entendiendo mal aquello de *in inferno nulla est redemptio*, como si no hubiera diferencia en las penas, según la calidad de los pecados

6.º Que las penas del infierno son temporales. yerro que Lúcas de Tuy, y otros, achacaban á Orígenes, y que abiertamente contradice al texto de San Mateo. *Ibunt impii in supplicium «aeternum», justi autem in vitam aeternam.*

7.º Negaban la existencia del purgatorio y la eficacia de las indulgencias

8.º Negaban que despues de la muerte conservasen las almas conciencia ni recuerdo alguno de lo que amaron en el siglo. (D. Lúcas prueba lo contrario con la parábola de Lázaro)

9.º Ponian en duda la eficacia de la intercesion de los Santos.

10. Decian que ni los Santos entienden los pensamientos humanos, ni los demonios tientan y sugieren el mal á los hombres

11 Condenaban la veneracion de los sepulcros de los Santos, las solemnidades y cánticos de la Iglesia, el toque de las campanas, etc

12. Eran iconoclastas

13 Decian mal de las peregrinaciones á los Santos Lugares.

Tales son los principales capítulos de acusacion contra los Albigenses, según D Lúcas de Tuy, quien dá además curiosas noticias de sus ritos. Dice que veneraban la cruz con tres clavos y tres brazos, á la manera de Oriente

En el libro III crece el interés de la obra Ante todo muestra don Lúcas el enlace de las doctrinas de los Albigenses (á quienes llama formalmente *maniqueos* y atribuye la creencia en los dos principios), con las de los novadores filosóficos de su tiempo, es decir, los discípulos de Amalrico de Chartres y David de Dinant. «Con apariencia de *filosofía* quieren pervertir las Sagradas Escrituras.... gustan de ser llamados filósofos *naturales*, y atribuyen á la *naturaleza* las maravillas que Dios obra cada dia.... Niegan la divina Providencia en cuanto á la creacion y conservacion de las especies..... Su fin es introducir el Maniqueismo, y enseñan que el principio del mal creó todas las cosas visibles» [1].

---

1 «Sub philosophorum seu naturalium doctorum specie Sacras Scripturas laborant pervertere Malunt vocari naturales seu philosophi cum antiqui philosophi ab haereticis pasum listent et modernorum naturalium plures haeretica labe sordescant Attribuunt enim natu-

«Dicen algunos herejes· *Verdad es lo que se contiene en el Antiguo y Nuevo Testamento, si se entiende en sentido místico, pero no si se toma á la letra* .. De éstos y otros errores llenan muchas profanas escrituras, adornándolas con algunas flores de filosofía. Tal es aquel libro que se llama *Perpendiculum scientiarum*..... Algunos de estos sectarios toman el disfraz de presbíteros seculares, frailes ó monjes, y en secretas confesiones engañan y pervierten á muchos.»

«Otros se fingen judíos y vienen á disputar cautelosamente con los cristianos. Y en realidad todas las sinagogas judáicas les ayudan, y con grandes dones sobornan á los jueces, engañan á los príncipes.»

«Públicamente blasfeman de la virginidad de María Santísima, tan venerada en España Por eso se ha entibiado el ardor bélico, y corre peligro de extinguirse aquella llama que devoraba á los enemigos de la fé católica» [1]

«A veces interrumpen estos sectarios los divinos Oficios con canciones lascivas y de amores, para distraer la atencion de los circunstantes y profanar los Sacramentos de la Iglesia .. En las fiestas y diversiones populares se disfrazan con hábitos eclesiásticos, aplicándolos á usos torpísimos Y es lo más doloroso que les ayudan en esto algunos clérigos, por creer que así se solemnizan las fiestas de los Santos.... Hacen *mimos*, cantilenas y *satíricos juegos*, en los cuales parodian y entregan á la burla é irrision del pueblo los cantos y Oficios eclesiásticos» [2]

rae ea quae quotidie mira dispositione Dominus operatur Item haeretici quod inquiunt, dicit Scriptura Deum fecisse omnia praeterita et facere in praesenti, ita intelligendum est quod Deus faciendi omnia *naturae* contulit potestatem Unde proveniunt a natura, et non extenditur divina providentia ad creandas species singulorum Quia nihil potest in hoc mundo fieri nisi quod determinatum est a natura Alia plura, ut oppugnent veritatem, proferunt haeretici qui Philosophorum seu Naturalium nomine gloriantur Quorum finis est Manichaeorum inducere sectam, et duos fateri Deos, quorum malignus creavit omnia visibilia (Lib III, cap 1)

1 «Item haeretici quidam dicunt Verum est quod continetur in Novo et Veteri Testamento, si intelligatur secundum mysticum intellectum ad litteram autem nulla sunt omnia quae continentur in eis Ex his et aliis erroribus multas prophanas condunt scripturas, ut est ille liber qui *Perpendiculum scientiarum* dicitur Isti haereticorum aliqui, ut occulte deiicere possint quos non valent propter foetidam suam infamiam ducere in errorem nonnumquam sub specie presbyterorum saecularium vel etiam aliorum religiosorum fratrum et monachorum calliditate subdola secretis confessionibus multos decipiunt » (Cap II)

«Item haeretici quidam excogitata malitia plerumque circumcidantur, et sub specie Judaeorum quasi gratia disputandi ad Christianos veniunt Habent fautores omnes synagogas malignantium Judaeorum ut infinitis muneribus principes placeant et judices ad sui culturam auro perducunt Reginae coelorum inviolatae genitricis Dei Mariae contra morem Hispanicam virginitas a perfidis publice blasphematur et friget calor bellicus et catholicus Hispaniarum, qui hostes Catholicae fidei velut flamma consueverat devorare » (Cap III)

2 «Item haeretici nonnumquam, ut occassionem inveniant malignandi, divinis se intermiscent officiis, et inter divinas laudes quaedam ridiculosa depromunt, et Veneris carmina, ut astantium mentes revocent a divinis et detrahere possint Ecclesiae sacramentis

«In saecularibus quoque vanis choreis larvas ornant Ecclesiasticis instrumentis atque in

Hé aquí una noticia, peregrina sin duda y no aprovechada aún, para la historia de nuestro teatro.

Con todos estos artificios hicieron los Albigenses no poco estrago en Leon, siendo Obispo D. Rodrigo, por los años de 1216 [1].

El corifeo de los herejes era un tal Arnaldo, francés de nacimiento, *scriptor velocissimus,* es decir, copiante de libros, el cual ponia todo su estudio y maña en corromper los tratados más breves de San Agustin, San Jerónimo, San Isidoro y San Bernardo, mezclando con las sentencias de los Doctores otras propias y heréticas, y vendiendo luego estas inficeles copias á los católicos. Segun refiere el Tudense, fué herido este Arnaldo de muerte sobrenatural cuando estaba ocupado en falsificar el libro de los *Sinónimos* de San Isidoro, el dia mismo de la fiesta del Doctor de las Españas [2]. Con todo eso, no desmayaron sus secuaces. Para inculcar sus errores al pueblo, se valian de fábulas, comparaciones y ejemplos extraño género de predicacion, de que trae el Tudense algunas muestras. Así, para disminuir la veneracion debida al signo de nuestra Redencion, decian «Dos caminantes encontraron una cruz, el uno la adoró, el otro la apedreó y pisoteó, porque en ella habian clavado los judíos á Cristo· acertaron los dos» [3] Si querian reprender la piadosa costumbre de encender luces ante las imágenes, contaban que «un clérigo robó la candela encendida por una mujer ante el altar de la Vírgen, y que ésta reprendió en sueños á la mujer por su devocion inútil» [4]. Para inculcar el *laicismo* y el ódio á la jerarquía eclesiástica, contaban esta otra fabula. «Un lego predicaba sana doctrina y reprendia los vicios de los clérigos Acusáronle éstos al Obispo, que le excomulgó y mandó azotarle. Murió el lego, y no consintió el Obispo que le enterrasen en sagrado. Una serpiente salió de la sepultura y mató al Obispo» [5]

Con éste y otros cuentos no ménos absurdos traian á la plebe in-

injuriam ordinis clericalis sordidis suis usibus applicantes, prophanant sancta, quae non debent contrectari manibus laicis semper detrahunt ordini clericali, et in omnibus laborant Catholicae fidei nocere Coadjuvant eos in suis turpibus cantilenis et vanitatibus aliis fideles laici et etiam clericorum aliqui credentes, quod ex devotione sanctarum solemnitatum hoc faciunt alii » (Cap IV)

«Iidem haeretici, cum aliter non valent decipere, mimorum speciem induunt, et cantilenis et sacrilegis jocis ea quae fiunt a ministris Ecclesiae Dei in Psalmis et Ecclesiasticis officiis caeteris subsannationibus et derisionibus foedant » (Cap XII)

1 Risco (*Iglesia de Leon* tomo XXV de la *España Sagrada)* pone en la fecha citada estos acaecimientos

2 Vid cap XVIII

3 Cap VI

1 Cap VII

5 Cap VIII

quieta y desasosegada; y aunque D. Rodrigo desterró de la ciudad á algunos de los dogmatizadores, volvieron éstos con mayores bríos despues de la muerte de aquel Prelado, ocurrida en 1232 La audacia de los Albigenses llegó hasta fingir falsos milagros Narrólo don Lúcas; pero seria atrevimiento en mí traducir ó extractar sus palabras, cuando ya lo hizo de perlas el Padre Juan de Mariana, en el libro XII, cap I de su *Historia general*.

Dice así

«Despues de la muerte del reverendo D. Rodrigo, Obispo de Leon, no se conformaron los votos del clero en la eleccion del sucesor. Ocasion que tomaron los herejes, enemigos de la verdad, y que gustan de semejantes discordias, para entrar en aquella ciudad, que se hallaba sin Pastor, y acometer á las ovejas de Cristo Para salir con esto, se armaron, como suelen, de invenciones Publicaron que en cierto lugar muy súcio, y que servia de muladar, se hacian milagros y señales Estaban allí sepultados dos hombres facinerosos: uno hereje, otro que por la muerte que dió alevosamente á un su tio, le mandaron enterrar vivo. Manaba tambien en aquel lugar una fuente, que los herejes ensuciaron con sangre. á propósito que las gentes tuviesen aquella conversion por milagro Cundió la fama, como suele, por ligeras ocasiones Acudian gentes de muchas partes Tenian algunos sobornados de secreto con dinero que les daban para que se fingiesen ciegos, cojos, endemoniados y trabajados de diversas enfermedades, y que bebida aquel agua publicasen que quedaban sanos. De estos principios pasó el embuste á que desenterraron los huesos de aquel hereje, que se llamaba Arnaldo, y habia diez y seis años que le enterraron en aquel lugar; decian y publicaban que eran de un santísimo mártir Muchos de los clérigos simples, con color de devocion, ayudaban en esto á la gente seglar. Llegó la invencion á levantar sobre la fuente una muy fuerte casa, y querer colocar los huesos del traidor homiciano en lugar alto, para que el pueblo le acatase con voz que fué un abad en su tiempo muy santo No es menester más sino que los herejes, despues que pusieron las cosas en estos términos, entre los suyos declaraban la invencion, y por ella burlaban de la Iglesia, como si los demás milagros que en ella se hacen por virtud de los cuerpos santos, fuesen semejantes á estas invenciones, y aún no faltaba quien en esto diese crédito á sus palabras, y se apartase de la verdadera creencia Finalmente, el embuste vino á noticia de los frailes de la santa predicacion (que son los dominicos), los cuales en sus sermones procuraban desengañar al pueblo. Acu-

dieron á lo mismo los frailes Menores y los clérigos, que no se dejaron engañar ni enredar en aquella súcia adoracion Pero los ánimos
del pueblo tanto más se encendian para llevar adelante aquel culto
del demonio, hasta llamar herejes á los frailes Predicadores y Menores, porque los contradecian y les iban á la mano. Gozábanse los
enemigos de la verdad y triunfaban. Decian públicamente que los
milagros que en aquel lodo se hacian eran más ciertos que todos los
que en lo restante de la Iglesia hacen los cuerpos santos que veneran los cristianos. Los Obispos comarcanos publicaban cartas de
descomunion contra los que acudian á aquella veneracion maldita.
No aprovechaba su diligencia por estar apoderado el demonio de los
corazones de muchos, y tener aprisionados los hijos de la inobedien-
cia. Un diácono que aborrecia mucho la herejía, en Roma do estaba,
supo lo que pasaba en Leon, de que tuvo gran sentimiento y se resolvió con presteza de dar la vuelta á su tierra para hacer rostro á
aquella maldad tan grave Llegado á Leon, se informó más enteramente del caso, y como fuera de sí, comenzó en público y en secreto
á afear negocio tan malo Reprehendia á sus ciudadanos Cargábalos
de ser fautores de herejes. No se podia ir á la mano, dado que sus
amigos le avisaban se templase, por parecerle que aquella ciudad se
apartaba de la ley de Dios. Entró en el ayuntamiento. díjoles que
aquel caso tenia afrentada á toda España, que de donde salian en
otro tiempo leyes justas por ser cabeza del reino, allí se forjaban herejías y maldades nunca oidas Avisóles que no les daria Dios agua,
ni les acudiria con los frutos de la tierra, hasta tanto que echasen
por el suelo aquella iglesia y aquellos huesos que honraban los arro-
jasen Era así, que desde el tiempo que se dió principio á aquel embuste y veneracion, por espacio de diez meses nunca llovió, y todos
los campos estaban secos. Preguntó el juez al dicho diácono en presencia de todos «Derribada la Iglesia, ¿aseguráisnos que lloverá y
»nos dará Dios agua?» El diácono, lleno de fé «Dadme, dijo, licencia
»para abatir por tierra aquella casa, que yo prometo en el nombre de
»nuestro Señor Jesucristo, so pena de la vida y perdimiento de bienes,
»que dentro de ocho dias acudirá nuestro Señor con el agua necesaria
»y abundante» Dieron los que presentes estaban crédito á sus palabras Acudió con gente que le dieron y ayuda de muchos ciudadanos, allanó prestamente la iglesia y echó por los muladares aquellos
huesos Acaeció con grande maravilla de todos que al tiempo que
derribaban la iglesia, entre la madera se oyó un sonido, como de
trompeta, para muestra de que el demonio desamparaba aquel lugar.

El día siguiente se quemó una gran parte de la ciudad, á causa que el fuego, por el gran viento que hacía, no se pudo atajar que no se extendiese mucho. Alteróse el pueblo, acudieron á buscar el diácono para matarle, decían que en lugar del agua fué causa de aquel fuego tan grande. Acudían los herejes que se burlaban de los clérigos, y decían que el diácono merecía la muerte y que no se cumpliría lo que prometió. Mas el Señor Todopoderoso se apiadó de su pueblo. Ca á los ocho días señalados envió agua muy abundante, de tal suerte, que los frutos se remediaron y la cosecha de aquel año fué aventajada Animado con esto el diácono, pasó adelante en perseguir á los herejes, hasta que los hizo desembarazar la ciudad» [1]

Convienen Mariana, Florez y Risco, en que este diácono anónimo no fué otro qne D. Lúcas de Tuy, quien por modestia ocultó su nombre.

«Persistiendo en sus artificios los herejes (añade el Tudense), escribieron ciertas cédulas y las esparcieron por el monte para que, encontrándolas los pastores, las llevasen á los clérigos. Decíase en estas nóminas que habían sido escritas por el Hijo de Dios, y trasmitidas por mano de los ángeles á los hombres. Iban perfumadas con almizcle *(musco)* para que su suave fragancia testificase el celestial orígen Prometíase en ellas indulgencia á todo el que las copiase ó leyese. Recibíanlas y leíanlas con simplicidad grande muchos sacerdotes. y eran causa de que los fieles descuidasen los ayunos y confesiones, y tuviesen en menosprecio las tradiciones eclesiásticas Sabido esto por el diácono, encargóse de buscar al esparcidor de tal cizaña, y le halló en un bosque herido por una serpiente Llevado á la presencia de D Arnaldo, hizo plena confesion de sus errores y de las astucias de sus compañeros.»

Esto narra D Lúcas, faltándonos hoy todo medio de comprobar sus peregrinas relaciones, que indican bien á las claras cuán grande. aunque pasajero, fué en Leon el peligro

El celo de San Fernando no atajó en Castilla todo resábio albigense «De los herejes era tan enemigo (dice Mariana), que no contento con hacellos castigar á sus ministros, él mismo, con su propia mano, les arrimaba la leña y les pegaba fuego.» En los fueros que aquel santo monarca dió á Córdoba, á Sevilla y á Carmona, impó-

---

[1] Cap IX, lib III Trascribe el texto latino de éste y los demas pasajes historicos el Padre Florez en el tomo XXII de la *España Sagrada* El Padre Risco (tomo XXXV) pone estos hechos despues de la muerte del Obispo D Arnaldo (era 1273), contra la terminante aseveracion del Tudense

nense á los herejes penas de muerte y confiscacion de bienes. No hubo en Castilla Inquisicion, y quizá por esto mismo fué la penalidad más dura [1] Los *Anales Toledanos* refieren que en 1233 San Fernando *enforcó muchos homes é coció muchos en calderas* (tomo XXIII de la *España Sagrada*).

[1] Cap. XXII

NOTAS Á ESTE CAPITULO

NOTA A —El can. XVII del Concilio Lateranense III año de 1179, excomulga á los herejes llamados *brabanzones aragoneses y navarros*, que saqueaban iglesias y monasterios, y se entregaban á los mayores desórdenes y atropellos. sin respetar vidas ni haciendas sexo ni edad [a] Formaban una especie de hermandad ó cuadrilla, *societate illa pestifera*, y habia quien los tomaba a sueldo para satisfacer venganzas particulares

El Obispo Bernardo de Urgel se queja en una carta al Arzobispo de Tarragona de V. P. de Vilel, P. de Santa Cruz, M. Ferranois y otros *aragoneses* enviados por la reina de Aragon en ayuda de R. de Cervera, los cuales pusieron fuego a várias iglesias

Estas hordas desalmadas ¿eran quiza de Albigenses? Estaba en combinacion con ellos el celebre trovador Guillem de Bergadá, grande enemigo del Obispo?

NOTA B —D. Sancho Llamas y Molina en su *Disertacion critica sobre la edicion de las Partidas del Rey Sabio*, hecha por la Academia de la Historia (edicion inapreciable, y unica que hace fé, bajo el aspecto literario) nota en aquel codigo várias proposiciones hereticas Las principales son en el tít. IV, Part. 1, dice que las palabras *et Deus erat Verbum* se aplican al Espíritu Santo Ley XVI que los Sacramentos fueron establecidos por los Santos Padres Ley XXXI que el Espiritu Santo procedió de la humanidad del Hijo Ley CIII que quien tome la Comunion como debe recibe la Trinidad, cada persona en si *apartadamente*, y la unidad enteramente Ley LXII pone en la *consumacion* la esencia del pecado mortal, etc

Hay tambien errores de disciplina Todos ellos proceden de descuido, y no de malicia

[a] «De Bravantionibus et Aragonibus Navarriis Bascolis Cotevellis et Triaverdinis, qui tantam in christianos inmanitatem exercent, ut nec Ecclesiis nec monasteriis deferant, non viduis et pupilis, non senibus et pueris nec cuilibet parcant aetati aut sexui, sed more paganorum omnia perdant et vastent, similiter constituimus ut qui eos conduxerint, vel tenuerint, vel foverint per regiones in quibus taliter debachantur, in domesticis et aliis solemnibus diebus per Ecclesias publice denuncientur nec ad communionem recipiantur Ecclesiae, nisi haeresi abjurata »

CAPÍTULO III

ARNALDO DE VILANOVA [1]

I. Preámbulo.—II. Pátria de Arnaldo.—III. Noticias biográficas de Arnaldo. Sus escritos médicos y alquímicos.—IV. Primeros escritos teológicos de Vilanova. Sus controversias con los dominicos en Cataluña.—V. Arnaldo en la córte de Bonifacio VIII.—VI. Relaciones teológicas de Arnaldo con los reyes de Aragon y de Sicilia. Razonamiento de Aviñon. Ultimos sucesos de Arnaldo en el pontificado de Clemente V.—VII. Inquisicion de los escritos de Arnaldo de Vilanova y sentencia condenatoria de 1316.

I.—PREÁMBULO

RNALDO no fué albigense, *insabattato* ni valdense, aunque por sus tendencias *láicas* no deja de enlazarse con estas sectas, así como por sus revelaciones y *profecías* se dá la mano con los discípulos del abad Joaquin. En el médico vilanovano hubo mucho fanatismo individual, tendencias ingénitas á la extravagancia, celo amargo y falto de consejo, que solia confundir las instituciones con los abusos, temeraria confianza en el espíritu privado, ligereza y falta de saber teológico. El estado calamitoso de la Iglesia y de los pueblos cristianos en los primeros años del siglo XIV, fecha de la cautividad de Aviñon, precedida por los escán-

---

1 Cuando por primera vez se publicó este capítulo con sus apéndices (hace algunos meses) con el título de *Arnaldo de Vilanova, médico catalán del siglo XIII. Ensayo histórico* etc., dió á luz mi buen amigo Morel-Fatio un docto y benévolo juicio sobre mi trabajo en la *Bibliothèque de l'École des Chartes* (tomo XL). Para él tuvo á la vista, en pruebas, el estudio que acerca de Arnaldo prepara M. Hauréau para el tomo XXVIII de la *Histoire littéraire de la France*. Este tomo no ha aparecido hasta la fecha.

dalos de Felipe el Hermoso, algo influyó en el trastorno de las ideas
del médico de Bonifacio VIII llevándole á predecir nuevas catástro-
fes, y hasta la inminencia del fin del mundo Ni fué Arnaldo el único
profeta sin mision que se levantó en aquellos dias Conterráneo suyo
era el franciscano Juan de Rupescissa, de quien hablaré en el capítulo siguiente

Las noticias de Arnaldo, y sobre todo, de sus yerros teológicos,
han sido hasta ahora oscuras y embrolladas [1]. Por fortuna, el hallazgo de preciosos documentos en la Biblioteca Vaticana y en el Archivo
de la Corona de Aragon, me permiten ser extenso y preciso en este
punto, que es de no leve entidad, por referirse á un varon de los más
señalados en nuestra historia científica, y áun en la general de la
Edad Media. Así y todo, procuraré condensar los hechos, remitiendo
al lector á las pruebas y documentos que íntegros verá en el apéndice.

II —PÁTRIA DE ARNALDO

No hay para qué tener en cuenta la pretension de los italianos,
que es moderna, y no se apoya en fundamento alguno razonable. La disputa es entre franceses y españoles, ó precisán-
dolo más, entre provenzales y catalanes [2].

Provenzal le apellidan Jacobo Villani, S Antonino de Florencia y
algun otro. Alegan los franceses, para hacerle suyo, que estudió en
París, que escribió allí su *Regimen sanitatis*, donde habla de los pescados y de las mujeres, de las Gálias *(in his partibus Galliae)*, y que de-
dicando su libro *De conservanda juventute* á Roberto, rey de Nápoles
y conde de Provenza, le habla de su *innata fidelidad y devocion* hácia la
persona de dicho Roberto Todo esto, como se ve, nada prueba. Pudo Arnaldo estudiar y escribir en París, y hablar de cosas de Francia,
sin ser por eso francés. La dedicatoria al conde de Provenza, Roberto, no contiene más que frases de cortesía, y en modo alguno indica
que fuera súbdito suyo el autor

---

1 El referir y contrariar los yerros cometidos por los biógrafos de Arnaldo seria prolijo y
enfadoso

2 De Arnaldo se han publicado en Francia diversas biografias, escritas especialmente por
medicos de Montpellier, pero sus noticias son tan vagas é inexactas, que apenas merecen citarse De esta censura debe exceptuarse solo el libro de Astruc, *Memoires pour servir a l histoire
de la faculte de Medecine de Montpellier* (Paris, 1767, 4 °) págs 151 a 156

Quien más contribuyó á extender esta idea de la pátria francesa de Arnaldo fué el médico lyonés Sinforiano Champier, escritor de poca autoridad, aunque grande amigo y protector de nuestro Miguel Servet. Escribió este Champier (*Campegius*) con bien poco esmero y diligencia una corta biografía de Arnaldo, que precede á todas las ediciones de las obras médicas de éste, á contar desde la de Lyon de 1532. Allí se dice que Arnaldo era natural de Villeneuve, en la Gália Narbonense. Pero ¿qué crédito hemos de dar á las palabras de un biógrafo, tan ignorante de todas las cosas de su héroe, que le supone nacido ¡en 1300! siendo así que en 1285 era médico de D. Pedro III, y que consta su muerte antes de 1312? No dejó de apuntar Champier la especie de que algunos catalanes suponian á Arnaldo natural de un pueblo llamado Vilanova distante cuatro millas de Gerona, aunque esta opinion (dice) *nullos habet auctores*. Veremos pocas líneas adelante cuánto se equivocaba en esto, como en casi todo lo que de Arnaldo dice. Siguieron á ciegas la opinion de Champier, Pablo Colomesio en su *Gallia Orientalis* [1], y Juan Antonio Van der Linden en su libro de *De scriptis medicis*, aunque el segundo, despues de hacer á Vilanova francés, cita á nombre de *Arnaldo el Catalán* las *Regulae curationum morborum*, sin duda por constar así en la edicion que tenia á la vista.

Por España militan, entre otros autores de ménos nombre, los siguientes, casi todos de los siglos XIV y XV: Durando de S. Pourcain en el libro *De visione divinae essentiae ante diem judicii (Magistro Arnaldo Cathalano..)*; Nicolás Eymerich en su *Directorium*, Bernardo de Lutzemburgo en el *Cathalogus haereticorum (Arnaldus de Villanova in partibus Cataloniae magnus medicus)*, Juan Pico de la Mirandola en el tratado *De rerum praenotione*, donde le llama *Arnaldus Hispanus*, Gabriel Prateolo (*Elenchus omnium haeresum*), y los analistas Abraham Bzovio, Enrique Spondano, etc. La edicion de 1480 del *Regimen sanitatis* se anuncia como de *Arnaldo el Catalán*, y lo mismo la de las *Regulae curationum morborum*, hecha en Basilea, 1565.

Jerónimo Pau (con ser catalán) y el ilustre filósofo valentino Pedro Juan Nuñez afirmaron que *Arnaldo fué natural de Liria, reino de Valencia*, pero esta opinion, apuntada por Gaspar Escolano no ha tenido séquito, ni trae pruebas en su abono.

Confirman la pátria catalana de Arnaldo su dedicatoria del *Regimen sanitatis* á D. Jáime II; su embajada de parte del mismo ante

1 Impreso en el Haya, 1665.

Clemente V; sus relaciones con D. Fadrique de Sicilia, y los contínuos servicios que hizo á la casa de Aragon, ya como médico, ya como hombre de Estado. Ha de advertirse, además, que las palabras *provenzal y catalán* se tomaban á veces como sinónimas en la Edad Media· así Enrique de Gante llama *provenzal* á S. Raymundo de Peñafort, que era barcelonés, como todos sabemos [1]

N. Antonio (de quien tomo parte de las noticias anteriores), admitiendo que Arnaldo fuera catalán, halló dificultad grande en fijar el pueblo de su naturaleza, puesto que hay dos *Vilanovas* en el condado del Rosellon, otra en Cerdaña, otra en Conflens, y más de catorce en Cataluña, propiamente dicha.

En tiempos posteriores á nuestro bibliógrafo debió de formarse la tradicion que supone á Arnaldo hijo de Cervera ó de su tierra El Padre Villanueva, que en su *Viaje literario* la consigna, no halló pruebas para admitirla ni para rechazarla.

En el número 5.º, tomo I de la *Revista Histórica Latina* de Barcelona (1.º de Setiembre de 1874), publicó nuestro amigo, el docto historiador de Cataluña, D. Antonio de Bofarull, un artículo sobre la pátria de Arnaldo, en que combatiendo el dicho de Champier, alegó la asistencia de Arnaldo al último codicilo de D. Pedro III, sus comisiones diplomáticas en Francia y Roma, los registros y cartas reales fechados en Cataluña y referentes á él, etc Advierte el Sr Bofarull que quizá el apellido *Vilanova*, frecuentísimo en Cataluña, no sea de localidad, sino de familia Parécele injustificada la pretension de los cervarienses, y él, por su parte, hace esta conjetura. «D. Pedro III cedió en 1285 á Arnaldo el castillo de Ollers, en la Conca de Barberá, no muy lejos de Tarragona. Al dar el rey este castillo á su físico. parece natural que escogiese una finca inmediata al lugar donde tenia la casa paterna Arnaldo. . Muy inmediata á la referida Conca hay una poblacion llamada Vilanova, y otra en la parte alta del mismo territorio hácia la sierra de la Llena.» Este pueblo es Vilanova de Prádes (antiguo corregimiento de Momblanch).

Por dicha, aún hay pruebas más seguras é irrefragables de la pátria española de Arnaldo. En el número 1.º, tomo II de la misma *Revista,* publicó mi sábio maestro D. Manuel Milá y Fontanals otro artículo sobre la misma materia Allí, con referencia al *Cathalogue des Manuscripts de la Bibliotheque de Carpentras*. publicado en 1862 por C. G. Lambert, dá noticia de un libro de agrimensura, compuesto por Ar-

---

[1] Clemente V llama a Arnaldo *clericus valentinae dioecesis*, pero indudablemente no alude al lugar de su nacimiento, sino al de su habitual residencia

naldo y copiado ó traducido en 1405 por Bertran Boysset, de Arlés,
y trascribe de él estos versos:

> *Et oy, senhors miens et maistres,*
> *Sapias tots per veritat,*
> *Que yeu, Arnaut de Vilanova*
>
> . . . .
>
> *Maistre per tots fuy apelats.*
> *De Quataluenha nadieu fuy.*

*También en el cuerpo de la obra expresa positivamente que era natural de
Cataluña,* dice Lambert. Contra la declaracion del autor no caben conjeturas. «¿En cuál de las 17 ó 18 Vilanovas de Cataluña vió la primera luz el médico alquimista?» pregunta Milá Los de Cervera (en
cuyo antiguo corregimiento estaba incluida Vilanova de la Ajuda)
alegan un sello de mano, con la inscripcion *Signum Arnaldi medici,* y
el emblema de una ave que tiene los piés sobre el dorso y el pico
sobre la cabeza de otra ave. Pero ¿quién prueba que ese Arnaldo sea
Arnaldo de Vilanova? «El sello (dice el Sr. Milá) parece de época
posterior á la del médico de Pedro III.»

Inclínase el Sr. Milá á poner la cuna de Arnaldo en Vilanova de
Cubells (hoy Vilanova y Geltrú) fundado en la siguiente observacion.
«En un pasaje de sus escritos pretende Arnaldo que los cadáveres de
los habitantes de las costas tardan más en corromperse que los de los
que viven en tierras interiores, poniendo por ejemplo de los primeros
á los de Vilanova y de los segundos á los de Vilafranca La proximidad de las poblaciones de Vilafranca del Panadés y de la mencionada
Vilanova induce á creer que el autor del pasaje las conocia y recor-
daba muy particularmente.»

Con el rótulo de *Dos palabras más acerca de la pátria catalana de Arnaldo* publicó en el número 6.°, tomo II de la indicada *Revista* (1.° de
Junio de 1875), una carta á los señores Milá y Bofarull, otro amigo
nuestro muy querido, el distinguido químico y bibliógrafo don José R.
de Luanco Invoca éste en apoyo de su sentir y del de nuestros amigos el manuscrito *L*-34 de la Biblioteca Nacional rotulado *Físicos y
Medicina* En el fól 62 hay un tratado que se encabeza así: *Incipit
liber Avicenae de viribus cordis et de medicinis cordialibus, translatus á magistro Arnaldo de Barchinone.* Al final dice. *Translatus per magistrum
Arnaldum de Villanova.* El carácter de la letra parece de fines del
siglo XIV. Resulta, pues, que el Arnaldo de Barcelona y el de Vila-

nova son una misma persona «Quizá (dice el Sr Luanco) el pueblo en que nació Arnaldo no distaba mucho de la ciudad, cabeza del antiguo condado, sucediendo lo que muchas veces acontece. que lo más renombrado se antepone á lo ménos conocido Frecuente es dar el nombre de Vilanova á todo caserío reciente y de corto vecindario.»

Reivindicada ya para España la gloria de Arnaldo, gracias á los esfuerzos de mis eruditos amigos, sólo debo añadir:

1.ª Que en catalán, y no en provenzal, están escritos el *Rahonament fet en Avinyó* y otros escritos heréticos de Arnaldo

2.º Que en el *Antidotum contra venenum effusum per fratrem Marthinum de Atheca* (manuscrito de la Vaticana) llama Arnaldo *compatriotas meos* á los catalanes

3.º Que se apellida *Ilerdensis* al frente del tratado *De spurcitiis pseudo-religiosorum*, que presentó al Arzobispo de Tarragona

Es, pues, indudable, que Arnaldo era catalán y nacido en Lérida ó en algun pueblo de su tierra, quizá en Vilanova de Alpicat, en Vilanova de la Barca ó en Vilanova de Segriá

III —NOTICIAS BIOGRÁFICAS DE ARNALDO.—SUS ESCRITOS MÉDICOS
Y ALQUÍMICOS

ARA entrar holgadamente en el estudio de Arnaldo como heresiarca, conviene apuntar con brevedad lo que de él sabemos en otros conceptos.

Dícenos él mismo, y no sin cierto orgullo, que había nacido *de terruño ignoble y oscuro (ex gleba ignobili et obscura)* y que *era nada por su orígen* [1] Ignórase dónde y cómo adquirió sus conocimientos médicos y de ciencias naturales. Champier afirma que en París, pero si no hay más testimonio que el suyo, poco vale Lo que consta por relación del mismo Arnaldo es que había aprendido teología con los frailes Predicadores de Montpellier *(in schola fratrum praedicatorum Montispellieri)* [2], lo cual no le estorbó en adelante para ser enemigo acérrimo de la Órden de Santo Domingo.

1 Vid su carta a Bonifacio VIII, fol 230 vto y siguientes del Códice Vaticano, que citaré luego

2 Tratado (sin título) que comienza *Coram vobis* (fol 142 vto y siguientes del Códice Vaticano)

Aprendió el hebreo con Raymundo Martí, autor del *Pugio Fidei*. Así lo afirma en su *Allocutio super significationem nominis tetragrammaton* [1]: «Aquella semilla de la lengua hebráica que el celo religioso de Fr. Ramon Martí sembró en el huerto de nuestro corazon. ...» Supo además el árabe, como consta por sus traducciones de Avicena, Costa ben Luca, etc., y (segun afirma Champier) el griego, pero esto último es muy dudoso. Yo no he hallado en sus obras pasaje alguno que demuestre conocimientos helénicos.

Tampoco encuentro muy justificados los viajes que le atribuye el biógrafo. Despues de llevar á Arnaldo á los veinte años á París, y á los treinta á Montpellier, le hace recorrer la Italia y relacionarse con los *filósofos pitagóricos* (que no sé dónde estarian en el siglo XIV) Otros suponen que visitó la Grecia. Del prólogo de su tratado *De confectione vinorum* [2] se ha querido inferir además que estuvo en África

De sus maestros en medicina nombra Arnaldo á Juan Casamida y á Pedro de Musadi, elogiando al primero en el *Breviarium practicae* y al segundo en el *De modo praeparandi cibos*.

«Nadie de aquel tiempo penetró como Arnaldo los secretos de la naturaleza (dice Champier). Dedicóse á la medicina y á la alquimia, pero en edad más adelantada quemó los escritos alquímicos. No releia sus obras, escribia muy mal (caligráfica y ortográficamente hablando). Fué corto de vista. Su ingénio era vivo, agudo y pronto, de los que consumen todas sus fuerzas en el primer ímpetu» [3].

De las operaciones alquímicas de Vilanova dan testimonio los jurisconsultos Juan Andrés, Oldrado, el abad Panormitano, Baldo, Juan Platen El primero llega á suponer que Arnaldo hizo barras de oro *(virgulas auri)* en la córte de Bonifacio VIII. *Plus nostris diebus habuimus magistrum Arnaldum de Villanova in curia romana· qui etiam magnus Alchimista virgulas auri quas faciebat, consentiebat omni probationi submittere* El autor del libro apócrifo *Ars operativa* que anda entre los atribuidos á Ramon Lull, cuenta haber recibido, *bajo sello*, del rey Roberto, la relacion de los experimentos de Arnaldo [4]. Sabido es que este *Rey Roberto* figura de contínuo en las patrañas alquímicas.

1 Folio 13 del Codice Vaticano «Semen illud quod zelus religiosi fratris R Martini seminavit in ortulo cordis mei »

2 «Confestim laetitiae meae lætum festinans amovit super me Aquilonem, et induxit in Africam ad miseriam ipsam » (Cod de la B N) El pasaje no está claro

3 «Dum vero scribebat, neque belle quidem litteras figurabat, neque ullam orthographiae diligentiam adhibebat», etc

4 «Ea accepi et habui a serenissimo rege Roberto sub secreto sigillo quae quidem experimenta ipse habuerat a peritissimo Arnaldo, de Villanova, qui merito *fons scientiae vocari debet* »

Á Arnaldo se ha atribuido (con más ó ménos fundamento) la extraccion del espíritu de vino, del aceite de trementina, de las aguas de olor, etc.

Prescindiendo de sus dudosos títulos químicos, en la medicina práctica fué eminente. Sus libros están llenos de observaciones sagaces y exactas, al decir de los entendidos. Dió mucha importancia á la higiene. Entre los médicos cristianos de la Edad Media apenas hay un nombre que oscurezca al suyo [1].

Llevóle su fama á la córte del rey D. Pedro III de Aragon, llamado el Grande y el *de los franceses*, quien le protegió y honró mucho. En las Nonas de Abril de 1285, *por los muchos servicios que habia recibido y esperaba recibir de su amado Físico*, le hizo donacion del castillo de Olleis, en la Conca de Barberá, cerca de Tarragona [2].

El viernes 3 de las Nonas de Noviembre del mismo año, asiste Arnaldo como testigo al último codicilo de D. Pedro, en Vilafranca del Panadés.

Tras el breve reinado de Alfonso III el Liberal, empuñó el cetro D. Jáime II, decidido protector de nuestro médico, como lo era tambien su hermano D. Fadrique ó Federico, rey de Sicilia. Bajo el gobierno de estos príncipes tuvo Arnaldo importancia, no sólo de *físico*, sino de hombre de gobierno, y llovieron sobre él donaciones y mercedes. El dia sexto antes de los Idus de Abril de 1302, D. Jáime cede *á su venerable y amado consejero* la gabela de la sal de Burriana, con plena libertad de tenerla y administrarla por sí ó por su procurador, y de arrendarla por cuatro años cómo y á quién quisiera. El mismo dia, y atendiendo *á los multiplicados servicios del maestro Arnaldo*, le concede plena licencia para donar ó legar *á iglesias y lugares religiosos* las casas, censos, honores y posesiones que tenia en el reino de Valencia, lo cual prueba que Arnaldo, á pesar de sus extravagancias teológicas, ya en aquella fecha conocidas. no dejaba de atender á sus devociones. Ambos privilegios tienen la fecha de Lérida, y son inéditos [3].

En 1299 Arnaldo fué de embajador á la córte de Francia. En el

---

1 Segun una Bula de Clemente V, Arnaldo enseñó *por muchos años* la medicina en Montpellier. No puede precisarse más la fecha.

2 Archivo de la Corona de Aragon, registro 57, fol 233 vto , y registro 62, fól 147. «Propter multa servitia quae recepimus et recipere speramus a vobis dilecto physico nostro mag. Arnaldo de Vilanova.»

3 Archivo de la Corona de Aragon, registro num 193, fol 69 vto , registro num 199, folio 69 vto. De éstos, así como de los demas de aquel archivo referentes a Arnaldo, me comunico generosamente esmeradas copias mi querido amigo el insigne archivero é historiografo D. Manuel de Bofarull.

Archivo de Aragon se conserva una hoja suelta con los borradores de tres cartas de D. Jáime II En la primera, dirigida á Felipe el Hermoso de Francia, habla de las letras suyas que le trasmitió el maestro Arnaldo de Vilanova, *su consejero y familiar (consiliarium et familiarem meum)* [1]. La segunda, enderezada al maestro Arnaldo de Vilanova, *físico, canciller y familiar nuestro*, dále parte del nombramiento de árbitros (el Obispo de Tarazona y el Sacristá de Lérida) para arreglar los negocios del Valle de Arán y los atropellos hechos á catalanes y aragoneses en Aguas Muertas [2]

Para el reino de Sicilia, y por encargo de Federico, redactó Arnaldo unas Constituciones, en que principalmente trata de esclavitud, juegos y derechos eclesiásticos. Dióles fuerza de ley D Fadrique en 15 de Octubre de 1310 [3].

Uno de los puntos oscuros de la vida no teológica de Arnaldo son sus relaciones con Raimundo Lulio, en que tanto han insistido los escritores de alquimia Así, v. gr., el autor de la *Conversatio philosophorum* [4] dice que Raimundo Lulio era al principio incrédulo en cuanto al poder de la alquimia; pero que se rindió luego á los argumentos y experiencia del *sacratísimo maestro Arnaldo de Vilanova, catalán*, cuyo discípulo fué en aquella arte Pero, ¿qué crédito hemos de dar á aquel libro apócrifo, obra de algun embaidor del siglo XV, cuando hoy está probado que ni Raimundo creyó nunca en la posibilidad de la trasmutacion, ni son auténticos los libros de química que corren á su nombre? [5].

No ménos dificultad, hasta cronológica, presentan las relaciones de Arnaldo con el rey Roberto de Nápoles, patrono obligado de los alquimistas, si hemos de atenernos á sus libros No cabe duda que el médico vilanovano dedicó á ese monarca su libro *De conservanda juventute*, y quizá una epístola sobre alquimia, aunque la autenticidad de esta última es dudosa.

En los versos que preceden al *Arte de agrimensura*, dice Arnaldo:

1 «Ex notificatione litterarum nobis per magistrum Arnaldum de Vilanova, consiliarium et familiarem meum »

2 Esta fecha ha sido fijada por Hauréau con presencia de dos documentos, que citaré mas adelante

3 Se conservan en el Archivo de la Corona de Aragon

4 «Raymundus Lullius hanc scientiam ignoravit et rationibus fortissimis improbavit Sed per tantum doctorem catholicum et experimentatorem maximum, magistrum Arnaldum de Vilanova *cathalanum*, medicorum peritissimum, experientia convictus et operationibus instructus, a doctore doctior fuit factus » (Biblioteca Marciana de Venecia, codice latino, VI-214, siglo XV, en pergamino Es una coleccion de escritos de alquimia)

5 Vid *Ramon Lull considerado como alquimista*, por D José R de Luanco.

Yeu, Arnaut de Vilanova, etc.
Doctor en leys et en decrets,
Et en siensa de strolomia,
Et en l'art de medecina,
Et en la santa teulogia,
Enquaras mais en las VII arts
Maistre per tots fuy apelats,
Et á Napols yeu me rendieu,
Al servizi del rey Robert estieu,
Molt longament sensa partir,
Et estant á son servir,
En sa cambra ab lo rey estat,
En son estudi esvelhat,
Amdos ensems nos fesém
Aquest libre veraiament.....

Hasta aquí no hay dificultad. Pudo Arnaldo estar en la córte de Roberto [1], que distaba tan poco de Sicilia, y escribir por su órden, y casi con su colaboracion, el libro de geometría práctica. Pero lo incomprensible es el final.

Lo qual libre fo acabat,
Escrig et ahordenat
En Napol la gran siutat
L'an quart que fou coronat
Lo rey Robert en son regnat
Que Seciliá es appellat, etc.

El año cuarto de la coronacion de Roberto corresponde al 1313 Ahora bien, está probado que Arnaldo habia muerto antes de 1312 ¿Cómo habia de escribir un año despues el tratado de agrimensura? Yo creo que los últimos versos fueron añadidos por un copista, y que quizá no se refieran á la fecha del libro, sino á la del traslado.

Numerosísimas fueron, aunque breves, las obras de Arnaldo, áun prescindiendo de las teológicas. Pueden dividirse las demás en *médicas* y *químicas*. Publicáronse coleccionadas por vez primera en Lyon, 1504, con un prefácio de Tomás Murchi, genovés. Fueron reimpresas en París, 1509; Venecia, 1514; Lyon, 1520 y 1532, y Basilea,

---

1 Dícese que fue a el con una embajada de D Jaime II, y es creible

1585. Esta última edicion es la más completa y la que tengo á la vista. Se rotula

«Arnaldi Villano- | vani | Philosophi et Medici | summi | Opera Omnia | Cum Nicolai Taurelli Medici et Philoso | phi in quosdam libros Annotatio | nibus | Indice item copiosissimo. | Cum Gratia et Privilegio Caes. Maiest. | Basileae | ex officina Pernea per Con- | radum Waldkirch | 1585.»—5 hoj de preliminares y 2.071 págs sin los índices. Precedida de una advertencia del impresor y de la vida de Arnaldo por Sinforiano Champier.

Comprende dos *partes* en el mismo volúmen. Las obras de medicina son:

Speculum introductionum medicinalium.

Aphorismi de ingeniis nocivis, curativis et praeservativis morborum, speciales corporis partes respicientes.

De parte operativa

De humido radicali.

De conceptione.

De simplicibus.

Antidotarium.

De phlebotomia. (Hay edicion suelta de este tratado y de otros, hecha en Lyon, 1517.)

De dosibus theriacalibus

De gradationibus medicinarum per artem compositarum.

De vinis (sive de confectione vinorum). Es muy importante y de los primeros que se escribieron sobre la materia. Tradújole al alemán Guillermo Hirnkofen, Viena, 1532.

De aquis medicinalibus.

De conferentibus et nocentibus principalibus membris nostri corporis.

De physicis ligaturis. (Traducido de Costa ben Luca.)

Expositiones visionum, quae fiunt in somnis (Este tratado y el anterior, y algunos más, aunque incluidos entre los de medicina, son repertorios de supersticiones)

De diversis intentionibus medicorum.

Regimen sanitatis (Impreso suelto en Venecia, 1580. Hay una traduccion castellana de Jerónimo Mondragon, 1606, Barcelona.)

De regimine castra sequentium

De conservanda juventute et retardanda senectute (Traducido al italiano, se imprimió en Venecia, 1550.)

De bonitate memoriae.

De coitu.

De considerationibus operis medicinae.

Medicationis parabolae..... quae dicuntur a medicis regulae generales curationis morborum.

Tabulae quae medicum informant specialiter, cum ignoratur aegritudo

Breviarium practicae (Se divide en cuatro libros) Imprimióse por vez primera en Milán, 1485, por Cristóbal de Ratisbona.

Practica summaria seu regimen.

De cautelis medicorum.

De modo praeparandi cibos et potus infirmorum in aegritudine acuta.

Compendium regimenti acutorum.

Regulae generales de febribus.

Regimen sive consilium quartanae.

Consilium sive curatio febris ecticae.

Consilium sive regimen podagrae.

De sterilitate.

De signis leprosorum.

De amore heroico. (Tiene algun interés moral y estético)

Remedia contra maleficia.

De venenis.

De arte cognoscendi venena.

Contra calculum

Praeservativum contra catarrhum.

De tremore cordis

De epilepsia

De usu carnuum, pro sustentatione ordinis Cartusiensis contra Jacobitas

Recepta electuarii

De ornatu mulierum.

De decoratione.

Nova explicatio super canonem «Vita brevis.....»

Expositio super aphorismum Hippocratis «In morbis..... » etc.

Super libello de mala complexione diversa (de Galeno).

Quaestiones super eodem libro

Commentum super «Regimen Salernitanum» Este tratado de higiene es el más conocido y famoso de Arnaldo, y hay de él innumerables ediciones sueltas diez enumera Nicolás Antonio, á contar desde la de Pisa, 1484 Pero nuestro La Serna Santander describe otras dos incunables sin fecha ni lugar. La primera parece ser de Lováina, *typis Joannis de Westphalia,* la otra se dice enmendada por los Doctores de Montpellier, y entrambas fueron impresas hácia 1480, segun opina La Serna

La segunda parte de las obras de Arnaldo comprende los tratados alquímicos y astrológicos cuya autenticidad es difícil de poner en claro, y son.

Thesaurus Thesaurorum et Rosarius philosophorum.

Novum lumen

Sigilla duodecim pro totidem coelestibus signis

Flos Florum.

Epistola super alchimiam ad regem Neapolitanum.

Capitula Astrologiae de judiciis infirmitatum secundum motum plane-tarum.

En las colecciones alquímicas de Guillermo Gratarol (Basilea, 1561), Lázaro Zetzner (Strasburgo, 1613), en el *Ars Aurifera* (Basilea, 1610) y en otras más modernas (v. gr., la de Mangeto, 1702), se reimprimieron estos tratados, reales ó supuestos, de Arnaldo, con algun otro de dudosa procedencia.

Nada abunda en las Bibliotecas tanto como los códices de Arnaldo; pero no ha de tenerse ligeramente por obra inédita cualquiera que se halle, porque observo que hay muchas con dos ó tres títulos diversos, ora provengan del autor, ora del copista.

Todos los manuscritos de nuestro médico que se conservan en el Escorial son de obras conocidas é impresas, como ya advirtió Perez Báyer. De los que se guardan en la Vaticana, quizá sean inéditos el *Liber aquae vitae*, las *Additiones ad Hermetem* y el *Syrupus contra pestilentiam.* El segundo trata *de las imágenes y de los signos, de las estrellas, plantas y piedras.* La Biblioteca Nacional de París es riquísima en copias de Arnaldo, pero nada inédito, fuera de algun tratadito de alquimia.

Otras obras de Arnaldo se han impreso fuera de la coleccion general, v. gr., la traduccion de Avicena *De viribus cordis*, que está en el cuarto tomo de las obras de aquel médico árabe, edicion de Venecia, 1520.

En el *Theatro Chímico* pueden leerse más opúsculos atribuidos á Arnaldo, v. gr., el *Speculum alchimiae.* La *Rosa Novella* y las *Parábolas* comentadas por Diego Álvarez Chanca, se imprimieron en Sevilla, 1514, segun Nicolás Antonio [1]

Verdaderamente inédito es el libro de *Agrimensura*, de que ya he

[1] Deseoso de facilitar la tarea de quien emprenda resolver el embrolladísimo punto bibliográfico de las obras de alquimia atribuidas á Arnaldo, pondré noticia de dos o tres colecciones manuscritas de este género, todas de la Biblioteca Marciana de Venecia

El codice latino 324, de la clase Zanetti siglo XIV, en pergamino, contiene dos opúsculos,

dado alguna noticia. En la Biblioteca Mejana de Aix hay un manuscrito incompleto de esta obra con el título de *Libre qu'ensenha de destrar, de atermenar, de agachonar, e de scaïrar terras et autras possesions, estracte de un libre ordenat per Maistre Arnaut de Vilanova á la requesta del rey Robert et qu'a está treslata (?) en la ciutat d'Arle.*

Raynouard se valió de este manuscrito para su *Léxico* Despues ha parecido otra copia más completa y exacta en la Biblioteca de Carpentras, como es de ver en el *Catálogo de los manuscritos* de dicha Biblioteca, formado por Lambert, de quien tomo estas noticias

El Sr Milá, en el artículo ya citado acerca de *la pátria de Arnaldo,* hace sobre este libro las observaciones siguientes: «Raynouard dá este tratado como traduccion del latin el señor Lambert no decide si el conocido agrimensor Boysset tradujo ó copió tan sólo el original de Arnaldo. Es muy posible que fuese lo último, es decir, que Boysset, fuera del tratado que lleva su nombre, no hiciese más que modificar, conforme al habla de su tiempo y de su país, un original catalán; pero lo es tambien que Arnaldo se hubiese esforzado en provenzalizar su lenguaje, especialmente en la parte versificada, que sin duda alguna no escribió en lengua latina. Era todavía en aquellos tiempos empeño de nuestros poetas el escribir en el lenguaje de los trovadores, como se ve en las obras rimadas de Lull y en el *Sermó* de Muntaner, y mayor debia serlo en quien componia una obra inspirada por un rey, conde tambien de Provenza» [1].

Prévias estas noticias, indispensables para formar cabal idea del personaje, entremos en la parte verdaderamente nueva y curiosa de este capítulo, en la historia de la herejía de Arnaldo.

atribuidos a Arnaldo *Incipit epistola missa a Rainaldo ae Villanova papae Bonifacio super arte solis et lunae Incipit liber de secretis naturae, editus ab Arnaldo de Villanova*

Códice latino 6 °—214 Siglo XV En pergamino Contiene de Arnaldo *Tractatus magistri Raynaldi de Villanova —Epistola ad magistrum Iacobum de Toleto Incipit rosa novella magistri Raynaldi de Villanova, ad comitem Petrum Flandriae, libri quatuor —Verba commentaria primi libri Arnaldi te Villanova, et Perich et Phebi philosophorum, quibus dictis ipse Arnaldus collegit librum suum, libri duo —Epistola Arnaldi de Villanova missa regi Ruberto neapolitano —Exempla in arte philosophorum, secundum magistrum Arnaldum de Villanova*

Codigo 6 °—215 Es otra coleccion alquímica del mismo tiempo (siglo XV) *Incipiunt quaestiones tam essentiales quam accidentales magistri Arnaldi de Villanova de arte transmutationis declaratae papae Bonifacio VIII*

1 Lo que pone de su cosecha Boysset es un tratado sobre las medidas de Arlés Al principio hay un grosero dibujo, en que se representa a Arnaldo recibiendo de manos del rey Roberto las *marcas* ó padrones de las medidas De los versos que anteceden á la obra ya hemos dado alguna muestra Figuran entre los preliminares un elogio del rey Roberto, una especie de dialogo entre J C y el autor, y una relacion de los deberes del agrimensor

No falta quien dude, quizá con razon, de la autenticidad de este libro

IV.—Primeros escritos teologicos de Vilanova.—Sus controversias con los dominicos en Cataluña

Ha supuesto D. Antonio de Bofarull que hasta 1305 no comenzó á manifestar Arnaldo opiniones heréticas Tal se inferia de
los documentos conservados en el archivo de Aragon; pero el
hallazgo de un precioso códice de la Biblioteca Vaticana, con escritos
bastante anteriores á aquella fecha, viene á rectificar la hipótesis (que
parecia fundada) de mi docto amigo.

El referido códice es en 4.º, escrito en vitela, letra de principios del
siglo XIV tiene 263 fólios útiles, á dos columnas, y parece ser el
mismo que Arnaldo presentó en Aviñon á Clemente V. Encabézase
con un índice de su contenido [1] y abraza no ménos que treinta documentos, todos (fuera de uno) inéditos y desconocidos. N. Antonio vió
este manuscrito, pero muy de pasada, y no dió razon alguna de los
tratados que comprende, quizá por escrúpulo.

Comenzó Arnaldo sus meditaciones místicas con una introduccion
al libro *De semine scripturarum* del abad Joaquin de Flore (murió año
1202), cisterciense, famoso por sus profecías, que Santo Tomás cree
hijas de un agudo discernimiento y no de luces sobrenaturales. No
hay para qué entrar aquí en la eterna cuestion de la ortodoxia de
Joaquin, que fué bien defendida por Gregorio de Lauro y otros Sin
necesidad de suponerle profeta ni iluminado, puede sostenerse que no
erró á sabiendas, y que sometió una y otra vez sus escritos al juicio
de la Iglesia, ofreciendo retractar lo que aquella desaprobase. Lo cual
no obsta para que sectas heréticas de la Edad Media, como los *fratri-*

1 «In hoc volumine sunt per ordinem sequentes editiones seu tractatus, primo *Introductio
in librum Joachim de semine scripturarum* Secundo *Allocutio super significationem nominis tetragrammaton* Deinde *Dialogus de elementis catholicae fidei* Deinde *Tractatus de prudentia catholicorum scholarium* Deinde *Tractatus de tempore adventus Antichristi* Deinde *Tractatus de mysterio
cymbalorum* Deinde *Tractatus epistolarum* Deinde *Philosophia catholica et divina* Deinde *Apologia* Deinde *Eulogium* Deinde *Tres denunciationes Gerundensium* Deinde *Confessio Ilerdensis*
Deinde *Prima denunciatio facta Massiliae* Deinde *Gladius veritatis adversus thomatistas* Deinde
Secunda denunciatio facta Massiliae Deinde *Carpinatio theologi deviantis* Deinde *Tertia denunciatio facta Massiliae* Deinde *tractatus qui incipit Reverendissimi* Deinde *Protestatio facta Perusii* Deinde *Allocutio de dignitate creaturae rationalis* Deinde tractatus qui incipit *Adversus
me loquebantur* Deinde *Epistola domini Bonifacii* Deinde *Epistola dominorum Cardinalium*
Deinde *Epistola domini Biemundi* Deinde *Epistola Bartholomei Montanerii* Deinde *Epistola
illustriss dom Regis Aragoniae cum commento* Deinde *Antidotum contra venenum effusum per
fratrem Marthinum de Atheca* Ultima placentatio facta Burdegaliae coram summo pontifice domino Clemente V »* (Cod 3,824)

celli (discípulos de Pedro Macerata y Pedro de Forosempronio), invocasen la autoridad de Joaquin en apoyo de sus errores, cuando proclamaban el reino del Espíritu Santo, que había de sustituir al del Hijo Hasta se divulgó á nombre del abad de Cosenza el *Evangelio Eterno*, sólo porque Joaquin se había excedido á veces en los encarecimientos de la vida monástica, dándole casi el aire de una reforma social.

Tiene el autor del *Psalterium decachordon* lugar de los más señalados en la historia del misticismo medio-eval. precede á Juan de Parma, al Maestro Eckart, á Suso, á Tauler y á otros contemplativos más ó ménos sospechosos, y alguno de ellos formalmente hereje. Pero su misticismo tiene un carácter particular. es apocalíptico y preñado de tempestades. Cayó Joaquin en la manía de hacer osadas aplicaciones y señalar fechas á los futuros contingentes que vió en sus éxtasis el apóstol de Pátmos, y los discípulos del abad de Fiore llegaron á fijar en 1260 el advenimiento del Anticristo.

Nuestro Arnaldo se apoderó de esta idea, la repitió cien veces, la enlazó con combinaciones astrológicas, y se tornó casi maniático. La introduccion al libro *De semine scripturarum* ó *De las profecías de los siete durmientes* es el primer síntoma de esta enfermedad mental. Por el mismo tiempo hubo de componer una *Exposicion del Apocalipsis*, fundada casi del todo en la de Joaquin No está incluida en este códice, sino que llena por sí otro de la Vaticana el 5,740 del fondo primitivo. Es en vitela, 143 páginas á dos columnas [1].

Hasta ahora sólo vemos en Arnaldo (fuera de algun yerro incidental) una dósis no leve de fanatismo y excesiva confianza en el espíritu privado. En 1292, tres dias antes de la fiesta de Santa María Magdalena, compuso *in Castro Ardullionis* una explicacion del *tetragrammaton* hebreo, donde se propone demostrar por razones *naturales* (en lo cual ya pecaba de temerario) el Misterio de la Trinidad [2]. Luce en este tratado su erudicion hebráica y cabalística

Á continuacion de esta obrita hallamos en el códice una especie de catecismo para los niños. por preguntas y respuestas. Titúlase *Alphabetum Catholicum* y parece de sana doctrina. Está dedicado al rey de Aragon [3].

1 *Expositio super Apocalipsi magistri Arnaldi de Villanova* (Cod del siglo XIV)

2 «Incipit *Allocutio super significationem nominis tetragrammaton* tam in lingua hebrea quam latina et super declaratione mysterii Trinitatis evidentibus rationibus atque signis » Empieza «Pluries affectavi, charissime frater, ut semen illud», etc Termina «Actum in castro Ardullionis tertia die ante festum beatae Mariae Magdalenae Anno ejusdem domini millesimo et ducentesimo nonagesimo secundo »

3 «Incipit *Alphabetum Catholicum ad inclytum dominum Regem Aragoniae Pro filiis erudiendis in elementis catholicae fidei* »

Siguióse á estos librillos, y á algun otro de menor importancia, el famosísimo *De adventu Antichristi et fine mundi*, escrito primero en catalán [1], aunque hoy sólo conocemos el texto latino de la Vaticana. Allí, no contento Arnaldo con anunciar la venida del Anticristo para 1345, clama por reforma en la Iglesia y se desata en invectivas contra el estado eclesiástico. Cayó además en algun yerro dogmático, quizá por explicarse ambiguamente, dando á entender que en Jesucristo había sólo una ciencia, fundado en que el saber *es circunstancia pertinente á la persona y no á la naturaleza*

Puesto ya en tan mal camino, escribió á poco el tratado *De mysterio cymbalorum Ecclesiae*, dirigido al prior y monjes de Scala Dei [2]. Es su fin ostensible probar que los predicadores *(praecones)* de la Iglesia deben escudriñar diligentemente la Sagrada Escritura y sus exposiciones, no imitando á las campanas pequeñas, que dan un leve son (como los Profetas del Antiguo Testamento), sino á las campanas mayores y de solemne tañido, para que se cumpla aquello de *Laudate Deum in cymbalis bene sonantibus, laudate eum in cymbalis jubilationis.* Bueno era todo esto, pero Arnaldo mezcló sus acostumbradas profecías sobre el tiempo de la venida del Anticristo, apoyándose en las oscuras revelaciones de *Cirilo.* Este tratado *De mysterio cymbalorum* fué citado por Juan Pico de la Mirandola en el suyo *De rerum praenotione* (cap. V, lib. IX), donde advierte que habían pasado 200 años sin que se cumpliesen las profecías de Arnaldo

El cual dirigió cartas (que están en este códice) á los frailes Predicadores de París y Montpellier, á los frailes Menores de París, al rey de Francia y al de Aragon, anunciándoles el próximo fin del mundo y llamándolos á penitencia [3] Poco despues dedicó al Sacro Colegio Romano su *Filosofía católica y divina, que enseña el arte de aniquilar las tramas del Anticristo y de todos sus miembros* [4], donde clama por la refor-

---

1 Cítale la sentencia condenatoria de 1316, y dice que comenzaba *Entes per vostres paraules* El latino empieza de otra manera *Constitui super vos auditores speculatores* Además del códice de la Vaticana, poseían uno los Carmelitas de Santa María de Transtevere Comprendía ademas el *De mysteriis cymbalorum*, la *Apología* etc (Vid N Antonio)

2 Fól 78 vto «Incipit *Tractatus de mysterio cymbalorum Ecclesiae Ad priorem et monachos Scalae Dei*» La pregunta hecha por los monjes de Scala Dei era «¿Por que fué costumbre de la Iglesia tocar, en maitines y visperas, primero el címbalo pequeño y despues el grande?» Segun Arnaldo, esto es simbolo de la ley antigua y de la nueva

3 Fol 98 «Incipit *Tractatus epistolarum Ad principes catholicos et praecones*» (Llegan hasta el fol 109)

4 Fol 110 vto «Incipit *Philosophia catholica et divina tradens artem annichilandi versutias maximi Antichristi et omnium membrorum ipsius Ad Sacrum Collegium Romanum*»

Fol 129 vto «Incipit *Apología de versutiis atque perversitate pseudo-theologorum Ad Magistrum Jacobum Albi, canonicum Vignensem*» Inc «Qui sunt inflati scientia ut Nichodemus, non possunt intelligere sacramenta Dei, quamquam sint facilia intellectu »

ma de la Iglesia como medio de desbaratar al Anticristo; aboga por el *precepto* de la pobreza, inclinándose á las doctrinas de los Pobres de Leon, y dá reglas para conocer á los miembros del Anticristo, que son los malos católicos, y especialmente los malos sacerdotes .

Resintiéronse los teólogos de las audacias de Arnaldo, y comenzaron á reprenderle porque se ponia á predicar sin mision, y porque siendo médico escribia de teología A lo cual él replicó indignado en su *Apología contra las astucias y perversidad de los pseudo-teólogos*, endereada al maestro Jacobo Albi (¿Blanch?), *vignense* «Esos doctores (dice Arnaldo) están hinchados con su ciencia y no pueden alcanzar las maravillas de Dios . .. La próxima venida del Anticristo se conoce por el gran número de sus secuaces.» Tras esto se desataba en invectivas contra los frailes, tachándolos de codiciosos, concupiscentes, vanos, hipócritas, piedras de escándalo, obstinados en el mal, aseglarados, impugnadores de la verdad, etc , aunque no extiende esta censura á todos, ni mucho ménos al estado monástico, que considera como la mayor perfeccion [1].

Muy parecido á este tratado es el que rotuló *Eulogium, de notitia verorum et pseudo-apostolorum* [2] «A los falsos apóstoles se les conoce principalmente en la falta de caridad, en la impureza de las acciones,» etc Al fin del libro escribe «Humildemente suplico al reverendo Prelado y Pastor de la Iglesia de Gerona, que llame á todos los teólogos de su diócesis que quieran objetar algo contra este libro ó contra alguno de los cuatro que antes he divulgado sobre esta materia; y que presentadas las objeciones, las haga registrar y sellar ... y así me las comunique, para que nadie pueda tergiversarlas. Y me ofrezco de presente, y prometo y me obligo á enviar, del modo que me sea posible, las respuestas, tantas cuantas veces me lo ordene mi Prelado, así como á entablar discusion pública sobre cualquiera de los precedentes artículos, siempre que llame y me designe tiempo y lugar. Y para que consten mis palabras y nadie pueda truncar su sentido ni sembrar cizaña, os requiero á vos, Besulló, notario régio de Gerona, para que consigneis en forma pública cuanto he dicho en esta audiencia, y deis copia de ello á cuantos os la pidan, abonando yo vuestro trabajo» [3].

1 «Sicut nulli meliores quam hi qui in monasterio profecerunt, sic nulli deteriores quam hi qui in monasterio defecerunt »

2 Fól 160 *Casus eulogii subsequentis* (Es una especie de prólogo)

Fól 161 «*Incipit Eulogium* »

3 «Humiliter supplico reverendo Praelato et Pastori Ecclesiae Gerundensis ut requirat quoscumque theologos suae dioecesis ut in scriptis asserant ei quidquid objicere poterunt contra dicta mea, tum hic praesentialiter lecta, tum in aliquo praecedenti quatuor operum

No sabemos si los teólogos respondieron á este desafío; pero es lo cierto que en los púlpitos de Cataluña se censuraba cada día la imprudencia de Arnaldo, señalándose entre sus impugnadores el dominico Bartolomé de Puig Certós, contra el cual presentó nuestro médico dos denuncias al Obispo de Gerona. Decía, y con razon, Puig Certós, que era aventurado, y hasta peligroso, el señalar la fecha de la venida del Anticristo, puesto que Dios no había querido revelarla en las Escrituras. Puesto en cólera Arnaldo le emplazó á comparecer ante el Sumo Pontífice en la próxima septuagésima.

Presentó Fray Bartolomé sus objeciones al Obispo de Gerona, pero sin comunicárselas á Arnaldo (de lo cual éste se queja), y anunció que estaba dispuesto á someterlas al exámen de los teólogos de París ó de la Sede Apostólica, aunque lo dilató con varios pretextos Lo cual fué causa de que Arnaldo presentase segunda denuncia, quejándose de que en sus sermones proseguía el dominico invectivando contra él, hasta el extremo de haber leido en Castellon de Ampúrias un documento falso, en que se vanagloriaba del triunfo [1].

super eadem materia editorum Et praesentatas objectiones faciat registrari et sub sigillo suo mihi communicari ne ulla tergiversatio adulteretur, per me vel per alium Et ego me offero de praesenti et protestando promitto et promittendo me obligo supradicto pastori et toti Ecclesiae Gerundensi fideliter ac diligenter afferre vel mittere possibiles mihi responsiones, et hoc facere toties quoties ab eodem domino et pastore fuero requisitus Insuper offero pastori et Ecclesiae supradictis quod quaecumque voluerint super quocumque articulo ad praefatam materiam pertinente discussionem publicam celebrare, veniam ad ipsorum vocationem, assignato mihi temporis spatio sufficienti ad veniendum Ad perpetuam quoque rei gestae memoriam et ne quisque inimicus aut aemulus haec dicta mea possit truncare vel superseminando zizanniam depravare vos dominum Besullonum Burgesii auctoritate regia notarium Gerundensem, ex parte domini regis requiro ut haec omnia per me lecta coram venerabili ac praesenti collegio in formam publicam redigatis, et omni petenti exinde faciatis copiam salva vestri laboris mercede »

1 Fol 166 vto «Incipit *Denunciatio Gerundensis contra fidem Bartholomei de Podio Certoso praedicatorem* Coram vobis, reverendo praelato ac domino Episcopo Gerundensi propono ego magister Arnaldus de Villanova me audivisse per fidedignos quod quidam frater praedicator nomine frater B de Podio Certoso nuper in audientia vestra satagus mordere ac impugnare aliqua dicta mearum editionum multa non solum falsa sed etiam erronea seminavit Notifico vobis quod fertur eum asseruisse quod Deus non potest notificare finalia tempora secli Item fertur dixisse quod nihil prodest Ecclesiae sed periculosum est praenoscere tempus persecutionis Maximi Antichristi »

Acaba «Ego etiam cum praesenti scripto provoco ipsum ad audientiam Romanae Sedis quod hic ad septuagesimam proxime venturam compareat illic purgaturus seipsum Et vos ut sincerum fratrem Romani Pontificis et fidelem ministrum Romanae Sedis requiro cum testimorio scripturae praesentis quod hanc meam provocationem notificetis ei, citando ipsum ad comparendum coram Sedem praedictam infra terminum supra praefixum, protestans quod in defectu vestri requiram super hoc reverendum patrem dominum R Metropolitanum in Sede Tarraconensi »

«Incipit *Denunciatio secunda adversus eumdem fratrem B de Podio Certoso praedicatorem*: Asseruit quod ad veritatem praeconis evangelici non est necessaria charitas, propter hoc omnis diabolus verus evangelii praeco possit existere Et etiam asseruisse quod quidquid Deus revelat hominibus, revelat per ministeria angelorum Cumque nobis constat quod supradictus frater B jam semel post publicationem Eulogii legerit 'coram vobis quamdam

Los dominicos de Gerona respondieron á esta denuncia presentando al Obispo una querella contra Arnaldo, el cual acudió entonces al lugarteniente del vicario Guillen Ramon *de Flaciano* [1] alegando que los frailes Predicadores no debian ser oidos en aquel juicio, por ser capitales enemigos suyos, y además *herejes é insanos*, como que habian dicho en sermones que á los legos y á los casados (como parece que era Arnaldo) no se les habia de dar crédito en cosas de fé. Replica el de Vilanova que él no sólo habia aprendido, sino enseñado teología, y que sus adversarios eran *perros, histriones*, etc., especialmente Puig Certós, quien, predicando en Castellon de Ampúrias, dijo que aunque se le apareciera, en el momento de alzar la Hostia, un ángel anunciándole el fin del siglo, no habia de creerle [2]. De lo cual fueron testigos (habla siempre Arnaldo) el sacristá mayor y el menor de Castellon y otras muchas personas. Añade que si el prior Pontino de Olzeda le acusa por sus denuncias contra Puig Certós, *est fautor haeretice pravitatis*, puesto que él puede comprobarlas en toda forma; pide justicia contra el prior como *enemigo* de la libertad evangélica, le cita á comparecer ante la Sede romana *intra septuagesimam proxime futuram;* apela al Papa si no se le hace justicia, y manda al escribano levantar testimonio.

Acto contínuo presentó al Arzobispo de Tarragona lo que llama *Confessio de Spurcitiis pseudo-religiosorum* [3], nueva y enconada diatriba donde ratificándose en todo lo dicho en la *Philosophia Catholica*, en el *De perversitate pseudo-theologorum* y en el *Eulogium*, é insistiendo en las revelaciones de Cirilo, enumera las 19 torpezas ó vicios *(spurcitias)* característicos (segun él) de los religiosos de su siglo, á saber 1.ª, no

---

cedulam vel scripturam continentem obiectiones contra dicta mearum editionum vos etiam post lectum inmediate, prout a vobis audivi, requis vist s cum quod ea quae legerat sub eodem nobis scripto communicaret, nec voluit nobis communicare   diebus sequentibus coram vobis fuit protestatus quod ipse paratus erat mittere dicta sua Parisium vel ad auditorem romanum, sicque diffugiis multiplicis calliditatis elapsus ab aequitate nostrae requisitionis, postmodum apud Castellionem Empuriarum instrumentum protestationis adulterinae ac simulatae plebi simplicissimae ostentavit, jactando se triunphasse »

1 Fol 142 vto «Coram vobis, reverendo domino Guilhelmo Raymundi de Flaciano, locum tenente officialis Gerundensis protestor et protestando propono, ego magister Arnaldus de Villanova, quod ad querimoniam contra me propositam per fratres praedicatores conventus Gerundensis coram domino Episcopo Gerundensi, cujus vices geritis de praesenti, nullo modo in judicio teneor respondere   quod supradicti fratres praedicatores non sunt in hoc judicio audiendi nec ad judicium admittendi cum haeretici vel insani vel infames notorii »

2 «Nam dixit (ut fertur) in publico sermone quod si angelus Domini appareret ei dum elevaret Corpus Christi et annuntiaret ei finalia tempora non crederet ei »

3 Fol 175 «Incipit *Confessio A Ilerdensis de spurcitiis pseudo-religiosorum* Confiteor me dixisse et idipsum de praesenti asserere   quod modernis temporibus multiplicantur per draconis astuciam sive daemonis in quibusdam statibus regularibus non tam pseudo-religiosi, quin etiam pseudo-apostoli vel praecones evangelicae veritatis »

parar en la celda; 2.ª, andar por las calles, plazas y córtes seculares, 3.ª, invadir los derechos ajenos, 4.ª, despojar á los sencillos é incáutos; 5.ª, gloriarse *de sua venatione* entre sus cómplices, 6.ª, fingir grandes ocupaciones cuando están ociosos, 7.ª, apetecer grandes honores y dignidades, 8.ª, tener vanidad de ciencia y linaje, 9.ª, esquilmar el rebaño ajeno, 10, despojarse mútuamente, 11, persuadir con falácia á las viudas; 12, vender las cosas santas en público mercado, 13, visitar á los enfermos por codicia y no por caridad, 14, alegrarse de la muerte de los que mandan enterrarse en las iglesias, 15, mentir diciendo que pueden resucitar á los muertos ó librar *absolutamente* á los pecadores del purgatorio, 16, llenarse de arrogancia; 17, arder en lujuria, 18, ser muy avaros, 19 (y causa de las demás), apartarse de las huellas de sus fundadores

Todas estas enconadas detracciones revelaban una verdad triste, la decadencia de una parte del clero regular en los últimos años del siglo XIII y principios del XIV, de lo cual bien amargamente se quejan escritores católicos, como Álvaro Pelagio en el *Planctus Ecclesiae*. Pero Vilanova, llevado de un celo amargo, generalizaba con exceso, y convertía en revelaciones y fatídicos anuncios sus personales resentimientos con los frailes Predicadores, quienes, no sin harta razon, se oponian á los caprichos teológicos del médico de D. Pedro.

En la *Apología* declama contra los bienes del clero y la ingerencia de los Obispos en negocios temporales, parécenle mal las exenciones de los regulares [1], pide al Metropolitano que vigile y reprima á los Predicadores, y apela en último caso al juicio del Papa, á quien dice haber enviado ya la *Philosophia Catholica*.

Al poco tiempo salió de Cataluña, para probar fortuna en París y Roma, anunciando á los teólogos y al Pontífice la proximidad del fin del mundo

En este primer período de sus aventuras teológicas, más trazas tiene de perseguidor que de perseguido, más de denunciante que de denunciado Hay mucho de terco y de pueril en sus escritos y ataques. En realidad, y con toda su ciencia, era un maniático visionario En él no fallaba el proverbio *nullum magnum ingenium sine mixtura dementiae*

---

1 «Dico etiam et confiteor me divisse quod auctoritas evangelica praedicatoris in quacumque diocesi principaliter et primo venit pastori sive diocesano et quod ab eo in aliis suae diocesis derivatur Et ideo nisi sollicitus fuerit diligenter investigare et indagare quibus et qualibus pascuis grex ipsius pascitur per quoscumque praedicatores, non adimplet ministerium suum »

V.—Arnaldo en la córte de Bonifacio VIII

LEGADO el médico catalán á París (año 1299), presentó su libro *De adventu Antichristi* á los teólogos de aquella Universidad, los cuales, despues de examinarle y condenarle, no como herético, sino como temerario, hicieron prender al autor por medio del oficial parisiense, aunque luego fué puesto en libertad bajo fianza [1] Mientras estuvo preso Arnaldo, quisieron obligarle los teólogos á retractarse de su obra (lo cual él hizo *per metum carceris)*, y entonces condenaron el libro, aunque el autor se quejó y protestó de aquella violencia y condenacion ante el rey de Francia y el Papa con dos documentos en toda regla [2].

Mejor acogida pensó hallar en la córte de Bonifacio VIII. Presentóse á él y á los Cardenales anunciándoles para dentro de aquel centenario el reino del Anticristo, ofreció contestar á las objeciones y pidió campo para la discusion pública. El Papa y los Cardenales le respondieron con una carcajada homérica (segun él cuenta). «Maestro Arnaldo, si quereis acertar, decidnos tan sólo el tiempo de la venida de Cristo» [3]. Arnaldo no se desanimó, atribuyéndolo todo á los

---

1 Así resulta de las quejas y reclamaciones de Arnaldo al Papa y al rey Felipe el Hermoso Hallanse estos documentos en el codice latino 17,534 de la Biblioteca Nacional de París, folio 103 vto á fol 106 No los tuve a la vista cuando hice mi primer estudio sobre Arnaldo, pero despues me han sido comunicados en esmeradísima copia por mi amigo, el docto hispanista, Morel-Fatio Pueden verse en el apéndice de este tomo De ellos se infiere que Arnaldo estaba en París con caracter diplomático y como nuncio del rey de Aragon que el oficial parisiense le hizo llamar insidiosamente, y con blandas y sofísticas palabras le entretuvo hasta la noche, que le tuvo preso á pesar de las protestas del Arzobispo de Narbona, y que al cabo le puso en libertad bajo fianza que dieron por él Amalrico, vizconde de Narbona, C de Nogarét y otros La causa que para la prision se alegaba era una denuncia de cuatro o cinco maestros en Teología contra el libro *De la venida del Anticristo* Arnaldo reclama sus fueros de embajador, y trata duramente al Obispo de París y al oficial La apelacion al Papa esta fechada en Montpellier *a Nativitate ejusdem millesimo trecentissimo, indictione XIII* La protesta no puede ser mas enérgica «Dico sive pronuncio quod quidquid super, coram domino Episcopo, dixi legendo cedulam ordinationis vestrae quam dominus cancellarius posuit in manibus meis instans ut legerem, omni dilatione postposita, non dixi nec pronunciavi legendo vel aliter, nisi concussus timore perniciosae domus in qua timebam incarcerari»

2 En el último de los documentos del codice vaticano, cuenta Arnaldo que los teologos de París borraron la primera parte del tratado, en que iban las razones, y enviaron la segunda á Bonifacio VIII, que mandó quemarla

3 Estos hechos, casi desconocidos de la vida de Arnaldo, estan narrados por el mismo (autoridad algo sospechosa) en el tratado que empieza *Reverendissime* (fól 204 vto del codice de Roma) y en las *Protestatio facta Perusii* en 1304 (fol 213 vto) En el primero dice «Tua paternitas non ignorat qualiter antecessore tuo sedente in cathedra piscatoris et te praesente annuntiavi huic Ecclesiae, velut capiti Chatolicae multitudinis, quod persecutio maximi An-

malos informes que de él habían dado los dominicos; y tan terco y pesado estuvo, que Bonifacio VIII le hizo encarcelar por algunos días, declaró en público que había sido temeridad censurable presentar el libro á los teólogos parisienses antes que á él, ratificó la sentencia de dichos teólogos, hizo retractarse nuevamente á Arnaldo y le impuso perpétuo silencio en materias teológicas «Me quisieron para la salud temporal, y no para la espiritual», dice Arnaldo. Y en efecto, Bonifacio VIII le hizo médico suyo, prendado de su saber, á pesar de las muestras que cada día daba de su genial é incurable extravagancia, pero avisándole ante todo· *Intromitte te de medicina et non de theologia, et honorabimus te.*

Por algún tiempo reprimió su comezón apocalíptica el temor de nuevos encarcelamientos, aunque él se persuadía que las condenaciones no habían sido *in tempore et jure,* y que su retractación no valía, como arrancada *vinis et terroribus* De tales pensamientos y dudas le vino á sacar una *vision*, que conviene contar como él la cuenta, porque acaba de darnos idea del triste estado de su cabeza. Paseábase en verano por cierta capilla, meditando si escribiría ó no sobre el fin del mundo, cuando se le apareció una *maravillosa escritura* ó (según otra relación suya) oyó una voz que le decía: *Sede citò et scribe.* Para convencerse más abrió una Biblia y leyó: *Sede citò, et scribe quodcumque cogitas;* pareciéndole que estas palabras eran de letra doble más gruesa que lo demás del texto Y abriéndole después vió que estaban en la misma letra que lo restante, y entonces se *convenció* de que había sido milagro, en vez de convencerse de que la primera vez había visto visiones. Prosiguió registrando el libro, y halló este lugar de los *Proverbios: Homines pestilentes dissipant civitatem;* y como si estas palabras hubiesen sido para él un rayo de luz, tomó papel, tinta y pluma [1], y comenzó á escribir con gran rapidez un tratado, al cual sirven de lema estas palabras, donde uno por uno intentaba deshacer los reparos que el Papa había puesto á su opinion de la próxima venida

tichristi fervere debet in hoc centennario quod est quartumdecimum a Christi nativitate Praeterea adjeci motiva quae me ad denuntiandum induxerunt   Recolit etiam tua paternitas
qualiter interrogatus a Pontifice quid peterem, dixi me petere quod   Ecclesia romana cognosceret de annuntiatione quam presentabam, et de veritate fundamentorum ejus Adjeci
quinque quod spontaneus veneram ut pedibus ejus assisteram, quousque de veritate annun-
ciationis plenarie discusisset »

1 Cuenta Arnaldo estos raros sucesos en dos escritos suyos el tratado que empieza *Reve-rendissime*   y la carta á Bonifacio VIII (fol 230 vto), de que inmediatamente hablo Comienza «Domino Bonifacio, summo pontifici Arnaldus de Villanova, magister in Medicina, Christi servus inutilis et indignus fidelissimus ipsius Bonifacii medicus, devotissime pedum oscula cum salute» Quéjase en esta carta de la mala voluntad de muchos potentados *(plurium magnatum)* de la corte del Papa

del Antícristo, tachándola de temeraria. Pensó ocultar aquel escrito. pero apenas lo había acabado, se le anunció que el refrendario apostólico subia á su habitacion. Procuró Arnaldo ocultar el manuscrito, mas no pudo El Cardenal lo leyó todo y se quedó con él, despues de alguna resistencia del médico. Y al cabo de un año *se habia multiplicado prodigiosamente el libro por todas las partes del orbe cristiano*, lo cual (dice Arnaldo) estaba profetizado en el cap XXXVI de *Jeremías*.

Lo que parece muy difícil de admitir, y dá tentaciones de acusar de falsario á Arnaldo (dado que nada autoriza para llamarle Profeta), es la carta sellada con que (si hemos de creerle) envió á Bonifacio VIII el libro en cuestion. En esta epístola, escrita con afectada humildad de hombre y arrogancia diabólica de pseudo-profeta [1], no sólo dirige á Bonifacio insultos que de nadie hubiera tolerado aquel Pontífice, sino que le anuncia punto por punto, como aconteció, que habia de ser arrojado de su Silla y trasladado al destierro, y que habia de quedar vacío el suntuoso sepulcro que habia labrado [2].

Para acierto casual parece mucho, y como no es cosa de atribuir dón de profecía á quien erró no levemente en puntos dogmáticos, todo mueve á creer que esta carta no se escribió en vida de Bonifacio VIII, sino que fué forjada *après coup* por su médico. para dar aire de profecía á lo que era historia.

Igual juicio puede formarse de otra carta al Colegio de Cardenales, remitiéndoles copia del nuevo libro, *no aprendido de ningun hombre, sino eco de la trompeta celeste*, donde Arnaldo se queja de haber sido *perseguido y blasfemado por los falsos doctores*, y concluye con exhortaciones á la reforma [3]. En el mismo tono de inspirado escribió cartas á amigos suyos de Cataluña, como Bartolomé Montanér y el *astiferrario* Bremundo.

Pero no se creia muy seguro Arnaldo en la córte de Bonifacio VIII, á quien tan malamente habia desobedecido; así es que (co-

---

1 «Nam cum sum conjugatus, sum inter catholicos intimus quod ad statum Cum arte sim medicus, sum stercor, constat me fore vilem officio Cumque sim natus ex gleba ignobili et obscura, pro certo sum nihil origine »

2 «Adjuro per sanguinem Jesu Christi quod tu non tardes opus quod tibi mittitur divulgare et exequi quod est tuum, sciens indubitanter quod per hanc diligentiam tibi laeti exitus promittuntur et omnes inimici tui conterentur et corruent in conspectu tuo Si vero sperneris aut neglexeris supradicta, cogor amore ac timore dura tibi denunciare quod melius est ut dura nunc audias, quam si durissima degustares A ministerio simul atque loco pelleris, in exilium transportatus et vacuum remanebit sepulchrum quod extruisti, etc IIII Kal Septembris »

3 *Collegio Dominorum Cardinalium Opus noviter editum quod ab ullo mortalium accepi Scitis enim quod zelo catholicae veritatis persecutionem sum passus et illusus a doctoribus, ac irrisus et blasphematus*

mo él dice) *discessit a curia*, y se refugió en Marsella Allí le encontramos el 11 de Febrero de 1304, á la hora vespertina, quejándose al Obispo Durando de algunos predicadores de aquella diócesis, los cuales, en sus sermones, afirmaban ser cosa imposible conocer el tiempo de la venida del Anticristo Él (protestando siempre de su sumision á la Iglesia romana) promete demostrar lo contrario [1]. Por el mismo tiempo dedicó á su amigo Jáime Blanch *(Albi)*, canónigo, un opúsculo con el título de *Espada degolladora de los tomistas (Gladius jugulans thomistas)* para contestar á lo que despues de su salida de Cataluña habian dicho de él algunos dominicos llamándole *fantástico y visionario*. Él les contesta con el epíteto de *bicolores*, y les acusa de preferir el estudio de la *Summa* al de la Escritura [2].

Llegó entre tanto á manos de Arnaldo un libro sin título, que principiaba: *Si separaveris pretiosum a vili, quasi os meum eris,* en el cual se manifestaban opiniones contrarias á las suyas sobre la venida del Anticristo, y por ende peligrosas El médico vilanovano, que veia en el incógnito teólogo á uno de los predecesores del Anticristo, se apresuró á escribir (dedicada á Marcelo, canónigo de Cardona) su *Carpinatio theologi deviantis*, y á presentársela, con una nueva denuncia, al Obispo de Marsella, el 28 de Febrero de 1304 por la mañana [3]. El autor del libro era Fray Jofre *Vigorosus* (¿Viguiér?), provincial de los dominicos, como hizo constar Arnaldo en otro documento de 10 de Marzo del mismo año. Allí denuncia un dicho de sus adversarios, que condenaban el abuso del sentido alegórico en la interpretacion de las Escrituras [4].

Vinieron entre tanto los alegatos de Nogarét, los escándalos de Anagni y la muerte de Bonifacio, á quien sucedió por breve tiempo Benedicto XI. Nuestro Arnaldo, en quien la idea del Anticristo era una verdadera obsesion, acrecentada en aquellos horribles dias por los inauditos ultrajes de Felipe el Hermoso y de los Colonnas á la tiara y á las llaves, presentó al nuevo Pontífice su tratado *Reverendissime.. ..*

---

1 «*Denunciatio prima facta Massiliae cum Gladio* In nomine Domini nostri Jesu Christi, anno incarnationis ejusdem MCCCIII decima die mensis Februarii, hora vespertina Norant universi praesentes pariter et futuri quod venerabilis magister Arnaldus de Villanova coram reverendo patre in Christo domino Durando Dei gratia Episcopo Massiliensi praesente me notario etc , legit quamdam denunciationem talibus verbis » etc (Fol 180 vto del manuscrito vaticano)

2 «Incipit *Gladius jugulans thomistas* Ad magistrum Jacobum Albi, canonicum vignensem »

3 *Denunciatio secunda facta Massiliae, cum Carpinatione* (Fol 192 del codice vaticano) «Incipit *Carpinatio praedicti theologi deviantis* Ad Dominum Marcellum, canonicum Cardonensem »

4 «Incipit *Denunciatio tertia facta Massiliae* (fol 202) Noverint universi quod magister Arnaldus existens in domo Montisrivi, ubi solitus est inhabitare,» etc

donde atribuye la calamidad de Bonifacio á haber desoido sus consejos, cuando *anunciándole de parte de Cristo el fin del mundo*, le exhortaba
á reformar la Iglesia *in capite et in membris*, sobre todo, los monasterios, que no eian nido de palomas, sino albergue de culebras, serpientes y dragones. Las ovejas se habian convertido en lobos, y los
predicadores incurrian en los mismos pecados que censuraban, poser-
dos de ciega codicia de bienes temporales. Pero lo que más enojaba
á Arnaldo era que *se valiesen de médicos árabes y judíos*, contra lo prevenido por los Cánones. Esta circunstancia cómica quita toda seriedad á las invectivas de Arnaldo, el cual termina su peroracion supli-
cando al Papa: 1.º, que anuncie á los fieles la inminente venida del
Anticristo, *qui jam festinat*, anunciado por infinitas señales en la revelacion de Cirilo y en los escritos de Arnaldo *postquam discessit a curia;* 2.º, que reforme la Iglesia, 3.º, que invite á los infieles, paganos
y cismáticos á oir pacíficamente la palabra de Cristo (¡fácil era la
empresa!), 4.º, que desconfie de los astrólogos y adivinos, etc [1]

Benedicto, lejos de dar oido á las peticiones del médico, le impuso
una *pena* (no se dice cuál), y recogió los once ó doce tratados teológicos que hasta aquella fecha habia divulgado Arnaldo.

Al poco tiempo vacó la Sede apostólica, y el infatigable y testaru-
do catalán se presentó en Perusa el 18 de Julio de 1304 (cuando estaba reunido el Cónclave para la eleccion del nuevo Papa), solicitando del Camarero apostólico, electo Obispo de Spoleto, la entrega de
sus manuscritos, pidiendo nuevo exámen, y protestando contra las
anteriores condenaciones [2]. Respondió el Camarero que aquella protesta debia hacerse ante el Colegio de Cardenales, y que él sólo podia
admitirla condicionalmente y sin invadir en lo más mínimo la jurisdiccion ajena. Siguen en el documento las firmas de los testigos, entre ellos Ermengaudo (¿Armengol?) de Oliva, arcediano de Conflens,
y Gonzalo de Castro, canónigo de Tarragona.

Probablemente en el mismo año de 1304 compuso Arnaldo la *Allocutio christiana*, dedicada á D. Fadrique ó Federico, rey de Sicilia, breve tratado acerca de los medios de conocer á Dios que posee la cria-

---

1 Fol 104 vto y siguientes del codice vaticano El final de este escrito manifiesta el poco
juicio y el desvanecimiento de Arnaldo «Verbum Dei loquitur cognoscite quod me misit
Mihi enim constat quod sicut Christus est Veritas, vera est haec scriptura »

2 Fol 213 vto «Incipit *Protestatio facta Perusii coram domino Camerario Summi Pontificis* In nomine Domini Apostolica Sede vacante et reverendis patribus dominis Cardinalibus in papali palatio inclusis per electionem Summi Pontificis celebrandam, discretus vir
magister Arnaldus de Villanova, medicus intitulatus, in praesentia venerabilis patris D Joannis Dei gratia electi Spoletani, sedis apostolicae Camerarii meique notarii et testium subscriptorum, quamdam protestationem legit,» etc

tura racional, y los motivos que tiene para amarle. Allí dice que los frutos del amor de Dios son la prosperidad y la *seguridad;* parece que exagera un poco ésta última Afirma el poder de las buenas obras, y tanto mejor cuanto más nobles y altas sean, lo cual comprueba con un ejemplo tomado de la caza De aquí desciende á exponer en frases enérgicas los deberes del rey, condenando la alteracion de la moneda, haciendo el retrato del tirano, etc. [1].

El tratado sobre la prohibicion de carnes á los cartujos parece ser de la misma fecha [2]. Encabézale este lugar de la Escritura: *Adversus me loquebantur qui sedebant in porta et in me psallebant qui bibebant vinum;* palabras que (en concepto del autor) se aplican á los seculares y regulares, ministros de la Iglesia de Cristo, la cual puede decir de ellos. *Percusserunt me, vulneraverunt me, tulerunt pallium meum..... molestando, diffamando, diripiendo.* El asunto es censurar á los cartujos, que só pretexto de salud daban (contra su regla) carnes á los enfermos. Arnaldo quiere probar médica y teológicamente que esto era una novedad inútil y profana, y censura á los médicos *ignorantes y estólidos* que se lo consentian, siendo así que acorta la vida el uso de las carnes. Por no hacerle vivian tanto los primeros hombres, y mueren de noventa y cien años muchos cartujos [3].

VI.—RELACIONES TEOLOGICAS DE ARNALDO CON LOS REYES DE ARAGON Y DE SICILIA.—RAZONAMIENTO DE AVIÑON.—ÚLTIMOS SUCESOS DE ARNALDO EN EL PONTIFICADO DE CLEMENTE V.

E limitaré á exponer lo que resulta de los documentos, para que mi lector juzgue con entera exactitud si corresponde ó no á D. Jáime II y á Federico responsabilidad y participacion en los errores de su familiar Arnaldo.

En el Archivo de la Corona de Aragon se conserva una hoja suelta, intitulada *Confessió de un escolá,* sobre las siete señales del Juicio final, presentada al rey de Aragon por Pedro de Maniesa, suplicándole que la trasmitiera *al molt excellent e devot Arnau de Villanova, para examinar*

---

1 Fól 217 vto : «Incipit *Allocutio christiana de his quae eveniunt homini secundum propriam dignitatem creaturae rationalis·* Ad inclitum dominum Fridericum Tertium, Trinacriae regem illustrem »

2 Fol 225 (Sin titulo)

3 Este tratado, por lo que tiene de higienico se ha insertado en varias ediciones de las obras de Arnaldo

et para jutgar la dita confessió. Sin año, pero debe de ser anterior al 1304 [1].

Pridie Nonas Octobris, sin más aclaracion, es la fecha de una carta del Cardenal de Santa Sabina, Pedro, á D. Jáime II, datada en Perusa. Hácia el fin dice. «En los negocios de nuestro maestro Arnaldo de Vilanova hicimos lo posible. despues que logró resolucion, salió del palacio apostólico, y hemos oido que está en Sicilia» [2]. Allí debió escribir la *Allocutio catholica*

Pero hay documentos más curiosos aún de aquel entonces. El rey Federico entró en los propósitos místicos de Arnaldo, y escribió á su hermano una carta, que autógrafa se conserva en el Archivo de Aragon [3]. «Cierta cosa es, caro hermano, señor y padre, que por la gracia de Dios conozco que todo hombre debe imitar en su estado á nuestro Señor Jesucristo, esperando en su gracia, viviendo en caridad.. y nadie puede vivir en caridad si no menosprecia este mundo y se hace pobre de espíritu. .. Yo os convido en caridad, con toda reverencia y sujecion, á que, por el recuerdo de la Pasion de nuestro Señor Jesucristo, le querais imitar, siguiendo la verdad que él enseñó en la tierra, ya que la caridad está hoy tan resfriada..... Y por ende es muy necesario que vos, á quien ha honrado Dios tanto, que os ha hecho el más alto hombre que hubo en nuestro linaje de Aragon, deis la señal para que muchos os sigan y sea loado y honrado el nombre de Dios por causa vuestra. Os envio algunos escritos que he hecho para dar á entender mi propósito, y la information del maestro Arnaldo No atendais á la calidad de la vasija, sino al sabor del pimiento »

A esta carta acompañaban, en efecto, dos escritos, que pueden ver mis lectores en el apéndice. Titúlase el uno *Interpretatio facta per magistrum Arnaldum de Villanova de visionibus in somnis dominorum Jacobi Secundi, regis Aragonum, et Friderici Tertii, Regis Siciliae, ejus fratris* [4], y el segundo, *Letra tramesa per lo Rey Frederich de Sicilia al Rey en Jaume Segon son frare.*

---

1 De todos estos documentos debo copias o extractos esmeradisimos al Sr D Manuel de Bofarull, a quien de nuevo doy las gracias por tan peregrinas ilustraciones

2 «Circa negotia nostri magistri Arnaldi de Villanova noveritis nos juxta posse adhibuisse suffragium demum post expeditionem suam discessit de curia, et postmodum audivimus ipsum in Siciliam transiisse Datum Perusii pridie Nonas Octobris » (Archivo de Aragon)

3 Vid apéndice

4 Fue publicada por Mateo Flacio Ilirico (Francowitz) en su *Catalogus testium veritatis* (Argentinae, 1562), apéndice, pags 1 a 14, con el titulo de *Collocutio Friderici regis Siciliae et visia Arnoldi de Villanova, lecta et communicata Sedi Apostolicae* En el apéndice doy todas las variantes de este texto respecto al del codice del Archivo de Aragon Debo este minuciosisimo trabajo a Morel-Fatio, como tantas otras noticias

La *Interpretacion de los sueños* es una especie de diálogo entre Federico y Arnaldo El primero habia tenido, desde su adolescencia, portentosas visiones. Várias veces se le apareció en sueños la reina su
madre, con el rostro velado, diciéndole «Hijo, te doy mi bendicion.
para que en todo seas esclavo de la verdad». Federico, *como lego é ignorante*, no entendió lo que queria decirle, y juzgó que aquello era
una ilusion. Retraíale además el temor de pasar por fantástico y visionario, á la vez que le aquejaba el deseo de seguir la perfeccion cristiana y reformar las costumbres de su pueblo. Andando el tiempo, le
asaltó la duda de si la tradicion evangélica seria divina ó de invencion humana, puesto que veia las malas costumbres de los ministros
del Crucificado, así seculares como regulares, los cuales (en su sentir) hacian las ceremonias eclesiásticas, más que por devocion, por
costumbre. eran ambiciosos de honores temporales, vivian en el lujo
y en los placeres, y no se cuidaban de la conversion de paganos y
sarracenos.

En tales dudas. consultó á algunos maestros de teología que tuvieron por vana aquella vision; pero su madre tornó á aparecérsele,
diciendo que llamase á Arnaldo y le comunicase el sueño. Con toda
diligencia envió el rey una nave para traer á Arnaldo de donde quiera
que se le encontrase [1]. Entre tanto habia tenido otro sueño Federico:
su madre se le apareció con la cara descubierta, que lanzaba maravilloso resplandor, y con una diadema de piedras preciosas en la diestra,
y le dijo· *Esta diadema llevarás en la cabeza.*

Arnaldo habia llegado á Mesina, y hubo de contestar al rey de la
manera que se lee en este diálogo, declarando *divina y sobrenatural*
inspiracion la de sus sueños, que compara con los de José, disipando
sus dudas sobre el orígen de la tradicion evangélica, y refiriéndole
que D. Jáime II habia tenido otro sueño por el estilo, viendo la sombra de su padre, quien le entregó cuatro piezas de oro de igual peso,
encargándole que las llevase al monedero para que hiciese con ellas
buena moneda, cuya vision interpretó Arnaldo (llamado expresamente por el rey), diciendo que las cuatro barras de oro eran los
cuatro Evangelios. D. Jáime se holgó de la explicacion, é hizo copiar
en cinco volúmenes los opúsculos teológicos del médico, para instruccion propia y de su mujer é hijos.

Prosiguiendo Arnaldo en sus interpretaciones. dijo á Federico que
la diadema de piedras preciosas simbolizaba las virtudes evangélicas

---

1 Morel-Fatio me hace notar que esta consulta debio ser en 1309, ó á fines de 1308, y no en
1304, como yo pensaba

que él debia practicar, siendo celosísimo de la justicia, otorgándola por igual á todas horas á pobres y ricos, libre de temores, dudas y vacilaciones El ver la perversion de seculares y regulares, más que á entibiar su fé debia contribuir á acrecentarla, puesto que el fundamento de la Iglesia es indestructible Arnaldo reproduce en este diálogo las invectivas que tantas veces habia lanzado contra frailes, predicadores é inquisidores, acusando á los segundos de valerse de razones más filósoficas que evangélicas, y á los últimos de obedecer á enemistades y ódios personales, y pronunciar sentencias inícuas. Se queja de la prohibicion de la Escritura en lengua vulgar y de la persecucion de ciertos *pobres evangélicos*, que son indudablemente los Valdenses ó Beguinos, de cuyas doctrinas se declara partidario, llamándolos (al modo protestante) *testes veritatis*. No anuncia el fin del mundo, pero sí grandes estragos y calamidades en el término de tres años. Como calamidades nunca faltan en el mundo, era el modo más seguro de no equivocarse en la profecía.

Aconsejado por Arnaldo, y quizás dictándolo él, redactó Federico en su materna lengua catalana el plan de reforma para la casa y gobierno de D Jáime II, que no otra cosa encierra la *Letra tramesa*, escrita con hechicera ingenuidad, rica de pormenores sencillos y poéticos y de consejos de utilidad práctica, unos pedagógicos, otros higiénicos, cuáles domésticos, cuáles de buen gobierno; en todo lo cual (fuera de algun sabor de laicismo) no he notado errores de doctrina. Hay consejos muy curiosos respecto á fundacion de hospitales, devociones y limosnas que ha de hacer la reina, buena educacion de sus hijas, á quienes no ha de permitirse leer libros de *romances y vanidades mundanas*, conversion de los sarracenos, prohibicion de adivinos y hechicerías, etc. [1]

En el códice vaticano [2], tantas veces citado, se encuentran unos versos catalanes, atribuidos á D. Jáime II, con un comento latino de Arnaldo, y este encabezamiento. *Incipit stancia illustriss. regis Aragoniae cum commento domestici servientis*. Están escritos como prosa y deben de resentirse de algunos yerros del amanuense. Véanse algunos fragmentos:

> *Mayre de Deu é filla.*
> *Verge humil é bela,*
> *Nostra nau nos apela*

1 Arnaldo recomienda mucho (y sin excepciones ni cautela) la lectura de la Biblia *en lengua vulgar*

2 Fól 234 y siguientes

Que l'aydetz quar perylla,
Perylla nau en l'onda
D'aquest mon per tempesta,
El nauchier no s'ha cura
E tal fortuna l'onda
Que nulls no'y leva testa,
E l'aura qu'es escura,
E sa ysso gayre dura,
Nostra nau es perduda,
Si per la vostra ajuda
No troba port o ylha

. . . .

Parlam en ver lenguatge
Devem truytz ben entendre
Quod significet l'archa.
En humanal lynatge
Plac á Deus tot comprendre
Per complir et atendre
Lo q'ia promés era.

. . . .

La nau es carregada
E de son port se lunha,
Quar trop vent la forsa
E es mal amarinhada, etc.

El comento está aplicado á la nave de la iglesia. La fecha es en Montpellier, vigilia de Pentecostés, año de 1305 [1].

Otro opúsculo de Arnaldo conocemos, escrito por entonces: el *Antidotum contra venenum effusum per fratrem Marthinum de Atheca,* dominico aragonés, que habia divulgado una refutacion del libro *De adventu Antichristi* [2].

El 23 de Agosto de 1305 compareció Arnaldo en Burdeos ante el Papa Clemente V, reclamando los opúsculos que habia dejado en la cámara de Benedicto XI, ó pidiendo que se examinasen, para contestar él á las objeciones [3]. El Papa, llamándole *filium meum dilectum,* le

---

1 «Scriptum, correctum ac completum fuit hoc volumen in Monte-pessulano, in vigilia Pentecostes Anno Domini MCCCV.»

2 «Incipit *Antidotum contra venenum effusum per fratrem Marthinum de Atheca praedicatorem adversus denunciatores finalium temporum* Ad reverendum patrem Episcopum Maioricae.»

3 «In nomine Domini universis per praesens publicum instrumentum pateat quod anno ejusdem MCCCV, indictione tertia Pontificatus S. S. Domini Clementis V. et ipso sedente

ofreció examinar el asunto despacio, sin aprobar ni reprobar por entonces cosa alguna, aunque alababa la ciencia de Arnaldo y su sumision como buen católico á la Iglesia romana [1]

Al mismo año de 1305 reduzco con alguna duda una carta firmada en Tolosa el dia de la Exaltacion de la Cruz, por Juan Burgundi, *Sacristá* de Mallorca y canónigo de Valencia, el cual avisa á D. Jáime II de haber hablado en Tolosa con el maestro Arnaldo, que venia de la córte del Papa [2].

La verdad es que D. Jáime ponia todo ahinco en proteger á Arnaldo, á quien llama *nuestro venerable y amado consejero y físico*, y tanto el como la reina, los cortesanos y algunos Obispos, leian con mucha estimacion sus lucubraciones teológicas No lo llevaban á bien los dominicos, y Guillermo de Cauco libero (¿Colliure?), inquisidor en la, diócesis de Valencia, excomulgó por tener y publicar las dichas escrituras, y arrojó de la iglesia (en presencia de la reina misma), á Gombaldo de Pilis, criado y familiar de D. Jáime [3] Éste se enojó gravemente, y escribió al maestro Eymerich, en Diciembre de 1305, para que hiciera revocar aquella sentencia, que el rey tenia por anticanónica. amenazando en otro caso á aquel fraile y á todos los de su Órden con duros castigos. Ya apuntaban las eternas y lamentables competencias de jurisdiccion

Desde 1305 á 1309 falta toda noticia de Arnaldo· es probable que en este intermedio compusiera algunos libros citados en la sentencia condenatoria de 1316, y que hoy no parecen ni en el Vaticano ni en el Archivo de la Corona de Aragon [4].

Sólo consta que en 1309 hizo en Aviñon, en presencia del Papa y Cardenales, un *Rahonament* sobre las visiones del rey D. Jáime y de Federico [5] Allí, como *añafil del Salvador*, anuncia que dentro de aquel

---

pro tribunali ad audientiam publicam celebrandam in aula palatii archiepiscopalis Bordegaliae et mei notarii et testium subscriptorum personaliter magister Arnaldus de Villanova protestatus est et legit quamdam scripturam ›

1 Tres años despues le daba una prueba mayor de estimacion, afirmando (en dos Bulas expedidas en Aviñon el 8 de Setiembre de 1308, a favor de la facultad de Medicina de Montpellier) que habia seguido los consejos de los dos antiguos y sábios profesores, Arnaldo y Juan de Alais, en el arreglo de aquella escuela '

2 Archivo de la Corona de Aragon

3 Archivo de Aragon, registro núm 335, fol 318 Vid en el apéndice

4 Fuster *(Biblioteca Valenciana)* toma del *Registrum super aestimatione equorum in rracho Almeriae* (año 1309) la noticia de que Arnaldo (montado en un caballo de la casa real) asistió con D Jaime II al sitio de Almeria, comenzado el mes de Agosto y levantado en Enero de 1310

5 Primero le escribió en latin ‹F ell dia quem oyrem yols dix ligen en escrit en llengua latina les paraules ques seguexem› El texto catalan (que inserto en el apéndice) está en el mismo codice del Archivo de la Corona de Aragon que encierra la *Interpretatio* y la *Letra tramesa* y ha sido copiado por mi bueno y sábio amigo D M de Bofarull

centenario acabará el mundo. y que en los primeros cuarenta años cumplirá el Anticristo su carrera, se lamenta de la perversion de los cristianos, principalmente Prelados y religiosos; de la venalidad de los jueces y oficiales públicos, de la barbárie y tiranía de los ricoshombres, robadores de caminos, iglesias y monasterios, los cuales tienen *ménos religion que el caballo que montan;* de la falsía de los consejeros reales; de la negligencia de los príncipes, que desamparan á las viudas, huérfanos y pupilos; de las falsas y sofísticas distinciones de los predicadores *(crides),* dados á la gula y convertidos en *goliardos de taberna (goliarts de taberna),* amantes de la ciencia seglar y no de la Escritura. Quéjase de la persecucion que se hacia á las personas seglares que *quieren hacer penitencia en hábito seglar y vivir en pobreza..... como son Beguinos y Beguinas,* especie de *Pobres de Leon,* de que aún quedan restos en Gante y otras ciudades flamencas. Cuenta que él mismo estuvo expuesto á ser encarcelado y quemado vivo en el lugar de Santa Cristina, y que sus enemigos hicieron contra él una colecta de 60,000 tornesas. Unos le llamaban *fantástico,* otro *nigromante,* otros *encantador,* cuáles *hipócrita,* cuáles *hereje y papa de los herejes,* pero él *estaba firme y aparejado para confundir á los falsarios de la verdad evangélica* Anuncia los propósitos de vida cristiana y conquista de Tierra Santa que tenian los reyes de Aragon y de Sicilia, la reforma que la reina habia hecho en su casa vendiendo sus joyas para objetos piadosos, etc. El rey de Sicilia habia establecido escuelas de doctrina cristiana y de *lenguas orientales* para contribuir á la conversion de judíos y mahometanos el de Aragon llevaba sus armas contra Granada. Arnaldo se regocija de que sean *legos, idiotas* y *casados* los reformadores del pueblo cristiano

No á todos sentaron bien sus palabras. Clemente V hizo poco caso de ellas, sabedor, como era, de las rarezas de Arnaldo y de su empeño en hacerse predicador y reformista. Y aunque es cierto que el Cardenal de San Adrian, llamado Napoleon, y el diácono Pedro, felicitaron á D. Jáime II por sus proyectos de conquista de la Tierra Santa y de seguir el espíritu evangélico, conforme les habia informado el *prudente, sábio y abrasado en el amor de Dios, maese Arnaldo, gran zelador de la honra régia, varon iluminado y de virtud* [1], en cambio Fr. Romeo Ortiz, ministro de la Órden de Predicadores en Aragon, y el Cardenal Portuense, llevaron muy á mal la conducta de Arnaldo, que habia tratado al rey de Aragon y á su hermano de *vacilantes en la fé*

---

1 «Prudens et sapiens et spiritu Dei fervens magister Arnaldus de Villanova, magnificentiae regiae zelator praecipuus, vir luminis et virtutis » (Archivo de Aragon)

(dubios in fide), y de *infieles que creian en sueños,* y se lo escribieron así
á D Jáime para que se sincerase con el Papa y no enviara otra vez
de procurador suyo á Arnaldo, acusado ya de herejía por Felipe el
Hermoso en sus cargos contra Bonifacio [1].

Don Jáime obtuvo del Papa una copia del escrito de Arnaldo, que
estaba en poder del Cardenal Obispo de Túsculo, y convencido de
que las extravagancias de su médico sólo podian servir para compro-
meterle, dirigió en Octubre de 1310 una série de cartas al Papa, á los
Cardenales y á su hermano Federico, donde en vez de confesar la
verdad, trata de *embustero* á Arnaldo, niega lo de los sueños, etc. [2].
Clemente V le respondió que no sabia á punto fijo lo que Arnaldo
habia dicho, porque él, absorto en negocios más graves, no habia
prestado atencion alguna á su razonamiento, ni le daba fé ni importancia [3].

Federico II no abandonó la causa de Arnaldo *(nostre natural è domestic, qui es gelós de ver christianisme),* antes escribió á su hermano
afirmando que las proposiciones del médico ninguna infamia contenian para ellos, siendo lo de las *dudas* un encarecimiento y modo de
decir ponderativo para indicar la mala vida de los cristianos, que
hacia pensar á los ignorantes é idiotas que la tradicion evangélica
fuese fábula. En concepto de Federico, la verdadera infamia y muestra de poco cristianismo seria abandonar en el peligro á Arnaldo,
súbdito y servidor fiel de la casa aragonesa [4].

Mal visto el de Vilanova en la córte del Papa [5], y temeroso quizá
del enojo del rey de Aragon, juzgó oportuno refugiarse en Sicilia al
amparo de D. Fadrique. Poco despues le envió éste con una comision á Clemente V; pero murió en el mar, sin que pueda determinarse la fecha precisa. Segun unos, fué enterrado en Génova, segun
otros, en Monte Albano, lugar de Sicilia [6] Clemente V, que lo apre-
ciaba como médico, pasó una Encíclica á todos los Obispos, man-

1 Archivo de Aragon La carta de Fr Romeo Ortiz va íntegra en el apéndice VI Kalendas,
Nov 1309 Las del Cardenal Portuense, 25 y 28 de Octubre, dicen en sustancia lo mismo

2 Archivo de Aragon, registro 336, fól 19 y siguientes Citadas ya por D Antonio de Bofarull en su *Historia de Cataluña* La fecha es de Barcelona, Kal de Octubre de 1310

3 En el apéndice pueden verse las dos cartas de Clemente V ya publicadas por Villanueva
(Viaje literario, tomo XIX, apéndices XLIX y L) La fecha es «Datum in prioratu de Gransello IX Kal Nov pontificatus nostri anni V»

4 Archivo de la Corona de Aragon Vid en el apéndice, copiada del original autógrafo

5 Cita Raynaldo una abjuracion hecha por Arnaldo de sus errores, la cual constaba en un
manuscrito hallado en el archivo del Palacio de Aviñon, el año 1594, siendo allí Legado Octavio Aquaviva

6 Vid Juan Villani (lib IX, cap III), San Antonino de Florencia, Raynaldo *(Inales,* tomo IV, pág 498, año 1310), Du-Boulay *(Historia Universitatis Parisiensis etc),* etc

dando buscar con exquisita diligencia un libro, *De re medica*, que Arnaldo le tenia prometido, y entregárselo al clérigo Olivei [1]

Se habla de la muerte de Arnaldo en una caita del iey de Aragon á D Fadrique de Sicilia, á 3 de las Nonas de Marzo de 1311, desde Valencia [2]. Por escritura ante Jáime Martí, en 5 de los Idus de Febreio de 1311, Ramon Conesa, albacea de, Arnaldo, inventaió 19 *masmutinas* sobre tierras de Rauchoza

Tuvo nuestro héroe un hijo de su mismo nombre. que suena en documentos de 1320 y posteriores [3], y una hija, monja en el convento de Santa Maiía Magdalena de Valencia, cuyo nombre apaiece en una escritura de Abril de 1322, citada por Fustéi [4].

VII.—Inquisicion de los escritos de Arnaldo de Vilanova y sentencia condenatoria de 1316

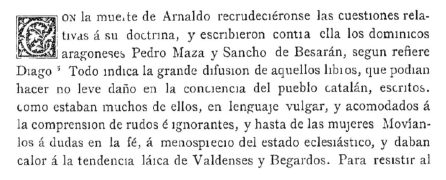ON la mueite de Arnaldo recrudeciéronse las cuestiones relativas á su doctrina, y escribieron contia ella los dominicos aragoneses Pedro Maza y Sancho de Besarán, segun refiere Diago [5] Todo indica la grande difusion de aquellos libios, que podian hacer no leve daño en la conciencia del pueblo catalán, escritos. como estaban muchos de ellos, en lenguaje vulgar, y acomodados á la comprension de rudos é ignorantes, y hasta de las mujeres Movíanlos á dudas en la fé, á menospiecio del estado eclesiástico, y daban calor á la tendencia láica de Valdenses y Begardos. Para resistir al

1 Raynaldo cita esta carta circulai (Idus de Marzo del año VII del pontificado de Clemente V, en Viena del Delfinado)

2 Nota del Sr Bofarull M Hauréau ha probado, segun veo en el art de Morel-Fatio, que la muerte de Arnaldo no podia ser posterior al 15 de Marzo de 1312, fecha de la carta de Clemente V

3 En el legajo 26 de *Cartas reales*, Archivo de Aragon, se lee el documento que sigue

»Jacobus Dei gratia Rex Aragonum etc Dilecto notario nostro Bernardo de Aversona salutem et dilectionem Mandamus vobis quatenus faciatis fieri litteram quae dirigatur fideli thesaurario nostro Petro Marti quod de pecunia curiae nostrae quae est vel erit penes eum tribuat et solvat Arnaldo de Villanova de domo nostra quinque mille solidos barchinonenses quos pro eruendo hereditamento sibi gratiose duximus concedendos quam litteram absque jure sigilli tradatis eidem Data in Silxes sub sigillo nostro secreto III Nonas Maii anno Domini 1320 »

4 El mismo Fustér menciona otros dos documentos relativos a Arnaldo una escritura ante G Bernet, a 9 de las Kalendas de Octubre de 1287, donde consta que nuestro medico vendio a B Acenuy un pedazo de huerta cerrado cerca del palacio del rey en Valencia, y una cesion del castillo de Ollers a Pedro Marques secretario del rey, por 220 sueldos, *censales*, *rendales* y *annales*, que producian várias tierras de la huerta de Valencia

5 *Historia de la Óiden de Preiicadores en Aiagon*

peligro [1], Jofre de Cruilles, prepósito de Tarragona, *sede vacante*, y Fr Juan de Longerio ó Lletger, inquisidor, convocaron á los *venera-bles y discretos religiosos* Fr Bernardo Domingo, lector de la Órden de Predicadores en Barcelona, Fr Bernardo de Pin, lector en Lérida; Fr Arnaldo de Canells, lector de la Órden de frailes Menores, Fray Bernardo Simon, dominico, lector en Tarragona, Fr. Guillermo Ca-rocha, franciscano, lector en Tarragona, Fr Jáime Ricart, cister-ciense, lector en Poblet· Fr Ramon Otger, cisterciense, lector en Santas Creus Todos los cuales examinaron los escritos de Arnaldo, y reunidos en la Sala capitular de Tarragona, asistiendo además Jacobo Alamanni, provincial de la Órden de Predicadores en Aragon, Berenguer de Calders, Gonzalo de Castro, Francisco de Casanova y otros canónigos tarraconenses, y en representacion de los abades de Poblet y Santas Creus, sus procuradores, dieron su dictámen y cali-ficacion de las obras de Arnaldo el sábado 8 antes de las Idus de Noviembre de 1316. Las proposiciones condenadas fueron éstas.

1.ª Que la naturaleza humana en Cristo es igual á la divinidad, y vale y puede tanto como ella. Lo cual es error en la fé, porque nin-guna cosa creada puede igualarse á Dios, y va derechamente contra el símbolo de San Atanasio, *Minor Patre, secundum humanitatem*, y contra las palabras del mismo Salvador en el Evangelio de San Juan *Pater major me est*

2.ª Que tan pronto como el alma de Cristo se unió á la divinidad alcanzó la plenitud de la ciencia divina, siendo (segun Arnaldo) el saber circunstancia pertinente á la *persona* y no á la *naturaleza*

3.ª Que el pueblo cristiano ha perdido la fé y sólo conserva la *piel*, es decir, la apariencia del culto eclesiástico, viviendo y reinando la apostasía desde la planta del pié hasta la cabeza Lo cual parece oponerse á la persistencia de la gracia en la Iglesia militante, con-forme á aquellas palabras del Señor: *Yo estaré con vosotros hasta la consumacion de los siglos.* Pero es de creer que Arnaldo no tomase tan á la letra sus ponderaciones del mal estado de la Cristiandad hasta entender que no quedaba miembro sano Fuera excesiva tal locura.

4.ª Que todos los religiosos y claustrales faltan á la caridad y al-teran la doctrina de Cristo y se condenan. Otra proposicion temera-ria y calumniosa por su generalidad

5.ª Que es dañoso y condenable el estudio de la filosofía y su

---

aplicacion á las ciencias teológicas. Arnaldo odiaba á los escolásticos

6.ª Que la revelacion de Cyrillo es más preciosa que las Sagradas Escrituras.

7.ª Que las obras de misericordia agradan más á Dios que el sacrificio de la Misa ¡Qué espíritu tan estrecho, *láico* y *positivo* (como ahora en mal sentido.se dice) es el de esta proposicion!

8.ª Que son inútiles las misas y sufragios por los difuntos. Herejía profesada tambien por los Albigenses. Dudo, sin embargo, que Arnaldo la enseñase tan en crudo, lo único que dice es que se condena el que en vez de socorrer á los pobres funda capellanías ó deja rentas para que se digan misas por él despues de su muerte.

9.ª Que en el sacrificio de la Misa, el sacerdote nada propio de él ofrece, ni siquiera la voluntad.

10. Que en la limosna se representa la pasion de Cristo, mejor que en el sacrificio del altar, porque en la primera se alaba á Dios con obras, en el segundo con palabras. Lo cual, además de ser un absurdo hasta en los términos, manifiesta en Arnaldo cierta animadversion contra el culto, y tendencias á sobreponerle la moral: todo lo cual nace de un vulgar criterio práctico, que no se levanta á la parte dogmática de la religion.

11. Que las Constituciones papales versan sobre disciplina y no sobre dogma

12 Que Dios nunca ha amenazado con eterna condenacion á los pecadores, sino á los que den mal ejemplo, cuando, por el contrario, está expreso en Ezequiel. *Anima quae peccaverit ipsa morietur*

13. En que condena Arnaldo todas las ciencias, fuera de la Teología.

14. La consabida acerca del tiempo de la venida del Anticristo y fin del mundo.

Leidas y calificadas estas proposiciones, Jofre de Cruilles y el inquisidor Lletger procedieron á la condenacion de los errores de Vilanova, mandando entregar en el término de diez dias todos los ejemplares que pareciesen de sus libros Los que habian llegado á manos de los calificadores, y nominalmente fueron reprobados, son·

De humilitate et patientia Christi Empezaba: *Si l'amor natural*

De fine mundi. Com. *Entés per vostres lletres.. .*

Informatio Beguinorum vel lectio Narbonnae Inc. *Tots aquells qui volen fer vida spiritual* .

Ad priorissam, vel de charitate: Beneyt et loat Jesu Christ.....

Apología. Ad ea quae per vestras litteras..

Una carta sin título, que comienza *Domino suo charissimo ....*

Denunciatio facta coram Episcopo Gerundensi. Inc. *Coram vobis reverendo ..*

De eleemosyna et sacrificio· Al catolic Enqueridor.   .

Otro libro sin título, cuyo principio era: *Per zo com molts desigen saber oyr zo que yo vaig denunciam*

Alia informatio Beguinorum Incip *Als cultivadors de la evangelical pobrea.*

El libro que empieza· *Daván vos, senyor en Jacme per la gracia de Déu rey d'Aragó, propós yo Mestre Arnau*

El *Rahonament. Cant fuy Avinyó.....*

El que comienza. *Entés per vostres paraules*

La *Responsio contra Dn. Sicardi.*

Buena parte de estos opúsculos estaban, como se ve, en lengua vulgar [1].

Algunos no parecen; otros quizá sean los mismos que tenemos, pero con diferentes títulos y principios; en cambio, faltan muchos de los que llevamos analizados [2].

Hizo Arnaldo extravagantes experimentos sobre la generación. «Hay quien diga, por lo ménos el Tostado lo testifica, que intentó con simiente de hombres y otros simples que mezcló en cierto vaso, de formar un cuerpo humano, y que aunque no salió con ello, lo llevó muy adelante», escribe Mariana (lib. XIV). Este conato repugnante é impío ha sido repetido muchas veces por médicos visionarios y algo teósofos. Paracelso dá en el *Paramirum* la receta para crear un *homunculus* por el arte *Spagírico.* Hasta ahora no hay noticia de más *humunculi* que del fabricado por Wagner, *ex contrario et incongruo,* en el laboratorio de Fausto, como puede ver el curioso en la inextricable parte segunda del poema de Goethe

Renan [3] dice que *Arnaldo de Vilanova pasaba por adepto de una secta pitagórica esparcida en toda Italia* Semejante noticia riñe con todo lo que sabemos del médico español, descansa sólo en la autoridad de Champier, y ha sido poca crítica en Renan el admitirla

---

1 Salva tuvo a la venta en Londres un codice del siglo XIV (fines) que contenia las *Predicccions de Mestre Arnau de Vilanova, con una explanació de Mossen Ramon Servera* (El manuscrito habia pertenecido a Mayans, y tenia notas de su mano)

2 De esta sentencia copio Eymerich todo lo que dice de Arnaldo en el *Directorium Inquisitorium* (pags 265 y 316 de la ed de Roma) Vid además Bernardo de Lutzemburgo,· *Catal haeret* (lib II), Gabriel Prateolo, lib I cap LXIX *De vitis et sectis haereticorum* y Raynaldo (continuacion de los Anales de Baronio), tomo V (Luca, 1750), año 1317, pág 77, que tomaron sus noticias de Eymerich

3 *Averroes et l'Averroisme*

Tampoco hay fundamento para atribuir á Arnaldo el libro semi-fabuloso *De tribus impostoribus*.

Puede tenerse á Arnaldo por el corifeo de los *Begardos* ó *Beguinos* en Cataluña. Este es el único resultado de su influencia

Hora es ya de poner término á esta prolija narracion, en que me he dilatado más de lo que pensé, movido, no de la trascendencia de los errores de Arnaldo, sino de lo peregrino de las noticias y lo singular del personaje. Los tratados suyos que he sacado del olvido, sobre todo el *Rahonament fet en Avinyó*, aunque insignificantes bajo el aspecto teológico, son un tesoro para la historia de las costumbres de la Edad Media, y un documento curiosísimo de lengua catalana.

CAPÍTULO IV

NOTICIA DE DIVERSAS HEREJÍAS DEL SIGLO XIV

I.—Preliminares. Triste estado moral y religioso de la época.—II. Los Begardos en Cataluña
(Pedro Olér, Fray Bonanato, Durán de Baldach, Jacobo Juste, etc.).—III. Errores y aberraciones particulares (Berenguer de Montfalcó, Bartolomé Janoessio, Gonzalo de Cuenca, R. de
Tárrega, A. Riera, Pedro de Cesplanes).—IV. Juan de Pera-tallada (Rupescissa).—V. La impiedad averroista. Fr. Tomás Scoto. El libro *De tribus impostoribus.*—VI. Literatura apologética. El *Pugio fidei* de Ramon Martí.

I.—PRELIMINARES.—TRISTE ESTADO MORAL Y RELIGIOSO
DE LA ÉPOCA

ARACTERÍZASE el siglo XIV por una recrudescencia de barbárie, un como *salto atrás* en la carrera de la civilizacion.
Las tinieblas palpables del siglo X no infunden más horror,
ni quizá tanto. Reinan doquiera la crueldad y la lujuria,
la sórdida codicia y el anhelo de medros ilícitos; desbócanse todos los
apetitos de la carne; el criterio moral se apaga. La Iglesia gime cau-
tiva en Aviñon, cuando no abofeteada en Anagni; crecen las herejías
y los cismas; brotan los pseudo-profetas animados de mentido fervor
apocalíptico; guerras feroces y sin plan ni resultado ensangrientan la
mitad de Europa; los reyes esquilman á sus súbditos ó se convierten
en monederos falsos; los campesinos se levantan contra los nobles, y
síguense de una y otra parte espantosos degüellos y devastaciones de
comarcas enteras. Para deshacerse de un enemigo se recurre indistin-
tamente á la fuerza ó á la perfidia; el monarca usurpa el oficio del
verdugo; la justicia se confunde con la venganza; hordas de bando-

leros ó asesinos pagados deciden de la suerte de los imperios, el adulterio se sienta en el sólio, las órdenes religiosas decaen ó siguen ti-
biamente las huellas de sus fundadores; los grandes teólogos en-
mudecen, y el arte tiene por forma casi única la *sátira* Al siglo de
San Luis, de San Fernando, de Jáime el Conquistador y de Santo
Tomás de Aquino, sucede el de Felipe el Hermoso, Nogarét, Pedro
el Cruel, Cárlos el Malo, Glocester y Juan Wiclef En vez de la *Divina Comedia* se escribe el *Roman de la Rose*, y llega á su apogeo el ciclo
de *Renart*.

Buena parte tocó á España en tan lamentable estado. Olvidada
casi la obra de la *Reconquista* despues de los generosos esfuerzos de
Alfonso XI (carácter entero, si poco loable), desgarrado el reino
aragonés por las intestinas lides de *la union*, que reprime con férrea
mano D. Pedro el Ceremonioso, político grande y sin conciencia;
asolada Castilla por fratricidas discordias, peores que las de los Atri-
das ó las de Tébas, empeoraron las costumbres, se amenguó el espíritu religioso, y sufrió la cultura nacional no leve retroceso

Los testimonios abundan, y no son por cierto sospechosos Prescindamos del de Arnaldo de Vilanova, ya conocido. hablen otros autores más católicos. Basta abrir el enorme volúmen *De Planctu Ecclesiae* que compuso Álvaro Pelaez ó Pelayo *(Pelagius)*, Obispo de Silves
y confesor de Juan XXII, para ver tales cosas que mueven á apartar
los ojos del cuadro fidelísimamente trazado, y por ende repugnante [1]
No hay vicio que él no denunciara en los religiosos de su siglo el
celo le abrasaba ¿Dónde hallar mayores invectivas contra la simonía [2] *(Corpus Christi pro pecunia vendunt)* y el nepotismo? [3] ¿Dónde más
triste pintura de los monasterios, infestados, segun él, por cuarenta
y dos vicios? [4] No hay órden ni estado de la Iglesia ó de la sociedad
civil de su tiempo, *desde la cabeza hasta los miembros*, que no se encuentre tildado con feos borrones en su libro. Y el que esto escribia
no era ningun reformista ó revolucionario, sino un franciscano piadosísimo, adversario valiente de las novedades de Guillermo Ockham,
y fervoroso partidario de la autoridad pontificia. Del seno de la Iglesia, no de la confusion del motin, se han alzado siempre las voces
que sinceramente pedian correccion y reforma.

---

1 *De Planctu Ecclesiae Alvari Pelagii Hispani, ex ordine Minoritarum, Theologi et Decretorum Doctoris Episcopi Silvensis, Libri duo Venetiis, ex officina Francisci Sansovini et So-
ciorum MDLX*

2 Cap IX, lib II

3 Cap XV

4 Cap XXIV

Así oímos, consonando con la de Álvar Pelayo, la de Fr. Jacobo de Benavente en su *Viridario* [1] «Ó perlados et ricos, desyt: ¿qué provecho os face el oro et la plata en los frenos et en las siellas...... ¿Et qué pró facen tantos mudamientos de pannos presciados et de las otras cosas sin necessidat? . Ya ¡mal pecado!.... tales pastores non son verdaderos, mas son mercenarios de Luzbel, et lo que es peor, ellos mesmos son fechos lobos robadores. .. et pastores et perlados que agora son, por cierto velan et son muy acuerdosos por fenchir los establos de mulas et de caballos, et las cámaras et las arcas de riquezas et de joyas et de pannos presciados. Et piensan de fenchir los vientres de preciosos manjares et aver grandes solaces, et de enriquescer et ensalzar los parientes: et non han cuidado de las sus ánimas nin de las de su grey que tienen en su acomyenda, sinon solamente que puedan aver de los súbditos ó de las oveias mesquinas leche et lana.»

No con ménos vigor, y en términos harto crudos, denuncia el insigne Arzobispo de Sevilla, D Pedro Gomez de Albornoz, en su libro *De la justicia de la vida espiritual* [2], los concubinatos, la gula y el fáusto de los clérigos de su diócesis.

De los de Toledo dejó tristes noticias el satírico arcipreste de Hita en la *Cantiga de los clérigos de Talavera;* y áun en todo el cuerpo de sus desenfadadas poesías, donde el autor mismo aparece como personificacion del desórden, y sacrílegamente se parodian himnos sagrados, y hasta el nombre de *Trota conventos,* dado á una Celestina, revela á las claras lo profundo del mal

Seriedad mayor y espíritu didáctico muestra el canciller Pero Lopez de Ayala en el *Rimado de Palacio,* donde ni reyes, ni mercaderes, ni letrados, ni cortesanos, ni ménos gente de iglesia, quedan bien librados [3]:

> *La nave de Sant Pedro está en gran perdicion,*
> *Por los nuestros pecados et la nuestra ocasion.*
>
> . . . .
>
> *Mas los nuestros perlados que nos tienen en cura.*

1 *Vergel de Consolacion* Acabada y imprimida fue la presente obra del *Vergel de Consolacion en la muy noble y muy leal Ciudad de Sevilla, por Meinardo ungut Aleman e Stanislao Polono, compañeros a XXI dias del mes de Octubre de M CCCC XCVII año.* (La obra es de fines del siglo XIV) Cap VIII, part III

2 Biblioteca Nacional, *BB*-1 36

3 Vid los poemas del arcipreste de Hita y de Pero Lopez de Ayala en los *Poetas castellanos anteriores al siglo XV* (Tomo LVII de Rivadeneyra)

Assás han á fazer por nuestra desventura.
Cohechar los sus súbditos sin ninguna mesura,
Et olvidar consciencia et la sancta Scriptura.

. . . .

Desque la dignidat una vez han cobrado,
De ordenar la Iglesia toman poco cuidado·
En cómo serán ricos más cuydan ¡mal pecado!
Non curan de cómo esto les será demandado.

. .   . .

Perlados sus eglesias debian gobernar,
Por cobdicia del mundo allí quieren morar,
E ayudan revolver el reino á más andar,
Como revuelven tordos el pobre palomar

. . .   . .

De los *prestes* dice:

Non saben las palabras de la consagracion,
Nin curan de saber nin lo hán á corazon·
Si puede aver tres perros, un galgo et un furon,
Clérigo de aldea tiene que es infanzon.
Si éstos son ministros, sónlo de Satanás,
Cá nunca buenas obras tú facer les verás,
Gran cabaña de fijos siempre les fallarás
Derredor de su fuego, que nunca y cabras.

Puede tenerse por satírico encarecimiento lo que Juan Ruiz escribió de la simonía en la córte de Aviñon, ó lo que el Petrarca repitió
en églogas latinas y sonetos vulgares.

Dell' empia Babilonia, ond'è fuggita
Ogni vergogna, ond'ogni bene è fuori,
Albergo di dolor, madre d' errori.

. .   .   .   .

¡Fiamma dal ciel su le tue treccie piova!

. . . .

Nido di tradimenti, in cui si cova
Quanto mal per lo mondo oggi si spande,
Di vin serva, di letti e di vivande,
In cui lussuria fa l' ultima prova;

pero no parece justo negar el crédito á severos moralistas como el gran canciller ó Fr Jacobo de Benavente. En realidad los pecados clamaban al cielo.

No es de extrañar, pues, que á la sombra de tantas prevaricaciones creciese lozana la planta de la herejía, áun en España, más libre siempre de esos peligros. El laicismo y el falso misticismo de los *Begardos*, predecesores de los *Alumbrados*, las supuestas profecías y revelaciones de algunos discípulos de Arnaldo, la impiedad oculta con el nombre de Averroismo: hé aquí las principales plagas. Procuraré recoger las escasas noticias que quedan, algunas bien peregrinas áun para los doctos.

II.—Los Begardos en Cataluña (Pedro Olér, Fr Bonanato, Durán de Baldach, Jacobo Juste, etc)

E los primeros pasos de la Inquisicion catalana he dicho algo en capítulos anteriores. Pudieran añadirse ciertos herejes, cuyos nombres constan, aunque no la calidad de sus errores. En 1263 fué quemado *(combustus)* por crímen de herética pravedad un tal Berenguer de Amorós, confiscándosele los bienes que tenia en Ciurana. Queda tambien noticia de haberse secuestrado una alquería en tierra de Valencia á Guillermo de Saint-Meho, condenado por hereje [1]. Uno y otro serian quizá *Valdenses*, ó más probablemente *Begardos*.

De éstos hay noticias en el *Directorium Inquisitorum* de Fr. Nicolás Eymerich En tiempo de Juan XXII, hácia 1320, predicaron esa doctrina en Barcelona Pedro Olér de Mallorca y Fr. Bonanato Fueron condenados por Fr. Bernardo de Puig-Certós, inquisidor, y por el Obispo de Barcelona, entregados al brazo secular, y quemado Pedro Olér. Fr. Bonanato consintió en abjurar, y salió de las llamas medio chamuscado.

En 1323 apareció en Gerona otro *Begardo*, Durán [2] de Baldach, con varios secuaces, que condenaban la propiedad y el matrimonio.

1 Archivo de la Corona de Aragon reg 12, fol 129 vto , y reg 30, fol 58 (alegados por don Antonio de Bofarull en su *Historia de Cataluña)*

2 En algunos codices del *Directorio* se lee en vez de *Durandus* «*Ducandus*», pero debe de ser errata

Fueron juzgados por el Obispo Villamarín y por el inquisidor Fray Arnaldo Buiguét, entregados como impenitentes al brazo secular y quemados.

Fray Bonanato reincidió en la herejía y la predicó en Vilafranca del Panadés en tiempo de Benedicto XII Fué condenado por el Obispo de Barcelona, Fr Domingo Ferrér de Apulia, y por el inquisidor Fr. Guillermo Costa Bonanato fué quemado vivo, y su casa de Vilafranca arrasada. Los cómplices abjuraron

En tiempo de Clemente VI (hácia 1344) se presentaron en Valencia muchos Begardos, capitaneados por Jacobo Juste Veneraban como mártires á sus correligionarios, condenados antes por la Inquisicion D. Hugo de Fernollet, Obispo de Valencia, y el inquisidor Fray Nicolás Rosell (despues Cardenal), reprobaron sus predicaciones. Juste, despues de abjurar, fué puesto en reclusion, donde murió. Se exhumaron los cadáveres de varios herejes, Guillermo Gelabert, Bartolomé Fuster, etc [1].

¿Cuáles eran los errores de los Begardos? Álvaro Pelagio los recopila en el cap. LII (libro II) del *Planctus Ecclesiae*, con arreglo á una Constitucion de Clemente V contra aquellos herejes. Los principales capítulos de condenacion eran:

1.º   Que el hombre puede alcanzar en la presente vida tal perfeccion, que se torne impecable.

2º   Que de nada aprovechan al hombre la oracion ni el ayuno, despues de llegar á la perfeccion, y que en tal estado puede conceder libremente al cuerpo cuanto pida, ya que la sensualidad está domeñada y sujeta á la razon.

3.º   Que los que alcanzan la perfeccion y el *espíritu de libertad* no están sujetos á ninguna obediencia humana; entendiendo mal las palabras del Apóstol. *Ubi spiritus Domini, ibi libertas.*

4.º   Que el hombre puede llegar á la final beatitud en esta vida.

5.º   Que cualquiera naturaleza intelectual es por sí *perfectamente bienaventurada*, y que el alma no necesita de los resplandores de la gracia para ver á Dios en vista real

6º   Que los actos virtuosos son muestra de imperfeccion, porque el *alma perfecta* está *sobre* las virtudes.

7º   Que el acto carnal, es lícito, porque á él mueve é inclina la naturaleza, al paso que el ósculo es ilícito por la razon contraria.

8º   Que se pierde la pura contemplacion al meditar acerca del

1 Pag 265 y sigs de la ed romana del *Directorium (in aedibus populi romani, 1573*, con adiciones de La Peña

Sacramento de la Eucaristía ó la humanidad de Cristo, etc., por lo cual condenaban la veneracion á la Hóstia consagrada

«Estos hipócritas (dice Álvaro) se extendieron por Italia, Alemania y Provenza, haciendo vida comun, pero sin sujetarse á ninguna regla aprobada por la Iglesia, y tomaron los diversos nombres de *Fratricelli, Apostólicos, Pobres, Beguinos,* etc. Vivian ociosamente, y en familiaridad sospechosa con mujeres Muchos de ellos eran fráiles, que vagaban de una tierra á otra huyendo los rigores de la regla [1] Se mantenian de limosnas, explotando la caridad del pueblo con las Órdenes mendicantes.»

Cuanto á su doctrina, cualquiera notará que es la misma profesada en el siglo XV por los herejes de Durango, en el XVI por los *Alumbrados* y en el XVII por los *Molinosistas.*

III.—Errores y aberraciones particulares (Berenguer de Montfalcó, Bartolomé Janoessio, Gonzalo de Cuenca, R de Tárrega, A. Riera, Pedro de Cesplanes)

o faltaron herejes de otra laya en Cataluña En 1353, el Arzobispo de Tarragona D. Sancho Lopez de Ayerbe condenó á Berenguer de Montfalcó, cisterciense de Poblet, por enseñar que sólo es lícito obrar bien *por puro amor de Dios y no por esperanza de la vida eterna* [2], doctrina muchas veces reproducida, v. gr., en las *Máximas de los Santos* de Fenelon, y reprobada en el siglo XVII con los demás yerros de los *Quietistas.*

En 1352, el italiano Nicolás de Calábria divulgó en Barcelona las siguientes extravagancias, que exceden á cuanto puede imaginar la locura humana:

1.ª   Que un cierto Gonzalo de Cuenca, maestro suyo, era el hijo de Dios unigénito.

2.ª   Que dicho Gonzalo era inmortal y eterno.

3.ª   Que el Espíritu Santo debia encarnar en los futuros tiempos, y que entonces Gonzalo convertiria á todo el mundo.

---

1 En otra parte dice «Vagationi et dormitationi et ingurg tationi operam dant, more hypocritarum in angulis platearum et palam in conspectu hominum in Ecclesiis actum orationis exterioris ostendentes» (Cap LI)

2 «Quod omnia de genere bonorum quae fienda sunt sunt fienda Dei puro amore, et non ex alia causa nec spe mercedis aeternae » (Villanueva, *Viaje literario,* tomo XX, pag 4)

4.ª Que el día del Juicio, Gonzalo rogaría á su eterno Padre por los pecadores y condenados, y todos serían salvos

5.ª Que en el hombre hay tres esencias el alma, formada por Dios Padre, el cuerpo, creacion del Hijo, y el espíritu, infundido por el Espíritu Santo; en apoyo de lo cual traía el texto· *Formavit Deus hominem de limo terrae, et spiravit spiraculum vitae et factus est in animam viventem* [1].

De estos errores abjuró pública y solemnemente Nicolás de Calábria en Santa María del Mar de Barcelona, siendo penitenciado con prision y sambenito perpétuos Pero no tardó en reincidir, y en 20 de Abril de 1357 fué denunciado por Fray Berenguer Gelati. En 30 de Mayo del mismo año, el inquisidor Eymerich y Arnaldo de Busquets, vicario capitular de Barcelona, condenaron pública y solemnemente estas aberraciones, y entregaron al delirante italiano al brazo secular. Entonces fué quemado el *Virginale*, libro compuesto por Gonzalo de Cuenca y Nicolás de Calábria, *bajo la inspiracion del demonio, que se les apareció visiblemente*, dice Eymerich.

En el pontificado de Urbano V, hácia 1363. un mallorquin, Bartolomé *Janoessius*, publicó varios libros, *De adventu Antichristi*, que fueron examinados y reprobados en consulta de maestros de teología, convocados por el Obispo de Barcelona y por Fr. Nicolás Eymerich. El autor se retractó Enseñaba (siguiendo las huellas de Arnaldo de Vilanova) que el Anticristo y sus discípulos habían de aparecer el dia de Pentecostés de 1360, cesando entonces el sacrificio de la Misa y toda ceremonia eclesiástica, que los fieles pervertidos por el Anticristo no se habían de convertir nunca, por ser indeleble el sello que él les estampaba en la mano ó en la frente, para ser abrasados (áun en vida) por el fuego eterno. Esto se entiende con los *cristianos* que tuviesen libre albedrío, pues los niños, y de igual manera los judíos, sarracenos y paganos, etc., habrian de convertirse despues de la muerte del Anticristo, viniendo la Iglesia á componerse sólo de infieles convertidos.

---

1 «Primus error quod quidam hispanus haeresiarca magnus vocatus Gundisalvus de episcopatu Conchensi oriundus erat Dei filius in coelis eterniter generatus, licet videretur patrem et matrem in terris habuisse

»Secundus error quod dictus Gundisalvus nunquam moreretur, sed viveret in aeternum

»Tertius error quod Spiritus Sanctus debebat futuris temporibus incarnari, et tunc ipse Gundisalvus totum mundum converteret

»Quartus error quod in die judicii Gundisalvus ille oraret pro omnibus mortuis in peccato mortali et damnatis in inferno et ejus precibus liberarentur et salvarentur

»Quintus error quod in homine sunt tria, anima quam formavit Deus pater, corpus quod formavit Dei filius et spiritus quem creavit Spiritus Sanctus» etc

Los *Fratricelli* penetraron en Cataluña durante los pontificados de Inocencio VI, Urbano V y Gregorio XI. Fr. Arnaldo Muntanér, su corifeo, enseñó en Puigcerdá, diócesis de Urgél·

1.º Que Cristo y los Apóstoles nada habían poseído propio ni común

2.º Que nadie podía condenarse llevando el hábito de San Francisco

3.º Que San Francisco baja una vez al año al purgatorio y saca las almas de los que fueron de su Órden.

4.º Que la Órden de San Francisco había de durar siempre.

Fray Arnaldo no quiso abjurar, aunque alguna vez fingió hacerlo. Citado á responder no compareció, persistiendo en tal empeño diez y nueve años. Al cabo Nicolás Eymerich·y el Obispo Berenguer Daril le declararon públicamente hereje en la Seo de Urgél [1].

Famoso más que ninguno de los anteriores fué Raimundo de Tárrega ¡Ojalá se conservara su proceso, que aún existía en tiempo de Torres Amát! Hoy hemos de atenernos á los escasos datos que del *Diccionario de escritores catalanes* y de la obra de Eymerich resultan. Raimundo de Tárrega, natural de la villa de este nombre en el obispado de Solsona, era de familia de conversos, y por eso se le llama el *neófito* y el *rabino* A los once años y medio abrazó la religion cristiana Fráile, despues. de la Órden de Predicadores, y señalado en las disputas escolásticas por su agudeza é ingénio, hubo de defender proposiciones disonantes, é insistiendo en ellas, fué delatado al inquisidor general de Aragon, que lo era entonces el dominico Fray Nicolás Eymerich. Vanas fueron las exhortaciones de éste para que Raimundo se retractara· vióse precisado á encarcelarle, y solicitó de Gregorio XI especiales letras apostólicas para procesarle La causa empezó en 1368, preso Tárrega en el convento de Santa Catalina de Barcelona, y duró hasta 1371. Los calificadores declararon unánimemente erróneas y heréticas las proposiciones, pero el reo se negaba á abjurarlas, á pesar de los ruegos del general de su Órden.

Acudió Tárrega á la cúria romana quejándose de várias irregularidades en el proceso, y el Cardenal Guido Obispo de Perusa, por órden de Gregorio XI, escribió desde Aviñon, á 15 de Febrero de 1371, al inquisidor Eymerich, para que junto con el Arzobispo de Tarragona terminase cuanto antes la causa de Raimundo. El Pontífice mismo escribió con ese objeto á Eymerich y al Prelado tarraconense

---

[1] Consta todo en el *Directorium* de Eymerich, de quien lo tomaron Prateolo *(De sectis haereticorum* y Bernardo de Lutzemburgo *(Cathalogus haereticorum)*

mandándoles que fallasen en breve el proceso y le remitiesen á la Silla apostólica. Es más, se formó una congregacion de treinta teólogos para calificar de nuevo las proposiciones é informar al Pontífice [1].

Así las cosas, el 20 de Setiembre de 1371 apareció Raimundo muerto en su cama, no sin sospechas de suicidio ó de violencia, sobre lo cual mandó el Arzobispo de Tarragona á Eymerich y al prior de los Canónigos regulares de Santa Ana de Barcelona abrir una informacion judicial. La fecha de esta carta es de 21 de Octubre de 1371.

Las proposiciones sospechosas parece que versaban sobre el sacrificio de la Misa, adoracion y culto, y sobre la fé explícita de los láicos.

Las obras de R. de Tárrega, condenadas y mandadas quemar en 1372 por Gregorio XI, eran un libro *De invocatione daemonum* y unas *Conclusiones variae ab eo propugnatae*. Se le atribuyen además tratados *De secretis naturae*, *De alchimia*, etc, y son suyos muy probablemente algunos de los escritos alquímicos que corren á nombre de Lull. *Raimundo Lulio* llaman algunos al de Tárrega, lo cual ha sido ocasion de que muchos atribuyeran al beato mallorquin culpas del hereje dominico [2], notable adepto de las ciencias ocultas.

Eymerich, en sus obras inéditas, dá noticia de otros heterodoxos de su tiempo, en cuyos procesos intervino. El décimo quinto de los tratados suyos que encierra el códice 3,171 de la Biblioteca Nacional de París, es una refutacion de veinte proposiciones divulgadas en el *Estudio* de Lérida por un escolar valenciano, Antonio Riera. Decia.

1.º Que el Hijo de Dios puede dejar la naturaleza humana que tomó, y condenarla *in aeternum*.

2.º Que se acercaba, segun los vaticinios de los Santos, el tiempo en que debian ser exterminados todos los judíos, sin que quedase uno en el mundo.

3.º Que habia llegado, conforme á las profecías, la era en que todos los fráiles Predicadores y Menores, y los clérigos seculares, habian de perecer, cesando todo culto por falta de sacerdotes.

4.º Que todas las iglesias se convertirian en establos y se aplicarian á usos inmundos.

5.º Que cesaria totalmente el sacrificio de la Misa.

6.º *Que llegaria tiempo en que la ley de los judíos, la de los cristianos*

---

1 *Memorias para ayudar a formar un Diccionario crítico de escritores catalanes. Escribiólas el Ilmo Sr D Felix Torres Amát, Obispo de Astorga* (Barcelona, 1836). El proceso debe de haber perecido en alguna de las infinitas y vandálicas quemas de papeles de la Inquisicion en 1820, 1834, etc ¡Lastima que Torres Amat no le extractase más por extenso!

2 Tal es la fundada opinion de mi amigo D José R de Luanco en su precioso opúsculo *Ramon Lull considerado como alquimista* (Barcelona, 1870.)

y la de los sarracenos, se redujesen á una ley sola: cuál de ellas sólo Dios lo sabia.

7.º   Que todas estas cosas habían de pasar dentro de aquel centenario

8.º   Que acabada esa persecucion, los cristianos irian á Jerusalen á recobrar el Santo Sepulcro y elegir allí Papa.

9.º   Tachaba de falsedad el *Evangelio de San Mateo.*

10   Que Cristo hubiera podido pecar y condenarse

11.   Que el judío que cree de buena fé será salvo.

12.   Que al rústico le basta creer *en general*, y no artículo por artículo, lo que la Iglesia cree.

13.   Que el adulto que se bautiza alcanza más gracia por el bautismo que el párvulo

Las demás proposiciones que Eymerich apunta no merecen tomarse en cuenta. Decia Riera que la doctrina luliana era buena y católica, lo cual no era herejía, mal que le pesara á Fr Nicolás (llevado de su manía contra los Lulianos), puesto que la Iglesia no la habia condenado ni la condena Otras son modos *lulianos* de expresarse, impropios en rigor teológico; v. gr , «que la esencia de Dios, referida al Padre, engendra, referida al Hijo es engendrada, referida al Espíritu Santo *espira y procede*» [1].

Los vaticinios del próximo fin del mundo, decadencia ó extincion del culto eclesiástico, etc., parecen asimilar á Riera con Arnaldo y Juan de Rupescissa. Pero la herejía gravísima y característica suya, la refundicion de las tres leyes en una sola, no pertenece más que á los Averroistas, que solian ponerlas en parangon é igualdad Es el cuento de los tres anillos. Algunos han atribuido absurdamente esa idea de *conciliacion* y *tolerancia* (como dicen) á Ramon Lull, al fervo-

---

1 *Super XX articulis per quemdam Anthonium Riera studentem Valentinum   ibi disseminatis (sc in studio Ilerdensi)* 1 Quod filius Dei potest dimittere humanam naturam quam assumpsit, et illam postmodum aeternaliter condemnare 2 Quod tempus aderat, juxta Sanctorum vaticinia, in quo omnes judaei debebant interfici, ut nullus judaeus in mundo deinceps remaneret 3 Quod tempus advenerat secundum vaticinia prophetarum, quod religiosi fratres praedicatores et minores et caeteri religiosi, clerici et sacerdotes omnes debebant interfici ut nullus religiosus clericus vel sacerdos in mundo deinceps remaneret, sed ex toto cessaret cultus sacerdotum 4 Quod omnes ecclesiae materiales quae erant in civitatibus christianorum converterentur in stabula jumentorum, et fierent de his omnibus stabula et habitacula porcorum et caeterorum animalium   ut deinceps in mundo christianorum ecclesia nulla esset, sed totaliter cultus divinus cessaret et finem haberet 5 Quod deinceps missae non celebrarentur nec sanctum sacrificium in missa offerretur   imo sacrificium missae totaliter haberet finem et totaliter cessaret 6 Quod tempus adesset quo lex christianorum, lex judaeorum et lex sarracenorum converterentur in unam legem, scil quod esset illa lex quae omnium generaliter esset una, nesciebatur si esset lex christianorum, judaeorum vel sarracenorum, sed solus Deus noverat quae esset lex illa et nullus alius . etc

roso misionero que tanto se afanó por la cristianizacion de judíos y mahometanos, intentando á veces (con sobrada osadía) demostrarlo todo por razones naturales; pero sin imaginar nunca que el resultado hubiera de obtenerse por concesiones mútuas, sino por *concesion* sincera del error á la *verdad*.

Si hemos de creer á Eymerich, un cierto Pedro Rosell, luliano, enseñó que «en tiempo del Anticristo todos los teólogos han de apostatar de la fé, y entonces los discípulos de Lulio convertirán con la doctrina de su maestro á todo el mundo». El mismo Rosell decia que «la doctrina del Antiguo Testamento se atribuye á Dios Padre, la del Nuevo Testamento al Hijo, la de Raimundo Lulio al Espíritu Santo; que toda disciplina teológica ha de perecer fuera de la de Lulio, y que los teólogos modernos nada alcanzan de verdadera teología». Todas estas son ponderaciones é hipérboles de discípulos apasionados, que quizá no tenian tanta trascendencia ni alcance como Eymerich quiere darlas en su *Dialogus contra lulistas,* escrito en 1389.

El mismo inquisidor, en un tratado sin título, combatió á Pedro de Cesplanes, rector de Sella en el reino de Valencia, por haber dicho en una cédula extendida ante notario que «en Cristo hay tres naturalezas: humana, espiritual y divina» [1]. Cuando se leyó en público esta cédula [2], levantóse un mercader y comenzó á gritar *nó, nó,* de lo cual resultó un tumulto entre el pueblo y el clero. Sabido por el inquisidor de Valencia, mandó hacer informacion y arrestar al rector en el palacio episcopal. El Cardenal de Valencia y el inquisidor reunieron una Junta de veintiocho teólogos, juristas y médicos. La mayoría decidió en la primera sesion que la cédula era herética, aunque algunos dijeron que podia entenderse en sentido católico. Le condenaron en la tercera sesion á abjurar públicamente su yerro (só pena de degradacion y entrega al brazo secular), y tras esto á cárcel perpétua, á privacion de beneficio y de licencias de predicar. Esta sentencia podia mitigarse al arbitrio del Cardenal de Valencia y de los inquisidores. La primera abjuracion fué en la Cámara episcopal un sá

---

1 Cod 1,464 (antiguo fondo latino) de la Biblioteca Nacional de Paris Pág 74 *«Incipit Tractatus qui dialogus contra lulistas appellatur »*

2 Eymerich la inserta traducida al latin *«Et sic, christiane, postquam in Jesu Christo sunt tres naturae, scil , humana, spiritualis et divina, si tibi tradat aliquis presbyter corpus J C pretiosum, et interrogant te primo de humanitate, dicens ¿Credis tu, christiane, quod cum presbyter dixit illa verba vel similia quae dixit Christus die Jovis cenae, quod panis qui est materialis convertitur in veram carnem Christi? ¿Quid dicis, christiane? Dicas tu ita Et si interrogat te de natura spirituali, scil , si credis quod ibi sit sancta anima Christi, dicas ita, ita Et si interrogat te de natura et essentia divina, credis tu quod ipse sit Pater, Filius et Spiritus Sanctus, dicas tu, christiane ita, ita, quia omnes tres personae sunt illic essentialiter »* (Cod 1,464 del fondo latino de Paris)

bado. Al domingo siguiente abjuró en la iglesia, teniendo en la mano una vela de cera, y siendo azotado al fin de la Misa, por el sacerdote. con una correa. Pero la retractacion fué simulada, y el reo huyó á Cataluña y á las Baleares, reclamando contra la sentencia del Arzobispo y del inquisidor á la cúria romana Entonces compuso Eymerich su tratado, el año décimo segundo del Papa Clemente (1390), en Aviñon. Allí atribuye á Pedro de Cesplanes otro error: el de suponer que en el cuerpo de Cristo existen las tres personas de la Santísima Trinidad

IV —JUAN DE PERA-TALLADA (RUPESCISSA)

PERATALLADA, villa del Bajo Ampurdam, y solar de los barones de Cruilles, designada en documentos de los siglos XI, XII y XIII con los nombres de *Petra taliata*, *Petra incisa* ó *Petra scisa* (quizá por unas grandes canteras inmediatas o por sus fosos abiertos en roca viva), pátria de varios ilustres guerreros (generalmente Bernardos y Dalmácios) en los siglos XI y XII, de un abad de San Félix de Gerona en el XIII, y del Obispo Guillermo, que rigió la Sede gerundense desde 1160 á 1168 [1], parece haberlo sido tambien del célebre alquimista franciscano Juan de Rippacisa, Rupescisa, Peratallada ó Ribatallada, que con todos estos nombres se le designa [2].

Forma Juan de Rupescissa, con Arnaldo de Vilanova y Ramon Lull, el triumvirato de la ciencia catalana en el siglo XIV. Su vida fué, como la de ellos, aventurera y agitada; su espíritu, inclinado á profecías y visiones. Señalóse en su Órden como maestro teólogo y misionero, predicó en Viena y en Moscou con gran fruto, y á los noventa años volvió á su pátria. Quedan á su nombre varios tratados alquímicos, aunque no es fácil separar los ciertos de los dudosos Sobre las circunstancias de su vida reina oscuridad grande [3].

1 Vid Zurita lib II cap XXV, Villanueva, tomo XIII, pág 142, y *España Sagrada*, tomo XLIII, pág 210

2 Roig y Yalpi *(Resúmen historial de las grandezas de Gerona)*, pág 470, dice «Peratallada, poblacion celebérrima por ser pátria de aquel prodigioso filósofo Juan de Petra-scisa» Bosch *(Titols d'honor de Catalonya)*, pág 366 «Juan de Rippacisa, al qual diém en cathala Joan de Pera Tallada» El Maestro Sala tambien le apellida *catalán* en la *Proclamacion Católica*, página 5

3 Vid Wading, *Annales Minorum*, tomo VIII, pág 138 Trithemio Uvilloto, *Bibliotheca universa franciscana*, tomo II, pág 214, Lenglet-Dufrenoy, *Histoire de la philosophie hermetique*

Quizá no haya fundamento para calificarle de hereje. Siguió las huellas de Arnaldo, cuanto á venerar y comentar las profecías de Cirilo y de Joaquín; cayó en la manía de señalar fechas y nombres á los vaticinios apocalípticos; increpó con excesiva dureza y generalidad las costumbres del clero, pero de aquí no pasa. Es una especie de Padre Lacunza del siglo XIV Sus profecías se asemejan mucho á *La venida del Mesías en gloria y majestad*.

He visto tres códices de ellas en la Biblioteca Nacional de París. El más completo es el 3,498, intitulado *Visiones fratris Joannis de Rupescissa*, obra dedicada al Cardenal Guillermo, y escrita en Noviembre de 1349 en Aviñón, donde los superiores de su Órden habían hecho encarcelar á Rupescissa para curarle de la manía profética. Allí dice que con oraciones y penitencias alcanzó la vista de las cosas futuras, y que en Julio de 1345, pocos dias antes de la fiesta de Santiago, tuvo una vision estupenda. Entendió que de la estirpe de Federico II y del rey D. Pedro III de Aragon había de proceder el Anticristo, el cual no sería otro que Luis de Baviera, enemigo de la Iglesia y fautor de un Antipapa. Él subyugaría la Europa y el África, mientras que en Oriente se levantaría un horrendo tirano. Anuncia estas calamidades para el año 1366. En pos vendrá el cisma, eligiéndose un Papa bueno y otro malo. la Órden de los fráiles Menores se dividirá en tres partes, siguiendo muchos al Papa, otros al Antipapa, algunos ni á uno ni á otro, pero sí el reino general del Anticristo de Baviera. Los carmelitas y dominicos se irán todos con el Antipapa. Los judíos predicarán libremente. El Anticristo se hará señor de todo el orbe, conquistando primero España, luego Berbería, y á la postre Siria y la Casa Santa. Estallará tremenda lid entre ingleses y franceses. Se levantarán muchas sectas heréticas. Muerto el Anticristo, sucederán cuarenta y cinco años de guerras, y el cetro del imperio romano pasará á Jerusalen y tierras ultramarinas Convertidos los judíos, y destruida la monarquía del Anticristo, seguirán mil años de paz, concordia y dicha (el reino de los milenarios). Los judíos conversos poseerán el mundo, y Roma quedará desolada. Jerusalen será el asiento del Sumo Pontífice Todos vivirán en la tercera regla de San Francisco, y los fráiles Menores serán modelos de santidad y pobreza, extendiéndose prodigiosamente la Órden. Pero despues cae-

(Paris, 1742), tomo I, pag 204, y tomo II, pág 290 y sigs , Hoefer, *Histoire de la chimie* (décima edición), Paris, 1866, pág 446, Torres Amat, *Diccionario de escritores catalanes* (artículos *Riballallada* y *Peratallada)*, etc A mi amigo el Sr Pella y Fórgas, autor (con el Sr Coroleu) del excelente libro *Las Córtes catalanas*, debo algunas noticias sobre Rupescissa.

rán todos en grandes abominaciones y torpezas (sodomía, embriaguez, etc.) Durante estos mil años, los herejes, que despues de la muerte del Anticristo no habrán querido convertirse, vivirán en las *islas de los mares* y en montes inaccesibles. De allí saldrán al fin de la época milenaria para inundar la tierra, y habrá grande aflicción, y aparecerá el último Anticristo, y bajará fuego del cielo para abrasar á él y á sus partidarios. Tras de lo cual vendrá el fin del mundo y el Juicio final. Hay mucho de *milenarismo* carnal en esta exposición del Apocalipsis; pero el autor concluye sometiéndose humildemente al juicio de la Iglesia [1].

El códice 7,371 no contiene más que retazos de estas visiones. El 2,599 es un *Comentario á las profecías de Cirilo y del abad Joaquín*, dividido en ocho tratados, y en el cual sustancialmente se repiten las mismas ideas, con alusiones contínuas al cisma [2].

Eximenis, en el libro X de su *Chrestiá*, inserta un extracto de las profecías de Rupescissa tocantes al Juicio final.

V.—LA IMPIEDAD AVERROÍSTA.—FRAY TOMÁS SCOTO.—EL LIBRO «DE TRIBUS IMPOSTORIBUS»

SABEMOS ya lo que era el Averroismo como doctrina filosófica; pero esa palabra tuvo un doble sentido en la Edad Media, y sobre todo, en el siglo XIV. El *Comento* de Averroes se habia convertido en bandera de incredulidad y materialismo. Nadie se fijaba en el fondo del sistema, sino en sus últimas consecuencias, libérrima-

---

1 Inc «Reverendissime in Christo Pater et Domine Domine Guillerme, sacrosanctae romanae Ecclesiae Cardinalis Titulo quatuor coronatorum Ego Frater Johannes de Rupescissa ordinis fratrum minorum provinciae Aquitaniae, provinciae Ruthenensis et conventas Aurelhiaci, ad mandatum vestrum descripsi seriem notabilium eventuum futurorum mihi in carceribus apertorum, prout melius et verius potero recordari Modus revelandi fuit iste Cum anno Domini millesimo tricentesimo quadragesimo quinto multis diebus flerem vinctus in carcere in conventu Figiaci stupens et mirans» etc

Fin «Scripta sunt haec per me, fratrem Johannem de Rupescissa ordinis fratrum minorum provinciae Aquitaniae, custodiae Ruthenensis in romana curia, in Avinione, in carcere Dom Papae Clementis VI, pontificatus sui anno VIII Qui carcer vocatur carcer Soldam Anno ab incarnatione Dom nostri Jesuchristi MCCCXLIX, in mense Novembris, in die Sancti Martini» '

Tiene este manuscrito 46 folios

2 «In nomine Dom nostri Jesuchristi, incipit *Commentum super prophetiam Cyrilli heremitae presbyteri, simul cum Commento Joachim, editum a fratre Johanne de Rupescissa, ordinis fratrum minorum* »

Tiene 270 folios en pergamino y papel.

mente interpretadas. negacion de lo sobrenatural, de los milagros y de la inmortalidad del alma. «Hay en el mundo *tres leyes* (se decia) la religion es un instrumento político: el mundo ha sido engañado por *tres impostores* » Esta blasfemia sonó, quizá por primera vez, en la córte siciliana de los Hohenstáufen Federico II, suelto y relajado en sus costumbres, dado al trato de judíos y musulmanes [1], envuelto en perennes discordias con la Santa Sede, y á la vez príncipe inteligente y de aficiones literarias, es el primero de esos *averroistas* impíos. Su cruzada á Jerusalen no pasó de sacrílega burla Pedro de las Viñas, Ubaldini, Miguel Scoto, todos los familiares de Federico, eran de ortodoxia sospechosa.

Los primeros impugnadores de Averroes, Guillermo de Alvernia, Alberto el Magno, Santo Tomás, nuestro Ramon Martí (de quien tornaré á hablar cuando trate de los apologistas españoles de la ortodoxia), atacaron doctrinas verdaderamente averroistas: *el intelecto uno,* la eternidad del mundo, etc.

El otro Averroes, corifeo de la impiedad, aparece por primera vez en el libro de Egidio Romano *De erroribus philosophorum* [2]. Allí se le acusa de haber vituperado las tres religiones, afirmando que *ninguna ley es verdadera, aunque pueda ser útil* Usaban los Averroistas, como término de indiferentismo, la expresion *loquentes in tribus legibus,* entendiendo á los cristianos, israelitas y mahometanos, y se abroquelaban con pasajes de su maestro en el comento á los libros II y XI de la *Metafísica* y al III de la *Phísica.*

Acosados por los Doctores católicos solian acudir al sofisma de que *una cosa puede ser verdadera segun la fé, y no segun la razon,* y fingiéndose exteriormente cristianos, se entregaban á una incredulidad desenfrenada, poniendo todas sus blasfemias en cabeza de Averroes. Achacábanle el dicho de que la religion cristiana es imposible, la judáica, religion de niños; la islamita, religion de puercos. *¡Qué secta la de los cristianos que comen á su Dios!* contaban que habia exclamado *Muera mi alma con la muerte de los filósofos,* era otra de las frases que se le atribuian.

Así se encontró el filósofo cordobés á mediados del siglo XIV trasformado, de sábio *pagano* que habia sido, en una especie de de-

---

1 Amari publicó en el *Journal Asiatique* (Febrero y Marzo de 1853) las preguntas de Federico al filósofo arábigo-hispano Ben-Sabin de Múrcia y las respuestas de éste

2 Publicado por Renan *(Averroes y el Averroismo,* pág 467) el capítulo de Averroes, con presencia del manuscrito 694 de la Sorbona Sobre toda esta fase del Averroismo encierra curiosos datos el libro de Renan, cuyo espíritu (no hay para que decirlo) es bien poco recomendable

monio encarnado, cuando no en blasfemo de taberna, á quien llamó Duns Scoto, *iste maledictus Averroes;* el Petrarca, *canem rabidum Averroem,* y Geison, *dementem latratorem;* á quien pintó Andrés Orcagna en el camposanto de Pisa al lado de Mahoma y del Anticristo, y á quien, en la capilla de los españoles de Santa María Novella de Florencia, vemos, con Arrio y con Sabelio, oprimido por la vencedora planta de Santo Tomás, en el admirable fresco de Tadeo Gaddi.

Esa especie de Averroismo tambien penetró en España. Nicolás Eymerich la anota en el gran registro de su *Directorium,* hablando de ciertos herejes que defendian en Aragon *quod secta Mahometi est aeque catholica sicut fides Christi* [1]. ¿De dónde podia venir tal desvarío sino de Averroes?

Generalmente los impíos de la Edad Media eran hipócritas y cautelosos. deslizaban sus audacias en la interpretacion de un texto, ó las ponian en boca de un infiel. Pero en España hubo una excepcion de esta regla, un personaje hasta hoy casi desconocido Fr. Tomás Scoto.

¿Dónde nació? Lo ignoro sólo sé que era apóstata dominico y apóstata franciscano, y que peregrinó, divulgando su mala doctrina por la Península, hasta que fué encarcelado en Lisboa, donde habia tenido ágrias disputas con Álvaro Pelagio, á quien debemos la noticia y relacion de sus errores. Dice así en su obra inédita *Collyrium contra haereses* [2]:

«Estas son las herejías y errores de que fué convicto Tomás Scoto:

1.ª Dijo que era fábula la longevidad de los antiguos Patriarcas

2.ª Que la profecía de Isaías (VII) *«Ecce virgo concipiet»* no se entendia de la Vírgen María, sino de alguna criada ó concubina del Profeta, debiendo tomarse la palabra *virgo* en el sentido de *puella* ó *adolescentula.*

3.ª Que tres impostores habian engañado al mundo Moisés á los judíos, Jesús á los cristianos y Mahoma á los sarracenos.

4.ª Enseñó en las escuelas de Decretales de Lisboa que las palabras de Isaías, *Deus fortis, pater futuri saeculi,* no se referian á nuestro Señor Jesucristo.

5.ª Que despues de la muerte las almas se reducian á la nada.

<hr>

1 *Directorium Inquisitorum,* pag 198

2 Vid este curioso paso en el apendice Me valgo del codice latino III-VI de San Marcos de Venecia He examinado ademas el 2,324 de la Vaticana, pág 133 *Incipit Collyrium fidei contra haereses, compositum a fratre Alvaro Hispano, doctore Decretorum et Episcopo Silvensi* El mismo Alvaro habla de ciertos herejes lisbonenses, que negaban la eficacia de las preces por los difuntos

6.ª Que Cristo era hijo adoptivo, y no propio ó natural de Dios

7.ª Negaba la perpétua virginidad de nuestra Señora.

8.ª Dijo en las escuelas que la fé se probaba mejor por razones filosóficas que por la Escritura, y que el mundo estaría mejor gobernado por los filósofos que por los teólogos y canonistas.

9.ª Defendía el concubinato de los fráiles, y hablaba con poco respeto de San Agustín y San Bernardo ·

10. Negaba que Cristo hubiese dado potestad á San Pedro ni á sus sucesores, ni á los Obispos

11. Era *preadamita.*

12 Admitía la eternidad del mundo

13 Negaba el Juicio final, la resurreccion de los muertos y la gloria futura

14 Tenía á Aristóteles por más sábio que á Moisés, y por mejor hombre que á Cristo *(qui fuit homo malus et suspensus pro suis peccatis, et qui parabat se cum mulierculis loquentibus).*

15. Blasfemó de la Eucaristía y del poder de las llaves.

16. Atribuía á arte mágica los milagros de Cristo

17. Erraba en la materia de Sacramentos.»

Era, además, mago, nigromante y evocador de demonios, ó como diríamos hoy, *espiritista.* Conversaba dia y noche con los judíos, y sus costumbres eran el colmo del escándalo.

Este tipo repugnante de fráile malo, impuro, apóstata y blasfemo, pero que tenía, á diferencia de otros averroistas, el mérito de la franqueza, hubiera figurado en primera línea, á haber nacido cuatro ó cinco siglos más tarde, entre los Diderot, La Mettrie, Holbach y demás pandilla de materialistas y ateos de escalera abajo, que, sin gran fatiga, lo explicaban todo por impostura, trápala y embrollo. ¡Lástima que no hubieran tenido noticia de un predecesor tan egrégio! [1]

Si el rótulo *De tribus impostoribus* corresponde á un libro, y no á una simple blasfemia, repetida por muchos averroistas y por nadie escrita, ¿quién más abonado que Tomás Scoto para ser el autor? Pero ¿ha existido el libro? Todo induce á creer que no.

Cuestion bibliográfica es ésta, que no pasa de curiosa, y que puede tenerse por agotada despues de los trabajos de La Monnoye y de Gus-

---

[1] No se oculto a la varia y erudita curiosidad de La Monnoye adicionador de la *Menagiana,* el libro de Alvaro Pelagio y lo que en el se dice de Tomás Scoto, aunque solo cita un brevisimo pasaje el referente á *los tres impostores* Se valió del manuscrito 2,071 de la Biblioteca Real de Paris (fondo de Colbert)

tavo Brunet [1]. Conviene, no obstante, decir algo, porque entre los supuestos autores de ese libro suenan dos ó tres españoles.

Comencemos por advertir que antes del siglo XVI nadie habla del *De tribus impostoribus* como *libro*. Desde aquella época ha venido atribuyéndose á diversos personajes conocidos por sus audacias ó impiedades Prescindamos de Federico Barbaroja, que, á pesar de sus desavenencias con Roma, no dió motivo á que se dudase de su fé. Dejemos á Averroes, á quien pudo atribuirse la idea, pero nunca el libro El primer nombre verdaderamente sospechoso es el de Federico II Gregorio IX le acusa en una epístola muy conocida de haber dicho que «el mundo estaba engañado por tres impostores *(tribus baratoribus)*, y de haber negado el misterio de la Encarnacion y todo lo sobrenatural»; pero no de haberlo escrito. Otro tanto puede decirse de su canciller Pedro delle Vigne, *el que tuvo las llaves del corazon de Federico*. El emperador negó una y otra vez ser suya aquella blasfemia: *Absit de nostris labiis processisse*, pero sin convencer á nadie de su ortodoxia.

Tomás de Cantimpré acusa al maestro parisiense Simon de Tournay (siglo XIII) de haber enseñado á sus discípulos que Moisés, Jesús y Mahoma eran tres impostores. En aquella Universidad reinaba licencia grande de opiniones, y el Obispo Estéban Tempier tuvo que condenar proposiciones averroistas en 1269 y 1277

Gabriel Naudé sacó á plaza el nombre de Arnaldo de Vilanova. Mis lectores saben su historia y la naturaleza de sus errores A su modo era creyente fervoroso, y jamás se le pudo ocurrir la idea de poner en parangon la verdad cristiana con el judaismo ó el mahometismo. En ninguno de sus escritos hay huellas de esto, ni lo apunta la sentencia condenatoria

Tambien han citado algunos á Boccacio, y dá que sospechar el cuento de los tres anillos (Jornada 1.ª, n III del *Decamerone)*, donde anda mal disimulado el indiferentismo. Cada cual de los hermanos tenia su anillo por verdadero, y uno de los tres lo era, pero, ¿cuál? Boccacio preludia la incredulidad ligera y mundana de los florentinos del Renacimiento, aunque bien amargamente se arrepintió de haber escrito ésta y otras impiedades entre el fárrago de sus cuentos obscenos. De todas maneras, hay diferencia de la idea de los anillos á la

4 Vid la disertacion de la Monnoye al fin de la *Menagiana* La de Brunet *(Filomnesto Junior)* figura al frente del librillo titulado *De tribus impostoribus* (MDIIC) *Testo latino collazionato sull'esemplare del Duca de la Valliere, ora esistente nella Biblioteca Imperiale di Parigi, con l'aggiunta delle varianti di parecchi manoscritti* Milano, Daelli, 1874 *(Bibliotheca Rara)* Reproduccion de otra francesa, que ahora no tengo a mano.

de los impostores. La una es escepticismo elegante, la otra brutalidad de mal gusto; las dos por igual censurables· quizá más peligrosa la primera.

Otros han hablado de Poggio, no más que por haber llenado sus *Facecias* de diatribas contra la córte romana; de Pedro Aretino, sólo por la triste fama que le dieron sus libros obscenos, de su amigo Fausto de Longino, que comenzó á escribir una obra impía: *Tempio della verità*, de Machiavelli, que pasaba por medio pagano, sobre todo en política, de Pomponazzi, que en el *Tractatus de immortalitate animae* trae un dilema sobre las *tres leyes (aut igitur omnes sunt falsae..... aut saltem duae eorum)* sin resolverle; de Cardano, que en el libro XI *De subtilitate* deja en pié una duda semejante *(his igitur arbitrio victoriae relictis)*; de Fr. Bernardo Ochino, célebre heresiarca italiano, de nuestro Miguel Servét y de Giordano Bruno, que eran antitrinitarios y panteistas, pero que picaban demasiado alto para que se les pueda atribuir la pobreza *De tribus impostoribus*, del estrafalario Guillermo Postel, á quien cuenta haber oido Enrico Stefano que de las tres religiones podia resultar una buena; de Mureto, á quien acusa Campanella, de Campanella, acusado por otros, pero que se defendió alegando que el libro estaba impreso treinta años antes de su nacimiento, de Vanini, de Hobbes, de Espinosa. .. de todos los impíos que hasta fines del siglo XVII fueron apareciendo.

Y entre tanto, nadie habia visto el libro de que todos hablaban. Algunos fijaban fechas y lugares de impresion Fr Jerónimo Gracian *(Diez lamentaciones del miserable estado de los Atheistas)* dice que el libro *De los tres engañadores* no se permitió imprimir en Alemania el año 1610 Berigardo, en el *Círculo Pisano*, llegó á citar (quizá por no decirlo en propio nombre) una opinion de ese libro, en que se atribuian á mágia los prodigios de Moisés Teófilo Raynaldo menciona el nombre del impresor Wechel. La reina Cristina de Suecia ofreció 30,000 francos á quien le proporcionase un ejemplar. todo en vano. Los eruditos más avisados, Naudé, Ricardo Simon, Bayle, La Monnoye, tuvieron por fábula todo lo que se decia el último dedicó una disertacion á probarlo

Un cierto Pedro Federico Arpe de Kiel, autor de la *Apología de Vanini*, quiso impugnar la disertacion de La Monnoye, contando que en 1706, en Francfort-sur-Mein habia visto y copiado el manuscrito *De tribus impostoribus*, que él atribuia resueltamente á Federico II ó á Pedro de las Viñas, y áun llegó á dar un extracto de sus seis capítulos. Traia la relacion de Arpe un aire de novela, bastante para hacerle perder el crédito, y La Monnoye contestó que él no negaba que cualquier aficionado hubiese podido forjar el libro, pero que ni las ideas ni el estilo eran del tiempo de Pedro de las Viñas, y que olía á moderna, por sobrado elegante, la latinidad de la supuesta dedicatoria á Oton de Baviera [1].

Vino el siglo XVIII, y escitada la codicia de libreros y cruditos, entonces, y sólo entonces, apareció el librejo *De tribus impostoribus*, y no uno, sino dos ó tres, á cual más insignificantes, con los cuales se especuló largamente. El más conocido y famoso está en latin, con la falsa data de 1598, y se reduce á 46 páginas en 8 °, llenas de vulgaridades, en mal estilo y pésimo lenguaje. Parece que la impresion es de Viena, 1753, y que se repitió en Giessen, 1792, sin año ni lugar, aunque es fácil distinguir los ejemplares porque tienen 62 páginas. Las dos ediciones escasean, y en la venta del duque de La Valliére (1784) valió la primera 474 francos. Gustos hay que merecen palos. Conozco cuatro reimpresiones modernas: de Genthe (Leipzig, 1833), de Weller (1846), de Brunet y de Daelli. Que el texto no es de la Edad Media, basta á demostrarlo la mencion que se hace de los jesuitas. Todavía son más despreciables el *Traité des trois imposteurs* (álias *Espíritu de Espinosa*), que se tradujo al castellano y al inglés, y otro aborto por el estilo, que se atribuye al baron de Holbach ó á su tertulia.

En resúmen: el *De tribus impostoribus*, como obra de la Edad Media, es un *mito*.

VI.—LITERATURA APOLOGÉTICA.—EL «PUGIO FIDEI»

No todos los que se dedicaban al estudio de las lenguas orientales, y traian á los idiomas modernos producciones filosóficas de árabes y judíos, lo hacian con el dañado intento de esparcir cautelosamente, y á la sombra de un musulman ó hebreo, sus propias impiedades y errores. Muchos de estos orientalistas eran fervorosísimos católicos, y convertian su ciencia en instrumento apologético, y áun de catequésis. Así D. Alonso el Sábio, que «fizo trasladar

---

[1] Vid *Mémoires de litterature* de Sallengre (La Haya, por Sauzet, 1716) Todas estas contestaciones han sido reproducidas al fin de la edicion de Filomnesto Junior, el cual inserta ademas una bibliografia bastante completa de todos los que han tratado de esta cuestion. Algunos dudan que la disertacion firmada con las iniciales *J L R L* sea de Arpe. Poco importa

toda la secta de los moros, porque paresciessen por ella los errores en que Mahomad, el su falso profeta, les puso et en que ellos están hoy en dia Otrosí fizo trasladar toda la ley de los judíos, et áun el su *Talmud* et otras sciencias que hán los judíos muy escondidas, á que llaman Kábala.» Y esto lo hizo «porque paresce manifiestamente por la su ley que toda fué figura de esta ley que los cristianos avemos, et que tambien ellos como los moros están en gran error et en estado de perder sus almas» [1]. Así Raimundo Lulio, como veremos en el capítulo que sigue. Así, más que todos, el grande hebraizante, dominico del siglo XIII, Ramon Martí, natural de Subirats, en Cataluña, autor de un vocabulario arábigo recientemente publicado por Sciapparelli, y de una obra maestra de controversia y erudicion rabínica, monumento inmortal de la ciencia española, muy utilizado por Pascal en sus famosos *Pensamientos*. el *Pugio fidei* [2].

Fué Ramon Martí (¿1230-1286?) uno de los ocho dominicos á quienes el cuarto general de la Órden destinó á aprender lenguas orientales Su apología del Cristianismo difiere en el modo y en la sustancia de todas las que hasta entonces se habian emprendido, excepto la *Summa contra gentes,* y no sólo debe estimarse como cumplida demostracion de la verdad católica contra moros y judíos, sino como libro de teología natural, en que hábilmente se refutan las doctrinas filosóficas, nacidas del estudio de la filosofía oriental, poniéndose más de una vez á contribucion los argumentos de Al-Gazél y otros impugnadores del peripatetismo muslímico. Una breve ojeada á la primera parte del libro bastará á probar su interés bajo este aspecto, no muy tenido en cuenta hasta ahora.

Comienza Ramon Martí por dividir á los enemigos del Cristianismo en dos clases. ó tienen *ley,* ó no tienen otra que la natural Estos últimos se dividen en *temporales ó epicúreos, naturales y filósofos* Los primeros ponen la felicidad en el placer, y niegan la existencia de Dios. Los segundos confiesan la existencia de Dios, pero niegan la inmortalidad del alma. Los filósofos combaten á unos y otros, pero

---

1 D Juan Manuel, *Libro de Cetrería*

2 *Pugio fidei, Raymundi Martini, ordinis Praedicatorum, adversus Mauros et Judaeos, nunc primum in lucem editus impensis Ordinis cura vero et auspiciis felicis memoriae Reverendissimi Thomae Turco subindeque Reverendissimi Joannis Baptistae de Marinis, Magistrorum Generalium ope et opera Illustrissimi ac Reverendissimi Domini Josephi de Voisin Presbyteri, et Ex Senatoris Burdegalensis Ad Serenissimum Regiae Stirpis Primum Principem Ludovicum Borbonium Condaeum, Burdegalae et Aquitaniae Proregem Optatissimum Parisiis, apud Mathurinum Henault, via Jacobaea sub signo Angeli Custodis* MDCLI (1651) *Cum approbatione et privilegio* (Esta edicion es muy rara, sobre todo en España) Los prolegomenos son de Maussac y de Voisin 783 páginas sin los Preliminares

niegan por su parte la creacion, la resurreccion de los cuerpos y el conocimiento particular que Dios tiene de las cosas. Tales son Avicena y Alfarábi, al decir de Al-Gazél, de quien está tomada esta distincion.

La existencia de Dios se prueba contra los epicúreos con cinco argumentos 1.º, necesidad de la primera causa. 2.º, necesidad del primer motor; 3.º, necesidad de la concordia, 4.º, porque nuestra alma ha tenido principio, 5.º, por la contemplacion de las cosas creadas.

Que el sumo bien no es el deleite, lo persuade el autor del *Pugio fidei* con razones tomadas de la Escritura, de los Padres, de los clásicos y de los filósofos como Al-Gazél en el *Lampas luminum*, Avicena en el *Alixarai*, Aben Rost (sic) y otros.

Por la inmortalidad del alma invoca estos argumentos: 1.º, utilidad moral de esta creencia, 2.º, justicia de Dios, incompleta en este mundo; 3.º, el alma sólo alcanza su perfeccion separada del cuerpo; 4.º, no se debilita con él; 5.º, es incorruptible. y no ha de confundirse con el temperamento ó la complexion, como pretendió Galeno y sostenian algunos médicos en tiempo de Raimundo.

El cual templa mucho las invectivas de Al-Gazél contra los filósofos (que sin embargo reproduce), aseverando con la sana filosofía católica que «no todo lo que hay en los filósofos es malo,'aunque la fé, y no la ciencia, es la que salva».

Defendian los Panteistas de entonces la eternidad del mundo con dos clases de argumentos. unos *ex parte Dei*, otros *ex parte creaturae*. Alegaban que Dios obra eternamente y del mismo modo; que su querer y su bondad son infinitos y eternos, y que eterna é infinita debe ser tambien la creacion. A lo cual Raimundo contesta· 1.º, que la novedad del efecto divino no demuestra novedad de accion en Dios, porque su accion es su esencia; 2.º, que de la eternidad de la accion no se deduce la eternidad del efecto; 3.º, que la misma voluntad que quiere y determina el sér, quiere y determina la actualidad *(tale.. .. tunc);* 4.º, que aunque el fin de la divina voluntad no pueda ser otro que su bondad misma, no obra, sin embargo, necesariamente, porque su bondad es eterna é inmutable, y no se le puede acrecentar nada. Ni puede decirse que Dios obra por mejorarse, porque· Él es su propia bondad. Obra, pues, ó crea, libremente [1].

Ex parte creaturae defendian los *filósofos* la eterna conservacion de

---

[1] «Quod licet finis divinae voluntatis non possit esse nisi ejus bonitas, non tamen agit propter producendum hunc finem in esse, sicut artifex agit propter constitutionem artificiati, cum bonitas ejus sit aeterna et inmutabilis, ita quod ei nihil accrescere potest Nec potest etiam dici quod Deus, agat propter meliorationem sui ipse enim est sua bonitas (Capitulo VII)

las especies, alegando la imposibilidad de que no existan algunas criaturas, y la incorruptibilidad de otras. Pero nuestro apologista responde que la necesidad de ser en las criaturas es necesidad subordinada y de órden, y que la virtud de ser incorruptibles supone la produccion de sustancia

Trata, luego, del alma, de su naturaleza, de su unidad ó diversidad, impugnando el *monopsichismo* de los Averroistas:

1.° Porque todo compuesto requiere una forma sustancial, que es su primera perfeccion. El alma racional es la forma sustancial de cada indivíduo humano

2.° Porque los principios de las cosas particulares han de ser particulares tambien

3.° Porque ningun motor produce á un tiempo diversos movimientos contrarios.

4.° Porque si el intelecto ó el alma racional fuese única, acontecería que los hombres tendrian una sola forma sustancial, pero no una sola animalidad· cosa á todas luces contradictoria.

La creacion, como artículo que es de fé, no está probada directamente en el *Pugio fidei;* pero sí destruidos los argumentos contrarios, no sin que advierta sábiamente el autor (con testimonios de Maimónides, Averroes, Al-Gazél y Rasi), que el mismo Aristóteles no tuvo por demostrativas *simpliciter,* sino *secundum quid,* sus razones en defensa de la eternidad del mundo. La doctrina de Maimónides en el *More Nebuchim* le sirve de grande auxilio en esta parte.

Viene despues la gran cuestion: «Si Dios conoce alguna cosa distinta de sí misma», dado que las cosas particulares son materiales, contingentes, perecederas, muchas en número, viles y malas. El filósofo catalán contesta sábiamente:

1.° Que Dios no puede dejar de tener el conocimiento de lo particular, porque es causa de ello, porque conoce sus principios, porque sabe los universales, y porque su conocimiento mismo es causa de las cosas

2.° Que Dios tiene el conocimiento de las cosas que no existen, porque conoce las causas, y porque el artífice sabe bien lo que puede hacer, aunque no lo haga.

3.° Que Dios tuvo desde la eternidad noticia de los particulares contingentes, porque conoce sus causas

4.° Que Dios conoce todas las voluntades y pensamientos, porque entiende las cosas en sus causas, y su entender es causa del entendimiento humano.

5.º Que Dios conoce infinitas cosas, porque su séi es infinito, y porque el mismo entendimiento humano en potencia es *cognoscitivus infinitorum*.

6.º Que Dios conoce las cosas pequeñas y viles, porque la vileza no redunda *per se*, sino *per accidens*, en el que conoce.

7.º Que Dios conoce lo malo como contrario de lo bueno, y que el conocimiento de lo malo no es malo.

Con la traduccion de una carta de Averroes sobre el conocimiento que Dios tiene de los particulares contingentes, y los argumentos de Al-Gazél en pró de la resurreccion de los muertos, termina esta primera parte del *Pugio fidei*. La doctrina, como se ha visto, es la misma de Santo Tomás, pero expuesta con cierta originalidad y con profundo conocimiento de la filosofía semítica. En España no se escribió mejor tratado de Teodicea en todo el siglo XIII. Ramon Martí demostró prácticamente el provecho que podia sacar la filosofía ortodoxa de aquellos mismos peripatéticos árabes, que eran el gran texto de la impiedad averroista

De la segunda parte, en que con portentosa, y todavía no igualada erudicion hebráica, prueba la venida del Redentor y el cumplimiento de las profecías mesiánicas; y de la tercera, en que discurre de la Trinidad, del pecado original, de la redencion y de los Sacramentos, no es oportuno tratar ahora. Quédese para el afortunado escritor que algun dia ha de tejer digna corona á este insigne teólogo, filósofo, escriturario y filólogo, gloria de las más grandes é injustamente oscurecidas de nuestra olvidadiza España El maestro de Pascal, siquiera por este título, alguna consideracion ha de merecer áun á los más acérrimos despreciadores de la ciencia católica de nuestros padres

CAPÍTULO V

REACCION ANTIAVERROISTA.—TEODICEA LULIANA.—VINDICA-
CION DE RAIMUNDO LULIO (RAMON LULL) Y DE R. SABUNDE

I. Noticias del autor y de sus libros.—II. Teología racional de Lulio. Sus controversias con los
Averroistas.—III. Algunas vicisitudes de la doctrina luliana. Campaña de Eymerich contra
ella. R. Sabunde y su libro *De las criaturas*. Pedro Dagui, etc.

I.—NOTICIAS DEL AUTOR Y DE SUS LIBROS

ASARON, á Dios gracias, los tiempos de inaudita ligereza
científica, en que el nombre del *iluminado Doctor* sonaba
como nombre de menosprecio, en que su *Arte Magna* era
calificada de *arte deceptoria, máquina de pensar, jerga cabalística, método de impostura, ciencia de nombres,* etc. ¡Cuánto daño hicieron Bacon y nuestro Padre Feijóo con sus magistrales sentencias sobre Lulio, cuyas obras declaraban *enteramente vanas*, quizá sin haberlas leido! Es verdad que los Lulianos, nunca extinguidos en España,
se defendieron bien; pero como el siglo pasado gustaba más de decidir que de examinar, dió la razon á Feijóo, y por lo que toca á España, sus escritos se convirtieron en oráculo. Hoy ha venido, por dicha, una reaccion luliana, gracias á los doctos trabajos é investigaciones de Helfferich, Roselló, Canalejas, Weyler y Laviña, Luanco,
etcétera, no todos parciales ó apologistas de Lulio, pero conformes
en estudiarle por lo sério antes de hablar de él [1]. Ya no se tiene á

1 Vid. Helfferich, *Raymond Lull und die Anfange der catalonischen Literatur.* (Berlin, 1858).
—Roselló, *Obras rimadas de Lull* (Palma, 1859), y *Biblioteca Luliana* (inédita).—Canalejas, *Las
doctrinas del doctor iluminado R. Lulio* (Madrid, 1870), y otros opúsculos.—Weyler y Laviña.
Raymundo Lulio juzgado por si mismo. (Palma, 1867.)—Luanco, *Raymundo Lulio considerado
como alquimista.* (Barcelona, 1870.)

Ramon Lull por un visionario, ó á lo sumo, por inventor de nuevas fórmulas lógicas, sino por pensador profundo y original, que buscó la unidad de la ciencia y quiso identificar la Lógica y la Metafísica, fundando una especie de *realismo racional:* por verdadero enciclopedista por observador sagaz de la naturaleza, aunque sus títulos químicos sean falsos ó dudosos; por egrégio poeta y novelista, sin rival entre los cultivadores catalanes de la forma didáctica y de la simbólica, y, finalmente, por texto y modelo de lengua en la suya nativa. El pueblo mallorquin sigue venerándole como á mártir de la fé católica la Iglesia ha aprobado este culto inmemorial, y se han desvanecido casi del todo las antiguas acusaciones contra la ortodoxia luliana.

Ellas serán el único objeto de este capítulo, si bien juzgo conveniente anteponer algunas noticias biográficas y bibliográficas. La vida de Lulio, el catálogo de sus libros ó la exposicion de su sistema sería materia, no de breves páginas, sino de muchos y abultados volúmenes, sobre los ya existentes, que por sí solos forman una cumplida Biblioteca

La biografía de Lulio es una novela: pocas ofrecen más variedad y peripecias [1]. Nacido en Palma de Mallorca el 25 de Enero de 1235, hijo de uno de los caballeros catalanes que siguieron á D Jáime en la conquista de la mayor de las Baleares, entró desde muy jóven en palacio, á donde le llamaba lo ilustre de su cuna. Liviana fué su juventud, pasada entre risas y devaneos, cuando no en torpes amoríos. Ni el alto cargo de senescal que tenia en la córte del rey de Mallorca, ni el matrimonio que por órden del monarca contrajo, fueron parte á traerle al buen camino. La tradicion (inspiradora de muchos poetas) ha conservado el recuerdo de los amores de Raimundo con la hermosa genovesa Ambrosia del Castello (otros la llaman Leonor), en cuyo seguimiento penetró una vez á caballo por la iglesia de Santa Eulalia, con escándalo y horror de los fieles que asistian á los Divinos Oficios. Y añade la tradicion que sólo pudo la dama contenerle mostrándole su seno devorado por un cáncer. Entonces comprendió él la vanidad de los deleites y de la hermosura mundana, abandonó su casa, mujer é hijos, entregóse á las más duras penitencias, y sólo

---

1 Vid entre otros biografos de Lull *Doct Petri Bennazar almas sedis Maioricarum canonici Breve ac compendiosum rescriptum, nativitatem, vitam R Lulli complectens* (Mallorca, 1688)—*Vindiciae Lullianae Auctore D Ant Rai Pasqual* (Aviñon, 1778)—*Vida y hechos del admirable Doctor y martir Ramon Lull*, por el Dr Juan Seguí (Palma, 1606)—*Historia del reino de Mallorca*, por D Vicente Mut (todo el libro III)—*Vida admirable del inclito martir de Cristo B Raimundo Lulio*, por Fr Damian Cornejo (Madrid, 1686)—*Disertaciones historicas del culto inmemorial de R Lulio*, por la Universidad luliana (1700)—*Acta B R L Maioricensis*, por Juan B Soler (1708)—Wadding, *Anales*, etc

tuvo desde entonces dos amores: la religion y la ciencia, que en su entendimiento venian á hacerse una cosa misma. En el *Desconort*, su poema más notable, recuerda melancólicamente los extravíos de su juventud.

Quant fui grans, e senti del mon sa vanitat,
Comencey á far mal. é entrey en peccat;
Oblidam lo ver Deus: seguent carnalitat, etc.

Tres pensamientos le dominaron desde el tiempo de su conversion· la cruzada á Tierra Santa, la predicacion del Evangelio á judíos y musulmanes, un método y una ciencia nueva que pudiese demostrar *racionalmente* las verdades de la religion para convencer á los que viven fuera de ella. Aquí está la clave de su vida: cuanto trabajó, viajó y escribió se refiere á este objeto supremo

Para eso aprende el árabe, y retraido en el monte Randa imagina su *Arte universal*, que tuvo de buena fé por inspiracion divina, y así lo dá á entender en el *Desconort*. Logra de D. Jáime II de Mallorca, en 1275, la creacion de un colegio de lenguas orientales en Miramár, para que los religiosos Menores allí educados salgan á convertir á los sarracenos. fundacion que aprueba Juan XXI en el año primero de su pontificado.

¡Qué vida la de Raimundo en Miramár y en Randa! Leyéndola tal como él la describe en su *Blanquerna*, se cree uno trasportado á la Tebáida, y parece que tenemos á la vista la venerable figura de algun padre del yermo Pero Dios no habia hecho á Raimundo para la contemplacion aislada y solitaria: era hombre de accion y de lucha, predicador, misionero, maestro, dotado de una elocuencia persuasiva, que llevaba tras sí las muchedumbres. Así le vemos dirigirse á Roma para impetrar de Nicolás III la mision de tres religiosos de San Francisco á Tartária, y el permiso de ir á predicar él mismo la fé á los musulmanes, y emprende luego su peregrinacion por Siria, Palestina, Egipto, Etiopía, Mauritánia, etc. [1], disputando en Bona con cincuenta doctores árabes, no sin exponerse á las iras del populacho, *que le escarneció, golpeó y tiró de las barbas*, segun él mismo dice.

Vuelto á Europa, dedícase en Montpellier á la enseñanza de su *Arte;* logra del Papa Honorio IV la creacion de otra escuela de lenguas orientales en Roma; permanece dos años en la Universidad de

---

1 Algunos tienen este primer viaje por fabuloso, pero el Sr Roselló le afirma

París, aprendiendo gramática y enseñando filosofía, insta á Nicolás IV para que llame á los pueblos cristianos á una cruzada; se embarca para Túnez, donde á duras penas logra salvar la vida entre los infieles, amotinados por sus predicaciones, acude á Bonifacio VIII con nuevos proyectos de cruzada, y en Chipre, en Arménia, en Rodas, en Malta, predica y escribe sin dar reposo á la lengua ni á la pluma.

Nuevos viajes á Italia y á Provenza; más proyectos de cruzadas, oidos con desden por el rey de Aragon y por Clemente V; otra mision en la costa de África, donde se salva casi de milagro en Bugía; negociaciones con pisanos y genoveses, que le ofrecen 35,000 florines para ayudar á la guerra santa [1].. Nada de esto le aprovechó, y otra vez se frustraron sus planes En cambio, la Universidad de París le autoriza en 1309 para enseñar públicamente su doctrina, verdadera máquina de guerra contra los Averroistas, que allí dominaban.

En 1311 se presenta Raimundo al Concilio de Viena con várias peticiones: fundacion de colegios de lenguas semíticas; reduccion de las órdenes militares á una sola; guerra santa, ó por lo ménos defensa y reparo á los cristianos de Arménia y Santos Lugares; prohibicion del Averroismo y enseñanza de su arte en todas las Universidades. La primera proposicion le fué concedida: de las otras se hizo poca cuenta.

Perdió Lulio toda esperanza de que le ayudasen los poderosos de la tierra, aunque el rey de Sicilia, D. Fadrique, se le mostraba propicio y determinado á trabajar por su cuenta en la conversion de los mahometanos; se embarcó en Palma el 14 de Agosto de 1314 con rumbo á Bugía, y allí alcanzó la corona del martirio, siendo apedreado por los infieles. Dos mercaderes genoveses le recogieron espirante, y trasladaron su cuerpo á Mallorca, donde fué recibido con veneracion religiosa por los jurados de la ciudad, y sepultado en la sacristía del convento de San Francisco de Asís.

La fecha precisa de la muerte de Raimundo es el 30 de Junio de 1315

El culto á la memoria del mártir comenzó muy pronto· decíase que en su sepulcro se obraban milagros, y la veneracion de los mallorquines al doctor iluminado fué autorizada, como *culto inmemorial*, por Clemente XIII y Pio VI. En várias ocasiones se ha intentado el proceso de canonizacion. Felipe II puso grande empeño en lograrla:

---

[1] Algunos niegan este hecho, que realmente es poco probable

y hace pocos años que el Sumo Pontífice Pío IX, ratificando su culto, le concedió misa y rezo propios, y los honores de *Beato*, como le llamaron siempre los habitantes de Mallorca.

Este hombre extraordinario halló tiempo, á pesar de los devaneos de su mocedad, y de las incesantes peregrinaciones y fatigas de su edad madura, para componer más de quinientos libros, algunos de no pequeño volúmen, cuáles poéticos, cuáles prosáicos, unos en latin, otros 'en su materna lengua catalana. El hacer aquí catálogo de ellos seria inoportuno y supérfluo: vea el curioso los que formaron Alonso de Proaza (reproducido en la *Biblioteca* de N Antonio), el doctor Dimas (manuscrito en la Biblioteca Nacional), y el doctor Arias de Loyola (manuscrito escurialense). Falta una edicion completa, la de Maguncia (1731 y siguientes), en diez tomos fólio, no abraza ni la mitad de los escritos lulianos. Ha de advertirse, sin embargo, que algunos tratados suenan con dos ó tres rótulos diversos, y que otros son meras repeticiones.

Entre los libros que pertenecen al *Arte* ó lógica luliana (de algunos de los cuales hay coleccion impresa en Strasburgo, 1609) descuella el *Ars magna generalis et ultima* [1], ilustrada por el *Ars brevis* y por las diversas artes *inventivas, demostrativas* y *expositivas*. Igual objeto llevan el *De ascensu et descensu intellectus*, la *Tabula generalis ad omnes scientias applicabilis*, empezada en el puerto de Túnez el 15 de Setiembre de 1292, y sobre todo, el *Arbor scientiae*, obra de las más extensas y curiosas de Lulio, que usó en ella la forma didáctica simbólica, ilustrando con apólogos el árbol *ejemplifical*.

Entre los opúsculos de polémica filosófica descuella la *Lamentatio duodecim principiorum philosophiae contra Averroistas*. Como místico, su grande obra es el *Liber contemplationis;* como *teólogo racional*, el *De articulis fidei*, además de sus várias disputas con los sarracenos. Numerosos tratados de lógica, retórica, metafísica, derecho, medicina y matemáticas completan la enciclopédia luliana. Libros de moral práctica, en forma novelesca, son el *Blanquerna* y el del *Órden de la caballería*, imitados por D. Juan Manuel en el *De los Estados* y en el *Del Caballero y del Escudero*. Novelesca es tambien en parte la forma del *Libre de maravelles*, que contiene la única redaccion española conocida del apólogo de *Reñart*. Las poesías de Lull, coleccionadas por el Sr. Roselló (que es de sentir admitiese algunas, á todas luces apó-

---

1 *Raymundi Lull., Opera ea quae ad inventam ab ipso artem universalem, scientiarum, artiumque omnium pertinent. Argentinae, sumptibus Lazari Zetzneri* (1599) Con los comentarios de Cornelio Agripa y de Jordano Bruno

crifas, como las *Cobles* de alquimia y la *Conquista de Mallorca*, forjada
indudablemente por algún curioso de nuestros días), son: ya didácticas, como *L'Aplicació de l'art general*, la *Medicina del Peccat* y el *Dictat
de Ramon*, ya líricas, como el *Plant de nostra dona Sta. María*, *Lo
cant de Ramon*, y dos canciones intercaladas en el *Blanquerna*, ya lí-
rico-didácticas, como el hermoso poema del *Desconort*, y hasta cierto
punto *Els cent noms de Deu*, donde la efusión lírica está ahogada por
la sequedad de las fórmulas lulianas [1].

Dos caractéres distinguen á la doctrina luliana: uno externo y otro
interno: es *popular* y *armónica* Prescinde de todo aparato erudito.
apenas se encontrará en los escritos de Lulio una cita, todo aparece
como infuso y revelado. Para herir el alma de las muchedumbres, se
vale el filósofo mallorquín del *simbolismo*, de los *schemas* (como ahora
se dice) ó representaciones gráficas, de la alegoría, de la narración
novelesca y del ritmo hasta metrifica las reglas de la lógica

Construye Lulio su sistema sobre el principio de unidad de la ciencia toda ciencia particular, como todo atributo, entra en las casillas
de su *Arte*, que es á la vez lógico y metafísico, porque R. Lulio pasa
sin cesar de lo real á lo ideal y de la idea al símbolo Pero no me
pertenece hablar aquí de la lógica luliana, ni del juego de los *términos,
definiciones, condiciones y reglas*, ni de aquel sistema prodigioso que en
el *Arbol de la Ciencia* engarza con hilo de oro el mundo de la materia

---

[1] Debemos mencionar algunas de las ediciones más asequibles de los tratados antedichos
Buena parte de los filosóficos se hallara en la colección intitulada

*Beati Raymundi Lulli, doctoris illuminati et martyris Opera Anno salutis Domini MDCCXXI
Moguntiae ex officina typographica Mayeriana per Joannem Gregorium Haffner* (con interesantes prolegomenos de Salzinger) Diez tomos en fol Nunca, ó rarísima vez, se hallara ejemplar íntegro

B *Raymundi Lulli . Liber de ascensu et descensu intellectus Valentiae impressus anno 1512
et nunc Palmae Majoricarum anno 1744 Ex typis Michaelis Cerda 1744* En 8.° Hay una traduccion castellana del siglo pasado (en el cual se reimprimieron y tradujeron muchas obras
de Lulio) La edición de Zetzner, ya mencionada, no contiene mas que el *Ars brevis* el *De auditu Kabbalistico, Lamentatio contra Averroistas, Logica, Tractatus de conversione suiecti et prae-
dicati De venatione medii, Rhetorica, Ars Magna y De articulis fidei*

*Arbol de la ciencia, del iluminado maestro Raimundo Lulio, nuevamente traducido y explicado
por D Alonso de Cepeda y Andrada* Bruselas, 1664 (Dio ocasión a un notable opúsculo del judio Isaac Orobio de Castro contra los Lulianos)

B *Raymundi Lulli Liber magnus contemplationis* (Palmae 1746)

El *Blanquerna* se imprimió en Valencia (1521) por Juan Jofre, *traducido al valenciano* es decir, remozado en el estilo, por Mossen Juan Bonlabii Hay una traducción castellana *Blanquerna, maestro de la perfección cristiana en los estados de matrimonio, religión prelacia apostólico señorío y vida eremítica Con licencia Año 1749 En Mallorca, por la viuda de Frau* El
traductor tuvo a la vista un antiguo manuscrito catalan De otro semejante ha presentado extractos mi amigo A Morel-Fatio en su curioso artículo *Le Roman de Blanquerna* (*Romania* tomo VI) El libro del *Orden de la caballería* y el *De maravillas* están en prensa para la Biblioteca
catalana de D Mariano Aguiló Sobre el segundo de estos libros véase el opúsculo de Hofman
Ein Katalinisches Thierepos von Ramon Lull (München, 1872)

y el del espíritu, procediendo alternativamente por síntesis y análisis, tendiendo á reducir las discordancias y resolver las antinómias, para que, *reducida á unidad la muchedumbre de las diferencias* (como dijo el más elegante de los lulianos), *venza y triunfe y ponga su silla*, no como unidad panteística, sino como última razon de todo. aquella *generacion infinita*, aquella *espiracion cumplida, eterna é infinitamente pasiva y activa á la vez*, en quien la esencia y la existencia se compenetran, fuente de luz y foco de sabiduría y de grandeza. Esto me trae á los lindes de la teodicea luliana, en la cual debo entrar ya que las audaces novedades del ermitaño mallorquin fueron calificadas por Eymerich y otros de manifiestas herejías punto que conviene poner en claro.

II.—TEOLOGIA RACIONAL DE LULIO.—SUS CONTROVERSIAS CON LOS AVERROISTAS

PARA no extraviarnos en el juicio, conviene tener presente ante todo la doctrina de las relaciones entre la fé y la ciencia, tal como la expone Santo Tomás En el cap. III de la *Summa contra gentes* leemos [1]: «Hay dos órdenes de verdades en lo que de Dios se afirma: unas que exceden toda facultad del entendimiento humano, v. gr , que Dios es trino y uno. otras que puede alcanzar la razon, por ejemplo, que Dios existe y que es uno, lo cual demostraron los filósofos guiados por la sola razon natural». Y en la *Suma Teológica* (part. 1.ª, q. II, art II) añade. «*No son éstos artículos de la fé, sino preámbulos á los artículos*» La fé, por lo tanto, no está *contra* la razon, sino *sobre* la razon. Infiérese de aquí, y Santo Tomás lo dice expresamente, que *la fé no puede ser demostrada, porque trasciende el humano entendimiento*, y que *en las discusiones contra infieles* no se ha de atender á *probar* la fé, sino á *defenderla*. Yerran, pues, los que se obstinan en *probar racionalmente* la Trinidad y otros misterios, en vez de contentarse con demostrar que no encierran imposibilidad ni repugnancia.

¿Fué fiel á estos principios Ramon Lull? Forzoso es decir que no, aunque tiene alguna disculpa. Encontróse con los Averroistas, que

---

1 «Est autem in his quae de Deo confitemur duplex veritatis modus Quaedam namque sunt de Deo, quae omnem facultatem humanae rationis excedunt, ut Deum esse trinum et unum Quaedam vero sunt, ad quae etiam ratio naturalis pertingere potest, sicut est Deum esse quae etiam philosophi demonstrative probaverunt, ducti naturalis lumine rationis »

disimulaban su incredulidad diciendo· «La fé y la razon son dos campos distintos: una cosa puede ser verdadera segun la fé, y falsa segun la razon». Y Lulio juzgó que la mejor respuesta era probar por la *razon* todos los dogmas, y que no habia otro camino de convencer á los infieles. No pretende Lulio (que aquí estaria la heterodoxia) *explicar* el misterio, que es por su naturaleza incomprensible y suprarracional, ni *analizar* exegética é impíamente los dogmas, sino dar algunas razones, que áun en lo humano convenzan de su certeza. La tentativa es arriesgada, está á dos pasos del error; y error gravísimo, que en manos ménos piadosas que las de Lulio hubiera acabado por hacer *racional* la *teología,* es decir, por destruirla. Tiene además una doctrina sobre la fé *propedéutica,* verdaderamente digna de censura, aunque profunda é ingeniosa. En el cap. LXIII del *Arte Magna* leemos este curioso pasaje, que ya he citado antes de ahora. «La fé está sobre el entendimiento, como el aceite sobre el agua... . El hombre que no es filósofo cree que Dios es· el filósofo entiende que Dios es. Con esto el entendimiento sube con la inteleccion á aquel grado en que estaba por la creencia. No por esto se destruye la fé, sino que sube un grado más, como si añadiésemos agua en el vaso subiria sobre ella el aceite. El entendimiento alcanza naturalmente muchas cosas. Dios le ayuda con la fé, y entiende mucho más. *La fé dispone, y es preparacion para el entendimiento,* como la caridad dispone á la voluntad para amar el primer objeto. La fé hace subir el entendimiento á la inteleccion del sér primero. Cuando el entendimiento está en un grado, la fé le dispone para otro, y así de grado en grado hasta llegar á la inteligencia del primer·objeto y reposar en él, *identificándose fé y entendimiento.»* «El entendimiento (dice en·otra parte) es semejante á un hombre que sube con dos piés por una escalera. En el primer escalon pone el pié de la fé, y luego el del entendimiento cuando el pié de la fé está en el segundo, y así va ascendiendo. El fin del entendimiento no es creer, sino entender; pero se sirve de la fé como de instrumento. La fé es medio entre el entendimiento y Dios. Cuanto mayor sea la fé, más crecerá el entendimiento. No son contrarios entendimiento y fé, como al andar no es contrario un pié al otro» [1].

---

1 «Et sic fides ascendit super intellectum, sicut oleum ascendit super aquam. Et tunc intellectus ascendit ad illum gradum intelligendo, in quo erat credendo. Sicut charitas disponit voluntatem ad amandum objectum primum fides disponit intellectum ad intelligendum. Et quando intellectus est in aliquo gradu intelligendo, fides disponit illum in illo gradu credendo, ut ascendat in alium gradum intelligendo, et sic de gradu in gradum, quousque intellectus ascendit ad primum objectum et in ipso quiescit intelligendo. Fides est

Cabe, sin embargo, dar sentido ortodoxo á muchas de estas proposiciones, áun de las que parecen más temerarias. Cuando llama Raimundo á la fé *preparacion para el entendimiento*, se refiere al hombre rudo é indocto, en quien la fé ha de suplir á la razon, áun por lo que toca á las verdades racionalmente demostrables, v. gr., la *existencia y unidad de Dios*. Pero no ha de negarse que esa *escala* y esos *grados* tienden á confundir las esferas de la fé y de la razon, aunque Lulio, fervoroso creyente, afirma á caso paso *quod fides est superius et intellectus inferius*. Él comprendia que *la verdad es principio comun á la fé y al entendimiento*, y empeñado en demostrar que *illa lex quaecumque sit per fidem, oportet quod sit vera*, erraba en el método, aunque acertase en el principio.

En el *Desconort* dice «Ermitaño, si el hombre no pudiese probar su fé, ¿podria culpar Dios á los cristianos si no la mostrasen á los infieles? Los infieles se podrian quejar justamente de Dios, porque no permitia que la mayor verdad fuese probada, para que el entendimiento ayudase á amar la Trinidad, la Encarnacion,» etc [1]. Y replica el ermitaño «Ramon, si el hombre pudiese demostrar nuestra fé, perderia el mérito de ella. Y ¿cómo lo infinito ha de comprender lo finito?» [2] Á lo cual contesta como puede Raimundo «De que nuestra fé se pueda probar, no se sigue que la cosa creada contenga ni abarque al ente increado, sino que entiende de él aquello que le es concedido» [3].

---

medium cum quo intellectus acquirit meritum, et ascendit ad primum objectum, quod quidem influit intellectui fidem, ut ipsa sit intellectui unus pes ad ascendendum Et intellectus habet alium pedem de sua natura, videlicet intelligere sicut homo ascendens scalam cum duobus pedibus Et in primo scalone ponitur pes fidei Et in illomet pes intellectus ascendendo gradatim   Credere non est finis intellectus, sed intelligere, verumtamen fides est suum instrumentum .   fides consistit inter intellectum et Deum» etc

[1]   «N'ermitá si la fé hom no pogues provar,
            Donch Deus als christians no pográ encolpar
            Si a los infaels no la volon mostrar,
            Els infaels se pogren de Deus per dret clamar,
            Car major veritat no lar argumentar,
            Perque l'entendiment ajut a nostra amar,
            Com mays ami trinitat é de Deus l'encarnat» etc

[2]   «Ramon, si hom pogués demostrar nostra fé,
            Hom perdera merit
            Encara qu'el humá entendre no conte
            Tota virtut de Deu qu'infinida es mante
            Tant, que causa finida tota ella no té »

[3]   «E si be's pot provar, no s seguex que creat
            Contengua é comprena trestot l'ens increat,
            Mas qu'en entén aytant, com en eyl s'en es dat »

                              (Obras rimadas, págs 331 á 333)

En la introduccion á los *Artículos de la fé* [1] explana la misma idea «Dicen algunos que no tiene mérito la fé probada por la razon, y por esto aconsejan que no se pruebe la fé, para que no se pierda el mérito . En lo cual manifiestamente yerran. Porque ó entienden decir que la fé es más probable que improbable, ó al contrario. Si fuera más improbable que probable, nadie estaria obligado á admitirla. Si dicen que es improbable en sí, pero que se puede probar su oríjen divino, síguese que es probable, porque viene de Dios, y verdadera y necesaria, por ser Él la suma verdad y sabiduría [2] El decir que por razones naturales puede desatarse cualquiera objecion contra la fé, pero que las pruebas directas de ella pueden tambien destruirse racionalmente, implicaria contradiccion El que afirma, v gr , y prueba por razones necesarias, que en Dios no hay corrupcion, afirma y prueba que hay generacion» [3].

Repito que el error de Lulio es de método: él no intenta dar explicaciones *racionales* de los misterios: lo que hace es convertir en positiva la argumentacion negativa. Ahora conviene dar alguna muestra de esas demostraciones, para él más *necesarias y potísimas* que las demostraciones matemáticas Á eso se encamina el libro *De articulis fidei*, escrito en Roma en 1296 [4]

Despues de probar en los primeros capítulos la existencia del ente *summe bonum, infinite magnum*, eterno infinito en potestad, sumo en virtud y uno en esencia, apoya el dogma de la Trinidad en estas razones, profundas, sin duda, y que además tienen la ventaja de dejar intacto el misterio [5]. «Si la bondad finita es razon para producir na-

---

1 *Articuli fidei sacrosanctae ac salutiferae legis christianae cum eorumdem per pulchra introductione quos illuminatus Doctor Magister Raymundus Lullius rationibus necessariis demonstrative probat* (Pag 941 y sigs de la edicion de Strasburgo)

2 «Dicunt etiam quod fides non habet meritum cui humana ratio praebet experimentum, et ideo dicunt, quod non est bonum probare fidem ut non amittatur meritum Ostendunt se manifestissime ignorantes Quia aut intendunt dicere quod ipsa fides in se sit magis improbabilis quam probabilis . Aut intendunt dicere quod ipsa fides in se est magis improbabilis quam probabilis, sed probabile est quod sit a Deo Et in hoc casu si probabile est quod sit a Deo, sequitur quod ipsa est probabilis, et si est verum quod sit a Deo, ipsa est vera et necessaria »

3 «Si quis autem dixerit quod objectiones quae possunt fieri contra fidem, possunt solvi per rationes necessarias, et probationes quae possunt fieri pro fide possunt frangi per rationes necessarias, dicimus quod implicat contradictionem Qui autem intendit improbare per necessarias rationes quod corruptio non est in Deo, et ipsum oportet tenere quod generatio est in Deo etc

4 «Factus fuit iste tractatus Romae anno Domini MCC nonagesimo sexto, et completus ibidem in vigilia Beati Johannis Baptistae » (Así acaba el libro)

5 «Sed bonitas finita est ratio bono finito quod producat naturaliter et de se bonum finitum ergo bonitas infinita erit ratio bono infinito, quod producat naturaliter et ex se bonum infinitum ergo cum in Deo sit bonitas infinita, producet bonum infinitum Nihil autem aliud a Deo potest esse infinitum, sed solus Deus ut probatum est ergo Deus, cum sit bonum infi-

tualmente y de sí el bien finito, la bondad infinita será razon que produzca de sí naturalmente el bien infinito. Dios es infinita bondad luego producirá el bien infinito, igual á él en bondad, esencia y naturaleza Entre el que produce y lo producido debe haber *distincion* de supuestos. porque nada se produce á sí mismo. Á estos supuestos llamamos *personas*..... El acto puro, eterno é infinito, obra eterna é infinitamente lo eterno y lo infinito sólo Dios es acto puro. luego obra eterna é infinitamente lo eterno y lo infinito El acto es más noble que la potencia y la privacion, y Dios es acto puro y ente nobilísimo· luego obra eternamente lo perfecto y absoluto..... Á la persona que produce llamamos *Padre*, á la producida *Hijo* . Resta probar la tercera persona, es decir, el *Espíritu Santo.* Así como es natural en el Padre engendrar, así es natural en el Hijo amar al Padre..... Todo amor verdadero, actual y perfecto requiere de necesidad *amante, amado* y *amar*..... Imposible es que el amor sea un *accidente* en la esencia divina, porque ésta es simplicísima luego el amor de Padre é Hijo es *persona*. Tan *actual* y *fecundo* es en Dios el amar como el engendrar » Y por este camino sigue especulando sobre el número ternario, sin que las frases que usa de *bonificans, bonificatum, bonificare, magnificans, magnificatum, magnificare,* puedan torcerse en sentido heterodoxo y antitrinitario, como pretendia Nicolás Eymerich, á pesar de las repetidas declaraciones de Lulio.

Largo seria exponer las pruebas que trae éste de la Creacion, del pecado original, de la Encarnacion, de la Resurreccion, de la Ascension, del Juicio final, etc , pruebas demasiado sutiles á veces, otras traidas muy de lejos, pero casi siempre ingeniosas y hábilmente entretejidas. Si este precioso tratado fuese más conocido, quizá no lo-

nitum, producet bonum infinitum, et per consequens idem et aequale sibi in bonitate essent ae et naturae Inter producens et productum oportet esse distinctionem suppositorum, cum idem non possit seipsum producere Utrumque dicimus personam Omne id quod est purus actus, aeternus et infinitus agit aeterne et infinite et aeternum et infinitum alias non esset purus actus aeternus et infinitus sed Deus est purus actus aeternus et infinitus ergo agit aeternaliter et infinite et aeternum et infinitum ergo Deus producit Deum Nobilius est illud ens quod bonum est et bonum facit infinitum est et infinitum facit, aeternum est et aeternum facit, perfectum est et perfectum facit quam illud quod non facit, alias potentia et privatio essent nobiliora quam sit actus· etc

‹Probato quod sit in Deo persona Patris et Filii restat probare, tertiam personam, scilicet Spiritum Sanctum . Sicut ergo naturale est patri filium generare, ita naturale est ei filium amare, cum sit infinite bonus Omnis amor verus, actualis et perfectus requirit de necessitate amantem, amatum et amare sed in Deo est amor verus, actualis et perfectus Impossibile est in divinis esse aliquod accidens, cum essentia divina, ut probatum est, sit simplicissima et nobilissima, sed si amor patris et filii non esset persona, esset amor accidentalis ergo necesse est illum amorem esse personam Tantae actualitatis et fecunditatis est amare in Deo sicut generare sed per generare exit persona de persona, ergo de amore patris et filii exit persona.›

graría tanto aplauso la *Teología Natural* de Raimundo Sabunde, que en muchas partes le copia

Explanó Lull sus enseñanzas teológicas en muchos libros, y hasta en un poemita, *Lo dictat de Ramon*, donde prueba la Trinidad, como ya hemos visto, y la Encarnacion; porque

> *Mays val un hom deificar*
> *Que mil milia mons crear ....*

Al adoptar esta forma, quería sin duda el filósofo mallorquin que hasta el pueblo y los niños tomasen de memoria sus argumentos, y supiesen contestar á los infieles [1].

«Raymundo Lulio fué (dice Renan) el héroe de la cruzada contra el Averroismo» [2]. Solicitó en el Concilio de Viena que los *pestíferos escritos* del comentador se prohibiesen en todos los gimnásios cristianos. En los catálogos de Alonso de Proaza, Nicolás Antonio, etc , constan los siguientes tratados antiaverroistas.

Liber de efficiente et effectu (París, Marzo de 1310)

Disputatio Raymundi et Averroystae de quinque quaestionibus.

Liber contradictionis inter Raymundum et Averroystam, de centum syllogismis circa mysterium Trinitatis. (París, 1310.)

Otro libro del mismo argumento. (Montpellier, 1304)

Liber utrum fidelis possit solvere et destruere omnes objectiones quas infideles possunt facere contra sanctam fidem catholicam. (París, Agosto de 1311.)

Liber disputationis intellectus et fidei. (Montpellier, Octubre de 1303)

Liber de convenientia quam habent fides et intellectus in objecto.

Liber de existentia et agentia Dei contra Averroem. (París, 1311.)

Declaratio Ray. Lulli per modum dialogi edita contra CCXVIII opiniones erroneas aliquorum philosophorum, et damnatas ab Episcopo Parisiensi.

Ars Theologiae et philosophiae mysticae contra Averroem

De ente simpliciter per se, contra errores Averrois.

Liber de reprobatione errorum Averrois.

Liber contra ponentes aeternitatem mundi.

---

1 *Obras rimadas*, pags 370 a 382 Acaba

> «A honor del Sanct Spirit
> Comenzá é fini son escrit
> Ramon en vinent de Paris
> El comaná a Sanct Loys
> E al noble rey d'Aragó
> Jacme, en l'encarnacio
> De Christ M CC XC nou

2 *Averroes et l'Averroisme*, pág 255.

Lamentatio duodecim principiorum philosophiae contra Averroistas [1]
Este es el más conocido, y fué escrito en París el año 1310. Está en
forma de diálogo, con estos extraños interlocutores· *forma, materia,
generacion, corrupcion, vejetacion, sentido, imaginacion, movimiento, inteligencia, voluntad* y *memoria*, todos acordes en decir que la filosofía *est
vera et legalis ancilla Theologiae*, lo cual conviene tener muy en cuenta
para evitar errores sobre el *racionalismo* de Lulio. No pretendia éste
que la razon humana pudiera alcanzar á descubrir por sí las verdades reveladas, sino que era capaz de *confirmarlas* y *probarlas*. El empeño de Lulio era audaz, peligroso, cuanto se quiera, pero no herético.

De las demás proposiciones que á éste se achacan, apenas es necesario hacer memoria. Unas son meras cavilaciones de Eymerich, á
quien cegaba el ódio; otras no están en los escritos lulianos, y pertenecen á Raimundo de Tárrega, con quien algunos le han confundido. Ciertas frases, que parecen de sabor panteista ó quietista, han
de interpretarse benignamente mirando al resto del sistema, y tenerse por exageraciones é impropiedades de lenguaje, disculpables en la
fogosa imaginacion de Lulio y de otros místicos.

Algunos tildan á éste de cabalista. Realmente escribió un opúsculo, *De auditu Kabbalistico sive ad omnes scientias introductorium*, donde define la Cábala *superabundans sapientia* y *habitus animae rationalis ex recta
ratione divinarum rerum cognitivus*, pero leido despacio y sin prevencion [2], no se advierte en él huella de *emanatismo* ni grande influjo de
la parte metafísica de la Cábala, de la cual sólo toma el artificio lógico, las combinaciones de nombres y figuras, etc., acomodándolo
á una metafísica más sana.

Cuanto al *monoteismo, que funda los rasgos capitales del judaismo, del
mahometismo y del cristianismo*, achacado por el Sr. Canalejas y otros
á Lulio, no he encontrado (y me huelgo de ello) en las obras del filósofo palmesano el menor vestigio de aberracion semejante. Creia él,
como creemos todos los cristianos, que el mosaismo es la ley *antigua*,
y que el islamismo tiene de bueno lo que Mahoma plagió de la ley
antigua y de la nueva· ni más, ni ménos. Por eso intentaba la conversion de judíos y musulmanes, apoyándose en las verdades que
ellos admiten. Lo mismo hacian y hacen todos los predicadores cris-

---

1 «*Duodecim principia Philosophiae M Raymundi Lulli, quae et lamentatio seu expostulatio
Philosophiae contra Averroistas* (Dedicado á Felipe el Hermoso) Págs 117 a 155 de la edicion
de Strasburgo

2 Págs 44 á 116 Nótese este lugar *Ubi philosophia Platonis desinit, ibi incipit Kabbala sapientia*

tianos cuando se dirigen á infieles, sin que por eso se les acuse de sacrílegas *fusiones*

Terminaré esta vindicacion (si vindicacion necesita aquel glorioso
mártir, á quien veneran los habitantes de Mallorca en el número
de los bienaventurados) repitiendo que los artículos de la fé son
siempre en las demostraciones de Lulio el *supuesto*, no la incógnita
de un problema que se trate de resolver, y que esas demostraciones
no pasan de un procedimiento dialéctico, más ó ménos arriesgado,
donde la Teología dá el *principio* y la Filosofía, *como humilde sierva,*
trata de confirmarle por medios naturales [1].

III —ALGUNAS VICISITUDES DE LA DOCTRINA LULIANA —CAMPAÑA DE
EYMERICH CONTRA ELLA.—R SABUNDE Y SU LIBRO «DE LAS CRIA-
TURAS».—PEDRO DAGUI, ETC.

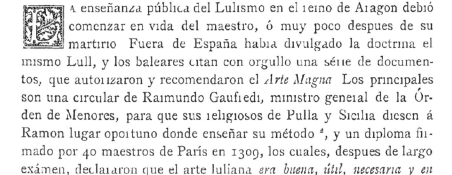A enseñanza pública del Lulismo en el reino de Aragon debió
comenzar en vida del maestro, ó muy poco despues de su
martirio Fuera de España habia divulgado la doctrina el
mismo Lull, y los baleares citan con orgullo una série de documentos, que autorizaron y recomendaron el *Arte Magna* Los principales
son una circular de Raimundo Gaufredi, ministro general de la Órden de Menores, para que sus religiosos de Pulla y Sicilia diesen á
Ramon lugar oportuno donde enseñar su método [2], y un diploma firmado por 40 maestros de París en 1309, los cuales, despues de largo
exámen, declararon que el arte luliana *era buena, útil, necesaria y en
nada repugnante á la fé católica, antes muy útil para confirmarla* [3], apro-

1 Los franciscanos han defendido siempre la ortodoxia de Ramon, y le tienen por hermano
suyo, aunque de la tercera Orden Es en muchas cosas semejante á los poetas de aquella religion en Italia Seria curioso un paralelo entre Lull y Jacopone de Todi

2 Montpellier, á VII de las Kalendas de Noviembre de 1290 Citada por Rosello con referencia al proceso de beatificacion de Lulio en 1612

3 El documento puede verse en Rosello Entre los maestros figuran Martin y Raimundo de
Biterum, medicos, Juan Scoto, Fr Clemente, *prior de los siervos de Santa María,* Fr Accur-
sio, Pedro Burgundo, Gil de Vallesponte, Mateo Guidon, Gofredo de Meldis, Pedro de Paris,
Hebrando de Frisia, Gilberto de Normandia, *Lorenzo de España* (¿quis?) Guillermo de Escocia,
Henrique de Borgoña, Juan de Normans, etc *Ad requisitionem Magistri Raymundi Lulli, catalani de Majoricis, quod ipsi a dicto Magistro Raymundo Lull, audiverunt per aliqua tempora artem seu scientiam quam licitum fuisse seu adinvenisse idem Magister Raymundus* etc Consta
en este curioso documento el lugar donde habitaba Raimundo en Paris *In domo, quam ad
praesens inhabitat idem Magister Raymundus Lull in vico Bucceriae parisiensis ultra parvum pontem versus Sequanam*

Los demas documentos pueden verse en las *Disertaciones historicas* del Padre Custurer

bacion confirmada por unas letras de Felipe el Hermoso y un diploma del cancelario de la Universidad de París en 1310. De sus lecciones en aquella Universidad, y controversias con Scoto, los Averroistas, etc., queda larga memoria en sus tratados.

Muerto Lull, arreció contra sus ideas la oposicion de los tomistas, distinguiendose entre todos el gerundense Fr. Nicolás Aymerich ó Eymerich (nació en 1320, murió en 1399), inquisidor general en los reinos de Aragon, hombre de gran saber (al modo escolástico) y de mucho celo, á las veces áspero y mal encaminado, como que no solia reparar en los medios. Su obra más conocida, y quizá la única impresa, es el *Directorium Inquisitorum* [1], manual de procedimientos, extractado de las Decretales, Constituciones, Bulas, etc. anteriores, á todo lo cual añadió (y éste es su principal interés, fuera del canónico) muchas noticias de procesos de la Inquisicion catalana, hoy perdidos.

Pero antes de esta compilacion (que fué uno de sus postreros trabajos) habia escrito Eymerich algunos opúsculos contra los Lulianos.

El códice 1,464 (antiguo fondo latino) de la Biblioteca Nacional de París, contiene

Tractatus intitulatus «Fascinatio Lullistarum», dedicado al Antipapa Benedicto. Despues de llamar á Ramon Lull *nigromante y sembrador de errores*, objeta con visible mala fé que, segun los principios del arte luliana, puede *comprenderse* la esencia divina; lo cual es absurdo, pues Dios no está comprendido en ninguna de las categorías lógicas.

Parécele tambien herético en el *Ars Magna* (dejo aparte mil sofisterías) el distinguir en la esencia divina *bonificatus, bonificabilis et bonificare, magnificatus, magnificabilis et magnificare, glorificatus, glorificabilis et glorificare, possificatus, possificabilis et possificare, verificatus, verificabilis et verificare.* ¡Como si Lulio hubiese querido con esto denotar que hay en Dios *muchas esencias!* Tan lejos está de semejante herejía, que á cada paso la impugna en el *De articulis fidei*, en el *Ars Magna*, en el *De auditu Kabbalistico*, etc. *«Nec sequitur per hoc quod in Deo sint plures bonitates et plures essentiae   »*

Incipit tractatus qui dialogus contra lullistas appellatur (escrito en 1389). Combate las revelaciones atribuidas á Lulio en el monte Randa, la preeminencia de su doctrina sobre las demás, el juicio que formó de los teólogos, la anunciada destruccion de todas las doctrinas ménos la luliana, la *beatitud* de Ramon, etc., y por primera vez invoca y re-

[1] Impreso en Barcelona (1503) por Juan Luchsner. Me valgo siempre de la edicion de Roma (1585) con adiciones de La Peña.

produce una Bula condenatoria de Gregorio XI. á quien él informó en 1371 contra los *errores* de Lulio. La autenticidad de esta Bula era sospechosa, como veremos pero, áun tomada á la letra. no contenía más que frases vagas y prohibicion de veinte volúmenes de Lull, sin decir cuáles ni especificar ninguna herejía, y refiriéndose siempre á informes ajenos, que en todo caso hubieran sido los de Eymerich, parcial y sospechoso [1]. Parece, sin embargo, que el Papa había encargado la revision y exámen de este negocio al Cardenal ostiense Pedro, y á veinte maestros en Teología, y que ellos reprobaron más de doscientos artículos

Así es que este inquisidor, no satisfecho con tales letras, que daba por apostólicas, añadió por su cuenta, en un tratado sin título que se lee á continuacion del diálogo (y fué presentado en Aviñon á Clemente VII, Antipapa)[2], una recapitulacion de dichos errores, seguidos de breves reparos El primer cargo es sobre las relaciones entre la fé y la ciencia, 2.º, que el hombre dotado de razon no puede errar como

1   Tiene esta Bula la fecha de Aviñon, a VIII de las Kalendas de Febrero, año VI del pontificado de Gregorio Este habia escrito al Arzobispo de Tarragona, en 5 de Julio de 1372, encargandole en vista de las denuncias de Eymerich, que examinara las obras de Lull, ayudándole en tal examen el inquisidor y algunos teólogos y juristas y que las hiciera quemar si realmente encontraba en ellas doctrina errónea No consta que tal examen se verificara (Víd las letras apostolicas en la coleccion diplomatica que sigue al *Directorium*, edicion de Roma, 1587, pág 67) Tambien la inserta el Sr Grahit (D Emilio) en su curiosa monografia *El inquisidor Fray Nicolas Eymerich* (Gerona, 1878), pag 110

En 3 de las Kalendas de Octubre de 1374, Gregorio XI, por Bula expedida en Villanueva de Aviñon, y dirigida a Francisco Borrell, prior de Santa Eulalia del Campo (diocesis de Barcelona) y a Pedro de San Amans, hospitalario de Tortosa (oficiales uno y otro del Obispo de Barcelona) pide que le remitan un libro catalan de Ramon Lull, que Eymerich habia dejado en poder del notario eclesiastico Francisco Vidal (Pag 07 del apendice del *Directorium*, y 111 de la memoria de Grahit)

El rey D Pedro el Ceremonioso se declaro en favor de los Lulianos, y en 7 de Enero de 1377 solicito del Papa que el examen de las obras de Lull se hiciese en Barcelona porque *como estaban en catalan, habian de ser mejor entendidas por catalanes que por hombres de otra nacion*, y por tener además la ciencia de Raimundo principios muy desemejantes de los de las demas ciencias *(Disertaciones historicas*, Mallorca, 1700, pag 260, y pág 115 de la memoria de Grahit)

A consecuencia de estas cuestiones tuvo que salir Eymerich de Aragon, sucediendole en el cargo de inquisidor su grande enemigo Bernardo Ermengaudi, que en 19 de Mayo de 1386 declaró que no se encontraban en la *Philosophia amoris* de Lull tres proposiciones que habian sido tachadas por Eymerich, y levanto acta de esta absolucion ante seis frailes Menores y dos de la Orden de Predicadores (Vid *Disertaciones históricas*, cap III, disertacion II, pags 239 y siguientes)

En 1387 subio al trono de Aragon D Juan I, acérrimo enemigo de Eymerich a quien una vez y otra vez desterró y proscribio, denigrandole en documentos oficiales con los nombres de *loco pertinaz, endiablado enemigo de la fé, untado con ponzoña de infidelidad, mortal enemigo nuestro y hombre venenoso* (Archivo de la Corona de Aragon, registro 1,927 fols 97, 98 y 99) Estas órdenes han sido publicadas por el Sr Grahit en su memoria

2 «Iste tractatus fuit per praedictum Inquisitorem Domino Papae Clementi Septimo consistorio publico praesentatus et ibidem per dictum D Papam Dom Cardinali Sancti Angeli est commissum quia illum diligenter examinaret   qui dicto tractatu diligenter examinato, tandem retulit   Quae relatio facta est in Capella Nova, in Camera Domini, et hoc anno Domini 1389 »

el hombre que tiene ojos ha de ver necesariamente [1]; 3.º, que pueden demostrarse por razones naturales todos los artículos de la fé; 4.º, que los judíos y sarracenos que crean de buena fé y no pequen mortalmente, pueden salvarse; 5.º, que la verdadera caridad consiste en amar á Dios, porque es bueno, y que es falso amor el que se mueve por la esperanza del Paraíso ó de bienes temporales; 6.º, «el amor y el amar, el amigo y el amado, se unen tan fuertemente en el amado, que son *una actualidad en esencia*, una esencia, sustancia y naturaleza indivisa *é inconfusa en número*, una eternidad, una bondad, una magnitud sin contrariedad ni diversidad de esencia» [2]: arrebatos místicos, que no han de tomarse *ad pedem litterae*; 7.º, no hay hombre que por sus buenas obras merezca la salvacion, sino que Dios la dá á los que tienen virtud y santidad, etc.

Los artículos notados son en todo ciento; casi los mismos que en el *Directorium*, donde reprodujo la Bula de Gregorio XI, provocando de nuevo la indignacion de los Lulianos. Estos habian logrado arrojarle de Aragon, convenciéndole de falsedad, en 1386. En el apéndice puede verse un curioso documento de 8 de Julio de 1391, que contiene *la deliberacion y acuerdo tomados por los Consellers de Barcelona sobre el hecho del Maestro Eymerich* [3], en vista de una carta de los jurados de Valencia quejándose de los atropellos de aquel inquisidor contra algunos lulistas valentinos. Valencia habia determinado llevar sus quejas al Pontífice, acusando á Eymerich *de diversos y enormes crímenes*, y pedia el apoyo de Barcelona. Los conselleres deliberaron que «si por parte de la ciudad de Valencia se hacia acusacion general contra Eymerich, la ciudad de Barcelona haria con ella un solo brazo y un corazon solo»; pero no si las querellas eran particulares. «Cuanto á las obras de Ramon Lull, decidieron suplicar al Papa que comisionase á algun Prelado de la provincia para que, junto con ciertos maestros y doctores en Teología, reconociesen y declarasen con autoridad apostólica si las condenaciones de Eymerich eran justas é injustas» [4].

---

1 En ninguna parte dice Lulio semejante desvarío.

2 «Quod vera charitas est amare Deum quia bonus est, et falsus amor est si homo amat plus Deum ideo ut det bonum paradisi vel bona temporalia..... quod amatus et amicus, quando inter eos est amor magnus, sunt una essentia substantiva et natura indivisa et inconfusa in numero, et una actualitas, una aeternitas, una bonitas, una magnitudo sine contrarietate ulla et diversitate essentiae.»

3 Me comunicó este preciosísimo documento inédito el erudito y modesto catalanista don Andrés Balaguer y Merino. (Archivo municipal de Barcelona, legajo de los años 1390 á 92, fólios 34 y 35.)

4 Eymerich debió de salir de Aragon antes de 1394. En casi todos los tratados suyos, escritos despues de aquella fecha, se dice: *Relegatus..... pro fidei defensione et haeresis R. Lulli extir-*

«Cien años antes que se imprimiese el *Directorium* (viviendo todavía Eymerich), y veinte despues de la muerte de Gregorio XI (dice Juan Arce de Herrera en la *Apologia* que citaré luego), esparcióse en Cataluña el rumor de que Eymerich habia insertado la Bula condenatoria en sus libros, y los parientes y discípulos de Ramon Lull entablaron recurso á la Sede apostólica, que comisionó para el exámen de la causa al Cardenal Leonardo de San Sixto. Examináronse en 1395 los registros de Gregorio XI correspondientes al año 1376 (sexto de su Pontificado), y los tres archiveros contestaron unánimes que tal Bula no existia, siendo convencido Eymerich de subrepcion y falsedad.»

Otros dicen que el acusador de Eymerich ante la Sede apostólica fué aquel Antonio de Riera, estudiante leridano, á quien él habia perseguido por hereje.

Por segunda vez se demostró la falsedad de la Bula en 21 de Marzo de 1419, ante el Legado apostólico en Aragon, Cardenal Alamanni (Pontificado de Martino V), logrando de nuevo sentencia favorable los Lulianos, quienes conservaban en su Universidad de Mallorca los originales de todos estos documentos [1]

Merced á estas aprobaciones, y á los sucesivos privilegios de don Pedro IV (1369), D. Martin el Humano (1399), Alfonso V (1449) y Fernando el Católico (1503), fué creciendo en fama y autoridad el Lulismo, que contaba en el siglo XV sectarios como Raimundo Sabunde, autor del libro *De las criaturas* [2].

El atrevido propósito de este autor, aunque los méritos de la ejecucion no correspondieran, bastaria para salvar de la oscuridad su nombre. En el último y decadente período de la escolástica, cuyo imperio se dividian místicos y nominalistas, apareció en Tolosa un profesor barcelonés, que sin pertenecer á ninguna de las banderías militantes, ni ajustarse al método y forma generales en las escuelas, antes puesta la mira en la reforma del método y de toda enseñanza, como si respondiera á la voz del Renacimiento, que comenzaba á enseñorearse del arte, concibió la traza de un libro único, no fundado en autoridades divinas ni humanas, que sin alegar textos de ningun doctor, llevase á la inteligencia de todos; libro fundado en la observacion y en la experiencia, y sobre todo, en la experiencia de cada cual dentro

---

patione, quorumdam Lullistarum haereticorum vehementia et impulsu (Vid. el códice 3,171 de Paris, antiguo fondo latino.)

1 Pueden verse copiados en la *Apologia Lullianae doctrinae adversus Eymerici calumnias* (manuscrito de la Ambrosiana de Milán.)

2 *Theologia Naturalis Raymundi de Sabunde, Hispani, viri subtilissimi... Venetiis, apud Franciscum Filetum, 1581.*

de sí mismo: «*Nulla autem certior cognitio quam per experientiam, et maxime per experientiam cujuslibet intra seipsum*». Trazó, pues, una *Teología Natural*, donde la razon fuese demostrando y leyendo, cual si estuviesen escritos en el gran libro de las criaturas, todos los dogmas de la religion cristiana. El plan era audaz, y la concepcion misma dá indicio claro de un vigorosísimo entendimiento. Al desarrollarla mostróse Sabunde hábil en la argumentacion, abundante en los recursos, y hasta inspirado y facundo á veces en el estilo, libre á la contínua de arideces escolásticas.

El libro habia nacido en tiempo y sazon oportunos, y su éxito fué brillante, aunque más bien fuera que dentro de las escuelas. Difundido en multitud de copias por Francia, Italia y Alemania, llegó á ser estampado por los tórculos de Deventer en 1484 (si es que no existe edicion anterior, como algunos sospechan); y entre los últimos años del siglo XV y todo el XVI se publicaron más de doce ediciones del primitivo texto, sin que fuera obstáculo la prohibicion que del *Prólogo* de Sabunde hizo el Concilio de Trento. Suprimido el prólogo, la obra siguió imprimiéndose sin otra mudanza. Y como su extension y lo incorrecto de su latin retrajesen á muchos de su lectura, acudieron dos elegantes humanistas, Pedro Dorland y Juan Amós Comenio, con sendos extractos, rotulados *Viola animae* y *Oculus fidei*. Y por si algo faltaba á la mayor difusion y renombre de la doctrina de Raymundo, un caballero gascon, antítesis viva del piadoso catedrático del siglo XV, se entretuvo en verter la *Teología Natural* en encantadora prosa francesa, que aquel escéptico bordelés hablaba y escribia como pocos ó ninguno la han vuelto á escribir y hablar. No satisfecho con esto, tomó pié del libro de Sabunde para su más extenso y curioso *Ensayo*, que con título de *Apología* (aunque de todo tiene más que de esto) anda desde entonces en manos de todos los aficionados á ingeniosas filosofías y á desenfados de estilo.

He llamado *barcelonés* al autor del libro *De las criaturas*, y no me arrepiento, áun despues de leida y releida la Memoria en que el abate Reulet quiere hacerle hijo de Francia [1]. Es cierto que Sabunde fué profesor en Tolosa; pero esto nada prueba.

El abad Trithemio, que en 1494 publicó su *Catálogo de escritores eclesiásticos*, dice de Sabunde: *natione hispanus*. Sinforiano Champier, en los primeros años del siglo XVI, lo repite. Montaigne hace correr de gente en gente la misma asercion. El docto Maussac, en los pro-

1 *Un inconnu célèbre. Récherches historiques et critiques sur Raymond de Sebonde*..... París, V. Palmé, 1875.—8.°

legómenos al *Pugio fidei* de Fr Ramon Martí (1651), adelanta más.
llama á Sabunde *natural de Barcelona*

El abate Reulet anuncia *que las pretensiones del Ebro van á sucumbir
ante los derechos del Garona* ¿Y qué derechos son esos? ¿Ha parecido
la partida de bautismo de Sabunde? ¿Se ha encontrado la indicacion
de su pátria en algun registro de la Universidad de Tolosa? No hay
más que la rotunda afirmacion del abate Reulet, escritor de 1875.
contra el testimonio del abad Trithemio en 1494, cuando aún debian
vivir gentes que conocieron á Sabunde.

¿Y cómo ha querido invalidar esta prueba el apologista de la causa
francesa? Fantaseando con escasa formalidad crítica un cuadro de
novela, donde el abad Trithemio aparece en su celda, hojeando el
libro *De las criaturas*, para redactar el artículo concerniente á Sabunde, á quien llamó *hispanus;* ¿saben mis lectores por qué? Porque
en un manuscrito citado en una *Historia del Languedoc*, se habla de
cierto *magister hispanus*, médico del conde Raimundo de Tolosa en
1242 Y ya se ve, el pobre Trithemio tomó el rábano por las hojas,
confundiendo á un filósofo del siglo XV con un médico oscuro
del XIII, del cual hay noticia en un manuscrito. ¿Y qué prueba tenemos de que Trithemio hubiera visto semejante manuscrito? Y dado
que le viera, ¿por qué hemos de suponerle capaz de un yerro tan enorme é inexplicable?

Que Trithemio, aunque laborioso y erudito, era á veces ligero, ya
lo sabemos; pero ¿quién prueba que lo haya sido en este caso? En reglas de crítica, y tratándose de un autor del siglo XV, la palabra de
los contemporáneos ó inmediatamente posteriores vale y hace fuerza,
mientras no haya datos en contra.

Tampoco los hay para destruir la afirmacion de Maussac respecto
á la pátria *barcelonesa* de Sabunde. Maussac sabia demasiado para
confundir á Sabunde con S. Raymundo de Peñafort ¿Quién ha dicho
á Reulet que Maussac no tuvo datos ó documentos, que hoy descono-
cemos, para poner en Barcelona, y no en otra ciudad de España, la
cuna de Sabunde? ¿Los ha presentado él buenos ni malos para hacerle hijo de Tolosa? ¿No confiesa que los analistas y la tradicion de esa
ciudad callan?

Una sola conjetura apunta. débil y deleznable por estribar en un
supuesto falso: *la lengua*. Dista mucho, en verdad, de ser clásico el
latin del libro *De las criaturas,* pero muy de ligero ha·procedido Reulet al asentar que *está lleno de galicismos* Razon tiene cuando estima
por de ningun valor el texto de Montaigne. «*Ce livre est bast d'un es-*

pagnol baragouiné en terminaisons latines», si por *español* se entiende el *castellano;* pero, ¿á quién se le ha de ocurrir que Sabunde, *catalán* del siglo XV, hablase *castellano?*

Dícenos el abate Reulet, que él sabe *el español* (sic) y que no ha encontrado *castellanismos* en la *Teología Natural.* ¿Y cómo los habia de encontrar, si Sabunde fué *barcelonés?* ¿Ignora el respetable clérigo que los barceloneses, lo mismo ahora que en el siglo XV, no tienen por lengua materna el castellano, sino el *catalán;* es decir, *una lengua de oc,* hermana del *provenzal,* de la lengua de Tolosa, donde se escribió el libro *De las criaturas,* en un latin bastante malo, que abunda en *catalanismos* por ser catalán el autor, y en *provenzalismos* porque habia residido mucho tiempo en Tolosa, y en repeticiones, desaliños y redundancias, como todos los libros de profesores no literatos, y más en el siglo XV?

¿Por qué han de ser *francesas,* y no catalanas, ó castellanas, ó italianas, ó de cualquiera otra lengua romance, expresiones tan sencillas como éstas: *Unus cattus* (un gato), *omnes culpabiles, volo quod omnes dicant bonum de me.—Hoc est clavis et secretum totius cognitionis.—Addiscere ad legendum* (aprender á leer)? ¿No son castellanas de buena ley estas otras: *Quiero que todos digan bien de mí.—Esta es la llave y el secreto de todo conocimiento?* ¿No se puede y debe decir en catalán: *Aquesta es..... la clau de tot coneixement,* y en toscano: *Questa é la chiave ed il segredo,* etc.?

La repeticion de los pronombres personales, aunque contraria á la índole suelta y generosa de las lenguas peninsulares, máxime del castellano, está en los hábitos académicos y profesorales: *nosotros dijimos, nosotros creemos,* etc. En las palabras que como *francesas* cita Reulet, aún anda más desacertado. *Brancha* puede ser traduccion del catalán *branca,* mejor que del francés *branche,* como *bladum* de *blé* (trigo).

Argumento que prueba demasiado, nada prueba. Sabunde, como todos los malos latinos, tendia á la construccion *directa* y atada, con poco ó ningun hipérbaton, lo cual su biógrafo llama *construccion francesa,* siendo realmente el modo de decir propio del que habla ó escribe con dificultad una lengua, atento sólo á la claridad y enlace lógico de las ideas.

Toda esta digresion sobre la pátria de Sabunde va encaminada á justificar su mencion, aunque de pasada, en esta obra, no por ser heterodoxo, sino por hallarse en el mismo caso que Raimundo Lulio, de cuyas ideas y métodos es fiel continuador, por más que el abate

Reulet quiera olvidarlo. Sólo se distingue de él en haber dado más importancia á la observacion psicológica y á la experiencia interna que al problema ontológico. Sabunde enlaza el Lulismo con la filosofía del Renacimiento. Pero su *Teología racional*, ese empeño en demostrar los dogmas por razones naturales, esas pruebas de la Trinidad, de la Encarnacion, etc., todo eso es luliano, aunque en los pormenores no falte novedad. Algo hay tambien de San Anselmo y de Ricardo de San Víctor.

He dicho que el Concilio de Trento mandó quitar el prólogo, donde Sabunde lleva su entusiasmo *naturalista* hasta querer descubrir todos los misterios en las criaturas. «*Istum mundum visibilem dedit tanquam librum infalsificabilem . . ad demostrandam homini sapientiam et doctrinam sibi necessariam ad salutem*». Si el espectáculo de la naturaleza diese la *doctrina necesaria para salvarse*, ¿de qué serviria la revelacion? ¿Y quién ha de leer en las criaturas el dogma de la Trinidad, por ejemplo?

La Inquisicion de España reprodujo la condenacion del prólogo, y así consta en los *Indices* del Cardenal Quiroga (1584), de D. Bernardo Sandovál y Rojas (1611), de D. Antonio Zapata (1631) y de D. Antonio de Sotomayor (1640). En el de 1707 se prohibe, no la *Teología Natural*, sino el compendio que de ella hizo (mezclando errores de su secta) el sociniano Juan Amós Comenio (1664).

Cuanto á la *Violeta del Anima*, prohibida en el índice de Valdés (1559), falta averiguar si era obra idéntica á la *Viola animae* de Dorland. Lo cierto es que este libro fué traducido y publicado por Fr. Antonio Arés, religioso de San Francisco, el año 1614, con todas las aprobaciones y licencias necesarias. El título es. *Diálogos de la naturaleza del hombre, de su principio y su fin* [1].

Han contado algunos entre los Lulianos del siglo XV al prodigioso Fernando de Córdoba, autor del libro inedito *De artificio omnis scibilis*. Así lo dice Enrico Cornelio Agripa en su comentario al *Arte breve* de Lull. «*Notum est Ferdinandum Cordubam Hispanum, per cuncta ultra et citra montes gymnasia, omnibus studiis hac arte celebratissimum extitisse*». Pero en realidad, Fernando de Córdoba era enemigo encarnizado de los Lulianos, y su *artificio* empieza con una invectiva contra Raymundo, á quien llama *nimius in pollicendo, exiguus in exequendo quae pollice-*

---

1 *En los quales se dá por admirable estilo el necessario y verdadero conocimiento, assi de Jesu Christo nuestro Dios y Señor, como de si mismo. Traducidos de lengua latina, en la qual los compusso el muy docto y piadoso Maestro Remundo Sebunde, en castellana, y anotados . . En Madrid, por Juan de la Cuesta. Año 1614.*

tur, admirándose de la *barbarie* de su estilo. «Fuera de lo que tomó de Aristóteles (añade), lo demás es tan inepto, y conduce tan poco á la inteligencia de la Dialéctica, que se diria que el autor estaba delirante ó frenético.» *(Ut eum delirare putes aut correptum morbo phrenetico Hippocratis vinculo alligandum.)*

Y sin embargo, ¡poder incontrastable de las ideas! Fernando de Córdoba, platónico del Renacimiento, amigo y familiar de Bessarion, obedece á la influencia luliana, no sólo en la traza y disposicion de su artificio, sino en el *realismo* extremado y en la identificacion contínua de la Lógica y de la Metafísica [1]. Alguna frase panteística he creido notar en su libro, pero así como de pasada y sin consecuencias.

Hasta las damas se convirtieron en protectoras del Lulismo. Queda memoria de la fundacion de una cátedra en Barcelona, en 1478, por D.ª Beatriz de Pinós, y de otra en Palma, 1481, por D.ª Inés Quint. De este mismo año es el privilegio de fundacion del *Estudio* (despues *Universidad* luliana) de Mallorca por los jurados de Palma. El primero de los maestros célebres en aquella isla fué Juan Llobét, de Barcelona, autor de un libro de *Lógica* y de otro de *Metafísica*. Murió en 1460, y en su tumba se grabó un epitafio, que trascribe Carbonell en el precioso libro *De viris illustribus catalanis suae tempestatis* [2]:

> *Terrea Joannis tenet hic lapis ossa Lubeti,*
> *Arte mira Lulli nodosa aenigmata solvit:*
> *Hac eadem monstrante polo Christumque Deumque*
> *Atque docens liberam concepta crimine matrem.....*

---

[1] *Ferdinandi Cordubensis: De artificio omnis et investigandi et inveniendi natura scibilis. Ad Rmum. in Christo Pres. et omnium sapientissimum atque eruditissimum D. Bessarionem, Epm. Sabinensem, Sanctae Romanae Ecclesiae Cardinalem*, etc. (Copia manuscrita que poseo, sacada del códice 3,177 de la Vaticana, y cotejada con el 481 de la de San Márcos de Venecia.) De este Fernando de Córdoba dice su contemporáneo Trithemio que «sabia de memoria toda la Biblia; los escritos de Alberto Magno, Santo Tomás, Alejandro de Háles, Scoto y San Buenaventura; los libros de ambos Derechos, y las obras de Avicena, Galeno, Hipócrates, Aristóteles, y muchos comentadores y expositores. Hablaba las lenguas hebrea, arábiga, caldea, griega y latina. En todas las Universidades de Francia é Italia tuvo disputas públicas, en que venció á todos y nadie le convenció á él. Era además excelente pintor y músico. Todo esto á los veinte años. Los doctores de Paris decian que un hombre tan prodigiosamente sábio no podia ser otro que el Anticristo.» *(Chronicon Spanheimense*, Teodoro Gofredo, etc.) Aunque rebajemos algo, siempre resultará que Fernando de Córdoba fué una biblioteca ambulante y un asombro. Los pocos escritos suyos que hoy tenemos no desmienten esta fama.

[2] *Coleccion de documentos inéditos del Archivo general de la Corona de Aragon*, tomo XXVIII. Barcelona, 1865, pág. 239. *Opúsculos de Carbonell* (ilustrados con exquisita erudicion por don Manuel de Bofarull).

Los Lulianos eran simpáticos y populares por el fervor que ponían en la defensa de la limpia concepcion de nuestra Señora contra algunos dominicos. A esto alude el último verso

Sucedió á Llobét en la cátedra mallorquina Pedro Dagui, contra el cual se renovaron las acusaciones de heterodoxia Hay de él los siguientes opúsculos, todos de peregrina rareza

«*Incipit liber qui vocatur «Janua Artis» Magistri Raymundi Llul editus a dno. Petro Degui villae Montis Albi presbytero Barchinone, impressum per Petrum Posa. Anno M CCCC.LXXXVIII.»*—18 hs. [1].

«*Incipit opus divinum..... editum per magistrum Petrum Degui, Presbyterum et cathalanum villae Montis Albi»* (Montblanch).

Al fin: «*Barchinone* (por Pedro Posa), *anno millessimo quadringentesimo octuagesimo nono»* [2].

«*Incipit tractatus formalitatum brevis editus a magistro Petro Degui in artem magistri Raymundi Lull.»*

Acaba: «*Ad Dei laudem, per reverendum fratrem Jacobum Gener magistri Degui discipulum correctum, et per Petrum Posa impressum Barchinone».* Sin año ni lugar.—6 hs. en letra de tórtis.

En la Biblioteca Ambrosiana de Milán he visto una segunda edicion, que tambien cita Diosdado Caballero como existente en la librería secreta del Colegio Romano·

«*Libellus formalitatum per | reverendu magistru Petru Degui presbyterum in arte reve- | rendissimi ac clarissimi viri magistri Raymundi Lulli pe- | ritissimi sacrae Theologiae professorem editum feliciter incipit »*

Al fin: «*Absolutae distinctiones per dominum frates Martinu al- | modovar ordinis militiae de calatrava traditae impressori- | bus et per eos impressae hispali prima die Martii. Anno ab incarnatione dni. 1491.»*

Ha de ser obra distinta la titulada *Metaphysica Magistri Petri Dagui,* compuesta por él en el Monte Randa el año 1485, y cuyo final, que trascribe Diosdado Caballero [3], es éste

«*Absolutum opus de formalitatibus cum quibusdam praeambulis introductivis ipsarum, vulgo nominatum Metaphysica· impressum Hispali, opera et diligentia Stanislai Poloni, impensis vero Domini Johannis Montisseriati in Artibus Magistri Die 22 mensis Junii anno dni. 1500.»*

Dagui era capellán de los Reyes Católicos cuando éstos sus libros

---

1 Méndez, *Tipografía Española* —Cuenta Cornelio Agripa que Pedro Dagui adquirió *en siete meses* (sin educacion alguna anterior) toda su ciencia (de que se asombró Italia), merced al artificio luliano *(Comm al Arte Breve)*

2 Méndez

3 *De prima typographiae hispanae aetate specimen* —Hain *(Repertorium)* llama á Dagui *Petrus de Gui*, y cita un tratado, *De differentiis*, escrito por él en Jaen el año 1500.

se imprimieron en Castilla. Nuestros teólogos, mal avenidos con la fraseología luliana, dirigieron al Papa una censura contra várias proposiciones del libro, á saber:

«La distincion es *plurificable* segun los modos de los *conceptos*, pues uno es el concepto de razon, otro el de la naturaleza de la cosa; uno formal, otro real; uno subjetivo, otro objetivo.

»La bondad es *un número*, y la magnitud *otro:* luego se distinguen esencialmente. No puede una *formalidad* distinguirse en número, sin que se distinga en esencia.

»Todo lo que distingue esencialmente, distingue realmente, y todo lo que distingue realmente, distingue formalmente, con propiedad ó con impropiedad» [1].

La segunda y tercera proposicion son harto disonantes, porque aplicadas á los atributos divinos implicarian *distincion* de esencias.

Dagui fué á Roma con varios discípulos suyos (que se apellidaban con orgullo *Daguinos),* explicó el sentido de sus palabras, y obtuvo, segun parece, una aprobacion, suscrita por seis teólogos de la córte de Sixto IV, entre ellos el Obispo de Fáno y *Fernando de Córdoba,* tan enemigo de la doctrina de Ramon [2].

Tras esta nueva victoria, siguió el Lulismo en su apogeo. Llevóle á la Universidad complutense el magnífico caballero Nicolás de Pax (traductor del *Desconort),* y á Valencia Alfonso de Proaza. El Cardenal Cisneros (que costeó las ediciones lulianas de uno y otro) escribia en 8 de Octubre de 1513 á los jurados de Mallorca: «*Tengo grande aficion á todas las obras del Doctor Raimundo Lulio, Doctor iluminadísimo, pues son de gran doctrina y utilidad, y así, creed que en todo cuanto pueda, proseguiré en favorecerle, y trabajaré para que se publiquen y lean en todas las escuelas*». Felipe II fué decidido protector de los Lulianos: puso grande empeño en adquirir copias de sus libros [3], y en su córte, y bajo su amparo, escribió el arquitecto Juan de Herrera, con estilo y método lulianos, el *Discurso de la figura cúbica.* Para complacer al *prudente* monarca, trazó el Dr. Juan Seguí su *Vida de Lulio.*

En el *Índice* de Paulo IV se habia incluido á Lulio entre los auto-

---

1 Esta censura se halla manuscrita al fin del precioso ejemplar del *Libellus formalitatum* de la Ambrosiana.

2 Dice Nicolás Antonio que al fin de un ejemplar de las *Distinctiones* leyó esta nota: «Et talis est sententia dicti magistri Petri, quam nos uniformiter laudamus, Antonius Episcopus Fanensis, Noianus Episcopus Xephalensis, Ferdinandus Cordubensis subdiaconus Domini nostri, Joannes abbas, S. Bernardi Valentini, Jacobus Conil, Guillielmus Bodonit».

3 En 9 de Marzo de 1598 escribia al Dr. Antonio Bellvér pidiéndole el índice de las obras de Lull; en 10 de Marzo de 1583 solicitaba de los jurados de Palma copias exactas de sus libros para el Escorial.

res prohibidos, pero los catalanes reclamaron, y el Concilio de Trento levantó la prohibicion en 1.º de Setiembre de 1563, así es que en los índices sucesivos no aparece. En tiempo de Sixto V trataron los antilulianos de renovarla, pero el jurisconsulto Juan Arce de Herrera, en nombre de Felipe II, presentó á la Congregacion del Índice una *Apología*, y pudo conjurarse aquel nuevo peligro [1] Todavía más ámpliamente defendió en Roma la ortodoxia de Lull el franciscano mallorquin Juan de Riera, que murió en prosecucion de la causa

Y aunque sea cierto que algunos lulianos extranjeros, como Heurico Cornelio Agripa, Alstedio y Giordano Bruno, comprometieron con sus sueños, herejías y visiones el buen nombre de Raimundo, en nada empece esto á la pureza de la doctrina del venerable mallorquin. Porque Agripa, á pesar de comprender el carácter sintético del *Arte* luliano (*Habet enim principia universalia generalissima ac notissima, cum mutua quadam habitudine ac artificioso discurrendi modo, in quibus omnium aliarum scientiarum principia et discursus tanquam particularia in suo universali elucescunt*), se atuvo á la parte cabalística, añadiendo algo de sus teosofías y ciencias ocultas. El protestante Enrique Alstedio tomó sólo la parte *formal* de la lógica luliana, valiéndose de ella para impugnar los dogmas, como hubiera podido valerse de la aristotélica. En Giordano Bruno hay que distinguir siempre dos hombres. el comentador bastante fiel del *Arte* de Lulio, y el filósofo panteista predecesor y maestro de Schelling, sin que por esto niegue yo que las concepciones armónicas del primero pudieron influir en las del segundo [2]. De Lulio pudo tomar Giordano Bruno, aunque á su manera, la identidad del método lógico y de su objeto y contenido

Las posteriores vicisitudes del Lulismo importan mucho en la historia de la filosofía (y quizá alguna vez las escribamos); pero no hacen

1 Vid esta defensa en el apéndice, tomada del original, que se halla en la Ambrosiana Tambien he leido allí otra *Apologia*, mucho más extensa *Apologia Lullianae doctrinae adversus Eymerici calumnias, ex suo Directorio* Dos tomos 4.", el primero de 310 fols utiles, el segundo de 331 pags Rebosa en increible virulencia contra Eymerich, *inventor mendacii, sycophantiae parens, impius blasphemus* Del *Directorium* dice que fué *in medio Acheronte conflatus, daemonum consilio* Esta obra debe de ser la misma que Wading atribuye a Antonio Bellver, canonigo de Mallorca y profesor de la Universidad Iuliana El de Riera se rotula *Tractatus in quo respondet omnibus quae hucusque objecta sunt Raymundo* (Palma 1627, fol)

2 *Heurici Cornelii Agrippae, armatae Militiae Equitis Aurati, et utriusque juris doctoris In artem brevem Raymundi Lullii Commentaria* (Pags 810 a 940 de la edicion de Strasburgo)

Jordanus Brunus Nolanus De Lulliano specierum scrutinio —De lampade combinatoria lulliana —De progressu logicae venationis —De lampade venatoria logicorum (Todos estos tratados se leen en la citada edicion de Strasburgo desde la pág 682 a la 800)

De compendiosa architectura et complemento artis Lullii Parisiis 1582, 12 º

Ninguno de estos tratados se halla incluido en *Opere di Giordano Bruno Nolano, ora per la prima volta raccolte e pubblicate da Adolfo Wagner, Dottore Lipsia, Weidmann* 1830 (Dos tomos 8 ") Vid la introduccion de Wagner a la edicion referida al caso en esta vindicacion. Cuando en el siglo pasado lidiaron contra el Padre Feijóo los lulianos Fornés, Pascual, Tronchon y Torreblanca, no se discutia ya la ortodoxia del mártir palmesano, sino la certidumbre ó vanidad de su arte. La tradicion de éste fué conservada con religioso respeto, casi hasta nuestros dias, por la Universidad luliana de Mallorca [1]. El Sr. Canalejas ha mostrado deseos de renovarla, pero con cierto sabor krausista ó de teosofía hegeliana, que habia de agradar poco al Doctor iluminado, si levantara la cabeza.

---

[1] En el *Discurso de D. Antonio de Bofarull sobre la lengua catalana considerada históricamente* (*Memorias de la Academia de Barcelona*, tomo II, pág. 348) encuentro la curiosa noticia de que «á Berenguer de Fluviá y al presbítero Ximeno Tomás se facilitaron (¿en tiempo de D. Martin ó de Fernando el de Antequera?) las habitaciones del palacio mayor y del menor, para enseñar y estudiar el arte y doctrina del gran filósofo catalán, *ménos la Teología*». (Registro 1,925, fólio 119; reg. 1,927, fól. 100; reg. 2,194, fól. 77 vto., y reg. 2,615, fól. 58, todos de la Corona de Aragon.)

(SIGLO XV)

CAPÍTULO VI

HEREJES DE DURANGO. — PEDRO DE OSMA. — BARBA JACOBO Y URBANO

I.—CONSIDERACIONES·PRELIMINARES.—VINDICACION DEL ABULENSE

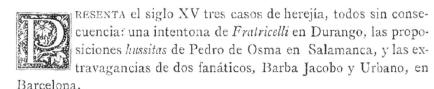 RESENTA el siglo XV tres casos de herejía, todos sin consecuencia: una intentona de *Fratricelli* en Durango, las proposiciones *hussitas* de Pedro de Osma en Salamanca, y las extravagancias de dos fanáticos, Barba Jacobo y Urbano, en Barcelona.

Aquella centúria es en todo de transicion. Recibe del siglo XIV el impulso de rebeldía y de protesta, y le trasmite al siglo XVI, donde toma nombre y máscara de reforma. La situacion de la Iglesia era calamitosa. Desde 1378 á 1429 duró, con escándalo de la Cristiandad, el gran cisma de Occidente, en que tanto figura nuestro Antipapa Pedro de Luna (Benedicto XIII). Los reyes de España anduvieron indecisos. Enrique II de Castilla no quiso resolverse; pero su hijo Juan I reconoció al Papa de Aviñon, Clemente VII. Lo mismo hizo en Aragon D. Juan I, *el amador de toda gentileza*. Muerto Clemente, los españoles todos siguieron al Papa Luna, áun despues del Concilio de Pisa y de la sentencia de deposicion. Pero no sucedió así, una vez reunido el de Constanza. El mismo D. Fernando de Antequera, que debia á Benedicto la corona de Aragon, se apartó de su obediencia, y envió á Constanza sus embajadores, que tomaron asiento desde la sesion XXII, junto con los portugueses. En la XXVI acudieron los navarros, y en la XXXV los castellanos. Todos reconocieron á Martin V, aunque Luna persistia en llamarse Papa, y se retrajo en Peñíscola.

Pero en Constanza, y más aún en Basilea, el Concilio quiso sobreponerse al Papa, cuya autoridad y prestigio habíase amenguado malamente por la cautividad y por el cisma. Y las mismas Asambleas congregadas para atajar el mal, contribuyeron á aumentar el espíritu de rebeldía, procurando por todas maneras restringir, condicionar y humillar el poder de la Santa Sede. Al cabo, los Padres de Basilea se declararon en abierta rebelion, y tuvo Eugenio IV que excomulgarlos. El cismático Concilio eligió un Antipapa: Félix V.

¡Así daban los Prelados alemanes y franceses á sus greyes el ejemplo de abierta desobediencia á Roma! No tardaron en sazonar los frutos.

Ya como preludios de la gran tormenta que habia de estallar en Wittemberg, aparecieron sucesivamente la herejía de Juan Wicleff (1314-1387), partidario del más crudo fatalismo, hasta declarar *necesario é inevitable el pecado;* la de Juan Huss y Jerónimo de Praga (1425), condenados en el Concilio de Constanza, y de cuyas cenizas renacieron las sectas de Taboritas y Calixtinos. No hay para qué detallar los errores de estos sectarios de Bohemia, semejantes en algo á los Valdenses: baste advertir que la protesta de Huss, como la de Wicleff, tomaba el carácter de absoluta oposicion á Roma, á quien llamaban *Babilonia,* cómo al Papa, *Anticristo.* Eran luteranos antes de Lutero.

En España no dejaron de sentirse, aunque lejanas y amortiguadas, las consecuencias de este mal espíritu. Por de pronto, reinaba lamentable soltura y relajacion de costumbres en el clero, sin que se libraran de la fea mancha de incontinencia Prelados, por otra parte tan ilustres, como D. Diego de Anaya, D. Alonso de Fonseca y el Arzobispo Carrillo. Otros, irreprensibles en sus costumbres privadas, se mezclaron más de lo que era razon en seglares negocios y contiendas civiles, y entre ellos el mismo D. Alonso de Cartagena, á quien tuvo D. Álvaro de Luna por su mayor enemigo, y cuya conducta respecto del condestable no puede traerse por modelo de lealtad ó buena fé. En tiempo de Enrique IV empeoraron las cosas, y

ciertamente no pueden leerse sin rubor (ni son apenas para publicados) algunos capítulos de las *Decadas* latinas de Alonso de Palencia,
verbi gracia, el referente al Obispo de Mondoñedo y al de Cória. Grima dá leer en el *Viaje de Leon de Rosmithal*, que halló la catedral de
Santiago convertida en alojamiento y en establo por los bandos que
traia el Arzobispo con los burgueses. De los habitantes de Olmedo
y de otras villas castellanas, dice el mismo viajero que *«vivian como
animales brutos»*, sin cuidarse de la religion. En el repugnante *Cron-
con* (por dicha inédito) de D. Pedro de Torres vése cuánta escoria quedaba todavía en tiempo de los Reyes Católicos.

El dogma no dejaba de resentirse por efecto de esta relajacion moral. Y aunque pocos prevaricasen, era moda, por una parte, promo-
ver hasta en los saráos de palacio difíciles cuestiones teológicas, cayendo á veces en herejía más ó ménos formal, siquiera la disculpase
el calor del ejercicio dialéctico; y por otra, hacer profanas aplicaciones de textos y asuntos sagrados en la poesía erótica y hasta en la de
burlas. De todo hay muestras en los *Cancioneros*. En el *de Baena*, por
ejemplo, trátase la cuestion de *predestinados y precitos*, promovida por
Ferrán Sanchez Talavera, el cual no duda en decir·

> Pues esto es verdad, non hay dubdanza
> Que ante qu'el ombre sea engendrado
> É su alma criada, que sin alonganza
> Bien sabe Dios qual será condenado,
> É sabe otrosy qual será salvado,
> É pues fase que sabe que se *há* de perder,
> *Paresce que es su mercet de fazer*
> *Ombre que sea en infierno damnado*
>
> Demuéstrase esto por quanto escogidos
> De Dios son aquellos qu' él quiso salvar,
> É por su gracia sola son defendidos
> De yr al infierno, escuro lugar
> *Assy que es de más los omes curar*
> *De dar almosnas nin fazer ayuno*
>
> . . . .
> É de esta quistion se podria seguir
> Una conclusion, bien fea atal,
> *Que Dios es causa y ocasion de mal.*

Y aunque atenúa sus discursos afirmando

Que mi entincion es querer disputar,
Mas non poner dubda nin fazer error,

con razon le replica el canciller Ayala:

Amigo señor, muy grant piedat
Tengo de vos con mucha femencia,
Que de los secretos de la deydat
Quieredes aver plena conoscencia

. . . .

Por ende, amigo, silencio é ayuno
En esta question devedes guardar.
É si la llaga aun non es madura
De aquesta dubda que agora tenedes,
Poned del bálsamo, ólyo é untura
De buena creencia. . . . .

Con razones teológicas contestaron á Talavera Fr. Diego de Valencia de Leon y Fr. Alfonso de Medina, monje de Guadalupe, convenciéndole [1], sin duda, del error que seguia en dudar del *libre albedrío*, é inclinarse á lo que hoy diríamos *fatalismo calvinista*.

Espíritu inquieto y disputador, como el de Ferrán Sanchez Talavera, hubo de tener el catalán Bernat Metge, que en un curioso *Sueño* (todavía inédito), propone y esfuerza mucho las dificultades contra la inmortalidad del alma, mostrando ménos vigor en las pruebas [2].

En tanto, los trovadores cortesanos trataban con harto poco respeto las cosas más santas, siguiendo en esto la tradicion provenzal. D. Alvaro de Luna cantaba:

Si Dios nuestro Salvador
Ovier de tomar amiga,
Fuera mi competidor.

Suero de Ribera escribia la *Misa de Amor;* Juan Rodriguez del

---

1 *El Cancionero de Juan Alfonso de Baena (siglo XV), ahora por primera vez dado á luz.....* (por D. Pedro J. Pidal). Madrid, imprenta de la Publicidad, 1851, págs. 549 y sigs.

2 Biblioteca de San Juan de Barcelona, manuscrito 2-3-2. (Códice del siglo XV en papel.) El segundo de los tratados en él incluidos es el *Sompni de Bernat Metge*, dividido en dos partes. En el mismo códice hay de Bernat Metge, con el titulo de *Historia de las bellas virtuts*, una traduccion de la *Griselta* del Petrarca. De este Bernat Metge, y de un poema suyo inédito, trae noticias y extractos el Sr. Milá y Fontanals en su opúsculo francés *Poetes catalans.—Noves rimades.—Codolada*. (Montpellier, 1876.)

Padron, los *Siete gozos de Amor;* Garci-Sanchez de Badajoz, las *Lecciones de Job* aplicadas al amor profano, Juan de Dueñas, la *Misa de Amores.* Mossen Diego de Valera, los *Siete Psalmos penitenciales* y la *Letanía de Amor.* Fuera fácil acrecentar el catálogo de estas parodias, donde compite lo irreverente con lo estrafalario, áun sin descender á otras de género más bajo, contenidas en el *Cancionero de Burlas.*

Yo bien sé que esta ligereza no penetraba muy hondo, pero siempre es un mal síntoma. De todas maneras, estaba templada y hasta oscurecida en el cuadro literario de la época por las graves, religiosas y didácticas inspiraciones de Fernán Perez de Guzman, el marqués de Santillana, Juan de Mena y otros, en quienes el sentido moral es por lo regular alto y la fé pura. Los mismos que tan malamente traian y llevaban en palacianos devaneos las cosas más venerandas, eran creyentes sinceros y quizá por eso mismo se les ocultaba el peligro y el escándalo de aquella ocupacion. En su vejez solian arrepentirse y detestar sus anteriores inspiraciones, como hizo en el *Desprecio de la fortuna* Diego de San Pedro, autor del primer *Sermon de amores.* Casi todas esas parodias han quedado inéditas, y si alguna, como las *Lecciones* de Garci-Sanchez, llegó á estamparse, fué rigurosamente vedada por el Santo Oficio.

En medio de todo, no era el siglo XV tan calamitoso como el anterior. Dábanle gloria inmarcesible una legion de teólogos, escriturarios y canonistas, famosos algunos en la Iglesia universal, no ya sólo en la de España· San Vicente Ferrer y su hermano Fr. Bonifacio, el insigne converso Pablo de Santa María, autor del *Scrutinium Scripturarum;* su hijo D. Alonso de Cartagena, á quien llama Eneas Silvio *decus praelatorum,* y de quien dijo Eugenio IV. «*Si el Obispo de Búrgos en nuestra córte viene, con gran verguenza nos assentaremos en la Silla de San Pedro*», el Tostado, cuyo nombre basta; su digno adversario Juan de Torquemada; Juan de Segovia, lumbrera del Concilio de Basilea; Fr. Alonso de Espina, martillo de los judíos en su *Fortalitium fidei,* Fr. Alonso de Oropesa, defensor de la causa de los conversos en su *Lumen Dei ad revelationem gentium;* Rodrigo Sanchez de Arévalo, el primero en aplicar las formas clásicas á nuestra historia. Fernando de Córdoba, cuya sabiduría se miró como prodigio .

Y ya que á Alfonso de Madrigal hemos aludido, oportuno será vindicarle de ciertos cargos de heterodoxia. Un escritor impío y de poca autoridad en estas materias, como mero literato que era, el abate Marchena, dice: «*Maridaba el Abulense á una portentosa erudicion eclesiástica y profana una libertad de pensar en materias religiosas, precursora de la reforma, por Lutero y Calvino más tarde y con más fruto llevada á cabo»* [1]. Sin duda, para hacer *reformista* al Tostado, se acordaba Marchena de las cinco proposiciones defendidas por aquel insigne teólogo en Siena el 21 de Junio de 1443, impugnadas por Juan de Torquemada en un opúsculo inédito en la Biblioteca Vaticana, tachadas respectivamente de *temerarias, escandalosas, falsas, erróneas* y *heréticas* por una congregacion de tres Cardenales, y otros teólogos y juristas, y sostenidas por el autor en su *Defensorium trium propositionum* [2].

Las dos primeras proposiciones eran meramente históricas.

1.ª Que nuestro Señor Jesucristo no fué muerto sino al principio del año treinta y tres de su edad.

2.ª Que no padeció en 25 de Marzo, sino en 3 de Abril.

No era ésta la opinion admitida en tiempo del Tostado, pero lo fué despues, y lo es hoy por casi todos los cronologistas.

Las otras tres proposiciones son mal sonantes, pero en sustancia se reducen á una sutileza: *«Aunque ningun pecado es irremisible por su naturaleza, ni Dios ni el sacerdote absuelven de la culpa ni de la pena»*. Para defender esta *nueva y extravagante manera de hablar,* decia el Abulense, que siendo la culpa accion transitoria, cuando la absolucion llega no existe ya la culpa, sino el *reato*. Por otra parte, la pena no es un *vínculo* que pueda ser *absuelto*, sino el término de una obligacion. ¡Triste afan el de la paradoja!

La cuestion era de palabras (aunque podian ser torcidamente interpretadas), y parece que Eugenio IV se dió por satisfecho con las explicaciones del *Defensorium.*

Lo único que puede decirse del Abulense es que en Basilea se mostró poco amigo de la autoridad pontificia, aunque no tanto como quiere persuadir el Padre Burriel en una carta inédita, donde se lee: *«Si hemos de estar á las palabras desnudas . del «Apologético», el Abulense sólo concede al Papa el ser «caput ministeriale Ecclesiae», y ser órgano por donde la Iglesia se explica; pero á él solo, independiente de la Iglesia y Concilio Ecuménico que la representa, no concede infalibilidad en el dogma, aunque le atribuye poder para alterar y aún mudar todo el Derecho canónico De aquí nació el prohibirse por el Santo Tribunal el «Apologético» del*

---

1 *Lecciones de filosofía moral,* pág IV (Burdeos, 1820)

2 Esta en el tomo XXII de sus obras La impugnacion de Torquemada se rotula *Joannis a Turrecremata tractatus, in quo ponuntur impugnationes quarumdam propositionum, quas quidam magister in Theologia, nominatus Alphonsus de Matricali, posuit et asseruit in disputatione* (Códice 5,606 de la Vaticana)

Abulense, hasta que se desvedó en fuerza de las defensas que hizo el colegio de San Bartolomé» [1]

Pero áun tomadas las palabras en este rigor literal, no hay que culpar al Tostado, puesto que esa cuestion era en su tiempo opinable, y muchos españoles opinaron como él. De su acendrada piedad debemos creer que hoy pensaria de muy distinto modo El espectáculo del cisma y de las tumultuosas sesiones de Constanza y Basilea, llevaron á los defensores del Concilio, como á los del Papa, á lamentables exageraciones.

De todas maneras, siempre es temeridad insigne en el Padre Burriel decir que *«Pedro de Osma, acaso discípulo del Abulense, pagó por todos los atrevidos»*, siendo así que los de Pedro de Osma no fueron *atrevimientos*, sino formales *herejías*, de que siempre estuvo libre el Tostado.

II.—LOS HEREJES DE DURANGO.—FR. ALONSO DE MELLA

AS noticias casi únicas que de este negocio tenemos, hállanse en el cap. VI, año 36 (1442) de la *Crónica de D Juan II*

«Ansimesmo en este tiempo se levantó en la villa de Durango una grande herejía, y fué principiador della Fr Alonso de Mella, de la Órden de San Francisco, hermano de D Juan de Mella, Obispo de Zamora, que despues fué Cardenal É para saber el rey la verdad, mandó á Fr Francisco de Soria, que era muy notable religioso, así en sciencia como en vida, é á D. Juan Alonso Merino, abad de Alcalá la Real, del su consejo, que fuesen á Vizcaya é hiciesen la pesquisa, é gela truxiesen cerrada para que su Alteza en ella proveyese como á servicio de Dios é suyo cumplia los quales cumplieron el mandado del rey, é traida ante su Alteza la pesquisa, el rey envió los alguaciles suyos con asáz gente é con poderes los que eran menester para prender á todos los culpantes en aquel caso· de los quales algunos fueron traidos á Valladolid, y obstinados en su herejía, fueron ende quemados, é muchos más fueron traidos á Santo Domingo de la Calzada, donde asimismo los

---

1 *Carta sobre el Abulense y su sentir tocante a la potestad pontificia* (en un tomo de *Papeles varios* de la Biblioteca de Bruselas tomo que perteneció á La Serna Santander) El Padre Burriel (á pesar de ser jesuita) era regalista, tanto o más que Masdeu Uno de los objetos de su viaje literario á Toledo fué allegar documentos *en defensa de las libertades de la Iglesia española*, por encargo de los ministros de Fernando VI

quemaron. é Fr. Alonso que habia sydo comenzadoi de aquella herejía, luego como fué certificado que la pesquisa se hacia, huyó y se
fué en Granada, donde llevó asáz mozas de aquella tierra, las quales
todas se perdieron, y él fué por los moros jugado á las cañas, é así
hubo el galardon de su malicia» [1]

El Obispo de Zamora y Cardenal, hermano de Fr. Alonso de Mella, y tan diferente de él en todo, fué jurisconsulto eminente, como
le apellida Eneas Silvio [2]. Murió en Roma en 13 de Octubre de 1467,
y está enterrado en Santiago de los Españoles, con una inscripcion
que publica sus méritos. En la Biblioteca Vaticana yacen inéditas
sus obras jurídicas [3]

Geddes, en su *Martyrologium*, quiere suponer que los herejes de Durango eran *Valdenses*, y comienza por ellos el catálogo de los protestantes españoles. Pero Mariana (lib XXI, cap. XVII) dice expresamente que la secta *despertada en Durango* era la de los *Fratricellos, des-
honesta y mala*, una especie de *Alumbrados*. Á esta herejía debe de aludir el doctor Montalvo en su comentario al *Fuero Real* (ley II, tít. II,
lib IV), donde escribe: «*Item nunc nostris temporibus in domnatione
Vizcayae, quidam vizcayni sunt de haeresi damnati, non tamen propter hoc
omnes illi sunt universaliter haeretici*»

Casi hasta nuestros dias duró la memoria de estos hechos y de los
culpables en unos padrones de la iglesia de Durango, hasta que por
solicitud de familias interesadas fueron destruidos durante la guerra
de la Independencia.

Quedaban los autos originales en el coro de la parroquia, pero hácia el año 1828 mandó quemarlos un alcalde para no dar pretexto á
las burlas de los comarcanos, que preguntaban siempre á los duran-
gueses por los *autos de Fr. Alfonso* ¡Pérdida irreparable para la ciencia histórica, no por los nombres de los reos, que poco importaban,
sino por los datos que de seguro contenian aquellos papeles sobre
doctrina, y que hoy nos permitirian establecer la filiacion exacta de
esta herejía, y sus probables relaciones con la de los *Alumbrados* de
Toledo, Llerena y Sevilla en el siglo XVI! ¿Pero es probable que en
tan largo tiempo cuanto estuvieron los autos en la iglesia, ningun curioso tomase copia ó extracto de ellos? Amigos mios vascongados se han propuesto averiguarlo, pero hasta el presente nada me
dicen.

---

1 *De cómo se levantó en la villa de Durango una grande herejía, de la cual fué comenzadoi
Fr. Alonso de Mella*

2 *Scientia juris excellentem* (Vid Nicolás Antonio, *Bib Vet*, pág 284)

3 Codices 2,617, 2,688, 4,066

III.—PEDRO DE OSMA

STE es, despues de Gundisalvo y Vilanova, el nombre más ilustre entre los heterodoxos españoles de la Edad Media. Si hemos de creer á sus contemporáneos, pocos le excedian en materia teológica. Pero ya advirtió Juan de Valdés (y hubiera podido decirlo de sí propio), que *«hombres de grandes ingénios son los que se pierden en herejías y falsas opiniones por la falta de juicio»*. Y en Pedro de Osma excedia el ingénio al juicio

Pocas noticias quedan de él fuera de las relativas á su herejía [1] Su nombre patronímico era Martinez, aunque por su pátria se llamó de Osma. Fué colegial de San Bartolomé (desde el año 1444), lo mismo que el Tostado y Alfonso de la Torre, racionero en la iglesia de Salamanca, canónigo en la de Córdoba, lector de *Philosophia* y luego maestro de Teología en la Universidad salmantina, y corrector de libros eclesiásticos por delegacion del dean y cabildo de aquella iglesia. Tuvo la gloria de contar entre sus discípulos y amigos á Antonio de Nebrija, quien le ensalza en estos términos en su rara *Apología* [2] «Nadie hay que ignore cuánto ingénio y erudicion tuvo el maestro Pedro de Osma. á quien despues del Tostado, todos concedieron la primacía de las letras en nuestra edad. Siendo beneficiado de la iglesia de Salamanca, le encargaron el dean y cabildo de enmendar los libros eclesiásticos, concediéndole por cada cinco pliegos diarios las que llaman *distribuciones quotidianas*, lo mismo que si asistiese á coro. Hay en aquella iglesia un códice muy antiguo de ambos Testamentos, del cual más de una vez me he valido Por éste comenzó sus correcciones el maestro Osma, comparándole con algunos libros modernos, y enmendando más de seiscientos lugares, que yo te mostré, padre clementísimo (habla con el Cardenal Cisneros), cuando estaba allí la córte» [3].

---

1 Vid Nicolás Antonio, pag 310, tomo II de la *Bib Vetus*, el marqués de Alvéntos, *Historia del Colegio Viejo de San Bartolome* (Madrid, 1661), Rezábal y Ugarte, *Biblioteca de escritores que han sido individuos de los Colegios Mayores* pág 257

2 *Apologia earum rerum quae illi objiciuntur* . (Cam privilegio Apud inclytam Granatam, mense Febiuario, 1535 —4°)

3 «Quanto ingenio et eruditione fuerit Magister Petrus Uxomensis nemo est qui ignoret, cum post Tostatum illum, omnium judicio apud nos fuerit, nostra aetate in omni genere doctrinae facile princeps Is fuit ex portione beneficiarius in Ecclesia Salmanticensi, cui ex Decani et capituli decreto delegata fuit provincia libros Ecclesiasticos emendandi, proposita

Fuera de estas tareas escriturarias, no queda noticia de más libros de Pedro de Osma que los siguientes.

Petrus de Osma, in libros Ethicorum Aristotelis cum commento Magistri Osmensis, correctum per R. Mag. de Roa, cathedraticum in studio salmantino Salmanticae, anno MCDXCVI (1496). (Así Méndez y un índice de la Colombina) Cítase un manuscrito de la Biblioteca Toledana.

«*Aquí se acaba un breve compendio sobre los sex libros de la Metaphisica de Aristotelis· copilado por el fijo de la philosophia natural, no denegando la moral, Pedro de Osma Por el tiempo que él lo copiló, era licenciado en Artes, letor de philosophia natural en la Universidad de Salamanca, é despues con solepnidat grandissima recebió el Magisterio. Fué trasladado en romance por mandado de Fernán Gonzalez, regidor de la noble villa de Valladolid, Camarero de D. Fadric, almirante de Castilla, por el grand desseo que tenia de cognoscer el juicio de maestre Pedro de Osma, por quanto él era muy singular amigo suyo, y en sus tiempos no era fallado semejable á él en las artes. ansí gramática práctica como speculativa: lógica sophistica é rracional. philosophia natural é moral. mathemática sobre todas: Theología de Dios revelada por los Santos é por juicio alcanzada: en todas las sciencias sufficientissime fué instructo...* .» (Manuscrito del siglo XV, que poseia Perez Bayer [1], en 4.º, de 184 fólios, letra menuda.)

De comparatione deitatis, proprietatis et personae disputatio seu repetitio. (Catálogo de la Biblioteca de Antonio Agustin.—Manuscritos.)

El libro herético, causa de todas las persecuciones de Pedro de Osma, se intitulaba *De confessione,* y debe de haberse perdido, aunque quedan trozos de él en los escritos de los impugnadores. Por otra parte, no era más que una ampliacion de su *Quodlibetum,* que afortunadamente existe en la Biblioteca Vaticana, donde le ví y copié en 1876 [2].

Divídese en treinta y ocho artículos, referentes todos á la confesion, á las indulgencias y al poder de las llaves. Pedro de Osma sostiene.

1.º Que los Prelados eclesiásticos no pueden absolver á ningun vivo de las penas del Purgatorio, en todo ni en parte, ni perdonar el residuo de pena que queda despues del Sacramento, por lo mismo

illa mercede laboris, ut pro quinis quotidie chartis emendandis mereretur quas appellant distributiones quotidianas tametsi rei divinae non interesset Est in ea Ecclesia utriusque Testamenti codex pervetustus, qui mihi saepe fuit usui Ab eo castigationum suarum initium Uxomensis fecit, conferens illum (opinor) ad aliquem e recentioribus libris distorsit a prototypi exemplari plusquam sexcentos locos »

1 Vid sus notas á la *Bib Vetus,* pag 311, tomo II

2 Codice 4,149 *Quodlibetum Petri de Osma, cum suis impugnationibus ad singulos articulos per fratrem Johannem Lupi Salmantinum* (Véase en el apéndice)

que no pueden imponerla. La contricion que borra el pecado, debe borrar tambien las consecuencias, es decir, la pena. De donde infería.

2.º Que los pecados se perdonan por la sola contricion, y no por la autoridad de las llaves.

Y 3.º Que la confesion de los pecados *in specie* es de precepto, no de Sacramento.

¿Pueden, sin embargo, los Prelados (añade Pedro de Osma) *remitir indirectamente* una parte de las penas del Purgatorio, ya aplicando al penitente los méritos de Cristo (lo cual dice con sofística evasiva que no es *absolvere*, sino *pro illo solvere*), ya perdonándole las penitencias que le habian impuesto, lo cual es commutacion de un *tanto* de pena del Purgatorio, aunque el *cuanto* sea incierto, por lo cual las indulgencias más bien habian de llamarse *sufragios?*

Parécele al maestro salmantino que no tienen más autoridad los Prelados para aplicar los méritos de Cristo que para remitir la pena, aunque él mismo se contradice cuanto á lo segundo, alegando aquel texto: *Quodcumque solveris super terram* ... que es la condenacion más palmaria de su error. Añade, que el aceptar ó no aceptar los méritos de alguno en tanta ó cuanta cantidad, depende de la voluntad de Dios, que no nos consta. ¿Háse visto modo más avieso de discurrir? ¡Como si Dios pudiera dejar de aceptar alguna vez los méritos de su Hijo!

Afirma, pues, Pedro de Osma, que sólo absuelven los *prepósitos* eclesiásticos de la pena en que tienen jurisdiccion. A esto responden los católicos·   .

1.º Que la Iglesia romana concede cada dia indulgencia plenaria á vivos y difuntos.

2.º Que esta concesion se funda en el privilegio de Pedro, *quos absolveris super terram, absoluti sunt in coelo* (así le cita Osma, pero con error).

3.º Que las indulgencias, consideradas como remision de la pena más leve, serán casi inútiles, puesto que las penitencias son actualmente arbitrarias y muy ligeras.

Propuestas estas objeciones, y alguna más, trata de responder el teólogo de Salamanca con las siguientes evasivas.

1.ª Que hablando *con propiedad*, la Iglesia predica indulgencia *de la pena de este siglo, sufragios de la pena del siglo futuro.* Pero la cuestion no es de palabras, ni se resuelve con un *distingo.*

2.ª Que el *absoluti in coelo* ha de entenderse *apud Deum*, en el sentido de que Dios aprueba la absolucion *de la pena de este siglo: «a poe-*

nis injunctis, vel ab excommunicatione lata a jure vel ab homine, vel etiam ex opere peccati». No puede darse mayor tormento á un texto más claro.

3.ª Y contradiccion palmaria. Que las indulgencias remiten tanta parte de la pena del Purgatorio, cuanta correspondia á las penitencias impuestas. Y si pueden remitir esto, ¿por qué no más? Y si lo uno queda absuelto en el cielo, ¿por qué no lo otro? Bueno es advertir que Pedro de Osma conviene en que *se aplica «aliquid meriti ex auctoritate clavium».*

4.ª Que al decir la Iglesia en las concesiones de indulgencias *vel de poenitentiis injunctis, vel omnino de remissione peccatorum,* absuelve de las penitencias *omnino,* y de la pena del siglo futuro *in quantum potest.*

Sobre esta doctrina de las indulgencias no se ha de olvidar lo que dice Moehler en la *Simbólica:* «Desde los primeros siglos los católicos entendieron por indulgencia la abreviacion, con ciertas condiciones, de la penitencia impuesta por la Iglesia, y la *remision en general de las penas temporales.* Más tarde, algunos teólogos aplicaron á la palabra indulgencia un significado más extenso (ésta es la doctrina del tesoro de la Iglesia, acrecentado por los méritos de los Santos); pero su opinion, aunque basada en sólidos fundamentos, no es artículo de fé. En cuanto al dogma católico, el Concilio de Trento ha definido sólo que tiene la Iglesia autoridad de conceder indulgencias, y que son útiles si con prudencia se dispensan [1]

Pedro de Osma seguia á los Wiclefitas en el yerro de limitar la remision de las *penas temporales* á las *penitencias eclesiásticas.* Tambien era doctrina de los Pobres de Leon, y por eso llama á Pedro de Osma *Valdensis* su impugnador Juan Lopez.

En el libro *De confessione* extremaba aquél su heterodoxia, hasta decir que la Iglesia romana podia *errar* en la *fé,* y que algunos Papas erraron y fueron herejes.

Divulgadas desde Salamanca tan mal sonantes proposiciones, *«físose un processo en la muy noble cibdad de Zaragoza por el reverendo señor Miguel Ferrér, doctor en Decretos, Prior é Vicario general en la iglesia de Zaragoza, Sede vacante, contra las conclusiones de Pedro de Osma».* En 14 de Diciembre de 1478, el inquisidor Juan de Epila nombró procurador en este negocio á Juan Perruca. Los doctores de Zaragoza convinieron en rechazar las proposiciones heréticas, ó á lo ménos *sospechosas vehementísimamente,* y mandaron quemar el libro [2].

_ 1 *La Simbolica, o sia Esposizione delle antitesi dogmatiche tra i catolici ed i protestanti, di G A Moelher Milano, 1853 Quarta edizione italiana*

2 Consta asi en el proceso de Alcalá, en un escrito del fiscal Riaza «Denique autem die intitulata decima mensis Januarii, anno a nativitate Domini millesimo quadringentesimo sep-

Si tan grande era el escándalo en el reino de Aragon, júzguese lo que aconteceria en Castilla, donde era más conocido Pedro de Osma. El Arzobispo de Toledo, Carrillo, impetró de Sixto IV una Bula para proceder *con autoridad pontificia* contra el herético teólogo, é instruyó acto contínuo el proceso, cuyas actas voy á extractar, ya que por fortuna han llegando íntegras á nuestros dias [1].

«*In Dei nomine. Amen.* A honor y reverencia de Dios Todopoderoso y de la Vírgen Santa María su Madre, é á gloria é ensalzamiento de nuestra sancta fée cathólica, é quebrantamiento de los infieles é herejes é de todos aquellos que en otra manera sienten, predican ó enseñan . Conoscida cosa sea á todos los presentes é advenideros . como en la villa de Alcalá de Henáres, de la diócesis de Toledo, dentro de los palacios arzobispales de la dicha villa, donde posa el reverendísimo y muy magnífico Sennor D Alfonso Carrillo, por la divina misericordia Arzobispo de Toledo, Primado de las Españas é chanciller mayor de Castilla, en 22 dias del més de Marzo, año del Nacimiento de nuestro Salvador Jesu Christo de mill é quatrocientos é setenta é nueve annos, ante dicho Señor Arzobispo, en presencia de mí Pedro de la Puente, racionero en la Santa Iglesia de Toledo, Vicario de Brihuega, Notario Apostólico é Secretario del dicho Señor Arzobispo en su Consejo, á la audiencia de las Vísperas, parecieron ahí presentes los venerables Señores el Maestro Pedro Ximénez de Préxamo, maestro en santa Theología, Canónigo de la Santa Iglesia de Toledo, é Pedro Diaz de Costana, Licenciado en Theología, Canónigo en la Iglesia de Búrgos, é presentaron ante dicho Señor Arzobispo una Bulla apostólica de nuestro Señor el Papa Sixto IV..... escripta en pergamino de cuero, sellada con un sello de plomo pen-

tuagesimo nono, apud Sedem Caesaraugustanam, dictus Dominus Johannes de Epila locum tenens inquisitionis fidei catholicae, in Missa majore dum ibidem ad divina audiendum convenerat populi multitudo, coram omni populo, post factum sermonem per eumdem Magistrum Johannem de Epila in dicta sede dictum libellum publice et palam igni tradidit et concremavit et consummavit »

1 Me valgo de la copia del Padre Burriel (Biblioteca Nacional) «Actas de la Junta de Theologos, celebrada en Alcala y presidida con autoridad de Sixto IV Summo Pontifice, por Don Alonso Carrillo, Arzobispo de Toledo, Primado de las Españas, contra los errores del Maestro Pedro Martinez de Osma, Canónigo de la Iglesia de Cordoba y Cathedrático de la Universidad de Salamanca, año MCCCCLXXIX Copiadas de un manuscrito antiguo de la Librería de Don Garcia de Loaysa, Arzobispo de Toledo, colocada hoy en la Real de Madrid Añadense un compendio Latino de las mismas Actas escrito por Pedro de Ponte, Secretario del mismo Arzobispo Don Alonso Carrillo, copiado del original que se guarda en el Archivo secreto de Toledo Y un tratado Castellano del Maestro Fray Juan Lopez contra otro del mismo Maestro Pedro de Osma, copiado de un tomo antiguo de la Librería de la Santa Iglesia de Toledo Ilustrado todo con notas y observaciones histórico-teologicas por el Padre Andrés Burriel Theologo de la Compañia de Jesús 1755 » (Algunos de estos documentos fueron ya publicados por Tejada y Ramiro en su *Coleccion de Concilios*, tomo VI)

diente en cuerdas de cáñamo, segun costumbre de Roma, sana y entera, no viciosa ni cancellada, ni en alguna parte della sospechosa, mas antes de todo vicio y suspicion careciente, segundo que *a prima facie* parescia, su tenor de la cual es este que se sigue.....»

Renuncio á trascribir la Bula, porque su contexto está reproducido casi del todo en la que despues dió Sixto IV para confirmar la sentencia de Alcalá. Sabedor el Papa de que «en los reinos de España, y principalmente en el estudio salmantino [1], han aparecido algunos hijos de iniquidad, teniendo y afirmando diversas proposiciones falsas, contrarias á la fé católica, escandalosas y mal sonantes, componiendo y divulgando libros heréticos, dá comision al Arzobispo para que, congregados algunos maestros en Teología, y oidos los descargos de los culpables, declare y condene el error *con autoridad pontificia (auctoritate nostra)*, y admita á penitencia á los reos, si abjuraren, entregándolos en caso de pertinacia al brazo seglar, sea cual fuere su dignidad, fuero ó privilegio» [2].

Repárese en los términos de esta Bula. El Arzobispo Carrillo no procedia como diocesano ni como primado, sino como *delegado apostólico*, á la manera de los inquisidores de Aragon. *pro executione officii inquisitionis ei commissi.*

El Arzobispo, *«por ser obediente á los mandamientos Apostólicos, é por ser negocio de nuestra sancta fée cathólica, la acebtó con la reverencia que debió, é assí acebtada, con grave querella é no sin amargura de su corazon le expusieron é denunciaron que el dicho Maestro Pedro Martinez de Osma, en los años que pasaron del señor de mill é quatrocientos é setenta é seis años é en los años de setenta é siete é setenta é ocho siguiente é en este presente año.. ha dicho é enseñado é publicado en su cáthedra é otros lugares públicos ciertas doctrinas agenas de la verdad, sintiendo en otra manera é enseñando de los Sacramentos Eclessiásticos é confission de los pecados é del poderío dado al Señor San Pedro é á San Pablo é sus subcessores .... Enseñó é publicó un libro llamado «De confessione», que comienza «Decem sex sunt conditio-»nes», y acaba. «Qui viderit hoc opus, corde teneat.. ..» en derogacion del sacramento de la penitencia é confission de los pecados, é en diminucion y jactura de las llaves eclesiásticas, é poder pleníssimo dado por nuestro Redemp-*

---

[1] «Quod a modico tempore citra in Hispaniarum Regno, praesertim in universitate studii Salamantini fuerunt et adhuc sunt nonnulli iniquitatis filii, qui quasdam falsas, sanctae catholicae fidei contrarias, erroneas, scandalosas et malesonantes propositiones praesertim circa peccatorum confessionem et Ecclesiastica Sacramenta •

[2] «Datum Romae apud Sanctum Petrum, anno incarnationis Dominicae millesimo septuagesimo octavo Septimo Kal Jul Pontificatus nostri anno septimo,» es la fecha de esta Bula

*tor á Señor San Pedro su Vicario é á sus Subcessores, assí cerca de la abso-
lucion sacramental é partes del Sacramento de la Penitencia, como de las
indulgencias apostólicas y de los prelados eclesiásticos, sintiendo mal acerca
de ellas   en desperacion de los fieles que tan pleníssimo é ligero medio ovieron de nuestro Redemptor por efusion de su preciosa sángre, para emenda-
cion é remission de los peccados..... por lo cual dijeron que el dicho Maestro
estaba descomulgado é en grand peligro de su ánima.....»*

En vista de lo cual pidieron que se procediese contra Pedro de
Osma al tenor de la Bula.

«E juraron en forma por las órdenes que recibieron, poniendo las
manos sobre sus pechos, que esta denunciacion é lo en ella contenido
non facian maliciosamente ni con ánimo de venganza, salvo con
puro celo de nuestra sancta fée é religion christiana.»

Ahora conviene que conozcamos á los dos acusadores de Pedro de
Osma Quedan bastantes noticias del maestro Pedro Ximenez Préxamo, natural de Logroño, segun indica Floránes [1]. Habia sido colegial de San Bartolomé con Pedro de Osma, y despues canónigo y
provisor de Segovia. En 1484 obtenia el deanazgo de Toledo, y más
adelante los obispados de Badajoz y Cória. Escribió contra los errores de Pedro de Osma un tratado rarísimo, *en estilo inelegante y bárbaro* (dice Mariana), *pero con ingénio agudo y escolástico* [2]. Titúlase.

*Confutatorium errorum contra claves Ecclesiae nuper editorum explicit
feliciter. Fuit autem confectum anno Domini M.CCCC.LXXVIII. Per
reverendum magistrum Petrum Ximenes de Préxamo, tunc canonicum toletanum. Et fuit impressum Toleti per venerabilem virum Jhoannem Vasqui
Anno Domini M CCCC.86 (sic) pridie Kals Augusti, praefato magistro
Petro jam episcopo pacensi* [3].

Más conocido es su *Lucero de la vida christiana*, impreso en Salamanca, 1493, en Búrgos, 1495, y en Barcelona, traducido al catalán, 1496· obra escrita por mandado de los Reyes Católicos para
doctrinar en nuestra fe á los ignorantes, y sobre todo, á los conversos
del judaismo, y evitar apostasías. Opina el Padre Méndez que Préxamo es el *Pedro Ximenez*, autor del poema de la *Resurreccion de nuestro
Redemptor Jesu-christo.*   incluido en el raro *Cancionero* de Zaragoza, 1492, que se rotula *Coplas de vita Christi* etc. [4]. Redujo á com-

1 *Vida literaria del Chanciller Pero Lopez de Ayala* (pag 279) Tomo XIX de los *Documentos
inéditos* de Salvá y Baranda

2 Lib XXIV, cap XIX de la *Historia* latina y de la castellana

3 Existe un ejemplar en la Biblioteca Episcopal de Córdoba, segun me informó su sabio
Prelado, Illmo Fr Zeferino Gonzalez

4 *Tipografia Española* (2 ª ed), pag 67

pendio en dos volúmenes los comentos del Tostado sobre San
Mateo: obra que, con el título de *Floretum*, fué estampada en Sevilla
por Páulo de Colonia y Juan Pegnizer de Nuremberga en 1491. A
Préxamo apellida Marineo Sículo *praestantissimus theologus et vita sanctissimus*.

Pedro Diaz de Costana habia sido compañero suyo y del maestro
Osma en el colegio de San Bartolomé (desde 1444), profesor de Vísperas y maestro teólogo en Salamanca. Murió dean de Toledo é inquisidor el año 1488. Dícese vagamente que escribió un libro *De
confessione sacramentali* contra Pedro de Osma [1]. Ni él ni Préxamo
muestran la menor animosidad personal en el proceso.

Recibidas sus denuncias, el Arzobispo Carrillo intimó á Pedro de
Osma, «*regente la cáthedra de prima de Theología en las escuelas del estudio
de Salamanca, que paresciera personalmente en esta nuestra villa de Alcalá
de Henáres, en los nuestros palacios arzobispales.. á quince dias andados
del mes de Mayo siguiente, á la Audiencia de la Tercia, á tomar traslado
de la dicha Bulla Apostólica é de la dicha denuncia é decir é alegar de su
derecho.....*»

Al respaldo de la carta dá fé Diego Gonzalez de Alcalá, clérigo y
notario público en Salamanca, el martes 30 de Marzo de 1497, de
haber notificado las letras del Arzobispo á Pedro de Osma, pidiéndole éste traslado de ellas.

En 22 de Marzo habia convocado el Arzobispo á los siguientes
teólogos.

D. Tello de Buendía, doctor en Decretos, arcediano de Toledo.
(Más adelante fué Obispo de Córdoba. Llámale Hernando de Pulgar
hombre loable por su sciencia y honestidad de vida) [2].

El general de la Órden de San Francisco.

El general de Lupiana, de la Órden de San Jerónimo.

El provincial de los dominicos claustrales.

El provincial de los dominicos observantes.

El abad de Aguilar.

El maestro Fr. Juan Lopez (autor de la refutacion del *Quodlibetum*

1 Vid el marqués de Alvéntos, *Historia del Colegio Viejo* etc, y Salazar de Mendoza en la
Vida del Gran Cardenal, lib I, cap LVI Probablemente era distinta de otra que el marqués
de Alvéntos cita; y que se titulaba *Tractatus fructuosissimus atque christianae religioni admodum necessarius super decalogo et septem peccatis mortalibus cum articulis fidei, et sacramentis
Ecclesiae, atque operibus misericordiae, superque sacerdotali absolutione, utraque excommunicatione, et suffragiis et indulgentiis Ecclesiae, a Petro Costana in Sacra Theologia licenciato bene-
merito non minus eleganter quam salubriter editus* (4°, sin foliar) Acaba *Libellus iste est impressus et finitus Salmanticae civitatis XVIII mensis Julii anno Domini, 1500*

2 *Crónica de los Reyes Católicos* III part, cap. XCVIII

de Pedro de Osma, inédita en la Vaticana, y de otro tratado que citaremos despues) [1].

El maestro Fr Pedro de Ocaña

El maestro Fr Pedro de Caloca (catedrático de Vísperas en Salamanca desde 1491).

El maestro Fr. Pedro de Betoño.

El maestro Gomez

El maestro Pedro Ximenez Préxamo

El maestro Luis de Olivera, ministro de Castilla

El maestro Fr Alfonso de Zamora.

El maestro Fr. Diego de Mendoza.

El maestro Pascual Ruiz.

El maestro Fr Juan de Sancti Spíritus.

El maestro Fr Juan de Santo Domingo.

El maestro Francisco ....

El maestro García de Valdeveruelo.

El maestro Sancho.

El maestro Fr. Fernando.

El maestro Anton.

El maestro Fr Juan Durán.

El maestro Fr Pedro de Loranca

El maestro Fr. Luis de Cuenca.

El doctor de Zamora.

El Dr. Cornejo

El Dr. Juan Ruiz de Medina.

El Dr. Thomás de Cuenca, canónigo de Toledo

El Dr. Montalvo.

El Dr. Fernand Nuñes.

Los doctores é licenciados de nuestro Consejo

El licenciado *Fr. Hernando de Talavera,* prior de Santa María del Prado (despues Arzobispo de Granada).

El licenciado Costana

El licenciado Quintanapalla.

El licenciado de Cañizares.

El Dr. Fernando Dias del Castillo

El Dr. Fernand Sanches Calderon, *canónigo é obrero de nuestra sancta Iglesia.*

---

1 En mi concepto es distinto del famoso arcediano de Segovia Juan Lopez, autor de varios tratados jurídicos de gran mérito Murió en Roma (1496), y está enterrado en Santa María del Popolo (Vid N Antonio)

El Dr. Alfonso de Madrid.

El Dr. Alfonso de la Quadia, catedrático de la Universidad de Valladolid.

Envió además el Arzobispo *cartas mensajeras ó graciosas á Pedro de Osma y á los demás*, ofreciéndoles buen acogimiento y todo lo necesario para los dias que estuviesen en Alcalá.

«E despues de lo susodicho, en la dicha villa de Alcalá de Henáres, dentro de los. . . Palacios Arzobispales, en la cámara del retraymiento del dicho señor Arzobispo, en catorce dias del mes de Mayo ... estando presentes algunos de los señores del Consejo del Arzobispo.....» nombró éste «*fiscal é promotor de la causa al honrado Pedro Ruiz de Riaza, Bachiller en Artes, Rector de la Iglesia de Torrejon de Ardoz é Beneficiado en la Iglesia de San Juste de Alcalá*».

«En quince dias del mes de Mayo, á la audiencia de Tércia, en la sala que es en los dichos Palacios, que estaba aparejada é entoldada de paños ricos, é en medio della un estrado rico..... el señor Arzobispo, despues de oyda misa solemne de Nuestra Señora, segun lo acostumbra cada sábado, salió con los del su Consejo á la dicha sala..... é asentóse en el estrado . .. con algunos de los dichos Reverendos, Maestros é Doctores que quisieron venir al acto..... E luego incontinente paresció. .. el dicho Pedro Ruiz de Riaza.... é acusó las rebeldías é contumacias del Maestro Osma é de los otros non comparescientes.» El Arzobispo señaló nuevo plazo hasta el lunes primero siguiente.

Rui Martinez de Enciso suplicó que se examinasen los tratados compuestos con ocasion del *De confessione* de Pedro de Osma.

Pedro de Hoyuelos, criado y capellán de éste, presentó en su defensa un escrito, donde el referido maestro decia: «*Puse en obra de continuar mi camino con propósito é voluntad de yr en el dicho término, é desque llegué á este monesterio de Santa María de Gracia, extramuros de la villa de Madrigal, estó doliente en tal manera que yo non puedo partir. ... sin grand peligro de mi persona*»; por lo cual daba poder en su causa (con fecha 4 de Mayo) al bachiller Alfonso de Montoya, á Gomez de Salmoral y al mismo Pedro de Hoyuelos, quien probó con testimonio de *Juan de Aspa, físico de la Reyna Nuestra Señora*, é informacion de testigos, que Pedro de Osma habia salido de Salamanca el 30 de Abril, llegando el sábado 1.º de Mayo á Madrigal, «*donde le sobrevino fiebre hética con grand consumpcion de los miembros, é con muy grand flaqueza ... é otra fiebre pútrida, de que ha estado y está á grand peligro de muerte*».

Al domingo siguiente, oida misa del Espíritu Santo, con sermon de Fr. Diego de Mendoza, reuniéronse todos en el *Estrado*, y habló el Arzobispo en elegante latin y no poca retórica, como era uso en aquellos dias del Renacimiento: «*Quamquam res ista tam difficilis tamque gravis et mihi penitus ingrata sit.. ..*» Lamentóse de la caida de Pedro de Osma, recordó los áureos tiempos del Estudio salmantino· «*Recordare, igitur, recordare, Universitas Salmantina, cum per praeterita tempora apud te studia propagarentur litterarum, quasi aurea saecula dies illos vidimus prosperari..... fidem exaltari,*» etc.

Pronunciaron sendos discursos el arcediano Tello de Buendía y el secretario Pedro de Puente, exhortando éste á los teólogos congregados á desechar toda emulacion, y proceder con órden y sigilo. El doctor en Decretos y consejero real, Diego Gomez de Zamora, catedrático salmantino, salió con mucho calor á la defensa de su Universidad, infamada por culpa de uno de sus maestros: «*¿Quis te obscuravit, quis te commaculavit et infamavit?*» Pero todos se sosegaron despues de un breve razonamiento del licenciado Costana.

El lúnes comenzaron á discutirse y calificarse las nueve proposiciones extractadas por Préxamo y Costana del libro *De confessione*, á saber.

1.ª Los pecados mortales, cuanto á la culpa y pena del siglo futuro, se borran por la sola contricion, sin el poder de las llaves.

2.ª La confesion de los pecados *in specie* es estatuto universal de la Iglesia, pero no de derecho divino.

3.ª Los malos pensamientos no deben confesarse; basta á borrarlos la sola *displicencia*, sin el poder de las llaves.

4.ª La confesion debe ser secreta, en el sentido de confesarse los pecados secretos, y no los manifiestos

5.ª No se ha de absolver al penitente sino despues de cumplida la penitencia.

6.ª El Papa no puede conceder á ningun vivo indulgencia de la pena del Purgatorio.

7.ª La Iglesia romana puede errar en materia de fé.

8.ª El Papa no puede dispensar en los estatutos de la Iglesia universal.

9.ª El Sacramento de la penitencia, cuanto á la *colacion* de la gracia, es Sacramento *natural*, no instituido en el Antiguo ni en el Nuevo Testamento [1].

---

[1] «Prima conclusio Peccata mortalia quantum ad culpam et poenam alterius saeculi delentur per solam cordis contritionem sine ordine ad claves

«Secunda Quod confessio de peccatis in specie fuerit ex aliquo statuto universalis Ecclesiae, non de jure divino

De los teólogos convocados por el Arzobispo, asistieron sólo don Tello de Buendía, el provincial de San Francisco Fr. Luis de Olivera, Préxamo, Costana, Tomás de Cuenca, Fr. Hernando de Talavera, el Dr. Zamora, el Dr. Cornejo, D. Juan de Colmenares, abad de Aguilar, el licenciado Quintanapalla, Fr. Pedro de Caloca, Fr. Luis de Cuenca, Fr. Anton de Valderrábano, guardian de la Observancia, Fr. Juan de Sancti Espíritus, dominico, Fernand Martinez de Toledo, el Dr. Dias del Castillo, Fr. Pedro de Ocaña, Fr. Diego de Betoño (que debe ser el Fr. Pedro de las letras anteriores) y Fr. Diego de Mendoza.

Los demás se escusaron con varios pretextos, ó nombraron quien les sustituyera. Por eso aparecen los siguientes nombres nuevos:

Don Vasco de Rivera, doctor en Decretos, arcediano de Talavera.

Fr. Guillermo Berto, vicario de la Observancia de los Menores claramontanos.

Fr. Rodrigo Auriense, prior de San Bartolomé de Lupiana.

Fr. Diego de Toledo, prior del Fresno del Val (de Jerónimos)

Fr. Juan de Truxillo y Fr. Diego de Zamora, del mismo monasterio.

Garci-Fernandez de Alcalá, canónigo de Toledo.

Juan Perez de Treviños, id.

Maestre García Quixada, fráile de San Francisco.

Licenciado Fr. Alfonso, de la misma Órden

Sancho de Torquemada, dean de Valladolid.

Fernando de Roa, catedrático de Moral en Salamanca.

Fr. Olivero Mallandi, *custodio* (guardian) de los Menores observantes de Bretaña.

Fr. García, guardian de los observantes de Madrid.

Martin Alfonso de la Torre, visitador de Segovia.

Fr. Pedro de Blancos, franciscano.

Fr. Ambrosio de Florencia, dominico.

Fr. Francisco de Carrion, franciscano.

›Tertia   Quod pravae cogitationes confiteri non debent, sed sola displicentia delentur sine ordine ad claves

›Quarta . Quod confessio debet esse secreta, id est, de peccatis secretis, non de manifestis

›Quinta   Quod non sunt absolvendi poenitentes nisi peracta prius poenitentia eis injuncta

›Sexta   Quod papa non potest indulgere alicui vivo poenam purgatorii

›Septima   Quod Ecclesia urbis Romae errare potest

›Octava   Quod papa non potest dispensari in statutis universalis Ecclesiae

›Nona . Quod sacramentum poenitentiae, quantum ad collationem gratiae, sacramentum naturae est, non alicujus institutionis veteris vel novi Testamenti ‹

Fr. Juan de Toledo, agustino.

Fr Juan Yarca, presentado, dominico, prior de San Pedro Máitir de Toledo.

Fr. Diego de Deza, dominico.

Fr. Alonso de la Espina. (Créole distinto del autor del *Fortalitium.* Fué despues inquisidor en Barcelona.)

Fr. Alfonso de Villarcal.

Rui Martinez de Enciso.

Fr. Anton, prior de Medina, dominico

Fr. Diego de Peralta, comendador del hospital de Sancti Spíritus de Soria.

Fr. Bartolomé de Córdoba, franciscano.

Fr Pedro de Vitoria, id.

Fr Sancho de Fontenova, id.

Fr. Bernardo de Santa María, presentado, dominico.

Fr. Fernando de Santa María, dominico, prior de Santa María la Real.

Pedro Ruiz Béito

Gabriel Vazquez, consejero del Arzobispo.

El bachiller Alvar Gonzalez Capillas, canónigo de Córdoba, consejero del Arzobispo.

El bachiller Alfonso Mejía, consejero

Íñigo Lopez Aguado, bachiller en Decretos, consejero del Arzobispo.

El bachiller de Santo Domingo.

El bachiller Alfonso de Montoya

Diego Gonzalez, bachiller en Leyes.

Total, 58. que no fué ménos numerosa y lucida la congregacion de teólogos que el Arzobispo Carrillo, varon alentado y de régios pensamientos, quiso reunir en su villa de Alcalá.

Casi todos se manifestaron adversos á Pedro de Osma· sólo los maestros Roa, Deza y Sancti Spíritus, y los licenciados Quintanapalla y Enciso, procuraron escusarle Pedro Ruiz de Riaza tornó á acusar su rebeldía. Pedro de Hoyuelos presentó nueva suplicacion para que se prorogase el término.

Martes (segunda sesion) Pide el fiscal Riaza que se proceda en la causa, á pesar de la peticion de Hoyuelos. Préxamo y Costana denuncian á Fr Diego de Deza, Roa, etc., como á fautores y defensores de Pedro de Osma. Quintanapalla se justifica de haber errado *ex lapsu linguae, non ex proposito.* Deza y los restantes dijeron que *expomian los motivos* de Pedro de Osma, pero sin seguir su opinion.

Aquel dia, á la audiencia de vísperas, recogió el Arzobispo los votos de los doctores sobre las nueve proposiciones. Casi todos las tacharon de *erróneas, escandalosas, mal sonantes*, etc , y juzgaron que el libro debia ser entregado á las llamas.

Dieron pareceres más benignos:

1.º Fr. Hernando de Talavera, que calificó la segunda proposicion de *indiscreta,* la tercera y sexta de *falsas,* la quinta de *contraria á los estatutos de la Iglesia;* sobre la primera dijo que no comprendia bien la mente del autor; sobre la cuarta, que él *opinaba lo contrario,* es decir, que habian de ser confesados en secreto, así los pecados secretos como los públicos, sobre la sétima, que, en su opinion, la Iglesia de Roma no podia errar nunca en materia *de fide et moribus;* de la octava, que él creia lo contrario. Calificó la nona de opinable, y del libro dijo que ojalá nunca hubiera sido escrito [1].

2.º Juan de Quintanapalla dijo que á la Iglesia tocaba decidir si la primera conclusion era errónea ó falsa, aunque él habia defendido siempre la contraria como más segura La segunda le parecia opinable. Acerca de la tercera, *que podia engendrar daño,* debia imponerse silencio al maestro Osma, y borrarla de su libro. La cuarta era herética, la quinta *contra consuetudinem Ecclesiae;* la sexta, *ut jacet,* falsa, lo mismo que la octava. De la sétima dijo que el Papa, *adhibito consilio,* no podia errar en las cosas de fé. La nona opinable, aunque en todo se sometia al juicio de la Iglesia [2].

Quintanapalla parece en ocasiones un discípulo vergonzante de Pedro de Osma.

3.º Fr. Diego de Deza juzgó las proposiciones tercera y cuarta,

---

1 «Frater Ferdinandus de Talavera, ordinis Sancti Hieronymi, Prior Sanctae Mariae del Prado, Theologiae Licenciatus, dicit quod in hac prima conclusione non bene capit intellectum magistri Oxomensis dicit secundam indiscretam, tertiam falsam, quartam dicit quod ipse tenet quod peccata publica sunt occulte confitenda quintam conclusionem contra consuetudinem Ecclesiae, sextam falsam, septimam dicit quod sedes apostolica statuendo quod ad mores pertineat, errare non potest octavam dicit quod contrarium credit ac tenet, nonam opinabilem De libro dicit quod utinam non fuisset scriptus, judicet de illo Dominatio sua »

2 «Johannes de Quintana Palla, Licenciatus in Theologia, Cathedraticus Theologiae dicit quod semper tenet ac tenuit opinionem contrariam isti primae conclusioni, utpote communiorem et mittit Ecclesiae an sit erronea vel falsa dicit secundam non erroneam, non falsam, non hereticam, non scandalosam, sed opinabilem, sed magis sibi placet contraria opinio De tertia dicit quod ipse tenet quod pravae cogitationes sunt de necessitate confessionis, et quia conclusio Magistri Oxomensis est multum expressius et potest generare damnum, videtur sibi debere Magistro imponi silentium et radi de libro dicit quarta quod publica peccata non confiteri est haereticum, quinta contra consuetudinem Ecclesiae sextam, prout jacet, falsam septimam, quod Papa cum Cardenalibus, in his quae sunt fidei, adhibito consilio, non potest errare octavam falsam, nonam opinabilem Et protestatus est tenere doctrinam Ecclesiae in omnibus »

erróneas, la quinta *contra consuetudinem Ecclesiae;* la sexta, *prout jacet* falsa; las demás opinables, aunque él llevaba la contraria [1]

4.° Fernando de Roa, catedrático de filosofía moral en Salamanca, tenia la primera proposicion por *disputable* (no constándole que hubiera decision de la Iglesia en contra); la segunda por *mal sonante,* la tercera, *segun estaba, podia ser escandalosa;* la cuarta y quinta *contra consuetudinem Ecclesiae* aunque no erróneas ni falsas, la sexta y sétima ambíguas y controvertibles; la novena *probable* [2].

Tambien es sospechoso este comprofesor de Pedro de Osma.

5.° Rui Martinez de Enciso, sin decidirse acerca de la primera, y sometiéndose en todo al juicio de la Iglesia, calificó la segunda de *opinable,* la tercera de contraria á un Concilio general, la cuarta de *mal sonante,* aunque salvaba la intencion del maestro Osma la quinta de contraria á la disciplina de la Iglesia, la sexta de herética, *ut jacet aunque no lo era en la mente de Pedro de Osma* Cuanto á la sétima y octava llevaba la contraria. Tenia la nona por opinable [3].

Miércoles, 19 de Mayo. Nuevo escrito de Pedro de Hoyuelos, pidiendo dilaciones por la presentacion del acusado. Se dió traslado al fiscal Riaza.

Viernes, 21 de Mayo. Pide el fiscal que se desestime el impedimento presentado por Hoyuelos

Sábado, 22. Apela Pedro de Hoyuelos contra todo lo que se hiciere en ausencia de Pedro de Osma, y presenta nuevos testigos de su enfermedad, entre ellos á Fr. Diego de Deza.

---

1 «Frater Didacus de Deza, Theologiae Licenciatus, ordinis Praedicatorum, dicit quod semper tenuit ac legit contra hujus primae conclusionis sententiam sed non constat sibi esse erroneam secundam non erroneam, non scandalosam, non haereticam, sed contrarium credit probabilius tertiam dicit erroneam, quartam erroneam, quintam contra consuetudinem Ecclesiae, sextam, prout jacet, falsam, septimam quod contrarium credit, octavam quod contrarium credit, nonam opinabilem, sed contrapositionem tenet »

2 «Ferdinandus de Roa, Magister in Artibus, Theologiae Bachalaureus, Cathedraticus Philosophiae Moralis studii Salmantini, dicit hanc primam conclusionem non esse erroneam et esse disputatam, si tamen appareat determinatio Ecclesiae, submittitur ei et determinationi Reverendissimi Domini Archiepiscopi Secundam credit non haereticam, non erroneam, non scandalosam nec malesonantem tertiam, prout jacet, posse esse scandalosam quartam dicit non erroneam, non falsam, idem de quinta, sed ambae contra consuetudinem Ecclesiae sextam et septimam ambiguas, usque ad hodie non decisas octavam ignorat, nonam satis probabilem »

3 «Rodericus Martinez de Enciso Theologiae Licenciatus Asturicensis et Calagurritanus, dicit contrarium esse probabilius hac prima conclusione, atque verius, sed non condemnat eam ut haereticam aut falsam vel erroneam, sed submittit se correctioni Ecclesiae secundam opinabilem, tertiam opinabilem et contra Concilium Generale quartam, ut jacet, malesonantem, sed credit quod non fuit talis intentio Magistri, sicut illam jacet tenere quintam dicit contrariam consuetudinem Ecclesiae sextam, prout jacet, haereticam septimam, contrariam dicit octavam non credit, prout jacet Addit in sexta conclusione quod secundum mentem Magistri non est haeretica nonam dicit opinabilem, sed contrarium est probabilius et favorabilius »

Nuevo escrito de Riaza contra el recurso de impedimento. Prueba con información de testigos que muchos, por haber leído el libro de Pedro de Osma, no se querían confesar, y decían que *no había sino nacer y morir*. En un lugar dejaron de confesarse hasta 80 vecinos. Unida al escrito de Riaza va una copia del proceso de Zaragoza.

El Arzobispo dió por cerrada la causa. Y el martes, 23 de Mayo, «ordenóse una procesion muy solemne, en la qual iba el dicho señor, é todos los otros Reverendos Doctores, é en medio de la dicha Procesion yba el dicho Pedro Ruiz de Riaza, promotor fiscal, caballero en una mula, é levaba en la mano el dicho libro que compuso el dicho Maestro, cubierto de un velo prieto, en señal de luto..... E así fueron á la Iglesia de Santa María de la dicha villa, en la puerta principal de la qual estaba aderezado un cadahalso con muchas gradas, entoldado de paños franceses muy ricamente, é en medio della una silla eminente con un dosser rico á las espaldas para el dicho Arzobispo.» Allí (despues de haber oído en la iglesia misa solemne y sermon) leyó Pedro de Ponte la sentencia del Arzobispo, condenando la doctrina por *herética*, y mandando quemar el libro. En el término de treinta dias debia fijarse esta sentencia (en latin y castellano) en todos los monasterios, catedrales, colegios, universidades, etcétera. Al mismo tiempo declara inocentes á la ciudad, estudio é iglesia de Salamanca, y manda quemar en el término de tres dias todos los ejemplares del libro *De confessione*.

Incontinenti fué entregado uno de ellos á la justicia seglar, y quemado en medio de la plaza.

El secretario Pedro de Ponte amenizó el acto con una oracion de gracias en estilo ciceroniano: «*Vellem hodierna die, dignissime praesul...*» donde hay hasta la pedantería de llamar *Patres Conscripti* á los doctores.

El 29 de Mayo se concedió á Pedro de Osma un término de treinta dias para comparecer en Alcalá á la audiencia de Vísperas y hacer la abjuracion y obediencia.

El 10 de Junio se le hizo la intimacion en Madrigal.

El Arzobispo, por cartas á D. Gonzalo de Vivero, Obispo de Salamanca, y al rector, maestrescuelas y doctores de aquella Universidad, les mandó y amonestó, *por autoridad apostólica* [1], quemar solemnemente, en el término de nueve dias, todas las copias del libro *De confessione*.

---

1 No *primacial*, como alguno ha creido.

Pedro de Osma, á quien habian detenido en Madrigal más bien el temor y la inquieta conciencia que la enfermedad, compareció al fin en Alcalá de Henares, y «*el Arzobispo mandó facer una procesion solempne. ... el dia de la fiesta de los Bienaventurados San Pedro é San Pablo..... en la qual concurrió todo el clero é religiosos con el pueblo yendo el dicho maestro en medio de la dicha procesion, una hacha encendida en la mano, con mucha obediencia cerca del Preste, é así llegada la dicha procesion al nuestro monasterio del Señor Sant Francisco..... el dicho maestro subió en el púlpito de la iglesia..... é despues de fecha por él cierta proposicion... abjuró los errores en la forma que se sigue*»

No trascribo la fórmula de abjuracion, porque fué ya publicada por Fr. Bartolomé Carranza en la *Suma de los Concilios*, y porque en nada se aparta de los usos canónicos [1]

Por penitencia se impuso á Pedro de Osma la de no entrar en Salamanca ni en sus términos, media legua en contorno, durante un año, restituyéndosele en lo demás á sus honores y beneficios Tan suave fué la pena, como ámplia y razonada habia sido la discusion que precedió al juicio.

Sixto IV confirmó la sentencia por Bula de 10 de Agosto de 1480, despues de haber dado comision de examinar las actas á los Cardenales Estéban de Santa María *in Transtevere*, y Juan de Santa Práxedes.

De esta Bula vió un ejemplar el Arzobispo Carranza en el convento de dominicos de San Vicente de Plasencia, además del original que existe en Toledo [2]. Pero no la publicó él, aunque lo afirme nuestro Floranes, sino Fr Alfonso de Castro, en el lib. IV *Adversus haereses* [3], cuya primera edicion es de 1534.

Pedro de Osma murió al año siguiente en el convento de San Francisco de Alcalá.

Tomo la siguiente noticia de la *Historia de la Universidad de Salamanca* [4], por Pedro Chacon. «Haviendo un maestro de otra Universidad, gran letrado, al leer una cátedra de Teología en Salamanca,

---

1 «Quoniam ego Magister Petrus Uxomensis composueram librum confessionis continentem nonnullas propositiones quas tunc credebam veras   sed quia primum ex libro illo orta sunt maxima scandala in cordibus fidelium » etc (*Summa Conciliorum et Pontificum Collecta per Fr Barth Carranzam Mirandam, ordinis Praedicatorum   Lugduni, apud haeredes Jacob. Junctae 1570*, págs 396, sig y 397)

2 «Quam confirmationem ego legi, et vidi in legitimo exemplari, sed ne plus justo cresceret volumen hujus summae hic nolui illam subjicere » (*Ibidem*, pag 397 vta)

3 *Opera Alphonsi a Castro Zamorensis   Tomus primus Matriti, ex typographia Blasii Roman, 1773* (Pág 151)

4 Fué publicada en el *Semanario erudito* de Valladares, pero yo hago uso del códice I-L-52 de la Biblioteca Real de Napoles que es mas correcto

fundado en su lectura cierta opinion nueva cerca de la confesion y
poder del Papa, y atreviéndose despues á *imprimirla*, siendo convencido primero della, mandó la Universidad que en dia señalado se hi-
ciesse una solemne procesion en que se hallasen todas las personas del estudio, y que con ceremonias santas se *desenviciasen* las escuelas, y en la capilla dellas se celebrase una Misa del Espíritu
Santo, y un sermon en el qual la tal opinion se detestasse, y acabado el officio en medio del patio, y en presencia de todos se quemasse
la cátedra donde habia leido, y los libros donde estaba escrita, y no
se partiessen de allí hasta ser vuelto todo ceniza.»

Dice esto Chacon con referencia al libro de Cláustros (24 de Junio
de 1477), y debemos creerle, aunque en su narracion hay más de
una inexactitud, como suponer que Pedro de Osma procedia de *otra
Universidad* (siendo así que aprendió y enseñó siempre en Salamanca), y que su libro *se imprimió*, lo cual en ninguna parte del proceso
consta, ni parece verosímil.

He nombrado ya á los impugnadores del libro *De confessione*, Pedro
Ximenez Préxamo, Costana, Juan Lopez. Los reparos de éste al
Quodlibetum se hallan en la Biblioteca Vaticana. Su *Defensorium fidei
contra garrulos praeceptores*, que sólo tiene de latino el rótulo, fué recogido por el Padre Burriel en la coleccion de papeles relativos á
Pedro de Osma. Tiene la fecha de 1479, y está dirigido «al redota-
ble fidalgo intitulado de alto linaje, Justicia et corregidor et los otros
conscriptos varones, regidores et cavalleros, escuderos, et los otros
oficiales católicos, et buenos hombres vecinos et moradores de la
noble cibdad de Salamanca, et de su tierra» Fr. Juan Lopez se apellida *conterráneo* de los salmantinos, *carregado de fuerzas, en vicio de he-
dat*, etc., y discúlpase de haber escrito en castellano «Por quanto á
todos los Latinos generalmente les agradan más todas las Escripturas
en latin que en romance por ser más dulce é compendiosa lengua,
podrian desir é maravillarse del Reverendo Señor Maestro Fr. Juan
Lopez no le ser tan posible escribir contra el Reverendo Maestro de
Osma en Romance como en Latin. Quanto más haviendo escripto el
maestro de Osma en latin, no parecia cóngruo impugnarlo en romance. no sabiendo los tales cómo el Maestro Fr Juan Lopez tiene
fechos *tres* tratados en latin de asás escriptura contra el dicho Maestro Osma. El que verlos quiera, fallarlos há en poder del Licenciado
Costana Por ende sepan todos los que este tractado leyeren, que el
dicho Maestro Fr Juan Lopez vino á disputar esta materia á Salamanca contra el dicho Maestro de Osma é le requirió que viniese á

las Escuelas á la disputa, que ge la entendia impugnai por herética. Y el dicho Maestio de Osma no quiso con él disputar, seyendo requerido por los Señoies Dean et Aicidiano et Chantie de la Iglesia de Salamanca, é ansimismo poi los Reverendos Maestros de Theología Fi. Pedro de Caloca et Fi Diego de Bretonio et Fr Juan de Sancti Spiiitus é á todos denegó la disputa. Y como algunos caballeros y regidores y otios nobles que estaban en las Escuelas esperando la disputa, viesen que no venia .. en execucion, pedieron por merced al dicho Maestio Fi. Juan Lopez que para evitar algunas dudas de sus conciencias que acerca de esto habian tenido, les quisiesse informar de la veidat cathólica en romance» [1]

Melchor Cano, en su hermosa *Relectio de poenitentia*, llama *Concilio complutense* á la Junta de teólogos que condenó á Pedro de Osma, cuyas proposiciones tiae y reprueba

Pedro de Osma no fundó secta, ni tuvo discípulos, ni es más que un hecho aislado, como voz peidida de los Wiclefitas y Hussitas en España Peio al rechazar la infalibilidad de la Iglesia (no ya de su Cabeza), la potestad de las llaves, las indulgencias, y reducir la confesion sacramental á los pecados ocultos, y no de pensamiento, destruyéndola casi con tales límites, coitapisas y laxitudes, precedia y anunciaba á los *reformistas* Es, en tal sentido, *el primer protestante español.*

Por dicha, abjuró de sus yeiios, y todo induce á creer que murió sinceramente arrepentido. En los contemporáneos, el recuerdo de su saber y agudeza escolástica se sobrepuso al de su caida, y ya vimos cómo le elogiaba años despues Antonio de Nebrija.

IV.—JACOBO BARBA Y URBANO

OMO toda esta historia es de *fenómenos* y hechos aislados (no enderezándose, en puiidad, á otra cosa que á mostrar la poca consistencia de las heiejías entie nosotios, y la índole unitaria del génio nacional en medio de los peligios que siempre le han cercado), á nadie extrañará que de Castilla saltemos á Baicelona, y

---

1 Ll secretario Pedro de Puente resumió las actas de la congregacion de Alcalá en un *Compendio* latino, que puede verse en la coleccion del Padre Burriel *Petri te Ponte, a secietis D Alphonsi Cariilli, Arch Toletani Compendium actorum Congiegationis Theologoium Compluti habita* (Biblioteca Toledana)

tras los ordenados desvaríos de un teólogo salmantino, mostremos las absurdas fantasías de un aventurero italiano y de su maestro, semejantes en todo á Nicolás de Calábria y á Gonzalo de Cuenca

Entre los curiosos papeles de la Inquisicion catalana que recogió el archivero Pedro Miguel Carbonell, y que suplen hoy la pérdida dolorosísima de los archivos de aquel Tribunal, hay una sentencia, dada en 1507 por D. Francisco Pays de Sotomayor y Fr Guillen Caselles, dominico, inquisidores, y por el vicario de Barcelona Jacme Fiella, contra «*Mossen Urbano, natural de la diócesis y ciudad de Florencia, hereje y apóstata famosísimo, el cual publicó una y muchas veces que un cierto Barba [1] Jacobo, que andaba vestido de saco como el dicho Urbano, fingiendo observar la vida apostólica, y haciendo abstinencias y ayunos reprobados por la Iglesia, era el Dios verdadero, omnipotente, en Trinidad Padre, Hijo y Espíritu Santo. Dijo y afirmó que el dicho Barba Jacobo era igual á Jesucristo, y que así como Jesucristo vino á dar testimonio del Padre, así Barba Jacobo, que era el Padre, vino á dar testimonio del Hijo. Y así como los judíos no conocían á Cristo, así ahora los cristianos no conocían á Barba Jacobo.*»

Sostenia además:

1.º   Que el modo de vivir que él tenia, segun la doctrina de Barba Jacobo, era el estado de perfeccion, equivalente al de inocencia.

2.º   Que él no estaba obligado á prestar obediencia al Sumo Pontífice, ni á persona alguna, si no se convierten á la enseñanza de Jacobo.

3.º   Que los Prelados no tenian potestad alguna, por estar llenos de pecados, y que las decisiones del Papa no eran valederas ni eficaces si no las confirmaba Barba Jacobo con su *gracia*.

4.º   Que estaba próximo el fin del mundo, y que Barba Jacobo seria el verdadero y único *pastor*, y que juzgaria á los vivos y á los muertos. *(E que axi ho creu ell, e que li tolen lo cap mil vegades e nel maten, que may li faran creure lo contrari.)*

5.º   Que Barba Jacobo era el ángel del Apocalípsis.

6.º   Que Barba Jacobo sabia todas las cosas sin haber aprendido ciencia alguna, puesto que habia sido rústico pastor cerca de Cremona.

7.º   Que Barba Jacobo era *todo el sér de la Iglesia plenísimamente* [2].

---

1   Asi llamaban los Valdenses a sus pastores

2   Usaba Barba Jacobo la bendicion siguiente «In nomine Patris et matris et Filii et Spiritus Sancti et Sanctae Trinitatis, filioli et filiolae et compatris et comatris, et de lo fratre ab la sorore et de lo cosino e de la cosina»

8.° Que habia de predicar por tres años, muriendo despues degollado en la ciudad de Roma, para que comenzase con su resurreccion la segunda Iglesia, donde las hembras concebirán y parirán sin obra de varon.

9.° Que el pecado de Adan no habia consistido en la manzana, sino en la cópula carnal con Eva.

Por este camino proseguia desbarrando, sin órden ni concierto en sus disparates, hasta que la Inquisicion le tuvo encarcelado cuatro meses, procurando en vano Micer Rodrigo del Mercado, y otros doctores, traerle á buen juicio. Fingió abjurar y someterse á penitencia, pero á los doce ó quince dias tornó á sus locuras, por lo cual fué condenado á degradacion y entrega al brazo secular. Verificóse la ceremonia ante Guillen Seira, Prelado hiponense, testificando Juan Meya, notario del Santo Oficio de Barcelona, el viernes 5 de Mayo de 1507, en la plaza del Rey [1].

Quede registrado este nuevo y singular caso en la historia de las enajenaciones mentales al lado del de Simon Morin y otros *Mesías é hijos del hombre* La ciencia histórica no alcanza á explicar tales aberraciones

---

1 Vid esta sentencia en el tomo II de los *Opúsculos de Carbonell (Coleccion de documentos inéditos del Archivo de la Corona de Aragon*, tomo XXVIII), Barcelona, 1865, pags 221 a 235.

CAPÍTULO VII

ARTES MÁGICAS, HECHICERÍAS Y SUPERSTICIONES EN ESPAÑA DESDE EL SIGLO VIII AL XV

I. Persistencia de las supersticiones de la época visigoda.—II. Influjo de las artes mágicas de árabes y judios. Escuelas de Toledo: tradiciones que se enlazan con ellas. Virgilio Cordobés. Astrología judiciaria.—III. Siglo XIV. Tratados supersticiosos de Arnaldo de Vilanova, Raimundo de Tárrega, etc. Impugnaciones del fatalismo. Obras de Fr. Nicolás Eymerich contra las artes mágicas. Las supersticiones del siglo XIV y el arcipreste de Hita. El rey don Pedro y los astrólogos. Ritos paganos de los funerales.—IV. Introduccion de lo maravilloso de la literatura caballeresca. La supersticion catalana á principios del siglo XV. Las artes mágicas en Castilla: D. Enrique de Villena. Tratados de Fr. Lope Barrientos. Legislacion sobre la mágia. Herejes de la sierra de Amboto, etc.

I.—PERSISTENCIA DE LAS SUPERSTICIONES DE LA ÉPOCA VISIGODA

No hemos de creer que se hundieron en las turbias ondas del Guadalete todas las prevaricaciones de la monarquía toledana. Muchas de ellas continuaron viviendo, á despecho de aquella providencial catástrofe, en el seno de los Estados cristianos, y mucho más entre los muzárabes. Ni en modo alguno se extinguieron aquellos males y supersticiones inherentes á la condicion humana en todas épocas y lugares, siquiera en pueblos jóvenes y vigorosos, creyentes de veras y empeñados en la lid reconquistadora, se aminorasen sus dañosos efectos. Por eso son ligeras y de poca monta en los siglos anteriores al XIII las referencias á hechicerías y artes mágicas, que penetraban é influian poco, á no dudarlo, en la vida social. Hora es de recogerlas, siquiera para comprobar más y más lo que al principio asenté· *que es y ha sido España el pueblo ménos supersticioso de Europa,* por lo mismo que ha sido el más católico y devoto de lo *maravilloso real.*

El *Chronicon* albeldense ó emilianense cuenta de Ramiro I, *el de la vara de la justicia, «que impuso pena de fuego á los magos»* (*magicis per ignem finem imposuit)* [1].

El cánon VI del Concilio de Coyanza (1050) manda que los arcedianos y presbíteros llamen á penitencia á los *maléficos* ó magos, lo mismo que á los adúlteros, incestuosos, sanguinarios, ladrones, homicidas, y á los que hubieren cometido el pecado de bestialidad [2].

El cánon V del Concilio de Santiago (1056) veda «*que ningun cristiano tome agueros ni encantamientos por la luna ni por el sémen, ni colgando de los telares figuras de mujercillas ó animales inmundos, ú otras cosas semejantes, todo lo cual es idolátrico»* [3].

La superstición de los agueros andaba muy válida entre la gente de guerra, y no se libraron del contagio los más ilustres campeones de la Reconquista, si hemos de creer á historiadores y poetas. En la *Gesta Roderici Campidocti,* Berenguér el fratricida escribe al Cid· «*Sabemos que los montes, los cuervos; las cornejas, los azores, las águilas y casi todas las demás aves son los dioses en cuyos agueros confias, más que en el Dios verdadero»* [4]. Á Alfonso I el Batallador acusa la *Historia Compostelana,* de «*confiar en agueros y adivinaciones de cuervos y cornejas»* [5].

Tales ideas vienen á reflejarse en los primitivos monumentos de la poesía vulgar, y, sobre todo, en el *Mio Cid*

Á la exida de Vivár ovieron la *corneia diestra.*

Et entrando á Búrgos ovieron la siniestra

(*Ver.* 859.)

Al exir de Salon, mucho ovo *buenas aves.*

---

1   Núm 59 de la ed de Florez

2   «Statuimus ut omnes archidiaconi ac presbyteri . vocent ad poenitentiam adulteros incestuosos, sanguine mixtos, fures, homicidas, maleficos et qui cum animalibus se coinquinant » (Pag 210 del tomo III de Aguirre)

3   «Item interdicimus ut nullus christianus auguria et incantationes faciat, nec pro luna, nec pro semine, nec animalia inmunda, nec mulierculas ad *telaria* suspendere, quae omnia cuncta idolatria est » *(Coleccion de Concilios* de Aguirre, tomo III)

Algunos, y el mismo Sr Amador de los Rios *(Revista de España,* núm 67), dan á este Concilio la fecha errada de 1031

4   «Videmus etiam et cognoscimus, quia montes, et corvi et cornellae et nisi et aquilae et fere omne genus avium sunt dii tui quia plus confidis in auguriis eorum quam in Deo »

5   «Ipse nimirum mente sacrilegio pollutus, nulla discretionis ratione formatus, auguriis confidens et divinationibus, corvos et cornices posse nocere irrationabiliter arbitratus   » (Lib I, cap. LXIV)

¡Lo mismo que si se tratase de un héroe clásico! Al Campeador se le llama á cada paso el *de la buena auce, el que en buen ora násco ó fué nado, el que en ora buena cinxó espada*, frases sacramentales, epítetos homéricos, que han sido tachados de fatalistas, aunque los dos últimos puedan admitir mejor sentido. Pero no cabe duda que el poeta hace supersticioso al campeon burgalés: dice que *vió en los agueros* el mal resultado de las bodas de sus hijas con los infantes de Carrion.

De igual manera, en la leyenda de los infantes de Lara (hoy conocida, no por los cantos primitivos, sino por la *Estoria d'Espanna, ó Crónica general*, que hubo de resumirlos), cuando los infelices mancebos llegan al pinar, *cataron por agueros é hoviéronlos muy malos*. Su ayo les aconseja volverse á Salas, pero Gonzalo Gonzalez replica, que el entender los agueros pertenece sólo á quien guia la hueste. El traidor Ruy Velazquez les asegura que son buenos. Síguese un altercado entre Rodrigo y el ayo sobre aquellas señales.

Rarísimas son en *el cantor de los Santos* las referencias á agueros y encantamientos. Sin embargo, en la *Vida de Santo Domingo de Silos* se han notado los siguientes:

> Si por su *áuce mala* lo podiessen tomar.
> Por aver monedado non podrie escapar
>
> *(Cop.* 420.)

> Guarir non las pudieron ningunas *maestrías*,
> Nin *cartas*, nin *escantos*, nin otras *heresías*.
>
> *(Cop.* 640.)

Alude á los *ensalmos*, pero los condena.

> Mas non foron guiadas de sábio *agorero:*
>
> *(Cop.* 701.)

hablando de una hueste que entró en tierra de moros.

En los *Milagros de la Vírgen* cuenta de un *judío* diestro en malas artes:

> Sabie encantamientos et otros maleficios,
> Facie el malo cercos et otros artificios.
>
> *(Cop.* 722)

Por mediacion de este judío consuma Teófilo el pacto diabólico·

> Luego la otra nochi, la gente aquedada,
> Furtóse de sus omes, issió de su posada.....
> Prísolo por la mano el trufan traidor.....
> Sacólo de la villa á una cruceiada,
> Díssol: non te sanctigues, nin temas de nada.....
> Vió á poca de ora venir muy grandes gentes
> Con ciriales en mano é con cirios ardientes,
> Con su rey en medio, feos, cá non lucientes . .
>
> (Cop. 732.)

Teófilo entrega al diablo su alma con una carta sellada.

Pero esta leyenda, tan famosa en la Edad Media, ni en el conjunto, ni en los pormenores, tiene nada de castellana. Escrita primero en griego, á lo que parece, y trasladada al latin por el diácono Páulo, puesta en verso por Hrostwita de Gandersheim hubo de llegar á Gonzalo de Berceo por el intermedio de Gautier de Coincy ó de algun hagiógrafo latino. De las mismas fuentes, ó de Berceo, la tomó D. Alonso el Sábio para sus *Cantigas*.

Repito, que fuera de la supersticion *militar* de los agüeros, de orígen romano á no dudarlo, lo *sobrenatural heterodoxo* era casi desconocido de nuestros padres, y cuando en sus libros aparece, es de importacion erudita. Veamos otros ejemplos de *fatalismo* al modo nacional.

En los *Miráculos de Santo Domingo de Silos* escribe Pero Marin, al contar la pérdida de D. Nuño de Écija: «En esto veno una águila de mano diestra antellos, et pasó á la siniestra: empués pasó de la siniestra á la diestra et veno aderredor, et posósse en somo de las menas. Comenzaron la lid, é murieron todos los peones» Este cuadro es español, aunque parece arrancado de una página de Tito Livio.

«Et este Garci-Lasso era ome que cataba mucho en agüeros, et traia consigo omes que sabian desto. Et ante que fuesse arriedrado de Córdoba dixo, que *vió en los agüeros* que avia de morir de aquel camino, et que morrian con él otros muchos,» escribe la *Crónica de don Alfonso XI*, cuando refiere la muerte del Merino mayor en Soria.

El Sr Amador de los Rios ha querido utilizar el *Poema de Alexandro* para tejer el catálogo de nuestras supersticiones medioevales. Pero el libro atribuido á Juan Segura no contiene quizá ningun ele-

mento indígena, todo procede de la tradicion erudita y ultrapirenáica, de obras latinas ó francesas [1], sobre todo de la *Alexandreis* de
Gualtero de Chatillon En España no se conocian ni espadas *encantadas* como la de Alejandro, que *avie grandes virtudes*, ni *camisas tejidas
por las fadas en la mar*

> Fezieron la camisa duas fadas ena mar,
> Diéronle dos bondades por bien la acabar,
> Quinquier que la vestiesse fuesse siempre leal,
> E nunqua lo pudiesse luxuria temptar.
> Fizo la otra fada tercera el brial,
> Quando lo ovo fecho, dióle un giant sinal·
> Quinquier que lo vestiesse fuesse siempre leal,
> Frio nin calentura nunqua feziesse mal

> > *(Cop. 89.)*

Todo esto, segun Morel-Fatio, está copiado del poema inédito en
versos de diez sílabas, atribuido al clérigo Simon:

> *Danz Alexandre demanda sa chamise..*
> *Ovrée fut per l'aigua de Tamise .*
> *Qui l'a vestue cha, sa char n'est malmise,*
> *Ne de luxure ne sera trop esprise.....*
> *Sur sa chamise a vestu un bliaut.....*
> *Quar quatra fées le firent en un gaut.*

Tambien es reminiscencia erudita la de los *ariolos* del templo de
Diana, y á nadie se le ha ocurrido atribuir á inventiva del poeta leo-
nés el viaje aéreo ni las maravillas de la India y de Babilonia, cuyos
originales son bien conocidos. Fuera de esto, hallamos en el *Alexandre* la acostumbrada creencia en los presagios y en la adivinacion:

> Avien buenos agueros et buenos *encontrados.*
> > *(Cop. 274)*

> La madre de Achilles era mojier artera,
> Ca era grant *devina*, et era grand *sortera* (de *sortes*).
> > *(Cop. 388.)*

---

1 *Recherches sur le texte et les sources du «Libro de Alexandre»*, par Alfred Morel-Fatio Paris 1875 (tom IV de la *Romania)* Excelente trabajo

Otra influencia más poderosa que la ultrapirenáica habia comenzado á sentirse poco despues de la conquista de Toledo la *oriental*.
Bien claro nos lo indica el hecho de haber consultado Alfonso VI,
antes de la batalla de *Zalaca*, á *rabinos* intérpretes de sicarios [1].

II —Influjo de las artes mágicas de árabes y judíos.—Escuelas
de toledo: Tradiciones que se enlazan con ellas —Virgilio
cordobés.—Astrología judiciaria

 as artes mágicas de los muslimes ibéricos, como toda su civilizacion, eran *de acarreo*. Lo de ménos era el elemento arábigo. A éste podemos atribuir los amuletos y talismanes con
signos y figuras emblemáticas, pero el fondo principal de las supersticiones (fuera de las que son comunes á todos los pueblos y razas, y
las que el Korán autoriza en medio de su rígido monoteismo, v g., la
de ciertos espíritus ó génios, que no son ni ángeles ni hombres, el
poder de los *maleficios*, el de las influencias lunares, etc.) está tomado de creencias persas y sirias, que en esta parte se amoldaban bien
al principio fatalista Influencia *oriental*, pues, y no *árabe*, ni siquiera
semítica (puesto que el poderoso elemento persa, la tradicion de los
Magos, es *arya*, debemos llamar á la que traen á España los musulmanes y propagan los judíos, á pesar de las severas prohibiciones de
su ley. La Cábala solia descender de sus alturas metafísicas para
servir de pretexto á las artes irrisorias de no pocos charlatanes, que
profanaban el nombre de aquella oculta ciencia.

Copiosa biblioteca puede formarse, si hemos de creer á los arabis-
tas, con las obras de moros y judíos concernientes á artes mágicas,
astrología judiciaria, dias natalicios, interpretacion de sueños Sólo
de esta última materia se mencionan en algun catálogo 7,700 escritores [2]. Cítase, no sin elogio, por lo que hace á España, el poema
de Aben-Ragel de Córdoba sobre la astrología judiciaria [3], una *Demonologia*, atribuida al último de los Al-Magheriti, los *Pronósticos sobre figuras y contemplaciones celestes*, de Abulmasar, el *Juicio de la ciencia arenaria ó geománcia*, de Alzanati [4]; otro poema sobre el mismo

---

1 Vid Fernandez Gonzalez, *Mudejares de Castilla*, pags 41 y 42
2 *Plan de una biblioteca de autores arabes españoles*, por D Francisco Fernandez Gonzalez
3 Casiri, *Bib arab hisp esc*, pag 344
4 Casiri, tomo I, pag 363 Sigo su manera de trascribir los nombres propios En él pueden verse los artículos de los demás autores citados, seccion de *Matemáticos*

asunto, por Abulkairo; un tratado *De arte genethlaca*, debido al famoso astrónomo sevillano Arragel, la *Chiromantia*, del cordobés Alsaid-
-ben-Alí-Mohamed; las *Natividades*, del judío toledano Alkhabizi, y varios tratados de amuletos y encantamientos, en lo cual parece que
descolló Abulcassem-Alcoschairi de Almería [1]. Fuera prolijo, y áun
pedantesco, acumular noticias de segunda mano sobre este punto,
cuando no escribimos la historia de las artes mágicas entre los infieles, sino entre los cristianos.

Hoy nadie duda (y al Sr. Amador de los Ríos se debe el haberlo
puesto en claro) que Gerberto (Silvestre II) recibió su educacion en
escuelas cristianas de Cataluña, sin que sus *Matemáticas* tuvieran que
ver con las de los Árabes. La leyenda de Gerberto, nigromante y mago, toma cuerpo en Francia y Alemania, mucho despues de la conquista de Toledo, cuando de aquella ciudad salian los libros de astrología judiciaria y de filosofía oriental, trasladados por muzárabes y
judíos [2]. Cuéntase de Gerberto que aprendió de los mahometanos la
necromancia ó evocacion de los muertos, la interpretacion del canto
y del vuelo de las aves, etc. Sabedor de que otro mago poseia un libro de conjuros de extraordinaria virtud, enamoró á su hija y robó al
padre aquel tesoro. Con ayuda del tal volúmen hizo maravillas, entre
ellas una cabeza de plata, que hablaba y revelaba lo porvenir. Las
artes mágicas le abrieron camino hasta el sólio pontificio. Guiado por
la sombra de la mano de una estátua, descubrió en Roma un palacio
subterráneo de mármoles y oro, lleno de incalculables riquezas [3].

En otro lugar de esta historia he descrito el movimiento intelectual promovido en Toledo por el Arzobispo D. Raimundo, y cómo
fué trasmitida á las escuelas cristianas la filosofía y ciencia arábigas;

---

1 Casiri pag 402

2 Pulci, en el *Morgante Maggiore* (canto XXV), habla de los estudios de nigromancia, piromancia, geomancia y tetremancia en Toledo Vese que hasta el siglo XV duró su fama

> Per quel ch'io udì' gia dir sendo in Tolleta
> Dove ogni negromante si raccozza
> > *(Oct 42)*
>
> Questa città di Tolleta solea
> Tenere studio di Nigromanzia
> Quivi di magica arte si legea
> Pubblicamente, é di Piromancia
> E molti geomanti sempre avea,
> E esperimenti assai d Idromanzia,
> E d'altre false opinion di sciocchi,
> Come é fatture o spesso batter gli occhi
> > *(Oct. 259)*

3 Vid Vicente de Beauvais, *Speculum historiale* La leyenda de la mágia de Gerberto fué
todavia admitida por Platina Vid Hock, *Silvestre II*, cap XV Citanse ademas, como fuentes
de esta historia, a Guillermo de Malmesbury y Alberico de Trois Fontaines

cómo de Italia, de Francia y de Germánia acudian á aquella ciudad los curiosos y tomaban á sueldo traductores. Entre la ciencia séria se deslizaba la *irrisoria*. Cesáreo de Heisterbach habla de unos jóvenes de Suabia y Baviera, que habian estudiado nigromancia en Toledo «Los clérigos (decia Elinando) van á París á estudiar las artes liberales, á Bolonia los Códigos, á Salerno los medicamentos, *á Toledo los diablos, y á ninguna parte las buenas costumbres»*

De Toledo y de Nápoles vino la nigromancia, dice un *fablian* francés [1]. En el libro caballeresco de Maugis y Vivian, se supone que el héroe habia estudiado mágia en Toledo.

Juan Hispalense, el traductor favorito del Arzobispo, el compañero de Gundisalvo, interpretó más de un libro de astrología judiciaria, como el *Thebit de imaginibus*, la *Isogoge de judiciis astrorum*, de Alchabitio, etc , y entre otras producciones supersticiosas, un tratado *de chiromancia* y otro de *physionomia*. *Insigne en arte mágica y en ciencia astrológica* le llamó Egidio de Zamora [2]. A Geraldo de Cremona se atribuye un libro de *geomantia et practica planetarum*.

Pero ninguno de los intérpretes toledanos alcanzó tanta fama de nigromante como Miguel Scoto, entre cuyas obras figuran tratados de *quiromancia* y *fisionomia*, y de *imágenes astrológicas*. El cronista Francisco Pipini y el *Memorial de los podestás* de Reggio le suponen dotado de espíritu profético, semejante al de las antiguas sibilas [3] Dante le puso en el canto vigésimo de su *Infierno*·

> *Quell' altro che ne' fianchi é cosi poco,*
> *Michele Scotto fu, che veramente*
> *Delle magiche frode seppe il giuoco.*

Por boca de un maleante de Bolonia cita Boccacio en la novela IX (jornada VIII) del *Decamerone*, «á un gran maestro de nigromancia, el cual hubo por nombre Miguel Escoto, porque de Escocia era».

Todavía en el siglo XVI le cita el donoso poeta macarrónico Merlin Cocayo *(Teófilo Folengo)* en el canto XVIII de su raro poema *De gestis Baldi:*

> *Ecce Michaelis de incantu regula Scoti,*
> *Qua post sex formas cerae fabricator imago.*

---

1 *La bataille des sept arts*, apud Jubinal, *Oeuvres de Ruteboeuf* (Tomo esta cita y las dos anteriores del precioso libro de Comparetti *Virgilio nel medio evo*, tomo II, pág 98)
2 Vid Nicolas Antonio, pags 370 y 371
3 Muratori, *Rer Ital Script*, tomos IV y VIII

Demonii sathan, Saturni facta plombo.

Cui suffunigio per sirica rubra cremato,

Hác (licet obsistant) coguntur amore puellae.

Ecce idem Scotus, qui stando sub arboris umbra,

Ante characteribus designat millibus orbem,

Quatuor inde vocat magna cum voce diablos

Unus ab occasu properat, renit alter ab ortu,

Meridies terzum mandat, septentrio quartum,

Consecrare facit freno conforme per ipsos,

Cum quo vincit equum nigrum, nulloque vedutum

Quem, quo vult, tamquam turchesca sagitta cavalcat,

Sacrificatque comas ejusdem saepe cavalli.

En quoque depingit Magus idem in littore navem,

Quae vogat totum octo remis ducta per orbem.

Humanae spinae suffinugat inde medullam

En docet ut magicis cappam sacrare susurris,

Quam sacrando fremunt plorantque per aera turbae,

Spiritum quoniam verbis nolendo tiramur,

Hanc quicumque gerit gradiens ubicumque locorum

Aspicitur nusquam· caveat tamen ire per altum

Solis splendorem, quia tunc sua cernitur umbra [1].

Cercos mágicos, filtros amorosos, carros movidos por la diabólica fuerza de un corcel negro, naves encantadas, evocacion de demonios, capas que hacen invisible á quien las lleva..... todo esto atribuia la leyenda medioeval á Miguel Scoto Gabriel Naudé en el siglo XVII, y en el pasado Schmuzer, le defendieron sériamente de estas inculpaciones [2].

Español parece haber sido, ó á lo ménos educado en Toledo, el autor del libro apócrifo *Virgilii Cordubensis Philosophia*, cuyo manuscrito, perteneciente á la Biblioteca Toletana, fué dado á conocer por el Padre Sarmiento, y publicado por Heine en su *Bibliotheca anecdotorum*. El nombre del autor la fecha del libro la pretension de ser traducido del arábigo, todo es falso. Cierto que el escritor debia

---

1 *Opus Merlini Cocaii Poetae Mantuani Macaronicorum* Amsteloiami, apud Abraham a Someren 1692 Hay una traduccion castellana antigua, rarísima sobre toda rareza El único ejemplar conocido esta en la Biblioteca de Wolfembuttel Se intitula *La Trapesonda* que trata de los grandes hechos del invencible caballero Baldo y las graciosas burlas de Cingar (Sevilla, 1542 por Domenico de Robertis)

2 *Apologie pour les grands hommes soupçonnez de Magie, par G Naude parisien* (Amsterdan, 1712) *De Michaele Scoto venefici injuste damnato* (1739), disertacion de Schmuzer Vid además el tomo XX de la *Histoire Litteraire de la France*

de saber poco de cosas arábigas, cuando se le ocurrió llamar á un
filósofo musulman *Virgilio*. Guióse, sin duda, por la tradicion napoli-
tana de la mágia de Virgilio, y tomó aquel nombre para autorizar
sus sueños, que hoy llamaríamos *espiritistas* La latinidad de la obra
supera en barbárie á los más desconcertados escritos de la Edad
Media. El autor parece estudiante, y de los más rudos. Con ideas
confusas de filosofía rabínica y musulmana mezcla lo que habia alcanzado de artes mágicas y fantásticas noticias de escuelas y de enseñanzas, que algunos eruditos, con sobrado candor, han tomado por
lo sério.

El supuesto *Virgilio Hispano* comienza hablando de los grandes
estudios de Toledo, especialmente del de filosofía al cual concurrian
los filósofos toledanos, que eran doce. y los de Cartagena, Córdoba,
Sevilla, Marruecos, Cantorbery [1] y muchas otras partes Cada dia se
disputaba *de omni scibili*, hasta que se llegó á cuestiones muy difíciles,
en que los pareceres se dividieron, si bien los filósofos *toledanos* iban
siempre unidos. Al cabo, para concertar la disputa, determinóse acudir á un juez, que no fué otro que el mismo Virgilio, profesor entonces en Córdoba de *Nigromancia ó Refulgencia*. Él no quiso moverse
de su ciudad, y les aconsejó que, si querian saber algo, trasladasen
los estudios á Córdoba. *que era lugar sanísimo y en todo abundante*. Así
lo hicieron, y á ruegos suyos compuso Virgilio este libro, fundado
todo en las revelaciones de los *Espíritus*, á quienes interrogó. Realmente su fatiga fué bien inútil, y los espíritus de aquel tiempo debian de saber tan poco como los del nuestro, pues no le dijeron más
que vulgaridades de filosofía peripatética sobre la existencia del primer motor, la inmortalidad del alma, etc, é impugnando la eternidad del mundo: por donde se ve que eran *espíritus* de bien y enemigos
de toda herejía, aunque á veces se resienten de malas y peor digeri-
das lecturas.

Las noticias que dá el tal Virgilio de filósofos españoles amigos y
contemporáneos suyos, son de lo más peregrino, y acaban de demostrar su insensatez, á no ser que pretendiera burlarse de la posteridad.

---

1 *Virgilius Isparus ex civitate Cordubensi omnibus philosophantibus, et philosophiam audienti-
bus Volumus vos scripta vera dimittere*, etc (Vid Heine, *Bibliotheca anecdotorum, seu veterum
monumentorum ecclesiasticorum collectio novissima* (Pars 1 ª, Lipsiae, 1848, pág 211 y sigs)
    La primera noticia de este manuscrito se debe al Padre Sarmiento quien se la comunicó al
Padre Feijoo para el discurso de las *Cuevas de Salamanca y Toledo* Despues dio mas noticias
el Padre Sarmiento en sus *Memorias para la historia de la poesia y poetas españoles*
    En la Biblioteca Nacional de Madrid hay copia esmerada del tal Virgilio, hecha por Palo-
mares El Sr Amador de los Rios no tuvo noticia de que hubiera sido impreso, y le considero
como documento historico sério y de autoridad

Cuenta entre ellos á *Séneca* ('), á Avicena y Al-Gazél, que jamás estuvieron en España, y Averroes, habla de los 7,000 estudiantes que
concurrían á las áulas de Córdoba, de los tres *famosos* astrólogos Ca-
lafataf, Gilberto y Aladanfac; de los tres nigromantes toledanos Phi-
ladelpho, Liribando y Floribundo, y de otros maestros de pyromancia y de geomancia, cuyos nombres eran (¡apréndanlos mis lectores!)
Beromandrac, Dulnatafac, Ahafil, Jonatalfac, Mirrafanzel, Nolica-
rano..... O *Virgilio* estaba loco, ó decía bernardinas.

Tambien nos habla del *Arte notoria, quae est Ars et scientia sancta*, la
cual sólo el que esté sin pecado puede aprender. Autores de ella fueron los ángeles buenos, y la comunicaron al rey Salomon. Este encerró los espíritus en una botella, fuera de uno que era *cojo*, el cual
logró libertar á los demás. Cuando Alejandro tomó á Jerusalen, su
maestro Aristóteles, hasta aquel dia hombre rudo, logró saber dónde
estaban encerrados los libros de Salomon, y se hizo sábio. Esta *Arte
notoria* no parece ser otra que la Cábala. Cuanto al *diablo cojuelo*, ve-
rémosle reaparecer en la sabrosa ficcion de Luis Velez de Guevara.

Al fin del tratado se lee· «*Istum librum composuit Virgilius Philosophus Cordubensis in Arabico, et fuit translatus de Arabico in latinum in civitate Toletana, anno Domini millesimo ducentessimo nonagessimo*» El
doctor Steinschneider, citado por Comparetti [1], duda de esta fecha.
El códice parece de la segunda mitad del siglo XIV Pero sea de
éste ó del siglo XIII, la obra nada gana en importancia como documento histórico, ni pasará nunca de una extravagante curiosidad bibliográfica.

Con la tradicion de los estudios mágicos se enlaza la de las cuevas
de Toledo y Salamanca, *nefandos gimnasios*, que dice Martin del Rio [2].
Supónese que en una y otra se enseñó la mágia en tiempo de los sarracenos, y áun despues.

Siempre han sido consideradas las cavernas como teatro de *evocaciones goéticas*. recuérdese el antro de Trofonio, la cueva de la Sibi-
la, etc Célebre Toledo como escuela de artes ocultas, era natural
que la tradicion localizase aquella enseñanza en un subterráneo, y
así sucedió contribuyendo á ello circunstancias topográficas. «*El monte que sirve de asiento á la ciudad de Toledo, está casi todo hueco*» [3]. Estas

1 *Virgilio nel medio evo*, tomo II, pág 95
2 «Legimus post sarracenicam per Hispanias illuvionem tantum invaluisse magicam, ut
cum litterarum bonarum omnium summa ibi esset inopia et ignoratio, solae ferme daemo-
niacae artes palam Toleti, Hispali et Salmanticae docerentur   Ostensa mihi fuit crypta
profundissima gymnasii nefandi vestigium › *(Disquisitionum Magicarum libri sex   Auctore
Martino del Rio   Moguntiae, apud Johannem Albinum, 1612*, tomo I Proloquium.)
3 Feijoo, *Cuevas de Salamanca y Toledo* tomo VII del *Teatro crítico*

cuevas, ó algun edificio ruinoso por donde se penetraba en ellas, habian dado ya motivo á una célebre ficcion arábiga, trasmitida á nuestras historias. Cuenta Abdel-hakem (murió en 871) que *«habia en España una casa cerrada con muchos cerrojos, y que cada rey le aumentaba uno»* hasta el tiempo de D. Rodrigo. Este no quiso echar el cerrojo, sino entrar en el palacio encantado, donde halló figuras de árabes, con esta letra: «Cuando el palacio se abriere, entrarán en España los que aquí están figurados» [1]. Al-Makkari habla de un pergamino hallado por D. Rodrigo dentro de un arca en la *casa* de Toledo [2].

El Arzobispo D. Rodrigo reprodujo estas narraciones, tomándolas de una fuente arábiga, aunque no sabemos de cuál, y á D. Rodrigo siguió la *Estoria d'Espanna*. Y cuando en el siglo XV forjó Pedro del Corral, á modo de libro de caballerías, su *Corónica Sarracina* llamada por Fernan Perez de Guzman *trufa ó mentira paladina*, no se olvidó de un episodio tan novelesco y conducente á su propósito, antes le exornó con nuevos detalles, suponiendo que el palacio habia sido quemado por fuego del cielo despues de la entrada de D. Rodrigo. Todavía es más curiosa la relacion de Pero Dias de Gámes en su *Victorial*, si bien la dá por cuento. Hércules edificó en Toledo una gran casa, de dos naves, con puertas de fierro y cerrojos. Cada sucesor añadia uno. Pero D. Rodrigo la abrió, y en vez de los tesoros que esperaba, encontró tres vasijas, con una cabeza de moro, una langosta y una serpiente [3].

De dónde procedia el nombre de Hércules (¡extraña reminiscencia clásica!) lo ignoro. Segun el Sr. Amador de los Rios, la *Cueva de Hércules* no era más que la cripta de un templo romano. *Cueva* ya, y no *casa*, la llamó Rodrigo Jannes en el poema de Alfonso XI.

> En las covas de Ércoles abián
> Muy grande lid aplazada.....

Todas estas historias pasaron despues á los romances, y son conocidísimas:

> Entrando dentro en la casa
> No fuera otro hallar,

---

1 Vid. Ajbar-Machmua, con las ilustraciones de Lafuente Alcántara, donde hay un extracto de Abdel-hakem.

2 Aunque Al-Makkari es moderno, le cito aquí porque compiló su historia de autores antiguos. Me valgo de la traduccion inglesa de Gayangos.

3 *Le Victorial, traduit de l'espagnol d'après le manuscrit*, por Circourt y Puymaigre. Este pasaje falta en la edicion de Llaguno. Vid. además el precioso libro del Sr. Mila y Fontanals, *De la poesía heróico-popular castellana*, cap. II.

Sino letras que decian
«Rey has sido por tu mal.....» etc.

.   .   .   .

Un cofre de gran riqueza
Hallaron dentro un pilar,
Dentro dél nuevas banderas
Con figuras de espantar, etc.

Mejor contado está en la *Crónica general*· «Cuando el palacio fué abierto, non fallaron.en él ninguna cosa, si non una arca, otrosí cerrada, é el rey mandóla abrir, é non fallaron en ella si non un paño pintado, que estavan en él escriptas letras latinas, que dezien así. Cuando aquestas cerraduras serán quebradas é el palacio é el arca serán abiertos, é los que y yacen lo fueren á ver, gente de tal manera como en el paño están pintados entrarán en España..... É en aquel paño estaban pintados homes de caras é de parecer, é de manera de vestidos, assí como agora andan los alarbes, é tenian las cabezas cubiertas con tocas, é estaban caballeros en caballos, é los vestidos eran de muchos colores, é tenian en las manos espadas é señas é pendones alzados »

Pero todo esto es nada en comparacion de las invenciones de los historiadores toledanos Alcocer, Pisa, el conde de Mora, y sobre todo, del famoso Lozano, que publicó á fines del siglo XVII los *Reyes nuevos de Toledo*, especie de novela histórica, ó historia anovelada, con muchos pormenores caballerescos y fantásticos [1]. Allí se lee, á propósito de la casa de Hércules *«Sentaremos por fijo que Túbal dió principio á la fábrica de la torre, y que Hércules el famoso la reedificó y amplió, sirviéndose de ella como de real palacio, y leyendo allí la arte mágica . . A una manga de esta «cueva», como tan gran mágico, hizo labrar Hércules un palacio encantado, el cual palacio mandó que se cerrase, y que ninguno lo*

---

[1] La primera edicion es de 1666 Todavia en nuestros tiempos ha sido utilizada esta tradicion por egregios poetas, ya en serio, como en la *Florinda* del duque de Rivas, ya jocosamente, como en el *Don Opas* del académico Mora *(Leyendas españolas*, Londres, 1839)

Hay un cierto escritor llamado *Mora [a]*,
¡Que génio! ¡qué diccion tan noble y pura!
¡Qué hermosas tragaderas! ¡cual perora
Sobre esta escena! ¡y como la asegura!
Lozano otro que tal, no la desdora
Pisa tambien entiende la diablura,
Bueno es *Castillo*, y *Alcocer* no es rana
¡*Tu quoque*! Tú tambien, *Padre Mariana*

a) El conde de. . . autor de una desatinada *Historia de Toledo.*

abriese, si no quería ver en sus días la España destruida por gente bárbara.»
Los pormenores de la entrada de D. Rodrigo se habían ido enriqueciendo más y más, hasta parar en la pluma del buen Lozano: «*Llegaron á una cuadra muy hermosa, labrada de primoroso artificio, y en medio della estaba una estátua de bronce, de espantable y formidable estatura, puestos los piés sobre un pilar de hasta tres codos de alto, y con una maza de armas que tenía en las manos, estaba hiriendo en la tierra con fieros golpes*»

Basta de trascribir absurdos de decadencia, aunque amenicen estas páginas. Si alguna prueba más necesitáramos de que la cueva toledana fué considerada en la Edad Media como áula de ciencias ocultas, nos la ofrecería D. Juan Manuel en el bellísimo cuento de don Illán y del dean de Santiago. «*Tenía el dean muy gran voluntad de saber el arte de la nigromancia, y vínose ende á Toledo para aprender con don Illán. Y D. Illan, despues que mandó á su criada aderezar las perdices, llamó al dean, é entraron amos por una escalera de piedra muy bien labrada, y fueron descendiendo por ella muy grand pieza en guisa que parecían tan bajos que pasaba el río Tajo sobre ellos. É desque fueron en cabo de la escalera, fallaron una posada muy buena en una cámara mucho apuesta que ahí avía, do estaban los libros y el estudio en que avían de leer*»[1]
Del resto del cuento no hay para qué tratar aquí es el bellísimo apólogo que reprodujo Alarcon en *La Prueba de las Promesas*. El dean de Santiago, en aquella especie de sueño, pasa á Obispo, á Cardenal, á Papa, y jamás cumple á su maestro D. Illán sus repetidas promesas. El sueño vuela cuando D. Illán manda asar las perdices ¡Moralidad profunda, que pone á la vez de resalto la ingratitud humana, y lo deleznable y transitorio de las grandezas de la vida!

El Arzobispo Silíceo, deseoso de poner término á las hablillas del vulgo, hizo registrar la cueva, sin que pareciese en ella otra cosa que grandes murciélagos, y tapiarla despues[2] Todavía en el siglo pasado se mostraban en Toledo unas casas arruinadas, que decían haber pertenecido á D. Enrique de Villena, maestro en ellas de arte mágica; pero ésta debia de ser tradicion postiza y moderna del tiempo en que toda mágia se atribuyó á D. Enrique.

Otro ejemplo de ello tenemos en la *Cueva de Salamanca*, cuyas noticias son breves y confusas. Hasta el siglo XVI no tuvo el estudio salmantino la fama y notoriedad suficientes para que la tradicion le añadiera cátedras de mágia. Burlas y devaneos de estudiantes, gente curiosa y alegre, que convertia en juego las artes mágicas, fueron

1 El conde Lucanor *(Escritores en prosa anteriores al siglo XV Biblioteca Rivadeneyra)*
2 Así lo cuenta Lozano

oiígen de ese rumor, que muy en sério acogen Martin del Rio y Torreblanca. El pimero testifica habei visto una *cripta profundísima*, *vestigios del nefando gimnasio*, donde públicamente *(palam)* se habian enseñado las artes diabólicas El segundo hasta nos dice la calidad del maestro, que fué un sacristan [1], pero supone *secreta* la enseñanza. Era tradicion vulgar que el demonio en persona respondia á los que le consultaban en aquel antro.

Un cierto D. Juan de Dios, maestio de humanidades en Salamanca, envió al Padre Feijóo algunas noticias y fábulas sobre la dicha cueva, tomadas de un *antiguo* manuscrito [2]. Habia en la iglesia de San Cipiian (unida despues á la de San Pablo) un subteiráneo, donde el sacristan enseñaba, poi los años de 1322, aite mágica, astiología judiciaria, geomancia, hidromancia, pyromancia, aeromancia, chiromancia y necromancia. Sus discípulos venian de siete en siete, y uno de ellos pagaba por todos. Cayó la suerte al marqués de Villena, no tuvo con qué pagar, y quedó preso en la cueva, de donde halló manera de escapaise haciendo cieita buila á su maestro. Sus condiscípulos propalaron, unos que se habia hecho invisible, otros que habia engañado al diablo, *dejándole su sombra*. Obséivese el hoiiendo anacronismo de poner á D. Enrique de Villena en el siglo XIV, muy á los piincipios.

Don Adolfo de Castro copia [3] la siguiente noticia de un manuscrito intitulado *Cartapacio, primera parte de algunas cosas notables, recopiladas por D. Gaspar Garcerán de Pinos y Castro, conde de Guimerán*, año 1600: «La opinion del vulgo acerca de la mágica que se aprendia en las cuevas de Salamanca; de la sueite que cuentan que entiaban siete y estaban siete años y no veian al maestro, y despues que no salian sino seis, y que habian de hurtar la sombra á aquél y no estar otio tanto tiempo, he oido á personas curiosas y de buen juicio refutar... que nunca se leyó de tal suerte, sino que decir *en cuevas* es poi sei así llamadas las bodegas en Castilla; y que como se piohibiese leer en público esta facultad, la mala inclinacion nuestra y estar los maestros perdidos, que no sabian cómo vivir, inventó que escogian para perpetuar su mala semilla los mejores sugetos de sus estudios..... y *de secreto, de noche en las bodegas les leian*, y poi ser á esta hora decian no ver al maestro,» etc.

---

[1] *De magia*, lib I, cap II, núm 4 Añade que el sacristan se llamaba Clemente Potosi.

[2] No determina fecha ni autor, pero no creo que fuese anterior al siglo XVI, por los enormes anacronismos que contiene

[3] El mismo Sr Castro regaló este manuscrito á la Academia Española.

> Allí está Salamanca, do solía
> Enseñarse tambien nigromancía,

cantó Ercilla en la *Araucana* A tres producciones literarias dió asunto la famosa conseja. *La Cueva de Salamanca*, entremés de Miguel de Cervantes, redúcese á las artimañas de un escolar *salamanqueso*, quien ponderando la ciencia que aprendió en la cueva, y fingiendo una evocácion de demonios, logra cenar á todo su placer y sacar de un mal paso á su huéspeda, temerosa de la venganza del celoso marido [1]

No más que la analogía del título tiene con este sabroso desenfado *La Cueva de Salamanca*, comedia de D. Juan Ruiz de Alarcon, escrita en sus mocedades. cuadro vivo y animado de costumbres estudiantescas, lleno de gracia y movimiento, aunque licencioso y desordenado Mézclanse allí discusiones teológicas con escenas de un erotismo poco disimulado, y entra por mucho la mágia en todo el desarrollo de la accion El maestro de las artes vedadas es Enrico, un francés, *viejo grave*, el cual dice de sí mismo.

> Que en cualquiera region, cualquier estado,
> Aprender siempre más fué mi cuidado.
>   Al fin topé en Italia un eminente
> En las ciencias varon, Merlin llamado. .
>   Aprendí la sutil quiromancía,
> Profeta por las líneas de las manos;
> La incierta judiciaria astrología,
> Émula de secretos soberanos;
> Y con gusto mayor nigromancía,
> La que en virtud de caractéres vanos
> A la naturaleza el poder quita,
> Y engaña al ménos cuando no la imita.
>   Con esta los furiosos cuatro vientos
> Puedo enfrenar, los montes cavernosos
> Arrancar de sus últimos asientos,
> Y sosegar los mares procelosos,
> Poner en guerra y paz los elementos,
> Formar nubes y rayos espantosos,
> Profundos valles y encumbrados montes,
> Esconder y alumbrar los horizontes.

[1] Son imitaciones de *La Cueva de Salamanca* (muy inferiores á ella), *El Dragoncillo*, de Calderon, y *El Soldado Exorcista*, tan popular en el siglo pasado

Con esta sé de todas las criaturas
Mudar en otra forma la apariencia ...
Con esta aquí oculté vuestras figuras,
No obró la santidad, obró la ciencia

Pero no le iba en zaga el marqués de Villena, personaje principalísimo de la comedia, y discípulo tambien de Merlin Viene á Salamanca traido por la fama de la cueva·

La parlera fama allí
Ha dicho que hay una cueva
Encantada en Salamanca,
Que mil prodigios encierra,
Que una cabeza de bronce
Sobre una cátedra puesta,
La mágica sobrehumana
En humana voz enseña:
Que entran algunos á oirla,
Pero que de siete que entran,
Los seis vuelven á salir
Y el uno dentro se queda.....
Supe de la cueva el sitio,
Y partíme solo á verla
La cueva está en esta casa. .

Pero D Diego, un su amigo, le responde:

Esta que veis obscura casa, chica,
Cueva llamó, porque su luz el cielo
Por la puerta no más le comunica,
Y porque una pared el mismo suelo
Le hace á las espaldas con la cuesta.
Que á la Iglesia mayor levanta el vuelo·
Y la cabeza de metal que puesta
En la cátedra, dá en lenguaje nuestro
Á la duda mayor clara respuesta
Es Enrico . . . .   . .
Y porque excede á la naturaleza
Frágil del hombre su saber inmenso,
Se dice que es de bronce su cabeza.

De siete que entran, que uno pague el censo,
Los pocos que, de muchos estudiantes,
La ciencia alcanzan, declararnos pienso.

La comedia acaba del modo más singular del mundo· con una discusion en forma, entre un fráile predicador y Enrico, sobre el poder y licitud de la mágia. Propone Enrico:

> Toda ciencia natural
> Es lícita, y usar della
> Es permitido. la mágia
> Es natural luego es buena.
> Pruebo la menor. La mágia,
> Conforme á naturaleza
> Obra· luego es natural.
> La mayor así se prueba.
> De virtudes é instrumentos
> Naturales se aprovecha
> Para sus obras luego obra
> Conforme á naturaleza.
> *Probatur*. Obra en virtud
> De palabras y de yerbas,
> De caractéres, figuras,
> Números, nombres y piedras.
> Todás estas cosas tienen
> Natural virtud y fuerza, etc.

El domínico contesta, distinguiendo entre *mágia natural, artificiosa* y *diabólica*.

> De aquestas
> Es la natural la que obra
> Con las naturales fuerzas
> Y virtudes de las plantas,
> De animales y de piedras
> La artificiosa consiste
> En la industria ó ligereza
> Del ingénio ó de las manos,
> Obrando cosas con ellas
> Que engañen algun sentido,

Y que imposibles parezcan.
Estas dos lícitas son. .
Mas con capa de las dos
Disimulada y cubierta,
El demonio entre los hombres
Introdujo la tercera   .
La diabólica se funda
En el pacto y conveniencia
Que con el demonio hizo
El primer inventor della.
Es así que las palabras
Que el arte mágico enseña,
No obran sin la intencion
Del que obrar quiere con ellas,
Luego si obran no es por sí,
Sino por virtud agena.

Enrico se dá por convencido y concluso, y el pesquisidor enviado por el rey á la reforma de la Universidad prohibe la enseñanza de la mágia.

Y con esto se dá fin
Á la historia verdadera
Del principio y fin que tuvo
En Salamanca la cueva,
Conforme á las tradiciones
Más comunes y más ciertas.

En 1734 imprimió D. Francisco Botello de Moraes, autor del *Nuevo Mundo*, del *Alfonso* y otras desdichadas tentativas épicas, un tomito rotulado *Las Cuevas de Salamanca*, especie de fantasía satírica en prosa por el estilo de los *Sueños* de Quevedo. Penetra Botello en *Las Cuevas*, donde halla encantados á Amadís de Gaula, Oriana, Celestina, etc , y discurre con ellos acerca de muy variados asuntos morales y literarios. *Las Cuevas* son allí el pretexto [1].

Forzoso ha sido adelantar algunas especies, y alejarnos de la Edad Media, para completar la historia *literaria* de esas supuestas áulas má-

---

1 Además de los autores citados, hablan de *La cueva de Salamanca*, Diego Perez de Mesa en las notas a las *Grandezas de España* de Pedro de Medina, y el Cardenal Aguirre en sus *Ludi Salmanticenses* (praei. III)

gicas Ahora conviene añadir que quizá contribuyó á dar á Toledo
fama de ciudad de nigromantes el existir allí artificiosas invenciones
arábigas, como las dos cisternas ó clepsidras que fabricó Azarquél y
destruyó en tiempo de Alfonso VI un judío deseoso de penetrar el
mecanismo. ¿Atribuiría el vulgo estos portentos á mágia?

Fáltanos saber cómo consideraba el gran legislador castellano las
artes vedadas é ilusorias. En la ley I, tít. XXIII de la partida VII,
pregunta el Rey Sábio *qué es adevinanza et quantas maneras son della;* y
responde que *adevinanza tanto quiere decir como querer tomar parte de
Dios para saber las cosas que son porvenir.* Como primer género de *adevinanza* cuenta la astrología, y ésta (cediendo á sus aficiones) no la
veda por ser una de las siete artes liberales, aunque prohibe *obrar por
ella á los que non son ende sabidores.*

«La segunda manera de adevinanza es de los agoreros, et de los
sorteros, et de los fechiceros, que catan en aguero de aves ó de estornudos ó de palabras á que llaman *proverbio,* ó echan suertes, ó catan en agua, ó en cristal, ó en espejo, ó en espada, ó en otra cosa lu-
ciente, ó facen fechizos de metal ó de otra cosa cualquier, ó adevi-
nan en cabeza de ome muerto, ó de bestia ó de perro, ó en palma de
niño ó de mujer vírgen.. Defendemos que ninguno non sea osado de
fazer imágines de cera nin de metal nin de otros fechizos malos para
namorar los omes con las mujeres nin para partir el amor que algunos oviessen entre sí E aún defendemos que ninguno non sea osado
de dar yerbas nin brebaje á ome ó á mujer en razon de enamora-
miento »

En la ley II habla de los verdaderos *goetas,* es decir, de los que
hacian sus evocaciones de noche y con aullidos. «De los omes que se
trabajan á facer esto viene muy gran daño á la tierra, et señaladamente á los que lo creen et demandan alguna cosa, acaesciéndoles
muchas ocasiones por el espanto que resciben que algunos de ellos
mueren ó fincan locos ó dementados.»

La ley III declara «libres de pena (¡contradiccion deplorable!) *á los
que fiziessen encantamientos* ú otras cosas, con buena entencion, assí
como para sacar demonios de los cuerpos de los omes, ó para desli-
gar á los que fueren marido et mujer que non podiessen convenir en
uno, ó para desatar nube que echase granizo ó niebla, que non cor-
rompiesse los fructos de la tierra, ó para matar langosta ó pulgon
que daña el pan ó las viñas, ó por alguna otra cosa provechosa semejante destas.» «Non deben haber pena (dice) antes..... gualardon
por ello.»

A los demás *baratadores, truhanes* y maléficos, impone castigo de muerte.

Entre las obras científicas que patrocinó el Rey Sábio, las hay harto impregnadas de astrología judiciaria, por ejemplo, los tres *Lapidarios* de Rabí-Yehudah-Moseh-ha-Qaton (el pequeño) y el de Mahomad-Aben-Quinch, trasladados por el clérigo Garci-Perez, y en algunos pasajes el *Libro de la ochava esphera*, traducido del arábigo por Yehudá-Cohen y Guillem, hijo de Ramon de Aspa, mas sobre todos, el *de las tres cruces*, donde es imposible negar la tendencia fatalista [1]. El estado de la astronomía entonces, y lo mucho que contribuyeron por otra parte al adelanto de la ciencia séria, disculpan á Alfonso el Sábio y á sus colaboradores de haber cedido al contagio de la judiciaria, comprometiendo en ocasiones el libre albedrío con las fantásticas virtudes que suponian en los astros y en las piedras.

III.—SIGLO XIV.—TRATADOS SUPERSTICIOSOS DE ARNALDO DE VILA-NOVA, RAIMUNDO DE TÁRREGA, ETC.—IMPUGNACIONES DEL FATALIS-MO.—OBRAS DE FRAY NICOLÁS EYMERICH CONTRA LAS ARTES MÁGI-CAS.—LAS SUPERSTICIONES DEL SIGLO XIV Y EL ARCHIPRESTE DE HITA.—EL REY DON PEDRO Y LOS ASTRÓLOGOS.—RITOS PAGANOS DE LOS FUNERALES

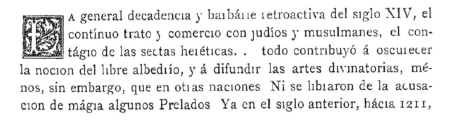 A general decadencia y barbárie retroactiva del siglo XIV, el contínuo trato y comercio con judíos y musulmanes, el contágio de las sectas heréticas. . todo contribuyó á oscurecer la nocion del libre albedrío, y á difundir las artes divinatorias, ménos, sin embargo, que en otras naciones Ni se libraron de la acusacion de mágia algunos Prelados Ya en el siglo anterior, hácia 1211,

---

1 Véanse las obras científicas del Rey Sábio, publicadas por la Academia de Ciencias exactas, físicas y naturales Algunos sostienen, quizá con fundamento, que los *Lapidarios* no fueron traducidos por mandato del rey

En parte alguna de esta HISTORIA he querido mencionar el cuentecillo absurdo con que muchos han motejado de irreligioso a Alfonso el Sabio, atribuyéndole el dicho de que «si él fuera del Consejo de Dios al tiempo de la creacion del mundo, algunas cosas hubieran sido mejor hechas» Ni la *Crónica de Alfonso X*, ni ningun contemporáneo de este príncipe, le atribuye tales palabras Quien primero se las achacó fué D Pedro IV el Ceremonioso, y luego las repitieron con variantes añadiendo la anecdota de la tempestad de Segovia, Diego Rodriguez de Almela, Rodrigo Sanchez de Arévalo y Fr Alonso de Espina Cuanto sabemos de Alfonso X, príncipe piadosísimo, pugna con semejante desahogo temerario (Vid el apendice que puso el marques de Mondejar a sus *Memorias históricas del Rei D Alonso el Sabio* Madrid, 1777, donde ampliamente le vindica de esa calumnia, pags 637 á 658) el Arzobispo de Santiago, D. Pedro Muñoz, fué tenido por nigromante y recluso en el eremitorio de San Lorenzo de órden del Papa Honorio III. Desde 1303 á 1306 fué Obispo de Tarazona [1] D. Miguel de Uriea, con tanta reputacion de mágico que al pié de su retrato se puso esta leyenda: *Artis necromantiae peritissimus, daemonis artem ejus etiam arte delusit*, suponiéndose que habia engañado al demonio *con su sombra*, lo mismo que el marqués de Villena en la tradicion de *Salamanca*.

Sobre las supersticiones de maleficios y ligaduras dá mucha luz Arnaldo de Vilanova en sus tratados *médicos*. Segun él, los *maleficios* se hacen ó de cosas animadas, v. gr., testículos de gallo puestos debajo del lecho nupcial, ó de caractéres escritos con sangre de murciélago, ó de granos de habas, arrojando dos ó tres en el camino ó cerca de la ventana, *quod maleficium est pessimum*, ó de los pedazos de una nuez ó bellota. Tambien hay hechizos metálicos, de hierro ó de plomo, y el peor es el que se hace con la aguja que haya servido para coser un sudario [2].

Los remedios no son ménos peregrinos. Con juntar el esposo y la esposa los pedazos de la nuez, quitarle la cáscara y comérsela, queda deshecho el maleficio. Tambien aconseja mudarse de casa, regar las paredes con sangre de perro, poner sobre carbones hiel de pescado, llevar consigo un corazon de buitre ó amuletos de coral ó imanes, comer aves asadas, colgar una campanilla á la puerta de casa, etc.

En su *Nova expositio visionum quae fiunt in somnis*, muéstrase Arnaldo muy perito en *oneirocrítica*, tratando de los grados del arte de pronosticar y de las causas de los ensueños, que divide y clasifica segun el tiempo y el asunto, ya se refieran á la vida, á la hacienda, á los hermanos, á los padres, á los criados, á las bestias, á guerras y

---

1 Don Jose Amador de los Rios le llama erradamente *Arzobispo de Tarragona* (*Revista de España*, núm 69) Vid *España Sagrada* tomo XLIX, pag 504.

2 «Maleficiorum quaedam de animatis fiunt, ut testiculi galli suppositi lecto cum sanguine efficiunt ne coeant in lecto jacentes quaedam de characteribus scriptis cum sanguine vespertilionis quaedam vero de terrae nascentibus unde si nux vel glans separetur, quarum medietas ex una parte viae ponatur, et alia ex alia parte, ex qua sponsus et sponsa debent venire sunt alia quae de granis fabarum conficiuntur, quae nec aqua calida mollificantur, nec igne coquantur quod maleficium est pessimum, si quatuor illorum vel tres sub lecto vel in via vel supra ostium, vel circa ponantur Sunt etiam alia quae fiunt metallica, quae fiunt ex ferro vel plumbo et ferro sed quae fiunt ex acu, qua mortui vel mortuae suuntur in sudariis

»Sed si nux vel glans sit causa illius maleficii, accipiet venenum quilibet vel glandem cam quae separat, et cum illa parte inmediate pergat vir ex una parte, et ibi ponat mulier vero ex altera parte ponat alteram partem nucis, deinde sponsus et sponsa accipiant ambas partes nucis testa vero extracta, et sic tota integretur et firmetur per sex dies, et hoc facto comedant » (*Remedia contra maleficia*)

combates, á la muerte, á los viajes, á la entrada en religion, á los
honores y dignidades, á los amigos, etc Admite el influjo planetario
en el alma humana, con tanta crudeza como los Priscilianistas, y dá
reglas para interpretar los sueños, lo cual llama *ocupacion propia del
médico.* Ya hemos visto cómo explicaba él los de D. Jáime II y Federico de Sicilia El libro *De physicis ligaturis* que trata de los encantos, de los conjuros y de los amuletos *(De incantatione, de adjuratione
et colli suspensione),* es traduccion del árabe Costa-ben-Luca, el cual
dice haber aprendido esa ciencia en libros griegos é indios [1]. Tampoco es más que traduccion el libro astrológico *De sigillis duodecim
signorum,* muy semejante al *De imaginibus,* de Thebit.

Martin del Rio y Gabriel Naudé defendieron á Arnaldo de la acusacion de mágia; pero nadie dejará de tenerle por muy supersticioso,
si lee sus libros de medicina.

En el mismo siglo florecieron tres *espiritistas* españoles, de que ya
queda hecha mencion Gonzalo de Cuenca, que escribió el *Virginale,
inspirado por el demonio, que se le apareció visiblemente* (así lo narra Eymerich); Raimundo de Tárrega, autor de un libro *De invocatione daemonum,* quemado por decreto de Gregorio XI, y el franciscano apóstata Tomás Scoto, que (segun dice Alvaro Pelayo) *todas las noches,
apagada la luz, y empuñando la espada, invocaba con grande estrépito á los
demonios, y caia en tierra como muerto hasta la madrugada* [2].

Eymerich y Busquets hicieron quemar en Barcelona un grueso libro *De invocatione daemonum,* rotulado *Liber Salomonis,* que contenia
en siete partes *sacrificios, oraciones. oblaciones y nefandas consultas á los
demonios* [3]. Quizá no era distinto del de Raimundo de Tárrega

Otro supersticioso libro catalán de la misma centúria se halla manuscrito en la Biblioteca Barberina de Roma. El rótulo es *Lhbre de
Poridat.* Empieza con los signos de los planetas, trata despues de los
ángeles que presiden á cada uno, así como de *los que hacen saber al
hombre todas las cosas,* y los distribuye y clasifica por cielos. No olvida

---

1   Estos tratados se hallan en todas las ediciones de los escritos médicos de Arnaldo de Vilanova El Santo Oficio mando quitarlos, con sobra de razon El *De physicis ligaturis* se dice,
malamente, *traducido del griego* Empieza «Quaesivisti, fili charissime, de incantatione, de
adjuratione et colli suspensione, siquidem possint prodesse, et si invenerim in libris Graecorum hoc et qualiter in libris Indorum ista contineantur   »

2   «¿Quomodo etiam iste negat daemones esse, cum sua meretrix Gaibina cum aliquibus
familiaribus suis testimonium perhibent contra eum, quod qualibet nocte, extincta candela
et arrepto gladio, etiam frequenti strepitu daemones invocando et sentiendo, clauso ostio
meretrice expulsa   qui mortuus cadebat et jacebat in terra quousque meretrix, aperto ostio,
intrabat et eum de terra levabat et in lectulo reponebat et se ei miscebat » (Biblioteca de San
Márcos, códice latino III-VI)

3   Vid *Directorium Inquisitorum,* pag 226 de la edicion de Roma

la curacion de algunas enfermedades por medio de amuletos. Estas primeras hojas, escritas por la mayor parte en papel, preceden al verdadero tratado. «En el nombre de Nuestro Señor, en esta presente obra queremos tratar de las mayores puridades, diremos el modo de tener espíritus y vientos familiares. ... el arte prodigioso de Hérmes» [1]. Redúcese todo á unas tablas de letras y signos cabalísticos, que se dice corresponder á ciertos influjos planetarios y á ciertos ángeles. Escritas ó pronunciadas dichas letras en tiempo y sazon oportunos, conforme á las reglas de *Dominus Tebaridus en son llibre,* se pueden traer los espíritus á voluntad del operante. Hay tablas para los dias de la semana, para las horas del dia, etc. La décima tabla es *la que Dios enseñó á Adan en el Paraíso,* con la cual no puede obrar sino quien tenga *soberana puritat* de vida: pero éste logrará maravillas, porque *esta tabla* es sobre todas las tablas en fuerza y en poder, y es el secreto de la sabiduría, donde hay 1,360 caractéres, que representan todas las cosas creadas, regenerables y corruptibles en este mundo . » Enséñanse además en este libro remedios para muchos dolores y calamidades, recetas para aumentar el dinero, para encontrar el anillo y otras cosas perdidas, para hacer que la lluvia caiga ó deje de caer en un sitio dado, filtros amatorios, etc. Esta parte está en latin. Tampoco faltan observaciones sobre la piedra filosofal y modo de obtenerla [2].

A la par que arreciaba el contagio de la supersticion, se levantaban valentísimos impugnadores. En los últimos dias del siglo XIII, durante su cautiverio en Granada, habia escrito San Pedro Pascual, Obispo de Jaen, el *Libro contra las fadas et ventura et oras minguadas et signos et planetas,* enérgica y hasta elocuente defensa de la libertad humana. «Sy assy fuesse como los sábios mintrosos disen, que el ome non avie en sí poderío nin alvedío de faser bien nin mal, davan á entender los dichos sábios que de todas las criaturas que Dios crió, non avie criatura más menguada como el ome ... Et Dios mismo non quiso aver poderío sobre el ome, para le faser por fuerza seer bueno ó malo. Pues ¿cuánto ménos querrie nin darie poderío á ningun planeta, nin ora, nin signo, nin fada, nin ninguna cosa de las sobredichas, que oviesse poderío nin sennorío sobre el ome?» [3]

---

1   «In nom de nostre senhor, en aquest present tractat volém haber parlament particular de las obras que son de maior puritat, en haber familiarment dels spirits e dels vents» etc (Biblioteca Barberina, codice XLIII-135.) El codice es del siglo XIV

2   En la Biblioteca Bodleiana de Oxford existe un *Tratado de geomanlia,* por Martin Hispano (clase XVI, núm 6,714)

3   Citado por el Sr Amador de los Rios *Hist crit de la Lit esp*, tomo IV, pag 79), segun el codice h-III-3 del Escorial

De parecida manera condena Ramon Lull, en el *Arbor Scientiae*, la vanidad de la astrología judiciaria: «*Aries, Tauro y Géminis* (dice) *se burlan de los hombres que dicen que ellos saben todas sus naturalezas..... Hereje es aquel que tiene mayor temor de Géminis y de Cáncer que de Dios.*» Lo cual ilustra con el ejemplo de un astrónomo, el cual dijo en presencia del rey que había de vivir diez años «*Y entonces un soldado, con la espada que traía, cortó la cabeza al astrónomo, para que el rey se alegrase, y conociese que aquel astrónomo había mentido y también su ciencia*» [1]

Tambien D Juan Manuel, en el *Libro del cavallero et del escudero*, aunque admite el influjo planetario y el de las piedras, llama á las artes ocultas «*desservicio de Dios et daño de las almas et de los cuerpos. et desfacimiento et menguamiento del mundo. et daño et estragamiento de las gentes*». El lindo cuento de *Los tres burladores* y de *El paño encantado* en *El conde Lucanor*, lo mismo que el de *El rey y el alquimista*, muestra cuán libre se hallaba de vulgares supersticiones el sobrino del Rey Sábio. En el apólogo de *Lo que contesció al diablo con una mujer pelegrina*, habla de filtros amatorios y en el *Del ome bueno que fué fecho rico é despues pobre con el diablo*, la moralidad es ésta· «É vos. señor conde Lucanor, si bien queredes facer de vuestra facienda para el cuerpo y para el alma, fiat derechamente en Dios..... é non creades nin fiedes en agoreros nin en otro devaneo, ca cierto sed que el pecado del mundo de más pesar, en que ome mayor tuerto é mayor desconocimiento face á Dios, es catar en agueros y en estas tales cosas.» «*Mala cosa es fiar en adevinanzas*», añade en el *Libro de los Estados*.

¡Mucho habia adelantado la civilizacion desde los tiempos en que el Cid se guiaba en sus cristianas empresas por el vuelo de las aves!

En 1335 vedaba un Sínodo complutense, só pena de excomunion, el consultar á los agoreros, ni ejercer las artes de magos, sortílegos y encantadores [2]. Alvaro Pelagio defendia en el libro XI *De planctu Ecclesiae* [3], que los *maléficos* debian ser castigados con el último suplicio. Y en el *De haeresibus* [4] condena á los pseudo-cristianos que observan los agueros, estornudos, sueños, meses y dias, años y horas, y usan de esperimentos, sortilegios y arte nigromántica, con diversos nom-

---

1 Me valgo de la traduccion de D Alonso Cepeda *(Árbol de la ciencia del iluminado Maestro Raimundo Lulio, nuevamente traducido y explicado* Bruselas, 1664 Es el apologo XXX del *Arbol exemplifical)*

2 «Consilium petere, vel eamdem ignominosam artem quomodolibet exercere » (Aguirre, tomo III, pág 590)

3 Cap LXXII (edicion de Venecia, 1560)

4 Fol 77 vto del manuscrito de Venecia

bres. «Llámaseles en algunas provincias *miratores* y en España *comendatores*», dice [1].

El Arzobispo D. Pedro Gomez de Albornoz, en su *Libro de la justicia de la vida espiritual*, dá curiosas noticias de las supersticiones de su diócesis «Algunas se guardan en Sevilla, anssy como los que echan áscuas en el mortero ó los que escantan los ojos con granos de trigo et otras semejantes cosas ó los que acomiendan las bestias perdidas ... con palabras vanas et de escarnio . Especie de ydolatría es la de algunos que por astrología quieren adevinar de las cosas futuras, et disen que los planetas et cuerpos celestiales han nescesaria influencia en los cuerpos inferiores que son en la tierra, é assy juzgan que el que nasce en una constellacion averá bien, et sy en otra mal.... Et estos pecan gravemente, porque substraen et tiran nuestras obras de magnificencia et de servicio de Dios.....» Cita, para mostrar lo vanísimo de tal ciencia, el ejemplo de Jacob y Esaú, nacidos en la misma constelacion, y que tuvieron, no obstante, suertes tan opuestas También condena Albornoz los *sueños, estornudos, encantamientos, maleficios é conjuros* [2].

El anónimo compilador del *Espéculo de legos* habla en su capítulo LXXXIV de los «*adevinadores que catan las estrellas é guardan los sueños et los agueros et se consejan de los emponsoñados, así como de las serpientes ... Esta vanidad de las artes de encantar et de adevinar, se esforzó de la dannacion de los malos ángeles en toda la redondez de la tierra Et por ende van ayuntados al diablo, ca do es el maestro y es el discípulo.*»

Pero el más notable entre los impugnadores de las artes mágicas fué sin disputa Fr. Nicolás Eymerich, dominico gerundense, de cuyos actos como inquisidor ya tenemos alguna noticia. Inéditas se conservan en la Biblioteca de París sus obras concernientes á esta materia. El códice 1,464 contiene [3] un tratado *Contra daemonum invocatores*, donde, despues de definir la herejía para averiguar si puede ó no contarse en el número de los herejes á los evocadores de demonios (lo cual resuelve afirmativamente), clasifica las artes vedadas en simple evocacion, nigromancia, pacto expreso ó tácito, adivinacion, ariolos, augures Demostrada la ilicitud de todas por el culto de *la-*

1 «Sunt alii pseudo-christiani qui observant auguria, stornutta, somnia menses et dies, annos et horas, et utuntur experimentis et sortilegiis et arte nigromantica et hi filii diaboli sunt, et sanctae fidei corruptores, et hi diversis nominibus nuncupantur, nam quidam eorum *miratores* dicuntur, qui artem daemonii verbis pangunt, et *comendatores* sic dicuntur Hispaniae »

2 Biblioteca Nacional, *B-b-136* Ya citado por el Sr Amador de los Rios

3 Pag 100 *Nicolai Eymerici Tractatus contra daemonum invocatores, et continet quinque partes*

tría que en ellas se tributa al demonio, reune los pasajes de la Escritura, testimonios de Santos Padres, decisiones de Concilios, leyes civiles, etc, sobre herejías, para mostrar que todos son aplicables á las artes demoniacas. Discute el caso en que los nigromantes no tributen culto de *latría*, sino de *dulía*, como hacen los astrólogos judiciarios, los sortílegos, etc, y decide que áun éstos deben ser tenidos por herejes. Condena como inductivas al fatalismo aquellas artes (como la adivinacion, los augurios, etc.) en que no parece tributarse culto alguno al enemigo malo, pues siempre es temeridad y supersticion querer penetrar con certeza lo porvenir. No deja de citar los varios modos de evocacion por caractéres, palabras misteriosas, círculos, etc., ó por las *Tabulae Salomonis*, libro de conjuros que corria con grande aplauso entre los nigromantes de su tiempo [1].

En el libro *Contra astrologos imperitos atque contra nigromantes, de occultis perperam judicantes*, escrito en 1395, defendió gallardamente el libre albedrío [2], reproduciendo en lo demás las ideas y clasificaciones del tratado anterior.

En medio de tantas y tales refutaciones, el mal no desaparecia, como no desaparecerá mientras no cambie la naturaleza humana, ávida siempre de lo maravilloso

Reflejábase de cien modos el extravío de las creencias en el misceláneo y satírico poema del archipreste de Hita, espejo fidelísimo de la sociedad del siglo XIV, con todos sus vicios y prevaricaciones Allí la creencia en las *fadas* (del latin *fata)*, hasta como expresion proverbial:

El dia que vos nacistes, *fadas albas* vos fadaron

.   .   .   .

Que las mis *fadas negras* non se parten de mí.

.   .   .   .

Hado bueno que vos tienen vuestras *fadas fadado.*

Allí la supersticion clásica del *estornudo*, ni más ni ménos que en los idilios de Teócrito:

A la fé, dis, agora se cumple el *estornudo,*
Yo ove buen *aguero* Dios óvomelo complido.

1   Debe de ser el mismo *De evocatione daemonum* que el hizo quemar en Barcelona tambien se dividia en siete partes

2   *Ad Thomam Elsinae, ordinis Minorum, Regis Aragoniae Confessorem* (Códice 3171 del antiguo fondo latino, Biblioteca Nacional de Paris)

Allí el *mal de ojo,* y los filtros y encantos amatorios, con canciones, con sortijas, con yerbas· todo lo cual aplica Trotaconventos para seducir á doña Endrina·

> Encantóla. . de guisa que la envellenó,
> Dióle aquestas cantigas, la cinta le ciñó,
> En dándole la sortija, del ojo le guiñó
> *(Ver.* 892)

> Si la enfechisó, ó si le dió atincár,
> O si le dió rainela, ó si le dió mohalinar,
> O si le dió ponzoña, ó algund adamár,
> Mucho aína la sopo de su sesso sacar
> *(Ver* 915)

El mismo archipreste habia compuesto canciones para *entendederas* y *cantaderas* moriscas, es decir, de las que curaban con ensalmos, si hemos de atenernos á este verso

> Ella sanar me puede, et non las *cantaderas*

Ni estaba libre Juan Ruiz de aficiones judiciarias· basta leer lo que dice «*de la constelacion et de la planeta en que los omes nascen et del juicio del hora quando sábios naturales dieron en el nascimiento del fijo del rey Alcarás*»:

> Yo creo los astrólogos verdat naturalmente,
> Pero Dios que crió natura é accidente
> Puédelos demudar, et faser otramente
> Segund la fé cathólica, yo desto só creyente
> . . . .
> Non son por todo aquesto los estrelleros mintiosos,
> Que juzgan segund natura por sus cuentos fermosos,
> Ellos é la ciencia son ciertos et non dubdosos,
> Mas no pueden contra Dios ir, nin son poderosos
> Non sé astrología, nin só ende maestro,
> Nin sé astrolábio, más que buey de cabestro .. .

A renglon seguido dice que él nació en signo de *servir á dueñas.* Todavia hay en este humorístico escritor más datos útiles para nuestro pioposito. Él expone la leyenda de Virgilio Mago, hoy tan admirablemente ilustrada por Comparetti [1] en uno de los mejores libros de erudicion moderna.

> El grand encantador fízole muy mal juego,
> La lumbre de la candela encantó et el fuego.....

leyenda de que no recuerdo ningun texto castellano anterior, pero que se halla reproducida en la *Crónica de las fazañas de los filósofos*, en unos versos catalanes de Pau de Bellviure, en el *Cancionero de Baena*, en el *de Burlas*, en la *Cárcel de Amor* de Diego de San Pedro, y en la *Celestina*. tradicion que llegó á nosotros despues de correr media Europa El archipreste pudo tomarla del poema de *Renart* Sobre el pacto diabólico tiene Juan Ruiz un cuento muy curioso, que tambien se halla en *El conde Lucanor*, y es, sin duda, de procedencia extranjera: el de *El ladron que fizo carta al diablo de su ánima*.

Ménos prudente que el agudo y maligno trovera, se mostró, cuanto á admitir el influjo astrológico, Rabí-Don-Sem-Tob, judío de Carrion, en sus *Consejos et documentos al rey D Pedro*.

> El hombre más non val,
> Nin su persona espera
> Más de bien nin de mal,
> Que do le pon la esfera.

A este crudo *fatalismo* se rendia el mismo D. Pedro, consultando al astrólogo hebreo Ben-Zarzál, que le aconsejó guardarse de la torre de la Estrella y del Águila de Bretaña [2], ó al moro granadino Benahatim, gran *sabidor*, de quien tenemos en la *Crónica* de Ayala dos cartas, escrita la una despues de la jornada de Nájera, y la otra antes de Montiel, llenas entrambas de saludable doctrina y avisos morales, aunque arregladas y compuestas de fijo por el sesudo canciller y cronista de D. Enrique [3]. No ménos dado á las ciencias ocultas que su sanguinario rival, tenia D Pedro el Ceremonioso de Aragon di-

---

1 *Virgilio nel medio evo*, pag 112 Entiéndase que recomiendo la erudicion, y no los rasgos impios que más de una vez la oscurecen

2 Vid el *Sumario de los Reyes d'Espanna* por el despensero de la reina doña Leonor

3 En la segunda de estas cartas se trascribe una profecia *de Merlin*, hecho harto significativo, como veremos luego «En las partidas de occidente, entre los montes e la mar, nascera una ave negra, comedora e robadora é tal que todos los panares del mundo querria acoger en si, et todo el oro del mundo querrá poner en su estomago é despues gormarlo ha, é tornará atrás, é non perescera luego esta dolencia E dice mas, caérsele han las alas, é secársele han las

versos astiólogos en su córte y jactábase de haber sido adoctrinado en aquella ciencia por Rabí-Menahem

Aparte de todo esto, seguian observándose en bodas, entierros y otros actos solemnes, ritos enteramente paganos, y una y otra vez condenados por leyes y Concilios. La ley XCVIII, tít. IV de la Partida I, veda *poner manteles con comida á los difuntos*, y habla de las endechadoras. En 1302, Alonso Martinez de Olivera, comendador mayor de Leon, decia en su testamento «*Item mando que lieven mis caballos cobiertos de luto, con los sus escudos colgando de las sillas, pintadas en ellos las mis armas, et liévenlos de mi casa fasta la Iglesia, delante del mio cuerpo, ansí como es costumbre en los enterramientos de los caballeros et de los altos omes*» [1] En vano la ley de Partida (tít IV, ley C, part. I) habia ordenado á los clérigos que se retirasen de los entierros *«cuando oyessen que fazian ruido, dando voces por ome ó endechando»*. El Concilio toledano de 1323 hubo de reprobar *el execrable abuso, que sabia á gentilidad*, de ir vociferando por las calles y plazas, y hasta en la misma iglesia [2].

Tuvo que venir la férrea y bienhechora mano del Santo Oficio á destruir en el siglo XVI estos resábios de paganismo, de los cuales, como de cosa ya pasada y extinguida, hace una linda descripcion el célebre humanista sevillano Juan de Mal-Lara en su *Philosophia Vulgar* [3] *«Llevaban á los caballeros, en sus andas, descubiertos, vestidos de las armas que tuvieron, puesto el capellar de grana, calzadas las espuelas, sin espada al lado, y delante las banderas que habian ganado..... Llevaban una ternera que bramasse los caballos torcidos los hocicos, y á los galgos y lebreles, que habia tenido, daban de golpes para que ahullasen. Tras de ellos iban las endechaderas, cantando en una manera de romances lo que avia hecho.»* «*Ut qui conducti in funere plorant*», que decia Horacio. ¡Tanta fuerza tuvo en los pueblos latinos la tradicion clásica, que algunos suponen destruida y cortada en los tiempos medios! [4] De estos can-

---

plumas al sol, é andara de puerta en puerta, e ninguno la querrá acoger, é encerrarse ha en selva, é morirá y dos veces, una al mundo é otra ante Dios, é desta guisa acabará » (Vid los capítulos XXII del año 18 º y III del 20 º de la *Crónica de D Pedro* Benahatim aplica la profecia al mismo rey

1 Citado por Pulgar, *Historia de Palencia* Tomo del Sr Amador de los Rios estos datos sobre funerales.

2 «Illum, igitur, execrabilem abusum, ut cum aliquis moritur, homines et mulieres ululando per vicos et plateas incedant voces horribiles in Ecclesia et alibi emittunt, ac quaedam alia indecentia faciant a l gentilium tendentiam penitus reprobamus »

3 Centúria IX, refran 31

4 Añade Juan de Mal-Lara, que «en derredor de algunas sepulturas antiguas de Salamanca y de otras partes se puede ver esta pompa y las mismas endechaderas, hecho todo de mármol» Y dice el Sr Amador de los Rios, que en el sepulcro del Obispo D Domingo de Arroyuelo existente en la capilla del Condestable de la catedral de Burgos se ve una escena de duelo

tos fúnebres sólo queda una muestra: los que el pueblo portugués cantaba en la sepultura del condestable Nuño Álvarez Pereira, el héroe de Aljubarrota.

IV.—INTRODUCCION DE LO MARAVILLOSO DE LA LITERATURA CABALLERESCA —LA SUPERSTICION CATALANA Á PRINCIPIOS DEL SIGLO XV.—LAS ARTES MÁGICAS EN CASTILLA· DON ENRIQUE DE VILLENA —TRATADOS DE FRAY LOPE BARRIENTOS.—LEGISLACION SOBRE LA MAGIA.—HERIJES DE LA SIERRA DE AMBOTO, ETC.

A nada conduciria, ni es propio de la índole de esta obra, investigar aquí los orígenes de la literatura andantesca, que sólo llega á España de reflejo y á última hora. La caballería histórica nacional, tal como se retrata en las crónicas y en los poemas eminentemente *realistas* que la celebran, ni rendia culto á la galantería, ni se enamoraba de lo maravilloso. Toda su grandeza procede de la vida real. Nada de empresas temerarias, ni de ilícitos devaneos. Los adulterios de Tristán é Isolda ó de Lanzarote y Ginebra, las proezas de Artús y de la Tabla Redonda interesaban poco á nuestros castellanos. Tardan aquí en popularizarse lo mismo el ciclo breton que el carolingio; y si éste arraiga antes y florece más, débese á su carácter relativamente severo, al espíritu religioso que en partes muestra, y á las lides contra sarracenos que en él se decantan. Así y todo, el espíritu nacional, ofendido por los cantares francos creó el personaje de Bernardo del Cárpio para oponerle á Roldán, y dió á todas sus imitaciones un sabor bastante castizo. En el siglo XII era conocida en Castilla la crónica de Turpin, lo mismo que los poemas franceses; y el cantor de Almería nombra á Roldán y á Oliveros, y los pone en cotejo con Alvar Fañez.

La parte maravillosa en las narraciones de este ciclo admitidas en España no fué, por cierto, grande. La *Crónica general* v. gr., trae el cuento de Maynete y Galiana, y en él la supersticion de los agueros, tal como la teníamos en Castilla· «*La infanta lo ovo visto en las estrellas*». De parecida manera, en la *Gran Conquista de Ultramar*, donde este cuento se repite, leemos que «*las moras son muy sabidas en maldad, señaladamente aquellas de Toledo, que encadenan á los hombres y hácenles perder el seso y el entender*».

En los romances muy posteriormente formados sobre aventuras

de este ciclo, entra por bien poco lo maravilloso, como no sea en el asunto de Reinaldos de Montalban, que tenia un tio, sabedor de *nigromancia*. Ha notado el Sr. Milá, en uno de los romances de Gaiferos, este singular rasgo de superstición militar

> A ningund prestar mis armas,
> *No me las hagan cobardes.*

La citada *Conquista de Ultramar*, verdadero cuerpo de ficciones caballerescas, dedica largo espacio á la historia del *Caballero del Cisne* (traducida del francés, como lo restante del libro), donde se hallan trasformaciones por medio de collares, y otras maravillas nunca oidas en la poesía castellana.

Las guerras civiles del reinado de D. Pedro, las hordas francesas que trajo el bastardo de Trastamara, los caballeros ingleses del Príncipe Negro, todo contribuyó en el siglo XIV á propagar el conocimiento de las ficciones del ciclo breton, que, sin embargo, no asomaban entonces por primera vez. El rey D. Dinis de Portugal, y el archipreste de Hita, habian hablado de Tristan é Iseult, Rodrigo Yañez, en su *Poema ó Crónica rimada de Alfonso XI*, trae una supuesta profecía de Merlin, etc. Pero en tiempo de D. Enrique II, D. Juan I y D. Enrique III, llegó á su apogeo esta moda forastera. El canciller Pero Lopez de Ayala se lamenta de haber leido libros de devaneos y *mentiras probadas* como el *Lanzarote*, y los poetas del *Cancionero de Baena* (Pero Ferrús, sobre todo) no cesan de aludir á los héroes bretones. Con esta literatura vino todo un mundo de magos, encantadores, hadas, hechiceras, jigantes, enanos, dragones, *yerbas fadadas*, filtros eróticos, héroes invulnerables, espadas que todo lo destruian y nunca eran rotas ni melladas, etc. Algunas de estas creaciones procedian de la mitología germánica y escandinava, otras (y no las ménos) del mundo clásico que ciertamente las trasformaciones de Merlin no son muy desemejantes de las de Proteo, ni la historia de Tintadiél é Iguema se aparta mucho de la de Júpiter y Alcmena, y á nadie se ocultará que las velas negras de la nave de Teseo debieron servir de modelo para un episodio análogo del Tristán. Analogía que todavía es mayor en algunas novelas, que, sin ser del ciclo breton, tienen con él algunas analogías, v. gr., el *Partinuplés*, inspirado por la *Psique* de Apuleyo. Lo maravilloso, que pudiéramos llamar *cristiano*, en los poemas de la Tabla Redonda, el *Sangreal*, por ejemplo, estaba tomado de leyendas eclesiásticas y evangelios apócrifos.

Pero viniera de donde viniera, que no es ahora ocasion de apurarlo, es lo cierto que esa poesía bretona, lo mismo que una parte del ciclo carolingio, no conocida hasta entonces, hizo sonar por primera vez en Castilla supersticiones raras y de grande efecto artístico. ¡Lástima que tengamos pocos monumentos para comprobarlo! De un códice del Escorial sacó á luz D. José Amador de los Rios el *Cuento de la reina Sevilla* y el *Fermoso cuento del emperador Don Ottas*. En el primero se lee esta descripcion de un encantamento: «Entonces fazia un poco oscuro, et Griomoart se aparejó et comenzó á decir sus conjuraciones et á fazer sus carántulas que sabia muy bien fazer. Entonces se comenzó á cambiar en colores de muchas guisas, indio et jalde et barnizado, et los omes buenos que lo cataban, se maravillaron ende mucho..... Et comenzó luego á fazer su encantamento et á decir sus conjuraciones, en tal guisa que el velador adormeció, et Griomoart se fué á la puerta et metió mano á su bolsa, et tyró un poco de engrudo que avia tan grant fuerza, que tanto que tañió con él las cerraduras, luego cayeron en tierra. Et desque entró, fuése al palacio, et sol que puso la mano en la puerta comenzó á decir sus conjuraciones, et el portal que era alto et lumbroso fué luego escuro, et Griomoart..... falló diez omes armados..... et fizo su encantamento et adormeciéronse luego..... de guisa que les tajaria las cabezas et non acordarian.» Así va adormeciendo á todos, incluso á Cárlo-Magno. Luego, y por el mismo encanto, libra de sus cadenas á Barroquér, y roba la espada al emperador.

En el cuento de *Don Ottas*, «*Audegons, que era sabidora de las estrellas, echa sus suertes para saber quién seria casado con Florencia*». Florencia tenia una piedra de tal virtud, que con ella defendia su castidad. Miles le dice: «¿Cómo sodes encantadora? Carántúlas me avedes fechas. Desfazed aína las carántulas.» Alúdese, además, á la supersticion de los sueños y á las fadas.

Pero éstos y otros libros que pudieran citarse, como traducidos que son, no importan ni hacen fuerza para el caso. Más elemento indígena hay en el *Amadís* y en el *Tirante*. Del primero citaré los encantamientos de Arcalaús (lib. I, cap. XIX), que tanto maleficio causó á Amadís cuando éste quiso sacar de prision á la dueña Grindalaya; las maravillas de la *ínsula firme* (lib. II), el sobrenatural poder de Urganda la Desconocida, la extraña genealogía del Endriago (lib. III), etc. Mucho se engañaria quien en tales ficciones, del todo eruditas, quisiera reconocer el influjo de las creencias supersticiosas del pueblo castellano. Mucho más español es el *Tirant lo Blanch*, y por eso en él las aventuras son verosímiles, salen ménos de la realidad de la vida, sin que apenas haya otra historia mágica que la del Dragon de Cós, tradicion antigua en las islas y costas del Mediterráneo.

No tengo por indígenas, sino por otro fruto de la importacion extranjera, los romances caballerescos sueltos, que tienen variantes ó paradigmas en casi todas las literaturas de Europa, á lo ménos en las meridionales. En vano Teófilo Braga [1] y otros quieren estudiar en esos cantos la supersticion peninsular, y sacar consecuencias, por lo ménos aventuradas. Podia nuestro pueblo solazarse con esos cantos, sin que el elemento maravilloso que los informa hubiese penetrado mucho en la vida. Tambien hay *erudicion* en la poesía *popular*, si se me consiente esta expresion paradógica. El canto narrativo tiene alas, vuela de un extremo á otro de Europa, y suena bien en todos los oidos. Hubo, sin duda, circunstancias que favorecieron esta trasmision: un fondo comun de tradiciones célticas y romanas; pero no es fácil distinguir lo indígena de lo importado [2]. De todas maneras, son escasas (como ya advirtió D. Agustin Durán) las composiciones castellanas de esta clase que se adornan *con encantamientos*.

En otros testimonios, más históricos y seguros que la poesía popular, hemos de aprender lo que fueron las artes mágicas á fines del siglo XIV y principios del XV. Por lo que á Cataluña respecta, han visto, poco há, la luz pública cuatro documentos interesantísimos, descubiertos é ilustrados por el Sr. Balaguer y Merino, diligente y erudito catalanista [3]. Los cuatro proceden del archivo de la ciudad de Barcelona.

Afecta el primero la forma rítmica, y redúcese á la *complanta* ó lamentacion de un astrólogo el año 1400:

> *Ara vejats una complanta*
> *De aquest mon dolorós,*
> *Qui mes* (sic) *pits que lansa,*
> *Tant es lo segle tenebrós.....*

Allí se dice que «*la sciencia de la sancta astrología no ha mester smena, perque es obra divina, qui es sobre totes les altres sciencies, perque es appe-*

---

1 *Epopeas da raça mosárabe.* (Porto, 1871.)

2 Estas observaciones son aplicables, lo mismo á los romances castellanos (Vid. las colecciones de Durán y la *Primavera* de Wolff) que á los catalanes recogidos por Milá y Aguiló, ó á los portugueses que han coleccionado Alméida Garrett y Teófilo Braga.

3 Vid. *Renaxensa*, año VI, núms. 19 y 20.

llada regina, sobre totes les altres sciencies perfetament»; y se reprende á *al-guns mals parlers*, que se dicen astrólogos y *ponen toda la tierra en error y en mal*.

El segundo documento es una prediccion para el año 1428, en que *habia de acaecer la cruzada del paraíso y la conquista del infierno*.

Mucha mayor curiosidad tiene el *Inventario de las escrituras y procesos entregados por el Maestro Arnau Dezvall, «olim», lugarteniente de inquisidor, al reverendo Maestro Guillem de Torres, nuevamente elegido lugarteniente de la ciudad y obispado de Barcelona*, el sábado 20 de Agosto de 1440, ante Bartolomé Costa, notario real. Habian pertenecido todos esos objetos y papeles á Pedro March, *magister domorum*, preso por cuestion de hechicería. Penetremos en el laboratorio del nigromante, aunque sin insertar todo el catálogo de sus baratijas, porque seria largo, y porque de algunas ni áun se comprende el uso. Tenia, pues:

Cuatro planchas de estaño, y en cada una de ellas tres *rollos ó círculos* con letras y caractéres.

Dos *trozos de cristal*: uno *esférico*, otro *plano*.

Un cartapacio, forrado de pergamino, con tres hojas escritas: intitulábase *Llibre de la semblanza de tots los homens*.

Otro librillo en papel, rotulado *Llibre del semiforas lo qual doná lo creador á Adam*, con remedios contra las ligaduras.

Otro libro en cuatro pliegos: *Experimentum spiritus Bilech*. (Bilech es el nombre de un demonio.)

La *Clavicula Salomonis*, célebre tratado de evocacion de demonios.

Ocho hojas de pergamino, que contenian *Consecratio Arymadenari*. (¿Arimánes?)

Canticum novum (catorce hojas en papel).

La *Clau del semiforas* (especie de interpretacion del libro de Adan).

Oraciones de los siete planetas.

Libro intitulado *Los perfumes del sol*.

Otro: *De arte entomptica et ydaica*. (De *entoma*, augurio tomado de la víctima sacrificada por el arúspice, y de *idea*, figura ó imágen.)

Dos cuadernos de papel, que abrazaban la segunda parte de la *Clavicula Salomonis*.

Otro cuaderno: *En qual manera se preparen esperiments de furts*. (¿Arte de prestidigitacion ó escamoteo?)

Un cartapacio: *Ad impetrandum quidquid volueris*.

Un tratadito: *Per fer pedres contrafetes de cristall*.

Un trocito de piedra blanca con caractéres y círculos.

Reglas nada ménos que *per fer venir dones.*

Muchos trocitos de papel con preguntas y respuestas, remedios, etc. En uno de ellos se hablaba del Angel Raziel.

Un cuaderno *De ligaduras y desligaduras*

Unas hojas de yerba seca metidas en un papel.

Cierto cuaderno de materia *non sancta,* á juzgar por el fin..... *De una mit de una dona.*

Un poco de azafrán envuelto en un papel.

Conjuros escritos en pergamino.

Un anillo de laton con una piedra de cristal de color bermejo.

Cuernos de buey.

Pedazos de azufre, cera, *lignum aloes,* etc. [1].

Todos los libros hallados á Pedro de March, fueron entregados á las llamas en el patio del palacio arzobispal, por órden del inquisidor Guillen de Torres y del vicario Narciso de San Dionisio.

El cuarto y último documento no tiene fecha es una consulta del oficial eclesiástico, en competencia con el real, sobre dudas en el procedimiento contra un secular y dos clérigos, reos de hechicería. El caso es éste: *Platon* y *Davo,* deseosos de conocer la voluntad del rey, de quien pretendian un empleo, acudieron á *Ticio,* que pasaba por *adivinador* y por tener *espíritu familiar,* y le pidieron que emplease *el arte de las imágenes* en provecho de ellos. «*Y abriendo Platon un libro que habia traido, donde estaban escritos muchos caractéres y capítulos «de fu-»migaciones», y cierta imágen del diablo pintada, con la boca abierta y los brazos extendidos, con caractéres en el pecho y diadema en la cabeza..... hizo Davo una imágen de cera, del tamaño de un dedo de la mano, y le clavó dos agujas, una en la cabeza, otra en el corazon»* [2]. A los pocos dias, el oficial real á quien la imágen representaba, y cuyo cargo queria heredar Platon, tornóse loco de resultas del maleficio. Hubo ciertas sospechas, y registrada la casa de Platon, parecieron libros y cuadernos de artes vedadas, evocacion de demonios, etc., y una redoma de *cristal,* donde se decia que estaba el espíritu Presos los tres hechiceros, originóse una competencia de jurisdiccion entre el inquisidor y el oficial real.

Cita, además, el Sr. Balaguer y Merino un mandamiento del inqui-

1 Véase completo este curioso inventario, con notas del Sr Balaguer y Merino, en su excelente *Carta al Sr D Matias de Martino, parlantli de la superstició á Catalunya en lo segle XV (Renaixensa,* nums 19 y 20, año VI)

El *julles* unas veces parece significar *pliegos* y otras *hojas,* en este documento

2 «Plato cupicus obtinere officium a Rege, volens sentire sive scire secretum intentionis seu voluntatis Regis, » etc

sidor Fr. Jáume de San Joan, en 24 de Julio de 1433, para que se procesara por crímen de brujería á Antonia Pentinada, de Tarragona. En 3 de Julio de 1434 el mismo inquisidor dió sentencia absolviendo á Beatriz Lopez, de Barcelona, acusada de tener un espíritu familiâr y darle culto de *latría*. En un inventario de 18 de Enero de 1390, y en otro de 20 de Marzo de 1437, se citan libros de astrología en *romance* [1].

Por lo que atañe á Castilla, las ciencias ocultas se personificaron en D. Enrique de Aragon, comunmente llamado *de Villena*, de quien

---

[1] Despues de escrito lo que precede, ha llegado á mis manos el muy erudito libro rotulado *Las costumbres catalanas en tiempo de D. Juan I*, por Sampere y Miquél. (Gerona, 1878.) En él encuentro los siguientes datos nuevos acerca de las supersticiones catalanas:

a.—Páginas 160 y siguientes.—Juan I teníase por astrólogo y alquimista, pensionó al judio Cresques, y buscaba por todas partes libros astrológicos. Mandó labrar á cierto prior unos anillos que le librasen de hechizos, «car nos som certs, que per art de astrología aytals anells se poden fer». (Archivo de Aragon, reg. 1,873, fól. 72.)

La reina Violante, en carta á los embajadores catalanes en Aviñon, les dice que *el rey habia sido hechizado por medio de construcciones y sortilegios de imágenes:* «Quam es de esser lo senyor Rey maleficiat per construccion é sortilegis de imagens; es ver que un nigromant lo qual tenim pres per aquesta rahó ho ha axi confessat..... Entrels altres inculpats del malefici comés segons se diu en la persona del Rey, es segons appar per lo procés que sen fá, en Saragocí de Mallorqués», y un tal Pontons, caballerizo de Na Forciá (la reina viuda de Pedro el Ceremonioso), de quienes se sabia que estaban en Aviñon, por lo cual encarga la reina á los embajadores que procuren con toda diligencia su captura, interesando para ello al Papa y al gran Maestre de Ródas. (Reg. 2,056, fól. 97 mod.) Don Juan I mandó llamar á toda prisa al médico moro Ibrahim, que vivia en Játiva (Reg. 1,751, fól. 53), y á una mujer de Oriola: *«Ques metgessa é guarey algunes malalties fortunals axi com es aquesta que nos havém dias ha».* (Reg. 1,751, fól. 59.) Doña Violante llamó á otra mujer de Monistrol, y pidió al báile de Lérida un libro de conjuros escrito por el Obispo Cigo, «lo qual llibre parla de desfér maleficis». (Reg. 6,056, fólio 97 mod. Carta fechada en Barcelona el 25 de Mayo de 1387.)

«Lo Rey Daragó. Mosen G. Ramon Alemany, secretament vos fém saber que dalguns dies aenza son estats trobats preses a Zaragoza alguns mals hómens segons ques diu viant de fecilleries, divinacions é invocacions de sperits é diverses libres daquestes arts. Item algunes caxes plenes de libres axi de astrología com de las dictes arts é ampolletes é capzetes ab enguents pels motles de fust é de aram de diverses figures..... de cera fetes en los dits motles, é entre les altres cosés hi ha 1 cap d'argent del pits amunt ab corona Reyal. É per tal com en los dies passats nos havém hauda gran dolor de cap de la qual per merce de Deu som guarits..... hauda sospita alguns de nostres oficials» etc. (de que la enfermedad procediese de malas artes). Encarga que el prior le haga uno ó dos anillos, y que se castigue á los hechiceros. (En Gerona, 19 de Junio de 1380.—Reg. 1,873, fól. 72.)

En otra carta encarga que no se mate á los hechiceros de Zaragoza.

b.—Exíménis, en el *Chrestiá ó regiment de Princeps*, capítulo *Que han dit alguns dels regnes presents é de lur durada é de novell imperi,* profetizó que antes del año 1400 no quedaria en el mundo más rey que el de Francia. Don Juan I escribe que en adelante se abstenga de tales profecías, á no ser que las deduzca por arte astronómica.

c.—Vid. fórmulas de conjuro en el tomo XIII de *Documentos del Archivo de la Corona de Aragon.*

En la *Revue des langues romanes (deuxième série, tome troisième),* se han publicado estas otras, sacadas del manual de un notario de Perpiñan, en 1397:

«Conjur á falsa «alias» buba negra:

Eu vi 1 bon mal de Ihu Xi,
A ni lo se dix nostre senyor Deu Ihu Xi,
«Eu te conjur, de part de Deu é de moss sent Feliu

dice Fernán Perez de Guzman *(Generaciones y semblanzas)* que «*non se deteniendo en las sciencias notables é católicas, dexósse correr á algunas viles é raeces artes de adivinar é interpretar sueños y estornudos y señales, é otras cosas..... que ni á Príncipe real, é menos á católico cristiano convenian..... Y porque entre las otras artes y sciencias se dió mucho á la astrología, algunos burlando decian que sabia mucho en el cielo é poco en la tierra.*»

Es cierta, y ha sido muy decantada, la quema de sus libros, hecha de órden de D. Juan II por Fr. Lope Barrientos, más tarde Obispo

>E per les misses que prevere diu,
>Que axi no metes brancha ne rahil»
>Mor te, mal, que Deu t' dix
Et postea dicatur Pater Noster, et Ave Maria, et dicantur haec omnia tribus vicibus

Conjur de lobas

Nostre Senyor é moss Sent Pere
Se'n anaven per lur cami,
F encontrarem lo lop Lobas
—«E on vas, lop Lobas?»
Le dix nostre Senyor
—«Van á la cassa d'aytal,
»Menjar la carn é beure la sanch d'aytal»
—»No tasses lop Lobas?»
Se dix nostre Senyor
«Ve-t'-en per les pastures
»Menjar les erves menudes,
»Ve-t'-en per les montanyes
»Menjar les erves salvatges,
»Ve-t'-en a mige mar,
»Que axi no puxes res demanar»
Et dicatur vicibus, é el Pare Nostre, el Ave Maria, é lo Evangeli de Sant Johan

Conjur a tota nafre

III bos frares se'n anaven per lur cami,
E encontrarem Nostre Senyor Deu Jhu Xi
—«III bos frares, on anats?»
—«Anam nos-en al Puig de Sant Johan,
»Per culir erves é flors
»Per sanar nafres é dolors»
—«III bos frares» (se dix Nostre Senyor)
»Vosaltres vos-en tornarets,
»Que v n l ma non pendrets
»Ni carn en dissable no mejarets,
»Ni celat no ho terrets,
»E perrets de la lana de la ovella,
»E oli de la olivera vera,
»E direts en aixi Nafra, puxes te cremar, e delir
»L infistolar e semar e puyir,
»Com fe aquella que l'angel fe
»Al costat dret de Nostre Senyor Jhu Xi»
Diga axi «Aguios, o theos, athanatos, Deus fortis, miserere nobis» Dicatur Pater Noster et
Ave Maria, quod dicatur tribus vicibus»

de Ávila y de Cuenca. Desde luego no merece fé el testimonio del bachiller Cibdad-Real, siendo hoy cosa averiguada que semejante bachiller no existió nunca, y que el *Centon Epistolario* fué forjado en el siglo XVII por el conde de la Roca, ó por algun paniaguado suyo, siguiendo paso á paso el texto de la *Crónica de D. Juan II*. Esta dice que «*el Rey mandó que Fr. Lope Barrientos viese si habia algunos libros de malas artes, y Fr. Lope los miró é fizo quemar algunos, é los otros quedan en su poder*». Exclama Juan de Mena, elogiando á D. Enrique, en el *Labyrintho*:

> Aquel claro padre, aquel dulce fuente,
> Aquel que en el Cástolo monte resuena,
> Es D. Enrique, señor de Villena,
> Honra de España y del siglo presente.
>   ¡Oh, ínclito, sábio, auctor muy sciente,
> Otra, y áun otra vegada yo lloro,
> Porque Castilla perdió tal tesoro,
> No conoscido delante la gente!
>   Perdió los tus libros, sin ser conoscidos,
> Y como en exéquias te fueron ya luego,
> Unos metidos al ávido fuego,
> Y otros sin órden *no bien repartidos*.
>   Cierto en Athenas los libros fingidos
> Que de Protágoras se reprobaron,
> Con cerimonia mayor se quemaron,
> Cuando al Senado le fueron leidos.

En estas quejas revélase cierta animosidad contra Barrientos, á quien en manera alguna puede tacharse de ignorante, pues si reservó los libros fué para aprovecharlos en sus tratados de artes mágicas; y si quemó alguno, hízolo muy á su pesar, y obedeciendo al mandato del rey. Así se infiere de este pasaje de su libro *De las especies de adevinanza*, ya citado por el Comendador Griego en las notas á Juan de Mena: «Este es aquel (libro de *Raziel)* que despues de la muerte de D. Enrique de Villena, tú, como Rey cristianísimo, *mandaste* á mí tu siervo que lo quemasse, á vueltas de otros muchos. Lo cual yo pusse en ejecucion en presencia de algunos tus servidores. En lo cual, ansí como en otras cossas muchas, paresció é paresce la gran devocion que su señoría siempre ovo en la religion christiana. É puesto que aquesto fué y es de loar, pero por otro respeto, *en alguna manera es bien guardar los dichos libros*, tanto que estuviessen en guarda é poder de buenas personas fiables, tales que no usassen de ellos, salvo que los guardassen, á fin que algun tiempo podria aprovechar á los sábios leer en los tales libros por defension de la fé é de la religion christiana é para confusion de los tales idólatras y nigrománticos »

De las obras de D. Enrique de Villena, que hoy tenemos, sólo una pertenece á estas materias· el *Tratado de aojamiento ó fascinología*, dirigido, en forma de carta, á Juan Fernandez de Valera, desde la villa de Torralba en 3 de Junio de 1411 [1]. De *pueril* y *ridículo* calificó este tratado el docto montañés Floránes, y con razon sobrada, si es que D Enrique le escribió en sério. Exórnale vária é indigesta erudicion, citándose en corto espacio más de treinta autores, de ellos clásicos, de ellos árabes y judíos [2], algunos bien peregrinos. Admite el de Villena que «hay algunas personas tanto venenosas en su complision..... que por vista sola emponzoñan el aire é los á quien aquel aire tañe, ó lo reciben por atraccion respirativa. . É avemos doméstico exemplo del daño é infecion de las mujeres mestruosas, que acatando en el espejo, facen en él máculas ó señales. . La tal venenosidad de complision más por vista obra, que por otra vía, por la sotileza del espíritu visivo..... é tiene distintos grados, segun la potencia del catador é la disposicion del acatado. É por esto más en los niños pequeños acaesce tal daño, seyendo mirados de dañosa vista, por la abertura de sus poros é fervor delicado de su sangre abondosa, dispuesta á recibir la impresion. .. De esto mueren asáz é otros adolescen ... é non les prestan las comunes medicinas ... É cuidan muchos que las palabras dañan en esto más que el catar, porque ven que si uno mira á otro que le bien parezca, é lo alaba de fermoso é donoso. luego en él paresce daño de ojo, siquier de fascinacion. . . La causa de esto es que aquel que alaba la cosa mirada. . parece que la mira más fuerte é firme atentamente que á otra cosa »

Señala luego tres maneras de remedios: unos preservativos, otros *para conocer el daño recelado*..... si es fascinacion, otros *despues del daño*. En las tres maneras se puede obrar *por supersticion, por virtud* ó *por calidad*

Como preservativos supersticiosos se usaban «*manguelas de plata*, pegadas é colgadas de los cabellos con pez é incienso, sartas de con-

---

1 Fue copiado por Floránes de un manuscrito de su librería, y conforme á la copia de Floránes, y con sus notas, ha sido impreso en la *Revista Contemporánea* de 30 de Julio de 1876 (núm 16)

2 Los nombres de la mayor parte están malditamente trascritos, no se si por culpa de Floránes ó de la *Revista Contemporanea*, que se apropio su trabajo

chas, manezuelas en el hombro de la ropa, pedazos de espejo quebrado, agujas despuntadas, *colirio de la piedra negra del Antimonio*, nóminas,» etc. «A los moros lavan los rostros con el agua del Almanchizén, que es rocío de Mayo...... é cuélganles del pesquezo granos
de peonía, é pónenles libros pequeños escritos, é dícenles *tahalil*, é
dineros forrados al cuello é contezuelas de colores..... A los grandes
de edat untábanles los piés é ataban los pulgares con la vuelta que
mostró Enok, estando contra Oriente, é saltaban fácia arriba tres
veces antes que saliesen de sus casas, é pasaban el rallo por el vientre de las bestias de cabalgar antes que andobiesen camino..... Esto
usaban los Alárabes de Pérsia: traen avellanas llenas de azogue cerradas con cera, en el brazo derecho: ponen á sus criaturas espejuelos
en los cabellos, é pásanles por los ojos, antes que sepan hablar, ojos
de gatos monteses é otras muchas maneras tales.....» Pero D. Enrique declara que aborrece tales supersticiones, como perniciosas y
contrarias *á la divina ley en que se deleita.*

«Por virtud natural usan traer coral é fojas de laurel é raíces de
mandrágora é piedra esmeralda é jacinto, é dientes de pez é ojo de
águila..... buenos olores é suaves, así como almizcle é acibra, é linaloe ó gálvano, é úngula odorífera, é cálamo aromático, é clavos é
cortezas de manzanas é de cidras, é nueces de ciprés. De estas cosas
se conforta el espíritu del que lo trae, é facen fuerte su complision
por beneficio cordial contra el venenoso aire, depurándolo é rarificándolo con su calentura é fragancia..... Para esto aprovechan las
buenas aguas, así como múscada é rosada é de azúcar é de romero
é de melones é de vinagre, é las buenas unturas como el ungüento
del alabastro.....»

«Para investigar é certificarse del fascinado que se presume, usaban lanzar gotas de aceite en el dedo menor de la derecha mano sobre agua queda en vaso puesto en presencia del pasionado, y paraban mientes si derramaban ó se mudaban de colores..... Otros lanzaban en agua una clara de huevo..... é levantábanse astiles é figuras
en el agua, que parescen de personas, é allí decian los entendidos en
esto si era fascinado é cómo le vino é de qué personas..... Algunas
reliquias de esto, que han quedado, son defendidas como supersticiosas é contrarias al buen vivir..... *De esto puso el Rabí Asér en la Cábala
que dejó en Toledo, escrita de su mano.....* Aún por virtud de suspensiones é aplicaciones fallaban esto..... como poniendo sobre los pechos
la piedra tan dura que se falla en el estómago del oso, face venir los
ojos en lágrimas al apasionado.»

Cuanto á los medios curativos «usaban los pasados bostezar en nombre del enfermo muchas veces *fasta que le crujian las varillas, é esta hora decian que era ya quitado el daño, otros le pesaban en balanzas con un canto grande, é dábanla á beber á gallina que no oviesse puesto, é quando la avia bebido que era señal de salud, é si non la bebia, de muerte E algunas de estas cosas han quedado en uso de este tiempo. E tales cosas non las han por bien en la Iglesia católica, é por ende usar non se deben por los fieles é creyentes.»*

Pero á renglon seguido pondera *las obras que por virtud de palabras se hacen,* en lo cual (dice) *alcanzaron grandes secretos los hebraiquistas* Él dice haberlas aprendido de Rabí-Saraya, á quien decian Enferréi, de Maestre Azday Crestas y de un italiano llamado Maestre Pedro de Tosiano. «Otros buscaron remedios por las virtudes de las yerbas é de los miembros de los animales, é de las piedras, así como poner fojas de albahaca en las orejas ó traer uñas de asno montés, que dicen onagro, é sortija de uña de asno doméstico, é colmillo de lobo, é piedra de diamante en el dedo, é oler hisopo..... Los físicos de ahora saben de esto poco, porque desdeñan la cura de tal enfermedad diciendo que es obra de mujeres, é tiénenlo en poco, é por eso no alcanzan las diferencias é secretos »

Por lo que se deja entender, los físicos de su tiempo tenian la cabeza más sana que D Enrique, quien no satisfecho con haber escrito esta absurda epístola, promete un tratado para explicar «cómo esta fascinacion obra en las cosas insensibles, é piedras, é fustes, é vidrios, é vasos, que, loándolos de formosos, se quiebran por sí, é árboles secarse, é aguas detenerse, é tales extrañezas».

En verdad que si los libros quemados de D. Enrique eran por semejante estilo, no perdió mucho la ciencia con perderlos, aunque como repertorios de supersticiones del tiempo serian curiosos [1]. Y lo es el de la *Fascinacion,* no sólo por encerrar cuanto puede saberse de la historia del *Mal de ojo,* creencia que aún dura en la mayor parte de Europa, y con especialidad en Italia, sino porque revela bien á

1 En sus glosas á la *Eneida* escribe D Lnrique

«E la cabeza y totalidat de las vedadas sciencias es la mágia, de la qual salieron quatro principales, que son mathematica, prestigio, maleficio, ecantacion De mathematica salieron nueve, que son. ydromancia, piromancia geomancia, spatulmancia, fulguraria, ciromancia, tremularia sonoritica y auspicium De prestigio salieron seys, que son absconsoria, pulsoria, congregatoria, transformaria, pasionaria, ludybra De maleficio salieron dies, que son mediaria, sopniaria, invocatoria nigromancia, stricatoria, fibrica, extaria, sortilejo, amatoria, vastatoria De la *encantatione* salieron tres, que son empérica, imprecatoria, ligatoria De nigromancia salieron quatro, que son atromancia conomancia, pedoxomancia, arnomancia De stricatoria salieron dos, que son cursoria y fascinatoria De conomancia salio una, que es lithomancia Y asi son cumplidas las cuarenta artes vedadas » (*Revista Ibérica,* Diciembre de 1861)

las claras la influencia de moros y judíos en las artes ilícitas de Castilla. Todavía pudiera disculparse á D. Enrique de haber consagrado tantas vigilias á tan ruin asunto, atendiendo á que él considera la *fascinacion* como un fenómeno natural, y por más que indique los remedios supersticiosos, aconseja que no se usen.

El nombre del *marqués de Villena* sirvió, despues de su muerte, para autorizar muchas ficciones. En la Biblioteca Nacional [1] se conserva una supuesta carta *de los veinte sábios cordobeses á D. Enrique*, obra de algun alquimista proletario, quizá de los que rodeaban al Arzobispo Carrillo. Allí se atribuye al de Villena, entre otras maravillas, la de hacerse invisible por medio de la yerba *andrómena*, *embermejecer* el sol con la piedra *heliotropia*, adivinar lo futuro por medio de la *chelonites*, atraer la lluvia y el trueno con el *vaxillo de arambre*, etc. Vino el siglo XVI, y se difundieron la tradicion de la *redoma*, la de la *sombra* que dejó el marqués al diablo en la cueva de San Cebrian, etc., y en ellas encontró inagotable tema la inventiva de dramaturgos, satíricos y novelistas. Púsole Quevedo, como á personaje popularísimo, en la *Visita de los chistes*, «hecho tajadas dentro de una redoma para ser inmortal». Hízole Alarcon (con grave detrimento de la cronología y de los datos genealógicos) héroe de su *Cueva de Salamanca*, como Rojas de su entretenida comedia *Lo que queria ver el marqués de Villena* [2], y hoy mismo se le ve por esos teatros, con regocijo grande de nuestro pueblo, convertido en protagonista de comedia de mágia.

Con más detenimiento que ningun otro español de la Edad Media, incluso Eymerich, trató de las artes demoniacas y de sus afines el dominico Fr. Lope Barrientos, escrutador que habia sido de los libros de D. Enrique de Villena. No ménos que tres tratados dedicó á D. Juan II sobre esta materia [3]. Rotúlase el primero *Del casso et fortuna*, y es puramente escolástico y discursivo, investigándose en él *«qué cosa es casso y fortuna, quién es causa della, en qué bienes acaesce la fortuna, quiénes son aquellos que se pueden llamar afortunados, qué menguas ó defectos hay en la fortuna»*; todo ello con excesiva sujecion á la doctrina de Aristóteles y no bastante respeto al libre albedrío. De tres causas procedia, segun él, *lo fortuito:* ó del cielo, ó del ángel, ó de Dios. Al explicar la influencia *del cielo* resbala un poco en la *judiciaria*.

---

1 Manuscrito *L-122*, fól. III. He visto un extenso extracto de ella formado por mi amigo D. José R. de Luanco, que reune curiosísimos materiales para la *Historia de la química en España*.

2 De esta comedia volveré á tratar en otra parte.

3 Véanse en el códice *S-10* de la Biblioteca Nacional. En la Escurialense hay otro manuscrito (¿original?), que contiene sólo el tratado *De las especies de adivinanza*.

Siguió á este libro el *Del dormir, et despertar, et del soñar, et de las adevinanzas, et agueros, et profecía*, donde averigua y resuelve Barrientos, con arreglo á los *Parva Naturalia* de Aristóteles, «*qué cosa es dormir, et quales son sus causas, et qué cosa es despertar*»; distingue en la interpretacion de los sueños, con el recuerdo de los de José y otros casos de la Escritura, lo que puede tenerse por celeste inspiracion, y lo que es trápala y vanidad oneirocrítica; expone la teoría cristiana del profetismo, y condena ásperamente las adivinanzas y agueros.

Rogóle D. Juan II que expusiese más por menor *las especies del adevinar* y de la *arte mágica*, para que no le «*acaesciese lo que á otros príncipes y prelados acaesció. condenar los inocentes y absolver los reos*» Obediente el Obispo de Cuenca á su mandato, copiló el *Tratado de la Divinanza*, sin duda el más importante de los tres que debemos á su pluma. En seis partes le dividió Disputa en la primera *si hay adevinanza ó no*, «por cuanto es de saber que entre los filósofos y los teólogos hay gran diversidad sobre esta razon..... Los filósofos afirman y creen que la adevinanza y todas las otras artes mágicas ó supersticiosas son imposibles..... Los teólogos afírmanlo en alguna manera por posible, y áun en algunos actos por necessario.» *Por razones naturales*, probaba en el primer capítulo ser imposible toda especie de arte mágica, ya por contrato tácito, ya con expresa invocacion de los espíritus malignos. «Por cuanto si verdad fuesse que los espíritus malignos oyesen y respondiesen y viniesen cuando fuesen llamados, ó con ellos se ficiese algun contrato tácito ó expreso, seguirse hía que los espíritus malignos oyesen y fablasen y viesen y sintiesen como los hombres y los otros animales. É por consiguiente se seguiría que toviesen cuerpos »

No se le ocultan á Fr. Lope Barrientos *razones naturales* con que contestar á éstas, y en el segundo capítulo acudia á los testimonios y autoridades de la Escritura. «*Primeramente se prueba que los espíritus tienen cuerpos, segunt se prueba por el espíritu maligno que aparesció á Eva y le fabló y respondió*», etc.

Demostrado así que *los espíritus pueden tomar cuerpos, andar y moverse, y que, por tanto, las artes mágicas tienen sér real, y no solamente en la fantasía de los que fingen saber las cosas advenideras*, preguntaba en la segunda parte *dónde ovo nascimiento el arte mágica·* «Los doctores de esta sciencia reprobada tienen y creen que esta arte mágica tovo nascimiento y dependencia de un hijo de los de Adam, el cual..... la deprendió del ángel que guardaba el Paraiso terrenal..... Despues que Adam conosció su vejez y la brevedad de su vida, envió uno de sus fijos al Paraiso terrenal para que demandase al ángel alguna cosa del árbol de la vida, para que comiendo de aquello reparase su flaqueza é impotencia. É yendo el fijo al ángel, segund le habia mandado Adam, dióle el ángel un ramo del árbol de la vida, el cual ramo plantó Adam, segun ellos dicen, y cresció tanto, que despues se fizo dél la cruz en que fué crucificado nuestro Salvador. É demás desto dicen los auctores desta sciencia reprobada, quel dicho ángel enseñó al hijo de Adam esta arte mágica, por la cual podiesse y supiesse llamar los buenos ángeles para bien facer y á los malos para mal obrar. É de aquesta doctrina afirman que ovo nascimiento aquel libro que se llama *Raziel*, por cuanto llamaban así al ángel guardador del Paraiso, que esta arte enseñó al dicho fijo de Adam..... É despues, de allí se multiplicó por el mundo..... É puesto que en el dicho libro *Raziel* se contienen muchas oraciones devotas, pero están mezcladas con otras muchas cosas sacrílegas y reprobadas en la Sacra Escriptura. *Este libro es más multiplicado en España que en las otras partes del mundo.....*»

Barrientos no podia ménos de tener por fabulosas estas historias: «Debemos creer que non es posible que ángel bueno enseñase tal arte nin diese tal libro al fijo de Adam: ca non es de creer que ángel bueno enseñase doctrina tan reprobada..... salvo que algunos hombres malévolos invencionaron las tales ficciones para se mostrar divinos y sabidores de las cosas advenideras». Igualmente *faltos de fundamento y eficacia* declaraba *los libros de experimentos,* la *Clavícula de Salomon* y el libro del *Arte Notoria.*

En lo restante de la obra, lo más curioso es el catálogo de las artes vedadas, y la solucion de *diez dubdas* que sobre ellas pueden proponerse. Trata, pues:

De la adivinacion por el juicio de las estrellas. *(Astrología judiciaria.)*

De las señales ó caractéres.

De la divinacion que se face llamando los espíritus malignos.

De los agüeros.

De los dias críticos.

Si es lícito, cogiendo las yerbas para algunas enfermedades, decir oraciones, ó poner escripturas sobre los hombres y animales.

Si es cosa lícita encantar las serpientes ú otras animálias, ó los niños y enfermos.

De la prueba caldaria ó juicio del fierro ardiente y agua firviendo.

Del arte notoria.

De las imágenes astrológicas.

Si es lícito á los clérigos defundar los altares y cubrir las imágenes de luto, ó quitar las lámparas y luminarias acostumbradas, por causa de dolor.

Duraban, como se ve, en el siglo XV gran parte de las supersticiones condenadas por los Concilios toledanos. *«Non sea osado ningun sacerdote de celebrar missa de defuntos por los vivos que mal quieren, porque mueran en breve, nin fagan cama en medio de la yglesia é oficios de muertos, porque los tales mueran ayna».*

Pero la noticia más curiosa que del libro de Barrientos se saca, es la existencia de conventículos ó aquelarres, semejantes á los que veremos en Amboto y en Zugarramundi. «Hay unas mujeres, que se llaman brujas, las cuales creen é dicen que de noche andan con Diana, deesa de los paganos, cabalgando en bestias, y andando y pasando por muchas tierras y logares, y que pueden aprovechar y dañar á las criaturas».

Probado que las artes mágicas son *casi siempre frívolas y de ninguna eficacia,* si bien alguna vez acaezcan, por permision divina, las cosas que los magos y hechiceros dicen, termina el Obispo de Cuenca su libro manifestando el ardiente deseo que le aquejaba de *erradicar* estas *abusiones* del pueblo cristiano [1] *«Non querria en esta vida otra bienaventuranza si non poderlo facer».*

Pero el mal estaba muy hondo, para que con discursos ni refutaciones desapareciese, áun condenado á porfía por teólogos, moralistas y poetas. Siguiendo la tradicion didáctica del canciller Ayala, que había escrito en el *Rimado de Palacio,* haciendo confesion de sus pecados juveniles·

> Contra esto, Sennor, pequé de cada dia,
> Creyendo en *agueros,* con grant malicia mia,
> En *suennos,* en *estornudos* é en otra *estrellería,*
> Cá todo es vanidad, locura é follía,

escribia Fernán Perez de Guzman en la *Confession Rimada:*

> Aquel á Dios ama que en las *planetas,*
> *Estrellas* nin *signos* non há confianza,
> Nin teme *fortuna,* nin de las *cometas*

---

[1] De los tratados de mágia de Barrientos hay noticias y extractos ámplios en Gallardo *(Biblioteca de libros raros y curiosos)* y Amador de los Rios *(Historia de la literatura española,* tomo VI)

Recela que puede venir tribulanza,
Nin pone en las *aves* su loca esperanza,
Nin dá fé á *ensuennos*, nin cuyda por *suertes*
Desviar peligros, trabajos é muertes,
Nin que por *ventura* bien nin mal se alcanza.
    Aquel á Dios ama que del escantar
Non cura de viejas, nin sus necias artes,
Aquel á Dios ama que non dubda *en mártes*
Comenzar caminos nin ropas cortar,
Non cura que sean más *uno* que *tres*,
Nin más plazentero nin más triste es,
Por fallar un lobo que un perro encontrar.
    Aquel á Dios ama que de las *cartillas*
Que ponen al cuello por las calenturas
Non usa, nin cura de las palabrillas
De los *monifrátes* [1] nin de las locuras
De aquel mal christiano que con grandes curas
En el huesso blanco del espalda cata, etc.

Es decir, en el *omóplato*.

Más adelante completa Fernán Perez su reseña de las artes mágicas. *En vano toma el nombre de Dios*

                    aquel que procura
Favor del diablo por *invocaciones*,
É quien de *adevinos* toma avisaciones
Por saber qué tal sea su ventura.

En sus *Proverbios Rimados* pone el orígen de las ciencias ocultas
en el deseo de conocer lo porvenir:

      De aquí es la astrología
Incierta é variable,
De aquí la abominable
É cruel nigromancia,
É puntos é *junencia*, (¿geomancia?)
De aquí las invocaciones
De spíritus é phitones,
De aquí falsa profecía

---

1 *Bonifrátes* llaman en Portugal á los *muñecos*. Confieso que no entiendo bien esta alusion.

De estornudos é consejas,
De aquí suertes consultorias,
De aquí artes irrisorias
É escantos de falsas viejas,
De aquí frescas é añejas
Diversas supersticiones,
De aquí sueños é visiones
De lobos so piel de ovejas [1].

El Sr. Amador de los Rios (primero y único que en España ha tratado esta materia), inclinado á ver por dó quiera el espíritu de la sociedad en los libros, toma por fuente histórica y documento de buena ley un episodio del *Labyrintho*, de Juan de Mena (Órden de Saturno), en que los próceres de Castilla consultan á una hechicera sobre el destino de D. Álvaro de Luna, á quien anhelaban derrocar de la privanza:

Por vanas palabras de hembra mostrada,
En cercos y suerte de arte vedada.

La consulta es histórica, y se hizo en Valladolid, al mismo tiempo que los del partido contrario recurrian á un fráile de la Mejorada (cerca de Olmedo), gran maestro en nigromancia, y á D. Enrique de Villena [2]; pero la descripcion está casi traducida *ad pedem litterae* de Lucano, lib. VI de la *Farsália*, en el episodio de la maga tésala Erictho, como ya advirtió el Brocense [3]. Por cierto que la imitacion es valiente:

Y busca la Maga ya hasta que halla
Un cuerpo tan malo, que por aventura
Le fuera negado aver sepultura,
Por aver muerto en no justa batalla,
Y cuando de noche la gente más calla,

---

1 Me valgo para estas citas de un códice de la Biblioteca del duque de Gor en Granada, el cual termina así: «Aquí se acaba el libro versificado que fizo é copiló el noble é virtuoso Caballero Ferrand Perez de Guzman, é escriviólo Anton de Ferrera criado del señor conde de Alva, por mandado del muy magnifico sennor D. Frey Ferrando Gomez de Guzman, comendador mayor de Calatravá. Acavósse de escrevir primero dia de marzo, año del señor de mill é quatrocientos é cinquenta é dos años.» La copia parece bastante posterior: es, á no dudarlo, del siglo XVI.

2 Así lo refiere el Comendador Griego en las notas á Juan de Mena.

3 Tomo IV de sus *Obras* (edicion de Ginebra), pág. 337.

Pónelo ésta en medio de un cerco,
Y desque allí dentro, conjura al Huerco,
Y todas las furias ultrices que halla.
      Ya comenzaba la invocacion
Con triste murmurio su díssono canto,
Fingiendo las voces con aquel espanto
Que meten las fieras con su triste son,
Oras silvando bien como dragon,
Ó como tigre haciendo stridores,
Oras formando ahullidos mayores
Que forman los cánes que sin dueño son.

. . . .

Los miembros ya tiemblan del cuerpo muy frios,
Medrosos de oyr el canto segundo,
Ya forma las voces el pecho iracundo,
Temiendo la Maga y sus poderíos,
La qual se le llega con sones impíos,
Y hace preguntas por modo callado,
Al cuerpo ya vivo despues de finado, etc.

Pero repito que en todo esto no hizo el poeta cordobés más que traducir á su paisano, en cuyas obras leia de contínuo, y cuyo tono enfático y desusado remedaba muy bien [1].

Venian á dar fuerza á estas condenaciones de las artes mágicas los ordenamientos legales, con más ó ménos fruto repetidos. En 1387 habia condenado D. Juan I á los *que cataban agüeros, adevinanzas et suertes..... é otras muchas maneras de agorerías et sorterías, faciéndose astrólogos*, etc., no sin encargar á los Prelados y jueces eclesiásticos que procediesen canónicamente contra los *clérigos et religiosos, beatos et beatas*, que hubiesen caido en tales *abusiones*. En 1410, el infante D. Fernando de Antequera y la reina doña Catalina, como tutores y gobernadores en la menor edad de D. Juan II, dieron muy celebrada y curiosa pragmática contra los que usan *destas maneras de adevinanzas, conviene á saber: de agüeros de aves é de estornudos, é de palabras que llaman «Proverbios» é de suertes é de hechizos, y catan en agua ó en cristal, ó en espada ó en espejo, ó en otra cosa lúzia, é fazen hechizos de metal é de otra cosa cualquier de adevinanza de cabeza de hombre muerto, ó de bestia ó de palma de niño ó de mujer vírgen, ó de encantamientos, ó de*

---

1 Recuérdense además los conocidos presagios y *abusiones* del episodio del conde de Niebla.

cercos, ó desligamientos de casados, ó cortan la rosa del monte, porque sane la dolencia que llaman «rosa», é otras cosas de estas semejantes, por haber salud é por haber las cosas temporales que cobdician». No ménos que con la pena de muerte se conminaba á los *malfechores que de aquí adelante usáren tales maleficios* [1], con destierro perpétuo á los encubridores, y con el tercio de sus haciendas á los jueces morosos. Más adelante tuvo que prohibir D. Juan II las *cofradías* y *monipodios*, especie de sociedades secretas.

Conocidas las disposiciones legales, no hay para qué seguir amontonando textos de escritores coetáneos, que nada nuevo nos dirian. Baste citar dos ó tres de los más señalados. «*É aun hoy non fallesce quien páre mientes en los sueños, é por ellos juzgue lo venidero*», dice don Alonso de Cartagena en las glosas á su traduccion de los *Cinco Libros de Séneca*.

Extensamente, pero sólo con nociones eruditas, trata *de las artes mágicas et divinaciones* el bachiller Alfonso de la Torre en el capítulo XVII de su *Vision Delectable*. Allí se apuntan teorías que pudiéramos llamar *espiritistas*. «Yo te diria cómo hay *espíritus* allá en el mundo, et cómo hay algunos que se deleitan en las pasiones de los hombres ... é yo te diria cómo hay secretos buscados por inquisicion de la experiencia fuerte, y decirte hia las opiniones de las gentes en los espíritus del aire y del fuego, y cómo algunos dijeron que eran engendrables et corruptibles et nascian et morian..... mas pusieron el tiempo de su vida ser muy luengo.. ... y que habian gran conocimiento de las cosas naturales por la delgadeza del su espíritu, et por la ligereza de su materia, é fízolos venir en aquesta opinion que veian por las experiencias mágicas que una yerba les plazia, y, ella encendida, luego venian, y veian que otra les desplazia y les facia grande enojo, y..... que la sangre de un animal les alegraba, y otra les entristecia, y aquesto no podia ser segun naturaleza, si no fueren temporales y toviesen potencias sensitivas. *Para esto hobo en el mundo secretos, los cuales no es lícito hablar dellos*..... Y dígote ciertamente que tambien hay entre las gentes y en el aire *otros espíritus engañadores et burladores de los omes*, mas cómo son, *si son de los buenos ó no*, ya te dije que no te lo puedo decir.» Despues habla de los *génios* y *láres* de los antiguos, de los vates y sibilas, de la adivinacion por sueños, et-

---

[1] «Dada en la muy noble cibdad de Cordoba á nueve dias de Abril, año del nascimiento de Nuestro Señor Jesu Christo de mil é quatrocientos é diez años » Hallase en el cuerpo de *Pragmáticas*, mandado formar y autorizado por los Reyes Católicos en Segovia, año 1503 Es la tercera, fol II de la edicion de Toledo, 1545, y la reproduce nuestro Floránes *(Documentos inéditos*, tomo XIX, pág 781).

cétera. Atribuye á Zoroastro y á Demetrio la invencion del arte mágica, cuyas especies (*nigromancia, philactérias, fitónicos, ariolos, astrología judiciaria, augurios, prestigios, sortilegios, geomancia, epirmancia,
hidromancia, ariomancia,* etc.) enumera y describe con proligidad.
«*Otros echaban cera en el agua, é en las imágines adevinaban, ó echaban un
huevo en una redoma de agua..... otros ponian de noche ciertas letras con
azafrán en una cosa lisa, et miraban el primer viento*». El Bachiller de la
Torre anda muy indulgente con algunas supersticiones, á las que
debia ser aficionado. «Aquestas solas artes *que usan sangres ó sahume-
rios.....* son malditas. Mas el ayuntar lo activo al pasivo, y el escul-
pir de las piedras en tal signo ó el adevinar en las estrellas, lícito es
si es á buen fin, é otro pronunciar de nombres lícitos que llaman *tabla, et constreñir los espíritus con aquella virtud,* lícito es mientras el fin
sea bueno. Bien puede el astrólogo hacer una imágen en el signo del
Escorpion, para que sane los hombres de toda mordedura de serpiente, et lícito seria á un hombre *hacer una imágen por quitar los lobos ó
la langosta de una tierra,* y los que dicen que esto no es posible, tambien confiesan que no saben nada.»

¡Cuánto dista este errado sentir de las nobles palabras con que el
Tostado, en su *Confesional,* reprende como idolatría el *honrar cielo y estrellas,* y hasta la mal entendida veneracion de algunas imágenes! «*É
de aquí se siguen grandes errores et escándalos, é el pueblo menudo tórnase
hereje é idólatra*» [1].

Grande debió de ser el contagio de las artes mágicas é irrisorias en
el desastroso reinado de Enrique IV. Presentóse la *brujería* con todos
sus caractéres en tierras de Vizcaya, á cuyos habitantes tacha el viajero Rotzmithal de conservar las mismas supersticiones acerca de los
enterramientos que condenó el Sínodo iliberitano. En vez de entrar
en la iglesia se reunian cerca de los sepulcros, adornándolos con luces
y flores.

El arcediano D. Pedro Fernandez de Villegas, en el curiosísimo
comento que añadió á su traduccion del *Infierno del Dante* [2], dá estas
peregrinas noticias sobre el foco de hechicería descubierto en Amboto, imperando ya los reyes Católicos. «Y en nuestros tiempos, por
nuestros grandes pecados, en España se ha fallado grandísimo daño

---

[1] «Acabósse la pressente obra, llamada *Confessional* del Tostado. Fué impresa en Alcalá de
Henares por Arnao Gillem de Brocár á XXIX dias de Deziembre de mil é quinientos y dezi-
siete años.»

[2] Impresa por Fadrique Alemán de Basilea, en Búrgos, 321 fólios. (Vid. *Memorias del Doctor D. Pedro Fernandez de Villegas,* por Florânes, en los *Documentos inéditos,* pág. 408.) Los
pasajes relativos á brujas hállanse en el canto IX (fól. 135) y en el XX (fól. 225).

de infinitos heréticos de linaje de judíos ... y en las montañas y provincias de Vizcaya, de otros que llaman de la sierra de Amboto que
tenian diabólicos criores..... En los cuales tratos tambien se entre-
meten, y mucho, unas falsas mujeres fechiceras que llamamos *brujas*
y *xorguinas (sorquiñas* se llaman todavía en Vizcaya), las cuales fazen
fechizos y maldades, tienen sus pláticas y tratos con los demonios. .. En los processos que se ficieron contra aquellos de la sierra
de Amboto, se dice y confiesa por muchas personas haber visto al
diablo y fabládole, veces en figura de cabron y otras veces en figura
de un mulo grande et fermoso. ... y dicen éstas que se reconciliaron
y confesaron su error, que si algunas veces apareścia el diablo en figura de hombre, siempre traia alguna señal que demostraba su maldad, como un cuerno en la cabeza ó en la fruente, ó algunos dientes
de fuera que salian fuera de la boca, ó cosa semejante.»

Fué descubierta esta herejía en el año de 1500, segun unos apunta-
mientos manuscritos de Fr Francisco de Vargas, que poseía Floránes. Adelante veremos cómo cunde esta lepra social de la brujería en
todo el siglo XVI.

Desde luego, y para acrecentarla, habia caido sobre Europa en el
siglo XV una raza indostánica, reducida en Oriente á la condicion de
Páría, y arrojada hácia Occidente por la invasion de las hordas de
Timur-beck. Segun los países de donde llegaba, ó se les suponia oriun-
dos, recibieron distintos nombres aquí el de *gitanos*. Esta gente extraña, sin Dios, sin pátria ni hogar ni tradiciones, mirada siempre con
recelo por el pueblo y los legisladores, encontró en lo maravilloso un
modo de subsistir enlazado con otras malas artes. No quedó vinculada en ellos la adivinacion, pero aumentaron y reformaron sus prácticas con otras usadas en el extremo Oriente.

El hecho de los herejes de Amboto (que en manera alguna ha de
atribuirse á influencia gitanesca) no aparece aislado. Las *Crónicas
de Nuestra Señora de Aranzázu* narran la tradicion siguiente. «En
tiempos antiguos (?) llegó un sugeto del reino de Francia, de la poblacion de Guiana, á las partes de *Cantábria* ¹, acreditándose de muy
entendido y sábio, siendo á la verdad grandísimo hechicero y brujo,
en cuya persona pretendia el demonio ser adorado de las gentes más
rústicas y sencillas..... Este diabólico hombre se llamaba *Hendo*. y
por este nombre una parte de la raya de Francia entre España se

1 Debe decir *de Vizcaya* El error geográfico de confundir la *Cantabria* (hoy *Montaña de
Santander)* con las provincias éuskaras, es comun en los escritores vascongados desde el siglo XVI acá

llama *Hendaya,* y el monte *Indomendia* tomó tambien el nombre de *Hendo* [1]. El tiempo que este hijo de maldicion vivió en algunas partes de aquella tierra, engañó á muchas personas inocentes y sencillas, enseñándoles brujerías y hechizos, por cuyo medio les obligó á dar reverencia y adoracion al demonio..... No desamparó del todo Dios á aquellos pueblos y gente engañada, porque entre ellos no faltaron hombres cuerdos y celosos, que, reconociendo el daño, procuraron atajarlo, solicitando prender á tan falso predicador y apóstata del Evangelio. No se pudo conseguir el mandamiento de su prision, porque avisado y prevenido de esta determinacion, huyó de aquellos parajes á otros, donde nunca pareció ni se supo más de su persona, dejando tan inficionada la tierra, que aunque faltó su presencia, *no faltaron herederos de su doctrina y secta perniciosísima* [2].

Quién fué *Hendo,* ó en qué tiempo hizo su propaganda en el Pirineo vasco, de todo punto lo ignoro. Y seria curioso averiguarlo, porque de él arranca un como renacimiento de la hechicería vascongada, no extinguido, ni áun en el siglo XVII, por las eficaces pesquisas del Tribunal de Logroño.

En el *Ordenamiento de Corregidores* de 1500 dieron nueva fuerza los Reyes Católicos á todas las pragmáticas contra hechicerías dictadas por D. Juan II y otros monarcas. Doña Isabel tenia sumo aborrecimiento á tales vanidades, y las juzgaba con libre espíritu. No creia en el poder de las ligaduras mágicas, á pesar del dictámen de fray Diego de Deza y otros teólogos. Tal nos informa el anónimo continuador de la *Historia de España* del palentino D. Rodrigo Sanchez de Arévalo [3].

---

1 Esta etimologia me parece disparatada. Los vascófilos dirán si me equivoco.

2 Vid. *Paraninfo celeste de nuestra Señora de Aranzázu* (lib. II) y *Aranzázu,* por S. Manteli. (Vitoria, 1872.)

3 El pasaje es muy curioso, y conviene trascribirle tal como le publicó Clemencin en los apéndices al *Elogio de la Reina Católica,* págs. 569 y 570:

«Comitissa de Haro, clarissimi vir Bernardini de Velasco, comitis stabilis ducisque de Frias, qui adhuc non inmerito primum inter regni magnates locum habet, exposuit Reginae quod neptis sua, viro nobili tradita, erat daemonum aut arte fallaci impedita, quae vulgo *ligata* dicitur, maleficio cujusdam fratris praedicti nobilis. De remedio supplicavit oportuno. Regina nos tunc jussit evocari. Diximus quod forte impedimentum erat quod erant *ligati.* Illa vero respondit: «*Minime asserendum aut credendum est inter catholicos. Est enim vulgi errata* »*opinio.....*» Statim arcessiri praecipit Didacum de Deza, in sacra Theologia magistrum..... fratremque ordinis praedicatorum..... cui jussu regio hujusmodi facti seriem meamque opinionem reservavimus..... Tunc vero fidelissima regina ad illum verba sequentia fecit: «*Oh prae-* »*sul, mihi asseritur in sacramento matrimonii quod minime credo, cum matrimonium sit quoddam* »*spirituale..... et in re tam sacra illusio diaboli aut daemonis operatio nullum potest effectum attin-* »*gere».* Praefatus archiepiscopus hoc pacto respondit: «*Excellentissima domina, hoc sic se habet.* »*Res ipsa certa est, a sanctis approbata doctoribus, talia videlicet operatione diaboli fieri posse et* »*pluribus contigisse, in cujus auctoritate divum Thomam et alios adduxit Ecclesiae doctores.*»

Diego Guillem de Avila, en el *Panegírico de la reina Isabel*, la elogiaba por haber desterrado, á par de otros vicios,

Agueros, hechizos y su falsa sciencia.

Y sin embargo, el monumento literario más notable de aquella era, especie de piedra miliaria entre la Edad Media y el Renacimiento, al cual pertenece por el exquisito primor de la forma, en una palabra, la *tragicomedia* de *Calixto y Melibea*, joya artística de inestimable precio, si bien la desdore lo repugnante de los accidentes, luz y espejo de lengua castellana, cuadro de un *realismo* vigoroso y crudo, nos dá fé y testimonio de que las artes ilícitas seguian en vigor y en auge aplicadas á tercerías eróticas, siendo profesora y maestra de ellas la zurcidora de voluntades y medianera de amorosos tratos á quien el archipreste de Hita llamó *Trotaconventos*, y á quien, con el nombre imperecedero de *Celestina* naturalizó Fernando de Rojas en los reinos del arte y la fantasía popular. La repugnante heroina de nuestra *tragicomedia* usaba para sus maleficios. «huesos de corazon de ciervo, lengua de víbora. cabezas de codornices, sesos de asno, tela de caballo, mantillo de niño..... soga de ahorcado, flor de yedra, espina de erizo, pié de tejon, granos de helecho, la piedra del nido del águila y otras mil cosas». Venian á ella muchos hombres y mujeres, y á unos demandaba «el pan dó mordian, á otros de su ropa, á otros de sus cabellos. á otros pintaba en la palma letras con azafrán, á otros con bermellon; daba unos corazones de cera, llenos de agujas quebradas. é otras cosas en barro y en plomo hechas, muy espantables al ver. Pintaba figuras, decia palabras en tierra.. . *y todo era burla y mentira* »

En boca de Celestina pónese un conjuro lleno de reminiscencias clásicas, y por ende no muy verosímil en una mujerzuela del pueblo, ruda y sin letras (aunque pueda sostenerse que hasta en las últimas clases de la sociedad influia entonces la tradicion latina). «Conjúrote, triste Pluton, señor de la profundidad infernal, emperador de la córte dañada, capitan soberbio de los condenados ángeles. señor de los sulfúreos fuegos, que los hervientes étneos montes manan, go-

Christianissima regina, audito responso, ait « ludio, praesul, interrogo tamen, utrum id non »credere catholicae fidei repugnet » Ille tunc retulit articulum non esse fidei, sed doctores id tenere et asseverare Demum catholica regina tunc dixerat «Ecclesiae sanctae assentio Quod si »adversus fidem hoc non est quamvis doctores ista confirment, certe non credam quod daemon in »matrimonio conjunctos potestate n ullam possit exercere, atque illos, ut dicunt, «ligare» Et haec «magis sunt hominum discordantium quam potentium daemonum divisiones »

bernador y veedor de los tormentos..... de las pecadoras ánimas.....
Yo Celestina, tu más conocida cliéntula, te conjuro por la virtud y
fuerza de estas bermejas letras: por la sangre de aquella nocturna
ave con que están escritas; por la gravedad de aquestos nombres y
signos que en este papel se contienen; por la áspera ponzoña de las
víboras, de que este aceite fué hecho, con el cual uno este hilado, que
vengas sin tardanza á obedescer mi voluntad», etc.

Diciendo *vade retro* á esta terrorífica evocacion, suspendo aquí la
historia de las artes mágicas en España, para continuarla en tiempo
oportuno [1].

1 Advertiré, ya que esta nota sola me queda para hacerlo, que además del libro de la *fascinacion* de D. Enrique de Villena, hay otro, rarísimo y no ménos absurdo, que en la portada
dice *Libro del ojo*, y en la primera página: *Tractatus de fascinatione editus a magistro Didaco
Alvari Chanca, doctore atque medico Regis reginaeque.....* (8.°, letra gótica, sin año ni lugar de
impresion; pero es, indudablemente, del tiempo de los Reyes Católicos. Signat. *a-c.iiii.)* El
único ejemplar que he visto pertenece á la selecta biblioteca de mi amigo el marqués de Pidal.
Merece reimprimirse.

El Dr. Álvarez Chanca escribió tambien un libro de alquimia, no ménos raro que el *del ojo*.

EPÍLOGO

APOSTASÍAS.—JUDAIZANTES Y MAHOMETIZANTES

I. Preliminares.—II. Proselitismo de los hebreos desde la época visigoda. Judaizantes despues del edicto de Sisebuto. Vicisitudes de los judíos en la Península. Conversiones despues de las matanzas. Establécese el Santo Oficio contra los judaizantes ó relapsos. Primeros actos de aquel Tribunal.—III. *Mahometizantes.* Sublevaciones y guerras de los *Muladíes* bajo el califato de Córdoba. Los renegados y la civilizacion musulmana. Fray Anselmo de Turmeda, Garci-Ferrandes de Gerena y otros apóstatas.

I.—PRELIMINARES

o seria completo el cuadro, que en este libro presentamos, de las aberraciones medioevales en punto á religion, si prescindiéramos de dos elementos poderosísimos de extravío y caida: el judaismo y el mahometismo. No porque debamos hacer sugeto de este apéndice la historia de judíos y musulmanes, ya que los que nunca fueron bautizados mal pueden figurar en una *Historia de los heterodoxos,* sino porque herejes son los *apóstatas,* segun el autorizado parecer del Santo Oficio, que siempre los nombra así en sus sentencias [1]. Ya sé que esta costumbre española no se ajusta muy bien con el general dictámen de canonistas y teólogos, los cuales hacen clara distincion entre el crímen de *herejía* y el de *apostasía.* Pero, á decir verdad, esta distincion es de *grados;* y si adoptamos el vocablo más general, *heterodoxia,* para designar toda *opinion* que se *aparta*

---

[1] No hay para qué citar ejemplos: *todos* los procesos y sentencias de la Inquisicion que han llegado á mis manos están contestes en este punto.

de la fé, nadie llevará á mal que (siquiera á modo de apéndice) tratemos de *judaizantes* y *mahometizantes*, mucho más habida consideracion al íntimo enlace de algunas apostasías con los sucesos narrados en capítulos anteriores. Empezaremos por la influencia judáica, mucho más antigua en nuestro suelo.

II.—PROSELITISMO DE LOS HEBREOS DESDE LA ÉPOCA VISIGODA.— JUDAIZANTES DESPUES DEL EDICTO DE SISEBUTO.—VICISITUDES DE LOS JÚDÍOS EN LA PENÍNSULA.—CONVERSIONES DESPUES DE LAS MATANZAS.—ESTABLÉCESE EL SANTO OFICIO CONTRA LOS JUDAIZANTES Ó RELAPSOS.—PRIMEROS ACTOS DE AQUEL TRIBUNAL.

L Sr. Amador de los Rios (cuya reciente pérdida lloran los estudios de erudicion española) describió con proligidad y copia de noticias verdaderamente estimables las vicisitudes del pueblo de Israel en nuestro suelo. A su libro, y á los de Graetz, Kayserling y Bedarride [1], puede acudir el curioso en demanda de mayores noticias sobre los puntos que voy á indicar, pues no gusto de rehacer trabajos, hechos—y no mal—antes de ahora.

Seria en vano negar, como hacen los modernos historiadores judíos, y los que sin serlo se constituyen en paladines de su causa, ora por encariñamiento con el asunto, ora por mala voluntad á España y á la Iglesia católica, que los hebreos peninsulares mostraron muy temprano anhelos de proselitismo. siendo ésta no de las menores causas para el ódio y recelo con que el pueblo cristiano comenzó á mirarlos. Opinion ya mandada retirar es la que supone á los judíos y á otros pueblos semíticos, *incomunicables* y metidos en sí. ¿No difundieron su religion entre los paganos del Imperio? ¿No habla Tácito de *transgressi in morem Judaeorum?* ¿No afirma Josefo que *muchos griegos abrazaban la Ley?* Y Juvenal ¿no nos ha conservado noticia de los romanos, *que desdeñando las creencias pátrias, aprendian y observaban lo que en su arcano volúmen enseñó Moisés?* Las mujeres de Damasco eran casi todas judías en tiempo de Josefo; y en Tesalónica y en Beroe habia gran número de prosélitos, segun leemos en las *Actas de los Apóstoles.*

---

1 *Historia social, política y religiosa de los judíos de España.....* (Madrid, 1875. Tres tomos en 4.°)—Graetz (H.): *Geschitche der Juden.* (Leipzig, 1856-68.)—Kayserling: *Die Juden in Navarra, den Baskenlandern u. auf den Balearen.* (Berlin, 1861.) *Geschitche der Juden in Portugal.* (Leipzig, 1867.)—Bedarride: *Les juifs en France, en Italie et en Espagne.* (1867.) Este último vale muy poco.

Cierto que esta influencia, que entre los gentiles, y por altos juicios de Dios, sirvió para allanar el camino á la Ley Nueva, debía tropezar con insuperables obstáculos enfrente de esta misma ley ¿Qué especie de prosélitos habían de hacer los judíos entre los discípulos de Aquél *que no vino á desatar la ley, sino á cumplirla?* La verdad, el camino y la vida estaban en el Cristianismo, mientras que ciegos y desalumbrados los que no conocieron al Mesías, se iban hundiendo más y más en las supersticiones talmúdicas

No tenía el judaísmo facultades de asimilación, y sin embargo, prevalido de la confusión de los tiempos, del estado de las clases siervas, de la invasion de los bárbaros y de otras mil circunstancias que impedían que la semilla cristiana fructificase, tentó atraer, aunque con poco fruto, creyentes á la Sinagoga.

Sin remontarnos á los Cánones de Iliberis, en otro lugar mencionados, donde vemos que los judíos *bendecían las mieses*, conviene fijar la atencion en la época visigoda El Concilio III de Toledo les prohibe tener mujeres ó concubinas cristianas, y *circuncidar ó manchar con el rito judáico á sus siervos*, quedando éstos libres, sin rescate alguno, caso que el dueño se hubiera empeñado en hacerles judaizar Para en adelante prohibía á los hebreos tener esclavos católicos, porque entre ellos se hacía la principal propaganda.

Continuó ésta hasta el tiempo de Sisebuto, quien manda de nuevo manumitir á los esclavos cristianos, con prohibición absoluta de comprarlos en lo sucesivo (leyes XIII y XIV, tít II, lib XII del *Fuero Juzgo)*, veda el circuncidar á ningun cristiano libre ó ingénuo, y condena á decapitacion al siervo que, habiendo judaizado, permaneciese en su pravedad

Justo era y necesario atajar el fervor propagandista de los hebreos; pero Sisebuto no se paró aquí Celoso de la fé, aunque con celo duro y poco prudente, promulgó un edicto lamentable, que ponía á los judíos en la alternativa de salir del reino ó abjurar su creencia. Aconteció lo que no podía ménos: muy pocos se resignaron al destierro, y se hicieron muchas *conversiones*, ó por mejor decir, muchos sacrilegios, seguidos de otros mayores. Cristianos en la apariencia, seguían practicando ocultamente las ceremonias judáicas.

No podía aprobar la conducta atropellada de Sisebuto nuestra Iglesia, y de hecho la reprobó en el IV Concilio toledano (de 633), presidido por San Isidoro, estableciendo que á nadie se hiciera creer por fuerza. Pero ¿qué hacer con los judíos que por fuerza habían recibido el bautismo, y que en secreto ó en público eran relapsos? ¿Podía la

Iglesia autorizar apostasías? Claro que no, y por eso se dictaron Cánones contra los *judaizantes*, quitándoles la educacion de sus hijos, la autoridad en todo juicio y los siervos que hubiesen circuncidado. Todo esto es naturalísimo, y me maravilla que haya sido censurado. Ya no se trataba de judíos, sino de malos cristianos, de *apóstatas*. Porque Sisebuto hubiera obrado mal, no era lícito tolerar un mal mayor.

Chintila prohibe habitar en sus dominios á todo el que no sea católico. Impónese á los reyes electos el juramento de no dar favor á los judíos. Y Recesvinto promulga durísimas leyes contra los relapsos, mandándolos decapitar, quemar y apedrear *(Fuero Juzgo,* leyes IX, X y XI, tít. II, lib. XII). En el Concilio VIII presenta el mismo rey un Memorial de los judíos de Toledo, prometiendo ser buenos cristianos, y abandonar en todo las ceremonias mosáicas, á pesar *de la porfía de nuestra dureza y de la vejez del yerro de nuestros padres,* y resistiéndose, sólo por razones higiénicas, á comer carne de puerco.

Los judíos que en tiempo de Sisebuto habian emigrado á la tierra de los Francos, volvieron en gran número á la Narbonense, cuando la rebelion de Páulo; pero Wamba tornó á desterrarlos. Deseosos de acelerar la difusion del Cristianismo y la paz entre ambas razas, los Concilios XII y XIII de Toledo conceden inusitados privilegios á los conversos de veras *(plena mentis intentione),* haciéndolos *nobles* y exentos de la capitacion. Pero todo fué en vano: los judaizantes, que eran ricos y numerosos en tiempo de Egica, conspiraron contra la seguridad del Estado, quizá de acuerdo con los musulmanes de África. El peligro era inminente. Aquel rey y el Concilio XVII de Toledo apelaron á un recurso extremo y durísimo, confiscando los bienes de los judíos, declarándolos siervos, y quitándoles los hijos, para que fuesen educados en el Cristianismo.

Esta dureza sólo sirvió para exasperarlos, y aunque Witiza se convirtiera en protector suyo, ellos, lejos de agradecérselo, cobraron fuerzas con su descuido é imprudentes mercedes, para traer y facilitar en tiempo de D. Rodrigo la conquista musulmana, abriendo á los invasores las puertas de las principales ciudades, que luego quedaban bajo la custodia de los hebreos: así Toledo, Córdoba, Hispalis. Iliberis.

Con el califato cordobés [1] empieza la edad de oro para los judíos peninsulares. Rabí-Moseh y Rabí-Hanóc trasladan á Córdoba las Academias de Oriente. R. Joseph-ben-Hasdai, médico, familiar y ministro

---

1 No hablaré aquí de la controversia de Álvaro Cordobés con Bodo Eleázaro. (Vid. el libro III de esta Historia.)

de Abderrahman III, tiende la mano protectora sobre su pueblo Y á
la vez que éste acrece sus riquezas y perfecciona sus industrias, brotan filósofos, talmudistas y poetas, predecesores y maestros de los
todavía más ilustres Gabiroles, Ben-Ezras, Jehudah-Leví, Abraham-
ben-David, Maimónides, etc. Pueblos exclusivamente judíos, como
Lucena, llegan á un grado de prosperidad extraordinario

El fanatismo de los almohades (que no hemos de ser solos los cristianos los fanáticos) pone á los judíos en el dilema de «islamismo ó
muerte» Hordas de *muzmotos*, venidos de África, allanan ó queman
las sinagogas Entonces los judíos se refugian en Castilla, y traen á
Toledo las Academias de Sevilla, Córdoba y Lucena, bajo la proteccion del emperador Alfonso VII. Otros buscan asilo en Cataluña y en
el Mediodía de Francia

De la posterior edad de tolerancia, turbada sólo por algun atropello rarísimo, como la matanza que hicieron los de Ultrapuertos en
Toledo el año 1212, resistida por los caballeros de la ciudad, que se
armaron en defensa de *aquella miserable gente*, no me toca hablar aquí.
Otra pluma la ha historiado, y bien, poniendo en el centro del cuadro
la noble figura de Alfonso el Sábio, que reclama y congrega los esfuerzos de cristianos, judíos y mudéjares, para sus tareas científicas
Verdad es que ya en tiempo de Alfonso VII habia dado ejemplo de
ello el inolvidable Arzobispo toledano D. Raimundo.

Que los judíos no renunciaban, á pesar de la humanidad con que
eran tratados, á sus anhelos de proselitismo, nos lo indica D. Jáime
el Conquistador en los *Fueros de Valencia*, donde manda que todo cristiano que abrace la ley mosáica sea quemado vivo. El rey *conquiri-
dor*, deseoso de traer á los judíos á la fé, envia predicadores cristianos á las sinagogas, hace que dominicos y franciscanos se instruyan
en el hebreo como en el árabe, y accediendo á los deseos del converso Fr Pablo Christiá, autoriza con su presencia, en 1263 y 1265,
las controversias teológicas de Barcelona entre Rabí-Moseh-ben-
Najman, Rabí-ben-Astruch de Porta y el referido Pablo, de las cuales se logró bien poco fruto, aunque en la primera quedó Najman
muy mal parado [1].

Á pena de muerte en hoguera, y á perdimiento de bienes, condena D. Alfonso el Sábio, en la Partida VII (ley VII, tít. XXV), al
malandante que se tornase judío, tras de prohibir á los hebreos «yacer

[1] Vid *Acta disputationis R Moysis Gerundensis cum F Paulo Christiano Ord Praedicatorum*
(en el tomo XIII del *Viaje literario* de Villanueva, apéndice LVII) y *Carta Jacobi Regis Arag
super accusationem Bonastrugi de Porta* (apéndice LVIII)

con cristianas, ni tener siervos bautizados», só pena de muerte en el primer caso, y de perderlos en el segundo, aunque no intentaran catequizarlos.

La voz popular acusaba á los judíos de otros crímenes y profanaciones inauditas. «Oyemos decir (escribe el legislador) que en algunos logares los judíos ficieron et facen el dia de Viérnes Sancto remembranza de la pasion de Nuestro Señor Jesu Christo, furtando los niños et poniéndolos en la cruz, é faciendo imágines de cera, et crucificándolas, quando los niños non pueden aver.» Gonzalo de Berceo en los *Milagros de Nuestra Señora,* y el mismo D. Alonso en las *Cantigas,* habian consignado una tradicion toledana muy semejante.

Cámbiase la escena en el siglo XIV. La larga prosperidad de los judíos, debida en parte al ejercicio del comercio y de las artes mecánicas, y en parte no menor, á la *usura* y al arrendamiento de las rentas reales, excitaba en los cristianos quejas, murmuraciones y rencores de más ó ménos noble orígen.

Al fervor religioso y al ódio de raza, al natural resentimiento de los empobrecidos y esquilmados por malas artes, á la mala voluntad con que el pueblo mira á todo cobrador de tributos y alcabalas (oficio donde quiera aborrecido), se juntaban pesares del bien ajeno y codicias de la peor especie. Con tales elementos, y con la ferocidad del siglo XIV, ya antes de ahora notada como un retroceso en la historia de Europa, á nadie asombrarán las matanzas y horrores que ensangrentaron las principales ciudades de la Península, ni los durísimos edictos, que, en vez de calmar las iras populares, fueron como leña echada al fuego. Excepciones hay, sin embargo. Tolerante se mostró con los judíos D. Alfonso XI en el *Ordenamiento de Alcalá;* y más que tolerante, protector decidido é imprudente, D. Pedro el Cruel, en quien no era el entusiasmo religioso la cualidad principal. Los judíos eran ricos, y convenia á los reyes tenerlos de su parte, sin perjuicio de apremiarlos y despojarlos en casos de apuro.

Las matanzas, á lo ménos en grande escala, comenzaron en Aragon y en Navarra. Los *pastores* del Pirineo, en número de más de 30,000, hicieron una *razzia* espantosa en el Mediodía de Francia y en las comarcas españolas fronterizas. En vano los excomulgó Clemente V. Aquellas hordas de bandidos penetraron en Navarra (año 1321), quemando las aljamas de Tudela y Pamplona, y pasando á cuchillo á cuantos judíos topaban. Y aunque el infante de Aragon, D. Alfonso, exterminó á los *pastores,* los navarros seguian á poco aquel mal ejemplo, incendiando en 1328 las juderías de Tudela, Viana, Estella, etcétera, con muerte de 10,000 israelitas En 1360 corre la sangre de los judíos en Nájera y en Miranda de Ebro, consintiéndolo el bastardo de Trastamara, que hacía armas contra D Pedro.

No mucho despues comenzó sus predicaciones en Sevilla el famoso arcediano de Écija, Hernán Martinez, varon *de pocas letras y de loable vida (in litteratura simplex, et laudabilis vitae)*, dice Pablo de Santa María, pero hombre animado de un fanatismo sin igual, y que no reparaba en los medios lo cual fué ocasion de innumerables desastres La aljama de Sevilla se quejó repetidas veces á D Enrique II y á D. Juan I de las predicaciones de Hernán Martinez, y obtuvo albalaes favorables Con todo eso, el arcediano seguia *conmoviendo al pueblo* para que destruyera las sinagogas, y en vista de tal contumácia, el Arzobispo D Pedro Gomez Barroso le declaró *rebelde y sospechoso de herejía*, privándole de las licencias de predicar Pero vacante á poco aquella metropolitana, el arcediano, ya provisor, ordenó el derribo de las sinagogas de la campiña y de la sierra, que en parte se llevó á cabo, con resistencia de los oficiales del rey

Vino el año 1391, de triste recordacion, y amotinada la muchedumbre en Sevilla con los sediciosos discursos de Hernán Martinez, asaltó la Judería, derribando la mayor parte de las sinagogas, con muerte de 4,000 hebreos Los demás pidieron á gritos el bautismo De allí se comunicó el estrago á Córdoba y á toda la Andalucía cristiana, y de Andalucía á Valencia, cuya riquísima aljama fué completamente saqueada. Sólo la poderosa y elocuente voz de San Vicente Ferrer contuvo á los matadores, y asombrados los judíos se arrojaron á las plantas del dominico, que logró aquel dia portentoso número de conversiones.

Poco despues era incendiada y puesta á saco la aljama de Toledo Mas en ninguna parte fué tan horrenda la destruccion como en el *Call* de Barcelona, donde no quedó piedra sobre piedra, ni judío con vida, fuera de los que á última hora pidieron el bautismo. *Cobdicia de robar y no devocion* (ya lo dice el canciller Ayala), incitaba á los asesinos en aquella orgía de sangre, que se reprodujo en Mallorca, en Lérida, en Aragon y en Castilla la Vieja, en proporciones menores, por no ser tanto el número de los judíos Duro es consignarlo, pero preciso. Fuera de las justicias que D Juan, *el amador de toda gentileza*, hizo en Barcelona, casi todos estos escándalos quedaron impunes

El número de *conversos* del judaismo, entre los terrores del hierro y del fuego, habia sido grande Sólo en Valencia pasaron de 7,000 Pero qué especie de conversiones eran éstas, fuera de las que produjo con caridad y mansedumbre Fr. Vicente Ferrer (escudo y defensa de los infelices hebreos valencianos), fácil es de adivinar, y por optimista que sea mi lector, no habrá dejado de conocerlo. De esos cristianos nuevos, los más judaizaban en secreto, otros eran gente sin Dios ni ley, malos judíos antes, y pésimos cristianos despues. Los ménos en número, aunque entre ellos los más doctos, estudiaron la nueva ley, abrieron sus ojos á la luz, y creyeron. Nadie los excedió en celo, á veces intolerante y durísimo, contra sus antiguos correligionarios. Ejemplo señalado es D. Pablo de Santa María (Selemoh-Ha-Leví), de Búrgos, convertido, segun es fama, por San Vicente Ferrer.

Gracias á este varon apostólico, se iba remediando en mucha parte el daño de la conversion súbita y simulada. Muchos judíos andaluces y castellanos, que en los primeros momentos sólo por el terror habian entrado en el gremio de la Iglesia, tornáronse en sinceros y fervorosos creyentes á la voz del insigne catequista, suscitado por Dios en aquel tremendo conflicto para detener el brazo de las turbas y atajar el sacrilegio, consecuencia fatal de aquel pecado de sangre.

Con objeto de acelerar la deseada conversion de los hebreos, promovió D. Pedro de Luna (Benedicto XIII) el Congreso teológico de Tortosa, donde el converso Jerónimo de Santa Fé (Jehosuah-Ha-Lorquí) sostuvo (Enero de 1413) contra catorce rabinos aragoneses el cumplimiento de las profecías mesiánicas. Todos los doctores hebreos, ménos Rabí-Joseph-Albo y Rabí-Ferrer, se dieron por convencidos y abjuraron de su error. Esta ruidosísima conversion fué seguida de otras muchas en toda la corona aragonesa.

Así iba perdiendo el judaismo sus doctores, quienes con el fervor del neófito y el conocimiento que poseian de la lengua sacra y de las tradiciones de su pueblo, multiplicaban sus profundos y seguros golpes. levantando á altísimo punto la controversia cristiana. Seguian en esto el ejemplo de Per Alfonso, que en el siglo XII escribió sus *Diálogos contra las impías opiniones de los judíos*, y de Rabí-Abnér, ó Alfonso de Valladolid, que en los principios del XIV dió muestras de su saber escriturario en el *Libro de las Batallas de Dios*, en el *Monstrador de justicia* y en el *Libro de las tres gracias*. Jerónimo de Santa Fé, despues de su triunfo de Tortosa, ponia mano en el *Hebraeomastix*, y D. Pablo de Santa María redactaba su *Scrutinium Scripturarum*, digno de veneracion, y rico hoy mismo en enseñanza. como que era su autor doctísimo hebraista. Elevado el burguense á la alta dignidad de canciller de Castilla, redactó la severa pragmática de 1412 *sobre encerramiento de judíos é moros.*

La sociedad española acogía con los brazos abiertos á los neófitos, creyendo siempre en la firmeza de su conversion. Así llegaron á muy altas dignidades de la Iglesia y del Estado, como en Castilla los Santa Marías, en Aragon los Santa Fé, los Santángel, los La Caballería [1]. Ricos é influyentes los conversos, mezclaron su sangre con la de nobilísimas familias de uno y otro reino. fenómeno social de singular trascendencia, que muy luego produce una reaccion espantosa, no terminada hasta el siglo XVII.

Nada más repugnante que esta interna lucha de razas, causa principal de decadencia para la Península La fusion era siempre incompleta Oponíase á ella la infidelidad de muchos cristianos nuevos, guardadores en secreto de la ley y ceremonias mosáicas, y las sospechas que el pueblo tenia de los restantes Unas veces para hacerse perdonar su orígen, y otras por verdadero fervor, más ó ménos extraviado, solian mostrarse los conversos enemigos implacables de su gente y sangre. No muestran caridad grande Micer Pedro de la Caballería en el *Zelus Christi*, ni Fr Alonso de la Espina en el *Fortalitium fidei,* señaladísimo monumento, por otra parte, de apologética, y tesoro de noticias históricas.

Como los neófitos no dejaban, por eso, de ser ricos, ni de mantener sus tratos, mercaderías y arrendamientos, volvióse contra muchos de ellos el ódio antiguo de la plebe contra los judíos cobradores y logreros Fué el primer chispazo de este fuego el alboroto de los toledanos en 1449, dirigidos por Pedro Sarmiento y el bachiller Márcos García Mazarambros, á quien llamaban el bachiller Marquillos [2], el primero de los cuales, alzado en alcalde mayor de Toledo, despojaba, por sentencia de 5 de Junio, á los conversos de todo cargo público, llamándolos *sospechosos en la fé.* Y aunque por entonces fué anulada semejante arbitrariedad, la semilla quedó, y de ella nacieron en adelante los *estatutos de limpieza.*

Entre tanto, Fr Alonso de Espina se quejaba en el *Fortalitium* de la muchedumbre de judaizantes y apóstatas, proponiendo que se hiciera una *inquisicion* en los reinos de Castilla A destruir este judaismo oculto dedicó con incansable teson su vida. El peligro de la in-

1 Vid sobre los conversos aragoneses *Genealogia valde antiqua et bona neophitorum antiquorum qui conversi fuerunt tempore beati Vincentii Ferrerii Confessoris ordinis Praedicatorum in civitate Caesaraugustae et extra in regno aragonum, extracta per me Anchiam assessorem Sanctae Inquisitionis* (Mas conocido por *Libro Verde de Aragon)* Biblioteca Colombina, Z-1 5-50 Tengo un extenso extracto que me facilitó mi erudito amigo D Adolfo de Castro

2 Vid sobre estos hechos la *Instruccion del Relator para el Obispo de Cuenca* (Biblioteca Colombina) Tengo copia, hecha por mi amigo D Adolfo de Castro

fección judáica era grande y muy *real*. Confesábalo el mismo fray Alfonso de Oropesa, varon evangélico, defensor de la unidad de los fieles, en su libro *Lumen Dei ad revelationem gentium* [1], el cual, por encargo del Arzobispo Carrillo, hizo pesquisa en Toledo, y halló (conforme narra el Padre Siguenza) «de una y otra parte mucha culpa: los cristianos viejos pecaban de atrevidos, temerarios, facinerosos; los nuevos, de malicia y *de inconstancia en la fé*» [2].

Siguiéronse los alborotos de Toledo en Julio y Agosto de 1467, los de Córdoba, en 1473, en que sólo salvó á los conversos de su total destruccion el valor y presencia de ánimo de D Alonso de Aguilar; los de Jaen, donde fué asesinado sacrílegamente el condestable Miguel Lúcas de Iranzo los de Segovia, en 1474, especie de zalagarda movida por el Maestre D. Juan Pacheco con otros intentos La avenencia entre cristianos viejos y nuevos se hacia imposible. Quién matará á quién, era el problema.

Clamaba en Sevilla el dominico Fr. Alonso de Hojeda contra los apóstatas, que *estaban en punto de predicar la ley de Moisés y que no podian encubrir el ser judíos*, y contra los conversos más ó ménos sospechosos, que lo llenaban todo, así la cúria eclesiástica como el palacio real Vino á excitar la indignacion de los sevillanos el descubrirse en Jueves Santo de 1478 una reunion de seis judaizantes, que blasfemaban de la fé católica [3] Alcanzó Fr Alonso de Hojeda que se hiciese inquisicion en 1480, impetrada de Sixto IV Bula para proceder contra los herejes *por vía de fuego*.

Los nuevos inquisidores aplicaron el procedimiento que en Aragon se usaba. En 6 de Febrero de 1481 fueron entregados á las llamas seis judaizantes, en el campo de Tablada El mismo año se publicó el *Edicto de Gracia*, llamando á penitencia y reconciliacion á todos los culpados. Más de 20,000 se acogieron al indulto en toda Castilla. ¿Era quimérico, ó no, el temor de las apostasías? Entre ellos abundaban canónigos, frailes, monjas y personajes conspícuos en el Estado.

¿Qué hacer en tal conflicto religioso y con tales enemigos domésticos? El instinto de propia conservacion se sobrepuso á todo, y para salvar, á cualquier precio, la unidad religiosa y social, para disipar aquella dolorosa incertidumbre, en que no podia distinguirse al fiel

---

1 Nunca se ha impreso Examiné un hermoso codice en la Biblioteca Ambrosiana de Milan

2 *Historia de la Órden de San Jerónimo*, lib III, cap XVIII

3 Ortiz de Zuñiga, *Anales de Sevilla*, año de 1477

del infiel, ni al traidor del amigo, surgió en todos los espíritus el pensamiento de Inquisicion. En 11 de Febrero de 1482 lograron los Reyes Católicos Bula de Sixto IV para establecer el Consejo de la Suprema, cuya presidencia recayó en Fr. Tomás de Torquemada, prior de Santa Cruz de Segovia

El nuevo Tribunal (que difería de las antiguas inquisiciones de Cataluña, Valencia, etc., en tener una organizacion más robusta y estable, y ser del todo independiente de la jurisdiccion episcopal) introducíase en Aragon dos años despues, tras leve resistencia. Los neófitos de Zaragoza, gente de mala y temerosa conciencia, dieron en la noche del 18 de Setiembre de 1485 sacrílega muerte al inquisidor San Pedro Arbués, al tiempo que oraba en La Seo.[1] En el proceso resultaron complicados la mayor parte de los cristianos nuevos de Aragon entre los que fueron *descabezados* figuran Mosen Luis de Santángel y Micer Francisco de Santa Fé, entre los *reconciliados*, el vicecanciller Micer Alfonso de la Caballería

Fray Alonso de Espina, distinto probablemente del autor del *Fortalitium*, fué enviado en 1487 á Barcelona de inquisidor por Torquemada, quien, no sin resistencia de los catalanes (atentos á rechazar toda intrusion de ministros castellanos en su territorio), habia sido reconocido como inquisidor general en los reinos de Castilla y Aragon. En el curioso registro que por encargo del mismo Fr. Alonso formó el archivero Pedro Miguel Carbonell, y que hoy suple la falta de los procesos originales[2], pueden estudiarse los primeros actos de esta inquisicion. El viernes 20 de Julio de 1487 prestaron juramento de dar ayuda y favor al Santo Oficio, el infante D. Enrique, lugarteniente real; Francisco Malét, regente de la Cancillería; Pedro de Perapertusa, veguér de Barcelona, y Juan Sarriera, báile general del principado.

Los reconciliados barceloneses eran todos menestrales y mercaderes *pelaires*, *juboneros*, *birreteros*, barberos, tintoreros, curtidores, drogueros, corredores de oreja. La nobleza de Cataluña no se habia mezclado con los neófitos tanto como en Aragon, y apenas hay un nombre conocido entre los que cita Carbonell. El primer auto de fé

[1] Vid en el *Libro Verde de Aragon* los nombres de todos los procesados. No los inserto en un apendice, porque para mi asunto no tienen interés alguno y porque ya lo hizo el Sr Amador de los Rios Buena parte de estos procesos se hallan en la coleccion Llorente de la Biblioteca Nacional de Paris

[2] *Liber descriptionis reconciliationisque, purgationis et condemnationis haereticorum, alias de gestis haereticorum* (En los *Opusculos* de Carbonell, tomo XXVII de los *Documentos del Archivo de Aragon*) Es de sentir que no le utilizase el Sr Amador de los Rios

verificóse el 25 de Enero de 1488, siendo agarrotados cuatro judaizantes, y quemados *en estátua* otros doce [1]. Las condenaciones en
estátua se multiplicaron asombrosamente, porque la mayor parte de
los neófitos catalanes habian huido.

Carbonell trascribe, además de las listas de reconciliados, algunas sentencias. Los crímenes son siempre los mismos: haber observado el sábado, y los ayunos y abstenciones judáicas, haber profana-
do los Sacramentos: haber enramado sus casas para la fiesta de los
Tabernáculos ó *de les Cabanyelles*, etc. Algunos (y esto es de notar),
por falta de instruccion religiosa, querian guardar á la vez la ley antigua y la nueva, ó hacian de las dos una amalgama extraña, ó siendo cristianos en el fondo, conservaban algunos resábios y supersticiones judáicas, sobre todo las mujeres.

Una de las sentencias más llenas de curiosos pormenores es la del
lugarteniente de tesorero real Jáime de Casafranca. Allí se habla
de un cierto Sent-Jordi, grande enemigo de los cristianos, y hombre
no sin letras, muy versado en los libros de Maimónides, y autor él
mismo de un tratado en favor de la ley de Moisés. Otro de los judaizantes de alguna cuenta fué Dalmau de Tolosa, canónigo y pavordre
de Lérida.

La indignacion popular contra los judaizantes habia llegado á su
colmo. «El fuego está encendido (dice el Cura de los Palacios) que-
mará fasta que falle cabo al seco de la leña, que será necesario arder, fasta que sean desgastados é muertos todos los que judaizaron,
que no quede ninguno é aun sus fijos..... si fueren tocados de la
misma lepra» [2] Al proclamar el exterminio con tan durísimas palabras, no era el cronista más que un eco de la opinion universal é incontrastable.

El edicto de expulsion de los *judíos públicos* (31 de Marzo de 1492),
fundado, sobre todo, en el daño que resultaba de la comunicacion de
hebreos y cristianos, vino á resolver en parte aquella tremenda crísis. La Inquisicion se encargó de lo demas. El edicto, tantas veces
y tan contradictoriamente juzgado, pudo ser más ó ménos político,
pero fué *necesario* para salvar aquella raza infeliz del contínuo y feroz amago de los tumultos populares. Es muy fácil decir (como el
Sr. Amador de los Rios) que «*debieron oponerse los Reyes Católicos á la*

---

1 El Sr. Amador de los Rios, siguiendo al Sr. Balaguer en la *Historia de Cataluña* afirma
que Juan Trullols y Juan de Santa Fé fueron quemados vivos. No hay tal cosa. Carbonell está
expreso «*suffocati fuere*». Los cadaveres fueron quemados «*ea corpora igni et flammis suppo-
suerunt*»

2 Cap. XIV (Edicion de los Bibliofilos de Sevilla.)

corriente de intolerancia». Pero ¿quién se opone al sentimiento de todo un pueblo? Excitadas las pasiones hasta el máximo grado, ¿quién hubiera podido impedir que se repitieran las matanzas de 1391? La decision de los Reyes Católicos no era *buena* ni *mala*, era la *única* que podia tomarse, el cumplimiento de una ley histórica

En 5 de Diciembre de 1496 seguia D Manuel de Portugal el ejemplo de los Reyes de Castilla, pero aquel monarca cometió la *inicua violencia* (así la califica Jerónimo Osorio) de hacer bautizar á muchos judíos por fuerza, con el fin de que no salieran del reino sus tesoros. «¿Quieres tú hacer á los hombres por fuerza cristianos? (exclama el Tito Livio de Toledo) ¿Pretendes quitalles la libertad que Dios les dió?»

Todavía más que á los judíos aborrecia el pueblo á los conversos, y éstos se atraian más y más sus iras con crímenes como el asesinato del *Niño de la Guardia*, que ·es moda negar, pero que fué judicialmente comprobado, y que no carecia de precedentes, asimismo históricos [1]. Los conversos Juan Franco, Benito García, Hernando de Rivera, Alonso Franco, etc , furiosos por haber presenciado en Toledo un auto de fé, en 21 de Mayo de 1499, se apoderaron, en represálias, de aquella inocente criatura (llamada en el siglo Juan de Pasamontes), y ejecutaron en él horribles tormentos, hasta crucificarle, parodiando en todo la pasion de Cristo [2]. Descubierta semejante atrocidad, y preso Benito García, que delató á los restantes, fueron condenados á las llamas los hermanos Francos y sus ayudadores, humanas fieras. La historia del Santo Niño (objeto muy luego de veneracion religiosa) dió asunto en el siglo XVI á la elegante pluma del Padre Yépes, y á los cantos latinos de Jerónimo Ramirez, humanista eminente:

---

[1] V gr el de Santo Dominguito del Val, inmolado en Zaragoza, el año 1250, por el judío Alasse Albayluz *(Teatro eclesiastico de Aragon*, tomo II pág 246)

[2] El proceso original se conserva en el Archivo de Alcalá de Henáres Un traslado catalan de la sentencia puede leerse en el tomo II de los *Opúsculos* de Carbonell Los pormenores son horribles «Crucifica un infant chrestia en la forma e manera quels jueus crucificaren a nostre Senyor Jesu Christ en remembransa e vituperi de su divina magestat é sacratíssima passió, stenenli los brassos e cames en dos pals posades é ligades en forma de creu donantli azots, repelons é bufets, scupintlo, obrintli las venas ab ganivets é collili la sanch ab un caldero é ab una scudella é posantli argilagas e herbas spinosas en las solas dels peus e en les spatles, posantli lo dit Benet Garcia en lo cap, de las herbas spinosas en manera de garlanda, obrint lo costat del dit infant cruelment ab un ganivet, per baix dels pits traentli lo cor » etc , etc (página 73)

Vid además Yépes, *Historia del Santo Niño de la Guardia* (Madrid, 1583)—*Hieronymi Ramiri De raptu innocentis Martyris Guardiensis, libri VI Matriti 1592* (Reproducido en los *Cl Hispanorum Opuscula*, de Cerda)—*Vidas de niños celebres*, por D Adolfo de Castro (Cadiz, 1865)

El proceso se instruyó en Ávila (1491) y se cerro en Toledo

Flagra cano, saevamque necem renovataque Christi
Vulnera, et invisae scelus execrabile gentis,
Quae trucis indomitas effundens pectoris iras
Insontem puerum praerupti in vertice montis
Compulit exiguo majorem corpore molem
Ferre humeris, tensosque cruci praebere lacertos

La negra supersticion de los *conversos* llegaba hasta *hacer hechice-*
rías con la hostia consagrada, segun consta en el proceso del Niño de
la Guardia, cuyo corazon reservaron para igual objeto.

Las venganzas de los cristianos viejos fueron atroces En Abril
de 1506 corría la sangre de los neófitos por las calles de Lisboa
horrenda matanza, que duró tres dias, y dejó muy atrás los furores
de 1391.

En tanto, el inquisidor de Córdoba, Diego Rodriguez Lucero,
hombre fanático y violento, *inspirado por Satanás* (como dice el Padre
Sigüenza), sepultaba en los calabozos, con frívolas ocasiones y pretextos, á lo más florido de aquella ciudad, y se empeñaba en proce-
sar, como *judaizante*, nada ménos que al venerable y apostólico Arzobispo de Granada, Fr Hernando de Talavera, y á todos sus parientes y familiares [1]. Y es que Fr. Hernando, sobrino de Alonso de
Oropesa, y jerónimo como él, era del partido de los *claustrales*, opuesto al de los *observantes* (de que habia sido cabeza Fr. Alonso de Espina) cuanto al modo de tratar á los neófitos que de buena fé vinieran
al Catolicismo; y le repugnaba la odiosa y antievangélica distincion
de cristianos viejos y nuevos.

Tan lejos de los hechos, no es fácil decidir hasta dónde llegaba la
culpabilidad de algunos conversos, entre los infinitos cuyos procesos
y sentencias constan. Pero no es dudoso que recayeron graves sospechas en Micer Gonzalo de Santa María, asesor del gobernador de
Aragon y autor de la *Crónica de D. Juan II*, y en el mismo Luis de
Santángel, escribano racional de Fernando el Católico, el cual, más
adelante, prestó su dinero para el descubrimiento del Nuevo Mundo.
Santa María fué penitenciado tres veces por el Santo Oficio, y al fin
murió en las cárceles; su mujer, Violante Belviure, fué castigada con
sambenito en 4 de Setiembre de 1486. Santángel fué reconciliado
el 17 dé Julio de 1491.

Hasta 1525 los procesos inquisitoriales fueron exclusivamente de

1 Vid la ilustracion XVIII del *Elogio de Isabel la Católica*, de Clemencin (pags 481 á 490).

judaizantes. En cuanto á números, hay que desconfiar mucho. Las cifras de Llorente (repetidas por el Sr. Amador de los Ríos) descansan en la palabra de aquel ex-secretario del Santo Oficio, tan sospechoso é indigno de fé siempre que no trae documentos en su abono. ¿Quién le ha de creer, cuando rotundamente afirma que desde 1481 á 1498 perecieron en las llamas 10.220 personas? ¿Por qué no puso los comprobantes de ese cálculo? El *Libro Verde de Aragon* sólo trae sesenta y nueve quemados, con sus nombres. Sólo de veinticinco en toda Cataluña habla el *Registro* de Carbonell [1]. Y si tuviéramos datos igualmente precisos de las demas inquisiciones, mal parada saldría la aritmética de Llorente. En un solo año, el de 1481, pone 2,000 víctimas [2], sin reparar que Marineo Sículo las refiere á diferentes años. Las mismas expresiones que Llorente usa, *poco más ó ménos, aproximadamente, lo mismo que otros años*, demuestra la nulidad de sus cálculos. Por desgracia, harta sangre se derramó. Dios sabe con qué justicia. Las tropelías de Lucero, v. gr., no tienen explicacion ni disculpa, y ya en su tiempo fueron castigadas, alcanzando entera rehabilitacion muchas familias cordobesas por él vejadas y difamadas.

La manía de *limpieza de sangre* llegó á un punto risible. Cabildos, concejos, hermandades y gremios consignaron en sus estatutos la absoluta exclusion de todo indivíduo de estirpe judáica, por remota que fuese. En este género, nada tan gracioso como el estatuto de los *pedreros* de Toledo, que eran casi todos *mudejáres* y andaban escrupulizando en materia de *limpieza*.

Esta intolerancia brutal, que en el siglo XV tenia alguna disculpa por la abundancia de *relapsos*, fué en adelante semillero de rencores y venganzas, piedra de escándalo, elemento de discordia. Sólo el progreso de los tiempos pudo borrar esas odiosas distinciones en toda la Península. En Mallorca duran todavía.

Antes de abandonar este antipático asunto (que ojalá pudiera borrarse de nuestra historia) conviene dejar sentado:

1.º Que es inútil negar, como lo hacen los escritores judíos alemanes, siguiendo á nuestro Isaác Cardoso, que hubiera en los israelitas españoles anhelo de proselitismo. Fuera de que éste es propio de toda creencia, responden de lo contrario todos los documentos legales, desde los Cánones de Toledo hasta las leyes de encerramiento

---

1 Entiendase *hasta* 1500, que es á donde llega el calculo de Llorente.

2 Adviértase ademas, que la pena de fuego solia aplicarse á los cadaveres, y que el *combustus* no siempre ha de entenderse *quemado vivo*. Lo general era ahogarlos ó sofocarlos, *chorda astringente*, como vemos en los apuntes de Carbonell.

de la Edad Media, y hasta el edicto de expulsion de 1492, donde se alega como principal causa «el daño que á los cristianos se sigue é ha seguido de la participacion, conversacion é comunicacion que han tenido é tienen con los judíos, los quales se precian que procuran siempre, por quantas vías é maneras pueden, de subvertir de Nuestra Sancta Feé Cathólica á los fieles, é los apartan della é tráenlos á su dañada creencia é opinion, instruyéndolos en las creencias é cerimonias de su ley, faciendo ayuntamiento, donde les leen é enseñan lo que han de tener é guardar segun su ley, procurando de circuncidar á ellos é á sus fijos, dándoles libros por donde recen sus oraciones... persuadiéndoles que tengan é guarden quanto pudieren la ley de Moysén, faciéndoles entender que non hay otra ley nin verdad si non aquella . lo cual todo consta por muchos dichos é confesiones, así de los mismos judíos como de los que fueron engañados por ellos». Todo esto denuncia una propaganda activa, que (segun los términos del edicto) habia sido mayor en las *cibdades, villas y logares del Andalucía*

2.º Que es innegable la influencia judáica, así en la filosofía panteista del siglo XII, cuyo representante principal entre nosotros es Gundisalvo, como en la difusion de la Cábala, *teórica y práctica*, ya que tambien se daba ese nombre á ciertas supersticiones y artes vedadas.

3.º Que *conversiones* atropelladas é hijas del terror, como las de 1391, ó las que mandó hacer D Manuel de Portugal, no podian ménos de producir infinitas apostasías y sacrilegios, cuyo fruto se cosechó en tiempo de los Reyes Católicos.

4.º Que grandísimo número de los judaizantes penados por el Santo Oficio eran real y verdaderamente relapsos y enemigos irreconciliables de la religion del Crucificado, mientras que otros, con ser cristianos de veras, conservaban algunos rastros y reliquias de la antigua ley. Los rigores empleados con éstos últimos fueron contraproducentes, sirviendo á la larga para perpetuar una como division de castas, y alimentar vanidades nobiliarias, con haber en Castilla, Aragon y Portugal muy pocas familias exentas de esta *labe*, si hemos de atenernos al *Tizon*, del Cardenal Bobadilla.

5.º Que este alejamiento y mala voluntad de los cristianos *viejos* respecto de los *nuevos* retardó la *unidad religiosa*, áun despues de expulsados los judíos y establecido el Santo Oficio.

III.—MAHOMETIZANTES.—SUBLEVACIONES Y GUERRAS DE LOS MULA-
DÍES BAJO EL CALIFATO DE CÓRDOBA.—LOS RENEGADOS Y LA CI-
VILIZACION MUSULMANA.—FRAY ANSELMO DE TURMEDA, GARCI-FER-
RÁNDES DE GERENA Y OTROS APÓSTATAS.

N el libro II de su *Histoire des musulmans d'Espagne* ha expuesto Dozy la historia política de los *muladíes* ó renegados españoles. La historia literaria está por escribir, y sólo otro
arabista puede hacerla: entonces quedará demostrado que mucha
parte de lo que se llama *civilizacion arábiga* es cultura española, de
muzárabes ó cristianos fieles, y de cristianos apóstatas [1].

Con el nombre de *renegados* ó *tornadizos* se designa, no sólo á los
que abjuraron de la fé católica, sino á sus descendientes, lo cual di-
ficulta mucho la averiguacion, y los excluye *ipso facto* de esta historia, mientras no conste que renegaron ellos, y no sus padres. Por eso
me limitaré á indicaciones generales

En una sociedad tan perdida como lo era en gran parte la visigoda
del siglo VIII, poco firme en las creencias, apegada á los bienes temporales, corroida por el egoismo, estenuada por ilícitos placeres, y
con poca unidad y concierto en todo, pues aún duraba la diferencia de
razas, y el mal de la servidumbre no se habia extinguido, debia ser
rápida y lo fué, la conquista; debian ser frecuentes, y no faltaron, en
verdad, las apostasías. Los siervos se hacian islamitas para obtener
la libertad, los ingénuos y patricios para conservar íntegra su hacienda y no pagar la capitacion.

No todos los *muladíes* [2] eran impenitentes y pertinaces á muchos
punzaba el buen ejemplo de los muzárabes cordobeses, protesta viva
contra la debilidad y prevaricacion de sus hermanos. Como la apostasía de éstos era hija casi siempre de motivos temporales, como los
musulmanes de raza les miraban con desprecio y los cristianos con
indignacion, llamándolos *transgressores*, como la ley mahometana les
prohibia, só pena de muerte, volver á su antigua creencia, y en la
nueva estaban excluidos de los cargos públicos, patrimonio de la pri-
vilegiada casta del desierto, trataron de salir de aquella posicion odio-

1   Esperamos que el Sr Simonet ha de poner en claro este hecho
2   Viene esta palabra de *mowallad* (adoptados)

sa, recurriendo, puesto que eran muchos, á la fuerza de las armas. Comenzó entonces una interminable série de tumultos y rebeliones.

Los renegados del arrabal de Córdoba se levantaron contra Al-Hakem en 805 y 806, siguiendo su ejemplo los toledanos, excitados por los cantos de un poeta de sangre española, Gharbíb. Para domeñar á los rebeldes se valió el califa de otro renegado de Huesca, Amrú, quien con infernales astucias preparó contra los de su raza la terrible matanza conocida con el nombre de *dia del foso*, en que fueron asesinados más de 700 ciudadanos, los más conspícuos é influyentes de Toledo.

Siete años despues, en Mayo de 814, estalla en Córdoba otro imponente motin de renegados, dirigidos por los alfaquíes, que llamaban impío á Al-Hakem. Éste se encierra en su palacio, manda á un esclavo que le unja la cabeza con perfumes, para que los enemigos le distingan entre los muertos, y en una vigorosa salida destroza á los cordobeses, mientras que arden las casas del arrabal. Ni despues de esta carnicería é incendio cesaron los furores de Al-Hakem. Trescientas cabezas hizo clavar en postes á la orilla del rio, y expulsó, en el término de tres dias, á los renegados del arrabal; 15,000 de ellos no pararon hasta Egipto, donde hicieron proezas de libro de caballerías, que recuerdan las de los catalanes en Grecia; tomaron por fuerza de armas á Alejandría, sosteniéndose allí hasta el año de 826, en que un general del califa Mamum los obligó á capitular, y de allí pasaron á la isla de Creta, que conquistaron de los bizantinos. El renegado Abul-Hafás-Omar, oriundo del campo de Calatrava, fundó allí una dinastía, que duró hasta el año de 961 más de siglo y medio. Otros 8,000 españoles se establecieron en Féz, donde dominaban los Edrisitas. Todavía en el siglo XIV se les distinguia de árabes y beréberes en rostro y costumbres.

Los toledanos habian vuelto á levantarse; pero Al-Hakem los sometió, quemando todas las casas de la parte alta de la ciudad. El herrero Hachim arrojó de la ciudad en 829 á los soldados de Abderrahman II, y con sus hordas de renegados corrió y devastó la tierra, hasta que Mohammed-ben-Wasim los dispersó, con muerte del caudillo. Toledo se mantuvo en poder de los muladíes ocho años, hasta 837, en que Walid la tomó por asalto y redujo á servidumbre, reedificando la ciudadela de Amrú como perpétua amenaza. En estas luchas se ve á algunos renegados, como Maisara y Ben-Mohâdjir [1],

1 Sigo las trascripciones de Dozy.

hacer armas contra su gente. En Córdoba aparece la repugnante figura del eunuco Nazár, grande enemigo de su sangre y del nombre cristiano, aún más que otros apóstatas. Cuando el mártir Perfecto se encaminaba al suplicio, emplazó á aquel malvado ante el tribunal de Dios en el término de un año, antes que tornase la fiesta del Ramadán. Así se cumplió [1], muriendo víctima del mismo veneno que había preparado contra Abderrahman.

Otro tipo de la misma especie, y todavía más odioso, fué el *catib* ó *exceptor* Gomez, hijo de Antonino, hijo de Julian, cuyo nombre jamás pronuncian Álvaro Cordobés ni San Eulogio, como si temieran manchar con él sus páginas [2] Hablaba y escribia bien el árabe, y tenia mucho influjo en la córte *(gratiâ dissertudinis linguae arabicae quá nimium praeditus erat*, dice San Eulogio) Él se presentó, en nombre de Abderrahman, en el Concilio que presidia Recafredo, para pedir que se condenara la espontaneidad en el martirio y se pusiera en prisiones á San Eulogio y á los demás que le defendian. El decreto conciliar fué ambíguo, *aliud dicens et aliud sonans*, como inspirado por el miedo. Gomez, que en materia de religion era indiferente, se hizo musulman, reinando Mohamed, para lograr el empleo de canciller. Asistia con tanta puntualidad al culto, que los alfaquíes le llamaban *la paloma de la mezquita* [3] A esta apostasía siguieron otras muchas.

Nueva sublevacion de los toledanos capitaneados por un cierto Síndola *(¿Suintila?)*, en 853. Los rebeldes se adelantan hasta Andújar y amenazan á Córdoba. Síndola hace alianza con el rey de Leon, Ordoño I, que manda en su ayuda á Gaton, conde del Bierzo con numerosas gentes Mohamed derrota á los toledanos, y leoneses, haciendo en ellos horrible matanza. Sin embargo Toledo seguia independiente, y lo estuvo más de ochenta años, hasta el reinado de Abderrahman III.

Los montañeses de la Serranía de Ronda *(Regio montana* ó simple-

---

1 «Et priusquam foro plectendus educeretur, tradunt prophetico vegetatum spiritu de quodam eunucho vocabulo *Nazar*, Claviculario proconsule (qui eo tempore totius reipublicae in Hispaniis administrationem gerebat) divisse «Hunc quem hodie super omnes Hiberiae »primates fastus principatus extollit et coelo tenus gloriosa potestas in hac parte occidua su-»blimavit, revoluto venturi anni curriculo, ipsum, quo me prosterni die decreverit non at-»tinget » *(Memoriale Sanctorum*, pág 456, tomo II, de los Padres Toledanos *Obras de San Eulogio)*

2 Dozy nos revela su nombre, tomandolo de Ben-al-Kotiya

3 «Multi autem sua se sponte a Christo divertentes adhaerebant iniquis, sectamque diaboli summo colebant affectu, sicuti ille spurius et Sanctorum benedictione indignus Qui saecularis reverentiae pompam rebus praeponens coelestibus, inauditaque libidine pro Deo officium venerans continuo fidem Sanctae Trinitatis spernens, cedit sectae perversitatis et nequaquam se christianum vult jam ultra videri » *(Memoriale Sanctorum*, pág 490 de las *Obras de San Eulogio*, en los Padres Toledanos)

mente *Regio)*, así renegados como cristianos, levantaron poco despues la cabeza, y Omar-ben-Hafsun, el Pelayo de Andalucía, comenzó aquella heróica resistencia, ménos afortunada que la de Astúrias, pero no ménos gloriosa [1] Desde su nido de Bobastro hizo temblar á Mohamed y á Abdallah, y puso el califato de Córdoba á dos dedos de su ruina Á pique estuvo de fundar un imperio cristiano en Andalucía, y adelantar en cinco siglos la Reconquista. Aunque era de familia *muladí,* cuando vió consolidado su poder, abrazó el cristianismo con todos sus parientes, y cristianos eran la mayor parte de los héroes que le secundaban, aunque en los primeros momentos no juzgó oportuno enajenarse la voluntad de los renegados, que al fin, como españoles, odiaban de todo corazon á los árabes.

En todas partes se hacian independientes los *muladíes.* Aragon estaba dominado por la familia visigoda de los Beni-Cassi, de la cual salió el renegado Muza, señor de Tudela, Zaragoza y Huésca, que se apellidaba *tercer rey de España,* tenia en contínuo sobresalto á los príncipes cristianos y al emir cordobés, y recibia embajadas de Cárlos el Calvo Fué vencido en el monte Laturce, cerca de Albelda, por Ordoño I [2]. Desde entonces los Beni-Cassi (uno de ellos Lupo-ben-Muza, que era *cónsul* en Toledo) hicieron alianza con los reyes de Leon contra el comun enemigo, es decir, contra los árabes. Sólo Mahomad-ben-Lupi (hijo de Lope), por enemistad con sus tios, Ismael y Fortun-ben-Muza, rompió las paces en tiempo de Alfonso el Magno, y se alió con los cordobeses [3] Lidiaron contra él los demás Beni-Cassi, y fueron vencidos, viniendo á poder de Mohamad casi todos los antiguos Estados de Muza.

En Mérida habia fundado otro reino independiente el renegado Iben-Meruan, que predicaba una religion mixta de cristianismo y

---

1 Las inauditas hazañas de Omar-ben-Hafsun tipo del guerrillero español de los tiempos medios pueden leerse en Dozy pág 175 y sigs del tomo II (Leyde, 1861) Es uno de los mejores pedazos de su obra (Pronto aparecera una admirable *Historia del Rey Samuel,* escrita por D Aureliano Fernandez-Guerra)

2 «Muza quidam nomine Gothus sed ritu Mahametiano *(sic),* cum omnis gentis suae multitudine deceptus, quos Chaldaei vocant Benikazzi contra Cordubensem Regem rebellavit, eique multas Civitates partim gladio, partim fraude invasit prius quidem Caesaraugustam, deinde Tutelam et Oscam, postremo vero Toletum, ubi filium suum nomine Lupum posuit praefectum Postea in Francos et Gallos arma convertit multos ibi strages et praedas fecit Unde ob tantae victoriae causam tantum in superbia intumuit, ut se a suis tertium Regem in Hispania appellari praeceperit Adversus quem Ordonius Rex exercitum movit » etc. «Lupus vero filius de eodem Muza, qui Toleto Consul praeerat, dum de patre quod superatus fuerat, audivit, Ordonio Regi cum omnibus suis se subjecit, et dum vitam hanc vixit, subditus ei fuit » *(Chronicon Sebastiani,* ed de Florez, pag 25)

3 «Tum Ababdella ipse qui Mohamat iben Lupi, qui semper noster fuerat amicus ob invidiam de suis tionibus, cui Rex filium suum Ordonium ad creandum dederat, cum Cordubensibus pacem fecit » *(Chronicon Albeldense,* pág 67, ed de Florez)

mahometismo. Apoyado por Alfonso III y por los reyezuelos muslimes, de sangre española [1], derrotó en Caracuel un ejército mandado por Hachim, favorito de Mohamad, y llevó sus devastaciones hasta Sevilla y el Condado de Niebla.

Tales circunstancias aprovechó Omar-ben-Hafsun (entre los cristianos *Samuel)* para sus empresas. No me cumple referirlas, porque Omar no era renegado, aunque así le llamasen. Á su sombra se levantaron los españoles de Elvira, ya cristianos, ya renegados, y encerraron á los árabes en la Alhambra, y aunque Sawar, y despues el célebre poeta Said, les resistieron con varia fortuna, la estrella de Omar-ben-Hafsun, nuevo Viriato, no se eclipsaba por desastres parciales

En cambio, los renegados de Sevilla (que eran muchos y ricos) fueron casi exterminados por los yemenitas.

Aún hubo más soberanías españolas independientes. En la provincia de Ossonoba (los Algarbes), un cierto Yayha, nieto de cristianos, fundó un Estado pacífico y hospitalario. En los montes de Priego, Ben-Mastana, en tierras de Jaen, los Beni-Habil, en Múrcia y Lorca, Daisam-ben-Ishac, que dominaba casi todo el antiguo reino de Teodomiro· todos eran renegados, ó *muladíes*. Los mismos cristianos de Córdoba entraron en relaciones con Ben-Hafsun, y el conde Servando, aquel pariente de Hostegesis y antiguo opresor de los muzárabes, creyó conveniente ponerse al servicio de la causa nacional para hacer olvidar sus crímenes.

El combate de Polei quebrantó mucho las fuerzas de Omar-ben-Hafsun, que, á no ser por aquel descalabro, hubiera entrado en Córdoba, y la division entre los caudillos trajo, al fin, la ruina de la causa nacional. Abderrahman III los fué domeñando ó atrayendo. Al hacerse católicos Omar-ben-Hafsun y Ben-Mastana, se habian enajenado muchos partidarios. En la Seranía de Regio, poblada casi toda de cristianos, la resistencia fué larga, y Ben-Hafsun murió sin ver la derrota ni la sumision de los suyos. Su hijo Hafas rindió á Abderrahman la temida fortaleza de Bobastro. Su hija Argéntea, fervorosa cristiana, padeció el martirio. Otro hijo suyo, Abderrahman, más dado á las letras que á las armas, pasó la vida en Córdoba copiando manuscritos

Toledo, que formaba una especie de república, se rindió por hambre en 930. Todos los reinos de táifas desaparecieron, ménos el de

---

[1] Meruan, en sus algaradas, solo robaba y mataba á árabes y bereberes. Es de notar el sentimiento patriotico que, en medio de todo, animaba a estos renegados

los Algarbes, cuyo príncipe, que lo era el renegado Kalaf-ben-Beker, hombre justiciero y pacífico, ofreció pagar un tributo

Desde este momento ya no se puede hablar de *renegados*. Éstos se pierden en la general población musulmana, y los que volvieron á abrazar la fé, en mal hora dejada por sus padres, se confunden con los muzárabes.

Empresa digna de un historiador sério fuera el mostrar cuánto influye este elemento español en la general cultura musulmana. Él nos diría por ejemplo que el célebre ministro de Abderrahman V Alíben-Hazm, á quien llama Dozy «el mayor sábio de su tiempo, uno de los poetas más graciosos y el escritor más fértil de la España árabe», era nieto de un cristiano, por más que él renegara de su orígen y maldijera las creencias de sus mayores. Con fundamento el mismo Dozy (á quien cito por no ser sospechoso), despues de trascribir una lindísima narracion de amores escrita por Ibn-Hazm, y que sentaría bien en cualquiera novela íntima y auto-biográfica de nuestros dias, añade «No olvidemos que este poeta, el más casto, y hasta cierto punto el más cristiano entre los poetas musulmanes, no era de sangre árabe. Nieto de un español cristiano, no habia perdido el modo de pensar y de sentir propio de su raza En vano abominaban de su orígen estos españoles arabizados, en vano invocaban á Mahoma, y no á Cristo siempre en el fondo de su alma quedaba un no sé qué puro, delicado espiritual, que no es árabe» [1]. Esta vez, por todas, Dozy nos ha hecho justicia.

Diríanos el que de estas cosas escribiera, que el famoso historiador Ben-Al-Kotiya *(hijo de la goda)* descendia de la régia sangre de Witiza, que Almotacin, rey de Almería, poeta y gran protector del saber, era de la estirpe española de los Beni-Cassi, que el poeta cristiano Margari, y otro llamado Ben-Kazman, *muladí* segun parece, aclimataron en la córte de Almotamid de Sevilla los géneros semipopulares del *zadschal* y de la *muvaschaja*. Nos enseñaria si tiene ó no razon Casiri cuando afirma que el célebre astrónomo Alpetrangi, ó Alvenalpetrardo, era un renegado, cuyo verdadero nombre fué *Petrus*, cosa que Munck y otros negaron [2].

Ahora sólo me resta hablar de dos ó tres españoles de alguna cuenta (bien pocos por fortuna), que en tiempos posteriores islamizaron. El cautiverio en Granada y Marruecos hacia mártires, pero tambien algunos apóstatas, gente oscura por lo comun «Tornábansse

1 *Histoire des musulmans d'Espagne*, tomo III, pág 330
2 Vid *Mélanges de philosophie arabe et juive*, pág 518

moros con la muy grand cueita que avien», dice Pedro Marin en los *Miráculos de Santo Domingo*. Fuera de estos infelices, á quienes procuraba apartar del despeñadero San Pedro Pascual, Obispo de Jaen, con la *Bibria pequeña* y la *Impuinacion de la secta de Mahomah*, sólo recuerdo dos apóstatas de alguna cuenta: Fr. Anselmo de Turmeda [1], tipo del fráile aseglarado y aventurero, y el estrafalario trovador Garci-Ferrándes Gerena.

Torres Amat, en el *Diccionario de escritores catalanes*, afirma que Fr. Anselmo nació en Montblanch ó en Lérida. Pero el mismo Turmeda, en el *Libro del Asno*, se dice natural de Malloica Era fráile franciscano en Montblanch, y abandonó su convento, juntamente con Fr. Juan Marginet, monje de Poblet, y con Na Alienoi (doña Leonor), monja de Santa Clara. Marginet se convirtió más tarde, y murió en olor de santidad [2]; pero Fr. Anselmo se fué á Túnez en 1413, y renegó de la fé, tomando el nombre de Abdalla. Arrepentido más tarde, comenzó á predicar el Evangelio, por lo cual el rey de Túnez le mandó descabezar en 1419.

Esta es la version aceptada por todos los escritores catalanes, pero D Adolfo de Castro pone en duda que Fr. Anselmo llegase á renegar, ya que en libros compuestos durante su residencia en Túnez habla como cristiano De todas maneras, es raro que un cristiano y fráile, pudiera, sin apostatar, «*ser oficial de la aduana de Túnez y gran escudero del Rey Maule Brufrét*», como Turmeda se apellida en el *Libro del Asno* Los indicios del Sr. Castro no convencen, y es lástima, porque es Fr Anselmo personaje bastante conspícuo en la historia de las letras, y bueno fuera quitarle esa mancha.

La más popular y conocida de sus obias es un libro de consejos morales y cristianos (no sin alguna punta de sátira), por el cual de-

---

1 «Aquel hijo de Adam que esta acostado a la sombra de aquel aibol es de nacion catalán y natural de la ciudad de Mallorca, y tiene por nombre Fr Anselmo de Turmeda, el cual es hombre muy sabio en toda ciencia y más que nada en Astrologia, y es oficial de la aduana de Tunez por el grande y noble Maule Biufiet rey y señor entre los hijos de Adam, y gran escudero de dicho Rey »

2 «Respecto a Marginet se conservaron en el Monasterio, segun puede verse en la *Historia de Finéstres* memorias de la veneracion con que fue mirado en sus ultimos años y de su austera penitencia Añaden que habiéndosele presentado inutilmente con varios aspectos el demonio tomo finalmente la forma de asno, pero que conociéndole el penitente le sujeto con su cordon o cinta y le obligo a acarrear piedra de un torriente seco inmediato, para levantar cierto muro exterior que todavia existe designase ademas un portal bajo, que era el de la estancia donde se arrendaba al supuesto animal Dicen que se presento finalmente una legion infernal en figura de comunidad y mando a Marginet que soltase al asno, y en cuanto lo lograron, se despidieron con grande estrepito y llamaradas Presentose luego el espíritu a algunos aldeanos y les hablo asi «Diguen a fra Marginet que no tornara a agafá el Diable en el »bosch de Poblet» (Milá, *Observaciones sobre la poesia popular*, pag 81)

letreaban los muchachos en Cataluña hasta hace pocos años. Se le llama vulgarmente *Fransélm* y *Frantélm*, del nombre del autor; pero su verdadero título, en copias antiguas, es *Llibre compost per Frare Ansélm Turmeda, de alguns bons amonestaments; ja sia qu' ell los haja mal seguits pero pense n' aver algun mérit per divulgarlos á la gent;* y comienza:

> *En nom de Deu Omnipotent*
> *Vull comensar mon parlament,*
> *Qui aprendre voll bon nodriment*
> *Aquest seguescha.*

Al fin dice:

> *Y no ll' é dictat en latí*
> *Perque lo vell é lo fadrí,*
> *L'extranger y lo cosí*
> *Entendre 'el puguen.....*
> *Aso fou fet lo mes d'abril*
> *Temps de primavera gentil,*
> *Norantavuy trescents y mil*
> *Llavors corren* [1].

Es anterior, por tanto, á la época de su apostasía real ó supuesta. Respira cierta *bonhomie* socarrona, á la vez que ingénua, que no deja de hacer simpático á Fr. Anselmo. Muchas de sus sentencias se han convertido en proverbios. Hay infinitas ediciones populares de su libro, adicionadas con las coplas del Juicio final, la oracion de San Miguel, la de San Roque y la de San Sebastian [2].

En la Biblioteca del Escorial se conserva un manuscrito de profecías de Fr. Anselmo: *De les coses que han de esdevenir segons alguns profetes, e dits de alguns estrolechs, tant dels fets de la esglesia e regidor de aquella e de lurs terres e provincies.* A estas profecías se refiere, sin duda, Monfár *(Historia de los Condes de Urgél)* [3] cuando escribe que «la Condesa Margarita, para animar más á su hijo (Jáime el Desdichado), valíase de unos vaticinios y profecías de un Fr. Anselmo Turmeda, que habia pasado á Túnez y renegado de la fé, y de fray Juan de Rocatallada y del abad Joaquin, de Merlin y de una Cas-

1 Vid. Milá, *Catalanische Dicthter*. (En el *Iarhbüch für romanische literatur*, v. 137 y sigs.)
2 Nótese que en algunas de ellas se titula *Llibre compost en Túnez per lo reverend pare Fray Anselm Turmeda, en altra manera nomenat Abdala,* lo cual parece confirmar el rumor de su triste abjuracion.
3 Tomo II, pág. 153. (En los *Documentos inéditos* del Archivo de la Corona de Aragon.)

sandra......» Estas *profecías* ponen á Fr. Anselmo en el grupo de Arnaldo de Vilanova y de Rupescissa.

El Sr. D. Mariano Aguiló, en su inapreciable *Cansoner de les obretes mes divulgades en nostra lengua materna durant los segles XIV, XV é XVI*, ha impreso con singular elegancia unas *Cobles de la divisió del regne de Mallorques, escrites en pla catalá per frare Anselm Turmeda Any mil trecents noranta vuyt*, composicion fácil y agradable

En la Biblioteca de Carpentras hay de Fr. Anselmo otras coplas *sobre la vida de los marineros*, y un diálogo en prosa, que empieza· «¿De que es fondat lo castell d'amor? . » [1]

Compuso además Fr. Anselmo una obra alegórico-satírica, cuyo original no parece, aunque consta que se imprimió en Barcelona, 1509, con el rótulo de *Disputa del Ase contra frare Enselme Turmeda sobre la natura et nobleza dels animals* Tan rara como el libro catalán es la traduccion castellana, que sólo se halla citada en los antiguos índices expurgatorios *Libro llamado del «Asno», de Fr. Anselmo Turmeda*. Hay que recurrir, pues, á la traduccion francesa, que tambien anda muy escasa, y se encabeza *La disputation de l'asne contra frère Anselme Turmeda sur la nature et noblesse des animaux, faite et ordonnée par le dit frère Anselme en la cité de Tunnes, l'an 1417 Traduicte de vulgaire Hespagnol en langue francois. Lyon, par Laurens Buyson*, 1548; reimpresa en París, 1554 [2].

La traza del libro es ingeniosa y muy del gusto de la Edad Media. El autor se pierde en un bosque, donde halla congregados á los animales, y se ve precisado á disputar con un asno, que le prueba las excelencias de los animales sobre el hombre. La *vis satírica* de fray Anselmo se toma en esta discusion muchos ensanches, sobre todo en la censura de los religiosos de su tiempo, sin acordarse que su tejado era de vidrio Ésta debió de ser la causa de la prohibicion del *Libro del Asno*, que está escrito con verdadera agudeza.

Imitóle Nicolás Macchiavelli en su poema en tercetos *Dell 'Asino d'oro* [3], que muchos, guiados por el sonsonete del título, creen mera paráfrasis de Apuleyo El capítulo VIII, sobre todo, está inspirado en la *Disputa de Turmeda*

Todas las noticias que tenemos de Garci-Ferrándes de Gerena re-

1 Milá, *Catalanische Dichter*

2 Don Adolfo de Castro (tomo LXV de la *Biblioteca de Autores españoles* de Rivadeneyra) da amplias noticias y extractos de este libro de Fr Anselmo

3 *Opere inedite in prosa e in verso di Niccolo Machiavelli   ricavate da Codici a penna delle Biblioteche Laurenziana, Magliabechiana*, etc *Parte seconda Tomo primo Amsterdam, 1763* (Página 1ª y sigs)

sultan de las rúbricas del *Cancionero de Baena:* «Aquí se comienzan las cantigas é desires que fizo é ordenó en su tiempo Garci Ferrándes, el qual, por sus pecados é grand desaventura, enamoróse de una juglara que avia sido mora, pensando que ella tenia mucho tesoro é otrosy porque era mujer vistosa, pedióla por muger al Rey é diógela, pero despues falló que non tenia nada». Despues de este engaño «*despidiósse del mundo é púsosse beato en una ermita cabe Jerena..... enfingiendo de muy devoto contra Dios».* Allí hizo várias poesías místicas, entre ellas una graciosa cancion á la Vírgen:

> Vírgen, flor d'spina,
> Siempre te serví,
> Santa cosa é digna,
> Ruega á Dios por mí.....

Pero (como dice Baena) «*otra maldad tenia Garci Ferrándes en su corazon, y poniendo en obra su feo é desventurado pensamiento, tomó su mujer, disiendo que yba en romería á Jerusalem, é metiósse en una nao é llegado á Málaga, quedósse ende con su mujer..... é despues se fué á Granada con su mujer é con sus fijos, é se tornó moro é renegó la fé de Jesu Christo é dix mucho mal de ella, é estando en Granada, enamorósse de una hermana de su mujer, é seguióla tanto que la ovo é usó con ella».* Y áun le compuso una cantíga, no mala, que anda en el *Cancionero.* Viejo ya, y cargado de hijos, volvió á Castilla y á la fé, no sin que los demás trovadores le recibiesen con pesadas burlas. Baena trae un decir de Alfonso Álvarez de Villasandino contra Garci-Ferrándes, en gallego:

> Ya non te podes chamar perdidoso, etc.

Las obras de este pecador se reducen á doce cantígas, unas gallegas y otras castellanas con resábios gallegos. Tienen bastante armonía y halago [1]. Floreció en tiempo de D. Juan I.

Tambien Fr. Alonso de Mella, el dogmatizador de los *Fratricelli* de Durango, renegó en Morería con muchos de sus secuaces.

De los *moriscos* hablaré en el volúmen que sigue.

---

1 *Cancionero de Baena* (ed. de Pidal), págs. 620 á 626.

APÉNDICES DEL TOMO PRIMERO

LIBRO PRIMERO

CAPÍTULO PRIMERO

«Cum in unum convenissemus, legimus litteras vestras, fratres dilectissimi, quas ad nos per Felicem et Sabinum Episcopos nostros pro fidei vestrae
integritate, et pro Dei timore fecistis, significantes Basilidem et Martialem
libellis idololatriae commaculatos , et nefandorum facinorum conscientia
vinctos, Episcopatum gerere et Sacerdotium Dei administrare, non oportere,
et desideratis rescribi ad haec vobis et justam pariter ac necessariam sollicitudinem vestram vel solatio vel auxilio nostrae sententiae sublevari.... Plebs
obsequens praeceptis dominicis et Deum metuens, a peccatore Praeposito
separare se debet, nec se ad sacrilegi Sacerdotis officia miscere, quando ipsa
maxime pateat potestatem vel eligendi dignos Sacerdotes, vel indignos recu-
sandi: quod et ipsum videmus de divina auctoritate descendere, ut Sacerdos,
plebe praesente, sub omnium oculis deligatur, et dignus atque idoneus publico judicio ac testimonio comprobetur, sicut, in Numeris, Dominus Moysi
praecepit dicens: *Apprehende Aaron fratrem tuum et Eleaꝣarum filium ejus
et impones eos in montem coram omni Synagoga, et exue Aaron stolam
ejus, et indue Eleaꝣarum filium ejus, et Aaron appositus moriatur illic.* Coram omni Synagoga jubet Deus constitui Sacerdotem, id est, instruit et ostendit, ordinationes sacerdotales non nisi sub populi assistentis conscientia
fieri oportere, ut plebe praesente vel detegantur malorum crimina vel bonorum merita praedicentur, et sit ordinatio justa et legitima, *quae omnium
suffragio et judicio fuerit examinata.*

»Quod postea secundum divina magisteria observatur in *Actis Apostolicis*
quando de ordinando in locum Judae Episcopo Petrus ad plebem loquitur:
Surrexit, inquit, *Petrus in medio discentium, fuit autem turba in uno.* Nec
hoc in Episcoporum tantum et Sacerdotum, sed et in Diaconorum ordinationibus observasse Apostolos, animadvertimus, de quo ipso in *Actis* eorum
scriptum est: *Et convenerunt illi duodecim totam plebem discipulorum....*

»Propter quod diligenter de traditione divina et apostolica observatione observandum est, et tenendum, quod apud nos quoque et fere per provincias universas tenetur, ut ad ordinationes rite celebrandas, ad eam plebem, cui Praepositus ordinatur, Episcopi ejusdem provinciae quique conveniant, et Episcopus deligatur plebe praesente, quae singulorum vitam plenissime novit, et uniuscujusque actum de ejus conversatione perspexit

»Quod et apud vos factum videmus in Sabini collegae nostri ordinatione, ut de universae fraternitatis suffragio, et de episcoporum, qui in praesentia convenerant, quique de eo ad vos litteras fecerant, judicio, Episcopatus ei deferretur, et manus ei in locum Basilidis imponeretur.

»Nec rescindere ordinationem jure perfectam potest, quod Basilides post crimina sua detecta, et conscientiam etiam propria confessione nudatam, Romam pergens, Stephanum collegam nostrum, longe positum, et gestae rei, ac tacitae veritatis ignarum fefellit, ut exambiret, reponi se injuste in Episcopatum, de quo fuerat juste depositus. .

»Propter quod integritatis et fidei vestrae religiosam sollicitudinem, fratres dilectissimi, et laudamus pariter et probamus, et quantum possumus adhortamur litteris nostris, ne vos cum prophanis et maculatis Sacerdotibus communicatione sacrilega misceatis, sed integram et sinceram fidei vestrae firmitatem religioso timore servetis» [1].

II.—Carta de Ósio á Constancio

«Ego confessionis munus explevi, primum cum persecutio moveretur ab avo tuo Maximiano, quod si tu quoque persecutionem moves, etiam nunc ad quidvis potius sustinendum paratus sum quam ut effundam innocentem sanguinem et veritatem prodam, teque nequaquam probo talia scribentem, et istiusmodi minas denuntiantem Desinas igitur istiusmodi scribere, ne que sentias cum Ario, neque audias orientales, neque Ursacio et Valenti fidem habeas, quae enim illi dicunt, non ob Athanasium sed ob suam haeresim dicunt. Mihi crede, qui tibi avus aetate esse possem fui ipse in Sardicensi Concilio, cum tu tuusque frater beatus Constans nos omnes eo convocabat, ipseque ultro Athanasii inimicos provocavi, cum ad Ecclesiam, ubi ego commorabar, advenissent ut si quid contra eum haberent, ederent promissique eis securitatem, neve quidquam aliud spectarent quam rectum in omnibus judicium, idque non semel, sed bis feci· quod si nollent rem ab Universa Synodo disceptari, saltem me judice uterentur· promissique etiam nos Athanasium, si in noxa reperiretur, omnibus modis ejecturos esse Quod si innocens deprehendatur, et vos ostenderit calumniatores, et aeque illum recusaveritis ego illi persuadebo ut mecum in Hispanias veniat Athanasius autem his conditionibus obtemperavit, nihil contra oblocutus illi vero ad omnia aeque diffidentes recesserunt. Athanasius deinde tuis litteris accersi-

---

1 Con San Cipriano firman esta carta treinta y siete Obispos de Africa He suprimido algunas líneas para no repetir noticias ya dadas en el texto

tus venit in castra tua, omnesque inimicos suos, qui Antiochiae praesto
erant, singulatim citari jussit, ut aut redarguerent, aut redarguerentur, et
aut se praesentem commostrarent ea fecisse quae objecerant, aut ne absen-
tem calumniarentur: sed ne tunc quidem haec ipsis denuntiantem sustinue-
runt, minime istiusmodi conditiones admittentes. Cur igitur nunc audis
obtrectatores ejus? aut cur toleras Valentis et Ursacii criminationes, poenitentia et scripto professos se calumniam fecisse? Confessi enim sunt suam
sycophantiam, non vi adacti, ut ipsi causantur, cum nulli ibi milites incum-
berent, et tuus frater nesciret. Nihil enim tale sub ipso agebatur qualia nunc
fiunt, sed illi ultro Romam venerunt, et coram Episcopo Presbyterisque ibi
praesentibus, confessionem suam scripto ediderunt, cum prius pacatas litteras et amicas ad Athanasium dedissent. Quod si iis libet vim causificari; idque pro malo habent, nec a te probatur, omitte igitur et tu violentiam tuam,
nec litteras scribe, nec comites mitte, sed relegatos exiliis libera, nec te de
vi quaerente, majorem vim illi sub tuo nomine exerceant. Quid enim tale a
Constante actum est? aut quis ibi Episcopus relegatus? aut quando judiciis
ecclesiasticis interfuit? aut quis ipsius Palatinus vim adhibuit ut contra aliquem subscriptio fieret, ut idem Valens cum suis aliquid colligat, habeatque
quod objiciat? Desine, quaeso, et memineris te mortalem esse: reformida
diem judicii: serva te in diem illum purum, nec te misceas Ecclesiasticis, neque nobis in hoc genere praecipe, sed potius ea a nobis disce. Tibi Deus
imperium commisit, nobis, quae sunt Ecclesiae, concredidit: et quemadmodum qui tuum imperium occultis conatibus invadit, contradicit ordinationi
divinae, ita et tu cave, ne quae sunt Ecclesiae ad te trahens, magno crimini
obnoxius fias. *Date*, scriptum est, *quae sunt Caesaris Caesari, et quae Dei,
Deo*. Neque igitur fas est nobis in terris imperium tenere, neque tu thymia-
matum et sacrorum potestatem habes, Imperator. Haec quidem ob curam
tuae salutis scribo, et de iis quae in Epistolis scribis, hanc meam sententiam accipe. Ego neque Arianis assideo, neque suffragor, sed eorum haeresim anathemate damno, neque Athanasii accussationibus subscribo, quem
nos et Romana Ecclesia et Universa Synodus innocentem pronuntiavit. Nam
et tu quoque cum rem cognitam perspectamque haberes, Athanasium accer-
sivisti, fecisti ei copiam ut cum honore in patriam et Ecclesiam reverrete-
tur. Quae igitur causa est hujus tantae mutationis, cum iidem inimici ejus
sint, qui antea fuerunt? Et quae nunc susurrant nihil eorum, cum ille praesens esset, hiscere audebant, sed ea, antequam accerseres Athanasium, ob-
murmurabant, quo tempore a me conventi, quemadmodum superius dixi,
ut ederent criminum documenta, nihil in medium adducere potuerunt.
Nam si quidquam potuissent, non ita turpiter aufugissent. Quis te igitur induxit ut post tantum temporis tuarum litterarum et sermonum obliviscaris?
Inhibe te, quaeso, neque aures praebeas malis hominibus, neque ob mutuas
invicem cum illis gratificaciones, temetipsum reum facias. Quae enim iis
indulseris, de illis in judicio solus cogeris causam reddere. Isti suum inimicum per te satagunt injuria afficere, teque volunt ministrum suae malitiae
esse, ut per te detestabilem haeresim in Ecclesia seminent. Non est pruden-
tis in gratiam alienae libidinis seipsum in certum periculum conjicere. Desine, quaeso, et ausculta mihi, Constanti: hoc enim decet et me scribere et
te non vilipendere.»

CAPÍTULO II

I.—Textos de Sulpicio Severo, San Jerónimo, etc., relativos á la historia del Priscilianismo

«Sequuntur tempora aetatis nostrae gravia et periculosa, quibus non usitato malo, pollutae Ecclesiae et perturbata omnia Nemque tum primum infamis illa Gnosticorum haeresis intra Hispanias deprehensa, superstitio exitiabilis, arcanis occultata secretis Origo istius mali, oriens ab Aegiptiis. Sed quibus ibi initiis coaluerit, haud facile est disserere Primus eam intra Hispanias Marcus intulit, Aegipto profectus, Memphis ortus. Hujus auditores fuere, Agape quaedam non ignobilis mulier, et rhetor Helpidius. Ab his Priscillianus est institutus, familia nobilis, praedives opibus, acer, inquies, facundus, multa lectione eruditus, disserendi ac disputandi promptissimus Felix profecto, si non pravo studio corrupisset optimum ingenium prorsus multa in eo animi et corporis bona cerneres. Vigilare multum, famen ac sitim ferre poterat, habendi minime cupidus, utendi parcissimus. Sed idem vanissimus et plus justo inflatior prophanarum rerum scientia quin et magicas artes ab adolescentia eum exercuisse creditum est

»Is ubi doctrinam exitiabilem aggressus est, multos nobilium, pluresque populares, auctoritate persuadendi et arte blandiendi, alicuit in societatem Ad hoc mulieres novarum rerum cupidae, fluxa fide, et ad omnia curioso ingenio, catervatim ad eum confluebant. Quippe humilitatis speciem ore et habitu praetendens, honorem sui et reverentiam cunctis injecerat Jamque paulatim perfidiae istius tabes, pleraque Hispaniae pervaserat, quin et nonnulli Episcoporum depravati, inter quos Instantius et Salvianus, Priscillianum non solum consensione sed sub quadam etiam conjuratione susceperant Quo Adyginus Episcopus Cordubensis, ex vicino agens, comperto, ad Idatium emeritae aetatis sacerdotem refert Is vero sine modo, et ultra quam oportuit, Instantium sociosque ejus lacessens, facem quandam nascenti ingenio subdidit· ut exasperaverit malos potius quam compresserit Igitur post multa inter eos et digna memoratu certamina, apud Caesaraugustam Synodus congregatur cui tum etiam Aquitani Episcopi interfuere Verum haeretici commitere se judicio non ausi, in absentes tum lata sententia, damnatique Instantius et Salvianus Episcopi, Helpidius et Priscillianus laici. Additum etiam, ut si quis damnatos in communionem recepisset, sciret in se eandem sententiam proferendam. Atque id Ithacio Sossubensi Episcopo negotium datum, ut decretum Episcoporum in omnium notitiam deferret, maximeque Iginum extra communionem faceret, qui cum primus omnium insectari palam haereticos coepisset, postea turpiter depravatus, in communionem eos recepisset Interim Instantius et Salvianus, damnati judicio sacerdotum, Priscillianum etiam laicum sed principem malorum omnium, una secum

Caesaraugustana Synodo notatum ad confirmandas vires suas, Episcopum in Labinensi offrido, constituunt: rati nimirum, si hominem acrem et callidum sacerdotali auctoritate armassent, tutiores fore sese.

»Tum vero Idacius atque Ithacius acrius instare, arbitrantes posse inter initia malum comprimi; sed parum sanis consiliis saeculares judices adeunt, ut eorum decretis atque excusationibus haeretici urbibus pellerentur. Igitur post multa et foeda, Idatio supplicante, elicitur a Gratiano, tum Imperatore, rescriptum quo universi haeretici excedere non Ecclesiis tantum aut urbibus, sed extra omnes terras propelli jubebantur. Quo comperto, Gnostici diffisi rebus suis, non ausi judicio certare, sponte cessere, qui Episcopi videbantur: caeteros metus dispersit. At tum Instantius, Salvianus et Priscillianus Romam profecti, ut apud Damasum urbis ea tempestate Episcopum, objecta purgarent. Sed iter eis praeter interiorem Aquitaniam fuit, ubi tum ab imperitis magnifice suscepti, sparsere perfida semina: maximeque Elusanam plebem, sane tum bonam et religioni studentem, pravis praedicationibus pervertere. A Burdigala per Delphinum repulsi, tamen in agro Euchrotiae aliquantisper morati, infecere non nullos suis erroribus. Inde iter coeptum ingressi turpi sane pubibundoque comitatu, cum uxoribus atque alienis etiam feminis, in queis erat Euchrotia, ac filia ejus Procula: de qua fuit in sermone hominum, Priscilliani stupro gravidam, partum sibi graminibus abegisse.

»Hi ubi Romam pervenere, Damaso se purgare cupiens, ne in conspectum quidam ejus admissi sunt. Regressi Mediolanum, aeque adversantem sibi Ambrosium repererunt. Tum vertere consilia, ut quia duobus Episcopis, quorum ea tempestate summa auctoritas erat, non illuserant, largiendo et ambiendo, ab Imperatore cupita extorquerent. Ita corrupto Macedonio, cum Magistro officiorum, rescriptum eliciunt, quo calcatis quae prius decreta erant, restitui Ecclesiis jubebantur. Hoc freti Instantius et Priscillianus repetivere Hispanias. Nam Salvianus in urbe obierat: ac tum sine ullo certamine Ecclesias quibus praefuerant, recepere. Verum Trachio ad resistendum non animus sed facultas defuit: quia haeretici, corrupto Volventio proconsule, vires suas confirmaverunt. Quin etiam Ithacius, ab his quasi perturbator Ecclesiarum reus postulatus, jussusque per atrocem executionem deduci, trepidus profugit ad Gallias: ibi Gregorium praefectum adiit. Qui compertis quae gesta erant, rapi ad se turbarum auctores jubet, ac de omnibus ad Imperatorem refert, ut haereticis vim ambiendi praecluderet. Sed id frustra fuit: quia per libidinem et potentiam paucorum, cuncta ibi venalia erant.

»Igitur haeretici, suis artibus, grandi pecunia Macedonio data, obtinent ut Imperiali auctoritate Praefecto erepta cognitio, Hispaniarum Vicario committeretur: missique a Magistro officiales qui Ithacium tum Treveris agentem, ad Hispanias retraherent. Quos ille callide frustratur: ac postea per Britannium Episcopum defensus, illusit. Jam rumor incesserat Clementem Maximum intra Britannias sumpsisse imperium, ac brevi in Gallias erupturum. Ita tum Ithacius statuit, licet rebus dubiis, novi Imperatoris adventum expectare: interim sibi nihil agitandum. Igitur ubi Maximus oppidum Treverorum victor ingressus est, ingerit preces, plenas in Priscillianum ac socios ejus invidiae atque criminum. Quibus permotus Imperator, datis ad

Praefectum Galliarum atque ad Vicarium Hispaniarum litteris, omnes omnino quos labes illa involuerat, deduci ad Synodum Burdegalensem jubet
Ita deducti Instantius et Priscillianus quorum Instantius prior jussus causam dicere, postquam se parum expurgabat, indignus esse Episcopatu pronuntiatus est Priscillianus, vero, ne ab Episcopis audiretur, ad Principem
provocavit permissumque id nostrorum inconstantia, quia aut sententiam in
refragantem ferre debuerant, aut si ipsi suspecti habebantur, aliis Episcopis
audientiam reservare, non causam Imperatori de tam manifestis criminibus
permittere.

»Ita omnes quos causa involverat, ad Regem deducti, Sequuti etiam accussatores, Idatius et Ithacius Episcopi quorum studium in expugnandis haereticis non reprehenderem, si non studio vincendi plus quam oportuit, cessassent. Ac mea quidem sententia est, mihi tam reos quam accussatores displicere. Certe Ithacium nihil pensi, nihil sancti habuisse, definio Fuit enim
audax, loquax, impudens, sumptuosus, ventri et gulae plurimum impertiens
Hic stultitiae eo usque processerat ut omnes etiam sanctos viros, quibus aut
studium inerat lectionis, aut propositum erat certare jejuniis, tanquam Priscilliani socios aut discipulos, in crimen arcesseret. Ausus etiam miser est ea
tempestate Martino Episcopo, viro plane Apostolis conferendo, palam objectare haeresis infamiam Namque tum Martinus apud Treveros constitutus,
non desinebat increpare Ithacium, ut ab accussatione desisteret Maximum
orare, ut sanguine infelicium abstineret satis superque sufficere ut Episcopali sententia haeretici judicati, Ecclesiis pellerentur novum esse et inauditum nefas ut causam Ecclesiae judex saeculi judicaret. Denique quoad usque
Martinus Treveris fuit, dilata cognitio est, et mox discessurus, egregia auctoritate a Maximo elicuit responsionem, nihil cruentum in reos constituendum

»Sed postea Imperator per Magnum et Rufum Episcopos depravatus, et a
mitioribus consiliis deflexus, causam Praefecto Evodio permisit, viro acri et
severo Qui Priscillianum gemino judicio auditum, convictumque maleficii
nec diffitentem obscoenis se studuisse doctrinis, nocturnos etiam turpium
foeminarum egisse conventus, nudumque orare solitum, nocentem pronuntiavit, redegitque in custodiam, donec ad Principem referret Gestis ad Palatium delatis, censuit Imperator Priscillianum sociosque ejus capitis damnari oportere Caeterum Ithacius videns quam invidiosum sibi apud Episcopos foret, si accusato etiam postremis rerum capitalium judiciis astitisse
(enim iterari judicium necesse erat) subtrahit se cognitioni frustra, callido
jam scelere perfecto. Ac tum per Maximum accussator opponitur quidam
fisci patronus. Ita eo insistente, Priscillianus capitis damnatus est, unaque
cum eo Felicissimus et Armenius, qui nuper a Catholicis, clerici Priscillianum secuti, desciverant Latronianus quoque et Euchrotia, gladio perempti
Instantius, quem superius ab Episcopis damnatum diximus, in Sylinam insulam quae ultra Britanniam sita est, deportatus Item deinde in reliquos
sequentibus judiciis, damnatique Asarinus et Aurelius diaconus gladio Tiberianus, ademptis bonis, in Sylinam insulam datus. Tertullus, Potamius
et Joannes, tanquam viliores personae et digni misericordia, quia ante quaestionem se ac socios prodidissent, temporario exilio intra Gallias relegati.
Hoc fere modo homines luce indignissimi, pessimo exemplo, necati aut exi-

liis multati: quod initio jure judiciorum..... defensum, postea Ithacius jurgiis solitus, ad postremum convictus, in eos retorquebat, quorum id mandato et consiliis effecerat: solus tamen omnium Episcopatu detrusus. Nam Idacius, licet minus nocens, sponte se Episcopatu abdicaverat. Sapienter id, et verecunde, nisi postea amissum locum repetere tentasset.

»Caeterum Priscilliano occiso, non solum non repressa est haeresis quae illo auctore proruperat, sed confirmata, latius propagata est. Namque sectatores ejus, qui eum prius ut Sanctorum honoraverant, postea ut Martyrem colere coeperunt. Peremptorum corpora ad Hispaniam relata, magnisque obsequiis celebrata eorum funera. Quin et jurare per Priscillianum summa religio putabatur, ac inter nostros perpetuum discordiarum bellum exarserat: quos jam per quindecim annos foedis disensionibus agitatum, nullo modo sopiri poterat. Et nunc, cum maxime discordiis Episcoporum turbari aut misceri omnia cernerentur, cunctaque per eos odio aut gratia, metu, inconstantia, invidiā, factione, libidine, avaritia, arrogantia, desidia essent depravata: postremo plures adversum paucos bene consulentes, insanis consiliis et pertinacibus studiis certabant: inter haec plebs Dei et optimus quisque probro atque ludibrio habebatur» [1].

«Veniam ad illud quod propter notam temporum semper occultarit, sed nos celare non potuerit. In quod illud est miraculi quod facie ad faciem cum eo est Angelus collocatus. Maximus, Imperator alias sane bonus, depravatus consiliis sacerdotum, post Priscilliani necem, Ithacium Episcopum Priscilliani accussatorem, caeterosque illius socios, quos nominari non est necesse, vi regia tuebatur, ne quis ei crimini daret, opera illius cujuscumque modi hominem fuisse damnatum. Interea Martinus multis gravibusque laborantium causis ad comitatum ire compulsus, procellam ipsam totius tempestatis incurrit. Congregati apud Treveros Episcopi tenebantur, qui quotidie communicantes Ithacio, communem sibi causam fecerant. His uti nuntiatum est inopinantibus adesse Martinum, totis animis labefacti..... trepidare coeperunt. Et jam pridie Imperator ex eorum sententia decreverat, tribunos summa potestate armatos ad Hispanias mittere qui haereticos inquirerent, deprehensis vitam et bona adimerent. Nec dubium erat quin Sanctorum etiam maximam turbam tempestas illa depopulatura esset, parvo discrimine inter hominum genera: etenim tum solis oculis judicabatur, cum quis pallore aut veste potius quam fide haereticus judicabatur. Haec nequaquam placitura Martino, Episcopi sentiebant, sed male consciis illa vel molestissima erat cura, ne se ab eorum communione adveniens abstineret, non defuturus qui tanti viri constantiam praemissa auctoritate sequeretur. Ineunt cum Imperatore consilium ut, missis obviam Magisterii officialibus, urbem illam proprius vetaretur accedere, nisi secum pace Episcoporum ibi consistentiam adfore fateretur. Quos ille callide frustratus profitetur se cum pace Christi esse venturum. Postremo ingressus nocturno tempore, adiit Ecclesiam, tan-

---

1 *Historia Sagrada*, lib. II, fól. 347 y sigs. del tomo VI de la *Bibliotheca Veterum Patrum*, edicion lugdunense.

tum orationis gratia Postridie palatium petit. Praeter multas quas evolvere
longum est, has principales petitiones habebat, pro Narsete comite et Leu-
cadio praeside quorum ambo Gratiani partium fuerant ... Illa praecipua
cura ne tribuni cum jure gladiorum ad Hispanias mitterentur. Pia enim erat
sollicitudo Martino ut non solum Christianos qui sub illa erant occasione
vexandi, sed ipsos etiam haereticos liberare. Verum primo die atque altero
suspendit hominem callidus Imperator, sive ut rei pondus imponeret sive
quia nimis sibi implacabilis erat, sive quia (ut plerique tum arbitrabantur)
avaritia repugnabat: siquiden in bona eorum inhiarat. . Interea Episcopi
quorum communionem Martinus non inibat, trepidi ad Regem concurrunt,
praedamnatos se conquerentes, actum esse de suo omnium statu, si Theog-
nisti pertinaciam qui eos solus palam lata sententia condemnaverat, Martini
armaret auctoritas; non oportuisse hominem recipi moenibus; illum jam non
defensorem haereticorum esse sed vindicem, nihil actum morte Priscilliani,
si Martinus exerceat illius ultionem Postremo postrati, cum fletu et lamen-
tatione, potestatem regiam implorant, ut utatur adversus unum hominem vi
sua. Nec multum aberat quin cogeretur Imperator Martinum cum haereticorum sorte miscere Ac primo secreto accersitum, blande appellat, haereticos jure damnatos more judiciorum publicorum potius quam insectatio-
nibus Sacerdotum non esse causam qua Ithacii caeterorum que partis ejus
communionem putaret esse damnandam, Theognistum odio potius quam
causa fecisse dissidium, eundemque tamen solum esse qui a communione
interim separarit, a reliquis nihil novatum. Enim etiam ante paucos dies habita Synodu, Ithacium pronuntiaverat culpam non teneri Quibus cum
Martinus parum moveretur, Rex ira accenditur, ac se de conspectu ejus
abripuit. Et mox percussores his pro quibus Martinus rogaverat, diriguntur
Quod ubi Martino compertum jam noctis tempore est, palatium irrupit
Spondet, si parceretur, se communicaturum, dummodo ut et tribuni jam in
excidium ad Hispaniam missi retraherentur Nec mora intercessit, Maximus
indulget omnia. Postridie Martinus communionem iniit, satius existimans ad
horam cedere quam his non consulere quorum cervicibus gladius inminebat.
Verumtamen ne summa vi Episcopis nitentibus, ut communionem illam
subscriptione firmare, extorqueri non poterit Postera die se inde proripiens,
cum revertens in via moestus ingemisceret, se vel ad horam noxivae communioni fuisse permixtum, haud longe a vico cui nomen est Audethona,
qua vastas solitudines silvarum . ille subsedit Astitit ei repente angelus
Merito, Martine, compungeris, sed aliter exire nequisti. Repara virtutem, re-
sume constantiam, ne jam non periculum gloriae sed salutis incurreris. Itaque ab illo tempore satis cavit, cum illa Ithacianae partis communione
misceri. Caeterum cum quosdam ex energumenis tardius quam solebat et
gratia minore curaret, subinde cum nobis lachrymis fatebatur se propter
communionis illius malum   . detrimentum sentire virtutis. Sexdecim postea
vixit annos, nullam Synodum adiit, ab omnibus Episcoporum conventibus
se removit» [1]

«*Prologus dialogi S. Hieronymi adversus Pelagianos* (Columnas 693
y 94, tomo II, ed. de Verona, por Vallarsi.) Ut praeteream Manichaeum, *Pris-*

1 Diálogo 3.° *De vita B. Martini*, pár XV, pág. 369 y sigs del tomo y coleccion citados

cillianum, Evagrium, Iberitam, Jovinianum et totius pene Syriae haereticos, quos sermone gentili *Massalianos*, graece *Olixitas* vocant, quorum omnium ista sententia est, posse ad perfectionem et non dicam ad similitudinem sed aequalitatem Dei, humanam virtutem et scientiam pervenire: ita ut asserant se ne cogitatione quidem et ignorantia, quum ad consummationis culmen ascenderint, posse peccare?»

San Jerónimo, *De viris illustribus*.—«Cap. 121. *Priscillianus*, Abilae Episcopus, qui factione Hydacii et Ithacii Treveris a Maximo Tyranno caesus est, edidit multa opuscula, de quibus ad nos aliqua pervenerunt. Hic usque hodie a nonnullis, *Gnosticae* id est Basilidae et Marci, de quibus Iraeneus scripsit, haereseos accusatur, defendentibus aliis non ita eum sensisse ut arguitur.

»Cap. 122. *Latronianus* provinciae Hispaniae, valde eruditus et in metrico opere veteribus comparandus, caesus est et ipse Treveris cum Priscilliano, Felicissimo, Juliano, Euchrocia, ejusdem factionis auctoribus. Extant ejus ingenii opera, diversis metris edita.

»Cap. 123. *Tiberianus Baeticus* scripsit pro suspicione qua cum Priscilliano accusabatur haereseos, *apologeticum* tumenti compositoque sermone, sed post moram, taedio victus exilii, mutavit propositum, et juxta Sanctam Scripturam *canis reversus ad vomitum suum*, filiam devotam Christo virginem, matrimonio copulavit.»

San Jerónimo, *Sobre Isaías*.—«Cap. 64. Gnosticos per Marcum Aegiptium primum circa Rhodanum, deinde Hispaniarum nobiles foeminas decepisse, miscentes voluptatem, et imperitiae suae nomen scientiae venditantes.»

Idem. *Ad Ctesiphontem*.—«In Hispania Agape Elpidium, mulier virum, coeca duxit in foveam, successoremque sui Priscillianum habuit, Zoroastris magi studiosissimum, et ex Mago Episcopum.»

A. 382. *Ausonio et Olybrio* Coss.—«Ea tempestate Priscillianus Episcopus de Gallaecia ex Manichaeorum et Gnosticorum dogmate haeresim nominis sui condidit.»

A. D. 388. *Arcadio et Bautone* Coss.—«Priscillianus in Synodo Burdegalensi se damnandum intelligens, ad imperatorem Maximum provocavit, auditusque Treveris ab Evodio praefecti Praetorio, a Maximo gladio addictus est cum Euchrocia, Delphidii rhetoris conjuge, et Latroniano, aliisque erroris consortibus. Burdegalae quaedam Priscilliani discipula, nomine Urbica, ob impietatis pertinaciam, per seditionem vulgi, lapidibus extincta est» [1].

II.—Regla de fé del Concilio Toledano Primero

«Credimus in unum verum Deum patrem omnipotentem et Filium et Spiritum Sanctum, visibilium et invisibilium factorem, per quem omnia facta sunt et in coelo et in terra, unum Deum et unam esse divinae substantiae Trinitatem. Patrem autem non esse filium ipsum, sed habere filium qui

---

1 *Prosperi Aquitani Chronicon.* (Pág. 821 del tomo VIII de San Jerónimo, ed. citada.)

pater non sit. Filium non esse patrem, sed filium Dei de patris esse natura Spiritum quoque esse Paracletum, qui nec pater sit ipse, nec filius, sed a patre filioque procedens Est ergo ingenitus pater, genitus filius, non genitus Paracletus sed a patre filioque procedens Pater est cujus vox haec audita est de coelis *Hic est filius meus dilectus, in quo mihi bene complacui, ipsum audite* Filius est qui ait· *Ego a patre exivi et a Deo veni in hunc mundum* Paracletus est spiritus, de quo filius ait *Nisi ego abiero ad patrem, paracletus non veniet.* Hanc trinitatem personis distinctam, substantia unitam, virtute et potestate et majestate invisibilem, indifferentem Praeter hanc nullam credimus divinam esse naturam, vel angeli vel spiritus, vel virtutis alicujus quae Deus credatur. Hunc ergo filium Dei, Deum natum a patre ante omne omnino principium, sanctificasse uterum virginis Mariae, atque ex ea verum hominem sine virili generatum semine suscepisse, duabus dumtaxat naturis, id est, deitatis et carnis in unam convenientibus omnino personam, id est, Dominum nostrum Jesum Christum Nec imaginarium corpus, aut phantasmatis alicujus in eo fuisse, sed solidum atque verum. Hunc et esuriisse et sitisse et doluisse et flevisse et omnes corporis injurias pertulisse Postremo a Judaeis crucifixum et sepultum et tertia die resurrexisse Conversatum postmodum cum discipulis suis et quadragesima post resurrectionem die ad coelum ascendisse Hunc filium hominis, etiam filium Dei, et filium Dei et hominis filium appellamus Resurrectionem vero futuram humanae credimus carnis, animam autem hominis non divinae esse substantiae, aut Dei patris, sed creaturam dicimus Dei voluntate creatam Siquis autem dixerit aut crediderit a Deo omnipotente mundum hunc factum non fuisse atque omnia ejus instrumenta, anathema sit Siquis dixerit aut crediderit Deum Patrem eundem esse Filium vel Paracletum anathema sit. Siquis dixerit vel crediderit Filium eundem esse Patrem vel Paracletum, anathema sit. Siquis dixerit vel crediderit carnem tantum sine anima a filio Dei fuisse susceptam, anathema sit. Siquis dixerit vel crediderit Christum innascibilem esse, anathema sit Siquis dixerit vel crediderit Deitatem nascibilem esse, anathema sit. Siquis dixerit vel crediderit alterum Deum esse priscae Legis, alterum Evangeliorum, anathema sit. Siquis dixerit vel crediderit ab altero Deo mundum factum fuisse et non ab eo, de quo scriptum est. *In principio fecit Deus coelum et terram*, anathema sit Siquis dixerit vel crediderit corpora humana non resurgere post mortem, anathema sit Siquis dixerit vel crediderit animam humanam Dei portionem vel Dei esse substantiam, anathema sit Siquis dixerit vel crediderit alias Scripturas praeter quas Ecclesia Catholica recipit in authoritate, habendas vel esse venerandas, anathema sit. Siquis Astrologiae vel Mathesi existimat esse credendum, anathema sit. Siquis dixerit vel crediderit conjugia hominum quae secundum legem divinam licet habere, execrabilia esse, anathema sit Siquis dixerit vel crediderit carnes avium seu pecudum quae ad escam datae sunt, non tantum pro castigatione hominum abstinendas, sed execrandas esse, anathema sit Siquis in errore Priscilliani sectam sequitur vel profitetur, ut aliud in salubri baptismo contra sedem Petri faciat, anathema sit

»Explicit regula fidei catholicae adversus Priscillianistas Patruinus episcopus subscripsit,« etc. (Siguen las firmas de los demás Obispos.)

III.—Sentencia definitiva del mismo Concilio
contra los Priscilianistas

«Die qua supra, Episcopi dixerunt: Legatur scriptura sententiae. Et legit: Etsi diu deliberantibus verum, post Caesaraugustanum Concilium, in quo sententia in certos quosque dicta fuerat, sola tamen una die, praesente Symphosio, qui postmodum declinando sententiam, praesens audire contempserat, arduum nobis esset audire jam dictos, litteris tamen sanctae memoriae Ambrosii, quas post illud Concilium ad nos miserat: ut si condemnassent quae perperam egerant, et implessent conditiones quas praescriptae litterae continebant, reverterentur ad pacem (adde quae sanctae memoriae Syricius Papa suasisset) magnam nos constat praestitisse patientiam, et si prius indictum in Toletana urbe Concilium declinarant, ad quos illos evocaveramus et audissemus, cur non implessent conditiones quas sibi ipsi, sancto Ambrosio praesente et audiente, posuissent, patuit respondisse Symphosium, se a recitatione eorum quae dicebant *martyres* [1] recesisse ac dehinc receptum tentatumque, per plurimos secus aliqua gesisse reperimus, nullis libris apocryphis aut novis scientiis, quas Priscillianus composuerat, involutum: Dictinium epistolis aliquantis pene lapsum, quas omnes sua processione condemnans, correctionem petens, veniam postularet. Quem constat, ut Symphosius fecit, quaecumque contra fidem Catholicam Priscillianus scripserat, cum ipso auctore damnasse. Caeterum extortum sibi de multitudine plebis probaret Symphosius, ut ordinaret Dictinium Episcopum, quem sanctus Ambrosius decrevisset, bono pacis, locum tenere Presbyteri, non accipere honoris augmentum. Confitentur etiam illud quod alios per diversas Ecclésias ordinassent, quibus deerant, Sacerdotes, habentes hanc fiduciam, quod cum illis prope modum totius Galliciae sentiret plebium multitudo. Ex quibus ordinatus est Paternus Bracarensis Ecclesiae Episcopus. In hanc vicem confessionis primus erupit et sectam Priscilliani se scisse sed factum Episcopum, liberatum se ab ea, lectione librorum S. Ambrosii esse, juraret.

»Item *Isonius*, nuper baptizatum se a Symphosio et Episcopum factum, hoc se tenere quod in praesenti Concilio Symphosius professus est, respondit.

»*Vegetinus* vero olim, ante Caesaraugustanum Concilium Episcopus factus, similiter libros Priscilliani cum auctore damnaverat: ut de caeteris acta testantur. De quibus qui consuluntur episcopi, judicabunt.

»*Herenas* Clericos suos sequi maluerat, qui sponte, nec interrogati, Priscillianum catholicum, sanctumque martyrem clamassent, atque ipse usque ad finem, catholicum hunc esse dixisset, persecutionem ab Episcopis passum. Quo dicto omnes sanctos, jam plurimos quiescentes, aliquos in hac luce durantes, suo judicio deduxerit in reatum. Hunc cum his omnibus, tam suis Clericis quam diversis Episcopis, hoc est, Donato, Acurio, Emilio qui

---

1 Sabido es que los Priscilianistas llamaban *Mártires* á Prisciliano y compañeros degollados en Tréveris.

ab eorum professione recedentes maluissent sequi consortium perditorum, decernimus ab Sacerdotio submovendum, quem constaret etiam de reliquis verbis suis convictum per tres Episcopos, multos quoque Presbyteros, sive Diaconos, cum perjurio esse mentitum.

»*Vegetinum* autem, in quem nulla specialiter dicta fuerat ante sententia, data professione, quam Synodus accepit, statuimus communioni nostrae esse reddendum.

»*Paternum*, licet pro Catholica fidei veritate, et publicatae haeresis errore, libenter amplexi, Ecclesiam in qua Episcopus fuerat constitutus, tenere permissimus, recepturi etiam in nostram communionem cum Sedes Apostolica rescripserit

»Reliqui qui ex provincia Gallaecia ad Concilium convenerant et in Symphosii semper communione duraverant, accepta forma a Concilio missa, si subscripserint, etiam ipsi in coelestis pacis contemplatione consistant, expectantes pari exemplo quid Papa qui nunc est, quid sanctus Simplicianus Mediolanensis Episcopus, reliquique Ecclesiarum rescribant Sacerdotes. Si autem subscriptionem formae, quam missimus, non dederint, Ecclesias quas detinent, non retineant, neque his communicent qui reversi de Synodo, datis professionibus, ad suas Ecclesias reverterunt

»Sane *Vegetinum* solum cum *Paterno* communicare decrevimus Symphosius autem senex religiosus qui quod egerit supra scribimus, in Ecclesia sua consistat, circumspector circa eos quos ei reddemus, futurus, inde expectabit communionem, unde prius spem futurae pacis acceperat. Quod observandum etiam Dictinio et Antherio esse decrevimus

»Constituimus autem priusquam illis per Papam vel per sanctum Simplicianum communio redditur, non Episcopos, non Presbyteros, non Diaconos ab illis ordinandos ut sciamus si vel nunc sciant, sub conditione remissi, tandem Synodicae sententiae praestare reverentiam

»Meminerint autem fratres et coepiscopi nostri enixe excubandum, ne quis communione depulsus, collectiones faciat per mulierum domus, et apocrypha quae damnata sunt legant, ne communicantes his, pari societate teneantur Quoniam quicumque has susceperint, certum est eos etiam graviori sententia retinendos esse.

»Fratri autem nostro Ortygio Ecclesias de quibus pulsus fuerat pronuntiavimus esse reddendas »

IV.—CONSULTA DE ORÓSIO A SAN AGUSTIN

«.... De patria egressus sum, occulta quadam vi actus, donec in istius terrae litus adlatus sum . Dilacerati gravius a doctoribus pravis quam a cruentissimis hostibus sumus Priscillianus, primum in eo Maniquaeis miserior, quod ex Veteri quoque Testamento haeresim confirmavit, docens animam quae a Deo nata sit, de quodam promptuario procedere, profiteri ante Deum se pugnaturam, instrui adorato Angelorum. Dehinc descendentem per quosdam circulos, a principatibus malignis capi, et secundum voluntatem victoris principis in diversa corpora contrudi, eisque adscribi *chi-rographum*. Unde et Mathesim praevalere affirmabat, asserens quod hoc *chi-rographum* solverit Christus et affixerit cruci per passionem suam, sicut ipse Priscillianus in quadam epistola sua dicit..... [1]. Tradidit autem nomina pa-triarcharum membra esse animae, eo quod Ruben esse in capite, Juda in pectore, Levi in corde, Benjamin in femoribus, et similia. Contra autem in membris corporis coeli signa esse disposita, id est, *arietem* in capite, *taurum* in cervice, *geminos* in brachiis, *cancrum* in pectore, etc. Volens subintelligi tenebras aeternas, et ex his principem mundi processisse. Et hoc ipsum con-firmans ex libro quodam qui inscribitur *Memoria Apostolorum*, ubi Salvator interrogari a discipulis videtur de patre ostendendo secreto, et ostendere quia de parabola Evangelica quae habet *exiit seminans seminare semen suum*, non fuerit seminator bonus: asserens quia si bonus fuisset, non fuisset negligens, non vel secus viam vel in petrosis vel in incultis jaceret semen, volens intelligi hunc esse seminantem qui animas castas spargeret in corpora divina quae vellet. Quo etiam in libro *de principe humidorum et de principe ignis* plurima dicta sunt, volens intelligi arte, non potentia Dei omnia bona agi in hoc mundo. Dicit enim esse virginem quandam lucem quam Deus, volens dare pluviam hominibus, principi humidorum ostendit, qui dum eam apprehendere cupit, commotus consudat et pluviam facit, et destitutus ab ea, mugitu suo tonitrua concitat. Trinitatem autem solo verbo loquebatur, nam unionem absque ulla existentia aut proprietate asserens, sublato et Patre et Filio et Spiritu Sancto, hunc esse unum Christum dicebat. Tunc duo cives mei, Avitus et alius Avitus, cum jam tam turpem confusionem et per seipsam veritas sola nudaret, peregrina petierunt. Nam unus Hyerosolymam, alius Romam profectus est. Reversi, unus retulit Origenem, alius Victorinum. Ex his duobus alter alteri cessit: Priscillianum, tamen, ambo damnarunt. Victo-rinum parum novimus, quia adhuc pene ante editiones meas, Victorini sec-tator cessit Origeni. Coeperunt ergo ex Origene magnifica plura proponi, quae ex modica occasione veritas ipsa praecederet Didicimus enim de Tri-nitate doctrinam satis sanam, omnia quae facta sunt, a Deo facta esse, et omnia bona valde, et facta de nihilo. Tunc deinde scripturarum solutiones satis sobrias. Omnia haec statim a sapientibus fideli pristinorum expugna-tione suscepta sunt. Remansit sola offensa de nihilo..... Isti..... Aviti duo quaedam ex libris..... Origenis correcta tradiderunt, primum omnia ante-quam facta apparent, semper in Dei sapientia factas mansisse..... Deinde di-xerunt angelorum, principatum, potestatum, animarum ac daemoniorum unum principium et unam esse sententiam, et vel archangelo vel animae vel daemoni locum pro meritorum qualitate datum esse..... Mundum novissime ideo factum esse ut in eo animae purgarentur quae antea peccaverant. Ignem sane aeternum quo peccatores puniantur, neque esse ignem verum neque aeternum praedicaverunt: dicentes dictum esse *ignem* propriae conscientiae punitionem, *aeternum* autem juxta Etymologiam Graecam non esse perpe-tuum..... ac sic omnes peccatorum animas post purgationem conscientiae in unitatem corporis Christi esse redituras. Voluerunt etiam de diabolo assere-re sed non praevaluerunt eo quod cum substantia in eo bona facta perire

---

1 Vid. en el texto *Literatura priscilianista*.

non poterit exusta in totum malitia diaboli, aliquando salvandam esse substantiam. De corpore vero Domini sic tradiderunt quia cum usque ad nos veniens filius Dei, post tot millia annorum otiosus eo usque non fuerit, sed
(praedicant) remissionem angelis, potestatibus atque universis superioribus,
cum qualitatem formae eorum quos visitaret assumeret, usque ad palpabili-
tatem carnis assumptionis specie transivisse, hoc passione et resurrectione
determinans, rursus donec ad patrem veniret ascendendo tenuasse, ita neque depositum unquam fuisse corpus nec in corpore ullo regnantem circuns-
cribi Deum Creaturam quoque subjectam corruptioni non volentes, intelligendum esse dicebant, solem et lunam et stellas et haec non elementarios
esse fulgores sed rationales potestates praebere autem servitium corruptioni,
propter eum qui subjecit in specie» [1].

V.—Epistola de San León a Santo Toribio de Astorga

«Leo Ep. Turribio Episcopo salutem «Quam laudabiliter pro Catholicae
fidei veritate movearis, et quam sollicite Dominico gregi devotionem officii
pastoralis impendas, tradita nobis per diaconum tuum fraternitatis tuae
scripta demonstrant, quibus notitiae nostrae insinuare curasti, qualis in regionibus vestris de antiquae pestilentiae reliquiis errorum movilis exarserit.
Nam et epistolae sermo, et commonitorii series, et libelli tui textus eloqui-
tur Priscillianistorum foetidissimam apud vos recaluisse sentinam Nihil
est enim sordium in quorumcumque sensibus impiorum, quod in hoc dogma
non confluxerit quoniam de omni terrenarum opinione luto, multiplicem
sibi foeculentiam miscuerant ut soli totum biberent, quidquid alii ex parte
gustassent. Denique si universae haereses, quae ante Priscilliani tempus
exortae sunt, diligentius retractentur, nullus pene invenitur error, de quo
non traxerit impietas ista contagium quae non contenta eorum recipere falsitates qui ab Evangelio Christi sub Christi nomine desciverunt, tenebris se
etiam paganitatis inmersit, ut per magicarum artium prophana secreta et
mathematicorum vana mendacia, religionis fidem, morumque rationem in
potestate daemonum, et in affectu syderum collocarent Quod si et credi liceat et doceri, nec virtutibus praemium nec vitiis poena debebitur, omnia-
que non solum humanarum legum, sed etiam divinarum constitutionum
decreta solventur· quia neque de bonis neque de malis actibus ullum poterit
esse judicium, si in utramque partem fatalis necessitas motum mentis impel-
lit, et quidquid ab hominibus agitur, non est hominum, sed astrorum Ad
hanc insaniam pertinet prodigiosa illa totius hominis corporis per duodecim
coeli signa distinctio, ut diversis partibus diversae praesideant potestates et
creatura, quam Deus ad imaginem suam fecit, in tanta sit obligatione syderum, in quanta est connexione membrorum Merito patres nostri, sub quorum temporibus haeresis haec nefanda prorupit, per totum mundum instanter
egere, ut impius furor ab universa Ecclesia pelleretur· quando etiam mun-

[1] Pag 233, col 1 a del tomo VI de San Agustin (ed de Colonia, 1616).

di principes ita hanc sacrilegam amentiam detestati sunt, ut autorem ejus
cum plerisque discipulis legum publicarum ense prosternarent. Videbant
enim omnem curam honestatis auferri, omnem conjugiorum copulam solvi,
simulque divinum jus humanumque subverti, si hujusmodi hominibus us-
quam vivere cum tali professione licuisset. Profuit diu ista districtio Ecclesiasticae lenitati, quae etsi sacerdotali contenta judicio, cruentas refugit
ultiones, severis tamen constitutionibus adjuvatur, dum ad spirituale nonnumquam recurrunt remedium, qui timent corporale supplicium. Ex quo
autem multas provincias hostilis ocupavit irruptio, executionem legum tem-
pestates intercluserunt bellorum. Ex quo inter sacerdotes Dei difficiles com-
meatus, et rari coeperunt esse conventus, invenit ob publicam perturbatio-
nem secreta perfidia libertatem, et ad multarum mentium subversionem his
malis est incitata, quibus debuit esse correcta. Quae vero illic aut quanta
pars plebium a cogitatione pestis hujus aliena est, ubi, sicut dilectio tua indicat, lethali morbo etiam quorundam sacerdotum corda corrupta sunt, et
per quos oprimenda falsitas et defendenda veritas credebatur, per ipsos doctrinae Priscillianae Evangelium subditur Christi: ut ad prophanos sensus
pietate sanctorum voluminum depravata, sub nominibus Prophetarum et
Apostolorum non hoc praedicetur, quod Spiritus Sanctus docuit, sed quod
diaboli minister inseruit. Quia ergo dilectio tua fideli, quantum potuit, diligentia, damnatas olim opiniones sedecim capitulis comprehendit; nos quoque strictim retractamus: ne aliquid horum blasphemiarum aut tolerabile
videatur, aut dubium.

»Cap I. *Quam impie de Trinitate personarum in Deo sentiant Priscillianistae.*—Primo itaque capitulo demonstratur, quam impie sentiant de Trinitate divina, qui et Patris et Filii et Spiritus Sancti unam atque eandem
asserunt esse personam, tanquam idem Deus nunc Pater, nunc Filius, nunc
Spiritus Sanctus nominetur; nec alius sit qui genuit, alius qui genitus est,
alius qui de utroque processit, sed singularis unitas in tribus quidem vocabulis, sed non tribus sit accipienda personis. Quod blasphemiae genus de
Sabellii opinione sumpserunt, cujus discipuli etiam Patris passiani merito
nuncupantur: quia si ipse est filius qui et pater, crux filii, patris est passio; et
quidquid in forma servi filius patri obediendo sustinuit, totum in se pater
ipse suscepit....

»Cap. II. *De virtutibus quas ex Deo procedere fingunt.*—In secundo capitulo ostenditur ineptum vanumque commentum, de processionibus quarumdam virtutum ex Deo, quas habere coeperit, et quas essentia sui ipse
praecessit. In quo Arianorum suffragantur errori, dicentium quod Pater filio
prior sit, quia fuerit aliquando sine filio, et tunc pater coeperit quando filium
genuerit. Sed sicut illos Catholica Ecclesia detestatur, ita et istos qui putant unquam Deo id, quod ejusdem est essentiae, defuisse.....

»Cap. III. *Cur unigenitus dicatur apud eos Filius Dei.*—Tertii vero capituli sermo designat quod iidem impii asserant, ideo unigenitum dici filium
Dei, quia solus sit natus ex virgine. Quod utique non auderent dicere, nisi
Pauli Samosateni et Photini virus hausissent, qui dixerunt, Dominum Nostrum Jesum Christum, antequam nasceretur ex Virgine Maria, non fuisse...

»Cap. IV. *Quod jejunent in Natali Domini et die Dominico.*—Quarto autem
capitulo continetur, quod Natalem Christi quam secundum susceptionem

veri hominis Catholica Ecclesia veneratur, quia verbum caro factum est et habitavit in nobis, non vere isti honorent, sed honorare se simulent, jejunantes eodem die, sicut et die Dominico qui est dies Resurrectionis Christi Quod utique ideo faciunt, qui Christum Dominum in vera hominis natura natum esse non credunt, sed per quandam illusionem ostentata videri volunt quae vera non fuerint, sequentes dogmata Cerdonis atque Marcionis et cognatis suis Manichaeis per omnia consonantes Qui, sicut in nostro examine detecti atque convicti sunt, Dominicum Diem, quem nobis Salvatoris nostri Resurrectio consecravit, exigunt in moerore jejunii, Solis, ut proditum est, reverentiae hanc continentiam devoventes ut per omnia sint a nostrae fidei unitate discordes; et dies qui a nobis in laetitia habetur, ab illis in aflictione ducatur Unde dignum est, ut inimici Crucis et Resurrectionis Christi, talem excipiant sententiam, qualem elegerunt doctrinam

»Cap V *Quod animam hominis divinae asserunt esse substantiae —* Quinto capitulo refertur quod animam hominis, divinae asserant esse substantiae, nec a natura sui, conditionis nostrae distare naturam Quam impietatem ex philosophorum quorundam et Manichaeorum opinione manantem, Catholica fides damnat, sciens nullam tam sublimem, tamque praecipuam esse facturam, cui Deus ipse natura sit . .

»Cap. VI *Quod aiunt diabolum nunquam fuisse bonum nec Dei opus esse sed ex chao et tenebris emersisse —* Sexta annotatio indicat eos dicere quod diabolus nunquam fuerit bonus, nec natura ejus opificium Dei sit, sed eum ex chao et tenebris emersisse, quia scilicet nullum sui habeat auctorem, sed omnis mali ipse sit principium atque substantia cum fides catholica, omnium creaturarum sive spiritualium, sive corporalium bonam confiteatur substantiam, et mali nullam esse naturam, quia Deus. ... nihil non bonum fecit

»Cap. VII *Damnant nuptias et qusum matrimonii.—*Septimo loco sequitur quod nuptias damnant et procreationem nascentium perhorrescunt in quo, sicut pene in omnibus, cum Manichaeorum profanitate concordant: ideo, sicut ipsorum mores probant, conjugalem copulam detestantur, quia non est illic libertas turpitudinis, ubi pudor et matrimonii servatur et sobolis.

»Cap. VIII *Corpora humana aiunt per diabolum formari, et eorum resurrectionem negant —*Octavum ipsorum est plasmationem humanorum corporum diaboli esse figmentum, et semina conceptionum opera daemonum in mulierum uteris figurari: propter quod resurrectionem carnis non esse credendam, quia concretio corporis non sit congruens animae dignitati .. Quod inmundissimum virus de Manichaee impietatis specialiter fonte procedens, olim fides catholica deprehendit atque damnavit.

»Cap. IX. *Filios promissionis per Spiritum Sanctum conceptos esse dicunt —*Nona autem annotatio manifestat quod filios promissionis, ex mulieribus quidem natos, sed ex Spiritu Sancto dicant esse conceptos ne illa soboles, quae de carnis semine nascitur, ad Dei conditionem pertinere videatur... .

»Cap. X. *Affirmant animas in coelo peccantes, in corpora detrusas pro peccati poena.—*Decimo autem capitulo referuntur asserere, animas quae humanis corporibus inferuntur, fuisse sine corpore, et in coelesti habitatione peccasse, atque ob hoc a sublimibus ad inferiora delapsas, in diversae qualitatis principes incidisse et per corias ad sydereas potestates, alias duriores, alias mitiores, corporibus esse conclusas, sorte diversa et conditione dissimili: ut quidquid in hac vita varie et inequaliter provenit, ex praecedentibus causis videatur accidere. Quam impietatis fabulam ex multorum sibi erroribus texuerunt.

»Cap. XI. *Fatalem necessitatem hominibus imponunt.*—Undecima ipsorum blasphemia est, qua fatalibus stellis et animas hominum, et corpora opinantur obstringi, per quam amentiam, necesse est, ut omnibus paganorum erroribus implicati et faventia sibi, ut putant, sidera colere, et adversantia studeant mitigare.....

»Cap. XII *Animas certis potestatibus subjiciunt, aliis corporum membra.* —Duodecimum inter haec illud est, quod ab aliis potestatibus partes animae, sub aliis corporis membra describunt, et qualitates inferiorum praesulum in patriarcharum nominibus statuunt, quibus e diverso signa syderea, quorum virtuti corpora subjiciantur, opponunt..... Nihil itaque nobiscum commune habeant, qui talia audent vel docere vel credere, et quibuslibet modis nituntur astruere, quod substantia carnis ab spe resurrectionis aliena sit, atque ita omne sacramentum Incarnationis Christi resolvunt: quia indignum fuit integrum hominem suscipi, si indignum erat integrum liberari.

»Cap. XIII. *Qualem scripturarum scientiam astruant.*—Tertio decimo loco positum est eosdem dicere quod omne corpus Scripturarum Canonicarum sub patriarcharum nominibus accipiendum sit, quia illae duodecim virtutes quae reformationem hominis interioris operantur, in horum vocabulis indicentur, sine qua scientia nullam animam posse assequi, ut in eam substantiam, de qua prodiit, reformetur.

»Cap. XIV. *Syderum et signorum potestati hominem subjiciunt.*—Sub quarto decimo vero capitulo, de statu corporis sentire dicuntur, quod sub potestate siderum atque signorum pro terrena qualitate teneatur, et ideo multa in sanctis libris, quae ad exteriorem hominem pertineant, reperiri, ut in ipsis scripturis inter divinam terrenamque naturam quaedam sibi repugnet adversitas: et aliud sit quod sibi vindicent animae presules, aliud quod corporis conditores. Quae fabulae ideo differuntur, ut et anima divinae affirmetur esse substantiae, et caro credatur malae esse naturae, quoniam et ipsum mundum cum elementis suis non opus Dei boni, sed conditionem mali profitentur autoris, atque ut haec mendaciorum suorum sacrilegia bonis titulis colorarent, omnia pene divina eloquia sensuum nefandorum inmistione violarunt.

»Cap. XV. *Scripturas veras adulterant: falsas inducunt.*—De qua re quintindecimi capituli sermo conqueritur, et praesumptionem diabolicam merito detestatur, quia et nos istud veracium testum relatione comperimus, et multos corruptissimos eorum codices, qui canonici titularentur, invenimus..... Curandum ergo ut, et sacerdotali diligentia maxime providendum ut falsati codices, et a sincera veritate discordes, in nullo usu lectionis habeantur. Apocryphae autem scripturae, quae sub nominibus Apostolorum multarum habent seminaria falsitatum, non solum interdicendae, sed etiam penitus auferendae sunt, atque ignibus concremandae. Unde si quis Episcoporum, vel aprochrypha haberi per domos non prohibuerit, vel sub canonicorum nomine eos codices in Ecclesia permiserit legi, qui Priscilliani adulterina sunt emendatione vitiati, haereticum se noverit judicandum: quoniam qui alios ab errore non revocat, seipsum errare demonstrat.

»Cap. XVI. *De Dictinii scriptis.*—Postremo autem capitulo hoc prodidit justa quaerimonia, quod Dictinii tractatus, quod secundum Priscilliani dogma conscripsit, a multis cum veneratione legitur: cum si aliquid memoriae Dictinii tribuendum putant, reparationem ejus magis debeant amare quam lapsum. Non ergo Dictinium sed Priscillianum legunt, et illud probant quod errans docuit, non quod correctus elegit..... Faciunt hoc Priscillianistae, faciunt Manichaei, quorum cum istis tam foederata sunt corda, ut solis nominibus discreti, sacrilegiis autem suis inveniantur uniti: quia etsi vetus testamentum, quod isti se suscipere simulant, Manichaei refutant, ad unum tamen finem, utrorumque venit intentio cum quod isti abdicando impugnant, isti recipiendo corrumpunt. In execrabilibus autem mysteriis eorum, quae quanto inmundiora sunt, tanto diligentius occuluntur, unium prorsus nefas est, una est obscoenitas et similis turpitudo. Quam etsi eloqui erubescimus, solicitissimis tamen inquisitionibus indagatam, et Manichaeorum, qui comprehensi fuerant, confessione detectam, ad publicam fecimus pervenire notitiam: ne ullo modo posset dubium videri, quod in judicio nostro, cui non solum frequentissima praesentia Sacerdotum, sed etiam illustrium virorum dignitas et pars quaedam senatus ac plebis interfuit ipsorum qui omne facinus perpetrarent, ore reseratum est, sicut ea, quae ad dilectionem vestram nunc direximus, Gesta demonstrant. Quod autem de Manichaeorum foedissimo scelere, hoc etiam de Priscillianistorum incestissima consuetudine olim compertum, multumque vulgatum est. Qui enim per omnia sunt impietatis sensum penes.....»

(Responde luego el Papa á una consulta de Toribio sobre ciertos herejes que en España dudaban *an caro Christi vera requieverit in sepulchro*, y añade):

«Quod non credere satis impium est, et ad Manichaei Priscillianique doctrinam pertinere non dubium est.»

(Recomienda luego que se celebre un Concilio provincial y se separe de la comunion católica á los Obispos infectos de Priscilianismo. Y si el Concilio no se puede celebrar, que se reunan al ménos los sacerdotes de Galicia) [1].

CAPÍTULO III

I.—HOMILIA DE SAN LEANDRO EN EL TERCER CONCILIO DE TOLEDO

«Festivitatem hanc omnium esse solemniorem festivitatum, novitas ipsa significat. Quoniam sicut nova est conversio tantorum plebium causa, ita et nobiliora sunt solito, Eglesiae [2] gaudia: Nam multas solemnitates per

---

1 Datum XII Kal. Augusti, *Calipio et Ardabure Coss.*
2 Así está: nótese ya la forma castellana *iglesia.*

anni decursum celebrat Eglesia, in quibus tamen si habet gaudia consueta, nova vero sicut in hac non habet. Aliter enim gaudet de rebus semper posessis, aliter de lucris magnis his nuper inventis. Pro qua re et nos ideo majoribus gaudiis elevamur, quod de repente novos Eglesiam parturisse populos intuemur: et quorum asperitate quondam gemebamus, de eorum nunc gaudemus credulitate. Materia ergo gaudii nostri tribulationis praeteritae occasio fuit. Gemebamus, dum gravaremur, dum exprobaremur: sed gemitus illi id egerunt, ut hi qui per infidelitatem nobis erant sarcina, fierent nostra per suam conversionem corona. Hoc enim gratulative profert in Psalmis Eglesia dicens: *In tribulationem dilatasti me:* et Sara dum saepe a Regibus concupiscitur, nec maculam pudicitiae sentit, et Abraham causa pulchritudinis suae divitem facit: ab ipsis enim Regibus Abraham ditatur, a quibus Sara concupiscitur. Condigne ergo Eglesia Catholica gentes quas simul senserit fidei suae decore, *ab suo,* eas *sponso,* hoc est, Christo, *luchrandas ducit,* et per ea regna suum virum divitem reddit, per quae se inquietari persenserit. Sic enim dum ex initio lacessitur, vel invidentium dentibus mordetur, dum premitur, eruditur: et dum insectatur, dilatatur. Quoniam patientia sua aemulatores suos aut superat aut lucratur. Dicat enim ad eam divinus sermo: *Multae filiae congregaverunt divitias, tu vero supergressa est universas.* Nec mirum sit quod haereses filiae dicuntur, sed attendendum quod loco spinarum ponuntur: filiae sunt, eo quod ex semichristiano generantur: spinae sunt, eo quod foris a Dei paradiso, hoc est, extra Catholicam Eglesiam nascantur, et hoc conjectura sensus nostri sed scripturae divinae auctoritate probatur, dicente Salomone: *Sicut lilium inter spinas, sic amica mea inter filias.* Ergo ne magnum vobis videretur quod haereses dixerit filias, continuo eas nominat esse spinas: haereses, inquam, aut in aliquem angulum mundi, aut in unam gentem inveniuntur versari. Eglesia vero Catholica, sicut per totum mundum tenditur, ita et omnium gentium societate constituitur. Recte ergo haereses in cavernis, quibus latent, congregant ex parte divitias: Eglesia autem Catholica in speculo totius mundi locupletata supergreditur universas. Exulta ergo, et laetare Eglesia Dei: gaude et consurge unum corpus Christi, induere fortitudine, et jubila exultatione: quoniam tui macrores in gaudium sunt mutati, et tristis habitus in amictum laetitiae versus est. Ecce repente oblita sterilitatis et paupertatis tuae, uno partu populos innumeros genuisti Christo tuo. Nam dispendiis tuis proficis, tuoque damno subcrescis: tantus denique est sponsus tuus, cujus imperio regeris, ut dum te patiatur depraedari ad modicum, rursum praedam tuam ad te reducat, et hostes tuos tibi conquirat. Sic autem agricola, sic piscator, dum lucra attendit futura, quae seminat et quo modo incesserit, non imputat damna. Tu proinde jam ne fleas, ne lugeas, temporaliter quosdam recesisse a te, quos cernis cum magnis lucris rediisse ad te. Exulta ergo fidei confidentia, et tui capitis merito, fide esto robusta, dum quae recolis olim repromissa, nunc cernis fuisse completa. Ait enim in Evangelio ipsa Veritas: *Oportebat Christum mori pro gente, et non tantum pro gente, sed ut filios Dei, qui erant dispersi, congregaret in unum.* Tu profecto in Psalmis proclamans odientibus pacem dicens: *Magnificate Dominum meum, et exaltemus nomen ejus in unum.* Et rursum: *In conveniendo populos in unum et regna ut serviant Domino.*

›Quam dulcis sit charitas, quam delectabilis unitas, non nesciens, per prophetica vaticinia, per evangelica oracula, per apostolica documenta, non nisi connexionem gentium praedicas, non nisi unitatem populorum suspiras, non nisi pacis et charitatis bona disseminas. Laetare ergo in Domino, eo quod non sis fraudata desiderio tuo: nam quos tanto tempore, gemitu teste et oratione continua concepisti: nunc post glaciem, hiemem, post duritiem frigoris, post austeritatem nivis, velut jocunditatem agrorum, frugem et laetos verni temporis flores vel arridentes vinearum stipitibus palmites, repente in gaudio peperisti. Ergo, fratres, tota hilaritate animi exultemus in Domino, et jubilemus Deo salutari nostro. Hoc de caetero per ea, quae jam sublata sunt, ea quae adhuc spectantur implenda, vera esse credamus. Quae enim praefata sunt, Domino dicente: *Alias oves habeo, quae non sunt ex hoc ovili, et illas oportet ad me adduci ut sit unus grex et unus Pastor*, ecce cernimus fuisse completa. Pro qua re non dubitemus totum mundum posse in Christo credere, atque ad unam Eglesiam convenire. Quoniam rursus ipso testificante didicimus in Evangelio, *et praedicabitur*, inquit, *hoc evangelium regni in universo orbe, in testimonium omnibus gentibus*, et tunc, inquit, veniet consummatio. Si ergo remansit pars aliqua mundi, vel gens barbara quam fides non irradiaberit Christi: profecto credituram atque in unam Eglesiam esse venturam nullo modo dubitemus, si ea quae Dominus dixit, vera esse putamus. Ergo, fratres, reposita est loco malignitatis bonitas, et errori occurrit veritas: ut quia superbia linguarum diversitate ab unione gentes separaverat, eas rursus gremio germanitatis colligeret charitas, et quemadmodum unus possesor est totius mundi Dominus, ita et posessionis ejus esset unum cor et animus unus: *Pete a me*, ait, *et dabo tibi gentes haereditatem tuam, et posessionem tuam terminos terrae*. Propterea et ex uno homine propagatum est omne hominum genus: ut qui ex uno illo procederent, unum saperent, unitatem quaererent et diligerent. Ordo ergo naturalis exposcit, ut qui ex uno homine trahunt originem, mutuam teneant charitatem: nec dissentiant a fidei veritate, qui non disjunguntur naturali propagatione. Haereses vero et divisiones e fonte manant vitiorum, unde quisquis ad unitatem venit, ex vitio ad naturam redit: quia sicut naturae est fieri ex pluribus unitatem, sic est vitii, fraternitatis declinare dulcedinem. *Erigamus ergo totam mentem in gaudio:* ut quia gentes studio decertandi pesierant, sibimet in amicitiam Christus unam Eglesiam procuraret, in qua eas rursus reduceret concordia charitatis. De hac profecto Eglesia vaticinatur Propheta, dicens: *Domus mea domus orationis vocabitur omnibus gentibus*, et iterum: *Erit*, inquit, *in novissimis diebus praeparatus mons Domini in vertice montium, et elevabitur super colles, et fluent ad eum omnes gentes, et ibunt populi multi et dicent: venite, ascendamus ad montem Domini, et ad domum Dei Jacob*. Mons enim Christus est, et domus Dei Jacob, una Eglesia est ejus: ad quam et gentium concursum et populorum pronuntiat confluere conventum. De qua rursum in alio loco dicit Propheta: *Surge, inluminare Hierusalem, quia venit lumen tuum, et gloria Domini super te orta est: et ambulabunt*, ait, *gentes in lumine tuo, et gentes in splendore ortus tui. Leva in circuitu oculos tuos, et vide: omnes isti congregati sunt, et veniunt tibi, et aedificabunt*, inquit, *filii peregrinorum muros tuos, et reges eorum ministrabunt tibi*. Qui ut notesceret quae ventura erant genti vel populo, quae ab unius Eglesiae communione *recessissent,* prosequitur dicens: *Gens enim et regnum quod non servierit tibi, peribit.* Alio denique loco similiter ait: *Et gentem quam nesciebas vocabis, et gentes quae non cognoverunt te, ad te current.* Unus enim est Christus Dominus, cujus est una per totum mundum Ecclesia, Sancta Possesio: ille namque caput, ista corpus, de quibus in principio Genesis dicitur: *Erunt duo in carne una:* quod Apostolus in Christo intelligit, et in Ecclesia. Dum ergo ex omnibus gentibus unam vult Christus habere Ecclesiam, quicumque extraneus est ab ea, licet Christiano nomine nuncupetur; Christi tamen corporis compage non continetur. Haeresis enim, quae respuit catholicae fidei unitatem, eo quod adulterino amore diligat Christum, non uxoris sed concubinae obtinet locum. Quoniam revera duos dicit Scriptura esse in carne una, videlicet Christum et Ecclesiam, quo locum meretrix nullum invenit tertium. *Una est enim,* ait Christus, *amica mea, una est sponsa mea, una est genitricis suae filia.* De quo item eadem Ecclesia pronuntiat dicens: *Ego dilecto meo et dilectus meus mihi.* Quaerant nunc haereses, a quo construpentur, vel cujus sint prostibulum factae: quoniam ab inmaculato toro recesserunt Christi: Cui quanto pretiosam esse novimus copulam charitatis, eo magis Deum in hac celebritate laudemus: quia gentes, pro quibus sanguis fusus est, unigeniti sui, non passus est extra unum ovile diaboli dentibus devorari. Lugeat vero veternosus praedo suam praedam amisisse: quia impletum videmus quod Propheta vaticinante audivimus: *Equidem,* inquit, *haec captivitas a forte tolletur, et quod ablatum fuerat a robusto salvatur.* Parietem enim discordiae, quem fabricaverat diabolus, pax Christi destruxit: et domus quae divisione in mutuam certabant caedem, uno jam Christo lapide angulari conjungitur. Dicamus ergo omnes: *Gloria in excelsis Deo et in terra pax hominibus bonae voluntatis.* Nullum enim praemium charitati compensatur. Inde omni gaudio praeponitur quod et charitas facta sit, quae omnium virtutum obtinet principatum. Superest autem ut unanimiter unum omnes regnum effecti, tam pro stabilitate regni terreni quam pro felicitate regni coelestis, Deum precibus adeamus, ut regnum et gens quae Christum glorificavit in terris, glorificetur ab illo non solum in terris, sed etiam in coelis. Amen.»

CAPÍTULO V

I.—CARTA INÉDITA DE ELIPANDO Á LOS OBISPOS DE LAS GÁLIAS [1]

«*Dominis Et in Christo Reverentissimis Fratribus Gallie adque equitanie adque Avstrie Cvnctis Sacerdotibvs Nos Indigni et Exigvi Spanie Presvles Et ceteri Christi Fideles in Domino Aeternam salutem. Amen.*

»Ad notionem nostram pervenit lugubris et funesta opinio que nos usque quaque contribit in eo quod antifrasy beati nefandi asturiensis presbyteri

---

1 Va reproducida al pié de la letra, con todas las extrañezas é irregularidades ortográficas del original. Téngalo presente el lector.

pseudo Christi et pseudo prophete pestiferi dogmatis sermo vipereus et nidor sulfureus arcana pectoris vestri usque quaque fedauerit ob illut quod carnis adobtio *(sic)* in filio dei secundum humane servitutis formam nequaquam fuisse asserit nec veram ex virgine visibilem formam susceperit Nos igitur e contrario secundum sanctorum venerabilium Patrum Hilarij Ambrosi. Augustini Iheronimi Fulgentij. Isidori Eugenii Ildefonsi Iuliani et ceterorum ortodoxorum atque catholicorum dogmata confitemur et credimus deum dei filium ante omnia tempora sine initio ex patre genitum quo aeternum et consimilem, et consubstantialem non adobtione *(sic)* sed genere neque gratia sed natura *atque* id ipsut eodem filio adtestante, ego et pater unum sumus, et cetera que de divinitate sua· Idem verus deus et verus homo nobis loquutus est Pro salutem vero humani generis in fine temporis ex illa intima et ineffabili Patris substantia egrediens et a patre non recedens huius mundi infima petens, ad publicum humani generis apparens Invisibilis visibile corpus adsumens de Virgine ineffabiliter per integra Virginalia matris enixus secundum traditiones Patrum. Confitemur et credimus eum factum ex muliere factum sub lege non genere esse filium dei set adobtione *(sic)*, neque natura set gratia. Id ipsut eodem domino adtestante qui ait Pater maior me est. et evangelista de illo Puer autem crescebat et confortabatur plenus sapientia. et gratia dei erat in illo Et iterum. vidimus gloriam eius quasi gloriam unigeniti a patre· plenum gratia et veritate de qua adobtione *(sic)* carnis. beatus Ambrosius in libro de Trinitate loquitur *dicens Quomodo conversi* estis ad deum a simulacris *servite deo vibo et vero*. Illi enim dij esse simulantur natura autem deus vibus et verus est Nam et in ipso usu non est adoptivus *(sic)* filius et verus filius. Adoptivum *(sic)* filium non dicimus natura esse qui verus est filius Item post aliqua Partus enim Virginis non natura mutavit sed generandi usum novavit Denique caro de carne nata est Habuit ergo de suo virgo quod traderet Non enim alienum dedit mater. set proprium e visceribus suis contulit. Inusitato modo sed usitato munere habuit Igitur carnem virgo quam nature sollemnis iure transcribsit *(sic)* in *fretum* [1] Eadem igitur secundum carnem generantis marie: genitique natura nec dissimilis fratribus quia dicit scribtura *(sic)* ut per omnia fratribus similis fieret Similis utique dei filius nostri non secundum divinitatis plenitudinem set secundum anime rationabilis et ut expressius dicamus humane nostrique corporis veritatem Item beatus Ilarius pictabiensis sic dicit. Parit virgo partus adeo est vagit infans laudantes angeli adorant Panni sordent deus adoratur *Ita potestatis dignitas* non amittitur dum *carnis humilitas adobtatur (sic)*. Item beatus Iheronimus in expositione Apocalipsin ubi dicit calculum candidum id est gemma alba adobtio *(sic)* carnis in filio dei Item in epistola ad Cesarium Non istut verbum quod in patre et cum patre fuisse esse credendum est Sed homo quem in gratia salutis deus verbum susceperat audibit. Ego odie *(sic)* genui te Hic filius hominis per dei filium in dei filio esse promeretur nec adobtio *(sic)* a natura separatur set natura cum adobtione *(sic)* coniungitur: Beatus quoque Agustinus in expositione evangelii secundum Iohannem iuxta formam deitatis ita dicit Filius Dei non est adobtione. set genere neque gratia set natura Item in omelia secundum

[1] Por *foetum*

humane servitutis formam ita dicit: homo adobtatus *(sic)* cuius gloriam quesibit qui est ab illo unicus natus. Ecce quem agustinus dicit adobtatum *(sic)*. hunc Iohannes apostolus dicit: advocatum habemus aput Patrem Iesum Christum. qui etiam interpellat pro nobis.

»Igitur beatus Isidorus in libro Ethimologiarum ita dicit: unigenitus autem vocatur secundum divinitatis excellentiam quia sine fratribus: Primogenitus secundum susceptionem hominis. In qua per apobtionem *(sic)* gratia fratres abere dignatus est *quibus esset primogenitus*. Item precessores nostri Eugenius Hildefonsus Iulianus Toletane sedis *antistites in suis dogmatibus* ita dixerum: In missam de cena *domini qui per adobtivi* hominis passione dum suo non indulgit corpore nostro demum idest iterum non pepercit: et alibi. qui pietate tua per adobtivi hominis passionem quasi quasdam in presentis populi adquisitione manubias: quum non exibuerit e celo. exibueri etriumpho: et quum non abuerit divinitas inmutabilis pugnam abuerit fragilitas adsumta victoriam. Item in missam de ascensione domini: Odie Salvator noster post adobtionem carnis sedem repetit deitatis. Item in missam defunctorum: quos fecisti adobtioni participes iubeas hereditati tue esse consortes.

»Ecce quos in adobtione participes esse non dubitat: consortes fieri in hereditate exobtat.

»Credimus igitur et confitemur deum dei filium. lumen de lumine deum verum ex deo vero ex patre unigenitum sine adoptione. primogenitum vero in fine temporis verum hominem adsumendo de virgine in carnis adoptione: vnigenitum in natura. primogenitum in adobtione et gratia. De quo Apostolus ait: nam quos prescibit et predestinavit conformes fieri imaginis filij eius ut sit ipse *primogenitus* in multis fratribus. Fratres scilicet *eos de quibus* per Psalmistam dicit: narrabo nomen *tuum* fratribus meis: Unde fratres nisi de sola carnis adobtione per quod fratres abere dignatus est. De quibus Spiritus sanctus per Davit loquutus est: unxit |te deus deus tuus oleo letitie pre consortibus tuis. Consortes eius sunt de quibus Iohannes apostolus ait: Karissimi nunc filij dei sumus. et nondum apparuit quid e rimus: scimus quia quum apparuerit similes ei erimus quoniam videbimus eum sicuti est: similes utique in carnis adobtione non similes *ein* [1] in divinitate.

»Unctio vera illa spiritus sancti in qua maxime in filio dei secundum humanitatem plusquam in electis eius factus est per septiformem spiritualium carismata gratiarum. Illam esse credimus quam Esayas loquitur dicens requiescet super eum spiritus Domini spiritus sapientie et intellectus. spiritus consilij et fortitudinis. spiritus scientie et pietatis et replebit eum spiritus timoris Domini. Hanc plenitudinem unctionis in solo filio Dei adobtivo et primogenito credimus esse. in ceteris vero sanctis ad mensuram data est huius rei gratia unctionis.

»De filio tamen unigenito et sine adobtione *vox patris inquiens ait ex utero* ante Luciferum genui te. Et iterum per psalmistam Eructabit cor meum *verbum* bonum. *Et iterum alibi* egredietur de ore meo ius*titie verbum: Id vox* filij sine adobtione ita dicit: ante omnem creaturam ego ex ore altissimi processi priusquam lucifer oriretur ego eram priusquam in planitie proster-

1 Por *ei*.

neret campos et in altum erigeret montes ego eram cui pater congaudebat
cotidie dum letaretur orbe perfecto Et iterum ante colles ego parturiebar
aduc terram non fecerat quando parabat celos aderam dum vallaret mari
terminos et legem poneret aquis ego eram Item vox patris de filio primogenito et adobtivo ita dicit per moysen Profetam suscitabit dominus Deus
de fratribus vestris ipsum audietis tanquam me. Et in Evangelio: hic est filius meus dilectus in quo mici bene complacuit ipsum audite, et per david.
Ipse invocabit me pater meus est tu deus meus et susceptor salutis mee, et
ego primogenitum ponam illum excelsum pre regibus terre In eternum ser-
vabo illi misericordia mea et testamentum meum fidele ipsi et ponam in
secula seculorum sedem eius et tronum eius sicut dies celi Cui iterum *dicit*
Pete a me et dabo tibi gentes hereditatem tuam et *possessionem tuam termi-*
nos terre. Cui iterum pater per esayam dicit ego ante te ibo et gloriosos
terre humiliabo Et iterum ego ante te ambulabo et *montes planos* faciam et
seras ferreas confringam. et dabo tibi tesauros occultos ut scias quoniam
dominus Deus tuus ego sum. Et per miceam: nunquid dabo primogenitum
meum pro scelere meo fructum ventris mei pro peccato anime meae quod
dixit primogenitum secundum humanitatem quod dixit fructum ventris mei
secundum divinitatem. et iterum de filio primogenito ad david dicit cum
dormieris cum patribus tuis. suscitabo de lumbis tuis qui sedeat super tronum srahel. ego ero ei in patrem et ipse erit mici in filium Sed et alibi in
libro Jesu filii sirac miserere domine plebi tue super quam invocatum est
nomen tuum et srahel quem quocquasti primogenito tuo.

»Apostolus igitur paulus de divinitate et humanitate eius conmixtum loquens ita dicit multifarie multisque modis olim deus loquutus est patribus
nostris in profetis. novissimis diebus loquutus est nobis in filio quem constituit heredem universorum per quem etiam fecit et secula Quum sit splen-
dor glorie et figura substantie eius *portans que omnia verbo* virtutis sue
purg*ationem peccatorum* faciens sedet ad dexteram maiestatis *in excelsis tan-*
to melior angelis effectus quanto differentius pre illis nomen hereditabit Cui
enim dixit aliquando filius meus es tu ego odie genui te Et iterum quum
introduceret in orbem terre dicit adorent eum omnes angeli eius.

»His premissis Sanctorum Patrum sententiis assertionibus nostris robora-
tis in commune decrevimus ab eorum decietis nullo modo deviare vestigiis.
set studiose custodire preceptis Ita ut in uno eodemque dei et hominis filio.
In una persona duabus quoque esse naturis plenis atque perfectis. dei et hominis Domini et servi. visibilis adque invisibilis tribus quoque substantiis.
veibi scilicet anime et carnis ut credatur esse in una eademque dei et hominis persona et homo deificus. et humanatus deus Iuxta beati augustini
eloquium dicentis Ex forma enim servi crucifixus est et tamen dominus
maiestatis dicitur crucifixus· talis enim erat illa susceptio qua et Deum hominem faceret et hominem deum Et post aliqua inter iecta· Qui cum in forma dei esset. non rapinam arbitratus *est esse* se equalem deo Quid est non
rapinam *arbitratus* est non usurpavit equalitatem dei *set erat in illa* in qua
natus erat Formam servi accipiens. non amittens quod erat set accipiens
quod non erat Item ipse In eo etiam quod de illo scribtum est quod accepe-
rit adeo promissionem Spiritus Sancti et effuderit utraque natura monstratus
est humana scilicet et divina. Accepit quippe ut homo effudit quippe ut

Deus: et post pauca: Ipse ergo Christus dei filius. et deus et homo. et dedit de celo ut deus. et accepit in terra ut homo: Item ipse dei filius inmutabiliter bonus Ipse manens quod erat. et a nobis accipiens quod non erat. Preter sue nature detrimentum nostre dignatus est inire consortium. Item ipse: que quidem omnia ideo ad verbum refferuntur. ut una filij dei persona insinuetur: ne quasi duo Christi videantur: unus deus et alter homo. Ita sane factum ut ibi non solum verbum dei et hominis caro. set etiam rationalis hominis anima: adque hoc totum et deus dicatur esse propter deum et homo propter hominem. Unus ergo Christus non confusione substantie set unitate persone:

»Diversa quidem substantia est deus pater et homo mater scilicet an*cilla* et deus *virgo maria non* tamen diversa substantia deus *pater et deus filius* sicut non est diversa substantia homo mater et homo filius. Set audi quid dicat in profeta iste filius: De ventre inquit matris mee deus meus es tu: ut ostenderet patrem hinc esse deum suum quia homo factus est: Homo enim de ventre matris est natus. Et secundum hominem ex virgine natus est deus: Ut non solum pater illi esset qui eum de se ipso. hoc est de sua substantia genuisset: verum etiam deus eius esset: et que de ventre matris hominem creabit: quum legimus ergo verbum caro factum est et abitabit in nobis: In verbum intelligimus verum dei filium: In carne agnoscimus verum hominis filium: et utrumque simul in unam personam dei et hominis filium. ineffabilis gratie largitate coniunctum. Propter quod et de illo Iohannes dicit: vidimus gloriam eius quasi gloriam unigeniti a patre: et post pauca: Itegerrime confitemur et hominem in deo dei filium et deum in hominem virginis filium: Est plenissima et fidelissima ratio vel in uno eodemque Christo. In quo ad unitatem persone intra uterum virginalem divinitas humanitasque compacta est sicut hominem deus ita etiam hominem deum genuisse credatur: Ita ut qui suscepit et quod suscepit una sit in Trinitate persona neque: enim homine adsumta quaternitas facta est. set trinitas mansit adsumtione illa ineffabiliter faciente persone unius in deo et homine veritatem: Proinde Christus Iesus dei filius est et deus et homo: deus ante omnia secula. homo in nostro seculo: deus quia dei verbum: deus enim erat verbum: homo autem quia in unitatem sit *quia in vnitatem* persone *accessit* verbo anima rationalis et caro. Quo circa in quantum deus est ipse et pater unum sunt. In quantum homo est. pater maior est illo: Quum enim esset unicus dei filius: non adobtione set genere neque gratia set natura: ut esset etiam plenus in formam servi adobtione et gratia factus est hominis filius. Idem ipse utrumque ex utroque unus Christus. qui cum in forma dei esset. non rapinam arbitratus est: quod natura est. Idem esse equalis deo: ac per hoc et minor factus est et mansit equalis: utrumque vnus. sicut dictum est. set aliud propter Verbum. aliud propter hominem. Idemque dei filius non duo filij: deus et homo sed unus dei filius. Deus sine initio. homo accepto initio. Dominus noster Jesus Christus. Deus enim et homo. non duo set unus est Christus. vnus autem non conversione divinitatis in carne sed adsumtione humanitatis in Deum: quia sicut in vno quoque homine due sunt quidem substantie set una persona est anima et caro ita etiam in domino et salvatore nostro: Licet utraque substantia integritatem suam servet ut scilicet nec in carne. coaguletur divinitas nec in divinitate resolvatur humanitas utraque tamen unus est Chris-

tus· vnus mundi redemtor et dominus. Cuius unitatis tanta ratio est ut quecumque humana sunt deo adscribantur et ideo cum filium dei Christum
dicimus hominem non separamus nec rursus cum eundem Christum filium
hominis dicimus separamus Deum secundum hominem namque in terra
erat non in celo ubi nunc est: quando dicebat nemo ascendit in celum. nisi
qui de celo descendit filius hominis qui est in coelo Et iterum ipse post
aliqua Inter deum et homines mediator apparuit ut in unitatem persone
copulans utramque naturam et solita sublimaret insolitis et insolita solitis
temperaret *Has igitur tanti doctoris* sententias· ideo in nostra defensione
protulimus ut unigenitum dei filium sine tempore ex patre genitum credamus non adobtione set genere neque gratia set natura· In finem vero temporis pro salute humani generis in formam servi carnem adsumendo de virgine secundum apostolum primogenitum inter fratres in una eademque dei
et hominis persona. non genere set adobtione neque natura set gratia. In ea
forma qua equalis matri non in ea qua equalis est patri quia in forma servi
servus ideo adobtivus In forma autem domini dominus servi De qua forma
servitutis Deus pater profetam loquitur dicens· ecce intelleget servus meus
et iterum ecce servus meus suscipiam eum electus meus complacuit sibi in
illo anima mea· Set quare egre suscipiat quisquis ille est Secundum humanitatem in filio dei adobtionem quum de eo psalmista dicat minorasti eum
paulo minus ab angelis et ipse de semet ipso per psalmistam ego autem sum
vermis et non homo obprobium hominum et abiectio plebis¹ et propheta de
illo. Vidimus eum et non erat aspectus et nos putabimus eum quasi leprosum et percussum a Deo et humiliatum ecce *quia tanta de eius humilitate*
dicta sunt quur non adserimus adobtionem carnis in filio dei esse quisquis
ille est numquid ignominiosius aut deterius est dicere adobtionem in filio
Dei potius quam *servitut*em quum etiam apostolus paulus de eius servitute
confirmet dicens: Christus Iesus qui quum in forma Dei esset non rapinam
arbitratus est esse se equalem deo. set semet ipsum exinanivit formam servi accipiens humiliabit se usque ad mortem mortem autem crucis. Quur
dicere quisquis ille est pabeat adobtivum quem sermo profeticus non for-
midat. dicere servum Numquid honoratior est nomen servi potius quam
filij adobtivi? Adobtivus enim adfiliatus dicitui Et tu quisquis ille es pabes
dicere adobtivum? Profeta dicit et nos putabimus eum quasi leprosum et
tu pabes dicere adobtivum. ¿Quare ista viliora in filio dei dicta sunt? Profeta
respondeat Ipse autem humiliatus est propter iniquitates nostras et adtritus
est propter scelera nostra disciplina pacis nostre super eum et livore eius
sanati sumus. et dominus posuit in eo iniquitatem omnium nostrorum.
Oblatus est quid ipse voluit et *tradidit in mortem* pro salute fratrum Si voluntate occubuit dicere eum non aborruit *Qui corpus proprium* flagellis impiorum subdidit et manus proprias a delicto innoxias in cruce extendit ut
nos de dominatu antiqui hostis *iustitia potius* quam potestate liberaret

»Credimus igitur et confitemur vnigenitum Dei filium sine tempore incorporeum. et ineffabilem et invisibilem. et sine adobtione· credimus eum in
fine temporis primogenitum ex marie virginis uterum ineffabiliter et corporaliter egressum Deitate exinanita in carnis adobtione secundum David qui
dicit· Ipse invocabit me pater meus es tu, deus meus et susceptor salutis mee
et ego primogenitum ponam illum excelsum pre regibus terre Secundum

miceam qui dicit. numquid dabo primogenitum meum pro scelere meo: Secundum Ihesum filium sirac qui dicit: miserere Domine plebi tue super
quam invocatum est nomen tuum et srahel quem quoequasti primogenito tuo.

»Item humano generi consortem secundum David qui dicit. vnxit te deus
deus tuus oleo letitie pre consortibus tuis:

»Secundum apostolum conformem humano generi sicut ipse dicit: nam
quos prescibit et predestinabit conformes fieri imaginis filij eius. ut sit *ipse
primogenitus in multis* fratribus. Secundum *ambrosium adobtivum* qui dicit
usu nostro *adobtivus* filius. Secundum agustinum qui dicit homo adobtatus
qui est ab illo unicus natus:

»Secundum Iheronimum qui dicit gemma alba adobtio carnis est in filio
dei: Secundum Isidorum qui dicit primogenitus autem vocatur secundum
susceptionem hominis in qua per adobtionem gratie fratres abere dignatus
est. quibus esset primogenitus. Unde et secundum beatum gregorium dicimus dei filium primogenitum sine peccato. unigenitum sine *adobtione:* Secundum Eugenium qui dicit. qui per adobtivi: hominis passionem dum suo
non indulgit corpori nostro demum id est iterum non pepercit. Secundum
hildefonsum qui dicit odie post adobtionem carnis sedem repetit deitatis:
Secundum lulianum qui dicit quos fecisti adobtioni participes iubeas hereditati tue esse consortes:

»Set et illut opere pretium huic operi connectendum esse putavimus quod
paulus apostolus ad galatas scribit dicens ubi sic ait: habemus spiritum
adobtionis in quo clamamus abba pater: De quo spiritu *etiam* psalmista ait
ascendit in altum cepit captivitatem dedit dona hominibus: De hoc et beatus
agustinus in suis dogmatibus dicit: Igitur ante ascensionem *gratiam sancti
spiritus* apostoli acceperunt qua possunt *peccata dimittere* et baptizare et credentibus spiritum adobtionis infundere post ascensionem vero *multo maio-
rem* sancti spiritus gratiam perceperunt in *operatione virtutum* et gratia sa-
nitatum: et diversarum *perceptione linguarum.*

»Item beatus Isidorus in libro *differentiarum sic* dicit: Christus Iesus veniens crudelitatem. Peccata que lex puniebat per spiritum *servitutis relaxa-
bit* per spiritum adobtionis: filios *exervis* [1] reddidit amorem implende legis
condonabit et si deinceps punienda commiserint per eundem adobtionis spiritum indulget. formam bene agendi prebuit. et ut possit agi que docuit. ad-
iutorem Spiritum infudit: Nam et in exorcismis ita contra hostem dicimus:
recede ab his famulis Christi confusus. et per spiritum adobtionis seclussus.

Ecce si spiritus sanctus qui est incorporeus et invisibilis et inefabilis aliquando donum aliquando adobtivus dicere non timetur. quur filius dei secundum formam servi deitate exinanita. corporeus et visibilis et palpabilis:
adobtivus esse dicere dubitatur. *Certe si in ore duorum vel trium* testium
iuxta sententiam domini stat omne verbum quanto magis toth venerabilium
patrum veredicum de adobtione carnis *refutetur testimonium.* His exentis que
de inmenso scribt*urarum pelago* iuxta nostrarum virium *fortitudinem et sensus* nostri tenuitatem decerpere potuimus in nostra defensione ob posuimus
et rite custodienda docemus..... superest ut quisque ille adobtionem.....

---

1 Por *e servis.*

Christi esse denegat sine dubio verum hominem de virgine natum nequaquam fuisse adfirmet adtendat. igitur unaqueque anima fidelis in Christo caritatis affectu si contrarium est aut *blasfem*um dicere filium dei secundum formam servi adobtivum proculdubio quod dici nefas est et illut blasfemum erit quod aliquando leo. aliquando catulus leonis aliquando vitulus aliquando ovis sive agnus victima hostia sacrificium olocaustum pro diversa varietatum causarum princeps et sacerdos homo et profeta virga et flos et radix iudex et rex Iustus et iustitia apostolus et episcopus bracium servus unguentum pastor puer primo genitus Ostium angelus sagitta. aquila, vultui lapis angularis petra et cetera huiuscemodi in Christo filio dei nomina pro salvatione humani generis ab eo suscepta sicut predictum est quod absit hec omnia erunt blasfemie plena set absit hoc a fidelium cordibus ut *dicere pabeant* quod Sanctarum scribturarum testimonia nobis adobtivum pronuntiare non formidant· Set cui similem dixerimus antifrasium beatum os fetidum et omni spurcitia *sagmatum* de cuius lateribus aruina dependet nabuzardan principem cocorum muros Iherusalem destructorem id est Sanctarum scribturarum prevaricatorem nisi fausto maniceo qui patriarcas mundinarios asserebat De quo beatus agustinus inquiens ait Pius homo faustus dolet Christum maledictum fuisse a moysen. eo quod dicat maledictus omnis qui pependet in ligno Faustus doluit Christum maledictum nefandus beatus dolet Christum secundum formam servi quempiam dicere adobtivum Contrarius apostolo Iohanni et evangeliste qui dei filium deitate exinanita dicere non pabet advocatum idest adobtatum et in forma servi gratia plenum Et iterum contrarius Ilario ambrosio Isidoro Iheronimo et ceteris doctoribus qui nobis *predicant in human*itate non in divinitate adobtivum et iterum cui similem dixerimus antifrasium beatum nisi migetio casianorum et *sali*banorum magistrum nostris temporibus exortum qui dum pro manie tipo in capite *cauteriatur* a medico se similem christo existimans et duodecim *apostolos* sibi eligens cuidam muliercule *coram se* adstanti ac super eum dolenti dixiste *fertur* amen amen dico tibi odie mecum eris in paradiso Similis et iste nefandus beatus migetii *informantis* exemplo. quum residisset crapulatus a vino et brutis animalibus abbatem ordinaret rufinum nomine et merito dignum quod ipse idem rufinus ore proprio adtestatur in persona Christi se esse existimans rufino dixisse comprobatur ter vocabulo repetito Simon petre amas me pasce obes meas Idcirco similes dixerimus migetium et beatum quia equales in honore et pares in virtute nam idem migetius moriturus tertia die resurrecturum se esse predixit. Et beatus in vigilia pasce hordonio libanensi populo presente finem mundi esse profetabit. Unde territus et amens populus ille factus in ea*dem nocte* nullo cibo refectus die dominica usque ad horam nonam dicitur fuisse ieiunus. quidam dictus hordonius cum se fame afflictum esse cognosceret dixisse fertur ad populum commedamus et bibamus et si fuerimus mortui saltim vel satiati Idem vero beatus aegritudine simulans tertio die resurrexit . .. *bus* [1] nec corpore mortuus Nos vero anathematizamus bonosum qui filium Dei sine tempore genitum adobtivum fuisse blasfemat. Anathematizamus sabellium qui ipsum esse patrem quem filium quem et spiritum sanctum et

---

1 Falta *nec anima vibus*.

non ipsud dei erat. Anathematizamus Arrium qui filium et spiritum sanctum creaturam esse existimat. Anathematizamus maniceum qui christum
solum deum et non hominem fuisse predicat: Anathematizamus antifrasium
beatum carnis lascivia deditum et onagrum et *erium* [1] doctorem bustualium
qui dei filium secundum humane servitutis formam adobtionem carnis nequaquam habuisse predicant: Unde obsecramus vos venerabiles in Christo
eclesiarum presules per adventum domini et terribile eius iudicium ut hec
que supradiximus studiose tractare iubeatis et inclito Domino et glorioso
principi relegendae presentetis reminiscentes illut. Nolite ante tempus indicare quo ad iusque veniat qui et inluminabit abscondita tenebrarum et ma-
nifestabit consilia cordium et tunc *laus erit* a deo: et dominus in evangelio:
nolite iudicare secundum faciem. set iustum iudicium iudicate: nam quo
iuditio iudicaveritis. iudicabimini. et in qua mensura mensi fueritis eadem
remitietur vobis. Poscentes almitudinem vestram ut sicut unius christi vexillo presignati sumus. ita pacem illam quam Christus commendabit discipulis suis intemerato iure servemus Si quid vero aliter vestra prudentia senserit reciprocatus vestri sermo socordiam nostram enubilet: et lux veritatis
radio veri dogmatis abdita pectoris nostri perlustret: ut dilectio Christi in
nobis rite perseveret: ut quos ubertas Christi fecundat. terre Spatium nullo
modo dividat.—*F. P. B.*» [2]

II.—CARTA Á FÉLIX [3]

«Domino Felice: Sciente vos reddo, quia exunte Julio vestro scripto accepi, et exunte Augusto vobis item scripsi. Sed eveniente occasione ad isto
praesente igne consumptum est, et rediens ad me pene ad quadraginta dies
denuo adsumpsi laborem, et scripsi ad ipso haeretico piceo Albino, quantum
potui pro sua confusione scribere. Tu vero exempla illud, et sic illud dirige..... Kalendarum Novembrium direxi vobis scriptum parvum de fratre
Militane, qui recta de Deo sentit. Nam et quatuor mihi quaterniones dire-
xerat, quos direxi contra ipso Pseudopropheta foetidissimo in Beato. Certi-

---

1 Por *Eterium*.

2 «Hallase la Carta antecedente en un Código de pergamino mui mal tratado del tiempo
y del agua en forma de Quarto, que se guarda en la Sta. Iglesia Primada de Toledo Cajon 5
núm. 16 todo escrito en letra Gothica, redonda menuda, bien formada: los titulos son de ver-
mellon. En este Codigo se halla lo primero la Carta antecedente á los Padres del Concilio de
Francfort. 2.º otra Carta del mismo Elipando al Emperador Carlos Magno sobre lo mismo.
3.º otra Carta de Elipando á Migetio herege, á quien menciona en la Carta á los Padres Franc-
fordienses. 4.º se sigue de la misma mano el *Commentario* de Justo (que se cree, ser Obispo de
Urgell) sobre los *Cantares*, dedicado á Sergio Papa; mas destrozado lastimosamente, trastro-
cado, y falto. 5.º de la misma mano sigue el *Carmen Paschale* de Juvenco, aunque igualmente
falto. Al fin de estos versos hai la subscripcion siguiente de letra Gothica cursiva.

«Perscriptus est Liber iste Deo auxiliante sub die XVIIII° Kalendas Februarius era M.C.VIII.
«Orate pro Vincentio Presbytero Scriptore, si Christum Dominum habeatis protectorem.
»Amen.»

La hoja en que se halla esta Nota, debiera ser la última; sin embargo se siguen despues algunas del *Carmen Paschale*. Cotejé esta Copia con dicho original en compañia del Señor Don
Francisco Xavier Valcarcel, Canonigo, en 7 de Noviembre de 1753.—*Andres Burriel.*

3 Con todos sus barbarismos y raras construcciones.

fica me qui est positus in Roma. Epistolam vestram caelitus quemadmodum
mihi inlapsam exeunte Julio accepi, et Deo meo ulnis extensis inmensas gratias egi, qui me fecit tuis eloquiis conlaetari, inter ipsa quotidiana dispendia
mundi, quibus duramus, potius quam vivimus

»Sed Epistolam foetidissimam de filio Gehennae ignis Albino, novo Arrio
in finibus Austriae tempore gloriosi principis exorto, non Christi discipulo,
sed illius qui dixit *Ponam sedem meam ab Aquilone et ero similis Altissimo*
De quo scriptum est: *Ex nobis prodierunt, sed non erant ex nobis. Nam si
fuissent ex nobis, permansissent utique nobiscum* Contra quem prout volui
rescriptum reddidi, et Sanctorum Orthodoxorum atque Catholicorum sententiis adstipulari Tua vero sanctitas viriliter agat, et confortetur cor tuum,
reminiscens quid ipse Dominus dicat *Beati qui persecutionem patiuntur
propter justitiam, quorum ipsorum est Regnum Coelorum* Et iterum: *Ecce
ego mitto vos sicut oves in medio luporum Estote ergo prudentes sicut ser-
pentes et simplices sicut columbae. Cavete ergo ab hominibus. Tradent enim
vos in Conciliis, et Synagogis suis flagellabunt vos et ad praesides et Reges
ducemini propter me in testimonium illis et gentibus*

»Ego vero direxi Epistolam tuam ad Cordubam fratribus qui de Deo recta
sentium, et mihi multa scripserunt, quae in tuo adjutorio debueram dirigere Sed ad ipso haeresiarcham Albini Magistro Antiphrasio Beato direxi re-
legenda Tu vero dirige scriptum illud pro tuo fidele glorioso principali,
ante quam veniat ad ipso filio mortis Albino, qui non credit carnis adoptionem in Filio Dei, quem Sancti Patres et nos ipsi credimus in sola forma
servitutis humanae, non in gloria vel substantia divinae naturae. De illo
fratre nostro qui defunctus est audivi, quod aliquid nobis mandarat dirigire,
et ideo quaeso ut mandetis ad ipso famulo vestro Ermedeo, ut quaerat de
Judaeis qui habent illic uxores et filios, qui fatigium det et nobis quantum
Deus inspiraverit dirigat ita tamen ut alii Judaei non sentiant qui apud nos
habitant, aut si possibile est, ut quemlibet de humiles vestros nobiscum
mercaturios qui veniunt dirigatis, et quid egeritis de vestra intentione, nobis
certificate et maxime per libros duos Epistolarum beati Hieronymi et Opus-
colorum beati Isidori, quos habet Ermedeo, quos direxeram ad ipso fratri
qui defunctus est unde et mihi demandaverat quos alios similes repererat
Idcirco tamen applicate ipse Ermedeo ad vos, et instruite illum vestris eloquiis, et veram fidei doctrinam, sicut ego illi notui.

Me tamen cognoscite senectute jam decrepita octuagesimo secundo a die
octavo Kalend Aug ingressus fuisse, et orate pro nobis sicut et nos facimus
pro vos adsidue, ut nos Deus in regione vivorum pariter jungat Sed omnibus
fratribus demandavimus ut pro vos sacrificium Deo offerant Merear quanto
ocius de vestro rescripto laetus existere. Istum praesentem vobis commendo,
et Presbyterum nostrum Venerium, si datum fuerit ut perveniat ad vos.»

«Bonosus et Beatus pari errore condemnati sunt. Ille credidit de Matre
adoptivum et non de Patre ante saecula proprie genitum nec incarnatum
Iste credit de Patre genitum et non de matre temporaliter adoptivum» [1]

[1] Así debe leerse el parrafo que está truncado en las ediciones de S Beato, y en la del Padre Florez (Vid *Opúsculos de Ambrosio de Morales*, tomo III)

III.—Confesion de Fé de Félix

«Incipit confessio fidei. In Dei nomine Felix olim indignis Episcopus, domnis in Christo fratribus Emani presbytero, Ildesindo presbytero, atque Exuperio Gundefredo, Sidonio necnon et Ermegildo, seu caeteris presbyteris, similiter Vittildo diacono et Witirico, seu caeteris clericis in parochia Orgellitanae ecclesiae degentibus, seu caeteris fidelibus ecclesiae in superdicto commisso conmorantibus, in Domino Deo Patre et Jesu Christo vero Filio ejus, Domino ac Redemptore nostro, et in Spiritu Sancto aeternam salutem.

»De caetero ad agnitionem vestram reducimus, quia postquam ad praesentiam domini nostri ac piissimi gloriosique Caroli regis perductus sum, et ejus conspectui praesentatus, licentiam ab eo, secundum quod et venerabilis domnus Laidradus episcopus nobis in Orgello pollicitus est, accepimus, qualiter in ejus praesentiam in conspectu episcoporum, quos ad se ordinatio gloriosi principis nostri convenire fecerat, sententias nostras, quas ex libris Sanctorum habere nos de adoptione carnis in filio Dei, seu nuncupatione in humanitate ejus credebamus repraesentaremus: qualiter non in violentia, sed ratione veritatis, nostra assertio rata judicaretur, si ab illis per auctoritatem Sanctorum Patrum minime repudiaretur. Quod ita factum est: nam prolatas a nobis sententias de superdicta contentione, hoc est, de adoptione carnis atque nuncupatione, ita illi ex auctoritate de libris Sanctorum Patrum, id est, Cyrilli episcopi, et beati Gregorii Papae urbis Romae, seu beati Leonis, sive et aliorum Sanctorum Patrum, qui nobis prius incogniti erant, seu per auctoritatem synodi quae super in Roma hac intentione, praecipiente gloriosissimo ac piisimo domino nostro Carolo, adversus epistolam meam, quam dudum venerabili viro Albino Abbati Turonensis Ecclesiae scripseram, congregata est. In qua Synodo, praesente Leone apostolico, et cum eo caeteri Episcopi num. LVII residentes, et plerique presbyteri ac diaconi cum eis in domo beatissimi Petri Apostoli, per quorum omnium auctoritatem istas jam dictas sententias nostras, non qualibet, ut dictum est, violentia, sed ratione veritatis, ut oportuit, excluserunt. Quorum auctoritate veritatis et totius Ecclesiae universalis consensu, convicti, ad universalem Ecclesiam, Deo favente, ex toto corde nostro reversi sumus: non qualibet simulatione, seu velamine falsitatis, sicut dudum, quod Deus scit: sed, ut dixi, vera cordis credulitate et oris professione. Quod etiam in conspectu multorum sacerdotum et monachorum professi sumus, poenitudinem gerentes de pristino errore et sacramento, quam pro hac intentione olim praevaricatus sum: profitentes nos deinceps adoptionem carnis in Filio Dei, sive nuncupationem in humanitate, nullo modo credere vel praedicare; sed secundum quod dogmatibus sanctorum Patrum informamur, eundem dominum nostrum Jesum Christum in utraque natura, deitatis videlicet et humanitatis, proprium ac verum Filium profitentes, Unigenitum videlicet Patris, unicum Filium ejus: salvas tamen utriusque naturae proprietates, ita dumtaxat ut nec divinitas Verbi Dei in natura *(naturam)* credatur humana *(humanam)* conversa,

vel humana a Verbo assumpta invidia *(in divinam)* mutata: sed utraque, id
est divina atque humana, ab ipso conceptu in utero Virginis; ita in singula-
ritate personae sibimet connexae atque conjunctae sunt, ut unicus Filius
Patri, et verus Deus ex ipso utero gloriosae Virginis absque ulla corruptione
editus prodiretur. Non ita homo assumptus a Verbo de substantia Patris,
sicut ipsumque Verbum a fidelibus genitus credatur, cum sit ex substantia
matris; sed quia, ut dictum est, in ipsa vulva Sanctae Virginis ab ipso conceptu ab eo qui secundum divinitatem verus et proprius Dei filius, ex eadem
Sancta Virgine natus est. Non alius Dei filius et alius hominis filius: sed
Deus et homo, unicus Dei Patris verus ac proprius Filius, non adoptione,
non appellatione, seu *nuncupatione*, sed in utraque natura, ut dictum est,
unus Dei Patris, secundum Apostolum, verus ac proprius Dei filius credatur.

»Haec est confessio fidei nostrae quam, Deo juvante, a Sanctis Patribus
per eorum scripta cognovimus, et ab universali Ecclesia post pristinum errorem nostrum accepimus et tenemus. Quod et vos omnes credere et confiteri,
per eundem Dominum nostrum exhortamur, nil diminuentes aut addentes
ex sensu vestro, sed hoc quod vobis innotescimus, cum universali Ecclesia
indubitantes retinentes: et ut pro me misero, per quam usque nunc in Ecclesia Dei contentio versa est, ex totis praecordiis vestris Domini misericordiam implorare non dedignetis: qualiter propter vestram emendationem et
orationem catholicorum sacerdotum, qui in simili praevaricatione, ut ego,
nequaquam obnoxii sunt, Domini misericordiam, priusquam de hoc mortali
corpore egrediar, consequi valeam. Quod per hoc me magis consequi a Domino confido, si scandalum seu error in fide, qui per me in usque nunc inter
utrasque partes duravit, per me iterum omnia correcta atque sedata fuerint,
atque omnia Ecclesiae membra in unitate fidei et concordia charitatis velut
in unum corpus compaginata, ita nemo ex nobis in Ecclesia Dei ultra scandalum vel quodlibet schisma intromittere audeat, sed omnes nos cum universali Ecclesia, quae in toto mundo dilatata noscitur, similiter sentientes,
et ea quae dudum orta intentio est, id est, adoptionem carnis seu nuncupationem in humanitatem Filii Dei, anathematizantes, pacem, ut dixi, et
unitatem Fidei cum omnibus fidelibus Ecclesiae, absque ulla simulatione,
inconvulsa fide retineamus: ne cum Nestorii impietate concordantes, qui
purum hominem Christum Dominum credidit, alicubi deinceps labamus,
qui dixit:

«Oportet vero et de Dei dispensatione quam pro nostra salute in dispensa-
»tione Domini Christi Dominus Deus perfecit, scire quoniam Deus Verbum
»hominem perfectum assumpsit, ex semine Abrahae et David secundum pro-
»nuntiationem divinarum Scripturarum: hoc constitutum natura, quod erant
»illi, ex quorum erat semine, hominem perfectum natura, ex anima intellec-
»tuali et carne humana constantem, perfectum hominem constitutum secun-
»dum nos per naturam, Spiritus Sancti virtute in Virginis vulva formatum,
»factum ex muliere, et factum sub lege, ut omnes nos a servitutis lege redi-
»meret, ante jam praedestinatam adoptionem accipientes, inenarrabiliter
»sibimet veniens, mortuum quidem eum secundum legem humanam faciens,
»suscitans vero ex mortuis, et perducens in coelum et consedere faciens ad
»dexteram Dei: unde personam constitutos principatus, et potestates, et do-

»minationes, et virtutes, et omne quod nominatur nomen, non solum in hoc
»saeculo, verum etiam et in futurum, ab omni creatura accepit adorationem,
»sicut inseparabilem a divina natura habens copulationem, relationem Dei,
»et intelligentiam omni creaturae exhibentem. Et neque duos filios dicimus,
»neque duos dominos: quoniam unus Filius Patris secundum substantiam,
»Deus Verbum unigenitus Filius Patris, sicut iste conjunctus et particeps
»constitutis Filii communicat nomine et honore. Dominus secundum essen-
»tiam Deus Verbum, cui iste conjunctus honore communicat. Et ideo neque
»duos filios hos dicimus, neque duos homines: quia manifesto constituto se-
»cundum substantiam Domino et Filio inseparabilem, tenet ad eum copula-
»tionem, qui causa nostrae salutis assumptus confertur nomine et honore
»Domino et Filio, non sicut unusquisque nostrum secundum seipsum consti-
»tutus est Filius. Unde et multi secundum beatum Paulum dicimus filii,
»sed solus praecipuum habens hoc quod ad Dei Verbi copulationem, adop-
»tionem et dominationem participans: aufers quidem omnem suspicionem
»dualitatis filiorum et dominorum. Praestato vero nobis in copulationem
»ad Domini Verbum, bonam haberet ipsius fidem, et intelligentiam et theo-
»riam: pro quibus et adorationem, per relationem Dei ab omnibus coepit
»creatura. Unum igitur Filium dicimus et Dominum Christum, per quem
»omnia facta sunt: principaliter quidem Deum Verbum intelligentes subs-
»tantialiter Filium Dei et Dominum conspirantes autem assumptum Jesum
»a Nazareth, quem unxit Deus spiritu et virtute, sic in Verbi Dei copulatio-
»nem adoptionis participantem et dominationis, qui et secundus Adan.»

»Haec est sententia Nestorii haeretici, qui purum hominem absque Deo
Virginis utero genitum impie astruebat. In quem hominem ex eadem Sancta
Virgine procreatum et genitum, post nativitatem ejus, Verbum Dei, hoc est
divinitatem Filii Dei, descendisse et habitasse prae caeteris sanctis impuden-
ter praedicabat. Et ob hoc, sicut in Christo duas naturas, ita et duas personas in eo satis improbe vindicare contendebat. Nos vero ejus impietatem
anathematizantes, quaedam testimonia ex libris Sanctorum Patrum, quos
Ecclesia venerabiliter recipit, decerpentes, huic epistolae subnectimus, per
quae nos ad viam veritatis post pristinum errorem nostrum reversi sumus,
vobis subter ascriptam direximus: per quae et vos de dicta intentione veritatem fidei plenius agnoscere potestis, et ad rectum tramitem fidei reverti. Contra quas sententias Patrum dissentiens, aliter quam illae nos informant credere aut docere voluerit, et adoptionem et nuncupationem in carne Salvatoris, credere vel praedicare praesumpserit, anathema sit. A quo jaculo ana-
thematis,» etc., etc. [1].

---

[1] Siguen á la carta los textos de San Cirilo, San Gregorio, San Atanasio, San Gregorio
Nazianceno y San Leon.

CAPÍTULO VI

I.—Sentencia dada por Hostegesis y el conciliábulo de Córdoba contra el abad Sanson [1]

«In nomine Sanctae et venerandae Trinitatis. Nos omnes pusilli famuli Christi praesidentes in Concilio Cordubensi minimi Sacerdotes, cum in nostro Conventu Ecclesiastica discernerentur negotia, et divinitus dispensata contempti essemus simplicitas christiana, ex improviso quidam corrupta pestis, Samson nomine, sponte prosiliens, multas impietates in Deum, multasque sententias contra regulam praedicavit. in tantum ut imo idolatrix, quam Christianus assertor esse videretur Adeo ut prima fronte assertionis suae licentiam daret, inter consobrinis conjugia profligare, ut dum carnalia carnalibus hominibus profligaret, ad ceteras impietates illico prosilens, adjutores sibi de trivio coacervaret Unde ad cetera progrediens, damnare conatus est quaedam opuscula Patrum, quae canendi usus est in Ecclesia, et in tantum impietatis et perfidiae lapsus est, ut tam insane de Deo sentiret, ut quae nefas est dici, Divinitatem, inquit, omnipotentis sic asserit diffusam, sicut humus aut humor, aut aer, aut lux ista diffunditur Ita ut asserat, aequali eum inesse essentia tam in Propheta, dum vaticinatur quam in Diabolo, qui in aera dilabitur, aut in Idolo qui ab infidelibus colitur, donec eum intra minutioribus vermiculis esse praedicet, quod nefas est dici. Nos autem per subtilitatem eum credimus intra omnia esse, non per substantiam Et in tantum de hinc in ceteris delapsus est malis, ut praeter tribus Divinitatis personis, id est, Pater et Filius et Spiritus Sanctus, qui una non ambigitur esse substantia, alias nescimus quas similitudines, non creaturas, sed esse asserat creatores, ut imo quam gentilium vanitates pluralitatem Deorum introducat. Et tam nefariae, tamque perfidae mentis ab una in alia dilapsus est vana assertio, ut videretur omnem scindere regulam. Quas praestigias et vanitatum voces anticipantes, ipsum Auctorem cum suo errore damnavimus, ut simplicitas christiana quae errori et garrulitatibus cedere nescit, tam nefario errore a membris suis abscidat Et ideo exulem et nudatum eum a Sacerdotali obsequio sanximus, et in perpetuo ab omni Clericatus Officio abdicamus, imoque a totius Ecclesiae membro severius separamus ne unius membri tabe pestis corruptos cetera sana et syncera, pestis involvat Pro eo cauterio cum canonico abscindendum elegimus, et illas vanas assertiones vitavimus, contenti Apostolico documento *Haereticum*, inquit, *hominem post unam et aliam commonitionem devita*. Si quis ergo post nostra salubria monita ei se sociaverit, aut illi adhaeserit, si quis illius vanas et inutiles commentationes observaverit, audierit, aut assensum praebuerit »

---

1 Excuso advertir que está reproducida con todos sus barbarismos y malas construcciones

II.—Profesion de fé, de Hostegesis y sus parciales, dirigida á la Iglesia de Tucci

«Summo studio, sagacique indagatione Ecclesiam nobis a Domino traditam, et ad regendum fideliter creditam speculantes, omne conamur scandalum abdicare, omnesque garrulitates abjicere: ut ipsa nihilominus Sancta Ecclesia, quae alienis appetitur hostibus, saltim domesticis consoletur concordiis: ut dum uno fidei merito coalescit, unaque connexione regulae conservatur, non solum charitate, verum etiam virtutibus augeatur Novimus, novimus, et certi equidem sumus, hujus nos negotii debitores existere: hujus sanctae fidei regulam caute attendere, devote praedicare et inter ipsa fidei merita terminos Patrum omni custodia observare. Siquidem Propheta loquente, terminos, inquit, Patrum tuorum ne transgrediaris. Et quia sunt nonnulli, qui ambages causarum suo velint judicio sauciare, et Patrum regulas praeterire, non advertentes in ipsis regulis Patres divino siquidem spiritu esse afflatos: suo quippe judicio non verentur, aut transgredi aut incongrue uti, more procacium et garrulorum, qui majorum libris infamando, sibi incauta moderatione velint nomen acquiri. Siquidem nuper exortam quorundam controversiam fidei regulis obviam juste anticipavimus et eos qui in obstinatione sua durarunt, in perpetuam mancipavimus aeque sententiam. Illos vero qui post inusitatis motibus ad pacem Ecclesiasticam et ad concordiam fidei et Patrum regulas devote conversi sunt, ovando suscepimus, et in Charitate amplectendo ad Ecclesiae gremium revocavimus. Nec nos in hoc victores attollimus: qui non nobis sed divinae credimus veritati. Utrarumque ergo partium est victoria, dum Christus in nobis vincens mutuam charitatem in utramque profligans partem uno articulo fidei tenere disposuit. Et ut patulo, et ab obscuris ad lucem venire festinet ea quae ambigua obviaque in plerasque mentes turbo congesserat, ipsis nihilominus causis e parte conteximus, ut interjecta nube colore Spiritus Sancti possit, optamus hanc nebulam dissipare.

»Primo eatenus in hujus latae sententiae in fronte conteximus, quae primitus male et incaute ac praeceps vulgata sunt: Scilicet psalmodiam quam ab anterioribus Patribus hactenus inter Ecclesiasticis regulis canuerunt: in qua quippe antiphona non solum psallendi virtus ab Auctoribus est expressum, verum etiam fomes haeresum abdicatum, hi incaute et inmature damnaverunt. Nec praeteriendum est hujus antiphonae textum exprimere, ut illico ex ea ostendatur fidei meritum: quae tunc recte expressa sit contra Nestorium: *Oh quam magnum*, inquit, *miraculum inauditum, virtus de coelo prospexit: obumbravit uterum Virginis, potens est majestas includi intra cubiculum cordis januis clausis.* Credimus, credimus Verbum Dei Omnipotentis inlapsum in uterum Virginis, et juxta unionem Personae fuisse januis clausis. Et ut cedat Nestorii dogma, non ambigimus eum esse inclusum juxta unicum denique filium, nec in Jordane flumine, sed in utero credimus incarnatum. Praeterea lineas Patrum tentantes, prosapiam affinitatis inusita

tae utentes, inter consobrinos conjugia profligare sanciebant. Quibus motibus pressis, hoc ab Ecclesia dogma abscidimus, et ad veram Patrum tenen-
dam auctoritatem plerosque tali sentientes accedentes, praedicatione equidem
revocavimus Praeterea vero in plurimis distenti assertionibus ea sunt cona-
ti discutere, quae ab ipsis auctoribus Ecclesiasticis, cum omni cautela, non
tam dispositum, quam quidem cum omni formidine, quantum in eis fuit,
conarunt edissere. cum et de tali quaestione divini equidem libri plerumque
tacuerunt

»His de ipsis nihilominus scriptoris utentes, quae nobis divina inlustratio-
ne suggerit, de praesentia etenim Dei multa et varia autumantes, certam de
hoc, non nostram sed divinam, et auctorum dispositionibus firmamus sententiam Credentes quippe incorporeum et inlocalem Deum, qui omnia suo
moderamine justo disposuit, regit et ambit, sic omnia in omnibus esse, ut
non diffusus, sicut humus aut humor, aut aer aut lux ista difunditur qui in
parte sui minor, est quam in toto sed esse plenum in omnia, ut intra eum
etiam coarctentur universa. Dei illius quippe praesentia sic ita affatur Divina
Scriptura· *Coelum et terram ego impleo* Et illud *Gyrum coeli circuivi sola.*
Praeterea inquit *Spiritus Domini replevit orbem terrarum* Hinc est etiam
quod Dominus ait *Coelum mihi sedes est terra autem scabellum pedum meorum* Rursumque de eo scriptura est *Coelum metitur palmo, et terram pugillo concludens* Inquit Beatus Gregorius *Ostenditur quod ipse sit circumquaque cunctis rebus quas creavit, exterius Id namque quod interius concluditur, a concludente exterius continetur* Et infra *Quia enim ipse manet intra
omnia, ipse extra omnia, ipse supra omnia, ipse subtus omnia. Superior, videlicet, per potentiam, inferior per sustentationem et exterior per magnitudinem, et interior per sublimitatem* Et ut breviter nihilominus Beatus Gregorius suam praesentiam texeret, ait *Est itaque inferior, et superior sine loco.*
Unde ergo si inlocalis credendus est, cur a quibusdam otiosis fauctoribus
inter stupra et idola et muscarum et vermium, imoque cimicum, et culicum
specialiter habitaturum fatetur? Nos autem generaliter ubique et inlocaliter
summam confitentes Trinitatem, etsi eum generaliter intra omnia credimus,
tamen specialiter solummodo in Dominum Jesum Christum fatemur De hoc
enim singulari dono in Dominum Jesum Christum, ita denuo in libro Moralium secundo Beatus affatur Gregorius Si prophetiae, inquit, Spiritus Prophetis semper adesset, David Regi de templi se constructione consulenti nequaquam Nathan Propheta concederet, quod post paululum negaret Unde
bene in Evangelio scriptum est· *Super quem videritis spiritum descendentem
et manentem super eum, ipse est qui baptizat* In cunctis namque fidelibus
spiritus venit, sed in solo mediatore singulariter permanet, quia ejus humanitatem nunquam deseruit, ex cujus divinitate processit In illo igitur manet
qui solus et omnia semjor potest Nam fideles, qui hunc accipiunt, cum signorum dona habere semper, ut volunt, non possunt, hunc se accepisse quasi
in transitus ostensione testantur Igitur si Spiritus Sanctus, in solo mediatore permanens, a Sanctis etiam viris substrahitur, otiosum valde est inter
vermiculos, stupraque et idola ac daemones praedicare De tali enim cavenda
assertione beatus in explanatione Esaiae loquitur quidem Hieronymus· *Domus, inquit, Dei quae sursum est, gloria plena conspicitur.* Haec vero quae
deorsum est, nescio an plena sit gloria; nisi forte secundum Psalmistae sen-

sum dicentis: *Domini est terra et plenitudo ejus.* Cur, ergo, a quibusdam re-
misse otioseque praedicatur in stupris, unde Sancta Scriptura conticuit? Sed
et ipsi etiam nihilominus illustrissimi viri de plenitudine ejus, ac praesentia
caute loquentes, idolorum et vermium et muscarum praetereuntes, hoc solummodo generaliterque confessi omnipotentiam summae Trinitatis intra
omnia, sed non inclusum, extra omnia sed non exclusum, liberaliter prae-
dicarunt. Praemissa quidem cimicum et culicum memoria, de hac speciali
Sancti Spiritus in Domino Jesu Christo mansione, denuo beatus sic loquitur quidem Hieronymus in explanatione Epistolae Pauli Apostoli: *Excepto
etenim*, inquit, *Domino Jesu Christo in nullo Sanctum Spiritum permansisse;
quod signum et Baptista Joannes acceperat, ut super quem vidisset Spiritum
Sanctum descendentem et manentem super eum, ipsum esse cognosceret.* Ex
quo ostendit quidem super multos descendere Spiritum Sanctum, sed proprie hoc esse Salvatoris insigne, quia permanet in eo. Sed et beatus adhuc
Gregorius in *Moralium* libro decimonono ita denuo loquitur: *Deus*, inquit,
intelligit viam ejus et ipse novit locum illius. Haec coeterna Deo sapientia
aliter habet viam, atque aliter locum. Locum vero si quis intelligat, non loca-
lem, nam teneri corporaliter non potest Deus, sed sicut dictum est, locus intelligitur non localis. Locus sapientiae Pater est: locus Patris sapientia, sicut
ipsa sapientia attestante dicitur: *Ego in Patre, et Pater in me.* Vocem etenim
juxta divinum eloquium Sancti Spiritus audivimus, sed unde veniat et quo
vadat ignoramus. Et quem inlocalem et incomprehensibilem confitemur,
otiose intra idola et stupra et cloacas nequaquam proferre habitatorem au-
demus. Absurdum valde est ut habitator Daemonum Dei habitatio praedicetur, cum saepe in Prophetis dictum equidem sit: quia in manufactis ipse
non habitat Deus, quem etiam in sanctis viris permansisse non credimus:
quia quem inlocalem fatemur, amplius transcendere non possumus. Nec
enim ambigimus nos Sancti Spiritus lumine fultos, de quo Evangelista
Joannes loquitur dicens: *Erat*, inquit, *lux vera quae inluminat omnem hominem in hunc mundum venientem.* Et illud: *De plenitudine ejus nos omnes accepimus.* Sed ita eum inluminare cunctos credimus, ut inlocalem fateamur
et incomprehensibilem, et aliquando a Sanctis quidem viris subtractum: sed
ut nobis se orandi panderet viam, et plenam domum gloriae suae ostenderet, sic ipse nihilominus Dominus Jesus Christus suos informavit discipulos:
Cum oratis, inquit, *dicite: Pater noster, qui es in coelis.* Et rursum de eo divinum eloquium ita affatur: *Habitatio ejus sursum.* Et illud: *Coelum mihi
sedes est, terra scabellum pedum meorum.* Et infra ei dicitur: *Qui sedes super
Thronum et judicas aequitatem.* Et illud: *Exaudi de coelo, Domine.* Et alibi:
Laudate Dominum de coelis. Et multis saepe in locis: *Ad te*, inquit, *levamus
oculos nostros qui habitas in coelis.* Et: *Unus est*, inquit, *Pater vester qui in
coelis est.* Salomon autem ut locum ostenderet habitationis illius, ait: *Si
quis cognoverit plagam cordis sui, et expanderit manus suas in domo hac,
exaudies in coelo, in loco habitationis tuae.* Et alibi ipse nihilominus Salomon: *Ergone reputandum est*, inquit, *quod vere Deus habitet super terram?
Si enim coelum et coeli coelorum te capere non possunt, quanto magis domus
ista, quam aedificavi.* Cumque etiam de templi consecratione illustrissimi
viri benedictionem texerunt generalem, sic inquiunt: Deus qui cum in manufactis ipse non habitas, hominum tamen manufacta benedicis. Unde et

Dominus Jesus Christus a Sancto Spiritu incarnatus, qui in unione personae localiter est credendus, ille, qui inlocalis est, non in terris sed ad dexteram suam locavit in coelis Sed et ipsa nihilominus spiritualis Angelorum
creatura indefessis vocibus, juxta Esaiam, ter Sanctus in Coelis canere non
cessant. Hac etenim confessione contenti, sufficiat cunctae Ecclesiae incomprehensibilem summae Trinitatis divinitatem supra omnia et subter omnia
et ante omnia et post omnia esse Oculos vero ac mente, manibusque ad
Deum in Coelis levare, et tota mentis intentione confiteri Si quis vero praemissa hac confessione, de porcis, culicibus, cimicibusque, idolis vel stupris,
Daemonibusque otiosam fecerit quaestionem, aut specialiter divinitatem ha-
bitatricem amoto pudore praedicaverit, iste a nobis perpetua damnatione
feriatur, et a membro Ecclesiae severius excludatur Sufficiat autem ad credulitatem nostram, omnipotens Dominus omnia in omnibus esse, et omnium
rerum conditorem existere nec duo principia, sed unum conditorem cunc-
tarum rerum liberaliter confitentes, magnis et minutis animantibus, et omnia quae in coelis et quae moventur et fiunt in terris, ipsius conditione
cuncta fatemur et credimus

»Abdicamus ergo vanas et garrulorum hominum quaestiones, quas vitandas commendat Apostolus: *Stultas*, inquit, *et sine sensu quaestiones devita*
In nullo enim proficiunt, nisi ad subversionem animarum. Sufficiant nobis
voces Prophetarum, et Sancti Evangelii verba, contenti nihilominus Doctorum sequentes vestigia Taceatur de his quae nec dicta sunt, nec ullo modo
ad fidem proficiunt. Ili enim talia praedicantes aura favoris, et, ut ita dicamus, corporis otio circumacti, nequaquam verentur auctorem omnium idoli
habitatorem existere, locumque hunc habitationis illius praedicare Unde
bene sub Judeae specie per Prophetam torpens otio anima defletur, cum dicitur. *Viderunt*, inquit, *eam hostes, et deriserunt Sabbata ejus* Pracepto etenim legis ab exteriore opere in Sabbato cessatur Hostes ergo Sabbata vi-
dentes irridentes, cum maligni spiritus ipsa vacationis otia ad cogitationes
illicitas pertrahunt De tali enim hominum otio beatus ait Gregorius Plerumque contingit, ut quanto securius ab extremis actionibus animae cessant,
tanto latius inmunde in se cogitationis strepitum per otium congerant Sed
et ipse nihilominus beatus Gregorius de magnitudine et incomprehensibili-
tate divinae omnipotentiae sic loquitur *Invisibilia quippe, quae per Omnipotentem sunt condita, humanis oculis comprehendi non possunt* In rebus
ergo, creatis discimus creatorem omnium, quanta humilitate veneremur, ut
in hac vita usurpare sibi de omnipotentis Dei specie mens humana nil audeat:
quod solum electis suis praemium in subsequenti, aeterna videlicet, remune-
ratione servat. Unde bene dictum est *Abscondita est ab oculis omnium viventium* Et si a nobis Sanctus Spiritus cum omni timore profitendus est in
sanctis viris aliquando infundi, aliquando subtrahi, quo ordine specialiter
praedicandus est, in sues, delubris ac daemonibus habitare, qui omnia inlocaliter amplectit et ambit, et *non habitat* etiam *in corpore subdito peccatis?*
Habitationem illius ubique sine loco confitemur, et credimus qui *pertingit
a fine usque ad finem fortiter,* et *disponit omnia suaviter,* qui etiam juxta
usum nostrum, dicitur principium et finis tamen est principium sine principio et finis sine fine.

»Ovantes denique jam amplectimur cunctam in pace solidatam Ecclesiam, et orantes cum gaudio dicimus: *Confirma hoc, Deus, quod operaris in nobis.* Necnon et illud: *Firmetur manus tua, Deus, et exaltetur dextera tua.* Credimus quippe exaltatam dexteram tuam in virtute, cum nos unanimes cernimus: cum divitias charitatis tuae mutue abundamus: et nunc laudamus sanctum et ineffabile nomen tuum votive ac perpetim cum Propheta dicentes: *Benedictus Dominus de die in diem. Prosperum iter faciat nobis Dominus Deus noster.* Et optamus ut gradiatur nobiscum prospere in fide, et moribus in hujus vitae anfractibus per gentes, donec ad terram repromissionis aeternam, distribuente nobis Jesu aeterno, haereditatem capiamus cum eo perpetuam; qui vivit cum Patre et Spiritu Sancto una admodum, et coequalis substantia per infinita semper saecula saeculorum. *Amen*» [1].

CAPÍTULO VII

I.—Tratado «De processione mundi» del Arcediano Gundisalvo (inédito) [2]

«Invisibilia Dei per ea que facta sunt facta mundi conspicimus; si autem vigilanter hec visibilia conspicimus, per ipsa eadem ad invisibilia Dei contemplanda conscendimus. Vestigia enim Creatoris sunt mira opera visibilis creature, et ideo, per hec que ab ipso sunt sequendo, pervenimus ad ipsum, unde in Libro scriptum est: Per magnitudinem creature et speciem potest intelligibiliter Creator videri. Cum et magnitudo, pulcritudo et utilitas tantum miranda proponantur, profecto potestas Creatoris, sapientia et bonitas, que invisibilia Dei sunt, revelantur. Non enim tam magna faceret nisi potens esset, tam pulcra, nisi sapiens, tam utilia, nisi bonus. Unde de sapientia scriptum est: In viis ejus ostendit se hilariter et omni providentia occuserit illi. Vie quippe ad Creatorem sunt opera ipsius que dum diligenter attendimus, ad cognoscenda occulta ejus utcumque attingimus. Unde ad intelligenda invisibilia Dei, speculacionis materia nobis bipartita proponitur, scilicet in rerum composicione et disposicione et causa utrumque movente. Composicio est principiorum ex quibus aliqua fit conjunctio; dispositio est conjunctorum ordinata habitudo; causa vero movens alia est primaria, alia secundaria, alia est tercie dignitatis et deinceps. Ad especulacionem autem tria sunt neccessaria: racio scilicet, demonstracio et intelligencia. Accedit enim ad composicionem racio, demonstracio ad disposicionem, ad causam intelligencia. Unde dicitur quod in naturalibus racionaliter, in mathematicis disciplinaliter, in theologicis intelligencialiter versari oportet. Et racioni quidem sufficit possibilitas, demonstracioni vero neccessitas, intelligencie vero simplex et mera quedam concepcio. Ad intelligenciam autem per intel-

---

1 Vid. el *Apologético* del abad Sanson. en el tomo XI de la *España Sagrada.*

2 El manuscrito ha sido reproducido fielmente; así lo exigian la importancia del documento y el ser la copia única; aunque el copista antiguo no pecó de escrupuloso, y cometió bastantes faltas, algunas de ellas fáciles de corregir.

lectum sive per demonstracionem, ad intellectum per racionem, ad racionem vero per ymaginacionem et ad ymaginacionem per sensum ascenditur. Sensus enim apprehendit sensibiles formas simul in presenti; ymaginacio, formas sensibiles in absenti materia simul, racio, formas sensibiles preter materiam; intellectus, formas intelligibiles tantum; intelligencia vero unam simplicem formam ut cumque sit similiter aprehendit. Hiis igitur gradibus ad Deum mens humana contemplando ascendit et ad hominem divina bonitas descendit. Racio inquirit componendo et resolvendo; resolvendo ascendit, componendo descendit. In resolvendo enim ab ultimis incipit; in componendo a primis incipit. Unde per ea que facta sunt, invisibilia Dei intellecta facta mundi conspicit, cum racio ad composicionem accedit hoc modo: totus hic mundus quem linearis circulus ambit ex gravibus et levibus integraliter consistit; sed motus gravium est ire deorsum, et motus levium est ire sursum. Cum gravia et levia de natura sua habeant ire in oppositas partes, tunc nequaquam in corruptione hujus corruptibilis mundi convenirent, nisi aliqua causa cogens illa componeret: mundus igitur sublunaris ab alio compositus. Item omne corpus constat ex materia et forma; omne enim corpus substancia est et alicujus quantitatis et qualitatis est. Forma vero et materia oppossitarum proprietatum sunt, nam altera sustinet et altera sustinetur, altera recipit et altera recipitur, altera format et altera formatur, que autem oppositarum proprietatum sunt nunquam ad aliquid constituendum per se conveniunt, forma igitur et materia in constitucione corporis per se non conveniunt; que autem non conveniunt, profecto cum in alio sibi opposita inveniuntur, quod compositorem habeant evidenter ostendunt: omne igitur corpus compositorem habet, sic itaque totus mundus. Item omne quod est aut cepit esse aut non cepit esse, aut habet inicium aut caret initio; quod autem aliqua habeant inicium manifeste indicat resolucio hujus sensibilis medii. Multa enim videmus hujusmodi desinere esse que nisi aliquando incepissent non desinerent unquam: nichil enim occiditur quod non oritur, nec solucio nisi composicionem sequitur. Quicquid enim intellectus dividit et resolvit in aliquid, compositum est ex his in que resolvitur. Ergo multa ex tam diversis composita assidue corrumpi et disolvi videamus, nichil aliud corrumpitur nisi quod generatum est; sed omne quod generatur incipit fieri quod non erat prius; ergo neccesse est ut quecumque corrumpi videamus, ea aliquando incepisse dicamus. Omni autem incipienti esse aliqua alia res sibi dedit esse, et omne quod incipit esse, antequam sit, possibile est id esse, quia quod inpossibile est esse, nunquam incipit esse, sed quod possibile est. Item cum incipit esse de potencia exit ad effectum, de possibilitate ad actum; exitus autem de potencia ad actum motus est; quicquid ergo incipit esse movetur ad esse; omne autem quod movetur ab alio movetur; omne igitur quod cepit esse, non ipsum, sed aliqua alia res dedit esse; ipsum enim cum non erat, sibi dare esse non poterat; quod enim non est nec sibi nec alii dare esse potest. Inpossibile est eciam ut aliquid sit causa efficiens sui ipsius; omnis enim causa efficiens prior est eo quod eficit. Si igitur aliquid daret sibi esse, tunc illud esset prius et posterius se ipso, quod est inpossibile: quare omni incipienti esse aliud aliquid dedit esse. Iterum illud aliud aut incipit esse aut non incipit esse; si vero et illud incipit esse tunc aliquid aliud dedit sibi esse, et ita inquirendo aut in infinitum; tunc autem aliquid oc-

curret quod incipientibus dederit esse, ipsum vero nullatenus cepit esse.
Quod autem est et non incipit esse, hoc encium est illud; ergo quicquid sit,
prius est omnibus habentibus inicium, et sic est principium et prima causa
omnium.

»Prima vero causa non habet causam, alioquin jam non esset prima, quod
sic probatur: omne quod est aut possibile est esse, aut neccesse est esse; sed
aliqua causa est prima: ergo prima causa vel possibile est esse, vel neccesse
est esse; omne autem quod possibile est esse, cum consideratum fuerit ipsum
in se, ejus esse et non esse utrumque est ex causa. Cum autem fuerit, jam
recepit esse divisum a non esse; cum vero non fuerit, jam habet non esse divisum ab esse, et non potest esse quin utrumque istorum duorum vel habeat
ex alio vel non habeat ex alio; si autem habuerit ex alio, profecto ipsum erit
ex causa, quod vero non habeat ex alio, hoc inpossibile est: manifestum est
enim nullum posse evenire ad aliquid nisi per aliquid aliud quod habet esse;
similiter ad non esse. Ipsum enim vel est sufficiens per se ad habendum esse,
vel non est sufficiens; si autem ipsum per se est sufficiens ad utrumque recipiendum, tunc cum habuerit esse, erit ens per se et erit neccessarium esse;
positum est autem non esse neccessarium esse; simul ergo est neccessarium
et possibile, quod est contrarium. Si autem non est sufficiens sibi ad habendum per se esse, sed aliquid aliud est a quo est esse illius; omne autem cujus esse est ex esse alterius a se qui omnia egit ad esse, illud utique est causa ejus: tunc possibile prius causam habet et non habebit quodlibet duorum
receptorum per se nisi per causam. Intellectus enim essendi est ex eo quod
est causa essendi et intellectus non essendi est ex causa privante essendi rem.
Dicimus ergo de intencione essendi possibiliter, quia omne quod habet ex
causa sua habet et respectu ejus. Quamvis enim non habeat esse cum sua
causa extiterit, est tamen eciam possibile, licet habeat esse vel non esse, ut
sit appropriatum alio illorum duum. Monstratum est igitur quod quicquid
est possibile est esse non habet esse nisi respectu sue cause.

»Prima igitur causa non est possibile esse, igitur neccesse est esse; unde
non habet causam; quod enim neccesse est non habet causam manifestam.
Si enim neccesse esse habeat causam sui esse, profecto ejus esse esset per
ipsum; omne cujus esse est per aliud, cum ipsum fuerit consideratum in se
esse, non esset neccessarium; quicquid autem consideratum in se sine alio
non invenitur habere neccessarium, illud non erit neccessarium per se; unde
constat quod si neccessarium esse per se habet causam, non est neccessarium
esse per se. Manifestum est igitur quod neccesse esse non habet causam, patet quod ex hoc eciam esse inpossibile unam rem habere neccessarium esse
per se et habere neccessarium esse per aliud. Si enim neccessitas sui esse est
per aliud, tunc inpossibile est illud esse sine alio, inpossibile est igitur ut
habeat neccessarium per se. Si enim fuerit neccessarium esse per se, profecto est illud esse sine alio; inpossibile est igitur ut habeat neccessarium
per se; igitur neccesse esse non habet causam. Dicimus eciam non posse esse
ut id quod est neccesse esse habeat par alterius; sed equaliter se concomitan-
tur in neccessitate essendi. Cum enim consideratum fuerit unumquodque
eorum per se sine alio, aut erit neccessarium per se aut non erit neccessarium per se; si autem fuerit neccessarium per se, aut habebit neccessitatem
eciam cum alio cum consideratum fuerit cum alio, et si sic fuerit, tunc hoc

erit neccessarium per se et neccessarium per aliud, et hoc est inconveniens, ut supra ostendimus, aut non habebit neccessitatem cum alio ita ut esse ejus sequatur ad esse alterius et comitetur illud, immo esse ejus non pendebit ex esse alterius, ita ut hoc non sit nisi et illud fuerit, et e contrario Si autem non fuerit necessarium per se, oportet ut consideracione sui per se sit possibile esse, consideracione vero alterius sit neccessarium esse, et tunc inpossibile est quin illud aliud aut sit sic aut non sit sic Si autem et illud aliud fuerit sic, inpossibile est quin neccessitas hujus essendi sit ex illo, cum illud vel est possibile esse vel neccessarium esse. Si autem neccessitas essendi hujus fuerit ex illo, tunc illud est neccessarium esse sed hoc non habuit neccessarium esse per se nec per tercium aliud aliquid, sicut predicimus, sed per illud quod versa vice habet neccessitatem essendi ab ipso, et neccessitas essendi hujus indiguerit neccessitatem essendi illius quod e contrario non habuit esse post neccessitatem essendi hujus: hoc posteritate essenciali.

»Tunc hoc non habebit unquam necessarium esse per se nullo modo. Si autem neccessitas essendi hujus fuerit ex illo, cum illud est possibile esse, tunc neccessitas essendi hujus erit ex illo existente possibili et dante huic neccessitatem essendi, nec accipiente ab illo possibilitatem essendi sed neccessitatem, ergo possibilitas essendi erit causa neccessitatis hujus et hoc non erit causa possibilitatis illius essendi, ergo non erunt concomitancia, cum unumquodque eorum sit causa per se et creatum per se Deinde eciam contigit aliud quod cum possibilitas essendi illius fuerit causa neccessitatis essendi hujus, tunc esse hujus non procedit ex esse ejus sed ex esse illius; nos autem possumus illa concomitancia; ergo non possunt esse concomitancia in esse nisi forte ambo pendeant ex alia extrinseca causa, et tunc oportebit ut aut alterum eorum sit primum per se aut sit aliquid aliud extrinsecus quod det ei esse secundum habitudinem essendi quam habent inter se et instituat habitudinem interea secundum quam habeant esse; relatorem autem alterum non dat esse alteri sed est simul cum eo, datorem autem est esse causa conjungens illa. Due eciam materie vel duo substancie sole non sufficiunt per se ad conferendum sibi hoc esse quod dicitur de eis, sed egent alio et alio tercio quod componat ea inter se Neccesse est enim unum istorum duum esse, scilicet ut esse uniuscujusque horum et certitudo non sit nisi fuerit cum alio, et ita tunc suum esse per se, non ergo erit neccessarium, ergo possibile, ergo creatum, unde ipsum et sua causa, sicut diximus, non comitabuntur se in esse, ergo sua causa erit aliqua res alia que propter hoc et illud non erunt causa habitudinis que est inter illa; sed illa alia causa vel ut non sit neccesse esse simul cum alio, et ita hoc simul esse erit quod accidens inutile ad esse ejus proprium, unde proprium esse ejus non erit ex comitancia comitantis secundum quam est suum comitans, sed ex causa precedente, si ipsum creatum fuerit Tunc ergo esse ejus aut erit ex comitante, non ex eo quod est comitans, sed ex proprio esse comitanti et ita non erunt comitancia, sed causa et creatum, et eciam comes ejus erit causa principalitatem habitudinis que est inter illa ut pater filius, aut erunt comitancia sed hoc quod nullum eorum est causa alterius et habitudo erit neccessaria ad esse eorum, sed prima causa habitudinis erit res extrinseca instituens duas essencias eorum, sicut scisti, et habitudo erit accidens; unde non

erit illi comitancia nisi per accidens separabile vel inseparabile: hoc autem
est preter propositum. Id autem quod est per accidens erit causa indubitanter; unde ex parte comitancie erunt duo creata, et illa nullum eorum neccessarium esse per se.

Dicemus eciam quod neccessarium esse debet esse unum in se. Sint autem, sint multa et sit unumquodque eorum et neccessarium esse; neccesse
unumquodque in sua essencia vel non diferre ab altero alio modo, vel diferre. Si autem non differunt unum ab alio intellectu sue essencie proprie, differt autem unum ab alio in eo quod unum non est aliud. Hec enim differencia est sine dubio; profecto unum, differt ab alio per aliquid quod est
preter intellectum essencie. Intellectus enim essencie est in eis non diver-
sus, sed est adjunctum aliquid per quod factum est hoc vel est in hoc, vel
per quod hoc factum est hoc, nec illud est ad aliquem junctum; est autem
adjunctum unicuique aliorum aliquid per quod hoc factum est hoc et e contrario, vel quod hoc est hoc, idem aliud. Hec enim idem sunt in essencia et
est in eis alteritas, aliqua est diversitas: ergo sic teneamus quod unum quod-
que eorum sit idem in essencia cum alio et differat ab alio. Dico ergo quod ea
que affixa sunt extrinsecus essencie sunt de numero accidencium conse-
quencium, non essencialium. Hec autem accidencia consequencia si acci-
dunt ipsi essencie ex hoc quod est ipsa essencia, neccesse est tunc quod omnia conveniant in eis. Jam autem diximus illa differre in eis: ergo conveniunt
et differunt in eadem, quod est inconveniens vel si accidit omnis diversitas
ex causis intrinsecis, non causis essencie addictis, tunc si causa illa non
esset, profecto non differunt. Ergo si causa illa non esset essencie illorum
non essent una, sed non sunt una; ergo si causa illa non esset, non haberet
unumquodque eorum neccessarium esse per se discretum ab alio; ergo neccessitas essendi uniuscujusque illorum propria et solitaria est ex causa intrinseca. Jam autem ostendimus quod quicquid est neccessarium esse per
aliud non est neccessarium esse per se. Immo in diffinicione essencie ipsius
est possibile esse, cum unumquodque eorum sicut est neccessarium esse per
se, sic eciam est possibile esse per se, quod est inconveniens. Ponamus autem illa differre in aliquo accidente essenciali, postquam conveniunt intellectu essencie. Hoc autem in quo differunt inpossibile esse quin sit neccessarium
ad neccessitatem essendi unumquodque, vel non sit. Si autem neccessarium fuit neccessitati essendi, neccesse est tunc ut omnia convenient in
eo quicquid est neccessarium esse. Si autem non est neccessarium esse neccessitati essendi, tunc neccessitas essendi discreta est ab eo et est neccessitas
per se, illud autem essenciale est accidens affixum extrinsecus et adveniens
neccessitati post plenitudinem sive perfeccionem neccessitatis essendi: hoc
autem jam ostendimus esse absurdum: igitur in illo debent differre. Debemus
autem hoc adhuc amplius alio modo ostendere. Inpossibile enim est neccessitatem
essendi dividi per multa nisi uno duorum modorum, scilicet vel sicut
res dividuntur per differencias vel sicut dividuntur per accidencia. Scimus
autem quod differencie non recipiuntur in diffinicione ejus, quod ponitur ut
genus. Genus non dat generi essenciam ejus, sed dat ei esse in actu, sicut
racionale. Racionale enim non prodest animali quantum ad alteritatem, si
prodest ei ut ipsum sit in actu essencia appropriata; oportet ergo ut differre
neccessitatis essendi si forte sicut alique non prosint aliquid quantum ad

essenciam neccessitatis essendi nisi ad esse in actu. Hoc autem factum est duobus modis, uno quidem propria essencia neccessitatis essendi non est nisi incessabilitas essendi; esse enim est consequens illam vel superveniens illi, sicut scisti; ergo differre non possunt neccessitati essendi nisi quod est inter essenciam sue forme. Jam autem prohibuimus hoc inter genus et differenciam alio modo et ad hoc ut ipsa neccessitas essendi habeat: oportet ut pendeat ab alio dante eam: unde intencio neccessitatis per quam res est neccessarium pendebit ex alio. Nos autem loquebamur de neccessario esse per se, ergo res esse neccessarium erit per se et neccessarium esse per aliud, quod jam destruximus. Manifestum est igitur quod neccessitatem essendi dividi per illa non est sicut genus dividi per differencias; manifestum est eciam quod essencia cui debetur neccessitas essendi inpossibile est aliquod esse generale quod dividatur per differencias aut per acumina: restat ergo quod sit aliquid speciale. Dicimus autem esse inpossibile quod neccessitas essendi sit aliquid speciale predicamentum de multis. Singularia enim cujuslibet speciei, sicut jam docuimus, postquam non sunt diversa intellectu essencie, debent esse diversa accidentibus. Jam autem ostendimus nullum accidens posse esse in neccessitate essendi. Possumus eciam hoc idem alio modo ostendere summatim. Dicimus enim quod neccessitas essendi, cum de alio dicitur in quo est, aut omnino est propria ejus quod non habet esse nisi per eam, nec preter esse nec alterius et sic oportet ut neccessitas essendi non habeat nisi unum singularem, aut eam habeat possibilitate aut neccessario hec res erit non neccessarium esse per se, cum ipsa sit neccessarium esse per se, quod impossibile est: ergo neccessitatem essendi non potest habere nisi una res tantum. Si quis autem dixerit quod cum hec una res habeat neccessitatem essendi, non prohibetur tum habere eam alias res, vel cum alia res habuerit eam, non prohibetur tum hec res habere eam, dicimus quod nos non loquimur de neccessitate essendi modo in quantum est propria hujus, sed quod est hujus sine consideracione alicujus alterius; non enim potest esse ut hec eadem proprietas sit alterius sed alia et consimilis et conformis que sic debetur ei sicut et illa huic.

»Dicimus eciam aliter quod si hoc quod unumquodque eorum est neccessarium esse est id ipsum, tunc quicquid est neccessarium esse est id ipsum et non aliud. Si autem hoc quod est neccessarium non id ipsum est, immo neccessarium esse adjunctum est ei quod est id ipsum esse, profecto hanc conjunctionem aut habet ex se ipso aut ex alio, si autem habet ex se ipso et hoc quod est neccessarium esse est id ipsum, tunc quicquid est neccessarium est id ipsum; si autem habet ex alio, tunc habet eam ex causa que est alia a se; ergo hoc quod est id ipsum est ex causa, et proprietas essendi que est ejus solius est ex causa; ergo est creatum. Neccessarium autem esse unum est, expers comitantis. Non enim est ut species sub genere et unum numero est; non sicut singularia sub specie, sed intellectum sui nominis non habet nisi ipsum tantum; unde in suo esse non commitat ei aliquid aliud: hoc autem alias exposituri sumus. Hec sunt proprietates quas habet neccessarium esse. Jam autem ostendimus proprietatem ejus quod est possibile esse; proprietas enim ejus est quod non eget alio per quod habeat esse in actu; omne autem quod possibile est esse, cum consideratur per se ipsum semper est possibile esse; contigit autem aliquando neccessarium esse per aliud, et quod sic est aut non habet neccessitatem essendi semper sed aliquociens, et quod sic est opus habet materia que ipsum precedit tempore, sicut mox ostendemus; aut neccessitatem essendi habet semper et per aliud, et quod sic est, omnino non est simplex: aliud est enim quod habet considerationem sui ipsius et aliud quod habet ex alio, at ipsum enim quod est habet ex utroque, scilicet ex se et alio, et propter hoc nichil est adeo primum, adeo simplex quod non habeat aliquid possibilitatis et potencie in se ipso nisi neccessarium esse tantum. Constat ergo quod neccesse esse nec est relativum nec est mutabile nec multiplex, sed solitarium, cum nichil .aliud percipiat in suo esse quod est ei proprium; et hoc non est (nisi) solus Deus que est prima causa et primum principium omnium, quod unum tantum neccesse est intelligi, non duo vel plura. Unum enim duobus prius est, omne enim illud prius est alio quod destructum destruit et positum non ponit; nisi autem precedat unum, non erunt duo; aut si duo fuerunt, neccesse est unum esse; sed non convertitur: si unum est duo, duo esse neccesse est. Duo igitur principia esse non possunt. Dicitur utrumque prius esse laborans; neuter neutri principalem sedem relinquit, nisi enim alterutrum alterutro prius esset, nequaquam primum omnium existeret: unum igitur est principium, una est causa efficiens omnium.

»Causa autem, ut predictum est, alia est primaria, alia secundaria, alia tercia. Primaria causa est causa efficiens, quoniam propria movet ut aliquid explicetur, et hec est primaria et simplex causa que cum sit immota, cunctis aliis movendi est causa: unde dicitur stabilis quia manens dat cuncta moveri. Omnis enim motus a quiete incipit, et idcirco neccesse est ut omne quod movetur id quod in motum est motum precedat; ergo in motum quod cuncta movet, id primum omnium et efficientem causam esse neccesse est, et hec causa universitatis Deus conditor est: unde et ipsum moveri non potest cui potencia semper in actu est, quia a quo vel ad quod moveatur non est. Motus enim, ut predictum est, est exitus, de potencia ad actum: ergo nichil movetur nisi quod imperfectum est. Movetur autem ad hoc ut perficiatur per illud ad quod movetur. Si ergo primum principium moveretur, tunc illud imperfectum esset. Sed omni imperfecto aliquid perfectum prius esse convicitur, cujus collacione hoc imperfectum dicatur: omnis enim imperfectio perfectionis est privacio. Si ergo primum principium moveretur, tunc ab alio moveretur; tunc aliquid aliud prius eo esse videretur ex cujus collacione hoc imperfectum videretur. Item omne quod movetur movetur ab alio; sed omne id a quo aliquid movetur causa est efficiens motus ejus quod movetur; omnis autem causa efficiens prior est eo cujus est causa; ergo omne id a quo aliquid movetur prior est eo quod movetur. Si ergo primum principium moveretur, tunc ab alio moveretur quod esset prius eo; sic ergo primum principium non esset primum. Item quicquid movetur ad aliquid movetur, quoniam quicquid movetur, de potentia ad effectum movetur; potentia vero et effectus opposita sunt; sed quicquid movetur ad aliquid non habet illud ad quod movetur: si enim haberet jam, non ad illud moveretur, sed in eo quiesceret; finis enim motus est adepcio ejus propter quod et ad quod motus fit. Si ergo primum principium moveretur, profecto ei aliquid deesset propter quod adquirendum moveretur, et ita esset insufficiens; unde neccesse est aliquid aliud esse sufficiens et plenum per quod perficeretur, et illud idem aut moveretur aut non Si autem moveretur, usque in infinitum Restat ergo quod aliquid sit primum principium quod nullo modo moveatur, et hoc est id quod dicitur, Deus. Unde omnis motus est alienus ab essencia ejus, omnis vero motus est in opere ejus quemadmodum nutus ma   qui- dem super eos composiciones et resoluciones; in subjecto vero alia compo- sicio, alia resolucio nec simul ejusdem [1].

»Secundaria vero causa est per quam aliquid amministratur tercie et quarte causis et sic deinceps, ex quibus et ut in quibus aliquid ut celestes spiritus, anima, natura et multa alia que, cum sint effectus prime cause, sunt et ipsa causa sequencium de quibus verba secuntur, ultima autem causa est finis ômnis intencionis, ut sicut prima est quam nulla prevenit, et ultima sit quam alia nulla antecedit, inter quas sunt multe medie. quarum unaqueque est effectus precedentis se et causa sequentis se, et quoniam nichil quo scili- cet prima causa movet sit a causa sine motu, idcirco motus earum dividen- dus est motus igitur prime cause, quo scilicet prima causa movet, alius dicitur creacio, alius composicio, sed primus est creacio, secundus est com- posicio; motus vero secundarie cause cujusdam tantum est composicio, cu- jusdam et generacio Nam composicio alia est primaria, alia secundaria; pri- maria est ex simplicibus, secundaria est ex compositis, et secundaria alia naturalis, alia artificialis, et creacio quedam est a primordio primorum principiorum ex nichilo. Composicio vero est primarum rerum ex ipsis prin- cipiis que seniles facte nunquam occidunt, ut pote ex prima conformacione compacte, generacio vero est ex eisdem principiis eorum que nascuntur et occidunt usque, non per ea que proposita sunt reparacio tanquam de resi- duis. . .. denuo confecta rerum protractio Creacio autem et composicio ita se habere videntur ut, licet creacio natura et causa prior videatur, nunquam tamen et ordine vel tempore vel loco prior intelligenda est. Generacio autem quoniam per composicionem descendit, neccessario tempore posterior succe- dit Sed quoniam nichil incipit esse sine motu, idcirco quecumque inicium habent, aut habent inicium per creacionem aut per composicionem aut per generacionem, unde quecumque habent enim inicium nature et proprie aut sunt.creata de nichilo aut facta ex aliquibus per composicionem vel per ge- neracionem, ex aliquibus vel alio per corrupcionem alterius forme, licet in Scripturis alia pro aliis assumpta videantur sed inproprie per creacionem Ergo inicium habent prima principia rerum que de nichilo creata sunt, que sunt principium materiale et principium formale Creator enim aliquod principium creavit, sed omne creatum a creante debet esse diversum Cum igitur creator vere unus sit, profecto creaturis non debuit esse unitas, sed sicut inter creatorem et primam creaturam nichil fuit medium, sicut inter unum et duo nichil est medium, primum enim quod est diversum ab uno, hoc est duo; cum igitur Creator vere sit unus, profecto creatura que post ipsum est debuit esse duo In unitate enim non est diversitas, sed in alte- ritate; sed primum principium alteritatis binarius est qui prius ab unitate recedit Si igitur primum creatum unum esset, tunc nulla esset diversitas, si vero nulla esset diversitas, nulla esset que futura esset earum universitas: quapropter duo simplicia ab uno simplici primum creari debuerunt ex quibus

---

[1] Asi está en el original.

omnia constituenda erant; constitucio autem non potest fieri nisi ex diversis, quare diversa esse debuerunt; sed non potuerunt esse due materie, ex
duabus enim materiis et pluribus sine forma nichil constitui potest. Cum
enim ex forma sit omne esse, tunc si utrumque esset materia, nullum esset
esse. Similiter nec due forme esse potuerunt: forma enim sine materia subsistere non potest; qua propter nec utrumque potuit esse materia nec utrumque forma; procul dubio ex neccessitate debuit esse alterum materia et alterum forma. Nam quia non esse non habet formam, oportuit esse habere
formam, et quia esse debuit esse finitum; nichil autem finitur nisi per formam: ideo oportuit ut esset forma per quam finiretur, quia forma est continens esse rei. Item quia prima unitas agens non habet yle, oportuit ut unitas
que post eam sequitur sit habens yle: contraria enim contrariis conveniunt,
et quia forma non habet esse nisi vi materie in qua subsisteret. Item quia
creator perfectus primum opus perfectum creare voluit: perfectius autem est
creare in quo aliud et quod in alio subsistat, scilicet sustinens et sustentatum
quam alterutrum, et quia creator in se sustinens est nichilo indigens, profecto creatum quod ab eo diversum est debuit esse insustinens et indigens;
et ideo neccessario quia duo erant, profecto talia esse debuerunt ut alterum
altero indigeret vicissim et neutrum proficeretur nisi ex altero; quare propter unum debuit esse materia et alterum forma. Tria enim sunt principia
omnis geniture: primum scilicet causa efficiens; secundum, id ex quo; tercium, id in quo; quoniam tanquam vivens pacientis vite super..... virtutis ad
omnes motus patet rerum monstratus jam nominatur; forma vero id ex quo
quoniam informem illam neccessitatem agentis virtutis motibus in varios.....
effingit: e forma enim secundum hujusmodi neccessitate ornatus est materie;
materia vero forme neccessitatis in omni siquidem rerum constitucione sustinens imprimis est neccessarium; posterius est operis e....... per formam [1]:
unde nec materia potuit esse sine forma, nec forma sine materia, inpossibile
est et ut altera sit sine altera, quia non proficitur esse nisi ex conjunctione
utriusque: unde altera alteri videtur dare esse et utraque utriusque videtur
causa esse ut sit. Si autem utraque utrique dat esse, cur non utraque in se
habet esse? Quod enim non habet esse nulli dare potest esse: unde sciendum
est quod esse duobus modis dicitur: est enim esse in potencia quod est proprium essencie uniuscujusque materie per se et uniuscujusque forme per se,
et est esse in actu quod est proprium materie et forme simul conjunctarum.
Inpossibile est enim quod materia vel forma per se sic dicatur esse sicut dicitur esse cum una conjungitur alii. Enim intelligitur conjung....... convenit
eis id esse quod est proprium conjunctarum, quod ex conjunctione earum
neccessario simul sit aliqua forma quod non prius erat in unaquaque earum
sine altera, ex conjunctione enim quorumlibet diversorum provenit forma
que non prius erat in aliquo duorum: unde aliter intelligitur esse materie
sine forma et forme sine materia et aliter conjunctorum. Esse enim uniuscujusque istarum per se est esse in potencia; esse vero illarum simul conjunctarum est esse in actu; unde ante conjunctionem utraque habet esse in
potencia, sed cum altera alteri conjungitur, utraque de potencia proditur ad
effectum. Unde quamvis dicatur quod materie prejacenti forma advenit, ta

---

[1]   Otro pasaje embrollado por el antiguo copista, hasta el extremo de hacerle casi ininteligible.

men materia respectu causa primam formam nullatenus precessit. Cum enim esse ex forma sit, profecto materia sine forma nec uno momento esse potuit, sed nec causa materia formam precessit, cui forma est pocius causa existendi ut sit. Esse enim per quod aliquid est, est causa ejus quod per ipsum est, et quia esse non est nisi per formam et materia nunquam fuit sine forma, sed quia forma non est nisi per existenciam materie formate, idcirco inpossibile est materiam esse sine forma, quoniam non perficitur nisi per conjunctionem utriusque. Esse enim, ut philosophi definiunt, nichil aliud est quam existencia forme in materia; ergo neutrum sine alio habet esse. Omne autem esse diversum est ab esse cujus est profecto aut est diversitas inter formam et ejus esse. Item cum illud esse sit ex forma (omne enim esse ex forma), tunc illa forma aut habet esse aut non et ita in infinitum et videtur. Si vero forma sine materia esse habere dicatur aut forma sine materia sicut materia sine forma nullatenus esse prohibetur, sed hoc totum de actuali intelligitur esse. Si vero quis dixerit quod materiale esse formale esse precessit, omne enim quod actu est incipit aut quod possibile fuit, et idcirco possibilitas materie precessit esse forme, respondemus ad hoc quoniam sicut actu neutrum altero prius est, sic nec potencia. Ex quo enim cepit esse possibilitas materie existendi per formam, ex tunc cepit possibilitas eciam existendi formam in materia: unde sicut actu simul fuerunt, ita possibilitate non se preveniunt. Hec igitur duo, scilicet materia et forma, sunt prima principia omnium incipiencium et simul ultimus omnium, excepto creatore eorum, sed prima principia sunt in composicione, finis ultimus in resolucione quoniam sunt prima a quibus omnis composicio incipit, ita sunt multa in quibus omnis resolucio finit, que nichil nisi solus creator non tempore sed causa et eternitate precedit. Licet ergo neutra precedit aliam tempore vel causa nec in esse in effectu nec in esse in potencia, dicitur tamen forma dare esse materie et non dicitur materia dare esse forme, cujus racio hec est: forme materia de potencia ad effectum transsit, esse vero in potencia, quod non esse reputatur comparacione ejus esse quod in effectu est, esse in effectu tunc primum habetur cum materia forme conjungitur; ideo propter hanc principalitatem non materia forme sed forma materiei dare esse videtur.

»Item materia semper permanet, sed forma advenit et recedit, licet non omnis, et quia forma adveniens constituit et recedens destruit id quod formatum est per eam, quemadmodum remota anima corpus destruitur, ideo esse pocius atribuitur forme quam materie.

»Item quicquid fit, inicium habet a materia sed a forma perficitur, dignior autem est perfeccio quam incoacio; dignior ergo est forma quam materia, eo quod materia dat inicium, forma vero consummacionem. Quod autem materia prejaceat et forma adveniat, sic probatur: omne quod fit antequam fiat possibile est fieri; si enim non esset prius possibile fieri, tunc impossibile est fieri, et ita nunquam fieret. Omne igitur quod factum est possibilitas essendi precedit illud esse in actu; sed possibilitas essendi ex forma, tunc enim res in effectu vere esse dicitur cum forma materie conjuncta esse censetur. Sic ergo in constitucione rei materia prejacet et forma advenit, et rebus materia inicium, forma vero perfectionem tribuit; unde quamvis neutra in actu habere esse nisi ex altera comprobetur, tamen non materia forme, sed forma materie dare esse prohibetur. Hinc est quod materia dicitur desiderare formam et moveri ad recipiendam illam, motu scilicet naturalis appetitus quo omnia appetunt esse una; una enim non possunt esse nisi per formam.

»Item omne inperfectum naturaliter appetit perfici. Sed materia sine forma inperfecta, quoniam in sola potencia, tunc autem perficitur cum forme adjungitur: ideo formam naturaliter materia appetit, quia per eam de potencia ad actum, de non esse ad esse, de non perfeccione ad perfeccionem transit; et per hoc dicitur, quoniam omne esse ex forma est, esse in actu, non in potencia. Esse enim in potencia materiam habet sine forma et formam sine materia; sed esse in actu non nisi ex forma esse dicitur, quoniam res de potencia ad actum non ducitur nisi cum materie forma adjungitur. Intelligitur eciam hoc aliter. Omne enim quod est, vel est sensibile vel intelligibile; sed sensus non conjungitur nisi forme sensibili et intellectus non conjungitur nisi forme intelligibili: nichil enim naturaliter conjungitur nisi suo simili. Forme enim sensibiles et intelligibiles medie sunt interposite inter formam intelligencie et anime et modos formarum intelligibilium; sed quia forme non conjunguntur nisi formis, quoniam ipse sunt que conveniunt cum illis propter similitudinem quam habent inter se in eodem genere; ideo intelligencia et anima non apprehendunt esse rei nisi per suas formas, et ideo omne esse non ex forma est, sed ex forma esse cognoscitur; quapropter si omne esse ex forma est, forma utrumque non est esse. Quicquid enim ex alio est non ipsum (est) ex quo aliquid est: sed omne esse ex forma est: nullum igitur esse forma est et nulla forma est esse. Esse enim est quiddam quod inseparabiliter commitatur formam. Cum enim forma in materiam advenit, neccesse est ut esse in actu sit; quapropter, cum omne esse est ex forma, sed inter esse et non esse non est medium, tunc materia sine forma videtur esse privacio: unde quidam notaverunt eam carenciam. Sed tamen debet non dici privacio absolute, eo quod habet esse in se, scilicet esse in potencia. Esse enim in actu removetur a materia tantum in se quod esse non habet in se materia, nisi cum intelligitur conjuncta forme, remocione ejus esse tantum materia potest dici privacio, non tamen privacio absolute. Privacio enim absolute non potest operire ad esse de quo ulla procedit sciencia; materia vero cum intelligitur per se sine forma, habet esse in potencia, scilicet illud esse quod habet creatoris sapiencia; esse vero materie in sapiencia creatoris est sicut esse intellectus de materia in anima mea, et si privatus est apud te, non est privatus apud me, et propter hoc esse, scilicet esse in potencia quod nunc nichil est, dicitur materia desiderare et moveri ad formam; nichil movetur nisi ad habendum aliquid quo caret; habere autem quo caret est perfici per illud; sed materia per formam perficitur; materia ergo ad habendam formam movetur ut per eam perficiatur; materia ergo habet aliquod esse sine forma, scilicet esse in potencia. Si enim nullo modo esset, non diceretur moveri ad habendam formam. Similiter et forma sine materia habet esse in potencia; unde non est inconveniens quod utraque sine alia habet esse et non est similis diverso modo. Esse enim materiale quod est esse in potencia diversum est ab esse formali quod est esse in actu; sed esse materiale utramque habet per se sine altera, sicut esse formale habet utraque si conjuncta cum altera; sed quia homines non consueverunt dicere esse nisi quod in actu est, esse vero in actu non habetur nisi cum forma materiei conjungitur, ideo esse non convenit materie per se, nec forme per se, sed conjunctis simul, et ideo quicquid est compositum ex materia et forma, habet similiter esse compositum ex esse in potencia quod est esse materiale et ex esse in effectum quod est esse formale Sed quia esse et unum in re perstat quoniam quicquid est ideo est quia unum est, sicut neutrum esse habet per se sine altero, sic neutra est per se sine altera Quicquid enim est, vel est unum vel multa, quia igitur nec est unum nec multa, qua propter materia per se intellecta sine forma et forma sine materia intellecta, una dici non potest; nam quia unitas forma est, tunc si materia sine forma esset una, profecto materia sine forma esset multa cum forma, quod est inpossibile, et quia omne esse dicitur unum, tunc non est possibile ut unitas existat in non esse. unde nec materia nec forma habent esse in actu aut unitatem, sed simul esse inceperunt Cum enim forma materiei adjuncta est, statim unitatem producit, quia ex conjunctione eorum aliquid unum fit, unde esse et unitas unum simul esse natura, quoniam cum aliquid est, illud est unum, et cum est unum, illud esse neccesse est, ac per hoc sicut materia sine forma, vel forma sine materia non habet esse, sic neutra sine altera est unitate una, et tamen philosophi cum describunt primam materiam et formam dicunt materia est prima substancia per se existens, sustentatrix diversitatis, una numero. Item materia primo est substancia receptibilis omnium formarum, forma vero prima est substancia constituens essenciam omnium formarum, quamvis autem per hoc ostendatur una differre ab alia, omnis autem differencia forma est; non tamen dicendum est quod una differat ab alia per aliquid aliud a se diversum numero, per se ipsam unaqueque differt ab alia, non per differenciam que est conveniencium. sed que est opposicionis et vere contrarietatis; quoniam unaqueque illarum aliud est ab alia Si enim substancialitas et unitas forme sint, tunc cum utraque dicatur de substancia una numero, profecto nec materia in se omnino informis est, nec forma omnino simplex, cum substancialitas et unitas sint earum proprietates Unde dicendum est quod substancialitas et unitas non sunt forme materie et forme quasi ab eis diverse, sed sunt ipsum et materia et forma, non aliquid aliud ab eis, nec est aliud materia quam substancia que aliquando materia et aliquando substancia dicatur Materia enim dicitur cum ad substanciam refertur, substancia vero dicitur cum per se accipitur Ipsa materia diversis responsionibus, diversis nominibus appellatur: ex hoc enim quod est in potencia receptibilis formarum, vocatur yle, et ex hoc quod jam in actu est sustinens formam subjectum vocatur, sed non sicut in logica subjectum accipitur cum substancia describitur. Yle enim non est subjectum hoc modo sed est subjecta forme et ex hoc est communio omnibus formis vocatur vel massa vel materia, et ex hoc quod alia resolvuntur in illam, quoniam ipsa simplex pars omnis compositi, vocatur elementum quemadmodum et in aliis, et ex hoc quod ab illa incipit composicio, vocatur origo, sed cum incipitur a composito et pervenitur ad eam, vocatur elementum Forma que non videtur esse substancia; proprietas enim substancie est per se existens forma, nec potest per se existere quod non habet esse in actu nisi in materia: unde quia eget materia ad suum esse, quidam vocaverunt eam accidentalem, non tamen accidens; sed quia omne esse ex forma est, ex accidente vero non est esse si alicujus modi, idcirco non est forma accidens sed est substancia, quia quicquid est, est substancia vel accidens Plato tamen primam materiam dicit fuisse inter aliquam substanciam et nullam, et merito, quoniam inter omnino esse et omnino non esse substancia medium est re..... esse et ideo materia que ante conjunctionem in sola erat potencia, inter nullam substanciam et aliquam fuisse dicitur ut sola potens essendi intelligatur fuisse. Nomen enim substancie illi materie proprie congruit que jam aliam formam recepit per quam facta est aliqua substancia, unde et substancia dicitur quod alicui forme subsistit. Materia ergo prima non fuit aliqua substancia quia in se et ex se nullam habuit formam: esse enim aliquam substanciam propria forma facit; sed nec ulla substancia fuit quia in ea potencialiter omnis forma fuit et potencia omnium formarum ipsa receptibilis fuit; unde vel ab aliis substancia dicitur eo modo quo dicitur ovum esse animal. Ovum enim actu non est animal, sed tantum potencia, hoc est; in substancia ovi est materia sive potestas, sive potencia, sive aptitudo ut ex eo per generacionem fiat animal: unde ovum nec omnino potest negari animal nec omnino affirmari, quoniam potencia est animal, qui modus essendi medius est inter esse et non esse; qua propter materia in se non est nisi possibilitas essendi.

꙼Queritur de hac potestate si sit aliquid vel nichil, scilicet sola vox cassa sine intellectu aliquo. Si enim potestas essendi omnino nichil est, tunc cum materia potestas esse dicitur, omnino nichil esse dicitur et de nichilo loquuntur qui de materia tractare conantur. Si autem aliquid est, tunc fuit substancia vel accidens, sed quia potestas relativa est ad posse, potestas enim non est nisi res possibilis et possibile non nisi potestate possibile videtur esse accidens. Si autem est accidens, tunc neccesse est ut habeat substanciam in quo subsistens non erat nisi Deus in quo nullum accidens esse potest; accidens ergo esse non potuit quia in quo subsisteret non habuit; fuit ergo substancia. Sed quia inter nullam et aliquam substanciam profecto nec substancia nec accidens fuit, hec enim divisio in solis naturalibus est, iterum de hac potestate que est materia, queritur si ceperit esse vel non: hoc modo: quicquid enim incipit esse antequam incipiat esse, est in sola potencia, scilicet antequam incipiat, possibile enim incipere esse; si enim non esset possibile incipere esse, profecto nunquam inciperet esse: potestas igitur essendi precedit illud esse; sed materia per se considerata sine forma fuit in sola potencia: aut igitur cepit esse in potencia aut non cepit esse. Si autem non cepit esse in potencia, tunc sine inicio esse fuit in potencia, sed esse materie per se est esse in potencia: esse igitur materie est sine inicio. Qua propter materia in se omnia est, quoddam eternum est et est quod, cum non incipit esse, creatum non est; tunc nec de nichilo nec de aliquo creata est. Si autem cepit esse in potencia; sed omne quod incepit esse aliquo modo precedit illud: possibilitas essendi illo modo, tunc materiam esse in potencia precessit possibilitas essendi in potencia; et similiter de possibilitate illa posset queri si ceperit esse, et ita in infinitum. Item predictum est quod materiam esse in potencia est eam esse in sapiencia creatoris; sed nichil incipit esse in sapiencia creatoris, tunc enim aliquid novi sibi accideret, quod est impossibile: igitur materia non cepit esse in potencia; sine inicio igitur fuit in potencia, quia sine inicio fuit in Creatoris sapiencia. Materia igitur secundum esse materiale, quod est esse in potencia, non cepit esse; similiter et forma. Unde illud esse quod factum est in ipso vita erat. Videtur autem materia cepisse secundum formale esse; nam quia creacio est adquisicio essendi, esse vero non est nisi ex forma, tunc eam creari nichil aliud fuit quam forme conjungi, nunquam enim unum fuit materiam esse et formam conjunctam fuisse vel esse: simul enim create sunt, quia simul esse ceperunt cum sibi conjuncte fuerunt. Cum enim materia et forma opposita sint, opposita vero per se sibi non conjunguntur nisi per aliud, sed materia et forma non habent esse nisi per conjunctionem suam inter se, profecto sibi conjungi fuit eas de nichilo creari, quia non habent esse per creationem nisi ex suo opposito: oportet ut esse sit ex privacione, id est ex non esse, ac per hoc materia est ex non materia et forma ex non forma; privacio autem nichil est: qua propter materia et forma de nichilo creata esse dicuntur, quia enim solus creator erat, profecto non nisi de ipso et de nichilo creari potuerunt. Quod autem de ipso est, nichil aliud ab ipso est, sed idem cum ipso, ideoque nec factum nec creatum, sed generatum vel procedens. Hec autem diverse sunt ab ipso, quare non de ipso sed de nichilo creata sunt, cum nichil esset de quo creari potuerunt. Si autem materia et forma fierent per generacionem, omne autem naturale sit ex suo simili, tunc fieret hoc in infinitum: quare materia et forma non habent esse per generacionem et ideo utrumque simplex fuit quia ex quo fierent nichil illa precessit, quorum creacio fuit primus motus, quoniam nullus motus precessit. Sed omnem motum creacio non tempore sed causa precessit de quo motu creacionis sic queritur: nichil fit nisi quod possibile est esse, sed omne quod possibile est esse, dum fit exit de potencia ad effectum: ergo esse quod fit de potencia exit ad effectum; sed exire de potencia ad effectum nichil aliud est quam moveri de potencia ad effectum; omnis enim exitus est motus. Quia autem movetur de potencia ad effectum, nondum est in effectu; nichil enim movetur ad id in quo est; prius igitur est moveri de potencia ad effectum quam esse in effectu. Nichil autem est in effectu nisi per formam; omne enim esse forma est: unde moveri ad esse in effectu nichil aliud est quam moveri ad esse per formam, prius igitur est moveri ad formam quam esse per formam; sed forma non est nisi in eo quia per ipsam est; id autem quod per ipsam est prius movetur ad ipsam quam habeat esse per ipsam, sed creacio motus est ad esse per formam: motus igitur creacionis videtur precedere omnem formam et ita omne quod habet esse per formam. Hec igitur duo, scilicet materia prima et forma prima, priora sunt omnibus habentibus inicium, eo quod hec sola esse habent per creatum; cetera vero inicium habent vel per conjunctionem istarum et sublevacionem vel commixtionem generatorum.

»Dicunt tamen theologi quidam ex poetis materiam in primam fuisse quandam rerum confusionem atque permixtionem, in qua rerum confusione hoc terrenum elementum medio uno eodemque loco subsidens, ceteris in una confusione permixtis forma meliore preditum; sed eadem circumquaque in modum cujusdam nebule oppansis ita involutum ita ut non posset apparere quod erat; tria vero alia sibi permixta atque confusa circumquaque suspensa ea usque in altum porrigebantur, quo nunc sumitas creature corporee terminatum totumque hoc spacium quod á superficie terre in medio jacentis usque ad extremum supremi ambitus extenditur illa caligine et nebula replebatur, et qui nunc sunt alvei secundum tracciones acuarum jam tunc in tempore corpore aquis futura receptacula parata erant, in quibus eciam illa magna abissus in qua omnium fluenta aquarum fluxerunt erant pacto ad hoc hyata vacuoque horrendum in preceps inane preferebat cui quid desuper illius tenebrose caliginis qua tunc tota terre superficies obvoluta erat tendebatur, quas, ut aiunt divine scripture, cum celum et terra darentur superficiem abissi fuisse testatur, talis dicatur fuisse creata mundi facies in principio priusquam formam susciperet et distinctionem que sit qua informis creata, ibidem fuit ubi est formatu subsistit. Ubi cum moyses dicit in principio creavit Deus celum et terram; per celum et terram omnium celestium terrestrium que materiam hoc modo volunt intelligi, de qua communiter post ea per formam dictincta sunt que ipsa prius per essenciam simul data sunt. Deinde autem cum addit: «terra autem erat inanis et vacua», istud elementum designat et celum: «erat illa mobilis et levis confusio reliquorum que in circuitu medie jacentis terre suspensa ferebantur». Deinde quod dicit: «et tenebre erant super faciem abissi» et cetera que sequuntur ad aperiant descripciones predicte materie. Sed eciam consonat poeta dicens:

Unus erat tote nature vultus in orbe
Quem dixere Caos, rudis indigestaque moles.

Sed secundum philosophos qui tenent angelicam creaturam constare ex materia et forma, non videtur hec fuisse prima materia omnium creaturarum. Quam quia corpus fuit spiritum utique materia esse non potuit, et quia permixtionem eam fuisse dicunt tam elementorum vel elementatorum de qua celestia corpora per distinctionem forme distincta sunt; contra philosophos loqui videntur qui corpora celestia non ex elementis sed ex materia prima facta fuisse testantur. Quod autem illa confusio rerum non fuit prima materia, sic probari videtur: elementa constant ex materia et forma, elementa enim corpora sunt quia circunscripta sunt et qualitates habent; quecumque autem constant ex aliquibus, posteriora sunt eis ex quibus constant; materia igitur et forma priora sunt elementis. Sed chaos illa erat permixtio ex elementis et elementatis, quare chaos illa de nichilo creata non est que siquidem ex multis corporibus commixta est, nulla enim res de nichilo creata dicitur que ex causa multis composita esse videtur: quare chaos illa prima materia esse non potuit quia creacio eorum simplicium eam antecessit etsi non tempore, tamen causa. Item quicquid resolvitur in aliqua, posterius est eis in que resolvitur; sed chaos resolvitur in elementa, et elementa in elementata; elementata vero in materiam et formam. Cum igitur chaos multis corporibus posteriora sit, profecto materia omnium corporum esse non potuit. Conveniencius ergo dicitur materia prima et forma prima ea quibus nichil prius esse videtur nisi creator eorum; quarum conjunctio fuit prima composicio. Prima enim composicio est prime forme cum materia prima conjucta que est in celata quedam forme causa materia coeuntis habitudo, ex quarum tanquam masculi et femine conjunctione rerum omnium pervenit ergo racio quia enim materia est tantum paciens et non agens, forma est tantum agens et non paciens. Forma enim agit in materiam quoniam ipsa tantum perficit illam et dat ei esse in actu; sed materia non habet accionem quoniam ipsa in se non est nisi tantum receptibilis, hoc est, apta recipiendum tantum forme accionem. Ideo philosophi formam virum, materiam autem feminam vocant, quoniam in actu est ex materia prejacente et forma agente tanquam ex conjunctione maris et femine generantur. Prima autem conjunctio forme cum materia est quasi conjunctio luminis cum aere, vel anime cum corpore vel caloris cum quantitate et quantitatis cum substancia et intellectus cum intellecto et sensus cum sensato, et remissio forme in materia a deo que est sicut de non esse ad esse et sicut emissio intellectus a sua essencia super rerum intellectum vel sicut emissio sensus ad sensatum. Ideo autem conjunctio forme cum materia assimilata est conjunctio ni luminis cum aere, quoniam sicut per lumen res obscura videtur, sic per formam quid res ipsam cognoscitur Si enim tunc res cognoscitur cum esse ejus intelligitur, esse autem non est nisi ex forma, profecto cognicio rei non habet nisi per formam, unde cum materia per se in formis accipitur, pene non intelligitur, quoniam de re nulla nisi per formam cognicio habetur, unde et forma congrue ornatus et lumen materie dicitur, quia sicut lumen solet declarare formam et detegere occultacionem ejus, sic per formam materia apparet, sine qua occulta in potencia latet, et quia verbum lumen est intelligibile cujus inspectu materie forma inprimitur, et ideo forma que ab eo est non incongrue vocatur Omne enim a simplici prima que forma divini per formam hujusmodi tanquam speculo quodam in diversas resultant effigies, et velut quedam illius forme vere hic sunt inpresse imagines Creacio namque rerum a creatore non est nisi exitus forme ab ejus sapiencia et voluntate et impressio ejus in imaginem materialem, ad similitudinem aque exitus emanantis a sua origine et effluxio ejus cum una sequatur post aliam; sed exitus aque est sine intermissione et quiete; ille vero est sine motu et tempore Sigillacio vero forme in materia cum sit a divina sapiencia est quasi sigillacio forme in speculo cum resultat in ea ab aspectore, et materia sic recepit formam a divina voluntate. sicut speculum recepit formam ab inspectore, et sine materia non recepit essenciam ejus a quo recepit formam, sicut nec sensus recipit materiam item sensati cujus recepit formam, quicquid enim agit in aliud non agit in aliud nisi per suam formam qua in primum intelligit. Prima autem forma cui prima copulata est materia, substancialitas fuit que materiam fecit esse substanciam, sed quia omne quod est ideo est quia unum est, ideo substancialitas sola sine unitate communi non potuit venire, quia materiam substanciam fieri et non unam inpossibile fuit: unde substancialitas et unitas simul adveniunt in quarum adventu materia transsit de potestate ad actum, de tenebris ad lumen, de informitate ad decorem, quoniam earum conjunctione materia facta est substancia una unde merito dicuntur que nisi pervenientes materiam ad esse perducerent in materia nulle prorsus sustiterent Si enim prius est esse quam esse substanciam, quam esse corpoream et incorpoream substanciam, corporeitatis substancie advenit ad hoc ut substancia corporea sit similiter de incorporea. Omne autem accidens non nisi corporee substancie vel incorporee advenit, profecto substancialitas et unitas prime omnium formarum sunt quia omnes formas causa preveniunt, et sine quibus nulle subito subsistant, prime omnium sunt quia substancia que est substancia omnium formarum constituendo et apparando preveniunt.

»Deinde forma alia spiritualis, alia corporalis, alia media. Corporalis forma dicitur que nunquam nisi in corporibus invenitur, est corporeitas, quantitas dolorum et similia, cujus partes due sunt. intrinseca habitudo et extrinseca absolucio. Intrinseca habitudo consistit in commixtionis proportione, extrinseca absolucio in figure disposicione. Corporalis vero forma alia est substancialis, alia accidentalis: substancialis dicitur illa que statim cum advenit, materiam ad esse producit, speciem que constituit ut corporeitas, hec dicitur creata de nichilo; accidentalis vero forma que vel ex coitu materie et forme generatur et accidit extrinsecus; sed hec que ex coitu materie et forme generantur concrete dicuntur, quarum alie proveniunt ex materia, ut nigritudo Ethyopie proprietas est: alie proveniunt ex utroque et egent conjunctione utriusque ut dormicio et vigilacio, quamvis dormicio magis conveniat materie et vigilacio forme conveniat. Forme alie sunt solius materie absque forma, ut color; alie solius forme absque materia, ut sciens.

»Spiritualis quoque forma dicitur que in solis spiritibus invenitur, que nec intrinseca nec extrinseca sicut corporalis; et spiritus non habet intus et extra, quod proprium est solius substancie, sed spiritualis alia substancialis ut materialitas, alia accidentalis ut sciencia vel sapiencia.

»Media vero forma sine qua in subjecto nec spiritualis nec corporalis ulla prorsus forma reperitur, ut substancialitas et unitas. Omnis autem forma vel omnes forme potencia sunt in materia; omnium autem formarum materia, quantum in se est, receptibilis est; qua propter hoc factum est ut in materia nutu creatoris formis advenientibus prout cujusque forme dignitas exigebat et aptitudo parcium materie appetebant varia rerum species formata, ita quidem ut principium forme corporeitas et spiritualitas in materiam jam constitutam, hoc est factam substanciam unam, advenientes, eam totam penitus in duo prima rerum genera, scilicet corpoream et incorpoream substanciam, distinguerent; que duo genera post modum forme illarum comites et pedissece in multimodas rerum species et ordines nature ministerio consequentur distribuerent.

»Inprimis igitur ex materia et forma compositum distributum est in corpoream substanciam et in incorpoream, et substancia corporea, que est corpora, divisa est in corpus quod est elementum et in corpus quod est elementatum tantum, ut omnia a luna inferius, et in corpus nec elementum nec elementatum, ut omne corpus quod est a luna superius corpus nec elementum tantum secundum alongacionem sui a motu inferiorum, advenientibus caliditate et frigiditate, siccitate et humiditate, distinctum est in illa prima quatuor simplicia corpora que dicuntur elementa ex quibus omne mundanum corpus hoc sublunare, sed integraliter componitur; proles vero mundana eorum commixtione et conversione generatur. Incorporea vero substancia distributa est in racionalem et in irracionalem. Racionalis autem alia est divine simplicitatis contemplativa, ut angeli; alia est divine disposicionis ministra, ut, secundum quosdam, spiritus planetarum; alia est humane neccessitati subjecta, ut humana anima; alia est eterne dampnacioni prescripta et intra conceptum mundi sublunaris nudis et auris et flammis perpetuo exilio deputata. Inmortale siquidem hoc genus et prorsus incorporeum; secundum autem genus tantum corpus habens ethereum simplici natura perfectum, ideoque incorruptibile. Sed apuleius de ingenti sic disserit: demon est animal mortale, racionale, aereum, passibile; unde demones dicuntur misereri, agi, et letari et indignari omnemque humani animi faciem pati si hoc motu mentis et salo cordis per omnes cogitacionum estus fluctuare. Non solum autem distributa est in natu-

ram et eciam animam vegetalem et animam sensibilem; sed hec omnia predicta; esceptis elementatis, elementatis et irracionabilibus substanciis, quoniam ex prima conjunctione materie et forme generata sunt que simplicia
sunt, idcirco omnia incorruptibilia sunt et constans genitura dicuntur, quoniam ea in quo simul genita sunt nulla unquam corrupcione solvuntur: unde
nulla incorporea substancia, nulla corporea, quantum ad hoc quod corpus
est, corrumpi potest. Incorruptibilis enim et incommutabilis deus eis que
per se principium femine voluit, hoc viro minime contulit, ut per hoc eciam
quantum ad ejus similitudinem accederent et omnino fine carerent. Eternus
enim eterna creare non poterit, quia si creatura est jam non est eterna et cum
fecit quod potuit, quia quibus per se dedit inicium, abstulit terminum aut
quia propter inicium omnino eternitatem habere non possunt, saltem aliquid
eternitatis ex altera parte haberent cum omni fine carerent..... sunt que vero
a perpetuo sunt aut fiunt utroque termino clauduntur, quia sicut habent inicium per generacionem, sic sorciuntur finem per corrupcionem. Sic ergo
opus eterni perpetuum opus perpetuatur ut vere temporale ut sper tempus
uno termino minus habeat suo aut..... [1] et quia omnis forma perfectior est sua
factura et quam habet similitudinem cum sua factura. Sicut enim ab eternitate perpetuitas, sic a perpetuitate paulatim descendit degenerando corpora-
litas. Sicut ergo primus factor utroque termino careret, sic ultima factura,
que per generacionem est, habet utrumque; media vero quia per creacionem
vel per primam composicionem inicium habent fine carent: sic per media
coheunt extrema. In generatis autem non corrumpitur quod habent per creacionem vel per primam composicionem, sed quod tantum habent per generacionem. Nam si aqua transsit in lapidem, non mutatur secundum corpo-
reitatem, sed quantum ad formam aqueitatis quam in eam corrumpi nichil
aliud est quam vice ejus formam lapideitatis substitui: in omni permixtione
manet idem. Idem autem dico quantum ad hoc genus corporis; non idem est
quantum ad hanc speciem. Unde aqua que prius erat et que postea facta est
specie quidem differunt, sed in genere corporis omnino conveniunt. Omnis
enim permutacio corporum secundum generacionem et corruptionem non
nisi per formam corporeitatis fit; unde generacio et corruptio non fit nisi
secundum secunda et secundum tercia genera et deinceps, scilicet secundum
animatum et sensibile et deinceps usque ad societatem; quia enim corpus
non cepit esse corpus per generacionem que est motus nature, sed per primam composicionem que est secundus motus prime cause, tunc omne corpus in quantum est corpus, perpetuum est, et omnis incorporea substancia
perpetua est, et quicquid cepit esse per creacionem vel per composicionem
quamvis autem indivisibilia sint opera mentis, tamen creacio materie ex qua
omnia potencie, creacio vero forme per quam omnia sapiencie, conjunctio
vero utriusque connexioni congrue attribuitur ut in primis suis operibus
signaculum inveniatur. Unde ex prima copulacione materie et forme non
nisi tria rerum processisse videntur, scilicet invisibilis creatura et celestia
corpora et quatuor elementa; ideo hec tria perpetua. Quapropter sicut creacio materie et forme, sic et earum conjunctio non fuit in loco et in tempore,
quoniam opus sunt prime cause que non operantur in tempore. Unde quam-

---

1 El manuscrito tiene aqui una mancha, y lo que se lee no hace sentido.

vis propria composicio sit ex creatis de nichilo, omnis autem composicio posterior est eis ex quibus fit, tamen, sicut predictum est, creacio composicionem nec tempore nec ordine precessit, quia non in tempore. Sed in instanti, scilicet dici quoniam modus nondum erat, simul utraque fuit. Nichil enim fit in tempore nisi intellectu habendi prius et posterius; tempus enim secundum Horacium, est mensura spacii secundum prius et posterius; unde secundum alios, tempus est cujus pars preteriit, parsque futura est; forma autem est simplex; ejus vero quod est simplex nichil est prius nichilque posterius: unde forma non potuit creari in tempore. Sed nec in tempore conjungi potuit: tunc enim aliquid ejus prius et aliquid ejus posterius advenit, sed simul in instanti et subito materie formam conjunxit. Unde composicio primarum formarum cum materia non fuit in tempore, et similiter creacio materie de nichilo non fieri non poterit, videlicet ut hujus possibilitatis alia pars prius fieret, et deinde alia de nichilo ad possibilitatem veniret; quicquid autem non est possibile, hoc a prima creacione materie fuit inpossibile, quod est inconveniens: unde, sicut dictum est, possibile non cepit esse possibile. Materia ergo de nichilo creari et formis advenientibus substanciam corpoream et incorpoream eam informari, que est composicio, non fuit tempus et ordo. Simul enim fuit ipsam et formam creari, qua propter non dicitur informis eo quod aliquando fuit, forma fuit, cum omne esse ex forma sit, sed quia ex se nullam habeat, et idcirco materia unquam fuit substancia ita ut esset corporea vel incorporea. In hiis enim omnibus, cum prius dicimus, non prius tempore, sed causa et diversitate rerum inter se exprimi volumus, quod evidenter indicat composicio et resolucio. Sic et incorporea substancia, licet sit dignior non tamen fuit prior quam corporea tempore vel causa, quoniam cum sint species ejusdem generis, coeque sunt: nulla igitur earum cepit prius esse substancia quam alia, creacio igitur angelorum non prevenit creacionem celorum vel elementorum vel e contrario; cui consonat divina Scriptura que dicit qui vivit in eternum causa si omnia simul. Quamvis ergo Moyses prius nominet Celum et terram, deinde lucem per quam intelligit angelicam creaturam, ordo tamen in quo creata narrantur in creando non intelligatur, que enim simul sine tempore ad esse prodierunt simul dici sine tempore non potuerunt: omnis enim sillaba tempus habet; suo autem artifex instrumento in agendo utitur, et creacione idem fuit artifex et instrumentum. In generacione vero et commixtione et conversione et aliorum composicione que secunde vel tercie dignitatis sunt, aliquid sibi artifex adaptavit instrumentum, scilicet secundariam causam, ita quidem ut per se ipsum prima efficeret, scilicet creando materiam et formam de nichilo et componendo ea inter se; secunda vero atque per ordinem tercia et quarta ministre sue cause secundarie modo accione est et instituto exequencia committeret; unde bipartita fuit in principio causa, scilicet primaria et secundaria; primaria causa, Deus; secundaria, instrumentum ejus de ipsis ejusdem operibus. Sed prime secundis prelate sunt auctoritatis; secundaria vero causa est ipsa prime composicionis genitura cui omnes alii motus post creacionem et composicionem que sunt prime cause motus ministrant et ejus auctoritatem sequuntur, sed ad nutum prime; secundaria igitur causa que est instrumentum prime cause. Prima est angelica creatura; secunda est motus celorum, tercia est natura et deinceps racionaliter anima et quedam alia. Ministerio enim angelorum dicunt philosophi ex materia et forma novas cotidie creari animas, celos eciam moveri. Item motum eciam celorum et superiorum corporum multa fiunt in hiis inferioribus; quia enim celestia corpora continent hec inferiora intra se et contigua sunt cum illis, superiora autem semper in motu sunt, profecto naturale est ut ad motum eorum et ista moveantur. Cum enim quoddam magnum corpus movetur, neccesse est ut parvum corpus quod infra se est, sibi conjunctum moveatur. Cum autem ista inferiora moveantur neccessario et ipsa intra se commiscentur; sed quia contrarium qualitatum sunt, ideo sicut fit in omni commixtione, quia quod prevalet agit in aliud, contingit ut corporum que ex ipsorum permixtione fiunt, a qualitate que in permixtione forcius operatur aliud alio calidius vel frigidius vel humidius vel siccius dicatur, et aliud claritati, ut jacinctus, aliud obscuritati, ut onichinus, aliud vite vegetali, ut planta, aliud vite sensibili, ut corpus animalis, aliud vite racionali, ut humanum corpus receptibile preparetur. Quia igitur ex motu superiorum corporum hec inferiora commiscentur, ex quorum commixtione diverse corporibus complexiones innascuntur, ideo motus superiorum merito secundaria causa appellatur. Motus autem superiorum in hiis inferioribus nichil operari potest nisi ministerio nature. Ipsa enim motu superiorum utens quedam agit commiscendo et convertendo in congelatis, quedam nutrit attrahendo, retinendo, nutrimentum digerendo, expellendo, ut in animatis, quedam movet generando, corrumpendo, augmentando, diminuendo, alterando et secundum locum mutando. Cum igitur tres principaliter sint cause secundarie, unaqueque tamen habet mundum situm in quo operatur. Primus enim mundus qui est ultra firmamentum incorporeus est et incorruptibilis; secundus qui est a firmamento usque ad lunam est corporeus et incorruptibilis, tercius est qui a luna inferius est corporeus et corruptibilis. Ita quoniam primus mundus est insensibilis, incorruptibilis, secundus sensibilis sed incorruptibilis, tercius profecto est et corruptibilis. Unde primo mundo nature et proprie dicitur: illuminat omnem hominem venientem in hunc mundum, scilicet primum. In hunc autem mundum venimus mentis contemplacione; illuminamur in eo veritatis cognicione et virtutis dilacione. Ascendit enim mens humana et descendit bonitas divina, et ista ascendit contemplacione, illa descendit revelacione. Prime cause mundus prius non assignatur quia ipse ubique preest et ubique dominatur, nec loco concluditur, nec tempore terminatur, et omnes alie cause nichil nisi ad nutum ejus operantur. Secundariis vero causis quibusdam loca, quibusdam tempora, quibusdam utraque assignantur, ut in alterius imperio ministre videantur. Qui enim alii ministrat officium suum non implet nisi quando et ubi qui sibi preest imperat. Prima ergo secundaria causa in primo mundo a prima causa mandatum accipit; de omnibus hiis que inferius communiter agit, secunda vero secundaria in secundo mundo a prima secundaria causa in hoc tercio mundo variis motibus operatur, secundum quod a presidentibus sibi causis imperatur; unde et hic ultimus sublunaris mundus natura a philosophis appellatur, quia in eo ad nutum superiorum sola natura operatur.

»Sic igitur processit totius mundi enim constitucio: de nichil esse ad possibilitate esse; de possibilitate esse ad actu esse, et de actu esse ad corporeum et incorporeum esse, et hoc totum simul, non in tempore. Racio enim exigebat ut institucio mundi in hoc modo progrederetur, videlicet ut primum materia et forma crearentur de nichilo; deinde materia et forma elementa et cetera predicta componerentur; de elementis vero commixtis et conversis elementa omnia generarentur, videlicet ut primum prima simplicia fierent de nichilo per creacionem, et de simplicibus composita fierent per primam simplicium conjunctionem; et de compositis fierent elementa per generacionem, et sic de nichilo ad simplicia, de simplicibus ad composita, de compositis ad generata facta est progressio. Quia ergo ex prima materie et forme et copula terna suboles postgenita est, scilicet intelligencia et celestia corpora et quatuor elementa, ita prima causa omnia movet, sed diverso modo; quedam enim movet per se nullo mediante, et quedam non per se, sed mediantibus aliis. Principaliter enim per se nullo mediante intelligenciam movet; intelligencie vero secundum creant animas que movent celos; ex motu vero celorum sequitur motus elementorum; sed ex motu elementorum provenit commixtio eorum; ex commixtione vero eorum per conversionem et generacionem procreatur rerum omnium hec ultima inferius universitas. Omnia enim secundum racionem numerorum sapientissimus conditor instituere voluit, videlicet ut sint post unitatem ordine naturali: binarius ponitur sic post primam, namque simplicem unitatem que Deus est, due simplices unitates que sunt materia et forma quasi binarius secundo loco consequuntur; deinde sicut ternarius tercio loco post unitatem sed secundus post binarium ponitur, sic compositum ex materia et forma tercio loco formaretur; unde sicut ternarius primus numerus est qui indivisibilis est, sic et ea que ex sola materie et forme conjunctione constant incorruptibilia sunt; ad ultimum sicut quaternarius primus pariter quarto loco succedit, sic et generata quarto loco deponuntur et merito, ut sicut quaternarius duas recipit divisiones, primum et binarios, secundam in unitates, sic quodlibet generatum primo in elementa ex quibus integraliter componitur, deinde in materiam et formam quasi in primas unitates resolvitur, et sicut quaternarius qui quarto loco succedit quatuor unitatibus consistit, sic quodlibet generatum ex quatuor elementis consistit quasi principiis; unde sicut ternarius masculus dicitur quia indivisibilis est, sic et quaternarius femina appellatur qui facile multiplicem divisionem sortitur, sic et generata multiplex corrupcio inseparabiliter committitur et secundum hec deposita consistit omnis creatura; unde et quatuor substancie ad quatuor numerorum deposicionem quantum: prima est intelligencia, que assimilatur unitati, eo quod non apprehendit nisi unum, scilicet esse rei et proposicionem unam tantum; secunda est racionalis anima que assimilatur duobus quia movetur a proposicionibus ad comprehensionem, a medietate ad extremitatem; anima vero sensibilis assimilatur tribus quia non apprehendit nisi corpus quod est trium divisionum et apprehendit illud mediantibus tribus, scilicet colore, figura et motu; natura vero assimilatur quaternario quia quatuor viribus operatur..... et omne id quod constat ex quatuor. Animae vero vegetalis mencionem non facit quia eam sub natura intelligit.»

CAPÍTULO VIII

I.—Constitucion de don Pedro II de Aragon contra los Valdenses

«Petrus, rex Aragonum et Comes Barchinonae, Universis Archiepiscopis, Episcopis et caeteris Ecclesiarum Dei praelatis atque rectoribus, Comitibus, Vicecomitibus, Vicariis, Meriniis, Bajulis, Militibus, burgensibus, omnibusque populis in regno et potestate nostra constitutis salutem et integram Christianae relligionis observantiam. Quoniam Deus populo suo nos preesse voluit, dignum et justum est ut de salvatione et defensione ejusdem populi continuam pro viribus geramus sollicitudinem. Quapropter praecedentium patrum nostrorum in fide imitatores, sacrosanctae Romanae Ecclesiae canonibus obtemperantes, qui haereticos a consortio Dei et sanctae Ecclesiae et catholicorum omnium exclusos, utique damnandos ac persequendos censuerunt, Valdenses videlicet, qui vulgariter dicuntur Sabatati, qui et alio nomine se vocant pauperes de Lugduno, et omnes alios haereticos quorum non est numerus nec nomina sunt nota, a sancta Ecclesia anathematizatos, ab omni regno et potestativo nostro, tanquam inimicos crucis Christi Christianaeque fidei violatores et nostros etiam regnique nostri publicos hostes exire ac fugere districte et irremeabiliter praecipimus. Et sub eadem districtione Vicariis, Bajulis et Merinis totius nostrae terrae ut ad exeundum eos compellant usque ad Dominicam passionis Domini mandamus. Et si post tempus praefixum aliqui in tota terra nostra eos invenerint, duabus partibus rerum suarum confiscatis, tertia sit inventoris: corpora eorum ignibus crementur. Eidem mandato fortiter adjicientes ut dicti vicarii, Bajuli, Merini castellanos et castrorum Dominos, qui eos in castris suis et de omni terra sua infra triduum post admonitionem suam, omni postposita occassione eficiant et nullum prorsus subsidium eis conferant. Quod si monitis eorum acquiescere noluerint, omnes homines villarum seu Ecclesiarum vel aliorum locorum religiosorum in diocesi illius Episcopi constituti in cujus territorio idem castellanus ac dominus castri vel villae fuerit ex mandato et auctoritate nostra regia sequantur Vicarios, Bajulos et Merinos nostros illius episcopatus super castra et villas eorum et super loca ubi inventi fuerint, et de damno quod castlanis seu dominis castrorum vel villarum aut receptoribus dictorum nefandorum dederint, nullatenus teneantur. Sed si sequi eos noluerint ex quo eis denuntiatum fuerit, ultra iram et indignationem nostram quam se noverint incursuros, viginti aureos pro poena singuli eorum, nisi juste et legitime se excusare potuerint, nobis praestabunt. Si quis igitur ab hac die et deinceps praedictos Valdenses seu Sabatatos aliosve haereticos cujuscumque sectae in domibus suis recipere, vel eorum funestam praedicationem aliquem audire aut eis cibum aut aliud aliquid beneficium largiri vel eis credere eosve defendere aut in aliquo asensum praebere praesumpserit, indignationem omnipotentis Dei et nostram se noverit incursurum, bonisque suis absque appellationis remedio confiscandis, se tanquam reum criminis laesae majestatis puniendum. Hoc autem nostrum edictum et perpetuam constitutionem per omnes civitates, castella et villas regni nostri, et dominationis ac per omnes terras potestati seu jurisdictioni nostrae subjectas, omnibus dominicis diebus, per omnes parochiales Ecclesias recitari jubemus et ab Episcopis caeterisque Ecclesiarum rectoribus atque Vicariis, Bajulis, Justitiis, Merinis et omnibus populi inviolabiliter observari et praedictam poenam transgressoribus inferendam irrevocabiliter mandamus.

»Sciendum etiam quod si qua persona nobilis aut ignobilis aliquem vel aliquos praedictorum nefandorum in aliqua parte regionum nostrarum invenerit, quodcumque malum, dedecus et gravamen, praeter mortem et membrorum detruncationem, intulerit, gratum et acceptum habebimus, et nullam inde poenam pertimescat quoquo modo incurrere, sed magis ac magis gratiam nostram se noverit promereri, et post bonorum spoliationem, dedecus et gravamen quod eis irrogaverint, teneantur tradere corpora Vicariis aut Bajulis nostris ad justitiam quam inde fieri mandavimus exequendam. Si vero (quod non credimus) Vicarii, Bajuli, Merini et totius terrae nostrae homines, vel populi circa hoc regiae dignitatis nostrae mandatum negligentes vel desides extiterint, seu contemptores vel transgressores inventi fuerint, bonorum omnium confiscatione procul dubio multabuntur et eadem poena corporali qua nefarii, plectentur. Ad ultimum, omnibus praedictis Vicariis, Merinis et Bajulis nostris praesentibus et futuris firmiter injungimus ut post admonitionem vel litterarum receptionem illius Episcopi aut ejus nuntii in cujus diocesi fuerint constituti, infra octo dies, ad ejus accedant praesentiam, et tactis sacrosanctis corporaliter Evangeliis, ea quae superius fieri mandavimus, jurent fideliter se in perpetuum observaturos. Quod si facere noluerint, praeter iram et indignationem nostram poena ducentorum aureorum feriantur. Data Gerundae in praesentia Raymundi Terraconensis Archiepiscopi, Gaufredi Gerundensis Episcopi, Raymundi Barchinonensis Episcopi, Guillelmi Ausonensis Episcopi et Guillelmi Elnensis Episcopi, per manum Joannis Beaxnensis Domini Regis notarii, et mandato ejus scripta anno Domini millesimo centesimo nonagesimo septimo. Hujus edicti et perpetuae constitutionis testes sunt Pontius Hugo comes Empuritanensis, Guillelmus de Cardona, Ganfridus de Rocabertino, Raymundus de Villa Mulorum, Raymundus Gaucerandi, Bernardus de Portella, Guillelmus de Granata, Petrus Latronis, Eximinus de Lusia, Michael de Lusia, Guillelmus de Cervaria, Petrus de Torricella, Arnaldus de Salis, Petrus Ausonensis Sacrista, Berengarius de Palatiolo Barcinonensis Sacrista, et Guillelmus Durfortis» [1].

---

[1]   *Marca Hispanica. Ex archivo Eccl. Gerund.*

II.—Carta de Inocencio III sobre la penitencia de Durán
de Huesca y los suyos

«*Helnensi Episcopo:* Dilectus filius Durandus de Osca in nostra praesentia constitutus, et D. de Najaco et Guillelmus Sancti Antonini et alii pauperes Catholici, suis nobis litteris intimarunt, quod ad exhortationem eorum nonnulli tuae dioecesis de suis excessibus poenitentiam agere cupientes, post confessionem peccatorum suorum, pro posse suo proposuerunt restituere quidquid possident minus juste, necnon male quaelibet acquisita, non habendo proprium sed omnia in communi et nemini malum de caetero inferentes, castitatem seu virginitatem observare promittunt, a mendacio et juramento illicito se abstinendo, tunicis quoque albis vel griseis uti proponunt, sub disciplina et visitatione Catholicorum pauperum permansuri; in fulcris autem, nisi eos ad id infirmitas coegerit, non cubabunt, et a festo Sanctorum omnium usque ad Nativitatem Dominicam jejunantes, in qualibet sexta feria, nisi forte natalem Domini aut Epiphaniam seu aliud festum habens vigiliam evenire contingat, a piscibus abstinebunt: secunda vero, quarta feria et Sabbatho, nisi Natalis Domini intervenerit, carnibus non vescentur, nec in Quadragesima ante Pascha comedent pisces, Dominicibus diebus exceptis; octo dies ante Pentecostem vaccabunt jejuniis, et alia jejunia observabunt a Sancta Romana Ecclesia instituta: singulis quoque diebus Dominicis exhortationis verbum convenient audituri, et septies orantes in die, quindecies *Pater Noster* et *Credo in Deum* ac *Miserere mei Deus*, qui litterati fuerint decantabunt, et clerici, prout eis convenit, canonicas horas Domino Deo solvent.

»Et quoniam sex opera pietatis proficiunt ad salutem, proposuerunt pro Deo pauperibus deservire, quorum quidam in hereditate propria vult domum construere, in qua ex parte una viris et ex alia mulieribus religiosis mansio competens habeatur, et juxta illam sit nihilominus Xenodochium in quo reficiantur fessi, et pauperes recreentur, juventur infirmi et nutriantur infantes a matribus derelicti, et mulieres pauperes laborantes in partu, donec abire valeant, sustentur in eo, ac juxta possibilitatem domus ipsius, adveniente hyeme, praebeantur pauperibus indumenta: pannos quoque ad quinquaginta lectos de suis justis rebus ministrabit ibidem, et Ecclesiam ubi fratres domus ipsius possint audire divina, in honore Dei genitricis Mariae juxta domum ipsam construi faciet, quae in signum subjectionis Apostolicae Sedi reddet unum *bisantium* annalem. Unde nobis humiliter supplicarunt ut exequendi praedicta licentiam eis concedere dignaremur.

»Nos igitur attendentes quod haec omnia sunt in se bona, fraternitati tuae per Apostolica scripta mandamus quatenus cum loci dioecesanus existas, cognita plenius veritate, si ea emanare cognoveris de fonte Catholicae puritatis, ipsis assensum super his auctoritate nostra praebeas et favorem: proviso prudenter ut quod de verbo exhortationis singulis diebus Dominicis audiendo praedicitur, taliter et a talibus fiat, quod derogare non possit Fidei orthodoxae seu canonicae disciplinae: adhibita nihilominus prudenti cautela inter viros et mulieres, de quibus mentio est praemissa, ut utrorumque ad alteros accessus haberi nequeat illicitus vel suspectus. Illudque diligenter observa, quod memorati viri dicuntur sub disciplina ac visitatione Cathol. pauperum permansuri ut hujusmodi disciplina et visitatio sanae doctrinae conveniant, et Ecclesiasticae honestati. Datum Laterani VII Kal. Junii, pontificatus nostri anno decimoquinto.»

III.—Constituciones de Don Jáime el Conquistador contra los Albigenses y Valdenses [1]

«Constitutiones curiae Terraconae celebratae per Dominum Regem Jacobum primum.

»In nomine sanctae et individuae Trinitatis quae mundum pugillo continens imperantibus imperat et dominantibus dominatur. Manifestum sit omnibus tam praesentibus quam futuris quod nos Jacobus Dei gratia rex Aragonum et regni Maioricarum, comes Barchinonae et Urgelli et Dominus Montepessulani, volentes circa commissum nobis regnum provissionem debitam adhibere, et statum regni nostri cupientes in melius reformare, una cum salubri consilio ac diligenti tractatu venerabilium Guillelmi Terraconensis electi, Guillelmi Gerundensis, Bernardi Vicensis, Berengarii Ilerdensis, Sancii Caesaraugustani, Pontii Dertusensis, Episcoporum, H. domus Militiae templi, H. domus Hospitalis magistrorum, Abbatum etiam et aliorum, decernimus et firmiter inhibemus ne cuiquam laicae personae liceat publice vel privatim de fide catholica disputare. Qui contra fecerit, cum constiterit, a proprio Episcopo excommunicetur, et nisi se purgaverit, tanquam suspectus de haeresi habeatur.

»II.—Item statuimus ne aliquis libros Veteris vel Novi Testamenti in Romancio habeat: et si aliquis habeat, infra octo dies post publicationem hujusmodi constitutionis a tempore scientiae, tradat eos loci Episcopo comburendos. Quod nisi fecerit, sive clericus fuerit sive laicus, tanquam suspectus de haeresi, quousque se purgaverit, habeatur.

»III.—Item statuimus ne aliquis infamatus de haeresi vel suspectus, ad bajuliam, vicariam vel aliam jurisdictionem temporalem vel officium publicum admittatur.

»IV.—Item ne fiat receptaculum sordium ubi fuit latibulum perfidorum, statuimus ut domus recipientium haereticos scienter, si alodia fuerint, diruantur: si feuda vel censulia, suo dominio applicentur. Et hoc tam in civitatibus quam extra praecipimus observari.

»V.—Item, ne innocentes pro nocentibus puniantur, aut quibuslibet per aliquorum calumniam haeretica pravitate impingatur, statuimus ne aliquis credens vel haereticus puniatur nisi per Episcopum loci vel aliquam personam Ecclesiasticam quae potestatem habeat cognoscendi si vel credens vel haereticus habeatur.

---

1 *Ex Marca Hispanica*, apéndice 5 1 1

»VI.—Item statuimus quod quicumque in terra sua sive dominicatura de caetero scienter vel negligenter per pecuniam vel aliam quamcumque causam haereticos permiserit conmorari, si in jure fuerit confessus vel convictus, ipso facto amittat in perpetuum terram suam: ita tamen quod si feuda fuerint, suo dominio applicentur: si vero alodia, nostro dominio confiscentur, et corpus suum in manu nostra prout debuerit puniendum. Si autem de scientia convictus non fuerit, et probata fuerit negligentia dissoluta, vel frequenter inveniantur in terra sua haeretici vel credentes, et super hoc fuerit diffamatus, nostro arbitrio puniatur. Bajulus vero qui semper est residens in loco, contra quem praesumitur, vel vicarius, nisi contra haereticos et eorum credentes valde sollicitus inveniatur, et diligens, ab officio Bajuliae et Vicariae perpetuo deponatur.

»VII.—Item statuimus ut in locis suspectis de haeresi in quibus Episcopus viderit expedire, unus sacerdos vel clericus ab Episcopo, et duo vel tres a nobis laici vel nostro vicario vel Bajulo eligantur, qui haereticos vel credentes et receptatores eorum in suis parochiis perquirere teneantur, et omnia loca, quamtumcumque secreta, intrandi vel perscrutandi, cujuscumque dominii vel privilegii habeantur, nulla eis licentia denegata, sub poena quam idem Episcopus denegantibus velit imponere, super quo eidem Episcopo publice auctoritatem regiam impertimur qui etiam Inquisitores haereticos credentes, fautores et receptatores, ex quo invenerint, cautela adhibita ne fugere valeant, Archiepiscopo vel Episcopo et nostro Vicario seu bajulo loci, dominis etiam locorum seu eorum bajulis non differant nuntiare. Illi vero quos ad praedictum negotium Episcopus loci, et nos vel Vicarius noster seu bajulus duxerimus eligendos, si in executione hujus officii fuerint negligentes, si clericus post per subtractionem sui proprii beneficii, si laicus per poenam pecuniariam infligendam, nostri bajuli vel vicarii judicio puniatur.

»Actum apud Terraconem VII Idus Februari, anno Domini ab incarnatione 1233.»

IV.—APELACION DEL CONDE DE FOIX Á LA SEDE APOSTÓLICA CONTRA EL OBISPO DE URGÉL [1]

«In nomine Domini nostri Jesu Christi notificetur cunctis praesentem paginam inspecturis sive audituris quod nos R. Dei gratia Comes Fuxi, et Castriboni Vicecomes, sentientes nos graves injurias et molestias inferri et sustinere a Domino P. Urgellensi Episcopo, appellamus ad Sedem Apostolicam, ponentes nos et terram nostram et omnes consiliarios nostros, coadjutores et defensores sub protectione et manutenentia Sedis Apostolicae. Causas, autem, propter quas appellationem istam facimus, nominatim hoc modo dignum duximus exprimendas. Quarum una est quia Dominus Episcopus est noster inimicus manifestus et notorius, et quia assignat nobis curiam ad ju-

1   *Ex arch. Episcop. Urgell.*

dicandum, confratres et concanonicos suos et sibi subditos et obedientes, et nostros capitales inimicos; et quia detinet nos per violentiam spoliatos de feudis et beneficiis quae ab Ecclesia Urgellensi antecessores nostri tenuerunt, et nos tenere debemus; et quia assignat nobis locum suspectum et meticulosum valde; quia quadam vice eo praesente in sua curia homines sui nos et familiam nostram hostiliter invaserunt in civitate Urgellensi cum armis, et de praedicta injuria et invasione nullam nobis fecit fieri satisfactionem; et quia noviter infra treugas nobis datas homines sui nos invaserunt, et duos nostros homines neci crudeliter tradiderunt. Praedictis siquidem causis et aliis gravaminibus et dampnis, quae longum esset per singula nominare, recusamus curiam Domini Episcopi supradicti tanquam suspectam, et ad appellationis suffragium confugimus, quia tristissimos solet habere exitus, qui apud suspectos et inimicos judices voluerit vel attemptaverit litigare. Facta fuit haec appellatio IIII Idus Julii anno incarnationis Domini MCCXLIII, in praesentia et testimonio Arnalli Crassi, Capellani apostolici..... et Arnalli de Casalibus Sacerdotis, et Fratris S. Sacerdotis, et Guillermi de Varmola, et Ramundi Segrii et B. ejus Fratris, et F. Flequerii, et Johannis Baldovini tabellionis apostolici qui haec scripsit.»

V.—Carta del obispo de Urgél, Pons de Vilamur, al legado apostólico [1]

«Venerabili in Christo patri ac domino Dei gratia Sacrosanctae Romanae Ecclesiae legato in partibus Tholosanis, P. per eandem Urgellensis Episcopus, salutem in Domino Jesu Christo. Super adventu vestro, quem futurum utilem toti Ecclesiae Dei credimus et speramus, gaudemus in Domino, devotioni et discretioni vestrae pariter offerentes servitium et honorem, et quidquid possimus ad exaltationem totius Ecclesiae generalis. Et quoniam expedit vobis, et nobis etiam, explicare quae facta sunt in partibus istis contra Comitem Foxen. ne possit vos decipere per ignorantiam vel errorem facti, duximus paternitati vestrae praesentibus intimanda breviter, operantes quod Dominus Episcopus Tholosanus, et alii praelati illius terrae, quibus super hoc scripsimus, magnitudini vestrae referent illud idem. Hinc est igitur quod cum per Fratres Praedicatores et Minores et alios viros religiosos, qui ad inquirendum super facto haeresis in terra Comitis Foxen. et R. filii sui, quae est in Dioecesi nostra constituta, nobis manifeste constiterit plures haereticos et credentes eorum erroribus, et faventes, et celatores, et defensores in Castrobono et in locis circumpositis latitare, quae quidem loca sunt praedicti Comitis et filii sui, nos cupientes, ad extirpandum semen illud nefarium de terra illa, procedere praevia ratione, saepe dictum Comitem monitum multoties, ut ipsos haereticos in judicio exhiberet, contumacem excommunicavimus, et postea per sententiam eundem denuntiavimus defensorem haereticorum, celatorem pariter et fautorem et excommunicatum. Tandem conve-

---

1 *Ex arch. Eccl. Urgell.*

nientibus ad locum personaliter Dominis, Terrachonensi electo, Ilerdensi et Vicensi Episcopis, et multis aliis viris religiosis et discretis, permisit dictus Comes inquisitionem fieri in Castrobono, et in locis praedictis, et inventi fuerunt plus quam LX haeretici et credentes. Qui omnes, praesentibus Comite et filio suo, fuere per Dominum Terrachonensem et alios Episcopos de haeresi in judicio condempnati. Cumque Domino Tolosano et Domino Carchasonensi, et etiam Domino Archiepiscopo Narbonae, et fratri F. et fratri G. A. de ordine Praedicatorum, fuissent haec omnia reserata, nescimus quid vel qualiter vel quare contigit quod dictus Comes non vitatur ab illis, sicut excommunicatus. Quod vobis significamus ideo, ut si qua omissa sunt forte per incuriam, per vestram diligentiam suppleantur, et ut possitis comprehendere utrum saepe dictus Comes in tenebris ambulat vel in lucem. Praeterea noveritis nos super Terrachonam ivisse, qui supradictis omnibus interfuere, consuluisse. Ex quorum habuimus consilio quod omnia ista vobis exponeremus et ipse Dominus Archiepiscopus, pergens in Navarram et Castellam causa visitationis scripsset vobis super hoc, si adventum vestrum per aliquem praescivisset. Qui dixit nobis quod ex parte sua vos rogaremus statim cum veniretis, ne in absolutione dicti Comitis et facto ipsius et filii sui sine assensu ejus et nostri, qui plura novimus et intelleximus etiam post latam sententiam in negotio eorundem, quae ad praesens in absentia Domini Archiepiscopi non possumus vobis scribere, procederit, nisi forsan per alia aminicula in facto haeresis possetis procedere contra ipsos. Ideoque super praemissis dominationem vestram humiliter deprecantes rogamus, ne moleste feratis quia sollemnes nuncios vobis non misimus; non enim habemus qui audeant ire, et credimus per latorem praesentium totam rei seriem secretius nunciare. Datum in Sede, IV Kal. Januarii.»

VI.—CARTA DE SAN RAIMUNDO DE PEÑAFORT AL OBISPO DE URGÉL [1]

«Venerabili in Christo Patri P. Dei gratia Episcopo Urgellensi Frater R. de Pennaforti, salutem et orationes in Domino. Quid faciendum sit de R. de Vernigol, qui propter haeresim dicitur esse captus, non est meum praecipitare sententiam. Cautum tamen videtur ut suspendatur negotium, et custodiatur bene miles, donec videritis omnes litteras, quae super negotio fidei scriptae fuerunt a Sede Apostolica Domino C. quondam procuratori Terrachonensis Ecclesiae, et tunc secundum concilium, statuta Domini Papae noviter contra haereticos promulgata, et illas formas poteritis, habito diligenti consilio cum praelatis, et aliis Deum timentibus ac fidei zelatoribus, id quod sibi et Ecclesiae utilius et securius fuerit, providere. De illis quoque qui Xatberto de Barberano in fuga sua ducatum et auxilium praestiterunt, quid possum aliud dicere nisi quod juxta formam Concilii et praefata Domini Papae statuta contra fautores haereticorum edita, tam in absolutione quam in aliis procedatis, at postmodum, vel de eundo ultra mare, vel in frontaria

1 *Ex arch. Eccl. Urgell.*

contra Sarracenos, taxato eis tempore congruo, quo ibi debeant deservire, vel si hoc non poterunt, aliquid aliud juxta vestrum arbitrium poteritis talibus pro penitentia imponere salutari. Ita tamen caute in omnibus procedentes, quod enormitas tanti facinoris non remaneat impunita, et qui vere penitent ex nimio rigore desperationis laqueum non incurrant. Orate pro me.

»Quod autem fidei negotium prosequamini diligenter, et R. de Sosa qui pro negotio fidei molestias patitur, vestris consiliis et auxiliis quantum decuerit et licuerit, foveatis, quia vobis ex officio pastorali incumbit, et alias, nisi fallar, estis fidei zelatores: suadere vobis aliquid super hoc supervacuum videtur.»

VII.—Carta de San Raimundo de Peñafort á varios fráiles de su órden

«Venerabilibus et in Christo charissimis Fratri Petro de Thenis, et Fratri F. de Villarubea, Frater Petrus servus Praedicatorum Barchinonensis, et Fr. Raymundus de Pennaforti, salutem in Domino Jesu Christo. Litteris venerabilis Fr. nostri Archiepiscopi, et vestris diligentes inspectis, mirati fuimus, et turbati pro eo quia inimicus et adversarius veritatis machinatur insidias, ut fidei negotium perimat et pervertat. Tamen quia non est propter hoc, sicut vobis videtur, tantum negotium deserendum, et ego Fr. Raymundus propter graves infirmitates meas non possum intendere prolixe responsioni vel dictamini litterarum, respiciatis litteras, quas Domino Archiepiscopo juxta modicitatem nostram, et gratiam nobis datam super hoc destinamus, et secundum tenorem ipsarum cum Domino Archiepiscopo et aliis procedatis. Unde, si ipse Dominus Archiepiscopus deseruerit ad praesens negotium occassione litterarum, quas de suspensione Ep. Urg. dicitur recepisse, utrum vos debeatis ire Bergam sine ipsos, vel quid agere debeatis, claram responsionem non possumus invenire, sed commitimus arbitrio vestro ut sive per litteras sive praesentialiter, apud illos nobiles vos ipsos, et ordinem quanto cautius et veracius poteritis, excusetis. Et si quid consilium praeter hoc, quod sententiam non feratis, et ut Haeretici non evadant, et fidei non periclitetur negotium invenisse poteritis, etc.

»Orate pro nobis.»

LIBRO III

CAPÍTULO III

I.—Interpretacion hecha por Arnaldo de Vilanova de los sueños de D. Jáime II de Aragon y de D. Fadrique de Sicilia [1]

«*Verum est quod de mandato domini Regis de isto quaterno fuit missum translatum domino Regi Frederico et fuit probatum.—Originale.—Primus quaternus.—Interpretatio facta per magistrum Arnaldum de Villanova de visionibus in somniis, dominorum Jacobi Secundi Regis Aragonum et Frederici Tertii Regis Sicilie eius fratris* [2].

»Fridericus [3].

»Abadolescencia nostra quidam [4] cogitatus frecuenter pulsavit cor nostrum,
scilicet a VII annis citra quasi [5] assidue fervebat in nobis, in quibus VII [6] annis
frequenter apparuit nobis in sompnis Regina quondam domina mater nostra
facie velata ita quod vultum eius non videbamus sed in voce cognoscebamus
eam dicentem: «Fili mi, do tibi benediccionem meam ut veritati omnino stu-
deas deservire». Postque [7] verba disparebat visio. Ego vero sicut laycus et

---

1 Texto del Archivo de la Corona de Aragon.
    Doy en notas las variantes de este diálogo tal como se lee en el *Cathalogus te | stium veritatis,
qui ante nostram | aetatem Pontifici Romano, eiusque | erroribus reclamarunt: iam denuo longe
quam | antea, et emendatior et au | ctior editus. | Opus varia rerum, hoc praesertim tempore scitu
dignissimarum, cogni- | tione refertum, ac lectu cumprimis utile atque necessarium: in quo, praeter
| alia, multi utiles libelli, multae etia historiae proferuntur, qua- | rum pleraeque nusquam alibi ex-
tant. | Appendici quoque ad calcem adiecto, inserta est Vera Demon | stratio, quod electio praesu-
lum et episcoporum non ad Ecclesiasticos | solum sed et ad Laicos, ut vocant, pertineat: quodque in,
hoc iure | Electionis iam inde usque a Christi temporibus ad | Annos 1500 sint usi. | Cum praefatio-
ne Mathiae Flacii Illyrici, qua operis | huius et ratio et usus exponitur. | Accessit et rerum atque
verborum toto opere memorabilium | copiosus index. | 3. Reg. 19. Rom. II. | Reliqua mihi ipsi feci
septem millia virorum, qui non in- | curvarunt genu imagini Baal. | Argentinae. | 1562. |*
    El cotejo ha sido hecho por mi amigo Morel Fatio.
2   En nuestro manuscrito falta el siguiente *Exordium:*
    »Quia tota series meae narrationis essentialiter pertinet ad evangelicam veritatem, idcirco
ad perpetuam rei memoriam et ut in posterum obtundi possint aculei quorumcunque prae-
varicantium et dissipantium ea quae audiuntur, volo, prout decet et expedit in tali nostro
scripto, de omnibus clarificare sedis apostolice maiestatem. Et dico quia cum pervenissem
Cathauiam (*sic*, por Cathaniam), Rex praedictus exorsus est mihi pandere causam, propter
quam me vocaverat sub talibus verbis.»
    3. *Fridericus Rex.* 4. *Quidem.* 5. *Sed ab annis circiter quinque.* 6. Falta: *VII.* 7. *Post quae.*

ignarus non intelligebam quid figuraret [8], et reputabam esse illusionem. Cogitatus autem erat iste scilicet quod faceremus aliquid per quod notabiliter [9] in conspectu [10] omnium hominum promoveretur honor Salvatoris, et huic cogitatui [11] predictis VII [12] annis annexa fuerunt tria, scilicet [13] unum desiderium et unus timor et unum dubium. Desiderium erat et adhuc est quod frater noster Rex Aragonum esset principalis [14] in proposito cogitatus predicti [15], ita quod, sicut est major in carne, sic desideramus quod esset maior in graciis celestibus et quod assumeret ferventer idem [16] propositum et quod simul prosequeremur ipsum. Timor autem et dubium reprimebant et quodamodo retrahebant nos a divulgacione et prosequcione [17] propositi. Timebamus enim quod tam frater noster quam alii tam clerici quam layci reputarent nos fantasticos, quia cogitatus noster dictabat nobis quod [18] in statu nostro scilicet Regis et conjugati deberemus precise [19] vivere secundum regulam evangelii, scilicet despiciendo et contempnendo quicquid ordinatur ad terrenam felicitatem et querendo et amplectendo quicquid pertinet ad celestem, et quia videbamus quod communiter Christiani faciebant oppositum, quia ferventer studebant et sollicitabantur obtinere et possidere quae pertinent ad terrenam felicitatem, et ea quae pertinent ad celestem negligere. Quantum ad mores et opera virtutum evangelicarum repressi fuimus a divulgatione et exequtione predicti propositi, ne propter difformitatem [20] nostram ad universalem multitudinem [21] sperneremur. Ad hanc autem repressionem maxime impellebat nos dubium quod occurrebat nobis de doctrina evangelica utrum esset humana inventio vel divina traditio. Ad quam dubitationem tria nos inducebant. Primum est qualitas clericorum secularium qui circa nos sunt et maxime epischoporum [22] et abbatum et aliorum prelatorum vel [23] personarum, quia et visu et auditu et diversis [24] effectibus experimur quod quantum ad vitam spiritualem quam docet evangelium facere sunt omnino Steriles. Quantum ad simulationes vero ceremoniarum quas circa officium [25] ecclesie vel aliter servant, sunt illusores et aperte insinuant quod illa prosequntur ex solo usu et non ex devotione, cum videamus quod omne id quod ad vanam gloriam et terrenam cupiditatem spectat celebriter promovent. Quantum vero ad regimen animarum in salutem eternam sunt pestiferi per multa opera impietatis et multorum viciorum quae palam exercent in conspectu [26] populi. Secundum quod ad hanc dubitationem nos inducebat est qualitas regularium et maxime illorum qui prae caeteris constituti fuerunt ad promotionem evangelice veritatis verbo et exemplo, et quos credebamus tenere apicem apostolice simplicitatis et paupertatis: isti enim faciunt nos [27] stupere de moribus et vita ipsorum, quia videmus [28] quod in tantum alienati sunt a via Dei quod in comparatione ipsorum justificantur non solum clerici seculares set etiam layci, tanta enim est eorum malitia tamque notoria quod jam nullus hominum Status potest eos tollerare, immo nos timemus quod una die populus insurgat [29] contra eos, quia cum per habitum asperitatis et abjectionis pretendant exterius hu-

---

8. *Significaret.* 9. *Nobiliter.* 10. *Conspicuum.* 11. *Et hinc cogitanti.* 12. Falta: *VII.* 13. Lo primero falta. 14. *Vel praesenti;* al márgen del original pone: *al. principali.* 15. *Praedictus.* 16. *Illud.* 17. *Persecutione.* 18. *Quia.* 19. *Percise.* 20. *Deformitatem.* 21. *Ab universali multitudine.* 22. *Et.* 23. *Ac diversis.* 24. *Affectibus.* 25. *Officia.* 26. *Conspicuum.* 27. *Eos.* 28. *Videbamus.* 29. *Insurget.*

militatem, mansuetudinem, penitentiam [50] et temporalium contemptum et plenitudinem earum virtutum quae perfectis viris conveniunt, tamen experimur quod in eis ut plurimum non est species nec decor alicuius virtutis evangelice, quia pro humilitate ubique ascendit eorum superbia, et sunt presumptuosi et irreverentes et importune se ingerentes etiam ad secreta nostra, et non possumus aliquod consilium facere vel aliquam legationem ordinare quin ipsi se inmisceant, et ingeniose procurant [51] et sine fronte alicuius erubescentie [52] comissiones legationum et negotiorum secularium: pro mansuetudine furor est illis secundum similitudinem serpentis et viperinis motibus insaniunt si reprehendatur vel denegetur eis petitum: pro actibus penitentie vaccant splendidis epulis, pomposis [53] vecturis, curiosis indumentis et mollibus stramentis. Pro contemptu temporalium ambiunt et ardentissime querunt laudes populi, honores Seculi, prelationes ecclesiarum tam in alienis collegiis quam in propriis occupationes negotiorum secularium, pecuniarum extorsiones absque ullo spiritu pietatis. Nam experti sumus aliter [54] quod [55] pretextu elemosine petebant [56] condempnationes delinquentium factas in nostra curia, quas et legata vel quecumque assignata eis titulo pietatis obstrictius [57] per auctoritatem Curie secularis obtinere satagunt, quoniam [58] clerici seculares ac layci in depositis sunt infideles: in acomodatis ingrati: in promissis fallaces: in persuasionibus dolosi et fraudulenti: in narrationibus studiosi [59] mendaces et quanto presidentia [40] sunt majores inter eos tanto subtiliores sunt fabricatores mendacii tam in mutuam detractionem ipsorum ad invicem quam aliorum. Et experimur quod odium conceptum adversus aliquem immobiliter fixum tenent et ut demones acuunt et interdum ut scorpiones. In sermonibus ecclesiasticis experimur cotidie quod sunt pestilentes, quia in toto sermone ipsorum ut plurimum non faciunt nisi vel adulare [41] vel detrahere et [42] diffamare ac philosophari, ita quod turbati et infecti recedimus a sermone. Recolimus etiam quod aliquando audivimus eos dicere in Sermone quod excomunicatus erat et mortaliter peccabat quicumque fidelis ad curam sui corporis requirebat judeum, modo vero videmus quod eorum monasteria non ingreditur medicus ordinarie nisi judeus, ita quod tam in monasterio feminarum quam virorum judeus medicus ordinarie procurat infirmos, et cum cotidie celebrent missas non cessamus admirari et etiam [43] stupere. Videmus etiam quod prelatis ordinariis ecclesie ut sunt episcopi et archiepiscopi nec sunt reverentes nec obedientes prout convenit viris perfecte sanctitatis et evangelicis, ymo quod deterius est, videtur nobis quod pro nullo [44] habeant ecclesiam romanam quia nulli appellationi [45] facte ad eam defferunt, ymo etiam proprios collegas appellantes ad eam in favorem [46] evangelii, extingunt et occidunt crudelius omni fera, unde cum nullo timore Dei compescantur vel refrenentur, aperte nobis insinuant quod id quod de Deo docet evangelium habent pro nichilo. Inmundicia vero carnis adeo manifesta est quod publice dicitur quae sit concubina singulorum presidum, et quantam infectionem seminent et relinquant ubique in domi-

---

30. *Humiliter mansuetudinem poenitentium.* 31. *Procurent.* 32. *Erubescentis.* 33. Falta desde *pomposis* hasta *stramentis.* 34. Falta: *aliter.* 35. *Quod aliquando.* 36. *Expetebant.* 37. *Obstinacius.* 38. *Quam.* 39. *Studiose.* 40. *Praesidentium.* 41. *Adulari.* 42. *Vel.* 43. *Atque.* 44. *Nihilo.* 45. *Applicationi;* al márgen del original pone: *Al. apellationi.* 46. *Favore.*

bus quas frecuentant [47]. Tercium quod facit nos dubitare predicto modo [48] super doctrina [49] evangelica est negligencia Sedis Apostolice. Audivimus euim alium [50] quod consuevit mittere legatos per diversa regna et provincias ad inquirendum de profectu et defectu evangelii in omni Statu, et tamen tempore nostro non vidimus nec audivimus quod hoc alicubi fecerit, sed solum quod alicubi [51] miserit eos pro negociis secularibus et mundanis, sed pro cultu evangelii promovendo vel conservando nondum audivimus, cum tamen ipsa sciat quod illi qui vocati sunt in partem sollicitudinis homines sunt et ut [52] plurimum non perfecti et proni ad lapsum [53] et multipliciter possunt exorbitare ab evangelii puritate [54]. Item videmus quod pro Scismaticis occidendis non cessat prestare favorem, sed pro eis reducendis non videmus eam sollicitari: pro sarracenis autem convertendis [55] minime curant [56]. Ex quorum consideratione frecuenter dubitavimus de doctrina evanelica quod potius esset ab humana inventione quam a divina traditione.

»Cum hec omnia versarentur in corde nostro, sepe consideravimus cui possemus comunicare qui posset nos et illustrare [57] et dirigere et solidare tam consilio quam doctrina. Nec [58] inveniebamus in corde quenquam cui tute possemus pandere conceptus nostros. Et in visione quam diximus vobis, videbatur nobis quod audiremus vocem dicentem nobis quod vobis comunicaremus, et quia vos eratis absens et longe a nobis nec facile nobis erat vestram habere presenciam, reputabamus illusionem, et maxime quia aliquando [59] temptavimus audire a [60] quibusdam doctoribus Statuum regularium [61], quos comunis opinio judicat vel estimat esse profundos in sapientia et intellectu ocultorum, quid videretur eis de illa visione Matris quam diximus vobis [62], et specialiter [63] cognovimus quod ipsi habebant pro illusione, licet aliquis eorum dixiset nobis quod poterat esse indicium celeste significans nobis quod domina Mater nostra erat in purgatorio et petebat suffragium. Et nos fecimus in suffragium eius tam missas celebrari quam elemosinas fieri [64]. Contigit autem quod illa estate quam missimus pro vobis, eramus in Monte-Albano, et venit rumor ad nos de Messana quod vos decesseratis, et contristavit nos rumor ille, et dum nos cogitaremus fuisse illusionem quidquid videramus, apparuit nobis more solito Mater nostra et dixit nobis aperte quod mitteremus pro vobis quia vos illuminaretis nos et quod vivebatis, et tunc repente precepimus quod armaretur lignum, et mandavimus G. clerico Camere nostre quod ipse iret in ligno ad que cumque loca posset de vobis certos rumores audire, et expressius dicentes quod non credebamus illos rumores, esse veros et omnino volebamus certificari de vita vel morte vestra et tradidimus ei litteram nostram et mandavimus ei quod si viveretis presentaret vobis et quod certa testimonia de vita vel obitu nobis afferret. Nunc autem postquam fuistis in insula, et G. venit ad nos de Messana notificans quod vos aderatis, apparuit nobis in sompnio mater nostra revelata facie et

47. La edicion añade: *manifestum est.* 48. Falta: *predicto modo.* 49. *Doctrina hac.* 50. *Aliquando.* 51. *Aliquando.* 52. *Ut.* 53. *Malum.* 54. *Veritate.* 55. *Convincendis.* 56. *Curat.* 57. *Illuminare.* 58. Falta desde *Nec* hasta *quia vos eratis.* 59. *Et aliquando.* 60. *Et a.* 61. *Statum regularem.* 62. Falta: *quam diximus vobis.* 63. *Finaliter.* 64. El fin del relato dice asi en la edicion desde aquí en adelante: *Contigit autem, cum nos ista aetate cogitaremus circa illam visionem. quod apparuit nobis more solito Domina mater in somnio velata facie, et vidimus splendorem vultus eius mirabilem. Et tenebat diadema gemmatum ineffabilis pulchritudinis et splendoris in manu dextra, et dicebat mihi: Hoc diadema portabis in capite.*

vidimus splendorem vultus eis mirabilem et tenebat dyadema gemmatum ineffabilis pulcritudinis et splendoris in manu dextera et dicebat nobis: hoc diadema portabis in capite.

»Arnaldus [65].

»Supradictis per ordinem auditis respondi: cogitatus quem habueratis et habebatis erat semen divine inspirationis. Et quod Deus per inspirationem tangeret mentem vestram certificat me [66] desiderium annexum cogitatui, quia nulla vis nature inclinat creaturam rationalem etiam angelicam [67] ad hoc [68] absolute desiderandum, sed quod alius eo sit potior in graciis vel in [69] gloria seu honore, quapropter certum est quod a virtute supernaturali movente cor vestrum imprimebatur cogitatus et desiderium illi annexum: confirmat etiam hoc significatum indicii [70] celestis per quod exortabamini ad serviendum sollicite veritati, quod enim videbatis in sompnio tam frequenter non erat illusio sed celestis visio. De hoc autem potestis certificari per regulam quam Salvator et lux eterna dedit electis [71] suis in transffiguratione, in qua certificavit suos de veritate sue excellencie per visum Magestatis et per auditum vocis dicentis «hic est filius M. d. in quo etc.» presentibus Moyse et Helia. Ex quibus datur regula cunctis fidelibus quod ubi aliquid videtur preter comunem cursum humane cogitationis, duo sunt attendenda, scilicet res expressa et modus expressionis, nam si res expressa continet [72] pure evangelicam veritatem et in modo non discordat [73] testimoniis [74] divine scripture [75], sicut legi [76] et prophetis quae significantur per Moysen et Heliam, certum est quod est visio vel indicium [77] celestis impressionis. Si vero quod exprimit non continet pure evangelicam veritatem aut si sic [78] modus tamen discordat testimoniis sacris tunc [79] de illusione debet esse cuique suspecta: hic autem res expressa scilicet quod studiose serviretis veritati [80] pure est evangelica, nam sicut Deus veritas est, sic et Christus, qui Deus et homo est, veritas est cui sollicite servire predicat et ortatur evangelium undique: quod autem istud in sompnio fuit nobis [81] ostensum non discordat ymo concordat eloquiis Sacris expressione et exemplo. Expressione in lege et prophetis: in lege quando dixit Dominus Aaron et Marie: Moysi loquar facie ad faciem etc. ceteris autem in sompniis. In Prophetis [82] vero quando dixit [83] per Job: per sompnium in visione [84], quando irruit sopor super homines, etc. Exempla vero de hoc in sacrà scriptura multa sunt sed duo specialiter sufficiunt nunc: scilicet de Joseph patriarcha et de Joseph sponso virginis matris Dei, cui etiam illa quae pertinebant ad regimem extrinsecum Domini sicut de concomitancia [85] matris et fuga in Egiptum et reditu in Israel tantum per sompnium indicabatur ei [86]. Significatum autem visionis non poterat vobis enucleare quis quemcunque [87] litteratus nisi datum esset ei de super quia Deus est qui claudit sua misteria nec alius potest cum clauserit aperiri [88] nisi ipse [89], sicut testatur Apostolus [90]. Et si fuerit animalis homo hoc est afixus sensui carnali et affectui terreno non solum non intelligit sed etiam spernit et reprobat. Qui enim est ex Deo, letanter [91] atque devote audit quecumque

---

65. *Arnoldus.* 66. *In me.* 67. *Angelium.* 68. *Haec etiam.* 69. *Vel.* 70. *Iudicii.* 71. *Ecclesiasticis.* 72. *Contineat.* 73. *In minimo non discordet.* 74. *A testimoniis.* 75. *Verae scripturae divinae.* 76. *Lege.* 77. *Iudicium.* 78. *Vel si sit.* 79. *Tum.* 80. *Pietati et veritati.* 81. *Vobis fuerit.* 82. *Propheticis.* 83. *Dicit.* 84. *Visione nocturna.* 85. *Concomitatione.* 86. *Indicabantur.* 87. *Quantumcunque.* 88. *Aperire.* 89. *Tempore.* 90. *Apocalypsis.* 91. *Laetatur.*

sunt Dei et sapienter intelligit. Animalis autem homo, dicit Apostolus, non percipit ea que sunt spiritus Dei set stulticia [92] sunt illi et non potest intelligere. Quod ipse fuit expertus in semetipso ad exemplum et informationem cunctorum vere fidelium, nam quotiescumque narrabat visionem celestem eidem factam in itinere Damasci vel alibi, judei irruebant in eum clamore et pulvere et lapidibus dicentes: «tolle tolle maleficium [93] non est fas eum audire». Gentiles vero ut Festus dicebant: insanus [94] es [95] Paule, multe littere te faciunt insanire. Unde non debetis mirari si visio non fuit accepta vel intellecta per illos quibus conmunicastis. Mi vero non meritis meis sed solo beneficio pietatis eterne suffragantibus et [96] puto meritis fratris vestri et vestris datus est intellectus visionis: et ideo facio mentionem de fratre vestro quia prope eum in simili casu fui ad hoc illuminatus. Et quia directe consonat impressionibus vobis factis, narro vobis ystoriam. Vacante Sede post Benedictum vocatus per ipsum adivi presentiam eius et narravit mihi cogitatum et dubitationes recte per omnia similes vestris et insuper addidit quod sepe viderat in Sompnio patrem suum et vestrum in habitu mirabili tradentem ei IIII.or auri petias inmensi et eiusdem ponderis, et cum [97] consideraret in visione quid inde faceret, dicebatur ei tradi [98] Monetario et ille faciet inde monetam utilem et necessariam tibi, et fuit ei dictum quod ego eram [99] monetarius. Ego autem respondi quod in cius praesentia et [100] narratione predictorum datus fuerat intellectus mihi. Sic scilicet quod Deus quando vult beneficio [101] sue pietatis aliquibus indicare, se ipsum ostendit eis sub figura illius rei que notior est eis et magis convenit ordini vel circunstanciis naturalibus rerum, nam [102] eterna sapiencia non confundit nec deserit rerum proprietates set perficit: unde quia Deus est pater omnium electorum et gratia ipsius est mater, propterea vobis qui inter filios regis P. estis [103] maior non solum in dignitate set etiam etate, ostendit se sub forma Patris quia naturaliter cura maioris fratris [104] convenit Patri. Quia vero cura minoris filii [105] convenit matri, propterea si fratri vestro qui minor est deberet se ostendere Deus faceret hoc sub forma Matris. Quatuor autem pecie auri inmensi et eiusdem ponderis significant divinam sapientiam qui in IIII.or evangeliis [106] continetur, ad cuius sapiencie usum ortatur vos Deus secundum illas explicationes et expositiones quas per me fecit scribi in diversis tractatibus vel opusculis secundum stilum clarum et omnibus laycis intellegibilem, de quibus opusculis tunc frater vester fecit fieri [107] V. volumina ut ipse et etiam regina et liberi se exercitarent in illis legendis et intelligendis. Jam igitur ex his [108] elucescit vobis quare sub forma matris ostendebat se vobis set velata facie ad significandum quod de gratia Dei quam faciebat vobis in illa occulta inspiratione non habebatis claram notitiam nec etiam beneficium gratie Dei cognoscebatis nisi per vocem et sensibilem [109] et extrinsecum effectum, scilicet in eo quod providerat vobis de Regno et ceteris temporalibus blandimentis. Postquam vero perveni ego ad insulam apparuit vobis revelata et splendida facie ad innuendum quod per adventum meum haberetis claram notitiam de gratia Dei, quantum ad impresiones quas faciebat ante quasi [110]

92. *Stulte.* 93. *Maleficum.* 94. *Insanis.* 95. Falta: *es.* 96. *Ut.* 97. *Dum.* 98. *Trade.* 99. *Essem.* 100. *Et in.* 101. *Beneficia.* 102. Falta hasta *set perficit.* 103. *Estis de filiis regis Petri.* 104. *Maiorum fratrum.* 105. *Maiorum* (sic) *filiorum.* 106. *Evangelistis.* 107. *Scribi.* 108. Falta: *ex his.* 109. *Id est per sensibilem.* 110. *Antequam.*

occulte in spiritu vestro. Diadema vero gemmatum est ornamentum evangelicarum virtutum quodamodo palam geretis [111] in capite vestro scilicet tam
in regia dignitate [112] quam mente [113]. Hec autem omnia vobis excellenter
dabuntur solum propter effectum exortationis, scilicet quod studiose colatis
veritatem, hoc est ut in Statu vestro et gradu ministerii vestri ambuletis secundum regulas evangelii quod est de veritate eterna et perducente [114] ad
salutem eternam. Regula vero prima evangelii [115], sicut legitur in M. [116], est
quod unusquisque in suo ministerio vel statu colat Deum aut serviat ei non
secundum doctrinas et mandata vel constitutiones hominum set secundum
precepta vel doctrinam Dei. Circa quod jam informavi fratrem vestrum sub
talibus verbis: proprium Ministerium vobis a Deo comissum et omnibus
presidibus scilicet tam prelatis quam principibus quam judicibus est colere
et dispensare justiciam publicam. Quam evangelice colere nihil aliud est nisi
intendere ad complementum ipsius secundum doctrinam Dei. Deus autem
ad perfectum cultum justicie publice duo [117] cunctis presidibus injungit [118]:
unum est quod habitum Sanctum in mente gerant: Alliud est quod rectum
ordinem et operam [119] servent. Quantum ad habitum dicit sic: diligite justitiam qui judicatis terram. Dicit glosa: non dixit [120] facite sed diligite ut in-
nueret quod non solum debet operari sed zelare pro ea, quia [121] sine zelo
perfecte coli non potest. Ad zelum autem pertinent: Primum est fervor in
exequtione reddendi cuilibet quod fuerit justum: Secundum est vigilia [122] sive
sollicitudo inquisitionis ne ledatur alicubi sub jurisdictione cujusquam [123]:
ad primum non tenetur preses prius quam fiat ei insinuatio per eos qui beneficio justicie indigent, set ad secundum ante insinuationem evangelice [124]
tenetur nec postponere potest sine dampno salutis eterne quia evangelium
dicit Quod Salvator non se manifestat nisi pastoribus custodientibus vigilias
noctis super gregem, quia ut ait: dormientibus hominibus inimicus superse-
minat zizaniam tritico et lupus rapit oves: vigilias autem [125] noctis ille tantum custodit qui sollicitus est omnes tenebras ignorancie circa statum justitie
prevenire [126]. Unde si preses quicumque voluerit secundum Deum seu evangelice colere justitiam publicam quamdiu preest [127] debet primo et principaliter intendere querelis et negociis pauperum et secundario divitum. Si
autem fecerit e converso [128], non colit evangelium quia pervertit ordinem
divini precepti nec operatur ut rex pro Christo set pro mundo: et tunc inter-
rogavi regem fratrem vestrum de audiencia quam pauperibus exibebat: qui
respondit quod semel in ebdomada dabat eis audienciam ordinariam et ex-
traordinarie quando equitabat exterius ad spaciandum: cui respondi quod ad
interitum eterne dampnationis servabat illum morem et incidebat in damp-
nationem Saulis qui non serviebat Deo sicut Deus ordinaverat set sicut ipse
Saul eligebat: vos enim facitis de extraordinario ordinarium et e converso [129].
Divites enim [130] vespere et mane et meridie ingrediuntur ad vos cotidie: pau-

111. *Geritis.* 112. *Voluntate.* 113. *In mente.* 114. *Producente.* 115. *Christi Evangelii.*
116. *Matheo.* 117. *Quod.* 118. *Iniungitur.* 119. *Omnem ordinem in opere.* 120. *Dicit.*
121. *Quoniam.* 122. *Vigilantia.* 123. *Cuiuslibet.* 124. *Insinuacionem, et insinuacionem Evangelicae.* 125. Falta: *autem.* 126. La edicion añade: *De vicissitudine vero ordinis in opere dicit
Dominus in psalmo, in quo reges et filios regni informat de agendis in persona Christi: Deus iudicium tuum regi da, et: Quid faciet rex aut filius regis primo et principaliter? Exponit inmediate,
cum dicit: Iudicabit pauperes populi*, etc. 127. *Potest.* 128. *E contra.* 129. *E contra.*
130. Falta: *enim.*

peres autem rarissime: vos facitis de Deo porcum Sancti Anthonii cui datur id tantum quod [151] superest et quod [152] nec famuli nec jumenta vescerentur [153] et ideo cunctos huiusmodi presides vocat Deus illusores, cum dicit per Isaiam: Audite viri illusores. Ergo si vultis gratus [154] esse Deo et operari ad meritum [155] salutis eterne, primo et principaliter intendatis ubique ad negocia pauperum et in consilio vestro vos sitis advocatus ipsorum et ne fraudari [156] possint, saltem instituite unum timentum Deum qui cotidie promtus querelas pauperum ad vos et ad consilium vestrum introducere teneatur et illas prius et celerius expedire, propter [157] quam causam specialiter Sancti Patres instituerunt reffrendarios in apostolica Sede, ne gemitus pauperum extra portam diucius expectaret, sicut legitur in gestis Magni Gregorii et suorum imitatorum. Ad quem ordinem servandum [158] debent vos urgere tria. Primum est efficacia testimoniorum quibus in die judicii quisque judicabitur. Primum testimonium est eloquii divini [159] dicentis per Jacobum: *fratres nolite in personarum aceptione habere* etc. ubi [140] expresse discitur quod qui plus intendit divitibus quam pauperibus transgressor est divine legis et in via dampnationis. Nec fides ut dicit potest eum salvare quia similis est fidei demonum qui bene credunt et insuper contremiscunt quae Dei sunt, set pervertunt et transgrediuntur ea. Secundum testimonium [141] est proprie consciencie, nam consciencia dictat cuique quod magis gratum esset Deo intendere negociis pauperum quam divitum, et qui facit e converso facit quod minus est gratum Deo et ideo cadit a caritate [142], sine qua [143] nec psalmi nec misse nec jeiunia nec etiam elemosine possunt aliquem salvare, dicente Deo per Apostolum. «Si linguis hominum loquitur» etc. Secundum quod debet vos urgere ad hoc est terror [144] divini judicii: quale vero contra tales datum est a Deo potestis ex verbis eius percipere cum dicit: Deus stetit in Synagoga etc. cum enim dixerit quod fundamenta terre· scilicet presides ecclesie movebuntur quia non intellexerunt [145] Domini [146] voluntatem. Dicit per Isaiam: propterea captivus ductus est populus meus..... set quali captivitate captivaretur subiungit: Dilatavit internus se ipsum etc. Tercium quod debet vos urgere vel efficaciter inducere ad servandum predictum ordinem [147] est exemplum gloriossum [148] parentum et Sanctorum. Nam beatus Ludovicus rex francorum clarissimus quamdiu vixit, servavit istud, et avus vester et pater hoc ubique observaverunt [149], et ideo felicitavit eos Deus dupliciter [150] quia [151] dedit eis triunfum quotiens cumque potentes insurrexerunt contra eos, et ab omnibus timebantur, et in fine dierum eduxit eos de mundo cum plenitudine luminis spiritualis. Et ex tunc rex frater vester servavit isted et Deus in multis statum eius felicitavit. Ad desiderium autem vestrum dico sicut audivistis quod indubiter est a Deo et adimplebitur, et ego super hoc volo esse nuncius ad fratrem vestrum, et hoc desiderium aperit michi enigmata scripturarum et certificat de curriculis temporum usque ad finem mundi.

---

131. *Tantum illud quod.* 132. *Et quo.* 133. *Uterentur.* 134. *Grati.* 135. *Non operari ad interitum.* 136. *Defraudari.* 137. Falta desde *propter* hasta *suorum imitatorum.* 138. *Conservandum.* Despues sigue: *Insequeris Sanctos Patres, qui propter hoc in Apostolica Sede referendarios constituerint. Debent vos* etc. 139. *Domini.* 140. Falta desde *ubi* hasta *transgrediuntur ea.* 141. Falta: *testimonium.* 142. *Et sic qui facit e converso cadit a charitate.* 143. Falta: *sine qua nullus quantumcunque bonus potest salvari, dicente Apostolo.* 144. *Timor.* 145. *Nesciverant neque intellexerunt.* 146. *Dei.* 147. *Ad praedicta.* 148. Falta: *gloriossum.* 149. *Servaverunt.* 150. *Et temporaliter et spiritualiter.* 151. Falta desde *quia* hasta el final del párrafo.

»Ad timorem quem habebatis respondeo quod est ex semine diaboli qui odit gloriam Dei sive laudem et salutem animarum et ideo quantum potest satagit impedire predicta, set vos debetis eum effugare duabus virgis: una est consideracio veri Amoris ad Deum, de quo Dominus Jhesus Christus dedit nobis exemplum, quum [152] adversitates sue humanitatis sprevit ut adimpleret [153] id quod pertinebat ad purum et verum amatorem Dei et hominum, nam cum aliqui dicerent: demonium habet: alii vero: seductor est etc. tamen nunquam propter hoc deserit [154] colere veritatem tam opere quam doctrina. Unde debetis animadvertere quod ille qui propter juditium perversum filiorum huius seculi desistit prosequi documenta evangelica certum est quod non diligit Deum plus quam se ipsum, et quod aliquid de amore seculi, huius sive glorie mundane retinet in angulis [155] cordis sui. Qui autem plus diligit Christum quam se ipsum nec erubescit nec timet judicium seculi ymo letatur cum percipit adversa judicia de se ipso, ideo quia per hoc conformatur capiti suo Christo et dicit cum Apostolo: Mihi autem pro minimo est ut a vobis=alia consideratio qua debetis effugare [156] predictum [157] timorem est memoria [158] divine exortationis cum dicit per se: beati eritis cum maledixerint vobis homines etc. et iterum cum dicit per Paulum [159]: fratres si quis inter vos videtur esse sapiens..... per quae verba innuitur quod ille vere sapiens est quem Deus talem judicat esse, quamvis mundus reputet eum stultum et e converso, qua propter concludit [160] quod vera sapiencia est taliter agere quod quanto plus aliquis a [161] mundo spernetur [162], tanto plus extollatur a Deo.

»Ad dubitationem autem vestram respondeo quod indubiter [163] credere debetis et inmobiliter affirmare quod tota scriptura evangelica sit traditio vel doctrina Dei, et quod Jhesus Nazarenus est ille Messias vel Christus qui fuit promissus patribus [164] in salvatorem, et quod ipse est ille Deus qui condidit universa, et de hoc statim potestis certificari non solum persuasione articulorum fidei, set etiam demostratione irrefragabili cui nullus hominum resistere potest sicut in quadam scriptura quam de presenti offero vobis poteritis clarissime intueri.

»Ad motiva [165] vero vestrae dubitationis respondeo [166] quod magis debent [167] esse vobis ad robur fidei quam ad eius debilitatem. Et de primis duobus motivis, scilicet aversione et defluxione tam regularium quam secularium, declaro per hoc quoniam ipse Salvator qui est fundamentum Ecclesie predixit eam esse futuram hiis temporibus tam per se quam per suos precones recte ad litteram, sicut cotidiana experiencia vobis notificat, de quo promptus sum statim vos certificare tam per canonem Sacrum quam per revelationes particulares factas ab ipso ecclesie per Sanctas personas utriusque sexus et quas Sancti [168] Pontifices cum multa diligencia et magna devotione reposuerunt in thesauro [169] apostolice Sedis, sicut ego vidi et contrectavi manibus meis in alma urbe. Unde cum nullus possit futura que solum pendent ab intellectu et voluntate [170] prescire nisi solus Deus, hoc ipsum ostendit indubitanter quod Jhesus Nazarenus est eterna veritas.

---

152. *Nam.* 153. *Adimpleretur.* 154. *Deseruit.* 155. *Angulo.* 156. *Effugere.* 157. *Dictum.* 158. *Ingens memoria.* 159. *Apostolum.* 160. *Concluditur.* 161. *Quanto quis plus in.* 162. *Spernatur.* 163. *Indubitanter.* 164. *Presbyteribus.* 165. *Motu iam.* 166. *Redeo.* 167. *Debet.* 168. *Sacri.* 169. *Thesauris.* 170. *Voluntate Dei.*

»Ad tertium motivum spernendum sufficere vobis debet quod jam fecit dominus [171] Jhesus Christus tempore vestro et quod in proximo est facturus: quod autem fecit est hoc: scilicet quia Sedi Apostolice bis fecit denunciari diabolicam apostasiam regularium predictorum, semel sub Bonifacio et iterum semel sub Benedicto, et qualibet [172] vice faciebat fieri denuntiationem cum plenitudine luminis directivi. Nam Nuncius profitebatur primo quod ea quae nunciabat non habebat a se nec a motu proprio ferebatur ad nuntiandum set a lumine et precepto divino [173] dominorum, et locum et tempus et modum quibus illa nuntianda susceperat exprimebat eis. Item pronunciabat eis in scriptis [174] laqueos [175] insidiarum Sathane ad eorum seductionem. Ita quod aperte dicebantur eis duo ad eorum directionem [176]. Primum quod juxta se habebant consiliarios qui erant angeli Sathane qui sub specie religionis et pallio recti zeli satagerent eos aducere [177] a cribratione et purificatione statuum predictorum: secundum quod denunciabatur circa hoc erat [178] quod nihil facerent circa [179] hoc ad secretum eorum susurrium [180], quia studiosissimi fabricatores erant mendacii et principales in odio vel [181] contemptu evangelice veritatis, et ideo premonebantur [182] quod quicquid consulerent illi facerent discuti circumspecte per Senatum totum in consistorio [183]. Item denuntiabatur eis quod si necligerent exsequi denuntiationem, Deus faceret eos hic degustare presagium eterni judicii. Sic scilicet quod domino Bonifacio dicebatur in scriptis quod in discrimen talis [184] et talis confusionis deduceretur [185] nec credidit [186] quousque gustavit: domino vero Benedicto [187] dicebatur in scriptis quod si necligeret [188] velocissime raperetur de [189] Sede, et a die qua ipse [190] legit non sedit nisi triginta quinque diebus. Ita quod neque ea que scribebantur ei nec eventus antecessoris moverunt [191] eum ad credendum, sed omnia sprevuit [192]. Item ad illuminationem ipsorum et motum denuntiabantur eis particulariter abominabiles et diabolice perversitates multorum illius Status quem superius memoravi. Sic scilicet [193] quod ea quae vos [194] superius espressistis minutim explicabantur et insuper alia sub tali serie verborum [195]: homines pestilentes dissipant civitatem Agni Celestis, et maxime in Statu qui de altitudine perfectionis evangelice gloriatur, et subvertunt evangelicam veritatem ac diruunt [196] edificium eius in populo non solum perversis operibus et exemplis set corruptione doctrine in suis preconiis [197], nam cum sint amatores vite carnalis et terrene felicitatis et odiant [198] vitam spiritualem, necessario sequitur quod tribus modis corrumpant doctrinam evangelicam in suis sermonibus, scilicet detrahendo illis quibus invident et diffamando blasfemiis et calumpniis et adulando illis [199] a quibus extorquere cupiunt. Ad que duo sequitur tercium, scilicet prevaricatio sacrorum eloquiorum, nam cum in dolo et astucia malignitatis predicent quantum [200] indirecte allegant, quantum [201] impertinenter aplicant et perverse, quantum [202] sofistice distingunt et inconvenienter exponunt, et sic veritas scripture obtenebratur per eos nec propo-

171. *Dominus noster.* 172. *Quadam.* 173. *Domini.* 174. Falta: *in scriptis.* 175. *Laqueum.* 176. Falta: *ad eorum directionem.* 177. *Abducere.* 178. Falta: *circa hoc erat.* 179. *Contra.* 180. *Susurrum.* 181. *Et.* 182. *Promovebatur.* 183. *In consistorio circumspecte personatum totum.* 184. *Discrimine tali.* 185. *Deducerentur.* 186. *Indidit.* 187. *Bonifacio.* 188. *Negligerent.* 189. *A.* 190. Falta: *ipse.* 191. *Moveret.* 192. *Sprevit.* 193. *Sit licet.* 194. Falta: *vos.* 195. *Forma.* 196. *Dirimunt.* 197. *Praedicationibus et praeconiis.* 198. *Oderint.* 199. *Eis.* 200. *Quandoque.* 201. *Quandoque.* 202. *Quandoque.*

nitur [203] auditoribus clare, sed adulterantur eloquia Dei per eos. Idcirco quia
tales pseudo precones per suos sermones non intendunt placere Deo vel pro-
fitere [204] Christo et populo, set ad nequiciam sue affectionis populum incli-
nare [205], propterea seducunt ipsum duppliciter, scilicet omitendo necessaria et
utilia et tradendo nociva, et in spiritu antichristi satagunt populum avertere
a prelatis [206] ordinariis et oves subtraere pastoribus propris [207] tot modis et
taliter sicut in scriptis quae sunt adhuc in thesauro Sedis apostolice particulariter exprimebatur: amplius in eisdem scriptis denunciabatur [208] demoniaca pestis inquisitorum de Statu illo et ceteris, scilicet quod secundum diversas provincias officium inquisitionis mercantes optinere precio Satagebant et
effici demones [209], nusquam fere jam evangelice inquirebant, scilicet cum caritate et justitia canonica [210] ut populus edificaretur in Christo set cum furore et versucia propter odium ant [211] cupiditatem ant [212] voluptatem, ita quod
sicut deberent studere ut errantes reducerent, ipsi conantur recte ambulantes
in devium [213] pellere calumpniis, violenciis, furiosis oppressionibus et finaliter
profanis operibus ac mendosis clamoribus vel sentenciis iniquis, de fidelibus
faciunt infideles, et non est qui eorum furiam premat [214] vel arguat. Conti-
nebatur etiam in denunciacione quod spurcicie [215] regnantes in eis quas nite-
bantur exterioribus ocultare, Deus revelaverat jam [216] quibusdam ut universali [217] ecclesie panderentur, inter quas una dicebatur esse quod adeo turmam
pseudo preconum dyabolus suo dominio subiugaverat, quod in odium et ocul-
tationem divine veritatis aliqui [218] statuerant intra se ipsos de comuni concordia quod in publicis sermonibus nullus exprimat illas expositiones Sanctorum [219] eloquiorum, quas sacri doctores adversus pseudo religiosos et pseudo precones tradunt in glosis ordinariis aut postillis, set in tali casu exponant
eas pocius philosofice quam evangelice [220]. Rursum dicebatur quod eorum
apostasia proruperat [221] in tam libidinosam insaniam [222] quod in aliquibus
provinciis multi ex eis docmatizabant spiritum libertatis in collegiis [223]
utriusque sexus, et eorum lectores alicubi asserebant quod in naturali [224] comercio carnis nunquam peccatum commitebatur nec in tactibus [225] impu-
dicis. Denunciabatur insuper de occultis fuisse divinitus revelatum quod magisterio demonis multi de Statu illo deducerentur ad tantam apostasiam sub
carnalibus pontificibus Sedis Apostolice, quod infernali obstinatione insurge-
rent contra Deum, primo [226] transgrediendo limites regule date a fundatore [227]
illius [228] status ad imitandam vitam apostolorum. Secundo violando juramen-
tum professionis et perjurium [229] eligendo atque fovendo. Tertio quoscumque
collegas eorum [230] transgressionem detestantes et arguentes condempnando
et opprimendo usque ad mortem, tanquam superstitiosos et statui contrarios.
Quarto apellantes ad Sedem Apostolicam non propter gravamen aut rigo-
rem discipline set propter corruptionem evangelii sevissimis carceribus et
inhumanis exiliis occidendo. Quinto [231] omnem auctoritatem et cuncta beneficia Sedis Apostolice non solum ingratissima set impiisima superbia con-

---

203. *Exponitur.* 204. *Proficere.* 205. *Instigare.* 206. *Praeclaris.* 207. *Propriis.* 208. *De-
jiciebatur.* 209. *Furentes ut daemones.* 210. *Curantes.* 211. *Vel.* 212. *Vel.* 213. *Daemo-
nium.* 214. *Reprimal.* 215. *Spurcitias.* 216. *Cum.* 217. *Universae.* 218. *Alicubi.* 219. *Sacrorum.* 220. *Prophetae quam Evangelistae.* 221. *Perrumpat.* 222. *Vesaniam.* 223. *Spiritu
libertatis.* 224. *Virili.* 225. *Tractibus.* 226. *Primum.* 227. *Ad fundatorem.* 228. *Falta:
illius.* 229. *Patrimonium.* 230. *Ipsorum.* 231. *Falta: Quinto.*

tempnendo et omnia vincula eius scilicet tam propria quam comunia furiosissime dirumpendo. Sexto Scripturas veritatem evangelicam exprimentes et sacri textus misteria declarantes ac eorum transgressiones et spurcicias describentes, occasione alicuius dicti non erronei vel [232] falsi set tantum ambigui tanquam superstitiosas et erroneas condempnando et comburendo, sine [233] sciencia vel comissione Sedis Apostolice; ad quam solum vel ex speciali comissione ipsius spectat de scripturis evangelicis judicare et juditio condempnare vel approbare. VII° cunctis collegis illius status legere vel studere in predictis scripturis ubique sub pena mortis interdicendo, puteumque aquarum viventium claudendo sitientibus aquam vite vel intellectum [234] sacrorum eloquiorum. VIII° Sanctitatem defunctorum in confessione veritatis et detestatione prevaricationis ipsorum calumpniis et diffamationibus extinguendo, et claritatem testimoniorum celestium mirificantium sanctitatem illorum versuciis dyabolicis obtenebrando. IX° Cunctos volentes in evangelica paupertate vel abieccione vivere, tam extra statum quam intra, furiosis [235] calumpniis et diffamationibus persequendo, et mundanos pontifices ignaros et incautos studiosis mendaciis provocando adversus eos, ne perfectio derelicta per eos et assumpta per alios in facie populi manifestissimam faceret eorum apostasiam. X° Sub pena crudelissima statuendo ne quis eorum habeat cum pauperibus supradictis colloquium [236] vel eos in confessione audiat. XI° Interdicendo illis ecclesiarum suarum ingressum ad orandum vel [237] audiendum divinum officium, et cum offensa cordis [238] expellendo, sic scilicet quod impudissima [239] presumptione denegant sacramenta filiis Christi et ecclesie sue, cumque solum auctoritate istorum duorum receperint ministerium dispensandi sacra [240], nec timent nec erubescunt utriusque filios de sinagoga eorum eicere, et actus penitencie sicut confessionis et satisfactionis quos evangelium nullis denegat, sceleratis etiam excomunicatis scismaticis et hereticis, ipsi [241] denegant illis qui pannis vilibus induuntur. XII° Satagendo quibuscumque modis in omnibus personis extinguere spiritum evangelice perfeccionis. Ita quod in quibusdam mundanis persuasionibus: in aliis vero sophisticis et dolosis predicationibus: in aliis vero palliatis comunicationibus [242] vel aliter et aliter multis modis. XIII° Satagunt adimplere illud propheticum Isaias [243]: justus perit et non est qui recogitet, et filii misericordia [244] colliguntur et non est qui intelligat. A quibus autem colligeretur [245] subiungit, cum dicit *a facie malicie* et [246] a cuneo impiorum qui sunt facies dyaboli *collectus est justos*, ita quod [247] eorum studium est quod sicut de arbore colliguntur fructus ut nudetur [248] ab eis, sic ab arbore vite, scilicet mistico christi corpore, satagunt quoscumque habentes Spiritum Christi decerpere tam extra statum quam intra. Et ut intra statum illud adimplere possent [249], dicunt revelationes predicte [250] quod arte demonis qui statum illum tanquam ei magis contrarium subvertere nitebatur, duo contingeret. Quorum primum esset quod in statu illo preficerentur ubique falsarii vel apostate supradicti: professores autem veritatis et observatores eicerentur [251] a gradibus presiden

232. *Aut.* 233. Falta desde *sine* hasta *vel approbare.* 234. *Intellectus.* 235. *Furiosissimis.* 236. *Commercium.* 237. *Aut.* 238. *Corporis.* 239. *Impudicissima.* 240. *Administrandi sacramenta seu dispensandi.* 241. *Isti.* 242. *Comminationibus.* 243. *Illud Isaiae.* 244. *Misericordiae.* 245. *Colligerentur.* 246. *Id est.* 247. *Itaque.* 248. *Vendantur;* al márgen pone: *Mandertur.* 249. *Possint.* 250. *Praecedere.* 251. *Dejicerentur.*

cie [252], ne possent [253] alicubi respirare. Secundum erat quod aliqui [254] ex illis falsariis sublimarentur ad collegium apostolice Sedis, ad providendum ne clamor filiorum veritatis ad Sedem apostolicam haberet ingressum. Quorum duo designantur per anatem et Strucionem. Et de anate dicitur quod in aquis deliciarum carnalium nataret assidue. De Strutione vero dicitur quod sicut Strucio pennis est similis accipitri et girfaldo qui altissime volant et tamen a terra nunquam pennis elongatur [255], sic iste austeritate gestus exterioris ac vite simularet celestem religionem, et tamen cor eius fixum esset in appetitu [256] glorie terrene per ambitionem summi Pontificatus de quo etiam dicunt quod studio sue [257] sollicitudinis manifestaret prudentibus nequiciam sue duplicitatis [258], procurando et promovendo duas iniquitates. Prima quod omnes illi de statu suo qui sequerentur vestigia defunctorum testium veritatis et observatorum dispergerentur et opprimerentur usque ad exterminium [259]. Secunda quod nullus eorum de Statu suo qui testimonium haberet extrinsecus veri religiosi et cuius estimatio devotionem [260] in secularibus excitaret, vel ad Curiam apostolice Sedis accederet vel in eo [261] diebus pluribus resideret, set quod tales omnino elongarentur ab inde non solum virtute obediencie set insuper diffamationibus machinatis [262] et mendosis texturis [263] imperceptibilium fictionum, ne ipsius et complicum perversitates ad notitiam [264] Sedis Apostolicet pervenirent. Taliter etiam de contrario turbaretur quod erumpentes animi motus fictam detegerent Sanctitatem. Nam vir Sanctus nunquam impaciencia frangitur, nec livore roditur, nec tristitia seculi maceratur, nec frendet ira, nec furore ignitur, nec tabescit iniquitate, nec rancore incineratur, nec suspitione murmurat, nec ymaginatione delirat, nec sensibus tendit in exilium [265] rationis, quia non buffonizat indignatione, nec fumat detractione non crepitat diffamando, non [266] spumat in blasfemiam, non Stomachatur in contumeliam, non tonat minis, non fulgurat nutibus, non inficit flatibus, nec susurrio studet quemquam infatuare. Denunciabatur etiam predictis pontificibus quod si vellent certificari quod hec essent a Deo revelata hominibus, in promtu erat ostendere per scripturas quas Sancti Patres cum diligentia reposuerunt tam in Urbe quam in antiquis cenobiis, quod si forte revelationes non crederent suis temporibus convenire, qua de causa postponerent scrudari de illis, poterant experimento certificari si saltem in provincia Provincie et provincia Tucie de supradictis inquirerent cum illis de Statu qui testimonium extrinsecus haberent sinceritatis [267], et tamen quantum cumque omnia predicta nuntiarentur eis, tam graviter oppressit eos litargia spiritualis quod noluerunt intelligere ut bene agerent et contumeliam Christi de terra delerent, set fascinnati patens mendacium acceperunt pro misterio evangelice veritatis. Nan reprimere vel compescere defluxus exorbitantium regularium crediderunt esse confusionem vel ignominiam ordinis, cum tamen sit certum quod ordo verus in sui purificatione clarificatur, nec est ad confusionem ipsius sed gloriam spurcificos [268] eius filios mundare vel amputare. Taliter quod tunc fuit ecclesia universalis a seductoribus infatuata quod inordinationem multitudinis offendentis ex exterminantis evangelium ordinem esse arbitrabatur [269], et potius elegit pati quod Christi [270] veritas confunderuntur tam [271] ad ipsius contumeliam, quam [272] populi scandalum vel ruynam, quam si canonica [273] providencia confunderentur pseudo religiosi et status perfectissimus atque sanctissimus [274] mundaretur a sordibus. Patenter ostendens quod potius volebat hominibus placere quam Deo plusque intendere negociis huius mundi quam agni celestis, et terrena promoveret contemptis celestibus. Cumque denuncians [275] excitaret universalem ecclesiam stimulis supradictis ad obviandum exterminio evangelii, Nichilominus concorditer aut averterunt aurem aut spreverunt denuntiationem aut insaniverunt contra denuntiantem. Ita quod inter omnes non surrexit unus veritate catholica laureatus et justicia evangelica loricatus et probitate celestis milicie animatus, qui diceret: iste homo zelare videtur pro decore et gloria Sponse Christi et animarum Salute: Scrutemur igitur et palpando diligenter experiamur si ea que nunciat sive loquitur ad conservationem vel corruptionem evangelii potius ordinantur [276], vel si sunt [277] pravitate [278] catholica vel si contra, et reddamus ei secundum limam justicie quod meretur ne videamur vel negligere quae sunt Dei vel spernere, quia vox istius non est oculta nec particularis set ubique auditur. Set obmutuit Senatus et solum ab hoc quod langores et maculas sponse denunciabat sponso propter zelum adibendae sanationis flagellabatur. Et hii qui vexillum evangelice sanctitatis gerebant exterius ceteris, acrebiori [279] furia persecuti sunt eum, non solum caritatis et justicie regulis abnegatis, set insuper humane verecundie freno deposito satagebant polluere inocentiam et perdere inocentem. Et liquorem abominationis prophetisate [280] per spiritum sanctum quem in vasis propriis continebant, in blasfemiam evangelice veritatis non erubuerunt effundere. Nam qui debuit ut vir evangelicus dicere: egredere de domo tua et de terra cognationis tue et veni in terram q. m. tibi: hoc est: relinque omnes sciencias seculares in quibus natus es et nutritus et intende sacris eloquiis, dixit: intromitte te de medicina et non de theologia et honorabimus te, quibus verbis non solum pervertebat [281] evangelica documenta, set ab agro theologie parvulos Christi nitebatur excludere, cupiens ipsum agrum singulariter cum gigantibus possidere. Palam etiam confitebatur quod non zelus Christi vel salutis animarum set corporum regnabat in eo, cum ob comodum corporum et non spirituum ministro [282] comuni sponderet honorem. Simulque sprevisset exemplum Pauli qui Magistratus in theologia sublimiori scola [283] quam parisiensi comendavit omnes studium evangelicum [284], neque suasit ei potius studium medicine corporalis quam theologie.

»Haec omnia supradicta, domine mi rex, vobis expressi ut cognoscatis quod negligencia Sedis Apostolice non debet esse vobis occasio dubitandi de fundamentis fidei Christiane, sed pocius ad robur et firmitatem, cum Deus tempore vestro pulsaverit negligentes [285] et exprobraverit. Et Nuncius contemptus et irrisus et incarceratus et vinculatus manet [286] in fide evangelii constantior et solidior quam fuerit unquam, et letatur [287] de morsibus emulorum in

269. *Putent.* 270. *Videlicet.* 271. *Tum.* 272. *Tum ad.* 273. *Simoniaca.* 274. Falta: *atque sanctissimus.* 275. Excuso advertir que este *denunciante* es el mismo Arnaldo. 276. *Ordinentur.* 277. *Sint.* 278. *Pro veritate.* 279. *Acrebiori.* 280. *Prophanae.* 281. *Pronunciabat.* 282. *Ministerio.* 283. *Sella.* 284. *Collocans quam Parisiensis commendavit Lucam de studio evangelico.* 285. *Negligentiam.* 286. *Maneat.* 287. *Laetetur.*

quantum tangunt eum, plus quam aliquis [288] famelicus de suavissimis dapi-
bus, nec unquam expiravit á corde suo tristicia quosque percepit quod aliqui
dicebant eum esse fantasticum, alii seductorem, alii phitonistam, alii vero
ypocritam, non nulli hereticum, quidam vero heresiarcam [289].

»Non solum autem confirmare vos debet in fide evangelii quod Deus jam
fecit in negligentibus denuntiationem, set etiam quod securus est infra [290]
triennium a novembri transacto et quia [291] vite mee durationem ignoro: prop-
terco pando vobis quod inde scio et vos scribatis ut sit vobis memoriale si
contingat me prius obire quam illa eveniant: scio enim quod Deus tercio faciet predicta denunciare Sedi Apostolice, set per quem aut ubi vel quando
determinate ignoro, quia non est mii indicatum, set hec notate quod dicam [292]. Si [293] denuntiacionem susceperit et in zelo Moysi et Finees [294] prose-
quatur, ea decorabitur [295] per divinam potentiam omnibus sublimibus antiquis et novis. Si vero neclexerit, certus [296] sitis quod Deus intra [297] predictum
triennium faciet in ea terrabilissima judicia ut sint orientalibus et occidenta-
libus ad stuporem et qualia dicam vobis ante recessum meum in speciali [298]: nunc autem si placet certificate me de vestro proposito quia [299] ego non
possem tolerare quod hic vel alibi essem vagus ullo modo.

»Tunc respondit rex [300]: postquam Deus per vestra verba tan clare nos
illustravit [301], firmiter proponimus vivere in Statu nostro secundum regulam
evangelii, et exponere nos morti pro gloria Salvatoris, et cunctos volentes in
observancia veritatis evangelice vivere diligenter, fovere ac sustentare, nec
non protegere paterna custodia. Ego autem replicavi: scribatis igitur in [302]
vulgari vestro totum processum quem cogitastis [303] circa cultum evangelii
observare et substantiam illius insinuationis quam vultis facere regi Aragonum fratri vestro, et faciemus ambo juxta seriem vestri vulgaris in latinum
converti, ut ego certificatus particulariter de plenitudine cogitatus et propositi vestri, possim festinare ad fratrem vestrum, maxime quia nuncium spe-
cialem [304] cum litteris suis [305] nunc misitad me rogans et monens in Christo
afectuose quod priusquam vadat in regnum Granate videam eum. Rex autem, hiis [306] auditis, traxit se in solitudinem et scripsit predicta in suo vulgari et ecce qualiter per literam suam alloquitur fratrem suum.»

II.—Carta de D. Fadrique de Sicilia á su hermano D. Jáime II de Aragon sobre los proyectos reformistas de Arnaldo

«Fraternitati vestrae notificamus, quod inter caetera beneficia pietatis divine, hoc percepimus esse notabile, quod interdum privata meditatione ac
multum attenta, cor nostrum morose applicuimus ad contemplandam dis-
tantiam vel differentiam temporalis hominum durationis ad aeternam. Quod

---

288. Falta: *aliquis.* 289. Falta: *quidam vero heresiarcam.* 290. *Est infra.* 291. Falta desde
et quia hasta *illa eveniant.* 292. Falta: *set hec notate quod dicam.* 293. *Et si.* 294. *Phineos.*
295. *Eam decorabit.* 296. *Certi.* 297. *Infra.* 298. *Spirituali.* 299. *Pro ex petitione mea.*
300. *Rex Fridericus.* 301. *Illuminavit.* 302. *Tantum.* 303. *Cogitatis.* 304. *Spiritualem.*
305. *Iis cum suis.* 306. *Predictis.*

enim de illo statu qui finé caret, nullam habeamus experientiam, sed id quod nobis innotuit, sola fide suscipimus et tenemus, cogebamur diutius convertere animum ad experta, scilicet ad contemplandum circumstantias temporalis vitae sive durationis. Et cum in animo quotidiana experientia colligeremus, absque ulla dubietate cognovimus, quod nulla stultitia potest esse maior in homine, maxime christiano, quam sollicitari pro iis exequendis et acquirendis, quae ad vitam solam conveniunt temporalem, magis quam pro iis que ad vivendum aeternaliter spectant. Claro etiam iudicio vidimus, quod talis homo per actum suae sollicitudinis se transformat in brutum, cum illud praecipue sequatur quod sensualitas appetit, et id quod est rationis et intellectus negligit et postponit. Etenim certus est unusquisque quod temporalis duratio vitae valde brevis existit, cum infra aetatem unius hominis finiatur, nec sit alicui certum qua parte humanae aetatis habebit finem. Cum his etiam est certissimum, quod nullius rei temporalis privilegio poterit mortem evadere vel de tempore mortis certificari, quia nec genus, nec regnum, aut aliqua mundana potentia, nec pecuniae nec vel thesauri seu quaecunque divitiae, nec aliqua prosperitas domus aut corporis potest vel hominem immortalem facere vel de mortis hora vel anno certificare: sed supra omnia certus est, quod ab omnibus temporalibus taliter aliquando separabitur, quod nunquam redibit ad usum eorum, nec etiam ipsa bona unquam sequentur eum. Quibus diligenter consideratis, et attendentes quod ad comparationem status interminabilis, vita unius hominis multo minor incomparabiliter est quam sit una dies, et quod tota felicitas temporalis est tanquam ludus, in quo rex vel episcopus ludentium evanescit in una die, absque nube cognovimus, quod cum quilibet christianus certificetur per fidem catholicam quod Dominus Iesus Christus est veritas, et quod solum ipse potest hominibus exhibere felicitatem interminabilis vitae, sitque promptus eam exhibere servitoribus suis, non solum infelix est christianus, sed etiam omni stulto stolidior, si non ponat sollicitudinem suae temporalis durationis in obsequium Christi: sic scilicet quod secundum statum et gradum suum potius intendat procurare quaecumque ad ipsius laudem pertinent et honorem quam quae ad felicitatem temporalem personae propriae vel suorum. Idcirco deliberavimus, quod ex nunc totum vitae nostre residuum expendamus in eius obsequium, procurando quod ab hominibus laudetur, ametur et honoretur. Cum autem nullus ametur et honoretur per ea quae fiunt ei contraria, et ipse (sicut didicimus a sancta matre Ecclesia) sit veritas et iusticia et pax et misericordia, proponimus ad cultum istarum virtutum diligenter intendere, ac earum contraria, prout poterimus, evitare. Unde quia vanitas veritati contrariatur, quicquid tantum servit cultui vanitatis abscindere volumus amore ipsius, non solum a persona nostra, sed insuper a domesticis et subditis nostris, prout ratio limitabit, tam catholica quam humana: iniusticiam vero et iniquitatem sive crudelitatem ac inquietudinem amicorum Christi semper horrende conabimur evitare. Quia vero Dominus noster Iesus Christus taliter et tantum dilexit suos, quod acerbissime morti se ipsum exposuit: non videtur nobis quod eius amori corresponderemus obsequio debito, nisi periculis mortis pro laude et honore ipsius nosmetipsos exponeremus, prout ipse fecit pro nostra salute. Nam si nostro iudicio velimus attendere, quantus et qualis erat ipse qui pro nobis elegit mori, procul-

dubio cognosceremus quod si millesies moreremur pro laude ipsius, summe
iustum existeret, et quod iniusticiam abominabilem ingratitudinis colimus,
quando et quoties vitae carnalis delicias quaerimus, et pro ipsius laude et
gloria nedum mori, sed etiam sumptibus et laboribus affici recusamus
Attendimus etiam quod cum ipse pro nobis peregrinus extiterit, veniendo
ad regionem mortis, dubitanter is Christiani nomen usurpat et falso dicitur
Christianus, qui peregrinari pro Christi gloria negligat, et incolatum eligat
terreni thalami et virgulti Quae omnia vobis idcirco in parte sic exprimere
studuimus nunc, ut nobismetipsis necessitatem aliquam imponamus ad la-
borandum pro Christi gloria dilatanda Quoniam autem excellentia Regis
Catholici obligatur ex aequitate iusticiae supradictae, non solum in subditis
suis Christi gloriam dilatare, sed etiam in extraneis, et cognoscimus quod
non est vere Catholicus si ad exterminandam Christi contumeliam non fer-
veat incessanti zelo, tam in alienis populis, quam in suo, propterea zelum
istum in nobismetipsis accendere studiose intendimus et exoptamus quod in
nobis inter Reges caeteros Catholicos accendatur, ut sit ambobus amarius
morte, quod blasphemi Salvatoris nostri sepulchrum eius possideant in ipsius contumeliam atque servitutem ignominiosam omnium confitentium
nomen eius Nam cum vinculum carnis et sanguinis non sit aliud in conspectu Dei quam quaedam dispositio et introitus ad unionem spiritualem,
ardenter optamus quod nos ambo, quos identitas generantium carnaliter
fecit esse germanos, per devotum et splendidum obsequium patris aeterni
germanitatis aeternae gaudia consequamur, et fraternitas, quae per carnis
resolutionem expirat, unionem *(sic, por unione)* spirituum in amore coelestis agni vivat aeternaliter cum eodem Idcirco vobis, quem habemus prae
caeteris mortalibus chariorem, volentes plenissime intimare tam desiderium
quam propositum nostrum ad currendum nobiscum tam opere quam effectu
valde materialiter, ut laicis convenit, expressimus antedicta Nihilominus
ad pleniorem informationem vestrae prudentiae, tam de particularibus nostri propositi, ac ordinationibus super predictis, mittimus ad vos personam
nobis unanimem in predictis. Quapropter requirimus et rogamus vestram
fraternitatem et ex parte Domini nostri Iesu Christi fraterna dilectione monemus, quatenus animo et viribus universis velitis huiusmodi unionis esse
non solum pars altera, sed etiam pater et artifex taliter, ut quaecunque vestrae prudentiae videbuntur dictae intentioni accommoda, vel forte magis ex-
pedientia quam quae per nos fuerunt excogitata, nobis tam literis quam nunciis intimetis. Praeterea quia Catholicorum tam desideria quam opera debent
semper in lumine ac splendore sanctae matris Ecclesiae consummari, ut di-
rectionis eius et benedictionis uberibus educati promoveantur, rursum requirimus et rogamus quatenus maturo consilio deliberetis et ordinetis quando et qualiter dictae matri notificetur tota veritas nostrae sollicitudinis et
affectus et de supplicationibus quas expediat et deceat fieri apud eam »

III.—Respuesta de D. Jáime II

«Illustri ac magnifico principi, regi Friderico tertio, clarissimo fratri nostro, Iacobus Dei gratia rex Aragonum, Valentiae, Sardinae et Corsicae Sardinae, comesque Barchinonae ac S. Romanae Ecclesiae vexillarius Amiraldus ac Capitaneus generalis, fraternae intimeque dilectionis plenitudinem cum salute. Laudamus Dominum de coelis et benedicimus nomini Sancto eius. Et quas digne non possumus (cum creatura non habeat quod pro meritis aequaliter respondeat creatori) in humilitate altissimo gratiarum excoluimus actiones, quia in vobis et nobis nostris temporibus operari misericordiam et aperire mentis oculos, propulsa caligine, dignatus est. Suscepimus autem, clarissime frater, eximiae prudentiae virum et vitae probatae M. Arnoldum de Villa nova, quem novistis gratiis spiritualibus insignitum, de vobis ad nos ab illis partibus venientem, qui et nobis literas vestras obtulit, ac ex vestra parte scripta per vos non humana provisione, sed divino instinctu condita pretentavit, nosque etiam de singulis, que commisistis eidem, per seriem informavit. Quibus lectis et perlectis, ac memoriae intellectualiter commendatis, nos tanti et tam laudabilis ac utilis operis ordinatione stupentes, divinae bonitatis clementia sublevavit, corque nostrum firmavit, ut horum omnium intelligentiam caperemus. Ex quibus post stuporem et laeticiam cordis ac gaudii immensitatem sumpsimus: conspicientes hoc vos velle ad hocque ferventi desiderio aspirare Spiritus Sancti flamine inspiratum, quod postpositis huiusmodi finibilis et fallabilis terrenae vitae deliciis, quae digne deberent dolores ac amaritudines appellari, deliberastis eximiae vitae vestrae residuum in obsequium expendere Iesu Christi, creatoris humani generis et mirifici redemptoris, et ea agere per quae nomen eius, quod supra omne nomen describitur, laudetur a gentibus sequentibus vias suas, et quod exterminentur populi illius virtutem sanctissimi nominis blasphemantes. Ad quae etiam tam nos specialiter quam alios Christianos, Christum colentes Dominum, doctrina mirifica in dictis vestris scripta commendabiliter invitatis, formamque traditis divinum servitium et acquisitionem coelestis gloriae inducentem. Charissimam itaque fraternitatem vestram nolumus ignorare, quod, visis dictae doctrinae vestrae capitulis, et nobis antefato Magistro Arnoldo tam ea quam vestrum finem et laudabile propositum exponente, tanto fuimus in divinis obsequiis animosius excitati, quanto manifestius vidimus hoc a Deo non ab homine processisse, nosque et vos et alii ambulantes per hec profecto sumus promeritis aeterna gaudia feliciter recepturi; sicque, frater, vestris requisitionibus, rogationibus et monitionibus animosa voluntate faventes, proposuimus esse in unione vobiscum et animo et viribus universis per executionem operis et negocii praedictorum, non solum etiam ut pars altera, sed ut pater et artifex ac promotor, prout nobis (sicut ferventes appetimus) praestiterit ipse Deus; itaque et nunc et in perpetuum ad gloriam Dei et promotionem Evangelicae veritatis, ad quam coelestis inspiratio consignavit, nihil proprium, sed commune vobiscum habere intendimus, ut unitas voluntatis et spiritus in ambobus fratribus representet in cunctis nostris successoribus vestigia Salvatoris, et id quod orando pro suis effudit ad patrem dicens, ut sint unum sicut et nos, semper in nobis luceat coram hominibus ad laudem ipsius. Namque, charissime frater, in quibusdam capitulis praemissi operis quasdam declamationes seu additiones fecimus, prout videre poteritis, sicuti nobis altissimus ministravit in Christo, firmam spem ac indubitabilem fiduciam obtinentes, quod quia tam nobile iam promovit principium, prosequetur id felicius et fine feliciori concludet. Scitote autem quod iam circa naec Rex regnantium coepit mirabiliter operari. Etenim tempore quo vos Deus ad praemissa sua pietate vocavit ac coelitus inspiravit, nos a simili ad suum servitium, qui sub mundanis sollicitudinibus dormitabamus, ad exaltationem suae sanctae catholicae fidei et depressionem sectae Mahometicae eodem tempore excitavit: adeo quod ad depressionem et eradicationem Sarrazenorum foedite nationis, in ceterioris Hispaniae partibus existentis, una cum magnifico principe rege Castelle, communi consanguineo, votis suis et nostris unanimiter concordatis, iam actu extendimus vires nostras. Super praemissis autem omnibus et singulis prescriptis M. Arnoldus viva voce ac scriptis suis de intentione ac nostro proposito, frater vester *(sic)*, clarius informabit. Vos preterea, charissime frater, vestrum huiusmodi propositum virtute constantiae prosequamini continuis actibus ac viriliter et perseveranter confirmetis, verbum evangelicum intuentes, quod Salvator mundi sic protulit: Nemo mittens manum ad aratrum et respiciens retro aptus est regno Dei. Sane expeditis (agente illo, cuius negocium agitur) depressionis et eradicationis prescriptae foeditae gentis negociis, quorum exitum cum Dei gratia felicem expectamus et proximum: confidentes in illo qui cuncta bona opera promovet ac prosequitur, et finis prosperitate concludit: tenemus firmiter, quod idem taliter ordinabit, quod nos et vos conveniemus in unum, receptis mutuae visionis gaudiis, et ad effectum praescripti sancti operis effectualiter procedemus, sciuri nos omnia *(sic)* novam in nostris cogitationibus invenisse. Quam credimus ad promotionem et prosperitatem domus vestrae et vestri huiusmodi laudabilis desiderii profuturam, et multum fructuosam, quod nulli viventi preterquam dicto Magistro Arnoldo expressimus: ob quam causam eundem in his partibus aliquandiu deliberavimus retinendum. Qui, exquo praedictae viae negocium in certo tenebimus, in cuius tractatu personas quasdam in curia Romana vel circiter existentes, utiles et necessarias expectamus, vestram adibis praesentiam et omnia vestris sensibus clarius et perfectius intimabit. Denique de statu vestro, quem Dominus iugiter faciat prosperum, affectantes plurimum informari, vestram fraternitatem mentali affectione deposcimus inde nos nunc et saepius informetis: nostrum autem vobis felicem esse ac prosperum, actrice divina misericordia, presentibus nunciamus. Datum Barchinonae, 3 idus Iunii anno 1309»[1].

1 Estas cartas se leen al fin de la *Interpretacion de los sueños* en la edicion de Francowitz, pero no en el manuscrito del Archivo de la Corona de Aragon, donde se halla en su lugar la epístola catalana que trasladaremos luego (N. VI).

IV.—Protesta de Arnaldo de Vilanova ante el rey de Francia Felipe el Hermoso, contra el oficial y los teólogos parisienses

«(C)oram vobis serenissimo principum orbis terre, domino rege Francorum, Ego magister A. dictus de nova villa, non ut Arnaldus sed ut nuncius inclitis *(sic)* principis et illustris consanguinei vestri regis Aragonie, propono atque notifico quod postquam a vobis licenciam redeundi ad eum recepissem in Betausel [1], et die sabbati mane post festum beati Thome disposuissem iter meum arripere versus episcopum Tholosanum cum littera vestri mandati ad ipsum propter commissionem eidem in parte factam super negociis pertinentibus ad meam legacionem, die precedenti in sero parisiensis officialis prodicionaliter me fecit vocari quia per clericum suum afferentem non mandatum presidis ymo preces cum genu flexo quod irem ad ipsum quoniam me indigebat; et cum ivissem ad reverenciam et ex honestate meque blandis et sophisticis verbis detinuisset usque ad involutum noctis. Postmodum me reclamantem quod nuncius ad vos eram et non fugitivus, retinuit cum equitaturis meis, non obstantibus recquisitione et testimonio reverendissimi patris archiepiscopi Narbonensis factis eadem nocte per nuncium eius, nec sequenti die voluit me nullatenus relaxare, nisi prestita fide iussoria caucione sub gravi pena trium milium librarum, presentibus et pro me fide iubentibus domino Amalrico, vicecomite Narbonensi, et domino C. de Nogareto et domino Alphino de Narma et pluribus aliis, nullamque caussam mee capcionis atque detencionis pretendit nisi quia quatuor aut quinque magistri in theologia, ut asserebat, denunciaverant ei quod ego in quodam libello de adventu antichristi scirpseram *(sic)* quedam contra fidem et quedam contra evangelium, in cuius cause assignacione veritas probat ipsum fuisse mendacem eventibus subsecutis et infallibili iudicio rationis: eventibus quidem, quia postmodum omnes et singuli de collegio magistrorum, eo presente ac multis aliis, illud dixisse taliter negaverunt, non solum verbo sed etiam facto, nam presentibus reverendo patre archiepiscopo Narbonensi et discreto viro archidiachono Algie et nobilibus viris domino Almalrico, vicecomite Narbonensi et domino C. de Nogareto et domino Symone de Marcay, militibus vestris, et domino Alphino de Narma, clerico vestro, et ipso officiali Parisiensi et pluribus aliis, totum collegium supradictum concorditer fecit legi notulos quos in opere meo notaverat impugnandos coram episcopo Parisiensi et per eumdem episcopum fecit pronunciari dampnandos, non ut erroneos, sed ut temerarie assertos, de quibus exstat publicum instrumentum. Cum igitur magistri collegii supradicti palam asseruerint cum sollempni processu quod dicta et contenta in opere supradicto non sunt erronea, patet officialem esse mendacem qui asserit clam denunciasse quod in eo contenta erant contra fidem aut ewangelium, quia quicquid est contra fidem et evangelicam veritatem est omnino erroneum. Claret etiam iudicio rationis quod of-

[1] Bécoisel, en la provincia de Brie.

ficialis fuerit mendax et fictus in assercione predicta, nam reales ac veri in theologia magistri sicut radii splendidi Iesu Christi ceteri fidelibus superlucent sanctitate, iure et sublimitate scientie, quorum neutrum fuisse constat in illis quos officialis predictus fingit sibi denunciasse mendacia supradicta, nam qui ceteris eminent sanctitate vite, scandalum non ponunt nec suscitant adversus filium matris sue, nec murmure latebroso mendacia seminant contra fratrem nec sedent in insidiis cum ditibus et occultis ut interficiant innocentem. Qui vero sciencie fulgore superant alios non clam impugnant vel mordent aliqua dicta sed gladio rationis expresse conscribentes iudicium, silere cogunt imperite loquentem. In proposito vero nondum apparuit aliquis inchoans vel attemptans rationibus scriptis palam vel publice dictum opusculum impugnare. Patet igitur ex predictis quod illi denunciatores contra me quos fingit officialis non fuerunt in theologia magistri sed ypriote *(sic)* procul dubio, tristes de gracia quam mihi Dei begninitas impertitur, successores phariseorum qui Christum impura livoris invidia malicia prosequebantur ut nequisimi draconis membra pestiffera. Unde cum evidens veritas ipsum officialem ostendit esse mendacem in suo dicto et convincat eumdem me supradicto modo cepisse et incarcerasse ex odio vel cupiditate rerum mearum et non ex aliqua causa rationabili sive iusta, constat ipsum esse nimis culpabilem non solum quantum ad iniuriam mihi factam atque quantum ad maculam quam ingessit honori nostro, sed insuper quantum ad vituperium quod regi Aragonie intulit et quantum ad dispendium et dampnum quod dedit eidem impediendo legacionis ad eius negocia pertinentis prosecutionem acommodam et festinam. Iterum vestre magestati notifico quod cancellarius parisiensis, cui ad preces suas quoddam quaternum meum concesseram ad exemplar, recquisitus, recquisitus *(sic)* ex parte mea per socium meum in die qua fui detentus per supradictum officialem ut redderet, reddere denegavit nec adhuc reddidit, cum tamen ut nuncius ad vos missus recquisiverim ex parte vestra quod mihi redderet atque plenam faceret restitutionem et emendam pro santi temporis violenta retencione, protestando quod cum sim nuncius et adhuc in actu legacionis existens non pateretur fides vestre protectionis me depredari vel spoliari per aliquem regni vestri: de quibus vobis faciam fidem protinus publico instrumento. Iterum notifico regie magestati quod post predictam capcionem sive detencionem, collegium magistrorum in theologia parisiis impedivit execussionem mee legacionis citandome per officialem predictum ad sui presentiam et postmodum trahendo ad presenciam Parisiensis episcopi et cogendo terroribus atque minis me legere cedulam mendosam et abusivam per eos ordinatam et inique atque dolose confectam, me non vocato nec consensu mee deliberationis nullatenus recquisito ad ordinacionem et scripcionem illius, ymo cum eam in manu mea cancellarius posuisset, repentino proceperunt clamare quod legerem, et lectis adhiberem consensum: cuius rei veritatem supradicti testes quia fuerunt expriment, saltem iuramento astricti. Nec possunt predicti magistri ostendere rationem qua iuste potuerint predictum processum contra me facere. Nam si dicant, ut tunc dixerunt, quod in opusculo meo de adventu Antichristi asserui aliqua temere, posito quod sic esset, tamen cum assercio temeraria non vergeret in blasphemiam Dei nec in preiudicium vel iniuriam proximi nec in ruinam fidei, non ad presenciam iudicis causarum tra-

hendus eram, sed pocius scolarum, cum ea que sunt pure scolastica, debeant
pure scolastice pertractari. Unde cum propter actus pure scolasticos adeunt
officialem et episcopum parisiensem ad quod iusticie titulus vel alicuius honestatis urgebat eos, videtur quod inmundo spiritu vexarentur et quod utres
eorum vacui forent peculo caritatis et maxime cum asserant falsum. Nam id
proprie dicitur asseri falsum quod absque nullo genere probacionis affirma-
tur pertinentis, sed in predicto opusculo nihil asseritur, ut intuentibus patet, nisi probabiliter iusta sanum intellectum sacrorum eloquiorum, nec
quicquid falsum continet, ut ipsi vel quidam ipsorum dolose finxerunt in
cedula sua, nec iuramento districti auderent asserere quod aliquod falsum
vel erroneum in ipso contineatur. Patet igitur quod ignarus est atque irrisor
vel dolosus qui temerarie dicit asseri que scribuntur ibidem, quod ex hoc
maxime declaratur quia nullus auderet contrarium eorum que scribuntur
ibidem asserere nec posset probare, sed dicens oppositum iudicaretur teme-
rarius absolute. Sicut per vos theologos in iudicio clare fiet, nec obstat si dicant quod novitates in opusculo continentur, quoniam novitas ratione suf-
fulta et utilis non est horrenda sed pocius amplectanda. Presertim cum ea que
probantur vel asseruntur ibidem non sunt nova in sua radice, cum ex auctoribus sacri voluminis extrahantur, et si dicantur auctoritates ille noviter
exponi secus quam exposiverint precedentes expositores, scire debent quod
talis novitas non est inconveniens caritati et fidei non repugnat, ymo testibus sacris expositoribus a Spiritu Sancto, nec est inconveniens aliter nunc
exponi quam exposuerunt nostri patres, cum ipsa scriptura sacra, supra
cuius eloquia predictum opusculum est fundatum, expresse testetur illud,
dicendo per Danyelem: clausi sunt signati quia sermones pertransibunt plurimi et multiplex erit scientia nec omnes intelligent sed docti tantum. Cum
igitur scriptura predixerit quod multi expositores transirent per eam multipliciter exponendo, tamen docti a Spiritu Sancto solum intelligent veritatem
et nisi sit in dicione vel potestate hominis prohibere spiritum sanctum, quin
spiret ubi voluerit, patet quod expresse contradicat spiritui sancto qui asserit
esse inconveniens quod eloquia sacre scripture possint in veritate secus exponi quam exposuerint patres nostri, et de numero sunt illorum de quibus
veritas ait: ve vobis legisperitis qui accepisti(s) clavem scientie, quia nec in-
tratis, scilicet ad noticiam veritatis, nec permititis alios ingredi, nec est mirum si vinum novum veteres rumpunt utres et tandam fundatur, cum ipsa
veritas hoc testetur, que simplicibus et ydiotis humilibus apperit sensum
scripturarum et claudit tumidis et elatis doctoribus vel magistris. Que
omnia vobis, serenissimo principum, proposui, ut clarius cognoscatis quam
irracionabiliter et iniuste supradictum collegium impediverit execussionem
legacionis mihi commisse, irrequisita et omnino postposita vestre excellencie magestate. Propter hec igitur omnia supradicta magestatem vestram
cum presentis scripti testimonio ac protestacione recquiro ex parte regis
Aragonie, et ut nuncius eius, actu quod faciatis emendari plenarie vituperium eidem illatum in iniusta mei detencione ac rerum mearum ablacione
et reparari dispendia atque dampna data per supradictos eiusdem legacioni,
protestans, ut nuncius, quod rex Aragonie supradicta vituperia ferret moles-
tius quod si per guerram hostilem amitteret partem regni. Iterum protestando, ut supra, requiro ne vos atque vestrum consilium consensisse videa-

mini vituperiis vel supradictis quod iam rei veritatem per sollempnes non tardetis arguere et condigne punire. Dico etiam ex parte regis Aragonie et protestor quod cum predicti dederint eidem regi occasionem non parvam commocionis adversus dominum nostrum, et gravia plus quam exprimi posset vel liceat fomenta pepercisse vel incendisse noscantur contra bonum tranquillitatis et pacis, nullis subditorum vestrorum nullo iure divino sed vel humano seu privilegio deffensionis remedia poterunt optinere. Dico etiam et protestor, ut supra, quod si forte dyocesanus, cui temerarii supradicti subsint inmediate, foret delirus atque carens sensu discrecionis vel statualis et hebes atque vertibilis ad impulsum cuiuslibet aure levis non vos excusaret deffectus eius atque sterilitas mentis sue, cum liceat in universitate fidelium apud omnium gemma pontificum papa noster, qui sufragiis mendicatis alieni sensus non indiget, cum non solum eminencia dignitatis prebet uberem auctoritatem sed rationis..... et plenitudo scientiarum in ipso propriam mentem ornant, qui nobis indubitanter faciet iusticie complementum, maxime cum supradicte temeritates fuerint actemptate in periculum boni communis et publici. Dico etiam quod est hic casus novus et nimis arduus et quod non est auditum a seculo quod in regno Francie, nedum in domo eius, nuncius regis fuerit per illos de regno et domo regni captus, detentus, incarceratus, spoliatus irracionabiliter et iniuste, paratus sive ad informacionem totius magistratus regni vel domus Francie facere copiam notificacionis, protestacionis ac requisitionis presentis; et ne rex Aragonie possit inde inculpare de negligencia custodiendi honorem ipsius, cum sit princeps tante prudencie quod eligit mittere sapientem ad sapientem et stultos ad stultos et misit inde ad vos, supplicando requiro quod detis mihi tabellionem qui hec omnia supradicta in publicam formam redigat scripturam, qua possum ei facere fidem de diligencia mea vel saltem, quod faciatis sigillo autentiquo, et insuper ex parte ipsius requiro quod personam meam et eorum qui mecum sunt et rex meas faciatis a violencia custodiri, cum sim paratus iter statim arripere et finem imponere legacioni»[1].

V.—Protesta de Arnaldo contra los teólogos de París, ante la sede apostólica

«In nomine Domini amen. Anno a nativitate eiusdem millesimo trecentesimo, indictione XIII, in presencia mei notarii et testium infrascriptorum vir providus et discretus magister. A. dictus de nova Villa, habitator montispessullani, ad sedem apostolicam protestatus fuit, provocavit et appellavit et alia infrascripta fecit ac appellacioni ab eo facte, prout continetur in alio instrumento publico scripto manu mei notarii infrascripti, adhesit et eam renovavit de presenti et copia predictorum fieri voluit et mandavit per manum tabellionis quibuscumque sub hac forma verborum.

»Licet sim vermis et non homo et obprobrium hominum, tamen conscien-

---

1 Bibl. Nac. de París, fondo latino 17,534, fóls. 103 vto. y 104 vto.

cie et testimonium insitum habeo, nec possum excutere vel abicere murmur
eius quo frequenter obiurgor, et ideo, testibus Deo et consciencia mea, notifico vobis reverendo collegio theologorum Parisius quod nuper, videlicet in
die et hora qua me traxistis ad presenciam reverendi patris episcopi Parisiensis, timor et tremor venerunt super me et contexerunt me tenebre stupe-
factum terroris consideratis et comparatis preteris *(sit)* ad ea que tunc presencialiter agebantur. Recolens nempe quod licet ego ad quamlibet vocacionem
domini cancellarii venissem celeriter, letanter et reverenter, ut ipse vel in
capella Sancti Dyonisii de passu retulit inde presente, nichilominus vos, domini, nescio quo zelo ac quibus verbis, propter actus pure scolasticos adi-
vistis officialem parisiensem, qui prodicionaliter inde vocavit, dolose retinuit et in domo perniciosa mihi propter passibilitatem et calamitates corporis mei rusticaliter et impie carceravit, et iterum recolens quod cum in capella predicta in vestra gratia ad privatum colloquium recepistis, concesseram vobis quod articulos quos mihi fecistis legi scripseram non secundum
intellectum quo sonabant extracti per vos ab opere meo sed secundum intellectum quo sonabant iacentis in serie scripture, et quia vos, domini, diceba-
tis esse temerarie scriptos, concessi vobis me ad reverenciam fore paratum
ad temperandum iuxta vestrum iudicium vel retinuistis vel tempus ad deli-
berandum super modo congruo temporandi. Tandem vero die prefixa ad
mihi notificandam formam temperamenti per vos escogitati et ordinati, aparuit mihi quod in ordinacione per vos dictata et scripta in quadam cedula
mittebatur *(sic)* expresse temperare et revocare, cum tamen sint actus specie
differentes diversis obiectis correspondentes ut (t)emerariis unus et erroneus
alius, vidi etiam quod dictum episcopum supradictum ad promissi temperamenti publicacionem adduceratis, cum tamen absque ipso paratus essem temerarie dicta modo rationabili temperare, considerabam quod, licet instanter
peterem rationes in scriptis quibus impugnandi quolibet modo videbantur
predicti articuli, ut meam conscientiam informarem et solidarem nec quic-
quam facerem, ea fluctuante vel murmurante, noluistis michi concedere,
cum tamen vobis incumbat conscientias hominum solidare ac perseverare a
lapsu vel ruina. Iterum, presentibus et coassistentibus mihi domino Alma-
rico, vicecomite Narbonensi, et domino C. de Nogareto, milite domini regis
Francie, et domino Alphino de Narma, clerico eiusdem regis, et magistro
Gerardo de Nova villa, cantore de Tyarno, et magistro C. de Poilaco, canonico Vivariensi, et domino Symone de Marcay, milite domini regis, audie-
bam a reverendo patre domino archiepiscopo Narbonensi et a discreto viro
archidiacono Algye, qui de vobis ad me vicissim intercurrebant et referentes
hinc inde proposita et tractantes concordiam et offerentes pro me quod im-
mediate paratus eram iter arripere ad summum pontificem et iudicio eius
stare, quod vos, domini, ordinaveritis me per episcopum supradictum reti-
neri et incarcerari, si vostre voluissem condescendere voluntati, percipiebam
insuper ab eisdem quod ille nigrorum, qui vexillum gerebat humilitatis, videlicet cordam angeli Dei et signaculi Dei salvatoris, scilicet beati Francisci;
ad me submergendum ceteris acrius seviebat, quod postmodum nichilominus experimento cogitavi cum etiam ipse signanti signanti *(sic)* et quidam
alii moventes capita irridendo dixissent obliviose et callumpniose: vos sede-
tis super speculam, vos estis propheta; obliviose quidem, quia recordati non

sunt quod spiritus ubi vult spirat et dominus non abicit parvulos sed sapien-
ciam prestat eis; callumpniose vero, quia in opusculo meo non continetur
quod ego sederem vel sedeam super speculam sed quod speclatores ecclesie
Christi debent adversariis interrogantibus taliter respondere. Cum omnibus
igitur supradictis cognoverim probabili coniectura quod parata michi erat
retencio capcionis, coram vobis doctoribus et magistris collegii theologorum
parisiensium et cunctis presentibus, ego magister A. dictus de Villa nova,
habitator montispessullani, cum presenti scripto protestor et protestando
dico sive pronuncio quod quicquid nuper coram domino episcopo dixi legendo cedulam ordinacionis vestre quam dominus cancellarius posuit in
manibus meis instans ut legerem, omni dilacione postposita, non dixi
nec prononciavi legendo vel aliter, nisi concussus timore perniciose domus in quo timebam incarcerari propter predicta, et ideo, cum processus
per vos factus et dominum episcopum supradictum sit ipso iure irritus et
inanis ac nullus, cum caruerit fundamento nec ego (i)uraverim eundem servare, pro tanto ex nunc opus meum de adventu Antichristi committo exami-
ni et iudicio apostolice sedis et me ipsum protectioni eius, paratus cum adiu-
torio Chisti respondere ibidem rationibus quorumcumque volentium dictum
opusculum impugnare, et quoscumque volentes invehi vel procedere palam
vel publice contra ipsum, cuiuscumque gradus vel dignitatis aut status fuerint, provoco ex nunc ad presenciam et audienciam summi pontificis in quo
fluenta scientiarum vigent et assigno eis terminum quartam ebdomadam
post Pascha primo venturam. Preter hec autem humili supplicacione recquiro vos omnes magistros collegii supradicti quod in similibus negociis, a modo modestia vestra sive maturitas nota sit omnibus hominibus, taliter ut id
quod reequirit deliberationem unius anni et ut strepitu publice disputacio-
nis cribretur et scrutinio studiose determinacionis limetur, nolitis unius
mensis celeritate cum impetu suffocare, precipue ubi vertitur probabile
scandalum proximorum, dicentes inmitacione Christi parvulos allicere et
fovere non prosequi, cum sit Deo et hominibus detestabile, adversus hominem advenam nec origine nec habitacione nec scolarum frequentacione nec
delicti perpetracione parisiensi non infamem et communem omnibus Dei
servis atque nuncium sollempnem pro negociis arduis sereni principis ad serenissimum appetitu vel motu rabido concitari, non requisita et omnino
postposita regalis excellencie magestate. Insuper autem requiro dominum
cancellarium ex parte domini regis Francie, qui me, ut nuncium ad se missum, debet ad illum qui me misit remittere salvum et securum cum omnibus rebus meis, non spoliatum ac depredatum ab aliquo regni sui, quod res-
tituatis mihi scripturam meam quam fidei vestre commisi et concessi liberaliter ad exemplar, ut faciatis mihi emendam plenam de violenta retencione
quam contra voluntatem meam retinuistis a die qua per socium meum magistrum Ramundum de Pictavia petii mihi restitui. Similiter vero, ut nuncius, requiro vos totum collegium ut faciatis mihi plenam emendam pro eo
quod me, non iniuriosum vobis nec plasphemum Dei nec inimicum fidei,
absque ulla ratione traxistis ad presenciam domini episcopi et coegistis me
legere cedulam per vos dictatam et ordinatam, et vos magistrum Gaufridum
de Carnoto requiro ex parte Domini regis et apostolice sedis ut omnia supradicta et lecta et responsiones quas isti domini facient ad requestas premissas

in formam publicam redigatis, ut in iudicio clareat an sit magis temerarius qui dicitur temeraria scribere vel qui facit temeraritates, et innocens valeat exclamare coram angelis Dei: *Confundantur superbi quia iniquitatem fecerunt in me. Ego autem exercebor in mandatis tuis. Convertantur mihi timentes me, domine, et qui noverunt testimonia tua.* Et quia nuper in tempore statuto a iure ad appellandum non potui habere presenciam domini episcopi, ideo ad cautelam de voluntate superioris ad se ap. in scriptis appellavi ab iniquo et in iusto iudicio processum domini episcopi et accessorum suorum in aula sua. Et illi appellacioni adhereo et eam renovo de presenti et volo inde fieri copiam quibuscumque per manum tabellionis et etiam de protestatione presenti. Actum Parisius in domini episcopi Parisiensis predicti, IIIIº ydus octobris, coram venerabilibus viris archydiacono Parisiensi, cancellario Parisiensis ecclesie et magistro P. de Allunnia, magistris theologie, audientibus agenda aliis magistris in |theologica facultate, dominis Radulpho de Roseto, penitenciario Parisiensi et officiali Parisiensi, canonicis in ecclesia Parisiensi predicta pro parte dicti episcopi vocatis et presentibus et testibus infrascriptis, reverendo patre domino archiepiscopo Narbonensi, nobilissimo comite Atrebatensi, nobili domino Almarico, vicecomite Narbonensi, venerabilibus viris magistris Nicholao de Cathan archidyacono in ecclesia Remensi, legum professore, magistro Thierico thesaurario comitis Atrebatensis et pluribus aliis ad premissa vocatis et rogatis eisdem anno, indictione, loco et die. Venerabilis vir cancellarius Parisiensis requisitus, ut supra dicitur, ut restitueret dicto magistro A. scripturam suam seu opusculum quod fidei sue commisserat et concesserat liberaliter ad exemplar, ut dicebat, predictus cancellarius respondit quod ipsum tradiderat aliis magistris in facultate predicta et quod de hoc loqueretur eisdem. Actum presentibus qui supra proximo continentur. Et ego Gaufridus dictus Ligator Carnotensis, auctoritate sancte romane ecclesie publicus notorius, premissis interfui et ea scripsi et publicavi rogatus, meoque signo signavi prout decet competenter» [1].

VI.—CARTA ESCRITA POR ARNALDO, Á NOMBRE DE D. FADRIQUE DE SICILIA, PARA D. JÁIME II DE ARAGON, CON UN PLAN DE REFORMA DE SU CASA Y REINO.

«Seynor: vos sots tengut de fer algunes coses propiament en quant sots rey et algunes propiament en quant sots rey crestia, et altres comunes a la dignitat real et al crestianisme. Per la dignitat real propiament devets aver diligencia de dues coses. La una es promoure la utilitat publica et en tot lo regne et en cascu dels membres, axi com porets, axi que la utilitat privada vostra devets sotsmetre a la comuna en dues maneres. La una que de comuna siats pus diligent que de la privada. Laltra que si la privada conexiets

---

1 Bibl. Nat. de París, fondo latino 17,534, fól. 105-106. La extremada barbárie de este raro documento debe atribuirse en parte á la mala copia que en París existe, única de que tengo noticia.

que fos en re contraria a la comuna, que del tot la lexets per aquella. Altra-
men no obrariets com rey just mas com tyran. La segona cosa que devets fer
propiament per la dignitat real es fer egualment justicia á richs et a pobres
et privats e estravis et metre diligencia que en neguna part del regne no sie
nagada ni offegada, et per aquesta diligencia devets per diversos temps del an
visitar los locs del regne e estezutar et encercar si re si fa contra justicia publica e temporal, la qual pertayn a vostra dignitat et a enformament vostre
sobre aquesta materia vos trames Deus un tractat qui començe Volens Deus,
e quar en la segona part daquell tractat vos enforme sobraço, devets ordenar
per zel de justicia que almenys aquella segona part ligiats ous façats legir
dues vegades lo mes

»En quant sots rey crestia, devets metre diligencia per amor et per zel de
Christ de promoure la veritat del crestianisme, ço es la veritat evangelical
segons nostre estament dins vostra casa et defora. Dins vostra casa la devets
promoure principalment en los pilars o en la substancia daquella, ço es en
vos, et la Regina, els infants, per tal que vostra casa sie a tots los defora myrall
et forma de ver crestianisme, per manifestar en ella la veritat de Christ a
compliment de la paraula Sua quant dix· Sicut luceat lux vestra coram hominibus ut videant vestra bona opera et glorificent Deum· quar offici propri
de crestia es axi manifestar en si la veritat de Christ que tota la trinitat divinal que es cap e font del crestianisme ne sie loada et honrrada publica-
ment, quar aço es glorificar Deus en terra. La diligencia de manifestar aquesta veritat en vostra casa mostrarets primerament en vos, et enformarets la
Regina que la mostre en si, et aytant com en vostre poder seran puynarets
que sie manifestada en los infants.

»En vos meteyx farets tres coses. La primera que per vera penitencia satis-
farets a Deu de les offenses que feytes li avets e atressi al proxme segons la
veritat evangelical. La segona cosa que devets fer per manifestar e promoure en vos la veritat del crestianisme, es fer obres seynalades en les quals sien
remembrats et representats et glorificats los principis et la fi del crestianisme, quar en aquestes dues coses es fermada la veritat del crestianisme. Los
principis sont tres. Lo primer es la fontana don mana, ço es la trinitat eterna
o divinal, pare et fyll et sent esperit. Laltre es axi com fundament, ço es la
humanitat del fyll de Deu eterne per la qual es apellat Christ. Lo terç principi es lo collegi dels Apostols qui son axi com mur de crestianisme. La fi
del crestianisme es quel crestia torn apres aquesta vida, primerament en esperit, puxes en cors et en anima, a la trinitat eterna quil crea el forma per lo
benefici daquella trinitat que li dona pervenir a ell. quar Deus qui es plena
trinitat de perssones en una deitat, quant per gracia del crestianisme volc assi
revocar la creatura humana, dona li lo seu propri segell, per tal que gardan
et miran la figura de la sua Magestat anas volenteros et alegre et segur a ell,
et dona li fe et esperança e caritat, axi que caritat tengues per regina o per
mare, les altres dues per donzeles de caritat o per sors del crestia. Aquests
principis et aquesta fi deu representar en tota sa vida lo ver crestia, en tal
manera quels principis ne sien glorificats en terra el proces que fara lo crestia per lo cours daquesta vida consegues que la dita fi. aço no's pot representar per obra de figura, quar per pintar en les parets desgleya o de qualque casa la trinitat et les tres virtuts dites et Jhesu Christ et la Verge els apos-

tols, o en cortines, o en taules, o en casuylles o altres draps ab seda o ab aur, o en obres embotides, no es loada ni glorificada la trinitat nils altres principis quar aquelles coses mudes son et sens tot esperit, ni per aquelles conseguiria lo crestia la fi damun dita..... son..... [1] ls si no a representar et recordar la veritat daquelles coses. Mas lo crestia que vol que per sa obra sien aquelles coses no tan solament recordades e representades mas encara glorificades ab gran devocio, les deu recordar et representar per obra de veritat evangelical, ço es obra de pietat, de les quals obres seran principalment jutgias los crestians al dia del juy, et aytals obres son celles per les quals amdues les trinitats damunt dites son recordades et representades et Jhesu Christ e la Verge els Apostols a gran laor e glorificament en terra, quar, segons que diu Sen Paul, tota la veritat del evangeli es de pietat o segons pietat. Per que, Seynor, a clara representacio et glorificacio de les coses damunt dites devets observar que XII. o XIII. pobres mengen davant vos quant vos mengiarets, o almenys los III daquells els altres en altra part, et quant en la Semana Sancta bec Jhesu Christ per sos amics lo calice de la passio en feu beure a tots los Apostols, quar aquell sanc qui en aquella Setmana los dona a beure significave la passio que per la sua amor soferrien et per la sua veritat: per ço en aquella setmana los darets aygaamans, el digious de la cena los lavarets los peus et exugarets, et per recordar la humilitat de la passio de Christ los besarets et tres vegades lan a honor de tota la trinitat, ço es en les vytaves de Nadal, quant Deus lo Pare dona son fyll als homens, et en les vytaves de Pascha quan lo fyll gita dinfern los justs qui y eren encarcerats, et en les vytaves de pentacosta quant lo sent esperit visita et ompli de gracies los primers crestians: en cascu daquests terminis visitarets los malantes del pus sollempne espital que sie en lo loc, et de vostra ma darets a cascu qualque almoyna. La terça cosa que devets fer en vos meteyx es que pus que serets cert que la Regina sera preyns, vos luynets della e nous y acostets entro que age enfantat et sie complidament porgada, quar en aytal cas lacostament no es á a servii de Deu, anç es al contrari en dues maneres: la una quar es a pollucio dels acostants: laltra quar la criatura per la qual era lacostament en offici o servii de Deu ne pren qualque corrompiment o en complexio o en composicio, et conjugat qui en aquell cas discipline son cors per esser continent a reverencia de Deu et conservament de les sues obres puge a grau de merit inestimabile.

»La Regina enformarets per lo damunt dit enteniment de tres coses. La primera que per fer plaer a vos no face re que sie desplaent a Deus et direts li que Deus vos ha ajustats, per tal que la u am laltre e face plaer la u alaltre en Deus, per que li fets saber que la amor della tant mes crexera en vostre cor, et aytant aurets maior plaer della com conexerets que mes sesforçe o esforçara de fer lo plaer de Deu, et per lo contrari aytant descrexerien la amor el plaer o minvarien, eus luynariets della, com conexeriets que, afaytan o feen coses que Deus no a ordenat, volrria plaentejar a vos. La segona cosa de que la enformarets es que ella conform si metexa a la Regina del Cel en dues coses. Primerament en labit, ço es que tot sie sant et honest e que neguna cosa que no sie necessaria a proteccio del cors o a salut noy pusque

---

1 Los puntos suspensivos señalan interrupciones y lagunas en partes donde el original está mal conservado.

hom notar, axi com es tirar coa quar la Mare de Deu anc no tyraça roba anz avie les vestidures talars ab un replec a les ores que li cobrien lo tallo et la punta del peu, azi com la Regina sa mare les porte encara huy et portave..... lo.....

»Quant axi com Deus ordena et volc que Jhesu Christ fos forma et regla de tots los elets mascles, axi volc et ordena que la mare dell fos regla et forma de totes les eletes fembres, per la qual cosa dien acordadament tots los sents quel primer seynal del crestia que sie elet es que si es mascle conforma si meteys a Jhesu Christ, et si es fembra conforma si metexa a la Mare dell en portament et en obres, e sen P. diu et amoneste tots los crestians que pus que saben cert que Deus los a appellats asi per lo crestianisme que ells sesforçen de fer vida et obres per que sien certs que son elets, et aço mostre ell en aquella epistola, et la Soma es aquesta de conformarse a aquelles dues persones. La segona cosa en que especialment se deu conformar a la Mare de Deu son obres de caritat et dumilitat, et axi con la verge tan tost com ae concebut lo fyll de Deu ysque de son alberch et de la vila on estave ana luyn per visitar sa cosina et li servi prob de tres meses tro que ac enfantat. Axi deu la Regina fer. La cosina germana es pietat, quar dignitat real et pietat son fylles de dues sors. ço es de la Saviesa de Deu, de la qual nax la dignitat, et de la bondat de Deu de la qual nax pietat, et per complir aquesta visitacio a forma de la Mare de Deu fara axi com fa la muyller de son avi en França en I. espital que..... orre ço es que almeyns..... vegades lan en les vytaves damunt dites faras portar tro a la esgleya que sera pus prob del pus sollempne espital, et alli ella ab dues donzeles o servicials sues vestirsan desobre lur roba sengles camises romanes de bella tela, primera ella en persona de caritat e les altres en persona de fe et desperança, quar en aquesta forma fo mostrat en visio a algunes persones que la Mare de Deu entrava en un loc de miseria per consolar aquells qui y eren: et daquella esgleya iran a peu a vista de les gents a lespital et a la intrada les dues donzeles ab sengles tovaylles blanques per lo coll portaran de bell pa et be appareyllat e la Regina primera et les altres apres passaran per tots los malantes, e la Regina de sa ma dara a cascu un pa et dir los ha que sien menbrantz de la passio de nostre Seynor Jhesu Christ et si Deus li done gracia que mes y vuylle fer, façeo axi com fa la dona damunt dita. La terça cosa de que la enformarets es que en sa casa no tingue ne sofira quey sien legits romançes o libres de les vanitats mundanes, mas a digmenges et festes en ores convinents fara legir en audiencia de ses fylles et de sa companya les escriptures on la veritat evangelical sera en romanç espressada purament et clara, quar ali trobara pus fins sermons que en altre loc.

»Los infants mascles devers de VI. ans al amunt fer nodrir en la escola de la vida evangelical ab los altres, per tal que no aprenguen en començament altre a conexer et amar sino Jhesu Christ.

»Laltra companya vostra que veura les damunt dites coses en qual que manera sesforçara de conformar se a vos, et si negu ni avie tan obstinat que del tot fos contrari a les vies vostres, per re nol sofirats en la companyia.

»Servades les coses damunt dites dins vostra Casa per promoucio de la veritat evangelical, obrarets de fora per aquell meteyx zel en les maneres davall escrites.

»La primera es que restituiscats o façats restituir totes les esgleyes despuyllades de lur dret per quals que pressones sotmeses a vos sien despuyllades,
encara que coneguessets quels ministres de la esgleya mal usassen dels bens.

»Item decaçarets o gitarets de tota vostra Seynoria devins e devines o sor-
cers o quals que supersticioses mayorment..... que daytals..... sitats contra-
ries a la fe christiana seguloment.

»Item en cascu loc farets venir los catius serrains davant vos o vostre loc
tinent, et ferlos ets proposar la veritat del evangeli, et aquells quis volrran
convertir quels comprets et fassats bateyiar et enformar en la veritat: sil Seynor de qui sera lo vol retenir, que tan tost com sera bateyiat, li enjungats que
sen captingue axi com sen Paul mostre a Filomeno, et al novel crestia que
axi servesque a son Seynor com mostre sen Paul a Thimoteu. I si per aventura ni avie negu que lonc temps agues desiyat desser crestia e que son Seynor li agues contrastat, devets repenrre lo Seynor et mostrarli com est estat
traydor a Jhesu Christ axi com Judas. E en quantes maneres a falssat lo
crestianisme et donatli a conexer que ell ni es ver crestia ni a lig humana,
quar piyor es en crestianisme que sarrayns en lur lig, quar aquells no tan
solament coviden los catius crestians de ferse sarrayns, mas encarals ne for-
çen et a cells quis fan sarrayns fan mes de gracia et dajuda que als naturals
sarrayns.

»Item farets cert ordenament sobre la provisio espiritual et corporal dels
neofits et que sie publicat.

»Item appellarets los prelats o prelat ab sos savis et ab religioses et demanar los farets queus certifiquen quant erren contra Christ et la sua veritat
aquells qui diuen renegats a cells qui de paganisme venen a crestianisme, et
trobat que es blasfemia de infidelitat o de la mayior eretgia, per ço car renegat
es aquell qui lexe la veritat et passe a la error, et axi cell qui renegats appelle
los damunt dits, apertament diu que paganisme es veritat et crestianisme es
error, et axi contra aquesta blasfemia ordenarets ab los damunt dits pena tal
et irrevocabil que tota persona sia curosa et diligent desquivar la en si et en
los seus, et que aprengue a apellar los axi com lapostol et Jhesu Christ los
apelle, ço es frares o germans. Item farets manament als jueus que agen lur
acord demfra un an o de penrre lo crestianisme, per ço quar vos los mostrarets clarament que son en error et volets lur salut et esquivar lo corrompiment dels crestians, o destar apart, quar no soferriets que entrels crestians
habiten ni ab ells converssen per la constitucio dyabolica que an en lo Tal-
mut contra los crestians, et farets los saber que si a aço no sacorden, finalment, axi com lo rey Danglaterra primer et puxes lo rey de França, los gitarets de tota vostra Seynoria [1].

»Item ordenarets que jueu tant com en sa error perseverara no gos en pena
de cors et daver medicar negu crestia, et si crestia lo requer, sia punit en certa quantitat.

»Item ordenarets quels infisels sotsmeses vostres sien regits per perssones
quils tracten evangelicalment, ço es en tal manera que nols donen exemple
de re contra levangeli, mas que al crestianisme los tiren tant com poran et si

---

1 Ya se ve que Arnaldo no era partidario de la tolerancia religiosa, sino que abiertamente
pedia la expulsion de los hebreos.

negu daquells qui no seran vostres sots meses recorrie a vos, sie reebut et sostengut benignament e liberal axi que en tractament o en conseyll o en consentiment o en ajuda no li do hom exemple de re contra levangeli.

»Item ordenarets que en tots los locs famoses de vostra Seynoria aya una Casa on pusquen albergar et estar sis volen persones pobres de penitencia ells altres pobres que vagen á lespital

»Item farets denunciar a tots cells qui tenen ostals comuns, et vos metex ells ajustats en vostra presencia diligentment amonestarets que sien diligents de lealment reebre et humanament tractar tots estrayns e ques guarden que negu pelegri crestia no age clam dells, si no pus greument los puniriets que homicides.

»Item farets qualque establiment de pietat evangelical salvant los ordenaments de Seylla Romana, per lo qual los grecs catius que vendran en vostra terra reeben benefici de caritat els altres grecs ne sien edificats.

»Per totes les obres damunt expressades sera manifestat lo zel que princep crestia deu aver per promoure et mantenir la veritat del crestianisme, quar devets saber que zel no es altre sino ardiment et constancia damor complida o fina, ço es que no es tebea ni tan solament calda mas bullent axi com en Sen P et la Magdalena et qui aytal amor a Jhesu Christ, res que sie a promocio de la sua veritat no lexe a fer per temor ni per amor de creatures ni per negu juy daquest segle

»Les obres que devets fer comunament per la dignitat real et per la veritat evangelica o de crestianisme son aquestes que oyrets

»Primerament gitarets de vostra Casa tota superfluitat de viandes e de vestirs et darnes, la qual ni a utilitat publica ni a veritat evangelica no servex

»Item gitarets de vostra Seynoria tot us de daus entre crestians, axi que sots certa pena esquivarets que negu nols y face, nils y aport niuns

»Item gitarets usures et usurers crestians et mayorment cells qui ab iniques barates frauden lo poble menut.

»Item gitarets ne tota corsaria, axi que en pena del cors e del aver negu no gos armar sobre negunes gents, si nou faye per express manament e consentiment vostre

»Item farets establiment publich dobservar la prohibicio eclesiastica, ço es que de vostra Seynoria ni a vostre ni estrayn per si ni per altre no port vianda ni armes o altres coses vedades a Sarrayns no sotmeses a vos, et daço dara cascu fermança per lo doble de la qual pena no sie relevat o relaxat per nenguna re

»Item farets vos certificar de tots los locs on la Real Magestat a jus patronat, ço es dels locs donats per lo reys o lurs sotmeses ab favor del Reys, sien Monestirs o priorats o espitals o altres locs, et certificar vos ets dels ordenaments quels dotadors fecren per obres pies, e vists los ordenaments escrits, si trobats que nols agen observats nils observen, denunciat o al prelat ordenari et fet jutgiar lo falliment per dret et rectificar lo negoci a promocio de la publica utilitat et de la veritat evangelica.

»Item establirets un espital de cort per los pobres qui seguiran la cort per qualque necessitat, en la qual sien sostenguts sans et malautes, et quey age ministres qui lurs negocis meten a avant o promoguen ab justicia

»Item procurarets diligentment quels vostres ministres e officials sien con-

formables o acordants al vostre enteniment, ço es que lealment et diligent
proseguesquen la vostra volontat els vostres manaments, et sils podets trobar
ques conformen a vos per zel, ço es per amor de la publica utilitat e de la veritat evangelica, metedy aquells sobre tots les altres, axi quels altres sien sotsmeses a aquests, et si quan al zel vos eren contraris alguns, almeyns fet que
quant a la execucio nou sien per temor de justicia, quar tota hora que nengun dells fallira de certa sciencia en la execucio, lo farets jutgiar per dret et
la pena que dret li jutgera..... et axin farets molts utils al offici, per que diu
la Scriptura que Stultus serviet Sapienti, quar lo Savi Seynor ab sa savica
sab trer de foll, profitos Servii, et quar la Scriptura diu que un hom val mil
et avegades X. milia, et pose exemple en cavalers, quar diu que David valie X.
milia no per força de cors ni per ardiment de cor mas per seu natural e noblea de cor et industria de regir los X. milia, en tal manera que per lo seu
regiment profitaren en armes et sens lo seu regiment fayllien es perdien: tot
axi devets en los ministres et officials vostres elegir tota hora cells qui mes
auran de virtuts morales, et si fer se pot de les evangeliques. E devets aver
continuament prob de vos una perssona de vostre zel qui especialment vos
face membrant tots los documents dits et remembrats de sus.

»Si totes les coses damunt expressades menats a exsecucio, tot lo mon conę-
xera que vos avets la veritat de Chrits en vos e que avets ver zel de crestianisme et de la honor de Deu, e suscitarets tot lo mon a mayors disposicions
de gracies et de conexença de la veritat..... que de Constanti en ça fos susci-
tada, ço es III. bens en los crestians et V. en los sarrayns. Lo primer be que
suscitarets en los crestians sera que cells qui amen la veritat del crestianisme et ara estan amagats axi com perles en arena e moxons en barça despi-
nes et tortres en selva per la multitud el poder dels adversaris, segons que
dien les revelacions divinals, trauran lo cap defora et manifestar san et par-
laran ardidament et obraran palesament e encendran et enflamaran los
altres.

»Le segon be sera que cells qui auran falsat lo crestianisme et no son encara obstinats auran vergoyna et confusio, quar sabran cert que un princep
jove et seglar en totes circunstancies mante la veritat del crestianisme ab
ciment de vida et dobres, et elles en re no la mantenen, et daquesta vergoyna
o confusio naxera lo terç be, ço es compunccio de cor, et daquesta naxera lo
quart, ço es correccio de vida.

»En los sarrayns especialment, per ço quar ells troben en escrit que ara es
vengut lo temps en que deu fayllir lur secta, suscitarets V. coses.

»La primera que aquells..... en lur error et estan amagats et no volen pasar..... crestians per la dissolucio et falssament del crestianisme que veen en
ells, penrran cor et ardidment et devocio de venir al crestianisme et tyraran
ne daltres, quar conexeran que ara seran acoyllits com frares et no seran vil-
lenguts et meyns preats et auran compaynia que nols desviara mas los me-
nara per la via de veritat. La segona cosa sera que en los altres sarrayns
suscitarets tan tots admiracio, quar en lur temps no an vist ni dels altres
temps oyt que aytal singularitat sie appareguda en princep o rey de crestians. Et aquesta admiracio suscitara en ells la terça cosa, ço es consideracio
de la causa, quar per la admiracio seran forçats de pensar don mou aquesta
singularitat, et trobaran en lur cor que no mou de neguna rael humana, quar

si per sciencia o per edat o per lynagge o per poder o per riquees o per altres
coses humanes aço esdevenia, en altres agra apparegut: et axi lur cor metex
los forçara de trobar et de creure que aço es gracia especial de Deu.

»E aquesta determenacio suscitara en ells la quarta cosa, ço es temor que
Deus per vos en aquest temps vuylle fer en ells qual que gran novitat. E daquesta temor naxera la quinta cosa, ço es sollicitud de saber vostre enteniment et de plaentejar vos et trametreus messatges et presents per aver vostra
benivolencia et familiaritat ab vos o per espiar et sostrer o per esperimentar
la veritat de la fama que correra o volara, per la qual cosa sobrira a vos la
porta et de covidarlos a fraternitat et de requerrelos que ogen la veritat del
evangeli, axi com lur profeta los mana, et que trameten lurs savis o reeben
los vostres a parlar sobra quella materia, de les quals coses no agren cura en
altre temps, e oltra aquests bens veurran un altre que sera compliment de
tot aço, quar totes les revelacions divines denuncien que sopte que aytal
princep sera entre crestians apparegut, aquell an matex sie natural o emer-
gent, quar aço no determenen. Suscitara Deus en terra un papa spiritual que
vol dir pur..... lo qui ab aytal Rey porgara tot crestianisme et tornaral uni-
versalment a la veritat primera, ço es de Jhesu Christ et dels Apostols.

»Et ja sie aço que tot princep de crestians men fos bo et de qual que fos
seria aytant alegre com si ere mon fyll: pero natural amor me destreyn a
desiyar et percaçar que vos o vostre frare fossets aquell, mas yo veyg clarament que Deus appelle vos especialment a aquest ministeri et si en vos no
roman a vos vol donar aquesta honor, quar yo veyg que en poquea us dona
desig e pensament daço, ara us ha donat dues coses, ço es enteniment dobe-
diencia quar vos a donat a conexer e a creure, segons que vos mavets dit
dues coses la una que yous pusc enformar de la veritat evangelical complidament[1]. Laltra que Deus ma trames a vos per aço especialment. La segona
cosa que ara us ha donada la qual me certifique daquestes damunt dites es
quar ara us a presentat per mi la pus alta et la pus plena et la pus clara en-
formacio que anc trameses a nenguna persona que apellas a son servii, quar
ni en ystories ordenaries ni extraordinaries no sen..... maraveyllosa.

»Quar ell vos a expresades les vies que te obran en ses creatures e us a
expressat les vies que vol que tinguen cells qui ell appelle assi et les vies per
les quals poran conexer e esquivar los engans del enemic e us a expressades les coses particularment que deues fer per suscitar amor et conexença
de ver crestianisme per tot lo mon. Perque us requir de part de nostre Seynor Jhesu Christ, del qual per sa pietat e benignitat pura e aut aquestes coses, que tan tost començets, et duy mes sie lo zel en vos en tal manera que
dupte ni temor ni amor temporal ni adurmiment nous desvien nius retar-
den, per çou dic quar ades veurran los presents a vostres officials et de jueus
et de crestians per vos a encantar et ab lo zel conexerets o tot et porgar o ets.»

---

[1] Aquí Arnaldo se olvjda de que el rey de Sicilia es quien escribe la carta: habla en nombre
propio, y descubre la hilaza.

VII.—Razonamiento hecho por Arnaldo de Vilanova en Aviñon ante el Papa y Cardenales

«*De isto quaterno ad mandatum Domini Regis fuit missum translatum domino Regi Frederico et fuit probatum.—Tertius quaternus.—Originale.—Rahonament fet per mestre Arnau de Vilanova en Avinyo deuant lo Papa e Cardenals de les visions del Reys Jaume Darago et Frederich Rey de Sicilia son frare:*

»Quant fuy en Aviyon en casa del Papa, ell e ells Cardenals sovem me demanaren que avia feyt estan en Sicilia e anan al Rey Daragon, e yo tota hora responia que avia vist e maneyat les maraveylles que Deus comença a fer en aquest temps en los crestians, les quals son de tan gran novitat e de tan gran alegria a tots los amics de Deu que necessari es a la Esgleya de Roma no tan solament que les oya mas que ab gran diligencia sen vuyla certificar. E car toquen e pertayen generalment a tots crestians, no ho poria recitar en breus paraules, mas donats me I. dia audiencia e largament yous ho dire. De la cual resposta foren empreyats, e cant mes anave, mes ho desiyaven oyr. Mas car lo negoci del Emperador e del Rey Robert los tenie ocupats, dixeren que tro que aquel fos termenat nom porien donar audiencia, mas que puyxes lam darien, e axi ho feeren. E ell dia quem oyren, yols dix ligen en escrit en lengua latina les paraules ques seguexen o semblants en Sentencia: Ço es a saber que nostre Senyor Jhesu Christ, qui en aquest temps mavia feyt Anafil seu, ara novelamen mavia feyt correu del Rey Darago e de son frare lo Rey Frederich, e tot ço quem avia feyt ja denunciar en la Esgleya de Roma o en altres locs de la Christiandat, ara especialment mavia feyt denunciar a aquests II. frares et a lurs gens, per ço car segons que manifesta per certs seyals vol ara en lo derrer temps del secgle promoure la veritat del christianisme senyaladament per aquests II. frares e per lurs domestics, segons que ja oyrets. Mas car tot ço que yo vayg denuncian vuyll que sapia la sancta Mare Esgleya, per ço vos recitare primerament tot ço que yols dix axi con Anafil del Salvador, e puxes apres yous dire ço que denunciu axi con correu e troter dels damunt dis. Quant á la primera cosa devets saber que yols dix que generalment vayg denuncian III. coses per totes parts de crestians. La primera es que en aquest centenar que ara corre, del qual son ja passats quayx IX. anys, fenira lo mon en aquel an e en aquel dia que Deus sab, e que lo major anti Christ qui esser deu, aura complit son cors denfra los primers XL. anys daquets centenar. E aço son appareyllat de manifestar per les revelacions divinals escrites en la Viblia e en altres escriptures celestials, les quals los Sents Pares Apostolis meteren e estojaren en lo thesaur de la Seyla Apostolica, e dic que daquesta denunciacio seran certifficats tots los feells per lo primer Papa que vendra apres aquest qui ara es. La segona cosa que vayg denuncian es que en tot aquets mon no ha poble de neguna lig o secta tan falsari de feyt en la sua lig con es lo poble dels crestians quant al general o

a la major part, car los demes dels crestians de feyt o dobra son mafumedans e no crestians E pot ho hom conoxer en aço car la veritat del christianisme, quan a la vida e al regimen del hom en aquest secgle, no esta en al
re sino en ço que Jhesu Christ per exemple et per doctrina mostra a fer
principalment. E son II coses en general La primera desiyar e amar et
querre e procurar diligentment tot ço que pertayn a la benenança eterna o
celestial La altra per amor daquela meyns prear tot ço que pertayn a la benenança temporal en aquesta vida, ço es a dir riquees et honors daquest
secgle e delits corporals E car Christ del qual Christians son nomenats mostra aquestes dues coses de feyt e de paraula, cert es que qui vol en veritat de
Christianisme regnar o viure deu seguir Christ en aquestes II coses. Donques
com los Christians façen conmunament lo contrari, ço es a saber que major
diligencia meten en desiyar et amar e querre e percaçar honors daquest
secgle e riquees et delits corporals, axi com Mafumet mostra defeyt e de paraula, clarament mostra rahó a cels qui an enteniment quels Christians
quant a la multitut general de feyt o dobra son Mafumedans e no christians,
car per estudi e per obra seguexen Mafumet e no Christ E dic que tots
aquests aytals no an retengut del Christianisme sino III coses mes per usan-
ça comuna que per devocio, en les quals no ha pena ne affan ne vergoya La
primera es pendre babtisme en poquea. Laltra es confessar de paraula que
son Christians La terça es oyr misses, les quals oyen usurers, baratadors e
altres fornicadors, *goliarts* [1], omicides, traydors e totes maneres de falsaris.
E dich que nostre Seynor Jhesu Christ ço que mostra de feyt e de paraula
lexa per escrit a tots cels qui seguir lo volrien, per tal que per ignorancia no
poguessen errar en aquest secgle Los quals escrits descubertament mostren
aquells dues coses damunt dites en molts locs, mas a tot Christia deu bastar
ço quen dien tres escrivans seus La un es Sent Paul, que diu que Deus per
ço apparech en la humanitat de la persona de Jhesu Christ que mostras a
fer IIII coses La primera es abnegar o aorrir tota impietat, vol dir tot ço que
contrari es als manaments de Deu Laltra es abnegar o aorrir tots desigs daquest secgle, ço es honors e riquees e delits corporals La terça es viure tem-
pradament quant es en si e justament ab los altres e piadosament, ço es ab
devocio damor et de temor ab Deus La quarta es que en tota la vida present
nos alegrem eus conortem en la esperança de la gloria celestial Laltre es-
criva de Jhesu Christ es Sent Jacme, qui diu a tots los Christians que aquel
qui volra amar aquest secgle sera enemic de Deus Laltre es Sent Johan
evangelista, qui diu que aquel qui ame aquest mon o les coses que son en
ell, no ha en si la amor de Deus. Dic donques que con la escriptura evangelical contenga en si veritat eterna, la qual nos pot mudar ne fallir, cert es que
tots aquells qui amen les honors et les riquees ells delits daquest secgle, tant
com-perseveren en aquela amor, son en via de dapnacio car son enemics
de Deus, per ço car de feyt o dobra seguexen Mafumet et lexen Jhesu Christ.
E a declarar aço pus espressament dix, als damunt dits que una de les revelacions divinals que son en lo thesaur Apostolical diu espressament que daquell temps a ença quells Christians girar en lo cor a la amor daquest secgle

---

1 Arnaldo es uno de los poquisimos escritores españoles en que se encuentra la palabra
goliardo

percaçan honors et riquees et delits: de M. pressones dacabada edat no seus es
I.ª salvada, en lo qual temps Deus no ha feyt messes de multitut danimes, si no
en aquelles persones que apres lo babtisme morir en poquea. Apres aquestes
paraules yo dix al Rey damunt dit que la terça cosa que vayg denuncian axi
com Anafil de nostre Seynor Jhesu Christ es que la principal cosa del damunt
dit desviament general dels Christians, son dues maneres de Christians, ço es
a saber, caps de compaya e crides. Caps de compaya son prelats ecclesiastics e
princeps seglars. Crides de la veritat catholica son tots cels qui porten habit
de religio, car per la significança del habit donen a entendre dues coses en les
quals se complex la veritat del Christianisme, ço es a saber meynspreu daquest secgle e devota memoria de la passio de nostre Seynor Jhesu Christ. Dic
donques que aquestes II.es maneres de Christians, *no dic tots* mas la major
part dells, fan desviar tota laltra multitut e luyar de la veritat damunt dita
e seguir los feyts e la doctrina de Mafumet, car ells palesament procuren a
si et a lurs acostats et amen et abracen honors temporals e riquees e delits
per que falsen lo Christianisme. Car ver Christia no es sino aquell qui ver-
daderament segueyx Christ, e aquell qui axil seguex deu si et tots los seus
axi enformar que mentre viura meynspreen les damunt dites coses, e que
tan solament sien curoses de percaçar e aver ço que es necessari o profitable
a la salut eterna, axi que si no han riquees ni honors no deuen esser curoses que les convertesquen en lur delit o en lur plaer temporal, mas tan
solament en honor et en laor de nostre Seynor et en consolacio de tots
los seus amics. Dix encara quells prelats ells princeps els reglars o crides
que amen aqueles III coses caen per aquela amor en molts inconvenients o desordenaments, los quals fan preiudici a la veritat evangelical o del
Christianisme. E per ço com los prelats son primers en lo regiment del
Christianisme, primerament parlare dells. E dic segons que les revelacions
divines mostrem que per ço car ells amens et percaçen a si et als seus honors
et riquees e delits temporals, caen en V desordonaments. Tres quant als
princeps e dos quant a la comunitat. Los princeps son desordonats per calar
et per lausenyar et per meynsprear. E per tal que entenats devets saber que
IIII maneres son de princeps seglars, ço es II avols et II bons. Los II avols,
segons les escriptures, son estatual lo qual nos appelam baveca. E laltre es
fer o salvatge. Princep baveca es aquell qui per si meteyx no sab conexer o
jutyar que profita o non a la publica utilitat, ans en tot ço que fa segueyx
altruys siules, axi que si los conseyllers son ignorants o perverses e li dien
que mudar moneda e minvar soven la lig de la primera es profit del Regne
o vedar que alcu non traga aur ne argent, o fer noves questes et soven, o esta-
blir novells tributs, o les jurisdiccions dels vehins occupar, o prelats aontar,
ols pobres seglars gitar de la terra o semblants coses, tot ho creu eu met a
exequcio. Princep fer es lo contrari, lo qual no fa res per conseyll ni per rao
mas per propia voluntat, e axi com fera bestia gasta et malmena son poble
ol corrog per legea de mal exempli: Aquests II princeps deu lo prelat qui es
ver Apostol de Jhesu Christ reprendre e blasmar et amonestar ques esmene.
E si lo prelat ame per si et per los seus les coses damunt dites calara, que
de tot aço no fara re, et lausenyarlos a, axi que ab sofisme los loara, ço es
adir que con ell rege que nols pot loar de lurs obres, loar los a parlan de la
proea dels antecesors, e fals de la lengua boçi, e umplels les oreylles de vent,

tot axi com fa juglar moxart qui can vol enbaveguir avol fiyll de qualque conexent seu, fa semblant quell vuylla laor e cride a fiyll de bon pare, e aytant com mes dona a entendre quell pare fo bo et quell fiyll nol resemble, aytant mes lo desondra el blasma tacitament Los dos princeps bons son huma et angelich. Huma es aquell que tot son estudi met en promoure la publica utilitat, no tan solament en les mes gents, mas encara en totes aquelles qui en pau e en concordia humana volen viure, et en tota sa conversacio mostra humanitat o suavea. Angelich es aquell qui seyaladament sestudie en sa presona et en ses obres promoure la honor et la laor de son creador. Aquets II princeps deu lo prelat qui es ver Apostol de Jhesu Christ pregar et enagar que perseveren, et donarlos favor et ajuda per complir les bones obres a que entenen. E si es daquells qui amen les honors et les riquees ells delits temporals per si et per los sues, meyns preals, et te per no res ço que fan, e les bones obres que faran enterpretara a mal enteniment, e nols sera favorable sino minvament et sophistica et palladia et mes a laor o a fama de si mateyx que a servir de Deu Quant a la comunitat axi de clergues com de lecs, caen aytals prelats en II desordonaments· la I es ferocitat en seyoria, vol dir que con ells vejen que ni clergues ni lecs nols seran obedients per devocio, car nols en donen exemple, esforçense de Seyorejar con leo, ço es de fer obeyr los ab brams et ab menaces et ab vigor de lur autoritat et de lur po- der, et falsen et trespassen lescriptura evangelical, la qual los diu que deuen regir lo poble no axi com Senyorejants mas axi con exemplari o forma de sancta vida Laltre desordenament es no cura de ço que propriament pertayn a lur offici, ço es vetlar de nit et de dia sobre la guarda de lurs oveylles, vol dir que tota la mayor cura que deuen aver es que les animes quels son co- manades façen anar per via de salvacio ab visitacions et correccions et moni- cions et sermons et conseylls et statuts et piadoses obres, de les quals coses los damunt dits no an cura, ans cuyden assats fer si fan ordens o confermem o sagren la crisma o destribuexen benifeyts ecclesiastics o si creχen les ren- des ells percaçes temporals. E que tinguen I official de lur corda. Los prin- ceps que veen que aytal exemple los donen los prelats et calen que nols blas- men ve que façen pus desenfrenadament, desemparen la veritat del Christia- nisme, en la qual deuen regir lur poble, e caen en IIII inconvenients o des- ordenaments contraris a aquella veritat Los II daquells son amagats dins en lo cor. Lo primer es pensaments duptos en ço que pertayn a la substan- cia o al fundament de la fe Christiana, axi com es la resurreccio o juhii ge- neral o totes les altres coses que la escriptura evangelical aferme, car pus quels prelats et les crides no serven en vida, ço que aquella escriptura de- mostra, manifesta occasio donen als princeps et als altres de pensar duptan en si ço que aquela escriptura conte es veritat o si es obra de Deus o domens maestrejats, e so cert que a mi donaren aquesta occasio moltes vegades e a vos meteyx en los ans de menor esperiencia e semblantment a vostre frare et á tots altres princeps Lo segon inconvenient amagat es falsa oppinio, car ells cuyden esser en lur offici o ministeri Se- yors, et nou son, car ja sia ço que tots lurs sotsmeses, por la veritat del Christianisme amantenir, los dejen regoneχer per Seyors et a figura de nos- tre Senyor Jhesu Christ e a reverencia dell los dejen esser feels et obeyr com a Seynors, empero cascun princep ensi, si vol anar en la veritat del Chris-

tianisme, nos deu tenir per Seynor mas per batle de Seynor, car la veritat
del Christianisme, ço es lavangeli, li mostra que de son principat a arretre
comte o raó a nostre Seynor Jhesu Christ. E cel qui de son ministeri o de
son offici deu a altre retre compte per cert no es Seyor. Los altres dos inconvenients en que caen son deffora en obra. Lo primer es error de libertat pa-
ganica, vol dir que axi com pagans o homens que no an lig no serven en ço
que fan la regla de la lig de Deu, mas lo plaer de lur voluntat, axi qui si volen far gracies e punir alcuns o fer questies o aemprius o altres coses veya-
res los es que francament o pusquen fer, e soven fan ço que nols es legut de
fer, axi que algunes vegades absolvran o daran a caplevar aquells qui acordadament auran feyt I exces contra la publica justicia, et no per neguna occasio quells naya forçats, car a aytal colpable princep catholich no pot perdonar la pena que dret li jutja ni mudar en altra sino en tal manera quell
enteniment de Deu sia saul et la sua voluntat sia complida. E per exemple
comtar vos he ço que no a gayre esdevench en I.ª ciutat, en la qual I dels
rics et poderoses per malvolença volch ociure I. Cirurgia, e pensan manera
per que no fos sabut, una nit a prim son ab sa compaya anasen al auberch
daquell sens lum, e a I daquells feu lo cridar et pregar humilment que anas
a I naffrat qui era en peryll de mort. E lo compayo daquell Cirurgia fo massa
simple, et obri la porta, et sobre los altres entraren et lexaren se correr a ells
et trancaren los tots ab lurs espaes, creen que no poguessen escapar, et car
aquells cridaven et lo veynat se levave, tantost quells agren trancats fugiren
et alcuns daquells parlaren et foren coneguts a la veu. E volch Deus que
aquells naffrats a mort escaparen, et ben tard con foren guarits feeren clam
al Rey, e feu fer inquisicio, e troba que aquell rich home era lo principal del
malefiici et feulo pendre e confessa la veritat axi com los altres la avien con-
fessada. E tantost vengren los altres richs homens de la ciutat et del regne
et demanaren lo a caplevar ab grans fermançes et grans obligacions, car era
de grans homens. Ell Rey dix los que auria son conseyll e puxes ell los res-
pondria, e aquets agren gran goix, per ço car sabien que tot lo conseyl del
Rey era ple de lurs parroquians, e fo a ventura que en la terra avie I hom
estranger, e can lo Rey ac oyt son conseyll, volch oyr que diria aquell, et
secretament parla ab ell et contali tot lo cas axi com damunt avets oyt, et
aquell li respos: vos dehits que sots certificat del malefici per altres et per ell
meteys, et avets trobat que acordadament, no per neguna occasio quell des-
trengues, a rompuda et nafrada la pau et la justicia publica: donques si vos
proceir volets en aço com princep catolich, aytampoc lo podets donar a caplevar de dret com yo, e si ho fets de feyt farets o no axi com ministre de
Deus mas axi com Vicari et loctinen de Lucifer, lo qual vol et ordena et percaça quells malfeytors vajen francament a vista de tuyts, per tal que a tots
cels qui volran mal fer do ardiment de fer. Mas responet los axi. Vosaltres
no volets que nos cajam en ira de Deus, car encara quen volguessen no gosa-
ran dir hoc e per lur benestar, et car sobre los poriets reptar de tracio, car
negun vassayll no es pus traydor a son Seynor que cel qui volria quel Seynor caygues en ira de Deu, sol que ell agues son enteniment. E direts los: ab
nostre conseyll avem trobat que pus que certifficats som de la colpa nous
podem fer neguna gracia sens offensa de Deus entro que sia jutyat, mas farem lo jutyar et puys fer vos en tota gracia que fer puscan sens offensa de

Deus E appelats los jutges de la terra, e per ço car en aquest temps no troba
hom persona qui tinga o reeba offici de Cort per amor de virtut, ço es per
promoure la veritat de Deu e conservar la publica utilitat mas tan solament
per paxer la fam rabiosa que an donor et de riquees direts los axi.—Per tal
que nos no puscam errar en loffici que Deus nos a comanat, volem de tot en
tot esser certs de la pena que merex per dret aytal rich hom per lo maleffici
que avets oyt et entendrets per la inquisicio, per que volem que diligentment
hi estudiets et que acordadament ensemps nos donets per escrit la sentencia,
car nos som denteniment que la façam examinar fora de nostre regne per los
pus savis que trobarem —E can aço agren oyt los jutges acordaren se, et finalment aportaren escrit ab lurs allegacions la sentencia que perdes lo cap E can
aquells quil demanaven a caplevar oyren aço mudar en la supplicacio et pre-
garen lo Rey que li mudar la pena corporal en pecuniaria et quen prengues
una gran suma daver. E lo Rey respos que auria son conseyll, et si trobava
quen pogues fer sens offensa de Deus, quen faria volenter. E lavores anaren
los corredors ells presents e les promesses als conseyllers e del corredors avia
III qui eren dorde e qui eren confessors de grans perssones El Rey can ac ayt
son conseyl, parla ab lestranger et aquell dixli.—Creets vos que aquests jutges ajen donat sentencia segons veritat de dret et segons dretura de justicia.
—Respos lo Rey que hoc.—Lavors dis laltre.—No sabets vos que Deus es
dret et veritat et justicia sens començament et sens fi —Dix lo Rey que hoc
—Doncs dix laltre.—Cert es que no home per si tan solament mas Deus lo
dampne a mort, et ell es aquell que a donada aquesta sentencia, et aço meteyx vos declaren los jutges en llurs allegacions. Donques si vos mudats
aquesta pena que li es jutgada per dret en pecuniaria, vos farets IIII abominacions o legees La primera que la sentencia de Deus mudarets et cambia-
rets sentencia o per juhii domens La segona que Deus gitarets tras vos per
fer plaer a homens La terça que Deus vendrets per diners La quarta quell
veri de la pau et de la utilitat publica nudrirets a vista de tuyt en la terra,
car si aquell qui per leccés publich merex mort pot escapar a la mort per diners, tots aquells quin auran copia pendran ardiment de complir lur voluntat, can volrien fer semblant ecces et per totes aquestes maneres offendrets
Deu cruelment et dampnarets vos metex eternalment. E si temor o amor
domens vos enclinaven a aço, seria per cert o sobirana oradura o sobirana
ignorancia o indiscrecio, car si per poder o per altra virtut los homens son
temuts, molt mes sens comparacio deu esser temut Deus en qui es tot poder
et tota virtut E si per bontat devem esser amats, sens comparacio deu esser
amat cel qui es bontat sens fi et de qui son tots los bens de que usam Mas
en aquesta cosa no an loch temor domens ne amor, e de la temor podets o
conexer per aço car I. privilegi a justicia, lo qual ja mes no falex, car qui
purament fa res per çel o per amor de la no pot esser sobrat per neguns
adversaris, ans ve als desus de tots, e si avegades basteven et suciten adver-
sitats grans et terribles, no o soffer Deus sino per tal que a major crebant
et a mayor confusio los aport e que mayor sie la honor del ministre
de justicia E aquesta regla fo mostrada en la Sancta Escriptura a vostre
Pare, e provala soven no tan solament en los seus sotsmeses mas
encara en los majors del Mon, e les paraules que son conseyl li dehya
eren aquestes: vejats en vostre cor daytal o daytal negoci sil volets em-

parar per pur çel de justicia, e si açç hi trobats noy guardets res neuseu
conseylls ab negu: ney retingats neguna deliberacio, car cert es que tots los
esdeveniments vendran a be et a gloria vostra. E la virtut del ayman no es
tan certa al mariner com açç es a cels qui an sentiment de Deus. Mas si trobats en vostre cor que per qual que affeccio mundana vuyllats açç emparar,
axi com es preu o fama o amor dinfants o enteniment de venjança o semblant coses, fet o ab gran deliberacio et lonch et madur conseyl, car no es
cert en aytals cas si Deus ne voldra esser de la vostra part, et ell metex dix
moltes vegades que no sabia negun esperiment pus verdader daquest. De la
amor que no aja loch açi podets o conexer per açç, car cels qui aquesta supplicacio vos fan no son dignes desser amatz, e per tal quen entenats devets
saber quels rics homens els barons de la terra deuen esser mes amats per
lo Rey, si ells son aytals com los pertayn segons lo gran en que Deus los
a posats, car axi com Deus los a mes honrats que als altres sotsmeses del
Rey, axi per honor de Deus deuen fer obres de mayor noblea quels altres,
ço es que pus leals sien a cascu dels Seynors, vol dir eterne et temporal
quels altres, pus vertaders em paraula, pus dreturers en tots negocis, pus
geloses de guardar justicia et conservar la publica utilitat quels altres, tots
temps pus francs et pus larcs en ço ques fa a honor de Deus et profit comu.
E pus tenents e pus estrets quels altres, en ço que no servex sino a vanitat
tots temps de mayor honestat en vida e en conversacio ab los seus et ab los
estrayns. Mas los barons ols rics homens daquest temps quant a la comunitat no an re daçç, ans, segons que dien les revelacions divinals dessus nomenades, an gitada humanitat de si et son transformats en demonis et besties. E per ço Deus qui no pot errar ni mentir en I.ª daqueles revelacions
los jutya per los pus vils que altres, et diu que viven et morem en mençonega, et comparals a arayes, car segons que la araya no sestudia sino
en pendre mosques, les quals de podriment sengeuren, tot axi nos estudien
sino en sucar lo podriment de la vanitat daquest segle et ab mayor podriment et ab mayor pudor fenexen lurs dies quels altres. E tot açç declara la
revelacio en moltes maneres, primerament per lo desig que an, car ço diu
que aytals rics homens tots temps desigen mal publich, axi com guerra o
trebayl et affers del Rey et affliccio del poble, car tots temps volrien quell
Rey agues guerra ab sos vehins, per tal que continuament los agues obs els fos
obligat a donar et a agradeyar: atressi ab gran alegria sofferian quell Rey tro
a la mort succas e escorxas tots sos ciutadans et altres, sol que a ells ho donas e tot açç es fora dumanitat et es diablia et bestialitat. Apres o declara
per les obres. E primerament per obra deretgia, car si avien guerra ab lur
Rey o ab altres, aytan alegrament cativarien lo poble ignocent axi com fembres et infants com los altres. E axi com si eren cabres los vendrien a no
feels axi com sarrahins et jueus, en la qual cosa no tan solament renuncien
a Christiandat mas a humanitat, e es cert quell cavayl que cavalguen a mes
sentiment de Deus que ells, car lo caval neguna vegada no desempara la regla de la natura que Deus li ha dada axi com fan aquests. E a manifestacio
daquesta legea contra natura dien les revelacions que Deus ans dels temps
dantichrist sots I Papa evangelical suscitara per tot Christianisme los princeps ab orada sobre eretges contra aytals barons per porgar la Christiandat,
car neguns eretges no son pus contraris a la veritat catholica ne pus enemics

de la fe que aytals Apres o declara per obra de traycio. Primerament en
conseyl, car algunes vegades ses deve quels adversaris vendran parlar ab
lur Seynor o per espiar o per asayar o per enganar o per la propria affliccio
a termenar o miuvar o remediat, e conexeran aytals falsaris que, per ço que
tracten, perex o pot perir la honor de Deu et de lur Rey e per amor de florins
o de carlins conseyllar li an les derroch seu en II maneres La primera que
caja en ira de Deus Laltra en abominacio de poble seu et estrayn E negun
del juhis de Deu en aytal cas nols refrene, dels quals per ignorancia negu
nos pot escusar, car en totes generacions los mostre Deus axi, com mostra
en nostre temps en lo passage de Tuniz. Pero diu la revelacio que daquests
conseyllers falses et traydors alguns ni a movarts et maestres qui volen per
lur maestria cobrir et palliar lo corrumput enteniment que an, mas Deus, sil
Rey es ver ministre seu, li fa conexer aytal falsari per si o per altre· especialment li fa conexer tota lo art ab que sajuda de II parts, car al Rey james no
dira en aquell tractament cosa determinada, ço es consentit en aço, o no
consintats, mas dara conseylls o dira paraules generals et duptoses et que
auram semblant de prudencia et de bona affeccio, axi com si dehie· Seynor,
bo es que pensets en aço diligentment et que ajats bon conseyll, esguardan
segons lo temps que passat es, et ço que avets provat et les qualitats dels locs
et de les gens et els trebayls et el perryls que porien esdevenir. Daltra par
ço es als adversaris sera favorable en amagat et plasenter de paraula palesament e alcunes vegades ab presents et acoylliments E per ço obra en aquestes II maneres que de neguna de les parts no pusca caure, co es que
si ell Rey no consent als adversaris, nol pusca rependre ne carregar daul
conseyll, o si consent que majors sien los dons de laltra part, en la qual
cobea diu la revelacio no tan solament veen aquest falsari la honor de Deus
mas la honor de la salut del Rey et del Regne et la honor et la fama de la
nacio et de tots aquels qui son en son grau E tot aço es inhumanitat, ço es
diablia et bestialitat. Encara declara aço per obra de inic consentiment, car
diu que aytals rics homens cova son de malfeytos, car robadors de camins et
desgleyes et de Monestirs et ladres et omeyes et adultres et falses depositaris
et semblants tots an reffugi o recobre ab ells, la qual cosa no aurien si en
ells avia no tan solament christianisme mas noblea dumenitat, mas car en
ells no a sino diablia et bestialitat tot aço sofferen et mantenen, et aquesta
es la rao per que dien les revelacions que son pus vils que altres, car mes
viltats fan et pus leges axi com demonis et besties, et en re no sesforçen de
resemblar per obres les criatures que son nobles, axi com angels et cels homens qui servaren noblea dumanitat, no tan solament entre los christians mas
entre gentils o pagans, de la qual cosa segons que diu lescriptura seran ells
mateys jutges en imfern, et axi metex no o porien negar, car quils demanave
si falco que no caças sino polets de loca seria noble, ells dirien que no, car
faria obra de mila et a lo metex dirien de lebrer qui caças rates, ço es que seria
trop vil, car taria obra de gat E aquesta es la rao per que la revelacio diu que
viven en mençonega, ço es quant a la opinio que an de si, car ells creyen esser
pus nobles que altres de pus bayx grau et es lo contrari. E per aquesta falsa opinio declaren les revelacions que son desnaturats, car a ells es semblant que sien
de mayor et pus alta natura quells altres, et toc aço es mençonega, car ni daltre
començament devalen ni daltra materia son feyts, ni en altra manera engen-

rats, ni en la mort an mayor privilegi quells altres, ans son de pus vil condicio car hic ixen ab mayor pudor de cors et danima quells sotils. En la anima, car ab mala fama se van, e cels qui romanen dien que mala posa prengue aquela anima Quant al cors per ço car aytant com es estat pus nodrit o a mes usat de galines o doques o de morterol et de viandes delicades et humides quels altres, aytant pus tost podrex, et pus tost et pus greu put et mes umors sengendren en ell que en aquels qui poc menyen et beuen et no usen sino viandes seques, axi com pa et carn salada et formatge et ayll et bescuyt, tot axi com I.ª galina et I.ª oca pus tost et pus greu podrirá et podira que I.ª grua, e aquesta es la rao per que en Urgell e en Penedes si volen portar en estiu I. cors de rich home a Poblet o a Sentes Creus cove quell encalçinen e quell empegunten, car altrament nol porien portar per la pudor e si I. mariner o I. laurador hi an a portar, nols cal fer allo. E en Proença nesdevenc en mon temps I.ª demostrança que aventura fo dun rich home que venc posar en I. monestir et alli pres lo malaltia et mori quayx sobtosament, et sebelliren lo lo dia metex et per honrament axi com lo fals secgle a acustumat, soterrarenlo en mig del cor, et denfra pocs jorns tan gran pudor ac en tota lesgleya que noy pogren durar et apenes trobaren bastays quill dessoterrassen et sebelissen deffora en lo semintiri comu. Veus lo privilegi que an tots los homens qui tenen simeteys per fiyllos dalgo, els altres per fiylls de no re, car mes que altres homens son semblants en obres a domonis et a besties e vivem et moren en mençonega et ab molt mayor pudor hic ixen quells altres, per que podets conexer que no son dignes de esser pus amats et honrats quells altres mas meyns. E daquests quius fan aquesta supplicacio podets ho conexer en aço, car en ço que dien que aquest es de bons homens et donrats confessen duos cosses. La I.ª que es pus colpable que altre et mes deu esser punit, car aytant com es de meyllors homens, mayor es la malea que afeta. Laltra cosa que confessen es que ells an meyns de discrecio et meyns de valor et de vergoya que altres, car si mes naguessen o aytant, ells dirien lo contrari ço es: Seynor, aquest a vituperats tots los bons homens de son linatge et del Regne e tots temps serie seyal de vergonya et de confusio a tots, per queus supplicam que sia delit. Mas car lo cor an truffa et tacat et ple de desitgs et pensaments bestials, no saben ques sia noblea ni honor e parlen bestialment. E si demanats en si en neguna manera poriets mudar aquela pena sens offensa de Deus, devets saber que hoc: sol que la manera sia tal quell seu enteniment hi sia saul. E per tal que la manera trobets, devets saber quell enteniment per que Deus la feyt jutyar a pena capital es aquest, ço es que aquell axi com membre corrumput et veninos sie partit del cors daquella universitat que a començada corrompre, en tal manera que per obra o per consell o per memoria no pusque laltre cors corrompre, lo qual enteniment nos porie complir si ell romanie en la universitat, car jassia ço que ell asseguras que james no faria mal, pero la sua presencia daria tots temps ardiment de fer mal a sos semblants, per que cove que axin sia partit que james noy aparega. E aço fer nos pot sine en II. maneres. La I.ª per exil perpetual, mas en aquest a peryll car en lo veynat de les altres Seyories porie tractar et fer mal. Laltra manera es per carçre perpetua fora de la terra. E cam aço ac oyt lo Rey, respos als rics homens que per honor dels no volia que fos escapçat mas jutyal a carçre perpetua en I.ª ylla sua luyn. Tot aço que avets oyt es recitat

per declarar los inconvenients demunt dits, en los qualls princeps caen per
la amor damunt dita et per la defalta dels prelats. Encara caen per obra en
altre inconvenient, per lo qual cas tots los princeps de crestians seran damp-
nats et del qual meyns se guarden axi com los prelats, ço es enversia de lur
offici et neciigencia impia, car princep Catolich et prelat, segons la veritat
del evangeli, pus curoses deuen esser de mantenir et consolar los pobres
quells rics, et a les persones miserables axi cum viuves et orfens et pubils
pobres, ab lurs messions los deuen mantenir en justicia, et açols es ordinari
axi com a prevere dir misa, mas ells o an enversat, car los rics escolten et
entren a ells ordenariament e dels pobres no an cura sino extraordinaria-
ment, segons que reconten les revelacions damunt nomenades, tot axi com
los prelats ells princeps caen en graus inconvenients per la amor de les riquees et de les honors et dels delits daquest secgle axi metex hi caen totes
les crides que aqueles coses amen, los quals lescriptura appella falses religioses, car neguna persona que am aqueles coses no pot esser ver religios,
car vera religio, segons que diu Sent Jacme, es meyns prear aqueles coses e
viure en esperit de pietat. Devets donques saber que aytals falses religioses
caen per aquela amor en legees o abominacions de gran heretgia, de les quals
la I.ª es falsa preycacio et doctrina enganosa o fraudulenta. Laltra es perse-
qucio et impugnacio de la veritat evangelical, les quals dues coses son largament declarades en aqueles obres que presenti al Seynor Papa en Bordeu ab
carta publica, en les quals es declarat que en XL et IIII. maneres falsen la
veritat evangelical, et son hi nomenades les revelacions divines, en les quals
lo Sent Spirit descriu totes les abominacions que fan entre si ares cost et
deffora apales En les quals es declarat que la amor damunt dita los fa estudiar a enganar lo poble en lur preycacio o doctrina o conseyll en IIII maneres. La I.ª es que fan sofistiques distinccions. Laltra es que falsament alle-
guen les paraules de la Sancta Scriptura, ço es en altre enteniment quell
Sent esperit nols done La terça es que ço que es mes necessari a dir et a
mostrar calen La quarta que ço que es meyns necessari a dir dien o mostren
en frau En aquestes erros los fa caure, segons que dien les revelacions, la
amor damunt dita e especialment dien quells hi empeyn amor de II coses,
ço es amor dabitaculs delicats et de viandes delicades, car o a compra o a do
tota hora volen aver los pus delicats E per exemple de la compra reconte co
que es devenc en I.ª ciutat, ço es que bon vi comunament los donave hom,
mas de pus delicat sen venie en I ª taverna, e car no trobaren qui daquel los
volgues donar, car era de molt gran preu ni ells avien los diners apparey-
lats, empeyoraren lo breviari de comu et retengren tot quant navie en lo ve-
xel Quant al do recite ço que ali metex esdevenc, ço es que I.ª pressona los
fahie fer conmemoracio per I.ª deffunt et feu los pietança, et entre les altres
coses trames los del bel pa que comunament troba en la ciutat, et can fo lo
pa a la porta del Monestir et veeren que no era del pa que fahie I.ª flaquera
seyalada en la ciutat, la qual, per ço car lo fahie pus delicat de totes, avie privilegi de fer pa de meyns pes, tancare les portes et nol volgren reebre et alle-
garen quells altres quils fahien pitança los donaven daquell pa et no volien
rompre la custum et axi destrengeren lo a donar los daquell. Les quals II
coses no podien ne devien fer segons la regla daqueles crides que son apostols de Christ mas daquelles qui son goliarts de taverna Diu donques la re-

velacio que per ço car delicats albercs et bastament de viandes delicades no poden aver sens grans messions o gran moneda, e aquesta no poden aver sino dels seglars, car ells nos volen affanar corporalment per guanyar lur vida, estudiense com pusquen a si tirar los seglars, per tal quells pusquen succar ab manera de plasenteyar entre les quals IIII nobserven comunament. La una es visitar les en lurs cases en sanitat et en malaltia et affalagar. Laltra es cantarlos misses et aytan com poden les induen a ço que lurs misses oyen. La terça es oyr lurs confessions, et per aquestes II. coses se cuyten de esser preveres per succar cels qui confessaran. La quarta manera es sermonar en aquesta quarta diu la revelacio que car volen plasentejar al poble o a la multitut, a la qual preyquen et volen palliar lur error, falsen la preycacio evangelical en les IIII. maneres damunt dites. E les revelacions declarens axi primerament, car en totes aqueles maneres en les quals ells no serven lavangeli mas fan contra la consciencia, los destreyn de calar o de dir alguna cosa enganosament contra lo document que ells falsen, per tal que la sageta del Sermo no torn a ells. E I exemple es que lavangeli diu que cels qui amen riquees o peccunies pus greument se poran Salvar quel camell pasar per lo cors de la aguylla. Los damunt dits falsaris aquesta cosa lexaran a dir en sermo et diran alguna cosa paliadament contra aço. Laltre exemple es quell evangeli diu a tots los feells que no sien curoses principalment sino de guaanyar lo regne del Cel et aço feen, Deus les provehira complidament de ço quels sera necessari temporalment, aço lexaran dir en sermo car saben que fan lo contrari. Laltre exemple es quell evangeli diu a tots que sien pacients en quals que greuges hom los faça, lo qual document calaran o qual que cosa diran contra ell palliadament e per dit de philosophes o de sciences secglars o per falsa allegacio de la Sancta Scriptura, car saben que ells en tots greuges o en tot ço que an a fer ab los secglars volen venir al dessus o ab blasfemies o a menaçes o ab cort. Laltre exemple es que levangeli diu que aquell qui volrra posar la offerta sobre laltar si sab que aya qualque proixme agreviat deuse, abans que offira, reconciliar ab aquell. Aquest document calaran en Sermo, per ço car saben que ells ir o laltre o laltre feeren o digueren greuge a qualque secglar e canten missa cada dia et offeren sobre laltar, e veu hom comunament que negu per si o per manament de son prelat en capital o de son confessor, abans que cant, se vaya reconciliar ab aquell qui aura escandalizat, ne neguna cura no veu hom quen ayen, axi com si levangeli era faula. Laltre exemple es que lavangeli diu que molt es estreta la porta et fort aspra la via per la quall se salvaran cels qui salvar se deuen et ampla et delicada la dels dampnables, lo qual document calaran, car ells de feyt mostren lo contrari, ço es que ampla et delicada es cella per que hom se pot salvar. E axi metex fan en totes les coses en les quals trespassen et desmenten levangeli. Dien donques les revelacions que per ço car ells amen los delits de la gola et del ventre et dilicats albercs et per aço aguaayar desiyen et procuren peccunies et dignitats o prelacions et embaxades et laors et honors daquest secgle. James ni en publich sermo ni en privat colloqui no conseyllaran ni enagaran negu a meynsprear aquestes coses, ans faran lo contrari per falses allegacions de la Sancta Scriptura o per dits de sentencies secglars, los quals no pertaynen a preycacio evangelical o per enganoses distinccions. E can deurien parlar de la justicia de Deus per espaordir la gent et per luyar de la amor daquest secgle, lexen aço et preyquen et estenen lur sermo en la misericordia e dien al poble per tal que li placie et pallien lur error que pei greument que aje peccat lo Christia, si a la fi a vera contriccio es confesse seia salvu La qual paraula es verdade- ra mas aquesta veiitat, dien a gran frau et a gran engan dels ignorants E cant es gran lengan, pot ho cascu conexer en aço car negu no pot aver vera contriccio si mes no ame et desiye los bens eternals que temporals en tal manera que tots los temporals meyns preu per aquests, car Sent Paul diu que negunos pot salvar si no a caritat, la qual no pot aver negu, si mes no ame et desiye los bens eternals que temporals. Mas aquel que in tota sa vida aura mes amat et desiyat et percaçat los temporals que los eternes, can li ve la cuyta de la mort en son obit no pot soptosament desamar et meynsprear ço que continuament en sa vida aura acustumat damar et de prear, ne atresi sobtosament pora girai lo cor a amar et desiyar ço que no a acustumat ne rao natural mostra que hom se dege pensar aço per que si Deus no volra fer miracle o força al cor daytal hom ço que no fa debades o no li volia fer gracia que li donas longa malaltia, per la qual migras lonc temps et per re- mey de si metex fos destret de desiyar la mort, cert es per rao natural que aytal hom en son obit no es appareyllat per ço que a continuat en sa vida daver vera contriccio, e per ço es manifest que aquell qui en son preyc diu al poble que si en son obit a vera contriccio sera salvu es doctor falsari, e en II. maneres engana cells quil oen, primerament car los covide ells enaque taci- tament de perseverar en lo corrompiment et en la vanitat daquest secgle. Laltra car nols enague nils mostre com sapareyllen a aver en aquel punt vera contriccio E enganels axi com falsa talaylla et fals metge Falsa talaylla con hom li demana lo cami a qualque poblat et ell sap dues vies, de les quals la I.ª es breu et plana et sens peryll et laltra es longa et plena de robadors et des bals et daltres perylls, mostre aquesta et diu que alens trobaran fons et prats et no mostre laltre Fals metje lo qual no enten principalment en lo profit dell malalte, mas solament etpaxér sa fam ço es que sia loat et tengut per savi et be guardonat, car ell conex que sacosta la bataylla del termenament et conex quells accidens seran tan greus et perilloses que fa- ran congoxar lo malalte regeament, ell li fa saber davant qualque multitut lo trebayll que li es a venir, et amonestal que aya paeiencia et que nos de- bata per soffrir la sour et axi guarra, et ell sab que no la poria aver si Deus no li volia fer gracia especial, mas diu ho per tal que con sera mort diguen los altres ben dix lo metje que si soffris la suor fora guarit Mes lo falsari ni li aura feyt re ni mostrat per que la pogues soffrir Per tot aço es mani- fest que aytals falsaris fortment enganen lo poble en lur greyc. Encara es manifest laltre damunt dit, ço es que caen en error deretgia en ço car sem- bren de feyt et de paraula ço qui es contra levangeli. Mas pus manifest es per ço que ara ses descubert en la provincia de Toscana, la qual cosa no pot hom palliar ni escondir, car II. Cardenals caberen en la inquisicio et foren trobats mes de CC XL qui entre si ab les fembres de lur estament et daltres preycaven que ara es temps en que Deu regnar esperit de liber- tat, ço es de fer tot ço quell cor desiyara, car tot sera plaer de Deus, axi que si yo vuyll ociure lo Papa ol Rey o aontar sa muyller et sa fiylla de tot fare plaer a Deus, et daquestes crides ni avia alguns qui eren entre ells grans et notables lectors. La qual error es de mayor eretgia que esser pusca, car no tan solament negue la veritat catolicha, mas encara mes rao natural et tot be dumanitat, en la qual error cert es que no foren cayguts si no fos la amor dels delits corporals et dels plaers daquest secgle. Per la qual amor caen en altre veri deretgia, ço es per seguir et impugnar la veritat evangelical, e aço ses manifestat en aquest temps en IIII. maneres. La I.ª en lurs collegis et entre si mateys, car entre ells navie alcuns qui avien esperit de Deu et amaven la veritat, et blasmaven los ells repremien et protestaven que en moltes coses et en moltes maneres fahien contra la regla propria et comuna. Propria es aquela quel fundador de lur orde establi comuna a tots christians et mayorment a vers religioses es levangeli. Tots aquells donques qui protestaven als altres que contra lur propria regla et contra la doctrina del evangeli fahien, an perseguits pus cruelment que si fosen barbars, axi que primerament los tolien tot offici davantatge encara que es pus fort, nols lexaven preycar al poble per tal que nols feesen sentir lurs dissolucions, encara los destreynhien ab vincles dobediencies et de vet et dentredit e can nols bastava exillaven los et flagellavenlos corporalment et en crueles carçres fahien los morir, e tan gran era lur furor que apres la mort los perseguien, axi que alcuns ni avie los quals Deu duma part los clarificave per miracles et aquests daltra part sesforçaven de difamarlos et desteyner o apagar en lo poble la devocio et..... contrastar a les obres de Deus, per la qual furor los appella nostre Seynor en levangeli serpents, fiylls de vibres, les quals can mes les escrida hom pus felones son et pus verinoses. Axi aquests falsaris, can mes vehien et hoyen que dins et deffora se manifestave lur dissolucio la amor dels delits mundans los embriaga tan fort que tolc los lo sen et la conoxença de fer callar cells quin parlaven per via de virtut, ço es esmenan si mateyxs mas axi com vibres o rabioses preseren la via contraria no tan solament a veritat, mas a lur enteniment, car ells per fer calar et lurs frares et altres ajustaven iniquitat a iniquitat, et fahien et fan pics, cuydanse que per força de malees façen calar los altres, e Deus lo qual combatien et combaten als bastic aytal joch que les pedres parlen contra ells et continuar o an tro quels ayen a..... E dien les revelacions divines quell diable qui daquesta furor los a embriagats ordena et percaça que alcuns daquets falsaris puyassen a Cardenalat per tal que feessen II. coses. La una que per tot lo mon feessen saynoreyar en lurs provincies et en lurs convents cels qui serien de lur secta. Laltra es que embargassen et tancassen los portels, en tal manera quells clams ells crits de cells qui serien perseguits o dels seglars no poguessen venir a audiencia del Papa ni de Cardenals qui aguessen esperit de Deu. E II. daquells Cardenals donen a conexer per aneda et per esturç per ço car les proprietats daquels ocels seran et son ja manifests en ells. Per la qual furor et maestria diabolica sesforçen dapagar et destremenar la veritat del evangeli, e en breu de temps la auran aportada a no res sil Papa per son offici nos cuyta de metre la ma en ells car de les abominacions trobara tantes que el sera tot esperdut. E si ha lesperit de Moysen purgará cuytadament lo vituperi de Jhesu Christ. La segona manera per que ses manifestada en ells la damunt dita furor de perseguir la veritat evangelical es en les pressones seglars, les quals volen fer penitencia en abit seglar et viure en pobrea et meyns preu de si metexs, axi com son beguins et beguines los quals sino son lurs devots o per qualque obligacio sotsmeses a ells tots los perseguexen cruelment ab diffamacions et ab calupnies de vicis et de heretgia, no tan solament en sermo mas encara en cort de prelats et de princeps E segons que les revelacions divines declaren, dues son les raons per que los perseguexen. La I.ª es per tal que per rao daquests nols minven les almoynes entrels seglars Laltra es que no pusca miuvar la bona estimacio que volen aver entre ells, car segons que dien les revelacions per ço car aquests falsaris entenen trer dels seglars peccunia quels bast a delicades viandes et a delicats monestirs et saben que no porien conseguir lur enteniment sils clergues ells lecs no avien devocio en ells Encara saben que II son les coses per que hom a devocio en altres ço es Santetat de vida et clardat de saviea o de saber Majorment en la veritat divinal per ço desigen et ab lurs maestres sesforçen daver entrels seglars estimacio daquestes II coses, ço es que sien tenguts per pur Sents et per pus religioses que altres et per pus savis en lo saber de Deus Dien donques les revelacions que can entres seglars veen alcunes persones qui per gents et per conversacio et per obra los sobrepuyen en puritat de religio et de vida evangelical, mortalment los es greu per II coses, la una car per aquests aytals se manifeste pus clarament la lur apostasia, vol dir desviament de la perfeccio evangelical Laltre es car la estimacio de lur Santetat se minve per aquests en los seglars, e per ço sesforçen quels puguen gitar en ira et en meyns preu dels clergues seglars et dels lecs. En que perseguesen la veritat del evangeli en moltes maneras, mas especialment en aço, car levangeli atorga a tots Christians que sots la obediencia del Papa et de sots loctinents cascu pusque fer penitencia en pobrea, en meyspreu de si, e aquestes falsaris donen a entendre lo contrari de feyt et de paraula La terça manera per que ses manifestada en los damunt dits la furor de perseguir la veritat del evangeli, es ço que an feyt et fan en totes aquels pressones seglars qui denuncien los temps finals del secgle, axi com es lo temps danti Christ et el centenar de fenir mon, car ja sia ço que alcunes persones entrels seglars sien apparegudes, les quals per testimoni de les revelacions divinals denuncien aço, empero mortalment los perseguexen et sesforçen quels pusquen gitar en ira et en meyns preu dels seglars, per tal que negu no sia tengut per pus savi que ells en lo secret de Deu E la rabia daquesta envya o furor los turmenta tan fort que delerar los fa davant los seglars, dien no tan solament mençonegues mas baveguies de bover E açós manifeste per III coses que dien. La una es quan dien bona gent, no cregats que negu pusca saber los temps finals, car si deguls podia saber per subtilitat o per sciencia humana sabrienho alcuns de nostres frares, car ell mon no ha pus sobtills ne de mayor sciencia que na entre nos. E aquesta paraula, jassie aço que sie presumptuosa, pero sofferrelas pot hom. Mas quan dien apres que si, degu o devia saber per revelacio de Deu, que alcuns de lurs frares o sabrien, car ell mon non ha de pus Sant que ha entre ells. Aço es mençonega e contra levangeli en moltes maneres Primerament car ells se glorifiquen de Santetat, e levangeli diu que al fariseu quis glorificaba de Santetat no dona Deus la gracia, mas al publica quis tenie per pecador Daltra quar levangeli diu que Deus inspira la on vol, axi que no es obligat a negu de inspirarli sos secrets per negun merit de Santetat o de dignitat o altea de pressona o destament,

mas per sa francha voluntat, axi com la regla de la sua saviea li mostra que
fa a fer e declara o per aço car a Sent P. et a Sent Johan qui eren ydiotes
revela ço que no revela als fariseus o als doctors de la lig, et a Balaam qui
era fora de lig et tot ple diniquitat revela ço que no revela a alcuns Sants
pares de la lig, et a Agabucs I. diciple et a Sancta M.ª Magdalena et als
fiylls de Sent Feliu apostol revela ço que no revela a negu dels apostols, et a
Sent Francesch qui era lec revela en son temps ço que no revela a negun
clergue secglar o recglar, et axi com no es obligat a denguna pressona, axi
metex no es obligat a nengun temps, mas can ell o vol et conex que fa a fer
segons son enteniment, lavores revela ço que li plau et aquis vol, et per lo
qual son enteniment sera mils complit. Item la escriptura evangelical diu
que can Deus vol confondre cels quis gloriegen de lur altea, ell elig persones baxes et meyspreables. Per tot aço es manifestat que aquests falsaris en
la paraula damunt dita dien lo contrari del evangeli. Laltra paraula que dien
als seglars es que Deus anc no revela los finals temps als apostols en que
mostre o que son ignorants o no an vergoya de mentir, car a la letra diu,
lescriptura Sancta lo contrari, segons que es largament declarat en les obres
presentades a la esglesia de Roma. E Sent Agusti diu en lo libre de la Trinitat que alguna vegada los revela lo dia et la ora del juhii. La terça paraula que dien al poble es que nostre Seynor no revela a la sua beneyta Mare
los temps finals et que per ço nols revelaria a altre, en la qual paraula mostren dues coses. La primera que parlen per voluntat, car dien et affermen ço
que anc no trobaren escrit en neguna scriptura divina. Laltra es que ells
parlen no com doctors evangelics mas axi com bovers, car bover veu quell
vedell mostre a sa mare lo cap et la coa et tot quant pot et si salte davant
tot axi, aquests donen a entendre que nostre Seynor plasentejas a la Mare
per inclinacio carnal et que nos comporteve ves ella segons la regla de la saviea eternal, mas axi com vedel a la vaca. El contrari diu lescriptura que re-
conta que can nostre Seynor preycave en I. temple et per la pressa noy poc
entrar la mare quil demanave estave a la porta, dixeren li de ma en ma que
sa mare era a la porta quil demanave, e ell respos que sa mare era tots cels
qui oyen les sues paraules et les metian en obra, en que mostra que per la
mare no faya re per carnal inclinacio. Mas la bavequia daquests falsaris es
pus manifesta per aço, car Deus no fa res de bades et a la Verge Sa Mare no
era obs que li revelas los finals temps, car ella ni devia venir per adat a
aquels temps nen devia preycar, ne a consolacio espirital no li era obs quen
sabes, car per altres sentiments divinals la podia mils consolar que per aquel
saber. E axi es manifest que aquests falsaris per lo furor no tan solament
dien mençonegues contra levangeli, mas encara deleren et bavequeyen, et
jassia aço que cel qui denuncie los finals temps los aje soven requests ab escrits publics que si res volen dir contra, quen aporten en escrit e quen meten en juhii davant la Mare Esgleya, encara negu no es apparegut qui daço
se sie asenyalat, mas tuyts li traen per balesteria et ladren contra ell en ab-
sencia, axi con ca de vil coerdia ple. La quarta cosa en que manifesten la
furor de perseguir la veritat evangelical es car en totes les maneres que poden sesforçen dapagar et delir et offegar totes les escriptures que descubren
lurs legees, jassia ço que be coneguen que son evangelicals en totes coses, ço
es en materia et en forma et en final enteniment et en lo zel, e aquest es I,

cert Senyal en quels pot hom coneyer, car negun dels 'no pot oyr aytals paraules com aquestes sonques pusquen abstenir de bunir com vespa o siular
com vibra o escumar ayi com porch seglar, mas cel qui es amic de la veritat
evangelical a plaer can les ou Totes les coses damunt dites, Pare Sant, yo
vulgarment he denunciades a amdosos los Reys damunt dits, et ara can fuy
en Sicilia emraonava de tot aço ab lo Rey Frederich anedi a les coses damunt dites aquesta exortacio, ço es que en proseguir et promoure la veritat
evangelical per vida et per doctrina no devia duptar ni tembre ni esguardai
los juhiis ols poders dels homens Encara li digui que duy mes son frare lo
rey Darago et ell et tot altre poderos entrols Christians no seran escusats
davant Deus, anç seian greument comdempnats si per dupte o temor de juhiis o dignitats o poder domens leven a promoure la veritat del evangeli o
del Christianisme en totes maneres que poran, car Deus los ha posat II ar-
guments davant lurs huylls, los quals no poden escondir Lo primer es que I
escaravat a suscitat, ço es I home qui per son offici tracte altruys fems, el
qual no ha negun privilegi daltea, ço es ni de linyatge ni de pressona ni de
riquea ni de poder ni de dignitat ni destament, car del pus bay estament que
sie, ço es de muyllerats, es, et al feyt volar per diverses parts de Christians et
fiçar en la cara tots los mayors de la Christiandat, ço es mayors en dignitat
et en auctoritat et en poder et en sciencia et en estament et en multitut o
nombre, et tots se indignaren et sescomogren contra ell el perseguiren, los
uns diffaman, los altres menaçan, los altres acusan, los altres encarçeran,
los altres meten en cormes, los altres denuncian mençonegues et calump-
nies, los altres escriven et ordenan iniques sentencies, los altres feen collec-
tes de dinere, car segons que a Perosa fo recitat I estament dels damunt
dits, ajusta de totes les proviucies LX millia torneses que trames la per
tal quel escaravat no escapas per re que no fos cremat o encarcerat perpe-
tualment en lo loch de Sancta Crestira, et a aço finalment sacordarem car
no trobaven occasio per quell cremassen, et ab tot aço Deus la guardat en
tal manera que no han pogut tolrre I cuxa ni I ª ala ne I dels grynyons
del morre, ans quant mes lan perseguit, tant pus ferm et pus ardit et pus
apparcyllat es estat de fiçar tots los falsaris de la veritat evangelical E ço
que es pus notable, tota hora es estat pus alegre E per tal que entenats faç
vos saber que XV. anys mavie turmentat greument una gran tristor per la
rao que altra vegada us dire, et non pogui esser deliure entro que sofferi
les persecucions damunt dites et especialment can fuy cert dels juhiis que
corrien contra mi, ço es quells uns deyen que yo era fantastich, los altres
que nigromantich, los altres que encantador, los altres que ypocrita, los altres que eretge, los altres que papa dels eretjes, et puys que fuy cert que
aquestes coses dehien de mi, anç puxes la tristor damunt dita nom toca,
per que podets clarament conexer que en ço que es de Deu ne hom fa
per ell no deu negu tembre ne duptar los juhiis nel poder dels homens, car
si Deus en son servii a guardat 1. escaravat dels mayors poders del Mon,
molt mils guardira les aguiles ells gritalts Lo segon argument que Deus a
posat davant totes les altres piessones de Christians son los juhiis que a complit en dos Papes, car lo decaement damunt dit del Christianisme fo en escrit
a cada hu denunciat, et cascu dels per la denunciacio fo amonestat de part de
nostre Seynor Jhesu Christ ques cuytas de iectifficar tots los estaments de

Christians e primerament de tota la clericia, et fou denunciat a Boniffaçi que, siu meyns preava Deus, faria en ell temporal juhii aytal que en la sua casa metexa et en la força de la sua gloria lo faria confondre per sos enemics, et finalment deliria les sues plantes et la gloria del seu nom, et tot aço legi ell metex et meynspreao, et no ho vole creure entro que de feyt ho tasta. An Beneyt fo denunciat que, si ho meyns preava, tost seria arrapat de la Seylla, ço es tolt del Papat, et del dia que aquesta denuneiacio ac oyda et legida, car ho meyns prea, no sigue en lo papat sino XXXV. jorns. E can cadau damdos vole creure la denunciacio nols profita, car Deus nols dona espay de viure, per ço car no agren cura desquivar lo vituperi de Jhesu Christ, lo qual conexien et sabien que hom los denunciava generalment. Perque podets conexer dues coses. La una es aqueles denunciacions de par de notre Seynor se fahien. Laltra es que totes les altres pressones a les quals pertayn la guarda et la promocio de la veritat evangelical, si meyns preen duy mes lesderroch daquella veritat, lo qual es manifest per tot lo mon, Deus les començara punir en esta vida, e sils dona espay de fer penitencia, sera gracia molt especial. Encara per tal que pus diligents siats a promoure aquesta veritat, vos faç saber que les revelacions divines dien que la denunciacio damunt oyda fara fer Deus altra vegada, axi com per terça monicio a la Seylla Apostolica; et daço so cert. Mas per qui o en qual loc o cant nou se. Mas be se que si la terça denunciacio meynspreeu, Deu començara en lan segon apres fer en ells et en lurs pilars terribles juhiis, dels quals dorrient entro en Occident se maraveyllaran totes gents. Tot axi com les tres coses damunt dites e denunciades, axi com Anafil de nostre Seynor Jhesu Christ, axi metex a vos Sant Pare et a tots christians, ne denuncia altres tres en quant lo correu dels frares damunt dits. La primera es que Deus los ha inspirats et a units en son esperit a promoure la veritat del Christianisme per totes parts, ço es entre catholics et scismatichs et pagans, axi que segons la justicia evangelical entenen a usar de II. gladis, ço es espiritual et corporal, e proposen aço continuar, entro quell Sepulcre de nostre Seynor Jhesu Christ sia restituit a Christians e la secta de Mahumet sia anullada, e per tal que mils men creegats, legir vos he los translats de les letres que amdosos los Reys trameseren la I. al altre. E car primerament fuy messatger del Rey Frederich al Rey en Jacme, primerament vos legire lo translat de la sua letra e puxes lo translat de la responsiva del Rey Darago. La segona cosa que denunciu dells es que amdos comunament an començat a promoure la damunt dita veritat en dues maneres. La primera es donan exemple de feyt en lurs pressones, car tot ço que no servie si no a cultivament de vanitat an tot a lurs pressones, e tota superfluytat de maneres de viure giten de lurs cases per enteniment de la fi damunt dita. E les regines lurs muyllers los seguexen, axi que la I.ª per mostrar la veritat de sa devocio a començat ja fer dues coses. La I.ª es que totes les joyes, fora daqueles que pertanyen a la dignitat reyal, partex en III. parts. La una en pobres aconseyllar. Laltra en esgleyes a ornar. La terça al passatge doltramar. Laltra es que totes aquelles familiars sues qui li solien dir qualsque evacs de vanitats axi com: Madona, tan beus esta, o semblants paraules a luyades de si, exceptats aqueles que de cor et dobra se conformen a ella. La segona obra comuna a abdoses frares en la qual an començat a promoure la veritat del Christianisme es ordenament que an feyt en escrit, en lo qual mostren a tots cels qui volran en la promocio daquela entendre, com se deyen regir en si e com deuen conversar ab los altres catolics, et que deuen fer ves los scismatics et pagans, axi que sobraço a començat a escriure lo Rey Frederich, e aquell ordenament en escrit e yo portat al Rey Darago, e ell hia declarat et ajustat algunes coses per inspiracio divina, tot axi com lo frare per aquella matexa avie laltre ordenat, e de tot aço pux fer copia a tots cels qui lan volran. E dic que en aço fa Deus a tots los catolics et mayorment als clergues I Seyal fort notable, car a promoure et administrar la veritat evangelical, en la qual esta la veritat del Christianisme, a ellegits en aquest temps et appellats lecs, ydiotes et muyllerats, dels quals fa universals doctors de tots aquells qui volran obeir al evangeli. La terça cosa que denunciu dels damunt dits Reys es que cascun dels a per si començat la damunt dita promocio per obra singular, vol dir propria a cascun dels, car lo Rey Darago ses mes en cami ab ses gents per anar en lo regne de Granada ab proposit de no tornar atras, entro que la blasfemia de nostre Seynor Jhesu Christ sie estirpada de les parts Occidentals E axi o a sollempnement divulgat a les sues gents Lo Rey Frederich per si a començat a bastir et a continuar escoles evangelicals, de mascles a una part et de fembres a altra, en les quals rics et pobres seran informats a vida evangelical ço es de ver christia, et aquels qui seran abtes a preycar otra aço seran enformats en lengues diverses, en tal manera que la veritat del evangeli pusquen mostrar a tots pagans o scismatics, e a promocio daço a procurat ja maestres et escriptures evangelicals en algunes lengues, et procura en altres et a ley cridar per la ylla que tots aquells qui volran en paupertat evangelical viure de qualque nacio sie vagen la, car ell los dara proteccio et provisio en necessaris de vida.»

VIII.—Donaciones á favor de Arnaldo de Vilánova [1]

1.ª

«Nos Jacobus etc. Attendentes plura grata et accepta servicia per vos dilectum nostrum Magistrum A de Villanova gratanter exhibita, et que exhibere cotidie non cessatis Idcirco ipsorum gratuitorum serviciorum intuitu vobis licenciam ac plenum posse concedimus atque damus, quod possitis auctoritate propria domos, censualia, honores aliasque possessiones quas habetis et possidetis in civitate et territorio Valencie, donare seu in ultima voluntate dimitere seu legare Ecclesiis et locis religiosis ad divinum cultum, hoc vobis et speciali gracia indulgentes Mandantes per presentem cartam nostram procuratori nostro Regni Valencie, Justicie et baiulo Civitatis Valencie, nec non universis et singulis officialibus eiusdem Regni et civitatis, quod predictam graciam et concessionem nostram firmam habeant et observent et faciant inviolabiliter observari et non contraveniant nec aliquem contrave-

---

1 Archivo de Aragon, registro núm 199, fól 69 vto. Lérida VI idus Aprilis 1302

nire permitant aliqua racione. Datum Ilerde VI° idus aprilis anno Domini
M°CCC.° Secundo.—Matheus Botella mandato domini Ep.»

2.ª

«Nos Jacobus etc. Concedimus et licenciam plenam damus vobis venerabili et dilecto Consiliario nostro Magistro Arnaldo de Villanova. Quod illud
violarium gabelle salis de Burriana, quod ex donacione et concessione nostra habetis et recipitis ac etiam ministratis, possitis per vos vel per procura-
torem vestrum vendere ad IIII annos continue sequentes cuicumque seu quibuscumque volueritis et quocumque precio. Nos enim quamcumque vendi-
tionem de premisso violario feceritis ad predictum tempus IIII°r annorum,
ex nunc ut ex tunc et ex tunc ut ex nunc, emptori seu emptoribus eiusdem
Violarii quicumque fuerint, laudamus, approbamus ac etiam confirmamus:
Promitentes ipsam vendicionem ratam habere et in aliquo non contravenire
aliqua racione. Datum Ilerde VI° idus aprilis anno predicto (1302).—Idem.»

IX.—Carta del rey Federico de Sicilia á su hermano don Jáime II [1]

«*Excellentissimo domino J. Dei gratia illustri Regi Aragonum.*

»Frare Seynor, yous clam merçe per amor de nostre Seynor, que sy yo
falia en alguna cosa per gran desig que yo e que vos sapiatç mon enteniment, axi com pare que mo dejaç perdonar, que ço no seria per minva de
bona amor mas solament per ignorantia e simplea. Certa cosa es, car frare
e Seynor e pare, que per la gratia de Deu yo coneç que tot hom deu seguir
nostre Seynor Ihesu Crist en son estament, esperam en la sua gratia, viven
en caritat axi com Cristia deu fer, e so cert que neguna presona no pot viure
en caritat, si no meynsprea aquest mon, ço es que sia pobre despirit, e per
ço deu hom eser pobre despirit e meynsprear lo mon, ne ńol deu hom prear
ne aver, sino tan solament que i puxa fer la volontat de nostre Seynor, car
aquesta es la cosa de quels homens poden honrar Deu en tera e on de pus
alt estament es lom tant es maior la honor que li fa seguendo en aquell estament, e mes li o graex nostre Seynor. Car per lestament, en que es lo pot
fer honrar a molç altres, on ell diu en levangeli que aquell que servira el
seguira, son pare lo onrara eternalment; on Seynor meu, claman merce yous
comvit encara en caritat ab tota reverencia e subiecçio, que per remembran-
ça de la passio de nostre Seynor Ihesu Crist, que vos lo vullatç seguir segons la manera de sus dita, que be sabetç que es breument la veritat que ell
enseyna en tera per poder aver caritat, per la qual lom compra lo cel, la
qual caritat es huy, parlan generalment, molt refredada, segons la paraula

---

1 Autógrafa en el Archivo de Aragon.

del Apostol, e per çо es molt neçesari que per vos qui Deus a tan honrat queus a feyt, per dir veritat, lo pus alt hom que anc fos en nostre linatge Darago, e que tota Espayna e encara gran partida del mon per la gracia de Deu guarda a vos molt liu dejatç fer gracies per obra, desenparan vos metex' per ell en la manera desus dita, e yo creu que Deus sara segit de moltç per rao de vos e loat et honrat: amen. Jos tramet per escrit alçuns proçeses que yo e feitç per donar a entendre mon enteniment per exempli dobra, e tramet vos la informaçio que maestre A. a feita sobre lo dit enteniment, e per amor de Deu plaçia a vos no gurdar al vaxell, mes gurdar la sabor del piment, que be sabetç que tan solament nostre Seynor es bo.»

X.—CARTA DEL REY DON JÁIME II AL INQUISIDOR EYMERICH SOBRE EL NEGOCIO DE GUILLERMO DE COLLIURE [1]

«Jacobus, etc. Venerabili patri in Christo fratri Eymerico Magistro Ordinis fratrum predicatorum salutem et dilectionem. Ad audientiam nostram de presenti diferimus quod frater Guillermus de Cauco libero de ordine vestro, fungens inquisitionis officio in diocesi Valentina, pretextu inquisitionis excomunicavit Gombaldum de Pilis domesticum et familiarem nostrum exhibitorem presencium, occassione scripturarum editarum a venerabili et dilecto Consiliario, familiari et fisico nostro, Magistro A. de Villanova, ac si heresis aliquid continerent, cum tamen easdem scripturas nos et illustris domina Regina, consors nostra karissima, et familiares nostri et archiepiscopi, episcopi et inferior clerus et multi alii nostre ditionis teneamus et perlegamus frequenter. Tulit etiam predictam excomunionis sentenciam tam inique et imprudenter ut audivimus et pensamus, quod non solum in offensam nostram promulgavit eandem, set in irreverenciam et contemptum dicte Regine, que affuit interdum ejectioni predicti Gombaldi ab *ecclesia*, occassione late sentencie contra eum, pro eo quod supradictas scripturas tenebat et publicabat. Unde cum ex hiis videatur quod processus illius non tantum injustus fuerit set iniqus, fueritque per nos requisitus idem frater G. quod causam nobis exprimeret propter quam excomunicaverat dictum Gombaldum, ad hoc ut dominum Summum Pontificem certificantes, remedium super hoc canonicum per eundem adhiberetur, dictusque frater ad pleniorem sue iniquitatis manifestationem degeneravit nobis exprimere dictam causam, sitque nobis molestum ac perniciosum exemplum quod domesticos nostros videamus absque causa de tam nefando crimine increpari, idcirco paternitatem vestram affectuose rogamus quatenus faciatis cum effectu quod dictus frater cum sufficientibus scriptis nobis mitendis revocet sentenciam antedictam, aliter non miremini si tam ille frater quam alii fratres vestri ordinis senserint nos amodo durescere versus eos: hanc autem litteram mittimus vobis per predictum domesticum nostrum, quoniam plenius alio sciet vos informare de procesibus dicti fratris. Datum Barchinone XIIII. Kalendas decembris anno Domini M.º CCC. Quinto.

1 Archivo de Aragon, fól. 318, último documento, registro núm. 335.

»Predicta littera fuit expedita absque signo domini Cancellari vel sui locum tenentis, de expresso mandato domini Regis, qui presencialiter et manualiter eam tradidit Bernardo de Aversone isto modo sigillandam.»

XI.—CARTA DE FRAY ROMEO ORTIZ AL REY DE ARAGON SOBRE EL RAZONAMIENTO DE A. DE VILANOVA EN AVIÑON [1]

«*Excellentissimo et magnifico principi domino Jacobo Dei gratia Regi Aragonum.*

»Sciatis, domine, quod Magister Arnaldus de Villanova fuit Avinione et procuravit cum Summo Pontifice coram Cardinalibus audienciam sibi dari et eandem per importunam procuracionem data est sibi audiencia coram Cardinalibus, in quorum presencia, inter multa que dixit de quibus fuit racionabiliter reprehensus, retulit infra scripta. Dixit enim quod dominus, Rex Fredericus, frater vester dubitaverat diu utrum tradicio evangelica de abrenunciacione temporalium propter Cristum esset ab invencione hominum vel divinitus inspirata, et dum sub tali dubio cius animus fluctuaret, aparuit sibi quadam nocte in sompnis domina Regina mater vestra, velata facie, suadens ei quod mundum contempneret et divinis obsequiis inhereret, et quo pro certo teneret et crederet quod tradicio evangelica non fuerit humanitus sed divinitus instituta, et de hoc nullatenus dubitaret. Dum autem adhuc dominus Fredericus in eodem dubio permaneret, iterato in sompnis modo consimili eidem aparuit mater vestra et consimiliter verba retulit supradicta. Tercio vero iterato eidem aparuit facie revelata et verba similiter protulit suprascripta, et tunc dominus Fredericus recognovit illam fuisse matrem suam, que sibi aparuerat et retulit supradicta. Dixit etiam quod prefatus dominus Fredericus miserat pro magistro Arnaldo quod veniret ad eum in Ciciliam ut sibi prefate visionis misterium cercius explicaret. Dixit etiam quod modo consimili vos fueratis in eodem dubio, utrum prefata tradicio fuisset ab invencione hominum vel divinitus, ut predicitur, inspirata et quod modo consimili vidistis in sompnis dominum Regem Petrum patrem vestrum eo modo et ordine quo dominus Fredericus vidit matrem vestram, qui vobis dixit eadem verba que mater vestra dixerat domino Frederico, et quod vos similiter miseratis pro dicto Arnaldo, ut vobis visionem predictam plenius explanaret. Et quia vos, domine, et fratrem vestrum de dubio fidei coram Papa et Cardenalibus diffamavit, et dubius infide infidelis censeatur, sicut quidam Cardinalis intulit qui vos diligit toto corde, per quod detrahebatur quamplurimum puritati consciencie vestre, honestati, fame et vestre regie dignitati. Idcirco Cardinales amici vestri et inter ceteros dominus Portuensis qui vos diligit, sicut patet, fuerunt offensi non modicum, quia vos specialiter et etiam fratrem vestrum asserebat in fide dubios et per consequens infideles, curantes de sompniis et in sompniis confidentes, maxime

1 Archivo de Aragon.

coram Summo Pontifice et collegio Cardinalium universo et domino Portuensi, cum sui displicencia coram fratre Petro socio suo et Custode Valencie mii retulit supradicta, et voluit quod per me ad vestram deducerentur noticiam, ut prefatum Arnaldum ad vestra non mitatis negocia, qui per dominum Regem Francie in objectis contra dominum Bonifacium, de heresi accusatur, et ut possitis coram Papa et Cardenalibus ipsius falsitatem refellere et vestram puram et fidelem innocenciam excusare. Ego autem servus vester fidelis qui pati non possum quod fama vestra posset per aliquem denigrari juxta decenciam humilis status mei, ubi et quando potui, vos super istis et quibusdam que audiveram, veritate previa, sicut valui, excusavi, sicut pluribus manifestum, et super istis scribit vobis dominus Portuensis qui nunciis vestris, si eum expectassent, supradicta omnia et alia plura referre decreverat oraculo vive vocis, et sicut credo in brevi scribet vobis dominus Ostiensis. Suplico autem dominationi vestre quod supradicta omnia que vobis scribit familiariter dominus Portuensis, placeat tenere secreto, et provideatis ne comunicentur littere quibuscumque plura enim vobis utilia, sicut a magnis audivi, notificarentur vobis frequenter ab his qui diligunt bonum vestrum, que omituntur frequencius, eo quod vel non bene custodiuntur vel pluribus comunicantur littere vobis misse, sicut in brevi scietis explicite, Domino concedente. Ego autem frater Romeus Orticii, Minister Aragonis, dominacioni vestre significo supradicta de mandato reverendi patris domini Portuensis Generalis Ministri: plurimum vos salutat qui vobis scribit, et eius litteram per vestros nuncios mitto vobis. Valeatis semper in Domino, ut procuratis et me servum vestrum habeatis, si placet, in vestri gracia comendatum. Datum Avinione, VI Kalendas Novembris, Anno Domini M.º CCC.º Nono.»

XII.—Carta del rey de Sicilia al de Aragon en defensa de Arnaldo [1]

«Serenisimo et reverendo domino J. Dei gratia regi Aragonum carisimo fratri suo.

»Serenisimo et excellenti principi Domino J. Dei gratia regi Aragonum, suo carisimo fratri, reverende, tamquam pater, Fredericus eadem gracia rex salutem et reverenciam filialem. Fem vos saber que reebem e entesem vostres letres e los translatz de ço que maestre Arnau avie proposat en Avinyo davant lo Papa e de ço que proposa davant vos en lo Setge Dalmeria, los quals translatz ia aviem reebutç e viste e enteses, e no trobam, ni per nostre enteniment ni daltres, que en aquelles proposicions aja res dit a nostra infamia, salva tota via la reverencia vostra, car en tot ço que conta e dix de la nostra par, es ver que axi com o recita axins ne eren raonatç ab ell, e en aquell çel que ell matex en aquelles proposicions concloex de vos e de nos, car per çel de ver crestianisme nos li dixem que segons les obres els porta-

1 Autógrafa en el Archivo de la Corona de Aragon.

mens que faien generalment totç crestians donaven a entendre que la doctrina del evangeli fos faula, e donaven ocasio als ignorans e idiotes, axi. com
son comunament los lecs, daver sosipta que no xia doctrina de Deu mas domens enganadors, en lo qual dupte maestre Arnau matex confesa en aquelles
proposicions que caen alcum tems per aquella ocasio, e tota presona que aja
ver çel de crestianisme de qualque grau sia, pot aço dir e reçitar en tot loc de
crestians, per moure los corages de çels quiu oiran a tornar á la veritat del
avangeli, e per dir aço o reçitar no caen en infamia cells quio dien, ans en
veritat son dicnes per aço de ser loatç e tengutç per vers cristians, car plan-
yen lo decaiment del crestianisme el mespreu del avangeli, en lo qual esta
tota la veritat del crestianisme, e no tan solament maestre Arnau, lo qual es
nostre natural e domestic, et creem que anc no ac volontat ni enteniment
de difamar vos ni nos ni res que nostre sia, mas encara tota presona que
aquelles paraules dixes o recontas en aquell enteniment en lo qual ell los
proposa de part vos e nos, deven qui ver cristians som mes amar per allo, e
pus car tenir axi com home que la veritat de Deu e del nostre crestianisme
met a avant, e raonc lla on los maiors no gosen parlar e es nos vijare que a
nostra sensacio nous cal sobraço escriure a Papa ni a Cardenals, pus que co-
nexen que ço que ell los proposa no era acusacio nostra, ans creem quens
acusarien els dariem materia descarnir nos o mensprear, pero si maestre Arnau, fora dels escrits que avia vistz, avia dit al Papa en public o en privat que
nos duptasen o meinscreegesem en ço que pertayn a la fe del crestianisme,
nos som aparellatç de proposar e de manifestar davant lo Papa que ell no
diie veritat, mas no avem entes encara ni per Papa ni per Cardenal ni per
nostre percurador que tenim en cort, que maestre Arnau dixes de vos ni de
nos aço en nenguna manera, ans avem entes lo contrari, ço es que totes altres presones daltre estament acusa o denuncia de fals crestianisme, e nos e
vos loe per vers cristians, e nos, no per aço mas per lenformament quens
done, avem nos pensat que aitant com porem lo retingam ab nos, per ço car
no veem que de paraula ni de feit mostre al re sino la veritat del avangeli, e
aço sabem totas maneres de crestians, per la qual cosa conexem que si stu-
diosament lo luniavem de nos, a tot lo mon dariem ocasio de infamia nostra
la maior que eser pot, ço es quens tinguesen por pijors crestians que anc fosen, car a nostre natural e dumestic qui es gelos de ver crestianisme no po-
riem sofere prop de nos, totes gens conexirien quel nostre moviment no serie de rao mas de volontat desordenada ves Deus e ves homens. E per tal
que vos siatç pus cert del seu çel e de ço que diu e desiga de vos e de nos,
trametem vos sotç nostre segel lo translat del enformament quens a donat
ara en aquesta venguda, lo qual enformament nos per la gracia de Deu avem
començat a metre en obra e avem esperança en nostre Senior Ihesu-Crist
quem o fara complir. E per ço car divulgar les coses damunt escrites nous
par que fos onor vostra ni nostra, per ço nos matex o avem escrit *de nostra
ma*, e si per aventura i avia alcuna cosa que no fos ben dita, pregamvos
quens o deiatç perdonar, car tot o cuidam dir a vostra onor, la qual tenim
per nostra.»

XIII.—CARTAS DE CLEMENTE V AL REY DE ARAGON SOBRE
EL RAZONAMIENTO DE ARNALDO [1]

1.ª

«Clemens Episcopus, servus servorum Dei. Carissimo in Christo filio Jacobo, Regi Aragonum illustriss. salutem et Apostolicam benedictionem. Ex
tuarum accepimus serie litterarum, quod per aliquos tibi significatum extite-
rat, quod dilectus filius magister Arnaldus de Villanova quaedam te et ca-
rissimum in Christo filium nostrum Fredericum, Regem Trinacriae illustrem germanum tuum tangentia proposuerat coram nobis, super quibus per
Nos certificari humiliter supplicasti. Verum ut de hujusmodi propositis et
Nobis in scripto oblatis per eundem magistrum Arnaldum in consistorio
privato notitiam tua habeat celsitudo, ecce quod scripta et proposita ipsa
quae tunc venerabili fratri nostro Berengario, Tusculanensi Episcopo, tunc
tituli Sanctorum Nerei et Achillei presbytero Cardinali, per eundem magistrum Arnaldum tradi mandavimus, tibi mittimus praesentibus interclusa.
Datum Avinione VI Idus Junii, pontificatus nostri anno quinto.»

2.ª

«Clementis V ad Jacobum II Aragoniae regem, de eadem re (1309).

»Clemens Episcopus, servus servorum Dei. Carissimo in Christo filio Jacobo, Regi Aragonum illustri, salutem et Apostolicam benedictionem. Tuae
celsitudinis litteras, per quas nobis inter caetera intimasti, quod in quibusdam quae magister Arnaldus de Villanova olim coram nobis et fratribus nostris duxerat proponenda, in quibus de tua et carissimi in Christo filii nostri
Frederici, Trinacriae regis ilustris fratris tui personis fecerat mentionem,
locutus non fuerat veritatem, paterna, sicut decuit, affectione recepimus, et
eas inspeximus, et legimus diligenter. Verum quia, sicut ex litterarum ipsarum tenore colligemus, turbationis causam ex proportione hujusmodi
assumpsisti, et nos ex inde conturbamur, dum sentimus personam tuam
quam brachiis paternae dilectionis astringimus, fore proinde conturbatam.
Verumtamen sciat regalis sinceritas quod ad scripturam illam, per quam
dicta propositio facta extitit coram nobis, nos, dum legebatur, cogitantes circa alia negotia graviora, quae nostris tunc cogitationibus imminebant,
mentem nostram non curavimus apponendam, nec ad illa quae praelibata
continebat scriptura, tunc vel postea nostrum direximus intellectum, neque
illis fidem vel credulitatem aliquam diximus adhibendam. Super eo vero
quod per dictas litteras postulasti, ut eas legi coram nobis et dictis fratribus

_____

[1] Archivo de Aragon.

nostris, in consistorio faceremus, scire te volumus quod cum in loco ubi moramur, ad praesens non habeamus nobiscum ex ipsis fratribus nisi paucos, litterae ipsae ibidem in consistorio legi commode nequiverunt. Sed cum erimus in civitate Avinionensi, ad quam sumus in brevi, dante Deo, reversuri, faciemus illud fieri, si deliberate super hoc nobis tuam denuo rescripseris voluntatem. Haesitamus enim an ex motu animi ex propositione praedicta forsitan concitati, an ex consulta deliberatione id duxeris postulandum. Datum in prioratu de Gransello, prope Malansan, Vasionensis dioecesis, IX Kal. Nov. pontificatus nostri anno V.»

XIV. —Sentencia condenatoria de las obras y errores de Arnaldo de Vilanova [1]

«Auctoritate Sacrae Scripturae docemur, et consonant catholicae sanctiones, quod Praelatus contra subditos non debet esse facilis ad credendum. Unde, ut in *Genesi* legitur, cum clamor Sodomae et Gomorrae ascendisset ad Deum, noluit subite procedere contra eos, sed ait: *Clamor Sodomae et Gomorrae ascendit ad me: descendam et videbo utrum clamorem opere compleverint.* Et postea comperta veritate protulit mortis sententiam contra eos. Et in Evangelio legitur quod villicus qui deffamatus erat apud Dominum suum, quasi dissipasset bona ipsius, audivit ab illo: *Quid hoc audio de te? Redde rationem villicationis tuae: Jam enim non poteris villicare.* In quibus auctoritatibus instruimur qualiter debeamur erga subditos nos habere. Cum igitur ad aures nostras, multis clamoribus praecedentibus, non solum semel, sed pluries et plurium virorum bonorum et honestorum relatione condigna fama etiam nihilominus publice defferente, pervenit quod magister Arnaldus de Villanova quondam, dum viveret, composuerit et ediderit multos et diversos tractatus, in quibus multi contra fidem sanctam catholicam et orthodoxam errores sub quibusdam coloribus continentur, et ipsi tractatus sic compositi errores multipharios amplectuntur, et dubia circa fidem Dom. nostri Jesu Christi plurima continent in se ipsos: aliqui enim de dictis tractatibus seu libelli continent in se haereses, alii errores, alii temeritates, alii falsa et dubia circa fidem, multosque de catholicis viris simplicibus et mulieribus, qui ipsis utuntur libris, et ex simplicitate et ignorantia adherent dictis ipsorum libellorum et tractatuum, possent de facili perducere ad errorem et etiam ad ruinam et ad cespitandum in fide Dei sanctissima, et talia quae in perversionem et subversionem totius status sanctae matris Ecclesiae catholicae, non solum Christianorum laycorum sed etiam omnium clericorum et religiosorum virorum, cujuscumque status seu conditionis existant, non debeant sic inulta conniventibus oculis praeteriri, imo sint a coetu fidelium radicitus extirpanda: idcirco nos Gaufridus de Crudillis, Praepositus Terraconae, gerentes vices Terraconae Archiepiscopi sede vacante, zelo

---

1 Conservaban un traslado auténtico los Dominicos de Barcelona. La publicó el P. Villanueva.

fidei inducti, cum periculosum sit et peccatum contumelias contra fidem catholicam sustinere, studuimus quod possemus praedictis erroribus adhibere, cum ad hoc teneamur, remedium opportunum. Vocavimus virum religiosum fratrem Jhoannem de Longerio, Inquisitorem haereticae pravitatis, ut cum eo conferremus et deliberaremus, qualiter super praedicto negotio esset cautius procedendum. Propter quae cum secundum canones integrum sit judicium quod plurimorum sententiis confirmatur, ut valeremus in negotio fidei cum maiori securitate procedere, vocavimus ad Nos viros venerabiles et discretos et litteratos religiosos fratrem Bernardum Dominici, Lectorem fratrum praedicatorum Barchinonae, fratrem Bernardum de Pim, Lectorem fratrum Praedicatorum Ilerdae, fratrem Arnaldum de Canellis, Lectorem de ordine fratrum Minorum, fratrem Bernardum Simonis, Lectorem fratrum Praedicatorum Terraconae, fratrem Guillermum Çarocha, Lectorem fratrum Minorum Terraconae, fratrem Jacobum Ricardi, ordinis cisterciensis, Lectorem in Monasterio de Populeto, fratrem Raimundum Otgerii, ordinis cisterciensis, Lectorem in monasterio Sanctarum Crucium. Omnibus commissimus quod diligenter examinarent errores et temeritates, qui continebantur in dictis tractatibus et libellis. Qui convenientes in unum cum diligenti studio praedicta examinaverunt, et nobis fideliter retulerunt die sabbati quae fuit octavo Idus Novembris, anno Dom. millessimo CCC sexto-decimo. Quibus praesentibus, et nobis assistentibus in capitulo canonicorum Terraconae ecclessiae, praesentibus etiam et nobis assistentibus pluribus religiosis viris in Theologia Doctoribus et aliis viris peritis, inter quos erant Venerabilis frater Jacobus Alamanni, Prior Provintialis fratrum Praedicatorum in provincia Aragoniae, et Venerabilibus Berengario de Calders, Succentore, Gundisalvo de Castro et Francisco de Casanovo, canonicis Terracon, ecclesiae, et aliis etiam canonicis vocatis simul consentientibus, vocatis etiam reverendis Patribus monasteriorum Populeti et de Sanctis Crucibus Abbatibus, et praesentibus eorum procuratoribus, Lectoribus supradictis, praedicta die Sabbati, non ferentes opprobrium nec contumeliam fidei christianae, verisimiliter formidantes ne falsitates et errores in dictis tractatibus contenti possent non solum simplices, sed etiam litteratos perducere in errorem, cum etiam ibi tota universalis Ecclesia laederetur tam in capite quam in membris, et etiam in ejus dictis detrahatur plurimum Eucharistiae sacramento, de consilio et expresso assensu omnium praedictorum, libellos et tractatus qui inferius continentur duximus sententialiter condemnandos. Nos itaque dictus Praepositus et dictus Inquisitor damnamus, reprobamus ac sententialiter condempnamus libellos sive tractatus dicti magistri Arnaldi per ordinem qui sequuntur:

»Primum qui intitulatur *De humanitate et patientia Jesuchristi*, et incipit: *Filla, si la amor natural*, ibi enim ponit naturam humanam a Deo assumptam, aequalem Deo in omnibus bonis suis, et quod tam alta sit humanitas in Deo quantum divinitas, et tantum possit, quod videtur esse error in fide, quia nihil creatum potui aequari Deo, et est contra symbolum Atanasii, ubi dicitur: *Minor Patre, secundum humanitatem*; et in Johanne dicit Christus: *Pater maior me est.* Item dicit in libro *De fine mundi*, qui incipit: *Entés per vostres paraules*, quod quam cito anima Christi fuit unita divinitati, statim ipsa anima scivit omnia quae divinitus scit, quia alias non fuisset cum ea una persona, praecipue quia scire est circunstantia pertinens ad suppositum individuale; et non ad naturam. Ex his ejus verbis magna duo dubia insurgunt, quia ponit animam Christi scire omnia, quae divinitus scit, et quia videtur annuere quod in Christo non sit nisi una scientia.

»Item damnamus libellum qui intitulatur *Informatio Beguinorum vel lectio Narbonae*, et incipit: *Tots aquells qui volen fer vida spiritual.* Ibi enim dicit quod diabolus ingeniose deviare fecit totum populum Christianum a veritate Domini Jesu Christi, sic suxit et evacuavit quod non dimisit in eo nisi pellem, id est, apparentiam cultus ecclesiastici; quem facit ex usu, et fides quam habet est talis, qualis est fides daemonum, et quod totus populus christianus ducitur in infernum, et quod christiani per singulos status palam vita et moribus et affectibus Christum abnegavere, et quod in toto corpore Christi collegii, usque ad verticem a planta pedis, non solum vivit, sed regnat et imperat talis apostasia. Ex quibus verbis videtur quod non sit gratia in tota Ecclesia militante. Quod videtur nobis temerarium et error in fide, cum Salvator dicat Mathaei ultimo: *Ego autem vobiscum sum usque ad consummationem saeculi;* et contra illum articulum: *Credo Sanctam Ecclesiam Catholicam.* Item quod dicitur expresse, et sequitur ex hoc quod tota Ecclesia militans damnetur, reputamus consimili modo temerarium, et errorem in fide, et contra articulum *Remissionem peccatorum.*

»Item damnamus libellum, qui intitulatur *Ad Priorissam vel de caritate*, qui incipit: *Beneyt et loat sia de Jesu Christ:* ubi dicit quod omnes claustrales sunt extra charitatem et damnantur, et quod omnes religiosi falsificant doctrinam Christi. Quod est temerarium dicere et manifestum mendacium.

»Item damnamus libellum, cujus titulus est *Apologia*, et incipit: *Ad ea quae per vestras litteras*, ubi condemnat studium philosophiae, et doctores theologicos qui aliquid de philosophia posuerunt in suis operibus. Quod dicimus temerarium et periculosum in fide, quia videtur condemnare Augustinum, Hieronymum et alios Doctores per Ecclesiam canonizatos, qui eundem modum tenuerunt.

»Item damnamus litteram sive libellum, qui incipit: *Domino suo karissimo:* ibi enim damnat totam Ecclesiam.

»Item damnamus libellum, qui intitulatur *Denunciatio facta coram Episcopo Gerundensi*, et incipit: *Coram vobis Reverendo.* Ibi enim dicit quod revelatio facta Cyrillo est pretiosior cunctis Scripturis Sacris, quod est error in fide, cum fides dependeat ex Sacra Scriptura, et non ex illa revelatione, et ideo preponit fidei dictam revelationem.

»Item damnamus libellum, qui intitulatur *De helemosina et sacrificio*, et incipit: *Al catolic Enquiridor*, et infra: *Faç vos saber que la questió que vos en vostra letra proposats.* Ibi enim dicit quod opus misericordiae plus placet Deo quam sacrificium altaris: quod est temerarium et etiam erroneum, tum quia inter omnia sacramenta ecclesiastica sacramentum Eucharistiae est pretiosius et nobilius quod possit Deo offerri, tum quia incomparabiliter plures rationes acceptabilitatis sunt in sacramento Eucharistiae quam in helemosinae largitione. Item quia ibidem dicitur quod stabiliens capellanias vel faciens celebrari missas post mortem non facit opus caritatis, nec ex hoc meretur vitam aeternam, quod est hereticum, et est contra id quod communiter tenet Ecclesia, et contra canonem missae et contra Scripturam Sa-

ʼcram. Item quia ibidem dicitur quod qui in vita sua scit multitudinem indigentium et maxime amicorum Dei, et congregat et retinet superflua ad stabiliendum capellanias et perpetuandum missas post mortem, certum est quod cadit in aeternam damnationem, reputamus falsum et temerarium, nisi essent indigentes extrema necessitate. Item quia ibidem dicit quod in sacrificio altaris sacerdos offerens, vel faciens offerri, nihil Deo de suo offert, nec etiam voluntatem, quod nos falsum et temerarium reputamus. Item quia ibidem dicitur quod in helemosina magis representatur Passio Christi quam in sacrificio altaris: quod falsum et erroneum reputamus, quia sacrificium altaris magis est memorativum Dominicae Passionis, et ex institutione, unde dixit Christus: *Haec quotiescumque feceritis, in mei memoriam facietis.* Et Apostolus: *Quotiescumque hunc panem et mortem Domini annuntiabitis.* Item quia ibidem dicitur quod in sacrificio missae non laudatur Deus opere, sed solum ore, quod falsum et erroneum judicamus. Item quod dicit *in informatione Beguinorum*, et in constitutionibus papalibus non est scientia, nisi operum humanorum, reputamus temerarium et manifestum mendacium et propinquum errori, cum ibi sint multa de articulis fidei et sacramentis Ecclesiae.

»Item damnamus libellum, qui incipit: *Per ço cars molts desigen saber oyr ço que yo vag denunciam.* Ibi enim dicit quod nunquam Deus cominatus est aeternam damnationem peccantibus, sed malum exemplum praebentibus, quod erroneum judicamus, sicut patet ex multis locis Scripturae Sacrae Mathei XXV: *Ibunt hi in supplicium aeternum;* et in Ezechiele: *Anima quae peccaverit ipsa morietur.*

»Item damnamus libellum, qui intitulatur *Alia informatio Beguinorum*, et incipit: *Als cultivadors de la evangelical pobrea.* Ubi damnat omnes scientias praeter theologiam.

»Item damnamus libellos, qui incipiunt: *Davan vos senyor en Jacme per la gracia de Deu Rey Daragó propós yo Mestre A.* Item qui incipit: *Cant sui Avynó.* Item qui incipit: *Entés per vostres paraules.* Item qui intitulatur: *Responsio contra Bn. Sicardi.* In omnibus enim istis de propinquo adventu Antichristi, et determinato tempore finis mundi temerarie et erronee locutus est contra Scripturam Sacram et doctores ejus sive expositores, et in quibusdam quae in his libellis dixit, jam apparuit falsus denunciator.

»Nos igitur Gaufridus de Crudiliis, gerentes vices Terraconae Archiepiscopi Sede vacante, tam in spiritualibus quam temporalibus, et frater Johannes de Longerio, Inquisitor haereticae pravitatis in regnis et dominio Dom. Jacobi, illustris Regis Aragonum, nolentes a praedictorum sapientum consiliis declinare, immo adhaerere eis potius, ut tenemur mori zelo fidei et justitiae, dissimulare contumeliam fidei non valentes, Deum habentes prae oculis, sacrosanctis Evangeliis coram nobis propositis, in nomine Patris et Filii et Spiritu Sancti Amen, sententialiter condemnamus omnes praenominatos libellos, et si qui fuerint in quibus similia contineantur qui nobis nondum fuerint praesentati: et etiam omnes illos qui praedicta dogmatizaverint, docuerint vel legerint, coram aliis, publice vel occulte. Unde volumus et monemus, ut si qui tales libellos habuerint, qui per Magistrum Arnaldum sunt editi, a publicatione sententiae infra decem dies nobis debeant praesentare. Si enim in civitate Terraconae infra decem dies a publicatione sententiae, vel in aliis locis Terraconae provintiae ex quo in dictis locis dicta sententia fuerit publicata, infra decem dies per illas personas quibus nos hoc duxerimus committendum, non dederint dictos libros, nos praedicti Gaufridus de Crudiliis, Praepositus Terraconae, et frater Joannes de Longerio ambo simul, et quilibet per se in Terraconensi diocesi, et ego frater Johannes de Longerio per totam Terraconae provintiam contra tales propter eorum contumaciam et proterviam, praefata monitione praemissa, sentenciam excomunicationis proferimus in his scriptis. Si qui autem ex contumacia vel contemptu in tali excomunicatione per annum integrum perstiterint, poterit contra tales tanquam contra hereticos procedi, secundum legitimas sanctiones. Lata haec sententia in Capitulo Sedis Terraconae, die Lunae, hora tertiae quae fuit sexto Idus Novembris, anno Dom. millesimo trecentesimo sextodecimo, praesentibus venerabilibus Bernardo de Plicamanibus, canonico Ilerd. Raymundo Guillermi de Lordato, canonico Fuxen. Romeo Galvayn, canonico Terraconae, Guillermo de Solario, infirmario Terraconae, fratre Petro Marsili, fratre Bartholomeo de Podio viridi et fratre Berengario Gizberti, de ordine praedicatorum, et fratre Petro de Cervaria, et fratre Petro Ferrari, de ordine Minorum, Jacobo Tamarito, praeposito, Raymundo Michaelis rectore Ecclesiae Constantini, Dominico de Rocafort, Guillermo Darocha, Guillermo de Celma, civibus Terraconae, et maxima multitudine tam clericorum quam laicorum.

»Signum mei Arnaldi Sormat, notarii publici Terraconae pro Arnaldo de Martorello, notario publico ejusdem, qui praedictis interfui et haec clausi.

»Ego Arnaldus Cervera hoc scripsi mandato Arnaldi de Martorello Terraconae notarii cum supra posito in linea,» etc. [1].

XV.—ÓRDEN DE D. JÁIME II PARA QUE SE ABONARAN CIERTOS DINEROS Á UN HIJO DE ARNALDO

«Jacobus Dei gratia Rex Aragonum etc. Dilecto notario nostro Bernardo de Aversone salutem et dilectionem. Mandamus vobis quatenus faciatis fieri litteram, quae dirigatur fideli thesaurario nostro Petro Marti, quod de pecunia curiae nostrae quae est vel erit penes eum, tribuat et solvat Arnaldo de Villanova de domo nostra quinque mille solidos barchinonenses, quos pro emendo hereditamento sibi gratiose duximus concedendos, quam litteram absque jure sigilli tradatis eidem. Data in Silxes sub sigillo nostro secreto III.º Nonas Maii anno Domini 1320.»

---

1 Este documento tiene algunas enmiendas.

CAPÍTULO IV

I.—NOTICIAS DEL HEREJE TOMÁS SCOTO [1]

Fól. 14.—«Alius error et haeresis invaluit *in aliqua parte Portugaliae*, cujus erroris discipuli dicunt quod bona quae defuncti dimittunt distribuenda post mortem suam, non prosunt eis.....»

Fól. 33 vuelto:—«Sunt alii pseudo christiani in praecedentibus haereticis [2] mixti, qui observant auguria, stornutta, somnia, menses et dies, annos et horas, et utruntur experimentis et sortilegiis et arte nigromantica et arte magica, et hi filii diaboli sunt et sanctae fidei corruptores, et hi diversis nominibus nuncupantur, nam quidam eorum *miratores* dicuntur qui arte demonii verbis pangunt, et *comendatores:* sic dicunt Hispaniae.

»Haec sunt haereses et errores de quibus Thomas Scotus apostata fratrum minorum et praedicatorum est publice diffamatus, in quibusdam partibus *Hispaniae* et alibi et de quibusdam confessus in jure et de quibusdam convictus, qui Ulixbone in carcere detinetur. Dixit quod millia annorum quo vivebant antiqui tempore..... de quo fit mentio in multis locis in Genesi, non erat verum.....

»Asseruit etiam dictus Scotus et confessus fuit in judicio quod prophetia illa Isai. VII. *Ecce virgo concipiet,* non intelligebatur de Beata Maria, quod et judaei dicunt.... [3]. Dixit Thomas haereticus quod illud *ecce virgo....* dixit Isaias de quadam sua ancilla vel concubina.

»Disseminavit etiam iste impius Thomas haereticus in Hispania quod tres deceptores fuerint in mundo, scil. Moises qui decepit Judaeos, et Christus qui decepit christianos, et Maomethus qui decipit Saracenos.

»Item iste impius Thomas dogmatizavit Ulixbone, loquens de Antichristo quod oportebat quod in quolibet tempore veniret unus homo qui mundum deciperet.

»Item dixit Thomas seductor publice in scholis decretalium Ulixbone, quod illud Isaiae *Deus fortis, pater futuri saeculi,* quod illud *Deus fortis* erat proprium nomen et quod non erat dictum propter dominum nostrum Jesum Christum.

»Rursus asseruit Thomas animas post mortem in nihilum redigi..... Resurrectionem negabat.

»Item coram me et multis aliis asseruit dictus Scotus Ulixbone quod Christus erat Dei filius adoptativus, non proprius vel naturalis.

»Item dixit iste inmundus Thomas haereticus quod Sta. Maria fuit *virgo* usque quo fuit corrupta, et sic negat virginis Mariae virginitatem.

---

1 Extractos de Álvaro Pelagio, *Collyrium contra haereses,* Biblioteca de San Márcos de Venecia, códice latino III. VI.

2 Los que se dan á artes divinatorias.

3 Explicaba la palabra *virgo* en el sentido de *puella* ó *adolescentula.*

»Item dixit coram me et multis scholaribus in scholis decretalium, quod fides melius probatur per philosophiam quam per decretum et decretales et testamentum vetus et novum, quod est haereticum dictum..... Et etiam dixit dictus haereticus qui in sua philosophia inani gloriatur, quod mundus melius regeretur per philosophiam quam per decreta et decretales.

»Item dictus Thomas dixit quod Sanctus Augustinus et Sanctus Bernardus fuerunt traditores quod nihil valebant quidquid fecerunt vel scripserunt. Et quod Beatus Antonius de ordine fratrum minorum, qui fuit canonizatus ab Ecclesia, tenuit concubinas, propter quod mandaverat eum prior incarcerari. Et ita blasphemavit contra Sanctos Doctores..... Et etiam dixit Thomas inmundus quod Beatus Bernardus tenuerat concubinas, et quod fratres sui poterant eas tenere.

»Item tenuit in scholis dictus Thomas haereticus, me presente, quod virtus patris..... descendit ad filium.

»Item tenuit in scholis dictus Thomas coram me disputante contra eum de suis haeresibus; quod Christus non dederat Beato Petro et successoribus suis et episcopis potestatem quam habebat in terra..... In qua haeresi faventes habuit in scholis aliquos pseudo religiosos de ordinibus mendicantium.....

»Item dixit dictus Thomas haereticus quod ante Adam fuerunt homines et per illos homines fuit factus Adam, et sic infert quod semper fuit mundus, et in eo homines semper fuerunt.... [1].

»Item dixit publice Ulixbone in ecclesia Sanctorum quod potestas quam Christus dederat Beato Petro et apostolis; non dederat successoribus eorum..... Etiam *de sacramentis* male sentit.

»Item dixit Thomas haereticus quod mundus non debebat habere finem.... Et sic negat futurum judicium et resurrectionem et vitam venturi saeculi.

»Item blasphemavit iste Thomas haereticus dicens quod melior erat Aristoteles quam Christus, qui fuit homo malus et suspensus per suis peccatis et qui parabat se cum mulierculis loquentibus.

»Item dixit dictus Thomas haereticus quod Aristoteles fuerat sapientior, subtilior et altiora..... locutus quam Moyses.

»Cum infirmaretur iste Scotus haereticus et diceretur sibi quod confiteretur et communicaretur: respondit quod oportebat timere..... de his quae dicebant de corpore Christi, et de absolutione per claves. Quidam et intelligunt quod ipse non credebat sed timore fingebat se credere, nec mirum..... Item blasphemavit de corpore Christi.

»Blasphemavit etiam iste Thomas haereticus contra Christum dicens, quod non virtute divina sed per artem magicam et virtutem naturae miracula faciebat. Sed iste sicut in multis aliis suis haeresibus supradictis cum judaeis judaizat, nam cum eis nocte et die conversat..... Cum iste Scotus sit magus et nigromanticus, et falsas transmutationes confixit.....

»Negat etiam iste Thomas haeresiarca esse angelos et demones, cum judaeis qui ponunt non esse angelos, nec malos corruisse angelos..... Quomodo etiam iste negat demones esse, cum sua meretrix Gaibina cum aliquiis familiaribus suis testimonium perhibent contra eum, quod qualibet nocte

---

1 Se deduce que Scoto era aristotélico, probablemente *averroista*, y admitía la eternidad del mundo.

extincta candela, et arrepto gladio, etiam frequenti strepitu demones invocando et sentiendo, clauso ostio, meretrice expulsa.... qui mortuus cadebat et jacebat in terra, quousque meretrix aperto hostio intrabat et eum de terra levabat et in lectulo reponebat et se ei miscebat.....»

———

«Alia novella haeresis pullulavit Ulixbone in Scholis, per quosdam pseudo religiosos publice defendentes contra me, quod sacri canones et sacra concilia et sacrae decretales et aliae constitutiones romanorum pontificum a Sancta Romana Ecclesia approbatae non habent tantam auctoritatem quantam habent Scripturae Veteris et Novi Testamenti» [1].

CAPÍTULO V

I.—PROCEDIMIENTO CONTRA EYMERICH (INÉDITO) [2]

«La deliberacio e acord que per los honrats Consellers fou haut ab promens sobre lo fet de Mestre Eymerich Inquisidor.

»Com en Consell de Cent Jurats celebrat divendres prop passat a VII dies del mes present de Juliol fos esposat per los honrats Consellers entre les altres coses que com los dits Consellers haguessen rebuda una letra dels Jurats de Valencia continent en acabament que com ells per foragitar alguns procehiments los quals inigament e injusta ha començats e de fet continue Mestre Nicolau Eymerich Inquisidor dels heretges en la provincia Darago contra alguns singulars de la dita ciutat de Valencia no contrestant legitimes rahons de suspicio e altres contra ell per la dita ciutat proposades e provades donaven lordinari de la dita ciutat trametessen a Mossen Senyor lo pape de licencia e benivolencia del Senyor Rey lonrat e religios mestre Jacme de xiva doctor en Sancta Theologia sobre aquestes coses plenament informat. E haguessen entes que aquesta ciutat per semblants procehiments o altres era mal contenta del dit mestre Nicolau pregaven los dits Consellers que si semblanment los hi plahia provehir que volguessen comunicar lurs affers ab lo dit mestre Jacme e el ab los consellers o ab aquell que hi ordonarien pregants encara los dits Consellers que sobre aquestos affers lus plagues dar creença al dit mestre Jacme segons los esplicaria de par lur. E com lo dit Mestre Jacme en virtut de la dita creença hagues esplicat als dits Consellers que la dita ciutat de Valencia entenia escusar aquest fet devant nostre senyor lo papa altament e be e supplicarli de cer sa merce de fer enquirir contra lo dit Mestre Nicolau de diverses e enormes crims per ell comeses en son offici

1 Para esto se fundaban en que las constituciones disciplinares de la Iglesia son mudables.
2 Archivo municipal de Barcelona, legajo de los años 1390 á 92, que comprende actas del 1390 y 91, fólios 34 y 35.—*Procedimiento contra los excesos del inquisidor Eymerich en Valencia é Inquisicion de las obras de Raymundo Lulio.*—Es posterior su fecha al 8 de Julio de 1391.

e en altre manera e de remourel de dit seu offici que plagues semblantme
a la dita ciutat de supplicar al dit Senyor papa per ço que los affers de ca
cuns fossen complits e pus perfetament espatxats. E lo dit Consell de C. j
rats haut plen acord sobre les dites coses delibera e volch que tot lo presci
negoci en tot ço que fos espatxador sobre aquell fos comanat e comana d
fer als dits Consellers que ab Consell de prohomens faessen e procehissen
en les dites coses segons quels paregues faedor.

»Per que dissapte pus prop seguent a VIII dies del dit present mes de Juliol hora de terça los dits honrats Consellers ab los promens per ells sobre
aço appellats acordaren e deliberaren que en lo dit fet fos procehit per la dita ciutat de Barcelona en la forma seguent es assaber que si per part de la
dita ciutat de Valencia se fa escusacio general que en aquest cas la ciutat de
Barcelona faça un braç e un cor ab la dita ciutat de Valencia e en que en lo
dit cas sia supplicat a nostre senyor lo papa que sia enquerit contre lo dit
mestre Nicolau dels excesses e enormes crims ques diu ceren per ell perpe-
trats. No res menys sia remogut o sospes en trectar durant la Inquisicio del
dit offici. E si per ventura la dita excusacio se fara en particular ço es de alguns singulars de la ciutat de Valencie que aquest cas no sia feta part ne
instancia en aço per part de la dita ciutat.

»Quant es en la obra den R. lull deliberaren que en cascun dels dits cases
sia supplicat que sia sa merce de comanar a algun prelat de aquesta provincia que ell ab alscuns solenes Mestres en Theologia e doctors reconega e de-
clar per auctoritat e poder papal si la dita obra o los articles per lo dit Mestre Nicolau imputats son estats condepnats justament o injusta.»

II.—Carta inédita de Juan Arce de Herrera al Cardenal Borromeo en defensa de Raimundo Lulio

«Illme. et Rme. Dne. In primis testificor coram Deo et hac Illma. Congregatione me non animo contendendi nec aliquem injuria afficiendi, sed
puro veritatis amore et ob Dei servitium et Sctae. Sedis Apostolicae ac ob publicam utilitatem, hanc defensionem Raymundi suscepisse, in qua si quid
inter dicendum aut scribendum lapsu fortassis linguae aut calami exciderit
quod purgatissimas Illmorum. Dominorum aures possit vel tantillum offen-
dere, id potius ignorantiae aut simplicitati quam malitiae tribui supplico, et
meipsum meaque omnia, correctioni Sctae. Matris Ecclesiae et sacrae hujus
congregationis semper submissa esse volo, prout humiliter et devote sub-
mitto tanquam fidelis et catholicus christianus..... Quia praevia protesta-
tione quae in omni actu et verbo pro repetita habeatur, et fretus auxilio Dei
ac benignitate Illmorum. Dominorum, duo principaliter, ad finem intentum
facilius consequendi, breviter pertingam. Utrum circa modum procedendi
tam de jure quam de facto in quaestione occurrenti: «Utrum doctrina Raymundi fuerit unquam re vera a Sede Apostolica damnata. Alterum vero de
praecipuis rationibus et fundamentis quae pro astruenda negativa deduci
possunt. Quantum ad primum exploratissimum quod si secundum omnes

regulas juris agendum esset, pars illa quae asserit doctrinam R olim a Gre-
zorio XI damnatam fuisse et propterea hodie in novo judicio apponendam
esse deberet in primis et ante omnia deducere authenticam et fide dig-
nam damnationem istam quam allegat, et hoc tribus potissimum de causis.

.ᵃ quia sumus in quesitione facti non autem juris .. unde ei incumbendum
onus probandi qui asserit aliquid factum, non autem ei qui negat, et ratio
est quia facta non presumuntur nisi probentur 2.ᵃ quia sumus in genere
prohibitorum quo casu ille qui objicit aliquid mali aut illiciti ab aliis ges-
tum, debet illud probare ad nos . et ratio est quia nemo praesumitur malus
nisi probetur ... 3ᵃ causa est quia quando quis allegat aliquid factum pro
fundamento alicujus alterius particularis effectus quem inde contendit, ut
est in hoc casu, in quo R. P. Magister Sacri Palatii allegat pretensam damnationem Gregorii ad effectum ut R ponatur in novo Indice, tunc ille tenetur probare fundamentum suae intentionis .. .

»Et ad hoc existimo quod e contrario non possit responderi nisi uno de
duobus modis 1 º quod Illmi Dni mei non tenent servare regulas juris et
id hoc non habeo quid replicem nisi quod dicitur in lege digna non contra-
riae legi, 2.º posset forte responderi quod etiam de jure· quando quis est
in possessione alicujus facti non tenet illud probare, et R. P. Magister Sacri
Palatii pretendit se esse in possessione prohibitionis doctrinae Raymundi, et
consequenter non teneri ad aliquid probandum, etiam secundum juris regulas. Verumtamen ista responsio non subsistit, quia ultimus status est semper
inspiciendus, et secundum ultimum statutum R. P. Magister non est in tali
possessione Esto enim quod tempore felicis memoriae Pauli Papae IV, prop·
ter Indicem tunc publicatum in quo aderat Raymundus, potuisset forte pre-
tendere talis possessionis seu quasi prohibitionis ea tamen cessavit post publicationem Concil. Tridentini cujus decreto dictus inde Pauli IV fuit refor-
matus et potius ipsa doctrina Raymundi per editionem ultimi indicis in quo
Raymundus non reperitur, fuit constituta in possessione non prohibitionis, in
qua sine dubio deberet maneneri Nec potest pretendi e contr praemissa
possessio ex nova impressione *Directorii*, quoniam cum dictus liber sit opus
auctoris particularis neque habeat ex se plus auctoritatis quam quilibet alius
liber a quocumque Catholico auctore compositus et de licentia Superiorum
impressus, non debet haberi in consideratione quoad inducendum novum
statum prohibitionis. Sed ponamus, Illmi. Dni mei, omissis apicibus juris,
velint in hoc negocio magis de facto, rationabiliter tamen, quam de rigorae
juris procedere Optima quidem ratione suadetur ut in primis deliberent
circa novum judicem quem prae manibus habent, utrum ex anterioribus sequi velint vel Indicem Pauli IV vel Indicem Pii IV, et videtur quod licet par
fuerit utriusque auctoritas, posterior debet praevalere . . praesertim cum
illa ultima deliberatio facta a Rmis Deputatis Sacri Concilii ut Raymundus
non poneretur inter prohibitos, fuerit facta cum matura deliberatione et causae cognitione, ut dicitur constare inter acta secreta Concil Trident. die prima Sept. 1563 et ad majorem abundantiam bonum esset ut Illmi Dni mei
mandarent perquiri dicta acta quibus visis possent absque alia disputatione
resolvere sane partem, videlicet quod Ray. pro nunc non ponatur in Indice
noviter publicando sed maneneatur in statu non prohibitionis, in quo re·
mansit per Indicem Pii IV et decreto DD. Deputatorum a Sacro Concilio, et

ita procedi humiliter supplico. Transeo nunc ad alterum punctum ex duobus per me a principio propositis de praecipuis fundamentis quae habeo ad probandam negativam prohibitionis, et quia hoc fieri nequit absque aliqua nota auctoris *Directorii*, libenter hanc partem totam silentio praetermisissem, nisi me cogeret auctoritas et imperium Dominorum, quorum jussis ut aliqua saltem ex parte in isto primo ingressu satisfaciam, aliqua fundamenta hujus partis recensebo, salva semper pace et reverentia R. P. F. Nicolai Aymerici et ejus fautorum, tanquam patribus et Dominis meis, quantum veritas ipsa patietur deferre, teneor et cupio. Tres mihi opponuntur Bullae Gregorii XI: prima data apud Pontem. Sorgiae nonis Junii anno 2.º, quae incipit *Nuper dilecto*, et dicitur extracta ex 2.º volumine registrorum Greg. XI anni 2.º, fol. 131. 2.ª data apud Villam Novam tertio Kalendas Octobris, anno 4.º, quae incipit *Ad audientiam* et dicitur extracta ex registro anni 4.º ejusdem Gregorii, fol. 201. 3.ª vero data Avinione octavo Kal. Febr., anno 6.º, quae incipit *Conservationi puritalis*, et ista non dicitur unde sit extracta neque ubi aut a quo sub coelo fuerit unquam visa in forma authentica, quare nec meret Bullae nomen sed tantum simplicis cartafolii. Ex tribus igitur praemissis Bullis, duas priores admitto cum omni reverentia tanquam a Smo. Rom. Pont. emanatas, et eodem prorsus modo admitterem tertiam quantuncumque lederet partem meam, si de eo aliquo modo authentico constaret aut unquam constitisset, sed re vera nunquam reperta fuit nisi in simplici copia inter scripta Aymerici, et deinde cum dictis scriptis excussa, ut dicitur, Barchinone per Reverendos PP. Dominicanos anno 1503. Et ista tertia est sola quae ad rem pertineat, nam duae priores licet faciant mentionem de libris R. nihil disponunt nec decernunt, sed sunt simpliciter commissariae, ut ex earum tenore facile apparet, et potius faciunt in favorem hujus partis ut ex pluribus argumentis, si opus erit, demonstrabo, quae nunc brevitatis causa pratermitto. Reducitur itaque tota difficultas ad tertiam pretensam Bullam, et ad hanc sit prima responsio quod non est authentica nec meret nomen Bullae, quia caret omnibus et singulis circunstantis requisitis ad probandam auctoritatem *extravagantium*, quas collegit Reverendus P. D. Franciscus Pegna in sua disputatione de auctoritate extravagantium in 2.ª parte sub tit. *Quomodo probetur extravagantium auctoritas*. Unde non possum non mirari quod hujusmodi Bullam, cui omnia requisita ab eomet prescripta deficiebant, retulerit inter alias litteras apostolicas officio Smae. Inquisitionis concessas, de quarum robore et auctoritate a nemine dubitabatur. 2.ª responsio sit quod centum annis et amplius antequam prima vice imprimeretur directorium, vivente adhuc Eymerico, 20 pene annis post obitum Greg. XI, adfuit rumor in partibus Cathaloniae de copia dictae pretensae Bullae posita ab Eymerico inter sua scripta, et cum primum id pervenit ad notitiam consanguineorum et amicorum R. Lulli, habuerunt recursum Avinione ubi tunc manebat Sedes Apostolica, et obtinuerunt conmiti causam pretensae surreptionis contra dictum Nicolaum Eymericum, quae dicitur fuisse conmissa bonae memoriae Leonardo tituli Sti. Sixti presbyt. Cardinali, coram quo postquam ad aliquos actus cifra tamen causae conclusione fuerat processum. Tandem Domini anno 1395 producta copia dictae pretensae Bullae, fuit petitum et obtentum ut investigarentur registra Gregorii Papae XI ad efectum collationandi et transsumptandi dictam Bullam, quae fuerunt de mandato apostolico perquisita, et fuit facta fides a tribus registrorum custobibus qualiter talis Bulla non aderat. 3.ª responsio est quod postea, de anno 1419 cum de novo suscitaretur rumor contra doctrinam Raymundi, occasione eorundem scriptorum Eymerici, dicitur novo etiam pro parte consanguineorum dicti Ray. fuit recursum ad bonae memoriae Card. Alamannum tituli S. Eusebii Sedis Apostolicae Legatum in Regnis Aragonum, Valentiae, Navarae et Maioricarum..... surreptionis ac falsitatis dictae Bullae Bernardo Episcopo civitatis Castelli, a quo tandem causa cognita et servatis servandis fuit lata sententia auctoritate apostolica anno 2.º felicis memoriae Martini V, revocatoria attentatorum contra dictam doctrinam vigore dictae Bullae et ipsam doctrinam catholicam in pristinum statum reducentem..... 4.ª responsio est cum iterum ocassione eorundem scriptorum Aymerici fuisset positus Raymundus tempore felicis memoriae Pauli IV in Indice prohibitorum tunc confecto, etiam consanguinei dicti R. ex Regno Cathalóniae recurrerunt ad Sacrum Concilium; et visis et examinatis praedictis decreverunt ut de dicto Indice tolleretur, prout effectum fuit, et hujusmodi decretum, ut dixi, reperietur inter acta decreta dicti Concilii die primum Sept. 1563.

»In cujus veritatis confirmationem, præter supradicta, adsunt multae conjecturae contra eandem pretensam Bullam, quas nunc brevitatis causa non refero sed referam si opus est, quia sunt magni momenti: modo enim meum institutum in hac 1.ª informatione non fuit omnia unico contextu recensere, sed Illmis. Dnis. meis in primis obedire.

»Sed ne forte mihi objiciatur illud dictum antiquum: bene *loquitur, si probaret*, dico quod ex omnibus istis quae praeposui et pluribus aliis magni momenti ad rem facientibus, constat ex authentica in forma, et aliqua reperiuntur hodie Romae penes R. P. Commissorium S. Officii inter scripturas oblatas Doctori Dimae quando fuit carceratus, quae si Illmis. Dnis. placeret ut recognoscerentur, et ea quae non tangunt fidem et huic negotio prodesse possunt mihi restituerentur sub quacumque cautione aut conditione, valde consuleretur detectioni desideratae veritatis.—*Jo. Arceus de Herrera, Advocatus*» [1].

CAPÍTULO VI

I.—«QUODLIBETO» DE PEDRO DE OSMA SOBRE LA CONFESION AURICULAR Y LAS INDULGENCIAS [2]

«Art. 1.º—Quaesitum est utrum Ecclesiae praepositi directe possint remittere vel indulgere alicui vivo penam purgatorii, vel eum absolvere a poena purgatorii residua post Sacramentum poenitentiae, dicendo *ego te absolvo* a poena purgatorii in toto vel in parte, ad quod dictum est quod non.

---

1 El sobre dice: *Illmo. et Revmo. Card. Borromeo pro Raymundo Lull.* Está en el códice K-71 sup. de la Ambrosiana de Milán.
2 Manuscrito de la Biblioteca Vaticana.

»2.º—Quia hujusmodi poenam non possunt alicui injungere sicut nec taxare, ergo nec ab illa absolvere possunt.

»3.º—Quia hujusmodi poena pro reliquiis peccati debetur qui non nisi plenitudine voluntatis deletur, sicut et peccatum veniale, pro quo sicut et pro illis debetur poena temporalis.

»4.º—Sicut enim contritione deletur peccatum, ita et peccati sequentia, scil. poena.

»5.º—Non legitur quod aliquis qui esset alicujus auctoritatis dixerit non ob aliud nisi quare quantum ad hujusmodi poenas Ecclesiae praepositi super peccatores jurisdictionem habeant, quod et Thomas expresse concessit. Unde est quod sola contritione remittantur peccata ut antiquitas dixerit, non in ordine ad claves.

»6.º—Et quia confessio de peccatis in spetie fit de ratione praecepti non sacramenti, quare qui directe potest remittere peccatum, directe potest remittere sequentiam peccati, scilicet poenam, sed de hoc alias.

»7.º—Possunt tamen Ecclesiae praepositi indirecte remittere alicui poenam purgatorii, vel dando illi de meritis Christi, unde solvat (quod est posse pro illo solvere, non illum absolvere) ut dicunt Thos. (Thomas?), Pe. (Petrus?), Ri. (Ricardus?) et Bonaventura, vel indulgere ei directe poenitentias sibi injunctas.

»8.º—Consequenter et indirecte remittuntur illi tantum de poena purgatorii quantum remitti debebat per injunctas poenitentias, pro ut aliorum fert opinio, sicut et de commutatione voti dici consuevit, quod non sit minoris meriti secundum quam primum, sed quare incertum est quantum esset remittendum per illas poenitentias. Est etiam incertum quantum remittitur per indulgentias quae illis subrogantur. Et ideo quantum ad poenam futuri saeculi magis habent rationem sufragii quam indulgentiae, sicut enim suffragia, ita et ipsae incertum est quantum prosint.

»9.º—Prima opinio favorabilior est, sed secunda est rationabilior, fundatur enim illa in imaginatione, haec in veritate juris..... [1] et in dictis doctoris Hosti et Bernardi in cap. IX. autem, et quare vis. Non ita plane Innocentii in eodem c. IX. autem, et Joan. in cap. cum ex eo; convenit etiam cum libri indulgentiarum in quibus fit mentio de poenis injunctis, praecipue in antiquis.

»10.—Et praeterea fundamentum primae opinionis est valde dubium quod praepositi Ecclesiae non magis videntur habere jurisdictionem in meritis Christi distribuendis quam in poena remittenda, imo magis videtur habere jurisdictionem in poena remittenda, propter illud: quos absolveris super terram absoluti sunt in coelo (Mathei, 16).

»11.—Item secundum opinionem aliquorum, cujus etiam opinionis videtur fuisse Hieronimus, cum aliquis dat alicui de meritis propriis vel alterius, non minus prosunt aliis quam illi cui dat. Et ita secundum hoc indulgentia facta alicui de meritis Christi non minus proderit illis quam illi.

»12.—Item videtur hoc contra previllegium Petri quod modo mere layco posset alicui absolvere, solvendo pro illo de meritis suis.

»13.—Item ut dicit Alexander Tertius (in cap. quod autem) Ecclesiae prae...

_____

1 Cita varios capítulos.

positi per indulgentias absolvunt ut judices, non ut is qui pro alio absolvit. Et patet etiam quod illi verbo indulgentiarum utuntur verbo absolutionis quod est verbum judicis, non ejus qui pro alio solvit						.

»14.—Item acceptare merita alicujus seu acceptare in tanta vel in tanta quantitate ex voluntate Dei dependet, de qua nobis non constat.

»15.—Item quoniam non sacerdotes faciunt indulgentias et tum non videntur habere jurisdictionem in meritis Christi distribuendis sicut nec in sacramentis administrandis

»16—Item indulgentiae ad forum contentiosum dicuntur pertinere propter hoc quod absolvunt poenitentem a poenitentia injuncta, ad quam poterat compelli in facie Ecclesiae, et non quoniam aliquis volens vel invitus pro illa solvit.

»17—Item merita Christi non minus valent ad remissionem peccati dispositive quantum ad remissionem poenae effective, ut patet per illud canonis: in primo momento, pro redemptione animarum suarum, scilicet, a poena effective et a peccato dispositive

»18—Item si Ecclesiae praepositi pro arbitrio suo possunt dare alicui de meritis Christi, non erunt multum necessaria suffragia missarum et alia quae quotidie fiunt pro vivis et defunctis, quare quodcumque ita faciunt faciliter poterunt efficere claves. Et sic poterit subito movere peccatorem ad poenitentiam et corda fidelium ad fidem.

»19—Item videtur dicendum quod propter hoc Ecclesiae praepositi dicuntur indulgere alicui quod indulgent ei poenam in qua illi jurisdictionem habent, ut vult secunda opinio, et non quod solvant pro aliquo circa poenam in qua illi jurisdictionem non habent, ut dicebat prima opinio

»20.—Et propter eo magis quia non est dubium quod facere indulgentias sit jurisdictionis et est manifestum quod Ecclesiae praepositi jurisdictionem habent in poenis relaxandis Et ex praemissis valde dubium est an jurisdictionem habeant in meritis Christi distribuendis.

»21—Et ii qui favent primae opinioni objiciunt contra secundam. Primo uod Ecclesia romana quotidie indulget plenarie et vivis et defunctis poenam ituri saeculi.

»22.—Item videtur esse contra illud previllegium Petri *quos absolveris su-er terram, absoluti sunt in coelo* [1].

»23.—Item indulgentiae hoc modo magis nocebunt quam proderunt, ab-ventes a leviori poena et remittentes ad graviorem, scilicet, purgatorii

24—Item cum hodie poenitentiae sint arbitrariae et fere ad nihilum re-te, ad nihilum valebunt hodie indulgentiae.

25.—Item propter hoc non excusatur praedicatio Ecclesiae a mendacio, praedicantur enim indulgentiae omnino valere ad remissionem poenae purgatorii.

»26—Item cum illa prima opinio plures habeat fautores, illa debet praediari, non ista.

»27—Responsio magistri Petri de Osma ex parte haereticorum ad rationes catholicas fidelium romanorum. Ad haec tenentes secundam opinionem cile respondere possunt. Ad primum quod Ecclesia Romana de poena hu-

---

El lo cita asi, pero es error

jus saeculi facit indulgentias, de poena futuri saeculi suffragia proprie lo-
quendo. Et quia poenitentiae sunt opera quedam poenalia, quoniam omnino
indulget poenitentias, et dicitur *plenarie* absolvere a poena; poenas autem futuri saeculi dicitur *plenarie* indulgere, quoniam indulget quantum potest, et
tamen nemo nec ipsa scit quantum circa hoc possit. Nec Ecclesia orbis Romae potest hoc declarare. Quia quae pertinent ad fidem non nisi a tota universali Ecclesia possunt interpretari, nisi ab eo qui errare non possit.

»28.—Circa secundum aliqui dicunt quod Ecclesiae praepositi absolvunt
a culpa et ab aliqua parte poenae temporalis, sicut enim per contritionem et
confessionem, ita et per absolutionem. Ut illi volunt, remittitur aliquid de
poena temporali. Nam et secundum istos, quos clavis ordinis absolvit super
terram a culpa absoluti sunt in coelo, id est, apud Domini vel Dei tribunal.
Nam secundum hoc modum, clavis ordinis absolvit a culpa, et clavis jurisdictionis a poena residua, quod est magis pro aliquo solvere quam illum absolvere, pro ut illi volunt. Sed hoc non videtur stare quia culpa, ut antiqui
et jura et juris doctores dicunt, sola contritione remittitur. Item quia sic
poterunt omnino absolvere a poena temporali, cum sint quasi effectus et sequentia peccati. Item quoniam sic dicere est ponere totam Ecclesiam orien-
talem in periculo. Item poena temporalis pro reliquiis peccati debetur quae
plenitudine voluntatis deletur, non absolutione.

»29.—Et ideo ne claves supervacuae sint, dicendum quia quos praepositi
Ecclesiae absolverint super terram a poenis injunctis vel ab excomunication
lata a jure vel ab homine vel etiam ex opere peccati, absoluti sunt in coelo,
id est, apud Dei tribunal, ut jam libere possint comunicare vel celebrare, sine hoc quod apud Deum novam condempnationem adquirant, pro ut videtur sensisse Leo papa inquiens: Christus hanc praepositis Ecclesiae tradidit
potestatem ut confitentibus, poenitentiae satisfactionem darent, et cordem salubri satisfactione purgatos, ad communionem sacramentorum per januam
reconciliationis admitterent. Itaque absoluti in terra dicentur absoluti in coelo, id est, *apud Deum*, ut doctissimi viri intelligunt, non *a poena coeli*, ut ali
male sentiunt, quia in coelo non est aliquis locus poenarum.

»30. —Nihilominus sacramentum poenitentiae sacramentum novae legis
est. Et quantum ad institutionem et ritus et effectum reconciliationis Ecclesiae est sacramentum, quantum autem ad collationem gratiae sacramentur
naturale est, non alicujus institutionis veteris vel novi Testamenti.

»31.—Ad tertium dicunt quod indulgens poenitentias injunctas non remit,
it ad poenam purgatorii, quia quantum de hac debeat dimitti per hujusmod
poenitentias, tantum remittit per indulgentias de poena purgatorii. El praeterea si aliquis teneret quod indulgentiae valent solummodo ad remissionem
poenitentiae, non sequitur ratione contra eum, quoniam per hoc quod alicui
indulgentur poenitentiae, non praecluditur ei via redimendi peccata sua per
injunctam poenitentiam vel per alia quaecumque opera poenalia.

»32.—Ad quartum dicunt quod poenitentiae hodie sunt arbitrariae, non
quia hodie sint minus graves, sed quia confessores hodie possunt injungere
poenitentiam minorem, equalem et graviorem quam sit taxata in canone
quod alias non poterant facere. Et si forte non sint alicui poenitentiae injunctae, valebunt ei indulgentiae ad meritum vitae et remissionem poenae secundum majorem et minorem gradum devotionis. Huic etiam accedit ali-

quid meriti ex auctoritate clavium, sed quantum illud sit, incertum est. Aliqui tamen dicunt quod appellatione poenitentiae injunctae sunt etiam jungenda. Ut cum dicitur «remitto tibi quadraginta dies de poenitentiis injunctis», sensus sit «tantum minus patieris in purgatorio quantum si hic egisses quadraginta dies de poenitentiis, sed hoc non videtur stare, quoniam jura expresse dicunt», de poenitentiis injunctis, quod si de injungendis intelligere vellent, illud exprimerent, juxta regulas quae traduntur in cap. ad audientiam de decimis. Item poenitentia injungenda non dicit aliquod vinculum in facie Ecclesiae, quoniam ad illam agendam non potest aliquis compelli, nec quoque ad Dominum, quia si talem poenitentiam non agat, non propter hoc incurrit novam condempnationem: per remissiones autem quae fiunt per indulgentias, tollitur aliquod vinculum quo aliquis ligatus est quoque ad Dominum et ad Ecclesiam, ut probatur in cap. IX. autem, ergo indulgentiae intelligendae sunt, ut jacent, de poenis injunctis, non de injungendis.

»33.—Ad quintum dicunt illi quod talis praedicatio non fit de mandato Ecclesiae, Ecclesia enim in suis litteris dicit vel de poenitentiis injunctis vel omnino de remissione omnium peccatorum, per quae verba datur intelligi quod poena peccatorum hujus saeculi remittit omnino scil. poenitentias injunctas, poenam autem futuri saeculi in quantum potest; facere enim indulgentias, clavis jurisdictionis est, non ordinis. Potestas vero jurisdictionis super homines quod ad poenam hujus saeculi, est, non futuri, illam enim possunt imponere et indulgere, non istam, si potestate dictum sit; quo ad poenam enim purgatorii oratores et intercessores sunt, non judices, et intelligo semper de poena residua post sacramentum poenitentiae.

»34.—Ad sextum dicunt quod deberet praedicari opinio verior, non favorabilior, et tum sive illa sive haec praedicari debet ut opinio, non ut fides, quo usque ab universali Ecclesia declaretur, quod tum male observatur, praedicatur enim illa ut fides non ut opinio, quod dolendum est.

»35.—Ad illud quod dicit: pro ex praedicatis potest haberi de valore indulgentiarum, duo dici possunt, unum certum, aliud pie creditam. Certum est quod per indulgentias relaxantur poenitentiae injunctae, quia hoc expresse dicunt jura. Pie creditum est quod tantum relaxatur de poena purgatorii per indulgentias quantum per injunctas poenitentias quibus indulgentiae subrogantur [1].

»Alia quaecumque quae de valore indulgentiarum dicuntur, valde dubia sunt.

»Propterea ut supra dicebatur, Hostiensis et post eum Bernardus in capitulo IX autem dicebat: de valore indulgentiarum vetus querela est et adhuc dubia» [2].

---

[1] Es una misma proposicion con las dos siguientes.

[2] Faltan algunas hojas al códice.

[3] El refutador Juan Lopez Salmantino llama *valdense* á Pedro de Osma. Del libro *De confessione* cita estos trozos: «Sed quod dictum est de reconciliatione mortalium per confessionem peccati et absolutionem sacerdotis, locum habet in Ecclesia Latinorum non Graecorum..... atet quod confessio de peccatis in spetie fuerit ex aliquo statuto universalis Ecclesiae, non ex jure divino..... Nec propter hoc quod confessio de peccatis in spetie est pars sacramenti poenitentiae, sequitur quod fuerit a Christo instituta..... Omnia sacramenta non fuerunt a Christo instituta quantum ad omnia particularia, et praeterea non omnes concedunt omnia sacramenta fuisse a Christo inmediate constituta.»

NOTA FINAL

Éstos son los apéndices que me ha parecido conveniente insertar en este primer tomo. Había pensado añadir algunos más, y áun me refiero á ellos y los anuncio en el texto; pero el excesivo volúmen que la obra va tomando, me ha obligado á suprimir los ménos importantes, sobre todo si estaban ya impresos en colecciones asequibles. Lo que siento de todas veras es no tener espacio para incluir el curioso y disparatado libro de mágia y filosofía del falso *Virgilio Cordobés*, que, aunque publicado por Heine en su *Bibliotheca Anecdotorum*, apenas es conocido ni ha circulado en España. No pierdo la esperanza de incluirle en uno de los volúmenes siguientes, si aciertan á salir ménos abultados que el presente.

ERRATAS Y ADICIONES

Página 57, línea 18. Suprímanse las palabras *cobrador de tributos*.

Página 69, línea 19. Dice *Liborio*. Léase *Liberio*.

Página 70, línea 32. Dice *Constancio*. Léase *Constantino*.

Página 77, línea 10. Dice *Constantino*. Léase *Constancio*.

Página 131, línea 29. Dice ελαιου. Léase ελαιον.

Página 217, línea última. El título exacto de la obra de Helfferich es *Geschichte des Westhgotischen Arianismus*, Berlín 1860.

En la misma página, línea antepenúltima, dice *último*; léase *altísimo*.

Página 222, línea 19. Dice *del*. Léase *al*.

Página 417, línea 28. Dice *viables*. Léase *visibles*.

Página 574, línea 4. Dice *sicarios*. Léase *sueños*.

DICTÁMEN

DEL CENSOR ECLESIÁSTICO

VICARÍA ECLESIÁSTICA DE MADRID Y SU PARTIDO

Excmo. Sr.

Cumpliendo con el encargo que V. E. tuvo á bien conferirme de revisar la obra escrita por el Dr. D. Marcelino Menendez Pelayo, titulada HISTORIA DE LOS HETERODOXOS ESPAÑOLES, he visto detenidamente, y pliego por pliego, el contenido del tomo primero de dicha obra, no poco voluminoso, pues consta de más de 800 páginas, y tengo la satisfaccion de manifestar á V. E., que no solamente no he hallado en él cosa alguna contra el dogma y la sana moral, ni contra la disciplina esencial de la Iglesia, sino, antes al contrario, mucho que admirar y aplaudir. Porque de admirar es que en la escasa edad del autor, y no habiendo hecho estudios especiales sobre la sagrada teología y otros ramos de las ciencias eclesiásticas, haya podido no sólo adquirir tan vastos conocimientos, clasificarlos y depurarlos, sino tambien proceder con acierto y aplomo en materias tan difíciles, en que hasta la tecnología ofrece á veces no pocas escabrosidades y peligrosos escollos en que pueden tropezar los poco prácticos en ellas. Apenas salido de la adolescencia el Sr. Menendez, ha logrado allegar un caudal de conocimientos especiales en materia de herejías y otros errores, que pudieran envidiarle áun los hombres provectos en edad y de prolijos é incesantes estudios. Viajes al extranjero, visitas á las Bibliotecas de España, Francia é Italia, y en ésta á la del Vaticano y otras de Roma, le han permitido hacer importantes descubrimientos de cosas que se habian escapado á la diligencia é investigaciones de bibliófilos muy erúditos y diligentes, tales como el mismo D. Nicolás Antonio, que residiendo en Roma, y dotado de gran perspicacia, no vió en la Biblioteca Vaticana cosas relativas á nuestro Arnaldo de Vilanova, que ha encontrado, por fortuna suya y nuestra, el Sr. Menendez Pelayo. Asi, que su libro no es de esos que suelen escribirse hoy dia, y los inteligentes califican de *literatura de segunda* y áun de *tercera mano*, refiriéndose á lo que otros han dicho; haciendo obras que tambien califican de bonitas, con sólo espigar en campo ajeno; extractando lo que otros recogieron á duras penas, á fuerza de gastos, investigaciones, comentarios y diligencia. Esto no es decir que todo el contenido de dicho li-

bro sea enteramente nuevo; pues en materia tan vasta no es posible que
todo sea propio, ni satisfaria tampoco el autor á las exigencias del asunto si omitiera las noticias suministradas por otros, aprovechándolas por
ciertas ó rebatiéndolas por dudosas ó inexactas. Si lo dicho hasta aquí
es para admirar, no es ménos de aplaudir en otro concepto la obra del
Sr. Menendez Pelayo, bajo el punto de vista que se acaba de indicar; á
saber, el conocimiento de la literatura antigua y moderna, en lo que se refiere al asunto de su libro. En este concepto, sus estudios se hallan á la altura de conocer lo que sobre ello escribieron los antiguos ó publican los modernos y contemporáneos, tanto católicos como disidentes. Y si es gran mérito el haberlos leido en gran número, es todavía mayor saber juzgarlos y
apreciarlos con recto criterio bajo el punto de vista del más acendrado Catolicismo. El autor no se contenta en este primer tomo con recorrer detenidamente toda la série de los errores, ora graves y trascendentales, ora ménos
importantes, y áun los problemáticos y controvertibles, desde la triste caida
de los libeláticos Marcial y Basílides, primeros renegados españoles, cuyos
nombres ha conservado la historia; y luego los de Prisciliano y sus numerosos partidarios, hasta Pedro de Osma inclusive, recorriendo detenidamente
ese largo período de quince siglos, deteniéndose especialmente en las no ∴ ménos funestas aberraciones heréticas de Félix y Elipando y los adopciónistas,
del mozárabe Hostegesis y antropomorfitas, de los albigenses españoles, y del
ya citado Arnaldo de Vilanova, sino que desciende al terreno de las supersticiones mágicas, presentando tambien sobre esta materia otro cúmulo de noticias tan peregrinas como curiosas. El conjunto del libro viene á forma
una especie de historia especial de la doctrina eclesiástica de España, antit(
ticamente considerada, estudiando como en las enfermedades la salud, en lo
extravíos los aciertos, y en la inmoralidad las virtudes contrarias y su nec
sidad; á la manera que los espartanos, para hacer sóbrios á los jóvenes,
presentaban un ilota beodo. Destácanse en su cuadro las figuras bañadas
luz, por la contraposicion de las sombras, cumpliéndose en éste y otros c
sos análogos el axioma escolástico: *Opposita juxta se posita magis elucescu*
Los errores que han surgido en esta tierra clásica del Catolicismo se p
sentan en este libro como las nubes tormentosas y pasajeras del estío, qu
huyen azotadas por las brisas y flechadas por los rayos de un sol brillante
sin dejar rastro de su paso, y antes bien, la atmósfera más pura y despejada
En ella pueden aprender los que hoy dia renuevan añejos y decrépitos erro
res con formas caprichosas, y al parecer nuevas, respecto de algunos, que
pronto los barrerá el viento de la verdad, como los disipó entonces. Suplico
á V. E. me dispense, si en vez de ceñirme á la mera censura del libro, redu
cida á decir que nada contiene contra el dogma y la moral, me he extrai.
tado algun tanto, pasando á la censura crítica literaria, como solian hace
veces los censores en los dos siglos últimos, segun vemos por las que e
tampaban al frente de algunos libros importantes. Las ocasiones de estas e
tralimitaciones, por desgracia, no son frecuentes. ¡Ojalá lo fueran más!
otro caso, tenga V. E. por no dicho todo lo que pareciere impertinente, y
ducido el informe á la primera cláusula.—Dios guarde á V. E. muchos ar
—Madrid, 15 de Febrero de 1880.—Dr. VICENTE DE LA FUENTE.—Hay una r
brica.—Es copia.—*J. Moreno.*

NOS EL DR. D. JULIAN DE PANDO Y LOPEZ,

PRESBÍTERO, CABALLERO GRAN CRUZ DE LA REAL ÓRDEN AMERICANA DE ISABEL LA CATÓLICA, VISITADOR Y VICARIO JUEZ ECLESIÁSTICO DE ESTA MUY HERÓICA VILLA DE MADRID Y SU PARTIDO, ETC.

Por la presente, y por lo que á Nos toca, concedemos nuestra licencia para que pueda imprimirse y publicarse el tomo primero de la HISTORIA DE LOS HETERO-DOXOS ESPAÑOLES, *escrita por el Dr. D. Marcelino Menendez Pelayo, mediante que de nuestra órden ha sido examinada, y no contiene, segun la censura, cosa alguna contraria al dogma católico y sana moral.*

Madrid, diez y seis de Febrero de mil ochocientos ochenta.

DR. PANDO.

Por mandado de S. E. I.,

LICENCIADO JUAN MORENO GONZALEZ.

ÍNDICE DEL TOMO PRIMERO

LIBRO III

CAPÍTULO PRIMERO

CAPÍTULO II

CAPÍTULO III

CAPÍTULO IV

CAPÍTULO V

CAPÍTULO VI

CAPÍTULO VII

EPÍLOGO

APÉNDICES

Acabóse de imprimir
en Madrid
por F. Maroto é hijos.
X Marzo de MDCCCLXXX.

Lightning Source UK Ltd.
Milton Keynes UK
UKHW051309241218
334507UK00006B/127/P